주역

·

하권

주역

하권

정병석 역주

을유문화사

역주자 정병석(鄭炳碩)

영남대학교 철학과와 동 대학원을 졸업하고, 타이완(臺灣) 중국문화대학(中國文化大學) 철학연구소에서 철학박사 학위를 취득하였다.
계명대학교 철학과 교수를 거쳐 현재 영남대학교 철학과 교수로 재직 중이다.
주요 저술로는『傳統儒學的現代詮釋』(공저),『중국철학특강』(공역),『주역철학의 이해』,『인륜과 자유』,『동양철학과 아리스토텔레스』,『중국고대사상사론』등이 있다.

주역 하권

발행일
초판 1쇄 2011년 1월 10일
초판 6쇄 2025년 7월 30일

역주자 정병석
펴낸이 정무영, 정상준
펴낸곳 (주)을유문화사

창립 1945년 12월 1일 | 주소 서울시 마포구 서교동 469-48
전화 02-733-8153 | FAX 02-732-9154 | 홈페이지 www.eulyoo.co.kr
ISBN 978-89-324-5260-9 03150

차례

주역 | 하권 |

주역

하권

31. ䷞ 택산함(澤山咸, 백 欽 第四十四)

1) 괘의 순서

주역은 건괘(乾卦)에서 이괘(離卦)까지의 30괘를 상경이라 하고, 함괘(咸卦) 이하의 34괘를 하경이라 한다. 일반적으로 상경은 천도(天道)를, 하경은 인도(人道)를 말한 것으로 이야기한다. 이러한 관점은 대개 만물의 발생을 말하는 건괘와 곤괘에서 상경이 시작되고, 인간사의 인륜관계와 남녀관계를 말하는 함괘(咸卦)에서 하경이 시작되기 때문인 것으로 보인다. 특히 이런 상경과 하경의 구분은 「서괘전」의 관점에 근거하고 있는 것으로 생각된다. 즉 "천지가 있은 연후에 만물이 있고, 만물이 있은 연후에 남녀가 있다(有天地然後有萬物, 有萬物然後有男女)"라는 「서괘전」의 말이 그 근거라는 것이다.

그러나 『주역정의』에서 "선유들은 상경은 천도를 밝히고 하경은 인간사를 밝혔다라고 하였다. 한강백은 「서괘전」의 주에서 주역의 여섯 효가 하나의 괘를 만드는데 여기에는 삼재(三才)가 반드시 갖추어져 있고 천과 인이 서로 섞여서 변화를 본받고 있는데 어찌 천도와 인간사를 각각 상하로 나눌 수 있단 말인가?(先儒皆謂上經明天道下經明人事, 韓康伯注序卦, 謂易六畫成卦三才必備, 錯綜天人以效變化, 豈有天道人事偏於上下者哉)"라고 하였다. 공영달은 송괘(訟卦)와 사괘(師卦) 둘을 예로 들어 "상경의 안에는 음식에는 반드시 쟁송이 있는 것을 말하고 쟁송은 반드시 많은 사람들이 일어나 (싸우기) 때문에 이것은 인간사를 겸하고 있어서 오로지 천도만 말하지 않음을 밝히고 있다. 이미 천도만 말하지 않는다면 하경은 인간사만 오로지 말하지 않는 것은 이치로는 너무나 당연하다(上經之內, 明飲食必有訟, 訟必眾起, 是兼于人事, 不專天道. 既不專天道,

則下經不專人事, 理則然矣)"라고 하였다. 이것은 상하경이 모두 자연계와 인류 사회의 법칙, 즉 천도와 인사를 포함하고 있음을 말하고 있다.

상경과 하경을 나누어 설명하면 다음과 같다.

상경	순음양	창시적-근원적	體
하경	음양의 상호 결합	중흥-발전적	用

「서괘전」에서는 "천지가 있은 연후에 만물이 있고, 만물이 있은 연후에 남녀가 있고, 남녀가 있은 연후에 부부가 있고, 부부가 있은 연후에 부자가 있고, 부자가 있은 연후에 군신이 있고, 군신이 있은 연후에 상하가 있고, 상하가 있은 연후에 예의를 둘 곳이 있다(有天地然後有萬物, 有萬物然後 有男女, 有男女然後 有夫婦 有夫婦然後 有父子, 有父子然後 有君臣 有君臣然後 有上下, 有上下然後 禮義有所錯)"라고 하였다. 「서괘전」의 이러한 관점에 의하면 상경의 30괘는 이괘(離卦)에서 끝나고 함괘(咸卦)로부터 다시 시작하여 34괘가 하경이 된다.

하경의 첫 번째 괘인 함괘(咸卦)는 이괘(離卦)를 이어서 나오는 것이 아니라 하나의 새로운 시작이 된다. 이처럼 『주역』 64괘는 마치 두 개의 시작이 있는 것처럼 보인다. 첫 번째 시작은 건곤(乾坤)괘로 이는 바로 『주역』의 문호(門戶)이다. 전체 64괘는 모두 건곤 두 괘로부터 생겨난다. 함괘와 항괘(恒卦)는 또 하나의 시작이다. 그러나 이 시작은 첫 번째 시작과 비교하면 낮은 단계로 그것은 첫 번째 시작으로부터 전개된 전체과정에 포함된다.

「서괘전」에서 "천지가 있은 연후에 만물이 있고"라는 말을 통하여 첫 번째 시작을 비유한다. 천지는 건곤을 비유하고 만물은 나머지 64괘를 비유한다. "만물이 있은 연후에 남녀가 있고 남녀가 있은 연후에 부부가 있고 연후에…… 예의를 둘 곳이 있다"라는 말은 두 번째의 시작을 비유하고 있다. 남녀와 부부를 가지고 함괘와 항괘를 비유하고 남녀와 부부 이후에 생겨난 부자·군신·상하·예의 등으로 함괘와 항괘 이후의 여러 괘들을 비유한다.

「서괘전」이 이런 식으로 비유하는 본래 목적은 건곤이 『주역』의 제일 앞머리에 자리하고 함괘와 항괘가 하경의 첫 머리에 놓여 있는 것을 설명하려는 데 있다. 이러한 괘서(卦序) 속에서 나름대로 소박한 우주관과 사회 역사관을 보여주고 있다. 일반적으로 하경은 인류의 시작을 말하여 남녀간의 관계를 말하는 함괘에서 시작한다고 말한다.

2) 괘명의 의미

함(咸)은 감(感)의 뜻을 가지고 있다. 그런데 왜 직접적으로 감(感)이라고 말하지 않는가? 감(感)자의 마음 심(心)을 빼면 함(咸)이 되는데, 이것은 무심(無心)한 감응(感應)을 상징한다. 특히 이것은 남녀 이성(異姓)간의 자연적인 느낌을 상징한 것이라고 할 수 있다. 말하자면 남녀간의 진정한 사랑에 있어서는 어떠한 사심이나 다른 마음이 들어가지 않아야 하나의 온전한 느낌(咸)이 될 수 있기 때문이다. 이것이 바로 무심(無心)한 감(感)이다.

'함'에는 또 '모두(皆)'의 뜻도 있다. 왜냐하면 만물은 서로 감응하고 있기 때문에 '모두'와 '감'의 의미를 동시에 가지고 있다. 원래 만물의 본래적 상태는 감응의 상태이다. 감응은 상호이해·상호소통·상호교통의 의미를 가지고 있다. 만약 감응이 단절된다면 그것은 불통(不通)을 의미하여 위기를 초래하게 된다. 이런 의미에서 함(咸)의 효용성은 매우 크다.

3) 괘상의 의미

괘의 체로 보면 함괘(☱☶)는 상괘가 태(兌)이고 하괘는 간(艮)이다. 태는 소녀(少女)이고 간은 소남(少男)이다. 남녀는 본래 서로 깊은 감정을 느끼지만 젊은 소남과 소녀는 더욱더 심하다. 또 괘덕으로 말하면 간(艮)은 멈춘다는 의미로 독실한 마음을 말한다. 태(兌)는 기뻐한다는 뜻이다. 남자가 진실한 태도로 여자와 교류하면 여자는 기쁜 마음으로 여기에 응하여 나중에 부부로 맺어지게 된다. 함괘는 소녀가 위에 있고 소남이 아래에 있는 형상으로 소남이 소녀에게 구애하는 괘상으로 이는 매우 자연스러운 현상이다. 만약 왕이 높은 지위에 있으면서도 아랫사람보다 자신을 더 낮추어서 백성들을 감동시킨다면 백성들의 반응 역시 매우 열렬할 것이다. 이것이 바로 함괘가 말하는 이기(二氣)의 감응이다.

함괘에는 음양이 각각 절반씩 내포되어 있다. 즉, 양효가 셋이고 음효가 각각 셋이다. 또 간(艮)은 산으로 철(凸)의 형상이고, 태(兌)는 못(澤)으로 요(凹)의 형상으로 상호교감하면 완전한 네모가 된다. 이것이 바로 "산택통기(山澤通氣)"이다.

咸은 亨하니 利貞하니 取女면 吉[1]하리라.
함 형 이정 취녀 길

---

1 "함"은 감(感)으로 남녀 사이뿐만 아니라 이 세상의 만물과 인간 사회 모두에 있어 감응(感應)이 매우 중요하다. 예를 들면 군주와 신하가 서로 감응하고, 상하가 서로 감응하고, 친구 간에 서로 감응하는 것들이다. 만약 감응하기만 하면 감응하는 상방간의 관계는 필연적으로 서로 소통하거나 형통하게 되어 어떤 어려운 문제도 모두 다 해결될 수 있다. 그러나 이런 상호감응에는 조건이 "바르게 함(貞)"이다. "바르게 함이 이로우니(利貞)"라는 말은 바른 것에 근거하여야 이롭다는 것이다. 만약 서로 감응하는데 바른 것에 근거하지 않으면 결코 형통할 수 없다. "여자를 취하면(혼인하면) 길하리라(取女吉)"라는 말은 이

咸² 亨, 利貞. 取女, 吉.
흠　형　이정　취녀　길

경의 의미 : 함은 제사를 거행할 수 있다. 이로운 점괘를 얻었는데 여자를 취하는 것이 길하다고 하였다.

전의 해석 : 함은 형통하고 바르게 함이 이로우니 여자를 취하면(혼인하면) 길하리라.

형벌을 시행하니 형통하여 막힘이 없고 유리한 점이 나왔다. 여자를 취하는 점을 쳤는데 좋다는 점을 얻었다.

彖曰 咸은 感也³니
단　왈　함　　감야

단전에 말하기를 함은 감이니

柔上而剛下하여 二氣感應以相與⁴하여 止而說하고 男下女라
유상이강하　　　이기감응이상여　　　지이열　　　남하녀

런 식으로 여자와 혼인하여야 길할 수 있다는 말이다.

2 『백서주역』에서는 "함(咸)"을 "흠(欽)"으로 쓰고 있는데, "베다", "자르다"는 뜻의 "감(砍)"으로 바로 "죽인다"는 의미를 가지고 있다.

3 이 구절은 괘명(卦名)을 해석한 부분이다. 함은 감응의 뜻을 가지고 있다. 왕안석(王安石)은 "마음이 있는 것을 일러 감이라고 하고 마음이 없는 무심한 깃을 일러 함이라고 한다(有心曰感, 无心曰咸)"라고 하여 "무심한 감응"은 천지가 어떠한 사심도 없이 자연적으로 감응하는 것으로 사람은 이를 본받아야 한다고 말한다.

4 이 구절은 괘변(卦變)을 통하여 함괘를 설명하는 부분이다. 즉 "유가 위에 있고 강이 아래에 있어 두 기가 감응(感應)하여서 서로 더불어 하여(柔上而剛下, 二氣感應以相與)"라는 것은 함괘가 비괘(否卦:☲)의 변화 형태로 비괘의 육삼이 위로 올라가고 상구의 양효가 삼효로 하강한 것이 바로 이 괘라는 것이다. 비괘의 상괘는 건(乾)이고 하괘는 곤(坤)으로 땅이다. 이것은 천의 양기와 땅의 음기가 서로 교류하고 왕래하는 것으로 함괘

是以亨利貞取女吉也[5]이니라.
시 이 형 리 정 취 녀 길 야

유가 위에 있고 강이 아래에 있어 두 기가 감응(感應)하여 서로 더불어 하
여 그쳐서 기뻐하고 남자가 여자에게 낮춤이라. 이 때문에 형통하고 바름
을 지키면 이로우니 여자를 취하면 길하다는 것이다.

天地感而萬物이 化生하고 聖人이 感人心而天下和平하나니
천 지 감 이 만 물   화 생   성 인   감 인 심 이 천 하 화 평

觀其所感而天地萬物之情을 可見矣[6]리라.
관 기 소 감 이 천 지 만 물 지 정   가 견 의

의 괘상(卦象)을 통하여 음양의 두 기가 교감하고 교통(交通)하여 함께 감응하는 것을 보
여주고 있다. 바로 "두 기가 서로 감응하여서 함께 한다(二氣感應以相與)"는 것의 구체
적인 표현이다.

5 상하 두 괘의 특성(괘덕)을 조합하여 괘사(卦辭)를 설명하는 부분이다. 하괘의 간(艮)은
멈춘다는 의미이고 상괘 태(兌)는 기뻐한다는 뜻을 가지고 있다. 그래서 상하 괘의 특성
을 조합하여 기쁨에서 멈추기 때문에 결혼하는 것이 길하다고 말한다. "이 때문에 형통하
니 바름을 지키면 이로우니 여자를 취하면 길하다(是以亨, 利貞, 取女吉也)"는 말은 상
하괘의 괘덕(卦德), 즉 괘의 특성을 가지고 설명하고 있다. "남자가 여자에게 낮춤이라
(男下女)"라는 말은 하괘의 간은 소남(少男, 셋째 아들 또는 젊은 남자)이고, 상괘의 태
는 소녀(少女, 셋째 딸 또는 젊은 여자)인데 소남과 소녀가 서로 사랑하는 경우에 해당한
다. 이때는 소남이 주동적으로 소녀의 아래에 처하기를 원하는데, 이것은 남자가 겸손하
고 지극한 예의를 갖추고 스스로를 낮추는 태도로 소녀를 대하는 것으로 남자가 여자에게
구혼하는 정상적인 도리와 일치한다. 이렇게 하여야 비로소 형통할 수 있고 여자와 결혼
하여 길하게 되는 것이다.

6 "천지가 감응하여 만물이 화생하고(天地感而萬物化生)"라는 말은 감응(感應)이 자연계
의 필연적 법칙임을 강조한 것으로 천지가 서로 교감하고 통하여야 만물을 화생(化生)할
수 있기 때문이다. "성인이 사람의 마음을 감화하여 천하가 화평하니(聖人感人心而天下
和平)"라는 말은 성인이 천지의 감응이라는 것을 통하여 어떤 유익한 것을 배우는 것을
말하고 있다. 즉 백성들의 마음을 감화시켜 천하가 조화롭고 태평하도록 만드는 것을 천
지감응으로부터 본받아 배운다는 것이다. 성인이 천하를 잘 다스리는 것은 감응의 방법을
사회에 잘 적용하기 때문이다. "그 감응하는 바를 보면 천지만물의 실정을 볼 수 있을 것
이다(觀其所感, 而天地萬物之情可見矣)"는 말은 감응의 엄청난 효용(效用)을 강조한 것

천지가 감응하여 만물이 화생하고, 성인이 사람의 마음을 감화하여 천하가
화평하니, 그 감응하는 바를 보면 천지만물의 실정을 볼 수 있을 것이리라,

象曰 山上有澤이 咸이니 君子以하여 虛로 受人⁷하나니라.
상 왈　산 상 유 택　　함　　군 자 이　　　허　　수 인

상전에 말하기를 산 위에 못이 있는 것이 함이니, 군자는 이것을 본받아
(자신의 마음을) 비워서 다른 사람을 받아들인다.

初六은 咸其拇⁸라.
초 육　　함 기 무

으로 만물이 가지고 있는 오묘한 핵심을 통찰한 것으로 보인다.

7 "수(受)"라는 말은 수용(受容)하고 포용한다는 의미이다. 이 구절은 군자가 함괘의 상을
본받아 다른 것들을 개방적인 태도로 받아들여 감응의 도리를 완성하는 것을 말한다. 공
영달은 『주역정의』에서 "군자가 함괘의 산이 아래에 있고 못이 위에 있는 이러한 괘상을
본받아 그 자신이 지니고 있는 것들을 비워 스스로 채우지 않고 다른 사물을 받아들여 버
려둠이 없다. 이런 것으로 다른 사람들에게 감화하니 모두 응하지 않는 바가 없다(君子法
此咸卦下山上澤, 故能虛其懷, 不自有實, 受納於物, 無所己遺, 以此感人莫不皆應)"라
고 하였다. 괘사에서는 남녀간의 '교감(交感)'을 말하였지만, 「단전」과 「대상전」에서는
성인과 군자의 일반 백성들이나 서민들에 대한 '감화(感化)'를 말하고 있는데 이것은 일
종의 응용이다.

8 "무(拇)"는 엄지발가락으로 사람에게 있어서 가장 아래에 있는 것이 발가락이다. 초육도
가장 아래에 있다. 초육과 구사는 상응하여 서로 감응하려고 한다. 비록 엄지발가락에 이
미 감응이 있다고는 하나 여전히 미약하여 다른 사람을 감동시키기에는 부족하다. 초육에
길이나 흉을 말하지 않은 것은 아직 길흉을 판단할 수 없기 때문이다. 엄지발가락에 감응
한다는 것은 매우 미약한 것이지만 초육은 상응하는 것이 있기 때문에 끝내 움직이지 않
을 수 없어서 반드시 "뜻이 바깥에 있다(志在外)"라고 말한다. 『독역필기(獨易筆記)』에
서 방종성(方宗誠, 1818-1888 : 安徽省 桐城 사람임)은 효사에서 길흉을 말하지 않는
원인에 대해 "장차 움직이기 시작하는 때에 선과 악이 아직은 정해지지 않았다. 그러므로
다만 '그 엄지발가락에 느낀다'라고 말하여 사람들로 하여금 신중하게 움직이고 그 기밀을
진지하게 대하여야 한다는 뜻을 지니게 만든다(將動之始, 善與惡尙未定也. 故但曰 '咸
其拇', 使人存愼動謹幾之意)"라고 하였다. 백서주역에서는 "죄를 지은 사람의 엄지발가
락을 잘라 버린다"라고 하였는 데 비해 통행본 『주역』에서는 "그 엄지발가락에 느낀다"라

백 初六, 欽亓栂.
　　초육　흠기무

초육은 그 엄지발가락에 느낀다.

백 초육은 죄를 지은 사람의 엄지발가락을 잘라 버린다.

象曰 咸其拇는 志在外也[9]라.
상 왈 함 기 무　　지 재 외 야

상전에 말하기를 그 엄지발가락에 느낀다고 하는 것은 뜻이 바깥에 있다는
것이다.

六二는 咸其腓면 凶하니 居하면 吉[10]하리라.
육 이　함 기 비　흉　　거　　　길

고 말하여 차이가 많다. 이런 내용의 차이는 어쩌면 두 『주역』 판본 사이의 시기적 선후의
차이를 말해 주는 하나의 반증이라고 볼 수 있다. 이런 예는 서합괘의 경우에서도 확연히
구별된다.

9 초육과 구사는 상응하는데 초육의 "그 엄지발가락에 느낀다(咸其拇)"라는 말은 구사에 감
　응한다는 것으로 구사가 외괘(外卦)에 있기 때문에 "뜻이 바깥에 있다(志在外)"라고 말
　한다. 정이천은 『이천역전』에서 "처음의 뜻이 움직인다는 것은 구사에 감동하기 때문이
　다. 그러므로 밖에 있다고 한 것이다. 뜻이 비록 움직였으나 감동한 것이 아직 깊지 않으
　니 마치 엄지발가락이 움직이는 것과 같아 아직 충분히 나아갈 수 없는 것이다(初志之動,
　感於四也. 故曰在外. 志雖動而感未深, 如拇之動, 未足以進也)"라고 하였다.

10 "비(腓)"라는 것은 장딴지를 말한다. 육이는 하괘의 중의 자리에 위치하여 구오와 상응
　하고 있는데, 이를 마치 장딴지와 교감하는 것으로 상징하고 있다. 장딴지는 스스로 움
　직일 수 없는 것이기 때문에 먼저 급하게 움직이면 반드시 흉하다. 이 때문에 효사는 먼
　저 흉하다는 것을 경계하고, 다시 조용하게 제 자리를 가만히 지키고 있으면 길할 수 있
　다고 말한다. 근본적으로 장딴지는 허벅지와 발이 움직이는 데 따라서 움직일 수밖에 없
　다. 이 말은 장딴지는 주동적으로 움직일 수 없다는 의미이다. 만약 주동적으로 움직이
　면(사실은 여자가 주동적으로 먼저 행동하면) 반드시 흉하다.

백 **六二, 腓, 凶, 居, 吉.**
　　　　육 이　비　흉　거　길

육이는 그 장단지에 느끼면 흉하니, 가만히 있으면 길하리라.

백 육이는 죄인의 장딴지를 도려내는 형벌을 시행했다. 점을 쳤는데 흉하다고 하였고, 집에서 점을 치니 길한 점괘가 나왔다.

象曰 雖凶居吉은 順하면 不害也[11]라.
　상 왈　수 흉 거 길　　순　　　불 해 야

상전에 말하기를 비록 흉하지만 가만히 있으면 길하다는 것은 순리에 따라 (최선을 다)하면 해가 없다는 것이다.

九三은 咸其股라 執其隨니 往하면 吝[12]하리라.
　구 삼　함 기 고　　집 기 수　　왕　　　린

---

11 육이는 음(陰)으로 중정(中正)의 위치에 있어서 본래는 허물이 없다. 그러나 효사에서는 오히려 "흉"이라는 말로 엄중하게 경계하고 있다. 이것은 『주역』의 작자가 함괘에서 비록 '교감(交感)'을 강조하지만 여기에서는 오히려 바름을 지키고 '움직이지 않는 것(不動)'을 미덕으로 보고 있다. 특히 이것은 남녀간의 교감으로 보자면 육이의 여자는 스스로 나서기보다는 구오의 남자의 주동적인 구애에 진실함을 가지고 순리에 따라 최선을 다하여(빌헬름의 영역본 참조) 움직이는 것이 '예(禮)'이고 길하다는 것이다.

12 "고(股)"는 넓적다리, 즉 대퇴부를 말한다. 구삼은 비록 하괘 중 가장 높은 자리에 있지만 스스로 움직일 수 있는 주동적 능력을 가지고 있지 못하다. "고"는 주동적이지 못하고 어디에 붙어 있어야 한다. 발이 움직여야 이것에 따라 움직이고 발이 멈추면 이것 역시 멈추어야 한다. 구삼은 하괘의 상위(上位)에 자리하여 그 처해 있는 상황이 넓적다리와 매우 흡사하다. 구삼은 멈추는 성질을 가지고 있는 간괘(艮卦)의 가장 높은 자리에 위치하여 함부로 움직여서는 안 된다. 그러나 구삼은 "그 따르는 것에 잡혀 있으니(執其隨)"라고 하여 초효와 이효가 성급하게 움직이는 것을 보고 이를 따라 움직이려고 하고 있다. 그러므로 그대로 놓아두면 부끄러운 결과(吝)를 당하여 후회하게 될 것이다. "집(執)"이라는 말은 아둔하고 고집스러운 것으로 초와 이를 따라서 무조건 움직이려는 것을 말한다. 이에 대해 주자는 『주역본의』에서 "넓적다리는 발을 따라 움직이고 스스로

■ 九三, 欽亓腥, 執其隨, 閵.
구삼 흠기비 집기수 린

구삼은 그 넓적다리에 느끼는 것으로 그 따르는 것에 잡혀 있으니 그대로
나아가면 (후회하게 될) 부끄러움을 당할 것이다.

■ 구삼은 죄인의 넓적다리 부분을 도려내는 형벌을 주도해서 시행했다.
점을 쳤는데 점점 곤궁에 처한다는 결과가 나왔다.

象曰 咸其股는 亦不處也니 志在隨人하니 所執이 下也[13]라.
상 왈 함 기 고 역 불 처 야 지 재 수 인 소 집 하 야

상전에 말하기를 그 넓적다리에 느낀다고 말하는 것은 역시 머물러 있지 않
는 것이고 뜻이 다른 사람을(다른 사람이 하는 대로) 따르는 데 있으니 그
잡혀 있는 바가 매우 낮다(집착하는 자체가 비천하다는 것이다).

九四는 貞이면 吉하여 悔亡[14]하리니 憧憧往來면 朋從爾思[15]리라.
구 사 정 길 회 망 동 동 왕 래 붕 종 이 사

주도적으로 하지 못하는 것이다. "집(執)"은 (스스로) 주장하여 담당하고 지킨다는 뜻이
다. 아래의 두 효가 모두 움직이려고 하고, 구삼 또한 스스로 지키지 못하여 따르니 그대
로 나아가면 부끄러운 결과를 얻을 것이다(股隨足而動, 不能自專者也. 執者主當持守
之意. 下二爻皆欲動者, 三亦不能自守而隨之, 往則吝矣)"라고 하였다.

13 교감(交感)하는 것이 넓적다리에 있어서 망동(妄動)할 수 없고 분명히 조용히 기다려야
한다. 만약 오직 다른 사람을 따르기만을 집착하는 것은 비천함을 면하기가 어렵다. 여
기에서 말하는 "머물러 있지 않으니(不處)"라는 말은 움직인다는 뜻이다. 초효와 이효의
두 음효는 모두 교감하여 가볍게 움직인다. 구삼은 그 자체가 비록 양효이나 다른 사람
이 움직이는 것을 보고 본인 스스로도 "역시 머물러 있지 않으니" 이는 한 마디로 다른
것을 따라서 움직이는 경우이다. 양(陽)으로 본인의 행위가 자주적이지 못하고 오히려
다른 사람을 따르는 데 있다고 한다면, 이런 태도나 행동은 매우 천박한 것이라고 할 수
있다.

14 구사는 하괘에서 상괘로 올라온 첫 번째 효이다. 함괘(咸卦)의 중(中)에 위치하며 사람

백 九四, 貞, 吉, 悔亡. 童童往來, 倗從璽思.
　　구 사 　정 　길 　회 망 　동 동 왕 래 　봉 종 새 사

구사는 바르면 길하여 뉘우침이 없을 것이니 왔다갔다 하기를 자주하면 친
구만이 너의 생각을 따를 것이다.

―――――――――――――

의 몸으로 치면 마음(心)에 해당한다. 『주역절중』은 양시(楊時)의 말을 인용하여 "구사
는 등살의 아래와 넓적다리의 위에 있는 것으로 심의 위치이다. 심이라 말하지 않는 것
은 심이 포함하지 않는 것이 없기 때문에 어떤 부위(位)를 가지고 말할 수 없기 때문이다
(九四脢之下, 股之上, 心之位也. 不言心, 心無不該, 不可以位言也)"라고 하여, 특정
한 부위에 느낀다는 말을 하지 않고 있다. 구사는 함괘의 주효(主爻)이지만, 양효로 음
위에 있는 것(陽爻陰位)으로 부정위(不正位)이며 또 부정위한 초육과 상응하고 있다.
상하 교감의 시작에 해당하기 때문에 바르면 길하게 되고 자연히 뉘우침이라는 것도 없
게 된다. 다시 말하면 구사가 어느 부위에도 속하지 않는 심(心)을 상징하는 것은 어느
한쪽으로만 치우쳐 사사로이 감통해서는 안 된다는 것을 비유하는 말이다. 『주역』의 효
사에서 "정길회망(貞吉悔亡)"이라고 말하는 곳은 모두 넷이 있다. 손괘(巽卦)는 구오에
이 말이 나오고, 대장괘(大壯卦)와 미제(未濟) 및 본괘(咸卦)는 모두 구사에서 이 말이
나온다. 구사는 본래 부정위이기 때문에 뉘우침의 상황이 있다. 그런데 "정길회망(貞吉
悔亡)"이라는 것은 만약 "바르기만 한다면 길함을 얻어서 뉘우침이 없을 것"으로 해석할
수 있다. 특히 여기에서 강조하려는 것은 바름과 바르지 못함, 유회(有悔)와 무회(无悔)
등은 오직 교감(交感)이라는 측면에서 말하는 것이다. 교감하여서 바르지 않으면 뉘우침
이 있고, 교감하여서 바르면 길하고 뉘우침이 없는 것이 된다.

15 "동동(憧憧)"이라는 말은 마음이 정해지지 않아서 자주 왔다갔다 하는 상황을 표현하는
말이다. 『설문해자』에서는 "동은 뜻이 정해지지 않았다(憧, 意不定也)"라고 하였고, 또
『경전석문』에서는 "왔다갔다 하는 것이 끊어지지 않는 모습(往來不絕貌)"이라고 하였
다. "붕(朋)"은 초육을 말하고, "이(爾)"는 구사를 말한다. "왔다갔다 하기를 자주하여"
마음이 안정되지 못하고 우왕좌왕하기 때문에, 오직 자신의 동류(同類, 초육)만이 따를
뿐으로, 넓고 먼 곳까지 감동시키지 못한다. 특히 이 구사효는 사람의 마음을 상징하는
것으로 상하괘의 사이에서 왔다갔다 하는 모습을 비유하고 있다. 진정한 감응을 하기 위
해서는 자신의 사심(私心)을 이입시켜서는 곤란하다. "왕래(往來)"의 앞에 다시 "동동
(憧憧)"이라는 말을 덧붙인 것은 사심의 좋지 않은 왕래를 말하는 것으로 자연법칙과 같
은 순수한 왕래가 아니다. 말하자면 이 "동동"이라는 말은 자신의 사적인 이익을 위해서
이리저리 왔다갔다 하면서 다른 사람과 교감하려는 것을 말한다. 그러므로 "친구만이 너
의 생각을 따를 것이다(朋從爾思)"라고 하여, 사심으로 교감하려고 하면 단지 자기 자신
과 가까운 몇몇 사람만이 따를 뿐이다. 엄밀히 말해서 이런 친구는 사실은 붕당(朋黨)이
라고 할 수 있다. 김경방 『주역전해』 265쪽 참조 바람.

■ 구사는 점을 쳐서 길하고 또 뉘우침이 없을 것이라는 결과를 얻었다. 많은 사람의 왕래가 끊이지 않는데 돈과 증명서를 가지고 시장을 출입한다.

象曰 貞吉悔亡은 未感害也요 憧憧往來는 未光大也[16]라.
상왈 정길회망 미감해야 동동왕래 미광대야

상전에 말하기를 바르면 길하여 뉘우침이 없을 것이라는 말은 아직 사사로운 느낌에 해를 입지 않는 것이고, 왔다갔다 하기를 자주 하는 것은 아직 빛나고 크지 않다는 것이다.

九五는 咸其脢니 无悔[17]리라.
구오 함기매 무회

---

16 "아직 사사로운 감정에 해를 입지 않는 것이고(未感害也)"라는 말에 대해 주자는 『주역본의』에서 "느낌에 해를 입는다는 것은 바르지 못하면서 느끼면 해가 있음을 말한 것이다(感害, 言不正而感則有害也)"라고 하였다. 느낌이 사심(私心)에서 나오면 해가 되고, 느껴서 사심이 없으면 해가 되지 않는다는 것이다. 말하자면 감응(感應)에 있어서 바름을 지키면 길하고 후회가 없을 것이다. 예를 들면 "왔다갔다 하기를 자주하면 친구만이 너의 생각을 따를 것이다(憧憧往來, 朋從爾思)"라는 말은 사심에 의해서 서로 감응하는 것을 말한다. 사심으로 서로 감응하면 그 감응한 부분은 매우 편협하여 오직 소수의 친구들만이 느낄 수 있을 뿐이다. 그러므로 "크지 않다는 것이다(未光大也)"라고 말한다. 여기에서 말하는 "광(光)"은 넓다(廣)는 의미이고, "크지 않다(未光大)"는 말은 영향이 아직 크지 않음을 말한다.

17 "매(脢)"는 등 뒤의 살(등살)을 말한다. 등 뒤는 반응이 가장 느리고 외부세계와의 갈등이나 긴장이 가장 적다. "매(脢)"는 등 뒤의 살로 바로 심장(心)의 뒷면에 해당하는데, 서로 등져 있기 때문에 볼 수 없는 관계이다. 구오는 존위에 자리하여 지성(至誠)으로 천하 사람들의 마음에 감응하여야 한다. 구오는 아래의 육이와 감응하고 또 위의 상효와 가깝게 지내고 있는데, 만약 육이와 연루되거나 상효에만 빠져 버리면 그 감응하는 범위가 너무 좁아진다. 따라서 이는 천자나 제후가 마땅히 해서는 안 될 행동이다. "그 등살에 느낀다(咸其脢)"는 말은 구오가 등 뒤의 살처럼 자신의 사사로운 마음을 버려두고 훨씬 더 많은 사람들과 폭넓게 감응하는 것을 말한다. 이렇게 하여야 군주는 천하의 정도(正道)와 감응하여 후회가 없게 될 것이다. "후회가 없을 것이다(无悔)"는 말은 바깥 사물에 쉽게 유인되지 않고 유혹에 반응이 느리기 때문이다. 외물 혹은 외계에 유인되거나 갈등이 없기 때문에 후회가 없다고 말한다. 다시 말하면 이것은 사심에 의해서 해를 입

九五, 欽元股, 无悔.
구 오   흠 기 고   무 회

구오는 그 등살에 느낌이니 후회가 없을 것이다.

구오는 죄인의 넓적다리뼈를 도려내는 형벌을 시행했다. 점을 쳤는데 후회함이 없을 것이라는 결과가 나왔다.

象曰 咸其脢는 志末也[18]일새라.
상 왈   함 기 매   지 말 야

상전에 말하기를 그 등살에 느낌이니 그 뜻이 말단에 있다는 것이다.

上六은 咸其輔頰舌[19]이라.
상 육   함 기 보 협 설

지 않는 것을 의미한다.

18 "그 뜻이 말단에 있다(志末也)"는 것은 다른 사람을 감동시키지 못하는 것을 의미한다. 이에 대해 주자는 『주역본의』에서 "뜻이 말단에 있다는 것은 남을 감동시키지 못함을 말한다(志末, 謂不能感物)"고 하였다. "말(末)"을 "미(未)"를 잘못 쓴 것으로 보는 관점도 있다. 전체 『주역』에서 "지(志)"를 말하는 경우 전부 "미(未)"를 사용하고, "말(末)"을 사용하는 경우는 없다. 이러한 사실로 볼 때 구오는 감응하는 뒤에서 아직 상응하는 육이와 교류하지 않기 때문에 그 심지(心志)가 실현되지 못한 것이라고 할 수 있다. 그러므로 원문은 "지미(志未)"로 하는 것이 맞을 것으로 보인다. (『주역정종』 271쪽 참조 바람) 그러나 이런 관점은 "미(未)"자 아래에 동사가 오는 경우에는 타당할 수 있다. 구체적으로 예를 들면, 동인(同人) 상구와 겸괘(謙卦) 상구의 「상전」에는 모두 "뜻을 아직 얻지 못했다(志未得也)"라고 하였다. 관괘(觀卦)의 싱구 「상전」이나 가인(家人)괘이 초구 「상전」의 "지미평(志未平)"이나 "지미변(志未變)"의 "미(未)" 뒤에는 모두 동사가 붙어있다는 점으로 보면 여기에서 "말(末)"로 쓴 것은 크게 무리가 없는 것으로 보인다.

19 "보(輔)"는 볼(광대뼈 또는 윗잇몸)을 말하는데 여기에서 말하는 볼(輔, 뺨의 가운데를 이루고 있는 살집을 말함), 뺨(頰), 혀(舌) 세 가지는 모두 말하는 입과 관련이 있다. 그러나 효사에서는 길흉을 전혀 말하고 있지 않다. 상육은 함괘의 극이면서 상괘인 태(兌)의 끝을 말한다. 태괘가 기쁨이라는 괘덕(괘의 본성)을 가지고 있기 때문에 언어를 통하여 다른 사람을 기쁘게 하여 감동시키는 것을 말한다. 말로만 다른 사람들을 기쁘게 하

백 尙六, 欽丌胶陝舌.
상 육　흠 기 보 협 설

상육은 그 볼과 뺨과 혀로 느낀다.

백 상육은 죄인의 뺨과 혀를 자르는 형벌을 시행했다.

象曰 咸其輔頰舌은 滕口說也[20]라.
상 왈 함 기 보 협 설　　등 구 설 야

상전에 말하기를 그 볼과 뺨과 혀로 느낀다는 것은 입에 말만 올려놓은 것
이다.

* 함괘의 의미와 교훈

함괘(咸卦)가 말하려고 하는 주된 의미를 광의적으로 보면 사물의 감
응(感應)의 도리로 볼 수 있고, 협의적으로 보자면 남녀간의 교감(交感)
의 이치로 볼 수 있다. 괘사에서는 교감이 바르다면 반드시 형통하고 또
남자가 여자를 취하면 길할 수 있다고 말하여 위의 의미를 분명하게 표현
하고 있다.

는 것은 근본적으로 진심어린 성의를 결핍하고 있는 것으로 이것은 소인의 행위이다. 실
제로 상육은 음효로 소인을 상징하여 늘 입으로 다른 사람을 속이고 유혹하는데 이것은
군자의 태도가 결코 아니다.
20 "등(滕)"이라는 말을 정이천은 『이천역전』에서 "구설과 언설에만 올려놓으니 어찌 남을
감동시키겠는가(滕揚於口舌言說, 豈能感於人乎)"라고 하였고, 주자는 『주역본의』에서
"등과 등은 통용한다(騰滕, 通用)"라고 하였다. 『경전석문』에서는 "등(滕)"을 "표달한
다(達也)"라고 하였다. 이것은 입으로 말을 하는 것을 표현하고 있다. 입으로 말만 하는
것은 진심으로 사람을 감동시키기가 어렵다는 의미이다.

함괘는 인체의 감응을 통하여 인간과 인간 간의 상호 감응의 원칙을 비유적으로 말하고 있다. 이것은 각각 교감의 다른 상황과 시비득실을 나누어 보여주고 있다. 초육은 발가락에 감응하는 것으로 길흉은 보이지 않는다. 육이는 다리의 장딴지에 감응하여 주동적으로 움직이지 않고 그대로 있으면 길하다고 하였다. 구삼은 넓적다리의 감응으로 발이나 다리가 움직이는 것에 따라가면 되지만, 초효와 이효가 성급하게 움직이는 것을 보고 그냥 따라 움직이면서 그대로 나아가면 후회가 있을 것이라고 말한다. 구사는 마음에 감응하여 바름을 지키면 길에 이르고, 구오는 그 등살에 느끼는 것처럼 아직 크게 감응되지는 않은 상황으로 다만 후회가 없을 것이라고 하였다. 상육은 말하는 것에 감하여 감응이 미미하여 길흉을 파악하기 어렵다.

함괘에서 말하는 여러 효들은 신체의 아래로부터 위로 감응하는 상징을 통하여 설명하는 것이 매우 흥미롭다. 효사에서 "너의 친구만이 너의 생각을 따르리라"는 경계(警戒)를 통하여 바른 것에 감하여야 반드시 길함을 말하고 있다. 이런 관점에서 본다면 함괘의 함(咸)은 "바르면 이롭다는(貞吉)" 관점에서 이야기할 수 있다. 또 이러한 남녀의 교감 문제 이외에 천지(天地)간의 감응과 천하 사람들과의 감응문제에 대해서 함괘는 말하고 있다. 동진(東晉)의 고승 혜원(慧遠)은 『세설신어(世說新語)』에서 주역의 핵심을 감응(感應)이라고 하였다. 그는 『주역』 중에는 불교의 깊은 의미까지 담고 있는 데, 그것이 바로 함괘(咸卦)라고 말한다.

『주역』의 하경은 인류가 발단하는 부부로부터 시작한다. 또 남녀관계를 빌려서 감응의 법칙을 해석한다. 남녀간의 자연스럽고 사심이 없는 상호 감응과 피차간의 애모(愛慕)는 반드시 겸허한 태도로서 추구하고 조금도 흔들림 없는 진실함으로 감동시켜 상대방이 즐겁게 받아들여 상호 소통하여 가지고 부부로까지 맺어지는 과정은 매우 자연스럽다. 이 과정을 일체의 인간관계에 적용하거나 또한 천지 사이의 모든 교류에 적응하면 이 사심 없는 감응으로부터 나오지 않는 것이 없다. 한 마디로 말하여 함괘의 주된 의미는 교류관계를 강조하는 데 있다. 교류관계의 효과는 양측이 가지고 있는 태도와 취하고 있는 방식이 무엇인가에 의해 정해진다. 만약 양쪽이 다 강(剛)일 경우 쉽게 마찰에 이르게 되어 양측의 교감이 어렵게 된다. 또 양쪽이 다 유(柔)일 경우 표면적 마찰은 피할 수 있을지라도 소통과 감응은 더욱 느리게 진전될 것이다. 그러므로 서로 때에 따라 한 번은 강하고 한 번은 약한 대응 관계가 상호교류와 소통을 원활하게 해 준다. 감응은 자연스러운 발생으로 여기에는 지나친 주관이나 맹종이 있어서는 곤란하다. 동기가 반드시 순정하고 사심을 배제하고 또 마음을 편협하게 가지거나 선입견을 가져서는 곤란하다. 만약에 그러한 것을 가진다면 절대로 다른 사람을 감동시킬 수 없다. 또 바깥 세계와 소통할 수도 없고 조화로운 인간관계를 세울 수도 없다. 또 이 괘의 마지막 효에서는 화려한 말과 교묘한 언사로써 다른 사람을 속일 수는 있지만 그것은 한 마디로 소인의 작태(作態)로 군자가 타인과 감응하는 그런 도리는 분명 아님을 말하고 있다.

32. ䷟ 뢰풍항(雷風恒, 백 恒 第三十二)

1) 괘의 순서

　　"항괘(恒卦)"는 「서괘전」에서 "부부의 도는 오래하지 않을 수 없기 때문에 항괘로써 받았다. 항은 항구함이다(夫婦之道不可以不久也, 故受之以恒, 恒者, 久也)"라고 하였다. 남녀간의 감응을 통하여 서로 사랑하게 되면서 혼인이라는 멋진 결과를 만들게 된다. 그러므로 함괘 다음에 "항괘"가 이어서 나온다. 즉 소남(少男)과 소녀(少女)의 연정을 말한 이후에 장남과 장녀로 결합된 부부의 도를 이야기하는 것은 매우 자연스러운 전개라고 할 수 있다.

2) 괘명의 의미

　　항괘는 남녀간의 부부 생활에 대해 말하고 있다. 부부 생활에 있어서 가장 중요한 것은 역시 성생활이라고 할 수 있다. 결혼을 인류학적 의미에서는 성생활의 공개적인 허용으로 보기도 하는데 사회적인 존재인 사람은 금수와는 분명히 구별되는 성교와 번식을 필요로 한다. 여기에서는 나름대로의 원칙과 도덕 및 법률을 준수하여 부부간의 이런 행위를 허용할 뿐이다. 그러면 어떻게 하여야 부부관계의 항구성을 유지할 수 있는가? 이런 문제를 항괘는 말하고 있다.

　　"항(恒)"이라는 말은 항구(恒久), 장구(長久), 항상(恒常)의 뜻으로 상도(常道)와 상규(常規)라는 것과 관련이 있다. 부부의 도는 종신토록 불변해야 한다. 항괘는 사람이 살아가는 데 중요한 영원한 상도(人道之

恒, 즉 常道)를 말한다. 그렇다고 하여 항괘는 오래된 상규를 무조건 묵수(墨守)하라고 말하는 것이 아니다. 오히려 변역(變易)할 것을 주장한다. 이에 대해 정이천은 『이천역전』에서 "천하의 이치에는 변동하지 않고 항구적일 수 있는 것은 아직까지 없었다. 움직이면 끝났다가 다시 시작되니 항구해서 끝나지 않는다. 천지가 낳는 사물은 비록 산악의 견고하고 후한 것이라고 할지라도 아직까지 변하지 않는 것은 없었다(天下之理, 未有不動而能恒者也. 動則終而復始, 所以恒而不窮. 凡天地所生之物, 雖山嶽之堅厚, 未有能不變者也)"라고 하고, 「잡괘전」에서는 "함은 신속한 것이고 항은 오래가는 것이다(咸, 速也 ; 恒, 久也)"라고 하였다. 이처럼 함괘는 남녀간의 신속한 감응(感應)을 말하고, 항괘는 남녀의 장구한 결합(結合)을 말한다. 「서괘전」이나 「잡괘전」은 공통적으로 항괘의 뜻이 영원하고 장구하다는 의미를 가지고 있음을 말하고 있다. 이에 비해 함괘는 남녀 사이에 마음을 열어 서로 교류하고 감응하는 것을 말하고, 항괘는 결혼 후의 영원하고 공고한 결합을 강조한다.

3) 괘상의 의미

상괘인 우레(雷)는 장남을 뜻하며, 하괘인 바람(風)은 장녀를 뜻한다. 우레(☳)는 상(上)과 외(外)를 말하는 것으로 바깥에서 움직이는 것(動於外)이다. 이것은 남편이 가져야 할 직분을 말한다. 바람(☴)은 아래(下), 내(內)로 안에서 따르는 것(順於內)이다. 이것은 아내가 가져야 할 직분을 말한다.

하괘인 손괘(巽卦)는 장녀를 상징하고, 상괘인 진괘(震卦)는 장남을 상징한다. 함괘는 남자가 여자의 아래에 있어서 남녀와 음양이 서로 감응하는 도리를 상징하고 있다. 이에 비해 항괘는 여자가 남자의 아래에 있

어서 부부간의 질서과 관계를 말하는데 이것은 부부의 일반적인 도리를
상징하고 있다.

恒은 **亨**하여 **无咎**하니 **利貞**하니 **利有攸往**[1]하니라.
항　　형　　　　무구　　　　이정　　　　이유유왕

백 **恒, 亨, 无咎, 利貞. 利有攸往.**
항　형　무구　이정　이유유왕

경의 의미 : 항괘가 나오면 제사를 지낼 수 있고, 재난이 없어서 유리한 점

---

1 항괘(恒卦)의 "항(恒)"은 항구(恒久)하고 쉼이 없다(不息)는 의미이다. 괘사에서 말하는
두 "이(利)"는 모두 형통(亨)의 뜻을 가지고 있다. 항괘가 형통한 이유는 안정되고 태평
(泰平)한 상태에만 안주하고 그것을 지키려는데 머물러 있지 않기 때문이다. 이런 점은
항괘가 태괘(泰卦)에서 변한 것이라는 점에서도 상징적으로 나타난다고 할 수 있다. 태괘
의 태평함을 오히려 타파함으로써 더 발전하게 되는 상황을 나타낸다. 무조건적인 변화나
타파가 발전은 아니다. 발전은 어디까지나 천지운행의 도리에 부합할 경우라야 해가 없다.
만사만물은 모두 상대적으로 평형하였다가 이 평형이 깨어지고, 다시 평형으로 변하는 과
정에서 이른바 "끝나면 다시 시작하는(終則有始)" 운동이 출현한다. 이런 운동이 바로 변
화이고, 이런 운동의 법칙은 변화하지 않는다. 그러므로 "바르게 함이 이로우니 가는 바
를 두면 유리하다(利貞, 利有攸往)"라고 하는 것이다. "가는 바를 두면 유리하다"라는 말
은 앞을 향하여 운동하고 발전하는 것이 유리하고 또 천지자연의 도리에 부합하여 운동해
야 하는 것을 강조하고 있다. 이 구절은 동(動)과 부동(不動), 변(變)과 불변(不變)의 변
증법적인 관점을 말하는 것이라고 할 수 있다. 동 가운데 부동이 있고 변화 가운데 불변이
있기 때문에 운동은 영원하고 이런 운동 법칙은 영원하다. 그러므로 괘명을 "항(恒)"이라
고 하는 것이다. 이에 대해『주역절중』에서는 서기(徐幾, 南宋 시기의 역학자로 대표적인
저작으로『易輯』이 있음)의 밀을 인용히어 "항에는 두 가지의 뜻이 있는데 변하지 않는
항도 있고, 쉼이 없는 항도 있다. '바르게 함이 이로우니(利貞)'라는 말은 변하지 않는 항
이고, '가는 바를 두면 유리하다(利有攸往)'라는 것은 쉼이 없는 항이다. 이 둘을 합해서
말하면 상도이다. 어느 한쪽으로 치우치면 올바른 도가 아니다(恒有二義, 有不易之恒,
有不已之恒. 利貞者, 不易之恒也; 利有攸往, 不已之恒也. 合而言之, 乃常道也. 倚
於一偏, 則非道矣)"라고 하였다. 말하자면 "쉼이 없는 항(不已之恒)"이라는 것은 오늘
날의 용어로 말하면 운동의 절대성을 의미하고, "변하지 않는 항(不易之恒)"이라는 것은
운동 법칙의 영원성을 말한다. 사물은 불변하는 법칙 속에서 끊임없이 운동하고 있다.

괘가 나오니 나아가 행하는 것이 유리하다고 하였다.

전의 해석 : 항은 형통하여 허물이 없으니, 바르게 함이 이롭고 가는 바를
두면 유리하다.

▨ 항은 나아가서 또한 통하여 재난이 없어서 유리한 점괘이고 나아가 행
하는 것에 이롭다.

彖曰 恒은 久也니
단 왈 항　구 야

단전에 말하기를 항은 장구이고,

剛上而柔下²하고 雷風이 相與³하고 巽而動⁴하고 剛柔皆應이
강 상 이 유 하　　뇌 풍　　상 여　　손 이 동　　강 유 개 응

---

2 이것은 항괘(☳)가 태괘(泰卦:☷)로부터 변한 것으로 태괘의 초구가 위로 움직여 사효로
올라 갔고, 육사가 아래의 초효로 내려가서 항괘가 된 것을 말한다. 강(剛)은 강건(剛健)
한 양기(陽氣)이고, 유(柔)는 유순(柔順)한 음기(陰氣)이다. 양기가 위에 있고 음기가 아
래에 있는 것은 천지의 본래적 질서로 영원함(恒久)을 유지할 수 있다. 앞의 함괘(咸卦)
가 음양의 감응(感應)을 말하여 양은 아래를 향하고 음은 위로 향하기 때문에 서로 교류
하고 내왕하여 감응한다. 감응하여 결합한 후에 비로소 안정을 유지할 수 있는데, 이렇게
되었을 때 본래적 질서를 회복할 수 있다. 이것은 남녀가 서로 사랑하여(함괘의 음양감응)
결혼해서 부부가 되는(항괘의 夫婦之道) 것을 말한다. 항괘(恒卦)가 말하는 것은 바로 이
러한 질서를 오랫동안 유지하는 데 그 뜻이 있기 때문에 강이 위에 올라가고 유가 아래로
내려간다고 말하는 것이다.
3 우레는 상괘의 진(震)을 말하고, 바람은 하괘의 손(巽)을 말한다. "여(與)"는 도운다(助)
는 의미이다. 이 구절은 상하의 괘상을 통하여 우레와 바람이 서로 도우는 것을 설명하고
있는데, 이것은 언제나 변하지 않는 현상에 속한다. 이에 대해 정이천은 『이천역전』에서
"우레와 바람이 서로 더불어 한다는 말은 우레가 진동하면 바람이 일어나니 두 가지가 서
로 기다려 서로 그 세력을 돕기 때문에 서로 더불어 한다고 말하였으니, 이것이 바로 항상
적인 것이다(雷風相與, 雷震則風發, 二者相須, 交助其勢, 故云相與, 乃其常也)"고 하

恒⁵이니
항

강이 위로 올라가고 유가 아래로 내려와 우레와 바람이 서로 더불어 하고
겸손해서 움직이고 강유가 모두 상응하는 것이 항으로,

恒亨无咎利貞은 久於其道也니
항 형 무 구 이 정　　구 어 기 도 야

항은 형통하여 허물이 없으니, 바르게 함이 이롭다는 것은 그 도를 오래하
는 것이니,

天地之道 恒久而不已也⁶이니라.
천 지 지 도 항 구 이 불 이 야

천지의 도는 항구하여 그침이 없는 것이다.

利有攸往은 終則有始也⁷일새니라.
이 유 유 왕　　종 즉 유 시 야

였다.

4 상하괘의 특성을 조합하여 함괘를 설명하고 있다. "겸손해서 움직이고(異而動)"라는 말
은 상괘인 진괘(震卦)의 특성은 움직이는 것이고, 하괘인 손괘(異卦)의 특성은 겸손하게
따르는(順) 것이기 때문에 겸손하게 따라서 움직이면 형통하다고 말한다.

5 이 구절은 상응(相應)의 관계를 통하여 함괘를 설명한 부분이다. "강유가 모두 상응하는
것이 항이니(剛柔皆應, 恒)"라는 말은 함괘의 여섯 효가 모두 상응하는 것을 말한 것으로
상응하는 것은 서로 응원하고 좋아하기 때문에 형통하여 허물이 없게 된다.

6 이 부분은 괘사의 "형통하여 허물이 없으니, 바르게 함이 이로우니 가는 바를 두면 유리
하다(亨, 无咎, 利貞, 利有攸往)"는 구절을 해석하고 있다. 함괘가 형통할 수 있는 것은
허물이 없기 때문이다. 즉 오랫동안 자신의 정도(正道)에서 벗어나지 않고 그것에 따라
행동하여 왔기 때문에 형통하게 되는 것이다. 이는 마치 천지와 일월(日月)이 자연법칙에
따라 늘 변함이 없는 것과 같다.

7 "가는 바를 두면(앞으로 나아가면) 이로울 것"이라고 하는 이유는 만사만물의 운동법칙은

가는 바를 두면 유리하다는 것은 마치면 시작됨이 있다는 것이다.

日月이 得天而能久照하며 四時變化而能久成하며 聖人이
일월　　 득 천 이 능 구 조　　　 사 시 변 화 이 능 구 성　　　 성 인

久於其道而天下化成하나니 觀其所恒而天地萬物之情을
구 어 기 도 이 천 하 화 성　　　 관 기 소 항 이 천 지 만 물 지 정

可見矣[8]리라.
가 견 의

해와 달이 하늘을 얻어(하늘의 이치에 따라) 오랫동안 비출 수 있으며, 사
계절이 변화해서 오랫동안 이룰 수 있으며(만물을 생성함), 성인이 그 도
를 오래하여(오랫동안 지켜) 천하가 교화되어 이루어지나니 그 항구(恒久)
한 바를 보면 천지 만물의 실정(實情)을 볼 수 있을 것이다.

象曰 雷風이 恒이니 君子以하여 立不易方[9]하나니라.
상 왈 뇌 풍　　 항　　　 군 자 이　　　 입 불 역 방

하나의 운동주기가 완성이 되면 또 다른 하나의 새로운 운동주기가 시작되어 정지함이 없
기 때문이다. 계속적인 운동 변화와 발전이 있기 때문에 "가는 바를 두면(앞으로 나아가
면) 이로울 것"이라고 말한다. "시종(始終)"은 하나의 운동과정이 일회(一回)로 종결(終
結)되는 것을 의미하는 반면에, "종시(終始)"라는 말은 운동의 진행과정이 이루어졌다가
다시 새롭게 운동이 시작된다는 것을 의미한다. 그래서 전자가 끝(終)에 초점이 있다면,
후자는 시작(始)에 초점이 있다는 점에서 이 둘은 구분된다.

8 해와 달은 천도에 따라서 그치는 일 없이 만물을 비추고, 사계절도 자연 법칙에 따라서 변
화하고, 항상(恒常)하여 그치는 일 없이 만물을 생성한다. 성인은 이 천지·일월·사계의
항구하는 도를 본받아 행하기 때문에 천하의 민심이 자연히 감화되어 좋은 풍속이 육성되
는 것이다. 그러므로 이 항상(恒常)한 소이(所以)를 잘 관찰하면 천지만물의 실정이 무엇
인지를 살펴볼 수가 있다.

9 상괘가 우레(震)이고 하괘가 바람(巽)인 괘상이 항괘이다. 우레와 바람을 상징하는 두 괘
는 상하음양(上下陰陽)이 있어야 할 자리에 있어서 서로 돕고 있는 상이다. 군자는 이 괘
상을 본받아 제멋대로 도를 변경하지 않는다. "군자는 이것을 본받아서 (그 도를) 세워 그
따라야 할 바른 방향을 바꾸지 않는다(君子以立不易方)"에서 "방향(方)"은 인간이 행위

상전에 말하기를 우레와 바람이 항이니 군자는 이것을 본받아서 (그 도를) 세워서 그 따라야 할 바른 방향을 바꾸지 않는다.

初六은 浚恒이라 貞이라도 凶하니 无攸利[10]하니라.
초 육　준 항　정　　흉　　무 유 리

백 **初六, 浚恒, 貞, 凶, 无攸利.**
초 육　준 항　정　흉　무 유 리

경의 의미 : 너무 오랫동안 (깊이) 파는 것이라 점을 치면 흉하고 이로운 바가 없다고 하였다.

전의 해석 : 초육은 항구함을 (깊이) 파는 것이라, 바르더라도 흉하여 이로움이 없다.

하는 데 있어서 마땅히 따라야 할 도의(道義)의 방향을 말한다. 군자가 항괘(恒卦)를 배우면 반드시 항상(恒常)되게 지킬 것이 무엇인지를 찾아서 배워야 한다. 도덕이나 사람됨에 있어서도 언제나 일관성을 가지고 있어야 하고, 원칙과 지조를 지켜야 한다. 그렇지 않고 시류(時流)에 따라 원칙도 없이 이리저리 움직여서는 안 된다. 원칙도 없고 지조를 지키지 않는 자가 바로 소인(小人)임을 『상전』은 분명히 말하고 있다.

10 "준(浚)"을 정현은 흙을 파낸다는 의미의 "준(濬)"과 같은 의미로 보았다. 이 말은 강바닥을 깊게 파서 흙을 뽑아내는 것으로 하상(河床)을 정리하는 것을 말한다. 『상서』「우공(禹貢)」편에서 "우임금은 구주로 나누어 산의 형세에 따라 내를 준설하였다(禹別九州, 隨山濬川)"라고 하였는데, 하상을 파서 물길을 소통하게 하는 것을 말한다. 초육은 태괘(泰卦)로부터 변한 것으로 사효가 아래로 내려온 것으로 한순간에 전체 괘의 가장 아래에 자리 잡게 된다. 이는 마치 가장 깊은 곳에서 흙을 퍼내는 것과 같기 때문에 "항구함을 (깊이) 파는 것이라(浚恒)"라고 말한다. 이 말은 항구함을 추구함이 매우 깊음을 말한다. 그러나 지나치게 항구함만을 추구하여 더 이상 변화를 수용하지 않는 것은 문제가 된다. 그러므로 "바르더라도 흉하다(貞凶)"라고 하여 하나만 지키고 움직이지 않으면 흉하다고 말한다. 여기에서 말하는 "정(貞)"을 정이천은 "고(固)"의 뜻으로 보아 지나치게 고집한다는 의미로 해석한다.

🔲 초육은 아무 데나 가서 이익을 추구하려는 것은 아니되며 백해무익이다. 불리한 점의 결과가 나왔다.

象曰 浚恒之凶은 始에 求深也[11]일새라.
상 왈 준 항 지 흉   시   구 심 야

상전에 말하기를 항구함을 (깊이) 파는 것이 흉하다는 것은 처음부터 구하기를 너무 깊게 하기 때문이다.

九二는 悔亡[12]하리라.
구 이   회 망

🔲 **九二, 悔亡.**
구 이   회 망

구이는 뉘우침이 없어지리라.

🔲 구이는 뉘우침이 없어지리라.

象曰 九二悔亡은 能久中也[13]라.
상 왈 구 이 회 망   능 구 중 야

---

11 "처음부터(始)"라는 말은 초효에서 처음 시작함을 말한다. "구한다(求)"는 것은 초육이 사효에서 내려와 구하는 것을 말한다. "깊다(深)"는 말은 전체 괘의 가장 아래라는 의미이다. 처음부터 항구(恒久)함을 추구하고 또 끝까지 그것을 견지하여 운동 가운데서의 항구함을 모르고 움직이지 않는 것은 흉하다고 하는 것이다.

12 구이는 양이 음의 자리에 있어서 본래 정위가 아니기 때문에 뉘우칠 일이 없을 것이라고 말한다. 그러나 계속적으로 중용의 도리를 지켜 한쪽으로 치우치지 않으면 마침내 "뉘우칠 일이 없어지는(悔亡)" 상태가 된다. 이에 대해 왕필은 "비록 제자리를 잃었으나 항상 가운데에 자리하고 있으니 뉘우치는 일을 사라지게 할 수 있다(雖失其位, 恒位於中, 可以消悔也)"라고 하였다.

13 구이는 계속적으로 "중(中)"을 지킴으로써 뉘우침을 사라지게 할 수 있다고 말한다. 곽

상전에 말하기를 구이에 뉘우침이 없어진다는 것은 능히 중에 오래 머물기 ·
때문이다.

九三은 不恒其德이라 或承之羞¹⁴니 貞이면 吝¹⁵하리라.
구 삼　　불 항 기 덕　　　혹 승 지 수　　　정　　　린

[백] 九三, 不恒亓德, 或承之羞, 貞, 吝.
구 삼　　불 항 기 덕　　　혹 승 지 수　　　정　　　린

옹(郭雍, 1091~1187)은 『곽씨전가역설(郭氏傳家易說)』에서 "항구적일 수 있는 도는 다른 것이 아니라 중(中)일 뿐이다. 지나침은 모자람만 못하다는 것은 모두 항구적으로 지킬 수 있는 것은 아니다. 그러므로 『중용』에서는 '중이라는 것은 천하의 큰 근본이다'라고 말한다(可久之道无它焉, 中而已矣: 過猶不及, 皆非可久也, 故中庸曰: 中者, 天下之大本也)"라고 하였다

14 이 말은 『논어』 「자로(子路)」편에서 "공자께서 말씀하셨다. 남쪽 나라 사람들의 말이 있는데, 사람이 항상하는 덕을 가지고 있지 않으면 무당이나 의원도 될 수 없다고 하였다. 그 말은 맞다. 항상하는 덕을 가지지 못한 사람은 부끄러움을 당할 것이다. 공자께서 말씀하시기를 (그런 사람은) 점을 칠 필요도 없다고 하셨다(子曰, 南人有言曰, 人而無恒, 不可以作巫醫. 善夫! 不恒其德, 或承之羞. 子曰, 不占而已矣)"라고 한 말을 인용하고 있다. 여기에서 공자가 강조하는 것은 『주역』을 점치는 책으로 간주하기보다는 인격 수양을 가능하게 해주는 책으로 보고 있다는 점이다. 이 때문에 만약 항상적인 덕(恒德)을 갖추지 못한 사람은 점을 칠 필요가 없다고 말한다. 유보남(劉寶楠)은 『논어정의(論語正義)』에서 "항상적인 (바른) 덕을 갖추지 못한 사람이 점을 쳐 보았자 흉만 있고 길은 없을 것이다(無恒之人, 有凶無吉)"라고 하였다.(中華書局, 下卷, 第545頁) "승(承)"은 『설문해자』에서는 "봉(奉)"이라 하여 '받치다'는 의미로 쓰고 있다. 여기에서는 '굴욕을 준다'는 의미로 쓰고 있다. 이 두 구절은 구삼이 양으로 하괘의 끝에 자리하고 있으면서 위로 상육과 상응하여 급하게 나아가고 있음을 말하고 있다. 만약 덕을 지키는 것을 지속적으로 하지 않으면 사람들에게 부끄러움을 당할 것임을 경계하고 있다. 이에 대해 『주역본의』에서는 "자리는 비록 바름을 얻었으나 지나치게 강하고 중하지 못하며, 뜻이 위를 따라 그 자리에 오래하지 못한다. 그러므로 그 덕을 항상하지 못하여 혹 부끄러움을 당하는 상이 된다(位雖得正, 然過剛不中, 志從於上, 不能久於其所, 故爲不恒其德或承之羞之象)"라고 하였다.

15 "바르더라도 부끄러울 것이다(貞吝)"라는 것에 대해서는 여러 가지 해석이 있다. 한 가지만 고집하여 움직이지 않으면 후회와 어려움이 있을 것이라는 해석도 있는데, 처음의 해석과 방향에서 크게 다르지 않다. 또 "바름을 지켜서 부끄러움을 막는다(守正防吝)"는 해석도 있다.

구삼은 그 덕을 항상(恒常)하지(견지하지) 못한 것이라 혹 창피함을 당하니, 바르더라도 (후회하는) 부끄러움을 당할 것이다.

■백 구삼은 그 덕에 나아가 수양하지 않으면 좋은 음식을 바칠 수 없고 귀신을 태만하게 한 것인데, 이것은 잘못된 것으로 그 덕을 항상 견지하라는 점괘가 나왔다.

象曰 不恒其德하니 无所容也[16]로다.
상 왈 불 항 기 덕　　　무 소 용 야

상전에 말하기를 그 덕을 항상하지 못한 것이라고 하니 다른 사람에 의해 용납되지 않는다.

九四는 田无禽[17]이라.
구 사　　전 무 금

■백 九四, 田无禽.
구 사　　전 무 금

구사는 사냥을 갔는데 짐승을 잡지 못했다.

---

16 그 덕을 항구히 하지 않으면, 몸 둘 곳이 없어진다는 것을 말한다.
17 "전(田)"은 전지(田地)를 말한다. 건괘(乾卦) 구이 효사에서는 "드러난 용이 밭에 있다(見龍在田)"라고 하여 밭이나 들판을 말하고 있다. 옛날 사람들은 들판에서 사냥을 했기 때문에 "전"은 또한 전렵(田獵)을 의미한다. 후대에 이 의미를 구별하기 위해서 전렵의 "전(田)"은 "전(畋)"으로 쓴다. 『주역』에는 "전(畋)"이라는 글자는 보이지 않는다. 여기에서는 "전(田)"과 "금(禽)"을 연용(連用)하고 있는 것으로 보아 분명히 사냥하는 의미로 이해된다. 이 구절의 의미는 사냥하러 나갔으나 한 마리의 사냥감도 잡지 못하고 빈손으로 돌아오는 것을 말한다. 기본적으로 구사는 위(位)가 부정위이고 부중이기 때문에 되는 일이 없다. 구사는 상괘의 초효로 남편의 직책이 시작됨을 의미한다. 말하자면 사냥이 남자의 일이라면 요리는 아내의 일이다. 구사는 남편의 입장에서 자신의 직분을 충실히 이행하지 못한 것을 말한다.

백 구사는 사냥을 갔는데 짐승을 잡지 못했다.

象曰 久非其位어니 安得禽也¹⁸리오.
상 왈 구 비 기 위　　　안 득 금 야

상전에 말하기를 그 자리가 아닌지 오래되었으니 어찌 짐승을 잡으리오.

六五는 恒其德이면 貞하니 婦人은 吉코 夫子는 凶¹⁹하니라.
육 오　항 기 덕　　정　　부 인　길　부 자　흉

백 六五, 恒元德. 貞, 婦人吉, 夫子凶.
육 오　항 기 덕　정　부 인 길　부 자 흉

육오는 그 덕을 항구히 하면 바르니, 부인은 길하고 남자는 흉하다.

백 육오는 덕에 나아가 수양을 하였다. 점을 쳤는데 부인은 길한 점을 얻고
남자는 흉한 점을 얻었다.

---

18 구이는 비록 정위는 아니지만 중을 지킬 수 있었기 때문에 "뉘우침이 없었다(悔亡)". 그
러나 구사는 부당위이고 중의 위치가 아니기 때문에 열심히 일하였으나 얻은 것이 전혀
없다. 구사는 아무리 열심히 오랫동안 일을 하였다고 하더라도, 정당함을 얻지 못하는
거처(不中不正)에 있기 때문에 실제로 얻은 것이 아무것도 없다. 열심히 사냥을 해도 사
냥감을 얻을 수 있는 위치가 아니라는 말이다.

19 구이는 양으로 음의 자리에 있고, 육오는 음으로 양의 자리에 있어서 위(位)가 부당하지
만 모두 중(中)을 얻고 있다. 구이는 강으로 중을 얻고 있기 때문에 뉘우칠 일이 없다고
말한다. 육오는 음으로 중의 자리에 있어서 "그 덕을 항구히 하면 바르니(恒其德, 貞)"
라고 하여 부드럽고 순종적인 유순(柔順)함을 덕으로 삼고, 유순의 덕을 불변의 법도로
삼고 있다. 그 유순한 덕을 항구히 하는 것은 부인에게 있어서는 바르기 때문에 길하다.
그러나 그것은 남편에게 있어서는 바른 것이 아니라 흉하다고 한다. 이에 대해 정이천은
"순종을 항상함으로 삼는 것은 부인의 도리이니 부인에게 있어서는 바름이 되기 때문에
길하나, 만일 장부로서 남에게 순종함을 항상함으로 삼으면 양강의 바름을 잃은 것으로
흉한 것이다(夫以順從爲恒者, 婦人之道, 在婦人則爲貞故吉, 若丈夫而以順從於人爲
恒, 則失其剛陽之正, 乃凶也)"라고 하였다.

象曰 婦人은 貞吉하니 從一而終也일새라 夫子는 制義어늘

從婦하면 凶也[20]라.

상전에 말하기를 부인은 바르면 길하니 하나를 따라서 끝까지 가는 것이라, 남편은 마땅함에 따라야 하거늘 부인을 따르면 흉하다.

上六은 振恒이니 凶[21]하니라.

---

20 유순한 특성을 가진 음(陰)이나 여자는 소극적이기 때문에 적극적인 양의 성질에 의지하거나 순종하여 움직이지 주동적으로 전면에 나와서 움직이는 것은 아니다. 마치 한 남자에게 시집가서 그를 따라 일생을 보내는 것이 고대에 있어서는 매우 길한 것으로 또 인생의 큰 행복이라고 여겼다. 이에 비해 남편을 자주 바꾸는 것을 일종의 재난으로 간주하고 매우 불길한 것으로 보았다. "남편은 마땅함에 따르거늘 부인을 따르면 흉하다(夫子制義, 從婦凶也)"라는 말은, 남자는 의로움이나 정의로움에 순종(順從)하거나 제약(制約)을 받아야 하는 것이지 부인의 뜻에 따라 사사로운 이익으로 말미암아 그 의로움과 정의로움을 바꾸는 것을 큰 흉으로 보았다. 여기에서 말하는 '의로움(義)'은 마땅함(宜)의 의미로 일을 처리하는 데 올바르고 정의로운 것을 말한다. 언뜻 보기에 「상전」에서 말하는 것이 남존여비(男尊女卑)의 관점을 가지고 있는 것처럼 보이나, 이는 음과 양이 각기 다른 속성과 기능을 가지고 있다는 점을 말하는 것으로 특히 사사로운 감정이나 개인적인 호불호에 근거하지 않고 정의로움과 올바름에 근거하여 행동해야 할 것을 강조하는 측면이 더 강하다. 또 "바르면 길하니 하나를 따라서 끝까지 가는 것이라(貞吉, 從一而終也)"는 말은 일부일처제에 기초하는 혼인 풍속이 난혼제(亂婚制)보다 훨씬 도덕적이고 합리적임을 말하는 것으로 후대의 봉건적인 예교(禮敎)의 의미만을 말하려는 것은 아닌 것으로 보인다.

21 "진(振)"을 우번은 "진(震)"으로, 마융(馬融)은 "동(動)"으로, 정현은 "동요되어 흔들림(搖落)"으로 보고 있다. 괘상으로 보면 진동(震動)의 의미를 가지고 있는데, 상육은 상괘의 진괘(震卦) 속에 있기 때문에 "항구함을 흔드니(振恒)"라고 말하여 계속적으로 끊임없이 진동하여 흉함이 있음을 말한다. 이 효는 진괘의 끝에 자리하여 움직임이 멈출 수 없는 상황으로 항상함(恒)이 동요되는 것을 말한다. 즉 항괘의 극단에 위치하여 이 괘가 이야기하는 항상함을 고수하지 못하고 동요하고 있음을 말한다.

🔳 尚六, 夐恒, 兇.
  상 육   형 항   흉

상육은 항구함을 흔드니 흉하다.

🔳 상육은 아무 데나 가서 이익을 추구하는데 흉한 점을 얻었다.

象曰 振恒在上하니 大无功也[22]로다.
상 왈 진 항 재 상   대 무 공 야

상전에 말하기를 항구함을 흔드는 것이 위에 있으니 크게 공이 없다는 것
이다

* 항괘의 의미와 교훈

항괘(恒卦)는 사물의 항구한 도리를 말하고 있는데, 인간사에 비추어
보면 입신처세의 도리에는 반드시 일관된 정신을 가지고 있어야 함을 말
한다. 괘사에서"항은 형통하여 허물이 없으니, 바름이 이로우니 가는 바
를 두면 유리하다(恒, 亨, 无咎, 利貞, 利有攸往)"라고 말하는 것은 항구
한 도리가 가지고 있는 실천적인 성격을 잘 말하고 있다.

그러나 괘의 육효 중 어느 하나도 온전하게 길(吉)한 것은 없다. 초육
은 항구한 도리를 급하게 구하려고 하나 결국 도달하지 못하기 때문에 바

---

22 초육은 아래에서 항상함을 구하는 것이 지나치게 깊다면, 상육은 종(終)의 자리에서 항
   상함을 지킬 수 없는 처지에 있다. 이 두 효의 효상은 비록 상반되지만 모두 항구함에 처
   하는 도리를 위배하고 있기 때문에 초육에서는 "이로운 바가 없다(无攸利)"라고 하였고,
   상육에서는 "크게 공이 없다(大无功)"라고 말한다.

름을 지켜 흉함을 방지하여야 할 것을 경계하고 있다. 구이는 부정위로서 항상 강중(剛中)을 지켜야 뉘우칠 일이 생기는 것을 미연에 해소시킬 수가 있다. 구삼은 덕을 지키는 데 항구함이 없기 때문에 수치스러움과 후회하는 결과를 낳게 된다. 또 구사는 계속적으로 부당한 위치에 자리하고 있어서 많은 노력을 기울이나 얻는 것이 전혀 없는 경우에 속한다. 육오는 항상 부드러운 덕을 지키고 있어서 부인에게는 길함이 있으나 남자의 경우는 흉하다고 말한다. 상육은 움직이기를 좋아하여 항상한 도리를 지킬 수 없어서 흉하여 위험한 경우에 직면하게 됨을 말하고 있다.

이처럼 모든 효가 약간의 다름은 있으나 하나같이 항구한 도리를 온전히 하지 못한다. 그러므로 『주역절중』에서는 구부국(邱富國)의 "항의 도리를 어찌 쉽게 이야기할 수 있겠는가?(恒之道豈易言哉)"라는 말을 인용하고 있다. "항"이라는 이 개념 자체에 들어있는 의미는 한순간 하나의 일로써 순식간에 해낼 수 있는 것은 결코 아니다. 그러므로 속담에서 "길이 멀어야 말의 힘을 알 수 있고, 세월이 오래되어야 인심을 알 수 있다(路遙知馬力, 日久識人心)"고 하였는데 바로 이런 이치에 해당한다.

전체 괘의 대의를 살펴보면 각 효에서 이야기하는 무엇이든지를 막론하고 강조하려는 핵심적 도리는 모두 사람들로 하여금 바름을 지키고 항상한 도리를 행할 것을 권면하는데 있다고 할 수 있다. 말하자면 사람이라면 누구든 항상함을 지니는 것을 귀하게 여긴다는 것이야말로 항괘(恒卦)가 상징하는 핵심이라고 할 수 있을 것이다. 그러므로 항상함이야말로 성공하는 데 있어서 근본이고, 또 사람간의 관계에 있어서도 하나의 대원칙이라고 말할 수 있다.

이런 항상된 도리를 운용하는 데 있어서는 반드시 중용(中庸)의 원칙과 변통(變通)의 관점을 충분히 파악하고 있어야 한다. 아무리 올바른 정의라고 할지라도 억지로 다른 사람이 받아들이도록 강권할 수는 없는 것이다. 왜냐하면 우선적으로 필요한 것은 상호간의 소통과 감응이기 때문이다. 마땅히 부드러울 때는 부드러워야 하고, 강할 때는 강하여야 한다. 사물의 발전은 영원한 순환적 법칙을 가지고 있는데, 예를 들면 해와 달의 운행과 사계절의 변화 등이다. 음양강유의 관계나 인간사 역시 마찬가지이다. 음양강유가 적당히 배합되어야 장구(長久)하게 평형을 유지할 수 있다. 육오가 음으로 양위에 자리하고 구이가 양으로 음위에 자리하여 모두 부정위하지만 음양의 조화로운 중(中)의 작용을 통하여 바름을 잃지 않는다. 또 각기 다른 입장과 본분이 있기 때문에 그런 부분은 최대한 존중되어야 한다. 자기의 관점이 아무리 옳다고 하더라도 그것을 견지하기 위해 억지로 다른 사람이 받아들이도록 강권한다면 그것은 도리어 상도(常道)를 위배하여 불안하고 혼란한 상황만을 초래하게 될 뿐이다. 이러한 원칙은 부부관계뿐만 아니라 모든 세상사에 통용되는 것이라고 할 수 있다.

33. ䷠ 천산돈(天山遯, 백 掾 第三)

1) 괘의 순서

「서괘전」에서 말하기를 "항이라는 것은 오래 함이니 물건은 오랫동안 한 곳에 머물 수 없으므로 돈괘(遯卦)를 받았다(恒者, 久也. 物不可以久居其所, 故受之以遯)"라고 하였다. "돈(遯)"이라는 것은 물러간다는 뜻이고, 항은 항구하다는 의미를 가지고 있다. 어떤 일이 오래되면 항상 그 반대편으로 향하는 이치에 따라, 오래되면 반드시 물러나게 되기 때문에 항괘의 뒤에 돈괘가 오게 된다. 돈의 함의는 물러나는 것으로 피하여 떠나간다는 의미를 가지고 있다.

2) 괘명의 의미

돈(遯)이라는 말은 『설문해자』에서 "도망간다(遯, 逃也)"는 뜻으로 도피, 은퇴의 뜻으로 말하고 있다. 돈(遯)과 도(逃)의 두 글자를 서로 비교하면, 돈이 숨는 의미를 더 강하게 담고 있다. 이 말은 조심스럽게 도망가는 것으로 어느 쪽으로 갈지 정해 놓고 있지 않다는 의미를 가지고 있다. 예를 들면 『좌전』 장공(莊公) 28년 조의 "초나라 군대가 야반에 도망갔다(楚師夜遯)"는 경우가 여기에 해당한다. 육덕명의 『경전석문』에 "돈은 물러나 숨는다는 것이다. 흔적을 숨겨서 피난할 때 몸을 보존키 위해 물러나 숨는 것을 말한다(遯, 隱退也. 匿迹避時, 奉身隱退之謂也)"라고 하였다.

여기서 말하는 도피는 『논어』에서 말하는 장저와 걸닉이 세상을 피하는 것과는 다르다. 세상을 피한다는 것은 세상의 일을 비천하게 생각하여 버리고 왕후(王侯)를 섬기지 않고 자기 일에만 충실하여 근본적으로 정치와는 어떠한 관계를 맺지 않는 것을 말하는데 이런 의미는 본 괘의 괘명의 뜻은 아니다. 본 괘의 뜻은 정치에 참여하는 사람이 어떤 일의 상황을 보고 참여하지 않고 몸을 빼내어 도피하여 화를 멀리하는 것을 말한다. 이것은 『논어』에서 말하는 "나라가 어지러우면 거하지 않는다(亂邦不居)"의 뜻이다. 즉 세상을 구하려는 마음을 가진 사람이 세상을 구하려고 하는 마음이 없는 권력자에게 어떻게 대처할 수 없는 상황에서 나온 행위이다.

돈괘는 한편으로 권력을 가지고 정사에 몰두하다가 물러나는 의미를 가지고 있다. 이 때문에 사람들은 돈괘(䷠)를 은퇴의 괘로 말하며, 12 소식괘 중에서 음이 점점 자라나 양을 물러나게 하는 괘 가운데의 하나이다. 아래의 두 음효가 점점 자라나 위의 네 개의 양을 물러나게 하는 것으로 음력 6월에 해당한다. 즉 양기(陽氣)가 이미 최고도로 달하여 점차 날씨가 쌀쌀해지려고 하는 시기다. 말하자면 음기에 의해서 양기가 점점 대체되어 가는 이 상황은 더 이상 돌이킬 수 없는 자연 법칙이다. 군자는 이러한 자연현상을 본받아 때를 알아서 물러나려고 한다.

3) 괘상의 의미

괘상으로 보면 상하의 괘는 모두 양괘이다. 하지만 하괘는 산을 상징하는 간괘(艮卦)로 아래의 두 음효에 의해서 양을 음효로 바꾸어 놓아 침식시키고 있다. 괘 가운데의 두 음효는 아래로부터 점차적으로 출현하여 음이 점점 자라나고 양이 점점 사라지는 괘상을 설명하고 있다. 그래서 돈괘는 12 소식괘 중에서 6월에 해당하는 것으로 이 시기는 바로 음기가 점점 자라고 양기가 점점 줄어드는 때, 즉 소인의 도가 점점 자라나고 군자의 도가 사라지는 시기로 군자는 뒤로 물러나지 않을 수 없는 상을 가지고 있다.

본 괘의 위의 네 양과 아래의 두 음은 군자와 소인으로 나눌 수 있다. 네 명의 군자로서 두 사람의 소인을 대적하고, 또 위에서 군자가 아래에 있는 소인을 대하기 때문에 충분히 소인을 압도할 수 있다. 그럼에도 불구하고 왜 물러나 피해야 하는가? 그 원인은 처해 있는 지위가 다르기 때문이다. 간(艮)은 내괘(內卦)이고 건은 외괘(外卦)로 전체 돈괘를 가지고 말하면 군자와 소인의 비율은 4대 2이다. 하지만 내괘를 가지고 말하면 간괘는 두 개의 음과 하나의 양으로 되어 있다. 말하자면 소인이 삼분지 이를 점하고 군자는 다만 삼분지 일이다. 또한 여기에서 말하는 내괘는 조정의 내부를 말하고 외괘는 조정 바깥을 말한다. 내괘가 바로 정치의 중심지역으로 소인이 이미 정부의 핵심요직을 모두 차지하여 우위를 보이고 있어서 군자가 비록 더 많으나 별다른 권력을 가지고 있지 못하기 때문에 부득이하게 물러날 수밖에 없는 것이다.

遯은 亨하니 小利貞[1]하니라.
돈　　　형　　　　소 리 정

---

1 "바름을 지킴에 조금 유리하다(小利貞)"는 것은 정도(正道)를 소극적으로 지킨다는 의미이다. "돈(遯)"의 시기는 군자가 물러나 피해야 하는 시기이다. 그래서 몸은 비록 물러나지만, 도는 물러날 수가 없다. 도는 물러날 수도 없을 뿐만 아니라 오히려 한걸음 더 나아가 신장(伸張)해야 한다. 그러므로 "돈은 형통하고(遯亨)"라는 말을 하는 것이다. 돈의 시기에 음은 비록 자라나나 여전히 극성의 정도까지는 이르지 못한다. 이때 군자는 크게 이로울 것은 없지만, 바름을 지키고 최선을 다하여 겸손한 행동을 하고 어려움을 피하여 다음을 도모한다. 말하자면 조그만 일도 조심스럽게 온 힘을 다하여 최선의 노력을 기울이고, 모든 행동에 올바름을 잃지 않아 소인들이 그 틈을 타고 들어올 수 없도록 하여야 한다. 이 구절은 마치 막다른 골목에 도달하여 다시 다른 통로를 찾아서 목적에 도달하려는 것을 비유적으로 설명한 것이기 때문에 "돈은 형통하고(遯亨)"라고 말한다. 이에 대해

백 掾,[2] 亨小, 利貞.
연　　형소　리정

경의 의미 : 돈은 제사를 지낼 수 있고, 약간 이로울 수 있다는 점을 얻었다.

전의 해석 : 돈은 형통하니 바름을 지킴에 조금 이롭다.

백 비록 다른 사람을 도와 다만 조금 형통하지만 이로운 점을 얻는다.

彖曰 遯亨은 遯而亨也[3]나
단왈 돈형　　돈이형야

단전에 말하기를 돈이 형통하다는 것은 물러나서 형통한 것이나

剛當位而應이라 與時行也[4]이니라.
강당위이응　　　여시행야

정이천은 『이천역전』에서 "음유가 막 자라나지만 아직 매우 성한 것에는 이르지 아니하여 군자가 오히려 천천히 머물러 힘을 다할 방법이 있으니, 크게 바르게 할 수는 없으나 오히려 조금 바르게 하는 것이 이롭다(陰柔方長而未至於甚盛, 君子尙有遲遲致力之道, 不可大貞, 而尙利小貞也)"라고 하였다. 이에 대해 『주역절중』에서는 "'바름을 지킴에 조금 유리하다'는 뜻에 대한 『이천역전』과 『주역본의』의 관점은 각각 다르다. 『주역』의 범례에 의거해 본다면 『이천역전』의 설이 더 나은 것 같다. 음효가 셋인 비괘(否卦)가 되면 바로 '군자가 바름을 지키기에 유리하지 않다'고 말한다. 돈괘는 아직 비괘에 이르지 않았으므로 공손하게 피해서 잘 처신하며, 너무 심하게 대응해서 그 형세를 과격하게 만들 수 없다. 그러므로 '바름을 지킴에 조금 유리하다'고 하였다(小利貞之義, 傳義各說不同, 據易例則似傳說爲長. 蓋至於三陰之否, 則直曰不利君子貞矣. 遯猶未至於否, 但當遯避以善處之, 不可過甚, 以激成其勢, 故曰小利貞也)"라고 말한다.

2 『백서주역』은 돈괘가 아니라 "연괘(掾卦)"로 쓰고 있다. 연(掾)은 연(連)으로 "원조한다" 또는 "돕는다"는 의미로 사용하고 있다. 등구백, 『백서주역 교석』 82쪽 참조 바람.

3 소인의 도가 자라나는 시기로 군자는 도를 보존하기 위해서 물러난다는 말이다.

4 "강은 자기 자리에서 응하니, 때에 따라 행한다(剛當位而應, 與時行也)"라는 말에서 강은 구오를 말하고 응은 아래의 육이와 상응하는 것을 말한다. 이것은 구오가 존위에 자리

강은 자기 자리에서 응하니, 때와 더불어 행한다.

小利貞은 浸而長也[5]일새니
소 리 정　　침 이 장 야

바름을 지킴에 조금 유리하다는 것은 음이 점점 자라기 때문이다.

遯之時義大矣哉[6]라.
돈 지 시 의 대 의 재

하면서 아래와 상응하는 것으로 양이 장차 물러나려고 하는 때의 상황을 말하고 있다. "때와 더불어 행한다(與時行也)"는 말은 시세(時勢)에 따른다는 것으로 여기에서는 특히 그 때에 따라 물러나 피하는 것을 말한다. 이 두 구절은 괘사에서 말하는 "돈은 형통하다(遯亨)"라는 말을 해석하는 것으로 양이 비록 정위이고 상응하나 소인의 세력이 점차 자라는 때여서 반드시 의연하게 물러나야 비로소 형통할 수 있다는 것을 말한다.

5 "바름을 지킴에 조금 유리하다는 것은 음이 점점 자라기 때문이다(小利貞, 浸而長也)"라는 말에서 그 조금 유리하다는 것은 음이 점점 자라난다는 사실에 의해 규정됨을 알 수 있다. 점점 자란다는 말은 음과 양 또는 군자와 소인 쌍방(雙方) 간의 역량(力量)이 충돌하여 생기는 소장(消長)에 의해 점차적으로 진행되는 것이지 순간적으로 갑작스럽게 결정되는 것은 아니다. 그러므로 여기에서 말하는 "바름을 지킴에 조금 유리하다"는 것은 성현이 세상을 구제하려는 기미(幾微)를 말한 것이라고 할 수 있다. 음이 점차 자라나긴 하겠지만 세상의 도리가 완전하게 다 사라진 것은 아니기 때문에 조금씩 그것을 이어간다면 점차적으로 세상을 역전시킬 수 있는 기회가 분명히 오게 된다. 말하자면 군자는 돈(遯)의 시기에 있어서 어떤 일을 크게 벌여서는 안 되고 조금씩 일을 만들고 축적하여야 하는데, 그 원인은 음이 점차적으로 자라나고 소인이 점차 성하는 시기이기 때문이다.

6 여기에서 말하는 "시(時)"는 시세(時勢)를 말하는데, 그것은 현실적 상황이 형성되는 독특한 환경조건을 의미한다. 사람들은 자신이 처해 있는 모든 시공(時空)의 환경과 조건을 이해하여 그것에 맞게 적절하게 행동하여야 한다. 그러므로 옛날 사람들은 "시무(時務)를 아는 자가 준걸(俊傑)이다"라고 말한다. 여기서 말하는 시무(時務)가 바로 시(時)이다. 후대 사람들은 이 구절을 잘못 이해하여 마치 어떠한 입장도 없이 주어진 현실 조건에 무조건 순응(順應)하고 따라가서 쉽게 변절(變節)하는 뜻으로 오해하여, 많은 사람들이 이 말에 대해 많은 반감을 가지기도 했다. 실제로 시무를 아는 것은 이런 의미와는 관계가 없다. 정확하게 때를 안다는 의미를 이해하려면 항괘(恒卦)와 연결하여 보면 더 분명하게 알 수 있게 된다. 사회활동 가운데에서 항상(恒常)의 도리를 지키면서 또 상황에 따라 적절하게 변화하는 것이 바로 시중(時中)의 도리이다. 만약 항상의 도리를 위배하여 한 순

돈의 때와 의의가 크다.

象曰 天下有山이 遯이니 君子以하여 遠小人하대
상왈 천하유산 돈 군자이 원소인

不惡而嚴[7]하나니라.
불 오 이 엄

상전에 말하기를 하늘 아래 산이 있는 것이 돈이니 군자는 이것을 본받아서, 소인을 멀리하되 증오하지 않고 엄하게 한다.

初六은 遯尾[8]라 厲하니 勿用有攸往[9]이니라.
초 육 돈 미 여 물 용 유 유 왕

간 이익을 약간 얻는다 하여도 그것은 결코 오래가지 못한다. 돈괘(遯卦)가 때에 따라서 변하는 이런 측면을 강조하여 사람들이 마땅한 때에 변화하고, 기미를 알고 밝은 도리를 깨쳐서 때에 따라 올바르게 행동하는 것을 역설하기 때문에 "돈의 때와 의의가 크다(遯之時義大矣哉)"라고 말하는 것이다. 실제로 이 구절이 의미하는 것은 무원칙적인 소극적 둔세가 아니라, 사물 발전의 단계에 있어서 장애가 되는 요소의 세력이 강할 때 잠시 물러나서 다시 때를 기다린다는 의미이다. 현대인들은 앞으로 전진하고 진보하는 것만을 훌륭한 것으로 생각한다. 하지만 이것은 물러날 때를 정확하게 알고 물러나는 것 역시 하나의 진보라는 사실을 모르기 때문이다.

7 산이 높아지면 하늘도 높아져야 하는데, 여기서 하늘도 높아진다는 의미는 피하여 물러난다는 의미이다. 군자가 소인을 멀리하되 증오하지 않고 엄하게 다스린다고 말한 것은 미워한다는 모습을 보이면 반드시 원망과 분노를 초래하여 예상치 못한 피해를 입게 되기 때문이다. 이런 의미에서 직접적으로 증오하는 표현을 하지는 않겠지만 원칙적 문제는 절대 양보해서는 안 됨을 강조하고 있다. 엄하게 다스린다고 하는 것은 위엄을 가지고 원칙에 맞는 행동을 하는 것을 말한다. 이에 내해 정이천온 『이천여전』에서 "하늘 아래에 산이 있으니 산은 아래에서 일어나 멈추고 하늘은 위로 나아가 서로 어긋나니 이는 물러나 피하는 상이다. 군자가 이 상을 관찰하여 소인을 피하고 멀리하니, 소인을 멀리하는 도는 만약 나쁜 말과 사나운 빛으로 대하면 다만 원망과 분노에 이룰 뿐이다. 오직 씩씩하고 위엄이 있게 하여서 소인으로 하여금 공경하고 두려워할 줄 알게 함이 있으니 이렇게 하면 자연히 멀어질 것이다(天下有山, 山下起而乃止, 天上進而相違, 是遯避之象也. 君子觀其象, 以避遠乎小人. 遠小人之道, 若以惡聲厲色, 適足以致其怨忿, 唯在乎矜莊威嚴, 使知敬畏則自然遠矣)"라고 하였다.

백 初六, 掾尾厲, 勿用有攸往.[10]
초육 연미려 물용유유왕

초육은 물러나 피하는 꼬리라 위태로우니, 함부로 가는 바를 두지 말아야
한다.

---

8 『주역』의 일반적인 범례(易例)에서는 보통 상효를 머리에, 초효를 꼬리에 비유한다. 이것
은 효의 추이(推移)가 아래에서부터 위로 운동하기 때문이다. 예를 들면 비괘(比卦) 상육
의 "친함에 앞선 것이 없으니(比之無首)", 이괘(離卦) 상구의 "아름다움(훌륭한 결과)이
있을 것이니 적의 괴수만 잡고(有嘉折首)" 등이 모두 상효를 머리로 보는 경우이다. 기제
괘(旣濟卦)와 미제괘(未濟卦)의 초효의 효사는 "그 꼬리를 물에 적셨으니(濡其尾)"라고
말하고, 상효의 효사는 "그 머리를 물에 적셨으니(濡其首)"라고 하여, 모두 머리와 꼬리
로 말하고 있다. 그러므로 보통 꼬리라는 말은 초효의 자리에서 많이 보인다. 초육은 돈괘
의 꼬리이기 때문에 "물러나 피하는 꼬리(遯尾)"라고 말한다.
9 "돈(遯)"은 '물러난다'는 의미이고 가장 뒤에 물러나 있어서 일의 흐름과 기밀을 포착하기
에는 너무 늦기 때문에 위태롭다고 말한다. 돈괘는 음의 효가 위로 계속 자라나 양의 효를
점차적으로 침식하는 상으로 이것은 소인이 군자를 몰아내는 경우에 해당한다. 그러므로
"함부로 가는 바를 두지 말아야 한다(勿用有攸往)"라고 말한다. 초육은 음으로 가장 아
래의 자리에 있어서 그 위치가 낮고 이름도 알려지지 않았기 때문에 앞으로 나아가지 않
는 것 자체가 물러나는 것이나 마찬가지이다. 만약 자기에게 주어진 조건을 무시하고 나
아가려고 한다면 그 위태로움은 더욱 배가 될 것이다. 이에 대해 『주역집해』에서 육적(陸
積, 187-219: 삼국시기 오(吳)나라의 학자)은 "음기가 이미 이효에 이르러서 초효는 뒤
에 있기 때문에 물러나 피하는 꼬리라고 말한다. 어려움을 피하는 것을 마땅히 앞에서 해
야 함에도 시기를 놓쳐 뒤에 하기 때문에 위태롭다고 말한다. 나아가면 재난을 만나기 때
문에 함부로 가는 바를 두지 말아야 한다고 하였다(陰氣已至于二, 而初在其後, 故曰 '遯
尾'也. 避難當在前, 而在後, 故 '厲'. 往則與災難會, 故 '勿用有攸往')"라고 말한다.
10 『백서주역』의 괘효사 중에 유(攸)자가 모두 30번 출현한다. 이것은 크게 세 부류로 나눌
수 있는데 "유왕(攸往)", "유리(攸利)", "유수(攸遂)" 등이다. "유왕(攸往)"이 21번 나
오고 "유리(攸利)"가 8번 나오고, "유수(攸遂)"가 1번 출현한다. 또 "유왕"은 두 부류로
나누어 볼 수 있다. 하나는 "유유왕(有攸往)"이고, 다른 하나는 "무유왕(无攸往)"이다.
그러나 괘효사 중에는 "무유왕"은 출현하지 않는다. "유유왕"은 네 가지 상황에서 출현
한다. 첫째, "리유유왕(利有攸往)"은 모두 11번 출현한다. 둘째, "불리유유왕(不利有攸
往)"은 모두 2번 출현한다. 셋째, "물용유유왕(勿用利有攸往)"은 2번 출현한다. 넷째,
"유유왕(有攸往)"은 모두 5번 출현하고 있다. 등구백의 『백서주역교석』 83쪽 참조 바람.

 초육은 다른 사람에게 조금밖에 도와주지 못했는데, 점을 쳐보니 다른 사람을 도와주러 갈 때나 올 때 모두 수로(水路)를 이용하지 말라고 하였다.

象曰 遯尾之厲는 不往이면 何災也[11]리오.
상 왈 돈 미 지 려　　　불 왕　　　　하 재 야

상전에 말하기를 물러나 피하는 꼬리가 위태롭다는 것은 나아가지 않으면 무슨 재앙이 있으리오(나아가지 않으면 재앙이 없다는 것이다).

六二는 執之用黃牛之革이라 莫之勝說[12]이니라.
육 이　　　집 지 용 황 우 지 혁　　　막 지 승 탈

 六二, 工之用黃牛之勒, 莫之勝奪.
육 이　　공 지 용 황 우 지 륵　　　막 지 승 탈

육이는 황소의 가죽을 사용하여 잡아 묶으니 그것을 벗길 수가 없다.

---

11 문제가 생길 수 있는 징조를 미리 발견하여 물러나 도망가는 것은 결코 나쁜 것은 아니다. 물러나 뒤에 있으면서도 여전히 앞으로 나아가려는 생각이 있으면 그것은 매우 위험한 경우이다. 나아가면 위험이 있고 나아가지 않고 그 빼어난 지혜를 숨긴다면 어떠한 재난도 없을 것이라고 말한다.

12 정이천은 "莫之勝說"의 "說"을 "언설(言說)"의 뜻으로 보는 데 비해, 주자는 "탈(脫)"로 보고 있고, 『백서주역』에서는 "탈(奪)"로 쓰고 있다. 이천보다는 주자의 관점이 더 합당한 것으로 보인다. "황(黃)"은 중앙의 색이고 또 소는 온순한 동물이다. 곤(坤)괘에서 효가 중의 자리에 있는 것을 누런 소의 상으로 표현하였다. 가죽은 매우 질긴 물건이다. 여섯 효 가운데 다섯 개의 효가 모두 돈(遯)을 말하고 있지만, 오직 육이만이 그것을 말하지 않고 있다. 육이는 음으로서 음의 자리에 있는 정위로 중의 자리에 있으면서 구오와 상응하고 있다. 구오는 양으로 양의 자리에 정위하여 중의 자리에 있으면서 중정(中正)한 덕(德)으로 육이와 상응한다. 육이와 구오간의 화합과 친밀한 관계는 그 견고한 정도가 마치 누런 소의 가죽만큼 질겨서 어느 누구도 그들을 분리하기 어렵다는 것을 상징하고 있다.

▣ 육이는 두 손으로 가축의 머리에 반드시 질긴 황소의 가죽으로 만든 덮개를 씌워야 하는데, 이렇게 하지 않으면 가축은 온 힘을 다해 덮개를 벗겨낼 것이다.

象曰 執用黃牛는 固志也[13]라.
상 왈 집 용 황 우　고 지 야

상전에 말하기를 황소의 가죽을 사용하여 잡아 묶는다는 것은 뜻이 견고하다는 것이다

九三은 係遯이라 有疾하여 厲[14]하니 畜臣妾에는 吉[15]하니라.
구 삼　계 돈　유 질　여　휵 신 첩　길

---

13 여기에서 말하는 "뜻(志)"은 구오와 상응하려고 하는 의지를 말한다. 육이는 전체 괘의 주효로 음의 효가 위로 발전해 나가는 추세를 의미한다. 구오와 상응하여 합하려는 그 마음이 매우 강하기 때문에 "뜻이 견고한 것이다(固志也)"라고 말한다.

14 "돈(遯)"의 시기에 군자는 멀리 또 빨리 물러나는 것이 가장 좋다. 그러나 구삼이 "매여서 물러나 피해 있는 것이다(係遯)"라고 하는 것은 어떤 것에 연루되어 있기 때문에 멀리 도망갈 수 없는 좋지 않은 상황을 말한다. 여기에서의 "병(疾)"은 음효에 의해서 연루된 것을 말한다. "여(厲)"는 위태롭다는 의미이다. 마치 병을 얻어서 위험한 것과 비슷하다. 괘효의 위치로 말하면 구삼은 정위이고 강한 성격을 가지고 있으나, 위에 자신을 지원해 줄 수 있는 상응하는 효가 없는 불리한 상황이다. 또 아래의 두 음효에 걸려 은둔하는 시기를 놓쳐서 마치 병이 생긴 것 같은 상황으로 묘사하고 있다. 육이와 구오는 다 같이 상응하나 구삼과 상구는 불상응한다. 이런 상황에서 구삼이 빨리 은둔하지 못하는 이유 중에는 연민의 정을 버리지 못하는 점이 있는데, 그것은 아래의 음효와 가까이서 친하기 때문이다. 『주역절중』에서는 호원의 말을 인용하여 "물러나 피하는 도리는 멀리 가버리는 데에 있다. 그런데 구삼은 내괘의 위에 자리하여 육이의 음과 매우 가깝게 친하게 지내 초연하게 멀리 물러날 수가 없게 되어 버렸다. 이것은 병이 들어서 위태로운 것과 같은 것이다(爲遯之道, 在乎遠去, 九三居內卦之上, 切比六二之陰, 不能超然遠遯, 是有疾病而危厲者也)"라고 하였다.

15 구삼이 멀리 도망가지 못하는 것은 육이에 대한 사사로운 연민의 정 때문으로 쉽게 버리고 떠나지 못하는 것을 "신하와 첩(臣妾)"을 기르는 것으로 비유하고 있다. 『중정비씨학(重定費氏學)』에서 서기(徐幾, 남송 시기의 역학자, 저서로는 『易輯』이 있음)의 말을 인용하여 "계라는 것은 내가 저것에 매이는 것으로 음이 주가 된다. 휵이라는 것은 그것

 九三, 爲掾, 有疾厲畜僕妾, 吉.
구삼 위연 유질려축복첩 길

구삼은 매여서 물러나 피해 있는 것이라 병이 생겨 위태로우니 물러나서 신
하와 첩을 기르는 것이 길하다.

 구삼은 이 가정이 유지하는 것을 도와주는 동시에 집안의 노예 등의 일
들을 신속하게 처리하고, 길한 점괘를 얻었다.

象曰 係遯之厲는 有疾하여 憊也요 畜臣妾吉은
상왈 계돈지려 유질 비야 축신첩길

不可大事也[16]이니라.
불가대사야

이 나에 의해서 길러지는 것으로 양이 주가 된다(係者, 我爲彼所係, 陰爲主. 畜者, 彼
爲我畜, 陽爲主)"라고 하였다. 여기에서 말하는 "매어서 물러나 피해 있는 것이다(係
遯)"는 것은 누구를 맨다는 것인가? 그것은 상구와 상응하지 않고 다만 육이와 가까이
지냄으로서 육이에 매여서 멀리 도망가지 못하는 상황을 말한다. 구삼과 육이의 관계는
결코 상응의 관계가 아니라 친비(親比)의 상태로 군자와 소인의 관계이지, 군자와 군자
의 관계는 아니다. 구삼은 소인을 어떤 식으로 대하면 좋은가라는 문제에 대해 말하고
있다. 일단 가능한 방법은 "신하와 첩을 기르는(畜臣妾)" 방식이다. 옛날 사람들의 생각
에 의하면 여자와 소인은 대하기가 무척 어려운데, 그 이유는 조금만 가까이 하면 불손
해지고 또 거리를 두면 바로 원망하기 때문이다. 구삼이 물러나려고 하나 그렇게 하지
못하는 상황에서 마치 신하와 첩을 기르는 방식으로 소인을 대하면 멀리 도망가지는 못
하더라도 미워하지 않고도 엄하게 대한다년 길할 수 있다고 말한다. 이처럼 신하와 첩을
기르는 방식처럼 구삼이 육이와 친근하게 지내는 것은 작은 일을 처리하는 데는 유리할
지 모르나 나라를 다스리는 것과 같은 큰 일에는 적용할 수 없다.

16 구삼이 처한 이런 상황에서 유일하게 통할 수 있는 방법은 굳건함으로 스스로를 지키고
소인에 대해서는 신하와 첩을 기르는 방법으로 대하는 것이다. 왜냐하면 이 경우는 큰일
을 할 수도 없기 때문이다. 구삼의 경우는 이미 어려워진 상황을 도저히 만회할 수 없기
때문에 대사(大事)를 행하기에는 실지로 어렵고, 다만 자신의 고유한 영역에서 자기가
할 수 있는 일을 찾아 전념(專念)하는 것이 오히려 나을 수 있다는 의미이다.

상전에 말하기를 매어서 물러나 피해 있는 것의 위태로움은 병이 생겨 고달
픈 것이요, 신하와 첩을 기르는 것이 길하다는 것은 큰 일은 할 수 없다는
것이다.

九四는 好遯이니 君子吉코 小人은 否**[17]**하니라.
구 사 호 돈 군 자 길 소 인 비

백 九四, 好掾, 君子吉, 小人不.
구 사 호 연 군 자 길 소 인 불

구사는 좋아하면서도 물러나 피해 있는 것이니, 군자는 길하고 소인은 막
힌다.

백 구사는 다른 사람 돕기를 좋아하여 점을 치니 군자는 길하고 소인은 불
길한 내용이 나왔다.

象曰 君子는 好遯하고 小人은 否也**[18]**이니라.
상 왈 군 자 호 돈 소 인 비 야

---

17 "좋아하면서도 물러나 피해 있는 것(好遯)"이란 말은 구삼의 경우와는 반대이다. 왜냐하
면 여기서 좋아하는 대상은 초육이다. 구사는 감정적인 것과 이성적인 것을 구분하고 있
다. 즉 군자는 감정적으로 좋아하여도 도리에 따라 자신의 책임을 다한다는 사람이기 때
문에 도리에 따라 좋아도 물러날 수 있어야 한다. 구사의 위치는 구오와 가깝고 초육과
상응하여 조건이 좋은 경우에 속한다. 그러나 도리에 따라 물러나야 한다. 군자는 의연
하게 좋아하는 감정을 잘라내어 버리기 때문에 길하고, 소인은 연민의 정을 버리지 못하
기 때문에 "막힌다(否)"라고 말한다. 이에 대해 왕필은 "바깥에 처해서 안에 상응함이
있으나 군자는 좋아도 물러나므로 그를 버릴 것이요, 소인은 매달려 연연해하니 이 때문
에 막힐 것이다(處於外而有應於內, 君子好遯故能舍之, 小人繫戀, 是以否也)"라고 하
였다.

18 군자는 좋으면서도 물러날 수 있지만, 소인은 좋아하면 물러날 줄을 모른다. 이에 대해
정이천은 『이천역전』에서 "군자는 비록 좋아함이 있으나 물러나 피할 수 있어서 도의를
잃지 않고, 소인은 사사로운 생각을 이기지 못해서 착하지 못한 것에 이른다(君子雖有好

상전에 말하기를 좋아하면서도 물러나 피할 수 있고, 소인은 (그렇게 하지 못해) 막힌다.

九五는 嘉遯이니 貞하여 吉[19]하니라.
구 오　　가 돈　　정　　길

백 九五, 嘉掾, 占吉.
구 오　가 연　점 길

구오는 아름답게 물러나 피해 있는 것이니 바르게 해서 길하다.

백 구오는 다른 사람을 돕는 것을 찬미하는 것으로 점을 치면 길한 점을 얻는다.

而能遯, 不失於義, 小人則不能勝其私意, 而至於不善)"라고 하였다. 군자는 마땅히 물러날 때는 의연하게 물러나 좋아하는 것 때문에 연연해 매달리지는 않는다. 물러나서도 그것을 순순히 받아들여 절대 원망하지 않고 그것을 얼굴에 드러내지 않는다. 소인은 이것을 할 줄 모른다.

19 구오는 육이와 상응하여 같이 모이기도 하고 헤어지기도 하지만, 모두 중정(中正)의 도리에 근거하여 행동하여 사사로움에 얽매이지 않는다. 여기에서 말하는 "가(嘉)"는 "미(美)"와 "선(善)"의 의미를 가지고 있는데, "가돈(嘉遯)"은 "아름답게 물러나 피함"을 말한다. "돈(遯)"은 본래 흉한 일에 속하는 것인데도 불구하고 "길하다"라고 말하는 이유는 물러날 때와 그렇지 않는 때를 잘 구별하여 도의를 절대 벗어나지 않기 때문이다. 구체적으로 말하면 자신의 분수를 어떻게 지키느냐 하는 문제이다. 이에 대해 정이천은 "구오가 중정하니 아름답게 물러나 피하는 사람이다. 처신함이 중정한 도를 얻어서 때로는 멈추고 때로는 행함이 바로 아름답다고 하는 것이다. 그러므로 곧고 발라서 길하다. 구오도 매여 응함이 없지는 않으나 육이와 모두 다 중정으로 스스로 잘 처신하니, 이는 그 마음과 뜻이 행동거지에 미쳐서 중정하지 않음이 없어서 사사로이 매이는 실수가 없으니 아름답다고 하는 것이다(九五中正, 遯之嘉美者也. 處得中正之道, 時止時行, 乃所謂嘉美也. 故爲貞正而吉. 九五非无係應, 然與二皆以中正自處, 是其心志及乎動止, 莫非中正而无私係之失, 所以爲嘉也)"라고 하였다.

象曰 嘉遯貞吉은 以正志也²⁰라.
상왈 가돈정길   이정지야

상전에 말하기를 아름답게 물러나 피해 있는 것이니 바르게 해서 길하다는 것은 뜻을 올바르게 하기 때문이다.

上九는 肥²¹遯이니 无不利²²하니라.
상구   비 돈   무불리

■백 尙九, 肥掾, 先不利.
    상구 비연 선불리

상구는 여유 있는 마음으로 물러나 피해 있는 것이니 이롭지 않음이 없다.

■백 상구는 아낌없이 다른 사람을 도우면 비록 처음에는 불리하나 끝내는 길하고 이익이 될 것이다.

---

20 여기에서는 "정(貞)"을 "정(正)"으로 말하고 있다. "뜻(志)"은 육이와 상응하려는 바람을 말한다. 구오는 상괘에서 중의 자리로 양효가 양의 자리에 있어서 하괘의 중위에 있는 육이와 상응하고 있다. 구오는 존위(尊位)이고, 육이는 주효로 상하의 음양이 상응하여 서로 합하려고 한다. 뜻이 중정하고 상응하기 때문에 "아름답게 물러나 피해 있는 것이니 바르게 해서 길하다(嘉遯貞吉)"라고 말한다. 이것은 전체 괘 가운데서 가장 좋은 효이다.

21 "비(肥)"가 어떤 뜻을 가지고 있는가 하는 것에 대해 후대 학자들의 관점은 모두 약간 다르다. "비"에 대해 정이천은 "크게 차고 넉넉하다는 뜻(充大寬裕之意)"으로, 주자는 "넉넉하고 스스로 만족하는 뜻(寬裕自得之意)"으로 말한다. 이에 대해 상병화는 『주역상씨학』에서 『역림(易林)』과 『왕필주』의 관점들을 통하여 "비(肥)"를 "비(飛)"로 보고 있다. 전체 괘의 기본적인 뜻으로 말하면 "비(肥)"는 아마도 "비(飛)"의 글자를 차자(借字)한 것으로 보인다. 이 때문에 "비돈(肥遯)"은 높이 날아올라가 멀리 가서 은퇴하는 의미로 해석될 수 있다.

22 상구는 세속을 초월하여 몸을 세상 바깥에 두고 있으면서 강건하여 아래와는 어떠한 연계도 가지고 있지 않고 진퇴에 조금도 거슬림이 없다. 그러므로 유연하게 행동하고 마음이 편안한 생활을 하여 이롭지 않음이 없다.

象曰 肥遯无不利는 无所疑也²³라.
상 왈 비 돈 무 불 리 　　무 소 의 야

상전에 말하기를 여유 있는 마음으로 물러나 피해 있는 것이니 이롭지 않음
이 없다는 것은 의혹되는 바가 없다는 것이다.

* 돈괘의 의미와 교훈

돈괘가 말하려고 하는 것은 물러나 피하는 것이지만, 결코 원칙이 없이
소극적으로 세상을 피하는 것을 의미하지는 않는다. 그것보다는 사물의
발전이 어떤 장애를 만났을 때 잠시 피하여 다시 조건이 좋아질 때까지 기
다리는 것을 말하고 있다. 이를 인간사에 비유하자면 군자가 세상이 쇄미
하고 혼란 할 때 “몸은 비록 물러나지만 도는 형통하는” 경우에 비견할 수
있다. 구양수는 『역동자문(易童子問)』에서 “돈이라는 것은 미리 보는 것
이다(遯者, 見之先也)”라고 하였고, 정이천은 『이천역전』에서 “군자는
물러나 숨어서 자신의 도리를 넓힌다(君子退藏以伸其道)”라고 하였다.
이 두 설은 각각 “돈(遯)”에 처하여 “기미를 보는 것(見幾)”을 귀하게 여
기고, “돈(遯)”을 행할 때에는 “도를 넓혀야(伸道)” 할 것을 강조하는 것

---

23 상구에서 “여유 있는 마음으로 물러나 피해 있는 것이니 이롭지 않음이 없다(肥遯无不
利)”는 상태가 가능한 이유는 의심하는 바가 없기 때문이다. 네 개의 양효(陽爻) 가운데 상구
의 상황은 다른 효들과는 다르다. 구삼은 가까운 육이와 친하게 지내고, 구사는 초육과
상응하고, 구오는 육이와 상응하여 모두 얽매임이 있다. 얽매임이 있으면 의심하지 않을
수 없다. 하지만 상구에 이르면 조금의 거슬림도 없고 모든 의심스러운 마음이 사라져
버린다. 이 때문에 정이천은 『이천역전』에서 “은둔하기를 멀리함은 의심하여 지체하는
바가 없는 것이다. 밖에 있으면 이미 멀고 상응함이 없으면 얽매임이 없기 때문에 강하
게 결단하여 의심함이 없는 것이 된다(其遯之遠, 无所疑滯也. 蓋在外則已遠, 无應則
无累, 故爲剛決无疑也)”라고 하였다.

이라고 할 수 있다. 여기에서 돈괘가 이야기하려고 하는 의미와 교훈이 어디에 있는가는 매우 분명하다.

괘의 여섯 효 가운데 아래의 세 효는 여러 환경 조건에 제한되거나 혹은 물러나 피하지 못하고 또는 물러나 피하기를 원하지 않고 또는 물러나 피할 수 없어서 자기 자신을 지키거나, 대사(大事)를 도모하지 않는 것을 우선으로 삼고 있다. 또 위의 세 효는 모두 양효로 외괘(外卦)의 바깥에 있어서 때를 알아 물러나 개인적인 사사로움에 연연하지 않고, 의연하게 물러나는 것을 옳은 것으로 삼고 있다. 이에 대해 항안세(項安世)는 『주역완사(周易玩辭)』에서 "아래 세 효는 간(艮)인데, 간은 머무름(止)을 주로 하기 때문에 '가지 않고(不往),' '의지를 견고하게 하고(固志)', '계돈(繫遯)'이라고 말한다. 상괘의 세 효는 건괘인데, 건괘는 주로 시행하는 것을 하기 때문에 '호돈(好遯)', '가돈(嘉遯)', '비돈(肥遯)'이다(下三爻艮也, 艮主于止, 故爲'不往', 爲'固志', 爲'繫遯', 上三爻乾也, 乾主施行, 故爲'好遯', 爲'嘉遯', 爲'肥遯')"라고 하였다. 이렇게 본다면 전체 괘에서 피하려고 하는 일을 시도하는 경우 그 핵심은 모두 상괘에 있다. 상괘 중에서 상구 효사는 "여유 있는 마음으로 멀리 피하는" 것을 비유로 하고 있는데, 이것은 가장 전형적인 표현으로 보인다.

또 다른 면에서 돈괘가 표현하려고 하는 중요한 내용은 정치와 관련된 것으로 보인다. 그것은 명확하게 군자와 소인이라는 두 개의 정치적인 성격을 가진 개념을 사용한 데서 알 수 있다. 군자와 소인이라는 개념은 정치적 지위의 존비나 고하의 차별을 반영하는 것이 아니라, 정치가들 개인의 도덕관념, 도덕행위와 정치 주장상의 대립을 말한다. 소인이 점차적으로 우세를 점하는 정치 환경 속에서 군자는 마땅히 거기에 대응할 수 있는 적절한 대책을 강구하여야 하는데, 물러나 숨는 것 역시 하나의 대책일 수 있다. 중요한 것은 자신의 원칙을 견지한다는 전제하에서 소인에 대해서 미워하지 않으면서도 엄하여야 하고, 혹은 잠시 물러나 상황이 변하기를 기다리는 것이다.

　돈괘에서 말하는 물러나 피한다는 뜻은 도가가 말하는 출세(出世)를 추구하거나 세속을 잊어버리는 인생철학과는 근본적으로 다르다. 돈괘를 통하여 은둔하는 방법을 여섯 가지로 나누어 보면 다음과 같다. 첫째, 꼬리를 잡혀서는 안 된다. 둘째, 은둔이 용이하지 못하면 시도하는 것보다 못하기 때문에 그만두어야 한다. 셋째, 은둔하지 못하면 큰일은 도모할 수 없다. 넷째, 정의에 근거하여 극기하면서 은둔하여야 한다. 다섯째, 누구나 따라야 할 이상적인 원칙에 따라 은둔하고 정의를 해치지 않고 물러나야 한다. 여섯째, 여유 있는 마음으로 은둔하여야 한다. 이것이 돈괘의 여섯 효가 이야기하는 핵심이다.

34. ䷡ 뢰천대장(雷天大壯, 백 泰壯 第二十六)

1) 괘의 순서

"대장(大壯)"은 「서괘전」에서 "돈은 물러감이니 사물이 끝내 물러나 피할 수만은 없기 때문에 대장으로서 받았다(遯者退也. 物不可以終遯, 故受之以大壯)"라고 하였다. 이에 대해 정이천은 『이천역전』에서 "돈은 떠나가는 뜻이 되고 장은 나아가기를 성하게 하는 뜻이 되니, 돈은 음이 자라남에 양이 물러가는 것이고 대장은 양이 장성한 것이다. 쇠하면 반드시 성하여 소식이 서로 기다린다. 그러므로 이미 물러가면 반드시 장성하게 되니 대장괘가 돈괘의 다음에 오는 까닭이다(遯爲違去之義, 壯爲進盛之義, 遯者, 陰長而陽遯也. 大壯, 陽之壯盛也. 衰則必盛, 消息相須. 故旣遯則必壯, 大壯所以次遯也)"라고 하였다.

2) 괘명의 의미

장(壯)의 어의(語義)를 『경전석문』에서는 "장은 위세가 성하여 매우 강한 것을 말하는 것이다. 정현은 이것을 기력이 점차적으로 강한 것을 말한다고 하였고, 왕숙은 장은 성한 모습이다(壯, 威盛强猛之名. 鄭云氣力浸强之名. 王肅云壯, 盛也)"라고 하였다. 말하자면 "대장"은 양이 성하다는 의미이다. 『백서주역』에서는 대장을 "태장(泰壯)"이라고 하는데 마찬가지로 양이 성한 것을 가리킨다.

이 괘는 또한 12 소식괘 중의 하나로 3월에 해당한다. 연속적인 네 개의 양효가 성장하고 장대하여 가는 것을 말하고 있다. 여기에서 "대(大)"

는 양을 말하고, "장(壯)"은 성함을 표시한다. 양이 융성하기 때문에 "대장"이라고 말하는 것이다. 여기에서 말하는 양은 군자를 상징하고, 군자가 장대하면 당연히 형통하여 불리함이 없게 된다. 그러나 성세(聲勢)가 융성 장대하기 때문에 반드시 순수하고 바른 것을 엄격히 지켜야 한다. 그렇지 않으면 제멋대로 되어 오히려 흉폭하게 될 가능성이 크다. 그러므로 순수하고 올바름을 굳게 지켜야 이로울 수 있다.

3) 괘상의 의미

괘상(卦象)으로 보면 대장괘(䷡)는 초효에서 사효까지 연속적으로 네 개의 양효가 이어져 중을 넘어서 점차 위로 갈수록 성해진다. 그러므로 대장이라고 이름한다. 대장괘는 3월의 괘로 만물이 점점 장성해 가는 시기이기 때문에 온힘을 다해 그것을 보호하여 어떤 해도 입지 않도록 해야 하는 때이다. 양이 구사에 이른다는 것은 양이 이미 중간을 넘어섰기 때문에 대장이라고 하는데, 이런 이유에서 대장이라는 괘명은 구사로부터 생겨난 것으로 보인다. 구사가 바로 본 괘의 주효라고 할 수 있다.

大壯은 **利貞**[1]하니라.
대 장　　　이 정

---

1 "대장(大壯)"은 큰 것(大, 陽)의 세력이 왕성한 것을 말한다. 양이 성장하여 네 양으로 장성(壯盛)에 이른 것을 의미한다. 그러나 양강이 장성하여 바름을 지키지 못하고 다만 나아가고 움직이는 것만을 좋아한다면, 그것은 강하고 사나운 일만 하였을 뿐이지, 결코 군자의 도가 장성(壯盛)한 것으로 나아가지 못한다.

📕 泰壯, 利貞.[2]
태 장   이 정

경의 의미 : 대장은 유리한 점을 얻는다.

전의 해석 : 대장은 바르게 함이 이롭다.

📕 강건(剛健)하고 힘이 있는 것은 점치는 데 유리하다.

象曰 大壯은 大者壯也[3]니 剛以動故로 壯[4]하니
단 왈 대 장   대 자 장 야   강 이 동 고   장

단전에 말하기를 대장은 큰 것이 장성(壯盛)하는 것으로 강으로써 움직이기 때문에 장성하는 것이니

---

2 백서주역에서는 대장괘를 태장괘(泰壯)라고 한다. "태장"이라는 말은 강건하여 힘이 있음을 말하는 것으로 이것은 강건(剛健)하고 힘이 있는 것이 점치는 것의 어떤 조건이 됨을 암시하고 있다. 즉 고대인들이 어떤 초월적인 강력한 힘에 대해 인간의 주체적인 힘을 어느 정도 인식하고 있음을 반영하는 것이라고 할 수 있다. 등구백의 『백서주역교석』 184쪽 참조.

3 "장(壯)"에 대한 해석은 학자들에 따라 약간 다르다. 정이천은 "장성(壯盛)"으로, 주자는 "성장(盛長)"으로, 『주역집해』에서는 "장장(長壯)"으로 말하고 있다. "큰 것이 장성(壯盛)하는 것(大壯)"은 이미 크게 장성하여 가장 좋은 조건에 있음을 말한다. 이것은 네 개의 양이 자라나 계속적으로 발전하여 장성한 것으로부터 늙은 것으로의 발전을 상징하는 것이라고 할 수 있다. 이런 측면을 「단전」은 영허소식(盈虛消息)이라고 말한다. 원래 "대(大)"라는 것은 양효를 상징하는데 양효가 반이 넘어서 큰 것, 즉 양이 계속적으로 장성함을 말한다. 양효는 군자나 정기(正氣) 등을 상징하는데, 결론적으로 좋은 쪽의 어느 방향이 계속적으로 왕성하게 장성하는 국면을 말한다.

4 이 구절은 상하괘의 특성을 조합하여 괘명을 해석한 것이다. 하괘인 건괘(乾卦)의 특성은 강건한 것이고, 상괘인 진괘(震卦)의 특성은 움직임에 있는데, 상·하괘를 조합하면 강건한 자질을 가지고 행동하기 때문에 크게 발전할 수 있다는 의미이다.

大壯利貞은 大者正也⁵니 正大而天地之情을 可見矣⁶리라.
대 장 이 정　　　대 자 정 야　　　정 대 이 천 지 지 정　　　가 견 의

대장은 바르게 함이 이롭다는 것은 큰 것이 바른 것이니 바르고 큰 것을 통
해서 천지의 실정을 충분히 볼 수 있을 것이다.

象曰 雷在天上이 大壯이니 君子以하여 非禮弗履⁷하나니라.
상 왈 뇌 재 천 상　　　대 장　　　군 자 이　　　비 례 불 리

상전에 말하기를 우레가 하늘 위에 있는 것이 대장이니, 군자는 이것을 본
받아 예가 아니면 행동하지 않는다.

---

5 이것은 괘사의 "이정(利貞)"을 해석한 것이다. 즉 큰 것은 올바른 데 근거해야 이롭다는
것이다. 대장괘는 강효가 우세를 점하기 때문에 바른 방향으로 가기에 유리하다. 이것은
"정(貞)"을 "정(正)"으로 해석하는 경우이다.

6 천지는 바를 뿐만 아니라 또 광대하여 사람이 이 바르고 큰 도리를 체득할 수 있다면 천지
의 실정을 파악할 수 있다고 말한다. 이에 대해 이형(李衡, 송대 강소성 사람)의 『주역의
해촬요(周易義海撮要)』에서는 "천지는 덮거나 실어주지 않는 바가 없기 때문에 크다고
말하고, 덮거나 실어주는 것에 치우친 사사로움이 없기 때문에 바르다고 말한다(天地無不
覆載, 大也. 覆載無所偏私, 正也)"는 유목(劉牧)의 말을 인용하고 있다. 또한 정이천은
『이천역전』에서 "큰 것이 이미 장성하면 곧고 바른 것에 이로우니 바르고 큰 것이 도이다.
바르고 큰 이치를 지극히 하면 천지의 실정을 볼 수 있다. 천지의 도가 항상하고 오래하여
그치지 않음은 지극히 크고 지극히 바르기 때문이다. 바르고 큰 이치는 배우는 자가 묵묵
히 알고 마음으로 통달하여야 된다. 크게 바르다고 말하지 않고, 바르고 크다고 말한 것은
한 가지 일로 여기게 될까 두려워해서이다(大者旣壯則利於貞正, 正而大者道也. 極正大
之理則天地之情可見矣. 天地之道常久而不已者, 至大至正也. 正大之理, 學者默識心
通可也. 不云大正而云正大, 恐疑爲一事也)"라고 하였다.

7 상괘는 우레이고, 하괘는 하늘이다. 우레가 하늘에서 위력적인 소리를 내면 그 형세가 매
우 장대하기 때문에 대장괘라고 부른다. 군자는 이런 정신을 본받아 위엄 있고 힘 있는 큰
사업에 종사해야 한다. 그러나 군자의 강대함은 다른 사람을 이기는데 있는 것이 아니라
사실은 자기 자신을 극복하는 데 있다. 이에 대해 왕필은 "씩씩하되 예를 어기면 흉하고
흉하면 씩씩함을 잃게 되므로 군자는 대장으로서 예를 따른다(壯而違禮則凶, 凶則失壯
也, 故君子以大壯而順禮也)"라고 하였다. 스스로를 억제하고 극기하려면 반드시 예의를
실천해야만 한다. 그러므로 예의에 합치하지 않는 일은 할 수 없는 것이다.

初九는 壯于趾⁸니 征하면 凶이 有孚⁹리라.
초구 　 장 우 지 　 정 　 흉 　 유 부

백 初九, 壯于止, 正凶, 有孚.
초구 　 장 우 지 　 정 흉 　 유 부

초구는 발뒤꿈치에 장성함이니, 가면 흉함이 반드시 그러할 (틀림없을) 것
이다.

---

8 "발뒤꿈치(趾)"라는 것은 인체의 가장 아랫부분에 있는 것으로 앞으로 나아가려는 것을 상징하고 있다. 그러므로 발뒤꿈치가 강하고 씩씩하다는 것은 앞으로 나아가려고 하는 뜻이 왕성함을 말하는 것이다. 초구는 비록 양효로 양의 자리에 와서 정위를 얻고 있으나 구사와는 상응할 수 없다. 상응할 수 없다는 것은 위에서 원조해주는 것이 없다는 의미이기 때문에 앞으로 나아가면 흉할 수밖에 없는 것이다. "발뒤꿈치에 장성함이니(壯于趾)"라는 말은 장성함을 초효에 적용한 것으로 급하게 전진하려는 결과는 반드시 흉하다는 의미이다.

9 "정(征)"은 나아간다는 뜻이다. 발뒤꿈치는 비록 앞으로 나아가려는 뜻이 왕성하지만 여전히 온몸을 이끌고 가기에는 부족하다. 그러므로 앞으로 나아가면 위험하다. "부(孚)"는 진실하다는 의미이다. "유부(有孚)"라는 말은 진실하다는 뜻으로 다른 괘에서는 모두 좋은 의미로 사용되었으나, 여기에서는 그렇지 않다. "가면 흉함이 반드시 그러할 것이다(征凶, 有孚)"라는 말은 앞으로 전진하면 흉하게 될 것이 더 이상 의심할 필요없이 분명하다는 것이다. 즉 "유부"는 필연(必然)의 뜻이다. 이에 대해 빌헬름은 이를 계속 지속하면 불행이 오는 것은 분명히 틀림없는 사실이라고 번역하고 있다.(134쪽 참조 바람) 전체 괘로 말하면 대장괘는 양이 장성하는 것으로 뜻을 삼고 있다. 그러나 효를 가지고 보면 완전히 상반된다. 대장괘의 각 효는 유를 이용하는 것을 좋은 것으로 보는 반면에, 강을 이용하는 것을 좋지 않는 것으로 보고 있다. 이에 대해 정이천 역시 "초는 양강의 건체로 아래에 처하여 나아가기를 장성하게 하는 자이다. 아래에 있으면서 장성함을 쓰는 것은 발뒤꿈치에 장성한 것이다. 발뒤꿈치는 아래에 있으면서 나아가 움직이는 물건이다. 구가 아래에 있으면서 장성함을 쓰려고 하나 그 중을 얻지 못했으니, 강으로써 장에 처하면 비록 위에 있더라도 오히려 행할 수 없는데 하물며 아래에 있어서겠는가(初陽剛乾體而處下, 壯于進者也. 在下而用壯, 壯于趾也. 趾, 在下而進動之物. 九在下用壯而不得其中, 夫以剛處壯, 雖居上, 猶不可行, 況在下乎)"라고 하였다. 초구 자체는 양강으로 그것이 자리하고 있는 괘 역시 건괘로 강하고, 위(位) 역시 강의 자리이다. 대장괘 자체가 강함으로써 움직이는 것이기 때문에 지나치게 강하여 오직 나아가려고 하는 것은 결코 이롭지 않다는 것을 말한다.

백 초구는 정벌하러 가는 도중에 발뒤꿈치에 부상을 입어서 돌아왔다.

象曰 壯于趾하니 其孚窮也[10]로다.
상 왈 장 우 지　　　기 부 궁 야

상전에 말하기를 발뒤꿈치에서 장성함은 반드시 궁할 것이다.

九二는 貞하여 吉[11]하니라.
구 이 　정　　 길

백 九二, 貞, 吉.
구 이 　정　길

구이는 바르게 해야 길할 것이다.

백 구이는 점을 쳤는데 길하다고 하였다.

象曰 九二貞吉은 以中也[12]라.
상 왈 구 이 정 길 　　이 중 야

상전에 말하기를 구이는 바르게 해야 길할 것이라는 것은 중(中)으로써 하

---

10 초구가 아래에 있고 강의 자리에 있으면서 또 강함을 쓰니, 지나치게 강하여 장성하게 행하는 것은 결국엔 흉함을 초래하고 곤궁에 처하게 됨은 분명하다는 말이다. 이에 대해 주자는 『주역본의』에서 "반드시 곤궁하게 됨을 말한 것이다(言必窮困)"라고 하여, 양의 왕성한 기세에 맡겨 놓고 앞으로 나아가기만 하면 반드시 곤궁에 처하게 된다는 것을 말하고 있다.

11 구이효의 경우 위는 부당하나 중용의 덕을 가지고 있다. 장대할 때 왕왕 쉽게 과분할 수 있기 때문에 반드시 중용의 덕을 지켜 바르게 하여야 길하다. 강성한 시기일수록 반드시 부드러움을 겸비하여야 함을 말한다. 초구와 구이의 다른 점은 위치의 다름 때문이라고 할 수 있다.

12 구이가 바르게 하여 길한 가장 근본적인 이유는 중(中)의 자리에 위치해 있기 때문이다. 구이의 길함은 전적으로 중(中)에서 나온다고 할 수 있다.

기 때문이다.

九三은 小人은 用壯이요 君子는 用罔[13]이니 貞이라도 厲[14]하니
구삼   소인   용장   군자   용망   정   여

羝羊이 觸藩하여 羸其角[15]이로다.
저양   촉번   이기각

백 九三, 小人用壯, 君子用亡.[16] 貞, 厲. 羝羊觸藩, 羸其角.
구삼 소인용장 군자용망   정 려 저양촉번 이기각

---

13 "망(罔)"은 바로 무(無)의 뜻으로 "용망(用罔)"은 "장성함을 쓰지 않는다"는 의미이다. 이 두 구절은 두 가지의 의미를 상징하고 있다. 구삼은 하괘의 제일 위에 자리하여 상효와 상응하여 강이 지나치게 성한데, 만약 소인이 이 경우에 있다면 반드시 강함을 믿고 망동하여 흉한 상태에 이를 것은 분명하다. 그러나 만약 군자라면 함부로 장성함을 쓰지 않고 바름을 지키고 덕을 기를 것이다. 이처럼 이 구절은 정반대의 두 가지 상황을 말하고 있다. 이에 비해 왕필은 "강건의 극에 처해 양으로 양의 자리에 처했으니 장성함을 쓰는 사람이다. 그러므로 소인은 이렇게 함을 씩씩한 것으로 삼고, 군자는 이렇게 함을 자기를 얽매는 그물로 여기는 것이다(處健之極, 以陽處陽, 用其壯者也. 故小人用之以爲壯, 君子用之以爲羅己者也)"라고 하였다.

14 구삼은 위치가 바르지만 양이 지나치게 성하고 또 매우 두려운 자리에 있기 때문에 함부로 장성함을 쓰면 위태롭다는 점을 경계하고 있다. 『주역절중』은 유목의 말을 인용하여 "군자는 덕을 숭상하고 장성함을 쓰지 않는다. 만약 그 장성함을 고수하면 위태롭다(君子尙德而不用壯, 若固其壯, 則危矣)"라고 하였다.

15 "저(羝)"는 숫양을 말한다. 혜림(慧琳, 737-820 : 당나라의 승려로 중국 고전의 훈고와 경음을 연구함)은 『일체경음의(一切經音義)』에서 "삼 년 된 수컷을 저라고 한다(牡三歲曰羝)"라고 했는데, 여기에서는 대체로 큰 양을 말한다. 이 구절은 큰 양이 울타리에서 빠져나오려고 그 뿔을 들이박아 걸려 버린 상황을 말하고 있다. 즉 구삼이 망동(妄動)하여 "장성함을 쓴다면(用壯)" 흉한 위험이 반드시 올 것이라는 말이다. 이에 대해 호원은 『주역구의(周易口義)』에서 "소인은 장성한 때에 처해서 움직이면 중을 벗어나고, 앞으로 나아가기만 하고 뒤를 돌아보지 않는데 이는 마치 강하고 힘센 양과 같다. 비록 울타리가 바로 앞에 있으나 또한 부딪쳐 충돌하면서 나아가 도리어 그 뿔이 걸려 오도가도 못하게 되어 버리는데, 이것이 바로 흉한 도리이다(小人居强壯之時, 動則過中, 進則不顧, 是猶剛狠之羊. 雖藩籬在前, 亦觸突而進以至反羸其角, 進退不能, 凶之道也)"라고 하였다.

16 통행본 『주역』의 "망(罔)"을 "그물(網)"로 볼 것인지 또는 "없음(無)"으로 볼 것인지에

구삼은 소인은 장성함을(힘을) 쓰고 군자는 힘이 없는 것을(겸손함을) 쓰고 계속 고집하면 위태하니 숫양이 울타리를 들이받아 그 뿔이 걸리게 된다.

🅑 구삼은 소인은 장성함을(힘을) 쓰고 군자는 힘이 없는 것을(겸손함을) 쓴다. 점을 치니 위태하여 숫양이 울타리를 들이받아 그 뿔이 걸리게 된다.

象曰 小人은 用壯이요 君子는 罔也라.
상 왈 소 인　용 장　　군 자　　망 야

상전에 말하기를 소인은 장성함을 쓰고, 군자는 힘이 없는 듯(겸손하게) 한다.

九四는 貞이면 吉하여 悔亡[17]하리니 藩決不羸하며
구 사　정　　길　　회 망　　　번 결 불 리

壯于大興之輹[18]이로다.
장 우 대 여 지 복

대한 논란이 분분하다. 현재 『백서주역』에서 "망(亡)"으로 쓰고 있는 것을 통해 그 논란의 해결점을 유추할 수 있을 것으로 보인다.

17 구사는 구이와 마찬가지로 모두 양으로서 음의 자리에 처하여 있다. 이 때문에 지나치게 장성한 상태에는 이르지 않는다. 그러나 구사는 네 개의 연속된 양의 끝에 자리하여 지나치게 장성하게 된 측면이 있다. 그러므로 효사에서는 "바르게 하면 길하여(貞吉)"라고 하여, 올바르게 행동하면 길함을 얻을 수 있다고 말한다. 이미 안정되어 길하다고 하면 나아감에 있어서 조금의 잘못도 없기 때문에 효사에서는 "뉘우침이 없을 것이니(悔亡)"라고 말한다. 구사는 전체 괘의 주효(主爻)로 강효가 계속적으로 그 세력을 펼치는 선봉에 해당한다. 여기에서 중요한 것은 정도(正道)에 따라야 길할 수 있다고 하여 "바르게 하면 길하여 뉘우침이 없을 것이니(貞吉悔亡)"라고 말하는 것이다.

18 구사는 전체 괘의 주효로 강효가 장대하게 자라나는 추세를 말하고 있다. 크게 장성(壯盛)하기 위해서는 정도(正道)를 따를 수 있어야 길하기 때문에 "바르게 하면 길하여 뉘우침이 없을 것이다(貞吉悔亡)"라고 하였다. "울타리가 터져서 걸리지 않으며(藩決不

[백] 九四, 貞, 吉, 悔亡. 藩決不羸. 壯于泰車之輹.
구사 정 길 회망 번앙불리 장우태거지복

구사는 바르게 하면 길하여 뉘우침이 없을 것이니, 울타리가 터져서 걸리지 않으며 큰 수레의 바퀴살이 (앞으로 나아가는 기세가 왕성하여) 씩씩하도다.

[백] 구사는 점을 쳤는데 길하여 후회하고 아쉬워하는 일이 없을 것이라고 하였다. 양이 나가지도 못하고 물러나지도 못하는 곤경 속에서 빠져나왔다. 이것은 큰 수레가 울타리를 받아 무너뜨렸기 때문이다.[19]

象曰 藩決不羸는 尙往也[20]일새라.
상 왈 번 결 불 리 상 왕 야

상전에 말하기를 울타리가 터져서 걸리지 않는다는 것은 여전히 계속 나아가기 때문이다.

六五는 喪羊于易면 无悔[21]리라.
육 오 상 양 우 이 무 회

羸)"라는 말은 울타리가 터져서 더 이상 가로막지 않는다는 의미이다. 왜냐하면 구사는 이미 상괘인 진괘(震卦) 위로 올라와서 음의 효와 만나기 때문이다. "복(輹)"은 수레의 바퀴살을 말한다. 이것을 떼내어 버리면 움직일 수 없다. 구사는 진괘의 주효이자 대장괘의 주효이기도 하기 때문에 "큰 수레의 바퀴살이 씩씩하도다(壯于大輿之輹)"라고 말하는데, 이것은 수레의 바퀴살이 매우 견고하여 힘 있게 잘 나가는 것을 상징한다.

19 이것은 군주가 위험을 벗어나가는 것을 비유한 것이다. 등구백의 『백서주역교석』 186쪽 참조

20 정이천은 『이천역전』에서 "상왕(尙往)"에 대해서 " '아직 간다는 것은 양의 나아감이 그치지 않았다는 것이다(尙往, 其進不已也)"라고 하였다.

21 "이(易)"는 밭의 경계를 말한다. 『내씨역주(來氏易註)』에서는 " '이(易)'는 바로 장(場)으로 밭의 경계의 땅을 말한다(易, 卽場, 田畔地也)"라고 하였다. 이 구절은 장성함이 이미 지나가 버린 육오의 처지를 마치 강하고 씩씩한 양이 밭의 경계에서 길을 잃은 것으

백 六五, 亡羊于易.²² 无悔.
육오 망양우이 무회

육오는 경계에서 양을 잃으면 뉘우침이 없을 것이다.

백 육오는 적(狄)의 땅에서 양의 무리를 잃어버렸다. 점을 치니 후회하고 아쉬워하는 일이 없을 것이라는 내용을 얻었다.

象曰 喪羊于易는 位不當也²³일새라.
상 왈 상양우이 위부당야

상전에서 말하기를 경계에서 양을 잃음은 자리가 마땅하지(적당하지) 않기 때문이다.

로 묘사하고 있다. 그러나 유로서 상괘의 중의 자리에 자리하여 강하고 씩씩함을 사용하지 않기 때문에 "뉘우침이 없다(无悔)"라고 말한다. 『주역절중』에서는 "육오에 이르면 장성함은 이미 지나가 버렸다. 또 유로서 중의 자리에 처하여 그 장성함을 발휘할 필요가 없다. 그러므로 비록 양을 잃어버렸으나 뉘우침이 없다고 하는 것이다(至六五則壯已過矣. 又以柔處中, 則無所用其壯矣, 故雖喪羊而無悔)"라고 하였다.

22 여기서 말하는 "이(易)"는 적(狄)을 가리키는데, 옛날 부족으로 적(翟)이라고도 하였다. 이 부족은 춘추 이전에 오랫동안 제(齊), 노(魯), 진(晉) 등의 나라에서 활동하여 빈번한 접촉이 있었다. 기원전 7세기경에 적적(赤狄), 백적(白狄), 장적(長狄)의 세 부족으로 나누어지고 각각의 지파(支派)가 있었다. 그들은 주로 북쪽지방에 거주하였기 때문에 통칭하여 북적(北狄)이라고 하였다. 등구백의 『백서주역교석』 186쪽 참조.

23 "경계에서 양을 잃음은 자리가 마땅하지(적당하시) 않기 때문이다(喪羊于易, 位不當也)"라고 하는 말에서 위(位)가 부당하다는 것은 육오가 위로 장성하게 올라오는 강효와 서로 접촉하는 위치에 있음을 말한다. 이는 먼저 처음 그들이 충동했을 때 강효는 장대(壯大)하고 유효는 약소(弱小)하기 때문에 위치가 그렇게 좋지 않다는 의미이다. 또 다른 의미는 다섯 번째 위는 존위이고 강의 자리를 가리키는데 육오의 음효는 그 자리에 거처해서는 안 된다는 것이다. 이 때문에 경계에서 양을 잃어버리는 손해를 입게 되는 것이다. 비록 이런 손실은 있으나 시세가 그러하기 때문에 크게 후회할 일은 없다. 『주역정종』 292쪽 참조.

上六은 羝羊이 觸藩하여 不能退하며 不能遂하여 无攸利[24]니
상육 저양 촉번 불능퇴 불능수 무유리

艱則吉[25]하리라.
간 즉 길

백 上六, 羝羊觸藩, 不能退, 不能遂, 无攸利, 根[26]則吉.
상육 저양촉번 불능퇴 불능수 무유리 근 즉 길

상육은 숫양이 울타리에 부딪쳐 물러날 수도 없고 나아갈 수도 없어 이로운 바가 없으니, 어려움을 알면 길할 것이다.

백 상육은 숫양이 울타리에 부딪쳐 물러날 수도 없고 나아갈 수도 없어 이로운 바가 없으니, 움직이지 않으면 길할 것이다.

---

24 "나아간다(遂)"는 말은 물러난다는 말과는 서로 반대되는 것으로 전진한다는 뜻을 가지고 있다. 이 몇 구절은 상육이 대장괘의 상효에 위치하고 있고, 진동(震動)의 극단에 자리하여서 나아가려고 하는 마음이 있음을 말하고 있다. 그러나 그 바탕이 부드럽고 약하여 어떻게 할 도리가 없는데, 이는 마치 양이 울타리에 부딪혀 진퇴양난의 상태에 빠진 것과 같기 때문에 "이로운 바가 없으니(无攸利)"라고 말하는 것이다. 그러므로 주자는 『주역본의』에서 "장성함의 끝이고 움직임의 극이기 때문에 울타리를 떠받고 물러가지 못하는 것이다. 그러나 재질이 본래 음유이기 때문에 또 그 나아감을 이루지 못하는 것이다(壯終動極, 故觸藩而不能退. 然其質本柔, 故又不能遂其進也)"라고 하였다. 황수기 『주역역주』 264쪽 참조.
25 "간(艱)"은 마치 "어려움을 이기고 스스로를 지킨다"라는 말과 같다. 이것은 상육이 비록 진퇴양난의 상태에 머물러 있으나 부드러움을 지니고 아래로 구삼과 상응하여 음양이 끝내는 서로 합하여 함께 나아가게 된다는 말이다. 상육은 한마디로 어려움 속에서 스스로 옳게 행동하여야 길하다는 것을 말한다. 이것이 가능하기 위해서는 먼저 그 어려운 상황을 판단하여 심사숙고하여 행동해야 한다. "어려움을 알면 길할 것이다(艱則吉)"라는 말은 만약 스스로 망동을 제한하여 해로움을 면할 수 있으면 길할 것이라는 의미이다.
26 "간(艱)"을 『백서주역』에서는 "근(根)"으로 쓰고 있는데, 아마도 한(限)을 잘못 쓴 것으로 보인다. "한"의 의미는 망동(妄動)을 제한하여야 큰 해로움을 면할 수 있음을 말하는 것으로 보인다.

象曰 不能退不能遂는 不詳也요 艱則吉은 咎不長也[27]일새라.
상 왈 불능퇴불능수　　불상야　　간 즉 길　　구부장야

상전에 말하기를 물러날 수도 없고 나아갈 수도 없다는 것은 신중하게 살펴보지 않기 때문이고, 어려움을 알면 길하다는 것은 허물이 오래가지 않기 때문이다.

* 대장괘의 의미와 교훈

크게 강성하다는 것은 사물발전에 있어서 가장 좋은 단계라고 할 수 있다. 그러면 어떻게 하여야 계속적으로 성장을 보존할 수 있는가 하는 것이 매우 중요한 문제로 떠오른다고 할 수 있다. 대장괘의 괘사는 "바르게 해야 길할 것이다(貞吉)"라는 말로 바름을 지키면서 장성함에 처해야 반드시 길한 이치를 얻을 수 있다고 말한다.

괘 가운데 여러 효는 구체적으로 크게 성장하는 때에 있어서 억지로 장성함을 써서는 안 되며 반드시 올바름을 지켜야 할 것을 말한다. 그래서 이와 사의 두 강효는 겸손하고 부드러움으로써 길함을 얻지만, 초와 삼의 두 양효는 망동하여 흉하게 되는 경우를 말한다. 또한 오와 상 두 음효는 강성하지만 장성함이 이미 지나쳐 반드시 부드러움을 가지고 스스로를

---

27 "신중하게 살펴보지 않은 것(不詳也)"이라는 말은 스스로 조심스럽지 못하고 또 진지하게 생각하지 못한 것으로 상육의 "숫양이 울타리에 부딪쳐 물러날 수도 없고 나아갈 수도 없어"와 같은 경우로 조심스럽지 못하다는 것을 말한다. "어려움을 알면 길하다는 것은 허물이 오래가지 않기 때문이다(艱則吉, 咎不長也)"라는 말은 영허소식(盈虛消息)이 자연의 이치로 대장(大壯)이 점차적으로 노쇠해가는 것은 필연적 추세임을 말한다. 상육의 잘못은 오래갈 수가 없고, 어려움을 알고 잘 분별하여 행동하고 노력하면 길함이 오게 된다는 말이다.

지켜야 함을 말하고 있다.

보통 『주역』이 양을 높이고(崇陽) 음을 누르지만, 건곤(乾坤)과 대장괘(大壯卦)에 있어서는 양을 지나치게 쓰지 말 것을 경계하여 "힘이 없는 것을(겸손함을) 쓰는(用罔)" 도리를 말하고 있다. 그러므로 대장괘의 핵심적인 의미는 함부로 장성함을 쓰지 말라는 것이라고 할 수 있다. 만약에 장성함을 쓰더라도 정도에 입각하여야 함을 분명하게 말하고 있다.

대장괘의 전체 괘상(卦象)을 놓고 말하면, 두 개의 유가 위에 있고 네 개의 양이 아래에 있는 구조로 강효가 계속적으로 발전하면서 주도적 작용을 하고 있다. 그러나 여기에서는 육오와 구이의 두 효가 가장 중요한 작용을 한다. 그 작용은 바로 강효가 가질 수밖에 없는 약점을 보충하여 도와준다는 것이다. 구이는 강으로 유의 자리에 있고, 육오는 유로 강의 자리에 있어 두 효는 근본적으로 강유조화(剛柔調和)의 작용을 가지고 있다. 또한 구이와 육오의 상응은 강성(强盛)한 상황에서 강유가 서로 조화하여 도움을 주는 작용이 있어야만 지나치게 강하여 생기는 위험을 피할 수 있는 것이다.

대장괘의 주효인 육오는 이 괘의 리더(leader)로서 부드러운 형의 관리자이지만 초구·구이·구삼과 구사 등의 강성의 부하들의 도움을 받고 특히 구이의 적극적인 협조를 받아 강유의 적절한 조화를 통하여 좋은 결과를 얻을 수 있다.

35. ䷢ 화지진(火地晉, 백 晉 第五十一)

1) 괘의 순서

　"진(晉)"은 「서괘전」에서 "사물은 끝까지 장성할 수 없으므로 진괘로 서 받았으니 진은 나아감이다(物不可以終壯, 故受之以晉, 晉者進也)"라 고 하였다. 대장괘 이후에 진괘가 오는 것에 대해 정이천은 『이천역전』에 서 "사물은 장성하고서 끝내 멈추는 이치가 없으니, 이미 장성하면 반드 시 나아가니 진괘가 대장괘 뒤에 오는 것이다(物无壯而終止之理, 旣盛壯 則必進, 晉所以繼大壯也)"라고 하였다.

　대장괘는 군자가 득세한 시대이고 이런 시대에는 반드시 현명한 군주와 신하가 있고 나라에 도가 행해지는 그런 시기이다. 공자가 "나라에 도가 있으면, 가난하고 천한 것이 어찌 부끄럽겠는가?(邦有道, 貧且賤焉恥 也)"라고 한 말은 바로 현명한 군주와 신하가 존재하는 시기로, 바로 빼 어난 인재와 군자를 발견하여 그 재능을 충분히 발휘할 수 있게 해주는 시 기이다. 이 때문에 빼어난 인재와 군주가 상진(上進)하는 진괘가 대장괘 뒤에 나오는 것이다.

2) 괘명의 의미

　"진(晉)"은 『설문해자』에서 "나아가는 것이다. 해가 나와서 만물이 나 아간다(晉, 進也. 日出而萬物進)"라고 하였다. 진(晉)과 진(進)은 발음 이 같을 뿐만 아니라 뜻도 똑같다. 태양이 대지에 출현한 이후 점차적으 로 상승하는 것은 신하의 지위가 끝임없이 승진하는 것을 상징한다. 괘의 이름을 진(晉)으로 하고 진(進)으로 하지 않는 이유는 진(晉)이라는 글자 속에는 나아가는 뜻 이외에 밝고 풍성한 의미까지 포괄하고 있기 때문이다. 이런 점에서 단순히 진(進)으로 괘명의 이름을 삼기에는 부족하다.

『주역절중』에서 곽옹(郭雍)은 진괘와 대유괘(大有卦)의 유사성과 차이에 대해 "대유괘는 불이 천상에 있는 것으로 군도(君道)를 말하고 있다. 진괘는 밝음이 땅위에 나온 것으로 신도(臣道)를 말한다(大有火在天上, 君道也. 晉明出地上, 臣道也)"라고 하여, 진괘를 신도(臣道)와 관련하여 말하고 있다. 또 진괘 이외에도 "나아감(進)"의 뜻을 가진 괘로는 승괘(升卦)와 점괘(漸卦)가 있다. 진괘는 해가 막 나오는 경우로 나아가는 정도가 가장 분명하고, 승괘는 나무가 막 생겨나오는 것을 상징하여 나아가는 정도가 그 다음이고, 점괘는 나아가는 정도가 상대적으로 미약하여 나무가 생긴 이후에 점차적으로 자라나는 것을 상징한다.

3) 괘상의 의미

진괘(晉卦)의 가장 일반적인 괘상의 의미는 밝은 태양이 땅위에 솟아 있는 상이다. 진괘의 상괘는 이(離)괘로 태양을 말하는데, 태양은 군주의 상으로 광명(光明)의 상징을 가지고 있다. 하괘의 곤(坤)은 신하나 부인을 상징한다. 그래서 진괘는 밝은 지혜를 가진 군주가 위에 있어 아래의 만백성들이 순종하는 것을 상징한다. 또한 광명이 지상(地上)에 출현하는 상으로 마치 뛰어난 지도자가 나타나 온 나라를 잘 이끌어 가는 것을 상징하고 있다.

晉은 康侯[1]를 用錫馬蕃庶하고 晝日三接[2]이로다.
진　　강후　　　용석마번서　　　　주일삼접

백 晉, 康侯用賜馬蕃庶, 晝日三接.
진　강후용사마번서　주일삼접

경의 의미 : 진은 강후가 왕이 내린 종마(種馬)를 이용하여 많은 말을 번식
시켰는데, 하루에 세 번이나 교접하였다.[3]

전의 해석 : 진은 나라를 편안하게 해주는 제후에게 많은 말을 하사(下賜)
하였고, 대낮에 세 번이나 접견(接見)하였다.

백 진은 강후가 왕이 내린 말을 이용하여 많은 말을 번식시켰는데, 진수
(瀋水) 강변에서 주야로 쉬지 않고 번식을 시켰다.

---

1 "후(侯)"는 제후(諸侯)로 천자(天子)에 대해서는 신하이고 경(卿), 대부(大夫)에 대해서
는 군(君)으로 군주와 신하의 두 가지 신분을 동시에 가지고 있다. "강후(康侯)"는 빼어
난 능력을 지니고 있으면서 국가를 편안하게 다스릴 수 있는 제후를 의미한다. "강후(康
侯)"를 일반명사로 보면 백성과 나라를 편안하게 해주는 제후를 말하고, 고유명사로 보면
무왕(武王)의 동생으로 제후가 된 강숙(康叔)을 말한다. 고힐강(顧頡剛)은 『주역』 괘효
사 중에는 상(商)나라와 주나라의 많은 역사적 사실이 있다는 것을 고증한 바 있다. 그는
"강후"를 서주(西周)시기 무왕의 동생인 위강숙(衛康叔)으로 보고 있다. 「주역 괘효사 중
의 고사(周易卦爻辭中的故事)」(『古史辨』第三册) 참조 바람.
2 자신의 국가를 편안하게 다스리는 제후가 천자를 알현하여 여러 가지 상황을 보고하여 상
(賞)을 받는 것을 말하고 있다. 천자가 상으로 많은 말을 내리고 하루에 세 번이나 제후를
접견하여 매우 융숭한 예우를 하고 있다. 제후가 나라를 잘 다스린 공로를 인정받아 큰 상
을 받는 것을 말하고 있다.
3 이경지는 『주역통의』에서 이 구절을 강후가 성왕(成王)에게 받은 종마(種馬)를 가지고 말
을 번식시키는 것으로 보고 있다. 종마가 하루에 몇 번이나 배종(配種)하고 있는데, 이것
은 주나라 사람들이 서북쪽에 있던 시기의 경험으로 그것을 중원(中原)지역으로 전달해
주었다. 고대에는 마차를 통한 전차전을 위해서 좋은 말을 번식시키는 것을 매우 중시하
였기 때문이다. 『주역통의』 69쪽 참조 바람.

象曰 晉은 進也[4]니
단 왈 진   진 야

단전에 말하기를 진은 나아가는 것이니

明出地上하여 順而麗乎大明하고 柔進而上行[5]이라
명 출 지 상   순 이 이 호 대 명   유 진 이 상 행

是以康侯用錫馬蕃庶晝日三接也라.
시 이 강 후 용 석 마 번 서 주 일 삼 접 야

밝음이 땅 위에 나와서 유순하여 큰 밝음에 걸려 있고, 부드러움이 나아가
위로 올라간다. 이런 까닭에 나라를 편안하게 해주는 제후에게 많은 말을
하사 하였고, 대낮에 세 번이나 접견하였다.

象曰 明出地上이 晉이니 君子以하여 自昭明德[6]하나니라.
상 왈 명 출 지 상   진   군 자 이   자 소 명 덕

---

4 이 구절은 진괘(晉卦)의 괘명을 해석한 것이다. 진(晉)은 앞으로 전진한다는 뜻을 가지고
있다. 진은 앞으로 나아가는 뜻 이외에 또 밝고 성대한 뜻도 가지고 있다. 이 두 가지 뜻
을 합해서 말하면 진은 나아가서 성(盛)하는 의미를 가지게 된다.

5 이 구절은 상하 괘상의 조합을 통하여 괘명을 해석하고 있다. "밝음이 땅 위에 나와서(明
出地上)"라는 말은 진괘가 하괘인 곤괘(坤卦)와 상괘인 이괘(離卦)를 조합하여서 만든
괘인데, 곤은 땅이고 이는 밝음으로 광명이 대지 위에 출현한 것을 말한다. "유순하여 큰
밝음에 걸려 있고(順而麗乎大明)"라는 말은 곤괘의 특성이 유순함이고, 이괘의 특성이
부착(附着)과 광명이기 때문에 그것을 합하여 유순하게 밝음에 부착하는 것으로 말하고
있다. "부드러움이 나아가 위로 올라간다(柔進而上行)"라는 말은 진괘(☷)가 관괘(觀
卦:☳)의 육사가 위의 존위로 올라가 진괘로 변한 것을 말한다. 괘의 덕성을 통하여 유순
하게 위로 승진하는 것을 말한다.

6 상괘는 태양이고 하괘는 땅으로 태양이 땅위에 솟아서 만물을 비추기 때문에 진괘라고 말
한다. 명(明)은 해(日)의 대명사이다. 해가 지상에 나온 것은 천하가 크게 밝은 것이다.
군자는 이런 정신을 본받아 스스로 본래 지니고 있는 광명한 덕성을 더욱 빛나게 하도록
노력하여야 한다. "소(昭)"는 밝게 비춘다는 의미로 『대학』에서 말하는 "대학의 도는 밝
은 덕을 밝히는 데 있다(大學之道, 在明明德)"의 "명(明)"에 해당한다.

상전에 말하기를 밝음이 땅 위에 나온 것이 진이니, 군자가 이를 본받아 스스로 밝은 덕을 밝혀야 한다.

初六은 晉如摧如에 貞이면 吉[7]하고 罔孚라도 裕면 无咎[8]리라.
초 육　진여최여　정　길　　망부　유　무구

[백] 初六, 晉如摧如. 貞, 吉, 悔亡. 復裕. 无咎.
초 육　진여준여　정　길　회망　부유　무구

초육은 나아가거나 (꺾여서) 물러남에 바르게 하면 길하고, 진실한 믿음이 없더라도 관대하면 허물이 없으리라.

---

7 "진(晉)"은 앞으로 밀고 나가는 뜻을 가지고 있다. "최(摧)"는 꺾이고 물러난다는 의미를 가지고 있다. 전체 괘는 유(柔)가 위로 나아가는 것을 말한다. 육오는 이미 존위에까지 올라가고 아래의 세 개의 유효도 모두 상행(上行)하려고 한다. 그러므로 초육의 효사는 "나아가거나(晉如)"이고, 육이의 효사도 "나아가는 것(晉如)"이고, 육삼의 「상전」도 "많은 사람의(무리가) 신임을 얻는다는 뜻은 위로 올라가는 것이다(衆允之志, 上行也)"라고 한다. 이것은 효의 추이하는 방향에 대해 말한 것이다. 초육은 가장 아래에 있어서 위로 올라가기 위해서는 방해되는 것들을 밀어붙여야 하는데, "나아가거나 (꺾여서) 물러남(晉如摧如)"이라는 말은 바로 초육이 위로 올라가 승진하기 위해 애쓰는 모습을 상징하고 있다. 그러나 초육의 위치가 너무 아래 있고 나아가기가 결코 쉽지가 않기 때문에 그 자리를 바르게 하고 성실하게 하여 자신의 위치를 공고하게 하여야 길하다고 말한다.

8 "진실한 믿음이 없더라도(罔孚)"라는 말은 초육은 아직 신인(新人)이기 때문에 개인의 진실함이 여전히 다른 사람에게 인식되지 못하고 또 신임을 받지 못하고 있음을 말한다. 괘상으로 말하면 초육과 구사는 상응하고 진실함이 있다. "관대하다(裕)"는 것은 관대하고 남을 잘 받아들일 줄 알아야 함을 말한다. 가장 아래에 자리하기 때문에 시간적으로 여유가 있다. 그래서 천천히 때를 기다려 승진의 기회를 잡으려 하기 때문에 "관대하면 허물이 없으리라(裕无咎)"라고 말한다. 이 말들은 초육이 다른 사람에게 믿음을 얻지 못하여 너그럽게 때를 기다려 끝내는 어려움을 물리치고 사효와 상응하여 무구(无咎)함을 얻는 것을 말하고 있다. 그러므로 주자는 『주역본의』에서 "음으로서 아래에 자리하여, 상응하는 것이 중정하지 못해서 나아가고자 하나 꺾이는 상이 있다. 점치는 사람이 이와 같이 바름을 지킬 수 있으면 길하고, 설사 사람들에게 신임을 받지 못하더라도 또한 너그럽고 넉넉하게 처신하면 허물이 없을 것이다(以陰居下, 應不中正, 有欲進見摧之象, 占者如是而能守貞則吉, 設不爲人所信, 亦當處以寬裕則无咎也)"라고 하였다.

■ 초육은 진수의 물길에 연결시키는 도랑을 팜으로써 (물에 잠기는 재해를 피하여) 길하고 후회할 일이 없고, 백성들을 다시 부유하도록 만들어 더 이상 재해가 없도록 하였다. 허물이 없다는 점괘가 나왔다.

象曰 晉如摧如는 獨行正也요 裕无咎는 未受命也⁹일새라.
상 왈 진 여 최 여　　독 행 정 야　　유 무 구　　미 수 명 야

상전에 말하기를 나아가거나 (꺾여서) 물러난다는 것은 홀로 바름을 행하는 것이고, 관대하면 허물이 없다는 것은 아직 명을 받지 못했기 때문이다.

六二는 晉如愁如나 貞이면 吉¹⁰하리라 受茲介福于其王母¹¹리라.
육 이　　진 여 수 여　　정　　길　　　　수 자 개 복 우 기 왕 모

---

9 전진하려 할 때 좌절할 수가 있지만 중요한 것은 자신이 가는 길이 바른 것이어야 한다는 것이다. 또 마음이 굳건하면 재난을 당해도 즉시 이를 극복할 수 있다. 이 시기는 아직 등용이 되지 못한" 시기이기 때문에 책임도 없다. 그러므로 걱정도 두려움도 없어서 유유자적하다. "아직 명을 받지 못하였다(未受命)"는 말은 아직 등용되지 못한 것으로 윗사람의 신임을 아직 받지 못한 경우로 "진실한 믿음이 없더라도(罔孚)"라는 말을 해석하고 있다. 본래 초효는 물용(勿用)의 자리이기 때문이다.

10 수(愁)를 『경전석문』에서는 "변색하는 모양(變色貌)"라고 하여 근심하는 의미로 풀이하고 있다. 이것은 육이가 진괘의 하괘의 중에 자리하여 두 개의 음 사이에 끼어 위의 응원(應援)도 없는 상태에서 나아가는 것이 매우 힘들고 위험하기 때문에 "근심하는" 상이 생기는 것이다. 그러나 성격이 유순하고 중정하여 나아가는 데 조급하지 않기 때문에 "바르면 길하리니라(貞吉)"라고 말하는 것이다. 이에 대해 정이천은 『이천역전』에서 "육이가 아래에 있어서 위로 응원이 없고, 중정하고 유순한 덕으로서 하니 강하게 나아가는 자가 아니다. 그래서 나아가는 데 근심스러운 것이 되니. 나아가기가 어렵다는 것을 말한다. 그러나 곧고 바름을 지키면 마땅히 길함을 얻는다(六二在下, 上无應援, 以中正柔和之德, 非强於進者也. 故於進爲可憂愁, 謂其進之難也. 然守其貞正, 則當得吉)"라고 하였다.

11 "개(介)"는 크다는 뜻이고, "우기(于其)"라는 말은 "그것으로부터(由其)"라는 뜻이다. "왕모(王母)"는 조모(祖母)를 말하는데, 육오를 비유하고 있다. 이 두 구절은 앞에서 말한 "정길(貞吉)"의 뜻을 해석하여, 육이와 육오가 비록 음양의 상응은 아니라 할지라도 계속해서 바른 덕을 지키고 있으면 마치 존위에 있는 육오의 왕모가 큰 복을 육이에게 내려주는 것과 같이 된다는 뜻이다.

백 六二, 溍如愁如. 貞, 吉. 受玆介福于兀王母.
육이 진여수여 정 길 수자개복우기왕모

경의 의미 : 육이는 적을 공격하여 압박하고서 점을 물었는데 길하다고 하였다. 그의 조모에게 큰 복을 받았다.[12]

전의 해석 : 육이는 나아가는 것이 근심스러우나 바르면 길하리니, 큰 복을 그 왕모에게서 받을 것이리라.

백 육이는 진수의 강물이 소용돌이치면서 흘러간다. 길한 점의 내용이 나왔다. 강후가 이런 큰 복을 그의 왕모에게서 받았다.

象曰 受玆介福은 以中正也[13]라.
상 왈 수 자 개 복   이 중 정 야

상전에 말하기를 큰 복을 그 왕모에게서 받을 것이라는 것은 중정하기 때문이다.

六三은 衆允이라 悔亡[14]하니라.
육 삼   중 윤   회 망

---

12 이경지는 왕모(王母)를 무왕(武王)의 조모와 모친으로 보고 있다. 즉 이 구절을 무왕이 상나라를 치는 역사적 사실로 본 것이다. 상을 공격하여 항복을 받은 후에 무왕은 왕모에게 제사를 지냈는데, 이것은 왕모의 복을 빌기 위해서이다. 무왕의 조모와 모친은 모두 상나라 여자이기 때문에 상나라를 정벌한 후에 왕모에게 특별한 제사를 지내려고 했다고 말한다. 『주역통의』 70쪽 참조.
13 이것은 육이가 중위에 있고 또 음이 정위를 얻었기 때문이다. 이 효는 비록 나아가지 못하여도 걱정하지 않고 중정하면 반드시 성공하는 날이 있음을 말하고 있다.
14 여기에서 말하는 "중(衆)"은 여러 사람 또는 여러 음을 의미하는데, "중윤(衆允)"은 여러 사람의 지지를 받는 것으로 모든 사람들이 그를 믿고 따르는 것을 말한다. 육삼은 유순한 덕을 가진 사람의 무리가 지혜로운 군주에게 의탁하는 상황을 묘사하고 있다. 이에

囲 六三, 衆允, 悔亡.
육삼 중윤 회망

육삼은 많은 사람의 신임을 얻으니 뉘우침이 없을 것이다.

囲 육삼은 모두가 성실하다. 후회가 없을 것이라는 점의 결과가 나왔다.

象曰 衆允之志는 上行也[15]라.
상왈 중윤지지 상행야

상전에 말하기를 많은 사람의 신임을 얻는다는 뜻은 위로 올라가는 것이다.

九四는 晉如鼫鼠니 貞이면 厲[16]하리라.
구사 진여석서 정 여

대하여 주자는 『주역본의』에서 "삼은 중정하지 못하여 마땅히 뉘우침이 있는 자이나 아래의 두 음과 함께 위로 나아가고자 하기 때문에 무리에게 믿음을 얻어서 뉘우침이 없어진다(三不中正, 宜有悔者, 以其與下二陰, 皆欲上進, 是以爲衆所信而悔亡也)"라고 하여, 육삼은 본래 부정위하여 뉘우칠 일이 있으나 곤괘의 온순한 덕으로 말미암아 뉘우칠 일이 없어지게 된다고 풀이한다.

15 정이천은 『이천역전』에서 "상행은 위로 대명에 순하게 붙는 것이다. 위로 매우 밝은 군주를 따름은 무리의 뜻이 같기 때문이다(上行, 上順麗於大明也. 上從大明之君, 衆志之所同也)"라고 하였다.

16 『시경』「위풍・석서(魏風・碩鼠)」에서 "큰 쥐야 큰 쥐야 우리 곡식을 먹지마라(碩鼠碩鼠, 無食我黍)"라는 구절에서 말하는 "큰 쥐(碩鼠)"가 바로 여기에서 말하는 "석서(鼫鼠)"이다. 큰 쥐는 작물을 갉아먹고 해를 주는 들쥐를 말한다. 구사는 양효로 음의 자리에 있고, 중의 자리를 벗어나 있으면서 오히려 고위직에 올라간 경우이다. 이는 도덕이 결핍되어 있음에도 지위가 높아 오히려 더욱 많은 탐욕을 부리는 것이 마치 밭 속의 들쥐와 같다. 그러므로 들쥐처럼 탐욕적인 사람이 고위직에 올라 그 자리를 고수하려고 하면 그 미래는 매우 위험하다. 구사는 군주 가까운 자리에 있는 위치인데 괘사의 내용으로 보면 그는 정치를 잘 하는 강후(康侯)에 해당한다. 그러나 효사는 완전히 반대이다. 그를 강후라고 말하지 않을 뿐만 아니라, 도리어 큰 들쥐의 상으로 말하고 있는 이유는 구사가 유(柔)에 있으나 부정위로 시의(時義)와 엇갈리기 때문이다. 진(晉)의 시기에 처하여 구사가 만약 자리와 녹(祿)에 얽매여 들쥐처럼 행동하여 변화할 줄 모르면 위태로울

백 九四, 晉如, 鼫鼠. 貞, 厲.
구 사 진 여 자 서 정 려

구사는 나아가려 하는 것이 큰 쥐 같으니(큰 쥐같이 탐욕스러우니 자리를)
고수하려고 하면 위태로울 것이다.

백 진수 강변에서 쥐를 불에 굽고 있다. 위태롭다는 점의 결과가 나왔다.

象曰 鼫鼠貞厲는 位不當也[17]일새라.
상 왈 석 서 정 려   위 부 당 야

상전에 말하기를 큰 쥐 같으니 고수하려고 하면 위태로울 것이라는 것은 자
리가 부당하기 때문이다.

六五는 悔亡하란대 失得을 勿恤이니 往吉하여 无不利[18]리라.
육 오   회 망   실 득   물 휼   왕 길   무 불 리

수밖에 없다.

17 "진(晉)"의 도리는 유순함을 강조하는 데에 있다. 구사는 양강으로 바름을 잃었기 때문
에 위태롭다. 이에 대해 항안세는 『주역완사』에서 "삼이 비록 부정위이나 능히 따를 수
있기 때문에 그 뜻을 믿고서 상행할 수 있다. 사는 비록 이미 위에 나아갔으나 유순한 도
리를 잃어버렸기 때문에 마치 들쥐와 같은 궁색함으로 그 뜻을 이루지 못한다(三雖不正,
以其能順故得信其志而上行. 四雖已進乎上, 以其失柔順之道, 故如鼫鼠之窮而不得
遂)"라고 하였다.

18 육오는 음유로 존위에 있고, 부정위이면서 아래에 상응도 없다. 원래 "뉘우침이 있지만
(悔亡)" 중에 자리하고 밝음(離明)으로 대명(大明)의 덕을 가지고 있다. 그래서 아래의
세 음(三陰)이 따르고 있기 때문에 "뉘우침이 사라지게(悔亡)"된다. 성공이나 실패도 우
려할 필요가 없다. 나아가 행하면 길하고 의롭지 않은 것은 없다고 말한다. 주자는 『주
역본의』에서 "음으로 양의 자리에 있어 마땅히 뉘우침이 있을 것이나 대명이 위에 있고
아래로 모두 순종하기 때문에 점치는 자가 이를 얻으면 뉘우칠 일이 없을 것이다. 또 일
체 공을 계산하거나 이익을 도모하는 마음을 없애 버리고 가기 때문에 길하여 이롭지 않
음이 없을 것이다(以陰居陽, 宜有悔矣. 以大明在上而下皆順從, 故占者得之則其悔亡.
又一切去其計功謀利之心, 則往吉而无不利也)"라고 하였다.

■ 六五, 悔亡. 失得勿血. 往, 吉, 无不利..
　육 오　회 망　실 득 물 혈　왕　길　무 불 리

육오는 뉘우침이 없어지며 잃고 얻음을 근심하지 말 것이니, 나아가는 데
길하여 이롭지 않음이 없을 것이다.

■ 육오는 뉘우칠 일이 없어졌다. 몸이 활에 맞았으나 아직 피를 흘리지 않
았다. 앞으로 가서 점을 쳤는데 길하고 이롭지 않은 바가 없다고 하였다.

象曰 失得勿恤은 往有慶也[19]리라.
　상 왈　실 득 물 휼　　왕 유 경 야

상전에 말하기를 잃고 얻음을 근심하지 않는다는 것은 나아가는 데 경사가
있다는 것이다.

上九는 晉其角[20]이니 維用伐邑이면 厲하나 吉코 无咎어니와
　상 구　　진 기 각　　　　유 용 벌 읍　　　여　　　길　　무 구

貞앤 吝[21]하니라.
　정　　린

---

19 이 구절은 육오가 존위에 승진하여 위로 올라가려고 하였던 소망을 실현하여 크게 기뻐
하고, 얻은 것이 잃은 것보다 크기 때문에 얻고 잃음을 걱정할 필요가 없다는 것이다. 결
론적으로 육오는 작은 이익을 잃어버리고 큰 기쁨을 얻었다. "실(失)"을 맹희(孟喜), 마
융(馬融), 정현(鄭玄), 왕숙(王肅)본에서는 모두 "시(矢)"로 쓰고 있는데, 실제로 "시득
(矢得)"은 말이 되지 않는다. 우번은 "시(矢)"를 "서(誓)"로 말하고 있는데, 이것 역시
문제가 있다. 왕필본에서는 "실(失)"로 쓰고 있는데, 이것이 정확한 것으로 보인다. 왜
냐하면 "실득(失得)"이라는 것은 『주역』에서는 일반적으로 사용하는 용어이기 때문이다.
"시(矢)"로 쓰는 것은 형태가 비슷하여서 와전된 것으로 보인다.

20 『주역』의 용례에서 상효를 뿔(角)로 쓸 경우, 초효는 대개 꼬리(尾)로 쓴다. 또 상효를
머리(首)로 쓰면 초효는 발(足)로 쓰고, 상효를 이마(頂)로 쓰면 초효는 발꿈치(趾)로
쓴다. 상괘에 와서 다시 승진하려는 것이 바로 머리 위의 뿔로 승진하는 것이다. 그러므
로 "그 뿔에 나아감(晉其角)"이라고 말하는 것이다.

백 上九, 溍亓角, 唯用伐邑. 厲, 吉, 无咎. 貞, 闇.
　　 상 구　진 기 각　유 용 벌 읍　여　길　무 구　정　린

상구는 그 뿔에 나아감이니, 오직 읍을 정벌하는 데 사용하면, 위태로움이
있으나 길하고 허물이 없거니와 고집하면 부끄러움을 당하게 될 것이다.

백 상구는 읍을 공격하라고 파견되었으나 오히려 진수 강 위에서 교전이
붙었다. 점을 치니 위태하나, 길하고 허물이 없는 점괘가 나왔다. 다시 점
을 치니 부끄러움을 당하게 될 것이라고 하였다.

象曰 維用伐邑은 道未光也[22]일새라.
　　 상 왈　유 용 벌 읍　　　도 미 광 야

상전에 말하기를 오직 읍을 정벌하는 데 사용한다는 것은 도가 아직 빛나지
못하기 때문이다.

* 진괘의 의미와 교훈

진괘(晉卦)는 진취(進取)의 원칙에 대해서 해석하고 있다. 진괘가 진

---

21 "읍(邑)"은 자기 봉토(封土) 속에 있는 마을을 말한다. 상구는 이미 가장 높은 데로 올
　 라가 있고 또 아주 강한 양효이기 때문에 동물의 뿔로써 상징한다. 뾰족한 뿔로 앞으로
　 만 돌진하여 매우 위태롭다. 그러나 여전히 반란을 일으킨 마을을 투벌할 만한 역량을
　 가지고 있기 때문에 비록 위험할지라도 결과는 여전히 길하다. 자신의 봉토 속의 마을은
　 반드시 평시에도 잘 다스려 반란이 일어나지 않게 하는 것이 가장 좋다. 만약 반란이 발
　 생하면 토벌하지 않을 수 없으나, 이것은 비록 정당한 조치일지 모르나 부끄러움을 면할
　 수는 없을 것이다.
22 상구는 이괘(離卦) 속에 있는데 이(離)는 광명이다. 상구의 위치가 곤궁하여 그 광명이
　 멀리까지 비추지 못한다. 여기에서 말하는 의미는 왕도(王道)가 크게 빛나지 못하여 아
　 직 더 정벌을 해야 함을 말한다.

취하려는 것은 "유가 나아가서 상행하는 것이다(柔進而上行)"는 것으로 표현된다. 유(柔)가 나아가는 것은 좋으나 강이 나아가는 것은 좋지 않다. 그래서 본 괘의 여섯 효, 즉 네 개의 음과 두 개의 양 가운데 음은 대체로 길하고 양은 대부분 위태롭다. 아래의 삼효는 모두 유순(柔順)하여 곤괘(坤卦)에 속하고, 초육과 육이는 길하고 육삼은 "뉘우침이 없음(悔亡)"이다. 상괘(上卦)의 세 효 중 구사와 상구는 위태롭고 부끄러움을 당하는 것으로 가장 좋지 않다. 왜냐하면 그들은 양강이면서 또 당위가 아니기 때문이다. 오직 육오는 음으로 존위에 자리하여 「단전」에서 말하는 "유순하여 큰 밝음에 걸려있고 부드러움이 나아가 위로 올라간다(順而麗乎大明, 柔進而上行)"는 뜻에 바로 부합하여 진괘의 주효가 된다. 또 육오는 여섯 효 중에서 가장 좋은 효로 가면 길하고 이롭지 않음이 없다.

진괘는 사물이 발전하여 자라나는 과정에 대해 말하고 있다. 그래서 인간사의 각도에서 곽옹(郭雍)은 "신하의 나아감에는 오직 이 한 괘의 의미를 갖추어야 한다(以人臣之進, 獨備一卦之義)"라고 하였다. 괘사는 또 "강후(康侯)"가 상을 받는 것을 가지고 비유하여 이미 이러한 뜻을 드러내고 있다. 「단전」은 한걸음 더 나아가 "유순하여 큰 밝음에 걸려 있고 부드러움이 나아가 위로 올라간다"라는 말을 통해 "유(柔)"와 "순(順)" 두 글자를 가지고 진취(進取)의 원칙을 분명하게 밝히고 있다.

진괘가 매우 강조하는 "유순(柔順)"은 반드시 광명한 도덕을 전제로 삼아야 한다. 아래에 있는 자들은 밝음에 기대어 나아가고, 위에 있는 자는 더욱 밝음에 근거하여 통치를 행하여야 한다. 이런 각도에서 보자면 유순은 "진(晉)"을 추구하는 수단이고, 광명은 "진(晉)"을 획득하는 방향이다. 이 두 가지를 결합하는 것이 진괘가 이야기하려고 하는 것의 핵심이라고 할 수가 있다.

36. ䷣ 지화명이(地火明夷, 백 明夷 第三十八)

1) 괘의 순서

　"명이(明夷)"는 「서괘전」에서 "진은 나아가는 것이니 나아가면 반드시 상하는 바가 있기 때문에 명이로써 받았다. 이는 상함이다(晉者進也. 進必有所傷, 故受之以明夷, 夷者傷也)"라고 하였다. "이(夷)"는 부상당했다는 뜻으로 계속 전진하게 되면 언젠가는 부상을 당하지 않을 수 없게 된다. 그러므로 진괘 다음에 명이괘가 온다.

　진괘와 명이괘는 도전괘이다.　또 진괘가 일출(日出)을 의미한다면 명이는 일몰(日沒)을 의미한다. 이것은 또한 진괘 다음에 명이괘가 오는 이유를 말해주는 것이다.

2) 괘명의 의미

　"명이(明夷)"는 있는 그대로 밝음(明)이 상처를 입는 것을 의미한다, 현명한 것이 부상을 입는다는 말이다. "이(夷)"는 "이(痍)"와 같은 뜻을 가진 글자이다. 『설문해자』는 이 글자에 대해 "이(痍)는 부상당한 것이다(痍, 傷也)"라고 하였다. 그러므로 "명이(明夷)"는 태양이 부상을 입은 것으로 이른바 부상당한 태양이라고 할 수 있다. 이에 대해 유염(兪琰)은 "이에는 두 가지의 뜻이 있는데 천도로 말하면 소멸인데, 밝은 것이 땅 속에 들어가 소멸되어 보이지 않는 것을 말한다. 인간사로 말하면 부상당한 것으로 폭군이 위에 있어서 밝은 것이 반드시 부상을 입는 것을 말한다(夷有二義, 以天道言之, 滅也, 明入地中, 滅不見也. 以人事言之, 傷也,

暗君在上, 明者必見傷也)"라고 하였다.

　　그러나 명이괘가 이야기하려는 핵심은 단순히 어두운 시대나 폭군에 대한 원망을 말하려는 것에 있는 것이 아니다. 오히려 어두움 속에서 광명을 낳고, 절망 가운데에서 희망을 찾는 것에 있다.

3) 괘상의 의미

　　명이괘(䷣)의 상괘는 곤으로 땅을 의미하고, 하괘는 이(離)로 태양을 말한다. 즉 광명이 부상을 입은 것으로 곧 밝음이 가려진 것을 말한다. 물론 암흑의 시대이지만 동시에 신생(新生)의 시기이기도 하다. 소극적인 것을 적극적인 것으로 바꾸고, 절망 속에서 희망을 가질 수 있는 것은 암흑 속에서 빛은 더욱 밝게 보이기 때문이다.

　　명이괘에서 주효는 육오이다. 육오는 폭군의 아래에서 자신의 밝은 지혜를 숨기고, 어려움을 인내하면서 정도를 지켜야 좋은 결과가 있을 것이라고 말한다. 이에 대해『주역정의』에서 "이 괘는 해가 땅 속에 들어가 버린 명이의 상인데, 그것을 인간사에 적용하려할 때 밝지 못한 군주가 위에 있고 빼어난 신하는 아래에 있어서 그 밝은 지혜를 감히 드러낼 수가 없는 것이 또한 명이의 뜻이다(此卦日入地中, 明夷之象, 施之於人事, 暗主在上, 名臣在下, 不敢顯其明智, 亦明夷之義)"라고 하였다.

明夷는 利艱貞[1]하니라.
　　명 이　　　이 간 정

---

1 "어렵더라도 바름을 지키면 유리하다(利艱貞)"는 것은 어둡고 도가 없는 시기에 어렵더라

明夷，利，根貞.[2]
　　명 이　이　근 정

경의 의미 : 명이는 어려움에 직면하여 점을 쳤는데 유리하다고 판단하였다
(곧 어려움이 지나갈 것으로 판단함).

전의 해석 : 명이는 어렵더라도 바름을 지키면 유리하다.

우는 산닭은 처음 점을 치면 이롭다.

象曰 明入地中이 明夷[3]니
　단 왈　명 입 지 중　　명 이

단전에 말하기를 밝음이 땅 속으로 들어가는 것이 명이이니

도 그 바름을 지켜야 결국에는 이로움이 있을 것이라고 말한다. "정(貞)"은 여기에서 두 가지의 의미를 가지고 있다. 하나는 바름을 지키는 "정(正)"의 뜻이다. 어둡고 도가 없다고 하여 바른 도를 버리고 시세를 따라가서는 안 된다는 것이다. 두 번째는 경솔하게 망동(妄動)하지 말라는 것으로 "고(固)"의 뜻이다. 이것은 천하에 도가 사라져 암흑으로 변하면 어떠한 행동을 하더라도 쉽게 화를 입을 수 있기 때문에 움직이지 않고 자신을 고수하는 것이 유리하다는 말이다. 여기에서 괘사의 작자는 어려운 시기에 처해 있는 올바른 군자는 자신의 바른 도를 바꿀 수도 없고 또 치욕을 당해서도 안 되기 때문에 인내심을 가지고 자기 자신을 바르고 굳건하게 지켜야 함을 말한다. "어렵더라도 바름을 지키면 유리하다"는 말을 하는 것은 일종의 경계의 의미이다. 이에 대해 『주역절중』은 "주역의 여러 효 가운데 서합(噬嗑)괘의 구사와 대축괘의 구삼에서 어렵더라도 바름을 지키면 유리하다는 말을 하지만, 아직 한 괘의 전체를 가지고 이런 뜻을 심는 것은 없다(易卦諸爻, 噬嗑之九四, 大畜之九三, 曰利艱貞, 未有一卦全體以利艱貞爲義者)"라고 하였다.

2 『백서주역교석』은 명이(明夷)를 꿩의 일종인 산닭(鳴鷃)으로 보고 있다. 순상(荀爽)은 나는 새(飛鳥)로, 이경지는 산닭으로 말하고 있다.(『고사변(古史辨)』 제3책 참조 바람) 이 부분은 대체로 고대인들이 서점(筮占)과 물점(物占)을 결합해서 길흉을 묻는 점의 방식을 보여주는 것이라고 할 수 있다. 왜냐하면 산닭이 나는 것을 보고 길조라고 판단하기 때문이다. "근(根)"은 시작 또는 처음의 뜻을 가지고 있다. 『백서주역교석』 240쪽 참조 바람.

3 괘상을 조합하여 명이의 괘명을 설명하고 있다.

內文明而外柔順하여 以蒙大難이니 文王이 以之⁴하니라.
내 문 명 이 외 유 순　　　이 몽 대 난　　　문 왕　　이 지

안으로 문명하고 밖으로 유순함으로써 큰 환난을 당했으니 문왕이 이렇게

했느니라.

利艱貞은 晦其明也라 內難而能正其志니 箕子以之⁵하니라.
이 간 정　　회 기 명 야　　내 난 이 능 정 기 지　　기 자 이 지

어렵더라도 바름을 지키면 이롭다는 것은 그 밝음을 드러내지 않는 것이다.
안으로 어려우면서도 능히 그 바른 뜻을 바르게 하니 기자가 이렇게 했느

니라.

---

4 괘사의 "간(艱)"을 문왕(文王)을 예로 들어 설명하고 있다. "큰 환난을 당했으니 문왕이
이렇게 했느니라(以蒙大難, 文王以之)"라는 말과 위에서 말하는 "안으로 문명하고 밖으
로 유순함으로써(內文明而外柔順)"라는 말은 뜻이 서로 연결되어 있다. 즉 문왕은 안으
로는 밝은 지혜와 바깥으로는 유순한 태도로 어려운 역경을 피해 스스로를 보존하였다는
것이다. 이에 대해 『주역본의』는 "괘덕으로 괘의 뜻을 해석하였다. 큰 환난을 당했다는
말은 주의 난을 당해 갇혀버린 것을 말한다(以卦德釋卦義. 蒙大難, 謂遭紂之亂而見囚
也)"라고 하였다. "난(難)"은 괘사에서 말하는 "간(艱)"을 풀이한 것으로 보인다. "문명
(文明)"은 밝은 지혜를 가리킨다. 소인이 득세한 어려운 때를 당해서 군자는 조심스럽게
처신하면서 바른 도를 고수하여 지켜낸다. 그러나 그 덕을 밖으로 드러내지 않아야 환난
을 당하지 않을 수 있다.

5 군자가 어둡고 어려운 시기에 처하여 유일하게 행할 수 있는 방법은 "어렵더라도 바름을
지키면 이롭다(利艱貞)"는 것이다. "어렵더라도 바름을 지키면 이롭다"는 것은 스스로를
절제하여 함부로 움직이지 않는 것이 유리하다는 의미이다. 이것은 두 가지의 의미를 담
고 있다. 하나는 밝은 지혜를 감추는 것이고, 다른 하나는 그 올바름을 잃어버리지 않는
것이다. 기자(箕子)의 행위야말로 "어렵더라도 바름을 지키면 이롭다"의 전형적인 표현이
라고 할 수 있다. 기자는 주(紂)의 시기에 마치 미친 사람처럼 행동하여 그 밝음을 감추고
감옥에 갇혀서 자신의 정도를 버리지 않았다. 기자는 주임금의 가까운 친척이면서 그를
도운 대신이기 때문에 주임금의 어려움은 기자입장에서 말하면 자신이나 집안의 어려움과
마찬가지이기 때문에 "내난(內難)"이라고 말한다. 이에 비해 주임금으로부터 받은 문왕의
어려움은 천하 사람들의 운명과 관계되기 때문에 "대난(大難)"이라고 말한다. 김경방 『주
역전해』 293쪽 참조.

象曰 明入地中이 明夷니 君子以하여 莅衆에 用晦而明[6]하나니라.
상왈 명입지중　　명이　군자이　　　이중　　용회이명

상전에 말하기를 밝음이 땅속에 들어가는 것이 명이이니, 군자는 이것을
본받아 여러 사람을 대할 때에 어두움을 써서 밝게 한다.

初九는 明夷于飛에 垂其翼[7]이니 君子于行에 三日不食하여
초구　　명이우비　수기익　　　군자우행　　삼일불식

有攸往에 主人이 有言[8]이로다.
유유왕　주인　유언

------

6 "여러 사람을 대한다(莅衆)"는 말은 무리를 다스린다는 뜻을 가지고 있다. "이(莅)"는 임
하다, 다다르다는 말이다. 이것은 군자가 명이(明夷)의 상을 보고, 무리를 다스리는 데는
"밝은 지혜를 감추는(晦明)" 도리를 사용해야 함을 말하고 있다. 이에 대해 정이천은 『이
천역전』에서 "밝음은 비추는 것이니 군자는 비추지 않는 바가 없으나, 밝음을 씀이 지나
치면 살피는 것에 부상당하고 너무 살피면 일을 다 하여 포용하는 도량이 없다. 그러므로
군자가 밝음이 땅 속에 들어가는 상을 보고 무리를 대할 적에 밝음과 살핌을 지극히 하지
않고 어둠을 쓰는 것이니…… 이는 어둠을 쓰는 것이 바로 밝음이 되는 것이다(明, 所以
照, 君子无所不照, 然用明之過則傷於察, 太察則盡事而无含弘之度. 故君子觀明入地
中之象, 於莅衆也, 不極其明察而用晦, …… 是用晦乃所以爲明也)"라고 하였다.
7 괘의 아래에 자리하고 있는 초구는 강직하고 사리에 밝은 지혜를 갖춘 현명한 선비를 상
징한다. 그러나 본괘의 주효는 상육이고, 상육은 명이의 최고자리에 있는 혼암(昏暗)한
군주이다. 강직하고 지혜로운 선비가 혼암한 군주를 만나면 상처를 입을 가능성이 크다.
단지 상육은 가장 꼭대기에 있고, 초구는 가장 아래에 있어서 거리가 멀기 때문에 아직은
상처를 입지 않았다. 초구가 지혜롭다고 하는 것은 재앙이 자기 몸에 미칠 것이라는 기미
를 파악하여 재앙이 자기 몸에 미치기를 기다리지 않고 미리 높이 날아 오른 뒤에 멀리 가
버린다. 그 때문에 "명이의 때에 날개를 늘어뜨리고 날아가니(明夷于飛)"라고 말한다. 새
가 날아가려고 할 때는 반드시 먼저 그 날개를 펼쳐야 하는데 지금 날개를 늘어뜨린다는
것은 날아가려고 하는 모습이 아니다. 이것은 군자가 벼슬을 버리고 환난을 멀리하기 위
해서는 먼저 그 조짐을 드러내어서는 안 되기 때문에 마치 새가 날아오를 때 그 날개를 펴
지 않는 것처럼 하여야 한다는 것이다.
8 군자가 화를 피하여 도피할 때는 바로 가버려야 하기 때문에 밥도 제 때에 먹을 수 없다.
그러므로 "군자가 (모든 것을 버리고) 떠나감에 사흘을 먹지 않는다(君子于行, 三日不
食)"라고 하는 것이다. 초구와 육사는 상응하여 초구가 움직이면 반드시 육사에게 가는데,
초효에서부터 사효에 이르기까지 중간의 세 효를 거쳐야 하기 때문에 삼일이라고 말한다.

初九, 明夷于蜚, 垂亓左翼. 君子于行, 三日不食, 有攸往,
초 구   명 이 우 비   수 기 좌 익   군 자 우 행   삼 일 불 식   유 유 왕

主人有言.
주 인 유 언

초구는 (밝음이 상처 나는 어두운) 명이의 때에 (조용히 도망가려고) 날개를 늘어뜨리고 날아가니, 군자가 (모든 것을 버리고) 떠나감에 사흘을 먹지 않고도 가는 바가 있으니 주인이 비난한다.

초구는 산닭이 공중을 날고 있는데 왼쪽 날개를 내리고 있다. 군자와 그 주인이 함께 길을 갔는데 그는 삼일 동안 아무것도 먹지 못했으나 주인은 먹었다. 주인이 그에게 주지 않은 것이 아니라 자신이 먹기를 원치 않았다.

象曰 君子于行은 義不食也⁹라.
상 왈 군 자 우 행   의 불 식 야

상전에 말하기를 군자가 돌아감은 의리에 어긋나니 먹지 않는 것이다.

"떠나감이 있으니 주인이 비난한다(有攸往, 主人有言)"는 말은 좋은 자리와 조건을 두고 떠나가는 것이 이상함을 말한 것이다. "먹지 않는다(不食)"는 것은 녹을 먹지 않는 것으로 정도가 아니면 받지 않는다는 것이다. "주인(主人)"은 녹을 주는 사람을 말하지만, 여기서 말하는 주인이라는 말은 긴 안목을 가지지 못하고 현재에 안주하고 있는 보통 사람들을 상징적으로 표현한 것으로 보인다. 이에 대해 왕필은 "딴 사람들과는 아주 다르니 이런 식으로 다른 사람을 대하면 그 사람은 반드시 의심하기 때문에 가는 데 주인의 말이 있도다라고 말한다(殊類過甚, 以斯適人, 人必疑之, 故曰有攸往, 主人有言)"라고 하였다. 이것은 지혜로운 초구가 미리 흐름을 파악하여 움직이기 때문에 보통 사람들은 이렇게 힐난하는 말을 할 수밖에 없는 것이다.

9 군자는 어려움이 장차 일어날 것을 보고 미리 멀리 벗어나 버린다. "의리에 어긋나니 먹지 않는 것이다(義不食)"는 것은 "사흘을 먹지 않는다(三日不食)"는 말에 대한 뜻을 풀이한 것이다. "식(食)"은 "녹(祿)"을 상징한다.

六二는 明夷에 夷于左股니 用拯馬壯하면 吉[10]하리라.
육 이　　　명 이　　　이 우 좌 고　　　용 증 마 장　　　길

🔳 六二, 明夷, 夷于左股, 用撜馬床. 吉.
육 이　　명 이　　이 우 좌 고　　　용 증 마 상　　길

육이는 (밝음이 상처 나는 어두운) 명이의 때에 왼쪽 다리를 상함이니 구원하는 말이 건장하면 길하리라.

🔳 육이는 산닭이 왼쪽 다리에 부상을 입었는데 힘센 말을 타고 활을 소아 맞추었기 때문이다. 길한 점을 얻었다.

象日 六二之吉은 順以則也[11]일새라.
상 왈　육 이 지 길　　순 이 칙 야

---

10 육이는 음으로 음의 자리에 있는 정위이고 또 중에 있다. 매우 유순하고 지혜로운 자로서 때에 따라 잘 행동하는 군자이다. 그러나 명이의 때를 당하여 소인들로부터 상처를 입는 것을 면하기는 어렵다. "왼쪽 다리를 상한다(夷于左股)"는 말은 부상정도가 심각하지 않음을 말한다. 육이는 초구에 비해 한 단계 더 나아가 조금 더 심하게 부상당한 것을 상징하고 있다. "좌(左)"를 쓴 이유는 왼쪽은 부상당해도 걸을 수 있기 때문이다. 부상당했지만 심각하지는 않다. 왼쪽 대퇴부에 부상을 입었기 때문에 다행스럽게 오른쪽 다리로 행동할 수 있고 만약에 힘센 말을 얻으면 구원을 받아 신속하게 위험한 곳을 벗어나 좋은 결과를 낼 수 있을 것이다. "구원하는 말이 건장하면 길하리라(用拯馬壯, 吉)"는 것은 육이가 매우 효과적인 방법을 택하여 신속하고 때에 맞추어 구원을 받으면 상해를 벗어나 길함을 얻을 수 있다는 말이다. 길하다는 것은 상해를 입는 것을 피할 뿐이지 이 시기에 어떤 일을 이루어낼 수 있다는 뜻은 결코 아니다. 역사적 사실을 가지고 말하면 서백(西伯) 즉 문왕이 유리(羑里)의 감옥에 긴힌 것이 바로 이런 경우에 해당한다. 주(紂)는 군주이고 서백은 신하이다. 밝은 지혜를 가진 서백은 무도한 주가 장차 자기에게 상해를 입을 것을 알고 있었으나 도망갈 방법이 없었기 때문에 오직 명령에 따라 행동할 수밖에 없었다. 그가 유리의 감옥에 갇힌 상태가 바로 "왼쪽 다리를 상하는(夷于左股)" 경우에 해당한다. 그의 친구들이 미녀와 좋은 말을 구해서 주 임금에게 바치고 난 후에 서백은 겨우 사면되어 환난을 피할 수 있었다. 이런 어려움을 벗어난 서백은 그 후에 아들인 무왕이 주를 멸하는 데 결정적인 발판을 마련해 준다.

11 이 구절은 보기에 따라서는 무조건 순종적으로 따를 것을 말하는 것처럼 보이지만, 아무

상에 말하기를 육이가 길하다는 것은 유순한 덕으로 법칙을 따르기 때문
이다.

九三은 明夷于南狩하여 得其大首니 不可疾貞¹²이니라.
구 삼　명 이 우 남 수　　득 기 대 수　불 가 질 정

🄱 九三, 明夷, 夷于南狩, 得亓大首, 不可疾貞.
　구 삼　명 이　이 우 남 수　득 기 대 수　불 가 질 정

───────────────

것이나 무조건 따르라는 것이 아니라 원칙에 따라 올바른 것을 따르라는 것이다. 이것은
명이괘(明夷卦)가 가지고 있는 의미를 잘 나타낸 것이라고 할 수 있다. 이 시기는 현명
하지 못한 군주가 무조건 순종적으로 자신을 따를 것을 강요하는데, 만약 무조건 따라갈
경우 그 군주와 같은 부류가 될 가능성이 높다. 구차하게 따라가지 않고 원칙을 가지고
있어야 길할 수 있다. 빌헬름의 영역본은 구이의 길함은 법칙에 대한 헌신적인 따름에서
생긴 것으로 말하고 있다. 567쪽 참조 바람.

12 남쪽은 전방(前方) 또는 밝은 방향(明方)을 말한다. "수(狩)"는 사냥하여서 해가 되는
것을 제거하는 것을 의미한다. "앞으로 나아가 정벌하다(南狩)"는 것은 앞으로 나아가
수렵하여 해를 제거하는 것을 말한다. "우두머리(大首)"는 어두운 쪽의 괴수(魁首)를 말
한다. 구삼은 밝은 체(이괘의 밝음)의 위에 자리하여 아래의 가장 높은 곳에 있어 매우
밝은 데 비해서, 상육은 곤괘(坤卦)의 가장 높은 곳에 자리하여 가장 어둡다. 가장 어두
운 것이 위에 자리하여 어두운 곳의 수령이 된 것을 말한다. "빨리 바르게 할 수는 없느
니라(不可疾, 貞)"는 말은 어두운 쪽의 우두머리를 제거하는 것이 가장 중요하기는 하나
이것은 단계에 따라서 점차적으로 처리하여야 하지 결코 급격하게 처리할 수는 없다.
『주역』에서 상효를 머리로 삼는 경우가 많은데, 예를 들면 비괘(比卦), 이괘(離卦), 기
제괘 등이 그 경우이다. 상위에 자리하기만 하면 강효나 유효를 막론하고 모두 수(首)라
고 칭한다. 그러나 구삼은 여전히 하괘에 있고 상괘의 곤은 무리의 의미를 가지고 있어
서 조급하게 행동해서는 어렵기 때문에 "빨리 바르게 할 수는 없느니라"라고 말한다. 어
떤 하나의 일을 처리하는 데 있어서 점진적인 단계를 거쳐서 시기를 계산하여 일을 행해
야 한다는 의미이다. 여기에서 말하는 "수(狩)"라는 말은 수렵뿐만 아니라. 적을 정벌하
는 의미도 가지고 있어서 수렵과 전쟁의 뜻을 함께 나타낸다. 효사 중에서 수렵과 정벌
의 의미는 거의 대동소이하게 사용되는데 수렵의 경우는 큰 동물은 잡는 것을 의미하며,
정벌은 적의 수령을 포로로 잡는 경우에 자주 사용된다. 그러므로 정이천은 『이천역전』
에서 "남쪽으로 사냥한다는 것은 앞으로 전진하여 해로움을 제거하는 것을 말한다. 마땅
히 대수(大首)를 이겨 사로잡을 것이니, 대수는 어둠의 괴수를 이르는 것으로 상육을 말
한다(南狩, 謂前進而除害也. 當克獲其大首, 大首謂暗之魁首, 上六也)"라고 하였다.

구삼은 (밝음이 상처 입는 어두운) 명이의 때에 앞으로 나아가 정벌해서 그 우두머리를 잡았으니 빨리 바르게 할 수는 없느니라.

■백 구삼은 산닭이 남수지방에서 상처를 입었는데 그 중에서 가장 큰 새를 잡았으니, 갑자기 멈추어 점을 치지 말고 계속 잡아야 할 것이다.

象曰 南狩之志를 乃大得也[13]로다.
상 왈 남 수 지 지　　내 대 득 야

상전에 말하기를 앞으로 나아가 정벌하는 뜻을 이에 크게 얻도다.

六四는 入于左腹[14]하여 獲明夷之心하여 于出門庭[15]이로다.
육 사　　입 우 좌 복　　　획 명 이 지 심　　　우 출 문 정

---

13 앞으로 나아가 해로움을 제거한다는 말은 폭군을 전복시킨다는 것이다. 지금 남쪽으로 진격하여 그 우두머리를 잡았다는 것은 앞으로 나아가 해를 제거하려는 목적을 이룬 것이라고 할 수 있다. 그러므로 뜻을 "크게 얻도다(大得也)"라고 말한다.

14 명이괘(䷣)의 3, 4, 5의 호괘는 진(震)으로 동쪽에 있기 때문에 좌(左)의 상이 있다. 『주역절중』에서는 양시(楊時)의 말을 인용하여 "복은 곤의 상이다. 곤괘의 아래이기 때문에 '좌복(左腹)'이라고 하는데 오른쪽을 높이기 때문이다(楊氏時曰, 腹, 坤象也. 坤體之下, 故曰 '左腹', 尊右故也)"고 하였다. 즉 4효가 이미 곤괘(坤卦)에 들어가 있기 때문에 "왼쪽 배로 들어가는(入于左腹)" 상으로 상징된다. 이는 암흑 속으로 들어간다는 뜻이지만 결코 절망적인 상태만은 아니다.

15 육사는 이미 상괘(上卦)에 진입하고 있고, 비록 정위이지만 중의 위치가 아니고 또 약간 아래로 처져 있는 위치이다. 육사는 유순하기 때문에 상육의 마음을 얻게 된다. 여기에서 바로 "왼쪽 배로 들어가 밝은 것을 상처 내는 (폭군의) 본마음을 얻고서(獲明夷之心)"라는 효사가 나오는 것이다. 이 구절은 대체로 "명이(明夷)"를 주(紂)로 보고 있는데, 명이의 마음은 바로 주의 마음이다. "문 뜰로 나오도다(于出門庭)"라는 말은 피해서 숨어 버리는 것을 의미한다. 이것은 은나라 주왕에 대해 몇 번이나 충정어린 이야기를 올린 미자(微子)가 주왕의 마음을 알아채고 실망하여 제기(祭器)를 품에 안고 주(周)나라 쪽으로 피난한 사실을 이야기하고 있다. 미자의 이름은 계(啓), 상(商)의 29대 제을(帝乙)의 장자(長子)로서 주왕(紂王)의 이복형이다. 어머니가 정후(正后)가 아니었기 때문에 왕위(王位)를 이어받지 못하고 미(微)에 봉(封)해졌기 때문에 미자(微子)라고 말

백 六四, 夷于左腹, 獲明夷之心, 于出門庭.[16]
육사 이우좌복 획명이지심 우출문정

육사는 왼쪽 배로 들어가 밝은 것을 상처 내는 (폭군의) 본마음을 얻고서 문 뜰로 나오도다.

백 육사는 산닭이 왼쪽 배에 활을 맞았다. 산닭의 심장을 얻는 것은 문 뜰로 나오는 것처럼 쉽다.

象曰 入于左腹은 獲心意也[17]라.
상왈 입우좌복 획심의야

상전에 말하기를 왼쪽 배에 들어갔다는 것은 (폭군의) 내심의 뜻을 얻음이다.

六五는 箕子之明夷니 利貞[18]하니라.
육오 기자지명이 이정

한다. 봉작(封爵)과 이름을 합쳐 미자계(微子啓)라고 말한다. 그는 사람들로부터 많은 신망(信望)을 받았는데 비간(比干), 기자(箕子)와 함께 상(商) 말기의 삼인(三仁, 세 명의 어진 사람)으로 불린다. 상(商)의 주왕은 방탕하여 주색(酒色)을 지나치게 가까이 하였으며 녹대(鹿臺)라는 궁궐을 짓고, 연못을 술로 채우고 고기를 숲처럼 매달아 놓고 즐긴다는 주지육림(酒池肉林)이라는 말이 생겨나게 할 정도로 방탕하였다. 주왕의 폭정에 대해 미자(微子)는 여러 차례 간언(諫言)을 하였으나 받아들여지지 않자 아우인 자연(子衍)과 함께 은나라를 떠나 미(微)로 돌아가 버린다.

16 "우(于)"는 "여(如)"와 같은 뜻이다.

17 마음속에 들어가 폭군이 무엇을 생각하고 있는가를 꿰뚫어본 후에 그것을 떠나려고 결심한 것을 말하고 있다. "내심의 뜻(心意)"을 빌헬름의 영역본은 "마음속에 품고 있는 생각(the inmost sentiment of the heart)"으로 번역하고 있다. (568쪽 참조) 폭군의 본마음을 완전히 파악하여 더 이상 바랄 것이 없다고 생각하여 이를 벗어나려는 것을 말한다. 이것은 실제의 역사적인 사실과 관련이 있는 것으로 보인다.

18 일반적인 경우에 있어서 오효는 모두 군주의 자리지만, 밝음을 상하게 하는 시기에는 어두움이 가장 극성한 상육을 군주의 자리에 두고 말한다. 내지덕은 『내씨역주』에서 "초효

六五, 箕子之明夷, 利貞.
육오　기자지명이　이정

육오는 기자의 (밝은 것을 숨기는) 명이이니 바르게 함이 이로울 것이니라.

육오는 기자가 활을 쏘아 잡은 새이다. 이롭다는 점이 나왔다.

象曰 箕子之貞은 明不可息也[19]라.
상왈 기자지정　명불가식야

상전에 말하기를 기자의 (밝은 것을 숨기는) 명이이니 바르게 함이 이롭다
는 것은 밝음을 그칠 수 없음이라.

上六은 不明하여 晦[20]니 初登于天하고 後入于地[21]로다.
상육　불명　회　초등우천　후입우지

는 백이를 가리키고 이효는 문왕, 삼효는 무왕, 사효는 미자, 오효는 기자, 상육은 주임
금을 가리킨다(初爻指伯夷, 二爻指文王, 三爻指武王, 五爻指箕子, 上六指紂)"라고
하여, 오효를 기자(箕子)와 관련되는 것으로 이야기 하고 있다. 육오는 존위(尊位)로 중
(中)하지만 부정위이고 하괘의 육이와 상응하지 않기 때문에 한 마디로 고립무원의 상황
에 처해 있다. 또 가장 존귀한 자리에 있지만 강력한 권력을 가지고 있지 못하다. 이 구
절은 기자가 주에 의해 구금되어 미친 것처럼 행동하여 자신의 총명함을 어둡게 만든 상
황을 묘사하고 있다. 육오는 폭군의 가장 가까이 있는 경우로 중요한 것은 자신의 밝음
을 어떻게 어둡게 하여 자신의 바른 것을 굳게 지켜내느냐 하는 것에 있음을 나타낸 것
으로 보인다.

19 자신의 광명정대(光明正大)한 이상과 원대한 꿈을 이루기 위해서는 오로지 올바른 도리
를 견지하여야만 한다. "식(息)"은 "식(熄)"과 같은 의미로 소멸한다는 뜻이다. 이에 대
해 『주역정의』에서는 "식은 소멸하는 것이다(息, 滅也)"라고 하였다. 즉 기자가 올바른
도리를 늘 보존하여서 끝까지 버리지 않고 이어간 것을 말한다.

20 아래의 다섯 효는 모두 명이(明夷)를 말하는데, 오직 상육만이 "명이"를 말하지 않고
"불명(不明)"을 말하고 있다. 그 차이는 무엇인가? 이것은 앞의 다섯 효는 지혜가 밝으
나 모두 부상을 입은 경우에 해당하고, 상육의 경우는 그 자체로 명덕(明德)이 없기 때
문이다. 이에 대해 『주역절중』은 호병문의 말을 인용하여 "아래의 삼효는 명이를 첫 구
절로 하고, 사효와 오효 중에는 명이의 말이 있지만 상육은 명이를 말하지 않고 '불명회'

백 尙六, 不明, 晦. 初登于天, 後人于地.
상 육 불 명 회 초 등 우 천 후 인 우 지

상육은 밝지 않아 어두우니 처음에는 하늘에 올라가고 뒤에는 땅 속으로 들어간다.

백 상육은 (주왕이) 사리가 분명하지 못하여 어둡다. 처음에는 왕위에 오르지만 뒤에는 끝내 실위(失位)한다.

象曰 初登于天은 照四國也요 後入于地는 失則也[22]라.
상 왈 초 등 우 천 조 사 국 야 후 입 우 지 실 칙 야

상전에 말하기를 처음에는 하늘에 올라간다는 것은 사방의 나라를 비춘다는 것이고, 뒤에는 땅 속으로 들어간다는 것은 법도를 잃어버린 것이다.

를 말한다. 오직 상육만이 밝지 못하고 어두운데 그것은 다섯 효의 밝음이 모두 상육 때문에 부상을 당했기 때문이다(下三爻以明夷爲句首, 四, 五明夷之辭在句中, 上六不曰明夷而曰不明晦. 盖惟上六不明而晦, 所以五爻之明皆爲其所夷也)"라고 하였다.

21 하늘에 오른다는 것은 상육의 위치가 높은데 있음을 말한다. "처음에는 하늘에 올라가고(初登于天)"라는 말은 처음에는 천자로 즉위했음을 말한 것이다. "땅 속으로 들어간다(入于地)"라는 말은 군주의 자리를 잃어버렸다는 것을 상징한 말이다. "뒤에는 땅 속으로 들어간다(後入于地)"라는 말은 나라가 망하는 허무한 종말을 이야기한 것이라고 할 수 있다.

22 "처음에는 하늘에 올라가고(初登于天)"라는 말은 마치 밝은 태양이 높은 곳에 올라 사방을 비추는 것과 같다는 뜻이다. "뒤에는 땅 속으로 들어간다(後入于地)"라는 말은 군주가 가지고 있어야 할 법도를 잃어버렸다는 말이다. 문왕(文王)을 말하는 육이 「상전」의 "유순한 덕으로 법칙을 따른다(順以則)"라는 경우와는 분명하게 대비된다. 이것이 바로 문왕과 주(紂)의 차이이다.

＊ 명이괘의 의미와 교훈

　사물의 발전과 쇠퇴, 사회적 치란은 그 자체로 불가항력적인 발전 법칙을 가지고 있다. 명이괘는 밝은 것이 땅속으로 들어간다는 비유를 통해서 정치적인 암흑의 시기와 밝음이 사라져 버린 세태 속에서도 군자는 자신의 밝음을 스스로 감추면서 올바른 것을 절대로 버리지 않는 그런 태도를 지녀야 함을 강조하고 있다. 괘사에서 말하는 것처럼 어려운 시기에도 올바름을 지켜야 유리하다는 뜻은 어려움 속에서 정도(正道)를 지키고 스스로의 밝음을 가리는 가운데 다시 새로운 광명이 오기를 기다리는 불굴의 의지를 말하고 있다.

　명이괘의 여섯 효의 내용을 나누어 말하면 다음과 같다. 초구는 사기(邪氣)가 창궐하여 광명이 해를 입는 단계로 아무리 밝은 덕을 가지고 있어도 항거할 방법이 없는 경우이다. 여기에서 쓸 때 없는 희생은 금물이고 역량을 비축하는 것이 가장 중요하다. 육이는 그 동안 비축한 역량을 조직화하는 단계라고 할 수 있다. 육삼은 보다 적극적인 차원에서 역량을 비축하여 더욱 적극적으로 공격을 하는 상황을 묘사하고 있다. 초효에서 삼효에 이르는 하괘의 대의는 큰 타격이 오기 전에 적절한 응변의 조치를 강구함을 말할 수 있다. 이에 비해 상괘의 대의는 큰 타격을 입은 후에 현실을 정시하는 상황이라고 할 수 있다. 구체적으로 육사는 폭군의 속셈을 파악하는 데 있고, 육오는 큰 타격을 받은 가운데 어떻게 정도를 지킬 것인가를 말하고 있다. 상육은 여러 가지 어려운 상황과 조건 속에서도 폭군을 물리치는 것을 말한다.

　명이괘는 자기 생존을 위해서는 자신의 밝은 지혜를 숨겨야 하는 때로 이른바 “도광양회(韜光養晦)”이다. “도광양회”는 자신이 가진 재능이나 능력을 드러내지 않고 참고 때를 기다린다는 말이다. 즉 약자가 모욕을 참고 힘을 기르면서 때를 기다린다는 말이다.

37. ䷤ 풍화가인(風火家人, 백 家人 第六十三)

1) 괘의 순서

괘의 순서에 대해 「서괘전」은 "이(夷)는 부상을 입은 것이니 바깥에서 부상당한 사람은 반드시 집으로 돌아오기 때문에 가인괘로 받았다(夷者傷也, 傷於外者必反其家, 故受之以家人)"라고 하였다. 사람이 바깥에서 어떤 부상을 입으면 반드시 자기 집으로 돌아가 가정 속에서 따뜻함을 얻고 다친 부분을 어루만진다. 이에 대해 소식(蘇軾)은 『동파역전(東坡易傳)』에서 "사람이 궁하면 근본으로 돌아가는데 병이 생기거나 괴로우면 부모를 부르기 때문에 부상을 입으면 집으로 돌아간다(人窮則反本, 疾痛則呼父母, 故傷則反於家)"라고 하였다. 가정이라는 것은 몸의 상처를 낫게 할 뿐만 아니라 특히 마음의 슬픔을 제거하는 데 있어서는 가장 적합한 곳이다. 이런 의미에서 명이괘(明夷卦) 뒤에 가인괘(家人卦)가 온다고 말하는데 이것은 상당히 인간의 정리와 합치하는 것으로 볼 수 있다.

2) 괘명의 의미

가인(家人)이라는 말은 일가(一家)의 사람, 즉 가정이라는 의미이다. 가인괘는 가정을 바르게 다스리는 도리에 대해 설명하고 있다. 이 도리라는 것은 바로 한 가정의 사람들을 올바르게 하는 가내지도(家內之道)를 의미한다.

가인괘(䷤)는 손괘(巽卦)와 이괘(離卦)로 구성되어 있는데, 손괘는 장녀이고 이괘는 중녀이다. 가정은 반드시 남녀가 서로 짝을 이루고 있어야 함에도 가인괘는 두 명의 여자로만 구성되어 있는데 어떻게 가정을 이룬다고 말할 수 있는가? 사실 이것이 바로 본 괘의 이름이 가지고 있는 특징이라고 할 수 있다. 함괘(咸卦)와 항괘(恒卦) 두 괘가 말하는 것은 가정의 조직이기 때문에 남녀를 서로 짝으로 하여 배치하고 있다. 그러나 본 괘의 강조점은 어떻게 가정을 다스리는가(齊家)라는 문제에 초점이 있다. 그 때문에 상하괘의 성격을 가지고 말하는 것이 아니라 효의 위치를 가지고 말한다.

특히 하괘인 이괘를 가지고 말한다. 육이는 중의 자리에 있고 초구와 구삼은 양쪽에 있다. 이것은 여자가 안에 있고 남자가 바깥에 있는 상이다. 전체 괘로 말하면 육사는 중의 자리에 있고, 구오와 상구는 위쪽 바깥에 있고, 초구는 아래 바깥에 있어서 모두 외(外)라고 할 수 있다. 이는 여자가 집안의 일을 담당하고 남자가 바깥 일을 맡아 처리하는 관점을 중심으로 한 것이다. 이처럼 가인괘가 말하려고 하는 뜻은 제가(齊家)의 도리에 있다. 그러므로 한 가정의 사람들이 서로 힘을 모으기 위해서는 자신에게 주어진 일들을 다하는 데 있다는 점을 강조한다.

3) 괘상의 의미

본 괘는 이괘와 손괘로 구성되어 있다. 이것은 바람이 불로부터 나오고 또 바람은 안으로부터 나오는 것을 상징하고 있어서 집에서부터 시작해서 점차적으로 바깥에 미치는 것을 말한다. 제가치국평천하(齊家治國平天下)는 바로 이런 의미를 가지고 있다.

여섯 효로 보면 육이의 여자가 중의 자리에 위치하여 안에서 바른 위치를 차지하고 있고, 구오의 남자 역시 중에 위치하여 바깥에서 바른 자리를 얻고 있다. 이는 한 마디로 남녀가 각각 바른 자리를 얻고 있는 것을

상징하여 여자가 집안의 일을 주로 하고, 남자는 집밖의 일을 주로 하여
서로의 직분에 충실함으로써 한 가정의 조화를 이루는 것을 말한다.

이처럼 집을 바로 다스려서 온전하게 한 후에야 나라를 다스릴 수 있고
또 천하를 태평하게 할 수 있다. 집안을 다스리는 것은 나라를 다스리는
근본으로 마치 세포와 장기가 건강하면 신체가 건강한 것과 같은 것이다.
이런 이유에서 가정이야말로 문명사회의 세포라는 말이 나오는 것이다.

家人은 利女貞[1]하니라.
가 인　　　이 여 정

■백 家人, 利女貞.
가 인　　　이 여 정

경의 의미 : 가인은 여자가 점을 치면 이롭다.

전의 해석 : 가인은 여자가 바르면 이롭다.

■백 서민들의 집에서 부녀자들이 점을 쳤는데 이롭다고 하였다.

---

1 가인괘(家人卦)에서 외괘(外卦)의 구오와 내괘(內卦)의 육이는 모두 정위(正位)이다. 가
　인괘는 남자가 바깥을 주로 맡고 여자가 안을 담당하여 각각 정도(正道)를 지키는 점을
　강조하는 데 핵심이 있다. 또 주부가 가정에서 가지는 역할의 중요성을 강조한다. 주부가
　바르면 집안이 바르고, 이것을 기점(起點)으로 하여 바깥으로 확장하면 국가와 사회까지
　도 바르게 된다. 그러므로 먼저 여자가 집안을 바르게 하는 것이 이롭다(利女貞)고 말하
　는 것이다. 안이 바르면 바깥도 바르게 된다는 말이다. 주자는 『주역본의』에서 "가인은
　한 집안의 사람이니, 괘의 구오와 육이가 안과 밖에서 각각 그 바름을 얻었기 때문에 가인
　이라고 한 것이다. 여자가 바른 것이 이롭다는 것은 먼저 안을 바르게 하고자 한 것이니,
　안이 바르면 바깥은 바르지 않음이 없는 것이다(家人者一家之人, 卦之九五六二內外, 各
　得其正, 故爲家人. 利女貞者 欲先正乎內也, 內正則外无不正矣)"라고 하였다.

象曰 家人은 女正位乎內하고 男이 正位乎外하니 男女正[2]이
단왈 가인   여정위호내   남   정위호외   남녀정

天地之大義也[3]라.
천지지대의야

단전에 말하기를 가인은 여자가 안에서 자리를 바르게 하고, 남자가 밖에서 자리를 바르게 하니, 남녀가 바른 것이 천지의 대의(大義)이다.

家人에 有嚴君焉하니 父母之謂也[4]라.
가인   유엄군언   부모지위야

가인에 엄격한 지도자가 있다고 하니 부모를 말한다.

---

2 여기에서 말하는 "여(女)"는 육이를 가리킨다. 육이는 음의 자리에서 중정(中正)하고 또한 내괘에 속하기 때문에 "여자가 안에서 자리를 바르게 하고(女正位乎內)"라고 말한다. "남(男)"은 구오를 가리키고, 구오는 양의 자리에서 역시 중정하고 외괘에 속하기 때문에 "남자가 밖에서 자리를 바르게 하니(男正位乎外)"라고 말한다. 가인지도(家人之道)는 사실은 가정 속의 남녀부부 관계의 문제이다. 여자는 안에서 바르게 하고 남자는 바깥에서 바르게 하여야 가정의 문제가 해결된다. 괘사에서는 다만 "여자가 바르면 이롭다(利女貞)"라고만 말하고, 남자는 어떠하다고는 말하지 않는다. 이에 비해 「단전」에서는 남녀 모두에 대해서 말하고 있다. 왜냐하면 『주역』이 말하는 가정은 일부일처제의 가정이고 가정은 반드시 남녀 쌍방에 의해서 구성되기 때문에 가정을 이야기하면 남녀 양쪽을 모두 언급하는 것은 필수적이기 때문이다. 괘사의 전체적인 의미는 남자가 집안을 다스리고 여자가 바르면 이롭다는 의미를 담고 있는 것으로 보인다. 김경방, 『주역전해』 299쪽 참조.
3 가인괘에서 말하는 남녀의 바름(正)은 천지, 음양, 존비(尊卑)의 이치에 합치한다. 왜냐하면 남녀관계가 바로 천지관계이고, 천지관계는 바로 천존지비(天尊地卑)의 관계이기 때문이다.
4 "엄군(嚴君)"을 빌헬름의 영역본에서는 엄격한 지도자(strict ruler)로 해석하고 있다. (570쪽 참조 바람) 정이천은 『이천역전』에서 "가인의 도는 반드시 존엄하여 어른 노릇하는 자가 있으니 부모를 말한다. 비록 작은 한 집안이라도 존엄함이 없으면 효도와 공경함이 쇠퇴하고, 어른 노릇하는 자가 없으면 법도가 퇴폐하게 되니 엄한 군장이 있고 난 뒤에 가도가 바르게 된다. 집이라는 것은 나라의 모범이다(家人之道必有所尊嚴而君長者, 謂父母也. 雖一家之小, 无尊嚴則孝敬衰, 无君長則法度廢, 有嚴君而後家道正. 家者, 國之則也)"라고 하였다.

父父子子兄兄弟弟夫夫婦婦而家道正하리니 正家而天下定矣[5]리라.
부부자자형형제제부부부부이가도정　　　정가이천하정의

아버지는 아버지답고, 자식은 자식답고, 형은 형답고, 동생은 동생답고, 남편은 남편답고, 부인은 부인다워야 집안의 도가 바르게 되니 집안을 바르게 하여야 천하가 올바르게 정해지는 것이다.

象曰 風自火出이 家人[6]이니 君子以하여 言有物而行有恒[7]하나니라.
상왈 풍자화출　　　가인　　　군자이　　　언유물이행유항

---

5 이 구절은 집안을 바르게 하는 것과 천하를 안정되게 하는 것의 논리적 관계를 풀이하고 있다. 육적(陸績)은 『주역집해』에서 "성인은 먼저 가정에서부터 가르치기 시작하여, 집안이 바루어지고 천하가 교화되니 자신을 닦아서 백성을 편안하게 하는 것이다(聖人教先從家始, 家正而天下化之, 修己以安百姓者也)"라고 하였다. 집이 바르면 천하가 안정된다. 여기에서 안정된다는 말은 정해진다는 뜻도 있고, 바르게 된다는 의미도 함께 가지고 있다. "천하가 올바르게 정해진다(天下定)"는 말에 대해 빌헬름의 영역본에서는 "천하가 올바른 길로 가는 것(the house is on the right way)"이란 말로 해석하고 있다. (570쪽 참조 바람) 치국평천하는 집안을 바르게 하는 것으로부터 시작한다. 괘사에서는 다만 "여자가 바르면 이롭다(利女貞)"라고 하여 남자에 대해서는 말하지 않는다. 그에 비해 「단전」에서는 남녀 모두에 대해서 말하고 있다. 이 문제에 대해 『주역절중』은 유염(俞琰)의 말을 인용하여 "괘사는 단서만을 드러내기 때문에 단지 '여자가 바르면 이롭다'고만 말한다. 단전은 전체를 다 말하기 때문에 남녀의 바름을 겸해서 말하였다(彖辭舉其端, 故但言利女貞. 彖傳極其全, 故兼言男女之正)"라고 하였다.
6 가인괘의 상괘가 바람을 상징하고, 하괘는 불을 상징하고 있는 것에 대해 말하고 있다. 안이 불이고 바깥은 바람이라는 것은 마치 집안에서부터 바깥으로 영향을 주는 것과 마찬가지이다. 이에 대해 『주역정의』에서는 "불이 처음에 나올 때는 바람에 근거해야 겨우 붙기 시작한다. 불이 이미 크게 타오르면 도리어 다시 바람을 낸다. 안과 밖이 서로 이루어지니 마치 가인의 뜻과 같은 것이 있다(火出之初, 因風方熾. 火旣炎盛, 還復生風. 內外相成, 有似家人之義)"라고 하였다. 이것은 안에서부터 밖으로 이른다는 뜻으로 그 근본을 조심해야 한다는 것을 나타낸다.
7 이에 대해 순상은 『주역집해』에서 "바람과 불은 서로 함께하여 반드시 물건에 붙어야 하는데, 물건이 크면 불도 크고 물건이 작으면 불도 작다. 군자의 말은 반드시 그 지위에 근거하는데 지위가 크면 말도 크고 지위가 작으면 말도 작으니, 그 지위에 있지 아니하면 정치를 도모할 수 없다. 그러므로 말하는 데 실물이 있어야 된다(風火相與, 必附於物, 物大火大, 物小火小. 君子之言, 必因其位. 位大言大, 位小言小, 不在其位, 不謀其政.

상전에 말하기를 바람이 불로부터 나오는 것이 가인이니, 군자는 이것을 본받아 말하는 데 반드시 실물과 합치됨이 있어야 되고, 행동에 일정함이 있어야 한다.

初九는 閑有家면 悔亡[8]하리라.
초 구　　한 유 가　　회 망

백 初九, 門有家. 悔亡.
초 구　문 유 가　회 망

초구는 집에 (법도로 규범을 만들어 우환을) 방지하면 뉘우침이 없을 것이다.

故言有物也)"라고 하였다. 군자는 이 괘상을 본받아 그 근본을 조심하고 말하는 것에는 반드시 구체적인 사실에 합하여야 하고, 행하는 데 있어서는 반드시 상도(常道)가 있어야 한다. 또한 군자는 바람이 불로부터 나온다는 가인괘의 상을 보고 풍속교화의 근본은 집에서부터 나오고, 집의 근본은 자신에게서 나온다는 것을 알게 된다. 그런데 그 근본인 수신은 주로 말과 행동 두 가지에 의해 이루어진다. 그러므로 말에는 반드시 구체적인 것이 있고, 행동에는 반드시 항상 됨이 있어야 한다. 말하는 데 구체적인 것이 있어야 한다는 것은 말을 하는 데 있어서 사실적인 근거가 있어야 하고 허튼 소리나 거짓말을 해서는 안 된다는 것이다. 행동에 항상 됨이 있어야 한다는 것은 일을 하는데 있어서는 반드시 일정한 규칙이 있어야 하고 시작과 끝이 분명하여야 한다는 의미이다.

8 "한(閑)"은 막다, 절제한다는 뜻이다. "유(有)"에 대한 해석은 매우 다양하다. 명사 접두어로 별다른 뜻이 없거나, "어(於)"와 유사한 의미로 쓰이거나, 일부분 혹은 어떤 불특정한 것을 지칭하거나 또는 보유(保有)의 뜻 등으로 다양하게 해석된다. 여기에서는 "어(於)"의 뜻으로 해석하려고 한다. 초구는 가도(家道)의 시작을 말한다. "한(閑)"은 규범을 지킨다는 뜻이고, "유(有)"는 "어(於)"로 해석할 수 있다. 그래서 "한유가(閑有家)"라는 말은 바로 집안의 규범을 지킨다는 뜻이다. 초구는 집안을 다스리는 초기 단계이다. 이런 초기 단계에는 반드시 "한(閑)"이 필요하다. 나라를 다스리는 데는 국법이 있고, 집안을 가지런히 하는 데는 집안의 규범이 있다. 집안의 규범을 집행하기 위해서는 반드시 그 시작을 엄밀히 하여 집안사람들이 감히 규칙을 범하지 못하게 하여야 한다. 만약 그 시작을 태만히 하여 집안사람들의 습성이 이미 고정되어 버린 후에 그것을 교정하려 하면 어렵기 때문이다. 바로 "세 살 버릇 여든까지 간다"는 말이다. 이렇게 하여야 나중에 뉘우칠 일이 없을 것이다. 말하자면 처음부터 우환을 미연에 방지하여야 한다는 것이다.

🔳 초구는 집안으로 들어갔다. 뉘우침이 없을 것이라는 점을 얻었다.

象曰 閑有家는 志未變也[9]라.
상 왈 한 유 가　　 지 미 변 야

상전에 말하기를 집에 (법도로 규범을 만들어 우환을) 방지한다는 것은 뜻이 아직 변하지 않았다는 것이다.

六二는 无攸遂요 在中饋면 貞吉[10]하리라.
육 이　 무 유 수　 재 중 궤　 정 길

🔳 六二, 无攸遂, 在中, 貴. 貞, 吉.
육 이　 무 유 수　 재 중　 귀　 정　 길

육이는 (주동적으로) 이루려는 바가 없고, 집 안에서 먹는 일을 맡아하면 바르고 길하리라.

🔳 육이는 잘못한 바가 없고 중도에 처해 있기 때문에 고귀하다. 점을 쳤는데 길하다고 하였다.

---

9 가정에서 근심을 방지하는 것은 우환이 생기기 이전에 앞서서 방지하여야 함을 말한다. 초구는 가족간의 뜻(志)이 아직 변하여 흐트러지기 전의 시작이기 때문에 바로잡을 수 있다. 그러나 일단 뜻이 변하고 나서 그것을 방지한다면 가족간의 마찰이 발생하여 결국 서로 후회할 일이 생긴다. 그 때문에 초기에 그 잘못을 미연에 방지하는 것이 중요하다.

10 "궤(饋)"는 음식물을 제공하는 것이고, "중궤(中饋)"는 집안에서 음식물을 요리하여 공급하는 것을 말한다. 이 일을 담당하는 사람이 바로 부인네이다. 육이의 음효는 음의 자리에 있어서 매우 유순하여 본래 주동적으로 어떤 일을 수행하지는 못한다. 그러나 육이는 이미 바름(정위)을 얻고 있고 또 내괘의 중에 자리하고 있다. 이런 유순하고 중정한 품덕이 바로 주부가 반드시 가지고 있어야 할 덕성이다. 이 때문에 가정에서 음식물을 요리하여 공급하는 주부의 입장에서 말하면 매우 정당하고 길하다. 여기에서 말하는 "이루려는 바가 없다(无攸遂)"는 것은 어떤 일이든지 남편의 말을 존중하려 하고, 스스로 독단적으로 처리하거나 주장하지 않는다는 말이다. 그러므로 부인은 "이루려는 바가 없고 집 안에서 먹는 일을 맡아하면 바르고 길하다(无攸遂, 在中饋, 貞吉)"라고 말한다.

象曰 六二之吉은 順以巽也¹¹일새라.
상 왈 육 이 지 길　　순 이 손 야

상전에 말하기를 육이가 길하다는 것은 유순하여 겸손하기 때문이다.

九三은 家人이 嗃嗃하니 悔厲나 吉하니 婦子嘻嘻면 終吝¹²하리라.
구 삼　가 인　　학 학　　회 려　길　　부 자 희 희　　종 린

九三, 家人嗃嗃. 悔厲, 吉. 婦子嘻嘻. 終闔.
구 삼　가 인 락 락　회 려　길　부 자 리 리　　종 린

구삼은 가인이 지나치게 엄하니, 뉘우치고 위태로울 것 같으나 끝내는 길하다. 부인과 아이들이 희희락락 떠들면 끝내 부끄러움을 당하게 될 것이다.

집안사람들이 바깥에서 제 마음대로 행동했다. 점을 치니 뉘우치고 위태롭고 길하다고 하였다. 부인과 아이들이 집안에서 단정하고 예의바르다. 후회할 것이라는 점괘가 나왔다.

---

11 육이는 유효로 유순한 덕을 가지고 있으면서 위로 구오와 상응하고 있다. 상괘는 손(巽)으로 공손하고 잘 순응하는 의미를 가지고 있다. 그 자체가 유순하고 또 구오를 잘 따라가기 때문에 남편을 현명하게 내조할 수 있어서 길하다는 말이다.
12 "학학(嗃嗃)"이라는 말은 지나치게 엄하여 냉혹하다는 의미이다. 구삼은 내괘의 가장 상위에 있는 효로 일가의 주인의 형상을 가지고 있다. 그러나 강의 효가 강의 자리에 있어서 지나치게 엄하여 집안의 분위기를 매우 차갑게 만들어 버린다. 집안을 지나치게 엄하게 다스릴 경우 당장은 뉘우치는 상황을 면하기 어려울 것 같으나 결괴는 결코 나쁘지 않다. 이와는 반대로 집안을 다스리는 데 엄하게 하지 않으면 처자와 아이들은 하루 종일 희희락락 웃으면서 느슨하게 되어 결국에는 치욕적인 상황을 맞이하게 될 가능성이 크다. 그러므로 집안을 다스리는 데는 엄하게 하는 것이 차라리 낫지, 지나치게 분위기를 이완시켜서는 안 된다고 말한다. 이에 대해 『주역절중』은 호병문의 관점을 인용하여 "'지나치게 엄하여 원망하니'라는 말은 도의가 감정을 이긴 것으로 비록 '뉘우치고 위태롭게 느끼나' 길하다. '희희락락 떠드는 것'은 감정이 도의를 이긴 것으로 끝내 부끄러움을 당하게 될 것이다(嗃嗃, 以義勝情, 雖悔厲而吉. 嘻嘻, 以情勝義, 終吝)"라고 하였다.

象曰 家人嗃嗃은 未失也요 婦子嘻嘻는 失家節也¹³라.
상 왈 가 인 학 학   미 실 야   부 자 회 회   실 가 절 야

상전에 말하기를 가인이 지나치게 엄하다는 것은 아직 가도를 잃지 않은 것
이고, 부인과 아이들이 희희락락 떠든다는 것은 집안의 절도를 잃어버린
것이다.

六四는 富家니 大吉¹⁴하니라.
육 사   부 가   대 길

---

13 집안을 다스리는 데 지나치게 엄하면 비록 사람들이 불안하게 느껴 약간은 화기애애한
분위기를 깨뜨리지만, 적어도 집안의 가르침을 잃어버리지는 않게 된다. 만약 부인과 아
이들이 하루 종일 큰 웃음소리를 내고 마음대로 행동한다면 언뜻 보기에는 분위기가 매
우 좋을 것 같으나 집안의 가르침을 쉽게 잃어버릴 가능성이 크다. 여기에서 말하는 "가
절(家節)"은 바로 집안의 가르침(家敎)이다.

14 "부(富)"가 만약 동사로 사용될 경우에는 "부를 증식시킨다"는 뜻이다. 육사는 상괘의
가장 아래에 자리하고 음이기 때문에 본래 불부(不富)이다. 그러나 유순함으로 바름을
얻고, 아래로 초구와 응하고, 위로는 구오를 승(承)하여 양강(陽剛)의 부(富)와 실(實)
을 크게 얻었기 때문에 "집안을 부유하게 하니 크게 길하다(富家大吉)"라고 말한다. 『주
역』의 효사 가운데 "부(富)"를 말하는 경우는 주로 양효이다. 대표적인 예가 소축괘(小
畜卦)의 구오이다. "불부(不富)"를 말하는 경우는 주로 음효로 예를 들면 태괘(泰卦)의
육사와 무망괘(无妄卦)의 육이가 여기에 해당한다. 그러면 가인괘의 육사는 왜 음효인데
도 부유한 상을 말하는가? 이것은 사효가 다른 괘에서는 신하의 도리를 말하지만, 가인
괘에서는 처(妻)의 도리를 말하기 때문이다. 이에 대해 『주역절중』은 "사효는 다른 괘에
서는 신하의 도리를 말하지만, 가인 괘에서는 또한 처도(妻道)를 말한다. 남편은 주로
한 집안을 가르치는 자이고, 부인은 일가를 부양하는 사람이다(四在他卦臣道也, 在家
人卦則亦妻道也. 夫, 主敎一家者也. 婦, 主養一家者也)"라고 하였다. 이 때문에 집안
을 부유하게 하는 책임은 당연히 육사에게 있다. 일반적으로 부유한 집안은 돈을 모으기
위해서 다른 사람의 원한을 사게 될 경우가 많지만, 육사가 부유하면서도 큰 길함을 얻
고 있는 이유는 그것이 유로서 유의 자리에 있고, 또 손괘(巽卦)에 있기 때문이다. 가인
괘 중에서 육이와 육사 두 음효는 가정주부를 대표하는 효이다. 그들이 주로 하는 일은,
하나는 음식물을 요리하여 공급하는 것이고, 다른 하나는 집안을 부유하게 하는 것이다.
고대에는 집안을 부유하게 하는 임무는 주로 여자에게 있었다. 즉 아버지는 가르치는 일
을 주로 담당하였고(主敎), 어머니는 일가를 부양하는 일을 주로 담당하였다(主養).

백 六四, 富家. 大吉.
　　육사　부가　대길

육사는 집안을 부유하게 하니 크게 길하다.

백 육사는 부유한 집이다. 크게 길한 점을 얻었다.

象曰 富家大吉은 順在位也[15]일새라.
상왈　부가대길　　순재위야

상전에 말하기를 집안을 부유하게 하니 크게 길하다는 것은 유순함으로 자리에 있기 때문이다.

九五는 王假有家니 勿恤하여 吉[16]하리라.
구오　　왕격유가　　물휼　　　길

백 九五, 王假有家, 勿恤. 往, 吉.
　　구오　왕격유가　물휼　왕　길

구오는 왕이 집에 지극히 하니 근심하지 않고 길할 것이다.

백 구오는 왕이 부유한 집을 찬양하지만 부유한 집에 구휼(救恤)은 하지

---

15 이 구절은 육사가 구오를 따른다는 의미이다. 육사는 손괘에 있기 때문에 순종적 의미를 가지고 있고, 또 정위이기 때문에 "자리에 있다(在位)"라고 말한다. 순종하여서 올바른 자리를 지키기 때문에 집안을 부유하게 하고 큰 길함을 얻을 수 있다고 말한다.
16 "격(假)"을 왕필은 이른다(至)로 쓰고 있으나, 대부분은 감화(感化)시킨다 또는 감동시킨다는 의미의 감격(感格)으로 사용한다. 고자(古字)에서는 "가(假)"와 "격(格)"을 통용하여 감격의 뜻으로 사용하였다. 이 효는 중정으로 육이와 상응하고 있는 가인괘의 가장을 상징하고 있다. 집을 잘 다스리는 것이 바로 치국의 근본이기 때문에 집안을 바르게 하여야 하며, 그렇게 하는 가장 좋은 방법은 자신의 미덕과 모범적인 행위를 통하여 집안사람들을 감동시키는 데 있다.

않는다. 가서 점을 치니 길하다고 하였다.

象曰 王假有家는 交相愛也¹⁷라.
상 왈 왕 격 유 가   교 상 애 야

상전에 말하기를 왕이 집에 지극히 한다는 것은 서로 아껴주기 때문이다.

上九는 有孚코 威如면 終吉¹⁸하리라.
상 구   유 부   위 여   종 길

백 尙九, 有復委如, 終吉.
　 상 구   유 복 위 여   종 길

상구는 진실함을 가지고 있고 위엄이 있으면 마침내 길할 것이다.

백 상구는 정중하고 위엄 있고 자신감 있는 모습으로 집으로 돌아오니 마지막에는 마침내 길하다.

---

17 "서로 아껴준다(交相愛)"는 말은 구오와 육이가 서로 상응하는 것을 말한다. 마치 집안 사람들이 서로 친하여 집안을 이끄는 도리를 바르게 하여 천하를 안정되게 한다는 뜻을 포함하고 있다. "왕이 집에 지극히 하니(王假有家)"라는 말은 자신의 모든 행위를 집안 사람들에게 보여주어 집안의 모든 사람들로 하여금 자신의 일을 충실히 실행하고, 서로 화목하여 사랑하게 만드는 것을 말한다.

18 상구는 양으로 상효의 자리에 위치하고 있다. 이곳은 괘의 마지막 효로서 집안을 다스리는 도리가 완성되는 시기에 해당하는 것으로 집안을 다스리는 근본이 자기 자신을 반성하고 수양하는 데 있음을 말하고 있다. 집안을 다스리는 데 가장 중요한 것이 바로 "진실함을 가지고 있고 위엄이 있는 것(有孚, 威如)"이라는 것이다. 위엄은 진실함에서 나오고, 진실함은 수신(修身)에서 나온다. 그러므로 집안을 다스리는 것 역시 수신일 수밖에 없다. 여기에서 집안을 다스리는 최고의 원칙이 바로 반신수기(反身修己)이다. 결론적으로 올바른 가정을 계속적으로 유지하기 위해서는 위엄과 진실함이 가장 필요한 조건이다. 상구 효사에서 말하는 길함은 바로 위엄과 진실함에서 나온 것이고, 이 두 가지는 다른 것이 아니라 가장(家長)의 행동에서 나온다. 아이가 보고 배우는 것은 바로 어른들의 행동이기 때문이다.

象曰 威如之吉은 反身之謂也¹⁹라.
상 왈 위 여 지 길　　반 신 지 위 야

상전에 말하기를 진실함을 가지고 있고 위엄이 있으면 마침내 길할 것이라
는 것은 자신을 돌이켜 살펴보는 것을 말한다.

* 가인괘의 의미와 교훈

가인괘는 집안을 다스리는 도리를 이야기하고 있다. 괘사는 "여자가 바
르면 이롭다(利女貞)"는 말을 강조하고 있지만, 여섯 효는 오히려 남녀가
어떻게 집안을 바르게 할 것인가라는 의미를 동시에 이야기하고 있다. 이
에 대해『주역절중』은 "가인의 도는 남자는 강직하고 엄한 것을 바른 것
으로 삼고, 여자는 유순함을 바른 것으로 삼는다. 초효에서 방비(閑)를
말하고, 삼효에서는 위태로움(厲)을 말하고, 상효에서는 위엄(威)을 말
했는데 이것은 남자의 도이다. 이효와 사효의「상전」에서는 모두 유순
(順)을 말하는데 모두 부인의 도리이다. 오효는 강으로서 중의 위치에 있
어서 엄하지 않을 수가 없고, 엄하면서 소통한다(家人之道, 男以剛嚴爲
正, 女以柔順爲正. 初曰閑, 三曰厲, 上曰威, 男子之道也. 二四象傳皆曰

---

19 "자신을 돌이켜 살펴보는 것(反身)" 것은 집안을 다스리는 도리를 자기 자신에게서 구하
는 것을 말한다. 정이천은『이천역전』에서 "집안을 다스리는 도는 자기 몸을 바로잡음을
근본으로 삼기 때문에 자기 몸을 돌이켜 본다고 말한 것이다 ……. 위엄이 먼저 자기 몸
에 행해지지 않으면 사람들이 원망하고 복종하지 않는다. 그러므로 위엄이 있어 길함은
스스로 자신을 돌이켜 볼 수 있기 때문이라고 하였으니, 맹자가 말하는 자신이 도를 행
하지 않으면 처자에게 행해지지 않는다는 말이 바로 이것이다(治家之道, 以正身爲本,
故云反身之謂. …… 威嚴不先行於己則人怨而不服, 故云威如而吉者, 能自反於身也,
孟子所謂身不行道, 不行於妻子也)"라고 하였다. "반신"은 "몸을 통한 교육이 말을 통
한 교육보다 훨씬 중요하다(身敎重於言敎)"는 도리를 잘 말해주는 것으로 보인다.

順, 婦人之道也. 五剛而中, 非不嚴也, 嚴而泰也)"라고 하였다.

괘사에서 "여자가 바르면 이롭다(利女貞)"는 말을 강조하는 이유는 여자의 바름은 반드시 유순하고 자의적으로 마음대로 해서는 안 된다는 것을 이야기하려는 데 있다. 부덕(婦德)은 이런 것에 바탕을 두어야 이루어지고, 가도(家道) 역시 잃어버리지 않게 된다. 여기에서 집안을 다스리는 권력은 자연스럽게 남자에게 돌아가는데 상구의 위엄이라는 비유는 남권(男權)의 절대적인 상징이 된다. 「단전」에서 말하는 "여자가 안에서 자리를 바르게 하고, 남자가 밖에서 자리를 바르게 하니 남녀가 바른 것이 천지의 대의(大義)이다(女正位乎內, 男正位乎外, 男女正, 天地之大義也)"라는 말은 남자는 엄하고 여자는 순하고, 양이 선도(先導)하고 음이 따라가는 관점에 근거하고 있다.

표면적으로 보자면 가정에서 비록 남편이 가장으로 많은 권력을 가지고 있는 것처럼 보인다. 그러나 여기에는 반신수기(反身修己)의 방법을 통하여 가족의 구성원들과 감정상의 연계와 소통이 있어야만 한다는 점을 강조한다. 다시 말해서 남자의 위엄은 결코 강제적인 힘으로 가족 구성원을 압박하는 것이 아니라 스스로 모범이 되는 것에서 나오는 권위(權威)여야 한다는 것이다.

권위는 권력(權力)과 구별된다. 이 둘 모두 현실적으로는 인간관계를 좌우하는 힘의 일종이나, 권력(Power)은 억압적인 힘을 수단으로 하지만, 권위(Authority)는 가치의 보편성에서 나오는 것이다. 즉 권력에 복종하는 자는 무력에 복종하는 것이지만, 권위에 복종하는 자는 권위의 근원이라는 가치를 인정하고 복종하는 것을 말한다. 이런 권위로서의 도덕적 모범을 보여주지 못할 때 가장의 위엄은 전혀 보이지 않게 되는 것이다. 실제로 전통적인 유가 가정에서 많은 가장들이 이러한 도덕적 모범을 위해서 청교도적인 모습을 보여주는 것은 바로 이런 이유 때문이다.

38. ䷥ 화택규(火澤睽, 백 乖 第五十三)

1) 괘의 순서

「서괘전」에서는 "가도는 궁하면 반드시 어그러지므로 규괘로 받았으니, 규는 어그러짐이다(家道窮必乖, 故受之以睽, 睽者乖也)"라고 하였다. 어그러진다는 말은 도와 어긋나서 서로 분리된다는 뜻이다. 앞의 가인괘(家人卦)가 애비는 애비답고 자식은 자식답고 남편은 남편답고 부인은 부인다운 것을 강조하여 서로 화합하여 공존(共存)할 것을 말하고 있다. 하지만 인간사 속에는 결코 이런 상황만이 있을 수는 없다.

초기단계에 한 집안 내에 비록 부자형제부부가 모두 조화롭고 감정적으로 어떠한 어긋남도 생겨나지 않았다고 하여도, 생식이 번연(蕃衍)하여 사람 수가 점점 불어나 일가(一家)만으로 감당할 수 없을 때에는 어쩔 수 없이 분가(分家)하여 각각의 문호(門戶)를 세울 수밖에 없다. 옛날 역사의 기록에는 가정의 화합이 가장 길어도 오세동거(五世同居)이고 아직까지 10대나 8대의 동당(同堂)기록은 없다. 이것은 단순한 세대(世代)의 친소관계뿐만 아니라 현실적으로 생활 범위가 허락하지 않는다.

정치상에서도 마찬가지이다. 천하가 통일된 때에는 땅이 무척 넓고 백성이 많아 결코 한 군주의 힘만으로는 다스릴 수 없는 것이다. 그러므로 여기에서 제후를 세우지 않을 수 없었던 것이다. 『주례(周禮)』에서는 "왕이 나라를 세우면 나라를 갈라서 조야를 경영한다(惟王建國, 體國經野)"라고 한 것은 바로 이것을 두고 한 말이다. 나라도 나누어 다스린 것처럼 집안 역시 하나의 대가정이 수많은 소가정으로 나누어지고 또 수많은 소가정은 일족(一族)이 된다. 이런 이유에서 화합을 말하는 가인괘에서 어긋나서 서로 분리되는 규괘가 뒤에 오는 것이다.

2) 괘명의 의미

"규(睽)"의 문자적 의미에 대해서『설문해자』는 "규는 눈이 서로 따르려고 하지 않는 것이다(睽, 目不相聽也)"라고 하여, 두 눈이 서로 다르게 보려는 것으로 설명하고 있다. 또『옥편(玉篇)』에서는 "규는 어긋나는 것이다(睽, 違也)"라고 하였다. "규"는 어긋나서 분리되어 다르게 되는 것을 의미한다.

그러나 규괘(睽卦) 괘명에 함축된 의미는 단순히 분리되어 달라지는 것만이 아니라, 한걸음 더 나아가 분리된 것을 합하는 방법과 근거를 제시하고 있다는 것이다. 예를 들면 하늘과 땅은 비록 분리되어 대립적인 것으로 보이지만 서로 힘을 합하여 공동으로 만물을 생화(生化)하는 경우를 들 수 있다. 이에 대해 정이천은『이천역전』에서 "하늘이 높고 땅은 아래에 있어 그 형체가 어긋난다. 그러나 양은 내려오고 음은 올라가 서로 합하여서 화육의 일을 이루는 데 있어서는 같다(天高地下, 其體睽也. 然陽降陰升, 相合而成化育之事則同也)"라고 하였다. 남녀가 비록 다르지만 감정은 서로 통할 수 있는 것도 이와 같은 이치가 있기 때문이다. 이런 것은 만물의 경우에 있어서도 마찬가지다.

이처럼 규괘는 단순히 다른 것뿐만 아니라 함께 하는 같음의 도리도 동시에 말하고 있다. "규"를 "어그러진다"는 의미의 "괴(乖)"로 보는 관점은『백서주역』의 관점과 똑같다. 『백서주역』은 규괘를 괴괘(乖卦)로 표기하고 있다.

3) 괘상의 의미

규괘(䷥)의 괘상(卦象)은 이괘(離卦)와 태괘(兌卦)로 구성되어 있다.

태괘를 상징하는 못이 아래에 자리하고 있는데 그 성질은 본래 아래를 향하는 것이고, 이괘를 상징하는 불은 위에 있는데 위를 향하는 성질을 가지고 있다. 이처럼 태괘와 이괘는 서로 등을 돌려서 나아가는 상징을 보여주고 있다. 이것이 바로 규(睽)이다. 인간사의 입장에서 말하면 태괘는 소녀(少女)를 상징하여 하괘에 자리하고 있고, 이괘는 중녀(中女)로 상괘에 자리하고 있다. 이것은 마치 두 여자가 한 집안에 머물러 있으면서 그 뜻이 서로 다르고 어떤 일도 서로 협조하지 않는 상황을 상징하고 있다.

그러나 괘의 성격으로 말하면 하괘인 태괘는 기쁨을 뜻하고, 상괘인 이괘는 부착(附着)과 밝음을 상징하여 유쾌하게 서로 결합할 수 있는 그런 성질도 가지고 있다. 또 괘변(卦變)을 가지고 말하면 이괘(離卦)의 이효와 삼효가 서로 교환되고 중부괘(中孚卦 : ䷽)의 사효와 오효가 교환되거나 혹은 가인괘(家人卦 : ䷤)의 이효와 삼효, 사효와 오효가 교환되는 것은 모두 유효(柔爻)가 위로 전진하여 규괘(睽卦)가 되는 경우이다. 여기에서 육오는 중의 자리에서 구이의 강효와 상응하여 서로 어느 정도 보충이 된다. 그러나 이러한 보충이 충분한 것이 아니기 때문에 큰일은 할 수 없고 작은 일에 길할 뿐이다.

睽는 小事는 吉[1]하리라.
규　　소 사　길

乖, 小事. 吉.
괴　　소 사　길

---

[1] 작은 일(小事)은 길하지만, 큰일(大事)은 불길하다는 의미는 어긋나면서 생긴 대가 또는 결과가 심각하다는 것이다. 즉 가장 크게 어긋나는 경우는 세계대전 등과 같이 수천만 명의 인명이 죽음을 당한 경우이다. 이른바 큰일은 군사를 일으키는 전쟁 등을 의미하는데 비해, 작은 일은 먹고 입는 문제로 다투는 경우이다.

경의 의미 : 규는 작은 일에는 길하다.

전의 해석 : 규는 작은 일에는 길하다.

백 어긋나나 작은 일로 제사지내기 위해 점을 치면 길함을 얻는다.

象曰 睽는 火動而上하고 澤動而下하며 二女同居하나
단 왈 규　　　화 동 이 상　　　　택 동 이 하　　　　이 녀 동 거

其志不同行²하니라.
기 지 부 동 행

　단전에 말하기를 규(睽)는 불이 움직여 위로 향하고 못이 움직여 아래로
내려가며, 두 여자가 동거(同居)하나 그 뜻이 한 가지로 향해 가지 않는다.

說而麗乎明³하고 柔進而上行하여 得中而應乎剛이라
열 이 이 호 명　　　　유 진 이 상 행　　　　득 중 이 응 호 강

---

2 "규(睽)"의 의미에 대해 설명하고 있다. 규괘는 상괘가 이괘(離卦)이고 하괘가 태괘(兌
卦)로서 불은 위를 향해 가고 못은 아래를 향해 있다. 따라서 비록 같은 괘이지만 하고 있
는 행동은 완전히 상반된다. 이괘는 중녀(中女)이고 태괘는 소녀(少女)로 마치 두 여자가
같은 집에 살고 있지만 생각하는 것은 서로 다른 경우이다. 그러나 서로 어긋나는 두 개의
사물은 반드시 같은 것이 있다는 것을 전제로 한다. 그 때문에 근본적으로 서로 관련이 없
는 두 가지 사물에는 이른바 "규(睽)"라는 것이 성립될 수 없다. 오징은 『역찬언(易纂言)』
에서 "거(居)"를 부모의 집에 있는 것으로 보고, "행(行)"을 남편의 집으로 시집가는 것
으로(居謂處父母家, 行謂家歸夫家)보아 "두 여자가 동거(同居)하나 그 뜻이 한 가지로
향해 가지 않는다(二女同居, 其志不同行)"라는 구절로 해석하기도 한다.
3 이 구절은 상하괘의 특성을 조합한 관점에서 "작은 일은 길하다(小事吉)"는 말을 설명하
고 있다. "기뻐해서 밝음에 붙으며(說而麗乎明)"라는 말은 하괘인 태괘(兌卦)의 특성이
기뻐하는 것이고, 상괘인 이괘(離卦)의 특성은 부착 혹은 광명이기 때문에 상하괘를 조합
할 경우 기쁘게 광명에 부착하는 뜻이 된다. 그리고 이것은 "작은 일은 길하다"라고 하는
이유가 된다.

是以小事吉[4]이니라.
시 이 소 사 길

기뻐해서 밝음에 붙으며 유(柔)가 나아가 위로 가서 중(中)을 얻어 강(剛)에 응(應)한다. 이런 까닭에 작은 일은 길하다.

天地睽而其事同也며 男女睽而其志通也며 萬物이
천 지 규 이 기 사 동 야　　　남 녀 규 이 기 지 통 야　　　만 물

睽而其事類也[5]니 睽之時用이 大矣哉[6]라.
규 이 기 사 류 야　　　규 지 시 용　　　대 의 재

---

4 이 구절은 괘변(卦變)의 입장에서 "작은 일은 길하다"는 말을 설명하고 있다. 즉 "유(柔)"가 나아가 위로 가서 중(中)을 얻어 강(剛)에 응(應)하니(柔進而上行)"라는 말은 규괘(睽卦)가 중부괘(中孚卦)로부터 변화했다는 것을 의미한다. 즉 중부괘의 육사효가 위로 올라가 오효에 자리잡아 상괘의 중위를 얻고 또 하괘의 구이효와 상응하는 것을 말한다. 오효는 존위에 자리하여 또한 응원하는 것이 있기 때문에 길하다. 유는 작은 것(小)이기 때문에 "작은 일은 길하다"라고 말한다. 이것을 의리적(義理的)인 측면에서 얘기하면 유순하게 전진하고, 또 적절한 지위에 이르고, 또 강건한 사람이 응원하면 아무리 편벽한 데 있을지라도 작은 일은 여전히 길하다는 뜻으로 해석할 수 있다.

5 이 부분은 자연현상을 통하여 다르면서도 같은 것에 대한 철학적 이치에 대해 말하고 있다. 예컨대 하늘은 위에 있고 땅은 아래에 있어 상하가 서로 현격하게 벌어져있으나, 천기(天氣)는 아래로 내려오려고 하고 지기(地氣)는 상승하여 천지의 두 기가 교류(交流)하여 공동으로 만물을 화생한다. 이것이 바로 다른 것이 있어야 비로소 같은 것이 있게 되는 이치이다. 남녀의 성별이 다르지만, 남자는 여자를 처로 삼고 여자는 남자를 찾아 남편으로 삼는다는 점에서 서로가 통한다. 남녀의 결합이 있어야 인류의 생존 또한 연속될 수 있다. 말하자면 분리가 있고 난 다음에 합(合)이 있고, 다른 것이 있어야 비로소 같은 것이 있을 수 있는 것이다. 이 세계에는 절대로 똑같은 두 조각의 나뭇잎은 없다고 하는데, 이것이 바로 다른 것이다. 그러나 다시 특별한 것끼리 각자의 유별(類別)이 있을 수밖에 없는데, 이것이 바로 같은 것이다. 다르면서도 같은 것이 세계의 본래 모습이기 때문에 같은 것 속에 다른 것이 존재하는 것은 너무나 당연하다. "규(睽)"의 대립은 절대적인 대립이 아니라 해소될 수 있는 대립이다. 예를 들면 천지처럼 만물은 서로 대립하지만 그들은 여전히 정상적인 상태를 유지한다. 이런 대립의 시간이 가지고 있는 효능은 매우 큰데, 이것이 바로 긍정적인 대립이다. 왜냐하면 대립은 무질서하게 섞이는 것을 방지하기 때문이다. 다양한 기능을 맡을 수 있는 분별과 차별은 생명의 발전이 이루어짐과 동시에 생겨난다. 구체적으로 모순, 대립, 대대(對待)를 구분하여 말하면 다음과 같다. 모순은 반대되는 요소

천지는 서로 어긋나서도 그 일은 같으며, 남녀도 어긋나지만 그 뜻이 통하며, 만물이 어긋나지만 그 일은 비슷하니 규의 때와 작용이 크도다.

象曰 上火下澤이 暌니 君子以하여 同而異[7]하나니라.
상 왈 상 화 하 택　　규　　군 자 이　　　동 이 이

상전에 말하기를 불이 위에 있고 못이 아래에 있는 것이 규이니, 군자는 이를 본받아 같으면서도 다르게 한다.

들이 서로 용납할 수 없는 배제관계를 말한다. 대립은 반대되는 두 요소가 서로 보충하며 양자의 동시병존(同時竝存)이 가능하다. 또 대대는 상호대립하면서 의존하는 관계를 말한다. 『주역』의 논리가 이야기하는 관계는 대부분 대대관계에 속하는 것이라고 할 수 있다. 이 관계는 상반되는 타자를 자신의 존재성을 확보하기 위한 필수적인 전제로 요구하는 관계를 말한다. 이것은 상보적(相補的) 관계에만 머무는 것이 아니라, 서로의 존재를 조건지우고 상호관계를 통해서 존재성을 확보한다. 예를 들면 음 속에 양이 있고 양 속에 음이 있는 상함적(相含的) 관계로 그 기능은 서로 반대되면서 서로 이루어주는 상반상성(相反相成)이라고 할 수 있다.

6 정이천은 『이천역전』에서 "천지와 남녀와 만물로써 밝혔으니, 하늘은 높고 땅이 아래에 있음은 그 형체가 어긋난다. 그러나 양은 내려오고 음은 올라가 서로 합하여서 화육의 일을 이루니 같다. 남녀가 성질이 다름은 규이나 서로 구하는 뜻은 통하며, 생물이 만 가지로 다름은 규이나 천지의 조화를 얻고 음양의 기를 받은 것은 서로 같다. …… 규의 때에 처하여 규의 용에 합하니 그 일이 지극히 크기 때문에 크다라고 말한다(以天地男女萬物明之, 天高地下, 其體暌也. 然陽降陰升, 相合而成化育之事則同也. 男女異質暌也, 而相求之志則通也. 生物萬殊暌也, 然而得天地之和, 稟陰陽之氣則相類也. …… 處暌之時, 合暌之用, 其事至大, 故云大矣哉)"라고 하였다. 천지, 남녀와 만물 등의 사물은 비록 어긋나지만 같은 이치가 있음을 설명하고 그 이치에 따라서 구하면 반드시 어긋나는 것을 합할 수 있는 "합규(合暌)"의 상태에 이를 수 있었다. 그 때문에 "규(暌)"의 때와 그것을 널리 응용하는 작용에 대해 찬미하고 있다.

7 『주역집해』에서 순상은 "불의 성질은 위로 타오르고, 못의 성질은 아래로 적시기 때문에 규라고 말한다(火性炎上, 澤性潤下, 故曰暌也)"라고 하였다. 군자는 이 세상에서 같은 것 속에서 다른 것을 구하여 자신의 개성과 특색을 유지하려고 한다. "같으면서도 다르게 한다(同而異)"는 말은 『논어』에서 말하는 남과 조화롭게 지내지만 자기 원칙을 잃지 않는 '화이부동(和而不同)'의 관점과 일치한다. 다른 것(不同)이 없는 '동(同)'이라는 것은 참으로 위험한 것으로 마치 오음(五音)의 구분이 없는 음악과 마찬가지이다. 김경방의 『주역전해』 306쪽 참조 바람.

初九는 悔亡하니 喪馬하고 勿逐하여도 自復이니 見惡人하면
초 구   회 망   상 마   물 축   자 복   견 악 인

无咎[8]리라.
무 구

백 初九, 悔亡. 亡馬勿逐, 自復. 見惡人. 无咎.
초 구 회 망 망마물축 자 복 견 악 인 무 구

---

8 초구는 하괘의 가장 아래에 있고 또 전체괘의 처음이기 때문에 지위가 낮고 권력이 없는 한미한 사람을 상징한다. 구사와 상응하지 않기 때문에 위로부터 어떠한 응원도 받지 못하고 있다. 초구는 정위이면서 낮은 지위에 있고 위에 상응하는 것이 없기 때문에 당연히 뉘우침이 있기 마련이다. 그러나 여기에서는 "뉘우침이 없다(悔亡)"라고 말한다. 그 이유는 무엇인가? 이에 대해 이광지는 『주역절중』에서 "이 효에서 '뉘우침이 없다'고 말하는 것은 상응하는 것이 없기 때문이다. 정이천이 '합하면 어긋남이 생기지만 본래부터 다르면 무슨 어긋남이 있겠는가'라고 말하는 것이 바로 이것이다. 육오에서 말하는 '뉘우침이 없다'는 것과는 말은 같으나 뜻은 다르다(此爻悔亡, 乃因無應. 程子所謂合則有睽, 本異則何睽者是也. 與六五悔亡, 詞同而義異)"라고 하였다. 즉 모든 것이 어긋나는 특수한 때에 만나는(合) 모든 것은 어긋나지만, 초구와 구사는 모두 양으로 불상응하여 만날 수가 없기 때문에 후회가 없다는 말이다. "말을 잃어버렸다(喪馬)"는 것은 구사를 가지고 말한다. 구사는 본래 음의 위치인데 양이 자리하여 실위(失位)하고 있다. 초효는 사효의 응원에 의지해야 위로 올라갈 수가 있지만, 지금 사효가 실위하고 또 초효와 상응하지 못하기 때문에 초구는 위로 올라갈 방법이 없다. 즉 초구가 잘 달리는 짐승으로서 말을 상징하는 사효의 응원을 받지 못하는 것을 마치 나아가려고 하나 말을 잃어버려 나아가지 못하는 것으로 비유하고 있다. 그러나 말은 항상 밖을 나가면 돌아올 줄 알기 때문에 억지로 나가서 찾을 필요가 없다는 의미에서 "스스로 돌아온다(自復)"라고 말한다. 이 구절은 사효와 초효가 억지로 상응하여 합하려는 노력을 할 필요도 없이 저절로 뜻을 같이하게 된다는 것을 의미한다. 초구의 시기는 어그러짐(睽)의 상태가 아직은 심각한 정도가 아니기 때문에 가장 좋은 방법은 안정하면서 기나리고, 억지로 같음(同)을 성급하게 구하려고 해서는 안 된다. 마치 말이 도망가 버릴 경우 말을 쫓으려고 하면 할수록 더 빨리 달아나 버린다. 차라리 따라가지 말고 놓아두면 오히려 쉽게 돌아오는 것이 말의 습성이다. 여기에서 말하는 "악한 사람(惡人)"은 육삼을 가리킨다. "악인"을 만나면 더욱 관대하고 포용적인 태도를 취하고, 경솔하게 다른 입장을 가지고 각을 세워서는 안 된다. 마치 악한 사람(육삼)이 나에게 다가올 경우에 스스로 얼굴에 싫어하는 표정이나 분노를 드러내는 것은 곤란하다. 오히려 자기와 등지는 악인(구사)을 거절하지 않고 자진해서 만나면 아무런 재앙이나 허물도 없어지기 때문이다.

초구는 뉘우침이 없음이니 말을 잃었으나 억지로 좇지 않아도 스스로 돌아
오니 악한 사람을 보아도 큰 허물이 없을 것이다.

■백 초구는 뉘우침이 없고 말을 잃어 버려도 아직 완전히 잃어버린 것이 아
니니, 그 말이 스스로 돌아올 것이기 때문이다. 자매의 남편을 만난다. 별
재앙이 없을 것이라는 점이 나왔다.

象曰 見惡人은 以辟咎也⁹라.
상 왈 견 악 인   이 피 구 야

상전에 말하기를 악한 사람을 본다는 것은 허물을 피하기 위해서이다.

九二는 遇主于巷하면 无咎¹⁰리라.
구 이   우 주 우 항   무 구

---

9 주자는 『주역본의』에서 "그러나 또한 반드시 나쁜 사람을 만나본 뒤에야 허물을 피할 수
있으니 공자가 양화(陽貨)에 있어서와 같은 것이다(然亦必見惡人然後, 可以避咎, 如孔
子之於陽貨也)"라고 하였다. 공자가 양화(陽貨)를 피하는 이야기는 『논어』 「양화」편에
잘 나와 있다. 양화는 노나라 계손씨의 가신으로 이름은 호(虎)이다. 양화는 성질이 포악
하여 계손씨를 축출하고 국정을 농단하였다. 공자가 찾아와 자신을 만나볼 것을 바랐으나
공자가 찾아오지 않자 공자가 집에 없을 때를 틈타 삶은 돼지고기를 보내 주었다. 이에 공
자는 하는 수 없이 그가 집에 없는 때를 틈타 그의 집을 방문하여 답례하고, 돌아오던 길
에 그를 만났으나 피하지 않고 상대해 주어서 오히려 화를 피했다는 것이다. 만약 공자가
그 자리에서 양화를 피했다고 한다면 당시의 풍속에 따라 정식으로 양화를 다시 찾아가
자신을 찾아준 것에 대한 고마움을 표현하여야 하는데, 그럴 경우 양화가 자신을 도와달
라는 청을 거절하기가 쉽지 않다는 것을 알았기 때문에 그렇게 한 것이다.

10 국왕을 알현하는 데에 예를 온전히 갖추지 못했기 때문에 큰 정원을 통해서 정당(正堂)
으로 들어갈 수 없어서 궁중의 작은 골목(巷)을 따라 들어가 군주와 서로 만나는 것을 말
하고 있다. 이것은 당연히 광명정대하지가 않지만 그렇다고 해서 잘못을 범한 것은 아니
다. 『주역절중』에서는 "춘추의 법도에 따르면 예가 갖추어서 만나는 것을 회(會)라고 하
고, 예가 갖추어지지 않고 만나는 것을 우(遇)라고 한다(春秋之法, 禮備則曰會, 禮不備
則曰遇)"고 하였다. 괘상으로 말하면 구이의 양효는 음의 자리에 위치하고 있고, 육오의
음효는 양의 자리에 위치하여 두 효는 모두 부당위이다. 그러나 또 중의 자리에 있으면

白 九二, 愚主于巷. 无咎.
　　　구 이　　우 주 우 항　　무 구

구이는 주인을 거리(골목)에서 (우연히) 만나면 허물이 없을 것이다.

白 구이는 주인을 거리(골목)에서 우연히 만났다. 점을 치니 재앙이 없을
것이라고 하였다.

象曰遇主于巷이 未失道也[11]라.
상 왈 우 주 우 항　　　미 실 도 야

상전에 말하기를 거리에서 군주를 만났다는 것은 아직 도를 잃지 않음이다.

六三은 見輿曳코 其牛掣면 其人이 天且劓니 无初코 有終[12]이리라.
육 삼　　견 여 예　　기 우 체　　기 인　　천 차 의　　무 초　　유 종

서 상응하고 있다. 이것은 유 속의 군주와 강 속의 신하가 서로 제휴하여 보조하고 있는
것을 상징하고 있다. 그러나 서로 어긋나고 배치되는 때를 당하여 서로 합해야 하는 두
효 역시 광명정대하게 군신의 예를 갖추어 만나지 못하기 때문에 반드시 이런 식의 우합
(遇合)이 될 수밖에 없다. 『주역절중』에서는 또한 "규괘는 모두 우(遇)를 말하는데(구
이, 육삼, 구사, 상구의 경우) 작은 일이라면 길하다는 뜻이다(睽卦皆言遇, 小事吉之意
也)"라고 하였다.

11 이것은 원칙을 위배했다고 볼 수는 없고, 다만 군신이 서로 만나는 정도(正道)를 잃어버
렸을 뿐이다. 어긋나고 틀어지는 세상 물정이 군주와 신하가 정정당당하게 예를 갖추어
서 만나는 것을 허락하지 않기 때문에 이처럼 비밀스럽게 서로 만날 수밖에 없는 것이다.
그러나 구이와 육오는 반드시 상응해야 함에도 불구하고 진심으로 서로를 응원하기 위해
서는 이런 식의 일시적 권변(權變)을 통해서라도 그 목표를 성취할 수밖에 없다. 이렇게
하는 것이 결코 원칙을 위배한 것이라고 볼 수 없는 이유가 바로 여기에 있다. 특히 구이
는 권변을 통해서라도 적극적으로 다른 것 속에서 같은 것을 구하려고 하는 의지를 가지
고 있다.

12 육삼과 상구는 상응하여 서로 뜻을 합하려고 한다. 그러나 이를 심각하게 방해하는 자가
있는데, 구체적으로 앞에는 구사가 있고 뒤에는 구이가 있다. 구사의 경우 앞은 "그 소
가 나가지 못하게 막는(其牛掣)" 것으로, 뒤는 구이가 "수레가 뒤에서 당겨지고(見輿
曳)" 있는 것으로 상징하고 있다. 육삼은 음으로 강의 자리에 처하고 있어서 의지만 강

 六三, 見車恝, 夰牛掣, 夰人天且劓. 无初有終.
육삼 견거개 기우체 기인천차의 무초유종

육삼은 수레가 뒤에서 당겨지고 앞에서 그 소가 나가지 못하게 막히며, 그
사람의 이마에 묵이 쓰여지고 또 코를 베이니 처음은 없으나(나쁘나) 마침
은 있을 것이다(좋다).

 육삼은 죄수를 실은 수레를 보고 걱정스러워하지 않고, 소가 그 수레를
끌고 귀양 보내는 곳으로 갔다. 이 죄인은 코를 베이고 이마에 묵형을 받지
만 끝내는 좋은 결과가 있을 것이다.

象曰見輿曳는 位不當也요 无初有終은 遇剛也[13]일새라.
상 왈 견 여 예 위 부 당 야 무 초 유 종 우 강 야

상전에 말하기를 수레가 뒤에서 당겨지는 것은 위가 부당한 것이고, 처음
은 없으나 마침은 있을 것이라는 것은 강을 만나기 때문이다.

九四는 睽孤하여 遇元夫하여 交孚니 厲하나 无咎[14]리라.
구 사 규 고 우 원 부 교 부 여 무 구

하고 실질적인 능력을 갖추고 있지는 못하다. 그래서 강하게 앞으로만 전진하려고 한 결
과가 바로 "이마에 묵이 쓰여 지고 또 코를 베이니(其人天且劓)"라는 것이다. 머리에는
발(簾)이 덮여지고 코는 잘려지는 중상을 입었다. 비록 구삼은 순조롭지 못하지만 결국
에는 상구와 상응하여 합하게 되기 때문에 "처음은 없으나 마침은 있을 것이다(无初有
終)"라고 말한다. 즉 시작 단계에서 구사와 구이의 방해를 받는 것이 바로 처음이 없다
는 말이고, 최후에는 상구와 합하게 되는 것이 바로 마침은 있다는 말이다.

13 육삼의 곤란한 상황은 그 위치가 부적당하여서 생긴 경우이다. 그 곤란한 상황을 자세히
말하면 육삼은 음효로 양의 자리에 있다는 것과 구이의 위에 자리하여 승강(乘剛)하고
있다는 것이다. 육삼은 비록 처음에는 방해를 받고 상구에 의해서 의심받지만, 결국 끝
에는 상구의 이해를 얻어 상구와 서로 합하게 된다. 이것은 육삼이 만나는 대상이 바로
지혜롭고 강직한 존재인 상구이기 때문이다.

14 구사는 어떤 효와도 상응이 안 되기 때문에 "어긋나 외로워서(睽孤)"라고 말하는데, 이

九四, 乖苽, 遇元夫, 交復. 厲, 无咎.
구사 괴고 우원부 교복 려 무구

구사는 어긋나 외로워서(등져서 고립무원이라고 생각하나) 훌륭한 남자(대장부)를 만나 미덥게 사귀니 위태로우나 허물은 없을 것이다.

구사는 고독하여 친구가 없는 사람이 매우 착한 사람을 만나 함께 돌아갈 것을 권한다. 점을 치니 위태하나 재앙이 없다고 하였다.

象曰 交孚无咎는 志行也[15]리라.
상왈 교부무구 지행야

상전에 말하기를 미덥게 사귀니 위태로우나 허물은 없을 것이라는 것은 뜻이 행해지기 때문이리라.

는 등져 고립되어 있다는 것을 말한다. "훌륭한 남자(元夫)"는 초구를 말한다. 구사는 아래 위의 모든 효로부터 따돌림을 받는 상태지만 결국은 초구와 교류한다. 초구와 구사는 서로 불상응하여 고립무원의 상태에 놓여 있다. 본래 두 효는 서로 배척하나 둘 다 처한 비슷한 상황이 초래한 위기감에서 함께 곤경을 탈출하려는 시도를 한다. 이는 두 효가 비슷한 배경 때문에 진심으로 협력한다는 것을 말한다. 이에 대해 주자는 『주역본의』에서 "어긋나 외로워서라는 말은 상응하는 것이 없음을 말하고, 훌륭한 남자를 만났다는 것은 초구를 얻었음을 말한다. 미덥게 사귀니라는 말은 덕이 같아 서로 믿는다는 것을 말한다. 그러나 규의 때를 당하였기 때문에 반드시 위태롭게 여기고 두려워해야 허물이 없을 수 있다(睽孤謂无應, 遇元夫謂得初九 交孚謂同德相信. 然當睽時, 故必危厲, 乃得无咎)"라고 하였다.

15 구사와 초구가 진심으로 서로 교류하면 허물이 없을 것이다. 허물이 없으면 어긋나는 것도 합할 수 있게 된다. 이런 고립된 상태에서 친구가 생기게 되는데, 이것은 구사와 초구가 합(合)을 구하려는 의지의 결과이다. 초효는 하위에 처하여 양이면서도 물러설 줄을 안다. 사효는 음의 자리에 처하여 강이면서도 부드러울 수 있다. 이처럼 두 효는 모두 겸손하고 부드러움을 아는 덕성을 가지고 서로 미덥게 사귀어서 끝내는 어려움을 돌파하려는 의지를 실천하게 되는 것이다.

六五는 悔亡하니 厥宗이 噬膚면 往에 何咎[16]리오.
육 오   회 망   궐 종   서 부   왕   하 구

■ 六五, 悔亡, 登宗筮膚, 往, 何咎.
  육 오 회 망 등 종 서 부   왕 하 구

육오는 뉘우침이 없어지니 그 종친(宗親)이 부드러운 고기를 씹듯이 하면 가는 것에 무슨 허물이 있겠는가?

■ 육오는 뉘우침이 없어지니 종묘에 들어가서 제사 지낸 고기를 먹고 바로 나와 버려도 관계가 없다.

象曰厥宗噬膚는 往有慶也[17]리라.
상 왈 궐 종 서 부   왕 유 경 야

---

16 "종(宗)"은 같은 일가인 종친(宗親)을 말하는데, 여기에서는 구이와 육오가 상응하는 것을 종친과 같은 관계로 말한다. 고대 종법제도에서는 왕위를 계승하는 적장자(嫡長子)를 종주(宗主)라고 하고, 다른 아들(庶子)들은 종신(宗臣)이라고 한다. 그러므로 구이는 육오를 "주(主)"로 존중하여 "주인을 거리(골목)에서 (우연히) 만나면(遇主于巷)"이라고 말하고, 육오는 구이를 종신(宗臣)으로 보아 "그 종친(宗親)이 부드러운 고기를 씹듯이 하면(厥宗噬膚)"이라고 말한다. "궐(厥)"은 "기(其)"이다. "부드러운 고기를 씹듯이 하면(噬膚)"이라는 말은 어긋난 세상을 평이(平易)하게 헤쳐 나가는 과정을 비유하고 있다. 육오는 부정위로 본래 뉘우침이 있으나 존위에 자리하고 행동이 유순하여 아래의 구이와 상응한다. 육오는 부드럽고 중용의 태도로 만나기를 기대하고 나아가기 때문에 큰 허물이 있을 수 없다. 그러므로 "뉘우침이 없어지니(悔亡)"라고 말한다. 특히 "서부(噬膚)"라는 말은 『주역』이 성립되는 시기의 관용어이다. 즉 어떤 일을 쉽게 처리한다는 뜻을 마치 부드러운 고기를 씹는 것과 같다는 말로 표현한다. 요즘의 우리말로 바꾸면 거의 '식은 죽 먹기'라는 뜻에 해당하는 것으로 보인다. 아마 당시에 부드러운 고기를 씹는 것과 같다는 말은 조리 방법과 치아 등의 상황을 나름대로 추정해 볼 수 있는 단서를 제공한다. 당연히 권력이 있거나 부를 가진 사람들은 부드러운 고기를 먹을 수 있지만 그렇지 않은 사람들은 딱딱하고 질긴 고기를 먹을 수밖에 없었을 것이다. 실제로 출토된 유골들의 치아 상태를 보면 군주나 권력자들의 치아 마모상태는 하인이나 일반 서민들의 경우보다 그 상태가 훨씬 좋은 것으로도 증명된다.
17 구오가 가서 상응하는 육이와 합하는 기쁨이 있다는 것을 말한다. "경사가 있다(有慶)"

상전에 말하기를 그 친족(親族)이 부드러운 고기를 씹듯이 한다는 것은 가면 경사가 있으리라.

上九는 睽孤하여 見豕負塗와 載鬼一車라. 先張之弧라가

상구　　규고　　　　견시부도　　　재귀일거　　　선장지고

後說之弧¹⁸하여 匪寇라 婚媾니 往遇雨하면 則吉¹⁹하리라.

후탈지호　　　　비구　혼구　　　왕우우　　　즉길

　는 말은 어그러지는 대립이 이미 통합(統合)의 방향으로 전환하기 시작했음을 의미한다.

18 돼지(豕)나 귀신(鬼)은 모두 상구가 육삼을 의심하고 있는 것을 비유한 말이다. 상구가 양으로 규괘의 극에 자리하여 육삼과 상응하면서도 서로 어긋나는 상황이 오래되면서 점차 서로를 의심하게 되어 마침내 여러 가지 환영(幻影)이 생겨나는 경우를 말하고 있다. 이러한 환각 속에서 돼지가 흙을 끼얹거나 귀신에게 활시위를 당기려고 하다가, 어느 순간에 그것이 귀신이 아니라는 것을 깨닫고 활시위를 풀어버리는 것을 말하고 있다. 육삼과 상응하는 상구의 심리적 변화상태를 설명하고 있다. 이에 대해 정이천은 『이천역전』에서 "상효는 육삼과 비록 상응이 되나 규괘의 극에 자리하여 의심하지 않는 바가 없어서 육삼을 보기를 마치 돼지가 더러우면서도 또 등에 진흙을 지고 있는 것처럼 여기니 매우 미워함을 나타낸 것이다. 이미 심하게 미워하면 시기하여 그 죄악을 이루어 마치 귀신이 한 수레 가득히 실려 있음을 보는 것과 같은 것이다. 귀신은 본래 형체가 없는데 한 수레 가득히 실려 있음을 보는 것은 없는 것을 있는 것으로 여기는 것으로 망령됨이 극심하다(上之與三, 雖爲正應, 然居睽極, 无所不疑, 其見三, 如豕之汚穢而又背負泥塗, 見其可惡之甚也. 旣惡之甚則猜成其罪惡, 如見載鬼滿一車也. 鬼本無形而見載之一車, 言其以无爲有, 妄之極也)"라고 하였다.

19 혼인한다는 의미의 "혼구(婚媾)"는 상효와 삼효의 상응관계를 비유한 것이다. 옛날 사람들은 "비(雨)"를 음양의 두 기운이 서로 조화하여 생긴 산물이라고 보았는데, 여기에서는 상효와 삼효의 어긋남이 극단에 이르러 마침내 서로 합하는 것을 비유적으로 말하고 있다. 이 구절은 상구가 의심하는 것이 이제는 사라지고, 육삼이 적이 아니라 실은 좋은 짝이라는 것을 파악하고 있음을 설명하고 있다. 그러므로 앞으로 더 "가서 비를 만나면 길할 것이다(往遇雨則吉)"라고 말한다. 정이천은 『이천역전』에서 "어긋남이 극단에 이르렀다가 다시 돌아오는 것으로 삼효와는 더 이상 적이 아니라 혼인하자는 것이다(睽極而反, 故與三非復是寇讐, 乃婚媾也)"라고 하고, 또 "음양이 합하여 조화를 더하면 비가 되기 때문에 '가서 비를 만나면 길할 것이다'라고 말한다. 가는 것은 이로부터 가는 것이니 이미 합하고 더욱 조화하면 길하다는 것을 말한 것이다(陰陽合而益和則爲雨, 故云往遇雨則吉. 往者, 自此以往也, 謂旣合而益和則吉也)"라고 하였다.

백 尙九, 乖孤, 見豨負塗, 載鬼一車. 先張之弧, 後說之壺,
상구 괴고 견희부도 재귀일차 선장지고 후탈지호

匪寇, 婚媾, 往, 遇雨. 卽 吉.
비구 혼구 왕 우우 즉 길

상구는 어긋나 외로워서(등져서 고립무원이라고 생각하여) 마치 돼지가 진흙을 짊어지고 있는 것 같고, 귀신이 한 수레에 가득 실려 있는 것처럼 보인다. (이런 환영을 보고는) 먼저 활줄을 당기려다가 뒤에는 (그 허망함을 깨닫고 의심이 풀려) 활줄을 풀어 벗겨놓는데, 그것들은 도적이 아니라 혼인을 하자는 것이니 가서 비를 만나면 길할 것이다.

백 상구는 어긋나 외로워서 길 위에 돼지가 있는 것을 보고 마차에 싣고 돌아오는데, 항아리 점을 쳐서 먼저 항아리 뚜껑을 열고 다시 길흉을 집어 보았고 도중에 매우 조용하고 강도를 만나지 않았고 비가 오기 시작했다. 다시 점쳐보니 길하였다.

象曰遇雨之吉은 群疑亡也[20]라.
상 왈 우 우 지 길 군 의 망 야

---

20 효사에서 말하는 돼지를 보거나 귀신을 보고 활을 당기는 등의 상황들은 전부 다 의심에서 나온 것들이다. 의심하면 어긋나고, 어긋나면 고립되어 외로울 수밖에 없다. 지금은 의심이 모두 사라졌는데, 이는 마치 음양이 조화하여 드디어 비가 내리는 것과 같다. 말하자면 어긋나지 않게 되면서 외롭지 않게 되었다는 것이다. 그러므로 정이천은 『이천역전』에서 "비라는 것은 음양의 조화이다. 처음에는 어긋나기 시작하였다가 마침내는 조화할 수 있었기 때문에 길한 것이다. 조화할 수 있는 까닭은 모든 의심이 다 없어졌기 때문이다. 처음 어긋날 때에는 의심하지 않는 바가 없었기 때문에 모든 의심이라고 말하였고, 어긋남이 극단에 이르러 합하면 모든 의심이 없어진다(雨者, 陰陽和也. 始暌而能終和, 故吉也. 所以能和者, 以羣疑盡亡也. 其始暌也, 无所不疑, 故 云群疑, 暌極而合則皆亡矣)"라고 하였다.

상전에 말하기를 비를 만나면 길하다는 것은 모든 의심이 없어지는 것이다.

* 규괘의 의미와 교훈

규괘는 상화하택(上火下澤)으로 위로 올라가는 불의 성질과 물이 아래로 흐르는 성질 때문에 서로 배리(背離)한다. 또 상괘도 음괘이고 하괘도 음효이기 때문에 음양의 조화를 이루지 못하고 있다. 일반적으로 사람들은 합하는 것을 좋아하고 어긋나서 분리되는 것을 좋아하지 않는다. 그러나 사람들은 분리와 통합, 같음과 다름이 불가분의 관계라는 것을 모른다. 마찬가지로 인생에 있어 즐거움과 슬픔 역시 분리할 수 있는 것은 아니다. 이런 점에서 사람들은 '등을 돌리고 어긋난다'는 의미의 규괘(睽卦)가 이야기하려는 핵심이 어긋나서 등을 돌리고 있는 것들을 어떻게 조화하고 합할 수 있는가를 말하는 데 있음을 쉽게 파악하지 못한다.

괘사의 "규는 작은 일에는 길하다(睽, 小事吉)"는 말은 사물이 비록 어긋나서 등을 돌리고 있지만 같을 수 있고, 화합할 수 있는 여지가 있어서 순리대로 따라가면 끝내 어긋나고 모순되는 일들을 합할 수 있음을 말한다. 괘 중에서 여섯 효는 비록 모두 어긋나는 때에 있으나 끝내 합하지 않는 어떤 효도 없다. 규괘의 효사는 사물의 같고 다름, 어긋남과 합함 등의 변증법적인 관계에 대한 인식을 어느 정도는 보여주고 있다. 「단전」에서 말하는 "천지는 서로 어긋나서도 그 일은 같으며, 남녀도 어긋나지만 그 뜻이 통하며, 만물이 어긋나지만 그 일은 비슷하다(天地睽而其事同也, 男女睽而其志通也, 萬物睽而其事類也)"는 말이 바로 이런 의미를 잘 드러내 준다. 또 「대상전」에서 말하는 "같으면서도 다르게 한다(同而異)"는 의미 역시 변증법적인 요소를 잘 드러내주는 것으로 볼 수 있다.

규괘의 여섯효는 대부분 처음에는 어긋났다가 뒤에는 합하는 경우를 말하고 있다. 내괘의 세 효는 모두 어긋나지만, 외괘의 삼효는 합(合)으로 발전한다. 초구가 말을 잃어버려도 쫓지 않아 어긋나고 분리됨이 있으나, 구사에 이르면 좋은 남편감을 만나서 합한다. 구이는 왜곡되게 짝을 구하려하여 여전히 어긋나는 상태에 머물러 있으나, 육오에 이르면 그 종친이 부드러운 고기를 씹는것처럼 해결되어 합한다. 육삼은 수레를 뒤에서 당기고 앞에서 가로막아 합하지 못하지만, 상육에 이르면 비를 만나 길하게 되고 합한다.

규괘의 여섯 효의 변화를 통하여 이야기하려는 핵심은 사물은 어긋남이 오래가지만 끝내는 반드시 합한다는 사실이다. 이것은 객관적 법칙이다. 개인의 인간관계에 적용하여 말하면 서로 대립하는 위치에 있다고 하여도 진실함을 가지고 바르게 하게 되면 결국에는 사사로움과 의심을 제거하고 서로 이해하면서 어긋나는 것이 합할 수 있다.

39. ䷦ 수산건(水山蹇, 백 蹇 第二十)

1) 괘의 순서

「서괘전」에서 "규는 어그러짐이니 어그러지면 반드시 어려움이 있기 때문에 건괘로 받았다. 건이라는 것은 어려움이다(睽者乖也. 乖必有難, 故受之以蹇, 蹇者難也)"라고 하였다. 즉 어그러지면 반드시 곤란함이나 험난함을 만나기 때문에 규괘 다음에 건괘(蹇卦)가 온다고 말한다. 이에 대해 정이천은 『이천역전』에서 "어그러지는 때에는 반드시 어려움이 있으니 ……(睽者 乖也 乖必有難……)"라고 하였다.

2) 괘명의 의미

"건(蹇)"의 자의는 움직이기가 곤란하다는 의미이다. 『설문해자』에서 말하기를 "건은 절름발이이다(蹇, 跛也)"라고 하였다. 이에 대해 『주역본의』에서도 "발이 나아갈 수 없다는 것은 어렵게 행한다는 의미이다(足不能進, 行之難也)"라고 하였다.

이 괘의 괘상에서 절름발이의 형상은 보이지 않는다. 절름발이는 머물리 있는 데에는 적합하지만 행동하기에는 적합하지 않기 때문이다. "발을 전다"는 의미의 건(蹇)으로 괘명을 삼고 있는 이유는 행동하는 데에 이롭지 않다는 뜻이다. 괘명이 가지고 있는 의미는 비록 행동하는 데 이롭지 않다고 하는 것이고 괘상 역시 위험을 만나서 그치는 것으로 말한다. 그런데 여섯 효의 효사 중에서 육이와 구오를 제외하고는 왕래(往來)를 모두 말하는데 왕래는 바로 행동을 말한다. 그러므로 건괘의 뜻은 결코 어려움을 알아서 물러나라는 것이 아니라, 어려움을 어떻게 극복할 것인가를 말하는 데 핵심이 있다. 다시 말하면 위험하고 장애가 있는 것을 어떻게 돌파할 것인가 하는 도리를 말하고 있다.

3) 괘상의 의미

건괘의 괘상(☶)은 사람들이 쉽게 건너지 못하는 험난한 산천을 통하여 어렵게 나아가는 상을 보여주고 있다. 험난한 산과 내는 당연히 쉽게 통과할 수가 없다. 이것을 물이 평지가 아닌 산 위에서 흐르기가 쉽지 않은 상황으로 비유하고 있다. 감괘(坎卦)의 외표(外表)는 험난(險難)이고, 간괘(艮卦)의 내함(內含)은 멈추고 기다릴 줄 아는 지혜를 말한다. 건괘(蹇卦)의 괘상은 위험에 직면하여 그치는 것으로 이 괘의 함의는 바로 위험을 어떻게 통과할 것이냐는 것이다. 상괘의 감괘(坎卦)는 위험을 말하는데, 이것은 앞에 위험이 있음을 의미한다. 하괘의 간괘(艮卦)는 머무는 것으로, 앞에 위험이 있기 때문에 무조건 전진하는 것을 멈추어야 함을 말한다. 건괘의 내함은 밝은 지혜인데, 그것은 스스로의 능력을 닦아서 필요한 시기에 사용하기 위한 것이다.

蹇은 利西南하고 不利東北[1]하며 利見大人하니 貞이면 吉[2]하리라.
　건　　이서남　　　불리동북　　　　이견대인　　　정　　　길

---

1 "건(蹇)"의 때를 당하여 서남(西南)쪽으로 가면 이롭고, 있고 동북(東北)쪽으로 가면 불리하다는 것은 실제의 방향을 가리키기보다는 비유일 뿐이다. 결코 어려운 때를 당하여 계속 서남으로 가야만 하고 동북으로 가서는 절대 안 된다는 것을 말하려는 것은 아니다. 「설괘전」의 후천팔괘에 의하면 곤괘(坤卦)는 서남이고, 간괘(艮卦)는 동북이다. 그러나

경의 의미 : 건은 서남으로 가면 이롭고 동북으로 가면 이롭지 않다. 대인
(大人)[3]을 보면 유리하고 점을 치니 길하다고 하였다.

전의 해석 : 건은 서남은 이롭고 동북은 이롭지 아니하며, 대인을 만나 보
는 것이 이로우니 바르면 길할 것이다.

■백 건은 서남으로 옮겨 가면 이롭고 동북으로 옮겨 가면 이롭지 않다. 대인
을 만나 보면 유리하다. 점을 치니 길하다고 하였다.

象曰蹇은 難也니 險在前也니
단 왈 건　　난 야　　험 재 전 야

단전에 말하기를 건은 어려움이고 험난한 것이 앞에 있다는 것이니

見險而能止하니 知矣哉[4]라.
견 험 이 능 지　　　지 의 재

이 괘에는 곤괘가 없을 뿐만 아니라 그 형태가 서남을 포함하고 있지도 않다. 그보다는 서
남에 해당하는 곤괘가 상징하는 것은 땅(地)인데, 평탄한 평지에서 움직이는 것은 쉽기
때문에 “서남으로 가면 이롭고(利西南)”라고 말한 것이라고 이해하는 것이 타당하다. 하
괘의 간은 산을 상징하는데 험준하고 굴곡이 심한 산에서 움직이는 것은 매우 어렵다. 그
러므로 “동북으로 가면 이롭지 않다(不利東北)”라고 말한다. 또 어려운 시기에는 마땅히
곤과 같은 부드러움을 써야하고 함부로 나아가는 강을 써서는 이롭지 않다고 말한다.
2 건(蹇)은 곤란함을 의미하는데, 곤란함을 극복하기 위해서는 덕과 능력을 갖춘 인물의 협
조가 필요하고 또 반드시 정도(正道)에 따라야 난세를 구할 수 있다. 다행히 구오는 강건
(剛健)하고 중정하여 위대한 인물을 상징하고 있다. 또 육이 이상의 다섯 효는 모두 정위
를 얻고 있기 때문에 길하다고 말한다.
3 고형은 여기서 말하는 ‘대인’을 귀족(貴族)으로 보고 있다. 『주역대전금주』 258쪽 참조
바람.

험난함이 있는 것을 보고 멈출 수 있으니 지혜롭도다.

蹇利西南은 往得中也⁵요 不利東北은 其道窮也⁶요
건 리 서 남　　왕 득 중 야　　　불 리 동 북　　기 도 궁 야

건은 서남이 이롭다는 것은 가서 중(中)을 얻었기 때문이고, 동북이 이롭지 않다는 것은 그 도가 궁하기(막히기) 때문이요,

---

4 건괘의 괘명에 대한 설명이다. "건(蹇)"이라는 것은 난삽(難澁)하다는 의미의 "난(難)"을 뜻한다. 그 어려움의 이유는 감(坎)의 위험이 앞에 가로놓여 있기 때문이다. 위험을 보고 함부로 나아가지 않고, 잘 참고 견디고 있다. 이것이 바로 지혜롭다는 것이다. "건(蹇)"을 어렵다고 하였는데, "둔괘(屯卦)" 역시 어려움의 뜻을 가지고 있다. 둘 사이에는 어떤 구별이 있는가? 둔괘의 어려움은 둔난(屯難)으로 사물이 이제 막 시작하여 아직 통창(通暢)하지 못하고 있는 어려움을 말한다. 괘상으로 보면 둔괘는 위험이 앞에 있고, 움직임이 뒤에 있는 것으로 위험 속에 움직임이 있는 것을 말한다. 건괘(蹇卦)의 어려움은 험하고 간난(艱難)한 어려움을 의미하는데, 위험이 바로 앞에 있지만 뒤는 그침(止)으로 위험 속에 그침이 있는 것을 말한다. 또 건괘는 몽괘(蒙卦 : ䷃)와 또한 비슷한 점이 있는데, 모두 감괘(坎卦)와 간괘(艮卦)로 구성되어 있다. 그러나 간괘가 안에 있는 것과 바깥에 있는 것은 차이가 있다. 몽괘에서 위험은 안에 있고, 그침은 바깥에 있다. 그침이 바깥에 있다는 것은 마음으로는 나아가려고 하나 막힘에 의해서 나아가지 못하기 때문에 몽(蒙)이라고 말한다. 건괘는 위험이 앞에 있고 그침이 안에 있는 경우이다. 그침이 안에 있다는 것은 위험을 보고 스스로 멈출 수 있는 지혜로움을 말한다는 점에서 몽매(蒙昧)함을 말하는 몽괘와는 구별된다. 이런 지혜로운 태도로 함부로 나아가지 않기 때문에 「단전」에서 지혜(知)를 언급하는 것으로 보인다. 김경방. 여소강의 『주역전해』 311쪽 참조 바람.

5 "중(中)"은 적합함 또는 합당함을 말한다. 이 구절은 "서남으로 가면 이롭고(利西南)"라는 말을 해석한 것으로 어려울 때에 서남의 평지로 가는 것이 합당하다는 의미이다. 이에 대해 『주역정의』에서는 "평평하고 쉬운 곳으로 가는 것이 어려움을 구하는 이치이기 때문에 '가서 중(中)을 얻었기 때문이다'고 하는 것이다(之于平易, 救難之理, 故云往得中也)"라고 하였다. "중(中)"을 공영달이나 이광지 등이 적합함 또는 합당함으로 해석하는 반면에, 정이천 등은 구오가 중을 얻거나 또는 구오 대인을 만나는 것으로 해석하기도 한다.

6 이 구절은 "동북으로 가면 이롭지 않다(不利東北)"는 말을 해석하는 것으로 『주역정의』에서 "험난하고 막히는 부분으로 가면 그 어려움을 더욱 크게 하기 때문에 그 도가 더욱 궁해진다(之于險阻, 更益其難, 其道彌窮)"라고 하였다. "그 도가 더욱 궁해진다"는 말은 험난함이 극도에 달했다는 것을 의미한다.

利見大人은 往有功也[7]요 當位貞吉은 以正邦也[8]니
이 견 대 인　　　왕 유 공 야　　　당 위 정 길　　　이 정 방 야

대인을 만나보는 것이 이롭다는 것은 가서 공이 있는 것이요, 자리가 마땅
하고 바름을 지켜 길함으로써 나라를 올바르게 하는 것이니,

蹇之時用이 大哉矣[9]라.
건 지 시 용　　대 재 의

건의 때와 작용이 크다.

象曰 山上有水蹇이니 君子以하여 反身脩德[10]하나니라.
상 왈 산 상 유 수 건　　　군 자 이　　　반 신 수 덕

---

7 “대인을 만나보는 것이 이롭다(利見大人)”는 것을 해석한 구절이다. 이에 대해 정이천은
『이천역전』에서 “건난의 때에 성현이 아니면 천하의 어려움을 구제할 수 없으니 그러므로
대인을 보는 것이 이로운 것이다. 대인이 자리가 마땅하면(자리를 맡으면) 어려움을 구제
하는 공을 이룰 수 있으니 ‘가서 공이 있는 것이다’(蹇難之時, 非聖賢不能濟天下之蹇,
故利於見大人也. 大人當位則成濟蹇之功矣, 往而有功也)”라고 하였다.
8 여기에서 말하는 당위(當位)는 초육을 제외한 육이 이상의 다섯 효가 바른 자리를 얻고
있음을 말한다. 초육은 비록 가장 낮은 자리에 처해 있으나 그 뜻이 바르기 때문에 전체
여섯 효는 모두 바름을 지켜 어려움을 헤쳐 나갈 수 있는 뜻을 내포하고 있다. 이것은 괘
사의 “바름을 지켜 길하다(貞吉)”는 구절을 해석하고 있다.
9 건(蹇)은 어려움에 처해 있는 것으로 결코 순조롭지 못하다. 그러나 건의 시기에 만약 걸
출한 인물이 출현하여 어려움을 구하는 도를 행한다면 오히려 순조롭게 어려움을 극복하
여 공을 세울 수 있고 나라를 바르게 할 것이다. 이 때문에 건의 때와 작용이 크다고 말한
다. 이 구절은 「단전」의 전체 의미를 총괄하고 있는데, 어려움을 구제하는 때와 그 작용의
위대함을 찬미하고 있다. 정이천은 “천하의 어려움이 어찌 쉽게 평정될 수 있겠는가. 성
현이 아니면 불가능하니 그 쓰임이 크다라고 말한다(天下之難豈易平也. 非聖賢不能其用
可謂大矣)”라고 하였다. 또 『주역절중』은 호병문의 말을 인용하여 “앞 문장에서 말한 ‘가
서 중을 얻는다’, ‘공이 있다’, ‘나라를 바르게 한다’ 등은 바로 그 작용의 위대함을 말한
것이다(上文所謂往得中, 有功, 正邦, 卽其用之大者也)”라고 하였다.
10 하괘는 산을 상징하고, 상괘는 물을 상징하여 산위에 물이 있는 상이 된다. 산은 험난하
여 물이 쉽게 흘러가지 못하기 때문에 어렵고 곤란하다. 군자는 이런 괘의 정신을 본받
아 곤란함을 당할 때에 오히려 자기 스스로에게 반문하여 곤란함의 원인이 어디에서 생

상전에 말하기를 산위에 물이 있는 것이 건이니, 군자가 이를 본받아서 자기 몸에 돌이켜 덕을 닦는다.

初六은 往하면 蹇코 來하면 譽[11]리라.
초육   왕   건   내   예

백 初六, 往蹇來輿.
　　 초육　왕건래여

초육은 가면 어렵고 오면 명예로울 것이다.

백 초육은 왕래하고 옮기는 데 수레를 이용한다.

象曰 往蹇來譽는 宜待也[12]이니라.
상 왈 왕건래예　　의대야

기는가를 살펴 보아야한다. 아울러 자신의 덕과 능력을 배양하여 어려움을 극복해 내어야 한다. 산 위에 물이 있다는 말은 이미 나아가는데 곤란함이 있다는 상황을 암시하는 것이다. 그러므로 『맹자』「이루상」에서 "나아가는 것이 순조롭지 못하면 모두 돌려서 자신에서 구한다(行有不得者, 皆反求諸己)"라고 하였다. 정이천은 이 말을 인용하여 「대상전」의 "자기 몸에 돌이켜 덕을 닦는다(反身修德)"는 말에 숨어 있는 뜻을 해석하여 "군자가 어려움과 막힘을 만나면 반드시 자기 몸에 돌이켜 구하여 더욱 스스로 닦는다(君子之于難阻, 必反求諸己而益自修)"라고 하였는데, 매우 적절한 해석으로 보인다.

11 "왕(往)"은 나아간다는 말이고, "내(來)"는 물러난다는 뜻이다. 초육은 어렵고 힘든 상황이 시작하는 때에 처하여 음으로 가장 낮은 자리에 있으면서 위로 상응하는 것이 없다. 그 때문에 함부로 나아가면 반드시 어려움을 당할 것을 우려하여 때를 알아 물러나면 오히려 "명예(譽)"가 있을 것이라고 말한다. 초육은 스스로가 이런 어려움을 극복할 조건을 갖추고 있지 못하다는 것을 스스로 판단하고 있다. 이런 현명함 때문에 지혜롭다는 명예를 얻게 된다.

12 『경전석문』에서는 "의대야(宜待也)"를 "의시야(宜時也)"로 보고, 정현은 "마땅히 때를 기다려야한다(宜待時也)", 즉 적절한 시기를 기다려야 할 것으로 보고 있다. 이 구절은 초육이 괘의 처음에 자리하여 지위가 매우 낮아 아직 행동할 때가 되지 않았기 때문에 기다렸다가 움직일 것을 강조한다. 그러므로 앞으로 나아가기 보다는 돌아오는 것이 유익하다.

상전에 말하기를 가면 어렵고 오면 명예로울 것이라는 것은 마땅히 기다려
야 한다는 것이다.

六二는 王臣蹇蹇이 匪躬之故¹³라.
육이　　왕신건건　　비궁지고

백 六二, 王僕蹇蹇, 非躬之故.
육이　　왕복건건　　비궁지고

육이는 왕의 신하가 어렵고도 어려운 것은 (국가를 위해 하는 것이지) 자
신의 몸을 위해 연고를 두지 않아야 하기 때문이다(나의 몸을 위해 하는 일
이 아니다).

백 육이는 왕가의 종들이 주인을 위해 급하게 왔다갔다 하는 것은 자신을
위한 것이 아니다.

---

13 "왕의 신하(王臣)"는 육이를 말한다. 육이는 유순하고 중정하여 구오와 상응하는 것으로
중정한 군주가 신임하는 신하이기 때문에 "왕신"이라고 말한다. "왕의 신하가 어렵고도
어려운 것(王臣蹇蹇)"이라는 말에서 앞의 어려움은 구오를 말하고, 뒤의 어려움은 육이
를 말한다. 구오가 위험 속에 있는 것이 하나의 어려움이라면, 육이는 스스로 중정하나
음이라는 약점 때문에 군주인 구오의 어려움을 구제할 수 없는 것이 또 하나의 어려움이
다. 육이가 군주의 어려움을 구제하는 것은 실제로 쉽게 할 수 있는 일이 아니다. 그래서
그 스스로 "자신의 몸을 위해 연고를 두지 않아야 하기 때문이다(匪躬之故)"는 말은 자
신을 위해서 일을 하기 보다는 왕실을 구하기 위해서 헌신하기 때문에 비록 목적을 이룰
수는 없으나 그 의지는 높이 살만하다는 그런 의미이다. 실제로 육이의 행동은 구오의
왕을 도와서 어려움을 헤쳐 나가는 중정의 덕을 갖추고 있기 때문에 이해득실의 문제에
있어서는 매우 당당하다. 이에 대해 『주역본의』는 "유순중정으로 상응하는 것이 위에 있
으나 험한 가운데 있기 때문에 어렵고 또 어려워 구제하기를 구하니, 이는 그 자신의 연
고 때문이 아니다. 길흉을 말하지 않는 것은 점치는 자가 다만 마땅히 몸을 굽혀 힘을 다
할 뿐이요, 성패와 이불리에 대해서는 논할 바가 아니기 때문이다(柔順中正正應, 在上
而在險中, 故蹇而又蹇, 以求濟之, 非以其身之故也. 不言吉凶者, 占者但當鞠躬盡力
而已, 至於成敗利鈍則非所論也)"라고 하였다.

象曰 王臣蹇蹇은 終无尤也[14]리라.
상 왈 왕 신 건 건　　　종 무 우 야

상전에 말하기를 왕의 신하가 어렵고도 어려운 것은 끝내 허물이 없을 것이다.

九三은 往하면 蹇코 來하면 反[15]이리라.
구 삼　왕　　　건　래　　　반

■백 九三, 往蹇來反.
구 삼　왕건래반

구삼은 가면 어렵고 오면 (원래의 제자리로) 돌아오리라.

■백 구삼은 왕래하고 옮기는데 계속 반복적으로 분주하다.

象曰 往蹇來反은 內喜之也[16]일새라.
상 왈 왕 건 래 반　　내 희 지 야

---

14 "왕의 신하가 어렵고도 어려운 것(王臣蹇蹇)"이라는 것은 힘들게 노력하는 것으로 결과의 여하를 묻지 않기 때문에 끝내 허물이 없다는 것이다. 여기에서 말하는 "어렵고도 어려운 것(蹇蹇)"의 의미에는 힘을 비축하여 어려움을 극복해나가는 뜻을 가지고 있는데, 성공과 실패에 대해서는 크게 고려하지 않는다.

15 "가면 어렵다(往蹇)"는 말은 나아가면 어렵다는 말이다. 구삼과 상육은 정응하지만, 상육의 음은 지위도 없고 구삼을 응원할 힘도 없다. 구삼이 만약 응원도 없는 상황에서 이웃하고 있는 위험의 상태로 뛰어들면 반드시 어려워지기 때문에 "가면 어렵다"라고 말한다. 만약 구삼이 위로 나아가지 않고 돌아온다면 상황은 달라진다. 구삼은 양으로 양의 자리에 있기 때문에 정위를 얻었고, 하괘의 맨 윗자리에 있어서 아래의 초육과 육이의 두 음효는 구삼에 의지한다. "오면 (원래의 제자리로) 돌아오리라(來反)"는 말은 자신의 원래 위치로 귀환하는 것을 말한다. 구삼은 이처럼 위로 나아가는 것은 어렵지만 초육과 육이의 두 음효의 의지와 믿음을 얻게 된다.

16 구삼이 위로 가지 않고 아래로 돌아오면 구삼에 의지하는 초육과 육이의 두 음효가 기뻐할 것이다. 따라서 "안에서 기뻐하는 것이다(內喜之也)"는 말에서 안은 내괘의 두 음을 말하고, 내괘의 두 음효가 좋아하는 대상은 구삼이다.

상전에 말하기를 가면 어렵고 오면 (원래의 제자리로) 돌아온다는 것은 안에서 기뻐하는 것이다.

六四는 往하면 蹇코 來하면 連[17]이리라.
육사 왕 건 내 연

백 六四, 往蹇來連.
육사 왕건래연

육사는 가면 어렵고 오면 아래와 연합할 것이다.

백 육사는 왕래하고 옮기는 사람들이 끊어지지 않는다.

象日 往蹇來連은 當位實也[18]일새라.
상 왈 왕건래연   당위실야

---

17 육사는 하괘를 벗어나 상괘의 위험(坎卦) 속에 들어간다. 육사는 단독으로는 위험을 빠져나갈 힘이 부족하다. 이 때문에 "가면 어렵다(往蹇)"라고 말한다. 이런 경우에는 반드시 구삼과 연합하여야 어려움을 타개할 수 있다. 구삼과 연합할 뿐만 아니라, 아래의 여러 효와 연합하여야 한다. 구체적으로 육사는 구삼과는 서로 친하게 지내고(親比), 아래의 두 음효와는 동류(同類)로 서로 연합한다. 이처럼 건(蹇)의 때에는 연합하는 것이 가장 좋은 방법이다. "오면 아래와 연합한다(來連)"의 뜻에 대해서는 학자들에 따라 관점이 약간 다르다. 여기에서는 세 가지의 예를 들어서 살펴보도록 하자. 첫 번째는 『주역집해』의 순상의 해석으로 "와서 오를 이어 받으면 지존과 서로 연합한다(來還承五, 則與至尊相連)"라고 하여, 사효가 오효와 연합하는 것으로 보고 있다. 두 번째는 주자의 입장으로 『주역본의』에서 "구삼과 연합하여 힘을 합해 구제한다(連於九三, 合力以濟)"라고 하여, 사효와 삼효가 연합하는 것으로 말하고 있다. 세 번째는 정이천의 입장으로 『이천역전』에서 "또 사가 상위에 자리하여 아래에 있는 자와 똑같이 바른 자리를 얻었고, 또 삼과 서로 가깝고 서로 친한 자이고 이와 초는 동류이니 서로 더불어 하는 자이다. 이는 아래와 뜻을 함께 하여 무리가 따르고 붙는 것이다. 그러므로 오면 연합한다고 말한다. 오면 아래에 있는 무리와 서로 연합하니 무리와 연합함은 건에 처하는 도리를 얻은 것이다(又四居上位而與在下者, 同有得位之正, 又與三相比相親者也, 二與初同類相與者也, 是與下同志, 衆所從附也. 故曰來連. 來則與在下之衆, 相連合也, 能與衆合, 得處蹇之道也)"라고 하였다. 여기에서는 정이천의 해석을 따른다.

상전에 말하기를 가면 어렵고 오면 아래와 연합한다는 것은 처해 있는 자리
가 진실하기 때문이다.

九五는 **大蹇**에 **朋來**[19]로다.
구 오　　대 건　　봉 래

🁢 **九五, 大蹇倗來.**
　구 오　　대 건 봉 래

---

18 "처해 있는 자리가 진실하기 때문이다(位當實也)"는 말은 있는 위치가 바르다는 것을 의
미한다. "정위(正位)"의 "정(正)"을 바르다(正)고 하지 않고 진실하다(實)고 말하는 것
은 상하의 교류, 즉 육사와 구삼이 서로 힘을 합하여야 한다는 측면에서 말하기 때문이
다. 다시 말해서 이런 어려운 환난을 벗어나기 위해서는 서로 같은 뜻을 가진 사람끼리
함께 힘을 합하여야 하는데 이때 가장 중요한 것은 서로간의 진실함(實)이다.

19 건괘에서 대부분의 효는 앞으로 나아가면 어렵게 되는데 그것이 의미하는 것은 함부로
전진하지 말라는 것이다. 국가나 사회가 어려운 시기에 처할 때에 모든 사람들이 힘을
합하지 않으면 어려움을 이겨낼 수가 없다. 육이와 구오는 군주와 신하의 자리에 있기
때문에 그들은 반드시 적극적으로 일하려고 한다. 그렇지만 육이에서는 "어렵고도 어려
운(蹇蹇)"이라 하고, 구오에서는 "매우 어려운 시기(大蹇)"라고 말한다. 왜 "매우 어렵
다"라고 말하는가? 구오는 군주의 자리에 있는데, 군주가 어려운 자리에 있으면 천하는
크게 어려울 수밖에 없다. 구오는 어려운 시기에 처해 있을 뿐만 아니라, 상괘인 감괘(坎
卦)의 위험 중간에 있기 때문에 "대건(매우 어려운 시기)"이라고 말한다. 이는 두 가지
원인을 가지고 있기 때문에 "대건"이라고 말한다. "친구가 온다(朋來)"는 것은 현명한
신하가 와서 보조한다는 것을 의미한다. 육이는 아래에서 중정의 덕을 갖추고 구오와 상
응한다. 구오의 입장에서 보면 바로 친구가 와서 도우는 것이라고 할 수 있다. 천하가 어
려울 때에 구오의 군주가 중정한 덕을 갖춘 육이와 같은 신하의 보조를 받으면 당연히 길
하다. 천하가 어려울 때는 반드시 양강하고 중정한 신하가 와서 보조하여야 어려움을 돌
파할 수 있기 때문이다. 『주역』 중에서 육오와 구이가 상응할 경우 대부분 도움을 많이
주어 공을 이루는데, 예들 들면 몽괘(蒙卦)와 태괘(泰卦)가 그 경우이다. 그러나 구오와
육이가 서로 상응하는 경우 그 공은 대부분 크지 않은데, 예를 들면 둔괘(屯卦)와 비괘
(否卦)가 그 경우이다. (김경방. 여소강의『주역전해』314쪽 참조 바람) 이에 대해 주자
는 『주역본의』에서 "크게 어렵다는 것은 매우 어려운 것을 말한다. 구오가 존위에 자리
하고 강건 중정한 덕이 있어 반드시 친구가 와서 도와줄 것이니 점치는 자가 이러한 덕을
가지고 있으면 이러한 도움이 있을 것이다(大蹇者, 非常之蹇也. 九五居尊而有剛健中
正之德, 必有朋來而助之者, 占者有是德則有是助矣)"라고 하였다.

구오는 매우 어려운 시기에 친구가 온다.

🔲 구오는 대대적으로 옮기니 친구들이 모두 와 도왔다.

象曰 大蹇朋來는 以中節也[20]라.
상 왈 대 건 붕 래　　　이 중 절 야

상전에 말하기를 매우 어려운 시기에 친구가 온다는 것은 올바른(중정한) 절도로써 하기 때문이다.

上六은 往하면 蹇코 來하면 碩이라 吉하리니 利見大人[21]하니라.
상 육　왕　　건　래　　석　　길　　　　이 견 대 인

🔲 尙六은 往蹇來碩. 吉, 利見大人.
상 육　　왕 건 래 석　길　이 견 대 인

상육은 가면 어렵고 오면 크게 되어(많은 성취를 얻어서) 길하게 될 것이니, 대인을 보면 이롭다.

---

20 구오는 중정(中正)의 덕(德)을 가지고 있고, 중정의 절개를 지켜 유지하고 있기 때문이다.
21 이 구절은 상육이 음으로 어려움의 마지막에 자리하고 있으나, 어려움이 극단에 이르면 어려움이 풀리게 되는 상황을 말하고 있다. 만약 앞으로 나아가면 이득이 없을 뿐만 아니라 더욱 곤란함이 생기기 때문에, 본래 자리로 돌아와 구삼과 상응하면서 구오의 존위를 보필(輔弼)하면 크게 공이 있을 것이라고 말한다. 그러므로 길하다고 말하고, 또 구오의 "대인(大人)"을 만나면 이롭다고 하는 것이다. 다른 효에서는 길하다는 말이 없는 반면에 상육에서 길하다는 말을 하는데, 이에 대해 주자는 『주자어류』에서 "여러 다른 효에서 모두 길하다고 말하지 않는 것은 모두 아직 어려움을 벗어나지 못했기 때문으로 상육에 이르러 '가면 어렵고 오면 크게 되어(많은 성취를 얻어서) 길하게 될 것이니'라고 한다(諸爻皆不言吉, 皆未離乎蹇中也, 至上六 '往蹇, 來碩, 吉')"라고 하였다. 여기에서 말하는 "대인"은 위대하면서도 귀한 인물로 구오를 지칭한다. 즉 구오를 만나는 것이 이롭다는 말이다.

백 상육은 짐을 챙겨 옮긴다. 점을 치니 길하고 또 대인을 만나보는 것이 이롭다.

象曰往蹇來碩은 志在內也[22]요 利見大人은 以從貴也[23]라.
상 왈 왕 건 래 석　　지 재 내 야　　이 견 대 인　　이 종 귀 야

상전에 말하기를 가면 어렵고 오면 크게 되어 길하게 될 것이라는 것은 뜻이 안에 있다는 것이요, 대인을 보면 이롭다는 것은 귀함을(귀한 사람을) 따르는 것이다.

* 건괘의 의미와 교훈

건괘(蹇卦)의 핵심은 어려운 시기를 헤쳐 나가는 지혜를 말하는 데 있다. 괘사에서 이야기하려는 뜻은 대략 세 가지로 요약할 수 있다. 첫째는 어려운 시기를 헤쳐 나가는 데는 반드시 진퇴에 합당함이 있어야 한다는 것이다. 말하자면 서남쪽의 평지로 가는 것이 유리하고 동북쪽의 산악지대로 가면 불리하다는 것은 전진할 수 있으면 전진하고 전진할 수 없으면 물러나야한다는 것이다. 두 번째로 대인은 어려움을 헤쳐 나가는 주도적 요소라는 점이다. 이른바 "대인을 보는 것이 이롭다(利見大人)"는 말은

---

22 이것은 상육이 이미 구오를 따르고, 구오는 육이와 상응하고 또 상육은 구삼과 상응함을 말한다. 이효와 삼효가 모두 내괘(內卦)에 있어서 상효와 오효의 뜻이 함께 합쳐서 어려움을 헤쳐나가기 때문에 "뜻이 안에 있다는 것이요(志在內也)"라고 말한다.
23 "귀(貴)"는 구오가 군주의 자리에 있는 것을 말한다. 정이천은 『이천역전』에서 "구오의 귀함을 따르는 것을 말한다. 귀한 것을 따른다라고 말하는 것은 사람들이 대인이 오를 가리킴인 것을 알지 못할까 두려워해서이다(謂從九五之貴也. 所以云從貴, 恐人不知大人爲指五也)"라고 하였다.

사실은 어려운 때에 있어서 여러 방면의 힘을 연합하고 상하의 의지를 통일할 수 있는 권위를 가진 요소를 기대하고 있다는 의미이다. 이런 권위를 가진 것을 주도적인 것으로 삼으면 험난함을 돌파할 수 있고 상황을 타개할 수 있는 것이다. 세 번째는 반드시 올바름을 지켜야 한다는 것이다. 이른바 "바르면 길할 것이다(貞吉)"는 것은 언행이 정도를 위배하지 않고 상하가 함께 어려움을 헤쳐 나가야 비로소 길함을 얻을 수 있다는 말이다. 이 괘의 여섯 효는 이 세 가지 측면의 의미를 중심으로 하여 각기 다른 환경과 지위 속에서 어려움을 돌파하는 상황들을 표현하고 있다. (황수기의 『주역역주』 304쪽 참조)

　건괘의 여섯 효 중에서 육이와 구이를 제외하고는 모두 나아가는 것이 어렵다고 말한다. 즉 가면 좋지 않고 오는 것이 좋다고 하거나, 또는 나아가는 것이 좋지 않고 멈추는 것이 좋다는 식으로 말한다. 초육은 위험한 것에서 가장 거리가 멀고 멈추는 것이 가장 우선적이기 때문에 지혜로운 선견지명이 필요하다. 「단전」에서는 이런 지혜에 대해서 말하고 있다. 구삼은 가면 어렵고 오면 원래의 제자리로 돌아올 것을 말하여 나아가는 것을 어려운 것으로 보고 있다. 육사는 가는 것은 어렵고 가지 않으면 아래의 효와 연합함으로써 대중들이 그에게 의지하게 된다는 것을 말하고 있다. 상육은 비록 건괘의 극에 자리하여 그 자신은 빼어난 재주를 가지고 있지 않으나 나아가지 않고 돌아오기 때문에 나름대로의 길함을 얻는다.

　위험에 처해 있으면서 또한 나아가는 것이 옳은 것은 육이와 구오 두 효에서 표현된다. 육이와 구오에서는 왕래를 말하지 않고 "건건(蹇蹇)"이나 "대건(大蹇)"을 말하여 어려움 속에서의 나름대로 노력하여야 하는 뜻을 내포하고 있다. 구오와 육이는 군신의 관계로 서로 힘을 합하여 어려움을 함께 헤쳐 나가야 할 책무가 있다. 국가가 어려움에 처해있을 때 다른 사람들은 나아가지 않아도 괜찮지만, 군왕과 대신은 위험을 무릅쓰고 나아가야 한다.

결론적으로 말해서 건괘는 역경(逆境)에 처해 있는 괘이다. 역경에 처해있는 경우에 있어서 가장 긴요한 것은 위험을 보고 멈출 줄 아는 지혜이다. 멈추는 것이 있어야 반드시 나아갈 수 있는 기회가 생기기 때문이다. 어려운 세상에 처해 있는 군주와 신하는 국가의 어려움을 헤쳐 나가야 하는 중임(重任)을 맡고 있다. 건괘는 보기에 그렇게 좋은 괘는 아니다. 하지만 만약 통치자가 건괘가 내포하고 있는 때와 작용의 의미를 정확하게 파악하여 그것을 적절하게 응용한다면 그 쓰임새는 매우 클 것이다. 건괘가 이야기하려고 하는 것은 표면적으로 보면 기다려야 한다는 데 있다. 그러나 여기서 말하는 기다림은 소극적 의미의 기다림은 결코 아니다. 그 기다림은 때를 기다리고, 역량을 보충하고, 힘이 되는 것들을 연합하면서 기다린다는 의미이다.

40. ䷧ 뢰수해(雷水解, 백 解 第三十)

1) 괘의 순서

해괘(解卦)가 건괘(蹇卦)의 뒤에 오는 것에 대해 「서괘전」은 "사물이 끝까지 어려울 수만은 없기 때문에 해괘로서 받았다(物不可以終難, 故受之以解)"라고 하였다. 사물은 항상 변화하기 때문에 어려움이 일정한 정도에 이르면 풀리게 마련이다. 여기에서 "해(解)"는 흩어진다는 산(散)의 의미로 어려움이 흩어져 풀리는 상황을 말한다.

2) 괘명의 의미

문자의 의미로 말하면 『설문해자』에서는 "해는 나누는 것이다. 칼로 소의 뿔을 가르는 것을 말한다(解, 判也. 從刀判牛角)"라고 하여, 칼을 가지고 소의 뿔을 자르는 것으로 풀이하고 있다. 또 『주역정의』에서는 "해라는 것은 험난함이 풀리는 것으로 사물의 상황이 점점 완화되는 것을 말한다(解者, 險難解釋, 物情舒緩)"라고 하였다. 이처럼 "해"자가 가지고 있는 의미에는 나누고 분석한다는 뜻과 함께 풀리고 흩어진다는 의미도 가지고 있다.

해괘(解卦)에는 이런 어려움이 해제되고 해방되어 순조롭게 풀려가는 의미 이외에 해산(解産)의 뜻도 가지고 있다. 여기에서 말하는 해산은 고통스런 과정을 통해 아이를 낳는다는 뜻인데, 공교롭게도 하경의 열 번째 괘에 해당된다. 남녀가 서로 감응하는 함괘(咸卦)와 부부의 도를 말하는 항괘(恒卦) 등의 괘를 거쳐 열 번째의 괘가 바로 해괘이다. 이것은 마치 남녀가 결혼하여 열 달 만에 아이를 낳는 것에 해당한다고 할 수 있다.

3) 괘상의 의미

　해괘(☷☵)는 건괘(蹇卦 : ☵☶)의 도전괘이다. 즉 어려움을 말하는 건괘가 전도되면 곤란이 해제되는 해괘가 된다. 해괘는 내괘가 감(坎)이고 외괘가 진(震)으로, 움직임(動)을 상징하는 진괘가 위험을 말하는 감괘(坎卦)의 바깥에 있어서 행동이 위험을 벗어나 있음을 상징한다. 그러나 여기서 더욱 중요한 것은 더 이상 곤란이 없는 것으로 생각하여 안이하게 행동해서는 곤란하다는 점이다.

解는 利西南[1]하니 无所往이어든 其來復이 吉[2]하고 有攸往이어든
해　　이서남　　　　　무소왕　　　　기래복　　길　　　　유유왕

---

1 해괘(解卦)는 승괘(升卦 : ☷☴)에서 나온 것으로, 승괘의 삼과 사가 교환하여 해괘가 된다. 승괘의 상괘는 곤(坤)이고 방위는 서남쪽이다. 구삼이 서남의 곤으로 올라가면 바로 곤란이 해제되는 해괘가 되기 때문에 "서남으로 가면 이롭다(利西南)"라고 말한다. 즉 곤란을 해제하는 데는 유(柔)를 이용하는 것이 좋다는 말이다. 또 서남의 곤은 땅으로 대지가 평탄하여 가기에 매우 안전하다. 「설괘전」은 곤괘를 서남쪽의 괘로 말하고 또 곤괘를 무리(衆)로 말하는데, 여기에서 서남은 많은 무리를 상징한다. 왕필은 "서남쪽은 무리를 말한다(西南, 衆也)"라고 하였다. 또 서남의 상은 곤괘(坤卦) 괘사에서 말하는 "서남으로 가면 친구를 얻는다(西南得朋)"라고 하는 말에서 유래한다. 건괘(蹇卦)와 해괘(解卦)는 곤괘의 뜻을 응용하여 확대한다. 이 세 괘의 이동(異同)을 분석하면 곤괘의 얻음(得)은 서남쪽에 있고, 건괘와 해괘의 이로움(利)은 또한 서남에 있어서, 세 괘가 가지고 있는 상은 모두 같다. 그러나 그 속에 담겨있는 뜻은 각각 다르다. 곤괘는 음이 "순행(順行)"하고 "뒤에 자리하는(居後)"것을 강조한다. 건괘(蹇卦)는 어려움을 돌파할 때는 쉬운 것부터 시작해야 이롭다는 것을 강조하고, 해괘는 험난함을 풀어내기 위해서는 마땅히 무리들에게 베풂이 있어야 할 것을 강조하는 점에서 차이가 있다. 황수기『주역역주』305쪽 참조 바람.

夙하면 吉**3**하리라.
숙   길

백 解, 利西南. 无所往, 亓來復, 吉. 有攸往宿, 吉.
해   이서남   무소왕   기래복   길   유유왕숙   길

경의 의미 : 해는 서남으로 가면 이로우니 가지 않고 다시 돌아옴이 길하다.
갈 바가 있으면 일찍 가면 길할 것이다.

전의 해석 : 해는 서남으로 가면 이로우니 갈 곳이 없거든(험난함이 해결되
고 구하러 가야 할 곳이 없다면) 와서 돌아옴(가지 않고 본래의 자리로 돌
아옴)이 길하고 갈 바가 있으면 일찍 가면 길할 것이다.

백 해태라는 신비한 동물이 서남쪽 기산(岐山)의 주원(周原)에 나타나 다
른 제후에게는 가지 않고 있으니 제후들이 돌아와 길하다. 주나라에 조공
을 하니 길하다,

彖曰 解는 險以動이니 動而免乎險이 解4라.
단 왈 해   험 이 동   동 이 면 호 험   해

---

2 간난(艱難)의 시기가 해제되었다고 하여 해이하게 무조건 앞으로 나아가지 않고 오히려
차분하게 자기 자신이 처한 상황들을 살펴보고 보충하여야 길할 것임을 강조하고 있다.
말하자면 쓸데없이 일을 벌이거나 공을 이루려고 하기보다는 본위(本位)에 충실할 것을
강조하고 있다.

3 위험하고 어려운 일이 출현할 때는 반드시 재빨리 일을 해결하는 것이 길하다. 왕필은 "어
려움이 있으면 나아가서 신속하게 하는 것을 길한 것으로 삼는다(有難而往, 則以速爲
吉)"라고 하였다. 만약에 어떤 복잡한 문제가 발생하면 재빨리 해결하여야 하지 더 이상
어떻게 손을 쓸 수 없는 상태까지 미루었다가 처리하는 것은 곤란하다.

4 괘명을 해석한 부분이다. 위험이 안에 있고 움직임이 바깥에 있기 때문에 "위험하여서 움
직이니(險以動)"라고 말한다. "이(以)"는 원인(原因)을 표현한 말이다. "위험하여서 움
직이나"라는 것은 위험과 움직임 두 가지를 다 포괄하고 있다. 위험이 있는데 움직이지 않
으면 어려움을 빠져나갈 수 없다. 위험하기 때문에 이를 빠져나가기 위한 움직임이 있고,

단전에 말하기를 해는 위험하여서 움직이니, 움직여서 위험을 벗어나는 것
이 해이다.

解利西南은 往得衆也[5]요
해 리 서 남 　 왕 득 중 야

해는 서남으로 가면 이롭다는 것은 가서 무리를 얻었다는 것이요,

其來復吉은 乃得中也[6]요
기 래 복 길 　 내 득 중 야

돌아옴이 길하다는 것은 이에 중을 얻는 것이요,

有攸往夙吉은 往有功也[7]라.
유 유 왕 숙 길 　 왕 유 공 야

갈 바가 있으면 일찍 가면 길할 것이라는 것은 가서 공이 있음이라.

天地解而雷雨作[8]하고 雷雨作而百果草木이 皆甲拆[9]하나니
천 지 해 이 뇌 우 작 　 뇌 우 작 이 백 과 초 목 　 개 갑 탁

이를 통해 위험을 면하는데 이것이 바로 "해(解)"이다.

5 서남쪽은 많은 사람들이 있는 땅이기 때문에 앞으로 나아가 어려움을 해결하는 데는 반드시 많은 사람들의 지지를 받아야 이롭다. 이에 대해 정이천은 『이천역전』에서 "어려움을 푸는 도는 이로움이 광대하고 평이한 데 있으니, 너그러움과 편안함으로 가서 구제하여 풀어주면 사람들의 마음이 돌아옴을 얻게 된다(難之道, 利在廣大平易, 以寬易而往濟解則得衆心之歸也)"라고 하였다.

6 이 구절은 "가지 않고 와서 돌아옴이 길하고(无所往, 其來復吉)"라는 부분을 해석하고 있다. 어렵고 험한 때에는 물러나서 고요하게 올바른 이치를 닦으면서 기다리는 것이 좋다는 말이다.

7 어려움이 해제되는 때에는 곧바로 손을 써야 효과가 있다. 빨리 손을 쓰지 않으면 다시 또 곤란한 상황으로 변해 버린다.

8 상괘는 우레(雷)이고 하괘는 비(坎)를 의미하여 우레와 비가 출현한다는 것은 천지가 해

解之時大矣哉[10]라.
해 지 시 대 의 재

천지가 풀려서 우레가 치고 비가 오고, 우레가 치고 비가 오니 수많은 과목
(果木)과 초목(草木)의 껍질이 모두 열려서 터지니 해의 때가 크도다.

象曰 雷雨作이 解니 君子以하여 赦過宥罪[11]하나니라.
상 왈 뇌 우 작　 해　 군 자 이　　 사 과 유 죄

상전에 말하기를 천둥치고 비가 오는 것이 해이니, 군자가 이를 본받아 잘
못을 저지른 사람을 사면(赦免)하고 죄지은 자를 너그러이 처리한다(죄를

동(解凍)하여 생기가 발동하는 모습을 상징하고 있다. "작(作)"은 일어난다는 의미를 가
지고 있다. 봄이 오니 뇌우(雷雨)가 출현하고 이것의 출현으로 말미암아 천지는 동결되고
폐쇄된 상태에서 서서히 열리기 시작한다.
9 이 구절은 해괘의 시세(時勢)가 가지고 있는 의미를 강조하고 있다. "우레가 치고 비가 오
니 수많은 과목(果木)과 초목(草木)의 껍질이 모두 열려서 터지니(雷雨作而百果草木皆
甲坼)"라는 말은 뇌우가 활동하는 시대가 가지고 있는 의미를 설명하고 있다. "갑(甲)"은
종자 바깥의 딱딱한 부분을 말한다. "탁(坼)"은 깨져서 열린다는 의미이다. 비와 우레가
한번 움직이면 만물이 소생하고, 백과초목이 모두 종자 껍데기를 열어 제치고 맹아가 생
겨나기 시작한다.
10 해괘는 음양의 기를 통해 어려움을 풀어가는 것으로 만물생장이 점차적으로 풀려나가는
것을 상징하고, 나아가서 세상의 어려움이 점차적으로 해소되어나가는 것을 설명한다.
여기에서 관건은 모두 "시(時)"자에 있다. 그러므로 "해의 때가 크도다(解之時大矣哉)"
라고 말하는 것이다.
11 "군자"는 사법(司法)의 권력을 가지고 있는 자이다. 군자는 해괘가 뇌우를 만드는 상을
보고 그것을 현실에 직용힌다. 천지가 해산(解散)하여 뇌우가 일어나고 백과초목의 종자
의 껍질이 터지는 현상을 보고, 백성들의 형벌에 대해 더욱 관대한 조처를 취한다. 그것
이 바로 사면(赦免)이다. "과(過)"는 과실을 말하고, "죄(罪)"는 죄악을 의미한다. "사
(赦)"는 사면을 말하고, "유(宥)"는 관대함을 말한다. 과실이 있으면 사면하여 벌을 내
리지 않고, 죄악이 있으면 관대하게 가볍게 형벌에 처한다. 이것은 고대의 법률사상을
반영하고 있다. 고대의 사법에서 사면에 대한 것은 『주례』에서도 많이 말하고 있다. 공
영달은 『주역정의』에서 "잘못이 경미하면 사면하고 죄가 중하면 관대하게 하는데, 이것
은 모두 풀어서 완화하는 뜻이다(過輕則赦, 罪重則宥, 皆解緩之義也)"라고 하였다.

감해준다).

初六은 无咎[12]하니라.
초 육　　무 구

백 初六, 无咎.
　　초 육　　무 구

초육은 허물이 없느니라.

백 초육은 재앙이 없느니라.

象曰 剛柔之際라 義无咎也[13]니라.
상 왈 강 유 지 제　　의 무 구 야

상에 말하기를 강과 유가 서로 교제하는 때라 뜻으로는 허물이 없느니라.

九二는 田獲三狐하여 得黃矢니 貞하여 吉[14]하도다.
구 이　　전 획 삼 호　　득 황 시　　정　　길

---

12 초육은 음으로 양에 자리하고 있어서 부정위이다. 어려운 때를 당하여 자리를 잃어버린 자는 분명히 생존하기가 쉽지 않고, 또 힘이 약한 자는 항상 침탈을 받기 때문에 초육은 허물이 있는 상이 된다. 그러나 해괘의 초기에는 험난함이 이미 제거되었다. 그래서 강자가 약자를 수탈하고 다수가 소수를 억누르는 상황은 없기 때문에 초육은 무구하다고 말하는 것이다. 이에 대해 주자는 "어려움이 이미 풀렸고, 유로서 아래에 있고 위로 상응하는 것이 있으니 무슨 허물이 있겠는가?(難旣解矣, 以柔在下, 上有正應, 何咎之有)"라고 하여, 위에 상응하는 것이 있어서 허물이 없다고 말한다.

13 강(剛)은 구사를 가르키고 유(柔)는 초육을 가리킨다. 황수기의 『주역역주』에서는 "제(際)"를 교제의 뜻으로 상응을 의미하고, "의(義)"는 이(理)와 같은 의미를 가지는 것으로 보고 있다. 이것은 초육이 "무구(无咎)"한 원인에 대해 해석하는 것으로 보고 있다. 306쪽 참조 바람.

14 이 효는 해(解)의 시기에 군자가 어떻게 소인을 제거하는가 하는 문제를 말하고 있다. "전(田)"은 사냥한다는 의미인데, 고대에서 사냥의 의미는 해로운 것을 제거한다는 의미

백 九二, 田獲三狐, 得黃矢. 貞, 吉.
구 이　전 획 삼 호　득 황 시　정　길

구이는 사냥에서 세 마리의 여우를 잡아 누런 화살을 얻으니 바르면 길하
도다.

백 구이는 사냥에서 세 마리의 여우를 잡았는데 쇠로 만든 화살 덕분이다.
점을 치니 길하다고 하였다.

象曰 九二는 貞吉은 得中道也[15]일새라.
상 왈 구 이　정 길　득 중 도 야

상전에 말하기를 구이는 바르면 길하다는 것은 중도를 얻었기 때문이다.

六三은 負且乘이라 致寇至[16]니 貞이라도 吝[17]이리라.
육 삼　부 차 승　치 구 지　정　린

를 가지고 있다. "획(獲)"은 포획한다는 뜻 이외에 제거해버린다는 의미도 동시에 가지
고 있다. "세 마리의 여우(三狐)"는 괘 가운데에서 육오를 제외한 세 개의 음효를 가리
킨다. 이 세 개의 음효가 바로 소인이다. "황(黃)"이라는 색깔은 중간색을 말하고, "시
(矢)"는 화살로 그 특징은 곧은 데(直)에 있다. 말하자면 "노란 화살(黃失)"은 중(中)이
면서 또한 곧은 것을 말하여, 구이가 군자의 우수한 자질을 가지고 있음을 상징하고 있
다. 천하의 어려움은 대부분 소인이 그렇게 만든 것이다. 천하의 어려움을 해결하기 위
해서는 반드시 소인을 제거하는 적당한 방법을 필요로 한다. 부드러운 것만으로도 불가
능하고, 지나친 강의 행동도 곤란하다. 구이는 강으로 유(柔)의 자리에 있다. 이는 굳세
면서도 지나지지 않고, 강 속에 유가 있는 것으로 곧으면서도 지나치게 곧지 않는 중직
(中直)을 의미한다. 군자가 이런 적절한 곧음의 자질을 가지고 있어야 교활한 여우같은
소인들을 제거하고 길함을 얻을 수 있다. 김경방의 『주역전해』 319쪽 참조 바람.

15 군자가 소인을 제거하는 방법은 올바른 도를 통하여 사악한 것을 제거하는 데 있다. 오
직 바르기만 하여 지나치게 곧아서 어떠한 융통성도 허용하지 않으면, 중용의 도에 어긋
나서 도리어 나쁜 결과를 생기게 할 가능성이 크다. 길하기 위해서는 구이가 세 마리의
여우를 잡아야 하는데 그 관건은 바로 중도(中道)를 얻느냐의 여부에 달려있다.

16 육삼은 음의 자질을 가지고 있으면서 양에 자리하고 있다. 이것은 소인이 군자의 기물을

백 六三, 負且乘, 致寇至. 貞, 吝.
육삼 부차승 치구지 정 린

육삼은 (격에 어울리지 않게 짐을) 등에 지고, 또 (걸어야 할 자가 마차를) 타고 감이라. 이는 도적이 오도록 하니 아무리 바르게 하려 하여도 부끄러우리라.

백 등에 물건을 지거나 수레에 싣고 가면 도적을 부르는 것이다. 점을 치니 부끄러울 것이라고 하였다.

象曰 負且乘이 亦可醜也며 自我致戎이어니 又誰咎也[18]리오.
상 왈 부 차 승 역 가 추 야 자 아 치 융 우 수 구 야

함부로 사용하는 것과 같은 것으로 위의 응원을 받지 못한다. 여기에서 소인인 육삼은 위의 구사에 아첨하면서 붙으려 하고, 또 구이의 위에서 교만을 부리는 경우로 표현된다. 이것은 마치 등에 물건을 진 비천한 사람이 신분이 높은 사람이 타는 말이 끄는 높은 수레 위에 앉아 있는 것과 같다. 그래서 도둑들이 이것을 보고 마차에 탄 사람의 제물이 본래 그 사람의 소유가 아닌 것으로 생각하여 그것을 뺏으려는 마음을 가지게 될 것이라고 말한다. 이를 정치의 입장에서 말하면, 전혀 자질과 자격을 갖지 못한 사람이 왕의 자리를 노릴 경우 그 결과는 반드시 죽음이라는 화를 자초하게 되는 것과 같다. 『주역전해』에서 김경방은 "도적이 오도록 하니(致寇至)"라는 말은 두 가지 측면의 함의를 가지고 있다고 말한다. 하나는 소인으로서 군자의 마차를 타는 것으로 바로 "등에 지고 또 탄다(負且乘)"는 말로 이는 반드시 도적을 불러들여서 물건을 뺏기게 되는 상황을 초래한다. 다른 하나는 국가 혹은 군주가 현인과 소인을 구분하지 못하여 소인을 군자의 자리에 앉게 하여 외적이 쳐들어오게 만드는 경우이다. 320쪽 참조 바람.

17 "아무리 바르게 하려고 하여도 부끄러우리라(貞吝)"는 구절에 대한 해석은 다양하다. 우선 정이천은 "비록 하는 바가 바름을 얻는다고 하더라도 또한 비천하고 부끄러울 뿐이다(雖使所爲得正, 亦可鄙吝也)"라고 하고, 주자는 "비록 바름으로 얻었다 할지라도 또 수치스럽다는 말이니 오직 피하여 가야 면할 수 있을 뿐이다(言雖以正得之, 亦可羞也, 唯避而去之, 爲可免耳)"라고 하였다. 또 이마이 우사부로는 "아무리 바름을 견고히 지키려고 하더라도 반드시 수치스럽고 부끄러운 결과를 초래하게 된다"(『역경』 810쪽 참조)고 하였다. 이 구절은 자기 자리가 아닌데 비정상적으로 자리를 차지하고 있는 경우가 초래할 수밖에 없는 한계에 대한 말이다. 이런 비정상적인 방법으로 자리를 차지하고 있을 경우, 그 자리를 유지하려고 아무리 노력 하여도 어렵다는 말이다.

상전에 말하기를 등에 지고 또 타는 것은 또한 추악하며, 나로부터 도적을
불러들였으니 또 누구를 탓 하리오.

九四는 解而拇면 朋至하여 斯孚[19]리라.
구 사　　해 이 무　　붕 지　　　　사 부

백 九四, 解亓栂, 倗至此復.[20]
구 사　　해 기 모　　붕 지 차 복

구사는 너의 엄지발가락을 풀면 벗이 이르러 이에 믿을 것이다.

---

18 "등에 지고 타는 것(負乘)"이라는 말이 지위와 신분이 맞지 않는 사람을 표현하는 경우
에 자주 사용되는데, 바로 이 효사에서 나온 말이다. 이에 대해 『주역절중』은 "'등에 지
고 또 타는 것'을 소인은 스스로 영광으로 생각하지만, 군자는 이를 부끄럽게 여겨 추악
한 것으로 생각한다. 바깥에서 오는 적을 작은 것은 도(盜)라고 하고, 큰 것은 융(戎)이
라고 한다. 자질이 되지 않는 사람을 등용해서 쓰면 해(解)를 건(蹇)으로 변화시키게 되
고 천하에 큰 도적이 일어나게 된다(負且乘, 小人自以爲榮, 而君子所恥, 故可丑也.
寇小則爲盜, 大則爲戎. 任使非人, 則變解而蹇, 天下起戎矣)"라고 하였다. 도적을 부
르게 되는 원인이 다른데 있는 것이 아니라 자기 자신에게 있기 때문에 어떤 누구를 탓할
입장이 못 된다는 말이다. 나라의 정치를 포함한 모든 분야에서 인사(人事)를 적절하게
하지 못하여 낭패를 당하는 여러 경우들이 여기에 해당된다고 할 수 있다.
19 해괘가 말하려는 핵심은 소인을 제거하는 데 있다. 구사는 양효로 군자를 의미한다. 구
사의 책임은 소인을 제거하고 군자를 등용시키는 데 있다. 소인이 제거되지 않으면 군자
는 설 자리가 없다. "너의 엄지발가락을 풀면(解而拇)"의 "이(而)"는 "너"를 의미하는
"이(爾)"의 뜻으로 구사 자신을 말한다. "무(拇)"는 엄지발가락을 말한다. 엄지발가락은
사람의 가장 아래에 있는 것으로 지위가 가장 낮은 사람으로 상징되는데, 이 괘에서는
초육의 소인이다. "너의 엄지발가락을 풀면"이라는 말은 소인을 제거하는 것을 의미한
다. 소인을 제거해야 "벗이 이르러 이에 믿을 것이다(朋至斯孚)"는 단계에 이를 수 있
다. "벗이 이르러 이에 믿을 것이다"는 것은 군자의 친구가 올 뿐만 아니라 서로 신임하
는 것을 말한다. 군자의 친구가 온다는 말을 정이천은 "구사가 음으로 유약한 초육을 풀
어버릴 수 있으면 강한 양의 덕을 가진 군자가 친구로 찾아와서 성의로 합할 것이다(四
能解去初六之陰柔則陽剛君子之朋, 來至而誠合矣)"라고 하여, 소인의 제거에 대한 믿
음이 이런 좋은 상황을 만드는 것으로 해석하고 있다.
20 "모(栂)"는 "무(拇)"이다. "붕(倗)"은 붕패(朋貝)로 재물 또는 돈을 말한다. 등구백은
"복(復)"을 진실함 또는 신용으로 말하고 있다. 『백화백서주역』 75쪽 참조 바람.

■ 구사는 손발을 펼쳐서 많은 돈을 벌었는데 모두 신용 덕택이다.

象曰 解而拇는 未當位也[21]일새라.
상 왈 해 이 무　　미 당 위 야

상전에 말하기를 너의 엄지발가락을 풀라는 것은 자리가 마땅하지 않은 것
이다.

六五는 君子維有解면 吉[22]하니 有孚于小人[23]이리라.
육 오　　군 자 유 유 해　　길　　　　유 부 우 소 인

---

21 구사의 "자리가 마땅하지 않은" 이유는 단순히 부정위라는 이유 하나만이 아니다. 크게
세 가지 이유로 나누어 설명할 수 있다. 첫째는 물론 부정위이고, 두 번째는 부중이라는
점이고, 세 번째는 가장 중요한 이유로 소인들에 의해 갈등을 빚고 고생하는 자리라는
점이다.

22 "유(維)"는 어기조사이다. 육오는 중으로 존위에 있고 아래에 구이와 상응하기 때문에
위태롭고 어려운 상황을 서서히 풀어갈 수 있는 군자의 덕을 가지고 있다. 왕필은 "존위
에 자리하여 중도를 실천하여 아래의 강효와 상응하여 어려움을 푸는 바가 있어서 길함
을 얻을 수 있다(居尊履中, 而應乎剛, 可以有解而獲吉也)"라고 하였다.

23 육오는 어려움을 풀 수 있을 뿐만 아니라, 또한 진실한 덕으로 소인을 감화하여 진심으
로 복종하게 하여 어떠한 원한도 가지지 않도록 만들고 있음을 설명하고 있다. 이마이
우사부로는 구오가 해괘의 주효이지만 여전히 음유(陰柔)이기 때문에 경계의 뜻을 나타
내고 있다고 말한다. 그러므로 군자(육오)가 스스로 진실하다면 소인도 여기에 감화되어
신복(信服)하는 데 이른다고 말한다.(『역경』 810쪽 참조) 군자가 어려움을 푼다는 것은
위엄으로만 소인을 복종시키는 것보다는 덕으로 교화하는 것이 더욱 중요하다. 그러므로
"소인에게도 마음속에 진실함이 있게 한다(有孚于小人)"라고 말한다. 은혜와 위험 두
가지를 다 말하여야 소인이 진심으로 복종하게 된다. 이에 대해 왕필은 "군자의 도로 어
려움을 풀고 위험을 해소하면 소인은 비록 어리석으나 여전히 그에 복종해서 원망함이
없음을 알게 되는 것과 같다. 그러므로 '소인에게도 마음속에 진실함이 있게 한다'(以君
子之道解難釋險, 小人雖闇猶知服之而无怨矣, 故曰有孚于小人也)"라고 말한다. 육오
는 부드러운 중용의 덕으로 위태롭고 어려운 상황을 서서히 풀어가기 때문에 진실한 믿
음으로 소인을 감화시킬 수 있다. 이것이 바로 사악한 자를 점점 선한 것으로 바꾸어 숨
어 있는 걱정거리를 제거한다는 뜻이다.

백 六五, 君子唯有解, 吉. 有復于小人.
육 오 군 자 유 유 해 길 유 복 우 소 인

육오는 군자가 푸는 바가 있으면 길하고, (심지어) 소인에게도 마음속에 진실함이(진실함으로 감화시킬 수) 있게 한다.

백 육오는 군자는 오직 백성들의 어려움을 풀어 주어야 좋다. 그렇지 않으면 소인으로 돌아가 버린다.

象曰 君子有解는 小人의 退也[24]라.
상 왈 군 자 유 해 소 인 퇴 야

상전에 말하기를 군자가 푸는 바가 있다는 것은 소인의 물러남이다.

上六은 公用射隼于高墉之上하여 獲之니 无不利[25]로다.
상 육 공 용 석 준 우 고 용 지 상 획 지 무 불 리

---

24 소인을 제거해야 군자의 도가 트인다. 정이천은 『이천역전』에서 "군자가 풀려고 하는 것은 소인을 물러나게 하는 것을 말한다. 소인이 물러나면 군자의 도가 행해지기 때문에 길한 것이다(君子之所解者, 謂退去小人也. 小人去則君子之道行, 是以吉也)"라고 하였다.

25 "공(公)"에 대해 정이천은 『이천역전』에서 "상육은 높은 지위나 임금 자리가 아니기 때문에 공이라고 말했다(上六尊高之地而非君也, 故曰公)"라고 하였다. "준(隼)"은 여기에서는 나쁜 새로 육삼을 지칭한다. "용(墉)"에 대해서 『경전석문』은 마융의 말을 빌려와 "성이다(城也)"라고 하였다. 이 구절은 상육이 해괘의 마지막에 자리하여 위태롭고 어려운 시기를 서서히 풀어가는 "왕공(王公)"을 상징하고 있다. 육삼의 소인이 자리를 찬탈한 것을 마치 나쁜 새가 높은 담장 위에서 노닐고 있는 것으로 비유하여 상육이 활을 쏘아 이를 잡으려는 것으로 말하고 있다. 이것은 바로 해로움이 되는 것을 제거하는 것이기 때문에 "이롭지 않은 바가 없다(无不利)"라고 말한다. 앞의 구이의 효사에 나오는 여우는 숨어있는 동물로 잠복되어있는 해(害)로 상징하지만, 아직 힘이 약한 것으로 말하고 있다. 여기에서 말하는 "새매(隼)"는 사람을 두려워하지 않고 아예 높은 성곽 위에 앉아있는 것을 상징한다. "용(墉)"은 성을 둘러싼 담으로 해로움이 되는 것이 안에 있는 것을 말한다. 이런 시기에 군자는 무기를 숨기고 있다가 소인을 잡기 위해 사용할 시기

상육은 공(公)이 높은 담장 위에서 새매를 쏘아서 잡으니 이롭지 않음이
없으리로다.

象曰公用射隼은 以解悖也²⁶라.
상 왈 공 용 석 준　　이 해 패 야

상전에 말하기를 공이 높은 담장 위에서 새매를 쏜다는 것은 (바른 이치에)
거스르는 것을 풀려는 것이다.

* 해괘의 의미와 교훈

　해괘(解卦)의 경문(經文)은 군자와 소인의 개념에 대해 말하고 있다.
고대인들이 말하는 군자와 소인은 어떤 경우에는 통치계급과 피통치 계급
을 의미하고, 또 어떤 경우에는 도덕적 의미상의 다른 두 사람 즉, 도덕적
으로 고상한 선한 사람과 그렇지 못한 나쁜 사람으로 나누기도 한다. 해
괘에서 말하는 군자와 소인의 구분은 도덕적 의미에서 말한 것이다. 해괘
가 말하려고 하는 주제는 정치에 있어서 도덕적 소인을 어떻게 제거할 것
인가 하는 것에 있다. 여섯 효 중에서 초육을 제외한 나머지 다섯 효는 모
두 소인을 제거하는 것에 대해 말하고 있다.
　해괘의 핵심적 내용을 한마디로 이야기하면 바로 '소인과의 투쟁'이다.

가 바로 지금이라고 판단한 것으로 보인다.
26 "거스르는 것(悖)"은 패역자(悖逆者)로 바로 육삼이다. "해패(解悖)"는 소인을 제거하
　는 것을 의미한다. 이에 대해 공영달은 『주역정의』에서 "패는 어긋나는 것을 말한다. 육
　삼이 자기 자리가 아닌 데 있으면서 짐을 지고 타고 있고 위와 상응하지 않는데, 이를 패
　역한 사람이라고 말한다(悖, 逆也. 六三失位負乘, 不應於上, 是悖逆之人也)"라고 하
　였다.

이런 의미에서 육삼은 소인의 전형을 잘 보여준다. 이런 소인을 제거하기 위해 초육을 제외한 다섯 효는 각기 다른 각도에서 소인을 제거하는 구체적인 문제에 대해 말한다. 어려움의 시기를 지나 평화와 안녕을 구축하기 위해서는 두 가지 측면에서 접근하여야 할 것을 해괘는 강조하고 있다. 그 중 하나는 어려움이 없을 때에는 원래의 곳으로 돌아와야 길할 것이라고 말한다. 또 어려움이 있을 경우에는 그 문제를 신속히 해결할 것을 해괘는 말한다. 이 중에서 가장 위험한 것은 소인이 조성한 내부문제이다. 왜냐하면 소인은 자신의 진면목을 숨기고 있어 쉽게 발견할 수도 없고, 또한 공개적으로 드러내어 비판하고 제거하기가 쉽지 않기 때문이다. 실제로 어려운 시기나 또는 이익이 극단적으로 충돌하는 시기가 되어야 비로소 소인의 진면모가 겨우 드러난다. 그러므로 성 위에 사람을 두려워하지 않고 앉아 있는 "새매(隼)"와 같은 소인을 제거해야 비로소 어려움이 풀리게 된다.

41. ䷨ 산택손(山澤損, 損 第十二)

1) 괘의 순서

손괘(損卦)가 해괘(解卦)의 뒤에 오는 이유에 대해 「서괘전」에서 "해는 느슨하게 풀어지는 것이니 느슨하게 풀어지면 반드시 잃는 바가 있기 때문에 손괘로써 받았다(解者緩也, 緩必有所失, 故受之以損)"라고 하였다. 모순되는 상황이 풀리면 해이해지고, 해이해지면 지나치게 느긋해져서 게으름을 피우는 상태가 되면 반드시 손실이 있게 된다. 그 때문에 해괘 뒤에 손괘가 오는 것이다.

2) 괘명의 의미

"손(損)"은 줄여서 빼는 것을 말하는데, 이 괘가 이야기하려는 핵심은 "아래를 덜어서 위를 보태는(損下益上)" 것이다. 『경전석문』에서는 "손은 덜고 줄인다는 뜻이다(損, 省減之義也)"라고 하였다. 또 『주역정의』에서는 "손이라는 것은 줄이고 드러내는 것을 말한 것이다. 이 괘는 아래를 덜어서 위를 더하는 것을 밝혔기 때문에 손이라고 한다(損者, 減損之名. 此卦明損下益上, 故謂之損)"라고 하였다.

내 것을 덜어서 남에게 주고, 남는 것을 덜어서 부족한 것을 보충하여야 중용의 도리에 합치하게 된다. 만약에 거꾸로 부족한 것을 덜어서 남는 것에 더해질 경우 이것은 구조적인 문제를 낳게 되고, 결국은 그 사회를 유지해낼 수 없게 된다. 현대의 발달된 국가에서 시행되는 세제와 사회보장제도의 핵심은 남는 것을 덜어서 부족한 것에 더해주는 원리의 적용이라고 할 수가 있다. 손괘가 가지고 있는 근본적인 함의 역시 이 문제의 해석과 적용에 있다.

3) 괘상의 의미

손괘(䷨)의 괘상은 산과 못을 상징하는 간괘(艮卦)와 태괘(兌卦)로 구성되어 있다. 이것은 산 아래에 못이 있는 상으로 산위의 흙과 돌이 점차 깎여서 내려와 못을 막는 형상이다. 결국 산도 줄고 못도 줄어드는 경우이다. 산이 높아야 연못도 깊어지는데, 아래가 깊으면 위는 더욱 높아진다. 이것이 바로 "손하익상(損下益上)"의 뜻이다.

원래『주역』의 괘명은 괘의 상을 취하는 경우도 있고(예를 들면 坎卦), 괘의 뜻을 취하는 경우(蹇卦)도 있다. 그런데 손괘는 괘상이나 괘의 뜻에서 괘의 이름을 취하는 것이 아니라, 상하 괘위(卦位)의 호환(互換)을 통해서 이름이 생긴 경우이다. 즉 이 괘의 원래 괘는 태괘(泰卦)인데, 태괘의 구삼과 상육이 호환한 것은 바로 손괘의 의미인 "손하익상"이다.

損은 有孚면 元吉하고 无咎하여 可貞이라 利有攸往[1]하니
손　　유부　　원길　　　무구　　　가정　　　이유유왕

---

1 이 몇 구절은 "감손(減損)"의 도리가 가지고 있는 길함에 대해 말하고 있다. 형식이나 겉치레를 덜어내고 진실함으로 행동하면 길하고 허물이 없다고 말한다. 크게 길하고, 허물이 없는 것은 "마음속에 진실함을 두고 있기(有孚)" 때문이다. "덜어내는(損)" 것이 진실하고 이치에 합당하다면 크게 길하다. 즉 어떤 것, 또 누구의 것을 적절하게 덜어내느냐 하는 것이 핵심이다. 여기에서 가장 중요한 것은 진실한 믿음이다. 마음의 진실함을 근본 전제로 삼아야 길하고 바르게 될 것임을 말하고 있다.

損, 有復, 元吉, 无咎, 可貞. 利有攸往,
손 유복 원길 무구 가정 이유유왕

경의 의미 : 손은 포로를 얻어 크게 길하고 별 재앙이 없어서 점친 것도 별 문제가 없으니 가면 유리할 것 같으니

전의 해석 : 손은 마음속에 진실함을 두면 크게 길하고 허물이 없이 바르게 할 수 있다. 가는 바를 두는 것이 이로우니,

손은 제사 지낼 물건을 줄여 점을 치니 점친 사람이 점의 결과를 보고하는데 "크게 길하고", "재앙이 없고" 또 점을 칠 수 있다고 하였다. 다시 점을 쳤는데 가는 것이 유리하다고 하였다.

曷之用이리오 二簋可用享²이니라.
갈지용 이궤가용향

曷之用二巧, 可用芳.
갈지용이교 가용방

경의 의미 : (귀신에게) 제수를 올리는데 두 그릇의 둥근 대 밥그릇이면 제사를 지낼 수 있다.[3]

---

2 "어떻게 쓸 수 있겠는가?(曷之用)"라는 말은 "손(損)의 도리를 어떻게 쓸 수 있겠는가?"라는 말이다. "두 그릇의 대 밥그릇(二簋)"은 매우 간소한 제물을 비유한 것으로 감괘(坎卦) 육사의 "궤이(簋二)"의 뜻과 똑같다. "향(享)"은 봉헌(奉獻)의 뜻으로 제물을 높은 자에게나 혹은 신에게 올리는 것을 말한다. 이 두 구절은 설문(設問)의 형식을 통해 손(損)의 도리가 오로지 진실한 마음에 있음을 말한다. 오직 마음속에 진실함이 있으면 비록 간소한 제물이라 할지라도 충분히 위에 봉헌할 수 있다고 말한다.(황수기의 『주역역주』 312쪽 참조 바람) 진실한 마음에 근거하는 것이 중요하고 허례허식(虛禮虛飾)의 덜어냄, 즉 허문(虛文)의 감손(減損)에 대해 말하고 있다.
3 고형은 "갈(曷)"을 제사에 밥을 올리는 궤식(饋食)의 뜻으로 사용하고 있다.

전의 해석 : (손의 도리를) 어떻게 쓸 수 있겠는가? 대 밥그릇 두 개면 충분히 제사 지낼 수 있다.

백 빼어난 기술로 희생물을 잘라서 제사 지낼 수 있다는 점이 나왔다.

象曰 損은 損下益上하여 其道上行⁴이니
단 왈 손　　손 하 익 상　　　　기 도 상 행

단전에 말하기를 손은 아래를 덜어서 위에 더해주어 그 도가 위로 행함이니,

損而有孚⁵면 元吉无咎可貞利有攸往이니
손 이 유 부　　　원 길 무 구 가 정 이 유 유 왕

더는데 진실함이 있으면, 크게 길하고 허물이 없어서 바르게 할 수 있어서 가는 바를 두는 것이 이로울 것이니,

曷之用二簋可用享은 二簋應有時며 損剛益柔有時⁶니
갈 지 용 이 궤 가 용 향　　　이 궤 응 유 시　　　손 강 익 유 유 시

---

4 "위로 행함(上行)"은 "위로 봉헌한다"는 의미로 아래에 있는 사람이 스스로의 것을 덜어서 위에 바치는 것을 말한다. 이 두 구절은 상하의 괘상을 가지고 괘명의 뜻을 해석하고 있다. 이에 대해 『주역절중』은 "마치 신하가 자신의 온몸을 바쳐 군주를 섬기고, 백성이 온힘을 다하여 제후를 봉양하는 것과 같은 것은 모두 아래를 덜어 위를 더하는 일이다. 반드시 이와 같은 후에야 상하가 교류하고 뜻이 같아지니 어찌 그 도가 위로 행하는 것이 아닌가?(如人臣之致身事主, 百姓之服役奉公, 皆損下益上之事也. 必如此, 然後上下交而志同, 豈非其道上行乎?)"라고 하였다.
5 황수기는 『주역역주』에서 "이(而)"는 말을 이어주는 역할을 하지만 가능의 뜻도 포함하고 있는 것으로 보고, 이 구절을 통하여 "원길" "무구" "가정(可貞)" "이유유왕(利有攸往)" 등의 네 가지 선한 것들이 모두 "유부(有孚)"에 근거해서 얻은 것임을 설명하고 있다. 313쪽 참조.
6 "대 밥그릇 두 개면 충분히 제사 지낼 수 있다(二簋可用享)"는 말을 통하여 "덜어냄(損)"이란 도리는 반드시 시의(時宜)에 적절하여야 함을 말하고 있다. 즉 경우에 따라서는 허

어떻게 쓸 수 있겠는가? 대 밥그릇 두 개면 충분히 제사 지낼 수 있다는 것은 대 밥그릇 두 개(를 쓰는 데)는 마땅히 때가 있으며, 강을 덜어 유(부드러움)를 더해주는 것은 때가 있는 것이니,

損益盈虛를 與時偕行⁷이니라.
손 익 영 허　　　여 시 해 행

덜고 더하고 채우고 비우는 것을 때와 더불어 함께 행하는 것이다.

象曰 山下有澤이 損이니 君子以하여 懲忿窒欲⁸하나니라.
상 왈 산 하 유 택　　손　　군 자 이　　　징 분 질 욕

례허식을 덜어내고 다만 대 밥그릇 두 개라는 매우 간소한 제품(祭品)으로도 충분히 제사를 지낼 수 있다. 그렇다고 하여 늘 간소한 제사만 지낼 수는 없다. 줄여야 할 때는 줄여야 한다. 모두 때에 맞추어서 지나침을 넘어서는 안 된다는 것을 강조하고 있다. 즉 더는 것에도 한계가 있어 필수불가결한 예나 장식은 절대로 덜어낼 수가 없다. 예나 장식이 전혀 지나치지도 않은데 덜어내거나 혹은 지나치게 많이 덜어내는 것 모두는 잘못된 것이다. 중요한 것은 시의적절하게 하는 것으로 덜어낼 때가 되면 덜어내고, 덜어내지 않아야 할 경우에는 덜어내지 말아야 한다. 손익(損益)은 모두 때에 따라서 행해야 하는 것이다. 『주역』뿐만 아니라 유가는 모두 때(時)를 매우 강조한다. 그러므로 맹자는 공자를 때의 성인이다(聖之時者)라고 말한다.

7　"덜고 더하고 채우고 비우는 것(損益盈虛)"은 바로 아래를 덜어서 위에 더해주는 "손하익상(損下益上)"이다. 즉 가득 찬 것을 덜어서 빈 것을 더해준다는 말이다. "때와 더불어 함께 행하는 것이다(與時偕行)"는 말은 덜어내는 것과 덜어내지 말아야 하는 것을 반드시 때의 흐름에 따라서 행하여야 한다는 의미로 덜어내지 말아야 할 경우에는 절대로 덜어내지 말아야 한다. 정이천은 "혹 덜고 혹 더하며 혹 채우고 혹 비움을 오직 때에 따라 할 뿐이다. 과한 것을 덜어내고 부족한 것을 더하니 이지러진 것을 채우고 꽉찬 것을 비게 함을 때에 더불어 함께 행해야 한다(或損或益或盈或虛, 唯隨時而已. 過者損之, 不足者益之, 虧者盈之, 實者虛之, 與時偕行也)"라고 하였다.

8　"징(懲)"은 억제한다는 말이고, "분(忿)"은 성낸다는 의미이고, "질(窒)"은 막는다는 뜻이다. 나라를 다스리는 데에서 손(損)은 좋은 것이 아니지만, 개인의 수신(修身)의 경우 자신의 잘못을 덜어낸다는 점에서 의미가 있다. 이 구절은 군자가 손괘(損卦)의 상을 보고 성내는 것을 억누르고 욕망을 막아내어 불선(不善)을 스스로 덜어낸다는 말이다. 「대상전」의 "성냄을 억누르고 욕심을 막아낸다"는 말은 수신하여 덕을 만들어 나가는 문제에

상전에서 말하기를 산 아래에 못이 있는 것이 손이니, 군자가 이를 본받아 성냄을 억누르고 욕심을 막아낸다.

初九는 已事어든 遄往[9]이라야 无咎리니 酌損之[10]니라.
초 구   이 사   천 왕   무 구   작 손 지

■백 初九, 已事遄往, 无咎. 酌損之.
초 구   이 사 단 왕   무 구   작 손 지

대해 말한 것이다. 주자는 『주역본의』에서 "군자가 수신함에 있어서 마땅히 덜어내야 할 것은 이것보다 더 절실한 것은 없다(君子修身, 所當損者, 莫切於此)"라고 하였다. 인간에게 주어져 있는 본성(本性)을 그대로 간직하고 현실에 실현하기 위해서는 본성을 덮어버리거나 저해하는 요소들을 제거하고 멀리하는 작업이 무엇보다 우선적이기 때문이다.

9 초구는 양강(陽剛)으로 가장 아래에 있고 위로 육사와 상응한다. 초구는 자기가 맡은 일을 다 하고 나서 신속하게 상응하는 육사로 가서 그 모자란 부분(음이기 때문에)을 더하고 도와주면 허물이 없을 것이라는 말이다. "이사(已事)"의 "이(已)"를 "완성하다", "끝내다"(공영달, 정이천)로 볼 것인지, 또는 "그만두고", "중지하고"(주자)로 볼 것인가에 대한 의견은 각기 다르다. 여기에서는 전자의 관점을 따른다. 자기 일을 다 마치고 갈 경우 너무 늦을 가능성이 있다고 하거나, 손괘가 강조하는 "아래를 덜어서 위에 더해주는(損下益上)"것이나, "자기를 덜어서 위를 모시는(損己奉上)" 등의 말들은 보기에 따라서는 자신의 일방적인 희생만을 강요하는 인상을 줄 수도 있다. 이에 대해 공영달은 『주역정의』에서 "손괘의 도리는 아래를 들어서 위를 더하는 것으로 마치 신하가 스스로의 것을 덜어내어 위를 모시려고 하는 것처럼 보인다. 그러나 각자가 맡아서 하는 일이 있기 때문에 만약 하는 일을 버려두고 가면 허물은 엄청나게 클 것이다. 만약 일을 다 하고서도 가지 않으면 그것은 오만함이 될 것이다. 자신의 일을 끝내고 빨리 가야 허물을 없앨 수 있다(損之爲道, 損下益上, 如人臣慾自損奉上. 然各有所掌, 若廢事而往, 咎莫大焉. 若事已不往, 則爲傲慢. 竟事速往, 乃得无咎)"라고 하였다. 여기에서 공영달은 신하의 각도에서 자신의 일을 분명하게 다 처리하고 난 후 윗사람을 이렇게 보필하는가에 대해 말하고 있다. 또 『주역절중』은 이런 공영달의 관점에 대해 "공영달이 말하는 일을 마친다는 뜻은 마치 배움을 다하고 남은 힘이 있고 난 후 정치에 나아간다는 말과 같은 것으로 이치상으로 또한 정밀하다(孔氏說, 已事之義, 謂如學優而后從政之類, 於理亦精)"라고 하였다.

10 상응하는 육사는 음으로 도움을 받아야 하는 처지에 있다. 초구는 자신의 일을 신속히 다하고 재빨리 육사에게 달려가 도와주어야 한다. 마치 병이 생긴 환자를 돌보는 것처럼 속히 도와주어야 하지만, 여기에서 중요한 것은 분명히 자신의 상황을 고려하여 적절히 도와주어야 한다는 점이다. 그러므로 "참작하여 덜어야 한다(酌損之)"라고 말한다.

경의 의미 : 초구는 제사[11]의 일은 속히 가야 허물이 없을 것이니 제물을 참작하여 덜어낼 수 있다.

전의 해석 : 초구는 일을 마치거든 속히 가야 허물이 없을 것이니 참작하여 덜어야 한다.

■백 초구는 제사를 지내기 전에 가야 허물이 없다. 사정을 참작하여 여러 일을 줄인다.

象曰 已事遄往은 尙合志也[12]일새라.
상 왈　이 사 천 왕　　상 합 지 야

상전에 말하기를 일을 마치거든 속히 가야한다는 것은 위와 뜻을 합하기 때문이다.

九二는 利貞하고 征이면 凶하니 弗損이라야 益之[13]리라.
구 이　　이 정　　　정　　　흉　　　불 손　　　　익 지

---

11 고형은 『주역대전금주』에서 "이(已)"를 "사(祀)"로 쓰고 있다. 356쪽 참조.

12 "상(尙)"은 "상(上)"과 통한다. 『백서주역』에서 상구(上九)를 상구(尙九)로 사용하는 경우와 같다. 여기에서 말하는 상(上)은 육사를 가리키는데, 육사는 초구에 의지하고 있다. 초구는 육사의 도움을 받는데, 두 효는 생각하는 뜻(志)과 가는 길이 서로 일치한다. 그 때문에 초구는 "일을 마치거든 속히 가야(已事遄往)" 허물이 없다고 말한다.

13 구이는 정위가 아니지만 중의 자리에 있다. 스스로의 위치를 잘 지켜야지 함부로 위로 나아가서는 곤란하다. "줄이지 않아야(弗損)" 한다는 말은 구이가 함부로 스스로를 줄이지 않아야 한다는 것이고, "더해줄 수 있을 것이다(益之)"는 말은 육오에 더해준다는 것을 말한다. 줄이고 더하는 근본적 이치는 기본적으로 자신에게 남는 것을 덜어서 부족한 것에 더해주는 것을 의미한다. 자기 능력이 없으면서 함부로 남을 도와주고 더해주는 것은 결코 현명한 처사는 아니다. 말하자면 남을 도울 때는 자기 능력에 맞추어 하라는 말이다. 구이의 위치는 양으로 음의 자리에 있어서 결코 여유가 있는 상황이 아니다. 그래서 구이와 육오는 상응하지만 구이는 속히 갈 수 없다. 오직 스스로의 위치를 올바로 파

九二, 利貞, 正兇, 弗損益之.
구 이 이 정 정 흉 불 손 익 지

경의 의미 : 구이는 유리한 점이나 출정하면 흉하니, 덜지도 더하지도 말아야 한다.

전의 해석 : 구이는 바르게 하는 것이 이롭고 (급하게 욕심을 가지고 앞으로 전진 하여) 가면 흉하니, (자신을) 줄이지 않아야 (육오를) 더해줄 수 있을 것이다(유익하게 할 것이다).

구이는 점치기에 적합하여 점쳐 얻은 답은 정벌하면 불리하고 병력을 줄이지 말고 증원하라는 것이었다.

象曰 九二利貞은 中以爲志也[14]라.
상 왈 구 이 이 정   중 이 위 지 야

악하고 바름을 오랫동안 지킬 수 있는 그것이 사실은 위를 더해주는 것이나 마찬가지이다. 그렇기 때문에 "바르게 하는 것이 이롭고 가면 흉하니(利貞, 征凶)"라고 말한다. 이에 대해 『주역본의』에서 "구이는 강으로 중의 자리에 있고 뜻이 스스로 지키는 데 있어서 함부로 나아가려고 하지 않는다. 그러므로 점치는 자가 바름을 지키는 것이 이롭고 가면 흉한 것이다. '덜지 않아야 더해줄 수 있을 것이다'는 말은 지키는 바를 변치 않게 하는 것이 바로 위에 더하는 것임을 말하는 것이다(九二剛中, 志在自守, 不肯忘進, 故占者利貞而征凶也. 弗損益之, 言不變其所守, 乃所以益上也)"라고 하였다.

14 구이가 바름을 지키는 것이 이로운 이유는 중(中)의 자리에 있기 때문이다. 손괘(損卦)가 말하려는 핵심은 손익(損益)을 어떻게 적절하게 처리할 것인가 하는 것이다. 구이는 덜어내고 줄이는 것을 중용에 맞게 하는 데 초점이 있다. 마치 저울에서 무게에 따라 저울추를 이리저리 움직여 평형을 맞추는 것과 마찬가지로 구이가 손익을 중용에 맞게 한다는 것은 바로 이런 의미이다. "중으로써 뜻을 삼은 것이다(中以爲志也)"는 말은 중을 하나의 목표로 삼고 있다는 의미이다. 구이가 비록 정위는 아니지만 중의 자리에 있어서 이것이 가능하다. 김경방에 따르면 『주역』은 시(時)를 가장 중요하게 여기고, 그 다음은 중(中)이고, 가장 마지막으로 정(正)을 중요하게 생각한다. 이것은 대부분의 경우 정보다는 중이 훨씬 더 중요하다는 것을 의미한다. 그러므로 구이가 중에 뜻을 두고 있다고

상전에 말하기를 구이는 바르게 하는 것이 이롭다는 것은 중으로써 뜻을 삼은 것이다.

六三은 三人行엔 則損一人고 一人行엔 則得其友[15]로다.
육삼 삼인행 즉손일인 일인행 즉득기우

백 六三, 三人行則損一人, 一人行則得元友.
육삼 삼인행즉손일인 일인행즉득기우

육삼은 세 사람이 함께 가면 한 사람을 덜고, 한 사람이 갈 때에는 그 벗을 얻는다.

백 육삼은 세 사람이 함께 가면 한 사람이 떨어져 나가고, (떨어져 나간) 그 사람이 혼자 갈 때에는 함께 가는 사람을 얻는다.

象曰 一人行은 三이면 則疑也[16]리라.
상 왈 일인행 삼 즉의야

할 때 정은 당연히 그 속에 포함되어 있는 것이다. 즉 일반적으로 정이 반드시 중한 것은 아니지만 중하다고 말하면 정은 이미 그 속에 포함된다. 『주역전해』 327쪽 참조 바람.

15 괘변으로 보면 이 효는 손괘가 태괘(泰卦 : ䷊)에서 변해온 것이라는 것을 분명하게 보여주고 있다. 태괘의 아래 삼효는 모두 강효이고 위의 삼효는 모두 유효이다. 태괘에서 변해 손괘가 된다는 것은 하괘의 세 강효 가운데 하나를 잃어버렸기 때문에 "세 사람이 함께 가면 한 사람을 덜고(三人行, 則損一人)"라고 말한다. 상괘의 세 음효는 하나의 양이 와서 두 음효와 친구가 되는 것을 말하기 때문에 "한 사람이 갈 때에는 그 벗을 얻는다(一人行, 則得其友)"라고 말한다. "우(友)"와 "붕(朋)"은 분명히 다른데, "붕"은 성격이 같은 것을 말하고, "우"는 성격이 다른 사람을 친구로 삼는 것을 말한다. 이것은 일종의 평균(平均)의 원칙으로 남는 것이 있는 것을 덜어 부족한 것에 더하는 것을 의미한다. 즉 세 사람이 갈 경우 반드시 한 명을 덜어내고, 한 사람이 가면 다른 한 사람을 더하는 경우를 말한다. "세 사람이 함께 가면 한 사람을 덜고 한 사람이 갈 때에는 그 벗을 얻는다"는 말은 현실세계에서 우리가 매우 쉽게 볼 수 있는 구체적 손익의 문제를 통해 상당히 깊이 있는 추상적인 철학적 의미를 이야기해 주고 있다.

16 마항군은 『주역정종』에서 동일성(同一性)의 논리를 통해 이 구절을 설명하고 있다. 즉

상전에 말하기를 "한 사람이 간다는 것"은 세 사람이 가면 의심을 받는다는 것이다.

六四는 損其疾하되 使遄이면 有喜하여 无咎[17]리라.
육사 손기질 사천 유희 무구

백 六四, 損元疾, 事端有喜. 无咎.
육사 손기질 사단유희 무구

육사는 그 병을 덜되(줄이되) (초구를) 빨리 오게 하면 기쁨이 있어서(좋은 결과가 있어서) 허물이 없을 것이다.

백 육사는 그 병을 덜되(줄이되) 일이 시작하자마자 기쁨이 있어 허물이 없는 점괘를 얻었다.

한 사람이 외롭게 가다보면 친구를 얻을 수 있고 세 사람이 함께 가다 보면 서로 의심할 수도 있다. 이것은 음양 간의 조화라는 관점에서 한 사람을 더하거나 빼는 것은 일종의 동일성의 논리를 말하는 것이라고 볼 수 있다. 대립하는 쌍방 사이에는 동일성이 있어서 제 삼자가 끼어들 수 없고, 제 삼자가 끼어들면 동일성을 파괴하기 때문이다. "세 사람이 가면 의심을 받는다(三則疑也)"는 말은 제 삼자가 개입하면 동일성이 파괴되어 서로 의심한다는 의미이다. 마치 열애 중의 두 사람 사이에 제 삼자가 발을 들여놓게 되면 서로 시기하고 의심하면서 결국은 어느 하나가 떨어져 나갈 수밖에 없는 경우와 같다. 『주역』에서 분명히 강조하려고 하는 것은 둘을 합하여서 하나가 되는 측면이다. 천지가 합하여 하나가 되려하고, 남녀가 합하여 하나가 되려고 하는 것을 통해 보면 만사만물의 대립하는 쌍방은 이런 논리를 벗어나는 것은 없다. 342쪽 참조 바람.

17 육사는 결점이 있는 자로 상응하는 초구로부터 도움을 받아야 한다. 초구의 강점을 이용하여 육사는 결점을 줄여나가야 한다. 초구는 굳세고 강한 군자로 빨리 움직일수록 좋은 결과가 나온다. "질(疾)"은 병을 의미하는데, 여기서는 결점 등의 의미로 사용된다. "사천(使遄)"은 상응하는 초구를 "빨리 오게 하면"이라는 의미이다. 병을 치료하는 것처럼 빨리 치료하면 치료할수록 치료의 효과가 좋다. 신속하게 와서 병이 깊어지는 것을 바로잡으면 기뻐할 만한 결과가 나오고 더 이상의 재난은 발생하지 않는다.

象曰損其疾하니 亦可喜也[18]로다.
상 왈 손 기 질 　 　 역 가 희 야

상전에 말하기를 그 병을 더니 또한 기뻐할 만하도다.

六五는 或益之면 十朋之龜[19]도 不克違하리니 元吉[20]하니라.
육 오 　 혹 익 지 　 십 붕 지 귀 　 　 불 극 위 　 　 　 원 길

---

18 "그 병을 더니(損其疾)"라고 말하는 것은 양강인 초구가 재빨리 와서 육사의 병을 덜어내는 것을 말한다. 이에 대해 주자는 『주역본의』에서 "초구의 강으로 자기를 더해 주고 음의 병통을 덜어내니 오직 빠르게 하면 좋다(以初九之陽剛, 益己而損其陰柔之疾, 唯速則善)"라고 하였다. 육사의 병을 고쳐서 도와주는 것은 초구 자신에게도 이익이 되기 때문에 "또한 기쁘다(亦可喜也)"라고 말한다. 여기에서 말하는 "또한(亦)"이 의미하는 것은 아마도 초구의 관점에서 말하는 것으로 보인다. 『주역』에서는 "유희(有喜)"라는 것에 대해서 자주 이야기하고 있는데, 여기에서는 "역가희(亦可喜)"라고 말하고 있다. 이둘의 다른 점에 대해 이광지는 『주역절중』에서 『주역』에서는 "유희"라는 말을 자주하지만 본 괘의 「상전」에서는 "역가희"라고 말하고 있는데 이는 육사 자체를 중심으로 말한 것이 아니라, 빨리 오게 하여 육사 자신을 도우는 초구 역시 기쁠 것이라는 관점에서 나온 말로 볼 수 있다고 하였다.

19 "어떤 사람들이 더해준다면(或益之)"에서 "혹(或)"은 육오를 도우는 자가 꼭 어떤 특정한 자가 아니라 여러 사람일 수가 있기 때문에 "어떤 사람"이라고 말한다. 『주역절중』에서는 양간(楊簡, 1141-1226)의 말을 인용하여 "'혹'이라는 것은 (정해진) 하나가 아니라는 말이다. '더해주는' 자는 한 사람이 아닌데, 사람들의 마음이 이곳으로 돌아오기 때문이다(或者, 不一之辭. 益之者, 不一也, 人心歸之也)"라고 하여, 천하의 여러 사람이 다 도와준다고 하였다. 주자는 『주역본의』에서 "유순하게 마음을 비워서 존위에 자리하고 있는데, 손괘의 때를 당하여 천하의 더함을 받아들이는 자이다(柔順虛中, 以居尊位, 當損之時, 受天下之益者也)"라고 하였다. 손괘는 기본적으로 손하익상(損下益上)이기 때문에 존위에 있는 육오를 천하가 다 도와준다는 의미이다. "십붕지귀(十朋之龜)"에 대한 해석은 매우 논란이 된다. 이 구절을 해석하는데 있어서 이천과 주자의 해석은 다르다. 이천은 "십붕(十朋)"을 "열 명의 벗"으로 해석하는 반면에, 주자는 "십 붕이나 가치가 나가는 귀한 거북(十朋之龜)"으로 해석하고 있다. "붕(朋)"은 조개로 만든 두 개의 화폐를 말한다. 옛날에 이것을 이용하여 점을 쳤는데, 그 가치가 십 붕에 이르는 큰 거북이라는 것을 말한다.

20 "신령한 거북점과도 어긋나지 않으니(弗克違)"라는 말은 점복의 결과가 자신의 뜻과 어긋나지 않는다는 의미이다. 여기에서 말하는 "위(違)"는 점복의 결과가 자신의 뜻과 어긋나는 것을 말하고, 이와 반대로 "종(從)"은 점복의 결과가 자신의 뜻을 위배하지 않는

백 六五, 益之十傰之龜, 弗克回.[21] 元吉.
육오 익지십붕지귀 불극회 원길

경의 의미 : 십붕의 가치가 나가는 거북의 가격을 더 올려도 (점을 치기 위
해서는) 어쩔 수 없다. 크게 길한 점의 결과를 얻었다.

전의 해석 : 육오는 어떤 사람들이 (진심으로) 더해준다면 (十朋의 가치가
나가는 매우) 귀하고 신령한 거북점과도 어긋나지 않으니 크게 길할 것
이다.

백 십붕의 가치가 나가는 거북의 값을 더해주어도 이 가격 아래로 내려 갈
수 없다. 대길한 점의 결과를 얻었다.

象曰六五元吉은 自上祐也[22]라.
상 왈 육 오 원 길   자 상 우 야

상전에 말하기를 육오는 크게 길하다는 것은 위로부터 도움을 받는 것이다.

上九는 弗損하고 益之면 无咎하고 貞吉[23]하니 利有攸往이니
상 구   불 손   익 지   무 구   정 길   이 유 유 왕

것을 말한다. 또 "극(克)"은 능(能)의 의미로 점친 결과와 자신의 뜻이 일치하기 때문에
"크게 길하다(元吉)"라고 말하고 있다.
21 "회(回)"는 위배한다는 의미이나, 여기에서는 가격 이래로 내려간다는 말이다. 등구백의
『백화백서주역』 29쪽 참조 바람.
22 육오는 스스로를 비우고 중도(中道)를 행하는 덕목을 가지고 있다. 이 때문에 많은 사람
들이 와서 그에게 더해준다. 이에 대해 효사는 "어긋나지 않는다(弗克違)"라고 하여 대
중(大衆)의 뜻이 자신의 생각과 합치함을 말한다. 그 합치함은 마치 자신이 바라는 심원
(心願)과 점을 친 결과가 일치하는 것을 말한다. 이것에 대한 해석이 바로 "위로부터 도
움을 받다(自上祐也)"는 말이다. 이것은 대유괘(大有卦)의 "하늘로부터 돕는지라 길하
여 이롭지 않음이 없다(自天祐之, 吉无不利)"와 같은 의미에 해당하는 말이다.

得臣이 无家²⁴리라.
득신   무가

■백 尙九는 弗損益之, 无咎. 貞, 吉. 有攸往, 得僕无家.
상구   불손익지 무구 정 길 유유왕 득복무가

경의 의미 : 상구는 덜지 말고 더해주면 재앙이 없을 것이다. 점쳐서 길한
점을 얻었다. 가는 바가 있어서 큰 이익을 얻었고, 집이 없는 노복(奴僕)
을 얻었다.

전의 해석 : 상구는 덜지 말고 더하게 되니 허물이 없고, 바르게 하면 길하
여 가는 바가 있음이 이로우니 신하를 얻음이 (사사로운 자신의) 집이 없
어지리라.

■백 상구는 덜지 말고 더해 주면 재앙이 없을 것이다. 점쳐서 길한 점을 얻
었다. 가는 바가 있어서 큰 이익을 얻었고, 집이 없는 노복(奴僕)을 얻었다.

---

23 "덜지 말고 더하게 되니(弗損益之)"라는 말은 구이의 효사와 서로 같다. 그러나 위치가
다르기 때문에 의미는 다르다. 상구는 손괘의 마지막으로 손이 지극함에 이르면 다시 익
(益)의 단계로 접어든다. 상구의 강효는 최상위에 자리하여 만약 강을 이용하여 아래의
것을 가져오려고 한다면, 그것은 약탈이나 마찬가지로 크게 잘못을 저지르는 행동이 될
것이다. 그보다는 오히려 자신에게 남는 것을 아래에 있는 사람들에게 주는 것이 더 올
바른 것이 된다.

24 "신하를 얻음(得臣)"은 천하 사람들이 모두 복종하여 신하되기를 바라는 상황이 된 것을
말한다. "집이 없어지리라(无家)"는 말은 귀순하는 사람들이 매우 많아서 마치 "사해를
집으로 삼는다(四海爲家)"는 말과 의미가 비슷하다. 이에 대해 『주역절중』은 구미(句微;
송대 초기의 학자로 『주역광소(周易廣疏)』 36권이 있으나 지금은 전해 지지 않음)의 말
을 인용하여 "상구의 강건한 덕에 모든 것들이 모이기 때문에 '신하를 얻었다'라고 말하
나, 자기 스스로 가지는 것이 아니라 사해를 집으로 삼는다(上九剛德, 爲物所歸, 雖曰
得臣, 非己所有, 蓋以四海爲家)"라고 하였다.

象曰不損益之는 大得之也²⁵라.
상 왈 불 손 익 지　　대 득 지 야

상전에 말하기를 (아랫사람의 것을) 덜지 말고 더한다는 것은 크게 뜻을 얻는 것이다.

* 손괘의 의미와 교훈

손은 줄이고 덜어내는 것을 의미한다. 손괘가 가지고 있는 손의 의미는 남는 것을 덜어서 부족한 것을 더해주는 데 그 핵심이 있다. 남는 것을 덜어서 부족한 것을 더해주는 것은 하나의 보편적인 법칙이라고 할 수 있다. 이런 보편적 법칙을 어떻게 적절히 운용할 것인가 하는 것이 이 괘의 핵심적 내용이다. 자기의 것을 덜어서 남에게 주는 행동에 있어서 가장 중요한 것은 진정성 혹은 진실함을 바탕으로 하여야 한다는 점이다. 만약 이런 진실함을 바탕으로 하여 다른 사람을 도울 경우 다른 사람의 신임과 지지를 얻게 되는 것이다. (김경방의 『주역전해』 330쪽 참조 바람)

표면적으로 손(損)이라는 의미는 결코 좋지 않은 것으로 보이지만 꼭 그렇지만은 않다. 왜냐하면 반드시 덜어내어야 할 것은 덜어내어야만 좋은 결과를 보장 받을 수 있기 때문이다. 덜어내어야 할 것을 덜어낸다는

---

25 상구는 상위에 자리하여 다른 사람의 것을 덜어내지 않고 오히려 더해주는데, 이는 군자가 마땅히 하여야 하는 일이다. 『이천역전』은 "위에 있으면서 아랫 사람의 것을 덜어내지 않고 도리어 더하니, 이것은 군자가 그 뜻을 크게 행하게 된 것이다. 군자의 뜻은 오직 사람들을 이롭게 하는데 있다(居上, 不損下而反益之, 是君子大得行其志也. 君子之志, 唯在益於人而已)"라고 하였다. 『논어』 「요왈(堯曰)」편에서 "백성들의 이익이 될 만한 것으로써 그들을 이롭게 해주니, 이것이 백성들에게 혜택을 주고 스스로 낭비하지 않는 것이 아니겠는가(因民之所利而利之, 斯不亦惠而不費乎?)"라고 한 것은 바로 이것을 의미하는 것으로 보인다.

것은 무슨 의미인가? 우선은 마음속으로 진실함을 가져야 하고, 도리에 따라 일을 처리하고, 결코 주관적인 호오(好惡)로 손익(損益)을 처리하지 않아야 한다는 점이다. 그 다음은 덜어내는 것에도 적절한 때에 맞추어야 한다. 주관적인 소망은 반드시 객관적인 때에 부합해야 한다. 때가 덜어내어야만 한다면 반드시 덜어내고, 또 때가 덜어내지 않아야만 한다면 반드시 덜어내지 않아야 한다. 덜어내는 데 있어서 진실함이 있고 적절한 때에 맞으면 그런 덜어냄은 바로 매우 좋은 일로 그 결과는 길하고 결코 허물이 없을 것이다.

손괘는 구체적으로 아래를 덜어서 위를 더해주는 것(損下益上)에 대해 말한다. 손하익상은 표면적으로 보자면 아래쪽을 덜어서 위쪽을 더해준다는 것이다. 그러나 이것은 아래를 덜어낼 뿐만 아니라 또한 위를 덜어내는 것이기도 하다. 예를 들면 흙을 쌓는 데에 아래의 흙을 가지고 위를 더 높이 쌓아가지만 아래가 위태로우면 위도 역시 위태로울 수밖에 없고, 아래를 덜어내면 위도 역시 덜어낼 수밖에 없는 것과 마찬가지이다. 정치적인 입장에서 말하면 손하익상을 백성의 것을 빼앗아 군주를 모시는 것, 즉 통치자가 백성의 것을 빼앗아 자기를 살찌우는 것으로만 이해할 경우 그 결과는 매우 비참하게 될 것이다. 왜냐하면 일방적으로 아래를 덜어내면 위도 역시 덜어낼 수밖에 없는 결과를 초래하기 때문이다. 인민이 손해를 입으면 결국 끝에 가서 통치자 역시 그런 대가를 받을 수밖에 없다. 이것이 손괘가 이야기하려는 핵심이다.

42. ䷩ 풍뢰익(風雷益, 백 益 第六十四)

1) 괘의 순서

익괘(益卦)가 손괘(損卦) 뒤에 오는 것에 대해 「서괘전」은 "덜어내기를 그치지 않으면 반드시 더해지기 때문에 익괘로 받았다(損而不已必益, 故受之以益)"라고 하였다. 계속적으로 덜어내다 보면 분명히 덜어내는 극단에 이르게 되고, 그때가 되면 도리어 보태지기 시작하기 때문에 손괘 뒤에 익괘가 오는 것이다. 「잡괘전」에서는 "손익은 성쇠의 시작이다(損益, 盛衰之始也)"라고 하였다. 즉 익괘는 흥성(興盛)의 시작이라는 것이다.

2) 괘명의 의미

익괘(益卦)는 보태고, 더한다는 의미를 가지고 있는 괘이다. 익괘가 말하는 주된 내용은 "위를 덜어 아래를 더하는" 손상익하(損上益下)이다. 『경전석문』에서는 "익은 보태어 크게 한다는 것을 말하는 것으로 크고 넉넉하게 하는 것을 뜻으로 삼고 있다(益, 增長之名, 又以弘裕爲義)"라고 하였다. 『주역정의』에서는 "익이라는 것은 보태고 충분하게 하는 것을 이른다. 위를 덜어서 아래를 더하기 때문에 익이라고 한다(益者, 增足之名. 損上益下, 故謂之益)"라고 하였다.

손괘와 익괘는 뜻이 서로 관련되고, 괘명의 유래 역시 서로 비슷한 점이 있다. 공영달은 "손괘는 아래를 덜어 위에 더하고, 익괘는 위를 덜어 아래를 더해주는 것인데, 그 이름을 얻은 것은 모두 아래에 관한 것으로 위에는 근거하지 않는다. 상수(向秀)가 말하기를, 왕도(王道)를 밝히기 위해서는 그 뜻은 아래를 은혜롭게 하는 데에 있기 때문에 아래에서 가져오는 것을 손이라 하고 아래에 주는 것을 일러 익이라고 한다(損卦則損下益上, 益卦則損上益下, 得名皆取下, 而不据上者. 向秀云明王之道志在惠下, 故取下謂之損, 與下謂之益)"라고 하였다.

더 구체적으로 손괘와 익괘를 비교하면 손괘는 하괘의 양효를 덜어 상괘에 더해주는 것을 말한다. 이는 아래의 백성의 재물을 덜어서 상괘의 통치자에게 더하는 것으로 볼 수 있다. 이렇게 하면 실제로는 위에 있는 통치자도 결국은 자신의 것을 덜게 될 수밖에 없다. 왜냐하면 백성이 나라의 근본이기 때문에 백성의 것을 덜어내면 통치자의 근기(根基)도 손상을 입기 때문이다. 이에 비해 위의 것을 덜어 아래를 더해주는 익괘는 정반대의 경우이다.

3) 괘상의 의미

손괘(損卦)는 태괘(泰卦)로부터 변해 온 것이고, 익괘(益卦 : ䷩)는 비괘(否卦 : ䷋)로부터 변한 것이다. 손괘(䷨)는 아래의 강이 위의 유에 더해진 것으로 삼(三)으로 상(上)을 더한 것이다. 이렇게 함으로써 본래 음괘인 상괘의 곤(坤)이 양괘인 간(艮 : ☶)으로 변하고, 본래 양괘인 아래의 건괘(乾卦)가 음괘인 태(兌 : ☱)로 변하게 된다. 아래의 양의 괘가 음의 괘로 변하고 위의 음괘는 양괘로 변하는 손하익상(損下益上)이기 때문에 손(損)이라고 하였다.

이에 비해 익괘는 비괘(否卦)의 구사를 육사로 바꾼 것이다. 그래서 그 양의 효가 본래 초육의 음의 효를 초구로 바꾸어 상괘의 건괘(乾卦)가 손괘(巽卦 : ☴)로 변하게 되고, 또 아래의 곤괘(坤卦)가 진괘(震卦 : ☳)로 변하게 되었다. 이것은 위의 실(實)을 덜어서 아래의 허(虛)에 더하는 상징이며, 바로 익괘이다.

『회남자(淮南子)』의 「인간훈(人間訓)」에서 "공자가 주역을 읽을 때 손익괘에 이르러 소리치면서 탄식하여 말하기를 손괘와 익괘야말로 바로 왕의 일인가 보다고 하였다(孔子讀易至損益, 未嘗不喟然而歎曰, 損益者其王者之事歟)"라고 하였다. 근대에 서양의 정치가들이 주장하는 민본(民本)의 민주정치 사상의 의미는 본 괘에서 이야기하는 함의와 유사한 점이 있다. 그러나 손상익하(損上益下)는 비록 익(益)이라고 말하지만 여기에도 문제가 없을 수 없다. 왜냐하면 정부는 백성을 위하여 존재하고, 정부가 소유한 것은 또한 백성이 소유한 것으로 직접적으로 정부의 것을 덜어내는 것은 간접적으로 백성들의 것을 덜어내는 것이기 때문이다. 누대(樓臺)가 기울어지면 기초가 아무리 두텁다 하더라도 결국은 폐허가 되는 것처럼 정부가 나약하고 무능하면 백성의 생명이나 재산은 결코 보장받을 수 없게 된다.

이 때문에 중국 근대의 유명한 사상가이자 반역가인 엄복(嚴復, 1854-1921)은 애덤 스미스의 『국부론』을 번역할 때 "손하익상이 잘못된 것이고, 손상익하 또한 잘못된 것이다. 이 책의 5부 32편이 계속적으로 설명하는 것은 상하의 호혜(互惠)에 있다"라고 하였다. 본 괘의 구오에서 말하는 혜심(惠心)과 혜덕(惠德)이 바로 상하(上下) 호혜(互惠)의 표현이라고 할 수 있다. 그러므로 본 괘에서 말하는 손상(損上)이라는 것은 다만 위의 이기적인 마음을 덜어서 백성들에게 은혜롭게 하려고 하는 것이지, 결코 위의 것을 덜어서 아래의 백성들에게 직접적인 이익을 주려고 하는 것은 아니다.

益은 利有攸往하며 利涉大川[1]하니라.
익　　이유유왕　　　　이섭대천

益. 利用攸往, 利涉大川.
익 이 용 유 왕 이 섭 대 천

경의 의미 : 익은 가는 바가 있으면 유리하고 큰 내를 건너는 데 이롭다

전의 해석 : 익은 가는 바가 있으면 유리하니 큰 내를 건너는 데 이롭다.

백 부유하면 하는 일에 유리하고 큰 내를 건너는 데도 이롭다.

象曰 益은 損上益下하니 民說无疆이오 自上下下하니
단 왈 익   손 상 익 하   민 열 무 강   자 상 하 하

其道大光²이라.
기 도 대 광

단전에 말하기를 익은 위를 덜어 아래에 더하니 백성들이 기뻐하는 것이 한

이 없음이요, 위로부터 아래로 내려오니 그 도가 크게 빛난다.

利有攸往은 中正하여 有慶³이요
이 유 유 왕   중 정   유 경

---

1 "익(益)"은 증익(增益)의 의미로 위의 것을 덜어서 아래에 더해준다는 뜻이다. 이효와 오
효는 중정으로 상응하고, 초효와 사효도 정위로 상응하고 있다. 그러므로 스스로 나아가
는데 이롭고 큰 내를 건너는 데 이롭다고 말한다. 나아가 큰일을 이루고 큰 어려움을 구제
하기 위해 적극적으로 행동하는 것이 이롭다는 말이다. "큰 내를 건너는 데 이롭다(利涉
大川)"는 것은 상괘인 손(巽)은 바람(風) 또는 나무(木)이고, 하괘인 진(震)은 움직임의
뜻으로 바람을 이용해 강을 건너가는 배(船)를 의미한다.

2 이 구절은 괘체(卦體)를 이용하여 괘의 이름을 풀이하고 있다. 즉 익괘는 위를 덜어 아래
에 더하니 백성들의 기쁨이 끝이 없다는 말이다. 또 위에서 겸허히 아래로 내려가기 때문
에 아래에 이익을 주는 도가 크게 분명해진다는 말이다.

3 이 구절도 괘체로 괘사(卦辭)를 풀이하고 있다. 괘사에 "가는 바가 있으면 유리하니(利有
攸往)"라고 하는 것은 이효와 오효가 상응하고, 중정의 덕을 가지고 아래에 더해주기 때
문에 백성들이 복을 받는다는 말이다.

나아가는 바가 있으면 이롭다는 것은 중정하여 경사가 있는 것이요,

利涉大川은 木道乃行[4]이라.
이 섭 대 천　　목 도 내 행

큰 내를 건너는 데 이롭다는 것은 목도가 이에 행하는 것이다.

益은 動而巽하여 日進无疆[5]하며
익　　동 이 손　　　일 진 무 강

익은 움직이고 겸손하여 날로 나아감이 한계가 없으며,

天施地生하여 其益이 无方[6]하니
천 시 지 생　　　기 익　　무 방

---

4 괘상을 가지고 괘사를 풀이하고 있다. "이섭대천(利涉大川)"이라고 하는 것은 두 괘의 상이 나무(木)이고 나무로 만든 배의 유용함이 잘 행해지기 때문이다. "목도(木道)"를 빌헬름의 영역본은 "나무의 도(the way of wood)"로, 제임스 레게는 "나무의 작용(action of wood)"으로 번역하고 있다.

5 이 구절은 상·하괘의 특성을 조합하여 익괘를 설명하고 있다. 즉 하괘 진(震)의 특성은 움직이는 것이고, 상괘 손(巽)의 특성은 이치를 따르는 것으로 익괘는 이치에 따라서 움직여 장애를 만나지 않는데, 하루하루 앞으로 나아가 전도(前途)가 무한한 것을 상징하고 있다.

6 "하늘은 베풀고 땅이 낳아서(天施地生)"라는 말은 천지가 만물을 낳는 것을 예로 들어 익괘의 위대함을 설명하고 있다. "하늘은 시혜를 베풀고(天施)"라는 말은 건괘(乾卦)「단전」의 "위대하도다, 건원이여! 만물이 이에 바탕하여 시작하니(大哉乾元! 萬物資始)"라는 기(氣)의 시작에 해당하고, "땅이 낳아서(地生)"라는 말은 곤괘(坤卦)「단전」의 "지극하다 곤원이여! 만물이 이것에 바탕하여 생겨나니(至哉坤元, 萬物資生)"라는 형(形)의 시작에 해당하는 것이라고 할 수 있다. 이에 대해 『주역정의』에서는 "하늘이 기를 땅에다 베풀고 땅은 기를 받아서 만물을 화생하니 또한 손상익하의 뜻이라고 할 수 있다. 그 베풀고 화생하는 이익은 미치지 않는 곳이 없다(天施氣于地, 地受氣而化生, 亦損上益下之義. 其施化之益, 无有方所)"라고 하였다. "방(方)"은 방소(方所), 즉 방위를 말한다. "무방(無方)"이라는 말은 어느 방향 할 것 없이 온 만방에 널리 미치는 것을 의미한다. 정이천은 "방소가 없다는 것은 광대하여 궁극함이 없음을 이른다. 천지가 만물을 유익하게

하늘은 베풀고 땅이 낳아서 그 유익함이 (方所가 없어서) 무궁하니,

凡益之道與時偕行⁷하나니라.
범 익 지 도 여 시 해 행

무릇 익의 도는 때와 더불어 함께 행하는 것이다.

象曰 風雷益이니 君子以하여 見善則遷하고 有過則改⁸하나니라.
상 왈 풍 뇌 익   군 자 이   견 선 즉 천   유 과 즉 개

상전에 말하기를 바람과 우레가 (합한 괘가) 익이니, 군자는 이를 본받아

함이 어찌 끝이 있겠는가(无方謂廣大无窮極也. 天地之益萬物, 豈有窮際乎)"라고 하였다.

7 익괘의 시세(時勢)가 가지는 의미에 대해 말하고 있다. 익은 손(損)과 마찬가지로 천도 운행의 자연적 법칙으로 시간의 변화에 따라서 운행하는 것을 말하는데, 손의 시기에는 손해야 하고 익의 시기에는 익해야 한다. 예를 들면 봄이 오면 만물은 증익(增益)하는 계절이기 때문에 사람들은 이때에 맞추어 오곡을 심고 가축을 번식하여 재물을 증익하고, 감손(減損)하는 가을이 되면 파종한 오곡과 번식한 가축을 수확하여 때의 운행에 맞춰야 한다.

8 군자는 바람(風)과 우레(雷)로 이루어진 익괘를 보고 개과천선(改過遷善)을 배워야 한다고 말한다. "천(遷)"은 어떤 한 곳에서 다른 곳으로 옮기는 것을 말한다. "천선(遷善)"은 선을 향하여 옮기는 것으로, 선(善)은 장점이나 빼어난 점을 말한다. 다른 사람이 가지고 있는 어떤 빼어난 점이나 장점을 보고 그 사람에게 배워 자기 스스로도 그러한 사람으로 변하여 가는 것을 말한다. "허물이 있으면 고친다(有過則改)"는 말은 자신의 결점이나 과오가 있으면 즉시 그것을 바꾸는 것을 말한다. 본래 「대상전」의 마지막 부분에서는 대부분 인간의 도덕수양 문제를 말하는데, 이것은 천도(天道)를 통하여 인도(人道)를 말하는 것으로 자연관과 도덕관의 통일적인 관점을 나타낸다. "뇌풍(雷風)"과 인간의 개과천선이 어떠한 관계가 있는가라는 문제에 대해서 일반적으로 바람이 우레를 더해서 그 위엄이 더 빛나고, 우레는 바람을 얻어서 소리가 더욱 멀리까지 가는 것에서 찾고 있다. 즉 우레와 바람이 서로 갈마들며 서로 돕고 이익을 더하는 것이 바로 익괘의 괘상(卦象)이다. 군자는 바람과 우레가 서로 더해주는 상을 보고서 서로 더하는 도리를 실현한다. 이렇게 서로 돕고 이익을 더하는 상을 본받아 다른 사람의 선을 보면 재빨리 선으로 옮겨 더하고, 자신에게 과오가 있는 것을 알면 용기를 가지고 뉘우치고 고쳐 줄여야 한다고 말한다.

선을 보면 옮기고 허물이 있으면 고친다.

初九는 利用爲大作이니 元吉이라야 无咎⁹리라.
초 구 이 용 위 대 작 원 길 무 구

백 初九, 利用爲大作. 元吉, 无咎.
초 구 이 용 위 대 작 원 길 무 구

초구는 크게 일을 일으키는 것(큰 사업을 일으키는 것)이 이로우니 크게
길하여야 허물이 없을 것이다.

백 초구는 부유하면 짓는 일에(토목 건설을 하는 데에) 유리하다. 크게 길
하고 재앙이 없을 것이라는 점괘를 얻었다.

象曰 元吉无咎는 下不厚事也¹⁰일새라.
상 왈 원 길 무 구 하 불 후 사 야

---

9 손괘의 뜻은 사효를 덜어서 초효에 더해주는 데서 그 의미를 찾을 수 있다. 초구는 이 괘
의 주효이기 때문에 초구 효사의 내용과 괘사의 내용은 같은 의미를 가지고 있다. "초구
는 크게 일을 일으키는 것(큰 사업을 일으키는 것)이 이로우니(利用爲大作)"라는 말은 천
하에 큰 이익을 주는 사업을 하는 것을 말하는데, 괘사의 "가는 바가 있으면 유리하고 큰
내를 건너는데 이롭다(利有攸往, 利涉大川)"는 말과 대동소이하다. 그러나 문제는 초구
가 가장 낮은 자리에 있어서 어떤 큰 사업을 하기 위해서는 반드시 육사의 도움을 받아야
만하고 결코 혼자의 힘으로는 진행할 수 없다. 초구는 육사의 큰 신임을 받아 큰일을 맡고
있는데, 여기에서 좋은 결과를 내어야 허물이 없을 수 있다는 말이다. 왜냐하면 기본적으
로 큰일을 할 수 있는 자리가 아니기 때문이다. 좋은 결과를 내지 못할 경우 육사에까지
누를 끼칠 가능성이 크다. 이 때문에 『주역절중』에서는 "반드시 크게 다른 사람에게 도움
을 주는 일을 한 후에야 스스로 그 이익을 얻을 수 있다. 그렇지 않으면 큰 이익을 얻은
것이 큰 손해가 되기 때문이다(必大爲益人之事, 然後可以自受其益. 非然, 則受大益者,
乃所以爲大損也)"라고 하였다.

10 가장 아래에 있는 사람은 본래 큰일을 맡을 능력이 없다. 그러므로 반드시 "원길(元吉)"
을 선결조건으로 해야만 한다. "후사(厚事)"를 빌헬름은 "great affairs(중대사 또는 큰
일)"로 해석하고 있고, 이천은 대사(大事)로 말하고 있다. 정이천은 『이천역전』에서 "아

상전에 말하기를 크게 길하여야 허물이 없다는 것은 아래에 있는 자는 큰일을 할 수 없기 때문이다.

六二는 或益之면 十朋之龜도 弗克違[11]나 永貞이면 吉하니
육 이　혹 익 지　십 붕 지 귀　불 극 위　　영 정　　길

王用享于帝라도 吉[12]하리라.
왕 용 향 우 제　　길

래에 있는 자는 본래 큰 일을 처리해서는 안된다. 큰 일은 중대한 일이다. 위에 있는 자에게 신임을 받아 큰일을 담당하였으니 반드시 큰일을 이루어 원길을 이룩하여야 이에 허물이 없게 된다. 원길을 이루면 위에 있는 자가 맡긴 것은 사람을 아는 것이 되고, 자기가 담당한 것은 맡은 바를 충분히 감당함이 되며, 그렇지 못하면 위와 아래가 모두 허물이 있게 된다(在下者, 本不當處厚事. 厚事, 重大之事也. 以爲在上所任, 所以當大事, 必能濟大事而致元吉, 乃爲无咎. 能致元吉則在上者任之爲知人, 己當之爲勝任, 不然則上下皆有咎也)”라고 하였다.

11 익괘(益卦)는 손괘(損卦)의 도전괘이다. 손괘의 육오를 거꾸로 하면 익괘의 육이가 되기 때문에 두 효가 취한 상(取象)은 같다. 손괘의 괘의는 아래를 덜어 위를 더하는 상이기 때문에 손괘 육오는 더함을 받는 자리이다. 익괘의 육이는 하괘에 있으면서 더함을 받는 자리이다. 익괘의 괘의(卦義)는 위를 덜어 아래를 더해주기 때문에 손괘의 육오와 익괘의 육이는 둘 다 모두 더함을 받는 자리이다. 그러므로 효사에서는 모두 “어떤 사람들이 (진심으로) 더해준다면 (十朋의 가치가 나가는 매우) 귀하고 신령한 거북점과도 어긋나지 않으니(或益之十朋之龜, 弗克違)”라고 하는 것이다. 천하의 많은 사람들이 모두 와서 손괘의 육오와 익괘의 육이에 더해주는데, 점복의 결과도 자신의 뜻에 반대하지 않는다는 의미이다.

12 “영원히 바르면 길하니(永貞吉)”라는 말은 익괘의 육이가 비록 중(中)에 자리하고 정위(正位)로 쉽게 천하의 사람들이 와서 더해줄 수 있고 또한 구오와 상응함이 있지만, 자질이 지나치게 유약(柔弱)하다는 약점을 가지고 있다. 그러므로 길하기 위해서는 계속 불변함을 지키고 바름을 지니고 있어야 할 것을 강조한다. “왕이 천제에게 제사를 지낸다(王用享于帝)”는 말은 고대에 군왕(郡王)이 천제(天帝)에게 제사를 지낼 때 먼저 점을 쳐보고 이 효가 나오면 하늘에 큰 제사를 올리면 길할 수 있다는 것이다. 『주역절중』은 곽옹의 말을 인용하여 “‘어떤 사람들이 (진심으로) 더해준다면’이라는 말은 다른 어떤 사람이 더하는 것을 말한다. ‘(十朋의 가치가 나가는 매우) 귀하고 신령한 거북점과도 어긋나지 않으니’라는 말은 거북의 신령함이 돕는다는 것이다. ‘왕이 천제에게 제사를 지낸다’는 말은 하늘이 더해 주는 것이다. 그러니 ‘천 또한 어기지 않는데 하물며 사람에게 있어서며, 하물며 귀신이 어기겠는가!’(或益之, 人益之也. 十朋之龜弗克違, 龜神益

백 六二, 或益之十倗之龜, 弗亨回, 永貞吉. 王用芳于帝. 吉.
육이 혹익지십붕지귀 불형회 영정길 왕용방우제 길

육이는 어떤 사람들이 (진심으로) 더해준다면 (十朋의 가치가 나가는 매
우) 귀하고 신령한 거북점과도 어긋나지 않으니 영원히 바르면 길하고 왕
이 천제에게 제사를 지내더라도 유리하니 길하다.

백 거금을 주고 신령한 거북을 한 마리 사서 하늘에 올리는 제사를 거행하
고 오래 점을 쳐서 길한 점을 얻었다. 왕이 상제에게 제사 지낼 때 큰 거북
을 이용하여 먼저 점을 치니 길한 좋은 징조를 얻었다.

象曰 或益之는 自外來也[13]라.
상왈 혹익지 자외래야

상전에 말하기를 어떤 사람들이 (진심으로) 더해준다는 것은 밖으로부터
오는 것이다.

六三은 益之用凶事라 无咎[14]니 有孚하고 中行하여 告公用圭[15]니라.
육삼 익지용흉사 무구 유부 중행 고공용규

之也. 王用享于帝吉, 天益之也. 天且弗違, 況於人與鬼神乎!)"라고 하였다. 이 해석
에 대해 이광지는 문장의 의미를 매우 분명하게 파악한 것이라고 평가하고 있다.

13 "밖으로부터 오는 것이다(自外來也)"라는 말은 육이가 받는 이익이 바깥에서 오는 것이
지 스스로 취한 것이 아님을 말한다. 이것은 손괘(損卦) 육오의 「상전」에서 말하는 "위
로부터 도움을 받는 것이다(自上祐也)"의 뜻과 대동소이하다. 익괘의 육이효와 손괘의
육오는 모두 "어떤 사람들이 (진심으로) 더해준다면 (十朋의 가치가 나가는 매우) 귀하
고 신령한 거북점과도 어긋나지 않으니"라는 말을 하고 있는데, 더해줌을 받는 것들이
모두 스스로 취한 것은 아니라는 점에서 똑같다. 그러나 두 효가 의미하는 것은 크게 다
르다. 손괘의 육오는 상괘에 자리하여 아래의 더함을 받기 때문에 거북을 얻는 자는 군
주의 자리에 있어 그 점은 "크게 길하다(元吉)"이다. 이에 비해 익괘의 육이는 하괘에
자리하여 위로부터의 더함을 받기 때문에 거북을 얻는 자는 신하의 자리에 있어 그 점은
"영원히 바르면 길하다(永貞吉)"라고 말한다. 황수기의 『주역역주』 324쪽 참조 바람.

■백 六三, 益之用工事. 无咎. 有孚中行, 告公用圭.
육삼 익지용공사 무구 유부중행 고공용규

육삼은 더함을 흉사(凶事)에 쓰면 허물이 없으니, 진실함을 가지고 중도를 행하여 공(公)에게 고할 때 (진실함을 상징하는) 규(圭)를 사용하여야 한다.

■백 건축 공사를 더 늘리려고 점을 치니 허물이 없다고 하였다. 중군(中軍)이 돌아와서 규판(圭板)에 글을 써서 공에게 보고하였다.

---

14 육삼은 음으로 양의 자리에 있어서 위로부터 더함을 얻지 못하는 자리로 스스로 더할 수밖에 없는 상이기 때문에 "더하다(益之)"라고 말하고 "어떤 사람들이 (진심으로) 더해준다(或益之)"는 말을 하지 않는다. 또 움직임(動, 震)의 가장 높은 곳에 자리하여 행동하는 데에 매우 적극적인 성질을 가지고 있다. 적극적인 행동을 하는 사람들은 대부분 스스로의 자기주장을 하는 경우가 많고 거의 명령을 기다리지 않는데, 이런 행위를 하는 사람들은 상관이나 군주가 기피하는 대상으로 결국은 허물을 얻게 될 가능성이 크다. 이런 허물을 벗어나기 위해서는 국가가 크게 흉하고 어려움에 처할 때에, 다른 명령을 기다리지 않고 온몸을 던져 국가의 어려움을 타개하려고 노력하여 다른 사람들이 싫어하는 어려운 일을 자진하여 스스로 해결하면, 이 때 비로소 윗사람의 이해를 얻어 위험에 처하는 상황을 벗어나기 때문에 "더하다(益之)"라고 말한다.

15 『주례』의 「대종백(大宗伯)」에 "흉례로 이웃 나라의 우환을 조상하고 구조하는 것(以凶禮哀邦國之憂)"에 대한 기술이 있다. 주나라 때에는 제후의 각국은 군주가 사망하거나, 기아에 직면하거나, 천재지변이나 전란 등의 중대한 사고가 발생했을 때는 바로 천자에게 보고하고, 아울러 이웃나라에 통지하여 원조를 요청하는 관례가 있었다. 이러한 관례는 춘추시기에 특히 성행했는데 『좌전』이나 『국어』 중에 많은 사례들이 보인다. 이때 이웃나라에 파견되는 사신은 통상 예물(禮物)을 가지고 간다. 예를 들면 『국어』 「노어(魯語)」 중에 노나라 장공 27년에 노나라에서 기근이 발생했을 때 장문중이 예물을 가지고 이웃나라인 제나라로 가서 원조를 하였다는 기록이 보인다. 이것이 바로 이 효사에 해당한다. 육삼은 하괘의 가장 높은 자리로 상괘와 인접해 있고, 하괘는 진괘(震卦)로 움직임의 뜻을 가지고 있기 때문에 육삼은 스스로 앞으로 움직여 나아가 육사에게 원조를 요청하는 것을 상징하고 있다. 군자의 입장에서 말하면 다른 사람에게 구걸하는 행위는 매우 부끄러운 일이지만, 흉사가 발생했을 때는 예외로 과실이 아니다. 과실이 아닌 것에는 두 가지 조건이 있다. 하나는 행위가 반드시 중용의 도리에 부합하여야 하고, 다른 하나는 왕에게 보고 할 때에 반드시 "규(圭)"를 예물로 삼아야 한다. 여기에서 말하는 왕공(王公)은 육사를 가리킨다. 손진성의 『역경입문』 329쪽 참조.

象曰益用凶事는 固有之也[16]일새라.
상 왈 익 용 흉 사　　고 유 지 야

상전에 말하기를 더함을 흉사에 쓴다는 것은 굳게 가지고(지키고) 있기 때문이다.

六四는 中行[17]이면 告公從하리니 利用爲依며 遷國[18]이니라.
육 사　　중 행　　　　고 공 종　　　　이 용 위 의　　　천 국

---

16 신하의 위치에 있는 사람이 만약 자신의 권익을 증가하거나 확장하기 위해서 제멋대로 행동한다면, 이것은 용서할 수 없는 죄를 짓게 되는 것이다. 만약 권력을 가지고 있으면서 그것을 함부로 남용하지 않고 국가와 백성들의 재앙을 구하기 위해서 온힘을 다하고 자신의 권익을 도모하지 않는 경우는 결코 흉한 결과를 가져 오지 않을 것이다. 여기에서 말하는 "굳게 가지고(지키고) 있다(固有之也)"는 말은 어떠한 다른 의도도 가지지 않고 자기 본분의 위치만을 지키겠다는 의미이다. 말하자면 익(益)의 도를 굳게 잘 지킨다는 것이다.

17 이러한 "중도에 맞는 행위(中行)"가 필요한 이유는 육사가 기본적으로 신하의 자리로 제한적인 권력을 가지고 있기 때문이다. 그러므로 반드시 최고 권력자의 재가를 받아야만 "아래를 더해주는" 뜻을 행할 수 있다. 이에 대해 『주역절중』은 오신(吳愼)의 말을 인용하여 "육사는 바로 아래를 더해주는 일을 주도하는 자이지만 군주의 자리가 아니기 때문에 감히 제 마음대로 전횡할 수 없고 반드시 공에게 고하여야 한다. 중도에 맞도록 행하여야 따라주게 되는 것이다(四正主於益下者, 然非君位, 不敢自專, 必告於公也. 中行則見從矣)"라고 하였다. 육삼과 육사효 모두 "중행(中行)"을 말하고 있는데, 모두 자리가 중의 자리가 아니기 때문으로 특별히 경계의 의미를 강조하기 위해서 이 말을 쓴 것으로 보인다. 말하자면 마땅히 '중화(中和)'를 목표로 하여 정도(正道)를 행할 것을 강조하는 것으로 보인다. 주자는 "삼사효가 모두 중을 얻지 못하였기 때문에 모두 중행을 경계로 삼고 있다(三四皆不得中, 故皆以中行爲誡)"라고 하였는데, 바로 이 뜻이다. 그러나 채연(蔡淵)은 『주역괘효경전훈해(周易卦爻經傳訓解)』에서 "한 괘의 가운데 있는 것이기 때문에 삼효가 사효는 모두 중행(中行)을 말한다(在一卦之中者也, 故三爻四爻皆曰中行)"라고 하였다.

18 이 효사는 앞의 육삼의 효사와 그 의미가 관련되어 있다. 공은 육사를 가리키는데 공의 앞에서 고하는 것은 육삼이다. 육삼은 흉사를 이웃나라에 말하려고 하는데 실제로는 흉사에 속하지 않는 길사가 있을 때에도 이웃나라에 이야기하여 서로 예물을 주고받아 서로 더함을 얻는다. 그러나 반드시 중용의 원칙에 따라서 행동해야 하는데도 불구하고 아쉽게도 육사는 중의 자리에 있지 않기 때문에 이런 점을 특별히 강조하고 있다. 이렇게 할 수 있으면 나라의 수도를 옮기는 데 있어서도 강한 우방의 비호를 받을 수 있어야 이

■ 六四, 中行告公, 從[19], 利用爲家遷國.
육사 중행고공 종 이용위가천국

육사는 중도(中道)에 맞도록 행하여 공에게 (아래를 더해줄 것을) 고하여
(공이 믿고) 따르도록 하리니 의지하여 도읍을 옮기는 것이 이로울 것이다.

■ 중군(中軍)이 규판(圭板)으로 공에게 보고하고 점의 뜻에 복종하여 왕
가를 위하여 도읍을 옮긴다.

象曰告公從은 以益志也[20]라.
상 왈 고 공 종 이 익 지 야

상전에 말하기를 공에게 고하여 따르도록 한다는 것은 더하려는 뜻으로써
한 것이다.

로운 것이다. 예를 들면 『좌전』 은공(隱公) 6년조의 기록에 "저희 주나라가 동쪽으로 천
도하려고 하여 진(晉)나라와 정(鄭)나라에 기대려고 한다"는 기록이 있다. 괘상으로 보
면 육사는 비괘(否卦)의 초효가 사효로 옮겨가서 익괘가 되는데, 여기에는 수도를 옮기
는 상징이 들어있다. 그러므로 효사에서 말하는 "의(依)"라는 말에는 이웃의 강국에 기
대어 도움을 받는 의미를 담고 있다. 이에 대해 『주역본의』는 "삼과 사가 모두 중을 얻지
못하였으므로 모두 중행을 하라고 경계한 것이다. 이는 아래를 유익하게 함으로 마음을
삼고 중도에 합하면 공에게 아룀에 따라줌을 말한 것이다. 「좌전」에 이르기를 주나라가
동쪽으로 천도할 때에 진나라와 정나라에 의지하였다고 하였는데, 옛날 나라의 수도를
옮겨 아래 사람들에게 유익하게 할 때에는 반드시 의지하는 바가 있은 뒤에 설 수 있었
다. 이 효는 또 나라의 수도를 옮기는 길한 점이 된다(三四皆不得中, 故皆以中行爲戒.
此言以益下爲心而合於中行則告公而見從矣. 傳曰周之東遷, 晉鄭焉依, 盖古者遷國以
益下, 必有所依然後能立. 此爻又爲遷國之吉占也)"라고 하였다.

19 등구백은 『백서주역교석』에서 『상서』「홍범」편의 관점에 근거하여 "종(從)"을 시초나 거
북점에 복종하는 의미로 사용하고 있다. 346쪽 참조 바람.

20 정이천은 『이천역전』에서 "천하를 유익하게 할 뜻을 아뢰는 것이다(告之以益天下之志
也)"라고 하였다. 육사는 비록 상괘에 위치하고 있지만 여전히 신하의 위치에 있어서 가
지고 있는 권력이 제한되어 있기 때문에 반드시 존자(尊者)의 의견에 따라 "천하를 유익
하게 해 주는(益下)"의 뜻을 실행할 수 있다. 황수기의 『주역역주』 326쪽 참조 바람.

九五는 有孚惠心이라 勿問하여도 元吉²¹하니 有孚하여
구 오　　　유부혜심　　　　　물문　　　　　원길　　　　　유부

惠我德²²하리라.
혜 아 덕

백 九五, 有復惠心, 勿問, 元吉. 有復惠我, 德.
구 오　유복혜심　물문　원길　유복혜아　덕

구오는 진실함을 가지고 마음을 은혜롭게 하려고 한다. 묻지 않더라도 크게 길하니, (천하의 사람들 역시) 진실함을 가지고 나의 덕을 은혜롭게 여길 것이다.

---

21 "혜심(惠心)"은 천하에 은혜를 베풀려는 마음을 말한다. 또 "물문(勿問)"은 조금도 의문이 없다는 뜻이다. 이에 대해 최경(崔憬)은 『주역집해』에서 "문(問)"을 "언(言)"으로 해석하고 있다. 이 두 구절은 구오가 양강(陽剛), 중정(中正)의 덕으로 군주의 자리에 있는 것을 말한다. 육이와 상응하여 아래에 은혜를 베풀려고 하는 진실한 마음, 즉 자기가 가진 것을 덜어서 다른 것에 더해주는 마음을 가지고 있기 때문에 물어볼 필요도 없이 "크게 길하다"라고 말한다. 손괘와 익괘의 오효에는 모두 "크게 길하다"는 말이 있다. 두 효의 차이에 대해 정유악(鄭維岳)은 『주역절중』에서 "손괘의 육오는 아래의 보탬을 받지만, 익괘의 구오는 아래를 보태주고 있다. 손괘의 육오가 보탬을 받기 때문에 크게 길함을 얻고, 익괘의 구오는 백성은 마땅히 보탬을 받아야 한다는 것만을 알 뿐이기 때문에 '묻지 않더라도 크게 길하다'고 하는 것이다(損之六五, 受下之益者也, 益之九五, 益下者也. 損六五受益而獲元吉, 益九五但知民之當益而已, 勿問元吉也)"라고 하였다. 이처럼 두 효가 이야기하는 각도는 조금 다르다. 다시 말하면 손괘의 육오는 아래의 더함을 받는 위치이고, 익괘의 구오는 아래를 더해주는 경우이다.
22 "아(我)"는 구오를 가리키고, "나의 덕을 은혜롭게 여길 것이다(惠我德)"는 말은 천하의 모든 사람들이 나의 은덕에 내해 진심으로 보답하려고 생각한다는 말이다. 이 구절은 앞의 문장에서 말하는 "원길(元吉)"의 의미를 이어서 설명하는 내용에 해당한다. 구오의 길(吉)이라는 것은 천하가 크게 이익 받는 것 이외에 또한 천하의 사람들이 위로부터의 은혜에 대해 진심으로 감사함을 느낀다는 의미도 가지고 있다. 여기에서 상하가 서로 믿음을 주고받고 마음이 서로 통하기 때문에 그 길함이 매우 크다. 이에 대해 주자는 『주역본의』에서 "윗사람이 진실함을 두어 아랫사람들에게 은혜를 베풀면 아랫사람 또한 믿음을 두어 윗사람을 은혜롭게 여길 것이니 묻지 않아도 크게 길함을 알 수 있다(上有信以惠於下, 則下亦有信以惠於上矣, 不問而元吉可知)"라고 하였다.

■ 은혜로운 마음으로 돌아가면 점칠 필요도 없이 크게 길할 것이다. 나의 그 은혜로운 마음으로 돌아오는 것이 바로 덕이다.

象曰 有孚惠心이라 勿問之矣며 惠我德이 大得志也[23]라.
상왈 유부혜심   물문지의   혜아덕   대득지야

상전에 말하기를 진실함을 가지고 마음을 은혜롭게 함이 있으니 물을 필요도 없으며, 나의 덕을 은혜롭게 여기는 것은 크게 뜻을 얻는 것이다.

上九는 莫益之라 或擊之[24]리니 立心勿恒이니 凶[25]하니라.
상구   막익지   혹격지   입심물항   흉

---

23 명령이 진실함에서 나오고 실제 정치를 시행할 때 민심을 따라 하는 정부는 분명히 크게 길하고 크게 이로울 것은 물어볼 필요도 없다. 그러므로 "마음속에 진실함을 가지고 마음을 은혜롭게 함이 있으니 물을 필요도 없으며(有孚惠心, 勿問)"라고 말하는 것이다. "물을 필요도 없다(勿問)"는 말에 "원길(元吉)"이라는 두 글자가 생략된 것으로 보인다. "혜(惠)"자는 여기에서 감격한다는 의미를 포함하고 있는데, "나의 덕을 은혜롭게 여기는 것"이라는 말은 바로 정부의 은혜에 감격한다는 의미로 백성들이 모두 정부의 큰 덕에 감사함을 느끼고 마음이 정부에게로 돌아간다는 말이다. 이런 경우에서 군주가 어찌 그 마음속에 만족하지 않을 수 있겠는가. 그러므로 "나의 덕을 은혜롭게 여기는 것은 크게 뜻을 얻는 것이다(惠我德, 大得志也)"라고 하는 것이다.

24 이 구절은 상구가 익괘의 가장 높은 자리에 위치하여 양이 지나치게 강성하여 끝없이 욕심을 내는 경우를 말한다. 말하자면 '손상익하(損上益下)'가 '손하익상(損下益上)'으로 변하기 때문에 천하가 어떠한 이익도 얻지 못하여 모두 들고 일어나 공격하는 상황을 말한다. 이에 대해 왕필은 "사람의 도리는 가득 찬 것을 싫어하니 원망하는 자가 한둘이 아니므로 혹(다른 사람이) 공격한다(人道惡盈, 怨者非一, 故曰或擊之也)"라고 하였다.

25 왜 다른 사람들이 공격하는가. 그 이유는 "그 마음을 세우는데 항상 함이 없기(立心勿恒)" 때문이다. 여기에서 말하는 "그 마음을 세우는 것"은 아래를 더해주려고 하는 마음을 세우는 것을 말하고, "항상 함이 없으니"라는 말은 아래를 더해주려는 마음이 변한다는 것을 말한다. 손괘가 손하익상을 말하는 경우 아래를 덜어내는 것은 일시적인 것으로 항구적인 것은 아니다. 이에 비해 익괘가 말하는 '손상익하'의 "익하(益下)"는 만고불변의 법칙으로 그 가치는 영원하다. 익괘의 상구는 본래 익하를 견지해야 하지만, 그 자리가 양으로 익의 극단에 처하여 지나치게 더함만을 추구할 경우 익하가 아닌 손하(損下)가 되어서 익하의 마음을 계속적으로 유지하지 못하게 된다. 정치의 경우, 이렇게 되면

尙九, 莫益之, 或擊之, 立心勿恒, 凶.
상구 막익지 혹격지 입심물항 흉

상구는 더하여 주는 사람이 없다. 혹(다른 사람이) 공격하니 그 마음을 세
우는데 항상 함이 없으니 흉하다.

은혜로운 마음을 더해주지도 못했을 뿐만 아니라 오히려 손상시키니,
마음에 은혜로움을 항상 가지지 못하면 좋지 않다.

象曰 莫益之는 偏辭也[26]요 或擊之는 自外來也[27]라.
상 왈 막익지   편사야   혹격지   자외래야

상전에 말하기를 더하여 주는 사람이 없다는 것은 한쪽으로 편중해서 말하
는 것이요, 혹(다른 사람이) 공격한다는 것은 밖에서부터 오는 것이다.

통치자가 백성들에게 가져오려고만 하고 주지 않고 침탈하는 경우로 변하여 민심은 완전
히 이반하게 된다.

26 "편사(偏辭)"라는 말은 현대 논리학으로 말하면 전칭긍정판단(모든 것을 다 긍정하는 판
단. 예를 들면 '모든 A는 B가 된다'는 경우를 말한다) 혹은 전칭부정판단(모든 것을 다
부정하는 판단. 예를 들면 '모든 A는 B가 아니다'는 경우를 말한다)에 해당하는 말이다.
"더하여 주는 사람이 없다는 것(莫益之)"은 일종의 전칭부정판단에 속한다. 모든 사람들
이 더해주지 않는 것으로 하나의 예외도 없다는 것을 말한다. 김경방 『주역전해』 338쪽
참조 바람.

27 "밖에서부터 오는 것이다(自外來也)"는 말은 예상치 못한 곳에서 오는 것을 의미한다.
즉 바라지도 않는데 오는 것을 말한다. 오는 것은 필연적인 것이어서 피할 수 없다. 육이
의 상전에서 "어떤 사람들이 (진심으로) 더해준다는 것은 밖으로부터 오는 것이다(或益
之, 自外來也)"는 말과 상구 「상전」의 "혹(다른 사람이) 공격한다는 것은 밖에서부터
오는 것이다(或擊之, 自外來也)"는 것에서 말하는 "혹(或)"이 의미하는 것은 특정한
어떤 부류의 사람이나 지역이 아닌 모든 사람이나 사방(四方)에서 도우거나 공격한다는
말이다. 이 둘의 차이는 우선 육이는 중정하지만, 상구는 부정중하고 극의 자리에 있다
는 것이다. 또 육이는 진심을 가지고 대하는 태도로 원길하지만, 상구는 "마음을 세우는
데 항상함이 없어서 흉하다"는 것이다. 이러한 차이에서 도우기도 하고 공격하기도 하
는 것이다.

* 익괘의 의미와 교훈

익괘의 의미는 위의 것을 덜어서 아래를 더해주는 것이다. 특히 익괘는 주동적으로 스스로를 덜어내어 다른 사람에 더해주는 것을 말하고 있다. 이런 덜어냄은 결과적으로 자신에게 보탬이 된다. 이는 마치 흙을 가지고 담을 쌓은 것에 비유할 수 있다. 이러한 관점은 정이천의 『이천역전』에서 보인다. 이것은 범중엄(范仲淹)이 『역의(易義)』에서 말하는 "위의 것을 덜면 아래가 더해지고 아래가 더해지면 그 근본이 더욱 견고하게 된다(損上則益下, 益下則固其本)"는 의미에 해당한다. 이 때문에 괘사에서 "나아가는 것이 이롭고 큰 내를 건너는 데도 이롭다(利有攸往, 利涉大川)"는 말을 한다.

여섯 효의 주요한 의미를 분석해 보면 하괘의 세 효는 주로 더함을 받는(受益)것을 말하고, 상괘의 세 효는 주로 '스스로 덜어내는(自損)'것을 말한다. 또 손괘와 익괘의 두 괘를 비교하면 두 괘의 근본적인 의미는 서로 상통하는 점이 많이 있다. 즉 아래를 덜어서 위를 충분하게 더해주면 위에 있는 자들은 더함을 받아서 마땅히 그것을 아래에 은혜를 베풀어야 하고, 위의 것을 덜어서 아래를 더해주면 아래에 있는 자들은 은혜를 받아서 그것을 다시 위에 더해준다는 것을 주된 의미로 삼고 있다. 이것이 바로 손익(損益)이 전환하는 이치로 상층과 하층간의 작용과 반작용의 인식을 보여주는 것이라고 할 수 있다. 다른 한편으로 이것은 또한 주역의 작자가 사물의 발전과정 중에서 체득한 이익과 폐단, 화(禍)와 복(福)의 상호변화의 법칙을 이야기하고 있는 것으로도 볼 수 있다.

43. ䷪ 택천쾌(澤天夬, 백 夬 第四十二)

1) 괘의 순서

　　쾌괘(夬卦)가 익괘(益卦)의 뒤에 오는 것에 대해 「서괘전」은 "더함이
그치지 않으면 반드시 결단해버리기 때문에 쾌괘로 받았다(益而不已必決,
故受之以夬)"라고 하였다. 말하자면 계속적으로 더하고 보태다 보면 더
이상 담아낼 수 없을 때가 있게 되고, 그때가 되면 자연히 터져서 흘러나
오게 된다는 말이다. 이에 대해 정이천은 "더하는 것이 극단에 이르게 되
면 반드시 결단된 뒤에 그치게 되니 항상 더해지는 이치는 없는 것이요,
더함이 그치지 않게 되면 이에 결단하게 된다. 이것이 쾌괘가 익괘 뒤에
오는 이유이다(益之極, 必決而後止, 理无常益, 益而不已, 已乃決也. 夬
所以次益也)"라고 하였다.

2) 괘명의 의미

　　"쾌(夬)"는 "결렬(決裂)한다", "타개한다"는 뜻을 가지고 있다. 이 글
자는 본래 활을 당길 때 엄지손가락에 끼고 있는 보호대를 말하는데, 활
줄이 보호대로부터 튀겨져 분리되어 나아가기 때문에 결단(決斷)의 뜻을
가진다. 대체로 쾌(夬)라는 글자를 가지고 있는 것들, 예를 들면 설(決),
결(訣), 쾌(快), 결(缺) 등의 말들은 대부분 분리(離)의 의미를 가지고
있다.
　　쾌괘(夬卦)는 다섯 개의 양효와 하나의 음효로 구성되어 있는데, 강한
양이 음을 절단(切斷)내는 형상을 가지고 있기 때문에 쾌괘라고 말한다.

여기에서 결단, 과감함 등을 말하는 쾌(夬)란 양이 음에 대해서 과감하게 제재(制裁)하는 의미를 가지고 있다. 이에 대해 공영달은 『주역정의』에서 "쾌는 결단하는 것이다. 이 괘는 음이 줄어들고 양이 자라나는 괘이다. 양이 오효까지 자라나 다섯 개의 양은 모두 하나의 음을 결단하기 때문에 쾌라고 이름한다(夬, 決也. 此陰消陽息之卦也. 陽長至五, 五陽共決一陰, 故名爲夬也)"라고 하였다.

3) 괘상의 의미

쾌괘(䷪)는 괘상으로 보면 하나의 음효가 상효에 자리 잡고 있는 것으로 양이 하나의 음을 결단내는 상의 모습을 취하고 있다. 쾌괘는 12 소식괘 중의 하나로 양이 극성한 시기이다. 이것을 인간사의 측면에서 애기하자면 군자의 역량이 어느 시기보다 강하여 소수의 소인들이 마지막으로 포위되어 고립되어 있는 상황으로 소인을 물리치는 마지막 결전의 단계를 말하고 있다.

또 다른 각도에서 쾌괘의 상을 말하면 막혀 있던 하늘이 열리면서 엄청난 비가 내려 대지를 적셔 만물에 은택(恩澤)을 주는 것처럼 백성을 기르고 은혜를 주는 상을 가지고 있기도 하다. 「상전」의 관점이 바로 이러하다.

夬는 揚于王庭[1]이니 孚號有厲[2]니라.
쾌　　양우왕정　　부호유려

---

1 쾌괘(夬卦)의 괘사(卦辭)는 모두 상육과 관련된 상(象)을 취하고 있다. 이른바 "왕의 조정에서 (공개적으로 간신의 죄상을) 분명하게 드러냄이니(揚于王庭)"라는 말은 구오가 천

夬, 陽于王庭. 復號有厲.
쾌   양 우 왕 정   복 호 유 려

경의 의미 : (전쟁에서 공을 세워) 왕의 조정에 등용되었으나 얻은 포로는 소리내어 울고 있다.

전의 해석 : 쾌는 왕의 조정에서 (공개적으로 간신의 죄상을) 분명하게 드러냄이니, 지성(至誠)을 다하여 호소하여 위태롭게 여기도록 하여야 한다.

조정에서 명령을 공포했다. 엄격한 명령을 다시 읍의 사람들에게 내린다.

자이고, 소인인 상육은 천자의 윗자리에 자리하고 있기 때문에 공개적으로 온 천하에 그 죄상을 폭로한다는 말이다. "왕의 조정에서 (공개적으로 간신의 죄상을) 분명하게 드러냄이니"라는 구절은 쾌의 때에 다섯 양이 하나의 음을 제거하는 것이 보기에는 쉬운 것 같으나 실제로는 결코 간단한 문제가 아님을 설명하는 말이다. 왜냐하면 간신 또는 소인(上爻)은 바로 군주의 지근거리에서 일을 하고 있어 그를 제거하는 것은 결코 쉽지가 않고 반드시 조심스럽게 때를 기다려야 하기 때문이다. 양이 가장 성한 시기에 간신을 척결하는 것이 가장 확률이 높다. 그러나 이를 위해서는 우선 소인의 죄악을 "왕의 조정에서 (공개적으로) 분명하게 드러내고", 소인이 함부로 변명하거나 상황을 왜곡시키지 못하도록 하여 군주와 다른 사람들이 그의 진면목을 파악할 수 있도록 하는 준비가 필요하다. "양(揚)"은 선포한다는 의미이다. "왕정(王庭)"은 『주역정의』에서는 "백관이 자리하는 곳(百官所在之處)"이라고 하여 군주가 자리해 있는 장소 혹은 법정을 상징하고 있다. 이 구절이 말하려는 것은 군자가 소인을 척결할 때에는 신중하고도 공정무사한 입장에서 일을 처리하여야 함을 말한다.

2 "호(號)"는 호령(號令)이다. 이것은 군자가 소인을 척결할 때 다른 사람들에게 위험하다는 사실을 미리 알려 조심하도록 경계시킬 필요가 있다. 이에 대해 정이천은 『이천역전』에서 "군자의 도가 비록 자라고 성히나 감히 경계와 대비를 잊어서는 안 된다. 그러므로 지성으로 뭇사람들에게 말하여 아직도 위태로운 길이 있음을 알게 하여야 한다(君子之道, 雖長盛而不敢忘戒備. 故至誠以命衆, 使知尙有危道)"라고 하였다. 말하자면 진심어린 마음으로 다른 사람에게 호소하여 마음속에 위기감을 갖도록 하려는 것이다. "호(號)"의 뜻에 대해서는 여러 가지 다양한 해석이 있다. "호령하다", "명령하다", "호소하다", "울부짖다" 등으로 해석된다. 정이천은 "뭇사람들에게 말하는 것(號者, 命衆之辭)"이라고 하였고, 주자는 "뭇사람들에게 호소하는(以號呼其衆)" 의미로 쓰고 있다. 『백서주역』은 "명령하다"로 쓰고 있다.

告自邑이오 不利卽戎[3]이며 利有攸往[4]하니라.
고 자 읍　　　 불 리 즉 융　　　　　　 이 유 유 왕

백 告自邑, 不利節戎, 利有攸往.
고 자 읍　 불 리 절 융　 이 유 유 왕

경의 의미 : (정벌당한 나라가 변방에 쳐들어와 위험하다는 소식이) 읍으로부터 전해오니 군대를 보내는 것은 불리하고, 그대로 놓아두고 기다리는 것이 유리하다.

전의 해석 : 먼저 자기가 다스리는 읍부터 고하여 군사를 일으키는 것은(군대로 문제를 해결하려는 것은) 이롭지 않으며, 가는 바를 두면 (나아가 일을 결행하는 것이) 유리하다.

백 적을 견제하는 것은 이롭지 않고 즉시 공격하는 것이 이롭다.

象曰 夬는 決也니 剛決柔也[5]니 健而說하고 決而和[6]하니라.
단 왈 쾌　 결 야　 강 결 유 야　　 건 이 열　　　 결 이 화

---

3 이런 경우에 무력으로 소인들을 제압하여야 하는가? 괘사의 대답은 그렇지가 않다. 결코 무력에 호소할 수는 없기 때문에 "먼저 자기가 다스리는 읍부터 고하여 군사에 나아가는 것은(군대로 문제를 해결하려는 것은) 이롭지 않으며(告自邑, 不利卽戎)"라고 말한다. "고(告)"는 고한다는 의미이다. "자(自)"는 어디로부터의 뜻으로 "즉(卽)" 또한 종(從)의 의미를 가지고 있다. 즉 가까이 자신이 거주하는 읍(邑)으로부터 시작하여, 가까운 곳에서부터 먼 곳에 있는 사람들에게까지 소인을 경계할 것을 말하지만, 무력에 호소할 수는 없고 또 무력에 호소해서 유리할 것이 없음을 말한다. 양이 음을 결단하는 것, 즉 군자가 소인을 결단할 때에도 덕으로 제재하여야 하지 무력으로 해결하려고 해서는 안 된다고 말한다.
4 이 구절은 괘사의 의미를 총결하는 말로 결단의 때에 있어서 강은 이롭지만 유는 이롭지 않기 때문에, 양이 만약 공정하고 올바른 원칙에 따라서 행한다면 반드시 이로울 것이라고 말한다.
5 여기에서 말하는 "강(剛)"은 괘 가운데 다섯 양효를 가르키고, "유(柔)"는 상육의 음효를

단전에 말하기를 쾌는 척결(剔抉)하는 의미로, 강이 유를 척결하는 것이니
굳세고 기뻐하고 결단하여 화합(和合)한다.

揚于王庭은 柔乘五剛也⁷요
양 우 왕 정　　유 승 오 강 야

왕의 조정에서 (공개적으로 간신의 죄상을) 분명하게 드러낸다는 것은 유
가 다섯 강을 타고 있는 것이요,

孚號有厲는 其危乃光也⁸요
부 호 유 려　　기 위 내 광 야

지성을 다하여 호소하여 위태롭게 여기도록 하여야 한다는 것은 그 위험이
크다는 것이다.

告自邑不利即戎은 所尙이 乃窮也⁹요
고 자 읍 불 리 즉 융　　소 상　　내 궁 야

말한다. 바로 군자가 소인을 척결하는 상이다.

6 "건(健)"은 하괘인 건괘를 말하고, "열(說)"은 "열(悅)"로 상괘인 태(兌)를 가리킨다. 이
두 구절은 상하의 괘상을 가지고 말하는 것으로 쾌의 때에 강건함으로 결단하면 사람들이
기쁜 마음으로 복종하고 협조하게 된다는 말이다.

7 "유(柔)"는 상육을 말하고, "오강(五剛)"은 괘 중의 다섯 양을 말한다. 이것은 여섯 효 가
운데 하나의 음이 다섯 개의 양 위에 올라타 있는 상으로 마치 소인이 나쁜 짓을 하고 있
어 그것을 왕정에서 밝혀 척결하려는 것과 같다.

8 군자가 마음속에 위태로움을 늘 간직하여 그것의 위험성을 크게 드러내면 결과적으로 군
자의 도는 크고 빛날 수가 있다는 말이다.

9 군자가 소인을 제거하려고 할 때는 반드시 "먼저 자기가 다스리는 읍부터 고하는(告自
邑)" 부드러운 수단을 사용해야하지 절대 무력에 의지해서는 안 된다. 만약 군자가 오로
지 위엄과 힘만을 사용하여 승리하려 한다면, 그것이 비록 결단성은 있으나 조화로움을
잃어버려 그 도는 결국 궁하게 된다. 김경방『주역전해』341쪽 참조 바람.

먼저 자기가 다스리는 읍부터 고하여 군사를 일으키는 것이 이롭지 않다는 것은 숭상하는 바가 이에 궁극에 이른 것이다.

利有攸往은 剛長이 乃終也[10]리라.
이 유 유 왕　　강 장　　내 종 야

가는 바를 두면 유리하다는 것은 강이 자라는 것이 이에 마침이라.

象曰 澤上於天이 夬[11]니 君子以하여 施祿及下하며 居德하여
상 왈 택 상 어 천　　쾌　　군 자 이　　　　시 록 급 하　　　　거 덕

則忌[12]하나니라.
칙 기

---

10 이 구절은 괘사의 "가는 바가 있으면 이롭다(利有攸往)"는 구절을 해석하는 것으로 양의 덕이 성장하는 기회를 이용하여 음을 누르고 끝을 내려는 것을 말하고 있다.

11 "건(乾)"은 천(天)이고, "태(兌)"는 택(澤)으로 연못이 하늘 위에 있는 상이다. 여기에서 는 못이 하늘 위에 있다고 말하지 않고, 못이 하늘 위에 올라간다고 말하는 것은 택(澤) 이 결코 물을 담아놓은 소택(沼澤)을 말하는 것이 아니기 때문이다. 소택은 하늘 위에 있을 수 없으며, 택(澤)자의 함의는 소택의 물이 하늘 위로 증발하여 하늘 위에서 비로 변하여 내려오는 것을 상징한다. 이에 대해 『주역집해』에서 육적은 "물의 기가 하늘 위 에 올라갔다가 터져 내려오면 비가 되기 때문에 쾌라고 말한다(水氣上天, 決降成雨, 故 曰夬)"라고 하였다.

12 수괘(需卦)에서는 "구름이 하늘 위에 있다(雲上於天)"라고 하여, 구름이 하늘보다 높이 있는 것으로 말하고 있다. 쾌괘는 "못이 하늘에 올라가는 것"이라고 하여, 못이 하늘보 다 위에 있어서 일단 그것이 뚫리면 비가 내려서 천하를 적시게 됨을 나타낸다. 군자는 이 상을 보고 백성들에게 녹을 베풀려고 한다. 그러나 베푸는 것만이 능사는 아니다. 기 본적으로 쾌괘는 법을 밝혀 척결하는 괘이다. 백성들이 태만하게 국가가 내리는 혜택에 안주하는 것을 척결하는 것 역시 필요하다. 이런 관점은 왕필이 잘 설명하고 있다. 그는 "쾌라는 것은 법을 밝혀 척결하는 상이다. 기(忌)는 금하는 것이다. 법이 밝고 척결함이 엄하여 태만할 수 없으므로 덕에 자리하여 꺼리는 것을 밝힌다. 베풀면서 엄할 수 있고, 엄하면서 베풀 수 있다(夬者, 明法而決斷之象也. 忌, 禁也, 法明斷嚴, 不可以慢, 故 居德以明禁也. 施而能嚴, 嚴而能施)"라고 하였다. 정이천 역시 왕필의 관점에 동의한 다. 그러나 주자는 이 구절에 대해서는 잘 모르겠다는 말을 하고 있다, 또 내지덕의 "공 자는 이 두 구절을 택(澤)자에서 생기는 것이지, 쾌(夬)자에서 나온 것이 아니다(孔子此

상전에 말하기를 못이 하늘에 올라가는 것이 쾌니, 군자가 이를 본받아 녹을
베풀음이 아래에 까지 미치며 덕에 자리하여 금하는 것을 법칙으로 삼는다.

初九는 壯于前趾니 往하여 不勝이니 爲咎[13]리라.
초 구　　장 우 전 지　　왕　　　불 승　　　위 구

백 初九, 床于前止, 往, 不勝, 爲咎.
초 구　　상 우 전 지　　왕　　불 승　　위 구

초구는 앞에 있는 발꿈치가 나아감에 (의기충천하여) 건장하니 가서 이기
지 못하면 허물이 되리라.

백 초구는 발꿈치를 다쳐 불편하기 때문에 계속 전쟁에 나가게 되면 이기

二句, 乃生于澤字, 非生于夬字)"는 말을 인용하고 있다. 즉 쾌괘의 「대상전」이 이야기
하려는 것이 단순히 음, 즉 소인의 척결보다는 백성들에게 은택을 베푸는데 초점이 있음
을 말하는 것으로 보인다.

13 모든 효사에서 "지(趾)"를 말할 경우 대부분은 초효이다. 쾌괘와 대장괘(大壯卦)는 유사
한 점이 있는데, 쾌괘는 다섯 개의 양과 하나의 음으로 구성되어 있고, 대장괘는 네괘의
양과 두 개의 음으로 구성되어 있다. 대장괘의 초구에서는 "발꿈치에 씩씩하니 나아가면
흉하다(壯于趾, 征凶)"라고 하였고, 본 괘의 초구는 "앞에 있는 발꿈치가 나아감에 (의
기충천하여) 건장하니 가서 이기지 못하니 허물이 되리라(壯于前趾, 往不勝爲咎)"라고
하였다. 이를 보면 두 괘의 취상(取象)은 일치하고, 효의 뜻도 기본적으로 서로 같다. 둘
다 앞으로 나아가 위에 있는 군주의 측근인 소인을 제거하려하나, 그 영향이라는 부분에
서는 너무나 차이가 있어 반드시 이길 수 없게 되어 있다. 쾌괘의 초구에는 "전(前)"이
라는 글지가 하나 더 붙어 있는데 전진한다는 뜻이 더욱 강조되고 있다. 여기에서 "전"
자는 동사로 사용되고, "전지(前趾)"는 발을 앞으로 향하여 매진하는 의미로 전진한다는
뜻을 가지고 있다. "앞에 있는 발꿈치가 나아감에 건장하니(壯于前趾)"라는 말은 나아
가는데 씩씩하다는 뜻으로 급하게 움직이는 뜻을 가지고 있다. "가서 이기지 못하니 허
물이 되리라(往不勝爲咎)"는 말은 이기지 못함을 강조한 말이다. 또 초구의 실패의 원
인은 여러 가지 조건이 맞지 않아서가 아니라, 오직 스스로에게 있음을 말하고 있다. 초
구에서 "가서 이기지 못하니 허물이 되리라"는 말은 처음 시작을 신중히 하라는 경계의
말로 보인다. 이에 대해 구양수는 "성인이 강(剛)을 쓸 경우 항상 그 처음을 깊게 경계한
다(聖人之用剛, 常深戒于其初)"라고 하였다.

지 못하고 재앙을 당할 것이다.

象曰 不勝而往이 咎也라.
상 왈 불 승 이 왕　　구 야

상전에 말하기를 이기지 못하고서 나아가는 것은 허물이다.

九二는 惕號니 莫夜에 有戎이라도 勿恤[14]이로다.
구 이　척 호　모 야　유 융　　물 휼

백 九二, 傷號, 莫夜有戎, 勿血.
구 이　이 호　모 야 유 융　물 혈

구이는 (걱정하면서) 두렵게 호소하는 것이니 늦은 밤에 적의 군대가 쳐들어오더라도 걱정할 필요가 없을 것이다.

백 명령을 바꿔 내려 밤에 적과 피를 흘리며 전투를 하지 말고 생포하라고 하였다.

象曰 有戎勿恤은 得中道일새라.
상 왈 유 융 물 휼　　득 중 도

---

14 이 효는 쾌괘 중에서 가장 좋은 효에 해당한다. "호(號)"는 소리치는 것을 말하는데 미리 경계(警戒)하는 것을 의미한다. "막(莫)"은 저녁을 뜻하는 모(暮)이다. 이것은 구이가 강중(剛中)의 덕으로 쾌(夬)의 시기에 처해 있음을 말한다. 이미 과단성이 있고 과감하면서 또 매우 조심스럽기 때문에 때에 맞추어 "두렵게 호소하고(惕號)", 비록 깊은 밤에 "적의 군대가 쳐들어오더라도(莫夜有戎)" 유비무환(有備無患)의 태세를 갖추어 "걱정할 필요가 없을 것이다(勿恤)"라고 말한다. 이에 대해 주자는 『주역본의』에서 "구이는 결단할 때를 당하여 강으로 유의 자리에 거하고 또 중도를 얻었기 때문에 근심하고 호소하여 스스로 경계하고 대비해서 늦은 밤에 적병이 있다하더라도 또한 걱정이 없을 수 있다(九二, 當決之時, 剛而居柔, 又得中道, 故能憂惕號呼, 以自戒備而莫夜有戎, 亦可无患也)"라고 하였다.

상전에 말하기를 적의 군대가 쳐들어오더라도 걱정할 필요가 없을 것이라는 것은 중도(中道)를 얻었기 때문이다.

九三은 壯于頄니 有凶이나 君子夬夬면 獨行遇雨하여
구삼 장우구 유흉 군자쾌쾌 독행우우

若濡有慍이나 无咎[15]리라.
약유유온 무구

---

[15] "구(頄)"는 광대뼈가 툭 튀어 나온 것을 말한다. "광대뼈에서 건장하니(壯于頄)"라는 말은 구삼이 강에 자리하고 건괘의 상효에 있기 때문에 강의 지나침을 보여주고 있다. 마음속에서 소인을 제거하려는 뜻이 있어서 결연한 의지가 얼굴에 표현된다. 이럴 경우 그 결과는 반드시 흉하다. "광대뼈에서 건장하니"라는 말은 구삼은 매우 단호하게 소인을 척결하고자 하는 의지를 가지고 있으나, 바깥으로는 부드러워야 하는데, 그 의지가 얼굴에 지나치게 표현되면 결과는 좋지 않다. 그러므로 의지는 가지되 언행은 부드러워야 한다. 구삼은 유일하게 상육의 소인과 사적으로 상응하여 "홀로 행함에 비를 만나 젖는 듯해서(獨行遇雨, 若濡)"라는 상으로 나타난다. 비는 상육을 가리키는데, 상육은 쾌괘의 주효로 못이 하늘 위로 올라간 것이기 때문에 비라고 말한다. 구삼이 상육과 상응하는 것이 사적인 것이기 때문에 "우(遇)"라고 말한다. 젖는다(濡)는 것은 표면적인 현상으로 실제로 젖은 것이 아니기 때문에 "약(若)"이라고 말한다. 구삼은 상육이라는 비에 의해서 젖어 마치 변절한 것으로 보이나, 사실은 화이부동(和而不同)으로 "군자의 결연(決然)한" 의지는 절대 흔들리지 않는다. 많은 군자들이 처음에는 그것을 오해하고 심지어는 "성냄이 있지만(有慍)", 그것은 잠시이고 결국은 허물이 없을 것이다. 이에 대해 주자는 『주역본의』에서 "구는 광대뼈이다. 구삼은 결단할 때를 당하여 강으로 중을 지났으니 이는 소인을 결단하려고 하면서 강하고 건장함이 얼굴과 눈에 나타난 것이니 이와 같으면 흉한 도가 있다. 그러나 여러 양들 중에서 홀로 상육과 상응하여 만약 그 결단을 과감하게 하여 사시로운 사랑에 얽매이지 않으면 …… 반드시 소인을 결단하여 제거해서 허물이 없을 것이다(頄, 顴也. 九三當決之時, 以剛而過乎中, 是欲決小人而剛壯, 見於面目也. 如是則有凶道矣, 然在衆陽之中, 獨與上六爲應, 若能果決其決, 不 係私愛, …… 然終必能決去小人而无所咎.)"라고 하였다. 그러나 정이천은 구삼의 효사가 순서에 문제가 있음을 지적하고 있다. 즉 구삼의 효사가 마땅히 "구삼은 광대뼈에서 건장하니 (소인을 척결하려는 의지가 강하게 드러나면) 흉함이 있고, 홀로 행함에 비를 만나니 군자가 결연(決然)하게 척결하여 젖는 듯해서 (다른 군자들의) 성냄이 있으나 허물은 없을 것이다(九三, 壯于頄, 有凶, 獨行遇雨, 君子夬夬, 若濡有慍, 无咎)"로 되어야 한다고 말한다.

백 九三, 床于郡, 有凶. 君子缺缺獨行, 愚雨如濡. 有溫, 无咎.
구삼 상우구 유흉 군자결결독행 우우여유 유온 무구

구삼은 광대뼈에서 건장하니(소인을 척결하려는 의지가 강하게 드러나면) 흉함이 있으나, 군자가 결연(決然)하게 척결하면 홀로 행함에 비를 만나 젖는 듯해서 (다른 군자들의) 성냄이 있으나 허물은 없을 것이다.

백 광대뼈에 상처를 입었는데 좋지 않다. 임금 혼자 가다가 큰 비를 맞아 온 몸이 다 젖었다. 불을 쬐었는데 큰 재앙이 없다는 점괘가 나왔다.

象曰 君子는 夬夬라 終无咎也[16]니라.
상왈 군자 쾌쾌 종무구야

상전에 말하기를 군자는 결연(決然)하게 척결하는 것이 끝내는 허물이 없을 것이다.

九四는 臀无膚며 其行次且[17]니 牽羊하면 悔亡하련마는
구사 둔무부 기행자저 견양 회망

---

16 군자는 사사로움에 얽매이지 않고 마땅히 척결할 때에 척결하기 때문에 허물에 이르지 않는다고 말한다.

17 구사는 부중부정(不中不正)하기 때문에 침착하지 못하고 척결하러 가는데도 주저하는 것을 가리킨다. 이것은 마치 엉덩이에 살이 없고 아파서 편안히 안주할 수 없는 것과 같은 것으로 묘사하고 있다. 효의 위치는 사람의 체위(體位)에 따라 나누어지는데, 이정조는 『주역집해』에서 "대개 괘의 초효는 발이고, 이효는 장딴지, 삼효는 허벅지, 사효는 엉덩이 등으로 말한다. 음유가 와야 할 자리에 지금 도리어 양강이 오기 때문에 엉덩이에 살이 없다고 한다(凡卦初爲足, 二爲腓, 三爲股, 四爲臀. 當陰柔, 今反剛陽, 故曰 臀無膚)"라고 말하였다. "자저(次且)"는 망설이고 주저하는 의미로 "머뭇거리고 나아가지 못한다"는 "자저(趑趄)"의 의미와 같다. 이는 양이 음의 자리에 있으면서 강하고 씩씩함을 잃어버렸기 때문이다. 이천은 『이천역전』에서 "엉덩이에 살이 없다는 말은 가만히 있기가 불안함이요, 그 행함이 자꾸 머뭇거린다는 것은 앞으로 나아가지 못함이다(臀无膚 居不安也. 行次且 進不前也)"라고 하였다.

聞言하여도 不信[18]하리로다.
문 언　　　　　불 신

백 九四, 脈无膚, 亓行郪胥, 牽羊悔亡, 聞言不信.
　　구 사　신 무 부　기 행 처 서　견 양 회 망　문 언 불 신

구사는 엉덩이에 살이 없으며 그 행함이 자꾸 머뭇거리니, 양을 끌 듯하면 후회가 없으련마는 말을 들어도 믿지 않으리로다.

백 껍데기가 없는 고기로 사직(社稷)에 제를 올리고 처(郪)에서 나오는 가장 좋은 게장(胥)으로 예를 행하는데, 양을 끌고 제사하는 곳으로 가서 다른 것은 듣지도 보지도 않고 제사에 집중했다.

象曰 其行次且는 位不當也요 聞言不信은 聰不明也[19]라.
상 왈 기 행 자 저　　위 부 당 야　　문 언 불 신　　총 불 명 야

---

18 "양을 끌 듯한다(牽羊)"의 "양"이 구사인지 또는 구오인지 하는 문제는 주석에 따라 약간씩 차이가 있다. 대표적으로 정이천은 "양"을 구사로, 왕필은 구오로 보고 있다. 그러나 상괘의 태(兌)가 양이고(「설괘전」의 관점), 또 전체 다섯 양효를 양의 무리로 볼 경우 구사가 양인지 구오가 양인가 하는 점은 상대적으로 중요하지 않을 수가 있다. 문제는 구사가 가지고 있는 위치와 정신 자세 및 태도가 상징하는 것이 무엇인가 하는데 그 핵심이 있는 것으로 보인다. "자저(次且)"는 앞으로 나아가지 못한다는 뜻이다. 구사는 양효로 음의 자리에 있고 또 중의 위치가 아니기 때문에 한마디로 좌불안석의 위치에 있다. 그래서 엉덩이에 살이 없는 것으로 상징하고 있다. 또 상괘 태가 양(陽)이 양(陽)을 끌고 가는 요령은 뒤에 따라가면서 양들이 자유자재하게 흘러가도록 하는 것에 있지, 만약 앞에서 억지로 끌고 가면 양은 앞으로 나아가지 않을 것이다. 그러므로 마치 양(羊)을 끌고 가는 것처럼 서로 다투지 않고 다른 양효를 따라서 나아가면 후회하는 그런 결과는 나오지 않을 수 있다. 구사 아래의 세 개의 양이 구사를 나아가게 하는데, 구사 위에는 구오가 그를 또 끌고 가고 있다. 그러나 양의 성질은 고집이 세서 끌려가기를 싫어하지만, 만약 구오가 끌고 가는 데 따라 나아간다면 후회가 없을 것이라는 충고를 하고 있다. 구오는 쾌괘(夬卦)의 주효로 우두머리의 작용을 하기 때문에 구사를 끌고 갈 수가 있다. 구사는 양의 성질을 가지고 있으면서도 실제로는 강인한 힘을 가지고 있지 못하기 때문에 그가 이야기하는 것은 받아들여지지 않는다. 그러므로 "말을 들어도 믿지 않으리로다(聞言不信)"라고 한다.

상전에 말하기를 그 행함이 자꾸 머뭇거리는 것은 위가 부당하기 때문이요,
말을 들어도 믿지 않는다는 것은 귀가 밝지 않은 것이다.

九五는 莧陸[20]夬夬면 中行에 无咎[21]니라.
구 오　　현 륙 쾌 쾌　　중 행　　무 구

백 九五, 莧勴缺缺中行. 无咎.
구 오　　현 륙 결 결 중 행　　무 구

구오는 (부드럽고 연약한) 쇠비름을 (잘라내는 것처럼 소인을) 결연하게
척결함에 중도(中道)로 행하면 허물이 없다.

---

19 바른 말을 잘 받아들이지 않는다는 말이다. "총(聰)"은 듣는다는 의미를 가지고 있다.
즉 구사가 설령 듣는다 하더라도 그 사리를 파악하지 못하는 것을 의미한다. "귀가 밝지
않은 것이다(聰不明)"는 말은 『주역』에서 몇 번 보이는데, 이 괘 외에도 서합괘(噬嗑卦)
상구「상전」에서도 보인다. 이 말의 뜻은 분명하게 듣지 못한다는 의미이다.
20 "현륙(莧陸)"은 "쇠비름" 또는 마치현(馬齒莧)으로 매우 부드럽고 물기가 많아 잘라내
기가 쉬운 풀을 말한다. "현륙"을 어떤 꽃으로 볼 것인가 하는 문제는 여러 가지 설이 있
다. 송대의 유가들이 대부분 "현륙"을 한 종류의 풀로 보지만, 정수창(丁壽昌)은 『독역
회통』에서 송충(宋衷)과 동우(董遇)의 관점에 따라 "현"과 "륙"이라는 두 가지 풀로 보
는 것이 더 타당하다고 말한다. 『주자어류』에서도 "현륙"을 "현"과 "륙"의 두 가지 풀로
보고 있다. 즉 "현"은 마치현(馬齒莧)이고, "륙"은 상육(商陸)으로 모두 음기에 많이 감
응되는 식물이라고 말한다(案先儒多以莧陸爲一草, 惟宋衷董遇以爲二草. 以今考之二
草爲是. 朱子語類曰莧陸兩物, 莧者馬齒莧, 陸者草陸, 一名商陸, 皆感陰氣多之物).
21 이 효사는 이해하기가 쉽지 않은 부분이다. 구오는 이 괘에 보이는 다섯 개의 양효 가운
데 가장 위에 있는 주효로 소인을 결단내는 주인공이다. 구오는 양강중정으로 존위(尊
位)에 있고, 일음(상육)을 척결해야 하는 주효이면서도 상육과 친하고 가까운 관계에 있
다. 그러나 구오는 양효로서 양의 자리에 있고, 상괘 중앙의 군주로 그 성격이 곧고 중정
하여 상육을 척결하는 결심이 있어서 결코 중용을 행하는 도리를 버리지 않는다. 또한
어느 한편으로 치우치지도 않기 때문에 어떠한 재난을 당하지도 않는다. "쾌쾌(夬夬)"의
뜻은 과단성 있게 결단한다는 뜻이다. 처단의 대상은 상육이다. 구삼은 상육과 상응하고,
구오는 상육과 친하기 때문에 처단할 수 없는 혐의를 벗어나기 위해서는 "쾌(夬)"라는
글자를 두 번이나 사용하여 소인을 분명히 처단하겠다는 결심을 보여주려고 한다. 구오
는 중행(中行)의 도로써 상육과의 관계를 잘 해결할 수 있기 때문에 허물이 없다.

백 중군(中軍)에 물자가 부족했다. 점을 치니 재앙이 없다는 결과가 나왔다.

象曰 中行无咎나 中未光也[22]라.
상 왈 중 행 무 구　　중 미 광 야

상전에 말하기를 중도로 행하면 허물이 없다고 하였으나, 중(中)이 아직 빛이 나지 않음이다.

上六은 无號니 終有凶[23]하니라.
상 육　　무 호　　종 유 흉

백 尙六, 无號, 冬有兇.
상 육　　무 호　　동 유 흉

상육은 호소할 데가 없으니 끝내는 흉하다.

---

22 구오의 마음에 아직 친하고 가까운 마음이 남아있어서 중도(中道)의 덕이 광대하다고는 말할 수 없다. 구오는 상육과 친한 마음이 있어서 네 개의 양이 함께 나아가서 바른 도리를 행할 것을 압박하기 때문에 고통을 참고 처단하지 않을 수 없다. 그 행위는 비록 중정한 도를 잃어버리지 않고 있으나 사사로운 마음이 있어 크게 광명정대하지는 못하다. 그러므로 "중도로 행하면 허물이 없다고 하였으나, 중이 아직 빛이 나지 않음이다(中行无咎, 中未光也)"라고 하는 것이다.

23 쾌괘가 상육의 단계로 발전하면 양은 지극한 임계점(臨界點)에 도달하고 음이 소멸하는 것도 끝이 나게 된다. 이것이 바로 여러 군자가 때를 얻고 소인은 완전히 힘을 잃어버리는 때가 된다. 소인이 완전히 힘을 잃어버렸을 때, 소인은 자신의 이야기를 호소하나 설득력이 없고 결국은 흉함을 얻게 될 것이다. 이에 대해 정이천은 『이천역전』에서 "양의 자라남이 장차 극에 이르고 음의 사라짐이 장차 다하게 되는데, 홀로 한 음이 궁극의 자리에 처했으니 이는 여러 군자가 때를 얻어 지극히 위태로운 소인을 결단하여 제거하는 것이니 그 형세가 반드시 사라져 없어지게 될 것이다. 그러므로 호소하여 울부짖고 두려워해도 소용이 없으니 끝내 반드시 흉함이 있을 것이다(陽長將極, 陰消將盡, 獨一陰處窮極之地, 是衆君子得時, 決去危極之小人也, 其勢必須消盡. 故云无用號咷畏懼, 終必有凶也)"라고 하였다.

■백 부대에 엄격한 명령체계가 없어서 끝내는 패하게 될 것이다.

象曰 无號之凶은 終不可長也[24]니라.
상 왈 무 호 지 흉 　 종 불 가 장 야

상전에 말하기를 호소할 데가 없으니 끝내는 흉하다고 말하는 것은 끝내는 길게 갈 수는 없다.

* 쾌괘의 의미와 교훈

쾌(夬)는 양이 음을 척결하는 것으로 군자가 소인을 척결하는 괘이다. 이 괘는 다섯 양이 아래에서 계속 전진하고, 하나의 음은 위에서 쇠퇴한다. 군자가 때를 얻고 소인이 세력을 잃는 시기로 소인이 완전히 그 세력을 소진하는 형세로 이것은 시간의 문제이지 형세(形勢)를 더 이상 돌려놓을 수는 없다. 소인의 세력은 결코 영원할 수가 없다. 소인이 비록 한때 뜻을 얻었으나(得意) 끝내는 소멸되게 마련이라는 믿음을 가지고 군자는 신중하게 소인을 척결하는 행동을 실천에 옮겨야 한다.

그러나 괘사와 효사에서는 비록 다섯 양이 하나의 양을 척결하는 경우에도 오히려 방심하지 말 것을 계속적으로 강조하고, 경계하고 두려움을 가질 것을 누차에 걸쳐 더욱 강하게 이야기하고 있다. 이는 오히려 쉬운 일일수록 더욱 주의를 기울이고 최선을 다해야 함을 말하는 것으로 보인다. 괘사에서 말하는 "유려(有厲)"나, 구이에서 말하는 "두려워하고 호령

---

24 "호소할 데가 없는 흉함(无號之凶)"은 척결되는 재앙을 말한다. "끝까지 길게 갈 수는 없다(終不可長也)"는 의미의 "장(長)"은 연장(延長)의 장(長)으로 악을 제거하는 상황에서 상육은 아무리 울부짖고 호소하나 끝내는 자신의 죽음을 연장할 수 없다는 것이다.

한다(惕號)"는 말이나, 구사의 "견양(牽羊)" 등의 말은 모두 이런 관점을 강조한 것이다. 여기에서 군자가 소인을 결단하는 데 있어서 가장 중요한 세 가지 요령을 이야기하고 있다. 첫째는 공정무사함이고, 두 번째는 진지한 마음으로 늘 자신을 경계하고 소인의 해로움에 대해 대비하는 것이다. 나머지 세 번째는 덕으로 승리하는 것이다. 그래서 결코 무력을 사용하면 안 된다는 것을 누차 강조하고 있다.

44. ䷫ 천풍구(天風姤, 백 狗 第八)

1) 괘의 순서

구괘(姤卦)가 쾌괘(夬卦)의 뒤에 오는 것에 대해「서괘전」은 "쾌는 척결함이다. 척결하면 반드시 만남이 있기 때문에 구괘로 받았다(夬者決也. 決必有遇, 故受之以姤)"라고 말한다. 구괘는 왜 쾌괘(夬卦)의 뒤에 오는가? 쾌는 나누어지고 갈라지는 것을 말한다. 이에 비해 구(姤)는 만나고 합한다는 뜻을 가지고 있다. 사물이 합해져서 아직 나누어지지 않을 때는 만나는 것에 대해서는 말하지 않는다. 오직 갈라진 것이 있어야 서로 만날 수 있는 가능성이 있기 때문에 쾌괘 뒤에 구괘가 오는 것이다.

2) 괘명의 의미

"구(姤)"를 자의상으로 말하면『설문해자』는 "구는 짝이다(姤, 偶也)"라고 하였다.『경전석문』에서 "구는 설우(薛虞)가 고문에서는 만나다는 뜻의 구로 썼다고 하였고, 정현(鄭玄)도 같은 관점을 가지고 있다(姤, 薛云古文作遘, 鄭同)"라고 하였다. "구(姤)"는 서로 만난다는 뜻을 가지고 있는데, 유효와 강효가 서로 만나는 것을 말한다. 서로 만난다는 의미는 해후(邂逅)의 뜻으로 기대하지 않고, 즉 미리 약속이 없이 부딪치는 만남을 말한다. 이런 의미에서 구는 후(逅)와 음과 뜻이 같다. 다른 점이 있다면 후(逅)는 길에서 서로 우연히 만나는 것을 말하고, 구(姤)는 남녀가 서로 만나는 것을 말한다.

3) 괘상의 의미

　구괘(☰)는 하괘인 손괘(巽卦)와 상괘인 건괘(乾卦)로 구성되어 있다. 이것의 괘명을 왜 구(姤)라고 하는가? 이에 대해 어떤 사람들은 손하건상(巽下乾上), 즉 바람이 천하를 돌아다닌다는 상으로 보아 바람이 접촉하지 않는 만물이 없기 때문에 만난다(遇)는 뜻이 있다고 말한다. 또 다른 사람들은 괘 가운데에 하나의 음이 아래에서 생겨나 양과 서로 만나기 때문에 만남의 뜻이 있어서 구로 칭한다고 말한다.

　구괘가 말하려는 것은 서로 만나는 도리에 있다. 그러나 구괘에서 말하는 만남은 결코 정상적 만남이 아니다. 일단 괘상을 통해 보면 하나의 음이 다섯 양을 승(承)하고 있기 때문이다. 이정조는 『주역집해』에서 "하나의 음이 다섯 양을 이어 받으니 이는 마치 한 여자가 다섯 남자를 상대하는 것으로 바른 예의가 아니기 때문에 구라고 말한다(一陰承五陽, 一女當五男, 非禮之正, 故謂之姤)"라고 하였다.

　구괘는 12 소식괘(消息卦) 중의 하나로 음력 5월에 해당된다. 특히 5월은 전답(田畓)에 잡초가 많이 생기는 시기로 다섯 양 아래에 하나의 음이 생기는 것을 상징하고 있다. 그런데 하나의 음에 대해 다섯 양이 제지하려는 일은 쉽게 얕볼 수 있을 만큼 그렇게 간단하지가 않다. 왜냐하면 아래의 음은 갈수록 더욱 강해지는 힘을 가지고 있기 때문이다. 마찬가지로 전답에서 잡초를 제거하는 일을 잠시만 소홀히 해도 곡식보다 잡초가 훨씬 더 많아지는 것은 순식간이다.

　괘변(卦變)으로 말하면 구괘는 건괘(乾卦)로부터 변하여 온 것이나. 건괘의 육효가 모두 양으로 초효의 자리에 하나의 음효가 생기게 된다. 이것이 바로 구괘로 "유가 강을 만나는 것이다."

姤는 女壯이니 勿用取女[1]니라.
구　　여장　　물용취녀

📕 狗,[2] 女壯, 勿用取女.
구　　여장　물용취녀

---

1 "용(用)"은 "의(宜)"의 뜻이고, "취(取)"는 "취(娶)"의 뜻이다. 이것은 괘에 한 여자가 다섯 남자를 만나는 상이 있기 때문에 "여자가 강성하니(女壯)"라고 말하여, 사람들에게 이런 여자와 결혼해서는 안 된다는 것을 말하고 있다. 괘사의 뜻은 만남의 도는 정당하여야 하고 절대 예의를 벗어나서는 안된다는 점을 강조하고 있다. 구괘(姤卦)에는 초육만이 음효인데 왜 "여자가 강성하니"라고 말하는가? 이에 대한 관점은 다양하다. 이런 다양한 관점을 『주역절중』은 소개하고 있다. 예를 들면 음이 점차적으로 성장하는 발전적 추세(趨勢)에서 말하는 것으로는 정이천과 곽옹(郭雍) 등이 있다. 또 호병문은 주자의 관점에 근거하여 하나의 음이 다섯 개의 양과 대치하고 있다는 점에서 "강성하다"고 말한다. 즉 호병문은 "'여자가 강성하니'라는 말의 뜻에 대해 대부분의 학자들은 하나의 음이 점차적으로 장성하는 것으로 여기고 있다. 『주역본의』는 하나의 음이 다섯 양을 상대하고 있으니 이미 여자가 강성한 상을 가지고 있다('女壯'諸家皆以爲一陰有將盛之漸. 『本義』以爲一陰當五陽, 已有女壯之象)"라고 하였다. 이런 관점에 대해 이광지 자신은 위의 두 가지 관점이 모두 문제가 있음을 지적하고, 구괘(姤卦)가 음을 위주로 하기 때문에 건장함(壯)의 뜻이 있다고 말한다. "'여자가 강성하니'라는 말의 뜻은 하나의 음이 아래에서 처음 생겨나기 때문에 강성하다는 것도 아니고, 또한 하나의 음이 홀로 다섯 양을 상대하고 있어서 강성한 것도 아니다. 이 괘가 음을 주로 하고 있고, 음이 중심이 되니 강성하다고 하는 것이다('女壯'之義, 非以一陰始生於下爲壯, 亦非以一陰獨當五陽爲壯. 蓋卦以陰爲主, 陰而爲主, 卽是壯也)"라고 하였다. 전체 괘와 소식(消息)의 관점으로 보아 이것은 아마도 발전적 추세라는 관점에서 말하는 것으로 보인다. 구괘의 초육은 장차 곤괘(坤卦)로 발전해 가는 것으로 다만 음효를 여자라는 상징으로 말하고 있을 뿐이다. 여자(음)가 계속적으로 성장하고 발전하기 위해서는 양, 즉 남자를 소멸시켜야 한다. 이러한 발전의 추세로 보면 여자의 힘은 강성하다고 말할 수 있다. 구괘의 괘사에는 '양을 높이고 음을 누르는(扶陽抑陰)'의 사상이 보인다. 괘사에서 "여자가 강성하니 여자를 취하지 말라(女壯, 勿用取女)"는 말은 고대 예법(禮法)에서 여자에 대해 행해지고 있는 여러 가지 제약들을 일부분 반영하고 있는 것으로 보인다. 황수기의 『주역역주』 337쪽 참조 바람.

2 개(狗)는 인류가 가장 일찍 길들인 동물로 식용 이외에 사람들이 수렵하는데 도우미로 사용하였고, 또 집을 지키는 역할을 하기도 했다. 이 때문에 고대에는 식견(食犬), 전견(田犬), 수견(守犬) 등의 구분이 있었다. 지금부터 5~6천 년 전의 서안(西安)의 반파(半坡) 유적지에서 많은 개 뼈가 출토되었는데, 이것은 개가 이미 고대인들의 생산이나 생활 속에서 그 지위가 어떠했는가를 충분히 증명해 준다. 『백서주역』의 작자는 구(狗)를 하나의 괘명으로 사용하고 있다. 이것은 개가 당시 사람들의 마음속에 반영되어 있는 중요성을

경의 의미 : 여자가 다치게 되니 장가들지 말라.[3]

전의 해석 : 구는 여자가 강성(强盛)하니 여자를 취하지 말라.

백 개가 여자를 물었는데 점을 치니 여자를 취하는 것이 이롭지 않다는 결과가 나왔다.

彖曰 姤는 遇也니 柔遇剛也[4]라.
단 왈 구　　　우 야　　　유 우 강 야

단전에 말하기를 구는 만나는 것이니 유가 강을 만난 것이다.

勿用取女는 不可與長也[5]일새라.
물 용 취 녀　　　불 가 여 장 야

설명하고 있고, 또 개를 가지고 제사를 지내거나 개 토템의 문화 현상을 보여주는 것이라고 할 수 있다. 등구백, 『백서주역교석』 103쪽 참조 바람.

3 고형은 『주역고경금주』에서 "장(壯)"을 "장(戕)"으로 보아 상처를 입었다는 뜻으로 해석하고 있다.(149쪽 참조) 이에 비해 이경지는 『주역통의』에서 이 구절을 몽점(夢占)으로 보아 "꿈에서 여자가 부상을 당하는 것을 보았기 때문에 점괘의 결과는 장가가는데 불길하다"고 말한다. 87쪽 참조.

4 이것은 괘의 이름을 해석하는 부분이다. 구(姤)의 의미는 만난다는 뜻이다. 구괘는 유(柔)가 강(剛)을 만나는 것이지, 강이 유를 만나는 것이 아니라고 말한다. 유가 강을 만나는 것을 왜 구라고 말하는가? 5월의 괘인 구괘는 하나의 음이 아래에서부터 생겨나 강을 점차적으로 침식시켜 나가는 것을 의미한다. 그러므로 구의 내용은 만난다는 것이지만, 그 만남의 실제적인 내용은 유가 강을 만나 침식시키고 소멸시키는 데 있다. 정이천은 "구의 뜻은 만남이다. 괘가 구가 된 것은 유가 강을 만났기 때문이다. 하나의 음이 막 생겨나 비로소 양과 서로 만나는 것이다(姤之義遇也. 卦之爲姤, 以柔遇剛也. 一陰方生, 始與陽相遇也)"라고 하였다.

5 이 구절은 효의 추이(推移)를 통하여 괘사 "여자를 취하지 말라(勿用取女)"는 구절을 설명하고 있다. 이 구절이 가리키는 것은 유효가 비록 막 생겨난 것이지만 발전 추세는 더욱 강성하여 강효는 점점 쇠퇴할 수밖에 없다. 이것은 강효가 유효와 함께 성장할 수 없다는 것을 의미한다. 그러므로 이러한 여자를 처로 삼아서는 안 된다고 말하는 것이다. 이것은

여자를 취하지 말라는 것은 함께 길게 갈 수는 없기 때문이다.

天地相遇하니 品物이 咸章也⁶요
천 지 상 우　　　품 물　　함 장 야

천지가 서로 만나니 만물이 모두 빛이 나고,

剛遇中正하니 天下에 大行也⁷니
강 우 중 정　　　천 하　　대 행 야

강이 중정을 만나 천하에 크게 행해지니,

姤之時義大矣哉⁸라.
구 지 시 의 대 의 재

음양 또는 강유의 영허소장(盈虛消長)이 절대불변의 법칙임을 말하고 있다.

6 이 구절은 마치 구(姤)의 만남(遇合)을 찬양하는 것으로 보여 괘사의 뜻과는 배치되는 것처럼 보일 수 있다. 그러나 음양의 정상적 만남은 언제나 필요하다. 여기에서는 음양의 정상적 만남에 대해 말하고 있다. 물론 음이 주도적으로 양을 만나거나, 유가 먼저 나서서 강을 만나는 것은 좋지 않다. 그러나 우주 전체의 측면에서 보면 음이 양을 만나고, 유가 강을 만나는 것은 매우 좋은 것이다. 음이 양을 만나는 것은 천지가 서로 만나고 천지가 교감하는 것을 의미한다. 천지가 서로 만나고 서로 교감하는 작용은 매우 위대한 것으로 만물을 낳고, 만물이 무성하고 창통(暢通)하도록 만든다. 양 하나만으로 혹은 음 하나만으로는 절대로 만물을 화생할 수 없다. 천의 양기와 땅의 음기가 서로 만나 교류해야 만물은 생겨날 수 있다. "품(品)"은 종류를 의미하고, "품물(品物)"은 각종 사물을 의미한다. 천지 음양 두 기의 만남이 있어야 비로소 화생(化生)작용이 있고, 만물은 번성하여 드러난다.

7 이것은 강효가 상하괘의 중의 자리에 있다는 것을 통하여 괘를 설명하고 있다. 즉 상괘의 중위는 구오이고, 하괘의 중위는 구이로 역시 강효이다. 강효는 군자이고 유효는 소인이다. 소인이 비록 위로 발전하는 추세에 있으나, 지금은 여전히 군자의 도가 천하에 널리 행해지고 있음을 말한다.

8 구는 좋은 일이면서 동시에 나쁜 일이다. 좋은 일인지 나쁜 일인지 어떻게 그것을 구분하는가? 관건은 "때(時)"에 있다. 때가 마땅하면 구는 좋은 일이고, 때가 마땅하지 않으면 구는 나쁜 일이다. 좋은 일과 나쁜 일은 오직 판단과 파악하는 능력에 있다. 그러므로 주

구의 때와 뜻이 크도다.

象曰 天下有風이 姤[9]니 后以하여 施命誥四方[10]하나니라.
상왈 천하유풍 구 후이 시명고사방

상전에 말하기를 하늘 아래 바람이 있는 것이 구(姤)이니, 군왕(后王)이
이를 본받아 명(命)을 베풀어 사방에(모든 백성들에게) 말하여 가르친다.

初六은 繫于金柅면 貞이 吉[11]고 有攸往이면 見凶하리니
초육 계우금니 정 길 유유왕 견흉

자는 『주역본의』에서 "기미의 즈음이라서 성인이 삼가는 것이다(幾微之際, 聖人所謹)"라
고 하였다.

9 공영달은 『주역정의』에서 "바람이 천하에 행하면 만나지 않는 사물이 없기 때문에 만남
(遇)의 상이 된다(風行天下, 則無物不遇, 故爲遇象)"라고 하였다.

10 군주가 구괘의 "하늘 아래에 바람이 있는" 상을 본받아 법령을 사방에 전달하여 위와 아
래가 서로 만나기를 구하고 있다. "후(后)"는 군왕을 의미한다. 「대상전」에는 법제를 세
우고 나라를 건국하는 의미의 선왕(先王)이 모두 7번 나오고, 나중의 왕 혹은 여왕에 해
당하는 후(后)가 두 번 나온다. 가장 많이 출현하는 경우는 군자(君子)로 모두 53번 나
온다. 이외에 왕공(王公)을 말하는 대인(大人)이 이괘(離卦)에 한 번 나오고, 박괘(剝
卦)에서는 상(上)이 나온다. "고(誥)"는 고지(告知)의 의미로 사방의 백성들을 깨우치려
는 것을 말한다.

11 "말뚝(柅)"을 『주역정의』에서는 마융(馬融)의 말을 인용하여 "수레 아래에 있는 것으로
바퀴를 멈추어 움직이지 못하게 하는 것이다(在車之下, 所以止輪令不動者也)"라고 하
여, 브레이크에 해당하는 것으로 이해한다. 이 구절은 "금(金)"을 "강(剛)"으로 비유하
고 있는데, "쇠말뚝(金柅)"은 구사를 지칭한다. "말뚝"은 위에서 말한 것처럼 수레가 더
이상 못나가게 하는 제동(制動)의 역할을 하는 것인데, 특히 그것을 쇠로 만들 경우 그
제동의 효과는 더욱더 크다. 왕필은 "쇠라는 것은 질기고 강한 것이다. 니라는 것은 제
동을 주로 하는 것으로 구사를 말한다(金者, 堅剛之物. 柅者, 制動之主, 謂九四也)"라
고 하였다. 이른바 제동(制動)은 보통 수레바퀴를 멈추게 하는 나무인데, 그 모양은 네
모나고 두툼하여 차바퀴 앞의 땅위에 놓아둔다. 수레바퀴가 이것의 방해를 받으면 더 이
상 앞으로 나아갈 수 없다. 쇠말뚝의 작용은 다만 수레바퀴가 굴러가는 것을 막을 뿐이
지 당기고 견제하는 작용은 없다. 이런 각도에서 왕필의 주해는 그렇게 정확한 것은 아
니다. 왕필은 구사를 쇠로 만든 금니로 보아 초육과 구사가 상응하는 것으로 여겨, 만약
상응을 지킨다면 허물이 없을 것이라고 말한다. 이런 점에서 보면 금니는 결코 사효라기

贏豕孚蹢躅[12]하니라.
이 시 부 척 촉

 初六, 繫于金梯, 貞, 吉. 有攸往, 見兇贏豨復, 適屬.
초 육 계 우 금 제 정 길 유 유 왕 견 흉 리 희 복 적 속

초육은 쇠말뚝에 매어 놓으면 바르게 함이 길하고, 가는 바가 있으면 흉함

보다는 이효를 말할 가능성이 더욱 크다. 이에 대해 우번은 "니는 이효를 말하는데 손괘는 밧줄의 상을 가지고 있기 때문에 니에 묶어 놓는다고 한다. 건괘는 쇠이고, 손괘는 나무로 들어간다는 뜻을 가지고 있어서 금니의 상이 있는 것이다(梯爲二也, 巽爲繩, 故繫梯. 乾爲金, 巽爲木, 入, 金梯之象也)"라고 하여, 구이를 말뚝의 상으로 보고 있다. 초육의 음이 아래에서 생겨나 아직은 힘이 미약하기 때문에 쉽게 무시하기 쉬우나 그것이 발전하도록 놓아둔다면 반드시 큰 해를 입히게 될 것이다. 그러므로 군자가 미리 그것을 판단하여 제지하기 위해 "쇠말뚝에 매어 놓으면(繫于金梯)" 더 이상 나아가지 못하게 할 수 있다. 이렇게 해야 길하게 된다. 여기에서 말하는 "바르게 함이 길하다(貞吉)"는 것은 바르면 길하다는 의미이지, 그 자체가 "바르고 길하다(正吉)"는 의미는 아니다.

12 초육 효사의 하반부에서 말하는 것은 앞에서 말한 내용과는 전혀 다르다. 만약 군자가 "쇠말뚝에 매어 놓지"않고 "가는 바가 있다(有攸往)"라고 하면, 그것은 초육의 음이 계속 전진하게 놓아 두는 것이 된다. 이럴 경우 결국은 "흉함을 당하게 될 것이다(見凶)"라고 말한다. "비쩍 마른 돼지(贏豕)"는 말라서 약해진 돼지이자 암퇘지로 초육을 비유한 것이다. "부(孚)"는 또 "부(浮)"와 통하는 글자로 경박하게 제멋대로 움직인다는 뜻을 가지고 있다. "경거망동하게 마구 날뛰고 싶어 한다(孚蹢躅)"는 것은 불안정하게 왔다 갔다 하는 모습을 형용한 것이다. 이 구절은 초육이 앞으로 나아가려는 급한 마음을 가지는 것을 마치 암퇘지가 조급하게 움직여 왔다갔다 하는 모습으로 비유하고 있는데, 마음이 전일(專一)하지 못하여 결국에는 흉한 위험에 빠지게 될 것임을 말하고 있다. 여기에서 초육을 비쩍 마른 돼지로 비유하는 것은 이 효가 처해있는 위치가 낮고 힘이 미약하기 때문이다. 그러므로 이런 위치에 있는 사람에게 올바름을 지켜 함부로 움직여서는 안된다는 것에 대해 경계하는 것이다. 이것은 괘사에서 "여자가 강성하니(女壯)"라고 한 부분과 비슷한 각도에서 말하는 것으로 보인다. 그러나 실질적인 내용은 약간 다르다. 물론 괘사에서 말하는 관점은 하나의 음이 다섯 개의 양을 척결하는 형세(形勢)의 시각에서 "여자가 강성하니(女壯)"라고 말하지만, 본 효사에서 말하는 다섯 양의 아래에 하나의 음이 있다는 것은 힘이 아직은 쇠약하다는 각도에서 마른 돼지라는 상징이 나오는 것이다. 결론적으로 말하면 강성함을 말하는 것은 경계라는 측면에서 말한 것이고, "비쩍 마르다"는 것을 통해 이야기하려는 것 역시 단순히 그 힘을 무시하여서는 안 된다는 것이다. 이런 관점은 호병문의 『주역본의통석』에 보인다.

을 당하리니, 비쩍 마른 돼지가 경거망동하게 마구 날뛰고 싶어 한다.

■ (남자와 여자 집을 오가는 중매인을) 쇠로 만든 계단에서 만났는데 점을 치니 길하다고 하였다. 돌아가는 길에 매우 마르고 두려워하는 돼지를 만나 불길했는데 혼사가 잘 이루어졌다.

象曰 繫于金柅는 柔道牽也[13]일새라.
상 왈 계 우 금 니   유 도 견 야

상전에 말하기를 쇠말뚝에 매어 놓는 것은 유의 도에 끌려 나아가기 때문이다.

九二는 包有魚면 无咎하리니 不利賓[14]하니라.
구 이   포 유 어   무 구   불 리 빈

---

13 이 구절의 핵심적 의미는 초육이 양에 의해 더 이상 나아가지 못하도록 견제해야 한다는 것에 있다. "유의 도에 끌려 나간다(柔道牽也)"는 말은 크게 두 가지로 해석된다. 즉 "유의 도를 견제하다"(鄭汝諧의 견해)와 "유의 도에 의해 끌고 나간다"(정이천의 관점)로의 해석이 가능하다. 그러나 내용상으로는 별 차이가 없다. 전자의 경우는 오양일음(五陽一陰)과 오음일양(五陰一陽)의 괘에서 말하는 여러 효는 모두 하나의 음이나 양을 묶으려 하기 때문에 "계(繫)"나 또는 "견(牽)"이라는 말이 자주 나온다. 예를 들면 소축괘(小畜卦)의 "견복(牽復)"이나 박괘(剝卦)의 "관어(貫魚)" 등이 그것이다. 여기에서 말하는 "견(牽)"은 당기는 뜻을 가지고 있는데, 소인의 세력이 더 이상 자랄 수 없도록 하기 위해서이다. 만약 초육이 계속 전진하도록 놓아둔다면 나머지 다른 소인들도 덩달아 따라 오기 때문에 반드시 쇠말뚝으로 그것의 전진을 막아야 한다. 다시 말하면 제2 또는 제3의 소인이 출현할 수 없게 견인(牽引)한나는 의미이다.

14 이전의 주석가들 중에는 "포(包)"를 부엌을 말하는 "포(庖)"로 해석하기도 하였다. 그러나 이런 관점은 문자적인 입장에서는 통할 수 있을지 모르나 근본적인 의미를 밝히는 것과는 거리가 있다. 본 괘의 구이, 구사, 구오에서 모두 "포(包)"를 말하고 있는데, 전체적인 의미로서 본다면 "포"는 포함, 포용, 포장 등의 뜻을 가지고 있다. 그러면 "포유어(包有魚)"의 뜻은 어떻게 해석해야 하는가? 여기서 말하는 "포"는 다른 사람에게 보내는 선물을 포장하는 꾸러미를 말한다. 옛날 사람들은 돼지나 생선을 주로 선물로 보냈는데, 초효에서 이미 돼지를 이야기를 하였고 두 번째 효에서는 생선을 말하고 있어서, 이

백 九二는 枹有魚, 无咎, 不利賓.
구이　　　　포유어　　무구　　불리빈

구이는 꾸러미에 고기가 있듯이 하면 허물이 없을 것이니, 손님에게는 이롭지 아니하니라.

백 구이는 주방에 고기가 있다. 점을 치니 재난이 없을 것이고 이 고기로 손님을 대접하는 것이 이롭지 않다는 점괘가 나왔다.

象曰 包有魚는 義不及賓也[15]라.
상왈　포유어　　의불급빈야

둘을 연계해서 보면 예를 행하는 것과 관련 있는 것으로 보인다. 왕인지(王引之)가 『경의술문(經義述問)』에서 중부괘(中孚卦)의 “돈어길(豚魚吉)”을 이야기 할 때 “돼지와 생선은 사와 서민들의 예품(禮品)이다(豚魚者, 士庶人之禮也)”라고 한 것을 보면 알 수 있다. 특히 구괘(姤卦)는 사람들의 만남에 대해 이야기하기 때문에 사람들이 만날 때는 당연히 예의를 갖춰야 한다. 구체적으로 말하면 “포(包)”는 갈대줄기로 만든 풀 바구니 같은 것으로 『시경』 「소남(召南)」에서도 이것에 대한 이야기가 나온다. 구이와 초육은 매우 가깝고 밀접하게 서로 만나고 있다. 초육은 비록 구사와 상응하지만, 이 괘에서는 가까이에서 서로 만나는 것(親比)이 상응보다 더욱 중요하다. 구이는 양이고 초육은 음으로 앞으로 나아가려는 초육은 구이에 의해 둘러싸여 함부로 움직이지 못하고 있다. 이는 마치 갈대로 물고기를 싸버린 것과 같은 모양이다. 물고기는 물속의 생명으로 음에 속한다. 구이는 이처럼 포장하는 방법으로 소인이 재앙을 함부로 확산하지 못하도록 하여야 소인을 만나도 큰 재앙이 생기지 않게 된다. “빈(賓)”은 다른 양효를 지칭한다. 만약 구이가 소인을 제지하지 못하면 소인이 함부로 빈객을 접촉하여 곤경에 빠트리게 할 가능성이 크다.

15 도리(道理) 혹은 의리(義理)라는 측면에서 바깥의 빈(손님)에게 미치지 않아야 한다는 말이다. 의리(義理)상 바깥까지 미치지 않는다는 말은 구이가 중용의 덕을 가진 군자의 의리로 초육을 잘 다스려 음이 앞으로 나아가는 것을 막는다는 것으로 바깥에 있는 양에게까지 음이 미쳐서는 안 된다는 의미이다. 이에 대해 정이천은 『이천역전』에서 “이가 초를 만남에 바깥에 딴 마음이 있게 해서는 안 되니, 마땅히 꾸러미에 물고기가 있는 것 같이 하여야 한다. 꾸러기의 물고기는 의리상 손님에게 미칠 수 없는 것이다(二之遇初, 不可使有二於外, 當如包苴之有魚, 包苴之魚, 義不及於賓客也)”라고 하였다.

상전에 말하기를 꾸러미에 고기가 있듯이 한다는 것은 의리상 바깥에 미치지 못함이다.

九三은 臀无膚나 其行은 次且니 厲하면 无大咎[16]리라.
구삼 둔무부   기행   자저   려   무대구

백 九三, 脤无膚, 其行郪胥. 厲, 无大咎.
구삼 신무부   기행처서   려 무대구

구삼은 엉덩이에 살이 없으며 그 행함을 자꾸 머뭇거리니, 위태롭게 여기면 큰 허물은 없을 것이다.

백 껍데기가 없는 고기로 사직(社稷)에 제를 올리고 처(郪)에서 나오는 가장 좋은 게장(胥)으로 제수 음식으로 삼았다. 위태하나 큰 재난이 없다는 점괘를 얻었다.

---

16 이 구절은 쾌괘(夬卦) 구사에서 말하는 것과 동일하다. 또 곤괘(困卦) 초육(臀困于株木)에서도 엉덩이에 관한 얘기를 하고 있다. 『주역절중』에서 이간(李簡)은 "움직이지 않고 앉아 있으면 엉덩이는 아래에 있기 때문에 곤괘 초육에서 엉덩이를 말한다. 움직일 경우 엉덩이는 중간에 있기 때문에 쾌괘와 구괘는 삼효와 사효에서 엉덩이에 대해서 말한다(居則臀在下, 故困初六言臀. 行則臀在中, 故夬姤三四言臀)"라고 하였다. 엉덩이에 살이 없어서 행동이 자꾸 머뭇거리는데, 이것은 쾌괘(夬卦) 구사의 효사와 똑같은 내용을 가지고 있다. 쾌괘를 반대로 하면 구괘(姤卦)가 되는데, 쾌괘의 구사가 바로 구괘의 구삼에 해당한다. 구삼은 강효로 강의 자리에 있어 지나치게 강하고, 내괘(內卦)의 중(中)의 위치로부터 벗어나 중용의 도리를 행할 수 없다. 구삼은 계속적으로 음을 구하는데 이것은 자연적인 욕망이기도 하고, 또 정황상으로는 아래의 초육이 구이와 서로 만나면서 또 위로 계속 자기 욕심을 추구하기 때문에 더욱 그러하다. 상구 또한 양으로 구삼과 상응할 수 없기 때문에 구삼은 진퇴양난의 입장에서 좌불안석(坐不安席)하여 앞으로 나아가지 못하고 주저주저한다. 그러나 음과 서로 만날 수 없고 또 소인으로부터 어떤 해를 아직 입지 않고 있기 때문에, 비록 고립무원하고 위험은 있으나 큰 어려움은 없을 것이라고 말한다.

象曰 其行次且는 行未牽也¹⁷라.
상 왈 기 행 자 저　　행 미 견 야

상전에 말하기를 그 행함을 자꾸 머뭇거리니 나아가는 데 있어 (재촉하여)
끌려 나아가지 않음이라.

九四는 包无魚니 起凶¹⁸하리라.
구 사　　포 무 어　　기 흉

백 九四, 枹无魚, 正兇.
구 사　　포 무 어　　정 흉

구사는 꾸러미에 고기가 없으니 흉함이 일어나리라.

---

17 초육에 견인(牽引)되는 것이 구이처럼 그렇게 강력하지 않음을 말하고 있다. "견(牽)"은
끌려나간다는 뜻이다. 구삼의 "그 행함을 자꾸 머뭇거리니(其行次且)"라는 말은 생각은
초육을 만나고 싶어 하지만 아직은 만나지 못하고 있는 상황을 말한다. 이 때문에 초육
에 의해 끌려가지 않고 있다. 초육의 「상전」에서는 "유의 도에 끌려 나간다(柔道牽也)"
라고 하였는데, 이것은 음에 의해 보다 직접적으로 견인된다는 말이다. 이 효의 소상전
에서는 "나아가는 데 있어 (재촉하여) 끌고 나아가지 않음이라(行未牽也)"라고 하여, 그
뜻이 서로 반대되어 구삼이 음에 의해 끌려가는 일이 없다는 것을 말하고 있다. 이에 대
해 정이천은 『이천역전』에서 "처음의 뜻이 초와의 만남을 구하는 데 있기 때문에 그 가
는 것이 더디다. 아직 끌려가지 못한다는 것은 그 가는 것을 빨리하지 않는 것이니 이미
위태로움을 알고 고쳤기 때문에 큰 허물에 이르지 않는 것이다(其始志在求遇於初, 故其
行遲遲. 未牽, 不促其行也, 旣知危而改之, 故未至於大咎也)"라고 하였다.
18 구사는 초육과 상응하지만, 이미 초육이 구이에 둘러싸여 구사와는 만날 수 없게 되어
버렸다. 그러나 이런 상황을 초래한 원인을 남의 탓으로만 돌릴 수는 없다. 왜냐하면 실
은 구사는 초육의 음을 제지할 수 있는 능력이 없다. 구사는 양으로 음의 자리에 있고 또
중정하지 못하여 음을 수용할 수도 없고 제지할 수도 없다. 그래서 구이의 "꾸러미에 고
기가 있듯이 하면(包有魚)"이라는 뜻과는 서로 상반되게 "꾸러미에 고기가 없으니(包无
魚)"라고 말한다. 이 효는 마땅히 음을 견제하는 임무를 가지고 있으나, 그것을 올바로
행하지 못해서 "꾸러미에 고기가 없으니"라고 말한다. 이 효는 포용하는 도량이 없고 더
욱이 음유의 소인을 제지할 수 있는 좋은 방법도 가지지 못하기 때문에 "흉함이 일어나
리라(起凶)"라고 말한다. "흉함이 일어나리라"는 말은 흉이 생긴다는 뜻으로 쾌괘 구삼
에서 말하는 "흉함이 있으나(有凶)"라는 말과 의미상으로 똑같다.

백 주방에 고기가 없으니 출병하여 정벌하는 것은 위험하다.

象曰 无魚之凶은 遠民也[19]일새라.
상 왈 무 어 지 흉　　원 민 야

상전에 말하기를 꾸러미에 고기가 없으니 흉하다는 것은 백성이 멀리 있다
는 것이다.

九五는 以杞包瓜[20]니 含章이면 有隕自天[21]이리라.
구 오　　이 기 포 과　　　　함 장　　　　유 운 자 천

---

19 구사는 본래 초육과 상응하여 자기를 따르는 백성이 있다. 그러나 초육과 구이는 바로
인접해 있어서 서로 만나고 친하여 초육의 백성이 구이를 따르게 되어 버렸다. 구사가
분명히 백성을 가지고 있음에도 불구하고 현실적으로 없다는 것은 구이에 비해서 초육과
더 멀리 떨어져 있기 때문이다. 이처럼 민중의 지지가 없는 상황에서 행동을 하면 흉함
이 있을 수밖에 없다. 또한 이 효의 경우는 행동해서는 안 된다. 구이는 하괘의 중위(中
位)에 자리하고 있지만, 구사는 중위에 자리하지 못하고 또 부정위이기 때문이다. 초육
이 만약 물고기로 상징된다면 그 물고기 역시 구이에 점유되었기 때문에 구사는 "꾸러미
에 물고기가 없는" 상이 되어 버린다.

20 이 구절에 대한 해석은 매우 분분하다. 우선 가장 문제가 되는 것이 "기(杞)"를 무엇으
로 볼 것인가 하는 것이다. 예를 들면 마융은 큰 나무(大木)로, 우번은 기류(杞柳, 냇버
들)로, 왕필은 구기(枸杞) 등으로 해석하고 있고, 정이천이나 주자는 마융의 관점과 비
슷하게 키가 크고 잎이 큰 나무 또는 키가 크고 견실한 나무 등으로 표현하고 있다. 또
"기"를 "포(包)"와 연결하여 말하면 더욱 복잡한 문제들이 생긴다. 정이천은 "구오가 지
극히 높은 임금 자리에 앉아서 아래에 있는 현명한 인재를 구하니, 지극히 높은 자로서
지극히 낮은 자를 구함은 마치 기나무 잎으로 호박을 싸는 것과 같으니(九五尊居君位而
下求賢才, 以至高而求至下, 猶以杞葉而包瓜)"라고 하여, 현자를 구하는 군주의 입장
으로 이야기하고 있다. 주자는 "호박은 음물로 아래에 있는 것이니, 달고 아름답고 잘 물
러터지며, 기(杞)는 높고 크며 견실한 나무이다. 오가 양강중정으로 위에서 괘의 주체가
되어 아래로 처음 생겨 반드시 물러터질 음을 방지하니 그 상이 이와 같다. 그러나 음양
이 번갈아 이김은 시운의 상도이다(瓜, 陰物之在下者, 甘美而善潰, 杞, 高大堅實之木
也. 五, 以剛陽中正, 主卦於上而下防始生必潰之陰, 其象如此. 然陰陽迭勝, 時運之
常)"라고 하여, 음이 물러터지는 것을 방지하는 것, 즉 양이 음을 제지하는(制陰) 각도
에서 말하고 있다. 또 기류나무의 가는 줄기를 이용하여 만든 바구니로 땅에 떨어져 있
는 감미롭고 물러 터지기 쉬운 호박(初六)을 보관하여 담고 있는 것으로 해석하기도 하

白 九五, 以杞, 枹苽含章, 或塤自天.
구 오　이 기　포 고 함 장　혹 훈 자 천

구오는 기나무가 호박을 감싸니, 아름다움을 머금으면(포용하면) 하늘로부
터 떨어지는 것이 있을 것이다.

白 떡갈나무와 산수국(山水菊)에서 꽃이 피는 것을 가장 크게 꺼린다. 하
늘로부터 나발(塤) 소리가 들려 왔다.

는데(이마이 우사부로의 『역경』 886쪽을 참고 바람), 이는 호박을 오랫동안 보존하는데
이런 용기가 효과가 있다는 점에서 상당히 설득력 있는 해석으로 보인다. 이런 다양한 해
석 가운데 우선적으로 생각하여야 할 것은 음과 양이 가지고 있는 기본적인 성격과 두 가
지 식물의 관계일 것이다. 구괘는 "암퇘지(豕)", "생선(魚)", "호박(瓜)"을 통하여 음을
상징하고 있다. 기나무는 군락을 이루고 있는데 성질이 강인하고 수명이 길고, 호박은 다
른 나무에 붙어 기대어야(附麗) 생존할 수 있는 성질이 부드러운 식물로 소인(小人)이 가
지고 있는 성질을 상징한다. 이는 바로 강인한 다섯 양이 몰려 있는 기나무와 아래에 있
는 일음(一陰)인 호박이 위로 올라가고 있는 모습을 잘 표현하고 있는 것으로 보인다.

21 이는 마치 위에 있는 존위(尊位)의 사람이 소인을 포용으로 감싸주면 스스로 떨어져 나
가는 것과 같다. 호박이 무르익어 꼭지가 저절로 떨어지는 것처럼 임금이 중정(中正)의
도로 대하면 소인이 스스로 자복(自服)하여 복종한다는 것을 상징적으로 말하고 있다.
"아름다움을 머금는다는 것(含章)"은 문채를 안에다 품고 있다는 의미이다. 구오는 양으
로 중정하며 군주의 위치에 자리하여 이 괘의 주체로 올바름과 힘을 가지고 있다. 아래
에 소인이 있으나 크게 걱정하지 않고 오히려 소인을 완전하게 포용하고 있다. 호박이
땅위에 걸려 있는 것은 음에 속하는 것인데, 감미로우나 쉽게 부패할 가능성이 크다. 그
러나 구오가 가지고 있는 도덕적인 능력은 부패하는 것을 미연에 방지할 수 있다. 이것
을 소인과 군자의 승패를 가지고 비유하면, 피할 수 없는 변화 상태에서 구오는 항상 자
신의 미덕을 가지고 소인이 그 세력을 넓히려고 하는 것을 포용하기도 하고 냉정하게 막
기도 하는 것에 해당한다. 이렇게 자신의 미덕을 속에 넣고 조용히 기다리면 호박이 익
어 꼭지가 떨어져 지상에 떨어지는 것처럼 좋은 결과가 나오게 되는 것이다. 이것은 마
치 하늘에서 운성이 갑자기 하늘로부터 떨어지는 것과 같은 경우로 초육의 음은 마침내
제압되는 것이다. 이에 대해『주역절중』은 "오는 괘의 주효로 음과 친하고 가까이 하지
도 상응하지도 않기 때문에 '여자를 취하지 마라'는 뜻을 얻게 되는 것이다. 음과는 비록
친하지도 않고 상응하지도 않으면서 주효이기 때문에 음을 제압하는 임무를 가지고 있다
(五爲卦主, 而與陰無比應, 得卦勿用取女之義也. 夫與陰雖無比應, 而爲卦主, 則有制
陰之任焉)"라고 하였다.

象曰 九五含章은 中正也요
상 왈 구 오 함 장　중 정 야

상전에 말하기를 구오가 아름다움을 머금는다는 것은 중정함이요,

有隕自天은 志不舍命也²²일새라.
유 운 자 천　지 불 사 명 야

하늘로부터 떨어지는 것이 있음은 뜻이 천명(天命)을 버리지 않았기 때문
이다.

上九는 姤其角이나 吝하니 无咎²³니라.
상 구　구 기 각　　린　　무 구

囲 尙九, 狗其角. 隣, 无咎.
상 구　구 기 각　린　무 구

---

22 "아름다움을 머금는다는 것(含章)"은 아름다움을 안에 머금고 바깥으로 드러내지 않는
것을 말한다. 왜냐하면 구오는 중정의 덕을 지니고 있어 아름다움이 있지만 상응하는 것
이 없어서 안에 담고 있는 미덕을 끄집어낼 방법이 없기 때문이다. "아름다움을 머금는
다는 것"은 구오가 중정의 위치에서 그 본래의 덕성을 바꾸지 않고 기다린다는 의미이다.
천명(天命)을 저버리는 자들은 의지가 강하지 못한 사람이고, 의지가 강한 사람들은 하
늘도 그들을 따른다.

23 "뿔(角)"은 동물의 가장 위에 있는 부위로 매우 딱딱한 것을 상징한다. 상구는 동물의 뿔
처럼 강하고 또 괘의 가장 상위에 있는 것을 상징한다. 상의 자리는 본래 무위(無位)이
기 때문에 상구는 고립되어 있다. 비록 서로 만나는 때이기는 하나 초육과는 거리가 너
무 멀고, 그 자체 또한 강인하여 함부로 나아가지 않아 초육과는 만나기가 어렵다. 그러
나 소인과 접촉하지 않아 비록 편협하다고 하는 조롱을 받을 수는 있으나, 소인에 의해
서 오염되는 걱정은 없기 때문에 재난도 있을 수 없다. 이에 대해 호병문은 『주역본의통
석』에서 "구삼은 강으로 하괘의 상위에 있어서 초효의 음과는 만나지 않기 때문에 비록
위태하다고 하나 큰 허물은 없다고 하였다. 상구는 강으로 상괘의 상위에 있어서 초음과
는 만날 수가 없기 때문에 비록 부끄러움은 당할 수 있으나 허물은 없다고 말한다. 만난
다는 것이 본래 바른 것이 아니기 때문에 만나지 않는 것이 허물이 되기에는 부족하다(九
三以剛居下卦之上, 於初陰無所遇, 故雖屬而無大咎. 上九以剛居上卦之上, 於初陰亦
不其遇, 故雖吝而亦無咎. 遇本非正, 不遇不足爲咎也)"라고 하였다.

상구는 만남에 그 뿔이니(그 뿔에서 만나니) 부끄러우나 허물은 없다.

象曰 姤其角은 上窮하여 吝也²⁴라.
상 왈 구 기 각　 상 궁　 린 야

상전에 말하기를 만남에 그 뿔이라는 것은 위가 궁해서 부끄러운 것이다.

* 구괘의 의미와 교훈

구괘(姤卦)가 이야기하려고 하는 것을 두 가지 측면에서 볼 수 있다. 괘사는 거시적 측면에서 말하고 효사는 미시적 측면에서 양이 음을 제지하는 것, 즉 군자가 소인을 통제하는 원칙에 대해 말하고 있다. 구가 말하는 의미는 유가 강을 만나는 것이고, 음이 점차로 강성해지고 양은 점차로 줄어들기 때문에 구의 상황은 결코 좋은 것도 아니다. 그래서 구(姤)라는 이름 역시 좋은 의미만을 가지고 있지는 않다.

그러나 하기에 따라서는 구는 또한 좋은 일이고 또 좋은 이름일 수도 있다. 왜냐하면 자연계와 인류 사회에서 구라는 것은 없을 수가 없기 때문이다. 이를테면 천지도 음양이 서로 만나는 것이고, 군신도 음양이 서로 만나는 것이고, 남녀 역시 마찬가지이다. 음과 양이 만나는 것이 바로 구이다. 구가 있고 난 후에 만물의 생장이 있고, 사회의 안정과 인류의 번

---

24 "만남에 그 뿔이라는 것(姤其角)"은 군자가 구괘의 끝에 처해서 음을 만나지도 않고 제지하지 않아, 비록 허물은 없으나 부끄러움은 면할 수 없다는 점을 말하고 있다. 왜냐하면 이것은 구괘의 극단의 자리에 위치하고 있기 때문이다. 이미 가장 높은 극단에 있기 때문에 스스로 보기는 높게 볼지 모르나 편협하다는 치욕을 당할 가능성이 있다는 의미이다.

영이 있는 것이다. 양은 좋은 것이라고 하나, 음이 없이는 어떤 것도 할 수가 없다. 음과 양이 서로 필요로 하고 서로 얻음이 있어야 이 세계가 존재할 수 있다. 그런데 문제는 음과 양의 관계는 영원한 변동 가운데에서 음이 자라나면 양이 줄어들고, 양이 늘어나면 음은 줄어드는 성쇠(盛衰)와 소식(消息)의 끝없는 과정 속에 있다는 것이다.

여기에서 어떻게 음양소장이라는 법칙을 장악, 조절, 이용하는가 라는 문제가 생긴다. 따라서 사람들은 음양변화의 기미(幾微)를 분명히 관찰하여 조심스럽게 행동하고 변화를 자신에게 최대한으로 유리한 쪽으로 발전시켜야 한다. 어떻게 기미를 분명하게 관찰하고 행동을 신중하게 하여 음양의 변화를 자신에게 유리하게 할 것인가라는 문제가 여섯 개의 효사에 반영되어 있다.

구괘의 효사는 음양의 관계를 군자와 소인의 문제에다 구체적으로 적용하고 있다. 소인이 점차로 성해가고 군자의 세력이 점차 쇠락해지는 상황에서 군자가 소인을 어떻게 통제할 것인가 라는 문제는 결코 간단하지가 않다. 특히 여섯 효사 가운데 구오의 관점이 가장 중요하다. 군자가 세력을 가진 소인을 대할 때에는 마치 버들잎으로 호박을 싸듯이 먼저 그것을 둘러싼 후에 스스로 떨어지기기를 기다려야 한다. 호박은 익으면 자동적으로 떨어지는 것처럼 소인 또한 그러하기 때문이다.

구괘는 사물이 서로 만나는 이치를 말하고 있다. 그러나 괘사의 설명방식은 일종의 반증(反證)이다. 먼저 "여자가 강성하니(女壯)"라는 비유를 통하여 괘 중 초육의 음과 위의 다섯 양의 관계를 한 여자가 다섯 남자를 만나는 것으로 비유하고, 나아가서 사람들에게 이런 여자와 결혼해서는 안 된다는 것을 경계하고 있다. 이처럼 서로 만나는 도리는 반드시 예에 합치하고 바름을 지켜야만 할 것을 강조하고 부정당한 우합(遇合)을 나쁜 것으로 비판하고 있다.

45. ䷬ 택지췌(澤地萃, 백 卒 第四十三)

1) 괘의 순서

췌괘(萃卦)가 구괘(姤卦)의 뒤에 오는 것에 대해 「서괘전」은 "구는 만나는 것이니 사물은 서로 만난 뒤에 모이기 때문에 췌괘로 받았고, 췌는 모이는 것이다(姤者遇也. 物相遇而後聚, 故受之以萃, 萃者聚也)"라고 하였다. 사물은 모두 우연히 만난 후에 비로소 함께 모일 수 있다. 일단 서로 다른 것들이 만난 이후에 특정한 집단이나 무리를 이루게 되기 때문에 구괘 다음에 췌괘가 오는 것이다.

2) 괘명의 의미

"췌(萃)"는 자의상으로 『설문해자』에서 "췌는 풀의 모습이다(萃, 草貌)"라고 하였는데, 단옥재(段玉裁, 1735-1815)는 『설문해자주』에서 "역의 단전에서 췌는 모이는 것이라고 하였다. 이것은 응용한 뜻이다(易象傳曰萃, 聚也. 此引伸之義)"라고 하였다. 풀의 모습이라고 하는 말은 실제로는 풀이 모여서 자라는(叢生) 모습을 말한다. 췌의 뜻은 모인다는 뜻과 결합의 의미를 가지고 있다. 췌라는 말은 본래 "졸(卒)"에서 나온 것으로 "졸"의 의미는 병졸이나 새싹이 모이는 의미를 가지고 있다. 『주역정의』에서는 "췌는 모이는 것으로 취집(聚集)의 뜻을 가지고 있다(萃, 聚也, 聚集之義也)"라고 하였다. 이런 관점들에 근거하면 췌라는 괘명의 함의는 취집(聚集)과 취합(聚合)의 뜻을 가지고 있다.

괘 속에서는 종묘의 제사에 대해서 자주 말하고 있는데, 이것은 고대사회의 특수한 정치문화의식에서 나온 것이다. 은나라나 주나라 시기에 하나의 왕국을 창건하기 위해서는 먼저 수도를 세워 사람들을 이주하게 하여야 한다. 나라를 세우고 수도를 세울 때 먼저 세우는 것이 종묘이고, 그 다음이 궁실이다. 종묘는 국가의 정치적 핵심이고, 또한 천명이나 조상의 보우(保佑)나 인민들의 신앙 등은 모두 종묘와 관련이 있다. 종묘가 없으면 정치적 핵심과 지도라는 것은 있을 수 없다. 종묘가 있어야 비로소 백성들의 마음을 취합할 수 있고 중지(衆志)를 모을 수 있는 것이다. 그러므로 종묘를 말하는 것은 실제로는 백성들을 취합하는 도리를 이야기한 것이라고 할 수 있다.

3) 괘상의 의미

이 괘는 하괘가 곤괘(坤卦)로 순(順)이고, 상괘는 태괘(兌卦)로 기쁨을 의미한다. 즉 기쁜 마음으로 순종하는 것으로 편안하게 자리하여 즐겁게 일에 종사함을 상징한다. 여기에서 취집(聚集)의 의미가 나온다. 또 상괘 태(兌)는 못이고 하괘 곤은 땅을 상징하여 물이 지상에서 모여 못을 이루어 만물을 윤택하게 하고 백성들이 편안히 살 수 있게 하는데, 이것으로 모으는 의미를 비유한다.

이외에 이 괘의 구오는 강하고 중정하여 유순 중정한 육이와 중정이라는 덕을 가지고 사람들을 취집하고 있다. 그러므로 췌라고 말하고 만물이 모여서 함께 있는 것을 상징한다.

췌괘의 괘상으로 가장 뚜렷한 것은 지상에 있는 물이 못으로 흘러들어가는 상징이다. 이것은 민심을 한곳으로 모으고 뜻을 모으는 의미를 담고 있다. 여기에서 췌괘는 단결과 뜻을 모으는 것에 대해 이야기하고 있다.

萃는 亨**[1]**王假有廟**[2]**니
췌　　형　왕격유묘

백 卒, 王叚有廟,
졸　　왕가유묘

경의 의미 : 췌는 제사를 거행할 수 있고 왕이 친히 사당에 간다.

전의 해석 : 췌는 (형통하니) 왕이 사당에 가는 것이니,

백 졸(卒)은 왕이 마침내 종묘에 도달하니,

利見大人하니 亨하고 利貞**[3]**하니라.
이 견 대 인　　　형　　　이 정

---

1 많은 주석본들은 이 글자를 연문(衍文)으로 보고 있다. 주자나 정현, 우번 등은 모두 이
런 관점을 가지고 있다. 실제로 『백서주역』의 췌 글자 아래에도 이 "형(亨)"자가 없다.

2 "假"의 발음은 "격(格)"이고, 뜻은 "지(至)"이다. 백서주역에서는 "가(叚)"로 쓰고 있는
데 "格"과 같은 자이다. "사당을 두는 것(有廟)"은 다른 것이 아니라 "묘(廟)"의 뜻으로
"유(有)"자는 특별히 다른 뜻이 있는 것은 아니다. 그러므로 "왕격유묘(王格有廟)"는 왕
이 종묘에 간다는 말이다. 그러나 정이천은 이 구절을 "왕이 사당을 둠에 지극히 함이니"
라고 해석한다. 왕이 왜 종묘에 가는가? 제사를 지내기 위해서이다. 고대 국가에서 큰 일,
예를 들면 전쟁을 하기 위해 출정할 경우 천자나 제후는 반드시 종묘에 가서 조상에게 제
사를 올려 그가 전쟁을 하기로 결정했음을 표시하고 조상들의 유지를 다시 한 번 되새기
고 그것에 부합하려고 한다. 이를 통하여 사람들의 생각을 통일하고 단결을 도모한다. 췌
괘 괘사의 주된 의미는 바로 천하 사람들의 뜻을 모으고 단결시키는 데 있다. 옛날 사람들
은 천하의 사람들을 취합(聚合)하는 가장 유용한 방법을 종묘의 제사에 참여시키는 것으
로 보고 있다. 김경방 『주역전해』 355쪽 참조 바람.

3 군중들을 하나의 뜻으로 모아야 다스리는데 어려움이 없다. 만약 이런 일을 바르게 처리
하지 못하면 혼란에 빠진다. 그 때문에 어떤 빼어난 인물이 출현하여 군중을 잘 이끌어 나
가야 모든 일이 잘 풀릴 수 있다. 이런 군중의 뜻을 모으는 데 가장 중요한 것은 동기가
정당한 것이 첫번째 조건이 된다. 동기가 바르지 않으면서 억지로 모으려는 것은 오히려
재앙을 초래하여 해만 있고 이익이 없을 가능성이 크다. 대인(大人)은 괘 중에서 구오를
말하는데 아마도 천자나 제후 등의 가장 높은 통치자의 지위에 있는 자를 말하는 것으로

백 利見大人, 亨, 利貞.
　　이 견 대 인　형　　이 정

경의 의미 : 대인을 보는 것이 유리하니 제사를 지내고 이로운 점을 얻었다.

전의 해석 : 대인을 보는 것이 이로우니 형통하고 바르면 유리하다.

백 여러 신하들이 임금을 만나보는 것에 이롭고 또 점친 결과도 이롭다.

用大牲이 吉하니 利有攸往[4]하니라.
용 대 생　길　　이 유 유 왕

백 用大牲, 吉. 利有攸往.
　　용 대 생　길　　이 유 유 왕

경의 의미 : 제사를 지낼 때 큰 희생을 사용하면 길하다. 가는 바를 두면 이롭다.

보인다. 사람이 모이면 어지러워지고 물건이 모이면 서로 다투기 때문에 훌륭한 능력을 가진 대인의 통치는 필수적으로 요청된다. 그렇지 않으면 취합(聚合)하여 모인다는 것이 오히려 혼란과 쟁탈로 변해 버릴 것이다. 취합은 반드시 정당하여야 한다. 올바름으로 하지 않으면 그것은 결코 공고하지 못한 모임이 될 것이기 때문이다.

4 "큰 희생(大牲)"은 제사에 소를 제물로 올리는 것을 말한다. 동물의 고기를 이용하여 제사에 올리는 것을 희생(犧牲)이라고 말한다. 희생에 자주 사용하는 것으로는 소, 양, 돼지 등이 있다. 소가 가장 크기 때문에 대생(大牲)이라고 말한다. 이것을 「설괘전」의 상(象)으로 말하면 하괘의 곤(坤)은 소이고, 상괘의 태(兌)는 자른다는 것가 입의 뜻을 가지고 있다. 말하자면 소의 고기를 잘라 제사에 사용하는 것을 의미하기 때문에 대생이라고 말한다. 대생을 이용하여 제사 지내는 것이 가장 길하다. 국가가 부유할 때 이런 대생을 사용할 수 있다. 그래서 췌괘의 의미에는 많은 물자를 모은다는 뜻이 들어 있다. 이런 시기에 제사는 반드시 대생을 사용하고 소생(小牲)을 사용하지 않는다. 고대의 제사는 국가의 대사인데, 비록 말하는 것은 제사를 올린다고 하지만 실제로는 많은 일들이 여기에 포함된다. 나라에 백성들이 부유하고 물건이 풍부하기 때문에 "가는 바를 두면 이롭다(利有攸往)"라고 말한다.

전의 해석 : 큰 희생을 쓰는 것이 길하니 갈 바를 두면 이로우니라.

🄱 제사를 지낼 때 큰 소를 희생으로 사용하면 어떤 일을 시행하는 데 이롭다.

象曰 萃는 聚也니 順以說하고 剛中而應이라 故로 聚也⁵니라.
단왈 췌　취야　　순이열　　강중이응　　고　취야

단전에 말하기를 췌는 모으는 것이니, 따르고서 기뻐하며 강(剛)이 중에 있어서 상응한다. 그러므로 모인 것이다.

王假有廟는 致孝享也⁶요
왕격유묘　치효향야

왕이 사당에 가는 것은 효도로 제사를 지극하게 함이오,

---

5 상하괘의 특성을 조합하고 주효인 구오를 가지고 취합하는 원인에 대해 설명하고 있다. "따르고서 기뻐하며(順以說)"라는 말은 백성들이 기뻐하면서 따르는 것이 취합할 수 있는 첫 번째 조건이 된다는 것을 말한다. "강이 중에 있어서 상응한다(剛中而應)"는 말은 구오와 육이가 서로 상응하는 것을 말한다. 구오는 상괘의 중에 있고, 육이는 하괘의 중에 있어서 천하의 민중들의 뜻을 모으는 의미를 가지고 있어서 전체 괘의 핵심이 된다. 이런 조건을 가지고 있기 때문에 능히 취합할 수 있어 "그러므로 모인 것이다(故聚也)"라고 말한다.

6 군왕이 종묘에 가는 것은 선왕(先王)에 대해 충효를 표현하여 제사를 지내는 것을 말한다. 여기에서 말하는 "형(亨)"은 "향(享)"의 뜻으로 보아야 한다. 이에 대해 정이천은 『이천역전』에서 "왕이 인심을 모으는 도가 종묘를 세우는 데 이른다는 것은 효도로 제향하는 정성을 지극히 하려는 것이다. 제사는 인심이 스스로 다하는 것이므로 천하의 마음을 모음은 효향만한 것이 없으니, 왕이 천하를 모으는 도가 사당을 둠에 이르면 극진한 것이다(王者萃人心之道, 至於建立宗廟, 所以致其孝享之誠也. 祭祀人心之所自盡也, 故萃天下之心者无如孝享, 王者萃天下之道至於有廟則其極也)"라고 하였다. 즉 마음으로는 지성(至誠)을 다하고, 물질적으로는 최고의 풍성한 제물을 준비하여 제사를 올리는 것을 말한다.

利見大人亨은 聚以正也[7]일새오
이 견 대 인 형　　취 이 정 야

대인을 보는 것이 이로우니 형통하다는 것은 바름으로써 모으는 것이요,

用大牲吉利有攸往은 順天命也[8]니
용 대 생 길 이 유 유 왕　　순 천 명 야

큰 희생을 쓰는 것이 길하니 갈 바를 두면 이롭다는 것은 천명에 따르는 것이다.

觀其所聚而天地萬物之情을 可見矣[9]리라.
관 기 소 취 이 천 지 만 물 지 정　　가 견 의

그 모이는 바를 보면 천지만물의 실정(實情)을 볼 수 있다.

---

7 여기에서 말하는 "대인(大人)"은 보통사람이 아니라 통치계급을 지칭한다. 통치계급이라야 천하의 사람들을 효과적으로 모을 수가 있기 때문이다. 왕공이나 대인이 천하의 사람들을 모으는 데 있어 가장 중요한 것은 정도(正道)로 하는 것에 있다.

8 사물이 모이는 풍요로운 때이기 때문에 정성스럽게 예물을 바치고, 정도를 가지고 사람을 모으는 데는 천명의 자연스러움에 따라야 한다. 물자가 풍부한 시기에는 그 사용을 풍부하게 하여야 하지만 물자가 부족한 때에는 그 쓰임새를 줄여야 한다. 췌의 시기는 물자가 풍부한 때로 사람들의 소비나 쓰임새가 모두 풍족하기 때문에 제사에서도 마땅히 대생(大牲)을 써야 한다. 이런 때에는 마땅히 큰 사업을 할 수 있고 또 그런 사업을 실천해야 하는데, 이것은 시대적 조건이나 환경을 따르는 것으로 이른바 "천명을 따르는 것이다(順天命也)"라고 할 수 있다. 김경방의 『주역전해』 356쪽 참조 바람.

9 천인(天人)이 모이는 이법을 잘 살펴보면 천지의 화육, 만물의 생성의 실상을 뚜렷하게 살펴볼 수 있다. "그 모이는 바를 보면(觀其所聚)"이라는 말은 천하 만물이 어떻게 모이는가 하는 것을 관찰함을 말한다. "실정을 알 수 있다(天地萬物之情可見矣)"는 말은 그 모인 사물들의 정확한 상황을 파악하는 것을 말한다. 천지만물은 방향이나 성격에 따라 나누기도 하고 합치기도 한다. 즉 만물의 분합(分合)은 자연과 사회를 연구하는 하나의 중요한 방법이다. 이런 방법은 세계를 관찰하고 세계를 인식하는 데 있어서 가장 필요한 인식 수단이 된다.

象曰 澤上於地萃니 君子以하여 除戎器하여 戒不虞¹⁰하니라.
상 왈 택 상 어 지 췌   군 자 이   제 융 기   계 불 우

상전에 말하기를 못이 땅 위에 올라가 있는 것이 췌니, 군자는 이를 본받아 병기를 소제(掃除)하여 (헤아리지 못한) 불의의 사태를 경계한다.

初六은 有孚나 不終이면 乃亂乃萃¹¹하릴새 若號하면
초 육   유 부   부 종   내 난 내 췌   약 호

一握爲笑하리니 勿恤하고 往하면 无咎¹²리라.
일 악 위 소   물 휼   왕   무 구

---

10 "제(除)"는 수리하고 정비하는 것을 말한다. "융기(戎器)"는 병기를 말한다. "불우(不虞)"는 뜻밖의 재난이다. 정이천은 『이천역전』에서 "못이 땅 위에 올라가 있는 것은 모이는 상이니, 군자가 췌의 상을 보고서 병기를 소제하여 예측하지 못한 상황을 경계하고 대비한다(澤上于地爲萃聚之象, 君子觀萃象, 以除治戎器, 用戒備於不虞)"라고 하였다. 예측하지 못하는 상황을 대비하는 이유는 못이 한발에 대비하여 물을 모으고 있는 상에서 나온 것으로 보인다.

11 이것은 초육이 음으로 췌괘의 시작에 자리하여 위로는 구사와 상응하고 있다. 그러나 초육 자체가 음유부정(陰柔不正)으로 그 의지가 단단하지 못하고 또 앞의 두 음이 가로막고, 구사는 삼효와 사효가 가까이에서 친하게 지낸다. 그 때문에 구사에 대한 생각이 점점 의심스러워지고, 진실한 마음 또한 끝까지 유지할 수 없게 되어 음의 무리와 제멋대로 모이는 결과에 이르게 된다. "어지럽다(亂)"는 것은 심지(心志)가 혼란스럽다는 말이다. 이에 대해 주자는 『주역본의』에서 "초육이 위로 구사와 상응하는 것은 두 음에게 막혀 있고, 췌의 때를 당하여 스스로 지키지 못하니, 이는 믿음이 있으나 끝마치지 못하는 것이니 심지가 혼란하여 망령되이 모이는 것이다(初六上應九四而隔於二陰, 當萃之時, 不能自守, 是有孚而不終, 志亂而妄聚也)"라고 하였다.

12 "호(號)"는 고함쳐 부르는 것을 말하는데, 구사와 상응함을 호소하는 것으로 볼 수 있다. "무리들이 일제히 웃으리니(一握爲笑)"라는 말은 만일 진심으로 위를 향해 고함쳐 호소하면 위의 양과 손을 잡아 다시 즐거운 상황이 될 수 있다는 의미이다. 정이천이나 주자는 "어떤 무리들이 비웃는 것"으로 해석하기도 한다. 예를 들면 주자는 "만일 정응하고 있음을 고함쳐 부르면 여러 사람들이 비웃겠지만, 다만 이것을 걱정하지 말고 가서 정응을 따르면 허물이 없을 것이다(若號呼正應則衆以爲笑, 但勿恤而往從正應則无咎矣)"라고 하였다. 초육이 처해 있는 어려운 상황을 만약 구사에게 진실로 호소할 수 있으면 구사는 반드시 돌아와 상응하여 그 두 효가 장차 서로 손을 잡고 함께 서로 기뻐할 것이다. 그 때문에 "근심치 말고 가면 허물이 없으리라(勿恤, 往无咎)"라고 말한다. 초육의

초六, 有復不終, 乃乳乃卒, 若元號一握于芙, 勿血, 往,
초 육 유 복 부 종 내 유 내 졸 약 기 호 일 악 우 요 물 혈 왕

无咎.
무 구

초육은 마음속에 진실함이 있으나 끝마치지 못하면(마음속의 진실함이 끝까지 유지되지 못하면) 어지러워졌다가 모이니(행동이 문란하게 되고 다른 사람들과 멋대로 모이니), 만일 소리치면 무리들이 일제히 웃을 것이나(만일 진심으로 위를 향해 소리치면 위의 양과 손을 잡아 다시 즐거운 웃음을 보이니) 근심치 말고 가면 허물이 없으리라.

초육은 종점(終點)에 도달하지 못하고 돌아와서 다시 가르쳐 목적지에 이르니 온 가족이 즐겁게 웃으면서 혈제(血祭, 짐승을 죽여 제사지냄)를 지내지 않고 가서 점을 치니 재난이 없다는 결과를 얻었다.

象曰 乃亂乃萃는 其志亂也일새라.
상 왈 내 난 내 췌 기 지 난 야

상전에 말하기를 어지러워 졌다가 모이니 라는 말은 그 심지가 혼란하다는 것이다.

六二는 引하면 吉하여 无咎하리니 孚乃利用禴[13]이리라.
육 이 인 길 무 구 부 내 이 용 약

허물이나 근심거리는 의심하는 데 있다. 의심하면 심지가 어지러워서 제멋대로 모일 가능성이 크다. 그러나 진실로 마음을 바로잡아 구사와 상응하려고 한다면, 분명히 좋은 결과가 나오게 될 것이고 허물도 없을 것이다.

13 "약(禴)"은 제사이름으로 약(礿)이라고도 한다. 『예기』「왕제(王制)」편에 "천자와 제후가 종묘에서 지내는 제사 중에 봄에 지내는 것을 약이라 하고, 여름에 지내는 것을 제라

六二, 引, 吉, 无咎. 復乃利用禴.
육이 인 길 무구 복내이용탁

육이는 끌어당기면 길하여 허물이 없을 것이니, 진실한 마음이 있어야 간단한 약(禴) 제사를 지내는 것도 이로울 것이리라.

육이는 활쏘기를 연습하고 점을 쳤는데 길하고 허물이 없다는 점을 얻었다. 반복적으로 연습하면 정벌에 유리하다.

象曰 引吉无咎는 中하여 未變也[14]일새라.
상 왈 인길무구 중 미 변 야

하고, 가을에 지내는 것을 상이라 하고, 겨울에 지내는 것을 증이라고 하였다(天子諸侯宗廟之祭, 春曰礿, 夏曰禘, 秋曰嘗, 冬曰烝)"라고 했는데, 하대(夏代)와 상대(商代)의 종묘에서 봄에 지내는 제사를 약이라고 하였다. 그 후 주대(周代)에 이르면 약은 여름에 지내는 제사로 변하게 된다. 약은 비교적 간단한 제사를 말한다. 이 시기는 아직 물자가 부족한 시기이기 때문에 주로 채소류를 중심으로 하는 제수품을 마련하였다. 그러나 중요한 것은 역시 제사 지내는 사람들의 정성에 있는 것임을 말하고 있다. 이 효에서 진실함(孚)을 말하고 있는데, 이런 진실함을 통하여 제사를 올리면 신령의 보호를 받을 수 있다. 그 때문에 "진실한 마음이 있어야 간단한 약(禴) 제사를 지내는 것이 이로울 것이리라(孚乃利用禴)"라고 말한다. 육이와 구오는 서로 상응하여 분명히 서로 만나야 하나, 거리가 너무 멀고 또 음효의 포위 속에 놓여 있다. 그 때문에 반드시 구오의 인도(引導)나 끌어당김(引)이 있어야 서로 모일 수 있고 허물이 없을 수 있다. 또 육이는 정위이고 중의 자리에 있어서 그 성격이 유순하고 사심이 없고 중정(中正)한데, 상응하는 구오역시 마찬가지로 중정한 덕을 가진 군주로 표현된다. 마치 봄과 여름에 지내는 제사처럼 성심성의만 있으면 간단한 제사를 지내기만 하여도 신은 복을 내릴 수 있다고 말한다.

14 육이가 길하기 위해서는 진실함을 오랫동안 보존하고, 유순(柔順)하고 중정(中正)한 뜻을 변하지 말아야 한다. 이런 태도를 가지고 있어야 그러한 진실한 마음이 군주의 주목을 받게 되고, 또 간단한 제사만 드려도 복을 받게 된다. "중에 있어서 변화시키지 않기 때문이다(中未變也)"는 말은 중을 지키려는 마음이 아직 변화하지 않았기 때문이라는 것이다. 말하자면 육이가 중정함을 지켜 여러 음 사이에 둘러 싸여 있지만, 처음부터 끝까지 그 지킴을 변치 않았기 때문에 구오의 도움과 인도(引導)에 의한 길함을 얻을 수 있게 된다는 것이다. 이로부터 끝내 재앙이나 허물을 벗어날 수 있다.

상전에 말하기를 끌어당기면 길하여 허물이 없을 것이라는 것은 중(中)에 있어서 변화시키지 않기 때문이다(중을 지키려는 마음을 아직 변화시키지 않았기 때문이다).

六三은 萃如嗟如라 无攸利[15]하니 往하면 无咎어니와
육삼   췌여차여   무유리   왕   무구

小吝[16]하니라.
소 린

백 六三, 卒如瓩若, 无攸利. 往, 无咎, 小闢.
육삼 졸여차약 무유리 왕 무구 소 린

---

15 "모이려 하다가 한탄한다(萃如嗟如)"는 말은 모이려 하다가 뜻대로 되지 않는 상황을 설명한 구절이다. 이것은 육삼이 하괘의 가장 높은 자리에 있지만 부정위이고 불상응이고 친할 수 없는 이유는 아래의 육이는 구오와 위의 구사는 초육과 상응하기 때문에 모이려는 마음은 간절하나 그 뜻을 얻지 못한다. 그 때문에 스스로 탄식만 할 뿐으로 "이익 되는 바가 없는(无攸利)" 것이라고 말한다. 이에 대해 『주역절중』에서는 유염의 말을 인용하여 "췌의 시기에는 대인을 보는 것이 이로운데, 삼효와 오효는 상응도 없고 친하지도 못하여 모이지를 못하여 탄식하는 소리를 면하지 못하여 이로운 바가 없는 것이다(萃之時利見大人, 三與五非應非比, 而不得其萃, 未免有嗟嘆之聲, 則無攸利矣)"라고 하였다.

16 여기에서 육삼의 유일한 출로(出路)는 성격이 관대하고 유순한 상육과 서로 모이면 허물은 면할 수 있다. 그러나 기본적으로 같은 음으로 원만한 결합이 어렵기 때문에 약간의 부끄러움이 있다고 말하는 것이다. 그러므로 정이천은 『이천역전』에서 "삼과 상은 비록 음양의 상응이 아니나, 췌의 때에 같은 유로써 서로 따르니 모두 유로써 한 괘의 위에 자리했으며, 또 모두 함께 하는 것이 없으면서 상응하는 자리에 있으며, 상효는 다시 기쁨의 극에 처하였다. 그러므로 모임을 얻어 허물이 없는 것이다. 역의 도는 변동하여 일정함이 없으니 사람이 이것을 아는 데에 달려 있다. 그러나 조금 부끄럽다고 하는 것은 왜 그러한가? 삼이 처음에 사와 이에게 모이기를 구하다가 얻지 못한 뒤에 가서 상육을 따랐으니, 사람의 행위가 이와 같으면 비록 구하는 바를 얻더라도 또한 조금 부끄러울 것이다(三與上雖非陰陽正應, 然萃之時, 以類相從, 皆以柔居一體之上, 又皆无與, 居相應之地, 上復處說順之極, 故得其萃而无咎也. 易道變動无常, 在人識之, 然而小吝, 何也. 三始求萃於四與二, 不獲而後, 往從上六, 人之動爲, 如此, 雖得所求, 亦可小羞吝也)"라고 하였다.

육삼은 모이려 하다가 한탄한다. 이익 되는 바가 없으니 (어렵지만 계속) 나아가면 허물이 없거니와 조금 부끄럽다.

■백■ 육삼은 결국은 줄 곧 탄식만 하는 것은 좋을 것이 없다. 가서 점을 치니 허물도 없고 부끄러움도 적다고 하였다.

象曰 往无咎는 上이 巽也[17]일새라.
상 왈 왕 무 구　　상　　손 야

상전에 말하기를 나아가면 허물이 없다는 것은 위가 겸손하기 때문이다.

九四는 大吉이라야 无咎[18]리라.
구 사　　대 길　　　　무 구

---

17 췌괘 하괘의 두 음인 초육과 육이는 모두 상괘의 양과 모이지만, 오직 육삼만이 부중정하고 상응하는 것이 없다. 비록 이러하지만 췌의 시기에 있어서는 다만 모이는 도리 밖에 없다. 육삼은 아래에서 상효와 모이려고 하고, 상효 또한 아래의 육삼과 모이려는 의사를 가지고 있다. 육삼이 상효와 모이려고 하면 비록 약간은 부끄러움이 있으나 허물이 없을 수는 있다. 즉 육삼이 나아가 상육과 모이려는 시도를 하면 상육은 겸손하게 받아들이기 때문에 "나아가면 허물이 없다는 것은 위가 겸손하기 때문이다(上巽也)"라고 말한다. 김경방 『주역전해』 358쪽 참조 바람.

18 본 효는 부정위이고 또 존위에 자리잡고 있지는 못하나, 하괘의 세 음을 모두 모으고 있기 때문에 먼저 "대길(大吉)"한 후에 "무구(无咎)"하다고 하여, 길로 허물을 보충하는 뜻을 가지고 있다. 이에 대해 『주역절중』은 항안세의 "존위에 있지 않으면서 많은 사람들의 마음을 얻었기 때문에 반드시 크게 길하고 난후에 허물이 없을 수 있다. 예를 들면 익괘의 초구에는 아래 자리에 있으면서 큰 일을 맡으면 또한 반드시 크게 길한 후에 허물이 없을 수 있다는 말이 있다(無尊位而得衆心, 故必大吉而後可以无咎. 如益之初九, 在下位而任厚事, 亦必元吉而後可以无咎也)"는 말을 소개하고 있다. 구사는 오직 대길함을 얻어야 허물이 없을 수 있다. 여기에서 말하는 대길의 기본적인 조건은 구오와의 우호적인 관계가 선결조건이다. 이런 점에서 췌괘와 비괘(比卦)는 서로 비슷한 점이 있다. 비괘는 다섯 개의 음이 모두 하나의 양인 구오와 친하고, 췌괘는 네 개의 음이 모두 구오와 구사 두 양에 모인다. 구오와 구사의 다른 점은 구오는 존위를 얻고 있으나 구사는 그렇지 못하다. 존위를 가지고 있지 못하면서도 여러 사람의 마음을 얻고 있어서 아

백 九四, 大吉, 无咎.
구사 대길 무구

구사는 크게 길하여야 허물이 없을 것이리라.

백 구사는 점쳐서 크게 길하고 허물이 없다는 점이 나왔다.

象曰 大吉无咎는 位不當也[19]일새라.
상왈 대길무구 위부당야

상전에 말하기를 크게 길하여야 허물이 없을 것이라는 것은 위가 부당하기 때문이다.

九五는 萃有位고 无咎하나 匪孚[20]어든 元永貞이면 悔亡[21]하리라.
구오 췌유위 무구 비부 원영정 회망

래의 여러 음이 모두 그곳에 모이는데, 사실 이것은 결코 좋은 일이 아니라 쉽게 허물을 얻을 가능성이 크다. 허물이 없으려고 한다면 반드시 구오와 친하여야 한다. 이것은 마치 익괘의 초구가 아래 자리에 있으면서 큰일을 맡으면 반드시 대길하여 허물이 없는 것과 마찬가지이다.

19 "위가 부당하기 때문이다(位不當)"는 말은 보통 사(四)가 유(柔)의 자리인데 강효가 왔기 때문에 위가 부당하다고 말할 수 있다. 그런데 위가 부당한데 어떻게 대길할 수 있는가? 구사 아래는 곤괘(坤卦)이고, 곤괘는 백성 또는 민중의 뜻을 가지고 있어서 취합의 시기에 구사는 아래 세 개의 음효의 지지를 받는 상이기 때문이다. 그러나 민중은 본래 군왕인 구오에 속해야 하는데도 불구하고 신하의 자리인 구사가 모든 민중의 뜻을 가지고 있기 때문에 위는 비록 부당하지만 크게 길하다고 말한다. 췌괘는 대인이 출현하는 것을 강조하고, 취합은 대세의 흐름에 따르는 것이기 때문에 그런 점에서 구사의 경우는 잘 들어맞는다. 또 구사는 구오를 위하여 민중을 취합하기 때문에 처음에는 의심을 쌓을 수 있지만 결국에는 크나 큰 화는 입지 않게 된다.

20 구사의 문제는 무위(無位)라는 점인데 비해, 구오의 문제는 자리는 있으나 덕이 없다는 점이다. 구오는 췌괘의 주효이다. 췌의 시대에서 췌괘의 주효인 구오에게 중요한 것은 그 자리를 가지는 것이고 그 보다 더욱 중요한 것은 덕을 가지는 데 있다. 자리만 가지고 있고 덕을 가지고 있지 못하면, 천하의 사람들은 반드시 그를 믿지 않고 복종하지 않게 되는데, 이를 일러 "(여러 사람들에게) 믿음을 얻지 못하는(匪孚)" 것이라고 말한다.

九五, 卒有立, 无咎, 非復, 元永貞, 悔亡.
구 오　졸 유 립　무 구　비 복　원 영 정　회 망

구오는 모으는 데 (높은) 자리를 가지고 있고 허물이 없으나, (여러 사람
들에게) 믿음을 얻지 못하면 (군주로서 스스로 반성하여) 크게 오래 바름
을 지키면 뉘우침이 없을 것이다.

구오는 끝내 세우는 것이 있으니 비록 집에는 돌아오지 않았으나 문제
가 없다. 오직 처음처럼 오래 점을 치면 뉘우침이 없어질 것이다.

象曰 萃有位는 志未光也[22]일새라.
상 왈　췌 유 위　　지 미 광 야

상에 말하기를 췌가 자리를 가지고 있다는 것은 아직 뜻이 다 광대하게 펼
쳐지지 않았다는 것이다.

上六은 齎咨涕洟니 无咎[23]니라.
상 육　재 자 체 이　　무 구

---

21 덕이 없어서 사람들을 모으지 못한다는 것은 구오의 입장에서 보자면 매우 이롭지 못하
고, 또 후회가 있을 수밖에 없다. 이 경우에는 어떻게 해야 하는가? 유일한 방법은 자기
자신을 되돌아보고 수양하여 "크게 오래 바름을 지키면(元永貞)" 후회가 없어질 수 있
다. "원(元)"은 군주가 가지고 있어야할 하나의 덕성이다. 이런 원의 덕성에다 영원하고
바른 덕을 더할 때 군주로서의 인격은 나름대로 충분히 갖추었다고 할 수 있을 것이다.
이에 대해 주자는 『주역본의』에서 "구오가 양강중정으로 췌의 때를 당하여 존위에 거하
였으니 진실로 허물이 없을 것이다. 만약 믿지 않는 자가 있으면 또한 원영정의 덕을 닦
아 뉘우침이 없을 것이니 점치는 자에게 마땅히 이와 같이 하라고 경계한 것이다(九五剛
陽中正, 當萃之時而居尊, 固无咎矣. 若有未信則亦修其元永貞之德而悔亡矣, 戒占者
當如是也)"라고 하였다.
22 효사에 "췌가 자리를 가지고 있다(萃有位)"라고 하는 것은, 천하 사람들의 마음을 취집
하려고 하는 구오의 뜻이 아직 광대하지는 않기 때문이다.
23 『경전석문』에서는 "재자(齎咨)"에 대해서 "탄식하는 말로 정현의 주장과 똑같다. 마음은

백 尙六, 桼咨涕洟, 无咎.
상 육 　 자 자 체 이 　 무 구

상육은 탄식하며 눈물 콧물을 흘려야 허물이 없을 것이다.

백 상육은 숨을 죽이고 조심스럽게 제사에 곡식을 올리며 눈물 콧물 흐르는 것을 참는다. 점을 쳤는데 허물이 없다는 점이 나왔다.

象曰 齎咨涕洟는 未安上也[24]라.
상 왈 　 재 자 체 이 　 　 미 안 상 야

상전에 말하기를 탄식하며 눈물 콧물을 흘린다는 것은 위에서 편안하지 못하다.

* 췌괘의 의미와 교훈

췌괘(萃卦)는 모임과 단결의 문제에 대해 말하고 있다. 즉 어떻게 인재를 모으고, 재물을 모으고 권력을 모으는가 하는 문제에 대해 말하고 있

슬퍼하는 소리이고 원망하는 소리라고 말하였다(嗟嘆之辭, 鄭同. 馬云, 悲聲, 怨聲)"라고 하였다. 즉 한탄하여 슬퍼하는 소리이다. 또 『경전석문』에서 정현은 "눈으로부터 나오는 눈물을 일러 체라 하고, 코로부터 나오는 눈물을 이라고 하였다(自目曰涕, 自鼻曰洟)"라고 구분하였다. 여기에서 말하는 "제이(涕洟)는 눈물, 콧물이 함께 나오는 모습을 형용하고 있다. 상육은 비탄과 원망함으로 마음이 상하여 장탄식을 늘어놓고 눈물이 온 얼굴을 덮고 있는 모습을 말하고 있다. 상육은 췌괘의 종결로 유약하고 또 지위도 없어서 동지들을 모으려고 하나 아무도 그를 따라오지 않는다. 그 때문에 슬퍼서 장탄식을 늘어놓고 있다.

24 이것은 너무 높은 곳에 자리하여 고립무원으로 마음이 편안할 수가 없다. 그러나 비통한 가운데에도 다시 반성을 하여 왜 고립무원이 되었는가 하는 이유를 따져보아야 재앙이 발생하는 상황을 면할 수 있다. 그렇지 않으면 큰 재난이 일어나게 되어 있다.

다. 자연계의 만물은 함께 무리를 짓고 사는 가운데에서 발전하고 진화한
다. 인류의 군집(群集)이라는 문제를 통하여 췌괘는 사물이 모이고 군집
하는 이치를 말하고 있는데, 이 괘의 대의는 사람과 사람의 관계나 정치
적 관계 속에서 어떻게 서로 모이는가 하는 문제를 주제로 삼고 있다. 특
히 괘사에서는 제사라는 방식을 통하여 사람을 서로 회통하게 하고 형통
하도록 하고 있다. 그 뜻은 바로 「단전」에서 "바른 것으로써 모은다(聚以
正)"는 말로 요약할 수 있고, 또 천명에 따르면 길하다는 것 역시 중요한
의미를 가진다. 만약 바른 도에 따라서 모은다면 굳건한 단결력을 가진
모임이 될 수 있지만, 그렇지 못하면 혼란만 초래하게 될 것이다.

　전체 여섯 효의 의미를 가지고 말하면 어떠한 효에서도 흉한 상은 나타
나지 않았다. 비록 상육이 모으려다 실패하였지만 스스로 위태로움을 미
리 알기 때문에 해로움을 면하고 있다. 한마디로 말하여 췌괘의 여섯 효
에는 대부분 '무구(无咎)'라는 말이 있다. 이것은 췌괘의 특색으로 여섯
효가 상응이든 불상응이든 또 당위나 부당위를 막론하고 모두 '무구'를 말
하고 있다. 이것은 결코 이상한 것이 아니다. 왜냐하면 인재를 모으고, 재
물을 모으고 권력을 모으는 가운데 재앙 역시 동시에 모일 수 있기 때문이
다. 이 때문에 췌괘의 여섯 효에서는 모두 조심하고 경계하여야 할 것을
강조한다. 그러나 이런 상황을 알고 미리 준비한다면 큰 허물은 없을 것
이다. 억지로 모으려 하지 말고 순리에 따라 사람이나 사물이 모두 유유
상종(類類相從)하여 자연스럽게 서로 모인다면 큰 허물은 없을 것이다.
이것이 바로 췌괘의 의미이다. 췌의 때에 소리 지르거나, 웃거나, 탄식하
거나, 눈물 콧물을 흘리는 것은 모두 참된 감정의 표현으로 결코 허물이
되는 것은 아니다.

46. ䷭ 지풍승(地風升, 백 登 第四十)

1) 괘의 순서

  승괘(升卦)가 췌괘(萃卦)의 뒤에 오는 것에 대해 「서괘전」은 "췌는 모이는 것이니 모여서 올라간 것을 승이라고 한다. 그러므로 승괘로 받았다(萃者聚也. 聚而上者謂之升, 故受之以升)"라고 하였다. 물건이 쌓이면 반드시 높아지고, 높아지면 위를 향해 가기 때문에 췌괘 다음에 승괘가 오게 되는 것이다. 이에 대해 정이천은 『이천역전』에서 "물건이 쌓이고 모여 더욱 높아지고 커짐은 모여서 올라가는 것이다. 그러므로 승이라 한 것이니, 이 때문에 승괘가 췌괘의 다음이 된 것이다(物之積聚, 而益高大, 聚而上也. 故爲升所以次於萃也)"라고 하였다.

2) 괘명의 의미

  "승(升)"은 상승(上昇)의 의미이다. 『주역정의』에서 "승이라는 것은 위로 올라간다는 뜻이다(升者, 登上之意)"라고 하였고, 정이천은 『이천역전』에서 "승이라는 것은 나아가서 올라가는 것이다(升者, 進而上也)"라고 하였다. 그러므로 『백서주역』에서 승괘를 등괘(登卦)로 말하는 것은 괘의 의미로 볼 때 서로 일치하는 것으로 보인다.

3) 괘의 상

승괘(䷭)의 괘상은 땅 속의 나무가 점차 자라나는 형상이다. 괘상 중에서 제일 아래의 초육은 뿌리에, 중간의 구이와 구삼은 줄기에, 그리고 상괘의 세 음효는 가지에 해당된다. 괘상으로 보면 하괘는 바람 또는 나무로 겸손의 뜻을 가지고 있고, 상괘는 순종 또는 겸손의 뜻을 가지고 있어서 충분히 상승할 능력을 가지고 있는 것으로 말하기도 한다.

升은 元亨하니 用見大人하되 勿恤[1]하고 南征하면 吉[2]하리라.
승　　원형　　　용견대인　　　물휼　　　남정　　　길

---

1 64괘의 괘사(卦辭) 중에서 "원형(元亨)"만 말하고 다른 말이 없는 괘로는 대유괘(大有卦)와 정괘(鼎卦)가 있고, 비록 다른 말은 있으나 경계사(警戒辭)가 없는 괘로는 승괘(升卦)가 유일하다. 괘의(卦義)상으로는 승괘(升卦)와 점괘(漸卦)가 비슷한지만 점괘의 경우는 기다려서 나아가야 하는 경우이고, 승괘는 현인이 어떠한 장애도 없이 올라가는 것을 말한다.(『주역절중』 참조 바람) 즉 본 괘는 현인이 때를 만나 그 지위가 상승하는 것을 말한다. 그 때문에 "크게 형통하니(元亨)"라고 말한다. 그러나 반드시 대인(大人)이 출현하여야 강중(剛中)의 미덕을 보존하여 근심하지 않을 수 있게 된다. 괘사에서 말하는 대인은 구이의 상을 가지고 말하는 것으로 보인다. 승의 시기에는 반드시 구이의 대인이 출현하여야 한다. 효의 위치에서 보면 구이는 아직 존위(尊位)에 자리하고 있지 않으나, 그는 이미 강중(剛中)의 큰 덕을 가지고 있기 때문에 대인이라고 말한다. 그러므로 대인을 보지 못할까를 걱정하지 말고(勿恤) 나아가면 된다. 이것은 건괘(乾卦)의 구이에서 말하는 "이견대인(利見大人)과 비슷하다. "용견대인(用見大人)"과 "이견대인(利見大人)"은 다르다. "이견대인"은 대인이 출현하면 유리하거나 대인을 만나면 이롭다는 뜻이다. "용견대인"은 대인을 보고서 쓰임을 얻는 것으로 그 뜻은 대인에 의해서 임용되는 상황을 말한다. 『주역정종』 375쪽 참조 바람.

2 대인을 보거나 "남쪽으로 가는 것(南征)"이라는 말은 바로 승(升)을 의미한다. 남쪽은 광명(光明)을 의미한다. 이 구절은 겸손하고 유순하면 대인을 얻게 되고 그로 인해 광명한 방향으로 전진하면 반드시 길할 것이라는 것을 말한다. "근심하지 말고(勿恤)"나 "길(吉)"이라는 것은 바로 "원형(元亨)"을 의미한다. 승의 시기에 자신의 지혜와 도덕적 수양이 성숙해진 뒤에 다시 대인을 만나면 더욱 위로 상승할 수 있다. 여기서 말하는 "남정(南征)"은 전진한다는 말이다. 전진하면 길함을 얻게 된다. 괘효의 기(氣)는 아래에서부

䷭ 登,[3] **元亨, 利見大人. 勿血, 南正. 吉.**
등　　원형　이견대인　물혈　남정　길

경의 의미 : 승은(승이라는 괘가 나오면) 큰 제사를 지낼 수 있으니 대인을 만나면 유리하고 걱정을 할 필요가 없고, 장차 이로운 바가 있을 것이니 남쪽으로 나아가면 길할 것이다.

전의 해석 : 승은 크게 형통하니, 대인을 보되 근심하지 말고 남쪽으로 나아가면 길할 것이다.

백 병사를 징집(徵集)하는 일이 잘 풀려가고 대인을 보아야만 마땅하다. 혈제(血祭)를 지내 귀신에게 고하여 남쪽으로 나아가는 것이 길한지를 물어 보았다. 길한 점이 나왔다.

彖曰 柔以時升[4]하여
단 왈　유 이 시 승

단전에 말하기를 유가 때에 따라 올라가서

터 위로 올라가는 것이 일반적이다. 하괘는 내(內)이고 상괘는 외(外)이고, 내는 보통 북쪽이고 외는 남쪽이다. 지금 승괘는 내괘가 손(巽)으로 전진하는 뜻을 말하고, 외괘는 곤(坤)으로 순종의 의미를 가지고 있기 때문에 "남쪽으로 나아가면 길할 것이다(南征吉)"라고 말한다.

3 "등(登)"은 병사를 징집(徵集)한다는 의미이다. "등"이란 글자는 공납(貢納)이나 전쟁과 관련된 복사(卜辭)에 자주 보인다. 또 "등"은 그릇의 뜻도 있다. 등구백의 『백서주역교석』 248쪽 참조 바람.

4 췌괘(萃卦)와 승괘(升卦)는 도전괘(倒顚卦)이다. 췌괘는 세 개의 음효가 하체에 있는데, 이것을 회전하면 승괘가 된다. 세 개의 음효가 상체로 올라가는(升) 것을 상징한다. 즉 승괘는 유순한 도가 적시(適時)에 상승한 것을 말한다. 적시라는 말은 상승할 때에 상승하고 상승하지 말아야할 때 상승하지 않는 것을 의미한다. 여기에서 말하는 "유(柔)"는 육오이다.

異而順하고 剛中而應이라 是以大亨[5]하니라.
손 이 순　　　강 중 이 응　　　시 이 대 형

겸손하면서 순하고 강이 중에 있어 상응하니 이런 까닭으로 크게 형통한다.

用見大人勿恤은 有慶也[6]요
용 견 대 인 물 휼　　　유 경 야

대인을 보되 근심하지 말라는 것은 경사가 있을 것이요.

南征吉은 志行也[7]라.
남 정 길　　　지 행 야

---

5 이 구절은 괘사를 해석한 말이다. "크게 형통한다(大亨)"는 "원형(元亨)"을 해석한 말이다. 괘사로서의 "원형"은 반드시 괘명(卦名)과 연계되어 있다. 말하자면 괘명이 승(升)이기 때문에 승괘 속에는 이미 원형의 의미가 포함되어 있다. 「단전」에서는 또 괘덕(卦德)과 괘체(卦體)의 두 측면에서 "원형"의 뜻을 끄집어내고 있다. "겸손하면서 순하고 강이 중에 있어 상응하고(巽而順, 剛中而應)"라는 두 구절은 괘명을 해석하고, 또 괘사의 "원형"을 해석하고 있다. 이것은 무망괘(无妄卦)와 대조해서 살펴볼 수 있다. 무망괘에서는 "움직이는 데 굳건하고 강이 중에 있으면서 육이와 응하고(動而健, 剛中而應)"라고 하는데 비해, 승괘에서는 "겸손하면서 순하고 강이 중에 있어 상응하고(巽而順, 剛中而應)"라고 하였다. 무망괘는 "움직여서 강건하고"라고 하여, 아래가 움직이고 위는 강건한 것으로 구오의 양이 아래의 육이와 상응하여 자연에 순종하고 법칙에 응하기 때문에 무망이라고 하며, 무망하기 때문에 원형한다. 이에 비해 승괘는 "겸손하면서 순하고"라고 하여, 아래는 겸손하고 위는 순종을 말하여 구이의 양이 육오와 상응하여 때에 따라 올라가기 때문에 "원형"하다고 말한다.

6 이것은 "대인을 보되 근심하지 말고(用見大人, 勿恤)"라는 구절을 해석하는 말이다. 공영달은 『주역정의』에서 "크게 통하는 덕으로 대인을 보니 막히는 것을 걱정할 필요 없이 반드시 경사스러운 결과에 이르기 때문에 '경사가 있을 것이다'(以大通之德, 用見大人, 不憂否塞, 必致慶善, 故曰有慶也)"라고 하였다.

7 "남(南)"쪽은 통상적으로 자기가 바라보고 있는 방향을 말한다. "남쪽으로 나아가는 것(南征)"은 바로 앞의 방향으로 나아가는 것을 말한다. 앞으로 나아간다는 것은 그 올라가려고 하는 희망을 실현한 것으로 성공한 것을 의미한다. 이에 대해 정이천은 『이천역전』에서 "남쪽은 사람이 향하는 것이니 남정은 전진함을 말한다. 앞으로 전진하면 그 올라가는 것을 이루어 뜻을 행할 수 있으니 이 때문에 길한 것이다(南, 人之所向. 南征, 謂前進

남쪽으로 나아가는 것이 길하다는 것은 뜻이 행해지는 것이다.

象曰 地中生木이 升이니 君子以하여 順德하여
상왈 지중생목　승　　　군자이　　순덕

積小以高大[8]하나니라.
적소이고대

상전에 말하기를 땅 속에서 나무가 나오는 것이 승이니, 군자가 이를 본받아서 덕을 따라서 작은 것을 쌓아 높고 크게 하느니라.

初六은 允升이니 大吉[9]하니라.
초육　윤승　　대길

也. 前進則遂其升而得行其志, 是以吉也)"라고 하였다.

8 순상은 『주역집해』에서 "지(地)"는 곤괘를 말하고, 목(木)은 손괘를 말한다. 땅 속에서 나무가 나오는 것은 미소한 것으로서 현저한 것에 이르는 것이 승의 상이다(地謂坤, 木謂 巽. 地中生木, 以微至著, 升之象也)"라고 하였다. "군자는 이를 본받아서 덕을 따라서 작은 것을 쌓아 높고 크게 하느니라(君子以順德, 積小以高大)"는 말은 "진덕수업(進德 修業)"의 관점에서 이야기할 수 있다. 정이천은 『이천역전』에서 "만물의 나아감은 모두 순한 도로서 한다. 선을 쌓지 않으면 이름을 이루지 못하며 학업의 충실함과 도덕의 높음 이 모두 쌓고 쌓음으로 말미암아 이루어진다(萬物之進, 皆以順道也. 善不積, 不足以成 名. 學業之充實, 道德之崇高皆由積累而至.)"라고 하였다. 주자는 『주자어류』에서 "나 무가 하루도 자라지 않으면 장차 말라 비틀어지는 것처럼 배우는 자가 학문하는 데 있어 서 하루라도 게으름을 피울 수 없다(木一日不長, 便將枯瘁, 學者之于學, 不可一日少 懈)"라고 하였다.

9 "윤(允)"은 믿음 혹은 진실함의 의미이다. 초육의 음효는 유순(柔順)하여 가장 하위에 자 리하고 있는데, 하괘 손(巽)의 주효이다. 손괘는 순종의 뜻으로 유순한 초육이 자신의 힘 에 의지해서는 상승할 수 없고, 다만 위에 근접해 있는 두 개의 양효를 따를 때만 상승할 수 있는데 이 경우 길하다. 『주역절중』에서는 "초육은 손괘의 주효로 아래에 있는데 마치 나무의 뿌리와 같아서 땅의 기를 얻어서 생장한다(初六巽主居下, 猶木之根也. 而得地氣 而滋之)"라고 하였다. 승괘의 핵심은 하괘인 손괘에 있다. 땅이 있으나 나무가 없으면 올 라갈 수가 없다. 또 손괘의 관건은 초육에 있다. 왜냐하면 나무에 뿌리가 없으면 나무가 될 수 없기 때문이다. 그렇기 때문에 승괘에서는 초육이 가장 중요하고, 괘의 여섯 효 중 에서 오직 초육만이 "대길(大吉)"하다고 하는 것이다.

☷ 初六, 允登, 大吉.
초 육　윤 등　대 길

초육은 믿음으로(믿음을 가지고 따라서) 올라가니 크게 길하다.

☷ 초육은 계속해서 병사를 징집하였는데 대길한 점괘가 나왔다.

象曰 允升大吉은 上合志也[10]라.
상 왈　윤 승 대 길　　상 합 지 야

상전에 말하기를 믿음으로 올라가니 크게 길하다는 것은 위와 뜻을 같이 하
기 때문이다.

九二는 孚乃利用禴[11]이니 无咎[12]리라.
구 이　　부 내 이 용 약　　　　무 구

---

10 "상(上)"이 무엇인가에 대한 관점은 분분하다. 이광지는 『주역절중』에서 여대림(呂大臨,
1046–1092)의 관점을 소개하면서 "여대림이 상을 상체의 세 음으로 보고 있는데 타당
하다(呂氏以上爲上體三陰者是)"라고 하였다. 또 순상은 상을 구이와 구삼으로 보고 있
다.(『주역집해』) 이에 비해 이천은 『이천역전』에서 "위에 있는 자와 뜻을 같이 합해서 같
이 올라간다. 상은 구이를 말한다(與在上者, 合志同升也. 上, 謂九二)"라고 하였다.
"믿음으로 올라간다(允升)"는 입장에서 보면 이천의 설이 더 합당한 것으로 보인다.

11 췌괘(萃卦)의 육이와 같은 내용의 효사이다. 췌괘에서는 하늘에 정성을 다하는 것으로
말하고 있는 반면에, 승괘의 구이에서는 육오의 왕에 충성을 다하여 순종하는 것으로 말
한다는 점에서 구분된다. 여기에서 말하는 "부(孚)"는 진실한 믿음이라는 뜻으로 매우
중요하다. 만약 정성을 다하지 않으면 "간단한 제사를 올리는 것(用禴)"이 의미없게 되
어 버린다. "약(禴)"은 장식함이 별로 없는 질박하고도 간소한 제사이다. "간단한 제사
(禴祭)를 올리는 것이 이로우니(利用禴)"라는 말은 양효인 신하가 나약한 군주를 섬기는
데 어떤 장식을 사용하지 않고 진실한 마음으로 서로 감통하면 허물이 없을 수 있다는 것
을 비유하고 있다. 승(升)의 때에는 본래 유(柔)가 좋으나 구이는 강으로 무구함을 얻고
있다. 그 이유는 중의 자리에 있기 때문이다. 초육이 대길(大吉)한 것은 유라는 것 때문
이고, 구이가 무구한 것은 중(中)이라는 것 때문이다. 승괘(䷭)는 소과괘(小過卦 : ䷽)
에서 변한 것인데, 구이는 육사와 자리를 바꾼 효이다. 기제괘(旣濟卦)의 구오 효사에서
말하기를 "동쪽 이웃나라에서 소를 잡았으나 서쪽 이웃나라에서 간단한 제사(禴祭)를 올

 九二, 復乃利用禴. 无咎.
구 이　복 내 이 용 탁　무 구

구이는 정성을 다하니 이에 간단한 제사(禴祭)를 올리는 것이 이로우니 허
물이 없을 것이다.

 구이는 병사들을 징집하여 병영으로 돌아가니 큰 전쟁에 이롭다. 점을
치니 재앙이 없다는 괘가 나왔다.

象曰 九二之孚는 有喜也[13]라.
상 왈　구 이 지 부　　유 희 야

상전에 말하기를 구이의 정성을 다함은 기쁨이 있음이라.

려 실제로 그 복을 받음만 못하다(東鄰殺牛, 不如西鄰之禴祭, 實受其福)"라고 하였다.
여기에서 말하는 소를 잡는다는 것은 성대한 제사를 말하고, 약제는 채소를 가지고 올리
는 제사로 소를 가지고 희생으로 삼는 제사에 비해서는 매우 간단하다. 그러나 진실한
마음이 있기 때문에 간단한 제사를 올려도 허물이나 해가 없다.

12 구이는 그 마음에 진실함을 가지고 비록 빈약한 제물을 가지고 제사를 올리지만 그 정성
이 올바르기 때문에 허물이 되지는 않는다. 효위(爻位)를 가지고 말하면 구이는 겸손을
말하는 손괘(巽卦)의 중위(中位)에 자리하여, 강하면서도 중용한(剛中) 덕을 가지고 있
어서 비록 실위(失位)하고 있으나, 위로 육오의 신임을 얻게 되어 무구(无咎)하게 된다.

13 "유경(有慶)"도 좋은 일이고, "유희(有喜)" 또한 좋은 일이지만 의미는 약간 다르다. 전
자는 이미 복을 받았고 또 그것이 다른 사람과 천하에까지 미쳐 그 범위가 매우 넓은 것
을 말한다. 후자는 다만 자기 한 사람에게만 해당되어 다른 사람에게 미치는 것과는 관
련이 없다. 이른바 "유희(有喜)"는 일 자체를 가지고 말하는 것으로 그 일이 좋은 일이
고, 다른 일에 손해를 끼치거나 방해하는 일이 없다는 의미이다. 구이는 지성으로 위로
올라가려 하는 것으로 승(升)의 시기에 있어서 가장 좋은 신하의 도리이다. 이 때문에 무
구할 뿐만 아니라 강중의 도리를 행할 수 있어서 자신의 일을 완벽하게 해 낼 수 있다.
그래서 "유희"라고 말한다. (『주역전해 364쪽 참조) 다시 말하면 「단전」의 "유경"은 백성
들에게 그 혜택이 미치는 것을 말하고, 효사의 「상전」에서 말하는 "유희"는 개인의 만족
한 마음을 가지고 말한다. "유희"는 예를 들면 벼슬을 구하여 군주에게 등용되는 것들을
가지고 말한다.

九三은 升虛邑¹⁴이로다.
구 삼　　승 허 읍

백 九三, 登虛邑.
구 삼　등 허 읍

구삼은 사람이 없는 빈읍에 오르는 것이다.

백 구삼은 제수품을 은허(殷墟)에 거두어 모은다.

象曰 升虛邑은 无所疑也¹⁵라.
상 왈　승 허 읍　　무 소 의 야

상전에 말하기를 사람이 없는 빈읍에 오른다는 것은 의심할 바가 없다는 것
이다.

---

14 구삼이 하괘의 상효에 자리하여 양이 정위를 얻고, 위의 상육과 상응하여 상괘인 곤(坤)
에까지 이르게 되는 것을 말한다. 곤괘의 음은 "허(虛)"이기 때문에 "사람이 없는 빈읍
에 오르는 것이다(升虛邑)"라고 말한다. 마치 조금의 장애도 없이 상승하는 것을 말한
다. 구삼은 정위를 얻어서 양의 바탕을 가지고 음유의 영역으로 진입한다. 위의 세 효는
모두 음으로 상육이 진실하게 그것을 받아들일 뿐만 아니라, 육사와 육오 역시 마음을
비우고 서로 받아들이기 때문에 마치 무인지경으로 들어가는 것과 같다. 이런 점에서 내
지덕(來知德)은 허(虛)를 언덕을 의미하는 "허(墟)"로 보기도 한다.

15 구삼은 과강(過剛)하여 앞으로 전진하는 데 매우 용감하다. 조금의 의심도 없이 과감하
게 마치 사람이 없는 마을로 들어가는 것 같다. 길흉이 아직 정해지지 않았고, 결과는 다
만 구삼 자신의 노력 여하에 따라서 결정될 뿐이다. 이에 대해 정이천은 『이천역전』에서
"삼은 양강의 재질로 바르고 또 공손하며 위가 모두 순하고, 다시 응원이 있으니 이로써
올라가면 사람이 없는 고을에 들어감과 같으니 누가 막겠는가(三以陽剛之才, 正而且巽,
上皆順之, 復有援應, 以是而升, 如入无人之邑, 孰禦哉)"라고 하였다. 효사에서 길을
말하지 않은 것에 대해서 『주역절중』은 소식(蘇軾)의 말을 인용하여 "길을 말하지 않는
것은 화와 복을 아직 알 수 없는 것으로 오직 그 사람에게 달려 있을 뿐이다(不言吉者,
其爲禍福未可知也. 存乎其人而已)"라고 하였다.

六四는 王用亨于岐山¹⁶이면 吉하고 无咎¹⁷하리라.
육 사　　왕 용 향 우 기 산　　　길　　　무 구

백 六四, 王用亨于岐山. 吉, 无咎.
육 사　　왕 용 향 우 기 산　길　무 구

---

16 "형(亨)"에 대해 정이천은 "형통(亨通)"으로 보고 있는 반면에, 주자는 "제향(祭享)"의 뜻으로 보고 있다. 대체적으로 현대의 관점은 제사라는 의미에 더 많은 지지를 보내고 있다. 또 "왕(王)"에 대한 관점 역시 다르다. 과거의 주들은 대부분 주나라의 문왕(文王)으로 보고 있다. 반면에 현대의 학자들, 특히 고힐강(顧頡剛, 1893~1980)의 경우는 이것을 철저하게 부정하고 있다. 그는 「주역 괘효사 중의 고사(周易卦爻辭中的故事)」라는 글에서 "문왕이 기산(岐山)에서 제후들을 만났다는 말인가. 우리가 볼 수 있는 자료들에서는 이 사건에 대한 어떠한 자취도 발견할 수 없었다"라고 하여, 그 설을 철저하게 부정하고 있다. 그러므로 고힐강은 여기에서 말하는 왕은 단지 주나라의 왕이지, 결코 주나라의 문왕은 아니라고 한다. 이것이 바로 고힐강의 실증주의적인 방법을 통한 『주역』 보기의 한 실례라고 할 수 있다. 여기에서 말하는 "기산(岐山)은 서주(西周)의 산으로 서주의 서쪽 경계에 있는 산이기 때문에 서산(西山)이라고도 하며, 봉우리가 둘로 갈라져 있기 때문에 기산(岐山)이라고 한다. 기산에 제사 지내는 이유는 천자(天子)는 천지(天地)에 제사 지내고, 제후국인 주나라는 경내(境內)의 산천(山川)에 제사지내기 때문이다.

17 효사의 내재적 연계라는 측면에서 분석하면, 승괘(升卦)가 말하려는 것은 한 나라가 상승발전하여 가는 상황을 말하는 것으로 고대의 역사적인 배경과 관련시켜 살펴보아야 할 것이다. 씨족제 사회에 있어서 씨족의 생존발전은 환경과 조건의 제약을 받게 되고 또 반유목적인 성질을 띠고 있다. 그래서 어떤 한 지역에서 생존 발전하기에 적합하지 않으면 다른 한 지방으로 옮겨갈 수밖에 없다. 육삼 효사에서 말하는 "사람이 없는 빈읍에 오르는 것이다(升虛邑)"는 구절은 이사하려는 지역, 즉 바로 안전하고 조건이 좋은 곳을 찾아 나선 것을 말한다. 여기에서 말하는 "왕이 기산에서 제사를 지내면(王用亨于岐山)"이라는 말의 직역은 군주가 기산에서 제사를 올리는 것을 말한다. 무엇에게 제사를 올리는 것인가. 아마도 나라를 안전하게 한 후에 산천에 드리는 제사로 후대에서 말하는 봉선(封禪 : 천자가 지내는 천지의 제사로, 흙을 쌓아올려 天을 모시는 것이 封, 산천을 모시는 것이 禪이다)을 말하는 것으로 보인다. "길하고 허물이 없을 것이다(吉, 无咎)"는 말은 천지산천의 복을 얻어서 길하여 허물이 없다는 것을 말한다. 왜 육사는 "승(升)"에 대해 말하지 않고, "왕이 기산에서 제사를 지내면(王用亨于岐山)"이라고 말하는가? 그 이유는 위의 육오는 지존인 군주의 자리이고, 육사는 신하의 자리로 더 이상 올라갈 수 없기 때문이다. 그러나 상승의 때에 가만히 있을 수만은 없다. 또 육사의 올라감은 유순한 올라감이다. 왜냐하면 모든 것은 사물의 발전 법칙에 따라야 하는데, 그것은 바로 아래로는 백성의 나아감에 따라야 하고, 위로는 군주에 순응하여야 하는 것이다.

경의 의미 : 육사는 왕이 기산에서 제사를 지내면 길하고 허물이 없을 것이다.

전의 해석 : 육사는 왕이 기산에서 제사를 지내면 길하고 허물이 없을 것이다.

■백 육사는 왕이 기산에서 제사를 올렸다. 점을 치니 길하고 재앙이 없을 것이라고 하였다.

象曰 王用亨于岐山은 順事也[18]라.
상 왈 왕 용 형 우 기 산　순 사 야

상전에 말하기를 왕이 기산에서 제사 지낸다는 것은 사정에 따르는 것이다.

六五는 貞이라야 吉하리니 升階[19]로다.
육 오 정 길 승 계

---

18 이는 육사가 육오에게 따르는 것을 말한다. 그 따르는 방법은 "왕이 기산에서 제사를 지내는" 것으로 바로 주나라가 천하를 삼분하여 그 둘을 가지고 있으면서도 은나라에 복종하는 것과 같은 것이다. 여기에서 말하는 "순사(順事)"에 대해 『주역정의』에서는 "사물의 실정에 따라서 공을 세우고 일을 세운다(順物之情而, 立功立事)"라고 하였다.

19 육오는 상괘인 곤괘(坤卦)의 중(中)으로 존위에 있는 주효이며, 하괘의 강중(剛中)과 상응한다. 유중(柔中)의 덕이 있는 군주로서는 바른 도를 고수하면 모든 일이 길하다. 즉 올바른 도에 따르는 것을 견지하여야 길함을 얻을 수 있다. 그것은 강중의 덕이 있는 현신(賢臣)의 도움을 받아 오르기 쉬운 계단을 오르는 것과 같이 그 뜻을 이룰 수 있는 상이다. 여기에서 "정(貞)"은 "정(正)"이다. 육오는 음유의 바탕으로 반드시 바름을 지켜야 길할 수 있다. 만약에 곧고 바르지 않고 자주 입장을 바꾸면 신용이 없어져 끝내 좋은 결과를 얻지 못하고 길함을 얻을 수 없다. 그러므로 주자는 『주역본의』에서 "음이 양의 자리에 거하여 올라갈 때를 당해서 존위에 거하니, 반드시 곧고 바르게 하면 길하여 계단에 오를 수 있다. 계단은 올라가기에 쉬운 것이다(以陰居陽, 當升而居尊位, 必能貞固則可以得吉而升階矣. 階, 升之易者)"라고 하였다.

六五, 貞, 吉. 登階.
육 오 정 길 등 계

육오는 바름을 지키면 길하니 계단을 오르는 것과 같다.

육오는 점을 쳤는데 길하다고 하였다. 성을 공격하는 사다리를 거두어
모았다.

象曰 貞吉升階는 大得志也[20]리라.
상 왈 정 길 승 계 　　 대 득 지 야

상전에 말하기를 바름을 지키면 길하니 계단을 오르는 것과 같이 한다는 것
은 크게 뜻을 얻는다는 것이다.

上六은 冥升이니 利于不息之貞[21]하니라.
상 육 　　 명 승 　　　 이 우 불 식 지 정

---

20 초육에서부터 올라가기 시작하여 육오에까지 올라가기 때문에 초육의 「소상전」에서는
"위와 뜻을 합치한다(上合志也)"라고 하였고, 육오의 「소상전」에서는 "크게 뜻을 얻을
것이다(大得志也)"라고 말한다.

21 여기서 말하는 "명(冥)"의 뜻에는 어둡다(昏暗)는 뜻과 우매(愚昧)의 뜻 두 가지가 있는
데, 효사에서는 이 두 가지 뜻을 합해서 사용하는 것으로 보인다. 말하자면 효사는 상육
이 어둡고 또 우매하게 계속 상승하기만을 추구하고 있음을 말하고 있다. 그러므로 계속
적으로 올바른 도리를 견지해야만 이 위험을 편안함으로 바꿀 수 있다고 말한다. "어둡
게 올라 간 것이니(冥升)"라는 밀은 예괘(豫卦) 상육에서 말하는 "안일한 즐거움에 빠져
어두운(冥豫)" 뜻과 똑같다. 즐거움이 극단에 이르면 어둡고 캄캄함(昏冥)에 이르기 때
문에 "명예"라고 말한다. 위로 올라가는 것이 극단에 이르면 혼명함에 이르기 때문에
"어둡게 올라간 것이니"라고 말한다. 이 두 가지는 전부 좋은 뜻이 아니다. 이 둘은 모두
나아가는 것만 알고 물러서는 것을 모르기 때문이다. 그런데 왜 "쉬지 않는 올바름에는
이로울 것이다(利于不息之貞)"라고 하여 상육에도 여전히 좋은 측면이 있음을 말하고
있는가? 비록 세상의 모든 일에는 그 극한이 있으나 덕을 닦는 일인 덕업(德業)에는 유
일하게 극한이 없이 계속 올라갈 수 있기 때문이다.

백 上六, 冥登, 利于不息之貞.
상 육 　 명 등 　 이 우 불 식 지 정

상육은 어둡게 올라 간 것이니 쉬지 않는 올바름에는 이로울 것이다.

백 상육은 밤늦게 병사들을 징집하였는데 계속 점치면 이롭다.

象曰 冥升在上하니 消不富也[22]로다.
상 왈 　 명 승 재 상 　 　 소 불 부 야

상전에 말하기를 어둡게 올라 간 것이 위에 있으니 사라져 더 이상 보태지는 않으리로다.

* 승괘의 의미와 교훈

승괘(升卦)는 사물의 흐름에 따라 상승하여 작은 것을 축적하여 큰 것을 이루는 도리를 설명하고 있다. 괘사에서 상승을 이야기할 때는 지극히 형통하기 위해서는 반드시 강중(剛中)한 미덕을 지니고 있는 대인이 출현해야 한다고 강조한다.

괘 가운데 여섯 효는 세력에 따라 올라가는 도리에 대해 집중적으로 말하고 있다. 초육은 유순함으로 위의 두 양을 받들어 음양이 뜻을 같이하여 상승하고, 구이는 강중(剛中)으로 유중(柔中)에 순응하여 마음속에 진실함을 가지고 올라간다. 구삼은 양강으로 겸손하여 사람이 없는 무인

---

22 "사라져 더 이상 보태지는 않는다(消不富也)"는 말은 올라감이 극단에 이르면 더 이상 나아감은 없다는 것을 말한다. 즉 상승하는 데 극(極)에 달했기 때문에 물러나는 것만 남았을 뿐으로 더 이상 나아갈 일은 없다는 것을 말한다.

지경으로 순조롭게 옮겨간다. 육사는 바름으로 존위에 순종하여 반드시 올라가 길을 얻고, 육오는 중으로 아래와 상응하여 그 올라가는 것이 마치 계단을 올라가듯이 쉽게 올라간다. 오직 상육만이 혼미하여 그 올라가려는 힘이 점차 떨어져 바름을 지켜 망동하지 말 것을 경계하고 있다.

이처럼 본 괘의 대의는 '순성(順性)'하여 상승하는 것을 강조하여 자연적인 법칙에 따라야 함을 역설하고 있다. 이런 관점은 진괘(晉卦)가 '순명(順明)'하여 승진하여 적극적으로 나아가려는 의미와 약간 다르다. 실제로 『주역』 중에서 승괘, 진괘, 점괘(漸卦)는 의미가 거의 비슷하다. 이것들은 대부분 나아가려는(進) 뜻을 가지고 있으나, 나아가려는 정도는 약간씩 다르다. 진괘는 밝은 것이 땅으로 나오는 괘상을 가지고 있어서 마치 태양이 위로 올라오는 것과 같은 형상을 가지고 있는데, 가득 찬 밝음이 향상한다는 의미에서 가장 좋은 나아감을 말한다. 승괘는 나무가 처음 생겨나서 결국에는 큰 나무로 되는 과정을 말하고 있는데, 때에 따라서 성장하여 큰 장애가 없다. 의미상으로는 비록 진괘만큼 좋지는 않으나 여전히 좋은 것으로 볼 수 있다. 점괘는 나무가 이미 생긴 후에 점차적으로 커가는 것으로 반드시 적절한 시기를 기다려 올라가야 한다. 이런 의미에서 보자면 승괘보다도 못하고, 진괘보다는 훨씬 못하다.

승괘에는 땅 속에서 나무가 올라오는 상이 있다. 여기에서 말하는 '승(升)'은 실제로는 '유(柔)'의 승이지, 강의 승은 아니다. 유의 승이 가지고 있는 특징은 때에 따라서 올라가는 것이다. 때에 따라서 올라가는 것은 반드시 순리적으로 점진하는 것으로 이른바 추세에 따라서 행하기 때문에 괘사에서는 "원길(元吉)"이라고 말한다. 그런데 육효의 효사에서는 모두 대부분 선하고 결코 흉(凶), 구(咎), 회(悔), 린(吝)의 말은 보이지 않는다. 이런 경우는 64개의 괘 가운데에서 매우 드물다. 전체적으로 말하여 승괘는 상하가 서로 조화하는 상태를 표현하고 있다.

승괘는 사람들이 상승하기 위해서 갖추어야 할 도리들에 대해 말하고 있다. 사람들은 누구나 진급하고 싶고 재산을 증식시키기를 바란다. 그러나 이런 상승에는 반드시 지켜야 할 원칙이 있는데 그것은 광명정대(光明正大)하여야 하고 더 크게는 민심에 순응하고, 천명을 따른 행동을 하여야 한다는 점이다.

47. ䷮ 택수곤(澤水困, 백 困 第四十五)

1) 괘의 순서

승괘(升卦) 다음에 곤괘가 나오는 것은 자연적 발전 법칙의 결과이다. 곤괘가 승괘(升卦)의 뒤에 오는 것에 대해 「서괘전」은 "오르는 것이 그치지 않으면 반드시 곤궁해지기 때문에 곤괘로써 받는다(升而不已必困, 故受之以困)"라고 하였다. 아래로부터 위로 상승하는 데에는 반드시 힘이 필요하다. 만약 위로 올라가는 것이 끝이 없다면 기력이 다하여서 곤(困)함에 떨어진다. 그래서 승괘 다음에 곤괘가 오는 것이다.

곤은 곤궁함에 떨어진다는 뜻을 가지고 있다. 이렇게 계속 올라가기를 추구하여 곤함에 빠지고 곤궁해지는 것은 바로 물극필반(物極必反)의 역리(易理)에서 나온 것이다. 사물은 영원히 계속해서 승진할 수는 없고, 결국에는 어려움을 받을 수밖에 없는 상황에 떨어지게 되어 있다.

2) 괘명의 의미

곤(困)은 곤궁(困窮)의 뜻으로 진퇴가 곤란한 상황을 말한다. 『주역정의』에서는 "곤이라는 것은 고생하여 녹초가 되는 것을 말하는데, 방법도 없고 힘이 다하여 스스로 이룰 수 없기 때문에 곤이라고 말한다(困者, 窮厄委頓之名, 道窮力竭, 不能自濟, 故名爲困)"라고 하였다. 주자 역시도 "곤궁하여 스스로 떨치지 못하는 뜻이다(窮而不能自振之義)"라고 하여, 곤궁에 처해 있는 군자가 어떻게 이 어려움을 헤쳐나갈 수 있는가라는 문제에 대해 말하고 있다.

전체적으로 "곤"의 뜻은 궁극(窮極), 궁진(窮盡), 곤면(困勉), 곤고 (困苦)의 의미를 가지고 있다. 곤괘가 가지고 있는 이러한 의미는 곤경 속에서 군자가 행하여야 할 대책에 대해 이야기하고 있다. 말 그대로 곤 란과 곤궁이라는 것은 목표가 크면 클수록 더욱 클 수밖에 없다. 이런 곤 경의 단계에서는 두 가지의 방법이 있을 수밖에 없다. 하나는 모험을 통 하여 난관을 극복하는 힘의 필요성을 깨닫는 것이고, 다른 하나는 지나친 곤경을 어쩔 수 없는 것으로 받아들일 수 있는 지혜를 가지는 것이다. 이 것은 공을 세우기(立功) 위해서는 단순히 굴욕을 나쁜 것으로만 볼 수 있 는가 하는 문제를 제기한다.

그러나 중요한 것은 역시 주어진 상황과 때를 잘 분별하는 것일 수밖에 없다. 여기에서 군자와 소인이 구별된다. 「계사전」(下)의 제7장에서 "곤 은 덕이 분변되는 것이다(困, 德之辨也)"라고 하였다. 군자와 소인이 가 지고 있는 인격은 순리적 상황에서는 잘 구분되지 않지만, 곤경 속에서 이 둘의 다름은 쉽게 구분되어 드러나게 마련이다.

3) 괘의 상

곤(困 : ☲) 은 나무를 가두어 놓은 형상이다. 곤괘의 하괘는 감(坎)으 로 물을 상징하고, 상괘는 태(兌)로 못을 상징한다. 만약에 못 위에 물이 있다면, 만물은 그 윤택함을 받아서 농작물이 잘 생장하여 무성하게 될 것이다. 그러나 곤괘는 그 반대로 물이 못 아래에 있어서 마치 대규모의 저수지가 새기 시작하여 물을 저장할 수가 없게 된 경우와 같다. 이럴 경 우 결국에는 저수지의 바닥이 드러날 것인데 어떻게 농작물에 관개(灌漑) 를 할 수 있겠는가. 사실 곤괘는 이런 상황을 이야기하고 있는 것으로 보 인다.

또 곤괘(困卦)의 하괘는 감으로 음이 많고 양이 적은 양괘이고, 상괘 태는 양이 많고 음이 적은 음괘로 양이 음에 의해 가려져 있다. 또 구이의 양효는 초육과 육삼의 음효에 의해 가려져 덮혀 버리고, 구삼과 구사의 양효는 상육의 음효에 의해 가려져버려 군자가 소인에 의해서 곤궁을 당하고 있는 상황을 상징하고 있다. 그러나 괘의 성격을 가지고 말하면 상괘의 태는 기쁨으로 몸이 곤궁 가운데 빠져 있으면서도 여전히 그 기쁨을 얻고 있다. 이것은 아무리 어려운 상황이라 하더라도 자기 원칙을 견제하고 자신이 가지고 있는 이상을 관찰하여 이런 어려움을 넘어섰을 때 오히려 더욱 큰 인물이 될 수 있다는 것을 상징적으로 나타낸 것이다.

곤괘는 사흉괘(四凶卦), 즉 둔괘(屯卦), 건괘(蹇卦), 감괘(坎卦), 곤괘(困卦) 중의 하나이다. 그러나 다른 괘와 마찬가지로 곤괘 역시 이런 어려움을 자신의 원칙과 정도를 견지하여 충분히 돌파할 수 있는 가능성이 있음을 강조하고 있다. 사실은 위대한 인물치고 곤란한 조건이나 환경이 없었던 경우는 거의 없기 때문이다.

困은 亨코 貞하니 大人이라 吉코 无咎[1]하니 有言이면 不信[2]하리라.
　곤　　　형　　정　　　　대인　　　길　　무구　　　　　유언　　　　불신

---

[1] 아무리 곤궁한 상황 속에 있다하더라도 자신의 원칙을 지키고 올바름을 추구하는 의지를 더욱 굳건히 한다면 그 상황을 충분히 풀 수 있는데, 오직 위대한 인물, 즉 대인이라면 이러한 일을 해낼 수 있고 또 길한 결과를 낼 수 있다. 본래 "곤(困)"의 의미는 힘이 다 빠져 기력이 없는 상태로 "형(亨)"과는 전혀 반대의 뜻을 가지고 있다. 그럼에도 불구하고 괘사에서는 오히려 형통의 의미를 가지고 곤(困)을 해석하고 있다. 그러나 곤궁의 경우 모두 형통하다는 의미가 아니라, 형통하기 위해서는 조건을 필요로 한다는 것이다. 곤궁이라는 환경은 사람들의 의지를 강하게 하고 연마시켜 사람들로 하여금 곤궁함을 벗어나 형통을 구하게 만든다. 만약 이러한 의지나 올바른 마음이 없으면 곤궁은 결코 형통으로 변할 수 없다. 실제로 바른 도를 지키는 대인이나 군자가 아니면 곤을 형통으로 바꾸어 길하고 무구하게 할 수는 없다. 바르지 않는 소인은 결코 이것을 해낼 수 없다.

困, 亨, 貞, 大人吉, 无咎. 有言不信.
곤　형　정　대인길　무구　유언불신

경의 의미 : 곤은 제사를 올릴 수 있어 대인이 점을 쳤는데 길하고 허물이 없다고 하였으니, 다른 사람이 말을 하지만 그 말은 믿을 바가 못 된다.

전의 해석 : 곤은 형통하고 바르니 대인이라야 길하고 허물이 없으니, 말을 하면(말이 있으면) 믿지 않을 것이다.

몸이 붙잡혀 있어 곤궁하여 제사를 지내고 점을 쳐보니 대인은 길하고 재앙이 없다는 점을 얻었다. 이런 말들은 절대로 바깥으로 새어나가게 할 수 없다.

象曰 困은 剛揜也³니
단 왈 곤 　 강 엄 야

단전에 말하기를 곤은 강이 가려진 것이니,

險以說하고 困而不失其所亨하니 其唯君子乎⁴인져.
험 이 열 　 곤 이 부 실 기 소 형 　 　 기 유 군 자 호

---

2 곤궁한 시기에 아무리 구설(口舌, 즉 兌卦에 대한 「설괘전」의 해석)을 가지고 따지더라도 다른 사람에게는 신용을 얻지 못한다. 자신을 아무리 변명하여도 결국에는 더욱 나쁜 결과만을 초래할 것이다. 그러므로 곤궁을 당한 때에는 오히려 침묵을 지키고 구설(口舌)을 믿어서는 안 된다.

3 여기에서의 곤궁은 양이 음에 의해서 덮여져 더 이상 뻗어나갈 수 없어서 생긴 결과를 가지고 말한다. 효를 가지고 말하면 구이는 초육과 육삼에 포위되어져 더 이상 발전하지 못하고, 구오는 상육에 의해 눌려져 있다. 상하 괘를 가지고 말하면 아래의 감괘는 양이고, 상괘인 태는 음으로 양이 음 아래에 있어 양이 음에 덮여버리는 상을 가지고 있다. 이에 대해 주자는 『주역본의』에서 "구이는 두 음에 의해 엄폐되고, 사와 오는 상육에 의해 엄폐되었다(九二爲二陰所掩, 四五爲上六所掩)"라고 하였다.

험하나 기뻐하고 곤란하여도 그 형통함을 잃지 않으니, 그것은 오직 군자라야 할 수 있을 것이다.

貞大人吉은 以剛中也⁵요
정 대 인 길　이 강 중 야

바르니 대인이라야 길하다는 것은 강이 중에 있기 때문이다

有言不信은 尙口乃窮也⁶라.
유 언 불 신　상 구 내 궁 야

말을 하면 믿지 않는다는 것은 입을 숭상하면 궁해지게 된다는 것이다.

---

4 "험(險)"은 하괘인 감(坎)이고, "열(說)"은 열(悅)을 말하는데 상괘인 태(兌)를 가리킨다. 이것은 괘상을 통하여 괘사의 "형(亨)"의 뜻을 해석하고 있는데, "군자가 곤의 상태에 처하여 비록 위험하나 여전히 기쁜 마음으로 어려움을 타계하여 형통함에 이를 수 있음"을 말하고 있다. 곤(困)과 형(亨)의 뜻은 서로 반대되는데 괘사에서는 "곤형(困亨)"이라고 말한다. 이것은 곤경에 빠져 있으나 중정(中正)한 본성을 잃어버리지 않았기 때문에 여전히 형통함을 잃어버리지 않는다는 말이다. 이것은 누구에게나 모두 그런 것은 아니다. 군자는 어려움에 처해서도 정도(正道)를 견지하여 형통할 수 있지만 소인은 어려움에 처했을 때 결코 형통할 수 없다. 왜냐하면 군자는 "험하나 기뻐할 수 있지만", 소인은 그럴 수 없기 때문이다. 이는 안회(顏回)가 한 그릇의 밥과 한 주박의 물만 가지고서도 만족하게 생각하면서 그 즐거움을 바꾸지 않는 경우에 해당한다.
5 이효와 오효의 양이 중에 있는 상으로 괘를 해석한 것인데, 이것은 "바르니 대인이라야 길하다는 것은 강이 중에 있는 것이다(貞, 大人吉, 以剛中也)"라는 말이다. 이에 대해 정이천은 『이천역전』에서 "곤궁하지만 바르게 할 수 있는 섯은 대인이 길한 까닭이니, 강중의 도로써 하기 때문이니 오와 이가 바로 이것이다. 강중이 아니면 곤궁한 때를 만나면 그 바름을 잃어버릴 것이다(困而能貞, 大人所以吉也, 蓋其以剛中之道也, 五與二是也. 非剛中, 則遇困而失其正矣)"라고 하였다.
6 이것은 일종의 경계(警戒)하는 말로 괘사에서 말하는 "말을 하면 믿지 않는다(有言不信)"는 구절을 해석하고 있다. 곤궁에 처하여 그것을 빠져 나가는 방법은 몸을 바로 하고 덕을 닦는데 있다. 교묘하게 장식하는 언사는 오히려 사람들이 믿지 않아 더욱더 곤궁에 빠지게 된다. 그러므로 '입을 숭상하면 궁해지게 된다'고 하는 것이다.

象曰 澤无水困이니 君子以하여 致命遂志[7]하나니라.
상왈 택무수곤　　군자이　　치명수지

상전에 말하기를 못에 물이 없는 것이 곤이니, 군자는 이를 본받아 목숨을 다하여 그 뜻을 이룬다.

初六은 臀困于株木이라 入于幽谷하여 三歲라도 不覿[8]이로다.
초육　둔곤우주목　　입우유곡　　삼세　　부적

백 初六, 辰困于株木, 入于要浴, 三歲不擯 凶.[9]
초육　신곤우주목　입우요욕　삼세부독　흉

---

7 "치명(致命)"에 대한 하나의 관점은 『논어』 「자장(子張)」편의 첫 구절에서 말하는 "선비가 위태로움을 보면 목숨을 바치고(士見危致命)"라는 말의 명(命)으로 보아 생명을 바치는 의미로 보기도 한다. 이른바 "살신성인(殺身成仁)"이다. 이런 관점에 따라 주자는 『주역본의』에서 "치명은 목숨을 바친다는 말과 같으니, 가져다가 남에게 주고 자기가 가지지 않음을 말한다. 이와 같이하면 비록 곤궁하더라도 형통할 것이다(致命, 猶言授命, 言持以與人而不之有也. 能如是則雖困而亨矣)"라고 하여, 생명을 버리는 뜻으로 말하고 있다. 다른 하나의 관점은 자신에게 주어진 상황에서 최선을 다하여도 어쩔 수 없이 자신에게 주어진 운명이라 받아들이고, 때를 기다려 자신의 뜻을 실현한다는 의미로 해석하기도 한다. 정이천은 『이천역전』에서 "군자가 곤궁한 때를 당해서 이미 걱정거리를 방비하는 도리를 다하였는데도 면할 수 없다면, 이는 명이니 마땅히 그 명을 미루어 지극히 하여 그 뜻을 이루어야 할 것이다(君子當困窮之時, 旣盡其防慮之道而不得免則命也, 當推致其命, 以遂其志)"라고 하였다. 이 두 가지 관점 모두 일리 있는 것으로 보인다. "수(遂)"는 이룬다는 뜻으로 실현한다는 말과 똑같다. 이것은 군자가 곤괘의 상을 보고 곤궁한 때를 당하여 모든 노력을 다 기울여 보고, 불가능할 경우는 때를 기다려 자신이 생각하는 이상을 실현하려는 것을 말하고 있다.

8 "나무 그루터기(株木)"는 나무를 자른 후에 남은 그루터기를 말한다. 즉 가지와 잎이 없는 나무를 상징한다. "적(覿)"은 본다는 뜻으로 광명(光明)을 보는 것을 말한다. 광명은 위험을 빠져나가는 것을 상징한다. 초육은 음유의 소인으로 하괘의 감(坎)에 있는데, 바로 위험의 가장 아래에 있는 매우 곤궁한 상태를 말한다. 둔부(臀部)는 신체의 가장 아래쪽에 있기 때문에 그루터기에 앉아 있으면 둔부가 불편하여 오랫동안 견디기 힘든 좌불안석의 상태가 된다. 초육은 위험의 가장 아래에 자리하고 있어서 어둡다. 어두운 정도가 마치 어두운 깊은 계곡 속에 들어간 것과 같다. 그 정도는 마치 삼 년 동안 나오지 못하여 빛을 보지 못한 것으로 지극히 곤궁한 상태에 빠진 것을 상징하고 있고, 또 지혜가 밝지 못하여 그 자체로 어두운 상태에 있음을 말한다.

초육은 엉덩이가 나무 그루터기에 앉아 곤란을 당하고 있음이니, 어두운 계곡으로 들어가서 삼 년을 보지 못하도다.

▨ 초육은 몽둥이로 엉덩이를 얻어맞고 감옥에 감금되어 삼 년 동안 풀려나지 못한다. 흉한 점이 나왔다.

象曰 入于幽谷은 幽不明也[10]라.
상 왈 입 우 유 곡   유 불 명 야

상전에 말하기를 어두운 계곡으로 들어가는 것은 어두워서 밝지 않은 것이다.

九二는 困于酒食[11]이나 朱紱이 方來하리니 利用亨祀니 征이면
구 이   곤 우 주 식   주 불   방 래   이 용 향 사   정

---

9 『주역거정(周易擧正)』에는 "부적(不覿)" 아래에 "흉(凶)" 자가 있는데, 『백서주역』에도 이 글자가 보인다. 이것은 여러 가지 각도에서 고려할 만한 가치가 있는 것으로 생각된다.

10 깊고 어두운 궁지에 빠져, 상응하는 것(구사)과 점점 만나기 힘들게 되는 상황을 말한다. 「상전」의 해석에서는 "유(幽)" 자를 특히 강조하는데, 여기에서 "유곡(幽谷)"이 상징하려는 것은 결코 깊은 골짜기(深谷)가 아니라 "어둡다"는 것에 있다. 밝지 못하면 어두운데 초육이 곤궁한 점은 바로 어두운 것에 있다. 초육은 실은 세상의 형세에 어둡기 때문에 「상전」의 작자는 이것을 해석하여 "어두워서 밝지 않은 것이다(幽不明也)"라고 말한다.

11 "술과 음식에 곤란함을 당하나(困于酒食)"라는 구절은 피동의 형식으로 그 뜻은 "술과 음식에 의해서 곤궁을 당하나"라는 뜻이다. "주식(酒食)"은 입이 향유할 수 있는 최고의 것인데 왜 사람을 곤궁하게 만든다고 말하는가？ 이 구절에 대한 주석은 다양하다. "술과 음식"은 모든 사람이 원한다. 그러나 술과 음식에 대한 군자와 소인의 관점은 구분된다. 소인은 먹고 마시는 문제의 충족을 최고의 가치와 목표로 삼는다. 이에 비해 군자는 비록 술과 음식에 곤란함을 당하지만, 그것을 곤란함으로 여기지 않는다. 『주역절중』에서 "소인은 몸이 궁한 것을 곤궁으로 여기고, 군자는 도가 궁한 것을 곤궁한 것으로 여긴다. 괘에 보이는 세 양은 이른바 군자이다. 곤궁하게 여기는 것은 몸의 곤궁함이 아니라 바로 도의 곤궁함이다(小人以身窮爲困, 君子以道窮爲困. 卦之三陽, 所謂君子也. 所困者, 非身之窮, 乃道之窮也)"라고 하였다. 이처럼 "곤"에는 몸의 곤궁함과 도의 곤궁함

凶하니 无咎**[12]**니라.
흉　　　무구

■ 九二, 困于酒食, 絑發方來. 利用芳祀. 正凶. 无咎.
　　구이　곤우주식　주발방래　이용방사　정흉　무구

구이는 술과 음식에 곤란함을 당하나 (임금의 명령에 의해) 주불(朱紱)이 막 오니 제사를 올리는 것이 이롭고 가면 흉하나 허물은 없을 것이다.

■ 구이는 제사에 지낼 술과 음식을 준비하여 붉은색의 제복을 입고 사방의 신에게 제사하였다. 제사를 올리는 것이 이롭다는 점괘가 나왔다. 정벌하는 것은 불리하나 허물이 없다는 점의 결과가 나왔다.

이 있다. 소인의 곤궁함은 몸의 곤궁함이고, 군자의 곤궁함은 도의 곤궁함이다. 소인이 곤궁함은 먹고 마시고 입는 이른바 일반적인 생존의 문제와 관련이 있다. 초육의 곤궁함은 바로 소인의 곤궁함이다. 군자의 곤궁함은 도가 통하지 않거나 뜻이 이루어지지 않는 것으로 표현된다. 곤괘 중 세 개의 양효는 군자를 상징하는데, 그들의 곤궁함이 바로 군자의 곤궁함이다. 구이는 양효이고 구이의 곤궁함은 군자의 곤궁함이며, 이는 바로 도가 곤궁하게 되는 것으로 소인이 "나무 그루터기에 앉아 곤란을 당하고 있음"과는 다르다.

12 "주불(朱紱)"은 일종의 관복(官服)이다. "주"는 매우 붉은 색으로 적색(赤)보다는 더욱 짙은 색깔이다. "불"은 고대에 무릎을 덮는 치마 형태로 위에는 '아(亞)' 자 모양의 문양이 있는데 그 모습은 앞치마와 매우 비슷하다. 주불은 제후나 삼공(三公)이라야 입을 수 있는 관복이다. "방(方)"은 "바로", "막"의 의미이다. "주불방래(朱紱方來)"의 뜻은 중임(重任)을 맡기는 관복이 막 왔다는 뜻이다. "이용향사(利用亨祀)의 "향(亨)"은 "향(享)"과 같은 뜻으로 제사를 올리는 것이 가장 이롭다는 뜻이다. 여기에서 말하는 제사는 실제로 제사지낸다는 의미가 아니라 지성(至誠)을 다하여 행동한다는 말이다. "가면 흉하나 허물은 없을 것이다(征凶无咎)"는 말은 여러 가지로 논란이 많다. 정이천은 "가면 흉하니 허물할 데가 없다"라고 해석하는 반면에 주자는 "가면 흉하나 허물은 없다"라고 풀이하고 있다. 구이가 전체적으로 몸의 곤궁함보다는 도(道)의 곤궁함을 말하기 때문에 성의를 다하여 제사를 지내듯이 마음을 안정시키고 함부로 가벼운 행동을 하지 않고 자신의 도를 관철하려 한다는 입장에서 보면 주자의 입장이 더 타당할 것으로 보인다. 곤궁에 처해 있을 때 일신의 영달에 욕심을 부리면 흉하기 때문에 강중(剛中)의 도를 관철하여 가볍게 움직이지 않으면 허물이 없다는 것이다.

象曰 困于酒食은 中이라 有慶也[13]리라.
상 왈 곤 우 주 식　　중　　　　유 경 야

상전에 말하기를 술과 음식에 곤란함을 당한다는 것은 중이어서 경사가 있게 된다는 것이다.

六三은 困于石하며 據于蒺藜라 入于其宮이라도 不見其妻니
육 삼　　곤 우 석　　　거 우 질 려　　입 우 기 궁　　　　불 견 기 처

凶[14]하도다.
흉

■백 六三, 困于石, 號于蒺莉, 入于亓宮, 不見其妻. 凶.
　　　육 삼　곤 우 석　호 우 질 리　입 우 기 궁　불 견 기 처　　흉

육삼은 돌에 걸려 곤궁을 당하고 가시에 앉아 있다. 그 집으로 들어간다 하더라도 처를 만나 볼 수도 없으니 흉할 것이다.

■백 육삼은 감옥에 수감되어 소리 내어 울었다. 석방되어 고향으로 돌아갔

---

13 효사에 "술과 음식에 곤란함을 당하나(困于酒食)"라는 것은 강중(剛中)의 도를 지키고 있으면 구하지 않아도 주불(朱紱)이 저절로 온다는 것을 가리킨다. 술과 음식에 의해서 곤궁을 당하지만, 구이는 강하고 늘 중용의 행동을 하기 때문에 바라지 않아도 길한 경사를 얻게 된다. 통상 이효와 오효는 음양이 상응하여야 길한 것이 일반적이나, 소축괘(小畜卦 : ䷈)와 곤괘(困卦 : ䷮)에서는 양이 음에 의해 가려지기 때문에 둘 다 같은 양효일 경우에 오히려 뜻이 통하고 가는 길이 합치되어 길하다고 말한다.

14 육삼은 음으로 소인이고 부중부정하여 편안히 자리할 수 없어 앞으로 나아가려하나 마치 큰 바위와 같은 구사에 의해 가로막힌다. 스스로의 힘으로 돌파하지 못하여 뒤로 물러서려고 하나 또 가시나무와 같은 구이에 의해 차단되어 편안하지 못하다. 부득이하여 돌아서서 집으로 갈 수밖에 없는데 집에 가도 처를 볼 수가 없다. "처(妻)"는 상응하는 상육을 말하는데, 육삼과 상육은 모두 음효로 본래 같은 음끼리는 서로 배척한다. 그러므로 끝내는 자기 몸을 편안히 깃들 수 있는 장소를 발견하지 못하기 때문에 흉하다고 말한다. 곤괘의 세 음효 중에서 육삼이 처해 있는 상태가 가장 나쁘다.

으나 처자가 보이지 않았다. 흉한 점괘가 나왔다.

象曰 據于蒺藜는 乘剛也일새라 入于其宮不見其妻는 不祥也[15]라.
상왈 거우질려 승강야 입우기궁불견기처 불상야

상전에 말하기를 가시에 앉아 있다는 것은 강을 타고 있는 것이고, 그 집으로 들어간다 하더라도 처를 볼 수 없다는 것은 상서롭지 않은 것이다.

九四는 來徐徐는 困于金車일새라 吝하니 有終[16]이리라.
구사 래서서 곤우금거 린 유종

백 九四, 來徐, 困于金車. 闦, 有終.
구사 래서 곤우금거 린 유종

구사는 오는 것이 서서히 함은 쇠수레에 곤궁을 당하니 부끄러움이 있으나

---

15 "가시에 앉아 있다는 것(據于蒺藜)"은 육삼이 구이의 강을 타고 있는 것을 말한다. 『주역』에서 강을 타고 있다는 것(乘剛)은 매우 심각한 일이다. "가시에 앉아 있다는 것"은 바로 침 위에 앉아 있는 것과 마찬가지로 편안할 수가 없다. 「소상전」은 다만 가시에 앉아 있다는 것만 말하고 "돌에 걸려 곤궁을 당하고 있으며(困于石)"라는 말은 하지 않는데, 이는 중요한 것만 말하고 가벼운 것은 그 속에 포함된 것으로 여기기 때문이다. "불상(不祥)"은 좋지 않은 징조를 말한다. "그 집으로 들어간다 하더라도 아내를 볼 수 없다는 것은 상서롭지 않은 것이다(入于其宮, 不見其妻, 不祥也)"는 것은 좋지 않은 운이 시작되는 것으로 몸을 버리고 집안의 불행이 연이어 오는 시작으로 볼 수 있다.

16 구이와 마찬가지로 구사가 가지고 있는 곤경은 도의 곤경이지 몸의 곤경이 아니다. "오는 것이 서서히 함은(來徐徐)"이라는 말은 천천히 늦게 오는 것을 말한다. 『주역』에서 말하는 왕(往)은 아래에서 위로 올라가는 것을 말하고, "래(來)"는 위로부터 아래로 오는 것을 말한다. 구사와 초육은 상응하는데, 초육이 유곡(幽谷) 속에 빠져 있어서 구사의 입장에서는 반드시 가서 도와주어야 한다. 그러나 구사의 지위가 바르지 않고, 역량이 부족하고, 중간에 또 구이의 쇠수레가 방해하고 있어서, 가서 구원하는 행동이 점점 늦어져 부득불 서서히 진행할 수밖에 없다. 구이는 강효로 금속에 해당한다. 하괘의 감괘(坎卦)는 「설괘전」의 해석에 의하면 바퀴를 상징하기 때문에 "쇠수레(金車)"라고 말한다. 구사가 초육을 도우는데 행동이 느리지만 결국에는 구이의 방해를 물리치고 목적을 이룰 수 있게 된다.

끝내는 좋을 것이다.

백 구사는 온 것이 늦어서 지각하여 연금(軟禁)되었다. 점을 치니 처음에는 어려우나 끝내는 길하다고 하였다.

象曰 來徐徐는 志在下也니 雖不當位나 有與也¹⁷니라.
상 왈 래 서 서　　지 재 하 야　　수 부 당 위　　유 여 야

상전에 말하기를 오는 것이 서서히 함은 뜻이 아래에 있는 것이니, 비록 위가 부당하나 더불어 함이 있다.

九五는 劓刖이니 困于赤紱하나 乃徐有說¹⁸하리니 利用祭祀¹⁹니라.
구 오　　의 월　　곤 우 적 불　　내 서 유 열　　이 용 제 사

---

17 "더불어 함이 있다(有與)"는 말은 다른 것들에 의해 함께 지지를 받는다는 의미로 사용된다. 이에 대해 유염은 『주역집설』에서 "여섯 효 중에서 이와 오는 모두 강이고, 삼과 상은 유효이지만, 오직 초효와 사효는 강유로 상응하기 때문에 특히 '더불어 함이 있다'고 말한다(六爻二五皆剛, 三上皆柔, 惟初與四剛柔相應, 故特以有與言之)"라고 하였다.

18 "의(劓)"는 코를 베는 형벌이고, "월(刖)"은 발목을 자르는 형벌이다. "적불(赤紱)"은 붉은 제복으로 앞을 가리는 치마와 같은 옷을 말하는데, "주불"보다는 낮은 등급의 사람이 입는 제복이다. 곤괘(困卦)는 양이 음에 의해서 곤궁을 당하는 시기로 구오의 양효는 상육과 육삼의 음에 포위되어 있다. 곤궁의 시기에 놓인 것을 마치 상육에 의해서 코가 잘려지고, 또 육삼에 의해서 발이 잘려진 것으로 표현하고 있다. 그러나 양의 군자는 음의 소인에 의해서 이처럼 큰 고생을 당하지만, 이것을 결코 곤궁으로 여기지 않고 도리어 더욱 조심하면 마침내 어느 날 즐거운 결과를 얻게 될 것이다. 즉 구오가 강하고 중정하여 자신의 원칙을 지켜 여러 가지 어려움을 겪고 난 뒤에 결국에는 기쁨의 결과를 얻게 된다는 말이다.

19 구이와 구오는 모두 제사를 지내는 것이 이롭다는 것으로 비유되고 있다. 이것은 구이와 구오가 비록 다 같은 양으로 상응할 수는 없지만, 둘 다 성의(誠意)를 가지고 있기 때문에 그 성의를 마치 사람이 신에게 제사지내는 것과 같은 것으로 비유하고 있다. 구오는 양강중정(陽剛中正)으로 곤괘의 주효로 군주의 자리에 있지만, 위에는 상육, 아래에는 육삼의 두 음으로 덮여 점점 곤궁해지는 상을 보여주고 있다. 그래서 위로는 상육에게 코를 잘리고, 아래로 육삼에게 다리를 잘려 점점 곤궁해진다. 상응의 자리에 있는 아래

白 九五, 劓刖, 困于赤綬, 乃徐有說, 利用祭祀.
구오 이연 곤우적발 내서유열 이용방사

구오는 코를 베고 발을 베는 것이니 적불(赤綬)에 곤궁을 당하나 이에 서
서히 기쁨이 있으리니 제사를 올리는 것이 이로울 것이다.

白 구오는 지붕의 서까래를 다시 갈았으나 제사 옷 때문에 곤란을 겪었는
데, 이를 서서히 벗어난 후에 비로소 제사지내는 데에 이롭다.

象曰 劓刖은 志未得也요 乃徐有說은 以中直也요
상왈 의월 지미득야 내서유열 이중직야

利用祭祀는 受福也[20]리라.
이용제사 수복야

상전에 말하기를 코를 베고 발을 벤다는 것은 아직 뜻을 얻지 못한 것이고,

의 구이(赤綬)와는 적응(敵應)이기 때문에 비록 도와주기를 바라지만 어렵다. 그러나 도
가 같고 덕이 합치하기 때문에 성의를 가지고 대하면 결국 서서히 감통하여 이것(赤綬)
을 얻어 함께 천하의 곤궁(困)을 구하는 기쁨의 때가 온다. 그 성의가 감통하는 것은 성
경(誠敬)을 다하여 제사를 올려 신명에 감통하는 것과 같다. 구이에서 말하는 "제사를
올리는 것이 이로우니(利用享祀)"라는 말과 구오의 "제사를 올리는 것이 이로울 것이다
(利用祭祀)"라는 말은 같은 것도 있고, 다른 것도 있다. 이에 대해 정이천은 『이천역전』
에서 "이는 향사라 말하고, 오는 제사라 말한 것은 대의가 마땅히 지성을 써야 복을 받는
다는 것이다. 제와 사와 향은 넓게 말하면 통할 수 있고, 나누어 말하면 제는 천신에게
하는 것이요, 사는 지신에게 하는 것이요, 향은 사람의 귀신에게 하는 것이다. 오는 군주
의 자리라서 제라 말하고, 이는 아래에 있기 때문에 향이라 말한 것이니 각각 마땅히 쓰
는 바로써 한다(二云享祀, 五云祭祀, 大意則宜用至誠, 乃受福也. 祭與祀享, 泛言之
則可通, 分而言之, 祭, 天神, 祀, 地祇, 享, 人鬼. 五, 君位, 言祭, 二, 在下, 言享,
各以其所當用也)"라고 하여, 그것들을 비교하고 있다.

20 코를 베고 다리를 자르는 것은 구오가 아직 뜻을 얻지 못했기 때문이다. 그러나 서서히
기뻐한다는 말은 구오가 중정하고 강직하기 때문이다. 제사를 지내면 이롭다는 것은 제
사를 지내는 데 성심성의로 하면 신의 복을 받는 것과 마찬가지로 정성이 좋은 결과를 가
져올 것이라는 것이다.

이에 서서히 기쁨이 있다고 하는 것은 중정하고 바르기 때문이고, 제사를 올리는 것이 이롭다는 것은 복을 받게 된다는 것이다.

上六은 困于葛藟와 于臲卼이니 曰動悔라 하여 有悔면 征하여
상 육　곤우갈류　　우얼올　　　왈동회　　　유회　정

吉[21]하리라.
길

白 尙六, 困于褐, 縷于貳橡. 曰悔夷有悔! 征, 吉.
상 육　곤우갈　누우이연　왈회이유회　정　길

상육은 칡넝쿨과 위태로운 데에 곤궁함이니, 움직이면 뉘우침이 있을 것이라고 말해서 뉘우치는 마음을 두면 가서 길하리라(어려움을 벗어나면 길하다는 것이다).

---

21 "유(藟)"는 칡과 같은 넝쿨류 식물을 말하고, "얼올(臲卼)"은 그 뜻이 동요하여 불안한 모습을 상징한다. 이것은 상육이 음으로 곤괘의 극단에 자리하고 있고, 또 두 개의 양효를 타고 있으면서 아래로부터 응원도 없어서 마치 넝쿨나무에 완전히 돌돌 말려서 곤궁에 처해 있는 것과 같다. "우얼올(于臲卼)"의 앞에 아마도 "곤(困)"자가 빠져 있는 것으로 보인다. 전체 여섯 효 중에 구이, 구사, 구오는 모두 길을 말하지 않고, 초육과 육삼은 음으로 곤궁함을 벗어나지 못한다고 하고, 오직 상육만이 길을 말한다. 이것은 무슨 이유에서 그런가? 객관적 형세로 말하면 상육은 칡넝쿨에 묶여서 곤궁하고 또 매우 위태로운 상황에 처해 있지만, 초육이 나무 그루터기에 앉아서 곤궁하거나 유곡 속에 들어가거나 삼 년 동안 광명을 볼 수 없는 그런 정도의 상황은 아니다. 상육이 처해 있는 곤궁함은 이미 극단에서 물극필반하여 곤궁이 해소되려고 하는 시기이다. 상육은 반드시 이런 형세를 알아서 행동하여 곤궁함을 빠져나가려는 시도를 해야 한다. "움직이면 뉘우침이 있을 것이라고 말해서 뉘우치는 마음을 두면 가서 길하리라(動悔有悔, 征吉)"는 구절은 상육이 곤궁의 극단에 처해서 다만 "움직이면 뉘우침이 있을 것이다"는 점만 생각하고 움직이지 않으면 안 된다는 것이다. 움직이지 않아서 흉한 것 보다는 움직여서 비록 뉘우침이 있을 수 있을지라도 과감하게 행동한다면 이러한 곤궁을 빠져나가 오히려 길함을 얻을 수 있는 가능성이 크다고 말한다. 즉 조급하게 행동 한다면 뉘우칠 일이 있지만, 만약에 스스로 뉘우치고 반성하여 전진하면 충분히 길할 수 있다는 말이다.

■ 상육은 거친 옷을 입고 서까래에 묶여 있다. 스스로 재수가 없다고 말한다. 점을 쳐보니 길하다고 한다.

象曰 困于葛藟는 未當也요 動悔有悔는 吉行也²²라.
상 왈 곤 우 갈 류   미 당 야   동 회 유 회   길 행 야

상전에 말하기를 칡넝쿨과 위태로운 데에 곤궁하다는 것은 자리가 마땅치 않음이고 움직이면 뉘우침이 있을 것이라 해서 뉘우치는 마음을 두는 것은 길하게 행하는 것이다.

* 곤괘의 의미와 교훈

곤괘(困卦)의 대의는 곤궁에 처하는 도리를 말하는 데 있다. 괘사에서는 군자의 몸이 비록 곤경에 처해 있으나 그 도는 오히려 형통할 수 있고, 바름을 계속적으로 지켜나가는 대인만이 길하고 허물이 없음을 강조하고 있다. 이런 상황을 타개하기 위해서는 반드시 자신의 덕을 닦아나가는 것

---

22 상육이 넝쿨에 묶여져 곤궁을 당하고 있는 것은 곤궁을 빠져나가는 이치를 파악하지 못했기 때문이다. 왜냐하면 처해 있는 위치가 온당하지 않기 때문이다. 그러나 이것은 잠시의 상황이고 일단 "움직이면 뉘우침이 있다(動悔)"는 사실을 파악한 후에 스스로 경계하고 조심스럽게 행동한다면 곤궁함을 빠져나가서 반드시 길함을 얻을 수 있다. 어떻게 하면 곤궁함을 빠져 나가서 길함을 얻을 수 있는가? 그 관건은 행동하는 데에 있다. 만약 초육처럼 곤궁함에 앉아 있다면 어떻게 곤궁함을 빠져나가서 길함을 얻을 수 있겠는가. 이에 대해 정이천은 『이천역전』에서 "곤궁함에 의해 속박당하여 변하지 못하는 것은 아직 도를 얻지 못했기 때문이다. 이는 처함이 마땅하지 않은 것이다. 움직이면 뉘우침을 얻게 될 것임을 알아 마침내 뉘우치는 마음을 가지고 떠나가면 곤함에서 벗어날 수 있으니 이것이 가서 길한 것이다(爲困所纏而不能變, 未得其道也. 是處之未當也. 知動則得悔, 遂有悔而去之, 可出於困, 是其行而吉也)"라고 하였다.

이 필요함을 역설하고 있다. 또 「단전」에서는 "강이 가려진 것"이라는 말을 통해 곤궁의 기본 원인이 음에 가려져서 더 이상 발전할 수 없는 상황에 대해 말하고 있다. 즉 군자가 소인에 의해서 억압당하는 상황을 말한다.

여섯 효는 각각 다른 관점에서 곤궁의 상황을 말하고 있다. 그 가운데 세 개의 양효는 어둡고 나약해서 곤궁을 당하는 것이 매우 심하다. 초육은 곤궁 속에 앉아서 스스로 빠져나가지 못하고, 육삼은 그 바르지 않는 곳에서 곤궁함에 빠지는데 이 둘은 위험하여 상황을 벗어나기가 어렵다. 오직 상육만이 곤궁이 극단의 상황으로 올라가 장차 어려움을 타개할 수 있다. 그러나 여기에서도 역시 잘못을 깨닫고 반성한다는 조건이 충족되어야 길함을 얻을 수 있다.

세 개의 양효 역시 곤궁 속에 있다. 그러나 모두 양의 기질을 가지고 바름을 지키면 그 어려움을 빠져나갈 수 있다. 세 개의 양효는 곤난을 당하는 때에도 강한 의지와 굳센 기백을 가지고 올바름을 고수하여 곤경을 빠져나갈 수 있음을 말하고 있다. 이것이 양이 가진 특성이다. 그러나 여기에서 더 중요한 것은 스스로 반성하고 지혜롭게 피해갈 줄도 아는 음의 지혜를 필요로 한다는 사실이다. 이처럼 곤궁에 빠져 있으나 음양에 따라서 차이가 있고, 사람에 있어서도 그것을 대처하는 방식이 각기 다르고, 또 달라야 한다고 「주역」은 가르치고 있다.

48. ䷯ 수풍정(水風井, 백 井 第二十四)

1) 괘의 순서

　　정괘(井卦)는 48번째 괘로 곤괘(困卦) 다음에 온다. 이 두 괘는 전도 괘(顚倒卦)이다. 이 때문에 두 괘의 의미 또한 서로 상반되는 부분도 있다. 「서괘전」에서는 "위에서 곤한 자는 반드시 아래로 돌아오기 때문에 정괘로 받았다(困乎上者必反下, 故受之以井)"라고 하였다. 말하자면 사람이 곤궁에 빠지면 일단 한 걸음 물러나서 여러 가지 인생의 경험과 교훈을 돌이켜 반성하여야 그 난관을 돌파할 수 있다. 그러므로 『주역』은 스스로 자신의 과오를 반성하고 수양하여 새로운 발전을 도모한다. 여기에서 승괘(升卦)와 곤괘(困卦) 두 괘 이후에 샘물을 끌어올려 생명을 길러주는 정괘(井卦)를 그 다음에 배치하고 있다. 이것은 마치 물이 모든 생명의 근원인 것처럼 우물 또한 인간 생명의 근원이라는 것을 상징한다. 이러한 측면에서 보면 정괘의 의미는 대단히 중요하다.

2) 괘명의 의미

　　정(井)자가 가지고 있는 의미는 결코 물에 있지 않고 퍼올린다는 것에 초점이 있다. 사람들은 물과 불이 없으면 생활 할 수 없고, 국가도 성현이 없으면 올바로 다스릴 수 없다. 그러므로 여기에서 말하는 정(井)은 바로 백성을 위해 복지를 행하는 성현의 상징이다. 이에 대해 『주역정의』에서는 "정이라는 것은 물상의 이름이다. 옛날에 땅을 파서 물을 얻을 때는 병을 가지고 끌어올리기 때문에 정(井)이라고 말한다. 이 괘는 군자가 덕을 닦고 백성을 길러주는 데에는 변하지 않는 법도가 있고, 처음부터 끝까지 바꾸지 않고 끊임없이 생물을 길러주는 데에는 우물보다 더한 것이 없음을 말하고 있다. 그러므로 덕을 닦는 괘로서 비유를 삼는데, 그것을 이름하여 정이라고 말한다(井者, 物象之名也. 古者穿地取水, 以瓶引汲, 謂之爲井. 此卦明君子修德養民, 有常不變, 終始无改, 養物不窮, 莫過乎井. 故以修德之卦取譬, 名之井焉)"라고 하였다. 백서주역에서는 "정"을 함정으로 쓰기도 한다.

「계사전」 하에서는 "정은 덕의 땅이다(井, 德之地也)"라고 하였다. 또 괘사에서는 "고을은 바꾸어도 우물은 바꿀 수 없으니(改邑不改井)"라고 하여 마을은 옮겨갈 수 있으나 우물은 옮길 수 없음을 말한다. 이것은 인간의 덕처럼 우물 또한 변동할 수 없는 특징이 있음을 말하고 있다. 인간에게서 덕이 없을 수 없는 것처럼 마을이 어디로 이사를 하든지 간에 물을 긷는 우물이 없을 수는 없다. 또 「계사전」에서는 "정으로써 뜻을 분별한다(井以辨義)"라고 하였는데, 이것 또한 우물은 바꿀 수 없다는 특징을 가지고 말하는 것이다.

3) 괘의 상

정괘(䷯)는 상괘가 감(坎)으로 물이고, 하괘는 손(巽)으로 들어간다는 의미이다. 이것은 나무 두레박이 우물 속에 들어가 물을 끌어올리는 모습이다. 우물 속에서 물을 끌어올려 사람뿐만 아니라 다른 생물을 길러주기 때문에 물을 끌어올린다는 점에서 정괘는 기른다(養)는 것과 밀접한 관련을 가진다. 그래서 왕필은 『주역주』에서 "나무 위에 물이 있으니 정괘의 상이다. 물을 길어서 기르니 끝없이 기르는 것이다(木上有水, 井之象也. 上水以養, 養而不窮者也)"라고 하였다.

井은 改邑하되 不改井이니 无喪无得하며 往來井井[1]하나니
정 개 읍 불 개 정 무 상 무 득 왕 래 정 정

백 井, 改邑不改井, 无亡无得. 往來井,
정 개 읍 불 개 정 무 망 무 득 왕 래 정

경의 의미 : 정은 고을은 바꾸어도 우물은 바꿀 수 없으니, 줄어들지도 늘

어나지도 않으며, 오고 가는 사람들이 우물로 쓰니

전의 해석 : 정은 고을은 바꾸어도 우물은 바꿀 수 없으니, 줄어들지도 늘

어나지도 않으며, 오고 가는 사람들이 우물에서 물을 길으니

백 정은 고을은 바꾸어도 우물은 바꿀 수 없으니, 줄어들지도 늘어나지도

않으며, 오고 가는 사람들이 우물로 사용하니

汔至亦未繘井이니 羸其瓶이면 凶[2]하니라.
흘 지 역 미 귤 정 이 기 병 흉

---

1 "고을은 바꾸어도 우물은 바꿀 수 없으니(改邑不改井)"라는 말은 일반적으로 사람들이
거주하는 마을을 쉽게 이전할 수 없다고 말하지만, 어떤 경우에는 옮기지 않을 수가 없다.
그러나 우물은 일단 파고 나면 절대로 이동할 수가 없다. 마을을 옮겨서 사람들이 이사하
지만 우물은 여전히 옛날 그 자리에 있다. 이것은 우물이 가진 덕이 불변(不變)하다는 것
을 상징한다. 그러므로 왕필은 "우물은 변하지 않는 것으로 덕으로 삼는다(井以不變爲德
者也)"라고 하였다. "줄어들지도 늘어나지도 않으며(无喪无得)"라는 말은 우물물은 항상
안정된 수위를 가지고 있어서 그것을 퍼올린다 하여도 줄어들지 않고 퍼올리지 않아도 더
많아지지 않는다는 의미이다. "오고 가는 사람들이 우물에서 물을 길으니(往來井井)"라
는 말은 오고 가는 사람들이 모두 이 우물을 사용한다는 뜻이다. "우물에서 물을 길으니
(井井)"라는 말에서 앞에 "정"자는 동사이고 뒤의 "정"자는 명사이다. 우물은 모든 사람
들이 다 같이 함께 사용하는 것이다.
2 "거의 이르더라도 아직 두레박줄을 우물 속에 넣지 못한 것과 같으니, 두레박이 깨어져 흉
하다(汔至亦未繘井, 羸其瓶, 凶)"는 말에서 "흘(汔)"은 "거의"의 뜻이고, "귤(繘)"은 끈
을 말하는데 바로 물을 끌어올릴 때 사용하는 밧줄을 의미한다. "이(羸)"는 부서진 것을
말한다. 밧줄에 그릇을 매달아 물을 끌어올렸을 때 그릇이 깨져버려 물을 끌어올리지 못

井凱, 至亦未汲井, 羸亓刑瓶, 凶.
정 흘   지역미급정   누기형병   흉

경의 의미 : 우물물이 말라서 막힌다. 우물을 파지 않고 두레박을 깨니 흉하다.

전의 해석 : 거의 이르더라도 아직 두레박줄을 우물 속에 넣지 못한 것과 같으니 두레박이 깨어져 흉하다.

우물이 말랐을 때 이르면 들어 올릴 물이 없으니, 흙으로 만든 병으로 물을 끌어 올릴 수 없다.

象曰 巽乎水而上水井이니 井은 養而不窮也³하니라.
단 왈   손 호 수 이 상 수 정   정   양 이 불 궁 야

하는 상황을 말한다. 즉 어떤 일이 거의 성공하려는 찰나에 결과적으로 성공하지 못하게 되는데 그것은 한마디로 흉하다. 이 구절은 물을 끌어올리는 도리에 대해 말한 것으로 물이 막 우물을 벗어나 거의 끌어올릴 때 물병이 뒤집어지거나 깨어져서 어떠한 수확도 없어 흉하게 되는 상황을 나타내고 있다. 이것은 사람의 덕행은 시종일관 선하도록 노력하지 않으면 결국은 흉함에 이르게 됨을 비유하고 있다. 괘사는 우물을 가지고 사람의 일에 비유하고 있다. 이에 대해 『주역절중』은 구부국의 말을 인용하여 " '개읍불개정(改邑不改井)'은 우물의 본체를 말하고 '무상무득(无喪无得)'은 우물의 덕을 말하고, '왕래정정(往來井井)'은 우물의 작용을 말하는 것인데 이 세 구절은 모두 우물에 관련된 일을 말하고 있다(改邑不改井, 井之體也. 无喪无得, 井之德也 往來井井, 井之用也. 此三句言井之事)"라고 하였다.

3 "손(巽)"의 뜻은 들어간다는 의미이고, "상(上)"은 퍼올린다는 의미로 어떤 것을 물속에 집어넣어 물을 끌어올리는데 이것이 바로 우물이다. 우물물은 밑으로 나가지도 않고 옆으로 흐르지도 않고 오직 위로 올라올 뿐이다. 물이 위로 올라올 수 있는 것을 "정(井)"이라고 말한다. 그러므로 "물속에 들어가서 물을 퍼올리는 것이 정이니(巽乎水而上水井)"라고 말한다. 우물물은 시간의 제한이나 양의 제한 없이 모든 사람들이 원하는 만큼 가져갈 수 있기 때문에 "정은 길러내는 데 다함이 없는 것이다(井養而不窮也)"라고 말한다.

단전에 말하기를 물속에 들어가서 물을 퍼올리는 것이 정이니, 정은 길러
내는 데 다함이 없는 것이다.

改邑不改井은 乃以剛中也[4]요
개 읍 불 개 정　　　내 이 강 중 야

고을은 바꾸어도 우물은 바꾸지 않는다는 것은 강중하기 때문이요,

汔至亦未繘井은 未有功也요 羸其瓶이라 是以凶也[5]라.
흘 지 역 미 귤 정　　　미 유 공 야　　　이 기 병　　　시 이 흉 야

거의 이르더라도 아직 두레박줄을 우물 속에 넣지 못한 것과 같다는 것은
공이 아직 없는 것이요, 두레박이 깨어졌음이라 이로써 흉한 것이다.

象曰 木上有水이 井이니 君子以하여 勞民勤相[6]하나니라.
상 왈 목 상 유 수　　　정　　　군 자 이　　　노 민 근 상

---

4 "고을은 바꾸어도 우물은 바꾸지 않는다(改邑不改井)"는 말은 우물이 고정적이라는 것이
다. 어떻게 우물이 이와 같은 고정적인 덕을 가질 수 있는가? 그것은 본 괘의 구이와 구오
의 두 양효는 모두 강중(剛中)의 덕을 가지고 있기 때문이다. "강(剛)"은 견실함을 말하고
"중(中)"은 치우치지 않는 것을 말하는데, 견실하고 치우치지 않으니 어떻게 옮겨갈 수
있겠는가. 그러므로 "강중하기 때문이요(乃以剛中也)"라고 말한다.
5 우물의 물을 거의 바깥으로 끄집어내는 상태인데도 여전히 끄집어내지 못하였기 때문에
"공이 아직 없는 것이요(未有功也)"라고 말한다. 물을 끌어올렸으나 물을 얻지 못하고 오
히려 끌어올리는 통이 깨져버리니 흉하다고 말한다. 이에 대해 『주역정의』에서는 "물을
끌어올렸으나 아직 끄집어내지 못하고 엎질러 버리는 것은 덕을 닦아서 아직 이루어지지
도 못했는데 멈추는 것을 비유하고 있는데, 이 때문에 흉하다(汲水未出而覆, 喻脩德未成
而止, 是以凶也)"라고 하였다.
6 정괘는 손괘가 아래에 있고, 감괘가 위에 있는 상이다. 이것은 나무가 아래에 있고 물이
위에 있는 것으로 마치 물이 우물 아래에 있어서 그것을 끌어 올려 사람들에게 마시게 하
는 것처럼 우물의 물이 위로 올라오는 것을 말하고 있다. 군자는 이런 정괘의 상을 관찰하
여 우물물을 위로 끌어올려 사람들에게 공급하는 도리에 근거하여 "백성을 위로하고 서로
도우기를 권면(勸勉)하는(勞民勸相)" 정치를 실행한다. "노민(勞民)"은 백성을 위로하는

상전에 말하기를 나무 위에 물이 있는 것이 정이니, 군자가 이것을 본받아서 백성을 위로하고 서로 도우기를 권면(勸勉)한다.

初六은 **井泥不食**이라 **舊井**에 **无禽**[7]이로다.
초 육　정 니 불 식　구 정　무 금

백 **初六, 井泥不食. 舊井无禽.**
초 육　정 니 불 식　구 정 무 금

초육은 우물에 진흙이 있어 먹지 못하니 오래된 우물에는 짐승도 없다.

백 초육은 진흙탕 물은 먹지 못한다. 오래된 함정으로는 짐승을 잡을 수 없다.

象曰 井泥不食은 **下也**일새라 **舊井无禽**은 **時舍也**[8]라.
상 왈 정 니 불 식　하 야　구 정 무 금　시 사 야

것을 말하고, "권상(勸相)"은 백성들이 서로 도와주기를 권유하는 것을 말한다.

7 이 괘에서 강효는 우물물이 솟아나와 위로 올라오는 것을 상징한다. 초육은 음효로 가장 아래에 있는데, 우물 바닥의 진흙과 모래에 해당한다. 우물 속에는 오직 진흙과 자갈만이 있고 물이 없으면 당연히 먹을 물을 공급하지 못한다. 이런 오래된 우물에는 물을 구할 수 없기 때문에 수생(水生) 식물이나 동물이 없어서 짐승도 오지 않는다고 말한다. "구(舊)"는 "구(久)"의 뜻을 가지고 있다. 백서주역에서는 "구정(舊井)"을 오래된 함정으로 말하고 있다. 만약 상응의 관계로 말하면 초육은 그 자체로 위로 올라갈 힘도 없고 또 위로부터의 응원이 없어서, 마치 우물바닥에 쌓여 있는 찌꺼기가 나오지 못하는 경우와 같다. 우물을 오랫동안 수리하지 않으면 진흙이 쌓이고 더러워져서 짐승들조차도 돌아보지 않을 정도이니 사람은 더욱 이런 물을 마실 수도 없다.

8 우물 속에 진흙이 있으면 그 물은 마실 수 없는데, 초육의 효는 가장 아래에 있는 것을 말한다. 오래된 우물에서는 물을 얻을 수 없게 되고, 그것은 시간이 더 지나게 되면서 버려지게 된다. 본 효는 물을 사용하지 못하게 하기 때문에 "우물 속의 진흙(井泥)"이나 "짐승도 없는(無禽)" 등의 상이 나오는 것이다. 이에 대해 『주역절중』은 채청(蔡淸, 1453-1508 : 명대의 복건성 출신의 역학자로 주자의 『주역정의』에 근거한 역학적 관점을 말하는데 대표적인 저작으로는 『易經蒙引』이 있다)의 『역경몽인(易經蒙引)』 속에 나오는 "우

상전에 말하기를 우물에 진흙이 있어 먹지 못한다는 것은 아래에 있기 때문이고, 오래된 우물에는 짐승도 없다는 것은 시운의 버림을 받았기 때문이다.

九二는 井谷이라 射鮒요 甕若漏⁹로다.
구 이   정 곡   석 부   옹 폐 루

백 九二, 井瀆射鮒, 唯敝句.
구 이   정 독 석 부   유 폐 구

구이는 우물에서 물이 새어 나오는 구멍이라, 다만 작은 고기에게만 물을 쏠 뿐이고, 독이 깨어져 새도다.

백 구이는 우물 옆의 작은 도랑 속의 작은 물고기는 찢어진 그물 조각만으

물은 양효를 샘으로 말하는데, 초육은 음효이기 때문에 "정니(井泥)"라고 하고 또 "구정(舊井)"이라고 말한다. 우물은 위로 올라오는 것을 그 작용으로 삼고 있는데 초육은 아래에 있기 때문에 '불식(不食)'이라고 하고, 또 '무금(無禽)'이라고 하는 것이다(井以陽剛爲泉, 而初六則陰柔也, 故爲井泥, 爲舊井. 井以上出爲功, 而初六則居下, 故爲不食, 爲無禽)"는 말을 인용하고 있다.

9 "정곡(井谷)"에 대해 『주역절중』은 "우물 속에 물이 나오는 구멍이다(井中出水之穴竅也)"라고 하였다. "계곡(谷)"의 물은 원래 위로 올라오지 못하고 아래로만 흐른다. 그러므로 들어오는 작은 고기만 살릴 수 있다. "부(鮒)"는 작은 고기를 말한다. "석부(射鮒)"에 대해 『경의술문』은 『여씨춘추』나 『설원(說苑)』 등의 자료에 근거하여 고대에 고기를 활로 잡는 방법으로 말하기도 한다. "옹(甕)"은 고대에 물을 끌어올리는 그릇을 말한다. 이 두 구절은 구이가 비록 양으로 중에 자리하고 있으나 정위도 아니고 상응이 아니기 때문에 위로 그것을 끄집어 올리지 못하여 마치 우물 속에 있는 고기가 노는 용도로만 사용하는 것을 말하고 있다. 또한 물을 끌어올리는 그릇이 새어서 물을 끌어올려 사용할 방법이 없는 것을 말한다. 즉 우물 속의 물은 어떤 방법으로도 끌어올리지 못하여 우물이 우물로서의 기능을 전혀 하지 못하는 경우를 말하고 있다. 만약 이것을 인간사에 비유하자면 구이는 빼어난 재주를 가진 인물로 본래는 사회와 국가를 위해서 일할 수 있는 능력이 충분한데도 불구하고 위로부터의 발탁이 없기 때문에 전혀 쓰임새를 발휘하지 못하는 경우와 똑같다.

로도 잡을 수 있다.

象曰 井谷射鮒는 无與也¹⁰일새라.
상 왈 정 곡 석 부　　　무 여 야

상전에 말하기를 우물에서 물이 새어 나오는 구멍이라, 다만 작은 물고기
에게만 물을 쏠 뿐이라는 것은 짝하는 것이 없다는 것이다.

九三은 井渫不食하여 爲我心惻하여 可用汲이니 王明하면
구 삼　　정 설 불 식　　　위 아 심 측　　　가 용 급　　　왕 명

幷受其福¹¹하리라.
병 수 기 복

---

10 "짝하는 것이 없다(无與)"는 것은 응원(應援)이 없는 것을 말한다. 구이가 양효이고 구
오 또한 양효이기 때문에 구이는 응원이 없다. 우물은 위로 올라오는 것을 작용으로 삼
는데, 구이는 빼어난 능력을 가지고 있음에도 불구하고 하괘에 머물러 있어서 위로부터
응원이 없으면 다만 "우물에서 물이 새어 나오는 구멍이라, 다만 작은 고기에게만 물을
쏠 뿐이고, 독이 깨어져 새는(井谷射鮒, 甕敝漏)" 것과 같은 상태에만 머물러 있게 된
다. 만약 응원이 있다면 그것을 끌어올려서 그것이 가지고 있는 기능을 온전히 실현할
수 있을 것이다.

11 구삼은 비록 양강(陽剛)의 자질을 가진 인물이나 등용되지 못하는 경우에 해당한다. 즉
충분히 먹을 수 있는 물이지만, 우물 위의 설비가 부족하여 끄집어내지 못하는 것을 말
한다. 비록 구삼은 상육과 상응하지만, 상육이 너무 나약하여 구삼을 끌어올려 주지 못
하는 경우이다. "설(渫)"은 깨끗하다는 의미이다. 순상은 『주역집해』에서 "설은 더럽고
탁한 것을 걷어내고 깨끗하게 하는 뜻이다(渫去穢濁淸潔之意也)"라고 히였다. 즉 "우
물이 깨끗한데도 먹지 못하여(井渫不食)"라는 말은 아무리 빼어난 인재라도 알아주지
않아 등용되지 못한 경우에 비유하고 있다. 여기에는 빼어난 군주가 아니라면 이러한 인
재를 발탁하여 쓰지 못한다. "내 마음을 아프게 하여(爲我心惻)"라는 말은 물이 깨끗함
에도 불구하고 끄집어내어 먹지 못하기 때문에 마음이 아프다고 말한다. "충분히 그것을
길어 쓸 수 있지만, 군주가 지혜로우면 함께 그 복을 받을 수 있을 것이다(可用汲, 王明
並受其福)"는 말은 만약 군주가 그런 인재들을 발탁할 수 있는 지혜를 가지고 있다면 군
주나 신하 모두 복을 받을 것임을 말한다.

 九三, 井渫不食, 爲我心塞, 可用汲, 王明, 幷受亓福.
구삼 정설불식 위아심색 가용급 왕명 병수기복

구삼은 우물이 깨끗한데도 먹지 못하여 내 마음을 아프게 하여 충분히 그것을 길어 쓸 수 있지만 군주가 지혜로우면 함께 그 복을 받을 수 있을 것이다.

 구삼은 우물의 뚜껑을 닫고 먹지 못하게 하였다. 왜냐하면 내가 지금 선왕(先王)에게 제사를 올리려 하기 때문이다. 왜 그렇게 급하게 물을 끌어올리려 하는가? 선왕은 매우 신명(神明)하여 우리에게 복을 내려줄 것이다.

象曰 井渫不食은 行을 惻也[12]요 求王明은 受福也[13]라.
상왈 정설불식 행 측야 구왕명 수복야

상전에 말하기를 우물이 깨끗한데도 먹지 못하는 것에 대해 길가는 다른 사람들도 모두 슬퍼하는 것이오, 왕의 현명함을 구한다는 것은 모두 복을 받을 것이다.

六四는 井甃면 无咎[14]리라.
육사 정추 무구

---

12 "행측(行惻)"이라는 말에 대한 해석은 분분하다. 정이천은 "행하지 못함을 근심하고 서글퍼하는 것이다(以不得行, 爲憂惻也)"라고 하였으나, 주자는 "행측은 길가는 사람들이 모두 마음 아프게 생각하는 것이다(行惻者, 行道之人, 皆以爲惻也)"라고 하여, 마음이 아픈 주체를 길가는 다른 사람으로 말하고 있다. 주자의 관점이 더 합당한 것으로 보인다.

13 이 구절의 뜻은 우물 아래가 깨끗하지만 끌어올려 쓰지 못하니 매우 아까운 상황이다. "길가는 다른 사람들도 모두 슬퍼하는 것이오(行惻)"라는 말은 길을 지나가는 사람들이 모두 안타깝게 생각하는 것으로 결코 구삼 스스로가 슬프게 생각하는 것은 아니다. 길가는 사람들은 모두 "왕의 현명함을 구하여(求王明)" 구삼이라는 훌륭한 인재를 임용하여 모든 사람들이 다 복을 받을 수 있도록 해야 한다는 말이다.

백 六四. 井甃. 无咎.
육사　정초　무구

육사는 우물에 벽돌을 쌓으면 허물이 없을 것이다.

백 육사는 우물의 머리 부분이 온전하다. 점을 치니 탈이 없다고 하였다.

象曰 井甃无咎는 修井也[15]일새라.
상왈 정추무구　수정야

상전에 말하기를 우물에 벽돌을 쌓으면 허물이 없을 것이라는 것은 우물을 수리하기 때문이다.

九五는 井冽寒泉食[16]이로다.
구오　정렬한천식

---

14 육사는 음유로 정위지만 하괘에 상응하는 효가 없다. 음유이기 때문에 우물물을 길어올릴 수는 없지만 새어나오지 않게 수리할 수는 있다. 그래서 우물의 내벽에 기와를 겹겹이 쌓아 '벽돌담(甃)'을 쌓는 상이며, 당연히 아무런 허물도 없다고 말한다. 백서주역은 "초(椒)라는 말을 쓰는데 우물의 머리 부분을 말한다. "추(甃)"는 우물의 내벽을 말한다. 육사의 음효는 정위이지만 유로 힘이 없어 대량으로 물을 공급할 수가 없는데, 이것은 바로 우물벽을 수리하고 있기 때문이다. 머지않아 수리를 다 하게 되면 더 많은 물을 공급할 수 있을 것이다. 이것을 인간사에 적용하면 육사는 겸손하게 자기 위치를 잘 지켜 부족한 점을 기르고 잘못을 고쳐야 하는 때이다. 육사의 효가 가지고 있는 근본적인 뜻은 덕을 닦고 잘못을 보충하는 데 있다고 할 수 있다.

15 「소상전」은 "우물에 벽돌을 쌓으면 허물이 없을 것(井甃无咎)"이라는 말은 우물을 수리하여야 함을 말하고 있다. 우물을 다시 수리하고 단장하면 비록 근본적인 개량은 불가능하지만 사용할 수 있고 폐기처분하는 상태에 이르지는 않는다. 폐기상태에 이르지 않으면 적어도 허물을 벗어날 수는 있다.

16 "렬(冽)"에 대해 『설문해자』에서는 "물이 맑은 것이다(水清也)"라고 하였고, 『주역집해』에서 최경은 "열을 청결한 것(冽, 清潔也)"이라고 말한다. 이것은 구오의 양이 중정하고 정괘의 존위(尊位)에 자리하여 차가운 샘과 같은 맑고 깨끗한 우물물을 끌어올려 사람들에게 마시도록 하는 것을 말한다.

백 九五, 井冽寒泉食.
구오 정려한천식

구오는 우물이 맑고 찬 샘의 물을 먹는다.

백 우물의 입구가 통풍이 잘 되어 우물물이 깨끗하고 먹을 만하다.

象曰 寒泉之食은 中正也[17]일새라.
상왈 한천지식 중정야

상전에 말하기를 찬 샘물을 먹는다는 것은 중정하기 때문이다.

上六은 井收勿幕고 有孚라 元吉[18]이니라.
상육 정수물막 유부 원길

---

17 "한천지식(寒泉之食)"이라는 말은 "정열한천식(井冽寒泉食)"의 준말이다. 구오에는 "우물이 맑고 차서 시원한 물을 먹는다(井冽寒泉食)"는 말이 있는데, 이것을 효위(爻位)로 말하면 구오는 상괘인 감(坎)의 중위(中位)에 자리하고 있고, 감은 물로 또 상괘에 있기 때문에 맑고 차가운 우물물이 위로 올라와 비로소 먹을 수 있음을 상징한다. 우물의 경우 중정(中正)하다는 것은 그 샘의 원천이 항상 풍부하고 차가워 어떤 것에도 오염되지 않은 것을 말하고, 인간사로 말하면 양강(陽剛)하고 중정하여 많은 사람들에게 이로움을 주는 것을 말한다.

18 "수(收)"는 물을 끌어올린다는 뜻이고, "막(幕)"은 우물의 입구를 덮어놓는 것을 말한다. 우물에서 물을 끌어올린 후에 우물 뚜껑을 덮어놓지 않는 것은 다른 사람들도 와서 마음대로 물을 끌어올려 쓰도록 하기 위해서이다. 우물은 공공의 것이고 모든 사람이 다 같이 사용할 수 있다. 괘사에서 말하는 "오고 가는 사람들이 우물에서 물을 길으니(往來井井)"라는 말이 바로 이러한 의미이다. "정수물막(井收勿幕)"을 빌헬름은 "방해 없이 우물에서 (물을) 긷는다"는 말로 해석하여, 누구나 우물을 조건 없이 사용할 수 있는 것으로 말하고 있다. "유부(有孚)"는 믿음이 있다는 말인데, 여기에서 믿음이 있다는 것은 바로 우물물이 나오는 것이 끝이 없다는 것이고, 오랫동안 끌어올려 사용해도 줄어들지도 늘어나지도 않는다는 말이다. 이것은 괘사에서 말하는 "줄어들지도 늘어나지도 않으며(无喪无得)"라는 말과 같다. "원길(元吉)"이라는 말은 가장 좋다는 것을 말한다. 우물은 위로 끄집어내어 사용하기 때문에 위로 올라오면 올라올수록 좋다. 상육은 정괘의 가장 위에 있는 것으로 물을 이미 끌어올려서 일이 성공적으로 이루어진 것을 말하기 때

尙六, 井收勿幕, 有復. 元吉.
상 육 정 수 물 막 유 복 원 길

상육은 우물을 이미 길어서 뚜껑을 덮지 않고 (누구나 물을 길어 사용할 수 있다는) 진실한 믿음이 있어서 크게 길하다.

버려진 우물을 다시 수리하니 우물 입구가 줄어들었으나 다시 (기능을) 회복하였다. 크게 길하다는 점이 나왔다.

象曰 元吉在上이 大成也[19]라.
상 왈 원 길 재 상 대 성 야

상전에 말하기를 크게 길한 것이 위에 있다는 것은 크게 이룬 것이다.

* 정괘의 의미와 교훈

정괘는 현인을 등용하는 도리와 수신의 두 가지 문제에 대해 이야기하

문에 원길하다고 하는 것이다. 64괘의 대부분은 상효에서 극단에 이르고 변화하여 상황이 나쁘게 변하는 것이 일반적이다. 그런데 본 괘와 정괘(鼎卦)의 경우는 상효에 이르러 오히려 일이 이루어지기 때문에 원길하거나 대길하다고 말한다. 이에 대해 정이천은 『이천역전』에서 "다른 괘의 끝은 극이 되어 변하게 되지만, 오직 정괘(井卦)와 정괘(鼎卦)는 끝이 성공함이 되니 이 때문에 길한 것이다(他卦之終, 爲極爲變, 唯井與鼎, 終乃爲成功, 是以吉也)"라고 말한다.

19 유가의 최고 경계는 크게 베풀어 백성을 구제하는 것에 있다. 그것은 마치 물이 백성들을 살리는 것과 마찬가지이다. 이런 경지에 도달하는 방법은 재야에 빼어난 인재들을 버려두지 않고 능력이 있는 자들은 과감하게 등용하는 데 있다. 상육의 "우물을 이미 길어 덮지 않고 누구나 물을 길어 사용할 수 있다(井收勿幕)"는 말은 백성과 덕이 있는 인재들로부터 믿음을 얻고 있다는 것으로 정치를 하는 입장에서는 크게 성공한 것이기 때문에 원길하다고 말한다.

고 있다. 국가나 사회가 곤궁에 처했을 때는 반드시 현인과 능력 있는 인물을 기용하여 어려운 난세를 바로잡아야 한다. 정괘가 가지고 있는 물을 길러 사람을 기르는(養) 도리를 통하여 인재의 등용과 쓰임을 비유하고 있다. 『주역절중』에서 구부국은 "선유들은 세 개의 양을 샘(泉)으로 보고 세 개의 음을 우물(井)로 보고 있는데, 양은 실하고 음은 허한 상을 가지고 말한다(先儒以三陽爲泉, 三陰爲井, 陽實陰虛之象也)"라고 하였다. 만약 여러 효가 가지고 있는 정의 덕(井德)을 통하여 살펴 본다면 초효와 사효의 두 음효는 우물에 문제가 있으면 마땅히 수리해야 하거나 혹은 "우물의 진흙(井泥)"이라는 비유를 통해 사람들에게 버려지는 것을 경계하고 있다. 이효와 삼효의 두 양은 주로 우물물을 올바로 끌어올렸는가 혹은 우물이 적절하게 사용되지 못하고 겨우 "작은 물고기에게만 물을 쏠 뿐이고(射鮒)"라는 상태로 전락하는 것에 대해 경계하고 있다. 오효와 상효의 두 효에서 오효는 물이 맑고 맛이 빼어나 사람들이 모두 같이 먹는 경우이고, 상효는 공을 크게 이루어 그 베푸는 것이 무궁한 경우이다.

　전체 괘의 뜻으로 말하면 "수신(修身)"과 사람을 길러주는 "양인(養人)" 두 가지 측면이라고 할 수 있다. 옛날 사람들은 정괘(井卦)를 가지고 정치나 학문을 새로 닦는 것으로 자주 비유하였다. 예를 들면 송대의 양만리는 『성재역전(誠齋易傳)』에서 "우물을 한 번 수리하면 오래된 우물이 새로운 우물이 되고, 덕을 한 번 닦으면 오래된 학문에 새로운 공(功)이 생기게 된다. …… 우물을 수리하지 않는 것은 우물의 허물이다(井一修則舊井爲新井, 德一修則舊學有新功. …… 井之不修, 井之咎也)"라고 하였다. 우물을 지속적으로 관리하고 보살펴 수리하는 것을 통해 학문과 정치의 새로움과 발전을 말하는 양만리의 관점은 『주역』이 가지고 있는 변화 중시의 중변(重變)의 관점을 잘 이야기하고 있는 것으로 보인다.

49. ䷰ 택화혁(澤火革, 백 勒 第四十六)

1) 괘의 순서

혁괘(革卦)는 「서괘전」에서 "우물의 도는 변혁하지 않을 수 없다. 그러므로 혁괘로 받았다(井道不可不革, 故受之以革)"고 하였다. 우물이라는 것은 한 번 파고 나면 오랫동안 사용하는 것으로 이른바 "고을은 바꾸어도 우물은 바꿀 수 없으니(改邑不改井)"라는 말이 바로 여기에 해당한다. 우물은 오랫동안 존재하기 때문에 반드시 깨끗이 하고 수리하여야 하는데 여기에서 바로 "혁(革)"이 필요하다. 이런 이유에서 정괘(井卦) 후에 혁괘가 오는 것이다. 이에 대해 정이천은 『이천역전』에서 "우물이라는 것은 그대로두면 썩고 바꾸면 청결해지니 변혁하지 않을 수 없는 것이다. 그러므로 정괘의 뒤에 혁괘로 받은 것이다(井之爲物, 存之則穢敗, 易之則淸潔, 不可不革者也, 故井之後, 受之以革也)"라고 하였다.

2) 괘명의 의미

자의(字意) 상으로 보면 "혁(革)"을 『설문해자』는 "짐승의 껍데기에서 그 털을 다듬어 제거한 것을 혁이라고 한다. 혁은 바꾼다(更)라는 뜻이다. 이 글자는 30이라는 글자로부터 생기는데 30년은 한 세대로 도가 바뀐다(獸皮治去其毛曰革. 革更也. 從三十, 三十年爲一世而道更也)"라고 하여 혁자를 혁신, 개혁 등의 의미로 사용하고 있다. 즉 "혁"은 옛 것을 제거하고(去故) 새로운 것으로 대체하는 것을 의미한다. 『설문해자』에서 말하는 것처럼 원래 혁의 뜻은 피혁(皮革)을 가공하는 것으로 짐승의 껍데기를 피혁으로 바꾼다는 의미이다. 백서주역에서는 "혁"을 "륵(勒)"으로 표기하고 있다. "륵"의 뜻은 새긴다(刻)는 의미이다.

3) 괘의 상

혁괘(☲)는 이괘(離卦)를 하괘로 태괘(兌卦)를 상괘로 구성되어 있다. 이것은 못 속에 불이 있는 상이다. 물과 불은 서로 소멸하고 없애는 것으로 이것이 함께 있어서 물이 불을 끄고, 불이 물을 말려버린다. 이처럼 서로 변혁하는 상을 가지고 있기 때문에 괘명을 혁이라고 한다.

혁괘는 물이 위에 있고 불이 아래에 있는 것으로 물의 성향은 아래로 내려오고, 불의 성향은 위로 올라간다. 위에 있는 것은 성향이 아래로 내려오고, 아래에 있는 것은 성향이 위로 올라가니 이 둘은 서로 상극(相剋)하고 서로 변혁한다. 만약 위로 올라가는 성향을 가진 불이 위에 있고, 아래로 내려가는 물이 아래에 있으면, 이 둘은 서로 어긋난 방향을 가리키고 있어서 이것은 혁이 아니라 규(睽)가 되어 버린다.

革은 已日이라야 乃孚[1]하리니 元亨하고 利貞하여 悔亡[2]하니라.
혁　　이일　　　　내부　　　　원형　　　이정　　　회망

---

1 "이일(已日)"은 어떤 날을 말하는가? 이 말에 대한 해석은 매우 분분하다. 그러나 대체로 크게 세 개의 관점으로 나누어 볼 수 있다. (1) 이일(已日)이라는 관점 ; 여기에도 두 부류로 나누어 설명할 수 있다. 첫째, "이일"을 종료된 날로 보는 입장이 있다. 변혁이 마침내 성공한 날짜라는 관점이다. 이에 대해 왕필은 "백성이란 평상시에는 함께 할 만하지만 함께 변화에 적절하게 응하기는 어렵고, 이루어 놓은 것을 같이 즐길 수는 있지만 일을 도모하도록 꾀하면 같이하기가 쉽지 않다. 그러므로 혁명하는 방법은 그날로 믿지 못하고 일이 완성된 날이 되어서야 이에 믿는다(夫民可與習常, 難與適變, 可與樂成, 難與慮始.

勒, 巳日乃復, 元亨, 利貞. 悔亡.
럭　사일내복　원형　이정　회망

경의 의미 : 제사지내는 날이 바로 벌을 주는 날이고 큰 제사를 올리니 이
로운 점의 결과가 나와 뉘우칠 일이 없어질 것이다.

故革之爲道, 卽日不孚, 巳日乃孚也)"라고 하였다. 둘째, "이일"을 시기가 이미 된 것으
로 보는 입장인데, 이것은 간보(干寶) 등에 의해서 주장된다. (2) 기일(己日)이라는 관점 ;
기(己)는 천간 중에 여섯 번째를 가리키는데, 이미 중간을 넘어선 것을 의미한다. 주진은
『한상역설(漢上易說)』에서 "마땅히 무기의 기로 읽어야 하는데, 십일은 경에 이르러 바
뀌는데 바뀌는 것이 바로 혁이다(當讀作戊己之己, 十日至庚而更, 更, 革也)"라고 하여,
무기(戊己)의 기로 보고 있다. 후대의 주준성(朱駿聲)이나 손진성(孫振聲)도 이와 같은
주장을 하고 있다. (3) 사일(巳日)이라는 관점 ; 고형은 "사는 아마도 사(祀)를 가차한 것
으로 보인다"라고 말한다. 이처럼 여러 가지 관점이 분분하나 중요한 것은 이 시기가 변
혁이 발동하는 시기라는 점에서는 공통된다는 것이다. 여기에서는 "이미"라는 의미의 이
(已)자로 사용하고, 12간지의 사(巳)나 또 천간의 기(己)로도 보지 않는다. 이곳에서 이
야기하는 "이일(已日)을 변혁할 수 있는 날로 해석하는 것이 여러 가지 점에서 적절할 것
같다. 조건이 적절하지 않고 미리 앞서서 변혁하려고 하면 사람들은 의심하여 믿지 않게
된다. 여기에서 말하는 "부(孚)"는 믿음의 뜻이다. 혁은 옛 것을 변혁하는 것이다. 옛 것
을 변혁하는 일은 결코 가볍게 처리할 수 있는 일은 아니다. 사람들은 옛 것에 대해 이미
습관이 되고 적응되어 있기 때문에 그것을 한꺼번에 바꾸려고 한다면 그것을 쉽게 받아들
이고 이해하려 하지 않을 것이다. 변혁에는 사람들의 이해와 믿음을 얻어야 하기 때문에
일정한 시간을 필요로 한다. 그러므로 날이 "이미 되어야 이에 믿을 것이니(已日乃孚)"라
고 말하는 것이다.

2 "혁(革)"은 변혁이다. 변혁해야 될 시기에 변혁하여야 사람들이 진실로 믿고 따른다. 사
람들이 믿음으로 따르면 반드시 싱공한다. 이를 위해서는 반드시 정도(正道)에 근거해야
한다. 만약 정도에 근거한 변혁이라면 후회도 사라져 없어진다. "징(貞)"은 바름의 뜻이
다. "이정(利貞)"은 바른 도에 근거하여야 이롭다는 의미이다. 옛 것을 변혁하는 것은 매
우 어려운 일이기 때문에 반드시 바른 도에 근거해야 하는데도 불구하고 자기 마음대로
한다면 분명히 실패하게 될 것이다. 어떤 사물이 오래되고 문제가 발생하기 시작할 때에
는 반드시 그것을 변혁해야 한다. 변혁의 목적은 옛 것을 새로운 것으로 바꾸고, 막힌 것
을 통하게 하는데 있고, 그것을 바꿈으로써 크게 형통할 수 있다. 이렇게 본다면 혁명이
가능한 조건은 시기의 선택과 다른 사람들의 신뢰와 정도(正道)에 근거하여야 한다는 점
이다.

전의 해석 : 혁은 날이 이미 되어야 이에 믿을 것이니 크게 형통하고 바르게 하여야 이로우니 뉘우칠 일이 없을 것이다.

🔲 제사지내는 날 다시 마음에 새겨야 크게 통하고 점치는 데 유리하다. 점을 치니 뉘우침이 없다는 점이 나왔다.

彖曰 革은 水火相息하며 二女同居하되 其志不相得이 曰革³이라.
단 왈 혁　　수 화 상 식　　이 녀 동 거　　기 지 불 상 득　　왈 혁

단전에 말하기를 혁은 물과 불이 서로 없애며(滅息), 두 여자가 같은 집에 동거하나 그 뜻을 서로 얻지 못함이 혁이다.

已日乃孚는 革而信之⁴라.
이 일 내 부　　혁 이 신 지

---

3 일반적으로 「단전」은 괘명을 해석한 부분, 괘사를 해석하는 부분, 그리고 「단전」의 작자가 스스로 체득한 면을 말하는 세 부분으로 구성되어 있다. 이 구절의 말은 괘명을 해석하는 부분에 속한다. 혁괘는 하괘를 이괘(離卦)로 상괘를 태괘(兌卦)로 하여 물과 불로 구성되어 있다. 못은 물이고, 물이 불 위에 있는 것으로 물과 불이 서로 공격하여 용납하지 않기 때문에 변한다는 의미를 가지게 된다. 그러면 이괘(離卦)를 하괘로 하고 감괘(坎卦)를 상괘로 하는 기제괘(旣濟卦) 역시 물이 불 위에 있는데 왜 "서로 없애며(相息)"라고 말하지 않는가? 이에 대해 『주역절중』은 호병문의 관점을 인용하여 "기제괘는 물이 불 위에 있는데도 서로 없앤다는 말을 하지 않는 이유는 무엇인가? 감(坎)의 물은 움직이는 물이라서 불이 그것을 멸하지 못한다. 못의 물은 정지해 있는 물이고, 정지한 물이 위에 있고 위로 불이 타오르면 멸하게 된다(旣濟水在火上, 不曰相息者何也? 坎之水動水也, 火不能息之. 澤之水, 止水也, 止水在上而火炎上, 故息)"라고 하였다. 택화(澤火)를 혁으로 부르는 데는 또 다른 하나의 의미가 들어 있다. 혁괘의 하괘는 이(離)인데, 이괘는 중녀(中女)이다. 상체는 태(兌)로 태괘는 소녀(少女)이다. 중녀와 소녀가 함께 있어 두 여자가 함께 동거하는 것으로 그 뜻이 서로 부딪히는 상이다. 부딪히면 상극(相剋)하거나 상식(相息)하기 때문에 괘의 이름을 혁이라고 말한다.

4 이 구절은 "날이 이미 되어야 이에 믿을 것이라(已日乃孚)"는 것을 해석하여, 변혁을 추진하기 위해서는 적합한 시기와 백성들의 신임을 얻어야 함을 강조하고 있다.

날이 이미 되어야 이에 믿을 것이라는 것은 고쳐서 믿게 된다는 것이라.

文明以說하여 大亨以正하니 革而當할새 其悔乃亡⁵하니라.
문 명 이 열　　　대 형 이 정　　　혁 이 당　　　기 회 내 망

문명하고(밝음의 덕을 가지고) 기뻐하여 바름으로써 크게 형통하니, 고쳐서 마땅히 함에 그 뉘우침이 이에 없어질 것이다.

天地革而四時成하며 湯武革命하여 順乎天而應乎人하나
천 지 혁 이 사 시 성　　　탕 무 혁 명　　　순 호 천 이 응 호 인

革之時大矣哉⁶라.
혁 지 시 대 의 재

---

5 "문명(文明)"은 하괘인 이괘를 불로 보기 때문이다. 이것은 괘사의 "크게 형통하고 바르게 하여야 이로우니 뉘우칠 일이 없을 것이다(己日乃孚, 元亨, 利貞, 悔亡)"는 말을 해석한 것이다. 변혁의 시기에는 밝고 광명(光明)한 덕, 즉 문명의 덕을 가지고 천하를 기쁘게 하여야 하고 아울러 바름을 지켜야 모든 일들이 형통하게 된다는 것을 말하고 있다. 이런 식의 개혁이라야 바르고 뉘우칠 일이 없게 될 것이다. 『주역절중』에서는 호병문의 말을 인용하여 "단전에서는 '회망(悔亡)'이란 말을 하는 구절이 없는데 오직 혁괘만이 이를 말하고 있다. 개혁에는 쉽게 뉘우칠 일이 있을 수 있는데, 개혁하고서 반드시 온당하면 그 후에는 없어진다. '당(當)'이란 글자는 바로 '정(貞)'자로 일단 부정(不貞)하면 불신이 있게 되고 또 불통(不通)이 있게 되어 모두 부당한 것이 된다(彖未有言 '悔亡'者, 惟革言之. 革, 易有悔也, 必革而當, 其悔乃亡. 當字卽是貞字, 一有不貞, 則有不信, 有不通, 皆不當者也)"라고 하였다.

6 이 구절의 말은 「단전」의 작자가 혁의 의미에 대한 나름의 체득과 느낌을 말하는 구절이다. 혁(革)이라는 문제를 얘기하는 데 있어서는 가장 전형적이고 대표적인 사례는 아마도 '탕무혁명(湯武革命)'일 것이다. 이것을 통하여 혁명이라는 깃이 천도에 순응하고 인간 세상에 부응하여 진행되어야 하는 것이지, 주관적인 의지에 따라 제 마음대로 할 수 있는 것이 아님을 말하고 있다. 개혁에는 시간의 문제가 있다. 개혁의 때가 이르지 못하면 개혁할 수 없고 개혁의 때에 이르면 개혁하지 않을 수 없다. 그런데 여기에서 말하는 "천(天)"은 분명히 자연 법칙을 가리키는 것이지, 상제나 귀신을 말하는 것은 아니다. 또 여기에서는 혁명의 개념에 대해 이야기하고 있다. 탕 임금이 걸을 방벌(放伐)하고, 무왕(武王)이 주(紂)를 친 것은 바로 하늘과 사람에 순응한 것으로 이는 법칙에 합치하고 때에 합치하는 하나의 혁명 행위이다. 여기에서 「단전」의 작자는 시간의 중요성에 대해 찬미하고 있

천지가 변하여 사시가 이루어지며, 탕과 무가 혁명을 하여 하늘에 따르고
사람에게 응(應)하니, 혁의 때가 크도다.

象曰 澤中有火革이니 **君子以**하여 **治歷明時**[7]하나니라.
상 왈 택 중 유 화 혁　　　군 자 이　　　치 력 명 시

상전에 말하기를 못 가운데에 불이 있는 것이 혁이니, 군자가 이를 본받아
책력(曆)을 다스려 때를 밝힌다.

初九는 鞏用黃牛之革[8]이니라.
초 구　　　공 용 황 우 지 혁

백 **初九, 共用黃牛之勒.**
초 구　　공 용 황 우 지 륵

초구는 단단하게 하여 누런 소의 가죽을 쓴다.

백 초구는 누런 소의 가죽으로 굴레로 만들면 단단하다.

다. 김경방의 『주역전해』 383쪽 참조 바람.

7 군자가 혁괘(革卦)의 상을 보고 사물 변혁의 도리를 깨달았기 때문에 역법(曆法)을 제정
하여 사시(四時)의 변화를 밝힌다는 것을 말하고 있다. 정이천은 『이천역전』에서 "군자가
변혁의 상을 관찰하여 해와 달과 별의 옮기고 바뀜을 미루어 역수를 다스려서 사시의 순
서를 밝힌다(君子觀變革之象, 推日月星辰之遷易, 以治歷數, 明四時之序也)"라고 하
였다. 고대에는 농업을 나라의 근본으로 삼았기 때문에 역법을 중요한 것으로 여겨 역법
을 제정하여 반포하는 것이 제왕의 중요한 책임이었다. 조대(朝代)가 바뀌면 새로 역법을
반포하게 되기 때문에 혁명은 바로 역법을 새로 바꾸는 것을 의미한다.

8 "공(鞏)"은 피혁(皮革)으로 묶어서 매우 질기다는 뜻이다. 초구는 괘의 가장 아래에 있는
것으로 위의 구사와 상응하지 않는다. 이 때문에 적극적으로 어떤 사업을 새로 벌일 수 없
지만 자신의 본분을 지키는 일은 공고하게 하여야 한다. 이 때문에 누런 소의 가죽을 사용
하여 공고하게 한다는 것으로 비유하고 있다. "황(黃)"은 중앙의 색으로 중용의 덕성을
가지고 있고, 소는 순종(順從)의 덕성을 가지고 있다. 중용과 순종의 덕성을 가지고서 자
기 자신을 공고하게 하여 변혁에 매우 신중하게 접근해야 한다는 것을 말한다.

象曰 鞏用黃牛는 不可以有爲也[9]일새라.
상 왈 공 용 황 우　불 가 이 유 위 야

상전에 말하기를 단단하게 하여 누런 소의 가죽을 쓴다는 것은 함부로 일을 할 수 없다는 것이다.

六二는 已日이어야 乃革之니 征이면 吉하여 无咎[10]하리라.
육 이　이 일　　　내 혁 지　정　　길　　　무 구

🁢 六二, 巳日乃勒之, 正吉, 无咎.
육 이　사 일 내 륵 지　정 길　무 구

육이는 날이 이미 되어야 이에 고치니 나아가면 길하여 허물이 없을 것이다.

🁢 육이는 하늘에 제사를 올리고 상황을 기록해 두었다. 출전하여 승리하여 재앙이 없었다.

象曰 已日革之는 行有嘉也[11]라.
상 왈　이 일 혁 지　　행 유 가 야

---

9 아직은 혁명의 시기가 아니라는 의미이다. 그러므로 "함부로 일을 할 수 없다는 것이다(不可以有爲也)"라고 말한다.

10 육이는 유순중정하고 하괘의 주효이다. 하괘인 이괘는 밝음이기 때문에 육이는 밝고 광명한 덕을 가지고 있어서 개혁의 주체가 된다. 또 구오의 응원이 있어 개혁을 시작할 수 있나. 그리니 개혁에는 반드시 시기가 성숙하여야 하는데 예를 들면 부패가 만연하여 드러나는 때에 개혁을 시작할 수 있는 호기가 된다. 이때 밀어붙이면 길히고 어떤 다른 재난도 생기지 않게 된다. 육이는 변혁의 주체로서 주관적 조건인 덕을 가지고 있고, 또 객관적 조건으로서 구오의 협력도 있어서 충분히 개혁을 성공시킬 수 있는 가능성을 가지게 된다.

11 군주가 개혁하려는 뜻을 가지면 신하는 그것에 따라 그 개혁을 완성하여야 하는데, 이것은 일종의 "아름다운 경사(有嘉)"라고 할 수 있다. 그러므로 "날이 이미 되어야 이에 고치니(已日革之)"라고 말한다. 초구의 시기는 성숙하지 않았기 때문에 "함부로 일을 할 수 없다(不可以有爲也)"라고 말하는데, 이것은 일종의 경계사(警戒辭)라고 할 수 있다.

상전에 말하기를 '날이 이미 되어야 이에 고치니'라는 것은 가면 아름다운 경사(좋은 결과)가 있다는 것이다.

九三은 征이면 凶하니 貞厲[12]할지니 革言이 三就면 有孚[13]리라.
구삼 정 흉 정려 혁언 삼취 유부

백 九三, 正凶, 貞, 厲. 勒言三就, 有復.
구삼 정흉 정 려 륵언삼취 유복

반면에 육이의 경우는 시기가 이미 성숙하였기 때문에 "감에 아름다운 경사가 있다는 것이다(行有嘉也)"라고 하였는데, 이것은 장려(獎勵)하는 말이라고 할 수 있다.

12 구삼의 효는 바로 상하괘의 사이에 있다. 하괘인 이괘는 불이고, 상괘인 태는 연못으로 물과 불이 서로 용납하지 않는 위치에 처해 있다. 그런데도 계속 앞으로 나아가면 물에 빠져 버리기 때문에 "나아가면 흉하니(征凶)"라고 말한다. 구삼은 과강부중(過剛不中)하여 지나치게 급히 움직이려는 사람이다. 만약 구삼이 과강부중의 자질로 급하게 움직여 나아가면 그 결과는 반드시 흉할 것이다. 그러므로 구삼은 정도를 지켜 위험을 늘 자각하고, 자신만의 방식만을 고집하는 점들에 대해 늘 방비하여야 한다. 이에 대해 빌헬름은 "변화가 필요할 때 피해야 할 두 가지 실수가 있는 데, 하나는 재앙을 초래하는 지나친 성급함과 상황을 판단하지 않는 것이고, 다른 하나는 위험해질 수 있는 지나친 망설임과 보수주의이다"라고 하였다.(191쪽)

13 구삼이 개혁하여야 하는 때를 만나 정도(正道)에 근거하여 스스로를 지키기만 하고 어떠한 행동도 하지 않는 것도 여전히 위험하다. 한편으로는 어떤 행동을 하게 되면 흉하고, 다른 한편으로는 움직이지 않고 스스로를 지키기만 하는 것 또한 위태롭다고 한다면 도대체 어떻게 하는 것이 옳은 것인가? 여기에서 유일한 방법은 "고쳐야 한다는 말이 세 번 나아가면(여러 번에 걸쳐 신중하게 취하면) 진실함이 있을 것이다(革言三就, 有孚)"는 것으로 이른바 개혁이다. 이 구절의 말은 사람들의 입에서 개혁이라는 말이 빈번하게 나오는 때에 개혁을 행하여야 성공할 수 있다는 의미도 가능하고, 또한 매우 조심스럽고 신중하게 다른 사람들의 이해와 신임을 얻은 후에 행동하여야 비로소 탈이 없다는 의미 역시 가능하다. "혁언(革言)"은 개혁에 관한 말이고, "삼(三)"은 많다는 뜻이고, "취(就)"는 이루거나 나아간다는 뜻이다. "삼취(三就)"라는 말은 개혁의 필요성과 당위성에 대한 말을 반복적으로 여러 번 연구하고 조심스럽게 고려하여 문제가 없고 아울러 "진실함이 있고(有孚)" 모든 사람들의 신임을 얻는다면 이때 개혁할 수 있다. 구삼의 변혁이 비록 첫 단계에서는 완성되었다고 하나, 여전히 바깥의 상황은 안정되지 않았기 때문에 실제로 일을 행할 경우에 조금이라도 방심하면 위기에 빠질 가능성이 크다. 그러므로 효사는 이때 더욱더 "흉(凶)", "여(厲)" 등의 말을 하여 혁명에 담겨진 경계의 뜻을 강조한다.

구삼은 나아가면 흉하고 바르게 하면서 위태로운 마음을 가지고 있어야 하니 고쳐야 한다는 말이 세 번 나아가면(여러 번에 걸쳐 신중하게 취하면) 진실함이 있을 것이다.

🀫 출전하여 실패해서 점을 치니 불리한 점이 나왔다. 이런 상황들을 모두 기록한 후에 집으로 돌아왔다.

象曰 革言三就어니 又何之矣[14]리오.
상 왈 혁 언 삼 취　　우 하 지 의

상전에 말하기를 고쳐야 한다는 말이 세 번 나아간다고 하였으니 또 어디로 갈 것인가?

九四는 悔亡하니 有孚면 改命하여 吉[15]하리라.
구 사　　회 망　　유 부　　개 명　길

---

14 더 이상 다른 길로 갈 수 있는 방법이 없기 때문에 변혁이라는 행동을 부득이 할 수밖에 없다는 말이다. 즉 개혁에 대한 말은 이미 많이 나왔고 또 매우 신중하게 처리하였기 때문에 개혁 이외의 어떤 다른 길로 갈 수가 없다는 것이다.

15 구사의 효위(爻位)는 양강음위(陽剛陰位)로 부중정하고 상응하는 것도 없는 불리한 조건이지만, 변혁의 단계가 이미 반을 넘어서서 힘이 역전되어 적극적으로 변혁해야 할 시기에 해당된다. 즉 구사는 본래 뉘우침이 있지만, 물과 불이 서로 바뀌는 개혁의 때에 처하여 강하면서도 부드러울 수 있어서 변혁을 추진해 나아갈 수 있다는 것이다. 그렇기 때문에 "뉘우칠 일이 없으니(悔亡)"라고 말한다. "개명(改命)"이라는 말은 이전의 명(命)을 개혁하여 없애는 것을 의미한다. 또 상하로 그 성의를 인정받게 되어 오래된 명을 제거할 수 있는 조건을 갖추게 된다. 이에 대해 주자는 『주역본의』에서 "양으로서 음에 자리하였다. 그러므로 뉘우치는 것이 있으나 괘가 이미 중을 지났고 물과 불이 만나는 것이 바로 개혁할 시기인데, 강과 유가 편벽되지 않고 또 개혁의 쓰임이니 이 때문에 뉘우침이 없는 것이다. 그러나 또 반드시 믿음이 있은 뒤에야 길함이 있다(以陽居陰, 故有悔. 然卦已過中, 水火之際, 乃革之時, 而剛柔不偏, 又革之用也, 是以悔亡. 然又必有孚而後革, 乃可獲吉)"라고 하였다.

백 九四, 悔亡. 有復改命, 吉.
구 사 회 망 유 복 개 명 길

구사는 뉘우칠 일이 없으니, 진실함이 있으면 명을 바꾸어 길하리라.

백 구사는 뉘우칠 일이 없으니 다시 제사를(命祭를) 차렸다. 길하다는 점 괘를 얻었다.

象曰 改命之吉은 信志也[16]일새라.
상 왈 개 명 지 길 　 신 지 야

상전에 말하기를 명을 바꾸어 길하다는 것은 뜻을 믿기 때문이다.

九五는 大人이 虎變이니 未占에 有孚[17]니라.
구 오 　 대 인 　 호 변 　 미 점 　 유 부

---

16 "신(信)"으로 "부(孚)"를 해석하고 있는데, 명을 바꾸는 것이 길하다는 말은 진실하여 믿음이 있다는 것이다. 다시 말해 성심성의로 하늘과 사람에게 순응하고 있다는 것이다. 이에 대해 정이천은 『이천역전』에서 "명을 고쳐 길한 것은 상하가 그 뜻을 믿어 주기 때문이니, 정성이 이미 지극하면 상하가 믿는다. 변혁의 도는 상하의 믿음을 근본으로 삼는다. 마땅하지도 않고 정성도 없으면 믿지 않고, 마땅하기만 하여도 믿어주지 않아 오히려 행할 수 없는데, 하물며 마땅하지 않음에랴!(改命而吉, 以上下信其志也, 誠旣至則上下信矣. 革之道, 以上下之信爲本, 不當不孚則不信, 當而不信, 猶不可行也, 況不當乎)"라고 하였다.

17 "변(變)"은 들짐승이 여름에는 털이 빠지면서 색깔이 얕아지고, 겨울이 되면 털 색깔이 두터워지고 광택이 아름다워지는 것을 말한다. 구오는 양강중정하고 군주의 자리에 있는 혁괘의 주체로 위대한 인물에 해당한다. 변혁을 추진하기에 앞서서 변혁을 이끌어나가는 위대한 인물은 반드시 자기부터 먼저 개혁한 후에 주위의 사람을 개혁하고, 마지막에는 그것을 천하로 확대할 때 변혁은 성공할 수 있다. 또 개혁은 결코 보수(補修)하고 장식하는 것이 아니라 철저하게 그 면모를 일신(日新)하여, 마치 호랑이의 얼룩무늬가 가을이 되어 빛이 선명하게 변하는 것과 같아야 한다. 호랑이는 야수 중에서 가장 위엄이 있어서 위대한 인물에 해당하기 때문에 호랑이로 비유한다. 그러나 개혁이 비록 성공한다 하여도, 선결조건은 마땅히 길흉을 점치기 전에 군중의 신뢰와 지지를 얻는 것이다. "점(占)"은 의문이 있어서 묻는 것을 말한다. "점을 치지도 않는다(未占)"는 것은 바로 "의

九五, 大人虎便, 未占有復
구 오　대 인 호 편　미 점 유 복

구오는 대인이 호랑이가 변한듯하니 점을 치지도 않고 마음속에 진실함이
있다.

구오는 대인이 갑자기 생각을 바꾸어 점치는 것 없이 바로 돌아왔다.

象曰 大人虎變은 其文이 炳也[18]라.
상 왈　대 인 호 변　　기 문　　병 야

상전에 말하기를 대인이 호랑이가 변한듯하다는 것은 그 문체가 빛이 나는
것이다.

上六은 君子는 豹變이오 小人은 革面[19]이니 征이면 凶코
상 육　군 자　표 변　　소 인　혁 면　　정　　흉

심을 둘 필요가 없다"라는 것을 의미한다. 말하자면 개혁의 주체인 구오에 대한 믿음과
신뢰가 더 이상 물어볼 필요가 없을 정도가 되어야 개혁이 성공할 수 있다는 말이다. 구
오는 중정하므로 존위에 자리하여 변혁을 행할 때에 그 덕을 드러내고 또 권위도 보여주
어야 천하의 모든 사람들이 그를 믿고 따르게 된다.

18 "문(文)"은 무늬 또는 문체를 말한다. "병(炳)"은 밝게 빛이 나는 것을 말한다. 대인이
수행한 혁명이 이미 성공하여 명령을 내릴 경우 매우 분명하여 마치 호랑이의 얼룩무늬
처럼 명확하고 뚜렷하여야 한다. 「소상전」은 구오가 문체를 변화시키는 것을 모피의 변
화를 통하여 비유하고 있다. 무늬의 변화는 바탕의 변화(質變)를 반영한 것인데, 이 효
는 전체 괘 중에서 가장 좋은 효로 어떤 사람이 비천한 단계에서 귀한 단계로의 비약을
의미하기도 한다. 이에 대해 정이천은 『이천역전』에서 "사리가 밝게 나타남이 호랑이 무
늬같이 빛나고 환하니 천하에 믿지 않는 이가 있겠는가(事理明著, 若虎文之炳煥明盛
也, 天下有不孚乎)"라고 하였다.

19 군자는 재야에 있는 큰 능력을 가진 사람으로 개혁의 주체는 아니지만 개혁을 찬동하는
사람이다. "얼굴만 고치니(革面)"라는 말은 얼굴빛이나 얼굴 표정만 바꾸고 마음은 완전
히 바꾸지 않는 소인의 태도를 지칭한 것이다. "혁면(革面)"은 "경향을 바꾼다"는 의미
와 유사하다. 구오에서는 "대인호변(大人虎變)"이라고 했는데, 상육은 "군자표변(君子

居貞이면 吉²⁰하리라.

백 尙六, 君子豹便, 小人勒面. 征凶. 居貞, 吉.

상육은 군자는 표범이 변하듯 하고, 소인은 얼굴만 고치니, 나아가면 흉하고 올바름에 처하면 길할 것이다.

백 상육은 군자가 생각을 바꾸고, 소인이 재앙을 당해 얼굴에 묵을 뜨고 귀양을 갔다. 정벌에 실패했기 때문이다. 집에서 점을 치니 길하다고.하였다.

豹變)"이라고 하였다. 이 둘은 어떤 차이를 가지고 있는가? 이 둘은 사실 한 과정 중의 두 단계라고 볼 수 있다. 구오가 전면적인 변혁을 말한다면, 상육은 변혁 이후의 수성(守城)의 단계라고 할 수 있다. "호변(虎變)"은 전체적인 변혁으로 그 노선이나 경향을 확실히 드러낸다. 이에 비해 표변(豹變)은 세밀한 표범의 털처럼 정밀한 작업과 세밀한 절차가 필요함을 말한다. 이것은 변혁 이후의 법과 제도의 완비 등을 보완하는 과정이라고 할 수 있다. 그래서 빌헬름은 다음과 같이 말한다. 크고 근본적인 문제가 해결된 후에는 작은 개혁들이 필요하다. 이러한 세부 개혁들은 표범의 털이 호랑이에 비해서 상대적으로 세밀한 점에 비유된다. 결과적으로 변화는 소인들 중에서도 발생한다는 것이다.(193쪽 참조 바람) 즉 이런 시기에 소인 역시 어쩔 수 없이 자신의 경향을 바꾸고 따르지만 엄밀히 말해서 얼굴빛만 바꾸고 따라오는 경우임을 예상하여야 한다는 것이다. 그러므로 『주역정의』에서는 "혁면(革面)"에 대해 "그 얼굴과 낯빛만을 바꾸어 위를 따라 갈 뿐이다(但能變其顔面容色, 順上而已)"라고 하였다.

20 상육은 수성의 시기이므로 계속적으로 변혁만을 추구하면 흉하게 된다. 여기에서 중요한 것은 "올바름에 처하여(居貞)" 수성하는데 있다. 변혁이 완성된 후에 중요한 문제는 계속적인 개혁이 아니라 지켜나가는 데 있기 때문에 여기에서 가장 중요한 일은 바로 "올바름에 처하는(居貞)" 데 있다. 구삼과 상육은 모두 "나아가면 흉하고(征凶)"라고 했는데, 구삼은 "바르게 하면서 위태로운 마음을 가지고 있어야 하니(貞厲)"라고 하여 계속적으로 고수(固守)만 하면 위태하다고 말했다. 이에 비해 본 효는 오히려 움직이지 않고 편안히 있으면 길하다고 했는데, 그 차이는 어디에 있는가? 두 효의 처한 시기가 다르다는 데 있다. 즉 구삼은 혁명 이전이고, 상육은 혁명이 성공한 후이기 때문에 이런 차이가 생긴다. 개혁 이후에도 계속 개혁만을 추구하면 결코 좋은 결과를 바랄 수 없다.

象曰 君子豹變은 其文이 蔚也요 小人革面은 順以從君也²¹라.
상 왈 군 자 표 변 기 문 울 야 소 인 혁 면 순 이 종 군 야

상전에 말하기를 군자는 표범이 변하듯 한다는 것은 그 문체가 매우 성한 것이고, 소인은 얼굴만 고친다는 것은 순(順)하게 군주를 따르는 것을 말한다.

* 혁괘의 의미와 교훈

전체적으로 혁괘가 말하려고 하는 것은 혁명 혹은 개혁의 문제이다. 괘사는 혁명을 성공하기 위해 필요한 조건들에 대해 이야기하고 있다. 혁명이 성공하기 위해서는 세 가지의 조건이 필요하다고 말한다. 그 중 하나는 사람들의 신임을 얻는 것이다. 다른 하나는 혁명 후에도 계속적으로 신임을 얻어야 하고 조급하게 어떤 일을 처리해서는 안 된다는 것이다. 마지막은 혁명이 정도(正道)를 벗어나서는 안 된다는 것이다. 혁명이 정도를 벗어나지 않아야 다른 사람들의 신임을 얻게 되고 어떤 후회도 없어질 것이기 때문이다. (김경방『주역전해』388쪽 참조)

이러한 관점들을 여섯 효의 효사는 각기 다른 방면에서 이야기하고 있다. 초효와 상효는 구제도를 고수하는 데서 시작하여 끝내는 새롭게 만든 여러 가지 제도를 탄탄하게 하는 내용을 말하는 것으로, 이것은 바로 사

---

21 "군(君)"은 군왕으로 구오를 말한다. 뜻은 군왕을 따라서 변화하여 그 얼굴빛을 달리한다는 말이다. 변혁이 최종적인 단계에 이르면 대인은 그 문체가 마치 호랑이의 털처럼 빛나고, 군자는 표범의 털처럼 변하게 된다. 이에 따라 소인도 면목을 일신한다. 대인, 군자, 소인은 일종의 계층적인 등급으로 나눈 것으로 볼 수가 있는데, 빼어난 덕과 능력을 가지면서 벼슬하고 있는 사람을 대인이라 하고, 빼어난 덕을 가진 사람을 군자라 하고, 덕이 없는 자를 소인으로 구분할 수 있다.

물의 전면적이고 철저한 변화상황을 전체적으로 보여주는 것이라고 할 수 있다. 실제로 『주역』 철학의 핵심은 분명히 변화 혹은 변혁에 있다. 이런 점에서 혁괘는 변화 혹은 변혁을 가장 잘 보여주는 전형적인 괘라고 할 수 있다. 많은 주석가들이 『주역』의 관점을 정치변혁의 각도에서 그 뜻을 해설하지만, 『주역』이 본래 가지고 있는 상징적 의미는 더욱 광범위한 각도에서 다루어져야 한다. 실제로 정치 현상이나 철학적인 각도 이외에 문학이나 미학의 차원에서도 이런 변혁의 문제를 다루는 경우가 결코 적지 않기 때문이다.

혁괘(革卦)에서 대인이나 군자가 혁명의 주체로 나타나고, 소인은 다만 낯빛만 바꾸어 대인이나 군자를 따르는 존재로 이야기하고 있다. 이와 같은 시각은 문제가 있는 것처럼 보이나 사실은 매우 분명하다. 왜냐하면 역사적 사실이 그러하기 때문이다. 고대 혁명과 개혁은 통치 계급 내부에서 진행된 것으로 지배층이 아닌 다른 계층은 여전히 독립적인 능력이나 유대적 관계를 형성하지 못한다. 따라서 혁명이나 반란을 통해 정권이나 구제도를 전복시킨 경우는 거의 없다. 이렇게 되는 이유는 고대의 피통치 계급은 정치적으로 종속적이거나 혹은 말단의 역할밖에 수행하지 못했기 때문인 것으로 보인다. 그러나 혁명에서 가장 중요한 것은 역시 일반 민중의 신임과 지지라고 할 수 있다. 혁명의 동기가 순정(純正)하지 않고 진실하지 않으면 혁명은 결코 성공하기가 힘든 것이 사실이다.

50. ䷱ 화풍정(火風鼎, 백 鼎 第五十六)

1) 괘의 순서

　「서괘전」에서는 "물건을 변혁하는 것에는 솥보다 나은 것이 없기 때문에 정괘로 받았다(革物者莫若鼎, 故受之以鼎)"라고 하였다. 솥은 확실히 물건을 변혁시키는 역할을 한다. 그것은 비린내 나는 것을 푹 익은 것으로 바꿔놓을 수 있고, 단단한 것을 부드러운 것으로 바꿔놓을 수 있다. 솥은 물과 불을 같은 곳에 놓아두지만 서로 합하여도 서로를 해치지 않게 해주는 역할을 한다. 이것이 바로 솥이 물건을 바꾼다는 의미이다. 이것이 정괘(鼎卦)가 혁괘의 뒤에 오는 이유이다.

　혁괘와 정괘는 의미가 서로 대응된다. 혁이 옛것을 제거하여(去故) 오래된 것을 변화시키고, 정(鼎)은 새로운 것을 취한다는 의미에서 새로운 사물을 세운다는 의미가 파생되었다. 그래서 「잡괘전」에서는 "혁은 옛것을 제거하는 것이고, 정은 새것을 취하는 것이다(革去故也, 鼎取新也)"라고 하였는데, 매우 정확한 해석이다.

　정(鼎)은 고대에 이것을 가지고 밥을 짓거나 죽을 끓이는 데 사용했는데, 이것은 오늘날의 솥에 해당한다. 「서괘전」에서 반영하는 것은 원시사회에서 인류가 불을 발견한 이후에 그로부터 문명의식이 생기고 이러한 과정을 통하여 정이 사물을 가장 잘 변혁시킨다는 사실을 인식하게 된다는 점이다. 이것은 인류가 생식(生食)의 단계에서 불을 통해 익혀 먹는 것으로 변화하는 과정과 결코 무관하지가 않다.

2) 괘명의 의미

　『설문해자』에서는 "정은 발이 세 개이고 귀가 두 개인 모습을 하고 다섯 가지 맛을 조화시키는 보물그릇이다(鼎, 三足兩耳, 和五味之寶器也)"라고 하였다. 정에는 두 가지 뜻이 있다. 하나는 요리를 하는 도구로 다섯 가지 맛을 더하여 고기를 맛있게 삶아낸다는 뜻을 가지고 있다. 다른 하나는 국가의 중요한 도구로 국가권력을 상징한다. 본 괘에서 말하는 정은 전자의 의미이다.

　그러나 후자의 의미는 우리에게 고대의 문화에 대한 중요한 사실을 말해준다. 예를 들면 하나라가 구정(九鼎)을 주조하여 그것을 상나라와 주나라에 전달했다는 역사적 사건에서 말하는 정은 바로 국가권력을 상징한다. 다시 말하면 고대의 통치자들이 정을 권력의 상징으로 이용했는데, 이른바 '법상(法象)'의 기구를 가리킨다. 이에 대해『주역정의』에서는 "그러므로 정이라는 기구는 또 두 가지의 뜻을 가지고 있다. 하나는 요리를 하는 데 사용하는 것이고, 그 다음은 물상의 법도로 삼는 것이다(然則鼎之爲器, 且有二義, 一有亨飪之用, 二有物象之法)"라고 하였다. 여기에서 말하는 법상은 고대에서 정을 군왕의 권위를 대표하는 보물로 간주하고 또한 제기(祭器)로 이용했다. 정 위에 그려져 있는 문양들은 나쁜 것을 진압하는 작용을 하였는데, 어떤 경우에는 법률 조문을 정 위에 그려 놓아 법률의 장엄함을 드러내기도 하였다. 조대(朝代)가 바뀐 후에 새롭게 즉위한 군왕이 첫 번째 하는 일이 바로 주정(鑄鼎)이었다. 그것은 법률을 제정하여 반포하여 새로운 시대의 계시를 상징한다. 그러므로 조대의 교체를 정혁(鼎革)이라고 말하는 것이다.

　정괘는 새로운 것을 수립하는 의미를 가지고 있다. 이 괘는 단순히 음식물을 요리한다는 것 이외에 사회가 새로운 단계로 넘어가는 현상과 과정을 설명하고 있는 것으로 보인다.

3) 괘상의 의미

주자는 『주역본의』에서 "정(䷱)은 요리하는 기물이다. 괘가 이루어진 모양을 보면 아래의 음은 발이 되고, 이·삼·사의 양효는 배가 되며, 오효의 음은 귀가 되고, 상효의 양효는 솥귀가 되니 솥의 상이 있다(亨鼎烹飪之器. 爲卦下陰爲足, 二三四陽爲腹, 五陰爲耳, 上陽爲鉉, 有鼎之象)"라고 하였다. 모기령(毛奇齡) 또한 주자의 관점에 근거하여 본 괘의 육효의 상을 솥의 다리·솥의 배·솥의 귀·솥의 귀고리 등의 형태를 가지고 있는 것으로 보고 있다.

상하 두 괘를 가지고 말하면 상체는 중간이 비어 있고, 하체는 발이 있는 것으로 역시 솥의 상이다. 그 의미로 말하면 하괘는 손괘(巽卦)이고, 상괘는 이괘(離卦)로 나무를 불속에 넣는 것으로 불을 때는 뜻을 가지고 있다. 즉 솥에 불을 때어서 요리를 하는 상이다. 64괘중에서 실제 사물을 가지고 괘 이름을 단 것은 정괘(井卦)와 정괘(鼎卦)가 대표적이다.

鼎은 元吉亨[1]하니라.
정　원길형

📖 鼎, 元吉, 亨
　정　원길　형

---

1 정(鼎)에는 물건을 삶아 새로운 것을 만드는 작용이 있고, 또 권력을 가지고 법전을 만드는 상이 있다. 이 때문에 군자가 이런 기물을 가지고 있다는 것은 권력을 집행하고, 스스로를 새롭게 하고, 다른 사람까지도 새롭게 할 수 있다는 것을 의미한다. 이런 경우는 반드시 크게 길하고 또 그 결과는 형통한 것이라고 말한다. 「단전」에서는 괘사의 "원형(元亨)"만을 해석하고 있는데, 주자는 『주역본의』에서 "길(吉)"을 연문(衍文)이라고 하였다. 이런 관점은 정이천의 『이천역전』에 근거한 것이다.

경의 의미 : 정은 매우 길하고 큰 제사를 지낼 수 있다.[2]

전의 해석 : 정은 크게 길하고 형통하다.

■ 도읍을 정하기 위해 점을 치니 크게 길하고 형통하다는 점괘가 나왔다.[3]

彖曰 鼎은 象也[4]니
단 왈 정　　　상 야

단전에 말하기를 정은 상이니(형상을 본뜬 것이니),

以木巽火亨飪也[5]니 聖人이 亨하여 以亨上帝하고 而大亨하여
이 목 손 화 팽 임 야　　성 인　　팽　　이 향 상 제　　　이 대 팽

---

2 고형은 "鼎, 元吉. 亨"으로 보고 있다.

3 정을 만들고, 정을 이용한 경우는 특히 상대(商代)와 주대(周代)에 성행하였다. 정이 있
는 곳이 바로 왕국의 도읍이므로, 정은 바로 정권(政權)의 상징이었다. 다시 말하면 도읍
을 정하는 정도(定都)는 바로 정을 정하는 정정(定鼎)을 의미한다. 어떤 나라를 소멸시키
기 위해서는 먼저 그 정의 경중과 그것이 어디에 있는가를 물어야 한다고 말한다. 『백서
주역』은 이런 각도에서 괘사를 말하고 있다. 『백서주역교석』 312쪽 참조 바람.

4 정괘의 정(鼎)자는 실물(實物)인 솥의 상(象)에 근거해서 나온 것이다. 구체적으로 말하
면 정괘는 세발 솥의 상형(象形)을 본뜬 것이다. 즉 정괘의 초육은 발(三足)이고, 2·3·
4의 세 양은 배(腹, 陽實을 말함), 육오는 귀(耳, 兩耳), 상구는 현(鉉, 손잡이)을 본뜬
것이라고 할 수 있다. 이에 대해 정이천은 "괘가 정괘가 된 것은 솥의 상을 취한 것이고,
솥이 기물이 된 것은 괘의 상을 본딴 것이니, 상이 있고난 뒤에 기물이 있게 되었고, 괘는
다시 기물을 사용하여 뜻으로 삼게 되었다(卦之爲鼎, 取鼎之象也, 鼎之爲器, 法卦之象
也, 有象而後有器, 卦復用器而爲義也)"라고 하였다. 즉 정괘(鼎卦)의 상은 솥인데, 솥
이 있어야 비로소 정괘가 있다는 말이다. 솥이 정괘를 상징하는 것이 아니라 솥이 있고 난
후에 정괘가 있게 되었다는 말이다.

5 정(鼎)은 그 용도에 따라 두 가지로 나눌 수 있다. 하나는 권력을 상징하는 중기(重器)를
말한다. 이것은 요리하는 데 사용되기도 하지만, 우리가 쉽게 볼 수 있는 일반적인 솥과는
다르다. 다른 하나는 우리가 보통 요리할 때 쓰이는 솥을 의미한다. 정괘가 상징하는 솥은
바로 뒤에서 이야기하는 그런 종류의 정이다. 이런 점에서 "나무를 불속에 넣어서 밥을 삶

以養聖賢⁶하니라.
이 양 성 현

나무를 불속에 넣어서 밥을 삶아 익히니 성인이 삶아서 상제에게 제사를 올리고, 크게 삶아서 성현들을 길러주느니라.

異而耳目이 聰明⁷하며 柔進而上行하고 得中而應乎剛이라
손 이 이 목   총 명   유 진 이 상 행   득 중 이 응 호 강

是以元亨⁸하니라.
시 이 원 형

아 익히니(以木巽火, 亨飪也)"라고 말한다. 『주역전해』 391쪽 참조 바람.

6 정(鼎)의 작용(用)은 나무(내괘인 손괘의 상을 말함)를 불(외괘인 이괘의 상을 말함)의 밑에 넣어(손괘의 德) 삶아 익히는 것을 말한다. 옛 성왕은 이 보기(寶器)로 제물을 요리하여 위로는 상제에게 제사를 지내는데, 오직 성심(誠心)을 귀중히 여기는 박제(薄祭)이다. 아래로는 성대히 요리하여 군현(群賢)들을 양육하는데 소·양·돼지 삼생(三牲)을 사용하는 성찬(盛饌)으로 하였다. (이마이 우사부의 『역경』 983쪽 참조 바람) "향(亨)"은 제사 지낸다는 의미의 향(享)으로 사용된다. "상제(上帝)"는 "천제(天帝)"와 같은 뜻이다. 이 두 구절은 정(鼎)이 물건을 요리하여 천제에게 제사를 올리고 또 현인을 기르는 두 가지 큰 작용이 있음을 말하고 있다. 『주역정의』에서는 "이것은 정이 가지고 있는 훌륭한 작용을 설명하고 있다. 물건을 요리하여 반드시 사용하는 것은 두 가지를 넘지 않는다. 첫 번째는 제사에 공양하는 것이고, 두 번째는 빈객하는 것이다. 제사의 경우는 천신에게 하는 것이 가장 중요하고, 빈객의 경우는 성현에게 공양하는 것이 중요하다(此明鼎用之美. 亨飪所須, 不出二種. 一供祭祀, 二當賓客. 祭祀則天神爲大, 賓客則聖賢爲重)"라고 하였다.

7 "손(巽)"은 겸손한 것으로 하괘를 말하고, 총명(聰明)은 상괘의 이괘(離卦)의 밝음을 말한다. 이 구절은 상하 괘의 상을 가지고 말하는 것으로 정(鼎)의 쓰임새에 대한 설명이다. 현인을 기른 후에 그들이 윗사람을 잘 보존하여 위에 있는 통치자가 귀와 눈이 밝도록 만들어주는 역할을 하는 것을 말하고 있다.

8 "부드러움이 나아가(柔進)"라는 말과 "중을 얻었으며(得中)"라는 말은 모두 육오가 위로 나아가 존위에 자리하고, 중의 자리를 얻었음을 말한다. "강(剛)"은 구이를 가리킨다. 이것은 육오가 담고 있는 "유중(柔中)"의 덕과 아래의 강효와 상응하는 덕을 통하여 통치자가 정(鼎)으로 현인을 기르는 것에 대해 설명하고 있다. 이렇게 하여야 상하가 형통할 수 있다.

겸손하고 귀와 눈이 총명하며, 부드러움이 나아가 위로 가니 중을 얻었으
며, 강에 응하니 이로써 크게 형통한다.

象曰 木上有火鼎이니 君子以하여 正位하여 凝命⁹하나니라.
상 왈 목 상 유 화 정　　　군 자 이　　　정 위　　　응 명

상전에 말하기를 나무 위에 불이 있는 것이 정이니, 군자는 이를 본받아서
자리를 바르게 하여 명령을 엄정하게 하느니라(내리느라).

初六은 鼎이 顚趾나 利出否¹⁰하니 得妾하면 以其子无咎¹¹리라.
초 육　　정　 전 지　　이 출 비　　　득 첩　　　이 기 자 무 구

---

9 일반적으로 정(鼎)에는 단정하고 편안하면서도 중후한 상을 가지고 있다. 군자가 이와 같
은 정의 상을 보고 자리를 바르게 하고 명령을 엄정하게 한다는 말이다. "명령을 엄정하
게 하느니라(凝命)"는 말은 그가 받은 명령을 엄하게 시행한다는 것을 말한다. 혁괘(革
卦)는 명을 바꾸는(改命) 것을 말하고, 정괘(鼎卦)는 명을 엄하게 실천하는 "응명"을 말
한다. 개명은 옛날 정권을 전복하는 것이고, 응명은 새로운 정권을 공고하게 하는 데 의미
가 있다. "응(凝)"은 모으고, 이룬다는 뜻을 가지고 있다. 정의 형상이 단정하고 안정적
이기 때문에 군자는 이런 정신을 본받아 단정하고 안정적인 태도로 하늘이 나에게 준 사
명을 응취하여 완성하려고 한다. 즉 '응'의 의미는 주어진 사명대로 완성하거나 엄하게 시
행한다는 뜻을 가지고 있다.

10 "전지(眞趾)"는 "다리가 넘어진 것을 말한다. 백서주역에서는 "전지(塡止)"로 쓰고 있는
데 "전(塡)"은 치(置)의 뜻으로 안전하게 놓는 의미이다. "비(否)"는 장비(臧否), 즉
'착함과 착하지 못함'의 비(否)로 나쁘거나 잘못된 것을 의미한다. 초육은 정괘의 가장
아래에 있는 것으로 정의 다리에 해당한다. 초육과 상괘의 구사는 상응하여 정의 다리가
위를 향해 올라가다가 정이 전복되어 버린 것을 상징하고 있다. 이것은 당연히 좋은 현
상은 아니다. 그러나 초육은 괘의 시작으로 정 속에는 아직 요리해야 할 음식물이 없기
때문에 정을 앞으로 기울여서 정 속에 있는 찌꺼기와 오물을 버리기에는 오히려 이로움
이 있다.

11 "첩(妾)"은 초육을 말하고, "자(子)"는 구사를 가리킨다. 이 구절은 앞에서 말한 "솥이
그 다리가 넘어졌으나 나쁜 것을 꺼냄이 이로우니(鼎顚趾, 利出否)"라는 말을 이어서,
초육이 비록 가장 낮은데 위치하고 있지만 위로 구사와 상응하기 때문에 나쁜 것을 끄집
어내고 깨끗하게 한 후에 음식물을 다시 넣어 요리할 수 있음을 말한다. 이는 마치 첩을
얻어 아들을 낳으면 큰 분란은 없어지게 되는 것처럼 크게 허물은 없게 된다는 의미이다.

■ 初六, 鼎顚止, 利出不? 得妾以元子, 无咎.
초 육 정 전 지 이 출 불 득 첩 이 기 자 무 구

초육은 솥이 그 다리가 넘어졌으나 나쁜 것을 꺼냄이 이로우니, 첩을 얻으면 그 아들로써(첩을 얻고 그 자식까지 얻으니) 허물이 없을 것이다.

■ 솥을 안전하게 고정시키고 밖으로 나가는 것이 유리한지를 물었다. (외출하여) 종을 얻었을 뿐만 아니라 또 어린 종도 얻으니 좋다.

象曰 鼎顚趾나 未悖也¹²요
상 왈 정 전 지 미 패

상전에 말하기를 솥이 그 다리가 넘어졌으나 아직 어긋나는 것은 아니오,

"첩을 얻으면 그 아들로써(첩을 얻고 그 자식까지 얻으니) 허물이 없을 것이다(得妾以其子, 无咎)"라는 말은 "솥이 그 다리가 넘어졌으나 나쁜 것을 꺼냄이 이로우니"라는 말에 견주어서 한 말로 의미는 거의 비슷하다. 첩은 지위가 낮지만 아들은 귀하다. 첩의 특징 중의 하나는 지위가 낮은 사람이지만, 어떠한 상황에서 첩은 군자를 위하여 조상의 제사를 모실 수 있는 아들을 낳을 수 있다는 것이다. 군자가 첩을 거느리는 행동은 정상적인 것이 아니고 또 좋은 것도 아니다. 그러나 만약 귀한 아들을 낳아서 군자의 후사를 이어준다면 그것은 좋은 일이라고 할 수가 있다. 이 효사는 사람들에게 문제를 보는 데 있어서 나쁜 한 측면만 보아서는 안 되고, 나쁜 측면 속에 좋은 다른 측면이 내재되어 있음을 간파하여야 할 것을 말하고 있다. 구체적으로 "솥이 그 다리가 넘어졌으니(鼎顚趾)"라는 말과 "첩을 얻으면(得妾)"이라는 말은 모두 좋은 것은 아니지만, 그 좋지 않은 것 속에 또한 좋은 점이 숨어 있다는 것이다. 그러므로 "솥이 그 다리가 넘어졌으나"라는 말은 솥 속에 들어 있는 오물을 버리고 깨끗하게 하여 새로운 재료를 받아들이게 할 수 있는 것처럼 "첩을 얻는" 것을 통해서 귀한 아들을 얻을 수 있는 것이다. 그러므로 보기에는 허물이 있는 것 같으나 실은 허물이 크게 없을 수 있다는 것이다. 『주역전해』 392-393쪽 참조 바람.

12 "솥이 그 다리가 넘어졌으나(鼎顚趾)"라는 말은 솥의 다리가 위에 있어서 결코 정상적이지 못하다는 것이다. 그러나 실제로는 "아직 어긋나는 것은 아니오(未悖也)"라고 하였다. 왜냐하면 솥은 이런 과정을 통해 오랫동안 쌓여 있던 나쁜 찌꺼기를 버리고 깨끗하게 씻어서 새것을 집어넣어야 하기 때문이다. 말하자면 어긋나는 것 속에 어긋나지 않는 것이 포함되어 있다는 말이다. 『주역전해』 393쪽 참조 바람.

利出否는 以從貴也¹³라.
이 출 비   이 종 귀 야

나쁜 것을 꺼냄이 이롭다는 것은 귀한 것을 따르는 것이다.

九二는 鼎有實이나 我仇 有疾하니 不我能卽이니 吉¹⁴하리라.
구 이   정 유 실   아 구 유 질   불 아 능 즉   길

백 九二, 鼎有實, 我仇有疾, 不我能節, 吉.
구 이   정 유 실   아 구 유 질   불 아 능 절   길

구이는 솥에 음식물이 있으나 내 짝이 병이 있으니 나에게 능히 오지 못하
게 하면 길할 것이다.

---

13 이 구절은 초육이 위의 구사에 순종하여 오래된 오물을 버리고 새로운 재료를 솥 속에 담
아 요리하는 것을 말한다. 이는 마치 첩이 귀한 아들을 낳아서 후사를 이어주는 것과 마
찬가지이다. 초육에서 솥의 다리가 넘어진다거나 첩을 얻는다는 일들은 모두 일반적인
도리를 위배하는 것처럼 보이나, 더러운 찌꺼기를 버리고 새로운 재료를 담아 음식을 익
혀 만드는 경우는 결코 도리에 어긋나지 않는다는 점을 이야기하고 있다. "나쁜 것을 꺼
냄이 이롭다는 것(利出否)"은 음유(초육)로 양강의 귀한 존재(구사)에 순종(順從)하는
것을 말한다. 이를 통해 또 새로운 것을 안에 담을 수 있기 때문이다.

14 구이 효는 솥의 복부(腹部)에 해당하는 것으로 음식물이 가득 차 있는 것을 상징하고 있
다. 구이는 육오와 상응하여 솥에서 만든 음식물을 위로 올려주어야 한다. "내 짝이 병
이 있으니(我仇有疾)"에서 "짝(仇)"이라는 말은 "구(求)"의 의미로 짝(配)이 되어 서로
가까이에서 친하게 지내고 있는 초육을 상징한다. "병이 있으니(有疾)"라는 말은 구이와
초육이 서로 상종(相從)하는 것은 바른 것(正)이 아니라 도리에 어긋나기 때문에 병이
있다고 말한다. "나에게 능히 오지 못하게 하면 길할 것이다(不我能卽, 吉)"는 말은 초
육을 따르지 않고, 중용의 덕을 지켜야 길하다는 의미이다. 조리한 음식을 육오에게 주
어야 하는데도 불구하고, 만약 자신과 개인적으로 가깝다고 하여 초육에게만 주어서는
곤란하다는 말이다. 본래 솥이 가지고 있는 근본적인 목적이 조리한 음식을 퍼올리는 작
용에 있음을 강조하고 있다. 주자는 『주역본의』에서 "강으로 중에 자리하였으니 솥에 물
건이 담겨있는 상이다. 나의 짝이라는 것은 초육을 말한다. …… 이가 강중으로 스스로
지키면 초가 비록 가까이 있으나 다가오지 못한다(以剛居中, 鼎有實之象也. 我仇, 謂
初. 二能以剛中自守則初雖近, 不能以就之矣)"라고 하였다.

백 솥 안에 음식물이 있는데 나의 미워하는 사람이 병이 들어 돌아와서 나의 음식을 먹지 못하니 길하다. [15]

象曰 鼎有實이나 愼所之也[16]니
상 왈 정 유 실   신 소 지 야

상전에 말하기를 솥에 음식물이 있다는 것은 갈 바를 삼가야 하는 것이니,

我仇有疾은 終无尤也[17]리라.
아 구 유 질   종 무 우 야

내 짝이 병이 있다는 것은 끝내는 허물이 없을 것이리라.

九三은 鼎耳革하여 其行이 塞하여 雉膏를 不食하나 方雨하여
구 삼   정 이 혁   기 행   색   치 고   불 식   방 우

虧悔終吉[18]이리라.
휴 회 종 길

---

15 장립문의 『백화백서주역』 505쪽 참조 바람.

16 솥 속의 음식물은 조심하지 않으면 곧잘 넘치기 때문에 하나하나의 행동을 마땅히 삼가야한다. 솥 속에 내용물이 있는 것을 사람에 비유하면, 어떤 사람이 빼어난 능력이나 재간을 가지고 있는 것과 같다. "갈 바를 삼가야 하는 것이니(愼所之也)"라는 말은 재주 있는 사람의 행동은 그 하나하나에 신중해야 하지 만약 잘못된 방향으로 나아간다면 그 재주가 완전히 악용되고 오용될 가능성이 크다. 구이의 경우에 있어서도 초육의 유혹을 벗어나 육오와 정상적으로 상응해야 할 것을 말하고 있다. 이럴 경우 그가 가진 빼어난 재간이 비로소 올바로 사용될 수 있기 때문이다.

17 "우(尤)"는 허물이나 잘못을 의미한다. 구이는 강중(剛中)하여 스스로를 지킬 줄 알고 그 행하는 바를 신중히 하기 때문에 초육이 비록 가까이 하려는 마음을 가지고 있지만, 구이가 끝내 조금의 틈도 보이지 않아서 허물이 생기지 않는다.

18 "혁(革)"은 변한다는 뜻으로 제거되어 사라지거나, 부러지고 뜨거워지는 경우를 말한다. "방(方)"은 장차라는 뜻을 가지고 있다. 구삼은 정의 복부에 해당하는 양효로 솥 속에 음식물이 가득 차 있는 것을 상징한다. 그러나 강효가 강의 자리에 있고 또 중의 자리가 아니기 때문에 지나치게 강하기만 하여 솥의 귀에 해당하는 육오와 상응하지 않는다. 이것

■ 九三, 鼎耳勒, 亓行塞, 雉膏不食. 方雨, 虧悔, 終吉.
구삼 정이륵 기행색 치고불식 방우 휴회 종길

구삼은 솥의 귀가 변하여 그 나아감이 막혀서 꿩의 기름을 먹지 못하나, 장차 비가 내려 뉘우침이 사그라져 끝내는 길하게 될 것이다.

■ 구삼은 솥의 귀에다가 조각한 사람의 이름을 새기고, 그의 행동이 나쁜지를 살펴 맛있는 음식을 주지 않는 것으로 벌을 내렸다. 죄를 받은 후에 마음을 깨끗이 씻고 난 뒤에 (개과천선하여) 끝내는 길할 것이다.

象曰 鼎耳革은 失其義也[19]일새라.
상 왈 정 이 혁 　 실 기 의 야

상전에 말하기를 솥의 귀가 변한다는 것은 그 올바름을 잃은 것이다.

九四는 鼎이 折足하여 覆公餗하니 其形이 渥이라 凶[20]하도다.
구 사 정 절 족 복 공 속 기 형 악 흉

은 마치 귀가 없어지거나 잃어버린 상황과 같기 때문에 "혁(革)"이라는 글자를 사용한다. 구삼은 상하괘가 서로 만나는 곳이고 또 변화가 일어나는 시기이기 때문이다. 이는 솥에 귀가 없으면 그것을 들기에 불편하고 행동에 지장을 받는 것처럼 빼어난 인재가 있어도 출로(出路)가 없는 것을 비유하고 있다. "치(雉)"는 꿩으로 지방의 맛이 가장 좋기 때문에 옛날에 꿩을 잡아 예물로 사용하였다. 상괘인 이괘(離卦)는 새를 상징하기 때문에 꿩으로 비유한다. 꿩으로 만든 맛있는 음식을 먹지 못하였다는 것은 군주인 육오로부터 벼슬을 얻지 못했다는 것을 의미한다. 비록 이런 경우를 당한다하여도 구삼은 바른 자리를 얻어서 오직 정도만을 지킨다면, 조만간 육오의 군왕과 호흡이 잘 맞아 자신의 포부를 펼칠 날이 있을 것이다. 구삼은 양효이고 육오는 음효로 음양이 서로 조화하여 비가 내리는 것처럼 뉘우침이 줄어들어 끝내는 길하게 된다는 것이다.

19 "그 올바름을 잃은 것이다(失其義也)"는 말에서 그 올바름이라는 것은 마땅함을 말한다. 이에 대해 『주역정의』에서는 "속을 비워서 받아들이는 뜻을 잃어버린 것이다(失其虛中納受之義也)"라고 하여, 구삼이 이런 상황에서 취해야 할 도리를 망각한 것을 이야기하고 있다.

20 "속(餗)"은 밥을 말한다. "형(形)"은 정(鼎)의 본체를 가리키고, "악(渥)"은 젖어버린

■ 九四, 鼎折足, 復公餗, 亓刑屋. 凶.
　　구 사　정 절 족　복 공 속　기 형 옥　흉

구사는 솥의 다리가 부러져서 공의 밥을(공에게 바칠 음식이) 쏟으니 그
몸이 젖어 흉하다.

■ 구사는 솥의 다리가 부러져서 왕공이 먹을 음식을 쏟으니 저자(市)가
아닌 집안에서 죽인다. 흉하다는 점의 결과가 나왔다.

象曰 覆公餗하니 信如何也[21]오.
　상 왈　복 공 속　　　신 여 하 야

상전에 말하기를 공의 밥을 쏟았으니 믿음이 어떠하겠는가?

六五는 鼎黃耳金鉉이니 利貞[22]하니라.
　육 오　정 황 이 금 현　　　이 정

모습을 말한다. 구사는 육오의 명령에 따라 맡은 바의 임무가 매우 막중하다. 구체적으
로 구사는 대신의 자리에 있으면서 훌륭한 인재를 발탁하여 임무를 완성해야 한다. 구사
는 초육과 상응하는데 이런 사적인 관계를 이용하여 초육에게 일을 맡기지만, 초육은 막
중한 일을 감당 할 수 있는 재능이나 능력을 가지고 있지 못하여 마치 솥의 다리가 무거
운 하중을 견디지 못하여 "다리가 부러지고(折足)" "밥을 쏟는(覆餗)" 것과 같은 결과를
빚게 된다. 이런 상황을 음식물이 쏟겨 온통 젖어버려 흉하다는 것으로 표현하고 있다.
재능이 부족한 사람에게 큰 일을 맡길 때의 결과가 바로 이런 경우이다.

21 이것은 어떤 인재가 중요한 일을 충분히 감당해낼 수 있는가 하는 문제에 대해 말하고 있
다. 말하자면 구사는 신임을 받을 만한 가치가 없다는 것이다. 이에 내해 왕필은 "그 힘
을 헤아리지 아니하여 결과가 흉한 재앙에 이르렀으니 어찌 믿겠는가(不量其力, 果致凶
災, 信之如何)"라고 하였다.

22 솥의 작용은 천하를 이롭게 하는 데에 핵심이 있지만, 중요한 것은 그것을 어떻게 들어
이동시키느냐에 있다. 비록 좋은 음식물이 있으나 그것을 이동할 수 없으면 사용할 수가
없기 때문이다. 솥을 들어서 이동하려고 하려면 반드시 중간이 비어 있는 귀(耳)와 그것
을 꿰고 있는(貫) 고리(鉉)가 반드시 있어야 한다. 육오는 이 두 가지 조건을 모두 갖추
고 있다. 육오 정괘의 위에 자리하고 있어서 귀고리(鉉)가 달려 있는 귀를 상징한다. 상

육오 六五, 鼎黃耳金鉉, 利貞.
육오 정황이금현 이정

육오는 솥이 누른 귀에 쇠로 만든 고리(鉉)니 바르면 이로울 것이다.

백 육오는 솥이 누른 귀에 쇠로 만든 고리니 점을 치면 이로울 것이다.

象曰 鼎黃耳는 中以爲實也[23]라.
상 왈 정황이   중이위실야

구는 솥의 바깥에 있는 것으로 귀를 꿰어서 솥을 드는 현(鉉)의 상을 가지고 있다. 여기서 말하는 귀는 보통의 귀가 아니라 황색의 귀(黃耳)이다. 황색의 귀는 중간이 비어 있는 귀이다. 중간이 비어 있다는 점은 매우 중요하다. 귀에 중간이 비어있지 않으면 현을 꿸 방법이 없기 때문이다. 귀에 거는 현(鉉)은 쇠로 만든 현(金鉉)이라고 말한다. 쇠로 만든 현은 보통의 현이 아니라 매우 질기고 강한 현을 말한다. 중간이 비어 있는 귀에 질기고 강한 현을 걸어 두어야 무거운 솥을 무리 없이 들 수 있다. 그러나 이것은 육오가 가지고 있는 객관적인 조건일 뿐이다. 실상 육오는 음으로 양의 위치에 자리하여 정위를 얻지 못하고 있다. 그러므로 항상 바름을 지키려고 노력하여야 한다. 이에 대해 주자는 『주역본의』에서 "오는 가운데를 비워 구이의 질기고 강한 것에 응하므로 그 상이 이와 같고 그 점은 이로움이 곧고 견고함이 있을 뿐이다. 혹자는 말하기를 금현은 상구를 가지고 말한 것이라 하니 더욱 상세히 살펴보아야 한다(五虛中, 以應九二之堅剛, 故其象如此而其占則利在正固而已, 或曰金鉉以上九而言, 更詳之)"라고 하였다. 그러나 주자나 정이천 등의 학자들이 현(鉉)을 구이로 보는 입장에 대해서 『주역절중』은 왕종전(王宗傳)·왕신자(王申子)와 호일계(胡一桂)의 관점을 통하여 현을 상구로 보는 주장을 소개하고 있다. 특히 호일계는 솥을 드는 역할을 하는 현은 반드시 귀의 위에 있어야 귀를 꿸 수 있다고 보아 현을 상구로 보고 있다. 그런데 상구 효사에서도 현을 말하는 것에 대해서 그는 "금현(金鉉)"은 상구(上九)의 구(九), 즉 양의 의미를 취했고 상구는 효위(爻位)가 음의 자리로 음양이 서로 섞였기 때문에 "옥현(玉鉉)"이라고 말한다. 일리 있는 해석으로 보인다. 이런 점에서 "금현(金鉉)"의 "금(金)"은 황금보다는 쇠의 의미가 더 적합한 것으로 보인다.

23 육오는 비록 중간이 비어 있으나, 중용의 덕을 가지고 있어서 그것을 더욱 충실하게 만든다. 『주역』은 음을 허(虛)로 양을 실(實)로 본다. 정괘의 육오는 음효이기 때문에 실(實)의 덕을 가지고 있지 못하다. 정이천은 『이천역전』에서 "육오는 중을 얻음을 선으로 삼으니 이것은 중을 실덕(實德)으로 삼은 것이다. 오가 총명하고, 강에 응하여 정의 주효가 되고, 정의 도를 얻음은 모두 중을 얻었기 때문이다(六五以得中爲善, 是以中爲實

상전에 말하기를 솥의 누른 귀에 쇠로 만든 고리는 중으로써 실(實)을 삼은 것이다.

上九는 鼎玉鉉이니 大吉하여 无不利²⁴니라.
상구   정옥현   대길   무불리

백 上九, 鼎玉鉉. 大吉, 无不利.
상구   정옥현   대길   무불리

상구는 솥이 옥으로 만든 고리(鉉)이니, 크게 길해서 이롭지 않음이 없느니라.

백 상구는 솥이 옥으로 만든 고리이니, 크게 길해서 이롭지 않음이 없다는

德也. 五之所以聰明應剛, 爲鼎之主, 得鼎之道, 皆由得中也.)"라고 하여, 『주역』이 중(中)을 더욱 귀하게 여겨 정괘의 육오가 중으로 실을 삼는 것에 대해 말하고 있다. 육오는 정괘의 주효로 정(鼎)의 도리를 얻고 있는 것은 중도를 얻고 있기 때문이다.

24 『주역절중』은 웅양보(熊良輔, 1310-1380, 자는 任重이고, 호는 梅邊居士이며, 南昌 사람으로 대표적인 저서로는 『周易本義集成』 등이 있다)의 관점을 인용하여 "정괘(鼎卦)와 정괘(井卦)는 모두 위에 있는 효를 길한 것으로 여기는데 아마도 물은 길어 올려 우물 밖으로 내오는 것을 작용으로 삼고, 음식물은 요리하여 솥 바깥으로 끄집어내는 것을 작용으로 삼기 때문인 것 같다(鼎井皆以上爻爲吉, 蓋水以汲而出井爲用, 食以烹而出鼎爲用也)"라고 하였다. 정괘(鼎卦)와 정괘(井卦)의 효는 위로 가면 갈수록 좋다. 우물의 쓰임은 물에 있는데, 물을 끌어올려 우물 밖으로 끄집어내어야 비로소 쓰일 수 있기 때문에 정괘(井卦)의 상육은 원길(元吉)이라고 말한다. 정(鼎)의 쓰임은 음식을 만드는 데 있고, 음식을 요리하였으면 정 바깥으로 끄집어내어야 비로소 먹을 수 있기 때문에 정괘(鼎卦)의 상구는 "크게 길하고 이롭지 않은 바가 없다(大吉無不利)"라고 말한다. 정(鼎)의 상구는 하나의 양이 정의 귀 위에 걸려 있는 현(鉉)의 상이다. 육오의 금현과는 달리 상구는 옥현(玉鉉)인데, 상구 자체로 말하면 양으로 음의 자리에 있고 강으로서 따뜻할 수 있기 때문에 강과 유가 적합하게 조화하고 있는 옥현으로 상징된다. 정괘의 상구는 이미 작용이 이루어져 사용하는 단계에 있어서 잘만 처리하면 좋은 결과가 나올 수 있다. 옥현의 특징이 바로 이런 요구에 들어맞기 때문에 크게 길하고 이롭지 않는 바가 없다고 말하는 것이다.

점괘가 나왔다.

象曰 玉鉉在上은 剛柔節也[25]일새라.
상 왈 옥 현 재 상 　 　 강 유 절 야

상전에 말하기를 옥으로 만든 고리가 위에 있다는 것은 강유가 적절하다
(조절되어 있다)는 것이다.

* 정괘의 의미와 교훈

「단전」에서 "정은 상이다(鼎, 象也)"라고 하여 정괘(鼎卦)를 솥의 전
체적인 형상으로 보고 있다. 즉 정괘는 솥의 다리와 솥의 배, 솥의 귀, 솥
의 귀걸이 등으로 구성되어 있다는 것이다. 이러한 정괘의 모습을 통해
보면 「단전」의 말은 이 괘의 뜻을 매우 분명하게 잘 설명하고 있는 것으로
보인다.

괘의 뜻으로 보면 정괘는 대유괘(大有卦)와 매우 흡사한 부분이 있다.
대유괘의 괘사는 직접적으로 "원형(元亨)"이라고 하였고, 정괘의 괘사
역시 "원형"이라고 하였다. 대유괘의 상구에서는 "길무불리(吉無不利)"
라고 하였고, 정괘의 상구 역시 "대길무불리(大吉無不利)"라고 하였다.
이와 같은 것은 이 두 괘가 모두 현인을 숭상하고 현인을 기르는 것을 주
된 뜻으로 삼고 있기 때문이다.

---

25 "절(節)"은 여기에서 조절 또는 조화의 뜻을 가지고 있다. "강유가 적절하기(조절되어
　있기) 때문이다(剛柔節也)"는 말은 지나치게 강하지도 않고 지나치게 부드럽지도 않도
　록 매우 잘 조화되어 있다는 의미이다. 옛날 사람들은 옥은 진귀할 뿐만 아니라 또한 따
　뜻하고 윤택한 성질을 가지고 있는 것으로 보았다. 그래서 쇠로 만든 현은 지나치게 강
　하지만, 옥으로 만든 현은 강유가 적절하게 배합된 것으로 여겼다.

정괘 가운데에 현인을 숭상하고 현인을 기르는 뜻은 상구와 육오 두 효의 관계에서 표현되고 있다. 정괘는 현인을 기르는 도리에 대해 설명하는데, 그 이유는 변혁(變革)하기 위해서는 재능 있는 인재를 준비하고 있어야 하고, 그 인재를 기용하여야 낡은 것을 버리고 새로운 질서를 만들어낼 수 있기 때문이다. 만약 인재를 잘못 등용하면 언제든지 "다리가 부러지고(折足)" "밥을 쏟는(覆餗)" 흉한 결과를 빚게 된다.

대유괘와 정괘는 또 하나의 공통된 특징이 있는데, 두 괘의 「대상전」에서는 모두 천명(天命)을 말하고 있다는 점이다. 대유괘는 "순천휴명(順天休命)"을 말하고, 정괘는 "정위응명(正位凝命)"을 말한다. 여기서 말하는 천명은 모두 사물의 변화와 발전의 법칙을 말하는 것으로 결코 초자연적인 상제(上帝)의 의미를 가지고 있지는 않다. "순명(順命)"이나 "응명(凝命)"은 모두 자연법칙에 적응하여 인간사를 실현한다는 뜻을 가지고 있다.

51. ䷲ 중뢰진(重雷震, 백 辰 第二十五)

1) 괘의 순서

「서괘전」에서 "기물을 주관하는 자는 맏아들만한 이가 없기 때문에 진괘로 받았다(主器者莫若長子, 故受之以震)"라고 하였다. 앞의 괘인 정괘(鼎卦)는 제사에 쓰는 그릇인데, 조상에게 제사를 올릴 때는 마땅히 맏아들이 담당하여야 한다. 그러므로 진괘(震卦)는 장자(長子)를 상징하고 정괘 다음에 오는 이유가 된다. 고대에 종법(宗法)제도를 실시하는 상황에서 제기(祭器)를 다루는 자격을 가진 사람은 장자(長子)이다.「설괘전」에서는 진괘를 장남으로 보고 있고, 장남이 주로 제기를 다루기 때문에 정괘 뒤에 진괘가 온다고 말한다.

2) 괘명의 의미

진괘(震卦)는 우레를 상징하고 그 의미는 움직임(動)이다. 진괘의 괘서를 말하는 경우 대부분「서괘전」에서 말하는 "기물을 주관하는 자는 맏아들만한 이가 없다. 그러므로 진괘로 받았다"는 말을 인용하여 진괘가 정괘 뒤에 오는 이유에 대해 말한다. 그러나 이것은 경문(經文), 즉『역경(易經)』이 출현한 역사적 배경과는 분명히 거리가 있는 것으로 보인다. 왜냐하면『역경』이 출현한 시기에는 명확한 장자계승제(長子繼承制)가 확립되어 있지 않았기 때문이다. 유명한 왕국유(王國維)의『은주제도론(殷周制度論)』속에서도 은나라 이전에는 이런 제도가 정해지지 않았다고 말한다. 이런 제도는 주공(周公)에서 시작된다고 말한다.

이런 사실을 고려해 보면 진괘의 본래적 의미를 잘 표현한 것으로는
『주역집해』에 보이는 정현의 말이다. "진은 우레이다. 우레는 물건을 움
직이게 하는 기(氣)이다. 우레가 소리를 내는 것은 마치 군주가 정교(政
敎)를 내어서 온 나라의 사람들을 움직이게 하는 것과 같기 때문에 진이
라고 말한다(震爲雷. 雷, 動物之氣也. 雷之發聲, 猶人君出政敎以動中國
之人也, 故謂之震)"라고 하였다. 진괘를 맏아들과 연결시켜 제사를 주관
하는 관점에서 보는 시각은 후대의 해석으로 보인다.

3) 괘상의 의미

괘상(卦象)으로 보면 진괘(震卦)는 하나의 양효가 두 개 음효 아래에
서 생긴 것으로 반드시 위로 올라가려고 움직인다. 진(震)은 원래 명사로
천둥(雷霆)을 말하는 것인데, 이것을 다시 확장하여 동사인 진동(震動)
의 뜻으로 쓰고, 더 나아가서 지진(地震)의 의미로 사용하기도 한다.

진의 뜻은 움직임인데, 움직이는 것을 왜 동(動)이라고 하지 않고 진
(震)이라고 말하는가? 그 이유는 진(震)에는 움직이는 뜻 이외에도 두려
움의 뜻을 가지고 있고, 또 널리 그 위엄을 뽐내는 우레의 뜻도 가지고 있
기 때문이다. 이에 대해 정이천은 『이천역전』에서 "동이라고 말하지 않는
것은 진이 동하고 분발하며 두렵게 만드는 뜻이 있기 때문이다. 건과 곤
의 사귐이 한 번 구하여 진을 이루니 낳은 물건의 우두머리이다. 그러므
로 장남이 되었다. 그 상은 우레가 되고 그 뜻은 동함이 되니 우레는 움직
이고 떨치는 상이 있고, 움직임은 놀라고 두려워한다는 뜻이 된다(不曰動
者, 震, 有動而奮發震驚之義. 乾坤之交, 一索而成震, 生物之長也, 故爲
長男. 其象則爲雷, 其義則爲動, 雷有震奮之象, 動爲驚懼之義)"라고 하
였다.

震은 亨¹하니
진　형

🄱 辰, 亨.
　진　형

경의 의미 : 진은 제사를 지낼 때에

전의 해석 : 진은 형통하니

🄱 지진이 일어났으나 무사(無事) 형통(亨通)하니²

震來에 虩虩이면 笑言이 啞啞³이리니
진 래　혁 혁　　소 언　액 액

---

1 진괘(震卦)는 양기(陽氣)가 발동하고, 하나의 양이 아래에서 처음 생겨나 위로 올라가는 괘이기 때문에 모든 일이 생각하는 대로 형통한다. 정이천은 『이천역전』에서 "양이 아래에서 생겨 위로 나아가니 형통함의 뜻이 있고 또 진은 동함이 되고, 무서워하고 두려워하는 것이 되고, 주인이 있음이 되니 진동하여 분발하고, 동하여 나아가고, 두려워하여 닦고, 주인이 있어 큼을 보존하니 모두 형통함을 이룰 수 있는 것이다. 그러므로 진의 형통함이 있는 것이다(陽生於下而上進, 有亨之義, 又震爲動, 爲恐懼, 爲有主, 震而奮發, 動而進, 懼而修, 有主而保大, 皆可以致亨, 故震則有亨)"라고 하였다.
2 『백서주역교석』에서는 "진(震)"을 "진(辰)"으로 쓰고 "지진(地震)"의 뜻으로 말하고 있다. 통행본 『주역』에서 "진(震)"을 지진의 경우로 해석하는 책으로는 손진성(孫振聲)의 『역경입문(易經入門)』 등이 있다.
3 이 구절은 초구의 효사와 같은데 아마 연문(衍文)으로 보인다. "혁혁(虩虩)"은 놀라고 두려워하는 모습을 말한다. "우레가 옴에(진동이 일어나서) 놀라고 두려워하면(震來虩虩)"이라는 말은 사람들이 놀라고 두려워하여 불안해하는 모습을 말한다. 이 구절은 진괘를 우레로 보는 관점에서 나온 말이다. "액액(啞啞)"은 웃으면서 즐거워하는 모양이다. "웃고 말하는 소리가 즐거울 것이리니(笑言啞啞)"라는 말은 웃음에 편안함이 깃들어있다는 뜻이다. 두려운 때를 당하고, 또 큰일이 있어도 아무 일이 없는 듯이 편안한 모습으로 웃는 것을 말하여, 보통사람들이 하기 힘든 비범한 절제와 기품을 보여주는 것이라고 할 수 있다.

■백 辰來朔朔에 芺言亞亞,
진 래 삭 삭　　요 언 아 아

경의 의미 : 우레가 옴에(震動이 일어나서) 놀라고 두려워하다가 (조금 후에) 웃는 소리가 들리리니,

전의 해석 : 우레가 옴에(震動이 일어나서) 놀라고 두려워하면 (나중에) 웃고 말하는 소리가 즐거울 것이리니

■백 지진과 산사태가 올 때에는 모두 놀라 어쩔 줄 모르나 이것이 지나간 후에는 모두 담소(談笑)하면서 보내니,

震驚百里에 不喪匕鬯[4]하나니라.
진 경 백 리　　불 상 비 창

■백 辰敬百里, 不亡匙觴.
진 경 백 리　　불 망 시 상

경의 의미 : 우레가 백리를 놀라게 하여도 (제사에 쓰는) 숟가락과 울창주(鬱鬯酒)를 잃지 않느니라.

---

4 "우레가 백리를 놀라게 하여도(震驚百里)"라는 말은 역시 진괘의 상징을 우레에서 취한 것으로 우레의 무섭고 놀라운 소리는 백리 멀리까지도 이른다는 말이다. "숟가락과 울창주(鬱鬯酒)를 잃지 않느니라(不喪匕鬯)"라는 말은 종묘사직의 제사를 주재하는 사람이 놀라운 일이 일어났음에도 손에 가지고 있던 숟가락을 떨어뜨리거나 울창주를 흘리지 않는 모습을 통해 전혀 당황하지 않는 모습을 말하고 있다. "시(匕)"는 나무로 만든 숟가락 모양의 기구이고, "창(鬯)"은 제사에 쓰는 향기 있는 술을 말한다. 이러한 사람은 위험에 직면하여도 두려워하지 않고, 놀라운 상황에서도 당황하지 않고, 늘 편안한 모습으로 사태를 수습하기 때문에 큰일을 할 수 있는 능력을 가지고 있다. 고대의 제사는 매우 중요한 대사(大事)로 군주라야 이것을 주재할 수 있다. 제사를 지내는 중에는 항상 편안한 모습으로 행동하여 정치를 잘 할 수 있는 재능을 가지고 있음을 보여주어야 한다.

전의 해석 : 우레가 백리를 놀라게 하여도 (제사에 쓰는) 숟가락과 울창
주를 잃지 않느니라.

📱 지진과 산사태가 백리에 걸쳐 와도 제사에 쓰는 술을 흘리지 않았다.

彖曰 震은 亨⁵하니
단왈 진 형

단전에 말하기를 진은 형통하다.

震來虩虩은 恐致福也⁶요 笑言啞啞은 後有則也⁷라.
진래혁혁 공치복야 소언액액 후유칙야

---

5 이것은 진괘가 형통하다는 것을 말하고 있다. 진괘가 형통한 이유에 대해서는 「단전」의
아래 부분에서 설명하고 있다.
6 우환의식의 관점에서 괘사의 "우레가 옴에 놀라고 두려워하는 것(震來虩虩)"에 대해 설
명하고 있다. 즉 사람들은 잠시도 방종할 수 없고, 늘 편안한 가운데에서도 위태로움을 생
각하여 스스로를 절제할 수 있어야 한다. 이런 관점은 우환과 즐거움이 항상 원인과 결과
가 되어준다는 관점을 반영하고 있다. 두려움을 느끼고 놀라운 경우를 당하는 것은 결코
나쁜 일이 아니다. 이러한 놀라움에 대해 우환의식을 가짐으로써 두려운 일을 미연에 방
지할 수 있어서 오히려 좋은 결과를 가져올 수 있기 때문이다. 그래서 두렵고 무서움을 느
껴야 천지의 복과 행운을 불러올 수 있다고 말한다.
7 "칙(則)"은 법칙을 말한다. 이 구절은 괘사 "웃고 말하는 소리가 즐거울 것이라는 것(笑
言啞啞)"을 해석한 것으로 두려움으로 인해서 조심스럽게 법칙을 따르고 지킨 후에 복을
받고 즐거워 웃게 된다고 말한다. 이에 대해 『주역정의』에서는 "복을 이룬 후에 비로소 웃
는 말이 있을 수 있고, 일찍이 경계하고 두려워하였기 때문에 감히 법칙을 잃어버리지 않
는다(致福之後, 方有笑言, 以曾經戒懼, 不敢失則)"라고 하였다. 그러나 이 말은 결코
두려움으로 인해서 따라야 할 법칙이 생긴다는 의미가 아니라, 군자는 어떤 상황 속에서
도 불변하는 상도(常道)를 지켜야 한다는 말이다. 『주역절중』에서는 이과(李過)의 말을
인용하여 "법칙을 따르게 된다는 것은 군자가 실천하는 행위와 말이 모두 불변의 법칙이
있는 것으로 두려움으로 인해서 변하는 것이 아님을 말한다(有則, 謂君子所履, 出處語
默, 皆有常則, 不以恐懼而變也)"라고 하였다.

우레가 옴에 놀라고 두려워하는 것은 두려워함에 의해서 복을 이르게 함이고(두려워하기 때문에 복 받는 것이고), 웃고 말하는 소리가 즐거울 것이라는 것은 (스스로 경계하여) 후에 (행위가) 법칙을 따르게 되는 것이다.

震驚百里는 驚遠而懼邇也⁸니
진 경 백 리　경 원 이 구 이 야

우레가 백리를 놀라게 한다는 것은 멀리 있는 자는 놀라게 하고, 가까이 있는 자는 두려워하게 하는 것이니,

出可以守宗廟社稷하여 以爲祭主也⁹리라.
출 가 이 수 종 묘 사 직　이 위 제 주 야

(바깥으로 군주가) 나아가면 (군주의 장자가) 종묘와 사직을 지켜 제사의 제주가 될 것이다.

---

8 "이(邇)"는 가깝다는 뜻이다. 이 구절은 "우레가 백리를 놀라게 한다는 것(震驚百里)"을 해석하고 있다. 이에 대해 정이천은 『이천역전』에서 "우레의 진동이 백리에 미쳐서 멀리 있는 자가 놀라고 가까이 있는 자가 두려워하니, 그 위엄이 멀고 크다는 것을 말한다(雷之震及於百里, 遠者驚, 邇者懼, 言其威遠大也)"라고 하였다.

9 이것은 "숟가락과 울창주를 잃지 않는다(不喪匕鬯)"는 것을 설명하는 구절이다. "나아가서 종묘와 사직을 지켜 제사의 제주가 될 것이다(出可以守宗廟社稷, 以爲祭主也)"는 말은 군주가 국가를 떠나 있으면 맏아들이 대신하여 종묘사직을 지키는데, 이것은 장자를 제사의 주재자로 보기 때문에 "숟가락과 울창주(鬱鬯酒)를 잃지 않느니라"라고 말하는 것이다. 여기에서 장자는 위태로움을 당하여서도 절대 흔들리지 않아 앞으로 국가를 다스릴 수 있는 능력이 있음을 보여주고 있다. 옛날 봉건사회에서는 제후나 천자가 지방을 순시하거나 다른 나라를 정벌하려 출병하였을 때는 세자가 나라를 잠시 다스리고 종묘사직을 받들었다. 여기에서 문제가 되는 것은 "출(出)"인데, 주자는 "출은 대를 이어 제사를 주재하는 것을 말한다(出, 謂繼世而祭主也)"라고 하였다. 또 정이천은 『이천역전』에서 "그 정성과 공경이 숟가락과 울창주를 잃지 않으면 군주가 나라 밖으로 감에 종묘사직을 지켜 제주가 될 수 있다. 장자가 이와 같이 한 뒤에야 대대로 이어오는 제사를 지키고 국가를 계승할 수 있게 되는 것이다(其誠敬能不喪匕鬯, 則君出而可以守宗廟社稷, 爲祭主也. 長子如是而後, 可以守世祀承國家也)"라고 하였다.

象曰 洊雷震이니 君子以하여 恐懼修省[10]하니라.
상 왈 천 뇌 진　　군 자 이　　공 구 수 성

상전에 말하기를 우레가 거듭되는 것이 진이니, 군자가 이를 본받아 두려
워하여 몸을 닦고 돌아본다.

初九는 震來虩虩이라야 後에 笑言啞啞이리니 吉[11]하니라.
초 구　　진 래 혁 혁　　후　　소 언 액 액　　길

■ 初九, 辰來朔朔, 後芙言啞啞. 吉.
초 구　　진 래 삭 삭　　후 요 언 액 액　　길

초구는 우레가 옴에 놀라고 두려워 한 후에 웃고 말하는 소리가 즐거울 것
이니 길하다.

■ 초구는 지진과 산사태가 올 때에는 모두 놀라 어쩔 줄 모르나, 이것이
지나간 후에는 모두 담소(談笑)하면서 보낸다. 점을 치니 길하다고 하였다.

---

10 "천(洊)"은 다시 하고, 거듭한다는 뜻을 가지고 있어서 감괘(坎卦)에서 말하는 "수천지
(水洊至)"의 "천(洊)"의 뜻과 같다. 이것은 하괘의 진괘(震卦)가 우레이고, 상괘의 진괘
또한 우레로 우레가 연이어서 크게 소리내면서 치는 것을 말한다. "군자가 이를 본받아
두려워하여 몸을 닦고 돌아본다(君子以恐懼脩省)"는 것은 군자가 우레가 치는 소리를
듣고 경각심을 가지고 그 두려워 할 내용이 무엇인가를 알고 더욱더 자신이 하는 일에 매
진하고 끊임없이 반성하고 되돌아본다는 말이다. 오직 스스로 하는 일에 잘못이 없다면
하늘이 탓하는 것이 자기에게 올 수 없고, 위기에 처하여서도 자신을 진정시킬 수 있다.

11 괘사와 효사의 앞 몇 구절은 거의 비슷하지만 다만 "소언액액(笑言啞啞)"이라는 말 앞에
"후(後)"라는 글자가 하나 더 붙어 "소언액액(笑言啞啞)"이 "진래혁혁(震來虩虩)" 뒤에
옴을 설명하고, 이 둘이 전후(前後)의 인과관계를 가지고 있음을 말하고 있다. "우레가
옴에 놀라고 두려워하다(震來虩虩)"는 말은 사람들을 공포스럽게 하고 불안하게 만든다
는 뜻이다. "후에 웃고 말하는 소리가 즐거울 것이니(後笑言啞啞)"라는 것은 무섭고 불
안하기 때문에 경계한 후에 웃는 것으로 지나치게 방종하지도 않고 절도를 가지면서 안
정되게 웃으면 길하다고 말한다.

象曰 震來虩虩은 恐致福也요 笑言啞啞은 後有則也¹²라.
상 왈 진 래 혁 혁　 공 치 복 야　 소 언 액 액　 후 유 칙 야

상전에 말하기를 우레가 옴에 놀라고 두려워하는 것은 두려워함에 의해서 복을 이르게 함이고(두려워하기 때문에 복 받는 것이고), 웃고 말하는 소리가 즐거울 것이라는 것은 (두려워하여 교훈을 얻을 수 있어서) 후에 (행위가) 법칙을 따르게 된다는 것이다.

六二는 震來厲¹³라 億喪貝하야 躋于九陵¹⁴이니 勿逐하면
육 이　 진 래 려　 억 상 패　 제 우 구 릉　 물 축

---

12 초구는 양으로 가장 아래에 처해 있어 처음을 신중하게 하고 두려워할 줄 알아야 끝에는 웃으면서 길하게 됨을 말한다. 『주역절중』에서는 범중엄(范仲淹)의 말을 인용하여 "군자가 마음에 두려움을 가지고, 생각하는 데 있어 반드시 그 처음을 신중하게 한다면 백 가지의 뜻이 도를 위배하지 않을 것이고, 몸에 두려움을 가지게 되면 나아가고 물러감이 어긋나지 않게 행해지면 백가지의 행동이 화를 입지 않게 될 것이다. 그러므로 초구의 우레가 옴에도 불구하고 복을 이룰 수 있는 것은 처음을 신중하게 하기 때문이다(君子之懼於心也, 思慮必愼其始, 則百志弗違於道, 懼於身也, 進退不履於違, 則百行弗罹于禍. 故初九震來而致福, 愼於始也)"라고 하였다.

13 육이는 우레가 오는 때에 음으로 강을 타고 있는 승강(乘剛)이기 때문에 "우레가 옴에 (震來) 장차 위험이 있을 것"이라고 말한다. 주자는 『주역본의』에서 "육이는 초구의 강함을 탔으므로 진동이 옴을 당하여 위태롭게 여기는 것이다(六二乘初九之剛, 故當震之來而危厲也)"라고 하였다. "여(厲)"는 위험하다는 뜻과 격렬하다는 뜻 두 가지로 종종 해석된다. 여기에서는 두 가지 의미를 합하여 사용하는 것이 좋을 것으로 보인다. 즉 초구가 밀고 올라오는 힘이 매우 격렬하여 위태롭게 된다는 말로 해석 가능하다.

14 "억(億)"의 의미에 대해서는 모두 세 가지의 해석이 있다. 먼저 『경전석문』에서는 정현의 말을 인용하여 "십만을 억이라고 한다(十萬曰億)"라고 하여 수의 큰 것(大)을 의미한다. 두 번째로는 동사로 사용되는 경우로 『주역절중』에서는 정여해(鄭汝諧)의 말을 인용하여 "억은 헤아린다는 의미이다(億, 度也)"라고 하여, 헤아린다는 의미로 말하고 있다. 세 번째로는 아쉬워하거나 애석해하는(惜) 의미로 보는 경우가 있다. 예를 들면 『주역집해』에서는 우번의 말을 인용하여 "억은 아쉬워한다는 말이다(億, 惜辭也)"라고 하였다. 주자는 이 말에 대해 "상세하지 않다(未詳)"라고 말한다. 그러나 육오 「소상전」의 관점으로 보면 "억"은 "크게(大)"의 의미로 해석할 수 있다. "패(貝)"는 고대의 화폐를 말하고 "제(躋)"는 오른다는 뜻을 가지고 있다. "구(九)"는 가장 큰 양의 수로 높은 것을 뜻한다는 사실을 고려하면, "구릉(九陵)"은 매우 높은 언덕을 말하는 것이라고 할 수 있다.

七日得¹⁵하리라.
칠 일 득

 六二, 辰來厲, 意亡貝, 躋于九陵, 勿逐七日, 得.
육이 진래려 의망패 자우구릉 물축칠일 득

육이는 우레가 오는 것이 위태롭다. 재물을 잃을 것을 헤아려 높은 구릉 위에 오르니 쫓지 않으면 7일에 얻을 것이다.

육이는 지진이 갈수록 심해져서 구릉 위에 있는 (돈으로 사용하는) 붕패(朋貝)와 제기를 잃을 것을 생각한다. 7일이 지나가기 이전에 붕패(朋貝)와 제기를 다시 얻을 것이다.

象曰 震來厲는 乘剛也¹⁶일새라.
상·왈 진래려 승강야

상전에 말하기를 우레가 오는 것이 위태롭다는 것은 강을 타고 있기 때문이다.

이 두 구절은 육이의 위태로움(厲)을 설명하여 크게 재물을 잃을 것을 말한다. 그러나 이 효는 또한 유로서 중의 덕을 가지고 있기 때문에 비록 위험에 부딪쳐도 여전히 중도를 지켜 조급하지 않고, 포기할 것은 헤아려 포기하고 스스로 "높은 언덕"에 올라 그 "재물(貝)"에 대해 크게 연연하지 않고 크게 걱정하지 않는 것을 말하고 있다.

15 "칠일(七日)"이라는 말은 "칠일을 넘지 않을 것이다"는 말과 같다. 이 두 구절은 앞의 문장에 따라 육이가 중도의 덕을 가지고 항상 바름을 지키고 재물을 잃는 것에 연연하지 않기 때문에 구릉에 올라서 피하여 잃어버린 재물을 쫓지 않아도 칠일만 지나면 다시 찾을 수 있다는 것을 말하고 있다. 이것은 기제괘(旣濟卦) 육이에서 말하는 "칠일만에 얻을 수 있는 것은 중도 때문이다(七日得, 以中道也)"는 말과 거의 비슷하다.

16 초구는 양으로 강효이기 때문에 승강(乘剛)은 초구를 타고 있는 것을 말한다. 『주역절중』에서는 호병문의 관점을 인용하여, 「소상전」에서 승강을 말하는 효는 본 효 이외에 둔괘(屯卦)의 육이, 예괘(豫卦)의 육오, 서합괘(噬嗑卦)의 육이, 곤괘(困卦)의 육삼 등을 들 수 있는데 곤괘(困卦) 육삼의 승강은 감괘(坎卦)의 중효를 타고 있는 것이고, 그 나머지 효의 승강은 모두 진괘(震卦)의 초효를 타고 있다고 말한다.

六三은 震蘇蘇니 震行하면 无眚**17**하리라.
육 삼　　진소소　　진행　　　　무생

백 六三, 辰疏疏, 辰行无省.
　　육삼　진소소　신행무성

육삼은 우레에 (정신이 혼미하여) 망연자실(茫然自失)하고 있으니, 두려워 떨면서 행동하면　허물은 없을 것이다.

백 육삼은 산사태가 소리를 내면서 그치지 않고, 산사태의 속도가 줄지 않고 빨라졌다.

象曰 震蘇蘇는 位不當也**18**일새라.
상 왈 진소소　　위부당야

상전에 말하기를 우레에 망연자실하고 있는 것은 위가 부당하기 때문이다.

---

17 육삼은 음으로 양의 자리에 있고, 또 중(中)하지 않고 치우쳐 큰 임무를 맡을 만한 자질을 가지고 있지 못하다. 이처럼 육삼은 비록 큰 재목은 아니지만, 스스로 경계하고 두려워 할 수 있어서 큰 허물은 없다. "우레에 망연자실하고 있는 것(震蘇蘇)"은 바로 두렵고 무서워 불안한 것을 말한다. "소소(蘇蘇)"는 두렵고 무서워하고 불안한 모습으로 마치 엷은 얼음을 밟는 것과 같이 일종의 전전긍긍하는 태도를 말한다. 이 효의 재질은 비록 취할 만한 것이 없으나, 이런 전전긍긍하는 행위는 그를 허물이 없게 만들 수 있다. 그러므로 "두려워 떨면서 행동하면 허물은 없을 것이다(震行无眚)"라고 하는 것이다. "생(眚)"의 뜻은 허물을 말한다. 정이천은 『이천역전』에서 "생은 허물이다. 삼이 가면 사에 이르니 바른 자리이니, 동함은 바름에 나아감을 선으로 여긴다. 그러므로 이는 쫓지 않으면 스스로 얻고, 삼은 가면 허물이 없는 것이니 부정함으로 두려움에 처하면 허물이 있음을 알 만하다(眚, 過也. 三行則至四, 正也. 動以就正爲善, 故二勿逐則自得, 三能行則无眚, 以不正而處震懼, 有眚可知)"라고 하였다.
18 이 구절은 육삼이 중하지 못하고 바르지 못한 위치에 있음을 말한 것으로 두려움을 가지고 떨고 있는 원인을 말하고 있다.

九四는 震이 遂泥[19]라.
구 사 　 진 　 수 니

■백 九四, 辰遂泥.
　　 구 사 　 진 수 니

구사는 우레가 진흙에 빠져버리는 것이다.

■백 구사는 지진이 진흙을 끌고 미끄러져 나간다.

象曰 震遂泥는 未光也[20]로다.
상 왈 진 수 니 　 미 광 야

상전에 말하기를 우레가 진흙에 빠져버리는 것은 광대하지 못함이다.

---

19 "이(泥)"는 빠진다는 의미이고, "수(遂)"는 돌아오지 못한다는 뜻이다. 그래서 "수니(遂泥)"는 곤경에 빠져서 스스로 빠져나오지 못하는 것을 말한다. "우레가 진흙에 빠져버리는 것이다(震遂泥)"는 "진은 형통하니(震亨)"의 반대의미이다. 괘효의 상으로 보면 진괘는 움직이는 것이고, 움직이면 통한다. 인간사에 비추어 보면 진괘는 두려워하여 자기 자신을 반성하여 수신할 뿐만 아니라 또 용감하게 떨치니 결국은 형통한다. "우레가 진흙에 빠져버리는 것이다(震遂泥)"는 말은 진(震)에 처해 있으나, 스스로 두려워함을 지키지 못하면서 행동하려는 것으로 진의 도리를 이미 상실한 것을 말한다. 마치 어떤 사람이 어려움에 빠져 있으면서도 전혀 그 상황을 타개하려는 노력도 없이 무턱대고 큰 포부만을 가지고 있는 경우를 말한다. 이렇게 되는 이유는 중에 있지도 못하고 또 강으로 유의 자리에 처하여 강건한 도리를 상실하고, 네 개의 음 사이에 빠져서 원래 가지고 있는 능력을 전혀 발휘하지 못하고 있기 때문이다. 그러면 초구 역시 두 음의 아래에 있으면서도 길한 이유는 무엇인가? 그것은 초구는 정위로 진의 본래적 의미를 파악하고 있지만, 구사는 네 개의 음, 즉 소인에 포위되어 진퇴양난의 경우에 빠져 있기 때문이다. 그러므로 주자는 『주역본의』에서 "강으로서 유의 자리에 처하여 중정하지 못하고, 두 음의 사이에 빠져 있어 스스로 떨치지 못한다. 순은 돌아옴이 없는 뜻이고, 니는 침체하고 빠짐을 말한다(以剛處柔, 不中不正, 陷於二陰之間, 不能自震也. 遂者, 无反之意, 泥, 滯溺也)"라고 하였다.

20 "미광(未光)"의 의미는 본래 가지고 있는 강건한 덕을 발휘하지 못하는 것을 말한다. 그 지향하는 도가 아직 크게 빛나지 못하다는 것을 말한다.

六五는 震이 往來厲²¹하니 億하여 无喪有事²²니라.
육 오　진　왕 래 려　　　억　　　무 상 유 사

백 六五, 辰往來厲, 意无亡, 有事.
육 오　진왕래려　의무망　유사

육오는 우레가 오고감이 위태로우니, 헤아려 하고 있는 일(제사와 관련된
일)을 잃음이 없다.

백 육오는 지진이 그치지 않아 이미 대수롭지 않게 생각하고, 지진이 다시
와도 괜찮다고 보아 제사에 참여한다.

象曰 震往來厲는 危行也요 其事在中하니 大无喪也²³니라.
상 왈 진 왕 래 려　　위 행 야　　기 사 재 중　　　대 무 상 야

---

21 육오의 경우는 육이와 비슷하다. "왕래(往來)"는 우레가 가고 온다는 의미로 효상으로
말하면 초구가 지나가고(往) 구사가 다시 온다(來)는 말이다. 육오와 육이 모두 승강하
여 위험한데 육이는 재물을 잃어버릴 것을 말하지만, 육오는 제사와 관련되기(有事) 때
문에 잃지 않으려고 한다.

22 이 구절에 대한 정이천과 주자의 관점은 다르다. 정이천은 이 구절을 "헤아려 하고 있는
일을 잃음이 없다(億, 无喪有事)"로 해석하고 있는 반면에, 주자는 "잃음이 없고 일이
있다(億无喪, 有事)"라고 해석한다. 내지덕은 주자의 관점에 근거하여 "억무상(億无喪)"
에 대해 『내씨역주』에서 "크게 잃은 것이 없다고 하는 것은 많은 것 중에 하나도 잃어버
린 것이 없다고 하는 것과 같다(大無喪也. 猶言萬無一失)"라고 하였다. "일이 있다(有
事)"는 말에 대한 해석도 분분하다. "사(事)"에 대해 『주역집해』에서는 우번의 말을 인
용하여 "제사의 일을 말한다(謂祭祀之事)"라고 하였다. 즉 육오가 유(柔)의 중도를 가
지고 늘 위태로움을 간직하는 마음으로 중도를 신중하게 지키고, 함부로 왕래하지 않았
기 때문에 조금도 잃은 것이 없고 오랫동안 제사의 일을 보존할 수 있다는 것을 말하고
있다. 『백서주역』 역시 제사와 관련시켜 말하고 있다. 이것이 바로 괘사에서 말하는 "숟
가락과 울창주를 잃지 않느니라(不喪匕鬯)"는 것의 뜻이라고 말한다. 여기에서 말하는
"유사(有事)"를 『춘추』에서는 대부분 제사와 관련되는 것으로 말하고 있다. 이에 대해
『주역절중』에서는 "춘추에서 말하는 제사는 모두 '유사'라고 하기 때문에 여기의 유사는
제사를 말한다(春秋凡祭祀, 皆曰有事, 故此有事謂祭也)"라고 하였다.

상전에 말하기를 우레가 오고 감이 위태롭다는 것은 위태로움을 가지고 행하여야 하는 것이고, 그 일함이 중(中)에 있다고 하니 크게 잃는 것이 없을 것이다.

上六은 震이 索索하여 視矍矍이니 征이면 凶[24]하니
상 육   진   삭 삭   시 확 확   정   흉

震不于其躬이오 于其隣이면 无咎[25]리니 婚媾는 有言[26]이리라.
진 불 우 기 궁   우 기 린   무 구   혼 구   유 언

---

23 왕래의 행동이 모두 위험하다는 것을 말하고 있다. 또 육오가 중의 자리에 있기 때문에 크게 잃을 것이 없다는 것을 말하고 있다. "상(喪)"은 실(失)의 뜻이고, "억(億)"은 크다는 의미이다.

24 이 구절에 대한 해석은 다양하다. 『경전석문』에서는 정현의 말을 인용하여 "삭삭(索索)"을 "움츠러드는 모양으로 발이 바르지 않다(縮縮, 足不正也.)"는 뜻으로 말하여, 너무 두려워하여 두 발이 위축되어 움직이지 못하는 것으로 말하고 있다. 또 『경전석문』에서는 정현의 말을 인용하여 "확확(矍矍)"에 대해서 "눈이 바르지 않다(目不正)"라고 하여, 두 눈의 불안한 모습을 형용하고 있다. 이것은 상육이 음으로 진괘의 극에 자리하여 매우 두려워하여 편안하게 있을 수 없어서 두 발이 위축되어 나아가지 못하고, 두 눈이 제자리에 있지 못하는 상태에 있는 것을 말하고 있다. 만약 이때 어떤 행동을 하려고 한다면 반드시 흉한 결과를 가져올 것임을 말하고 있다.

25 "궁(躬)"은 자기 자신을 말한다. 이 구절은 우레가 나에게 떨어지지 않고 옆에 떨어지는 것으로 조심하고 경계하여야 무구할 수 있다는 말이다. 이것은 단순히 우레가 운좋게 나에게 떨어지지 않고 옆집에 떨어진 것을 행운으로 생각한다는 의미는 아니다. 그것보다는 우레가 나(상육)에게 미치기 전에 가까운 이웃(육오)에 다가왔을 때 잘 공구(恐懼)하여 반성하면 허물이 없게 된다는 것이다. 이러한 표현은 한마디로 미리 두려워하여 자기 자신을 되돌아보고 잘못된 점과 부족한 점을 보충하여야 한다는 뜻이다. 진괘는 주로 사람의 심리상태를 말하는 데 초점이 있지, 사리(事理)나 사태(事態)를 통하여 말하려는 것은 아닌 것으로 보인다.

26 "유언(有言)"은 말로 서로 싸우고 화합하지 못하는 것을 말한다. 수괘(需卦) 구이 효사의 "소유언(小有言)"이라는 것과 뜻이 거의 비슷하다. 상육은 매우 두려운 시기를 당하여 걱정하고 의심하여 다른 사람들과 조화하기가 힘들기 때문에 급하게 음양의 상응과 조화를 도모하지 말 것을 경계하고 있다. 만약 이러한 처지에서 "(짝을 맞추어) 혼인(婚媾)하려고 한다"면 "말이 있을 것이다(有言)"는 상황을 피하기 어려울 것이다. 여기에서 말하려고 하는 핵심은 망동해서는 안 된다는 것이다.

白 尙六, 辰昔昔, 視懼懼, 正凶. 辰不于其躬, 于其隣, 往无咎.
상 육 진 석 석 시 구 구 정 흉 진 불 우 기 궁 우 기 린 왕 무 구

婚媾有言.
민 후 유 언

상육은 우레의 진동을 두려워하여 정신을 차리지 못하여 눈을 두리번거려
불안해 하니, (이런 상태로) 나아가면 반드시 흉하니 우레가 자신에게 아
직 떨어지지 않고 이웃에게 떨어질 때 (미리 경계하면) 허물이 없으리니,
(짝을 맞추는) 혼인은 말이 있을 것이다.

白 상육은 지진이 발생하여 정신이 없을 정도로 두려운 흉한 일이 생겼다.
지진이 멈추어 재난이 이웃에게 미치고 자신에게는 미치지 않았으나 원망
하는 소리로 가득하다.

象曰 震索索은 中未得[27]일새요 雖凶无咎는 畏隣戒也[28]일새라.
상 왈 진 삭 삭 중 미 득   수 흉 무 구   외 린 계 야

상전에 말하기를 두려워하여 정신을 차리지 못하는 것은 중을 아직 얻지 못
했기 때문이고 비록 흉하나 허물이 없다는 것은 이웃에 화가 미친 것을 보
고 두려워하고 미리 경계한다는 것이다.

---

27 『주역정의』는 "'아직 중을 얻지 못했다'라고 말하는 것과 같다(猶言未得中也)"라고 하
   였다.
28 이 구절에 대해 『주역정의』는 "이웃의 움직임을 보고 두려워하고 무서워하여 스스로 경
   계하여야 허물이 없을 수 있다(畏隣之動, 懼而自戒, 乃得無咎)"라고 하였다. 진괘의
   극(極)에 자리하여 "가면 흉"이지만 또 "허물없음을 얻는다"라고 하는 것은 이웃(육오)
   이 경계하는 것을 보고 두려워하여 자신이 그런 상태에 놓이기 전에 충분히 변할 수 있
   기 때문이다.

＊ 진괘의 의미와 교훈

　　앞에서 말한 것처럼 진괘(震卦)는 어려운 시기에 처해 있는 사람의 심리상태를 말하고 있는데, 그 핵심은 두려움과 경계를 통하여 자기 자신을 되돌아보고 부족한 점을 채우고 허물을 치료하는 데 있다. 진괘의 괘상, 괘사와 효의 효상 및 효사는 매우 긴밀하게 연관되어 있다. 괘의 상은 진(震)으로 우레를 상징하고 있는데, 효의 상 역시 마찬가지이다. 진괘는 우레의 움직임이 위엄 있고 우렁차다는 것에서 상을 취하고, 이를 통하여 두려움이라는 심리상태에서 오히려 형통함에 이르는 단계에 대해 설명하고 있다.

　　이것은 두 단계의 비유를 통하여 설명되고 있다. 먼저 우레가 움직여 만물이 두려워하고 무섭도록 만들고, 그 다음으로 이것을 통해 신중한 행동을 하는 것이다. 이렇게 하는 자는 복을 얻어 즐겁게 웃는 상태로 갈 수 있을 뿐만 아니라, 더 나아가 백리에 그 위세를 떨쳐 사직(社稷)을 오랫동안 보장할 수도 있다. 특히 「대상전」에서는 "공구수성(恐懼脩省)" 네 글자를 가지고 전체 괘의 대의를 분명하게 이야기하고 있다. 말하자면 두렵고 무섭다는 것과 자기 몸을 닦고 잘못을 반성한다는 내재적 관련성을 분명하게 말하고 있다.

　　진괘의 여섯 효는 이런 "진(震)"의 경우를 각각 나누어 설명하고 있다. 괘사는 사람이 어떤 일에 부딪쳤을 때 두려워 할 수도 있고 두려워하지 않을 수도 있는 심리상태를 말하고 있는데, 대부분의 효사 역시 마찬가지이다. 초구는 진괘의 주효로 그 효사는 괘사와 거의 비슷하다. 또 초구의 「소상전」 또한 「단전」과 똑같다. 이런 경우는 전체 384효 중에서 유일무이하다. 특히 진괘에서는 중(中)을 그 어떤 것보다도 강조하고, 중덕(中德)이 다른 어떤 덕목보다도 중요시한다. 특히 이효와 오효는 모두 중덕을 가지고 있다. 이러한 진괘가 강조하려고 하는 것은 심리상태를 말하는

데 있고, 사리(事理)를 말하려는 것은 아니다. 다시 말하면 심경(心境)이 문제이지, 처해 있는 상황이나 일의 사태가 문제는 아니라는 것이다. 사람이 살아가는 데 있어서 우리는 가끔 놀라고 당황할 의외의 사고와 일들을 만나게 마련이다. 진괘는 바로 이런 사태에 직면하여 어떻게 대응할 것인가 하는 문제에 대해 말하고 있다. 이런 대응의 과정에서 가장 중요한 원칙은 계신공구(戒愼恐懼)와 반성검토(反省檢討)라는 점을 진괘는 역설하고 있다. 상황에 대한 조심스런 접근과 철저한 분석이 마치 아무런 일도 없는 듯이 원래의 상태를 복원시켜 주기 때문이다.

52. ䷳ 중산간(重山艮, 백 根 第九)

1) 괘의 순서

「서괘전」에서는 "진은 움직이는 것이다. 물건은 끝까지 움직일 수 없어서 멈춘다. 그러므로 간괘로 받았으니 간은 멈춤이다(震者動也. 物不可以終動, 止之, 故受之以艮, 艮者止也)"라고 하였다. 물건이 계속적으로 쉬지 않고 움직일 수 없어서 결국은 멈추기 때문에 진괘(震卦) 다음에 간괘(艮卦)를 놓고 있다는 말이다. 이에 대해 정이천은 『이천역전』에서 "움직임과 고요함은 서로 원인이 되어 움직이면 고요함이 있고, 고요하면 움직임이 있어 물건이 항상 움직이는 이치가 없으니, 간괘가 이런 이유에서 진괘의 다음 순서가 되는 것이다(動靜相因, 動則有靜, 靜則有動, 物无常動之理, 艮所以次震也)"라고 하였다.

2) 괘명의 의미

간괘(艮卦)는 상하괘가 모두 간(艮)으로 억지(抑止)의 뜻을 가지고 있다. 간의 상(象)은 산으로 정지의 뜻을 가지고 있기 때문에 「단전」·「설괘전」·「서괘전」에서 모두 "간은 그친다(艮, 止也)"라고 말한다. 간괘를 인간사에 적용하면 '사욕을 억제하는' 이치를 중점적으로 강조하는 것에서 그 특징을 찾을 수 있다. 『주역정의』에서는 "간은 그치는 것으로 정지의 뜻이 있다. 이것은 산을 상징하는 괘로 그것은 간(艮)을 이름으로 하고 있다. 그것을 사람에다 적용하면 바깥 사물에 대한 감정을 억제하여 움직이는 욕망을 막기 때문에 지라고 말한다(艮止也, 靜止之義. 此是象山

之卦, 其以艮爲名, 施之於人, 則是止物之情, 防其動欲, 故謂之止)"라고
하였다.

그러나 정이천은 간(艮)의 또 다른 의미를 밝히고 있다. 그는『이천역
전』에서 "간은 그침인데 지라고 말하지 않는 것은 간은 산의 상이기 때문
에 편안하고 중후하여 견실한 뜻이 있어 지의 뜻으로 다할 수 있는 것은
아니기 때문이다(艮者, 止也, 不曰止者, 艮, 山之象, 有安重堅實之意. 非
止義可盡也)"라고 하였다. 산은 독실하고 중후하여 움직이지 않는 이미지
를 가지고 있다. 여기에서 간은 정지의 뜻을 가지고 있다. 무조건 정지하
는 것이 아니라 정지의 최종 목적은 지선에 머무는 데(止於至善) 있다.

3) 괘상의 의미

간괘(☶)의 괘상은 하나의 양이 두 개의 음 위에 있어 더 이상 올라갈
수 없어 머무르는 것을 말한다. 아래의 두 음이 말하려고 하는 것은 정
(靜)으로 아래에 자리하고 있는 하나의 양은 이미 위로 올라가서(動) 각
각 본성대로 자기 자리에 머물고(止) 있는 상이다. 전체 육효의 관계로
보면 서로 적대하여서 상응하지 않고 있다. 서로 상응하지 않는 이런 적
응(敵應) 또는 불상여(不相與)는 주로 같은 본성끼리 서로 배척하는 것
을 말한다. 초육과 육사 · 육이와 육오 · 구삼과 상구는 모두 같은 본성끼
리 서로 배척하고 있다.

艮其背[1]면 不獲其身[2]하며 行其庭하여도 不見其人[3]하여 无咎[4]리라.
　간 기 배　　　불 획 기 신　　　행 기 정　　　불 견 기 인　　　무 구

백 根, 亓北, 不獲亓身. 行其庭, 不見亓人. 无咎.
근　기북　불획기신　행기정　불견기인　무구

경의 의미 : 그 등에만 주의를 기울여 전신(全身)을 보호하지 못한다. 큰
정원을 지나가도 다른 사람을 보지 못한다. 허물은 없을 것이다.

1 간(艮)은 멈춘다는 뜻이다. 내괘의 일양(구삼)과 외괘의 일양(상구)이 각각 두 음(二陰)
의 위에 멈추어 있는 괘이다. "그 등에 그치면(艮有背)"이라는 말은 인간의 사욕(邪慾)을
억제하는 것을 말한다. 인간의 신체 중에서 가장 움직이기가 어려운 부분이 바로 등(背)
이다. 등 부분은 정지되어 있어 신체가 움직여도 움직이지 않는 것을 통해 내심(內心)의
고요함을 비유하고 있다. 말하자면 바깥의 유혹에 대해 망동(妄動)하지 않고 내심으로 의
연히 냉정함과 고요함을 유지하면서 행동하여야 지선(止善)의 단계에 도달할 수 있다. 이
런 단계에 도달할 때 바깥 세계의 모든 유혹에 대해서도 마음은 쉽게 흔들리지 않게 된다.
이에 대해 정이천은 『이천역전』에서 "사람이 그치는 것을 편안하게 여기지 못하는 까닭은
욕심에 의해 움직이기 때문이다. 욕심이 앞에서 끄는 데 그치는 것을 구하면 얻을 수 없
다. 그러므로 간의 도는 마땅히 등에 그쳐야 하는 것이다. 보는 것이 앞에 있는데 등은 마
침내 등지고 있으니, 이는 보이지 않는 것이다. 보이지 않는 곳에 그치면 욕심이 마음을
어지럽힘이 없어 그침으로서 편안할 수 있다(人之所以不能安其止者, 動於欲也. 欲牽於
前而求其止, 不可得也. 故艮之道當艮其背. 所見者在前而背乃背之, 是所不見也. 止
於所不見則无欲以亂其心而止, 乃安)"라고 하였다.
2 "그 몸을 얻지 못하며(不獲其身)"라는 말에서 "몸(身)"은 감각을 가진 신체로 움직임(動)
을 주로 한다. 이에 비해 "등"은 고요함(靜)을 주로 한다. 함괘(咸卦)와 마찬가지로 간괘
역시 인간의 신체를 아래에 있는 것으로부터 위에 있는 것들을 차례대로 가지고 와서 비
유하고 있다. 몸은 앞(前)을 상징하고, 등은 뒤를 상징한다. 앞에 있는 몸에는 눈이나 입
등의 지각과 욕망을 가진 감각기관이 있으나, 등 뒤에는 아무것도 없어 이른바 무지무욕
(無知無慾)을 상징한다. 그러므로 몸은 움직임을, 등은 고요함을 의미한다. 즉 움직이지
않고, 고요하고, 보이지 않는 등처럼 억지(抑止)하면 욕망이나 외부세계에 이끌리지 않게
된다는 것이다. 이에 대해 정이천은 『이천역전』에서 "'불획기신'이라는 말은 몸을 보지 못
함이니 나를 잊어버리는 것을 말한다. 자아가 없으면 그칠 수 있으나, 자아가 없지 못하면
그칠 수 있는 방법이 없다(不獲其身, 不見其身也. 謂忘我也. 无我則止矣, 不能无我,
无可止之道)"라고 하였다. 말하자면 욕심 없이 고요히 등에 그치면 그 몸을 느끼지 못한
다는 의미이다.
3 "그 뜰에 가도 그 사람을 보지 못하니(行其庭, 不見其人)"라고 말하는 것은 상하의 각 효
가 서로 대치하여 상응하지 않고, 서로 주고받는 것이 없이 등을 돌리고 보지 않는 상을
가지고 있기 때문이다. 마치 사람들이 정원에서 다 같이 걸어가지만 서로 보지 않고 지나
가는 것과 마찬가지로 바깥 사물의 유혹에 등지고 있는 상황을 말하고 있다.

전의 해석 : 그 등에 그치면 그 몸을 얻지 못하며, 그 뜰에 가도 그 사람을 보지 못하니 허물이 없을 것이다.

▣ 그 등에도 주의를 기울여 몸을 더럽게 해서는 안 된다. 큰 정원을 지나가도 사람을 보지 못한다. 이 때문에 점을 치니 허물은 없을 것이라고 하였다.

象曰 艮은 止也니 時止則止하고 時行則行하여
단 왈 간　　지야　　시 지 즉 지　　　시 행 즉 행

動靜不失其時其道光明[5]이니
동 정 불 실 기 시 기 도 광 명

---

4 상하괘가 서로 같은 순괘(純卦), 예를 들면 다른 진괘(震卦)·손괘(巽卦)·이괘(離卦)·감괘(坎卦) 등은 모두 원·형·이·정을 완비하고 있거나, 네 가지 덕성 중의 어떤 것을 가지고 있다. 하지만 오직 간괘만이 전혀 가지고 있지 않고 오직 "무구(无咎)"만을 말하고 있다. 그 이유는 마음이 외부의 유혹에 흔들리지 않는 지선의 단계에 도달하였기 때문이다.

5 이 단락은 괘명의 뜻을 설명하고 있다. 간(艮)은 그침이다. 그러나 그침의 의미는 결코 간단하지가 않다. 단순히 정지하여 움직이지 않는 것을 그침(止)이라고 생각해서는 안된다. "지(止)"에는 행동의 의미가 또한 포함되어 있다. 이 점은 보통 사람들이 쉽게 깨닫지 못하기 때문에 「단전」의 저자는 특별히 이 부분에 대해 설명하고 있다. 그침에 그치는 것도 지(止)이고, 행하는 것에 그치는 것도 지(止)이다. 예를 들면 어떤 일을 하는데 있어서 계속적으로 나태하지 않고 이루려고 하는 것이 바로 행(行)하는 것에 있어서의 지(止)이다. 이는 어떤 일을 지속적으로 수행하는 것에 멈추어 있거나 머물러 있다는 의미의 지(止)이다. 여기에서 상황이 변하면 그 일은 반드시 정지(止)되어야 하고 더 이상 하지 말아야 하는데, 이것이 바로 멈추어야 하는 데 있어서의 지(止)이다. 두 가지의 그침(止)은 상황이나 조건을 충분히 살펴볼 것을 강조하여 적당한 경우에 반드시 그쳐야 하는데, 그것이 바로 "그 등에 그치면(艮有背)"이라는 말이다. 이런 경우는 공간상의 경우뿐만 아니라 시간상의 경우에 있어서도 역시 적용된다. "그칠 때는 그치고(時止則止)"라는 말은 바로 그침에 그치는 지(止)를 말하고, "행할 때는 행하여(時行則行)"라는 말은 행하는 것에 그치는 (즉 전념하여 머무는) 지(止)이다. 여기에서 시간은 결정적인 요소로 작용한다. "그 도가 밝다(其道光明)"는 말은 「단전」의 작자가 그침의 의미가 가지는 중요성에 대해 찬미하는 부분이라고 할 수 있다. 괘상으로 보면 간괘의 체는 독실하고 분명하여 광명(光明)의 뜻

단전에 말하기를 간은 그침이니 때가 그칠 때는 그치고, 때가 행할 때는 행하여 움직임과 고요함이 그 때를 잃지 않으니 그 도가 밝다.

艮其止는 止其所也[6]일새라.
간 기 지　지 기 소 야

그칠 곳에 그침은 그 그칠 곳에 그침이라.

上下敵應하여 不相與也[7]일새라.
상 하 적 응　　불 상 여 야

상하가 상응이 안 되어 서로 더불어 하지 못한다.

을 가지고 있는데, 그칠 때와 계속 행동하여야 할 때를 분명하게 판단할 것을 강조하고 있다. 왜냐하면 동정(動靜)이 분명하여야 광명할 수 있기 때문이다. 김경방 『주역전해』 407-408쪽 참조 바람.

6 "그 등에 그치면(艮其背)"이라는 구절을 해석하고 있다. 앞 구절에서 "그칠 곳에 그침(艮其止)"이라는 말은 억지되는 곳이 등이고, 등은 마땅히 억지되어야 하는 곳(所)이기 때문에 다음 구절에서 "그 그칠 곳에 그침이라(止其所也)"라고 말한다. 괘사 중의 "간기배(艮其背)"와 「단전」 중의 "간기지(艮其止)"는 어떤 관계를 가지고 있는가? 주자는 『주역본의』에서 "조씨는 이르기를 간기지(艮其止)의 '지(止)'는 마땅히 괘사에 따라 배(背)로 써야 한다(晁氏云, 艮其止, 當依卦辭, 作背)"라고 하였다. 항안세는 『주역완사』에서 "왕필 이전에는 '간기지(艮其止)'라는 말이 없었다(自王弼以前, 無艮其止之說)"라고 하여 "간기배(艮其背)"라는 것이 합당하다고 말한다. 그러나 여기에서 말하는 "배(背)"나 "지(止)"는 내용상으로는 다 같이 "지기소야(止其所也)"의 "소(所)"로 마땅히 정지해야 할 장소를 말하는 점에서는 똑같다.

7 "적응(敵應)"은 적으로 맞선다는 뜻이다. 이 두 구절은 육효의 관계를 가지고 괘명과 괘사의 "불획기신(不獲其身)" 이하 네 구절을 해석하고 있다. 본 괘의 상하효는 모두 같은 음양으로 서로 공격하기 때문에 "상하가 상응이 안 되어 서로 더불어 하지 못한다(上下敵應, 不相與也)"라고 말한다. 여섯 효가 서로 적대하여 서로 친하게 더불어 하지 못하는 것은 바로 서로 배치되고 억지하기 때문이다. 이광지는 『주역절중』에서 "괘의 체를 가지고 말하면 양이 위에 있고 음이 아래에 있어서 '그 멈출 곳에 멈추는 것'이고, 효의 위치를 가지고 말하면 음양이 상응하는 것이 없고 '서로 더불어 하지 않는다'는 것이다(以卦體言, 陽上陰下, 止其所也, 以爻位言, 陰陽無應, 不相與也)"라고 하였다.

是以不獲其身行其庭不見其人无咎也라.
시 이 불 획 기 신 행 기 정 불 견 기 인 무 구 야

이 때문에 그 몸을 얻지 못하며 그 뜰에 가도 그 사람을 보지 못하니 허물이 없을 것이라고 하는 것이다.

象曰 兼山艮[8]이니 君子以하여 思不出其位[9]하나니라.
상 왈 겸 산 간 　　군 자 이 　　사 불 출 기 위

상전에 말하기를 산이 거듭 있는 것이 간이니, 군자는 이를 본받아 생각함이 그 자리를 벗어나지 않아야 하느니라.

初六은 艮其趾라 无咎[10]하니 利永貞[11]하니라.
초 육 　　간 기 지 　　무 구 　　이 영 정

---

8 "겸(兼)"은 거듭한다는 의미의 중(重)으로 두 개의 산이 서로 중첩되어 있는 것을 말한다. 이것은 간괘의 상하 괘가 모두 산인 상을 말한다. 『주역절중』에서는 "두 개의 우레·두 개의 바람·두 개의 불·두 개의 물·두 개의 연못으로 이루어진 괘들은 모두 서로 왕래하는 이치를 가지고 있다. 오직 두 개의 산이 병립하여 서로 왕래하지 않으니 이것이 바로 그침의 상이다(兩雷兩風兩火兩水兩澤, 卦有相往來之理. 惟兩山竝立, 不相往來, 此止之象也)"라고 하였다.

9 "위(位)"는 본위의 뜻으로 본분을 지켜야하는 것을 말한다. 이것은 군자가 간의 상을 보고 사욕을 억지하는 이치를 깨달았기 때문에 생각하는 것이 모두 본위를 벗어나지 않음을 말하고 있다. 정이천은 『이천역전』에서 "군자는 간지의 상을 관찰하여 생각함이 그칠 곳에 편안하여 그 지위를 벗어나지 않으니, 위는 처한 바의 분수이다(君子觀艮止之象而思安所止, 不出其位也. 位者, 所處之分也)"라고 하였다. 즉 군자는 산이 거듭 있는 상을 본받아 밑에 있으면 밑에 멈추는 것을 생각하고, 위에 있으면 위에 멈추는 것을 생각하여 분수에 맞게 멈출 곳에 멈추는 것을 생각하여야 한다.

10 초육은 가장 아래에 자리하여 발부분에 해당한다. 사람이 행동할 경우 발이 가장 먼저 움직이기 때문에 발이 정지하면 행동을 하기 전에 정지하게 할 수 있다. 올바름을 잃지 않으면 재난이 있을 수 없다. 이에 대해 정이천은 『이천역전』에서 "육은 가장 아래에 있으니 발꿈치의 상이다. 발꿈치는 움직일 때에 먼저 움직이는 것이다. 발꿈치의 멈춤은 움직이는 초기에 멈추는 것이다. 일이 초기에 멈추면 정도를 잃음에 이르지 않는다. 그러므로 허물이 없다(六在最下, 趾之象. 趾, 動之先也. 艮其趾 止於動之初也. 事止於

초 初六, 根元止. 无咎, 利永貞.
초 육   근 기 지   무 구   이 영 정

초육은 그 발꿈치에서 그치는 것이라 허물은 없을 것이니, 오래 바르면 이
롭다.

백 초육은 그 발꿈치(가 부상하지 않도록)를 주의하여야 한다. 점을 치니
재난이 없고 오랫동안 이롭다는 점괘가 나왔다.

象曰 艮其趾는 未失正也[12]라.
상 왈 간 기 지   미 실 정 야

상전에 말하기를 그 뒤꿈치에서 그친다는 것은 아직 올바름을 잃지 않은 것
이다.

六二는 艮其腓니 不拯其隨라 其心不快[13]로다.
육 이   간 기 비   부 증 기 수   기 심 불 쾌

初, 未至失正, 故无咎也)"라고 하였다.

11 초육은 음효로 유약하여 오랫동안 정도를 지킬 수가 없기 때문에 정도를 끝까지 지켜야
비로소 이로움이 있을 수 있다고 한다. 처음부터 끝까지 바름을 지키면 항상 무구의 상
태를 보존할 수 있다. 이에 대해 호병문의 『주역본의통석』에서는 "초육은 음유로 그 시
작이 끝까지 갈 수 없음을 두려워하여 '오래 바르면 이롭다'는 말로 경계하여 항상 오래
도록 바름을 굳게 지키려고 한다(初六陰柔, 懼其始之不能終也, 故戒以利永貞, 欲常久
而貞固也)"라고 하였다.

12 초육의 "허물은 없을 것이니 오래 바르면 이롭다(无咎, 利永貞)"는 말은 사악한 것이 아
직 싹트기 전에 그 단초에서부터 억지할 수 있음을 말한다. 『주역절중』은 곽옹(郭雍)의
말을 인용하여 "움직이기에 앞서서 그치는 것은 쉬우나, 이미 움직인 후에 그치려 하는
것은 어렵다(止于動之先, 則易, 而止于旣動之後, 則難)"라고 하였고, 또 "상전에서
'아직 올바름을 잃지 않은 것이다'는 말은 움직이기에 앞서서 그치는 것으로 아직 바름을
잃지 않은 일이다(象言, 未失正者, 止于未動之先, 未有失正之事也)"라고 하였다.

13 "비(腓)"는 장딴지를 말한다. "간기지(艮其趾)"는 아직 행동이 이루어지지 않을 때에 멈
추는 것으로 쉽게 멈출 수 있다. 이에 비해 "장딴지에 그치니(艮其腓)"라는 말은 이미

六二, 根元肥, 不登其隨, 元心不快.
육 이 　 근 기 비 　 불 등 기 수 　 기 심 불 쾌

육이는 장딴지에 그치니 구하지 못하고 따르는 것이니 그 마음이 유쾌하지 못하다.

육이는 살찌는 것에 주의하는데 만약 몸이 높이 따라 올라가지 못하면 마음이 유쾌하지 못할 것이다.

象曰 不拯其隨는 未退聽也[14]일새라.
상 왈 부 증 기 수 　 미 퇴 청 야

움직이고 있는 상태에서 그치는 것을 말한다. 육이는 음유중정이지만 위에 상응하는 것이 없고, 위에 있는 구삼과 가까이에서 친하게 지낼 뿐이다. 장딴지는 스스로는 움직이지 못하는 부분으로 초구의 발의 바로 위에 멈추어 있는 상이다. 구삼은 그 위의 허리(限)에 머물러 있는 상인데 과강부중(過剛不中)으로 오히려 움직이려 하기 때문에 육이는 중정의 덕으로 이를 구하려 하지만 천성이 나약한 까닭에 감당하지 못한다. 그래서 어쩔 수 없이 이를 따라 갈 수밖에 없어 가지만, 가면서도 그 마음은 불편할 수밖에 없다. "증(拯)"은 일반적으로 두 가지 의미로 해석된다. 하나는 들어올린다(擧) 또는 이어 받는다(承)는 뜻이다. 또 다른 하나는 구한다(救)는 뜻이다. 구한다는 의미로 보는 사람 중의 대표가 바로 정이천이다. 그는 "움직이고 멈춤이 다리에 달려있고 장딴지에 달려 있는 것이 아니다. 이가 이미 중정한 도로 삼의 중하지 못함을 구원하지 못하고(動止在股而不在腓也, 二旣不得以中正之道, 拯救三之不中)"라고 하였다. 여기에서 구한다(拯)의 뜻은 일으켜 세우고 구해낸다는 의미를 가지고 있다. "구하지 못하고 따르는 것이니(不拯其隨)"라는 말은 스스로 자신의 다리를 들어 올리는 능력을 가지고 있지 못하여서 구삼의 양효를 돕지 못하여 마음이 괴로워 "그 마음이 유쾌하지 못하다(其心不快)"라고 말한다.

14 "청(聽)"은 따른다(從)의 뜻으로 "퇴청(退聽)"은 물러나 아래의 구이의 의견을 따른다는 의미이다. 육이는 구삼을 구하려고 하나 음의 역량으로는 부족하고 다만 억지로 따라갈 수밖에 없다. 구삼은 또한 육이의 충고를 듣지 않고 오직 자기 고집대로만 하기 때문에 육이는 억지로 따라갈 수밖에 없어서 마음이 유쾌할 수가 없다. 또 육이·구삼과 육사는 호괘(互卦)인 감괘(坎卦, ☵)를 구성하게 되는데, 「설괘전」에 감괘의 설명에 있는 "마음의 병이 되고(爲心病)"라는 말과 위의 말을 연결해 보면 그 의미가 어느 정도 뚜렷해진다.

상전에 말하기를 구하지 못하고 따르는 것이라는 것은 물러나 받아들이지
않기 때문이다.

九三은 艮其限이라 列其夤이니 厲薰心[15]이로다.
구삼 　간기한 　　열기인 　　여훈심

백 九三, 根亓限, 戾亓肥, 厲薰心.
　구삼　근기한　여기비　여훈심

구삼은 그 한계(허리)에 그치는데 그 등뼈를 벌려 놓음이니, 위태로워 마
음을 태운다.

백 구삼은 허리를 조심스럽게 보호하여 효과적인 살 빼는 방법을 통하여
움직이면 기분이 좋다.

象曰 艮其限이라 危薰心也[16]라.
상왈 간기한 　　위훈심야

---

15 상하 괘가 모두 간(艮)으로 괘상이 대칭하고 있고, 구삼은 괘의 중간 부분에 있기 때문에
"그 한계(허리)에 그치는 데(艮其限)"라고 말한다. "한(限)은 허리를 말한다. 우번은 "한
은 허리띠가 있는 곳이다(限, 腰帶處也)"라고 하였다. "한(限)"은 제한의 뜻으로 "간기
한(艮其限)"은 그쳐서 제한하는 것을 말한다. 전체 괘의 각도에서 말하면 구삼은 상하의
두 괘가 서로 만나는 곳에 머물러 있는데, 이것은 사람의 허리에 해당한다. 즉 "허리에
머문다"는 말은 허리 부분의 혈맥이 유통하는 것을 막아버린다는 의미도 가지고 있다.
이것은 군신(君臣) 상하간의 소통을 막아 망국(亡國)의 상태까지 이를 수 있다는 말이
다. "열(列)"은 "열(裂)"과 같은 의미로 분열의 뜻을 가지고 있다. "인(夤)"은 척추의 살
을 말한다. 이 세 구절은 구삼이 상하괘의 중간에 처해서 마치 인체의 허리와 같고, 허리
의 움직임이 제지되고 척추의 살이 단열(斷裂)되기 때문에 "마음을 태운다(薰心)"는 위
기에 이르게 되어 그 흉함을 알 수 있다. 『주역절중』에서는 "진괘의 구사는 움직이지 않
아야 하는데 움직인 것으로 이 효는 마땅히 그치지 말아야 하는데 그친 것이다. 함괘의
구사도 망령되이 감응한 것으로 이 효는 편중되게 그치는 것이다. 둘 모두는 중정의 덕
을 잃어버린 까닭에 이러한 것이다(震之九四, 不當動而動, 此爻則不當止而止, 咸之九
四感之妄, 此爻則止之偏, 皆因失中正之德故如此)"라고 하였다.

상전에 말하기를 그 한계(허리)에 그쳤다 함이라 위태로워 마음을 태우는 것이라.

六四는 艮其身이니 无咎[17]니라.
육 사　　간 기 신　　　　　무 구

圐 六四, 艮亓躬.
　　육 사　　근 기 궁

육사는 그 몸에 그치는 것이니 허물이 없다.

圐 육사는 복부를 보호하는 데 주의한다.

象曰 艮其身은 止諸躬也[18]라.
상 왈　간 기 신　　　지 저 궁 야

상전에 말하기를 그 몸에 그친다는 것은 그 몸(躬)에 그침이라.

---

16 이 구절은 제한을 받아서 움직일 수 없어 생겨난 위험과 위태로움에 마음이 찌드는 것을 마치 척추와 허리가 부상을 당한 것 같은 것으로 형용하고 있다. 이것은 구삼이 중용의 덕을 가지고 있지 못하기 때문에 그러하다.

17 "신(身)"은 상체를 말한다. 육사가 간괘의 상괘에 있는 것은 마치 사람의 상체에 있는 것과 같은 것으로 보기 때문에 "그 몸에 그치는 것이니(艮其身)"라는 상으로 표현한다. 육사는 음유지만 위가 바르고, 멈추어야 할 때 잘 멈추는 상을 보여준다. 그 몸(身)에 잘 멈추어서 구삼이 망동하는데 따르지 않기 때문에 아무런 허물도 없다.

18 육사가 스스로 그 몸을 정지하여 망동하지 않도록 하는 것을 말하여 자기억제에 대해서 말하고 있다. 『주역정의』에서는 "궁은 몸이라는 말과 같다. 밝음으로 그 몸을 정지하여 조급하게 움직이지 않게 한다(躬猶身也. 明能靜止其身, 不爲躁動也)"고 하였다. 「상전」은 "간기신(艮其身)"을 "궁(躬)"으로 해석하고 있는데 이에 대해 『주역절중』은 왕응린(王應麟, 1223-1296. 남송의 학자)의 말을 인용하고 있다. 그는 "궁(躬)"을 곱사등이(傴背)로 보아 등만 보이고 얼굴을 보지 못하는(見背不見面) 것으로 해석하고 있는 데 매우 참고할 만한 주석으로 보인다.

六五는 艮其輔라 言有序니 悔亡[19]하리라.
육 오   간 기 보   언 유 서   회 망

백 六五, 根其輔, 言有序, 悔亡.
육 오   근 기 보   언 유 서   회 망

육오는 그 볼에 그치는 것이라 그 말에 조리가 있으니, 뉘우침이 없을 것이다.

백 육오는 말하는 것에 주의한다. 말하는 것에 조리가 있다. 뉘우침이 없을 것이다.

象曰 艮其輔는 以中으로 正也[20]라.
상 왈 간 기 보   이 중   정 야

상전에 말하기를 그 볼에 머문다는 것은 중으로써 바르기 때문이다.

上九는 敦艮이니 吉[21]하니라.
상 구   돈 간   길

---

19 "보(輔)"라는 말에 대한 뜻은 다양하다. "보"를 볼, 광대뼈 또는 윗잇몸 등으로 말하거나 턱(빌헬름의 경우)으로 해석하기도 하는데 공통점은 모두 입과 관련된다는 것이다. 이 구절은 말을 함부로 하지 말아야 함을 강조하는 것으로 보인다. 육오는 부정위이나 중을 얻어 일을 잘 처리하는 경우를 말한다. 오의 자리는 본래 군주의 자리로 명령이 나오는 위치이고, 사람의 인체에서 높은 위치에 있는 것이기 때문에 입과 관련되는 "볼"로 상징하고 있다. 『주역절중』은 공환(龔煥)의 말을 인용하여 "'그 볼에 그치는 것이라'는 말은 말을 하지 않는 것이 아니라, 말하면 조리가 있어야 하기 때문에 간(艮)이 되는 것이다(艮其輔, 非不言也, 言而有序, 所以爲艮也)"라고 하였다.

20 이 구절은 실제로는 전체 효를 해석하고 있는데, "그 볼에 그치는 것이라 그 말에 조리가 있으니 뉘우침이 없을 것이다(艮其輔, 言有序, 悔亡)"는 뜻은 육오가 상괘의 중위에 있고 중용하여 왜곡되어 있지 않다는 것이다. 즉 멈추어야 할 곳에 멈추고, 유중(柔中)의 도를 가지고 있어서 함부로 언동(言動)하는 일이 없다. 만약에 중위(中位)라는 조건이 없다면 다른 상을 취할 가능성이 있다.

백 尙九, 敦艮, 吉.
상 구 돈 근 길

상구는 독실하게 그친다는 것이니 길하니라.

백 특별히 신체 보호를 강조하여 길한 점괘를 얻었다.

象曰 敦艮之吉은 以厚終也[22]일새라.
상 왈 돈 간 지 길 　 이 후 종 야

상전에 말하기를 독실하게 그쳐 길하다는 것은 두터움으로써 끝을 내는 것
이다.

* 간괘의 의미와 교훈

간괘(艮卦)는 함괘(咸卦)와 마찬가지로 인간의 신체를 가지고 상을 취
하고 있다. 취상(取象)하는 인체의 부위는 함괘와 대체로 일치하지만 다
만 하나가 다르다. 그것은 각자 마음을 취하여 상으로 삼는 효의 위치가
다르기 때문이다. 함괘는 사를 마음(心)으로 삼기 때문에 오(五)를 등
(背)으로 보고, 상(上)을 입(口)으로 본다. 간괘는 삼(三)을 마음으로

---

21 상구는 간괘를 중첩한 괘 중의 가장 위에 있는 양효로 그치는 것의 마지막에 속한다. 모
든 것은 여기에서 그쳐서 끝나고, 더욱더 조심스럽고 돈후(敦厚)해야 한다. 사람이 지조
를 지키려 하나 만년에 이르러 쉽게 타락하거나 황폐할 가능성이 있다. 그러므로 끝까지
원칙을 견지하는 것이 가장 중요하고 길하다. 노력의 완성(마무리)을 강조하여 끝까지
지선(止善)에 이르려는 의지를 관철할 것을 말하고 있다.

22 정이천은 『이천역전』에서 "천하의 일은 오직 끝까지 지키기가 어려우니, 능히 그침에 독
실하여 끝이 없는 자이다. 상구가 길함은 그 끝을 돈독히 하기 때문이다(天下之事, 唯終
守之爲難, 能敦於止, 有終者也. 上之吉, 以其能厚於終也)"라고 하였다.

삼기 때문에 사를 등으로, 오를 입으로 본다. 간괘의 초효는 발뒤꿈치이고, 함괘의 초효는 엄지발가락인데 사실은 모두 같은 것으로 발을 가리킨다. 함괘의 이효와 간괘의 이효는 모두 장단지로 말하고, 간괘의 이효와 함괘의 삼효는 모두 따르는 것(隨)을 말하고 있다.

간괘가 말하는 그침(止)은 자신이 스스로 그치는 것으로 나를 그치게 하는 것이지 다른 것을 그치게 하는 것이 아니다. 지(止)의 함의는 오늘날의 말로 표현하면 바로 견지(堅持)한다는 의미로 볼 수 있다. 그침이라는 것은 어떠한 상황에서도 모두 좋은 의미를 가지고 있기 때문에 간괘에서는 흉(凶)·허물(咎)·회(悔)·린(吝) 등을 말하지 않는다. 간괘가 말하는 것은 구체적으로는 인간의 자아 억제 능력의 문제이다. 지(止)는 바로 견지하는 것이고, 견지하는 것의 가장 중요한 문제는 처음이 있고 끝이 있다는 것이다. 그러므로 간의 초육은 무구(无咎)를 말하고, 상구는 길함을 말한다.

전체적으로 보면 간(艮)은 지(止)의 구체적인 실천 내용을 세 가지로 말하고 있다. 하나는 사악함을 억제하는 것이고, 다른 하나는 정도(正道)에 머무는 것이고, 마지막은 본분에 처하는 것이다. 이 세 가지의 의미는 매우 분명하다. 만약 이 세 가지를 합하여 본다면 사욕을 그치게 하면 반드시 정도에 이를 수 있고 본분에 머무를 수 있다. 이 때문에 첫 번째 의미가 뒤의 두 가지 의미를 포함하고 있다고 할 수 있다. 이런 점에서 송대 유가들은 간괘(艮卦)가 가지고 있는 철학적 정신을 매우 중요하게 여기고 있다. 주돈이(周敦頤)는 한 권의 복잡한 『법화경(法華經)』이 가진 내용도 단지 간괘(艮卦) 하나만으로 충분히 다 해결된다(一部法華經只消一個艮卦可了)고 말할 정도이다.

간괘가 이야기하려는 핵심적인 내용은 자아 조정능력에 대한 문제이다. 행동할 때는 행동하고, 그칠 때는 그치는 것은 결코 쉬운 일이 아니다. 이런 점에서 간괘는 또한 시간의 중요성을 말한다. 간괘의 여섯 효는 상응되는 효가 하나도 없다. 이것은 어떤 일을 결정하고 실천할 때 결코 다른 사람에 기댈 수 없다는 말이다. 다만 자신의 판단력과 결정에 의지할 수 밖에 없다.

53. ䷴ 풍산점(風山漸, ䷴ 漸 第六十)

1) 괘의 순서

　　간괘(艮卦)의 뒤에 점괘(漸卦)가 오는 것에 대해 「서괘전」은 "간은 그침이니 사물은 끝까지 그칠 수만은 없기 때문에 점괘로 받았다(艮者止也, 物不可以終止, 故受之以漸)"라고 하였다. 사물을 계속적으로 억지(抑止)하여 더 이상 발전하지 못하게는 할 수 없기 때문에 반드시 그 한계와 저해되는 요소들을 깨트리고 계속적으로 점진적인 발전을 할 수밖에 없다고 말한다. 이에 대해 정이천은 『이천역전』에서 "그치면 반드시 나아감이 있으니 굴신과 소식의 이치이다. 그침이 낳는 것도 또한 나아감이요, 반대되는 것도 나아감이니, 점괘가 이 때문에 간괘의 다음이 된 것이다(止必有進, 屈伸消息之理也. 止之所生亦進也, 所反亦進也, 漸所以次卦也)"라고 하였다.

2) 괘명의 의미

　　점괘(漸卦)는 순서에 따라 점진적으로 나아가는 것을 말한다. 절대로 단계를 벗어나는 전진이 아니기 때문에 나가는 속도는 완만할 수밖에 없다. 이런 이유에서 점괘가 이야기하려는 핵심은 사물 발전의 단계적 발전 법칙을 설명하는 것이라고 할 수 있다.

　　"점(漸)"을 『설문해자』에서는 진(進)으로 말하고 있다. 육십사괘 중에서 진괘(晉卦)·승괘(升卦)·점괘(漸卦)의 세 괘는 모두 나아감(進)을 말하고 있다. 그러나 이들 간에도 약간의 차이가 있다. 진괘(晉卦)는 위로 나아가는 상진(上進)을, 승괘(升卦)는 상승(上昇)을, 그리고 점괘는 점진(漸進)을 말한다. 점괘가 점진을 말하는 이유는 멈춘다는 의미의 간괘(艮卦) 뒤에 있기 때문에 정지 이후에 다시 서서히 움직이는 것을 상징하기 때문이다. 정지한 상태에서 운동으로 나아가기 위해서는 반드시 처음에는 천천히 나아가야 무리가 없다. 이것은 자동차를 운전할 경우를 생각해보면 분명할 것이다.

또한 점괘(漸卦)는 부부와 남녀 사이의 문제를 이야기하고 있다. 『주역』에는 네 개의 괘가 부부와 남녀의 관계를 말한다. 그것은 바로 함괘(咸卦) · 항괘(恒卦) · 귀매괘(歸妹卦) · 점괘(漸卦)인데 각각 강조하는 초점이 다르다. 함괘와 항괘는 가정을 이루려는 남녀 사이의 관계와 가정을 이룬 부부간의 관계에 대해 말하고, 점괘와 귀매괘는 여자가 출가(出嫁)하는 내용에 대해 말하고 있다. 또 항괘와 점괘가 부부의 의미를 강조한다면 함괘와 귀매괘는 남녀의 감정적인 문제에 대해 말한다. 특히 점괘는 여자가 시집가는 것을 여자의 입장에서 말하고, 그것을 사물 발전의 법칙과 단계라는 측면에서 설명하고 있다. 반면에 함괘는 여자를 취(取)하는 것을 남자의 입장에서 말하고, 그것을 또 천지만물의 감통이라는 관점에서 이야기하고 있다.

3) 괘상의 의미

점괘(☶)의 괘상(卦象)은 산 위에 나무가 있는 것(山上有木)으로 나무가 해마다 조금씩 커가는 상이다. 이에 대해 정이천은 『이천역전』에서 "산 위에 나무가 있으니 나무가 높은 것은 산으로 말미암으니 그 높은 것에는 말미암는 것이 있고, 그 높음에 말미암음이 있으면 바로 그 나아가는 것에 차례가 있으니 점괘가 된 까닭이다(山上有木, 木之高而因山, 其

高有因也, 其高有因, 乃其進有序也, 所以爲漸也)"라고 하였다.

漸은 女歸吉[1]하니 利貞[2]이니라.
　　점　　여귀길　　　　이정

백 漸, 女歸, 吉, 利貞.
　　　점　　여귀　길　　이정

경의 의미 : 점은 여자가 시집가는 것이 길하고 이로운 점괘가 나왔다.

---

1 점괘(漸卦)는 "여자가 시집가는(女歸)" 구체적 사안을 통하여 일을 처리하는 데에는 반드시 순서에 따라 점진적으로 실천하여야 한다는 사실을 설명하고 있다. 이런 것이 바로 점괘가 말하려는 핵심적인 내용이다. 이것은 함괘(咸卦)에서 말하는 "여자를 취하는(取女)" 것과는 다르다. "취녀(取女)"와 "여귀(女歸)"는 한 사물의 다른 두 측면이다. 그러면 "여귀(女歸)", 즉 여자가 시집을 가는데 과거에는 어떤 단계를 거쳤는가? 고대에는 여자가 출가하기 위해서 반드시 거쳐야 할 몇 가지 단계가 있었다. 이것을 『의례(儀禮)』「사혼례(士婚禮)」에서는 여섯 단계로 나누어 명확히 규정하고 있다. 여기에는 납채(納采 : 신랑 집에서 신부 집에 혼인을 구하는 의식, 예물로 기러기를 보냈다고 함)·문명(問名 : 양가의 성을 물어보는 것, 혼인을 정한 여자의 장래 운수를 점칠 때에 그 어머니의 성씨까지 물음)·납길(納吉 : 혼처의 마땅함을 점쳐서 점친 결과를 상대방에게 보내어 그 여부를 결정하는 것)·납증(納證 : 신랑 집에서 채단을 함에 넣어 신부 집으로 보내는 것으로 실질적인 定婚 또는 약혼에 해당)·청기(請期 : 신랑 집에서 신부 집으로 예물을 보낸 뒤에 신랑 집에서 혼인날을 택하여 그 가부를 묻는 편지를 신부 집에 보내는 것)·친영(親迎 : 신랑이 신부 집으로 가서 친히 신부를 맞이하는 의식) 등의 여섯 단계가 있었다.

2 "바르게 함이 이롭다(利貞)"는 말에서 가장 중요한 관건은 "정(貞)"자이다. 『주역』에서 "정(貞)"자의 기본 의미는 정(定)이고, 여기에서 정(正)이란 말이 파생되어 나온다. 굳게 정하여 바꾸지 않고 계속적으로 고수(固守)하는 것에서 원칙을 견지하고 정도를 지킨다는 뜻이 나온다. "이정(利貞)"이라는 말은 『주역』에서는 몇 가지의 함의를 가지고 있다. 첫째는 경계(警戒)하는 말이고, 두 번째는 정이 원인이 되어 어떤 결과로 일이 이루어진 것을 말한다. "이정(利貞)"이라고 말하는 것은 바르게 하였기 때문에 이롭다는 말이다. 점괘의 괘사에서 말하는 "이정(利貞)"은 이런 경우에 속한다. 점괘가 "여자가 시집가는 것(女歸)"이라는 상을 취하고 있는데 이런 일은 그 자체가 곧고 바른 것이다. 곧고 바른 특징을 가지고 있기 때문에 그것을 행하기만 하면 반드시 길하게 된다. 김경방의 『주역전해』 416쪽 참조 바람,

전의 해석 : 점은 여자가 시집가는 것이 길하니 바르게 함이 이롭다.

백 급하지 않게 딸을 시집보내니 매우 좋고 이로운 점괘가 나왔다.

彖曰 漸之進也 女歸의 吉也[3]라.
단 왈 점 지 진 야 여 귀　　 길 야

단전에 말하기를 점차적으로 나아감은 여자가 시집감에 길한 것이다.

進得位하니 往有功也요
진 득 위　　　왕 유 공 야

나아가 지위를 얻으니 가면 공이 있는 것이요,

進以正하니 可以正邦也[4]니
진 이 정　　　가 이 정 방 야

바르게 나아가니 나라를 바로 잡을 수 있으니,

---

3 "지(之)"는 동사로 사용되어 앞으로 나아간다는 의미이다. "점지진(漸之進)"이라는 말은 점차적으로 앞으로 나아간다는 뜻이다. 이 구절은 괘명(卦名)인 점(漸)을 해석하는 동시에 또 "여자가 시집가는 것이 길하다(女歸吉)"는 괘사의 뜻을 해석하고 있다. "점지진(漸之進)"이라는 것은 '여지귀(女之歸)'와는 다르다. 여자가 시집가는데 점진적으로 하지 않으면, 그것은 정상적인 예를 갖추지 않고 혼인을 하는 분(奔)이나 마찬가지이다. 즉 혼인에 있어서 점진적으로 하는 것을 일러 귀(歸)라 하고, 급하게 하는 것을 일러 분이라고 한다. 그러므로 여자가 시집가는데 있어서 점진적으로 하여야 길한 것이다.

4 이 구절은 점괘(漸卦)의 작용을 사회에 적용하여 말하는 부분이다. 육사가 정위를 얻어서 정도(正道)에 따라 나아가면 그것은 단순히 개인의 범위를 넘어서 국가의 풍속과 여론에까지 적극적인 영향을 끼친다. "방(邦)"은 나라를 말한다. 옛날 사람들은 남녀 사이의 풍속에 대해 특별히 강조하고 있는데, 이런 점에서 여자가 시집가는 것을 말하는 것은 바로 나라의 풍속을 바로 잡는 작용이 있었음을 알 수 있다.

其位는 剛得中也[5]라.
기 위　　강 득 중 야

그 자리는 강이 중을 얻었다.

止而巽할새 動不窮也[6]라.
지 이 손　　동 불 궁 야

그쳐서 겸손하므로 움직여도 궁하지 않음이라.

象曰 山上有木이 漸[7]이니 君子以하여 居賢德하여 善俗[8]하나니라.
상 왈 산 상 유 목　 점　　 군 자 이　　 거 현 덕　　 선 속

상전에 말하기를 산위에 나무가 있는 것이 점이니, 군자가 이를 본받아 현

---

5 이것은 점괘의 효위(爻位)에 대해서 말하고 있다. 구오는 상괘의 중위(中位)에 자리하고 있고 전체 괘의 존위(尊位)에 해당된다. 또 중정하고 아래로 육이와 상응하기 때문에 전체 괘가 기본적으로 정상적인 질서를 유지하도록 해준다. 점괘(漸卦)는 이효에서 오효까지 모두 정위를 얻고 있는데, 이 구절에서는 특히 구오의 예를 들어서 효위의 문제를 이야기하고 있기 때문에 "강이 중을 얻었다(剛得中)"라고 말한다.

6 이 구절은 상하괘의 특성을 조합하여 본 괘를 설명하고 있다. 하괘는 그치는 것을 말하고, 상괘는 겸손함을 말하여 멈추어서 겸손하게 조건이 성숙하기를 기다려 단계적으로 나아가려는 것을 말한다. 이런 식으로 행동할 경우 결코 곤경에 빠지지 않을 수 있다. "궁(窮)"은 곤궁을 말한다.

7 『주역절중』에서는 "땅속에서 나무가 생겨 때에 따라서 올라간다. 산위에 나무가 있으니 그것은 점차적으로 나아간다(地中生木, 以時而升. 山上有木, 其進以漸)"라고 하여, 점괘와 승괘(升卦)가 가진 뜻을 구별하고 있다. 『주역절중』은 다시 말하기를 "땅속에서 나무가 생기는 것은 처음 생기는 나무를 말한다. 산위에 나무가 있다는 것은 높고 큰 나무를 말한다(地中生木, 始生之木也. 山上有木, 高大之木也)"라고 하여, 두 괘에서 말하는 나무의 차이점을 구분하였다.

8 "거(居)"는 처(處)한다는 의미이고, "선(善)"은 동사로 사용된다. 『경전석문』에서는 "선속(善俗)을 왕숙본에서는 풍속을 선하게 한다(善俗, 王肅本作 '善風俗')"라고 하였다. 이것은 군자가 점괘의 상을 보고 덕을 쌓고 풍속을 선하게 하기 위해서는 반드시 점진적 이치에 근거해야 함을 주장한 것으로 보인다.

명한 덕에 머물러 풍속을 선하게 한다.

初六은 鴻漸于干이니 小子厲하여 有言이나 无咎[9]하니라.
초 육　홍 점 우 간　소 자 려　유 언　무 구

■백 **初六, 鴻漸于淵, 小子厲, 有言. 无咎.**
초 육　홍 점 우 연　소 자 려　유 언　무 구

초육은 기러기가 물가에 점차 나아감(漸進)이니, 어린 아이(小子)가 위태
해서 말이 있으나 허물은 없다.

---

9 "홍(鴻)"은 기러기를, "간(干)"은 물가를 말한다. 전체 괘의 효상은 초효에서 오효까지 기러기가 낮은 곳에서 점차적으로 높은 데로 올라가는 것을 상징하는 것으로 구성되어 있다. 즉 초육은 물가로, 육이는 큰 바위로, 구삼은 높고 평평한 땅으로, 육사는 나무 위로, 구오는 높은 언덕으로 그 상징이 점점 높은 곳으로 나아간다. 이런 구성은 수괘(需卦)와 비슷하다. 수괘의 초육은 교외에서 기다리고, 구이는 모래사장에서 기다리고, 구삼은 진흙에서 기다리고, 육사는 피에서 기다리고, 구오는 술과 음식 속에서 기다리는 것으로 구성되어 있다. 두 괘가 서로 다른 점은 수괘는 점차적으로 위험에 가까이 가는 데 비해서, 점괘는 점점 높이 올라가고 있다는 점이다. 점괘의 여섯 효는 모두 기러기를 말하고 있는데, 옛날 사람들이 기러기로부터 추론해낸 특수한 의미는 질서, 믿음을 지키는 것과 때를 아는 것 등이다. 점괘(漸卦)는 특히 남녀 사이의 애정을 말하기 때문에 기러기를 가지고 말한다. 『주역절중』에서는 하해(何楷)의 말을 인용하여 "여섯 효가 모두 기러기의 상을 취하고 있다. 그것은 왕래에는 때가 있고 선후의 질서가 있어서 점괘의 의미를 말하는데 있어서는 가장 적절하다. 혼례를 치르는데 있어서 기러기를 이용하는데 이것보다 더 나은 짝은 없기 때문에 여자를 시집보낸다는 의미에서는 가장 적절하다(六爻皆取鴻象, 往來有時, 先後有序, 于漸之義爲切也. 婚禮用雁, 取不再偶, 又于女歸之義爲切也)"라고 하였다. "소자(小子)"는 나이어린 사람을 말하고, "언(言)"은 원망하는 말을 뜻한다. 초육은 점괘의 시작으로 가장 아래에서부터 점차적으로 높은 곳으로 올라간다. 그러나 기러기는 물새이기 때문에 위로 올라갈수록 힘이 든다. 초효는 사효와 상응하여야하지만 둘 다 음효이기 때문에 서로 배척하고, 또 육사는 음효로 초육을 응원할 힘도 없다. 그러므로 초육은 육사에 대해 불만이 있고 원망하는 말을 하게 되어 있다. 그러나 점진적인 것을 강조하기 때문에 억지로 전진할 수는 없다. 만약 초육이 그런 사정을 알고 천천히 나아가고 도리에 따라 행동하면 큰 허물은 생기지 않을 것이다.

■ 초육은 기러기가 천천히 못 쪽으로 가고 어린 아이가 악질에 걸렸으나
여전히 말은 할 수 있다. 점을 쳤는데 허물이 없다는 결과가 나왔다.

象曰 小子之厲나 義无咎也[10]이니라.
상왈 소자지려   의무구야

상전에 말하기를 어린 아이가 위태로우나 도의에는 허물이 없다.

六二는 鴻漸于磐이라 飮食이 衎衎하니 吉[11]하니라.
육이 홍점우반   음식   간간   길

■ 六二, 瑪漸于坂, 飮食衎衎. 吉.
육이 홍점우판 음식연연 길

육이는 기러기가 반석에 점차 나아간다. 마시고 먹는 것이 즐거우니 길하다.

■ 육이는 기러기가 연못에서 놀고 있고 음식 때문에 이리 저리 바쁘다. 길
한 점을 얻었다.

象曰 飮食衎衎은 不素飽也[12]라.
상왈 음식간간   불소포야

---

10 "의(義)"는 도리(道理)나 도의(道義)의 뜻으로 어린아이가 아직 장성하기 전에는 위태
   로운 행동을 하거나 질책을 받는 것은 정상적인 현상이다. 도리 상으로 말하면 결코 허
   물이 아니다. 그러므로 정이천은 『이천역전』에서 "비록 소자는 위태롭게 여기나 의리
   에 있어서는 실제로 허물이 없는 것이다(雖小子, 以爲危厲, 在義理實无咎也)"라고 하
   였다.

11 "반(磐)"은 반석, 즉 너럭바위를 말하는데 편안하고 안정된 장소를 비유한다. "간(衎)"
   은 즐겨하는 모양으로 『이아』에서는 "간은 즐겁다(衎, 樂也)"라고 말한다. 이것은 육이
   가 점차적으로 나아가 정위를 얻고, 중으로 오효와 상응하여 마치 기러기가 큰 반석 위
   에 날아가 편안하게 음식을 먹는 것과 같아서 길함을 얻었다고 말한다.

12 "소(素)"는 희다는 뜻과 비어 있다(空)는 뜻을 가지고 있다. "소포(素飽)"는 "소찬(素

상전에 말하기를 마시고 먹는 것이 즐겁다는 것은 헛되이 배 부르려는 것은
아니다.

九三은 **鴻漸于陸**이니 **夫征**이면 **不復**하고 **婦孕**이라도 **不育**하여
구삼　　홍점우육　　　　부정　　　불복　　　부잉　　　　불육

凶[13]하니 **利禦寇**[14]하니라.
흉　　　　이　어　구

餐)"의 뜻으로 헛되이 밥을 먹는 것을 말한다. 이 구절은 육이 효사의 "마시고 먹는 것이
즐겁다(飮食衎衎)"는 구절을 해석하는 것이다. 육이는 중의 자리에서 신하의 도리를 온
전히 다하고, 가까이로는 구삼을 이어받고 멀리로는 구오와 상응하여 양을 도와 국가를
반석 위에 편안하게 올려놓는 역할을 하기 때문에 "헛되이 배 부르려는 것은 아니다(不
素飽也)"라고 하는 것이다. 말하자면 자신의 위치에서 충분하게 공헌을 하여 대가를 얻
는다는 것을 말한다.

13 "육(陸)"은 높고 평평한 땅으로 바로 "평원(平原)"을 말한다. 구삼은 하괘의 상위에 있
어서 기러기가 점점 육지에 가까이 오는 상이다. 구삼은 양에 자리하여 지나치게 강하여
중을 잃어버렸다. 또 위로는 응원이 없는데, 이때는 편안하게 평원에 안착하여 바름을
지키면서 때를 기다리는 것이 가장 적절하고, 점괘의 의미에 가장 부합한다고 할 수 있
다. 이 경우에 억지로 나아가려고 하는 어떤 생각이나 행동도 결코 이롭지 않다. 그러나
구삼은 과강(過剛)의 성질을 가지고 있어서 나아가지 말아야 할 때 나아갈 가능성이 매
우 높다. 이럴 경우에는 점차적인 도리를 잃어버리고 흉한 결과에 이를 수 있다. 그 때문
에 "남편은 가면 돌아오지 못하고, 부인은 임신하여도 기르지 못하여(夫征不復, 婦孕不
育)"라는 경계의 말을 하는 것이다. "부(夫)"는 구삼을 말하고, "부(婦)"는 육사를 가리
킨다. 구삼과 육사는 음양이 서로 가까이하고 서로 구하여 쉽게 합한다. 구삼이 만약 바
름을 지키지 못하고 육사와 합한다면, 그것은 바로 가는 것만 알고 돌아오는 것을 모르
는 것으로 비록 임신하여도 기르지 못하는 흉한 결과를 낳을 것이 분명하다. 김경방의
『주역전해』 420쪽 참조 바람.

14 이 구절은 구삼에 대해서 경계하는 말로 만약 과강함을 신중하게 사용하지 못하면 사악
한데로 빠져서 바깥에서 오는 도적을 막을 수 없게 되어, "남편은 가면 돌아오지 못하고
부인은 임신하여도 기르지 못하는" 흉함에 빠져 버릴 수가 있다. 그러므로 항상 신중하
게 과강함을 사용하여야 이런 흉함을 벗어날 수가 있다. 여기에서 말하는 "구(寇)"는 순
리적으로 오지 않는 일체의 것을 말한다. 바름을 지켜서 때를 기다려 도적이 오는 것을
방어하는 것이 바로 "어구(禦寇)"이다. 구삼이 도적을 막을 수 있으면 이롭고, 막을 수
없으면 흉할 수밖에 없다.

九三,　鴻漸于陸,　夫正不復,　婦繩不羈. 凶. 利所寇.
구삼　홍점우육　부정불복　부승불기　흉　이소구

구삼은 기러기가 뭍으로 점차 나아감이니 남편은 가면 돌아오지 못하고,
부인은 임신하여도 기르지 못하여 흉하니 도적을 막는데 이로우니라.

구삼은 기러기가 뭍에 있는 것처럼(있지 않아야 할 자리에 있어) 남편
은 멀리 나가 돌아오지 않고, 아내는 방탕하게 처신하고 있다. 흉하다. 도
적 같은 사람이 되기 쉽다.

象曰　夫征不復은　離群하여　醜也[15]요　婦孕不育은　失其道也요
상왈　부정불복　　이군　　　추야　　　부잉불육　　실기도야

利用禦寇는　順相保也[16]라.
이용어구　　　순상보야

---

15 구삼의 "남편이 나아가면 돌아오지 못하니(夫征不復)"라는 것은 점차적으로 나아가야
하는 바른 도리를 잃어버린 것을 말한다. 한번 나아가서 돌아올 줄 모르는 것은 자기의
동류(同類)를 배반하여 가버린 것이나 마찬가지이다. "군(群)"은 유(類)의 의미이고,
"추(醜)"는 추하다는 의미이다. 점괘의 모든 효가 다 선하지만, 오직 구삼만이 바름을
잃고서 흉하기 때문에 "무리를 떠나 추한 것이요(離羣醜也)"라고 하는 것이다.

16 부인은 반드시 올바른 부부관계를 유지해야 자식을 임신하고 기를 수 있다. 그러나 구삼
은 육사와 사사로운 정으로 합하여 여자가 시집가는 데에 있어서 점진적인 도리를 위반
하고 있다. 그러므로 그들은 비록 임신하였으나 기를 수 없다. 그 때문에 "부인은 임신
하여도 기르지 못한다는 것은 그 도를 잃었기 때문이오(婦孕不育, 失其道也)"라고 하는
것이다. 이미 동류를 벗어났고 바른 도리를 잃어버렸다면 어떻게 하여야 하는가? 도적을
막는 것이 유리하다. 즉 스스로 바름을 지키고 악한 것을 막아 내어야한다. 스스로 바른
것을 지키고 악한 것을 막아내어 더 이상 불의에 빠지지 않기 때문에 "유순하게 서로 지
키는 것이다(順相保也)"라고 말한다. 구삼은 비록 정위이나 과강부중하여 조급하게 나
아가면 반드시 실패하기 때문에 효사에서는 흉을 통하여 경계하고 있다. 또 만약 유로서
강을 도와 점진적인 도리를 지킬 수 있으면, 흉함을 길로 바꿀 수도 있음을 말하기도 한
다. 이에 대해 『주역절중』에서는 "오직 근신하여 스스로를 지켜 바깥에서 오는 도적이
타지 못하게 만들면 과강한 잘못을 구하여서 이로울 수가 있다(惟能謹愼自守, 使寇无所
乘, 則可以救其過剛之失而利)"라고 하였다.

상전에 말하기를 남편은 가면 돌아오지 못한다는 것은 무리를 떠나 추한 것
이요, 부인은 임신하여도 기르지 못한다는 것은 그 도를 잃었기 때문이오,
도적을 막는데 이롭다는 것은 유순하게 서로 지키는 것이다.

六四는 鴻漸于木이니 或得其桷이면 无咎[17]니라.
육 사　홍 점 우 목　　혹 득 기 각　　무 구

■백 六四, 鴻漸于木, 或直亓寇, 戫, 无咎.
　육 사　홍 점 우 목　혹 직 기 구　추　무 구

육사는 기러기가 나무로 점차 나아감이니, 혹 그 평평한 나무 가지를 얻으
면 허물이 없을 것이리라.

■백 육사는 기러기가 나무 위로 날아가니 어떤 정직한 사람이 도적 같은 못
된 여자를 나무라면서 버리라고(戫) 권한다. 허물이 없을 것이라는 점괘가

---

17 "각(桷)"에 대해 우번은 "각이라는 것은 서까래를 말하는데, 네모 난 것을 일러 각이라
고 한다(桷者椽也, 方者謂之桷)"라고 하였다. 연각(椽桷)은 처마 위에 기와를 얹고 있
는 나무판으로 그 모습이 장방형(長方形)이다. 두께는 3~4치(1치는 한 자(尺)의 십분
의 일을 말함)인 것도 있고, 한 치가 안 되는 것도 있다. 기러기의 발은 오리와 마찬가지
로 발바닥은 있으나 발톱이 없다. 새가 나무 위에 서식할 경우는 발톱에 의지하여 나뭇
가지를 잡을 수 있는데 기러기는 발톱이 없기 때문에 나뭇가지를 잡을 수가 없다. 기러
기가 나무 위로 올라가면 안정되지 못하기 때문에 허물이 있는 것으로 말할 수 있다. 기
러기의 발은 붙어 있어 가지를 잡을 수 없기 때문에 그 본성으로는 나무에서 살 수가 없
다. 그러나 육사는 지금 이미 손괘(巽卦)로 들어갔으니 기러기가 나무에 올라간 경우를
상징하게 된다. 그러나 물가에 사는 기러기로서는 나무에 간다는 것은 주어진 상황이 좋
지 않아 곤란이 생긴다. 육사는 아래에서 응원하는 것도 없고 또 음유의 바탕으로 구삼
의 양강 위에 자리하고 있는데, 양강은 또 위로 오려고 하여 음유의 아래에 달갑게 처해
있으려고 하지 않는다. 육사는 마치 기러기가 나무 위에 자리하고 있는 것처럼 불안정하
다. 그러나 육사는 위로 구오를 받들고 있어서 "여자가 시집가는" 의미와 잘 부합한다.
만약 위를 순종적으로 섬긴다면 위험을 편안함으로 바꿀 수도 있다. 그러므로 비록 불편
한 위치에 있으나 노력여하에 따라서는 허물이 없을 수도 있다. 이것을 "평평한 나무 가
지를 얻으면 허물이 없을 것이리라"고 하는 것이다.

나왔다.

象曰 或得其桷은 順以巽也[18]일새라.
상 왈 혹 득 기 각　　순 이 손 야

상전에 말하기를 혹 그 평평한 나무 가지를 얻는다는 것은 유순하고 겸손하기 때문이다.

九五는 鴻漸于陵이니 婦三歲를 不孕하나 終莫之勝이라 吉[19]하리라.
구 오　　홍 점 우 릉　　부 삼 세　　불 잉　　종 막 지 승　　　길

백 九五, 鴻漸于陵, 婦三歲不繩, 終莫之勝. 吉.
구 오　홍 점 우 릉　부 삼 세 불 승　종 막 지 승　　길

구오는 기러기가 언덕에 점차 나아감이니 부인이 삼년동안 임신하지 못하나 (가로막는 자들이) 끝내 이기지 못한다. 길하다.

백 구오는 기러기언덕으로 날아갔고, 부인이 나쁜 행동을 고친지가 3년이

---

18 "기러기가 나무로 점차 나아감이니(鴻漸于木)"라는 것은 불안한 것을 말하고, "그 평평한 나무 가지를 얻는다는 것(或得其桷)"은 안정된 것을 말한다. 육사가 불안함을 편안함으로 바꿀 수 있는 원인은 그것이 음효로 음에 자리하고, 또 손괘에 자리하여 겸손한 덕을 가지고 있기 때문이다. "순(順)"은 유순하거나 순종의 의미를 가지고 있다. "손(巽)"은 일을 하는데 있어서 매우 융통성이 있고 민첩성이 있는 것을 의미한다. 김경방의 『주역전해』 421쪽 참조 바람.

19 구오는 위치가 존위(尊位)에 있고 아래로 상응하는 육이(婦)가 있으나, 중간의 삼과 사에 의해 가로막혀 있다. 중간의 삼과 사에 의해 가로막히는 것을 "부인이 삼 년 동안 임신하지 못하니(婦三歲不孕)"라는 말로 표현하고 있다. "삼년(三歲)"은 긴 시간을 의미한다. 둘 다 중정으로 상응하고 있기 때문에 그 막힌 것을 물리치고 결국에는 합하는 데이른다. 그것은 기러기(물새)가 좀 높은 언덕 위로 나아가 최고의 곳(존위)에 멈추는 상이다. 이 구절은 구오가 점괘의 존위에 자리한 것을 기러기가 언덕 위로 날아간 것에 비유하고 있다.

되어 마침내 바른 것이 이기게 되었다. 길한 점괘가 나왔다.

象曰 終莫之勝吉은 得所願也[20]라.
상 왈 종 막 지 승 길　　득 소 원 야

상전에 말하기를 끝내 이기지 못하여 길하다는 것은 원하는 것을 얻었기 때문이다.

上九는 鴻漸于陸[21]니 其羽可用爲儀니 吉[22]하니라.
상 구　　홍 점 우 육　　기 우 가 용 위 의　　길

🄑 尙九, 瑪漸于陸, 亓羽可用爲宜. 吉.
상 구　　홍 점 우 육　　기 우 가 용 위 의　　길

---

20 삼과 사가 방해하는 것을 이겨내어 바라던 바인 육이와 마침내 상응하게 되는 것을 말한다. "끝내 이기지 못하여 길하다는 것은(終莫之勝吉)" 구오와 육이가 중정으로 육사와 구삼의 저지에 맞서 장기간의 투쟁을 통하여 끝내는 사악함을 이기고 서로 상응하여 합하려는 뜻을 실현하는 것을 말하고 있다.

21 이 효의 "육(陸)"이라는 말과 구삼의 "육(陸)"은 서로 중복된다. 이 문제에 대해 호원은 의문을 제기하여 "육(陸)"은 당연히 규(逵)로 보아야 하는데, 규(逵)의 뜻은 구름 길(雲路)을 말한다. 정이천이나 주자 역시 이런 의미로 사용한다. 그러나 청대의 왕인지(王引之)나 유월(俞樾)은 규보다는 아(阿)로 쓰는 것이 낫다고 주장한다. 왜냐하면 『이아』에서는 "높은 평원을 육이라 하고, 큰 뭍을 부라 하고, 큰 언덕을 능이라 하고, 큰 능을 아라고 부른다(高平日陸, 大陸日阜, 大阜日陵, 大陵日阿)"라고 하였기 때문이다. 즉 아(阿)가 능에 비해서는 더 높다. 그러나 고본(古本)에서는 모두 육(陸)으로 쓰고 있고, 또 규(逵)나 아(阿)로는 사용하지 않는다. 상구는 이 괘의 가장 높은 것으로 기러기가 하늘 위에서 멀리 날아가는 것을 상징하고 있다.

22 기러기가 바람을 타고 가로막힌 것이 없는 창공 속을 비상해 가는 상이다. 그 무리지어 날아가는 기러기의 날개는 질서가 있고 점진하고 있기 때문에 세상의 모범(儀法)으로 삼을 만하다. 또 그것은 세속을 초탈하여 사는 은사를 상징하기도 하는데, 비록 그들이 사회에 대해서 실제적인 공헌은 없으나 그 고고한 덕과 지조는 충분히 세상 사람들의 모범이 되기 때문에 길하다고 말한다. 이처럼 기러기가 사람의 모범이 될 수 있는 요소는 첫째로 기러기는 때에 맞추어 오고 가기 때문에 믿음이 있다는 점이다. 둘째로 기러기는 질서가 있다는 점이다. 셋째로 기러기는 지조가 있어 함부로 자기 짝을 버리지 않는다는 점이다. 그래서 혼례에 기러기가 등장하는 것이다.

상구는 기러기가 높은 하늘로 점차 나아감이니 그 깃털은 의표(儀表)를 삼을 만하니 길하다.

🔲 상구는 기러기가 산꼭대기에 점차 나아감이니 그 아름다운 깃털로 문무(文舞)를 장식할 수 있다.

象曰 其羽可用爲儀吉은 不可亂也[23]일새라.
상 왈 기 우 가 용 위 의 길   불 가 난 야

상전에 말하기를 그 깃이 의표(儀表)를 삼을 만하니 길하다고 한 것은 어지럽힐 수 없기 때문이다.

* 점괘의 의미와 교훈

점괘(漸卦)는 사물의 발전과정 중에서 순서에 따라 점차적으로 나아가는 도리에 대해 말하고 있다. 점괘의 괘의(卦義)는 점진(漸進)이다. 그 나아감(進)은 급하게 빨리 가는 것보다는 오히려 더디더라도 바르게 가는 것을 더 소중하게 여긴다. 점괘의 괘상은 상괘는 바람이고, 하괘는 산으로 마치 바람이 산속에서 유동(流動)하는 것과 같다. 이 유동은 점진적인

---

23 호병문은 『주역본의통석』에서 "이(二)는 유용한 자리에 있어 국가에 이익을 주는 바가 있어서 결코 헛되이 배부름을 구하는 자가 아니다. 상은 자리가 없는 위치에 있어서 또한 사람들의 모범(儀表)이 될 만하였으니 무용한 것이 아니다. 이의 뜻은 배부르고 따뜻함을 구하는데 있지 않고, 상효의 뜻 역시 빼어나서 어지러울 수가 없다. 사대부가 출사하고 머무르는 것은 여기에서 마땅히 취할 바가 있다(二居有用之位, 有益于人之國家, 非素飽者. 上在無位之地, 亦足爲人之儀表, 而非無用者. 二志不在溫飽, 上志卓然不可亂. 士大夫出處, 于此當有取焉)"라고 하였다.

것으로 만사만물은 순서에 따라 점진(漸進)하는 과정이다. 예컨대 점점 성장하여 장대(壯大)하게 되고 점점 사업을 발전시켜 나가고 덕을 쌓는 것도 마찬가지이다. 그러므로 여섯 효는 정위(正位) 여부를 떠나서 본위(本位)를 지키는 것을 중요하게 여긴다. 이는 각 효에 그대로 나타난다. 초육은 부정위(不正位)하여서 위태롭지만 나아가지 않으면 무구(无咎)하다. 육이 역시 기다리면 길하다. 구삼은 양강이 급하게 나아가려 하여 "도를 잃어버리는(失其道)" 상황이 되는 것을 예로 들고 있다. 점괘는 이런 측면을 특히 여자가 출가하는 것을 가지고 비유하고 있는데 그 뜻은 예를 갖추고 난 후에 단계적으로 행해야 한다는 것이며, 이것이 전체 괘의 대의라고 할 수 있다.

여섯 효는 모두 기러기가 비행하는 것을 가지고 비유로 삼고 있다. 그 형상은 매우 생동적이다. 초효로부터 상효에 이르기까지 기러기가 날아서 지나가는 곳은 물가·너럭바위·작은 산릉·산의 나무·산의 언덕·높은 하늘로 낮은 곳에서부터 점차 높은 곳으로, 가까운 곳에서 더욱 먼 곳으로 나아가는 것을 질서정연하게 설명하고 있다.

각 효가 담고 있는 의미는 한마디로 말해서 바름을 지켜서 단계적으로 행하는 것으로 이 때문에 길하다거나 무구하다고 말하는 것이 많다. 그 중 구삼은 비록 과강(過剛)하여 흉함이 있으나, 조심스럽게 점진적인 도리를 행하는 데 힘씀으로서 해가 되는 것을 이로운 것으로 바꾸고 있다. 이렇게 본다면 본 괘는 처음부터 끝까지 점진(漸進)의 도리를 강조한다. 그래서 상구의 궁한 위지에 가서도 궁하지 않음을 말하고 있다. 이것은 이른바 조금씩 모아서 크게 이루는 것을 나타낸 것이다.

54. ䷵ 뢰택귀매(雷澤歸妹, 🔲 歸妹 第二十九)

1) 괘의 순서

귀매(歸妹)괘가 점괘(漸卦)의 뒤에 오는 것에 대해 「서괘전」은 "점은 나아감이니, 나아가면 반드시 돌아오는 바가 있기 때문에 귀매괘로 받았다(漸者進也, 進必有所歸, 故受之以歸妹)"라고 하였다. 점괘는 그침 없이 빨리 나아가는 것이 아니라, 비록 느리지만 단계적으로 차분하게 나아가는 것에 대해 말하고 있다. 이런 나아감에는 반드시 도달해야 하는 곳이 있다. 그것을 다른 말로 하면 바로 돌아가는 곳(歸)이다. 이에 대해 정이천은 『이천역전』에서 "나아감은 반드시 이르는 바가 있다. 그러므로 점에는 돌아가는 뜻이 있으니, 귀매괘가 이 때문에 점괘를 이은 것이다(進則必有所至, 故漸有歸義, 歸妹所以繼漸也)"라고 하였다.

2) 괘명의 의미

귀매(歸妹)는 점괘(漸卦)의 반대괘로 상(象)과 의(義) 모두 다르다. 점괘는 여자가 시집가는 것을 상(象)으로 삼고 있다. 여자가 시집가기 위해서는 절차에 따라 각 단계를 거쳐야 결혼이 성사되기 때문에 점차 나아가는 점(漸)의 의미를 취하고 있다. 귀매괘의 취의(取義)는 여자가 시집간다는 '귀(歸)'라는 글자로부터 시작된다. 귀(歸)는 여자가 출가(出嫁)한다는 말이다. 단옥재(段玉裁)는 『설문해자주』에서 "집에서 나오는 것을 가라고 하고, 지아비의 집에 이르는 것을 귀라고 한다(自家而出謂之嫁, 至夫之家曰歸)"라고 하였다. 모계(母系)사회에서는 당연히 지아비의 집을 귀의처(歸依處)로 삼을 필요는 없었을 것이다. 그러나 부계(父系) 사회로 진입한 이후 남성 중심의 봉건사회 속에서 지아비의 집으로 시집 가는 것은 여자들이 반드시 돌아가야(歸) 할 곳이 되어 버렸다.

여자가 시집간다는 말은 고대에서 여자들이 출가하는 것으로 다른 사람 과 혼인하여 정부인(正夫人)이 되는 상황을 주로 말한다. 그리고 매(妹) 는 소녀를 말한다. 따라서 귀매괘는 어린 여동생이 시집가는 것을 말한다. 이른바 귀매(歸妹)는 소녀가 지아비의 집으로 출가(出嫁)하는 것이다. 이에 대해 왕필은 "매라는 것은 소녀를 일컫는다. 태는 가장 나이 어린 음 (딸을 말함)이고, 진은 가장 나이 많은 양(아들을 말함)으로 소음이 큰 양을 받들어(종속된다는 의미) 기뻐하여 움직이니 소녀를 시집보내는 상 이다(妹者, 少女之稱也. 兌爲少陰, 震爲長陽, 少陰而承長陽, 說以動, 嫁 妹之象也)"[1]라고 하였다.

3) 괘상의 의미

귀매의 하괘인 태(兌)는 소녀이고 기쁨의 의미를 가지고 있다. 상괘인 진(震)은 장남(長男)으로 움직임의 뜻을 가지고 있다. 이것은 여자가 위 로 남자를 이어받으면서 즐거운 마음으로 행동하는 모습이다. 이것이 바 로 귀매의 상이다. 또한 귀매괘는 못 속의 물이 못 위의 우레를 따라서 진 동하는 것을 통하여 소녀가 장남에게 시집가는 상을 보여주고 있다.

---

1 위의 번역은 Richard John Lynn의 The Classic of Changes : A New Translation of the I Ching as Interpreted by Wang Bi, Columbia University Press, new York, 1994, p. 480을 참조 바람. 여기에서 Lynn은 "승(承)"을 carry 또는 subordinate(종속 하다)의 의미로 번역하고 있다.

歸妹는 征하면 凶하니 无攸利²하니라.
귀 매　　정　　　　흉　　　　무 유 리

백 歸妹, 正凶, 无攸利.
　　　귀 매　정흉　무유리

경의 의미 : 귀매는 정벌을 하면 흉하고 이로울 바가 없다.

전의 해석 : 귀매는 나아가면 흉하니 이로움이 없다.

백 여자를 시집보내는데 정벌 전쟁을 해서는 안 된다. 만약 하게 되면 불길할 것이다.

象曰 歸妹는 天地之大義也니
단 왈 귀 매　　천 지 지 대 의 야

단전에 말하기를 귀매는 천지의 큰 뜻을 말하는 것이니,

---

2 함괘(咸卦) · 항괘(恒卦) · 점괘(漸卦) · 귀매의 네 괘는 모두 시집가는 뜻을 가지고 있다. 앞의 세 괘의 괘사에는 모두 길하거나 이롭다는 말이 있지만, 오직 귀매괘만이 흉하다고 말한다. 전체 64괘의 괘사 중에서 조금도 좋은 면을 말하지 않는 것으로는 비괘(否卦)와 귀매괘 두 괘이다. 귀매괘는 왜 가면 흉하고 이익 되는 바가 없다고 말하는가? 일단 괘상으로 보면 귀매괘는 태하진상(兌下震上)으로 "기뻐하면서 움직이는(說以動)" 것이다. "기뻐하면서 움직이는" 것은 본래 나쁜 것이 아니다. 하지만 먼저 소녀가 기뻐하며 앞으로 나아가고, 여기에 장남이 감응하여 움직이는 것을 나타내고 있다. 이럴 경우 귀매괘는 올바른 남녀의 짝을 얻지 못한 것이 되기 때문에 더 앞으로 나아가면 흉하며 이롭지 못하다고 말한다. 귀매의 여섯 효 중의 이 · 삼 · 사 · 오의 네 개의 효는 모두 바르지 않다. 초와 상효는 비록 정위이나 양이 음 아래에 있어 그 위치가 바르지 않다. 괘사에서 흉을 말하는 것은 결코 귀매(歸妹)라는 일을 부정하는 것이 아니라,『주역』을 지은 사람이 "상에 근거하여 경계하는 말을 세운 것(因象設戒)"으로 소녀가 출가하는 데는 반드시 바른 도리에 따라야 길함이 있다는 것을 보여주고자 하기 때문이다. 그러므로 공영달은『주역정의』에서 "나아가면 흉하니 이로움이 없다고 하는 것은 귀매괘의 경계하는 말이다(征凶, 無攸利者, 歸妹之戒也)"라고 하였다.

天地不交而萬物이 不興[3]하나니 歸妹는 人之終始也[4]라.
천 지 불 교 이 만 물　　불 흥　　　　귀 매　　인 지 종 시 야

천지가 교류하지 않으면 만물이 일어나지 않으니 귀매는 사람의 끝이자 시

작이다.

說以動하여 所歸妹也[5]니
열 이 동　　　　소 귀 매 야

---

3 천은 양기이고, 땅은 음기로 음양 두 기의 교류가 바로 천지 운동의 근본적인 법칙이다. 만약 하늘과 땅이 서로 교통(交通)하지 않으면 만물의 생성(生成)이라는 것은 있을 수가 없다. 이것이 바로 『주역』의 가장 기본적인 철학사상이다. 음양 두 기의 교감(交感)과 유통(流通)이 없으면 우주에는 어떠한 것도 있을 수 없다. 이른바 "천지의 대의(天地之大義)"라는 것이 가리키는 것은 바로 음양 두 기의 교통이다. 대의(大義)는 큰 도리로 가장 기본적인 도리이다. 괘변(卦變)에서 보면 귀매괘는 태괘(泰卦)에서부터 온 것으로 태괘는 하괘가 건(乾)이고 상괘가 곤(坤)인 태괘가 귀매로 변하였다는 것은 바로 천지가 서로 교류(相交)한 것임을 말한다.

4 이 부분은 인륜(人倫)의 대의(大義)라는 측면에서 귀매괘를 이야기하고 있다. "귀매는 사람의 끝이자 시작이다(歸妹, 人之終始也)"라고 하는 것은 음양이 서로 교류하는 것이 천지의 대의라면, 남녀가 서로 교류하는 것은 인륜의 대의로 귀매괘는 바로 남녀의 혼인을 통한 결합을 말한다. 이런 결합이 없으면 인류는 종자가 끊어져 그 자취가 사라져 버릴 것이다. 남녀의 결합에 의해서 인류의 번영이 있기 때문에 인간은 남녀의 결합에서부터 시작한다. 「잡괘전」에서 "귀매는 여자의 마침이다(歸妹女之終也)"라고 하였다. 여기에서는 또 "사람의 끝이자 시작이라(人之終始也)"라고 하여, 남녀 결합이 인간의 가장 중요한 목적 중의 하나라는 것을 말한다. 다시 그것을 확충하여 남녀의 결합이 인류 탄생의 시작이면서 동시에 인류가 영원히 끊임없이 번영하여야 하는 관건이 된다고 말한다. 이에 대해 정이천은 『이천역전』에서 "천지가 사귀지 않으면 만물이 어디로부터 생기겠는가? 여자가 남자에게 시집가는 것은 바로 낳고 낳아 서로 잇는 도이다. 남녀가 사귄 뒤에 생식이 있고, 생식이 있은 뒤에 그 끝이 무궁한 것이다. 앞에 있는 자가 끝나고 나서 뒤에 있는 자가 시작하여 서로 이어서 다하지 않음은 이것이 사람의 끝과 시작이다(天地不交則萬物何從而生, 女之歸男, 乃生生相續之道. 男女交而後, 有生息, 有生息而後, 其終不窮, 前者有終而後者有始, 相續不窮, 是人之終始也)"라고 하였다.

5 상하괘의 특성을 조합하여 귀매괘를 설명하고 있다. "기뻐하여서 움직여(說而動)"라는 것은 하괘인 태(兌)는 기뻐함이고, 상괘인 진(震)은 움직임으로 상하괘를 조합하여 기뻐하면서 움직이는 것으로 말하고 있다. "시집가는 것이 누이 동생이니(所歸妹也)"라는 것은 시집가는 사람이 여동생이라는 것을 말한다. "매(妹)"는 소녀이고, 소녀가 결혼하는 것은

기뻐하여서 움직여 시집가는 것이 누이 동생이니,

征凶은 位不當也⁶요
정 흉   위 부 당 야

나아가면 흉하다는 것은 위가 부당하다는 것이요,

无攸利는 柔乘剛也⁷일새라.
무 유 리   유 승 강 야

이익 되는 바가 없다는 것은 유가 강을 탔기 때문이라.

象曰 澤上有雷는 歸妹⁸니 君子以하여 永終하여 知敝⁹하나니라.
상 왈 택 상 유 뢰   귀 매   군 자 이   영 종   지 폐

당연히 즐거운 마음으로 움직일 수밖에 없다. 괘상으로 보면 진은 장남이고 태는 소녀로 또한 소녀가 출가하는 것을 상징하고 있다.

6 이것은 괘사의 "나아가면 흉하다는 것(征凶)"을 해석하는 것으로 괘 가운데 이효에서 오효 모두 위가 부당함을 말하고 있다. 이광지는 『주역절중』에서 가인괘(家人卦)·규괘(睽卦)·점괘(漸卦)·귀매괘(歸妹卦)의 네 괘는 모두 남녀 관계를 말하고 있지만 가인괘는 중효로 정위이고, 규괘는 중효가 부정하여 어긋나 있고, 점괘는 중효가 정위하여 길하고, 귀매괘는 중효가 부정하여 흉하다고 말한다.

7 이 구절은 "이로움이 없다(无攸利)"를 해석하여, 괘 가운데 삼과 오 모두 유가 강을 타고 있는 승강(乘剛)임을 말하고 있다.

8 이 구절은 귀매괘의 괘상에 대해 설명하고 있는데, 음기가 양기를 감(感)하게 하는 상이다. 정이천은 『이천역전』에서 "우레가 위에서 진동함에 못의 물이 따라서 움직이고, 양이 위에서 움직이니 음이 기뻐하면서 따르는데 여자가 남자를 따르는 상이다. 그러므로 귀매가 되었다(雷震於上, 澤隨而動, 陽動於上, 陰說而從, 女從男之象也. 故爲歸妹)"라고 하였다.

9 귀매괘는 여자 특히 소녀의 시각에서 사태를 보고 있다. 그러면 군자, 즉 남자나 남편의 입장에서 이 괘를 본다면 마땅히 어떤 도리를 깨달을 수 있겠는가? 이에 대해 「상전」은 군자는 마땅히 "끝까지 영구히 하여 미리 폐단이 생김을 아나니라(永終知敝)"라고 하였다. "끝까지 영구히 하여(永終)"라는 말은 남녀의 배합을 통해 계속적으로 후사(後嗣)를 이어서 전(傳)함을 영구히 하여야 함을 말한다. "폐단(敝)"은 끝의 반면(反面)이다. 즉

상전에 말하기를 못 위에 우레가 있는 것이 귀매니, 군자가 이를 본받아서 끝까지 영구히 하여 미리 폐단이 생김을 아나니라.

初九는 歸妹以娣[10]니 跛能履라 征이면 吉[11]하리라.
초 구　　귀 매 이 제　　　파 능 리　　정　　　길

■백 初九, 歸妹以弟, 跛能利, 正吉.
초 구　　귀 매 이 제　　파 능 리　　정 길

"미리 폐단이 생김을 안다(知敝)"는 말은 영원히 끝까지 가면 반드시 그것이 훼손된다는 것을 알아 미리 예방하여 생식(生息)의 이음이 끊어지지 않도록 하는 것을 말한다. 구체적인 부부관계로 말하면 "끝까지 이것을 영구히 하여(永終)"라는 말은 바로 머리가 하얗게 될 때까지 해로(偕老)한다는 의미이고, "미리 폐단이 생김을 안다(知敝)"는 것은 부부관계가 매우 쉽게 틈이 벌어지고 나쁘게 될 가능성을 미리 의식하여 경계하여야 할 것을 말한 것이라고 할 수 있다.

10 "제(娣)"는 자매가 한 명의 남편에게 같이 시집가는 것으로 그 중의 여동생을 일러 "제(娣)"라고 하고 또 "첩(妾)"이라고 말한다. 춘추시대에 제후들이 아내를 맞을 때에는 항상 정부인의 여동생을 개부(介婦)라는 이름으로 시집올 때 따라와 첩으로 지내는 풍속이 있었다. 예를 들면 위(衛)나라 장공(莊公)·진(晉)나라 헌공(獻公) 등의 경우에서 볼 수 있다. 초구는 귀매괘의 가장 아래로 지위가 낮아 상괘에 상응하는 것이 없다. 그러므로 정처(正妻)가 아니라 언니를 따라서 출가한 개부인 여동생으로 보인다. 백서주역에서는 "제(娣)"를 "제(弟)"로 표기하고 있는데 아마도 나이의 순서를 말하는 것으로 보인다.

11 제첩(娣)은 현모양처의 기질을 가지고 있으나 지위가 낮은 첩이다. 그러므로 어떤 큰일을 할 수 없기 때문에 마치 한 명의 절름발이가 가는 것처럼 비록 길을 간다고 하더라도 쉽지가 않고 멀리 갈 수가 없다. 정이천은 『이천역전』에서 "여자가 시집가는데 아래에 자리히고 상응함이 없으니 제첩의 상이다. 양은 부인에게 있어서는 바르고 어진 덕이 되는데, 낮은 자리에 처했으니 제첩의 어질고 바른 사이다. 기쁨에 처하고 아래에 거함은 순한 것이 되고 제첩의 낮은 신분으로 비록 어질지만 무엇을 하겠는가. 스스로 자기 몸을 선하게 하여 부군을 받들어 돕는 데 불과할 뿐이니, 이는 마치 절름발이가 걸어가는 것과 같으니 먼 곳에 미칠 수 없음을 말한 것이다. 그러나 분수에는 선함이 된다. 그러므로 이러한 방도로 나아가면 길할 것이다(女之歸, 居下而无正應, 娣之象也. 剛陽在婦人, 爲賢貞之德而處卑順, 娣之賢正者也. 處說居下, 爲順義, 娣之卑下, 雖賢何所能爲. 不過自善其身. 以承助其君而已, 如跛之能履, 言不能及遠也. 然在其分爲善, 故以是而行則吉也)"라고 하였다.

초구는 누이동생을 시집보내는데 제첩(娣妾)으로 하니, 절름발이가 걸을
수 있는 것이라 나아가면 길하다.

■ 초구는 나이에 따라 시집을 보내는데 어려우나 극복할 수 있어서 정벌
전쟁을 하게 되면 길할 것이다.

象曰 歸妹以娣나 以恒也요 跛能履吉은 相承也¹²일새라.
상 왈 귀 매 이 제   이 항 야   파 능 리 길   상 승 야

상전에 말하기를 누이동생을 시집보내는데 제첩(娣妾)으로 한다는 것은
항구한 덕으로써 함이요, 절름발이가 걷듯이 (조심스럽게) 나아가면 길하
다는 것은 서로 받들기 때문이다.

九二는 眇能視니 利幽人之貞¹³하니라.
구 이   묘 능 시   리 유 인 지 정

---

12 비록 첩의 신분으로 출가하였으나 오히려 항상 정절(貞節)의 덕행을 가지고 있다. 절름
발이지만 충분히 걸을 수 있기 때문에 길하다. 그 이유는 남편의 뜻을 잘 이어받을 수 있
고, 언니와 협조하여 집안의 일을 잘 정돈할 수 있기 때문이다. 말하자면 비록 명위(名
位)는 부당하나 올바름을 굳게 지키면 여전히 길하다는 말이다. 그러므로 정이천은 『이
천역전』에서 "귀매의 뜻은 기쁜 것으로서 움직임이니 부부의 상도는 아니다. 그러나 구
이가 양강으로 현명하고 바른 덕이 있으니 비록 첩과 같이 미천한 사람이지만 능히 상도
로서 하는 사람이다. 아래에 있어서 일을 할 수 없는 것이 마치 절름발이가 (조심스럽게
뒤를 따라가듯이) 걸어야 한다. 그러나 가서 길함은 서로 이어받아 도와줄 수 있기 때문
이며, 그 주인을 도울 수 있는 것은 첩으로서는 길하다(歸妹之義, 以說而動, 非夫婦能
常之道, 九乃剛陽有賢貞之德, 雖娣之微, 乃能以常者也. 雖在下, 不能有所爲, 如跛
者之能履. 然征而吉者, 以其能相承助也, 能助其君, 娣之吉也)"라고 하였다.

13 『설문해자』에서는 "묘는 한쪽 눈이 작은 것이다(眇, 一目小也)"라고 하여, 한쪽 눈은 크
고 한쪽 눈은 작은 것이라고 말한다. 눈에 비록 장애가 있으나 여전히 볼 수 있는 것이
바로 "애꾸눈이 보는 것이니(眇能視)"라는 말이다. "숨어사는 사람(幽人)"은 산속에 숨
어사는 사람을 말하는데, 그것의 원래 의미는 장님을 말한다. 이 뜻을 확대해서 말하면
그윽하고 어두운데 처하여 번잡한 세태(世態)에 관심을 보이지 않는 사람은 모두 유인

백 九二, 眇能視, 利幽人貞.
구이　묘능시　리유인정

구이는 애꾸눈이 보는 것이니, 숨어사는 사람(幽人)이 바르면 이로울 것이다.

백 구이는 눈이 흐릿하여서 사물을 보니, 은자(隱者)가 점을 치면 이롭다.

象曰 利幽人之貞은 未變常也[14]라.
상왈 이유인지정　미변상야

상전에 말하기를 숨어사는 사람이 바르면 이롭다는 것은 아직 상도를 바꾸지 않았다는 것이다.

(幽人)이라고 할 수 있다. 이 구절의 말은 이괘(履卦)의 구이와 육삼 효사에서 각각 한 번씩 나왔다. 비록 눈은 상처를 입어 장님이 되었으나, 하괘의 중에 자리하고 있어서 바른 도리를 행할 수 있기 때문에 "숨어사는 사람(幽人)이 바르면 길할 것이다(利幽人之貞)"라고 말한다. 이에 대해 주자는 『주역본의』에서 "'애꾸가 능히 볼 수 있다'는 것은 위의 효를 이어받아 말한 것이다. 구이가 양강으로 중을 얻었으니 여자의 어진 자이나 위에 정응이 있는데 도리어 음유로 바르지 못하다. 이는 여자는 어질지만 배필이 어질지 못한 것이니 내조의 공을 크게 이루지 못한다. 그러므로 '애꾸눈이 보는 것이니'의 상이 되고, 그 점(占)은 유인의 바름이 이롭다는 것이다. 유인은 또한 도를 간직하고 정도를 지키나 때를 만나지 못한 사람이다(眇能視, 承上爻而言. 九二陽剛得中, 女之賢也, 上有正應而反陰柔不正, 乃女賢而配不良, 不能大成內助之功, 故爲眇能視之象, 而其占則利幽人之貞也. 幽人亦抱道守正而不偶者也)"라고 하였다.

14 구이는 비록 만나는 사람이 정숙하지 못하나 여전히 항상적인 정절과 덕성을 바꾸지 않고 있다. 이 구절에 대해 정이천은 『이천역전』에서 "고요하게 곧음을 지키니 아직 부부의 변하지 않는 바른 도를 잃지 않았다. 세상 사람은 보통 예의 없이 함부로 대하는 것을 떳떳하다고 여기기 때문에 곧고 고요함을 지키면 상도에서 바뀌었다고 여긴다. 그러나 이것은 항구적인 보편의 도를 모르는 것이다(守其幽貞, 未失夫婦常正之道也. 世人以媟狎爲常, 故以貞靜爲變常, 不知乃常久之道也)"라고 하였다. 정이천은 유인을 그윽하고 정숙한 여인으로 비유하고 있는데, 이것은 본 괘의 뜻과 잘 부합하고 있는 것으로 보인다.

六三은 歸妹以須니 反歸以娣[15]니라.
육 삼   귀 매 이 수   반 귀 이 제

백 六三, 歸妹以嬬, 反歸以娣.
육 삼   귀 매 이 유   반 귀 이 제

육삼은 누이동생을 시집보내는데 기다려야 하니, 다시 돌아와 제첩으로 시집간다.

백 육삼은 자매가 같은 사람에게 시집갔으나 동시에 친정으로 쫓겨 갔다.

象曰 歸妹以須는 未當也[16]일새라.
상 왈 귀 매 이 수   미 당 야

---

15 "수(須)"는 기다린다는 뜻이다. 육삼은 음으로 곧고 강한 정절을 가지고 있지 못하고 또 중정하지 못하다. 육삼은 하괘인 태괘(兌卦)의 주효로 여인이 출가하는 것을 매우 원하지만, 지나치게 가볍고 음란한 것으로 보여 쉽게 시집가지 못하고 늘 기다리는 것으로 상징되고 있다. 그러나 만약 집으로 돌아와 첩의 신분으로 출가한다면 충분히 출가할 수가 있다. 이 두 구절은 육삼이 하괘의 가장 높은 자리에 처하여 바름을 잃어버리고 양을 타고 있으면서 정실(正室)이 되기를 바라는 상이기 때문에 기다릴 수밖에 없다. 그러나 그 자리를 얻지 못하고 함부로 나아갈 수 없어서 반드시 돌아가 측실(側室)로 시집가기를 기다리고 있어야 한다. 여기에서 말하는 수(須)자의 뜻에 대해서 학자들의 의견은 각기 다르다. 대표적인 몇 가지 관점을 소개하면 다음과 같다. 우선『경전석문』에서는 "수(嫂)", 즉 형수로 말하고 있는데 충분히 참고할 만한 가치가 있는 것으로 보인다. 또 주자나 빌헬름은 수(須)를 "천한 여자(賤女)"로 보고 있다. 그리고 상병화는 수(須)를 "얼굴의 털(面毛)"로 보기도 한다. 이에 비해 정이천이나 이마이 우사부로는 '기다림'으로 본다. 그래서 정이천은『이천역전』에서 "수는 기다림이니 기다림은 갈 곳이 없어서이다(須, 待也, 待者, 未有所適也)"라고 하여, 기다림의 뜻으로 말하고 있다. 백서주역에서는 "유(嬬)"로 표기하고 있는데 뜻은 첩의 의미이다. 여기에서는 "수"를 기다림의 뜻으로 해석하려고 한다.

16 정이천은『이천역전』에서 "마땅하지 않다는 것은 그 처해 있는 덕과 시집감을 구하는 방법이 모두 부당한 것을 말한다. 그러므로 취하는 자가 없기 때문에 기다리는 것이다(未當者, 其處其德其求歸之道皆不當. 故无取之者所以須也)"라고 하였다.

상전에 말하기를 누이동생을 시집보내는데 기다려야 한다는 것은 마땅치 못하기 때문이다.

九四는 歸妹愆期니 遲歸有時[17]니라.
구 사 귀 매 건 기   지 귀 유 시

백 九四, 歸妹愆期, 遲歸有時.
구 사 귀 매 건 기   지 귀 유 시

구사는 누이동생을 시집보내는데 시기를 넘기니, 더디게 시집감이 적절한 때가 있느니라.

백 구사는 시집보내는 시간을 연기하니, 늦게 가는 데는 모두 때가 있다.

象曰 愆期之志는 有待而行也[18]라.
상 왈 건 기 지 지   유 대 이 행 야

상전에 말하기를 시기를 넘기는 뜻은 기다렸다가 감이라.

六五는 帝乙歸妹니 其君之袂不如其娣之袂良[19]하니 月幾望이면
육 오 제 을 귀 매   기 군 지 메 불 여 기 제 지 메 양   월 기 망

---

17 구사는 높은 자리에 있으나 초구와는 상응하지 않는다. 이것은 구사가 보기에 좋은 배우자가 없음을 말한다. 그러므로 시집을 못가는 것이 아니라 안 가는 것을 말한다. "더디게 시집감(遲歸)"은 부득이해서가 아니라, 스스로 시집을 늦게 가는 것을 말한다. 즉 적절한 때를 기다리는 것으로 육삼과는 반대의 상황을 말하고 있다. 왜냐하면 육삼은 시집을 못가서 안달하기 때문이다. "건(愆)"이라는 말은 어그러진다는 의미로 때가 아님을 말한다. 이에 대해 주자는 『주역본의』에서 "구사는 양으로 상괘에 자리하고 있으나 상응함이 없다. 그래서 현명한 여자가 가벼이 사람을 따르지 아니하여 혼기가 지나 시집가기를 기다리는 상이니 육삼과는 정반대이다(九四以陽居上體而无正應, 賢女不輕從人而愆期, 以待所歸之象, 正與六三相反)"라고 하였다.
18 좋은 상대가 나올 때가지 때를 기다려 시집을 가는 것을 말한다.

吉²⁰하리라.
길

■ 六五, 帝乙歸妹, 亓君之袂不若亓娣之袂良²¹ 日月旣望, 吉.
육 오 제 을 귀 매 기 군 지 매 불 약 기 제 지 매 양   일 월 기 망 길

육오는 제을이 누이동생을 시집보내니 그 정실의 소매가 그 누이동생의 소

<hr>

19 "제을이 누이동생을 시집보내니(帝乙歸妹)"라는 말은 육오가 존귀한 자리에 있으면서 아래 사람과 짝을 짓는 것을 비유하고 있다. 제을(帝乙)은 보통 두 가지 뜻으로 해석된다. 하나는 은나라의 천자로 주(紂)임금의 아버지를 말하기도 하고, 또 하나의 의미는 임금의 딸 혹은 임금의 여동생을 지칭하는 것이다. 여기에서는 천자로서의 제을을 지칭하는 것으로 보인다. "군(君)"을 『정자통(正字通)』에서는 "남편이 부인을 칭할 때에 군이라고 한다(夫稱婦曰君)"라고 하였는데, 여기에서는 육오가 시집가서 정실이 되는 것을 말한다. "메(袂)"는 옷소매를 말하는데, 이 구절에서는 옷을 장식하는 뜻으로 사용하고 있다. 이 세 구절은 육오가 높은 존위에 자리하면서 아래의 구이와 상응하는 것을 제을이 누이동생을 아래 사람에게 시집보내는 것으로 비유하고 있다. 지위가 훨씬 높은 자리에 있으면서 아래 사람에게 시집가면서도 겸손함을 버리지 않기 때문에 정실이면서도 그 옷소매가 검소하고 소박하여 측실보다 아름답지 못하다는 것을 말하고 있다. 이에 대해 주자는 『주역본의』에서 "육오는 유의 중으로 존위에 자리하고, 아래로 구이에 상응하여 덕을 숭상하고 꾸밈을 귀하게 여기지 않는다. 그러므로 제왕의 딸을 아래로 시집보내는데 의복이 성대하지 않은 상이 된 것이다(六五柔中居尊, 下應九二, 尙德而不貴飾, 故爲帝女下嫁而服不盛之象)"라고 하였다. 황수기의 『주역역주』 420쪽 참조 바람.

20 "기망(幾望)"은 달이 거의 보름달로 차는 것을 말하는데, 육오의 덕이 성(盛)하나 아직 가득 차지 않는 것을 비유하고 있다. 귀매의 때에 높고 존귀한 자리에 있으면서도 겸손하고 또 조금 모자란 듯한 미덕을 가지면 반드시 길할 것임을 말하고 있다. 정이천은 『이천역전』에서 "보름달은 음이 가득 찬 것이다. 가득 차면 양과 대적하나 기망은 가득 참에 아직 이르지 않았다. 오의 귀하고 높음으로 항상 가득차고 지극함에 이르지 않으면 남편에게 대항하지 않을 것이니 이것이 바로 길함이고, 여자가 존귀함에 처하는 도리이다(月望, 陰之盈也. 盈則敵陽矣, 幾望, 未至於盈也. 五之貴高, 常不至於盈極則不亢其夫, 乃爲吉也, 女之處尊貴之道也)"라고 하였다. 황수기의 『주역역주』 420쪽 참조 바람.

21 여기서 말하는 "기군(亓君)"은 제을의 딸을 말하는데 아직 시집가기 전을 일러 매(妹)라고 하고, 이미 시집간 후에는 군부인(君夫人)이라고 부른다. 여기에서 말하는 기군(亓君)은 군부인을 약칭(略稱)한 것이라고 볼 수 있다. 등구백 『백서주역교석』 199-200참조 바람.

매의 좋음만 못하여, 달이 거의 보름달 된 듯이 하면 길하리라.

█ 육오는 제을이 딸을 시집보내니 그 정실의 소매가 그 누이동생의 소매
의 좋음만 못하여 거의 보름에 가까운 길일(吉日)이라면 길할 것이다.

象曰 帝乙歸妹不如其娣之袂良也는 其位在中하여 以貴行也²²라.
상 왈 제 을 귀 매 불 여 기 제 지 몌 양 야　　 기 위 재 중　　　 이 귀 행 야

상전에 말하기를 제을이 누이동생을 시집보내니 그 주인의 소매가 그 동생
의 소매가 좋음만 못하여 라고 하는 것은 그 자리가 중에 있어 귀함으로 행
동하는 것이다.

上六은 女承筐无實이라 士刲羊无血이니 无攸利²³하니라.
상 육　　 여 승 광 무 실　　 사 규 양 무 혈　　 무 유 리 ·

---

22 이것은 육오의 길함이 겸손하고 중덕을 행하는데 있음을 나타낸 것으로 위에 있으면서도
아래 사람보다 더 자기를 낮추는 것을 말한다. 즉 중용(中庸)의 덕행을 지니고 있으면서
고귀한 신분으로 출가하였기 때문에 입고 있는 것은 그렇게 중요하지 않다는 말이다. 그
러므로 효사에서 "달이 거의 보름달 된 듯이(月幾望)"하고 또 옷소매를 첩보다 화려하지
않게 하는 것이다.

23 상육은 음유이고, 괘의 끝에 있고, 아래로 상응하는 효도 없다. 이는 마치 혼인할 것을
약속하고도 실제적인 혼인이 이루어지지 않는 여자의 경우와 같다. 이를테면 받아 줄 곳
이 없는 여자(상육)가 대바구니를 받아도 그 알맹이가 들어 있지 않은 빈 광주리를 받는
것과 같은 상으로 아래에 상응함이 없는 사(土, 상육)가 "양"(육삼)을 갈라 향응(饗應)
하려고 해도 피(血)가 없는 양이라 쓸모가 없는 경우이다. 따라서 아무런 이로운 일도 없
고 흉하다. "실(實)"은 광주리 속의 내용물을 말하고, "규(刲)"는 찔러서 지르는 것으로
"도(屠)"와 의미가 같다. "광주리를 이어 받았으나(承筐)", "양을 찔렀으나(刲羊)"라는
것은 "부부제사(夫婦祭祀)"에 관한 것으로 고대의 귀족들이 혼례를 할 때 종묘에 제사를
올리는 습속이다. 이 제사가 의미하는 것은 두 성(姓)이 합하여 위로 종묘에 후세를 이으
려는 것을 고하기 위한 것이다. 그런데 제사의 제물을 상징하는 광주리에 든 내용물이나
남자가 양을 잡았는데도 피가 없으면 헌향(獻享)할 방법이 없어서 부부의 제사를 지내기
가 어렵게 되었다. 그러므로 주자는 『주역본의』에서 "상육이 음유로 귀매의 끝자리에 자
리하여 상응하는 것이 없으니, 약혼을 하였으나 끝의 결과가 없는 것이다. 그러므로 그

■ 尙六, 女承筐无實, 士刲羊无血, 无攸利.
상 육 여 승 광 무 실 사 규 양 무 혈 무 유 리

상육은 여자가 광주리를 이어 받았으나 담겨진 것이 없고, 남자가 양을 찔렀으나 피가 없으니 이로운 바가 없다.

■ 상육은 여자가 빈 그릇을 받쳐 들고, 남자가 양을 잡았으나 피가 나지 않으니 이로운 바가 없다.

象曰 上六无實은 承虛筐也[24]라.
상 왈 상 육 무 실 승 허 광 야

상전에 말하기를 상육에 담겨진 것이 없다는 것은 빈 광주리를 받았다는 것이다.

상이 이와 같아서 그 점(占)은 이로운 바가 없는 것이다(上六以陰柔居歸妹之終而无應, 約婚而不終者也. 故其象如此而於占, 爲无所利也)”라고 하였다. 상육은 가장 높은 자리에 있는 것으로 “매(妹)”가 너무 높은 곳에 자리하고 있어서 지나치다. 그러므로 효사에서는 물극필반(物極必反)의 뜻을 발휘하여 경계하고 있다. 이에 대해 이도평(李道平)은 『주역집해찬소』에서 “여자라고 말하거나 남자(士)라고 말하는 것은 아직 부부가 되지 않았다는 것을 의미하는 말들이다. 먼저 여자가 앞서고 남자가 뒤에 가는 경우는 그 허물이 여자에게 있다. 그러므로 이로운 바가 없다는 점이 나와 괘사와 같다(曰女, 曰士, 未成夫婦之事, 先女後士, 咎在女矣. 故無攸利之占, 與彖辭同)”라고 하였다.

24 정이천은 『이천역전』에서 “광주리에 담겨진 것이 없다면 이것은 빈 광주리이니, 빈 광주리로 제사를 지낼 수 있는가. 제사를 올릴 수 없다는 것을 말한 것인데 여자가 제사를 받들 수 없다면 헤어지고 끊어질 뿐이다. 이는 여자가 시집감에 좋은 결과가 없다는 것이다(筐无實, 是空筐也. 空筐可以祭乎. 言不可以奉祭祀也, 女不可以承祭祀則離絕而已, 是女歸之无終者也)”라고 하였다.

*귀매괘의 의미와 교훈

　귀매괘(歸妹卦)와 점괘(漸卦)는 반대괘이다. 점괘(漸卦)는 그 중효(中爻)가 모두 정위이고, 그 취하는 상은 여자가 시집가는 것으로 여기에서는 어떤 일정한 순서에 따라서 점진적으로 과정을 수행하는 것을 강조하고 있다. 사물의 진행에는 순서에 따라 점차적으로 나아가야 하는데, 그것은 마치 여자가 시집가는 데 있어서 하나하나의 과정이 예와 합치할 것과 같다. 이에 비해 귀매괘는 중효가 모두 부정하고, 또 유가 강을 타고 있다. 이처럼 귀매괘에서 말하려고 하는 의미는 사실은 매우 복잡하여 파악하기가 쉽지 않다. 다만 귀매괘는 여자가 시집가는 점괘와는 분명히 구별된다는 점이다. 점괘에서는 여자가 순서에 따라 점진적으로 여섯 단계의 과정을 거쳐서 시집가는 것을 말하여 길함을 분명히 말하고 있다. 하지만 귀매괘의 괘사에서는 직접적으로 "나아가면 흉하니 이로운 바가 없다(征凶无攸利)"라고 하여 분명히 흉함을 말하고 있다. 이것을 보면『주역』의 작자는 여자가 정부인으로 가는 것은 바르고 예의에 합치되는 것이지만, 첩으로 가는 것은 바르지 않고 예의에 위배되는 것으로 생각한 것처럼 보인다.

　점괘와 귀매 두 괘가 반영하고 있는 혼인에 관한 관념들은 이미 상당한 정도에서 일부일처제가 정착되고 있음을 말해주고 있다. 당연히 군혼제(群婚制)의 잔재도 남아서 오랫동안 보존되는 것으로 생각한 것처럼 보인다. 은나라 때에는 이런 일부다처제의 현상이 매우 유행하였다. 주대(周代)에도 이런 일부다처제의 현상을 인정하고 하나의 예로써 인정하고 있다. 이것이 바로 후대에서 말하는 적서제(嫡庶制)이다. 작역자(作易者)가 점괘에서 말하는 것과 귀매괘에서 혼인에 대해 말하는 것은 적서제에 대한 일종의 관념적인 입장을 보여주는 것이라고 할 수 있다.

　적서제는 여자의 결혼을 크게 두 종류로 나누고 있다. 먼저 그것은 정실로 시집 가는 것인데, 예의에 합치하는 것으로 점괘에서 점진적인 과정과 의미를 통해서 설명하였다. 또 하나는 첩이 되는 경우를 말하고 있다. 비록 첩이 되는 경우를 예의에 맞지 않는 것으로 보면서도 여러 효사에서는 오히려 긍정적으로 말하는 경우가 많아서 다분히 주나라 사람들의 모순적인 심리상태를 보여주는 것으로 보인다. 이러한 결혼에 대한 관점은 일방적으로 남계(男系)위주의 생육제도(生育制度)가 가지고 있는 특징과 모순점을 보여주고 있다. 남계위주의 생육제도는 바로 주대의 적장자제도와 종법제의 확립에 결정적인 역할을 하였다. 그러므로 귀매괘는 천지(天地)의 교감(交感)이라는 큰 각도에서 보자면 크게 문제될 것이 없다. 그러나 현대적인 의미에서 일부다처의 모순점을 지적하는 그런 내용들을 말하고 있다. 이런 이유에서 많은 인류학자들은 『주역』의 음양관념이나 천지교감의 관점이 주대의 역사문화에 심각한 영향을 끼쳤다고 말하는 것이다.[25]

귀매괘는 표면적으로 말하면 남녀의 혼인문제를 말하고 있지만 실제로 이야기하려는 것은 천지 음양의 조화의 문제이다. 음양이 조화하여야 천지는 장구(長久)할 수 있고 만물도 번연(繁衍)할 수 있는 것이다.

---

25 김경방의 『주역전해』 430-1쪽 참조 바람.

55. ䷶ 뢰화풍(雷火豐, 🉑 豐 第三十一)

1) 괘의 순서

　풍괘(豐卦)가 귀매(歸妹)의 뒤에 오는 것에 대해 「서괘전」은 "돌아갈 곳을 얻은 자는 반드시 커진다. 그러므로 풍괘로 받았다(得其所歸者必大, 故受之以豐)"라고 하였다. 이에 대해 정이천은 『이천역전』에서 "물건이 돌아가 모이면 반드시 큰 것을 이룬다. 그러므로 귀매 뒤에 풍괘로 받았다(物所歸聚, 必成其大, 故歸妹之後, 受之以豐也)"라고 하였다.

2) 괘명의 의미

　풍(豐)의 의미는 높은 잔에 내용물이 많이 담겨 있다는 뜻이다. 풍(豐)의 아래에 있는 "두(豆)"는 예(禮)를 행하는 용기(容器)를 말한다. 용기 속에 좋은 내용물이 많은 것을 풍이라고 말한다.(『설문해자』에서는 "豐, 豆之豐滿者"라고 하였다.) 즉 예를 행하는 그릇인 두(豆)에 음식물이나 내용물이 풍만(豐滿)한 것을 말한다. 구별하여 말하면 물이 가득 찬 것을 만(滿)이라 하고, 물건이 가득 찬 것을 풍(豐)이라고 한다.

　풍(豐)자에는 풍대(豐大)·풍만·풍성(豐盛)의 여러 가지 뜻을 가지고 있다. 공영달은 『주역정의』에서 "단전과 서괘전에서는 모두 크다(大)는 뜻으로 풍(豐)을 해석하고 있다. 그러므로 풍이라는 것은 많고·크다는 것을 말하고 가득차고·충분하다는 뜻을 의미한다(彖及序卦皆以大訓豐. 然則豐者, 多大之名, 盈, 足之義)"라고 하였다.

　그런데 괘명으로서의 풍(豐)은 특수한 뜻을 가지고 있다. 풍이라는 것은 그림자가 커서(豐大) 태양을 막아버리는 것으로 이른바 일식(日蝕)을 말하고 있다. 괘명인 풍(豐)은 크고 풍성하다는 일반적인 뜻이 아니라, 일식이 일어났을 때 해를 가릴 만큼 엄청나게 큰 어두운 그림자를 말한다. 풍괘가 말하려는 것은 일식이라는 하나의 천문현상으로 그 의미는 일식은 결코 두려워할만한 것이 못되고, 결국은 지나갈 것이기 때문에 무서워하거나 두려워하지 말 것을 강조하고 있다.

3) 괘상의 의미

괘상으로 보면 풍괘(䷶)의 하괘는 이괘(離卦)로 불이나 밝음을 상징하고, 상괘인 진괘(震卦)는 우레나 움직임을 상징한다. 풍괘는 이 두 개의 상징이 합쳐져서 밝은 덕행으로 행동하면 반드시 사업이 풍성하게 될 것이라는 것을 나타낸다. 그러므로 인간 세상의 제왕이 풍의 도리를 얻으면 도덕과 성덕(盛德)으로 인간세계를 분명하게 관찰할 수 있게 된다. 군주가 천하가 돌아가는 것을 분명하게 관찰하여 서민들의 삶이 얼마나 고통스럽고 힘든가하는 것을 알아야 그의 정치의 결과가 풍성하게 될 것이다. 만약에 이러한 명찰(明察)이 없으면 그의 정치가 어떤 결과를 낼 것인가하는 것은 분명하다.

豐은 亨하니 王이야 假之하나니 勿憂인댄 宜日中[1]이니라.
풍　형　왕　격지　　물우　　의일중

---

1 "풍(豐)"은 크다(大)는 뜻으로 성대한 것을 의미한다. 그 때문에 모든 일이 생각대로 크게 형통한다고 말한다. 군왕(君王)은 평소에 천하를 풍성하게 하여야 하는 자이다. "격(假)"은 이르다(至), 도달하다의 뜻이다. 괘상으로 말하면 풍괘의 하괘는 태양을 상징하

백 豊², 亨, 王佳之. 勿憂, 宜日中³.
풍　형　왕 가 지　물 우　의 일 중

경의 의미 : 풍은 제사를 지내야 하고 왕은 반드시 제사에 참여 하여야 하니, 걱정을 하지 말며 (제사 지내는 시간은) 반드시 정오라야 한다.

전의 해석 : 풍은 형통하다. 왕이라야 (이런 단계에) 이를 수 있으니 걱정하지 말며 반드시 해가 중천에서 비추듯이 하여야 할 것이다.

백 풍경(豊京)은 매우 좋은 곳인데 문왕이 이곳을 세웠다. 걱정하지 말라, 해가 중천에 있을 때 제사를 올리면 좋을 것이다.

象曰 豊은 大也⁴니 明以動이라 故로 豊⁵이니
단 왈 풍　대 야　명 이 동　고　풍

는 이괘(離卦)이고, 상괘는 움직임을 상징하는 진괘(震卦)이다. 즉 밝음이 아래에서 진동(震動)하여 위로 올라가는데, 이것은 태양이 높은 곳으로 올라가는 것을 말한다. 태양이 떠오를 때나 질 때는 그렇게 밝지 않다. 그러나 정오가 되면 태양은 온 천하를 두루두루 비추어 미치지 못할 것을 걱정하지 않아도 될 만큼 충분히 밝다. 그래서 이 말은 왕의 교화가 온 천하에 모두 미친다는 뜻이 된다.

2 일반적으로 통행본 『주역』에서는 풍을 풍성하거나 풍만하다는 뜻으로 말하지만, 『백서주역』에서는 주나라의 수도인 풍경(豊京)의 뜻으로 사용하고 있다. 풍경은 지금의 섬서성(陝西省) 장안(長安) 서남쪽의 풍하(灃河) 서쪽을 말하는데, 주나라 문왕이 기(岐)로부터 이곳으로 옮겨왔다. 등구백 『백서주역교석』 206쪽 참조 바람.

3 "의일중(宜日中)"은 "일중의(日中宜)"로 정오에 제사를 올리는 것을 말한다. 여기서 의(宜)는 제사를 지내는 것을 말한다. 등구백 『백서주역교석』 206쪽 참조 바람.

4 이것은 풍이 크다는 뜻을 말하는 것으로 「서괘전」의 관점과 일치한다. 풍은 풍성하고 많다(多)는 것으로 이와 유사한 뜻인 대(大)가 합쳐져 풍은 바로 풍대(豊大)의 뜻을 가지게 되었다.

5 상하괘의 특성을 조합하여 풍괘(豊卦)를 설명하고 있다. "밝음으로써 움직인다. 그러므로 풍이니(明以動, 故豊)"라고 하는 말은 하괘인 이괘(離卦)가 밝음이고, 상괘인 진괘가 움직임의 뜻을 가지고 있어서 그 둘을 조합하면 밝음으로서 움직인다는 뜻이 된다. 그러므로 그 결과는 성대한 것으로 발전하게 된다.

단전에 말하기를 풍은 크니 밝음으로써 움직인다. 그래서 풍이라 한다.

王假之는 尙大也[6]요
왕 격 지 상 대 야

왕이라야 (여기에) 이를 수 있다는 것은 숭상함이 큰 것이요,

勿憂宜日中은 宜照天下也[7]라.
물 우 의 일 중 의 조 천 하 야

걱정을 하지 말며 해가 중천에서 비추듯이 하여야 할 것이라는 것은 마땅히
천하를 비추는 것이다.

日中則昃하며 月盈則食하나니 天地盈虛도 與時消息이온
일 중 즉 측 월 영 즉 식 천 지 영 허 여 시 소 식

而況於人乎며 況於鬼神乎[8]여.
이 황 어 인 호 황 어 귀 신 호

---

6 왕자(王者)는 천하를 성대하게 하는 것을 귀중하게 여기기 때문이다. 이 구절은 "왕이라
  야 이를 수 있다는 것(王假之)"을 해석하여 왕이 이런 풍성함에 이를 수 있는 것은 크고
  넓은 덕을 숭상하기 때문이라는 것을 설명하고 있다. 그러므로 왕필은 "크다는 것은 왕이
  숭상하는 것이기 때문에 여기에 이를 수 있다(大者, 王之所尙, 故至之也)"라고 하였다.
  또한 정이천은 『이천역전』에서 "왕자는 사해의 넓음과 백성의 많음을 소유하여 천하의 큼
  을 지극히 한다. 그러므로 풍대의 도는 오직 왕자만이 이룰 수 있는 것이다. 가진 바가 이
  미 크면 보존하고 다스리는 방법도 마땅히 커야 한다. 그러므로 왕자가 숭상하는 바가 지
  극히 큰 것이다(王者有四海之廣兆民之衆, 極天下之大也. 故豐大之道, 唯王者 能致之,
  所有旣大, 其保之治之之道, 亦當大也. 故王者之所尙, 至大也)"라고 하였다. 황수기
  『주역역주』 424쪽 참조 바람.
7 왕자(王者)의 밝음은 미치지 않는 곳이 없도록 천하를 두루두루 비추어야 하는 것을 말한
  다. 이 구절은 태양이 천하를 넓고 고루 비추기 위해서 가장 좋은 위치는 중천(中天)이기
  때문에 "해가 중천에서 비추듯이(宜日中)" 하여야 한다고 말한다. 그러므로 군주는 다른
  것을 걱정할 필요 없이 마치 해가 정중앙에 떠서 천하를 두루두루 비추는 것처럼 천하 사
  람들의 삶을 명찰하면 좋은 결과가 나올 것임을 말하고 있다.

해가 중천에 있으면 기울며, 달이 차면 줄어드니, 천지의 차고 비는 것도 때와 더불어 줄어들고 불어나거늘 하물며 사람에게 있어서이며, 하물며 귀신에 있어서랴.

象曰 雷電皆至豐[9]이니 君子以하여 折獄致刑[10]하나니라.
상 왈 뇌 전 개 지 풍　　　　　군 자 이　　　　 절 옥 치 형

상전에 말하기를 우레와 번개가 모두 다 이르는 것이 풍이니, 군자가 이를 본받아 옥사(獄事)를 판결하고 형벌을 집행한다.

初九는 遇其配主[11]하되 雖旬이나 无咎하니 往하면 有尙[12]이리라.
초 구　　 우 기 배 주　　 수 순　　 무 구　　 왕　　 유 상

---

8 해는 중천에 떠서 널리 천하를 밝게 비추지만, 중천(中天)을 지나면 점차 서쪽으로 기운다. 달은 차면 보름달이 되지만 시간이 지나면 점차 빠지게 되는 법이다. 천지도 차면 빠지는 성쇠(盛衰)가 있고, 때에 따라 소식(消息)하고 진퇴하는데 당연히 사람에게도 생멸변화가 있어서 항상 생(生)할 수만 없고, 변화불측한 기의 신령한 변화인 귀신에도 취산(聚散)이 있어 항상 취(聚)의 단계에만 머무를 수는 없다. 어느 것이나 영허소식(盈虛消息)의 보편적인 법칙에 따르기 때문에 풍성의 시기에는 "해가 중천에서 비추듯이 하여야 할 것(宜日中)"이라는 훈계를 반드시 지켜야 함을 말한다.

9 풍의 괘상은 상괘가 진괘인 우레이고, 하괘는 이괘인 전(電)으로 우레의 소리와 번갯불이 계속해서 나란히 이르는 것이 풍의 상이다. 『주역정의』에서는 "우레라는 것은 하늘의 위엄 있는 움직임이고, 번개라는 것은 하늘의 빛남이다. 우레와 번개가 다 같이 오면 위엄과 밝음이 모두 다 갖추게 되니 풍이라고 할 수 있다(雷者, 天之威動, 電者, 天之光耀. 雷電俱至, 則威明備足, 以爲豐也)"라고 하였다.

10 풍괘의 괘상은 우레와 번갯불이 계속해서 나란히 이르는 것을 상징하고 있다. 군자는 이 성대한 괘상을 본받아 하괘의 밝음(밝은 지혜)을 가지고 소송(訴訟)을 판정하고 난 뒤 상괘의 위엄 있는 움직임을 가지고 형벌을 집행해야 한다. "치형(致刑)"은 "형벌을 사용하는 것"과 같은 말이다. 이것은 군자가 우레의 위엄스런 움직임을 본받아서 "옥사(獄事)를 판결하고(折獄)" 번개의 광명함으로서 "치형(致刑)"한다면 형옥(刑獄)의 일은 결코 사사로움에 의해 좌우되지 않게 된다는 것을 말하고 있다.

11 "배주(配主)"라는 말에 대한 해석은 분분하다. 일설에는 좋은 짝의 뜻으로 해석한다. 일반적인 효례(爻例)의 경우 상응하여야 길하고, 상응하지 않으면 흉하거나 구회(咎悔)한다. 그래서 음양의 상응이 매우 중요하다. 그러나 본 괘의 효의 경우는 통례를 벗어나고

■ 初九, 禺亓肥主.¹³ 唯旬. 无咎. 往有尙¹⁴.
초구 우기비주 유순 무구 왕유상

초구는 그 짝이 되는 주인을 만나려 하되 비록 (둘 다 양으로) 똑같으나 허

있다. 즉 초효와 사효는 모두 양으로 적응(敵應)임에도 불구하고 초구의 효사는 무구이고, 구사는 길하다. 또 이효와 오효는 모두 음효인데도 불구하고 길하다고 말한다. 구삼과 상육은 상응함에도 불구하고 구삼은 무구이고, 상육은 흉이다. 이렇게 되는 이유는 대응하는 효 사이에 서로 존중하고 인정해 주기 때문이다. 이는 영웅이 영웅을 알아본다는 말로 비유할 수 있다. 육오와 육이는 군주가 진실한 신하들을 불러들 일 때 길하게 되는 경우이다. 본 효의 경우는 둘 다 강정(剛正)한 품성과 자질을 갖춘 사람들로 서로 짝이 될 수 있기 때문에 "배주(配主)"라고 말한다. "배(配)"는 필적한다는 의미이다. 둘다 강(剛)을 주(主)로 삼고 있어서 서로 굴복하지 않기 때문에 동등하다. 그러므로 초효는 사효를 "배주(配主)"라고 한다. 이와는 상대적으로 사효는 초효를 "이주(夷主)"라고 부르는데, "이(夷)"는 동등하다는 의미이다.

12 구사는 상괘인 진괘의 주효이다. 하괘인 이괘는 태양으로 고대에는 십간(十干)으로 태양을 세어 갑(甲)으로부터 계(癸)에 이르기까지 십일이 바로 하나의 순(旬)이 되고 또 다시 갑으로부터 계산한다. 그 때문에 순(旬)을 가득 찬 것으로 비유하고, 일순(一旬)을 넘어서면 바로 이지러지는(虧) 것이 된다. 이런 관점에서 해석하면 초구는 그 좋은 상대인 구사(配主)를 만나게 되는데, 일수(日數)가 한번 돌아서 꽉 차는 "순(旬, 10일)"이 되어도 아무런 허물이 없다고 말한다. 이에 비해『경전석문』에서는 "순(旬)"을 "균(均)"으로 보아 균등 또는 같다는 의미로 이해한다. 이것은 초효와 사효가 모두 양효라는 데 근거한 것이다. 이 구절은 초구가 풍성한 시기를 맞이하여 아래에 자리하나 밝은 덕을 가지고 있어서 배주인 사효와 그 덕이 균등하여 서로를 크게 해준다. 그 때문에 "무구(无咎)"하여 "나아가면 가상할 일이 있으리라(往有尙)"라고 말한다. 이처럼 "순(旬)"에 대한 뜻은 각기 다른데 그것을 크게 나누면 두 가지로 정리할 수 있다. 하나는 앞에서 말한 것처럼 정현, 우번, 이마이 우사부로나 빌헬름은 순(旬)을 십일(十日)로 본다. 이 관점은 호원 역시 같은 입장을 취하고 있다. 이에 비해 왕필, 정이천이나 주자는 모두 순(旬)을 균등(均)의 의미로 보고 있다. 주자는『주역본의』에서 "배주는 사를 말하고 순은 균등함이니, 모두 양을 말하는 것이다. 풍의 때를 당하여 밝음과 움직임이 서로 바탕하여 초구가 구사를 만날 때 비록 모두 양강이나 그 점(占)이 이와 같은 것이다(配主, 謂四旬, 均也. 謂皆陽也, 當豐之時, 明動相資, 故初九之遇九四, 雖皆陽剛而其占如此也)"라고 하였다.

13 등구백은『백서주역교석』에서 "우(遇)"를 "우(禺)"로 보아 꼬리가 긴 원숭이로 말하고 있다. "배주(配主)"를 "비주(肥主)", 즉 고대의 소수민족으로 춘추시기에 백적(白狄)의 일파인 "비족(肥族)"의 수령을 말하는 것으로 보고 있다. 등구백의『백서주역교석』207쪽 참조 바람.

물이 없으니, 나아가면 가상할 일이 있으리라.

🀫 초구는 비족의 수령을 만났다. 큰 재앙이 없다는 점괘를 얻었다. 계속 전진하면 좋은 상을 받을 것이다.

象曰 雖旬无咎니 過旬이면 災也[15]리라.
상 왈 수 순 무 구　　과 순　　　재 야

상전에 말하기를 비록 (둘 다 양으로) 모두 똑같으나 허물이 없으니, 대등함을 넘어서면 재앙이 올 것이라.

六二는 豊其蔀라 日中見斗[16]니 往하면 得疑疾하리니
육 이　　풍 기 부　　일 중 견 두　　왕　　득 의 질

---

14 등구백은 『백서주역교석』에서 "순(旬)"을 순(徇)으로 보해 순행(巡行)의 뜻으로 말하고 있다. 등구백의 『백서주역교석』 208쪽 참조 바람.

15 "과순(過旬)"은 대등함을 넘어서는 불균등(不均等)을 말한다. 그 이유는 자기를 먼저 내세울 때 재앙이라는 현상이 일어나기 때문이다. 이에 대해 『이천역전』에서는 "세가 균등하면 서로 낮추지 못하는 것이 일반적인 이치이다. 그러나 비록 (균등하게) 대적하더라도 서로 의지할 경우에는 서로 구함이 있다. 초효와 사효의 경우가 이것에 해당하니, 비록 대등하더라도 허물이 없는 것이다. 다른 사람과 함께 하면서 힘이 대등한 경우에는 자기 몸을 낮추어 서로 구하고 협력하여 일에 매진해야 하니, 만약 자신을 앞세우려는 사사로움을 품어서 위로 올라서려는 뜻을 가지면 환난이 닥치게 될 것이다. 그러므로 대등함을 넘어서면 재앙이 있다고 하는 것이다(夫勢均則不相下者, 常理也. 然有雖敵而相資者, 則相求也, 初四是也, 所以雖旬而无咎也. 與人同而力均者, 在乎降己以相求, 協力以從事, 若懷先己之私, 有加上之意, 則患當至矣, 故曰過旬災也)"라고 하였다.

16 육이는 본래 중(中)에 자리하고 정위를 얻어 해가 중천에 있는 상임에도 불구하고 왜 "대낮에도 북두성을 보니(日中見斗)"라고 하는가? 이것은 기본적으로 육이와 육오의 관계를 통해서 말하는 것이다. 육오는 어둡고 문제가 많은 군주이다. 그래서 육이의 밝음이 육오에 의해 덮이는 것을 상징하고 있다. 이것은 마치 태양이 가리워져 대낮에도 너무 어두워 별을 볼 수 있는 것과 같은 것이다. "부(蔀)"가 무엇인가에 대한 관점은 매우 분분하다. 정현은 작은 깔개(小席)라고 말하지만, 후대의 대부분의 학자들은 가리는 물건으로 말하고 있다. 우번은 "해가 구름 속에 가려지는 것(日蔽雲中)"으로 말하고 있다.

有孚發若하면 吉[17]하리라.
유 부 발 약   길

 六二, 豊, 亓剖日中, 見斗, 往. 得疑疾, 有復, 洫若.
육 이 풍 기부일중 견두 왕 득의질 유복 혁약

육이는 그 차양을 더욱 크게 함이라. 대낮에도 북두성을 보니 가면 의심과
미움을 얻게 되니 진실함을 가지고 덮은 것을 벗기면 길할 것이리라.

 육이는 풍도에는 정오 때에 분명하게 보이나, 별이 보일 때쯤 풍도는 밤
의 장막 속으로 사라진다. 어떤 사람이 밤에 야외에서 괴질에 걸려 집으로
돌아오는 중에 매우 두려워하였다.

象曰 有孚發若은 信以發志也[18]라.
상 왈 유부발약   신 이 발 지 야

"그 차양을 더욱 크게 하니(豊其蔀)"라는 말은 덮어 버리는 것이 매우 큰 것을 말한다.
"일중(日中)"은 정오를 말하고, "두(斗)"는 북두칠성을 가리키는데, 이것은 하늘이 매우
캄캄하여 정오에도 북두성을 볼 수 있다는 말이다. 이에 대해 김경방은 『주역전해』에서
일식(日蝕)의 관점에서 이 구절을 해석하고 있다. 즉 "일중견두(日中見斗)"라는 구절의
"일중(日中)"을 일식이 발생한 시각으로 보아 그것이 마침 정오에 일어났다는 것이다.
이런 입장에서 "풍기부(豊其蔀)"를 검은 그림자가 갈수록 커져 태양 전체를 거의 모두
가려버려서 북두칠성이 출현하는 것으로 풀이한다. 김경방 『주역전해』 436쪽 참조 바람.

17 대낮에도 북두성을 볼 수 있을 정도로 어두운 암흑의 시기에 나아감은 의심과 미움을 받
게 될 가능성이 크다. 여기에서 이런 어려움을 빠져나갈 방법은 "마음에 진실함을 가지
고 덮은 것을 벗겨야(有孚發若)" 길할 수 있다. 즉 육이가 이 어려움을 빠져나갈 수 있
는 유일한 방법은 자신의 참된·마음으로 육오를 움직이게 하는 것이다. 육이가 비록 자
신이 가지고 있는 밝은 덕을 스스로는 크게 할 수 없으나, 위치가 중정하고 진실한 마음
을 발휘할 수만 있다면 혼란하고 어두운 것을 벗어나 길함을 얻을 수 있게 된다고 말한
다. 즉 육이(밝음)가 육오(昏暗한 군주)를 따르려고 하면 반드시 의심을 받고 미움을 받
을 가능성이 크지만, 오직 진실함을 거듭 쌓아 나약하고 어두운 군주(육오)의 심지(心志)
를 깨우쳐 여는데 이르면 길하게 된다는 말이다. 백서주역에서는 "발약(發若)"을 "혁약
(洫若)"으로 쓰고 있는데 뜻은 두려워하는 모양이다. 등구백의 『백서주역교석』 208-
209쪽 참조 바람.

상전에 말하기를 진실함을 가지고 덮은 것을 벗기면 길할 것이라는 것은 믿음으로써 뜻을 열어 주는 것이다

九三은 豊其沛니 日中見沬[19]요 折其右肱이니 无咎[20]이니라.
구 삼　풍 기 패　　일 중 견 매　　절 기 우 굉　　무 구

백 九三, 豊其蔀, 日中見茉, 折亓右弓. 无咎.
구 삼　풍 기 번　　일 중 견 말　　절 기 우 궁　　무 구

---

18 진실함을 다하여 혼암(昏暗)한 군주(육오)의 마음을 감동시킨다는 것을 말한다. 이에 대해 정이천은 『이천역전』에서 "'마음에 진실함을 가지고 덮은 것을 벗기면'이라는 말은 자신의 진실함으로 윗사람의 마음을 감동시킴을 말한다. 만약 윗사람의 마음을 감동시켜 발하게 하면 그 길함을 알 수 있으니, 비록 나약하고 어두우나 열어줄 수 있는 방법은 있다(有孚發若, 謂以己之孚信, 感發上之心志也. 苟能發則其吉可知. 雖柔暗, 有可發之道也)"라고 하였다.

19 구삼은 양강으로 매우 밝은 지혜를 가진 인재를 말한다. 그러나 상육과 서로 의지하지 못하여 자신의 능력을 발휘하지 못하고 있다. "패(沛)"는 "패(旆)"와 같은 글자로 통용되는데, 『경전석문』에서는 "본래 패(旆)인데 번만(幡幔, 휘장을 말함)을 말한다(本或作旆, 謂幡幔也)"라고 하여, 휘장으로 보고 있다. 백서주역본에서는 "번(蔀)"으로 보아 식물 이름으로 해석하고 있다.(등구백의 『백서주역교석』 209쪽 참조) "매(沬)"에 대해서 정현은 매(昧)로 보고 있고, 『자하역전(子夏易傳)』에서는 별이 듬성듬성한 뜻으로 말하고 있다. 왕필 역시 희미한 밝음의 뜻으로 해석하고 있다. 왕필은 "패는 장막으로 강한 빛을 가리는 것이다. 매는 밝기가 희미한 것이다. 상육과 응해서 뜻이 음에 있으므로, 비록 음으로 음에 처하는 것보다는 나으나 또한 어둠을 면할 수는 없다. 그 큰 장막에 가려져 있으니 해가 중천에 있는 가운데에도 희미한 빛이 보이는 것을 말하는 것이다(沛, 幡幔, 所以禦盛光也. 沬, 微昧之明也. 應在上六, 志在乎陰, 雖愈乎以陰處陰, 亦未足以免於闇也. 所豐在沛, 日中則見沬之謂也)"라고 하였다.

20 "오른팔(右肱)"은 사람들이 가장 많이 사용하는 것을 말한다. "오른팔을 분질러 놓은 것(折其右肱)"은 현명하고 지혜로운 사람이 등용되지 못함을 말한다. 구삼은 양강으로 또한 하괘의 밝음에 속한다. 비록 의지가 강하고 밝은 지혜를 가지고 있으나, 스스로 근신하지 못하여 쓰이지 못한 상황을 "오른팔을 분질러 놓은 것"으로 상징하고 있다. 그러나 구삼은 양효로 바른 자리에 있어서 겸손하기만 하면 재난을 피할 수 있다. "무구(无咎)"라는 말은 해석자에 따라 다소간의 차이가 있다. 『주역본의』는 "무구(无咎)"를 "허물이 아니다(非咎)"라고 하여, 구삼 자체의 허물이 아닌 것으로 해석하고 있다. 이에 비해 정이천은 『이천역전』에서 "허물을 돌릴 곳이 없다(無所歸咎也)"라고 하여, 스스로 자초한 재앙으로 말하고 있다.

구삼은 그 장막을 크게 하니 해가 중천에 있는데도 작은 별을 볼 수 있다. 오른팔을 분질러 놓은 것처럼 (스스로 조심) 하면 허물이 없을 것이니라.

🔳 구삼은 풍도에 번초(蕃草)가 무성하여 한 낮에 자스민 꽃을 볼 수 있으니 오른쪽 활이 부러지니 점을 쳤는데 허물이 없을 것이라는 점괘를 얻었다.

象曰 豊其沛라 不可大事也요 折其右肱이라 終不可用也²¹라.
상왈 풍기패   불가대사야   절기우굉   종불가용야

상전에 말하기를 그 장막을 크게 하니 큰일을 할 수 없고, 오른 팔이 분질러졌으니 끝내는 쓰이지 못할 것이니라.

九四는 豊其蔀라 日中見斗²²니 遇其夷主하면 吉²³하리라.
구사   풍기부   일중견두   우기이주   길

---

21 "그 장막을 크게 하니 큰일을 할 수 없고(豐其沛, 不可大事也)"라는 말은 너무나 어두워 큰일을 할 수 없음을 말한다. "오른 팔이 분질러졌으니 끝내는 쓰이지 못할 것이니라(折其右肱, 終不可用也)"는 말은 오른팔이 가장 많은 힘을 쓸 수 있는데 그것이 부러져 결국은 사용할 수 없게 됨을 말한다. 말하자면 구삼은 끝내 등용되지 못한다는 말이다.

22 구사는 육이와 비슷한 경우이다. 구사는 양강으로 상괘인 진괘(震卦)의 주효이지만, 대신의 지위로 육오와 만나서 성대하게 할 수 없다. 왜냐하면 구사는 부중정하여 "그 차양을 더욱 크게 하기(豐其蔀)" 때문이다. 이에 대해 『주역절중』에서 곽옹의 말을 인용하여 이효와 사효의 다른 점을 중정(中正)의 여부에 따라서 말하고 있다. 즉 이효는 상응이 아님에도 불구하고 "진실함을 가지고 덮은 것을 벗기면 길할 것이리라(有孚發若, 吉)"라고 하는 것은 중정하기 때문이다. 이에 비해 사효의 경우는 중정이 아니다. 하지만 만약 "대등한 주인을 만나면 길하다(遇其夷主, 吉)"라는 결과에 이를 수 있다. 두 효의 효사는 서로 비슷하고 끝내 길하게 된다는 점에서 매우 유사하다(而有孚發若吉者, 中正也. 四之豐蔀見斗, 非中正也. 而遇其夷主吉者, 應初之求而有遇也. …… 二爻之義實相類, 故其辭同, 而皆終之以吉)고 하였다.

23 여기서 말하는 "이주(夷主)"는 초구를 말한다. "이(夷)"는 균등함의 뜻으로 초구와 구사가 둘 다 같은 덕으로 서로 도와줌을 말한다. 위에 있는 사람은 아래에 있는 자를 부를 때 이(夷)라는 말을 사용한다. "이주(夷主)"는 초구와 구사를 지칭하는 것으로 둘 다 똑같은 양의 덕성을 가지고 있다. 구사는 다만 지위상에서 오의 군주보다 낮을 뿐 역시 높

■ 九四, 豊, 亓剖日中, 見斗禺亓夷主. 吉.
구 사 풍   기 부 일 중   견 두 우 기 이 주   길

구사는 그 차양을 더욱 크게 한다. 대낮에도 북두성을 보니 대등한 주인을 만나면 길하다.

■ 구사는 한 낮에 풍도는 분명하게 보였고, 저녁 무렵에 오랑캐의 수령을 만났다. 점을 치니 길한 결과가 나왔다.

象曰 豊其蔀는 位不當也일새라.
상 왈 풍 기 부   위 부 당 야

상전에 말하기를 그 차양을 더욱 크게 한다는 것은 위가 부당하기 때문이고,

日中見斗는 幽不明也일새요
일 중 견 두   유 불 명 야

대낮에도 북두성을 볼 수 있다는 것은 어두워서 밝지 못하다는 것이요,

遇其夷主는 吉行也[24]라.
우 기 이 주   길 행 야

은 대신의 지위에 있다. 그러나 육오는 음으로 정위가 아닌 폭군을 상징한다. 그래서 육오는 정오에도 북두칠성을 볼 수 있게 할 만큼 태양의 밝음을 가리는 큰 휘장과 같은 존재라고 말한다. 그러나 만약 구사가 똑같이 강정(剛正)한 초구와 교류하여 함께 힘을 합하여 행동하면 길할 수 있다고 말한다.

24 이것은 구사의 강효가 유의 자리에 있어서 지위가 부당하고 또 어두운 암흑의 시기에 처해 있으나, 자신과 뜻을 같이하는 사람을 찾아서 함께 행동하면 길하다는 것을 말하고 있다. 이에 대해 정이천은 『이천역전』에서 "자리가 마땅하지 않다는 것은 중정하지 못함으로 높은 자리에 있는 것을 말하니, 이 때문에 어두워 풍성함을 이루지 못하는 것이다(位不當, 謂以不中正, 居高位, 所以闇而不能致豊)"라고 하였다. 『주역거정』에서는 "행(行)"자 위에 "지(志)"자가 빠진 것으로 보고 있는데, 나름대로 타당성이 있는 것으

대등한 주인을 만난다는 것은 길하게 행함이라.

六五는 來章이면 有慶譽하여 吉²⁵하리라.
육오 내장   유경예   길

백 六五, 來章有慶, 擧. 吉.
육오 래장유경   거 길

육오는 빛나는 아름다운 것을 오게 하면 경사와 명예가 있어서 길하리라.

백 육오는 성실하게 일하여 표창을 받아 벼슬을 받도록 추천되었다. 점을
치니 길하다.

象曰 六五之吉은 有慶也²⁶라.
상왈 육오지길   유경야

로 보인다.

25 이것은 육오가 음으로 풍괘의 존위에 자리하여, 비록 음유이기는 하나 구이의 양강의 도움을 받고 있기 때문에 천하의 빼어난 인재들을 불러 모아 "경사와 명예가 있게(有慶譽)"하여 길할 수 있음을 말하고 있다. 이에 대해 주자는 『주역본의』에서 "그 바탕은 비록 유약하고 어리석으나, 만일 천하의 밝은 인재를 오게 하면 경사와 명예가 있어서 길할 것이다. 유약하고 어리석기 때문에 이런 말을 해서 처해야 할 도리를 열어놓은 것이니 점치는 사람이 능히 이와 같이 하면 그 점(占)과 같을 것이다(質雖柔暗, 若能來致天下之明, 則有慶譽而吉矣. 蓋因其柔暗而設此以開之, 占者能如是則如其占矣)"라고 하였다. "장(章)"은 문체나 아름다운 무늬인데, 여기에서는 미덕(美德)으로 말하고 있다. 육오는 음유로 군주의 자리에 있어 그 자체로는 길한 조건을 갖추지 못하고 있다. 그러나 만약 상응하는 구이로 하여금 이런 미덕을 가진 현자들을 불러 보조하게 한다면 길함과 영예를 얻게 될 것이다. 하괘인 이괘(離卦)는 밝음의 뜻을 가지고 있기 때문에 "장(章)"이라는 말을 사용한다.

26 정이천은 『이천역전』에서 "이른바 길하다는 것은 경사와 복이 천하에 미칠 수 있게 한다는 것이다. 군주가 비록 유약하고 어두우나 만일 어진 사람을 등용하면 천하의 복이 될 수 있으니, 오직 어진 사람을 쓸 수 없을까를 걱정할 뿐이다(其所謂吉者, 可以有慶福及于天下也. 人君雖柔暗, 若能用賢才則可以爲天下之福, 唯患不能耳)"라고 하였다.

상전에 말하기를 육오의 길함은 경사가 있는 것이다.

上六은 豊其屋하고 蔀其家라 闚其戶하니 闃其无人하여
상 육　　풍 기 옥　　　부 기 가　　규 기 호　　　격 기 무 인

三歲라도 不覿이로소니 凶[27]하니라.
삼 세　　　　부 적　　　　　흉

백 尙六, 豊亓屋, 剖亓家, 闚亓戶, 哭亓无人, 三歲不遂. 凶.
상 육　 풍 기 옥　 부 기 가　규 기 호　 격 기 무 인　 삼 세 불 수　 흉

상육은 그 집을 크게 하고 그 집을 차양으로 덮었으며 그 문틈으로 들여다 보니 (그 집에) 사람이 없어 고요하다. 3년이 지나도 (그 집의 사람을) 볼 수 없으니 흉하다.

---

27 "규(闚)"는 문틈으로 엿보는 것을 말하고, "격(闃)"은 고요하다는 의미이고, "적(覿)"은 본다는 뜻이다. 백서주역에서는 "격(闃)"을 "격(哭)"으로 쓰고 있다. 쇼니씨의 영역본에 서는 알려지지 않는 "哭"을 통행본의 "격(闃)"의 소리를 빌려 사용한 것으로 말하고 있다. 뜻은 화내다(怒)의 의미로 해석한다. 상육은 음유의 소인으로 풍괘의 극의 자리에 있고, 또 상괘인 움직임의 종료를 의미하기 때문에 불안정하다. 하괘의 광명함은 여기까지 이르지 못하여 어둡다. 마치 큰 주렴을 이용하여 집을 완전히 덮어서 더욱 어둡게 만들어서 문틈으로 고요히 살펴보아도 사람의 그림자를 발견할 수가 없는 것과 같다. 더욱이 3년이 지난 뒤에도 사람이 출입하는 것을 볼 수 없다. 이런 식으로 완전히 고립된다면 당연히 흉하게 될 것이다. 이에 대해 정이천은 『이천역전』에서 "집을 크게 지었다는 것은 너무 높음에 처한 것이고, 집에 주렴을 쳤다는 것은 밝지 못함에 처한 것이다. 음유로써 풍성함에 자리하고 지위가 없는 자리에 있으니 이는 바로 지나치게 높고 어두워 스스로 남과 단절하는 것이니, 사람이 누가 그와 친하려 히겠는가. 그러므로 그 문을 엿보매 고요하여 사람이 없는 것이다. 3년의 오램에 이르도록 변할 줄을 모르니 그 흉함이 당연하다. 만나보지 못한다는 것은 아직도 사람을 만나지 못함을 이르니 변하지 않은 것이다. 육이 괘의 마지막에 자리하여 변할 뜻이 있으나 옮기지 못한다. 이는 재주가 할 수 없기 때문이다(豊其屋, 處太高也. 蔀其家, 居不明也. 以陰柔居豊大而在无位之地, 乃高亢昏暗, 自絶於人, 人誰與之. 故闚其戶, 闃其无人也. 至於三歲之久而不知變, 其凶宜矣. 不覿, 謂尙不見人, 蓋不變也. 六居卦終, 有變之義而不能遷, 是其才不能也)"라고 하였다.

■ 상육은 집을 크게 지어 분가하여 따로 살면서 삼년이 되도록 후사가 없어서 노하였다. 점을 치니 흉한 점이 나왔다.

象曰 豊其屋은 天際翔也요 闚其戶闃其无人은 自藏也[28]라.
상왈 풍기옥   천제상야   규기호격기무인   자장야

상전에 말하기를 그 집을 크게 한다는 것은 하늘 끝까지 비상(飛翔)하는 것이고, 그 문틈으로 들여다보니 고요하여 사람이 없다는 것은 스스로 감추는 것이다.

* 풍괘의 의미와 교훈

풍괘(豐卦)는 성(盛)함과 쇄락함이 일정하지 않다는 것에 대해 말하고 있다. 비록 괘명은 성대하다는 의미의 풍이나 전체 괘는 오히려 하늘의 해가 보이지 않는 상황에 대해서만 이야기하고 있다. 이것은 아무리 성대하고 풍요로운 상황도 결국은 반드시 쇄락하게 된다는 점을 경계(警戒)하

---

28 "제(際)"는 시간적으로는 교체하는 시기를 말하고, 공간적으로는 사이, 끝을 말한다. 하늘 끝까지 비상한다는 것은 소인이 뜻을 얻은 것으로 마치 하늘 위를 날아오르는 것처럼 뜻을 얻어서 날로 더욱 어두워져 끝내는 어떠한 사람도 오지 않아 완전히 고립에 빠져버리는 것을 말하고 있다. 이것은 다른 사람에 의해서 버려진 것이 아니라 스스로를 봉쇄한 것이라고 할 수 있다. 이에 대해 정이천은 『이천역전』에서 "육이 크고 풍성한 극의 위치에 처하여 높은데 있으면서 스스로를 높게 하여 하늘가에서 비상하는 것처럼 하니, 높고 큰 것이 지나침을 말한다. 그 문을 엿보매 사람이 없어서 비록 풍성하고 큰 극의 위치에 자리했으나 실제는 지위가 없는 자이니 사람이 어리석고 스스로 높은 체한다. 그래서 모두 그와의 만남을 버리고 끊어버리고 스스로 감추고 피하여 다른 사람과 더불어 친하지 않게 되는 것이다(六處豐大之極, 在上而自高若飛翔於天際, 謂其高大之甚. 闚其戶而无人者, 雖居豐大之極, 而實无位之地, 人以其昏暗自高大, 故皆棄絶之, 自藏避而弗與親也)"라고 하였다.

기 때문이다. 이런 도리를 알고 있는 현명한 지도자라면 마땅히 적극적으로 발전을 기하고 재물을 만들어내어 천하로 하여금 풍족하게 하여 서로 나누어 향유하도록 하여야 한다.

일시의 풍요로움은 사람들로 하여금 그것이 영원히 지속될 것으로 생각하게 만들기 쉽다. 그러나 영원한 풍요로움이란 없다. 반드시 편안함 속에서 항상 위태로움을 생각하도록 하고 , 능력 있는 인재들을 찾아 등용하여 미래의 사태에 대비하여야 한다. 이런 방향으로 적극적인 노력을 기울여야 평안함과 태평함을 유지하고, 풍성한 성과를 지속하여 성대함이 방탕함으로 빠지는 것을 막아낼 수 있다. 그렇지 않으면 스스로 안일함에 빠져 자신과 다른 사람들을 차단하게 하여 끝내 완전히 고립되어 어두움에 빠져버리게 될 것이라는 교훈을 풍괘는 말하고 있다.

풍괘의 여섯 효는 모두 크고 풍성한 상태에 대해 각기 다른 관점을 말하고 있다. 상황이 모두 다르기 때문에 길흉의 결과 또한 모두 다르다. 크고 풍성한 시기는 잠시이고 상대적이라는 점이다. 모든 사물의 발전은 모두 이러하다. 크고 풍성한 것 역시 줄어들고 작아지고, 줄어들고 작아 지는 것 역시 풍성하고 큰 것으로 변화하게 마련이다.

56. ䷝ 화산여(火山旅, ䷾ 旅 第五十二)

1) 괘의 순서

　여괘(旅卦)가 풍괘(豐卦)의 뒤에 오는 것에 대해 「서괘전」은 "풍은 큰 것이니, 큰 것을 최대한으로 한 자는 반드시 거처를 잃기 때문에 여괘로 받았다(豐者大也. 窮大者必失其居, 故受之以旅)"라고 하였다. 풍(豐)은 성대함이고, 여(旅)는 여행하는 것을 말한다. 풍성함이 극단에 이르면 반드시 자기가 거주하고 있는 곳까지 잃어버린다. 거주하고 있는 곳을 잃어버리면 바로 목표 없이 떠돌아다니는 사람이 되어버린다. 그러므로 풍괘 뒤에 여괘가 따라오는 것이다.

　풍(豐)은 풍족함과 포화상태를 말하는데, 물리적 세계나 인간사에 있어서 포화의 상태는 계속적으로 유지할 수 없다. 진시황이 폭정으로 천하를 통일하였으나 14년이 못되어 망해버렸는데, 이것이 바로 가장 빠른 순환이다. 주(周)나라 왕조가 태왕(太王)에서 성왕(成王)에 이르기까지 계속적으로 인(仁)을 행하여 천하를 통일하였다. 그럼에도 불구하고 700년 후에 똑같이 망했다. 진(秦)나라에 비해 매우 늦은 순환이라고 말할 수 있으나 끝내는 흥망의 순환을 벗어나지 못하였다. 인정(仁政)이나 폭정을 막론하고 순환의 느리고 빠름만이 있을 뿐이지 결코 순환하는 이 힘을 완전히 벗어날 수는 없다.

2) 괘명의 의미

　『설문해자』에서 "여는 5백 명의 군이다(旅, 軍之五百人)"라고 하였다.

『주역정의』에서는 "본래 살던 곳을 잃어버리고 다른 지방에 기거하는 것을 일러 여라고 한다(失其本居, 而寄他方, 謂之爲旅)"라고 하였다. 여행은 항상 장소를 바꾸어 불안정하게 행동하는 것으로 그렇게 하는 이유는 대부분 안정된 직업을 잃었거나, 죄를 지어 도망한 경우나 혹은 뜻을 얻지 못한 경우라고 할 수 있다. 그러므로 크게 형통할 수가 없다.

사람이 바깥에서 여행할 때 생활은 불안정하고 주위에 있는 사람들은 모두 모르는 사람으로 그에 대한 관심은 전혀 없다. 그래서 이와 같은 사람은 늘 이리저리 방황하여 그 심리 상태는 결코 정상적이지 못하다. 어떤 상황에 있든 간에 모두 반드시 정도를 지켜야만 비로소 길할 수 있는데, 여행은 더욱 그러하다.

여괘(旅卦:☲☶)는 풍괘(☴☶)의 도전괘이고 풍괘의 상육이 바로 여괘의 초육이다. 풍의 상육은 천하를 크게 가지고 있는 반면에, 여괘의 초육은 국가가 망해서 어디에 발 디딜 수가 없는 처지이다. 이 때문에 편안히 머물 수 있는 나라가 없어 도처로 유랑하며 다른 사람의 울타리 밑에서 목숨을 부지해야 한다. 여(旅)라는 것은 한마디로 나그네를 말하고, 돌아갈 집이 없음을 말한다. 여괘는 풍괘로부터 변한 것으로 만약 감각이 없는 사람이 아니라면 여행 중에 이미 잃어버린 영화와 부유하였던 옛날을 생각하지 않을 수가 없을 것이다.

3) 괘상의 의미

여괘의 괘상으로 보면 산위에 불이 있는 것으로 원래 거주하던 곳을 잃어버리고 거처 없이 이리 저리 떠돌아다니는 상이 나오게 된다. 그러나 간괘(艮卦)에는 멈추는 의미가 있고, 이괘(離卦)에는 부착(附着)되는 의미가 있기 때문에 광명(光明) 위에 머무르고, 부착되는 그런 의미도 가

지고 있다. 사람이 여행할 때 생활이 불완전하고 주위에는 전혀 그를 도
와줄 사람이 없다. 그러나 이런 어려운 상황에서도 바른 도리를 지킬 경
우 결코 흉하지만은 않을 것이다.

旅는 小亨[1]하고 旅貞하여 吉[2]하니라.
여　　소형　　　여정　　　길

■백 旅, 小亨. 旅. 貞, 吉.
여　소형　여　정　길

　　경의 의미 : 여는 작은 제사를 지낸다. 여행에 대해 점치니 길하다고 하였다.

　　전의 해석 : 여는 조금 형통하여 여행하는데 바르면 길하다.

　　■백 군대가 수는 적으나 싸우면 이긴다. 군대를 출동시켰다. 점을 치니 길
　　하다.

---

1 "여(旅)"는 비록 거주하는 곳을 잃어버렸으나 여전히 곤경한데 빠져 버린 것은 아니기 때
  문에 형통할 수 있다. 그러나 이 경우의 형통은 "소형(小亨)"이지, 대형(大亨)은 아니다.
  괘의 재질(才質)로 볼 때 여가 소형할 수 있는 것은 육오가 주효이고, 유로서 중을 얻어
  강을 따르기 때문이다. 여괘가 대형할 수 없는 것은 곤궁에 빠졌을 때 아래로부터 양강중
  정한 사람의 도움을 받아야 하는데 여괘에는 이런 것이 보이지 않기 때문이다. 『주역집해』
  에서는 우번의 말을 인용하여 "소는 유를 말하는데 귀한 자리를 얻어서 강을 따르고, 크
  게 밝은 것에 붙어 있기 때문에 '여는 조금 형통하여'라고 말한다(小, 謂柔, 得貴位而順
  剛, 麗乎大明, 故旅小亨)"라고 하였다.
2 이것은 여행하는 것이 비록 작은 일이라 할지라도 구차하고 경솔해서는 안 되고, 마땅히
  바른 방향을 지켜야만 길함을 얻을 수 있음을 말하고 있다. 주자는 『주역본의』에서 "여는
  일정한 거처가 있는 것이 아니니 구차할 듯하나, 도는 있지 않는 곳이 없다. 그러므로 저
  절로 그 바른 도가 있기 때문에 도에서 잠시라도 벗어날 수는 없다(旅非常居, 若可苟者,
  然道无不在, 故自有其正, 不可須臾離也)"라고 하였다.

象曰 旅小亨은 柔得中乎外而順乎剛³하고 止而麗乎明⁴이라
단 왈 여 소 형　　유 득 중 호 외 이 순 호 강　　　지 이 이 호 명

是以小亨旅貞吉也⁵니
시 이 소 형 여 정 길 야

단전에 말하기를 여가 조금 형통하다는 것은 유(柔)가 밖에서 중을 얻고
강을 따르고, 그치고 밝음에 걸려 있기 때문이다. 그러므로 조금 형통하여
여행하는데 바르면 길한 것이니,

旅之時義大矣哉⁶라.
여 지 시 의 대 의 재

---

3 이 부분은 괘사에 대해서만 해석하고 있다. 괘의 재질로 말하면 여가 "조금 형통하여 여
행하는데 바르면 길하다(旅, 小亨, 旅貞吉)"라고 하는 관건은 육오라는 효에 있다. 육오
의 유가 외괘(離)의 중을 얻어 주효이며, 상구(承)와 구사(乘)의 두 강에 가깝게 친하게
지내며 잘 따르고 있다. 육오가 유중(柔中)으로 존위에 있지만 아래에 도와줄 상응도 없
기 때문에 두 강에 순종하여 도움을 받으려 한다. 이러한 점들은 한 걸음 물러나서 오히려
몇 걸음을 더 나아가려는 방식으로 여괘(旅卦)가 가지고 있는 근본적인 함의와 잘 맞아
떨어진다.

4 여괘의 하괘는 간(艮)이고, 상괘는 이괘(離卦)로 상하의 괘를 합하여 보면 밝은 곳에 멈
추어 붙어 있는 상이다. 밝은 것에 멈추어 붙어 있다는 것은 바름을 지킬 수 있는 것을 상
징하는 것으로 사악하고 어두운 것에 빠지지 않는 것을 말한다. 여괘의 육오는 중을 얻고
강을 따르고 또 밝은 것에 멈추어 붙어 있기 때문에 "소형(小亨)"하고, 여행하면서도 바
르고 길할 수 있게 된다.

5 괘사에서는 "여행하는데 바르면 길하다(旅貞吉)"라고 하였으나, 「단전」에서는 "여행하는
데 바르면 길한 것이다(旅貞吉也)"라고 하여 "야(也)"를 하나 더 붙이고 있다. 이것은 괘
사에서 말한 원래의 말을 인과적(因果的)인 판단의 말로 바꾸어 놓고 있다. 다시 말해서
여괘의 주효, 즉 여행하는 자는 중정하기 때문에 바깥에서 바름을 지키면 그 결과는 길하
다는 것이다.

6 여괘가 가지고 있는 시세(時勢)의 의미가 중요하다는 것을 말하고 있다. 사실 여행이라는
것은 일종의 역경(逆境)에 처해 있는 것이지만 역경에는 그 나름대로의 시세의 의미가 있
기 마련이다. 이러한 어려움 속에서 그 어려움을 어떻게 풀어갈 것인가 라는 도리를 사람
들에게 보여준다는 의미에서 여괘는 매우 중요하다. 왜냐하면 그것이 처해 있는 시간과
의의는 모든 사람들에게 큰 가르침을 주기 때문이다.

여의 때와 의미는 중대하도다.

象曰 山上有火旅니 君子以하여 明愼用刑하며 而不留獄[7]하나니라.
상 왈 산 상 유 화 려　　군 자 이　　　명 신 용 형　　　이 불 유 옥

상전에 말하기를 산위에 불이 있는 것이 여니, 군자가 이를 본받아 형을 쓰는데 분명하고 신중하게 해야 하며, 옥사(獄事)를 길게 끌지 말아야 한다.

初六은 旅瑣瑣니 斯其所取災[8]니라.
초 육　　여 쇄 쇄　　사 기 소 취 재

백 初六, 旅瑣瑣, 此元所取火[9].
초 육　　여 쇄 쇄　　차 기 소 취 화

---

7 산위에 불이 있는 것이 여괘의 상이다. 그 불은 산의 초목을 태우고 오래 머물지 않고 옮겨 가면서 탄다. 그 오래 머물지 않는 상이 바로 여(旅)이다. 군자는 이 상을 본받아 백성의 실정을 명찰(明察)하여 형벌에는 신중을 기하고, 중범죄를 다스리는 일을 신속하게 처리해야 한다. 이 구절은 불이 한 자리에 머물지 않고 돌아다니는 것을 보고 옥사를 길게 끌고 가지 않는다는 것을 유비(類比)해 내고 있다. 이에 대해 이천은 "불이 번져가면서 머무르지 않는 상을 보고 옥사를 지체하지 않는다(觀火行不處之象則不留獄)"라고 하였다. 또 주자는 "형벌을 삼가는 것은 산과 같고, 지체하지 않는 것은 불과 같다(愼刑, 如山, 不留, 如火)"라고 하였다.

8 "여행하는데 잘고 간사하다(旅瑣瑣)"는 것은 여행하는 사람이 생각하고 행동하는 것이 모두 잘고 간사함을 말한다. "쇄쇄(瑣瑣)"의 "쇄(瑣)"는 옥(玉)을 부순 가루인데 잘고 좀스러운 모양을 말한다. 이런 성격을 가지기 때문에 주자는 『주역본의』에서 "여행할 때에 음유로 하위에 자리하기 때문이다(當旅之時, 以陰柔居下位)"라고 하였다. 이런 행동이 재앙을 가져오는 원인이 된다. 말하자면 의지가 박약할 뿐만 아니라 자기 것만 계산하는 사람은 결국에는 나쁜 결과를 가져온다는 것이다. 그러므로 정이천은 『이천역전』에서 "여행하여 곤궁할 때에 재질이 이와 같으니, 비록 응원하는 것이 있으나 어찌 할 수가 없다(當旅困之時, 才質如是, 上雖有援, 无能爲也)"라고 하였다. 왜냐하면 초육과 상응하는 구사는 불로 위로만 올라가려 하지 아래에는 어떠한 염두도 두지 않고 있기 때문이다.

9 이것은 바로 군대가 전멸당하는 원인이다. "화(火)"는 재앙을 말한다. 『석명(釋名)』에서 "불은 훼손하는 것을 말한다. 어떤 물건이 불 속에 들어가면 모두 훼손되어 파괴되기 때문이다(火言毁也. 物入火中皆毁壞也)"라고 하여, 불이 재앙의 주요 원인으로 간주한다. 그래서 재앙이라는 말은 화(火)에서 나온다. "차(此)"를 통행본(通行本) 『주역』에서는

초육은 여행하는데 잘고 간사하니, 이것이 그 재앙을 가져오게 하는 원인
이 된다.

백 초육은 군대의 전투병들의 마음이 산란한데, 이것이 군대가 반드시 재
앙을 당하는 원인이 된다.

象曰 旅瑣瑣는 志窮하여 災也[10]라.
상 왈 여 쇄 쇄 지 궁 재 야

여행하는데 잘고 간사하다는 것은 뜻이 궁해서 재앙을 불러온다.

六二는 旅卽次하여 懷其資하고 得童僕貞[11]이로다.
육 이 여 즉 차 회 기 자 득 동 복 정

"사(斯)"로 쓰고 있는데, 이 두 글자는 옛날에 함께 통용되었다. 등구백의 『백서주역교석』
298쪽 참조 바람.

10 여행 중에 의지가 박약하고 대범하지 못할 경우 스스로 재앙이 만들어낸다고 말한다. 이
른바 "뜻이 궁하다(志窮)"는 것은 바로 초육의 잘고 간사한 마음을 말한다. 효상으로 말
하면 상괘의 이(離)는 불이고 무기(兵戈)로 재앙을 상징하고, 초육이 자리하고 있는 간
괘(艮卦)는 손(手)을 상징하고 물건을 집는다(取)는 의미를 가지고 있어서 이 둘을 합하
면 재앙을 자초(自招)한다는 뜻을 가지게 된다.

11 육이는 음유중정이나 상응하는 것이 없다. 여행을 대처함에 유순중정의 도를 가지고 하
는 것을 나타낸다. 여행 중에 숙소에 묶으면서 재화를 잘 간직하여 잃어버리는 일도 없
고, 자신을 도와주는 어린 시종을 얻고 있는 상이다. 그것은 육이 스스로 바른 도를 고수
하기 때문이다. "즉(卽)"은 머문다, 들어간다는 뜻이다. "차(次)"는 여관, 주막을 말한
다. "자(資)"는 재물을 말하는데, "회사(懷資)는 돈을 가지고 있다는 것을 말한다. 이 구
절은 육이가 여행할 때에 유로서 중정하여 매우 편안하게 객사에 머무는 것으로 위로는
구삼의 양을 이어받고(承) 있어서 마치 많은 재물을 가진 것과 같고, 아래로 초육을 타고
있어 어린 시종을 얻은 것과 같다. "정(貞)"은 바름(正)으로 어린 시종의 성심어린 도움
과 보살핌을 의미한다. 어떤 사람이 정처 없이 이국(異國)과 타향(他鄕)을 떠돌 때에 적
당한 거처를 가질 수 있고, 쓸 돈을 충분히 가지고 있고, 또 시종의 성심어린 도움과 보
살핌을 얻을 수 있다면 이것보다 더 좋은 것은 없을 것이다. 그럼에도 불구하고 왜 길하
다고 말하지 않는가? 사람이 여행할 때에 닥쳐오는 재앙만 피할 수 있다면 그것으로 충

백 六二, 旅旣次, 壞亓茨, 得童剝. 貞.
육이 여기차 괴기자 득동박 정

육이는 여행 중에 여관에 머무니, 그 노자를 품고 어린 시종의 바름을 얻게
된다.

백 육이는 군대가 이미 숙영(宿營)하여 갈대 등으로 지은 백성들의 집을
불태우고, 어린아이까지도 껍데기를 베껴내었다. 점을 쳤다.[12]

象曰 得童僕貞은 終无尤也[13]리라.
상 왈 득 동 복 정 종 무 우 야

상전에 말하기를 어린 시종의 올바름을 얻는다는 것은 끝내 허물이 없다는
것이다.

九三은 旅焚其次하고 喪其童僕貞이니 厲[14]하니라.
구 삼 여 분 기 차 상 기 동 복 정 여

분하고 길함을 말하는 것은 사치스런 것이기 때문이다.
12 통행본에서는 '복(僕)'으로 쓰고 있는데 '박(剝)'의 뜻으로 사용하고 있다. 어떤 사람들
은 음이 똑같아서 오기(誤記)했을 가능성이 있는 것으로 보기도 한다. 또 어떤 사람들은
"어린아이까지도 껍데기를 베껴내었다"는 말이 너무 잔혹하기 때문에 "복(福)"으로 바꾸
었다고 말한다. 등구백 『백서주역교석』 298쪽 참조 바람.
13 육이 스스로가 바른 도를 고수하기 때문으로 결국에는 아무런 허물도 없다.
14 "여(厲)"는 위태롭다는 뜻이다. 구삼은 양으로 양의 자리에 있어서 정위를 얻고 있고,
육이 또한 정위를 얻고 있어서 모두 "차(次)", 즉 여관이나 주막의 상을 가지게 된다. 그
럼에도 불구하고 구삼과 육이의 효사는 서로 반대된다. 육이는 "여행 중에 여관에 머무
니(旅卽次)"로 여행 중에 거주할 수 있는 장소를 얻지만, 구삼은 "여행 중에 머무는 여
관을 불태우니(旅焚其次)"라고 하여 여행 중에 거주할 장소는 있으나 불태워 버린다고
말한다. 또 육이는 "어린 시종의 바름을 얻게 된다(得童僕貞)"라고 하였지만, 구삼은
"어린 시종의 바름을 잃으니(喪其童僕貞)"라고 하여 구삼에서는 시종의 정성어린 도움
도 잃어버린다. 이처럼 육이의 경우는 매우 좋은데, 구삼은 왜 전혀 다른 결과가 나오는
가? 이것은 육이가 유순하여 중의 자리를 얻고 있어 아래에 대해서 겸손할 줄 알지만,

 九三, 旅焚元次, 亡元童僕. 貞, 厲.
구삼　여분기차　망기동복　정　여

구삼은 여행 중에 머무는 여관을 불태우고 어린 시종의 바름을 잃으니 위태
롭다.

 구삼은 군대를 자신들의 영지에서 분산시키고, 껍데기를 베긴 어린아이
들을 버렸다. 점을 쳤는데 위태롭다고 하였다.

象曰 旅焚其次하니 亦以傷矣오 以旅與下하니 其義喪也[15]라
상왈　여분기차　　역이상의　　이여여하　　기의상야

상전에 말하기를 나그네가 머무는 여관을 불태우고 또한 손상을 입으니 여
행하는 사람으로 아래에 대해 너무 지나치게 대하니 그 뜻을 잃어버릴 것
이다.

구삼은 지나치게 강하여 중을 얻지 못하기 때문이다. 구삼은 지나치게 강하고 중을 벗어
나 거주하는 장소를 불태우고 시종마저 잃어버리니 그 위태로움이라는 것은 충분히 상상
이 갈 만하다. 이에 대해 『주역절중』에서는 "구삼은 강으로 하괘의 상효에 자리하여 '여
관을 불태우고(焚次)' 하였다면, 상구는 강으로 상체의 상효에 자리하고 있기 때문에 '둥
지를 불태우니(焚巢)'라고 하였다. 위치가 높으면 높을수록 강함은 더욱 높이 올라가고
재앙 역시 더욱 심각해진다(九三以剛居下體之上, 則焚次, 上九以剛居上體之上, 則焚
巢, 位愈高, 剛愈亢, 則禍愈深矣)"라고 하였다.

15 "하(下)"는 시종을 말한다. 구삼은 과강부중하여 이미 거처를 불태우는 슬픈 경험을 가
지고 있고, 또 시종을 잃어서 그들의 충성스러운 도움을 받지 못하여 처한 상황이 매우
위태롭다. 사람이 여행할 때에는 본래 친한 사람은 거의 없어 오직 시종과만 조석(朝夕)
으로 함께할 수밖에 없다. 그런데 지금 구삼이 시종을 부리는데 지나치게 포악하여 결국
은 서로 갈라서게 된다. 그 책임은 구삼에게 있는 것이지 시종에게 있는 것은 아니다. 구
삼은 "여행하는 사람으로 아래에 대해 너무 지나치게 대하니(以旅與下)", 그것은 시종
을 마치 전혀 모르는 사람으로 간주하는 것과 같아서 결국은 "그 뜻을 잃어버릴 것이다(其
義喪也)"라고 하였다. "의(義)"는 올바른 도리를 의미한다. 시종이 그를 떠나버리는 것
은 도리에 의한 것이고, 필연적인 결과라는 의미이다. 김경방의 『주역전해』 443-4쪽 참
조 바람.

九四는 旅于處하고 得其資斧하나 我心은 不快[16]로다.
구 사   여 우 처   득 기 자 부   아 심   불 쾌

백 九四, 旅于處, 得亓潛斧, 我心不快.
구 사   여 우 처   득 기 진 부   아 심 불 쾌

구사는 여행 중에 잠시 머물러서 노자와 도끼를 얻으나 내 마음은 불쾌하다.

백 구사는 군대가 주둔지에서 공격하라는 명령을 받고 큰 도끼를 받았는데, 전사들 스스로 마음 속에 많은 불만을 가졌다.

象曰 旅于處는 未得位也니 得其資斧하나 心未快也[17]라.
상 왈 여 우 처   미 득 위 야   득 기 자 부   심 미 쾌 야

---

16 "처(處)"는 잠시 머무는 곳이라서 편안하게 거처할 수 없는 장소로 앞에서 말하는 "차(次)"와는 다르다. "자부(資斧)"에 대해 『경전석문』에서는 "『자하역전』과 여러 역학자들은 모두 '재부(齊斧)'로 쓰고 있다(子夏傳及衆家並作齊斧)"고 하여, '날카로운 도끼(利斧)'로 보고 있다. 이 구절은 구사가 부정위한 것이 마치 여행하는 사람이 잠시 머물 곳을 마련하지 못해 날카로운 도끼로 힘들게 가시나무를 치고 나가는 것처럼 힘들어 그 마음이 편치 못하고 불쾌(不快)함을 말하고 있다. 이에 대해 『주역집해찬소』에서는 "구사는 양으로 음의 자리에 처하여 바른 자리를 잃어버리고 산의 위에 거처하고 있는데, 산은 평탄한 땅이 아니기 때문에 마땅히 날카로운 도끼를 가지고 형극(荊棘)을 제거하여야 한다(九四以陽處陰, 是失位而居艮山之上, 山非平坦之地, 當用資斧以除荊棘)"고 하였다. 그러나 "여행 중에 잠시 머물러서(旅于處)"라는 말은 "여행 중에 여관에 머무는(旅卽次)" 것보다 못하다. 후자는 이국(異國)을 여행할 때 잠시 머무는 것으로 이국의 생활이 잠시 만에 끝날 것이라는 기대가 은연중에 포함되어 있는 것을 의미한다. 이에 비해 전자는 마치 인질로 잡혀온 사람처럼 타향이나 이국의 생활이 장기화되어서 쉽게 돌아가지 못하는 것을 말한다. 그러므로 "여행 중에 잠시 머물러서(旅于處)"라는 것은 "여행 중에 머무는 여관을 불태우고(旅焚其次)"라는 상황보다 조금 나을 뿐이다. 또 구사는 정위가 아니고 어렵게 떠돌아다니는 생활을 끝내려는 뜻을 가지고 있으나 이루지 못하기 때문에 "내 마음은 불쾌하다(我心不快)"고 말하는 것이다. 여기서 말하는 "아(我)"는 구사 자신을 말한다.

17 육이는 음으로 음의 자리에 있어서 정위이기 때문에 "여행 중에 여관에 머무니(旅卽次)"

상전에 말하기를 나그네가 (여행 중에) 잠시 머무른다는 것은 아직 올바른 자리를 얻지 못한 것이니, 노자와 도끼를 얻으나 내 마음은 아직 유쾌하지 아니하다.

六五는 射雉一矢亡이라 終以譽命[18]이리라.
육오　석치일시망　　종이예명

백 六五, 射雉, 一矢亡. 冬以擧命
육오　사치　일시망　동이거명

육오는 꿩을 쏘아 하나의 화살을 잃음이다. 마침내 명성과 봉록으로써 할 것이다.

라고 한다. 구사는 양으로 음의 자리에 있어서 부정위이기 때문에 "나그네가 잠시 머무른다(旅于處)"라고 한다. 정위를 얻지 못한 것은 여전히 뜻을 얻지 못하여 어렵다는 것을 말한다. 힘든 시기에 아직 생각하는 바를 완수하지 못했기 때문에 비록 "노자와 도끼를 얻어서(得其資斧)" 생활은 유지하지만, 그 마음은 분명히 편안하지 않을 것이라는 의미이다. 아직 떠돌아다니는 생활을 청산하지 못하고 여전히 나그네의 신분으로 떠돌고 있다는 것을 「상전」은 말하고 있다.

18 육오는 상괘인 이괘(離卦)의 주효이다. 이괘는 밝음을 의미하기 때문에 털이 선명하게 빛나는 꿩으로 비유하고 있다. 육오는 음효로 중의 자리에 있어서 유순하고 중용의 덕을 가지고 있다. 이것은 마치 꿩을 쏘아 잡으려고 화살 하나를 허비하는 것과 같지만 끝에는 결국 영예를 얻고 벼슬을 얻게 되는 결과가 있다고 말한다. 옛날에 관리로 임명될 때 꿩을 예물로 삼아 군왕에게 바치는 습속이 있었는데, 이것은 입신처세에 있어서 광명정대(光明正大)한 태도를 상징한다. 육오는 여섯 효 가운데에서 가장 좋다. 육오는 유순중정한 빼어난 덕을 가지고 있어서 여행하는 데 있어서 가장 적합하기 때문이다. 그러므로 "꿩을 쏘아 하나의 화살을 잃음이다. 마침내 명성과 봉록으로써 할 것이다(射雉, 一失亡, 終以譽命)"는 상이 나오는 것이다. 꿩을 쏘는 데에는 화살 하나를 소비하지 않을 수가 없지만, 그것이 얻는 대가는 매우 크다. "예(譽)"는 영예를 말하고, "명(命)"은 작명(爵名)을 말한다. "마침내 명성과 봉록으로써 할 것이다(終以譽命)"는 것은 끝내 명령과 작위를 얻게 됨을 말한다. 이에 대해 『주역절중』에서는 주진의 말을 인용하여 "오효는 여괘에서는 군주의 상징을 취하지 않는다. 밝고 빛나는 덕을 가지고 있으며, 영예가 높아져 군주에게까지 알려져 벼슬을 명령받게 된다(五在旅卦, 不取君象. 有文明之德, 則令譽昇聞, 而爵名之矣)"라고 하였다.

백 육오는 꿩을 쏘아 하나의 화살로 그것을 죽여서 이 일로 명사수로 이름을 날렸다.

象曰 終以譽命은 上逮也[19]일새라.
상왈 종이예명 상체야

상전에 말하기를 마침내 명예와 봉록으로 한다는 것은 위에 미치게 되었다는 것이다.

上九는 鳥焚其巢니 旅人이 先笑後號咷[20]라 喪牛于易니 凶[21]하니라.
상구 조분기소 여인 선소후호조 상우우이 흉

백 尙九, 鳥棼亓巢, 旅人先芺后掳桃, 亡牛于易. 兇.
상구 조분기소 여인선요후호도 망우우역 흉

---

19 "체(逮)"는 미친다(及)는 뜻이다. "상체(上逮)"는 위에 미친다는 말이다. 육오는 비록 군주의 뜻을 취하고 있지는 않으나 사대부가 높은 자리를 얻는 것을 상징한다. "상체(上逮)"는 그 지위와 평가가 이미 매우 높다는 것을 의미한다. 이에 대해 주자는 『주역본의』에서 "'위에 미치게 되었다'는 것은 영예로운 명이 위에서 들린다는 것이다(上逮, 言其譽命, 聞於上也)"라고 하였다.

20 여(旅)의 때는 겸손하고 부드러워야 함에도 불구하고 상구는 강으로써 지나치게 높은데 있고 부중(不中)하다. 그러므로 상구는 가장 높은 자리를 새를 통하여 비유하고 있다. 상구의 강효는 스스로 유순해야함에도 불구하고 기고만장하여 오만하다. 이 때문에 상구는 상괘인 이괘(離卦)가 상징하는 불을 통해서 자기 거처를 불태워버려 몸을 깃들 곳마저 상실하게 된다. "먼저는 웃지만 뒤에는 울부짖는다(先笑後號咷)"는 것은 처음은 다른 사람보다 높은 자리에 위치하여 오만하게 뻐기지만, 결국에는 자신이 편안히 깃들 곳이 없어지게 되면서 소리치며 울게 되는 것을 말한다.

21 "이(易)"는 "장(場)"의 뜻으로 밭의 경계(田畔)를 의미한다. 이것은 넓고 큰 밭의 경계를 가리키는 것으로 상구가 가장 바깥 자리에 있음을 말한다. 『백서주역교석』에서는 "이(易)"를 "역(易)"으로 보아 지명(地名)으로 풀이하고 있다. 상구가 여행할 때 바깥에서 재앙을 만나 소를 넓은 밭의 경계에서 잃어버려 아무도 도와주지 못하는 경우에 비유하고 있다. 이것은 상구가 전체 괘의 가장 바깥에 처해 있음을 강조하는 말이다. 소가 경계를 벗어나 가버려 찾을 수 있는 어떤 소식도 없고, 다시 소를 찾을 가능성도 없음을 말한다. 이것은 완전히 상구 스스로 자초한 것이기 때문에 그 결과는 흉할 수밖에 없다.

상구는 새가 둥지를 불태우니, 여행하는 사람이 먼저는 웃지만 뒤에는 울부짖는다. 경계에서 소를 잃어버리니 흉하다.

■백 상구는 까마귀가 둥지를 만들고, 군인들도 흩어져 병영을 짓기 위해 먼저 엉겅퀴를 걷어낸 후에 복숭아나무를 쳐내었는데 역(易)의 땅에서 소를 잃어버렸다. 군인들이 크게 어지러웠다.

象曰 以旅在上하니 其義焚也요 喪牛于易하니 終莫之聞也²²로다.
상 왈 이 여 재 상　　　 기 의 분 야　　　 상 우 우 이　　　　 종 막 지 문 야

상전에 말하기를 여행하면서 위에 있으니 그 뜻을 태우는 것이고 소를 경계에서 잃어 버렸다는 것은 끝내는 그것을 듣지 않았다는 것이다(알아듣지 못했다).

---

22 구삼의 "여행하는 사람으로 아래에 대해 너무 지나치게 대하니(以旅與下)"라는 것은 시종이 포악한 주인을 마치 모르는 나그네처럼 대한다는 뜻이다. 상구의 "여행하면서 위에 있으니(以旅在上)"라는 말은 여행할 때에 스스로 오만하다는 것을 말한다. 그래서 구삼에서는 "그 뜻을 잃어버릴 것이다(其義喪也)"라고 하였고, 상구에서는 "그 뜻을 태우는 것이니(其義焚也)"라고 하였는데 이 둘의 의미는 서로 같다. "소를 경계에서 잃어 버렸다(喪牛于易)"는 말을 「상전」에서는 "끝내는 그것을 듣지 않았다(終莫之聞也)"라고 해석하였는데, 이것은 상구가 지나치게 강하고 오만하여 완전히 유순한 성정을 잃어버려 더 이상 돌이킬 수 없는 비참한 결과에 이르는 것을 말하고 있다. 가장 높은 위치에 있어서 가장 계신(戒愼)해야 힐 시기인데도 과강부중으로 교만하기 때문에 그 둥지(숙소, 소)를 태우거나 잃어 버리는 것은 당연하다. 그러나 누구 하나 상구를 걱정하고 찾아와 주는 사람이 없다. 그러므로 정이천은 『이천역전』에서 "나그네로서 위에 있으면서 존귀함으로 자처하니 어찌 그 거처를 보존할 수 있겠는가. 의리에 마땅히 둥지를 불태우는 일이 있는 것이다. 바야흐로 지나치게 강함으로 스스로 높은 체하여 뜻을 얻었다하여 웃고, 조급하고 경솔하게 하면서 유순한 덕을 잃을 줄을 모르니 이는 끝내 듣지 않았다는 것이다(以旅在上而以尊高自處, 豈能保其居, 其義當有焚巢之事. 方以極剛自高, 爲得志而笑, 不知喪其順德於躁易, 是終莫之聞)"라고 하였다.

* 여괘의 의미와 교훈

여괘는 안정을 구하는 원칙에 대해 말하고 있다. 풍괘의 성대(盛大)함이 극단에 이르면 또한 반드시 불안정한 상태에 빠지게 된다. 불안정한 상태에서 모든 하는 일은 정상이 아니게 된다. 여기에서는 무엇보다도 안정을 찾는 것이 급선무이고 세세한 문제까지 돌볼 겨를이 없다. 그러므로 여기에서 중요한 것은 겸허한 태도이고 광명정대한 행동을 하여야 다른 사람의 신임을 얻고 점차 도움을 받아 위기를 안정으로 바꿀 수 있게 되는 것이다.

여괘(旅卦)는 여행과 관련된 의미에 대해 말하고 있다. 「잡괘전」에서는 "친함이 적은 것은 여이다(親寡, 旅也)"라고 하였고, 「서괘전」에서는 "나그네는 받아들여 주는 데가 없다(旅而无所容)"라고 하였다. 이처럼 나그네 생활은 고독하고 걱정스러울 수밖에 없다. 괘사에서 "소형(小亨)"이나 "정길(貞吉)"을 말하는 것은 여행하는 나그네는 반드시 바름을 지켜야 하고 또 유순함과 중(中)을 방법으로 삼아야 하기 때문이다.

일반적으로 괘효의 경우 양은 음을 이기고 양이 음에 비해 좋다. 그러나 여괘의 경우는 다르다. 육이와 육오는 모두 유순(柔順)함으로 길하고, 구삼과 상구는 양강(陽剛)으로 인해서 흉하다. 육이와 육오 중에서 육오가 가장 좋고, 육이가 그 다음이다. 다른 괘와 마찬가지로 여괘도 중(中)을 얻는 것이 좋다. 육이와 육오가 길한 이유는 음일 뿐만 아니라 또한 득중(得中)하였기 때문이다. 초육은 비록 음효이지만 오히려 "여행하는데 잘고 간사하니 이것이 그 재앙을 가져온다(旅瑣瑣, 斯其所取災)"라고 하였는데, 그 원인은 중을 얻지 못하고 스스로 욕을 먹기 때문이다. 구삼과 상구가 흉한 이유는 양강의 효가 높은데 자리하고 그 자리가 중하지 않기 때문이다. 이처럼 『주역』은 분명히 중은 귀중하게 생각하지만, 유순을 귀하게 여기는 것은 조건적이지 결코 일반적인 것은 아니다.

전체 여괘가 말하려고 하는 것은 인생이라는 하나의 여정(旅程)에서 행해야 될 태도와 자세이다. 여기에서 중요한 덕목은 겸손함과 원칙에 들어맞는 행위이다. 오만함과 지나친 강함은 모두 좋은 결과를 만들지 못한다. 그러나 이것은 자신의 입지(立志)를 버리고 현실에 순종하라는 말은 아니다. 마음 속으로는 지(志)를 강하게 가지고 있어야 하지만 행동은 항상 겸손하고 부드러워야 한다는 점이다.

57. ䷸ 중풍손(重風巽, 백 䇞 第五十七)

1) 괘의 순서

「서괘전」에서는 "나그네가 되어 용납될 곳이 없으므로 손괘로 받았으니 손은 들어감이다(旅而无所容, 故受之以巽, 巽者入也)"라고 하였다. 여(旅)는 하늘 위의 구름이나 물 위의 부평초처럼 떠다니면서 한 곳에 머무르지 않기 때문에 쉽게 받아들여지지 않는다. 그러나 용납되지 못하는 상황은 영원히 계속될 수가 없고 끝내는 용납되기 때문에 여괘 뒤에 손괘(巽卦)가 오는 것이다. 이에 대해 정이천은 『이천역전』에서 "나그네가 되어 친한 사람이 적을 때에 겸손하지 않으면 어찌 용납될 수 있겠는가. 만일 겸손할 수 있으면 비록 나그네로 곤궁한 가운데에 있다 할지라도 어디를 간들 들어가지 못하겠는가. 손괘가 이 때문에 여괘의 다음이 된 것이다(羈旅 親寡, 非巽順, 何所取容. 苟能巽順, 雖旅困之中, 何往而不能入. 巽所以次旅也)"라고 하였다.

2) 괘명의 의미

손(巽)은 들어간다(進入)는 뜻을 가지고 있다. 들어간다는 말은 무엇을 의미하는가? 이에 대해 빌헬름은 손괘가 가지고 있는 나무와 바람의 이미지를 통하여 말한다. 즉 바람은 공간이 있으면 어디든지 들어가고, 나무가 뿌리를 내려 땅속으로 들어가는 것을 예로 들어 설명하고 있다.(빌헬름의 영역본 220쪽 참조 바람)

괘의 순서와 관련해서 말하면 바깥에서 여행하는 자는 그 몸을 용납하는 곳이 없기 때문에 여괘(旅卦) 뒤에 손괘를 통해 용납되는 곳으로 들어가는 것을 말한다고 할 수 있다. 「잡괘전」에서는 "태는 나타나는 것이고, 손은 엎드리는 것이다(兌見而巽伏也)"라고 하였다. 또 「계사전」에서는 "손은 저울질하되 숨긴다(巽, 稱而隱)"라고 하였다. 「서괘전」과 「계사전」의 설명을 종합하면 손은 안으로 들어가 숨어서 엎드려 있는 뜻을 가지고 있다. 「설괘전」에서 "감은 숨어서 엎드려 있다(坎爲隱伏)"라고 말하는데, 손괘 또한 숨어서 엎드려 있는 의미를 가지고 있다. 감괘(坎卦)의 은복(隱伏)은 물과 관련된 것으로 물은 숨어서 엎드려 있을 수 있고, 손괘(巽卦)의 은복은 바람과 관련된 것으로 바람은 보이지도 않고 만질 수도 없어서 전혀 어떤 흔적도 없는 것을 말한다. 이처럼 손괘의 본래 의미는 다른 사람의 마음속에 들어가는 겸손한 태도를 말한다. 빌헬름의 영역본은 손괘의 괘명을 온화하고 점잖다는 의미의 'the gentle'로 번역하고 있다. 백서주역은 "손(巽)"을 "산(筭)"으로 쓰고 있다. 이것은 계산하는 도구를 말하고 특히 점을 치는 데 사용한다.(등구백의 『백서주역교석』 318쪽 참조)

손이라는 말 속에는 왕이 명령을 내려 신하와 백성이 복종한다는 뜻을 가지고 있다. 손괘의 들어감(入)은 양(陽)이 안으로 들어가 문제를 해결하는 것으로 단순한 표피적인 해결이 아니라 깊숙이 들어가 근본적인 문제를 해결하는 것을 의미한다. 손괘의 의미는 겸손하고 낮추는 것을 본체로 삼고 받아들이고 들어가는 것을 작용으로 삼는다.

3) 괘상의 의미

손괘(☴)는 하나의 음이 두 양의 아래에 있는 것으로 겸손함과 부드러움을 상징한다. 이는 왕이 거듭해서 명령을 발동하고 백성이 이에 따르는 모습이기도 하다.

손은 바람(風)을 의미하는데 바람은 때에 따라 변화한다. 지혜로운 사람 역시 이런 원칙에 따라 부단히 자기를 조정하여 사회나 역사적인 환경의 변화에 능동적으로 따른다.

본 괘의 초육과 육사는 가장 중요한 효이다. 이 두 효는 모두 불리한 환경을 겸손함으로 전환하는 경우에 대해 말하고 있다. 그러므로 『이천역전』에서는 "괘됨이 하나의 음이 두 양의 아래에 있어 양에게 겸손하니 손이 되는 것이다(爲卦一陰, 在二陽之下, 巽順於陽, 所以爲巽也)"라고 하였다.

巽은 小亨[1]하니 利有攸往하며 利見大人[2]하니라.
손 소형 이유유왕 이견대인

---

1 손(巽)은 일음이양의 음괘로 하나의 음이 두 개의 양 아래에 엎드려 있어 두 양과 가까이 친하게 지내고 여기에 순종하는 것을 가리킨다. 그 괘상은 풍(風)으로, 바람이 어떤 곳에도 불어 들어가기 때문에 입(入)을 그 괘덕(卦德)으로 삼는다. 그러므로 잘 순종하는 음(小)을 주체(主)로 하여 일이 조금 형통하는(小亨) 것에 대해 말하고 있다. "소(小)"는 힘이 약하고 부드러운 음을 말하고, 또 일을 하는 데 있어서 조심스럽고 겸손한 것을 말한다. 음으로 겸손하고 순리에 따르는 자는 형통할 수 있다. 그런데 만약 제멋대로 위를 거역하면 통하기가 어렵다. 괘 가운데 두 개의 음이 모두 아래에 자리하여 양에 순종(順從)하는 것을 통하여 "조금 형통하는 것이니(小亨)"라는 상을 보여준다. 주자는 『주역본의』에서 "손은 들어감이다. 하나의 음이 두 개의 양 아래에 엎드려 있으니 성질이 공손하여 능히 들어감이요, 상은 바람이 되니 또한 들어가는 뜻을 취한 것이다. 음이 주체가 되기 때문에 그 점(占)이 조금 형통함이 된다(巽. 入也. 一陰伏於二陽之下, 其性能巽以入也, 其象爲風, 亦取入義. 陰爲主. 故其占爲小亨)"라고 하였다.
2 음이 올라가서 양에 겸손하게 순종하여야 이롭다(利有攸往)고 말한다. 그러나 반드시 나아가 순종해야 할 곳을 알고, 양강중정(陽剛中正)의 덕이 있는 대인(大人, 九五)을 따라야 한다고 말한다(利見大人). 본 괘에서는 구오(大人)가 주효이고, 여기에 순종할 육사를 주로 이야기하고 있다. 주자는 또한 『주역본의』에서 "음으로 양을 따르기 때문에 또 가는 바를 두니 이로운 것이다. 그러나 반드시 따를 바를 알아야 바름을 얻기 때문에 또 대인을 봄이 이롭다고 말하는 것이다(以陰從陽, 故又利有所往. 然必知所從, 乃得其正故, 又曰利見大人也)"라고 하였다.

巽, 小亨. 利有攸往, 利見大人.
산　소형　이유유왕　이견대인

경의 의미 : 작은 제사를 올리니 가는 바를 두면 이로우며, 대인을 만나면 이롭다.

전의 해석 : 손은 조금 형통하는 것이니 가는 바를 두면 이로우며(겸손한 태도를 가지고 나아가면 이로우며), 대인을 봄이 이로우니라.

작은 제사 때문에 점을 쳤다. 가는 바를 두면 이로우며, 대인을 만나면 이롭다는 점괘가 나왔다.

彖曰 重巽으로 以申命³하니라.
단 왈　중 손　　　이 신 명

단전에 말하기를 거듭해서 겸손하니 거듭해서 명을 내린다.

剛이 巽乎中正而志行하며 柔皆順乎剛이라 是以小亨하니
강　　손호중정이지행　　　유개순호강　　　시 이 소 형

강이 중정에 겸손하고 뜻이 행해지며, 유가 모두 강에게 순종함이라. 이 때문에 조금 형통하니

---

3 "신(申)"은 반복적으로 거듭 편다는 의미이다. 이 괘는 두 개의 손괘를 상하로 중첩하고 있는데, 계속적으로 순종할 것을 당부하여 그 명령을 거듭 내려 관철하게 한다. 손(巽)은 바람으로 마치 명령이 바람을 통해 천하에 전달되는 것처럼 퍼져나가야 됨을 말하고 있다. 손괘는 두 개의 바람으로 중첩되어 있다. 이것은 하늘이 명령을 내려 전달하면, 군주(구오)가 천도를 본받아 명령을 내리고, 하괘의 손에서 구이가 명령을 받아 그것을 실천하도록 계속 반복적으로 사람들에게 말한다는 의미이다.

利有攸往하며 利見大人⁴하니라.
이 유 유 왕 이 견 대 인

가는 바를 둠이 이로우며, 대인을 봄이 이롭다.

象曰 隨風이 巽⁵이니 君子以하여 申命行事⁶하니라.
상 왈 수 풍 손 군 자 이 신 명 행 사

상전에 말하기를 따르는 바람이 손이니, 군자는 이를 본받아 명을 거듭해
서 일을 행한다.

初六은 進退니 利武人之貞⁷이니라.
초 육 진 퇴 이 무 인 지 정

---

4 상하 두 개의 손괘는 모두 양효가 이와 오의 자리에 있고, 하나의 음효는 두 개의 양효 아
  래에 있기 때문에 "강이 중정에 겸손하고 뜻이 행해지며, 유가 모두 강에게 순종함이라
  (剛巽乎中正而志行, 柔皆順乎剛)"라고 말한다. "강이 중정에 겸손하고 뜻이 행해지기
  (剛巽乎中正而志行)" 때문에 "가는 바를 둠이 이로우며(利有攸往)"라고 하였다. 이에
  대해 정이천은 『이천역전』에서 "공손한 도는 들어가지 못하는 데가 없기 때문에 가는 바
  를 둠이 이로우며(巽順之道, 无往不能入, 故利有攸往)"라고 하였다. 유가 모두 강에게
  순종함이라(柔皆順乎剛)"는 말은 구이와 구오가 양강으로 중정의 자리에 있고, 초육과
  육사의 두 음은 나가서 순종하니 이 때문에 "대인을 봄이 이롭다(利見大人)"라고 말한다.
5 "수(隨)"는 계속해서 이어서 따른다는 뜻을 가지고 있다. 이것은 상하 손괘가 모두 바람
  의 상을 가지고 바람이 바람을 따른다는 말이다. 즉 상풍(上風)은 나라의 군주가 모범을
  보이는 풍범(風範)이고, 하풍(下風)은 백성들의 풍속(風俗)을 말한다. 군주가 모범을 보
  여야 백성들의 풍속이 저절로 따라가기 때문이다. 이에 대해 호원은 『주역구의(周易口
  義)』에서 "손의 체는 상하가 모두 손으로 마치 바람이 물건 속으로 들어가 이르지 않는 곳
  이 없고, 따르지 않는 것이 없기 때문에 '따르는 바람이 손이니'라고 말한다(巽之體, 上
  下皆巽, 如風之入物, 無所不至, 無所不順, 故曰隨風巽)"라고 하였다.
6 "행사(行事)"라는 말은 올바른 정사(政事)를 펼치는 것을 의미한다. 이것은 군자가 바람
  이 행하는 상을 본받아 스스로 모범을 보이고 난 후에 백성들에게 "명을 거듭해서(申命)"
  올바른 정사를 펼칠 수 있음을 말한다.
7 초육은 하괘의 주효이다. 손은 겸손함을 말하고, 초육은 음효로 가장 아래에 자리하고 있
  다. 그러므로 지나치게 겸손하여 진퇴의 문제에서 무인(武人)과 같은 과단성 있는 결단을
  필요로 한다. 여기에서 말하는 "진퇴(進退)"가 의미하는 것은 진퇴를 쉽게 결정하지 못하

初六, 進內, 利武人之貞.
초육 진내 이무인지정

초육은 나아가고 물러나는 것이니, 무인의 바름이 있으면 이롭다(무인의 바름을 고수하려는 굳은 의지가 있으면 이롭다).

초육은 (적군의 진지에) 진입하여 무인의 솜씨를 보여주는 것이 이롭다.

象曰 進退는 志疑也요 利武人之貞은 志治也[8]라.
상왈 진퇴 지의야 이무인지정 지치야

상전에 말하기를 나아가고 물러나는 것은 뜻이 의심스러운 것이고 무인의 바름이 있으면 이롭다는 것은 뜻이 다스려짐이라.

여 강한 무인과 같은 곧음을 보충하는 것이 필요하다는 것이다. 원래 겸손함의 목적은 진취(進取)를 위한 것이기 때문에 진퇴를 머뭇거린다는 것은 겸손함이 가지고 있는 본래 의미를 잃어버린 것이라고 할 수 있다. 그러므로 주자는 『주역본의』에서 "만약 무인의 바름으로 이에 처하면 미치지 못하는 바를 구제하여 마땅한 바를 얻을 것이다(若以武人之貞處之, 則有以濟其所不及而得所宜矣)"라고 하였다. 손괘에서 말하는 순종(順從)은 초효와 사효의 두 음효를 위주로 삼는다. 그러나 초육은 자리가 낮고 힘이 약하기 때문에 진퇴를 결정할 수 있는 과감함이 없기 때문에 "무인지정(武人之貞)"으로 북돋운다.

8 나가기도 하고 물러나기도 하는 것은 마음속에 의혹이 있어서 우유부단한 태도가 생겨난다. 무인(武人)처럼 과단성 있게 판단을 내리는 것이 이롭다. 이러한 의지라야 비로소 굳건하여 흔들리지 않는다. "의(疑)"와 "치(治)"는 서로 대응되는 글자이다. "의"는 어느 한쪽을 결정하지 못하거나 뜻을 정하지 못하는 것을 말한다. "치"는 하나로 전일(專一)하여 어지럽지 않고, 혹 나아가거나 물러나는 데 있어서 어떠한 의심도 없는 것을 말한다. 이에 대해 정이천은 『이천역전』에서 "나아가고 물러가서 편안함을 알지 못하는 것은 그 뜻이 의심하고 두려워하기 때문이다. 무인의 강함과 바름을 써서 그 뜻을 세운다면 뜻이 다스려질 것이다. 치는 닦고 세움을 말한다(進退不知所安者, 其志疑懼也. 利用武人之剛貞以立其志則其志治也. 治, 謂修立也)"라고 하였다. 「소상전」은 초육의 효사에서 말하는 것이 바로 "지의(志疑)"와 "지치(志治)"의 문제를 다루는 데 있음을 말하고 있다.

九二는 巽在牀下니 用史巫紛若하면 吉코 无咎[9]리라.
구 이　손 재 상 하　용 사 무 분 약　길　무 구

 九二, 筭在牀下用, 使巫忿若. 吉, 无咎.
구 이　산 재 상 하 용　사 무 분 약　길　무 구

구이는 겸손함이 상 아래에 있으니, 사(史)와 무(巫)를 씀이 많으면(성의를 표하는 것이 많으면) 길하고 무구하리라.

 점치는 산가지를 땅위에 놓고 점을 치니 사(史)와 무(巫)가 똑 같이 걱정하였으나 길하고 재난이 없을 것이라는 점이 나왔다.

象曰 紛若之吉은 得中也[10]일새라.
상 왈 분 약 지 길　득 중 야

---

9 구이가 구오에게 손종함을 말하고 있다. 구이는 유순하여 침상(牀) 아래에서 무릎을 꿇고 엎드려 있는 것을 상징하고 있다. 이 상징은 곧 구이의 겸손함을 말한다. "사(史)"는 점을 치거나, 기도를 하거나, 또 제물을 만드는 일을 담당하는 관리로 신에게 인간의 뜻을 고하는 일을 담당한다. "무(巫)"는 복을 빌고, 재앙을 제거하는 일을 담당하여 신의 뜻을 인간에게 전달하는 역할을 하는 관리이다. 그래서 무와 사는 모두 진실한 뜻으로 성의를 표현하는 의미로 사용된다. "사(史)와 무(巫)를 씀이 많으면 (성의를 표하는 것이 많으면)(用史巫紛若吉)"이라는 말은 성심성의를 표하는 것이 마치 실이 흐트러진 것처럼 많으면 길하게 될 것이라는 것을 말하고 있다. 구이가 손의 때에 양으로써 음의 자리에 처하고, 아래에 있으니 지나치게 공손한 사람이다. 사람이 지나치게 낮추고 공손하면, 두려워서가 아니면 아첨하는 경우이다. 그러므로 이것은 결코 정상적인 것이 아니다. 구이가 성실하면서 강중하여 지나치게 공손하나 결코 다른 사심이 있는 것은 아니다. 지나치게 공손함이 비록 예는 아니나, 치욕을 멀리하고 원망과 허물을 없앨 수 있기 때문에 또한 길한 도라고 할 수 있다. "분약"은 많다는 말이다. 지성으로 행동하여 그 성의를 알아주는 사람이 많으면 길해서 허물이 없게 되고, 그 성의가 사람을 감동시킬 수 있다는 말이다. 등구백은 『백서주역교석』에서 "분(紛)"을 걱정한다는 의미로 풀이하고 있다. 320쪽 참조.

10 구이는 양의 덕을 가지고 있으나, 손의 시기에는 마땅히 위에 순종하여야 한다. 하지만 위세에 비굴해서는 안 된다. 그러므로 효사에서는 마치 신을 섬기는 것처럼 하라고 말한다. 정이천은 『이천역전』에서 "양이 중에 거함은 중실의 상이 되니 중심이 이미 성실하면 사람들이 스스로 믿을 것이다. 성의로서 하면 아첨함과 두려움이 아니다. 이 때문에

상에 말하기를 (성의를 표하는 것이) 많으면 길하다는 것은 중을 얻음이다.

九三은 頻巽이니 吝[11]하니라.
구 삼 빈 손   인

백 九三, 編筭. 閵.
구 삼 편 산 린

구삼은 자주 겸손하니 부끄러움을 당할 것이다.

백 구삼은 산가지를 벌려 놓았다. 점을 쳤는데 어렵다는 결과가 나왔다.

象曰 頻巽之吝은 志窮也[12]라.
상 왈 빈 손 지 린   지 궁 야

상전에 말하기를 자주 겸손하니 부끄러움을 당할 것이라는 것은 뜻이 궁함

길하고 허물이 없는 것이다(陽居中, 爲中實之象, 中旣誠實則人自當信之. 以誠意則非
諂畏也, 所以吉而无咎)"라고 하였다.

11 구삼은 강의 자리에 강이 있어서 결코 겸손한 것은 아니다. 구삼은 과강부중(過剛不中)
으로 하괘의 상이고, 상하진퇴의 사이에 있다. 빈번히 겸손을 드러내는데, 이는 허위적
이므로 결국은 부끄러움을 당하게 된다는 것이다. 그것은 겸손의 도를 잃은 것으로 당연
히 부끄러움을 초래하게 된다고 하는 점이다. 그러므로 주자는 『주역본의』에서 "지나치
게 강하고 부중하여 하체의 위에 자리하였으니, 공손히 할 수 있는 자가 아니고 억지로
하여 여러번 잃는 것이니 부끄러운 길이다. 그러므로 그 상과 점이 이와 같은 것이다(過
剛不中, 居下之上, 非能巽者, 勉爲屢失, 吝之道也. 故其象占如此)"라고 하였다.

12 「소상전」은 구삼이 흉을 초래하는 원인을 뜻이 궁한 것(志窮)에서 찾고 있다. 뜻이 궁한
것은 "뜻이 의심스러운 것(志疑)"과는 다르다. "뜻이 의심스러운 것"은 다른 선택의 기
로에 서서 결정하지 못하고 왔다 갔다 하는 것을 말한다. 이것은 고칠 수 있는 것으로 어
떤 방법을 통하여 방향을 정하면 된다. 그러나 "뜻이 궁한 것"은 그 뜻이 비록 공손하나,
선택을 결정할 실제적인 어떠한 방법도 가지고 있지 못한 경우이다. 이것은 고치기가 어
렵고 오직 흉에 이를 뿐이다. 구삼이 이와 같이 되는 근본적 원인은 그것이 지나치게 강
하여 중을 벗어나 버렸기 때문이다.

이다.

六四는 悔亡하니 田獲三品[13]이로다.
육사 회망 전획삼품

백 六四, 悔亡, 田獲三品.
육사 회망 전획삼품

육사는 뉘우침이 없어지니 사냥하여 삼품(三品)을 얻었다.

백 육사는 뉘우침이 없으니 사냥하여 세 종류의 들짐승을 얻었다.

象曰 田獲三品은 有功也라.
상왈 전획삼품 유공야

상전에 말하기를 사냥하여 삼품(三品)을 얻었다는 것은 공이 있다는 것
이다.

九五는 貞이면 吉하여 悔亡하여 无不利니 无初有終[14]이라
구오 정 길 회망 무불리 무초유종

---

13 "품(品)"은 등급(等級)의 뜻이다. 고대에 천자나 제후가 사냥을 할 때 획득한 짐승을 삼
등급으로 나눈다. 화살이 심장에 맞은 것을 상살(上殺)이라고 하여 햇빛에 말린 후에 제
사에 사용한다. 화살이 대퇴부에 맞은 것은 중살(中殺)이라고 하여 손님을 대접하는데
사용한다. 화살이 내장에 맞은 것은 하살(下殺)이라고 하여 다만 자신들의 식용으로 쓸
뿐이다. 다시 말하면 "삼품(三品)"은 삼류(三類)로 '간두(干豆)', 즉 고기를 말려서 두
기(豆器)에 담아 제사에 올리는 것과 빈객(賓客)을 접대하는 것, 그리고 부엌을 채우는
것(充庖)의 세 등급으로 나눈다. 이 말은 『예기』「왕제(王制)」편에 나온다. 즉 사냥하여
삼품(三品)을 얻어 상하에 두루 공급하였다는 것으로 육사가 상하의 모든 사람에게 공손
함을 행한 것을 상징하고 있다. 육사는 음유로 힘이 약하고 또 하괘에서 응원하는 것도
없다. 이처럼 육사는 상하의 강효에 끼여 버리기 때문에 뉘우칠 일이 있을 수밖에 없다.
그러나 음효가 음의 자리에 와서 정위를 얻었고, 상괘의 가장 아래에서 태도가 바르고
겸손하여 공손의 도리를 행하여 뉘우침을 없앨 수가 있다.

先庚三日하면 後庚三日이면 吉¹⁵하리라.
선 경 삼 일　　　후 경 삼 일　　　길

백 九五, 貞吉, 悔亡, 无不利. 无初有終, 先庚三日,
구 오　정 길　회 망　무 불 리　무 초 유 종　선 경 삼 일

後庚三日. 吉.
후 경 삼 일　길

구오는 바르면 길하니 뉘우침이 없어져서 이롭지 않음이 없으니 처음은 없으나(좋지 않으나) 마침은 있다(좋을 것이다). 경(庚)으로 삼일 먼저하고 경으로 뒤로 삼일하면 길할 것이다.

---

14 구오는 중정의 존위에 있고 명령을 내리는 주효이지만, 겸손을 으뜸으로 하는 손괘에서는 과강무응(過剛无應)으로 오히려 뉘우침이 있는 효이다. 그러나 구오는 그 중정의 덕을 지켜 곧고 바르기 때문에 길하다. "바르면 길하기(貞吉)" 때문에 과강무응에 의한 뉘우침도 자연히 없어지고 이롭지 않은 것이 없다(悔亡, 无不利)고 말한다. 일(事)의 시작은 아직 순조롭지 못해 뉘우침도 있지만 그것을 고쳐서 끝내는 일이 잘 풀려 뉘우침도 없어진다(无初有終)고 말한다. 이것은 현실 정치에도 적용 가능하다. 구오의 군주가 신하와 백성들의 마음을 얻으려 할 경우 그들 사이로 공손히 들어갈 수 있는 도리를 실천하여야 하는데, 이것은 결코 쉬운 것이 아니다. 군주가 내린 명령을 처음에는 신하와 백성들이 쉽게 이해하지 못하고, 집행하는 효과 또한 그렇게 좋지 못하다. 그 때문에 "처음은 없으나(좋지 않으나)(无初)"라고 한다. 그러나 끝내는 매우 좋은 효과를 얻기 때문에 "마침은 있다(좋을 것이다)(有終)"라고 말한다.

15 옛날에는 10간(十干)으로 날을 세었는데 경일(庚日)의 삼 일 전은 정일(丁日)이고, 정(丁)에는 부탁하거나 당부하는 뜻이 있다. 경일의 삼 일 뒤는 계일(癸日)이고, 계는 규(揆)와 통하는 것으로 헤아리고 따지는 의미가 있다. 말하자면 사물이 변형되기 이전에는 반드시 사람들에게 알도록 당부하여야 하고, 사물이 변형된 후에는 마땅히 득실을 따져보아야 한다. 이처럼 신중하게 처리하여야 길할 수 있다. 주자는 『주역본의』에서 "경은 고치는 것이니 일을 변경하는 것이다. 경 앞의 삼일은 정이요, 경 뒤의 삼일은 계이다. 정은 변하기 전에 신중하게 당부하는 것이요, 계는 변한 뒤에 헤아리고 살피는 것이다. 변경할 것이 있는데 이 점(占)을 얻는 사람은 이렇게 하면 길할 것이다(庚, 更也, 事之變也. 先庚三日, 丁也. 後庚三日, 癸也. 丁, 所以丁寧於其變之前, 癸, 所以揆度於其變之後. 有所變更而得此占者, 如是則吉也)"라고 하였다. "경으로 삼일 먼저하고 경으로 뒤로 삼일하는 것(先庚三日, 後庚三日)"을 말하는 것은 처음과 끝을 신중하게 하려는 뜻을 담고 있다.

■ 구오는 점을 쳤는데 길하고 뉘우침이 없어지고 이롭지 않음이 없다는 결과가 나왔다. 그 처음을 크게 하여서 좋은 마침이 있고, 경(庚)에 삼일 앞선 정(丁)일과 경에 삼일 뒤인 계(癸)일에 점을 치면 길하다.

象曰 九五之吉은 位正中也[16]일새라.
상왈 구오지길 위정중야

상전에 말하기를 구오의 길함은 자리가 바르게 중도를 지키고 있기 때문이다.

上九는 巽在牀下야 喪其資斧니 貞에 凶[17]하니라.
상구 손재상하 상기자부 정 흉

---

16 정이천은 『이천역전』에서 "구오의 길함은 중도에 바르게 처하기 때문이다. 바르게 중의 도를 얻으면 길해서 후회가 없어진다. 정중은 지나치거나 미치지 못함이 없는 것이니 바르게 그 중도를 얻음이다(九五之吉, 以處正中也, 得正中之道則吉而其悔亡也. 正中謂 不過无不及, 正得其中也)"라고 하였다. 김경방은 『주역전해』에서 "정중(正中)"은 바로 중정(中正)으로 「소상전」에서는 글자를 전도하여 사용하는 경우가 많다고 하였다. 구오의 길함은 효사 중에서 앞뒤로 두 개의 길하다는 말을 포함하고 있다. "정길(貞吉)"의 길(吉)과 선경후경(先庚後庚)의 길은 모두 구오가 강으로 강의 자리에 있고 중정함으로서 이루어진 결과라고 말한다. 『주역전해』 451쪽 참조 바람.

17 상구는 손괘의 마지막 효로 지나치게 겸손하여 자신의 강하고 밝은 지혜를 잃어버린 경우이다. 지나치게 겸손하여 오히려 화가 되는 경우를 말한다. "바르더라도(정도를 고수하더라도) 흉하다(貞凶)"는 말은 일반적으로 정당하면서도 흉한 뜻이지만, 여기에서는 융통성 없이 겸손의 도를 계속 고수하여서 생겨난 흉을 말한다. "손(巽)"은 들어간다(入)의 의미이고, "상하(牀下)"는 나쁜 것이 숨어 있는 곳을 말한다. "침상 아래에 엎드려 있었는데(巽在牀下)"라는 것은 매우 겸손하다는 것을 말한다. 매우 겸손하다는 것은 본래 좋은 일이기 때문에 구이의 "손재상하(巽在牀下)"는 길하여 허물이 없었다. 그러나 상구는 손괘의 마지막에 자리하여 강으로 지나치게 높은 자리에 있어서 변해야 함에도 변할 줄을 모르는 경우이다. 동시에 "손재상하(巽在牀下)"는 구이의 경우에서는 어떤 일을 하고 있는 상이지만, 상구는 지나치게 공손한 행동만을 하고 있다. 모든 일에는 하지 말아야 하는 일을 하면 반드시 잘못이 있게 되고, 잘못이 있으면 잃어버리게 된다. 그러므로 구이의 경우에서는 "사(史)와 무(巫)를 씀이 많으면 (성의를 표하는 것이 많으면) 길하고 무구하리라(用史巫紛若吉无咎)"였지만, 상구의 경우는 도리어 "(너무 지나치게

백 尙九, 籌在牀下, 亡亓濟斧, 貞. 凶.
상구 산재상하 망기진부 정 흉

경의 의미 : 침상 아래에 엎드려 있었는데 (도적이 들어와) 돈을 가지고 가
버리니 점쳐서 이 효를 얻으면 흉하다.[18]

전의 해석 : 상구는 겸손함이 침대 아래에 있으니, (너무 지나치게 겸손하
여) 돈과 도끼를 잃으니 바르더라도(정도를 고수하더라도) 흉하다.

백 상구는 산가지를 땅에 놓고 점을 치니 공격할 때 쓰는 도끼를 잃어버렸
다. 흉한 점괘가 나왔다.

象曰 巽在牀下는 上窮也요 喪其資斧는 正乎아 凶也[19]라.
상 왈 손재상하 상궁야 상기자부 정호 흉야

겸손하여) 돈과 도끼를 잃으니 바르더라도 흉하다(喪其資斧貞凶)"는 경우가 되어버린
다. "자부(資斧)"는 가지고 있는 돈과 도끼를 말한다. "자부"를 정이천이나 주자, 빌헬
름 모두 가지고 있는 돈과 도끼로 보고 있다. 특히 정이천은 "자는 가지고 있는 것이고,
부는 결단하는 것(資, 所有也, 斧, 以斷也)"이라고 하였다. 그러므로 "상기자부(喪其資
斧)"는 실제로는 즉시에 적절하게 변화하여 권도(權道)를 행하는 능력을 잃어버린 것을
비유하고 있다. 『주역전해』 451-2쪽 참조 바람.

18 고형의 『주역대전금주』 348쪽 참조 바람.

19 "침상 아래에 엎드려 있었는데(巽在牀下)"라는 말은 공손이 지나침을 나타낸 상이다. 상
구에서 "침상 아래에 엎드려 있었는데"라는 상이 생기게 되는 원인은 그것이 전체 괘의
가장 높은 곳에 자리하고 있고, 공손함이 극단에 이른 때이기 때문이다. "돈과 도끼를 잃
어 버렸다는 것은 설령 올바르더라도 흉하다(喪其資斧, 正乎凶也)"는 말은 상구가 강으
로 너무 높이 올라가 손의 극에 처하여 적절히 변화하고 권도를 행하는 기회를 잃어버리
고, 결단할 수 있는 능력을 가지고 있지 못해서 끝까지 옛날의 방법을 고수하기 때문에
생긴 결과로 이는 반드시 흉하다. "어찌 올바르겠는가? 흉하다(正乎凶也)"라는 말에 대
해 정이천은 『이천역전』에서 "상에 거하여 공손함이 지나치게 지극하여 스스로 잃어 버
리니, 정도라 할 수 있겠는가. 이는 흉한 길이다. 손은 본래 선행이기 때문에 의심하기를
'정도라 할 수 있겠는가'라고 하였고, 다시 결단하기를 '흉하다'고 하는 것이다(居上而過
極於巽, 至於自失, 得爲正乎. 乃凶道也. 巽, 本善行, 故疑之日得爲正乎, 復斷之日

상전에 말하기를 겸손함이 침대 아래에 있다는 것은 위로 올라가 궁한 것이고, 돈과 도끼를 잃어 버렸다는 것은 어찌 올바르겠는가? 흉하다.

* 손괘의 의미와 교훈

손괘의 의미는 순종(順從)을 강조하는데 있다. 음양의 경우에 있어서 음은 양에 순종한다. 이것을 군신의 도리에 비유하면 신하가 군주에 순종하는 것과 같다. 그러나 괘 중의 여러 효가 밝히려고 하는 순종의 내재적 의미는 결코 일방적으로 무조건적인 순종을 강조하는 데 있는 것은 아니다. 오히려 강건한 덕으로 임할 것을 말하기도 한다. 예를 들면 초육에서는 "무인의 바름(武人之貞)"으로 판단할 것을 강조하기도 하고, 육사에서는 사냥하여 얻은 공로를 치하하기도 하였다. 두 효가 가지고 있는 공통점은 모두 반드시 유순하면서도 또한 강하여야 좋은 것이라는 점이다. 구삼은 강으로 유에 굴복하여 부끄러움이 생긴 것을 말하고, 상구는 지나치게 순종하여서 흉함이 생긴 것을 말한다. 이 두 효는 모두 강의 덕을 잃어버려서 위태로움에 이른 것이다. 다만 이효와 오효가 길하다. 그 이유는 먼저 전자는 강중의 도로 신의 뜻에 따랐고, 위세에는 굴복하지 않았기 때문이다. 이에 비해 후자인 오효는 중정의 덕으로 계속적으로 명령을 내려 일을 행하도록 하는 본 괘의 존위에 자리하고 있기 때문이다.

이처럼 육효의 순종에 대한 태도나 설명은 모두 두 가지 원칙을 벗어나지는 않는다. 그 두 가지 원칙은 우선 공손의 도리는 바름을 가지고 있어

乃凶也)"라고 하였다. 이것은 "어찌 올바르겠는가? 흉하다(正乎凶也)"를 "정도라 할 수 있겠는가? 흉하다(正乎, 凶)"라는 것으로 해석한 것이다. 이에 비해 주자는 『주역본의』에서 "'정호흉(正乎凶)'은 반드시 흉함을 말한 것이다(正乎凶, 言必凶)"라고 하였다.

야하고 아첨해서는 안 된다는 것이다. 두 번째로는 손괘의 때에는 반드시 어떤 일을 행하는 것을 목적으로 하여야 한다는 것이다. 이 때문에 이른 바 순종이라는 것은 양강의 기질에 우선 바탕하여야 하고 굴복과는 거리가 멀다. 말하자면 표면적으로 보기에 손괘는 공손과 겸손함만을 말하고 있는 것 같지만, 실제 내재적으로는 분명한 자기 주관과 강직한 생각 및 적절한 판단력을 이야기하는데 그 핵심이 있다고 할 수 있다. 황수기의 『주역역주』 444쪽 참조 바람.

58. ䷹ 중택태(重澤兌, 🀫 奪 第四十一)

1) 괘의 순서

　태괘(兌卦)는 「서괘전」에서 "들어간 뒤에 기뻐함으로 태괘로 받았으니 태는 기뻐함이다(入而後說之, 故受之以兌, 兌者說也)"라고 하였다. 즉 그 속에 진입한 후에 비로소 기뻐하기 때문에 손괘(巽卦) 뒤에 태괘가 오는 것이다. 이에 대해 정이천은 『이천역전』에서 "물건이 서로 들어가면 서로 기뻐하고 서로 기뻐하면 서로 들어가니 태괘가 이 때문에 손괘의 다음이 된 것이다(物相入則相說, 相說則相入, 兌所以次巽也)"라고 하였다.

2) 괘명의 의미

　태(兌)는 설(說)의 본자(本字)로 말하거나 웃는 모양이다. 이 때문에 본 괘는 언어와 기뻐하는 의미에 대해 이야기한다. 태괘는 하나의 음효가 전진하여 두 양효의 위로 가는 것을 말하는데, 기뻐함이 바깥으로 드러나는 형상이다. 태괘는 또 못(澤)으로 물이 아래로 흘러가다 막혀서 모여 있는 형상이다.

　또 못 속의 물은 만물을 적시게 하여 만물을 기쁘게 만들기 때문에 기뻐함(悅)의 상징이 있다. 설(說)이 고자(古字)라고 한다면, 열(悅)은 후대의 글자라고 할 수 있다. 본 괘의 괘명과 함괘(咸卦)의 괘 이름에는 모두 공통적으로 파자격(破字格)을 사용하고 있다. 말하자면 함괘의 함 자는 감(感)의 의미를 말하고 있는데도 불구하고 심(心)을 덧붙이지 않고 있다. 그 이유는 어린 남녀 사이의 상감(相感)은 완전히 천성에 근본한 것으로 어떤 다른 사심에서 나온 것이 아니기 때문에 심(心)자를 쓰지 않는다. 본 괘의 「단전」에서 "태는 기뻐하는 것이다(兌, 說也)"라고 하여, 설(說)과 열(悅)을 같은 것으로 보고 있다. 그런데 왜 언방(言旁)이 부가되어 있지 않는가? 그 이유는 언어로 다른 사람을 기쁘게 하려는 경우 진실함이 없기 때문이다. 그러므로 "태(兌)"는 일종의 무언(無言)의 기쁨을 말하는 것으로 언어를 통하지 않고 전달하는 내재적 마음의 감응을 말한다.

백서주역은 태(兌)를 탈(奪)로 쓰고 있다. 뜻은 얻었으나 잃어버렸다는 의미이다. 즉 탈취(奪取) 또는 약탈의 뜻이다.

3) 괘상의 의미

태괘(兌卦 : ䷹)의 괘상을 보면 내외괘는 모두 강효가 중을 얻고 있고, 유효가 바깥에 있는 외유내강(外柔內剛)의 형상이기 때문에 당연히 사람들을 기쁘게 하고 형통하게 만든다. 그러나 결코 시비를 나누지 않고 맹목적으로 다른 사람들을 기쁘게 해주는 것이 아니다. 태괘의 기쁨은 그 동기가 바르고 정도를 고수하여 사람들을 기쁘게 해주는 기쁨이다. 그렇기 때문에 그 기쁨은 사람을 이롭게 하는 진정한 기쁨이 된다.

본 괘의 괘상은 또한 손괘(巽卦)와 비슷하다. 손괘의 상하는 손으로 상하가 모두 따르는 상이고, 본 괘의 상하는 전부 태(兌)로 상하가 서로 기뻐하는 상이다. 손은 장녀이고 태는 소녀인데, 순종함을 바른 것으로 여기는 것이 바로 여자의 도리이고, 기쁨을 얼굴에 드러내는 것 역시 여자의 도리이다.

그러나 여자의 도리가 집안을 가지런하게 할 수 있지만 치국(治國)에 적용할 수는 없다. 왜냐하면 가정은 감정을 사용하는 곳이기 때문이다.

나라는 법을 사용하는 곳으로 만약 감정으로 나라를 다스린다면 감정에
치우쳐 시비를 단정하는 오류를 범하게 된다. 이것은 여자뿐만 아니라 모
든 사람들에게 적용되는 것이라고 할 수 있다.

兌는 亨하니 利貞[1]하니라.
태　　형　　　이정

백 奪亨, 小利貞.
탈형　　소리정

경의 의미 : 태는 제사를 올리니 유리한 점괘가 나왔다.

전의 해석 : 태는 형통하니 올바르게 함이 이롭다.

백 재물을 뺏는 데에 방해를 받지 않아 약간의 이익이 있으나 반드시 점을
쳐 보아야 한다.

彖曰 兌는 說也니
단왈 태　　열야

단전에 말하기를 태는 기뻐함이니,

剛中而柔外하여 說以利貞[2]이라 是以順乎天而應乎人[3]하여
강중이유외　　　열이이정　　　시이순호천이응호인

---

1 이것은 사람들이 기뻐할 때는 반드시 형통하고 모든 일이 잘 풀리게 된다는 것을 말한 것
이다. 그러나 사악한 것에 대해서도 기뻐할 수는 없기 때문에 반드시 "올바르게 함이 이
롭다(利貞)"라고 말한다. 즉 정도(正道)로 하면 이롭지만 사욕에 빠져서 기뻐하면 결국은
후회에 이르게 될 것이라는 말이다.

說以先民하면 民忘其勞하고 說以犯難하면 民忘其死⁴하나니
열 이 선 민   민 망 기 로   열 이 범 난   민 망 기 사

說之大民勤矣哉⁵라.
열 지 대 민 근 의 재

강이 중에 있고 유가 바깥에 있어서 기뻐하여 바르게 하여야 이롭다. 이 때
문에 천도에 따르고 사람의 정리에 응하여 (군자와 대인이) 백성들보다 먼
저 (어려운 일을 사양하지 않고) 솔선함을 기쁜 마음으로 하면, 백성들은
그 수고로움을 잊고 (맡은 일을 하고) 위험하고 어려운 일을 피하지 않고
기쁜 마음으로 하면 백성들은 죽음(의 공포조차)도 잊어버리니 기뻐함이
이렇게 크니 백성이 스스로 노력하고 힘쓴다.

---

2 강(剛)은 중(이·오)이고, 유(柔)는 외(삼·상)이다. "강중(剛中)"은 구이와 구오의 양이
중에 있는 것을 말한다. "유외(柔外)"는 육삼과 상육의 음이 바깥에 있는 것을 말한다. 이
구절은 괘 가운데의 이효·오효·삼효·상효의 상으로 "형통하니 올바르게 함이 이롭다
(亨利貞)"는 괘사를 해석하고 있는데, 강중(剛中)이기 때문에 기뻐하고 마음속에 진실함
이 있어서 모든 일이 형통하다. 유는 바깥에 있기 때문에 외면적인 즐거움에 빠지는 것을
경계하여 바르게 함이 이롭다고 말한다(利貞). 유(柔)가 안의 강함을 잃어버리지 않고 바
르게 하고 강(剛)이 바깥의 기뻐함을 잃어버리지 않아, 내외의 강유가 양면을 다 갖추어
기쁨에 처하고 있다. 이것은 기쁨이 형통할 수 있고 바름을 지킬 수 있는 뜻을 이야기하고
있다.
3 이 구절은 마음속에 진실함이 있어서 기뻐하고, 바르기 때문에 위로는 천도에 따르고 아
래로는 민심에 응할 수가 있다는 사실을 밝히고 있다. 기뻐한다는 의미를 천도(天道)와
인간의 정감(情感)에 합치하는 의미로 넓혀서 말하고 있다.
4 기뻐함의 도리를 확대하여 이야기하고 있다. 군사나 대인이 민약 올바른 기쁨이 도를 통
하여 백성들보다 먼저 나아가 스스로 어려운 일을 맡아하고 노고를 마다하지 않는다면,
백성들 역시 반드시 기쁜 마음으로 노고를 잊고 심지어 죽음마저도 잊어버리게 될 것임을
말하고 있다. 즉 백성보다 앞장서 백성을 이끌어 일(事)에 종사시키면, 백성은 그들을 믿
고 따라 그 노고를 잊고 정성을 다하여 죽음을 잊고 환난(患難)에 자발적으로 뛰어들게
된다는 것이다.
5 기뻐함의 도리가 가지고 있는 지대(至大)함은 백성이 스스로 근면하고 나아가게 하는 원
동력이 된다.

象曰 麗澤이 兌니 君子以하여 朋友講習[6]하나니라.
상 왈 이 택 태 군 자 이 　 　 붕 우 강 습

상전에 말하기를 못이 걸려있는 것이(연속하여 붙어 있는 것이) 태니 군자
는 이것을 보고서 친구들과 더불어 서로 강론(講論)하고 익히니라.

初九는 和兌니 吉[7]하니라.
초 구 　 화 태 　 길

백 初九, 休奪, 吉.
　 초 구 　 휴 탈 　 길

---

6 "이(麗)"는 부착(附着)하여 서로 연결되어 있는 뜻이다. 이 괘는 상하가 모두 태괘(兌卦)
　로 두 개의 못이 함께 연결되어 있어 연못의 물이 서로 유통(流通)하는 모습이다. 군자는
　마땅히 이런 정신을 본받아 친구 간에 서로 토론하고 학습하여 피차 도움을 얻도록 만들
　어야 한다. 「대상전」은 "친구들과 더불어 서로 강론(講論)하고 익히니라(朋友講習)"라는
　구절을 통하여 기쁨의 의미를 더욱더 심도 있게 설명하고 있는데, 여기에서는 학문하는
　방법을 가지고 와서 태(兌)의 비유로 삼는다. 『논어』의 「학이」편에서 "배우고 때로 익히
　면 또한 기쁘지 아니한가! 벗이 있어 멀리서부터 바야흐로 오니 또한 즐겁지 아니한가(學
　而時習之, 不亦說乎? 有朋自遠方來, 不亦樂乎)"라고 하였는데, 이것과 거의 뜻이 일치
　하는 것으로 보인다. 이에 대해 유염은 『주역집설』에서 "만약 벗이 없이 홀로 공부한다면
　고루하고 과문하게 될 것이다. 그러므로 논어에서는 배우고서 강학하지 않으면 걱정되고,
　배우고서 때로 익힘을 즐거운 것으로 여겨 벗이 있어 멀리서부터 바야흐로 오는 것을 즐
　거운 것으로 여겼다(若獨學無友, 則孤陋而寡聞. 故論語以學之不講爲憂, 以學而時習
　爲悅, 以有朋自遠方來爲樂)"라고 하였다.
7 초구의 양은 비록 이 괘의 가장 아래에 있으나 결코 아첨하여 무조건 높이 올라가려고 하
　지 않는다. 상괘의 구사 역시 강효로 초구와는 상응하지 않기 때문에 사적(私的)인 관계
　를 이용하지 않고 광명정대한 태도를 가지고서 사람들을 기쁘게 하는 형상을 가지고 있다.
　이에 대해 채연은 『주역절중』에서 "효의 위치는 모두 강이나 유와 친비하지 않고 바른 즐
　거움을 얻어, 조화하지만 나쁜 것으로 빠지지는 않는다(爻位皆剛, 不比于柔, 得悅之正,
　和而不流者也)"라고 하였다. 마치 『논어』의 「자로」에서 말하는 것처럼 "군자는 조화하지
　만 한 곳으로 치우치지 않는다(君子和而不同)"는 것처럼 다른 사람과 조화하지만 결코
　한 무리가 되어 더러움을 공유하지 않는다. 이런 식으로 즐거움을 나누기 때문에 그 결과
　는 길할 수밖에 없다. 초구 그 자체는 양을 품수받아 매우 단정하고, 다른 사람들에 대해
　서는 조화로 상대할 줄 알기 때문에 길하다.

초구는 화합하여 기뻐하니 길할 것이다.

백 초구는 재물을 약탈하는 것은 매우 즐거운 일이다. 길한 점을 얻었다.[8]

象曰 和兌之吉은 行未疑也[9]일새라.
상 왈 화 태 지 길　행 미 의 야

상전에 말하기를 화합하여 기뻐하니 길하다는 것은 행동이 (단정하여 다른 사람에게) 의심받지 않는다는 것이다.

九二는 孚兌니 吉코 悔亡[10]하니라.
구 이　부 태　길　회 망

백 九二, 孚, 吉, 悔亡.
구 이　부　길　회 망

---

8 이 구절에는 고대인들의 약탈이나 침략에 대한 관점들이 반영되어 있다. 다른 사람의 물건을 탈취하는 것을 즐거운 일로 보는 생각들은 당시에 있어서 착취계급의 어떤 가치표준이라고 할 수가 있다. 동시에 당시의 물질문명과 정신문명의 상황을 잘 반영하고 있는 것으로 보인다. 등구백 『백서주역』 253쪽 참조 바람.

9 마음이 바르고, 그 바름으로 행동하여 다른 사람들과 함께 기뻐하기 때문에 자신의 행동에 대해 다른 사람들이 어떠한 회의나 의혹을 하지 않게 만든다.

10 구이는 양으로 중의 자리에 있으면서 성실한 덕을 가지고 있다. 그것은 진실함을 즐거움으로 여기는 사람이다. 기뻐하여서 강중(剛中)을 잃어버리지 않고 진실함으로 즐거워하기 때문에 길하다. 백서수익은 부(孚)"를 "부(萼)" 즉 물에 사는 작은 벌레로 말하고 있다. 그러나 구이가 육삼의 소인을 따르게 되면 분명히 후회하게 될 것이다. 그러나 결과적으로 구이는 강중의 덕을 가지고 있어서 충분히 스스로를 지키고 잃어버리지 않을 수 있고 또 화이부동(和而不同)할 수 있어서 후회함도 충분히 없앨 수 있게 된다. 주자는 『주역본의』에서 "강중은 진실함이고, 음에 처하는 것은 뉘우침이 된다. 점치는 자가 진실함으로써 기뻐하면 길하고 뉘우침이 없게 될 것이다(剛中爲孚, 居陰爲悔. 占者以孚而說則吉而悔亡矣)"라고 하였다. 태괘는 기쁨을 말하는 괘임에도 불구하고 전체 괘효의 변화와 발전의 각도에서 뉘우침(悔), 부끄러움(吝)이나 흉 등의 경계(警戒)를 많이 말한다. 왜냐하면 기쁨 속에 뉘우침, 부끄러움 등의 원인이 잠복해 있기 때문이다.

구이는 진심으로 기뻐하니 길하고 뉘우침이 없어진다.

백 구이는 물위에 있는 벌레를 보았다. 길하고 뉘우침이 없다는 점이 나왔다.

象曰 孚兌之吉은 信志也[11]일새라.
상왈 부태지길　신지야

상전에 말하기를 진심으로 기뻐하니 길하다는 것은 뜻이 (진실하여) 믿을 만하기 때문이다.

六三은 來兌니 凶[12]하니라.
육삼　래태　흉

---

11 초구의 「소상전」에서는 "행동이 (단정하여 다른 사람에게) 의심받지 않는다(行未疑也)"라고 했는데, 그것은 사람들이 그 뜻을 믿는 것을 말한다. 초효와 이효를 비교해서 보면 초효는 쉬우나 이효는 어렵다. 초구는 육삼의 소인과 거리가 여전히 멀고 그 뜻도 믿을 만 할 뿐 아니라 행동도 또한 의심받지 않는다. 그러나 구이는 육삼의 소인과 바로 가까운 거리에 있어 그 뜻은 믿을 만하지만, 그 행동은 의심을 떨쳐버리기에는 부족하다. 그러므로 초효와 이효가 다같이 길함을 얻고 있으나, 이효는 "뉘우침이 없어진다(悔亡)"는 글자가 더 붙는다.

12 육삼의 음유는 중정하지 않고 부정한 자리에 있다. 이는 기뻐하는 것을 추구하는데 있어서 정도를 잃어버린 자이다. 스스로 바른 자리에 있지 못하면서 멋대로 초와 이효의 두 양에 와서 친하여 기쁨을 구하려 한다. 그 때문에 "와서 기뻐하니(來兌)"라고 말한다. "와서 기뻐하니"의 "래(來)"는 밑으로 내려 온다는 말이다. 주자는 『주역본의』에서 "음유로 중정하지 못하면서 태의 주가 되어, 위로 응하는 바가 없으면서 도리어 두 양에게 찾아와서 기뻐함을 구하니 흉한 도이다(陰柔不中正, 爲兌之主, 上无所應而反來就二陽, 以求其說, 凶之道也)"라고 하였다. 육삼이 와서 친하려하나 구이는 강중의 진실함(孚)이 있어서 함부로 친하지 않는다. 이에 대해 빌헬름은 "진정한 기쁨은 내면으로부터 나와야한다. 그런데 내부에서 나오지 않고 전적으로 바깥세상으로부터 주어진다면, 나태한 즐거움이 외부에서 흘러들어가게 될 것이다"(225쪽 참조 바람)고 하였다. 이른바 진정한 기쁨은 바른 도에 근거하는 것에서 나오는 것으로 억지로 의도를 갖고 기쁨을 구하려는 것은 매우 위험하다. 올바른 도 혹은 진정한 양심에 따르는 진실한 기쁨을 망각하

 六三, 來兌, 凶.
육삼 래태 흉

육삼은 와서 기뻐하니 흉하다.

백 다른 사람들이 와서 빼앗아 가니 매우 놀랐다.

象曰 來兌之凶은 位不當也[13]일새라.
상왈 래태지흉 위부당야

상전에 말하기를 와서 기뻐하니 흉하다는 것은 위가 부당하기 때문이다.

九四는 商兌未寧이니 介疾이면 有喜[14]리라.
구사 상태미녕 개질 유희

고 바깥의 감각적이고 허망한 기쁨을 추구하는 것의 결과는 너무나 분명하다.

13 육삼의 흉함은 음이 양의 자리에 있으면서 멋대로 기쁨을 구하려는 마음이 절실하기 때문이다. 그러므로 이정조는 『주역집해』에서 "음으로 양에 자리하기 때문에 위가 부당하고, 나쁜데 빠져서 기쁨을 구하기 때문에 반드시 흉하게 된다(以陰居陽, 故位不當, 諂邪求悅, 所以必凶)"라고 하였다.

14 "상(商)"은 헤아려 생각하는 것을 말하고, "개(介)"는 분명하다는 뜻이고, "질(疾)"은 부스럼 등의 작은 병 또는 미워한다는 의미이다. 이 두 구절은 구사의 양강이 바른 자리에 있지 못하면서 아래로 육삼에 가까이 지내면서 기뻐하지만, 정도에 따라 구오를 도우면 좋은 결과가 있을 것이라고 말한다. 만약 육삼의 질(疾)을 단절하고 확실하게 그 바름을 지킬 수 있으면 좋은 경사가 있을 것이라는 말이다. 더 상세하게 말하면 구사는 구오의 중정을 따라야 할 것인가 아니면 육삼과 가까이 친하게 지낼 것인가 하는 선택을 헤아려 재보지만 쉽게 결정하지 못하고 있다. 만약 바름을 견고히 지켜서 육삼을 멀리하는 것이 가능하다면, 정도를 행하는 기쁨이 있을 것이라는 말이다. 이에 대해 주자는 『주역본의』에서 "사는 위로 구오의 중정을 이어받고 아래로 육삼의 유를 가까이 하였기 때문에 결단하지 못하여 기쁜 것을 헤아려 정함이 있지 못한 것이다. 그러나 바탕이 본래 양강하기 때문에 꼿꼿하게 바름을 지켜서 나쁜 유를 미워한다. 이와 같으면 기쁨이 있을 것이다. (四上承九五之中正而下比六三之柔邪, 故不能決而商度所說, 未能有定. 然質本陽剛, 故能介然守正而疾惡柔邪也. 如此則有喜矣)"라고 하였다.

백 九四, 章奪未寧, 介疾有喜.
　　구 사　장 탈 미 녕　개 질 유 회

구사는 기쁨을 헤아려서 마음이 아직 편안하지 않으니, (지조를 가지고)
강직하게 (사악한 소인을) 미워하면 기쁨이 있을 것이다.

백 분명히 물건을 강탈해 온 후에는 약간 불안하나, 결국 것은 작은 문제
로 큰 관계가 없이 마음속으로 기뻐한다.

象曰 九四之喜는 有慶也[15]라.
　상 왈　구 사 지 희　　유 경 야

상전에 말하기를 구사의 기쁨은 경사가 있는 것이다.

九五는 孚于剝이면 有厲[16]리라.
　구 오　　부 우 박　　　유 려

---

15 정이천은 『이천역전』에서 "이른바 기쁘다는 것은 만약 정도를 지켜 군주가 좋아하면 양
강의 도를 행하여 복과 경사가 만물에 미치게 될 것이다(所謂喜者, 若守正而君說之, 則
得行其剛陽之道, 而福慶及物也)"라고 하였다. 즉 지조를 지켜 사악한 것을 미워하면
복과 경사가 자신뿐만 아니라 다른 사람에게까지 미친다는 말이다.

16 "박(剝)"은 벗겨 내는 것, 박탈하는 것, 깎아내리는 뜻을 가지고 있다. 여기에서 말하는
"박"하는 주체는 상육이다. 즉 "소인의 도는 자라나고 군자의 도는 준다"는 뜻으로 상육
을 군자를 깎아내리는 소인으로 비유하고 있다. 이 구절은 구오가 비록 양강중정하나,
상육의 음에 가까이 있어서 그것에 유인되어 소인을 진실로 믿고 서로 기뻐하기 때문에
"위태로움이 있다(有厲)"라고 말한다. 군주는 상육이 사악한 수단으로 기쁨을 얻으려는
상황을 경계해야 할 것을 말한다. 주자는 『주역본의』에서 "박은 음이 능히 양을 깎는 것
을 말하는 것이다. 구오가 양강하고 중정하나 기쁜 때를 당해서 높은 자리에 있어서 상
육과 아주 가까운데, 상육은 음유함으로 기뻐함의 주인이 되어서 기뻐하는 끝에 있으면
서 망령되게 기뻐해서 양을 소멸시키는 자이다. 그러므로 그 점(占)이 다만 상육을 믿으
면 위태로움이 있다고 경계하는 것이다(剝, 謂陰能剝陽者也. 九五陽剛中正, 然當說之
時而居尊位, 密近上六. 上六陰柔爲說之主, 處說之極, 能妄說以剝陽者也. 故其占但
戒以信於上六則有危也)"라고 하였다.

[백] 九五, 復于剝, 有厲.
구 오 부 우 박 유 려

구오는 (양을 깎아 먹는) 박을 믿으면 위태로움이 있다.

[백] 구오는 이미 뺏은 물건을 다시 뺏기니 위태로워지기 시작했다.

象曰 孚于剝은 位正當也[17]일새라.
상 왈 부 우 박   위 정 당 야

상전에 말하기를 박을 믿으면 위태로움이 있다는 것은 자리가 바로 여기에
해당하기 때문이다.

上六은 引兌[18]라.
상 육   인 태

[백] 尙六, 景[19]奪.
상 육 경 탈

---

17 이것은 오가 군주의 자리에 있기 때문이다. 군왕의 지위에 있는 것은 본래 소인들에 의
해 포위당하기 쉽고, 더구나 구오는 양강중정으로 지나치게 자신감을 가지고 있기 때문
에 더욱 위태롭게 될 가능성이 있다. 말하자면 지나치게 자신감을 가지고 있어서 쉽게
믿어버리는 우를 범해서는 안 됨을 경계하고 있다. 왜냐하면 구오의 자리는 매우 쉽게
음에 외해서 깎여지는 자리에 해당하기 때문이다.

18 상육은 덕이 굳건하지 못하고 변화를 모르는 자로 오로지 환락과 기쁨을 끊임없이 추구
하는 사람으로 비유되고 있다. 상육은 아래로는 상응하는 것이 없어서 오직 구오와 구사
두 양을 끌어들여 기쁨을 구하려고 한다. "인태(引兌)"는 바로 구오와 구사를 유혹하여
기뻐하는 것을 말한다. 육삼의 "와서 기뻐하니(來兌)"와 상육의 "유인하여 기뻐한다(引
兌)"는 모두 소인(小人)이 주동적으로 와서 기쁨을 찾으려 한다는 것이다. 다른 점은 육
삼은 드러내놓고 양에게 기쁨을 구하여 스스로 흉함을 자초하는 경우인데 비해, 상육은
교묘하게 그것을 드러내지 않기 때문에 어떤 흉도 말하지 않는다. 다만 구오가 매우 조
심하여야 한다.

19 「이아(爾雅)」 「석고(釋詁)」에서는 "경은 크다는 뜻이다(景, 大也)"라고 하였다.

상육은 (다른 사람을) 유인하여 기뻐한다.

▣ 상육은 대규모로 약탈하였다.

象曰 上六引兌 未光也²⁰라.

상왈 상육인태 미광야

상전에 말하기를 상육의 유인하여 기뻐한다는 것은 아직 광대하지 못한 것이다.

* 태괘의 의미와 교훈

인생의 목적은 어떤 의미에서 기쁨을 추구하는 데 있다고 하여도 지나친 말은 아닐 것이다. 공부나 일을 막론하고 모두 기쁨을 얻기 위해 분투하는 과정이라고 할 수 있다. 옛 사람들 역시 이런 문제에 대해 깊이 생각하였다. 『주역』은 태괘를 통하여 이 문제에 대해 이야기하고 있다.

태(兌)는 기뻐한다는 의미이지만, 태괘의 주제는 사람과 사람 사이에 어떻게 서로 좋아하고 기뻐하는가 하는 조화의 관계 문제이다. 다른 사람과 좋아하고 기뻐하는 관계를 세우는 것은 매우 좋은 일이기 때문에 형통하다는 말을 한다. 그러나 다른 사람들과 서로 기뻐한다는 것은 조건적이

---

20 "광(光)"은 넓고(廣) 크다(大)는 뜻을 가지고 있다. "미광(未光)"은 광대함을 얻지 못하고 있다는 말이다. 누가 아직 광대함을 얻지 못했는가? 바로 상육이다. 왜 상육은 광대함을 얻지 못하는가? 상육은 음으로 양을 깎아내리려고 한다. 즉 소인이 군자를 깎아내리려는 나쁜 작용이 아직 광대하지 못하다는 것을 말한다. 상육의 나쁜 작용이 광대함을 얻지 못하는 이유는 비록 은미하고 비밀스럽게 접근하지만, 구오가 약간만 경계하면 그 나쁜 작용은 결코 확대될 수 없기 때문이다.

다. 기쁨에는 곧고 바름(貞正)이 선결조건이 된다. 기뻐함에 올바른 도로 하지 않으면 사악함에 빠지게 되고, 사악함은 군자가 취하는 바가 아니다. 기뻐함 속에는 조화의 의미를 포함하고 있다. 그러므로 기뻐함의 뜻은 『논어』에서 말하는 화이부동(和而不同)의 뜻과 일치한다.

전체 괘로 보면 곧아야 이롭다는 요구는 바로 도에 합치하는 올바른 기쁨을 얻는 핵심이다. 그와 동시에 기쁨을 교류하기 위해서는 강중하면서도 부드럽기를 요구한다. 이 둘 중 어느 하나도 결여해서는 안 된다고 말한다. 다른 사람을 대하는 경우에 있어서 마음속으로는 강건하고 곧아도 바깥으로는 부드럽고 공손한 태도를 표현하여야 하기 때문이다. 자기 자신을 기쁘게 하고 다른 사람을 기쁘게 하는 가장 좋은 방식은 바로 자기 마음속에 전혀 거짓이 없는 성실함에 바탕하여 자신과 다른 사람을 대하는 데 있다. 이것이 바로 하늘에 순종하고 다른 사람에게 부응하는 도리이다.

이러한 도리는 그 동기가 반드시 순수하고 바르고 정당함을 가지고 자신과 다른 사람에게 이로움을 주어야 한다. 아무리 자기 자신이 다른 사람에게 이롭다하더라도 정도를 벗어나거나 환락이나 비리에 빠진다면 그 즐거움은 결코 올바르고 정당한 것이 될 수가 없다. 여기에서 태괘는 화이부동과 진실함을 근본으로 삼고, 동기가 순수하고 바르고 수단 역시 정당해야할 것임을 강조한다.

59. ䷺ 풍수환(風水渙, 📖 渙 第六十二)

1) 괘의 순서

환괘(渙卦)는 「서괘전」에서 "태는 기뻐함이니, 기뻐한 뒤에 흩어지기 때문에 환괘로 받았다(兌者說也. 說而後散之, 故受之以渙)"라고 하였다. 정이천은 『이천역전』에서 "기뻐하면 풀어지고 흩어지니, 사람의 기운은 근심하면 맺히고 모이고, 기뻐하면 풀어지고 흩어진다. 그러므로 기뻐함에 흩어지는 뜻이 있으니 환괘가 이 때문에 태괘를 이은 것이다(說則舒散也, 人之氣憂則結聚, 說則舒散. 故說有散義, 渙所以繼兌也)"라고 하였다. 사람의 심기는 기쁘면 풀어지고 가볍고 경쾌하게 되기 때문에 태괘 다음에 환괘가 온다고 말한다.

2) 괘명의 의미

『설문해자』에 "환은 흩어지는 것이다(渙, 流散也)"라고 하였고, 『경방역전(京房易傳)』에서는 "물위에 나타나는 바람은 흩어졌다가 합한다(水上見風, 渙然而合)"라고 하였고, 공영달은 『주역정의』에서 "환이라는 것은 흩어져 풀어지는 것을 이름한 것이다(渙者散釋之名)"라고 하였다. 『설문해자』의 해석에 의거하면 환은 바람이 불어서 만물을 흐트러지게 하는 모습으로 바람이 불어와 얼음을 녹이는 뜻을 가지고 있다.

여기에서 말하는 산석(散釋)은 바로 위험을 해소하는(化解) 것을 의미한다. 말하자면 위험을 해소하는 것은 위험 속에 있는 상태의 반대 의미이다. 위험을 해소하여 평안하게 만드는 것이 바로 환의 의미이다. 환괘

의 경우에 있어서 상괘인 손(巽)은 나무를 의미하고, 하괘인 감괘는 물을
의미하므로 배를 타고 물을 건너가는 상이다. 여기에서 물은 위험을 의미
하고, 이런 위험을 해소하는 방식이 바로 배를 타고 물을 건너가는 것이
다. 그러므로 환의 가장 중요한 의미는 난세(亂世)를 헤쳐 나가는 것에
있다. 난세를 헤쳐 나가는 경우를 배를 타고 물을 건너는 것에서 그 이미
지를 찾고 있다.

3) 괘상의 의미

환(渙 : ䷺)은 얼음이 녹아 흩어지는 뜻을 가지고 있다. 이 괘는 감괘
(坎卦)와 손괘(巽卦)로 이루어져 있는데, 바람이 물위에 불어 물이 파동
을 일으키면서 흩어지는 현상에서 그 의미를 찾고 있다. 전체 괘상으로
보면 중(中)의 자리에 양이 와서 좀처럼 흔들리지 않는 강직함을 드러내
고 있다. 이는 몸은 비록 흩어져 있으나 정신은 함께 모인다는 몸과 정신
의 상호관계를 상징한다. 그러므로 환괘가 가지고 있는 중요한 의미 중의
하나는 바로 흩어져 있는 것을 하나로 모으고 정리하는 도리를 밝히는 것
이다.

渙은 亨하니 王假有廟며 利涉大川하니 利貞[1]하니라.
환　　형　　　왕격유묘　　　이섭대천　　　이정

---

1 환은 환산(渙散)으로 풀려서 흩어진다는 뜻이다. 환괘는 천하가 풀려서 흩어지는 때에 어
떻게 이 흩어진 것을 올바로 다스릴까 하는 문제가 그 핵심이다. 천하가 풀려서 흩어지면
누가 다스려야 하는가? 당연히 왕이 다스려야 한다. 왕은 어떤 방법으로 이 흩어진 것을
바로 잡을 수 있는가? 여기에서 가장 중요한 것은 "왕이 사당에 이르며(王假有廟)"라는

백 渙, 亨, 王叚于廟. 利涉大川, 利貞
환 형 왕가우묘 이섭대천 이정

경의 의미 : 환은 제사를 지내려고 왕이 사당에 왔다. 큰 내를 건넘이 이로 우니 점을 쳤는데 이롭다는 결과가 나왔다.[2]

전의 해석 : 환은 형통하니 왕이 사당에 이르며, 큰 내를 건넘이 이로우니 바르게 함이 이롭다.

백 홍수가 범람하여 왕이 제사를 지내러 사당에 왔다. 큰 내를 건너는 것이 이로운가에 대해 점을 쳤는데 이롭다는 점의 결과도 나왔다.

象曰 渙亨은 剛來而不窮하고 柔得位乎外而上同[3]할새라.
단왈 환형 강래이불궁 유득위호외이상동

말이다. "묘(廟)"는 종묘(宗廟)를 말하는데, 조상을 제사지내는 곳이다. 어떤 큰일을 당했을 때 왕은 반드시 종묘에 가서 조상들에게 도움을 청한다. 종묘의 제사는 사람들의 종족의식 내지 국가의식을 환기시켜 사람들의 마음을 하나로 모으는 것을 도와준다. 이렇게 하여서 천하와 국가가 난관을 돌파하도록 만든다. 왕이 이제 종묘에 이르러 조상의 도움을 받는다면, 작은 문제는 물론이고 어려운 큰 문제까지도 해결할 수 있다. 그러므로 "큰 내를 건넘이 이로우니(利涉大川)"라고 말하는 것이다. 또 환괘는 하괘가 감괘(坎卦)이고, 상괘가 손괘(巽卦)로 나무가 물위를 지나가는 것으로 큰 내를 건너는데 유리한 상을 가지고 있다. "바르게 함이 이롭다(利貞)"는 것은 바른 마음으로 하여야 일이 이루어 질 수 있다는 말이다.

2 이경지는 『주역통의』(116-117쪽 참조)에서 "환(渙)"을 "물이 성(盛)한" 홍수로 보아, 홍수가 걱정되어 종묘에 제사를 지내러 왕이 오는 것으로 말하고 있다. 이런 관점은 『백서주역』의 경우에서도 보인다.

3 강(剛)은 구이를 말하고, 유(柔)는 육사를 가리킨다. 이것은 구이의 양강이 하괘에 자리하여 초효·삼효·사효의 음과 계속적으로 소통하고 내왕하는 것을 말한다. 그리고 육사는 정위하여 상괘에 있으면서 오효와 상효의 두 개의 양을 이어받아서 그 뜻을 함께 한다. 이것은 음양이 흩어져 있으면서도 함께 모이는 것을 설명하고 있는데, 괘사 "환은 형통하다(渙亨)"는 말을 해석하는 것이다.

단전에 말하기를 환이 형통하다는 것은 강이 와서 막히지 아니하고, 유가
밖에서 자리를 얻어 위와 함께 하기 때문이다.

王假有廟는 王乃在中也⁴요
왕 격 유 묘　왕 내 재 중 야

왕이 사당에 이르며 라는 것은 왕은 마침내 중에 있다.

利涉大川은 乘木하여 有功也⁵라.
이 섭 대 천　승 목　유 공 야

큰 내를 건넘이 이롭다는 것은 나무를 타서 공이 있다는 것이다.

象曰 風行水上이 渙이니 先王以하여 享于帝하며 立廟⁶하니라.
상 왈 풍 행 수 상　환　선 왕 이　향 우 제　입 묘

---

4 "왕이 사당에 이르러(王假有廟)"라고 하는 것은 왕(구오)이 종묘 안에 있고, 그 중정의
　지성을 다하여 환산(渙散)하는 조상의 영(靈)을 모시고 제사를 통해 모으는 것을 말한다.
　주자는 『주역본의』에서 "중은 종묘 가운데에 있는 것을 말한다(中謂廟中)"라고 하였다.
　군왕이 종묘에 있다는 것은 정신적으로 민중의 보이지 않는 역량을 단결시키고 모으는 것
　을 의미한다. 또 괘상으로 보면 구오가 상괘인 손괘(巽卦)의 중위에 자리하고 있는데, 이
　것은 전체 괘를 주도하는 주효임을 나타낸다.

5 이 구절은 "큰 내를 건넘이 이롭다(利涉大川)"는 것을 해석하는 것으로 상괘의 손(巽)에
　는 나무의 상이 있고 하괘의 감(坎)에는 물의 상이 있어, 마치 배가 물위를 가는 것처럼
　힘을 합하여 위험을 돌파하는 것을 비유하고 있다. 이런 입장을 『주역절중』에서는 "나무
　를 타서 공이 있다는 것은 나무가 물 위에 있는 것을 말하는 것으로 위험을 벗어나는데 도
　구를 가지고 있다는 뜻을 함유하고 있다(乘木有功, 謂木在水上, 便含濟險有具之意)"라
　는 말로 나타내었다.

6 선왕(先王)은 "바람이 물위에 행하는(風行水上)" 상을 보고 흩어지는 것 속에 모이는 이
　치가 있음을 깨달았기 때문에 "왕이 상제에게 제사를 올리며(享于帝)" 또 "사당을 세워
　(立廟)" 천하의 인심을 하나로 묶으려 한다. 정이천은 『이천역전』에서 "인심을 수습하는
　데는 종묘보다 나은 것이 없다. 제사를 지내서 보답하려고 하는 것은 그 마음에서 나온 것
　이다. 그러므로 상제에게 제사를 올리고 종묘를 세우는 것은 사람들의 마음을 돌아오게
　하는 바가 된다. 인심을 붙들고 흩어진 것을 합하는 도리는 이것보다 큰 것이 없다(收合

상전에 말하기를 바람이 물위에 행하는 것이 환이니, 선왕이 이를 본받아 왕이 상제에게 제사를 올리며 사당을 세운다.

初六은 用拯하되 馬壯하니 吉[7]하니라.
초육 용증   마장   길

백 初六, 撜馬. 吉, 悔亡.
초육 증마 길 회망

초육은 구원을 씀에 말이 건장하니(건장한 말을 이용하여 구원하니) 길하다.

백 초육은 말을 타고 외출하기 위해 점을 치니 길하고 뉘우침이 없어질 것이라는 점괘가 나왔다.

象曰 初六之吉은 順也[8]일새라.
상왈 초육지길   순야

人心, 无如宗廟. 祭祀之報, 出于其心, 故享帝立廟, 人心之所歸也. 繫人心合離散之道无大於此)"라고 하였다.

7 초육은 환괘의 초효에 자리하여 환산(渙散 : 흩어지고 풀어짐)이 막 시작되는 시기로 환산을 구하기에 가장 좋은 때이다. 그러나 음효인 초육은 독자적으로 환산을 구할 능력을 가지고 있지 않기 때문에 누가 와서 그를 도와주어야 한다. 초육은 상응하는 것도 없이 다만 구이와 가까이 친하지만, 구이 또한 상응하는 것도 없이 오직 강중한 자질만을 가지고 있다. 그러므로 주자는 『주역본의』에서 "괘의 초효에 자리하여 흩어지는 시초이다. 흩어지는 처음에 구원하니 힘쓰기가 쉽고, 또 씩씩한 말이 있으니 그 길함을 충분히 알 수 있다. 초육은 흩어짐을 구원하는 재주가 있는 것은 아니지만 다만 구이에게 순종할 수 있기 때문에 그 상과 점이 이와 같을 뿐이다(居卦之初, 渙之始也. 始渙而拯之, 爲力旣易, 又有壯馬, 其吉可知. 初六非有濟渙之才, 但能順乎九二, 故其象占如此)"라고 하였다. 구이는 자신의 능력을 가지고 초육을 구하려고 하는 뜻은 분명히 가지고 있다. 초육이 구이의 도움을 받는 것은 마치 사람들이 건강한 말의 힘을 빌려서 멀리가는 것과 같다. 이처럼 환산이 막 시작하는 때에 재빨리 구하려는 시도를 하면 길한 결과를 가져올 수 있다.

8 초육이 흩어지는 것을 구원하여 길할 수 있는 관건은 바로 "순종(順)"에 있다. 그것은 구

상전에 말하기를 초육의 길이라는 것은 따르기 때문이다.

九二는 渙에 奔其机면 悔亡⁹하리라.
구 이　　　환　　분 기 궤　　　회 망

뻭 九二, 渙奔元階, 悔亡.
구 이　　환 분 기 계　　　회 망

구이는 (민심이 이완되는) 환산(渙散)의 시기에 재빨리 (몸을 기댈 수 있는) 의자(机)로 달려가면 뉘우침이 없어지리라.

뻭 구이는 홍수가 섬돌을 넘어서 집안까지 들어왔으나 익사한 사람은 없었다. 점을 치니 뉘우침이 없다는 점이 나왔다.

이의 강중한 자를 따를 뿐만 아니라 또한 막 어려움이 시작되는 시기에 구하기 때문에 결과가 좋다는 의미이다. 『주역집해』는 우번의 말을 인용하여 "구이를 받들고(承) 있기 때문에 따른다(順)고 한다(承二故順也)"라고 하였다.

9 초육 이외의 모든 효는 "환(渙)"자로부터 시작하는데, 그것은 흩어지는 때에 있다는 것을 의미한다. 구이는 하괘의 위험 속에 있지만 만약 "재빨리 (몸을 기댈 수 있는) 탁자(机)로 달려가면(渙奔其机)" 뉘우침은 없어질 수 있다. "분(奔)"은 급히 간다는 뜻이다. "궤(机)"는 기대어서 편안히 앉을 수 있는 작은 의자나 탁자 같은 것을 말한다. "재빨리 (몸을 기댈 수 있는) 탁자(机)로 달려가면(渙奔其机)"이라는 말은 급속히 위험한 상황을 벗어나 편안한 곳으로 가는 것을 말한다. 환괘에서 초육과 구이는 서로 상응하지 않지만 이 둘은 가깝게 친하여 서로 의지하여 도와주는 관계 속에 있다. 초육의 입장에서 보자면 구이는 의지할 수 있는 말이고, 구이의 관점에서 초육은 편안히 기댈 수 있는 탁자이다. 초육은 구이의 도움을 받고 있고 또 막 어려워지기 시작하는 때에 구함을 받기 때문에 길하다. 구이는 이미 위험 속에 있으나 자신을 도우는 자가 있기 때문에 뉘우침이 없는 단계로 나아갈 수 있다. "궤(机)"는 옛날 사람들이 바닥에 앉아있을 때 사용하는 다리가 짧은 긴 탁자로 이른바 안(案)이다. 고대인들이 보통 기거할 때는 항상 손을 탁자 위에 올리고 머리를 기대어 쉬었다. 그러므로 "재빨리 (몸을 기댈 수 있는) 탁자(机)로 달려가면(渙奔其机)"이라는 말은 흩어진 후에 재빨리 기댈 탁자로 간다는 의미로 의탁할 곳을 찾는 것을 의미한다.

象曰 渙奔亓机는 得願也¹⁰라.
상 왈 환 분 기 궤　　　　 득 원 야

상전에 말하기를 환산(渙散)의 시기에 재빨리 (몸을 기댈 수 있는) 탁자
(机)로 달려간다는 것은 원한 것을 얻었다는 것이다.

六三은 渙其躬이니 无悔¹¹리라.
육 삼　　 환 기 궁　　　　 무 회

백 六三, 渙亓躬, 无咎.
　　 육 삼 환 기 궁　 무 구

육삼은 그 몸을 흩어버리고(환산하고) (위의 양강을 따르니) 뉘우침이 없
을 것이다.

백 육삼은 홍수가 내 몸을 덮쳤다. 점을 치니 큰 재앙은 없다고 하였다.

---

10 "환산의 시기에 재빨리 책상으로 달려간다는 것"은 험난을 해소하려는 바람이 이루어진
　　 것을 말한다. 흩어지는 시기에 있어서 사람들은 모두 편안한 장소를 얻기를 희망하는데,
　　 그렇게 하여야 안정될 수 있기 때문이다. 구이는 이런 소망을 실행하였다고 할 수 있다.
　　 구이가 위험 속에 있으나 급히 초육에게 나아가 하나의 편안한 거처를 구함으로써 그 뉘
　　 우칠 일을 없애게 되고, 이로 인하여 그 원하는 것이 이루어진다는 것이다.

11 육삼이 흩어지는 때에 하괘의 가장 높은 자리에 있으면서 상구와 상응하여, 그 몸은 흐
　　 트러지나 상구에 기댐으로써 뉘우침이 없어진다는 상을 설명하고 있다. 『주역절중』에서
　　 이광지는 "주역 가운데에서 육삼이 상구와 상응하여 길한 경우는 거의 드물다. 오직 환
　　 의 때에 상효와 응한다는 것은 자기를 버리고 위를 따르는 상이 있기 때문이다(易中六三
　　 應上九, 少有吉矣. 惟當渙時, 則有應上者, 忘身徇上之象也)"라고 하였다. 육삼과 상
　　 구가 상응하면 다른 괘 속에서는 길한 경우가 드물지만, 유독 환괘만이 다르다. 환괘의
　　 육삼은 상구에 상응하여 자기를 버리고 위를 따르는 상이 있다. 육삼은 음유로 부중부정
　　 하고 본래 사사로운 마음이 있으나, 상구와 상응하여 끝내는 자기의 사사로운 마음을 버
　　 리고 어려운 때를 바로 잡으려는 큰 뜻에 동참하여 뉘우침이 없는 상황을 만들어낼 수
　　 있다.

象曰 渙其躬은 志在外也[12]일새라.
상 왈 환 기 궁　　지 재 외 야

상전에 말하기를 그 몸을 흩어버린다는 것은 뜻이 바깥에 있기 때문이다.

六四는 渙其群이라 元吉[13]이니 渙에 有丘는 匪夷所思[14]리라.
육 사　　환 기 군　　　원 길　　　환　　유 구　　비 이 소 사

🔲 六四, 渙亓群.[15] 元吉. 渙有丘, 非娣所思.
　　육 사　환 기 군　　원 길　환 유 구　　비 제 소 사

---

12 "그 몸을 흩어버린다는 것은 뜻이 바깥에 있기 때문이다(渙其躬, 志在外也)"는 말에서 "외(外)"는 외괘를 말하는데, 상응의 관계에서 말하면 전체 괘에는 오직 육삼과 상구만 이 상응하고, 육삼은 그 뜻이 외괘의 상구에 있다. 그래서 육삼은 내괘(內卦)를 벗어나 외괘(外卦)로 가기를 바란다. 육삼의 이러한 태도는 하괘의 위험(감괘)을 빠져나가려면 오직 바깥으로 도움을 청할 수밖에 없기 때문이다. 도와주는 자가 바로 상구이기 때문에 뜻이 바깥에 있는 것이다.

13 "군(群)"은 붕당(朋黨)의 뜻이다. 육사는 정위를 얻어 구오를 받들고 아래로 상응함이 없어서 사사로움을 말하지 않는다. 그 때문에 그 붕당을 흩어버리는 상이 있어서 "원길 (元吉)"을 얻었다고 말한다. 그러므로 주자는 『주역본의』에서 "음에 자리하여 바름을 얻 고 위로 구오를 이어받아 흩어지는 것을 바로잡는 임무를 가지고 있다. 아래로 상응하는 것이 없어서 그 붕당을 흩어버릴 수 있는 상이 된다(居陰得正, 上承九五, 當濟渙之任 者也. 下无應與, 爲能散其朋黨之象)"라고 하였다.

14 육사는 바깥의 흩어짐(外渙)이 시작되는 시기에 해당한다. 바깥의 흩어짐이라는 것은 사 적(私的)인 무리나 모임을 해산하고 공적(公的)인 큰 무리를 만들어 나가는 것을 주로 말한다. 육사는 정위로서 위의 구오의 군주를 받들어 공손히 한다. 군신이 힘을 합쳐 소 인의 사사로운 무리(私群)를 환산하여 천하의 공적인 무리(公群)를 모으는 것을 강조하 고 있다. "구(丘)"는 언덕으로 큰 것을 비유한다. 이 두 구절은 앞의 문장을 이어받아 육 사가 그 사적인 붕당(朋黨)을 흩어버리고 또한 작은 무리를 큰 무리로 바꿔놓아서 천하 를 하나로 모으는 것에 대해 설명하고 있다. 이러한 일은 보통 사람들이 생각할 수 있는 것은 아니다. 그러므로 주자는 『주역본의』에서 "또 그 작은 무리를 흩어야 큰 무리를 이 룰 수 있다. 흩어진 자들을 모아 마치 큰 언덕처럼 만드니 보통 사람들이 생각하여 미칠 수 있는 바가 아니다(又言能散其小羣, 以成大羣, 使所散者, 聚而若丘則非常人思慮之 所及也)"라고 하였다. 육사가 이렇게 할 수 있기 때문에 반드시 큰 길함을 얻는다. 이처 럼 작은 무리를 흩어버리고 천하 전체 혹은 한 국가가 하나로 뭉칠 수 있게 만드는 것이 바로 "흩어서 언덕같이 큰 무리를 만드는 것(渙有丘)"이라는 말이다.

육사는 사사로운 붕당을 흩어버리니 크게 길하다. (작은 무리들을) 흩어서 언덕같이 큰 무리를 만드는 것은 보통 사람들이 생각할 수 있는 것은 아니다.

  백 육사는 홍수가 수레 옆에까지 차올랐다. 점을 치니 크게 길했다. 홍수가 또 언덕 위까지 차올랐으나 언니가 물이 차오르는 것을 막는 방법을 생각해 내었다. 이것은 여동생이 생각할 수 있는 것은 아니다.

象曰 渙其群元吉은 光大也[16]라.
상 왈 환 기 군 원 길　　　 광 대 야

상전에 말하기를 사사로운 붕당을 흩어버리니 크게 길하다는 것은 크다는 것이다.

九五는 渙에 汗其大號면 渙王居면 无咎[17]리라.
구 오　 환　　 한 기 대 호　　 환 왕 거　　 무 구

---

15 "군(群)"은 군대에서 사용하는 수레를 말한다.

16 환의 시대에 작은 무리를 흩어버리고 큰 무리로 모을 수 있으면, 크게 길하여 그 이룬 공덕이 크고 영향 또한 매우 깊다. 이에 대해 내지덕은 『내씨역주』에서 "대개 사사로운 당파를 세우는 자들은 대부분 마음이 어둡고 좁은 자들이다. 추호의 사사로움도 없으면 광명정대하여 그 무리를 흩어버릴 수가 있기 때문에 광대하다고 말한다(凡樹私黨者, 皆心之暗昧狹小者也. 惟無一毫之私, 則光明正大, 自能渙其群矣, 故曰光大也)"라고 하였다.

17 군주가 중정한 자리에서 환의 때를 당하여 온 힘을 다하여 명령을 내리는 것이 마치 "땀이 나듯이" 한다는 말이다. "왕거(王居)"에 대한 해석은 분분하다. 정이천은 『이천역전』에서 "왕의 자리에 거처함이 걸맞아서 허물이 없을 것이다(居王位, 爲稱而无咎)"라고 하여, 왕이 그 자리에 맞는 적절한 행위를 한 것으로 말하고 있다. 이에 비해 주자는 『주역본의』에서 "양강중정하여 존위에 자리하고 있고, 환의 때를 맞아서 그 명령을 베풀고, 자기가 쌓아 놓은 것을 준다면 흩어지는 시기를 바로잡아서 허물이 없게 될 것이다(陽剛中正, 以居尊位, 當渙之時, 能散其號令, 與其居積, 則可以濟渙而无咎矣)"라고 하여, 자신에게 집중되어 있는 재물과 권력을 백성들에게 흩어서 나누어 주어 민심을 하나로

백 九五, 渙亓肝(汗), 大號. 渙王居, 无咎.
　　구 오　환 기 간　한　　대 호　　환 왕 거　무 구

구오는 환산의 시기에 큰 명령을 땀이 나듯 하고 왕이 축적한 것을 분산하
면 허물이 없을 것이다.

백 구오는 홍수가 간(肝)이 있는 부분까지 차올라 놀라서 소리 지른다. 홍
수가 왕이 거처하는 곳까지 범람하였다. 점을 쳤는데 허물이 없을 것이라
고 하였다.

象曰 王居无咎는 正位也[18]라.
상 왈　왕 거 무 구　　정 위 야

상전에 말하기를 왕이 축적한 것을 분산하면 허물이 없다는 것은 (군주의)
바른 자리에 있기 때문이다.

上九는 渙其血去하며 逖出이니 无咎[19]리라.
상 구　　환 기 혈 거　　　척 출　　　무 구

모아 "무구(无咎)"하게 될 것이라고 말한다. 이 때문에 구오의 명령은 반드시 단호하여
야 하고, 자기가 가진 재물을 민중에게 베풀어야 비로소 민중을 하나로 모을 수 있게 된
다. 또한 이로 인해 그 스스로도 존위에 자리하여 큰 잘못이 없게 된다. 여기에서는 「소
상전」의 "왕이 축적한 것을 분산하면 허물이 없다는 것은 (군주의) 바른 자리에 있기 때
문이다(王居无咎, 正位也)"는 관점에 근거하여 주자의 입장을 따르려고 한다.

18 이 구절은 군왕의 권력과 재물이 비록 흩어지는 때에 처하여 현실석으로는 약간의 손상
이 있다하더라도 오히려 왕의 자리를 더 잘 보존할 수 있고 잘못을 범하지 않을 수 있는
계기가 된다는 것을 말하고 있다. 왜냐하면 자신이 처해 있는 위치와 본분을 망각하지
않고 바르게 실행하였기 때문이다.

19 상구는 환괘의 극(極)으로 흩어지는 것(渙散)에서 모임(聚)으로 전환하는 시기이다. 즉
상구는 대란(大亂)에서 대치(大治)로 전환하는 때에 해당한다. "혈(血)"의 뜻에 대해 학
자들의 해석은 조금씩 다른데, 크게 두 가지 경우가 있다. 『주역집해』에서는 "혈(血)"을
혈액의 혈로 보고 있고, 왕필이나 주자는 "혈(血)"을 상(傷) 또는 상해(傷害)로 보고 있

尙九. 渙亓血去湯出.[20]
상구　환기혈거탕출

상구는 그 피를 흩어버리고 제거하며 두려움에서 벗어나니 허물이 없을 것이다.

상구는 홍수가 제사에 쓰려는 희생의 피를 덮쳐 깨끗하게 씻고 가 버렸다.

象曰 渙其血은 遠害也[21]라.
상　왈　환 기 혈　　원 해 야

상전에서 말하기를 그 피를 흩어버리고 제거하며 두려움에서 벗어나니 라는 것은 해로움에서 멀리 떨어져 있다는 것이다.

* 환괘의 의미와 교훈

『주역』의 64괘 중에서 59번째 괘가 바로 환괘(渙卦) 괘이다. 환(渙)이

다. 또 "척(逖)"을 왕필은 "원(遠)"으로 보고 있는 반면에, 정이천이나 주자는 두렵다는 의미의 "척(惕)"으로 보고 있다. 상구는 양으로 음의 자리에 처하여 부중부정하지만, 아래의 하괘인 위험으로부터 가장 멀리 떨어져 있어서 해로부터 빠져 나갈 수 있다. 위험에서 떠나서 멀어지기 때문에 아무런 허물도 없다고 말한다. 여기에서는 주자의 관점에 따라 해석하려고 한다.

20 "혈거탕출(血去湯出)"이라는 말은 백서주역에서 두 번 출현한다. 여기에서 말하는 "탕(湯)"을 통행본 『주역』에서는 "척(惕)" 또는 "척(逖)"으로 쓰기도 한다. 백서주역에서 말하는 "탕(湯)"은 씻어낸다는 의미의 "척(滌)"으로 사용된 것으로 보인다. 등구백 『백서주역교석』 339-340 참조 바람.

21 "상효는 환괘의 끝에 자리하여 감괘로부터 멀리 떨어져서 상해를 입을 가능성이 적기 때문에 그 상이 '그 피를 흩어버리고 제거하며 두려움에서 벗어나니라'라고 말하는 것이다.

라는 말은 흩어지고, 분산(分散)되고, 이산(離散)한다는 의미를 가지고 있다. 이러한 의미는 괘가 가지고 있는 상(象)의 모습을 통하여 분명하게 나타난다. 환괘(☴☵)는 바람을 상징하는 손괘(巽卦)가 위에 있고, 물을 상징하는 감괘(坎卦)가 아래에 있는 괘의 모습을 가지고 있다. 이런 괘의 모습을 『상전』은 "바람이 물위에 부는 것(風行水上)"이라는 말로 표현하고 있다. 말하자면 물위에 바람이 불어서 물보라가 일며 물이 흩어지는 모습을 상징하고 있다. 이 때문에 환괘는 기존의 질서와 구제도가 와해되면서(渙散) 사람들의 마음이 안정을 찾지 못하고 불안하게 들떠서 우왕좌왕하는 과도기의 상황을 설명하는 것으로 자주 언급된다.

그러나 환괘(渙卦)에서 말하는 흩어짐은 결코 제멋대로 어지러이 흩어지는 것을 의미하는 것이 아니라 흩어짐과 모으는 것을 상호의존의 관계를 통하여 말하고 있다. 즉 환괘가 말하려는 것은 '흩어짐(散)'이라는 사실의 전달에 그치는 것이 아니라, 오히려 그 속에 숨어있는 '모음(聚)'이라는 정반대의 교훈이다. 이른바 '흩어짐'이라는 말과 '모음'이라는 말은 무엇을 의미하는가? 모임과 흩어짐이란 말에 대해서 가장 먼저 생각나는 것은 바로 기(氣)의 취산(聚散)이란 말일 것이다. 기가 모이면 하나의 사물이 생겨나고, 기가 흩어지면 하나의 사물이 소멸하는 바로 이 과정이 우주의 어법이다.

환괘는 바로 기존의 사태나 상황이 '와해되어 분산하는' '산'의 과정에 해당한다. 그런데도 불구하고 환괘의 괘사(卦辭)는 "환은 형통하는 괘이다. 큰 강을 건너는데 유리히다(어려운 상황을 해결한다는 의미). ……. (渙, 亨, ……. 利涉大川, 利貞)"라고 말한다. 이 말은 모든 사태를 동적(動的)인 연속과정에서 보려는 『주역』 특유의 관점에서 나온 것이라고 할 수 있다. 『주역』은 기본적으로 '취'와 '산'을 별개의 것으로 보지 않고, '상호의존적'인 것이라고 말한다. 예를 들면 햇빛과 바람의 작용으로 물이 증발되는 것은 '산(散)'에 해당하지만, 또 증발된 물이 위로 올라갔다가 다시 비로 되어 물이 모이는 것은 '취(聚)'이다. 즉 '흩어짐' 속에 이미 '모이는 것'의 계기가 내포되어 있음을 말하려는 것이다.

괘사에서 군왕이 종묘에 가서 제사를 지내는 것은 신령의 보호를 모으려는 것을 비유하고, 큰 내를 건너는 것은 사람들의 마음을 하나로 모아서 어려움을 돌파하려는 것을 비유하고 있다. 이런 관점들은 사물의 형태는 비록 흩어져 있으나 정신은 하나로 모아서 형통할 수 있고, 아울러 이 시기에 어떤 일을 행하는 경우에 있어서는 바름을 지키는 것이 유리함을 강조한다. 그렇기 때문에 괘 중의 여섯 효는 비록 모두 흩어지는 때에 처해있으나, 음양강유가 서로 친하게 상응하여 모이는 상을 말하고 있다. 예를 들면 초육의 음유는 아래에, 구이는 양강으로 중에 처해서 환산의 시기를 당하여서 두 마음이 연계되기 때문에, 전자는 마치 좋은 말을 얻어서 구원을 받음으로써 길하게 되고, 후자는 편안한 탁자를 얻어 마치 기대는 듯이 하여 후회가 없게 된다. 또 삼효와 상효 두 효는 강유가 서로 상응하여 그 자신이 존위에 있는 군주에게 의탁하여 후회가 없는데 이르게 되고, 또는 흩어짐이 극단에 이르러 다시 모이게 됨으로써 무구(无咎)하게 된다. 사효와 오효 두 효의 상황은 흩어짐의 전형적인 모습을 보여준다. 육사는 구오를 받들어 작은 무리를 흩어서 큰 무리로 모으는 경우를 보여준다. 구오의 양강은 군주로 자기가 축적하고 있는 재물을 흩어서 민심을 하나로 모으는 상황을 보여준다. 이 때문에 사효는 크게 길하고, 오효는 무구하다. 이처럼 본 괘는 환의 도리를 분명히 밝히는데, 그것은 흩어지는 경우에 있어서도 혼란하지 않고, 흩어져서도 능히 모을 수 있는 기초 위에 있다는 것이다. 철학적 의미로 보자면 사물의 흩어짐과 모임이 대립하면서도 또한 통일되는 그런 법칙을 보여준다고 할 수 있다.

환괘의 의미를 가장 잘 설명해 주는 것은 아마도 지금의 우리나라 상황일 것이다. 복합적인 경제적 요인으로 인하여 실업자를 양산시킬 수밖에 없는 상황은 우리를 안정된 하나의 자리에 놓아 두지 않고 이리 몰리고 저리 몰리게 하고 있다. 그렇다고 하여 우리는 무력하게 떠밀릴 수는 없다. 이런 시국(時局)에서 우리는 무엇보다도 '변화시켜야 할 것'과 '변하지 말아야 할 것'을 구별하여야 한다. 외부적 조건이 모두 변하여 자신을 압박하여도(形散) '변하지 말아야 할 것'은 다름 아닌 우리의 '입지(立志)'이다. 여기에서 참으로 필요한 것은 바로 자신의 뜻을 실현하기 위한 '정신을 모으는(聚神)' 지혜이다. 그러므로 우리는 다시 환괘의 괘상(卦象)을 음미할 필요가 있다. 물위에 바람이 불어와 생기는 물결을 보라! 그 흩어지는 순간에도 모두 질서 있게 밀려갔다가 다시 본래의 자리로 돌아와 아무런 일도 없는 것처럼 평정을 되찾는 것이다. 이것이 바로 허물 많은 우리 인간들이 배워야 할 자연의 모습이다.

우리 사회에 불어 닥친 변화의 바람은 모든 것을 흩트려 놓고 불안하게 만들지만, 그 바람 속에서 우리는 오히려 새로운 기회와 비전을 발견하여 오히려 그것을 우리의 것으로 만들 수 있다. '흩어짐' 속에서도 자신을 바로 하여, 미래의 '모일 것'을 앞서서 생각하고 준비하여 그것에 맞는 올바른 행동을 하는 것이 무엇보다 중요하다. 환(渙)은 단순히 질서가 무너지고 흩어지는 무질서와 고통의 시기가 아니다. 오히려 새로운 질서와 방향을 잉태하는 전단계일 뿐이다. 어떤 하나의 끝은 동시에 하나의 시작이기(終則有始) 때문이다. 그러므로 환이라는 말은 기존의 안정된 상태나 질서를 '와해시키고' '분산시켜' 상황을 어렵게 만드는 뜻 이외에, 또한 어려운 문제나 상황을 '풀고' '해결하는' '형통'이란 뜻도 동시에 가지고 있는 것이다. 마치 따뜻한 봄바람이 불어와 겨울 내내 엉켜있는 얼음을 녹이듯이 말이다.

60. ䷻ 수택절(水澤節, 🔳 節 第二十一)

1) 괘의 순서

절괘(節卦)는 「서괘전」에서 "환은 떠나는 것이니, 물건이 끝까지 떠나가기만 할 수는 없기 때문에 절괘로 받았다(渙者離也. 物不可以終離, 故受之以節)"라고 하였다. 말하자면 사물은 계속적으로 분리되고 흩어질 수는 없기 때문에 흩어지는 환괘 뒤에 절괘가 이어서 나온다고 말한다. 이에 대해 정이천은 『이천역전』에서 "물건이 이미 흩어지면 마땅히 절제해서 그쳐야하니 절괘가 환괘 다음에 오는 까닭이다(物旣離散則當節止之, 節所以次渙也)"라고 하였다. 또 효의 순서로서 말하면 절괘의 상효가 360번째 효로써 일년의 360일에 해당하는데, 천지의 도가 모두 이 절의 이치로 질서 있고 절도 있는 운행을 하고 있음을 상징하기도 한다.

2) 괘명의 의미

"절(節)"은 대나무의 마디를 말하는 것으로 각각 단락(段落)이 나뉘어져 그친다(止)는 뜻을 가지고 있다. 절제(節制) · 절약(節約) · 절조(節操) 등의 의미에는 모두 절제해서 그친다는 함의를 가지고 있다. 이 괘의 하괘인 태(兌)는 못을 상징하고, 상괘인 감(坎)괘는 물인데, 물이 못 속으로 유입되어 지나치면 넘치기 때문에 반드시 절제해야 함을 상징하는 것이 된다.

절제는 하나의 미덕으로 이것을 잘 유지할 경우 모든 일에 형통한다. 그러나 절제가 지나치게 과도하면 스스로 고생하는데 과도한 절제나 지나치게 좁은 절조(節操)를 막론하고 모두 그러하다. 이 때문에 이러한 과도한 고절(苦節)은 결코 중요한 표준이 될 수 없다.

「잡괘전」에서는 "절은 그친다(節, 止也)"라고 하였는데, 여기에는 위에서 말한 것처럼 절제와 그침의 의미가 있다. 간괘(艮卦) 역시 그친다는 의미를 가지고 있는데 이 둘 사이는 어떤 차이가 있는가? 공영달은 『주역정의』에서 "절이라는 것은 정도를 조절하는 것을 말하는 것으로, 조절하여 그친다는 뜻이다(節者, 制度之名, 節止之義)"라고 하였다. 이에 대해 주자는 『주역본의』에서 "절은 한계가 있어서 그치는 것이다(節, 有限而止也)"라고 하였는데, "절(節)"의 그침은 일종의 제한으로 사물이 지나치게 발전하는데 이르지 않게 하여 적절한데서 그치도록 하는 것을 말한다. 그러나 간괘의 지(止)는 정지하여 움직이지 않는 그침이다. 그것은 사람들에게 움직일 때는 움직이고, 움직이지 말아야 할 때는 그치기를 요구하여 근본적으로 움직임이 없도록 만든다. 간괘(艮卦)에서 강조하는 지(止)는 사람들의 선택의 문제이다. 말하자면 사람들이 어떤 일은 마땅히 행하는 것이 중요하고, 어떤 일은 그쳐야하는 것이 더욱 중요한지를 알도록 하는 것이다.

그러나 절괘의 지(止)가 말하려고 하는 것은 사람들의 행동의 조절문제로 사람들이 대게 그것을 분명을 알도록 경계하는 데에 있다. 즉 어떤 일을 행할 때에 나름대로의 적절한 제한을 가지고 과분(過分)해서는 안 되고 적절한 데에 그칠 것을 말한다. 절괘의 하괘(下卦)가 못인 이유는 못 가운데 이미 물이 있고, 못은 그 용량이 한계가 있어 용량의 조절이 가장 중요한 문제가 되기 때문이다. 만약에 이런 조절을 하지 못한다면 못은 전혀 자기 역할을 할 수 없다. 이는 바로 절제를 가장 중요하게 여긴다는 말이다.

3) 괘상의 의미

절괘는 못 위에 물이 있는 상으로 반드시 튼튼한 제방을 쌓아서 물을 저장하여 그 흐름을 조절하는 데에 핵심이 있다. 말하자면 못이 물을 담는 양은 한계가 있고, 이것을 넘을 수 없음을 말하고 있다. 괘상으로 보자면 못은 물에 대해서 절제의 작용을 하는데, 절괘는 이것을 절제의 상징으로 삼고 있다.

節은 亨하니 苦節은 不可貞[1]이니라.
절　　형　　　고절　　불가정

🔳 節, 亨. 枯節, 不可貞
　　절　형　고절　불가정

경의 의미 : 절은 제사를 올린다. 지나친 절도로 인해서 점치는 것을 행할 수 없게 된다.

전의 해석 : 절은 형통하니 괴로운 절제는 바른 것으로 고수할 수 없다.

🔳 절은 제사를 지내지만 살이 없는 뼈로 만든 고골(枯骨)로 점을 쳐서 길

---

1 "절(節)"은 절제의 의미로 모든 일에 있어서 가장 중요한 덕목 중의 하나이기 때문에 분명히 형통하다. 그러나 무조건 절제한다고 하여서 형통하는 것은 아니다. 이 구절에서 말하는 모든 일은 적당히 절제하여야 형통할 수 있다는 것을 말한다. 공영달은 『주역정의』에서 "일을 행하는 데 있어서 절제함이 있으면 그 도리는 형통할 것이다(制事有節, 其道乃亨)"고 하였다. 그러나 절제가 지나치게 과도하면 오히려 올바른 사리를 상하게 할 수 있다. 이것이 바로 "괴로운 절제(苦節)"이다. 이런 과도한 절제를 올바른 것(貞)으로 고수할 수는 없다는 말이다.

흉을 물을 수는 없다.²

彖曰 節亨은 剛柔分而剛得中³할새요
단 왈 절 형　　　 강 유 분 이 강 득 중

단전에 말하기를 절이 형통하다는 것은 강유가 나뉘어 강이 중을 얻었기 때
문이요

苦節不可貞은 其道窮也⁴일새라.
고 절 불 가 정　　　 기 도 궁 야

(과분하여) 괴로운 절제는 바른 것으로 고수할 수 없다는 것은 그 도가 곤
궁하기 때문이요

說以行險하고 當位以節하고 中正以通⁵하니라.
열 이 행 험　　　 당 위 이 절　　　 중 정 이 통

---

2 고절(枯節)은 뼈로 만든 부절(符節)을 말한다. 등구백은 『백서주역교석』에서 이전에 사
람들은 부절을 이용하여 점을 쳤는데, 이것들은 대부분 경계하는 뜻이 많다고 보고 있다.
163쪽 참조.

3 절괘는 강효와 유효가 상하로 각각 반으로 적절하게 나뉘어 자리하고 있고, 상하의 강효
(이 · 오)가 중(中)을 얻어 상하를 제어하는 중요한 역할을 하여 중도로 절제하는 것을 나
타낸다. 이 구절은 "절은 형통하니(節, 亨)"의 뜻을 괘상을 통하여 해석하고 있다.

4 유염은 『주역집설』에서 절을 절약(節約)으로 보고 있는데, 절제의 의미로 사용하고 있다.
또 공영달은 『주역정의』에서 "절제함이 지나치게 고통스러우면 바르다고 할 수 없고, 만
약 고통스럽게 하는 절제를 바름으로 여긴다면 그 도는 곤궁하게 될 것이다(爲節過苦, 不
可爲正, 若以苦節爲正, 則其道困窮)"라고 하였다. 이처럼 "고절(苦節)"은 일종의 중정
하지 못한 극단적인 행위를 말한다. 부중정하면 천리(天理)를 따를 수 없을 뿐만 아니라
인정(人情)에 합치할 수도 없게 된다. 그러므로 고절은 어쩔 수 없이 엉뚱한 길로 가게 되
어 도를 위배하게 된다,

5 주자는 『주역본의』에서 "괘덕과 괘체로써 말하였는데, 자기 자리에서 합당하게 중정한 것
은 구오를 가리키고 또한 감괘는 통함이 된다(又以卦德卦體言之, 當位中正, 指五, 又坎
爲通)"라고 하였다. 본래 절괘는 위험이 앞에 있어서 함부로 나아가지 못하는 상임에도

기뻐하여서 험함에 행하고, 자리에 합당하게 (스스로) 절제하고, 중정을
지켜서 (일을 행하면) 통한다.

天地節而四時成하나니 **節以制度**하여 **不傷財**하며 **不害民**[6]하나니라.
천 지 절 이 사 시 성　　　　절 이 제 도　　　　불 상 재　　　　불 해 민

천지가 스스로 절제가 있어 사시가 이루어지니, 제도를 제정하여서 절제하
여 재물을 손상시키지 않으며 백성을 해치지 않는다.

象曰 澤上有水節이니 **君子以**하여 **制數度**하며 **議德行**[7]하나니라.
상 왈 택 상 유 수 절　　　　군 자 이　　　　제 수 도　　　　의 덕 행

불구하고 형통한 이유는 편안하게 옳음을 따라가고, 지나치게 과도한 절제를 하지 않기
때문이다. 이것이 바로 이른바 "기뻐하여서(說而)"라는 말이다. "당위(當位)"는 구오의
중정함이 존위에 처한 것을 말하는데, 자리에 합당하기 때문에 천하를 가질 수 있고 또
"중정(中正)"하기 때문에 천하의 뜻에 통할 수 있다.

6 절(節)의 도리가 가지고 있는 위대함을 칭송하는 구절이다. 천지의 운행에는 스스로 자연
스러운 절도(節度)가 있어 그것에 의해 사시(춘하추동)의 운행이 이루어진다. 군주는 이
천지의 절도가 가지고 있는 의미를 본받아 법도를 제정하면 재용(財用 : 재물의 씀씀이를
말함)을 헛되이 탕진하는 일도 없고, 백성들에게 해를 끼치는 일도 없다. 절제라는 것은
천지인(天地人)이 모두 가지고 있는 보편적 법칙이다. 사회적인 절제는 천지의 절제에 근
거하여 나온 것이다. 천지의 절제라는 것은 바로 강이 유를 절제하고, 유가 강을 절제하는
것을 말한다. 강과 유가 서로 절제하여서 춘하추동의 사계절을 운행한다. 겨울이 무한정
으로 길 수 없다. 만약 봄으로 겨울을 절제한다면, 적당한 시기에 겨울의 작용은 그치게
된다. 이것은 유로 강을 절제한 것이다. 여름도 무한정으로 길 수는 없기 때문에 가을로써
그것을 절제하여야 한다. 이것은 강이 유를 절제한 것이다. 만약 천지에 절제가 없으면 긴
겨울과 긴 여름만이 있을 뿐이다. 여기에 무슨 사시가 있겠는가? 이것이 바로 "천지가 스
스로 절제가 있어 사시가 이루어지니(天地節而四時成)"라는 말이다. 이와 같은 천지의
절제를 본받아 인간사회 역시 적절한 제도를 통하여 백성들의 재산과 권리를 손상시키고
해롭게 하지 않는 것이다. 말하자면 천지를 본받아 제도를 세워서 사람의 무궁한 욕망을
절제하여 제한된 재화를 사람들이 서로 나누고 교환하여 적절하게 사용하도록 만든다.

7 "택(澤)"은 물을 담아놓은 것으로 그 주위에는 제방을 쌓아 물이 흘러넘치지 않도록 조절
하여야 한다. 못의 저수량은 한계가 있고, 그 한계를 넘어서면 물이 넘치게 되어있다. 한
계가 있다는 것이 바로 절(節)이다. 그러므로 못 위에 물이 있다고 하는 것(澤上有水)은

상전에 말하기를 못이 물위에 있는 것이 절이니, 군자가 이를 본받아 예수
(禮數)와 법도(法度)를 제정하며 덕행을 논의한다.

初九는 不出戶庭이면 无咎[8]리라.
초 구　　불 출 호 정　　　　무 구

백 初九, 不出戶牖. 无咎.
초 구　　불 출 호 유　　무 구

초구는 방문 밖의 정원을 나가지 않으면 허물이 없다.

백 초구는 문을 나가 멀리 나가지 않는다. 점을 치니 재앙이 없다고 하였다.

象曰 不出戶庭이나 知通塞也[9]이니라.
상 왈 불 출 호 정　　　지 통 색 야

바로 절(節)을 상징한다. 군자가 못 위에 물이 있는 절의 상을 보고 "예수(禮數)와 법도
(法度)를 제정하며 덕행을 논의한다(君子以制數度, 議德行)"라고 하였다. "수(數)"는 우
리가 말하는 1, 10, 100, 1000, 10000 등의 수를 말하고, "도(度)"는 분(分), 촌(寸),
척(尺), 장(丈), 인(引) 등의 도량(度量)을 말한다. "예수(禮數)와 법도(法度)를 제정하
며(制數度)"라는 말은 사람의 존비귀천의 등급에 따라 사용되는 궁실(宮室)·관복(官
服)·기용(器用) 등의 다소(多少)와 대소(大小), 즉 예수(禮數)의 차등을 제정하는 것을
말한다. "덕(德)"은 우리들 마음속에 들어 있는 덕을 말한다. "행(行)"은 바깥으로 표현
된 것을 말한다. 그러므로 "덕행을 논의한다(議德行)"는 말은 어떤 사람의 생각이나 표현
이 예의에 맞는가 그렇지 않은가를 고찰하여 따지는 것을 말한다. 김경방 『주역전해』 469
쪽 참조 바람.

8 초구는 괘의 가장 아래에 있으면서 위의 육사와 상응하지만 구이에 막혀 있다. 괘의 시작
이면서 폐색(閉塞)되어 통하지 않는 시기에 해당하기 때문에 절제를 유지하고 문밖의 정
원을 한 발자국도 나아가지 않으면 허물이 없다고 말한다. "호정(戶庭)"은 방문 밖 정원
이다. "불출호정(不出戶庭)"이라는 것은 집안에 가만히 있으면서 움직이지 않는 것으로
어느 곳도 가지 않고, 어떤 사람도 접촉하지 않고, 어떤 일도 하지 않으면서 언행을 극도
로 신중히 하는 것을 의미한다. 이렇게 하여야 허물이 없을 수 있다. 초구는 왜 이처럼 언
행을 신중히 하여 집안에 가만히 있어야 하는가? 그 이유는 초구의 양강이 아래에서 제자
리를 차지하여 조절하여야 하는 처음 단계이기 때문이다.

상전에 말하기를 방문 밖의 정원을 벗어나지 않았으나 통하고 막힘을 안다.

九二는 不出門庭이라 凶[10]하니라.
구 이 　 불 출 문 정 　 흉

백 九二, 不出門廷, 凶.
구 이 　 불 출 문 정 　 흉

구이는 대문 바로 안의 정원을 벗어나지 않으니 흉하다.

---

9 초구는 육사와 상응하면서 움직이지 않는 것은 아래에 막힌 상태에 있어서 문 밖을 나갈 수 없다는 것을 초구 스스로 알고 있기 때문이며, 그래서 초육은 허물을 벗어날 수 있다. 여기에서 말하려는 요점은 행동에 있다. 이것은 다른 몇 개의 효사를 통해서도 증명이 된다. 이 점에 대해「계사전」에서는 "방문 밖의 정원을 나가지 않으면 허물이 없다고 했다. 공자께서 말씀하셨다. 어지러움이 생기는 것은 말이 통로가 되기 때문이다. 임금이 주도면밀하지 못하면 신하를 잃게 되고, 신하가 주도면밀하지 못하면 제 몸을 잃게 되고, 기미가 보이는 일에 주도면밀하지 못하면 해로움이 생긴다. 그러므로 군자는 신중하고 면밀하여 말을 함부로 내지 않는다(不出戶庭, 无咎. 子曰, "亂之所生也, 則言語以爲階. 君不密則失臣, 臣不密則失身, 幾事不密則害成. 是以君子愼密而不出也)"라고 하여, 말이 늘 재앙의 근원이 됨을 이야기하고 있다. 이 때문에 군자는 늘 비밀을 지키고 입을 무겁게 하여야 하는 것이다. 여기에서 말하는 "통하고 막힘을 안다(知通塞)"는 말은 절제를 안다는 말과 같다. 절제가 무조건 통하는 것도 아니고 또 무조건 막히는 것도 아니다. 항상 때에 따라서 막히고 통할 줄 알아야 절제를 안다고 할 수 있다. 초구 효사에서 나아가지 않고 스스로 막혀 있는 것은 "막힘(塞)"을 안다는 의미이다.

10 "문정(門庭)"은 문 안의 정원을 말한다. 이것은 구이의 양이 음의 자리에 머물러 있어 절제에 구속되어 있는 것으로 두 개의 음이 앞에서 기다리고 있고, 전도가 창창한 때에 부정위이고, 상응함이 없다는 걱정 때문에 "대문 바로 안의 정원을 벗어나지 않는 것(不出門庭)"은 흉할 수밖에 없다. 비유하자면 못 속에 물이 저장되기 시작할 때 제방을 튼튼히 하여 물이 빠져나가지 못하도록 하여야 하는데 이것이 바로 절(節)이다. 초구가 바로 이런 상황에 속하기 때문에 "방문 밖의 정원을 나가지 않는다(不出戶庭)"라고 말한다. 그러나 물이 점차적으로 차기 시작하여 가득 차면 당연히 수문을 열어서 물을 빠지게 하여야 하는데, 이것 역시 절(節)이다. 구이의 경우가 바로 이런 상황에 해당한다고 할 수 있다. 그런데 구이가 이런 상황의 변화를 무시하고 초구와 같은 똑같은 방법을 고수하여 여전히 "대문 바로 안의 정원을 벗어나지 않는다(不出門庭)"면 그것은 절(節)을 잃어버린 경우이다. 당연히 흉하다. 김경방『주역전해』469-70쪽 참조 바람.

백 구이는 조정을 벗어나지 않았다. 점을 쳐 흉한 점을 얻었다.

象曰 不出門庭凶은 失時極也[11]일새라.
상 왈 불 출 문 정 흉　　실 시 극 야

상전에 말하기를 대문 바로 안의 정원을 벗어나지 않는다는 것은 때를 잃음
이 지극하기 때문이다.

六三은 不節若이면 則嗟若하리니 无咎[12]니라.
육 삼　　부 절 약　　　즉 차 약　　　　무 구

---

11 반드시 문 밖으로 나아가야함에도 불구하고 집 안에서 무작정 기다리기 때문에 흉하다.
   이 흉함은 움직여야할 시기를 상실하였기 때문이다. 초구의 통색(通塞)을 아는 경우와
   비교하면 구이는 전혀 그러한 도리를 이해하지 못하고 있다. 이런 이유에서 초구는 허물
   이 없는데 비해 구이는 흉하다. 길흉화복이라는 것은 주로 시세(時勢)의 통색과 주체의
   통색을 대하는 행동에 따라서 결정된다. 초구는 길이 막혔을 때 스스로 절제하여 나아가
   지 않았다면, 구이는 가야할 길이 통했는데도 불구하고 여전히 나아가지 않으려고 절제
   한다. 전자가 기미를 안다(知幾)고 한다면, 후자는 때에 어긋나는(違時) 것이기 때문에
   하나는 허물이 없고, 다른 하나는 흉한 것이다. "시극(時極)"의 "극(極)"을 우번은 『주
   역집해』에서 "극은 중이다(極, 中也)"라고 하여, 때에 맞는 적절함을 잃어버린 것으로
   말한다.
12 "차(嗟)"는 한탄하는 말이고 "약(若)"은 어조사이다. 육삼은 부중정으로 하괘의 상효에
   자리하고 있고, 상괘의 위험함을 바로 눈앞에 두고 있는 위지(危地)이다. 육삼으로서는
   절도를 잘 지켜 바른 도리에 따르지 않으면 크게 상처입고 한탄하게 된다. 그 결과는 스
   스로 자초한 것이기 때문에 허물을 다른 사람에게 미룰 수 없다. 왕필은 "무구(无咎)"를
   "허물할 데가 없다(無所怨咎)"라고 해석하고 있는데, 이에 대해 장재(張載)는 『횡거역
   설』에서 왕필의 이런 주석이 일반적인 통례와 다르게 해석한 점을 비판하여 일반적인 통
   례에 따르는 것이 타당한 것이라고 말한다. 그러나 주자는 『주역본의』에서 "여기에서 말
   하는 무구는 다른 효와 다른데, 허물할 데가 없다는 말이다(此无咎與諸爻異, 言無所怨
   咎)"라고 하였다. 본 주석에서는 주자와 왕필의 입장을 따르려고 한다. 육삼이 음유로
   의지가 박약하고 중정하지 못하여 절제하는 능력을 가지지 못하고 탄식만 하기 때문에
   어느 누구를 탓할 수 없고 스스로 반성하여야 하는 입장에서 본다면, 주자나 왕필의 해
   석이 비록 통례에는 어긋나지만 내용상으로는 더욱 적합한 것으로 보인다. 더욱 중요한
   근거는 육삼의 「소상전」에서 "또 누구를 탓하리오(又誰咎也)"라고 분명하게 이야기하기
   때문이다.

白 六三, 不節若, 則嗟若, 无咎.
육삼 부절약 칙차약 무구

육삼은 절제하지 않으면 한탄할 것이니 허물할 데가 없을 것이다.

帛 육삼은 증명서(節)가 없어서 한탄할 것이다. 점을 쳤는데 재난이 없을 것이라는 점을 얻었다.

象曰 不節之嗟를 又誰咎也[13]리오.
상왈 부절지차 우수구야

상전에 말하기를 절제하지 않으면 한탄할 것이니 또 누구를 탓하리오.

六四는 安節이니 亨[14]하니라.
육사 안절 형

白 六四, 安節. 亨.
육사 안절 형

육사는 편안하게 절제하니 형통하다.

帛 육사는 증명서를 안전하게 보관하였다. 점을 치니 형통하다고 하였다.

---

13 "구(咎)"는 탓한다는 의미로 절제할 줄 몰라서 생긴 결과에 대해서 스스로 비탄해 할 뿐 다른 누구를 원망할 수 없음을 의미한다. 말하자면 육삼 스스로의 행동이나 위치에 문제가 있다는 것이다.

14 이것은 육사의 음이 정위이고 구오를 잘 받들고 있기 때문에 편안하고 절제 있게 행동하는 상으로 마침내 형통하게 된다고 말한다. 삼효와 사효는 서로 대조되는데, 『주역절중』에서는 유염의 말을 인용하여 "육삼은 정위를 얻지 못하고 태괘의 극단에 처하여 넘쳐서 절제하지 못하는 반면에, 육사는 자리가 마땅하고 순순히 구오의 군주를 받들기 때문에 편안하게 절제하는 것이다(六三失位而處兌澤之極, 是乃溢而不節, 六四當位而順承九五之君, 故爲安節)"라고 하였다.

象曰 安節之亨은 承上道也¹⁵라.
상 왈 안 절 지 형　　승 상 도 야

상전에 말하기를 편안하게 절제하니 형통하다는 것은 위의 도를 받들기 때문이다.

九五는 甘節이라 吉하니 往하면 有尙¹⁶하리라.
구 오　　감 절　　길　　　왕　　　유 상

■ 九五, 甘節. 吉. 往得尙.
구 오　감 절　길　왕 득 상

구오는 즐겁게 절제함이라 길하니, 나아가면 숭상을 받을(좋은 결과가 있을) 것이다.

■ 구오는 감(柑)나무로 만든 부절을 이용한다. 길한 점이 나왔다. 관가에 부절을 주고 상을 받았다.

象曰 甘節之吉은 居位中也¹⁷일새라.
상 왈 감 절 지 길　　거 위 중 야

---

15 사효가 정위로 위의 오효의 중정한 도를 이어받기 때문에 "위의 도를 받든다(承上道也)"라고 말한다.

16 구오는 중정으로 존위에 있고 본 괘의 주효가 된다. 구오는 중정의 도를 행하고 절도를 지키기 때문에 만민도 즐거워하면서 여기에 따른다. 당연히 길한 점이다. 그러므로 정이천은 『이천역전』에서 "구오의 강은 중정함으로 높은 지리에 위치하여 절괘의 주효가 되니, 이른바 자리가 마땅하여서 절제하고 중정해서 통하는 사람이다고 하는 것이다. 자기 자신은 편안히 행하고 천하는 기뻐하여 쫓으니 절제의 달콤하고 아름다운 자이니 그 길함을 알 수가 있다. 이렇게 행하면 그 공이 크기 때문에 나아가면 숭상함을 받을 것이다(九五剛中正居尊位, 爲節之主, 所謂當位以節中正以通者也. 在已則安行, 天下則說從, 節之甘美者也, 其吉可知. 以此而行, 其功大矣, 故往則有可嘉尙也)"라고 하였다. 통행본에서는 "상(尙)"을 숭상함으로 보는 데 비해 백서주역에서는 "상(賞)"으로 쓰고 있다.

상전에 말하기를 즐겁게 절제함이라 길하다는 것은 처한 자리가 중에 있기 때문이다.

上六은 苦節이니 貞이면 凶코 悔면 亡[18]하리라.
상 육　　고 절　　정　　　　흉　　회　　망

백 尙六. 枯節. 貞凶. 悔亡.
상 육　　고 절　　정 흉　　회 망

상육은 괴롭게 절제함이니, (바름으로) 고집하면 흉하고 뉘우치면 흉함이 없어질 것이다.

백 상육은 살이 없는 뼈로 만든 고골(枯骨)로 부절(符節)을 만들었다. 점을 치니 흉하다고 하였다. 좋지 않은 결과가 올까봐 두려워한다.

象曰 苦節貞凶은 其道窮也[19]일새라.
상 왈　고 절 정 흉　　기 도 궁 야

---

17 "절(節)"은 중(中)을 귀하게 여긴다. 구오가 "즐겁게 절제함이라 길하다(甘節之吉)"라고 말하는 근본 이유는 그것이 중정함에 처하여 절제하고 과불급이 없기 때문이다.

18 상육은 절괘(節卦)의 극에 자리하여 절제함이 이미 중(中)을 넘어서 버렸다. 중을 넘어서버린 절제는 사람들이 쉽게 받아들이기 어렵기 때문에 "괴롭게 절제함(苦節)"이라고 하는 것이다. 또 상육은 위험의 극단에 자리하고 있기 때문에 괴로움(苦)의 의미가 들어있다. "괴롭게 절제함(苦節)"은 결코 오래갈 수 없다. 만약 "고절(苦節)"을 고수하여 계속적으로 밀고 나간다면 그 결과는 반드시 흉하다. 그러나 상육이 만약 그 잘못됨을 후회하여 지나침을 지양하고 중용을 따른다면, 끝내는 고절을 그치게 하여 흉함도 사라질수가 있다. 절괘의 상육 효사에서 말하는 "회망(悔亡)"이라는 말은 다른 괘의 "회망"이라는 말과 똑같지만 의미는 약간 다르다. 정이천은 『이천역전』에서 "상육이 절의 극에 거처하니 절이 고통스런 것이다. 험한 곳의 극에 자리하여 또한 고통의 뜻이 되므로 고집해서 지키면 흉하고 뉘우치면 흉함이 없어진다. 뉘우침은 지나침을 덜어내고 중도를 따름을 말하는 것이다. 절괘에서 말하는 회망은 다른 괘의 회망과 말은 같으나 뜻은 다른 것이라고 할 수 있다(上六居節之極, 節之苦者也. 居險之極, 亦爲苦義, 固守則凶, 悔則凶亡. 悔, 損過從中之謂也, 節之悔亡, 與他卦之悔亡, 辭同而義異也)"라고 하였다.

상전에 말하기를 괴롭게 절제함이니 고집하면 흉하다는 것은 그 도가 궁하기 때문이다.

* 절괘의 의미와 교훈

절괘(節卦)는 절제(節制)의 원칙에 대해 설명하고 있다. 절제야 말로 인간 사회의 가장 중요한 미덕 중의 하나이다. 목표를 향해서 맹목적으로 돌진하는 것은 당연히 위험하다. 무한한 욕망은 결코 만족시킬 수 있는 것이 아니다. 여기에서 절제가 필요하다.

적당한 절제는 사물이 순리적으로 발전하는데 있어서 가장 중요한 요소로 작용한다. 『예기』의 「곡례(曲禮)」에서는 "예는 절제를 벗어나지 않는다(禮不逾節)"라고 하였고, 『논어』의 「학이」편에서는 "조화를 알아서 조화하고, 예로써 절제하지 않으면 행할 수 없다(知和而和, 不以禮節之, 亦不可行也)"라고 하였다. 이 말들은 모두 예의(禮儀)에 대해서 말한 것이기는 하지만, 절제의 이치를 밝히는 보편적 의미를 포함하고 있는 것은 분명하다.

『주역』이 절괘(節卦)를 말하는 이유는 바로 절제하기 위해서는 마땅히 올바름을 견지하고 중용에 맞아야한다는 관점을 말하려 하기 때문이다. 그러므로 괘사에서는 이미 절제하면 형통할 수 있음을 말하고, 결코 "괴롭게 절제(苦節)"하지 말 것을 경계하고 있다. 절괘가 이야기하려는 주요한 의미는 법칙에 들어맞는 절제는 사물의 정상적인 발전에는 유리하지만

---

19 상육이 전체 괘의 가장 높은 곳에 자리하여, 길함이 끝이 나서 통색(通塞)의 시세를 모르고 괴롭게 오직 절제만 지킨다면 결과는 흉할 수밖에 없다. 말하자면 극단적 절제는 고통스러울 뿐만 아니라 더 이상의 희망도 없다는 것이다.

그렇지 않는 절제는 오히려 흉하거나 허물이 된다는 것이다.

이런 도리는 자연계와 인류사회의 여러 곳에서 발견된다. 예를 들면 계절의 변화나 동식물의 번식 또는 인류의 희노애락의 상태 및 의식주의 문제 등은 모두 절제와 관련이 있다. 자연계에는 자연계의 절제가 있기 때문에 적절한 사계절의 교체가 있고, 사회에는 사회의 절제가 있기 때문에 사람의 모임이 유지가 된다. 사회적인 절제의 상황은 비교적 복잡하지만, 그 도리는 자연계와 마찬가지이다. 사람들은 자신의 행위에 대해 제한을 하고 이를 위해서 제도와 법을 제정하는데, 이것이 바로 사회적 절제이다.

절제야말로 인생을 살아가는 데 있어서 가장 중요한 덕목이고 성공의 필수적 조건이다. 많은 사람들이 성공의 문턱 앞에서 좌절하는 경우는 대부분이 이 문제와 관련이 있다. 끝없이 솟구치는 금전욕, 명예욕과 성욕을 절제하지 못할 경우, 지금까지 쌓아 온 모든 것들이 물거품으로 사라질 수도 있는 것이다. 절제란 다름아닌 자아억제능력 또는 자기통제능력으로 다른 사람에 의해서 타율적으로 조정될 일이 아니다. 이런 사소한 절제들이 모여서 성공이라는 길을 만들어내는 것이다.

61. ䷼ 풍택중부(風澤中孚, 백 中復 第六十一)

1) 괘의 순서

중부괘(中孚卦)는 「서괘전」에서 "절도 있게 해서 믿게 하기 때문에 중부괘로 받았다(節而信之, 故受之以中孚)"라고 하였다. 마치 부절(符節)이 있고 난 뒤에 다른 사람에게 믿음을 얻는 것처럼 절괘 뒤에 중부괘가 온다. 여기에서 "절(節)"의 의미를 믿음의 표시인 "부절(符節)"의 뜻으로 보기도 한다. 정이천은 『이천역전』에서 "절은 절제를 해서 지나치고 넘치게 하지 않는 것이다. 믿음이 있어야 행할 수 있으니, 윗사람이 믿음으로 지키고 아랫사람은 믿음으로 따르면 절도 있게 해서 믿게 하는 것이니 중부괘가 절괘 다음에 놓이는 이유이다(節者, 爲之制節, 使不得過越也. 信而後能行, 上能信守之, 下則信從之, 節而信之也. 中孚所以次節也)"라고 하였다.

2) 괘명의 의미

중부(中孚)의 "부(孚)"자는 본래 알을 부화(孵化)한다는 의미의 "부(孵)"이다. 알을 부화하는 데에는 날짜를 뒤로 미룰 수가 없고 온갖 정성을 다하여 진실하게 행하여야 하기 때문에 진실함 또는 믿음의 의미가 생기게 된다. "중(中)"은 마음속을 말한다. 따라서 "중부(中孚)"는 바로 마음속의 진실함을 말한다. 「잡괘전」에서 "중부는 진실함이다(中孚, 信也)"라고 하는 이유도 여기에 있다. 중부는 한마디로 말해서 마음속의 진실함과 믿음으로 다른 어떤 사심(私心)이 없는 것을 말한다.

3) 괘상의 의미

　중부괘(䷼)는 못 위에 바람이 부는 것으로 바람이 못 위를 지나가면서 물과 감응(感應)하는 상이다. 중부는 진실함의 뜻으로 상하 두 괘로 나뉘어 보면 상하의 이효와 오효는 모두 양으로 실(實)하고, 상하 두 괘를 합하여 보면 네 개의 양이 바깥에 있고 두 개의 음이 안에 있는 것으로 중간이 비어있는(中虛) 모습이다. 여섯 효 중에 상하의 두 효는 모두 양이고 중간의 두 효는 모두 음으로, 양효가 상하 괘중에서 모두 중위(中位)를 차지하고 있는 것은 마음속에 진실함이 있다는 것을 상징한다.

　하체는 태괘(兌卦)로 그 성격은 기뻐하는 것이고, 상체는 손괘(巽卦)로 성격은 겸손함이다. 이것은 위에 있는 자가 아랫사람에게 겸손하고, 아래에 있는 사람들이 위를 기뻐하면서 복종하여 받드는 것으로 바로 진실함의 표현이다. 이런 진실함의 도리를 실행하여야 전체 사회와 국가를 바르게 교화할 수 있다. 이에 대해 정이천은 『이천역전』에서 "내외가 다 실하고 가운데가 비었으니 중부의 상이 되고, 또 구이와 구오가 다 양으로 가운데가 실하니 역시 믿음의 뜻이 된다. 두 괘체로 보면 가운데가 실하고 전체로 보면 가운데가 비었으니, 가운데가 빈 것은 믿음의 근본이고 가운데가 실한 것은 믿음의 실질이다(內外皆實而中虛, 爲中孚之象, 又二五皆陽中實, 亦爲孚義. 在二體則中實, 在全體則中虛, 中虛, 信之本, 中實, 信之質)"라고 하였다.

中孚는 豚魚면 吉하니 利涉大川하고 利貞[1]하니라.
중부　　돈어　길　　　이섭대천　　이정

---

1 진실함이 마음속에서 나오기 때문에 중부(中孚)라고 말한다. 마음속의 진실함으로 우둔하

中復, 豚, 漁. 吉, 利涉大川, 利貞.
중 복　돈　어　길　화 섭 대 천　이 정

경의 의미 : 물에 떠 있는 복어(豚魚)를 쏘아 잡아서 길하니, 큰 내를 건너
는데 이롭고 점을 치니 이롭다고 하였다.[2]

전의 해석 : 중부는 (그 진실함이) 돼지와 물고기에까지 미치면 길하니, 큰
내를 건넘이 이롭고 바르게 함이 이로우니라.

돼지와 물고기는 비록 변변치 못한 예물이라도 중도에 맞다. 길하고 큰
내를 건너는데 이롭고 또 이롭다는 점을 얻었다.

象曰 中孚는 柔在內而剛得中[3]할새니
단 왈 　중 부　　유 재 내 이 강 득 중

고 무지한 돼지와 물고기까지도 능히 감동시켜 믿게 한다면, 세상에 어떠한 것도 감동시
킬 수 없는 것이 없고 믿음을 주지 않을 것이 없다. 이렇게 하여야 반드시 길할 것이다.
중부괘는 내허(內虛, 두 개의 음을 말함)와 외실(外實, 네 개의 양을 말함)을 통하여 진
실한 마음을 상징하고 있다. 또 못(하괘의 兌) 위에 나무(상괘의 巽)가 있는 상으로, 배와
노(舟楫)가 있어 이것에 의해 위험한 큰 강을 건널 수 있다. 그리고 중부에서는 바람을 견
고히 지키는 것이 이롭다고 말한다. 지성한 마음으로 어려움을 돌파한다면 어떠한 험난함
도 다 극복할 수 있기 때문에 "큰 내를 건넘이 이롭고(利涉大川)"라고 말하는 것이다. 그
러나 진실함에도 바른 것과 바르지 않는 구별이 있다. 군자는 중부를 필요로 하고, 소인의
중부를 필요로 하지 않기 때문에 "바르게 함이 이로우니라(利貞)"는 말로 경계한다. 그러
므로 정이천은 『이천역전』에서 "진실함이 능히 돼지와 물고기를 감동시킬 수 있다면 이르
지 못할 것이 없기 때문에 실하나(信能感於豚魚則无不至矣, 所以吉也)"라고 하였다.

2 고형의 『주역대전금주』 361-2쪽 참조 바람
3 "유(柔)"는 육삼과 육사를 가리키고, "강(剛)"은 구이와 구오를 말한다. 이것은 괘의 중
간에 있는 네 개의 효위(爻位)를 가지고 중부라는 괘명을 해석하고 있다. 그러므로 정이
천은 『이천역전』에서 "두개의 유가 안에 있어 가운데가 비었으니 진실함의 상이 되고, 두
개의 강이 상체와 하체의 중을 얻어 가운데가 실하니 믿음의 상이 되므로 괘가 중부괘가
된 것이다(二柔在內, 中虛爲誠之象, 二剛得上下體之中, 中實爲孚之象, 卦所以爲中孚
也)"라고 하였다. 괘의 전체로 보면 두 개의 음효는 그 중간에 자리하여서 '가운데가 비

단전에 말하기를 중부는 유가 안에 있고 강이 중을 얻었기 때문이니,

說而巽할새 孚乃化邦也⁴이니라.
열 이 손　　　부 내 화 방 야

기뻐하면서 겸손하면 진실함이 마침내 나라를 감화한다.

豚魚吉은 信及豚魚也⁵요
돈 어 길　　　신 급 돈 어 야

돼지와 물고기에까지 미치면 길하다는 것은 믿음이 돼지와 물고기에 미치
는 것이다.

利涉大川은 乘木하고 舟虛也⁶요
이 섭 대 천　　　승 목　　　주 허 야

어 있는(中虛)’ 것으로 이는 마치 마음에 사심(私心)이나 어떤 거짓됨이 없는 진실한 것으
로 상징된다. 또 상하의 각 괘로 보면 양이 각각 그 중간에 자리하여 ‘가운데가 차 있는
(中實)’ 상, 즉 속 마음이 진실한 것을 상징한다는 입장에서 중부라고 말한다.
4 “열(說)”은 하괘의 태로 기뻐하는 것을 말하고, “손(巽)”은 상괘의 손으로 화순(和順)의
뜻을 가지고 있음을 가리킨다. 즉 아래는 진실함을 가지고 기꺼이 위에 응하고, 위는 겸손
함을 가지고 아래를 따르면 상하가 상호 신뢰하는 것이 진실함의 뜻이 된다. 이 두 구절은
상하의 괘상으로 중부괘의 의미를 다시 해석하고 있는데, 그 핵심은 상하가 서로 믿는다
면 그 믿음으로 “나라를 감화하는(化邦)” 단계에까지 이를 수 있다는 것이다.
5 이것은 진실함이 돼지와 물고기까지 감화시킨다는 말이다. 우둔(愚鈍)한 물고기나 어리석
은 돼지 모두 감화를 받아들여서 믿음을 표현하고 있는데, 이것은 만물이 모두 감화를 받
고 있는 것으로 매우 길하다는 것을 말한다.
6 중부괘의 괘상은 바깥은 실하고 안은 허하다. 또 중부괘의 상괘는 손괘로 나무이고 하괘
는 태로 못을 상징하여 배가 물 위를 지나가는 상이 된다. 그러므로 큰 내를 건너는 것이
유리하다고 말한다. 정이천은 『이천역전』에서 “괘가 가운데가 비었으니 빈 배의 상이 된
다(卦虛中, 爲虛舟之象)”라고 하였다. 또 유염은 『주역집설』에서 “배가 (가운데가) 비어
있으면 침몰할 걱정이 없고, 위험을 지나가는 데 이롭다(舟虛則無沈溺之患而利于涉險
也)”라고 하였다.

큰 내를 건너는데 이롭다는 것은 나무를 타는 것이니 마치 빈 배를 타고 건
너가는 것과 같기 때문이오.

中孚코 以利貞이면 乃應乎天也⁷리라.
중부   이 리 정   내 응 호 천 야

마음이 진실하고 바름으로 이롭게 하면 이에 천에도 응할 수 있다.

象曰 澤上有風이 中孚니 君子以하여 議獄하며 緩死⁸하나니라.
상 왈 택 상 유 풍   중 부   군 자 이   의 옥   완 사

상전에 말하기를 못 위에 바람이 있는 것이 중부니, 군자가 이를 본받아 옥
사(獄事)를 (충분하게) 의논하며 죽음을 늦춘다.

---

7 중부는 진실함이 마음에서부터 나오는 것으로 마음속이 진실하다는 것을 말한다. 마음속
이 진실하게 되려면 반드시 곧고 발라야 한다. 이는 마치 하늘의 도, 즉 자연법칙처럼 공
정하여 치우치거나 사사로움이 없어야 함을 말한다. 왜냐하면 "천도는 거짓됨을 용납하지
않기 때문이다(天道不容僞)"(이 말은 『주역절중』에 인용된 蘇軾의 말임).

8 중부괘는 못 위에 바람이 있는 상으로 바람이 못의 위를 지나가면 물결이 바람에 따라서
기복(起伏)하는데, 마치 춤을 추는 것처럼 올라갔다 내려갔다 한다. 이러한 모습은 절대
인위적인 것이 아니고 순수하게 자연적인 것으로 일종의 물리적인 의미에서 말하는 중부
의 상이다. 정치를 가지고 말하면 법령(法令)은 마치 바람과 같고, 민정(民情)은 물과 같
다. 법령이 공평하여야 민심이 진심으로 복종하는데, 이것이 바로 정치적인 의미에서 말
하는 중부이다. 정치의 기본정신은 공정과 평등함에 있고, 공정과 평등함을 인정하는 것
은 정부의 일방적인 선전에 의해 가능한 것이 아니라 국민들 스스로의 느낌이다. 그러므
로 공자께서 "몇 마디 말로 옥사를 판단하는 것은 그 자로가 아닌가(片言可以折獄者, 其
由也與?"「顏淵」)"라고 말한 것은 자로의 솔직함과 정직함이 진실로 백성들의 마음에 믿
음을 주기 때문에 그의 한마디 말로 백성들이 쟁송(爭訟)의 판단을 바로 수긍하여 받아들
이도록 할 수 있었다는 것이다. 군주의 성의가 진실하여 백성들이 진실로 믿을 수 있다면
그의 몇 마디 말로써 쟁송은 충분히 해결될 수 있을 것이다. 그러므로 "옥사(獄事)를 (충
분하게) 의논하며 죽음을 늦춘다(議獄緩死)"라고 말한다. "죽음을 늦춘다(緩死)"는 말은
사형제를 폐지하는 것이 아니라 사형을 신중하게 처리하려는 것을 말한다. 아무리 심한
죄를 저질러 죽을 죄를 지었다하더라도 충분하게 살펴보고 사형을 신중하게 처리한다는
말이다.

初九는 虞하면 吉하니 有他⁹면 不燕¹⁰하리라.
초 구　　우　길하니　유타　　불연

 初九, 杅, 吉. 有它不寧.
초구　우　길　유타불영

　　초구는 잘 헤아려서 (妄動하지 않으면) 길하니, 다른 것에 마음을 두면 편
안하지 못할 것이다.

　　 초구는 우(杅) 지방에 있는 흉노 때문에 점을 쳤는데 길하다고 하였다.
흉노가 존재하는 한 편안하지가 않다.

象曰 初九虞吉은 志未變也¹¹일새라.
상 왈 초구우길　　지미변야

　　상에 말하기를 초구가 잘 헤아려서 (妄動하지 않으면) 길하다는 것은 뜻이

---

9 "우(虞)"는 편안하다는 뜻이다. "우(虞)"의 뜻에 대해 정이천과 주자는 "우(虞)"를 헤아
린다는 의미인 "탁(度)"으로 보고 있다. 또 순상은 "우(虞)"자를 편안하다는 의미인 "안
(安)"으로 쓰고 있다(『주역집해』의 말). 백서주역에서는 지명인 우(杅)지방으로 풀이하고
있다.(『백서주역교석』 334쪽 참조) "유타(有他)"는 상대방과 상응한다는 의미로 여기에
서는 육사와 상응하는 것을 말한다. 이 두 구절은 초구가 음으로 중부의 시작에 자리하여
진실함을 편안히 지킬 수 있으면 길할 수 있다는 것을 말하고, 비록 육사와 상응하나 구이
가 앞에서 가로 막고 있어서 "다른 것에 마음을 두면(有他)" 편안하지 못하다고 말한다.

10 "연(燕)"은 "연(宴)"과 같은 의미로 또한 편안함의 뜻을 가지고 있다. 이 구절은 순상의
해석에 의하면 편안히 진실함을 지키면 길하고, 다른 생각을 하게 되면 편안하지 못하다
고 말한다. 정주(程朱)의 해석에 의하면 상대방을 헤아려 믿을 만하면 믿고 행하면 바로
길하게 된다고 말한다. 왜냐하면 일단 믿으면 다른 생각을 하지 말아야지 달리 생각하는
점이 있으면 편안할 수가 없기 때문이다. 위의 두 해석은 의미상의 큰 차이가 없는 것으
로 보이기 때문에 두 입장을 절충하여도 무방할 것으로 보인다.

11 "지(志)"는 진실한 마음이라는 뜻으로 바로 "중부(中孚)"의 뜻이다. 중부의 시작부터 스
스로 믿음을 가지고 그것을 계속 지켜나가면 마음이 편안하게 된다. "미변(未變)"은 불
변하여 다른 것을 구하려는 뜻이 없기 때문에 편안하게 길함을 얻을 수 있다.

변하지 않았다는 것이다.

九二는 鳴鶴이 在陰이어늘 其子和之¹²로다 我有好爵하여
구 이　　명 학　　재 음　　　　기 자 화 지　　　　아 유 호 작

吾與爾靡之¹³하노라.
오 여 이 미 지

 九二, 鳴鶴在陰, 亓子和之, 我有好爵, 吾與爾羸之.
구 이　　명 학 재 음　　기 자 화 지　　아 유 호 작　　오 여 이 리 지

구이는 우는 학이 그늘에 있거늘 그 자식이 화답하도다. 내가 좋은 술을 가
지고 있으니 내가 너와 더불어 나누고 싶도다.

 구이는 학이 그늘에서 노래하고, 그의 짝이 화답하여 노래하고 있다.

---

12 "학(鶴)"은 구이를 말하고, "음(陰)"은 음양의 음이 아니라 산의 그늘(蔭)로 구이가 두
개의 음 아래에 있는 것을 비유하고 있다. "그 자식(其子)"은 구오를 말한다. 이른바 "그
자식"이라는 말은 실제의 아들을 지칭하는 그런 자식이 아니라, 동기감응(同氣感應)하
는 동류(同類)를 의미한다고 할 수 있을 것이다. 이 두 구절은 구이의 양이 중에 자리하
여 진실함을 가지고 바깥으로 그 소문이 나서 구오가 위에서 진실한 덕으로 화답하는 것
을 말한다. 다시 말하면 구이는 육삼과 육사의 두 음효에 가려져 있는 어려운 상황(그늘
아래)에서도 진실함을 버리지 않고 행동하기 때문에 자연스레 사람들의 진실한 반응이
나옴을 우는 학의 비유를 통해 말하고 있다. 주자는 『주역본의』에서 "구이는 중부의 진
실함이고 구오 또한 중부의 진실함으로 응한다(九二中孚之實, 而九五亦以中孚之實應
之)"라고 하였다.

13 "아(我)"와 "오(吾)"는 모두 구이를 말한다. "작(爵)"을 『설문해자』에서는 술 마시는 그
릇(飮器)이라 하고, 『설문통훈정성(說文通訓定聲)』에서는 "술 마시는 그릇을 총칭하여
작이라고 한다(凡酒器亦總名曰爵)"라고 하였다. 여기에서는 술을 가지고 말하기 때문
에 이광지는 『주역절중』에서 "호작은 맛있는 술을 말하는 것이다(好爵謂旨酒也)"라고
하였다. "이(爾)"는 구오를 가르키고, "미(靡)"는 함께의 뜻을 가지고 있다. 백서주역에
서는 "미(靡)"를 "이(羸)"로 쓰고 있는데 쇼니씨의 영역본에서는 "비운다"는 뜻으로 이
두 구절은 이효와 오효가 진실함으로 서로 감통하는 것이 마치 맛있는 술을 함께 마시고
즐거워하는 것과 같다는 것을 표현하고 있다.

내가 좋은 술을 가지고 있으니 내가 너와 더불어 나누고 싶다고 노래한다.

象曰 其子和之는 中心願也[14]라.
상 왈 기 자 화 지　　중 심 원 야

상전에 말하기를 그 아들이 화답한다는 것은 진심으로 원하는 것이다.

六三은 得敵하여 或鼓或罷或泣或歌[15]로다.
육 삼　　득 적　　혹 고 혹 파 혹 읍 혹 가

■백 **六三, 得敵, 或鼓或皮, 或汲(泣)或歌.**
육 삼　득 적　혹 고 혹 피　혹 급　읍 혹 가

육삼은 적을 얻어서(강한 적인 육사를 앞에 두고) 혹은 북을 두드리면서 공격하기도 하고, 혹은 (힘을 다 소진하여) 피로하여 후퇴하기도 하고, 혹은 (적이 다시 반격해 올까 두려워) 울기도 하고, 혹은 (적이 침범하지 않아) 기뻐 노래하도다.

---

14 "중심(中心)"은 "내심(內心)"을 말한다. 오효와 이효가 진실한 마음으로 서로 좋아하는 것을 가리킨다. 그러므로 정이천은 『이천역전』에서 "진심으로 원한다는 것은 진실한 마음에서 원한다는 것이기 때문에 마음이 통해서 상응한다(中心願, 謂誠意所願也, 故通而相應)"라고 하였다.

15 적(敵)을 만났을 때의 여러 가지 반응을 말하고 있다. 육삼은 음이 양의 자리에 있고 중정하지 못하다. 그러나 위로 상구와 상응하려고 하나, 육사가 전진하는 것을 막고 있어 이를 공격하고 있다. 『주역집해』에서 순상은 "삼과 사는 모두 음이기 때문에 적이라고 말한다(三四俱陰, 故稱敵)"라고 하였는데, 적은 동성(同性)이 서로 공격하는 것을 말한다. 왜냐하면 육삼은 중부의 도리를 얻지 못하여 진실한 마음이 모자라기 때문에 함부로 움직이고 불안해하면서 북을 쳐서 육사에 진격하려고 한다. 그러나 육사가 처한 효의 자리는 정위로 육삼이 이기지 못하고 다만 패하여 물러나는 수밖에 없다. 그러면서 또한 육사의 반격을 두려워하기 때문에 슬피 울기도 한다. 그러나 육사는 유로서 정위에 있어서 결코 반격하지 않기 때문에 또 기뻐하여 노래한다. 육삼은 이처럼 변화가 많다.

백 육삼은 전쟁에 이겨서 어떤 군인들은 기뻐 북을 두드리면서 춤을 추고, 어떤 군인들은 활을 쏘고, 어떤 군인들은 물을 뿌리고, 어떤 군인들은 소리 내어 노래 불렀다.

象曰 或鼓或罷는 位不當也[16]일새라.
상 왈 혹 고 혹 파   위 부 당 야

상전에 말하기를 혹은 북을 두드리면서 공격하기도 하고, 혹은 (힘을 다 소진하여) 피로하여 후퇴하기도 하고, 혹은 (적이 다시 반격해 올까 두려워) 울기도 하고, 혹은 (적이 침범하지 않아) 기뻐 노래하는 것은 자리가 마땅하지 않기 때문이다.

六四는 月幾望이니 馬匹이 亡하면 无咎[17]리라.
육 사   월 기 망   마 필   망   무 구

---

16 육삼의 근본 문제는 음이 양의 자리에 있는 부당위라는 데 있다. 바른 자리가 아닌 데 있으면 마음이 중심을 잡지 못하고 행동거지가 완전히 바깥에 메이게 된다. 이 때문에 북을 치기도 하고, 물러나기도 하고, 또 울기도 하고, 노래하기도 하여 변화가 일정함이 없게 된다. 육삼은 바른 자리가 아니기 때문에 스스로 적을 만들어 공격하기도 하고, 물러나기도 하고, 울고 노래하기도 하는 상이 있다. 마치 사람의 마음이 진실하지 못하여 사사로운 마음이 제멋대로 생겨 자주 엉뚱한 방향으로 나아가고, 언행이 일정치 않아 끝내는 조금의 이로움도 없게 되는 것과 같은 경우라고 할 수 있다.

17 "기망(幾望)"은 음력14일을, 이망(已望)은 음력 15일을, 기망(旣望)은 음력 16일을 말한다. 이 구절은 달이 거의 둥글게 되었고 말(馬)은 도망가 버렸지만 크게 잘못된 점은 없음을 말한다. 여기에서 말하는 "달이 거의 가득 찼으니"라는 말은 신하로 가장 높은 자리에 위지하고 있음을 말한다. 백서본 『주역』에서는 "월기망(月旣望)"이라고 말한다. 이 효사는 초효와 사효의 음양의 상응을 무리 혹은 소집단의 연계(連繫)나 사적인 이익과 관련되는 것으로 간주하고, 육사와 구오 사이를 공적(公的) 또는 국가적 이익과 관련된 것으로 본다. 그래서 전자보다 후자의 관계가 더욱 중요하다고 강조한다. 이것은 육사가 중부의 때에 처하여 유순하게 바른 자리에 있으면서 위로는 구오를 이어받아 마치 음덕(陰德)이 성(盛)하지만 아직 가득 차지는 않은 것, 즉 "달이 거의 가득 찼다(月幾望)"라는 상이 생기기 때문이다. 고형은 『주역고경금주』에서 "기(幾)와 기(旣)는 고대에는 통용된 것으로 달이 기망(旣望)이라고 하는 것은 15일 이후를 말한다. 점쳐서 이 효를 얻

六四, 月旣望, 馬必亡, 无咎.
육 사 　월 기 망 　마 필 망 　무 구

육사는 달이 거의 가득 찼으니, 말의 짝이 없어지면 허물이 없을 것이다.

육사는 달이 이미 보름을 넘었고 말의 짝을 잃어 버려 점을 치니 큰 재앙이 없을 것이라고 하였다.

象曰 馬匹亡은 絶類하여 上也[18]라.
상 왈 　마 필 망 　절 류 　　상 야

상전에 말하기를 말의 짝이 없어졌다는 것은 동류를 끊고서 위를 올라간 것이다.

으면 15일 이후에 말을 잃어버리지만 허물이 없을 것이라고 하여 그 말을 다시 얻게 될 것이다. 그러므로 달이 거의 가득 찼으니 말의 짝이 없어지면 허물이 없을 것이다”고 말한다. 온 정성을 다하여 오효를 받들면서 또 아래의 초효에 마음을 두어 상응할 수 없기 때문에 마치 말이 그 짝을 잃어버려 초효와 단절된 것처럼 하여야 비로소 허물이 없을 수 있다고 말한다. 이에 대해『주역본의』는 “육사가 음의 자리에 있어 바름을 얻었고 자리가 군주에 가까우니 달이 거의 보름에 가까운 상이다. 말의 짝(馬匹)은 초구와 자기가 짝이 됨을 말하니 육사가 초구와 단절하고 위로 가서 구오에게 신임을 받기 때문에 말의 짝이 없어지는 상이 된다. 그러므로 점치는 사람이 이와 같으면 허물이 없다(六四居陰得正, 位近於君, 爲月幾望之象. 馬匹, 謂初與巳爲匹, 四乃絶之, 而上以信於五, 故爲馬匹亡之象. 占者如是, 則无咎也)”고 하였다. 이 효의 뜻은 중부의 때를 당하여 음의 유순한 덕을 품부 받아 반드시 진실함으로 전일(專一)하여야 함을 말한다. 육사는 반드시 초효와의 사적인 관계를 단절하여야 구오를 진심으로 받들 수 있게 된다. 그러므로『주역절중』에서 이광지는 “진실함은 두 가지가 동시에 있는 것을 허용하지 않는다(孚不容于有二)”고 하는 말이 바로 이것이다.

18 “유(類)”는 초구를 말하고, “상(上)”은 동사로 위를 따르거나 위를 받드는 의미로 사용되고 있다. 이에 대해 정이천은『이천역전』에서 “그 동류를 끊고서 위로 오를 따른다(絶其類而上從五也)”라고 하였다. “동류를 끊고(絶類)”는 배필과 단절하는 것을 말하고, “위를 올라간 것(上)”은 위로 구오와 가까이 친하는 것을 말한다. 여기서 말하는 배필을 일설에서는 초구로 보는데, 정이천과 주자의 관점이 여기에 속한다. 다른 하나의 관점은 육삼을 가리키는데, 이광지의 관점이 여기에 속한다.

九五는 有孚攣如면 无咎[19]리라.
구 오 　 유 부 연 여 　 무 구

■ 九五, 有復論如, 无咎.
구 오 　 유 복 론 여 　 무 구

구오는 마음속에 진실함을 두는 것이 매이듯이 하면 허물이 없을 것이리라.

■ 구오는 잃어버린 말에 대해 이야기할 때 잃어버린 말이 돌아오니 크게
다행이다.

象曰 有孚攣如는 位正當也[20]일새라.
상 왈 　 유 부 연 여 　 　 위 정 당 야

상전에 말하기를 마음속에 진실함을 두는 것이 매이듯이 한다는 것은 자리
가 정당하기 때문이다.

上九는 翰音이 登于天이니 貞하여 凶[21]하도다.
상 구 　 한 음 　 등 우 천 　 　 정 　 　 흉

---

19 "연(攣)"은 끌려서 연결되는 것을 말한다. 이것은 구오의 양이 중정하여 본 괘의 주효로
진실함을 가지고 널리 천하의 마음과 연결되면, 천하 또한 진실함으로 상응하기 때문에
조금의 허물도 없다는 것을 말한다. 효사 중에서 유일하게 "부(孚)"라는 말을 직접 말하
고 있다. 아마도 구오의 위치 자체가 중정이고, 중부(中孚)의 덕을 가진 구이의 현인과
연계하여 백성을 교화하고 있기 때문인 것으로 보인다.
20 이 구절은 구오가 전제 괘의 존위로시 핵심이 되고, 위치 또한 중정함에 있음을 강조하
고 있다. 구오가 진실함을 가지고 민중을 하나로 묶어주고 단결시키고 있다.
21 "한(翰)"은 천계(天鷄)로 일명 산닭이라고도 한다. 주자는 "한(翰)"을 닭으로 보고 있
다. 빌헬름의 영역본에서는 "닭의 울음소리가 하늘에 가득차다"는 것으로 번역하고 있
다. 여기에서는 「설괘전」 8장에서 손괘(巽卦)를 닭으로 보는 (巽爲鷄) 입장에 근거하여
닭이 하늘 위로 날아오르려고 하나 날지 못하기 때문에 우는 소리만이 들리는 것으로 말
하고 있다. (703쪽 참조 바람) 『옥편』에서는 "한은 난다(翰, 飛也)"라고 했다. 새가 나
는 소리가 바로 "한음(翰音)"이라는 것이다. 본 효는 새의 나는 소리가 공허하게 하늘에

백 尙九, (翰)音登于天, 貞凶
　　상구　　한　음등우천　정흉

상구는 (닭의) 나는 소리가 하늘로 올라가니 고집하면 흉할 것이다.

백 상구는 종묘에 제사지낼 때 한음이 하늘로 날아 올라갔다.

象曰 翰音登于天이니 何可長也²²리오.
상　왈　한음등우천　　　하　가　장　야

상전에 말하기를 (닭의) 나는 소리가 하늘로 올라가니 라고 하였으니, 어찌 오래 가겠는가?

울려, 설령 정도를 지킨다 하더라도 여전히 흉하다는 것을 말하고 있다. 왜냐하면 상구는 양이 음의 자리에 있는 부정이면서 또 구오를 타고 있으면서 직위가 없는 자리에 있기 때문이다. 또 본 효는 중부의 극에 자리하고 있기 때문에 위와 같은 결과를 얻게 되는 것이다. 상구의 진실함의 도리는 이미 궁극에 이르러 쇠퇴하기 때문에 효사에서 "(닭의) 나는 소리가 하늘로 올라가니(翰音登于天)"라고 하여, 상구가 전혀 상응함을 얻지 못하고 있다고 말한다. 왜냐하면 닭의 울음소리가 하늘로 올라가지만 닭의 실체는 결코 그곳에 있지 않기 때문이다. 이른바 명실(名實)이 서로 부합하지 않는다는 것이다. 그러므로 상구에는 이미 중부가 없다. 이에 대해 『주역본의』는 "믿음의 끝에 있으면서 변할 줄을 모르니, 비록 바름을 얻었다 하여도 또한 흉한 도이다. 그러므로 그 상과 점이 이와 같다. 닭은 한음이라고 하니 바로 손의 상이고, 손의 끝에 자리하여 하늘에 오른 것이 된다. 닭은 하늘을 오르는 존재가 아닌데도 하늘로 오르고자 하니, 믿지 못할 것을 믿으면서 변화를 모르니 또한 이와 같다(居信之極而不知變, 雖得其貞, 亦凶道也. 故其象占如此, 鷄曰翰音, 乃巽之象, 居巽之極, 爲登于天, 鷄非登天之物而欲登天, 信非所信而不知變, 亦猶是也)"라고 하였다. 이런 관점에서 보면 상구는 본 괘의 구이 효와는 매우 상반된다. 특히 상구는 양으로 위로 올라가는 것만 알고 그칠 줄을 모르기 때문에 흉하다. 특히 변화를 모르기 때문에 소리가 높이 올라가면 갈수록 더욱 나쁜 결과가 나올 수밖에 없다.

22 아무리 상구가 바름을 고수해도 변하는 것을 모르기 때문에 하늘로 날아올랐다고 하더라도, 오래 있지 못하고 곧 지상에 떨어질 것이다. 정이천은 『이천역전』에서 "믿음을 지키나 궁극에 이르러 변함을 알지 못하니 어찌 오래갈 수 있겠는가. 완고하게 지켜서 통하지 않음이 이와 같으면 흉하다(守孚, 至於窮極而不知變, 豈可長久也. 固守而不通, 如是則凶也)"라고 하였다.

＊중부괘의 의미와 교훈

중부괘(中孚卦)는 마음속의 진실함, 즉 한 마디로 진실함의 원칙에 대해서 말하고 있다. 진실함이야 말로 도덕의 근원이고, 현실 생활에서 중요한 표준이다. 이것이 있어야 사람과 사람, 계층과 계층, 국가 간의 진정한 소통이 가능하기 때문이다.

괘사에서는 작은 돼지나 물고기도 감화시켜야 길함을 얻을 수 있다고 말하여 진실한 덕이 널리 미물(微物)에까지 미쳐야 비로소 위험을 벗어나고 바름을 지키는데 이롭다고 말한다. 각 효는 각각 다른 각도에서 이런 이치들에 대해 말하고 있다. 구체적으로 초효는 아래의 위치에서 진실함을 지키는 것을 말하고 있고, 이효는 독실함으로 만물을 감화시키는 것을 말한다. 사효는 진실함을 다하여 마음을 오직 하나로 하고, 오효는 널리 진실함을 펼쳐서 존위에 자리함을 말하고 있다. 이 네 개의 효는 비록 처한 위치가 다르고 음양의 구분이 있지만 모두 진실한 믿음의 상황들을 말하고 있다. 그러나 육삼은 진실하지 못하고 언행이 일정치 못하다. 상구는 진실함이 점차로 쇠퇴하여 헛된 소리만이 멀리 들려서 진실함이 없는 부정적인 상황을 드러내고 있다. 여섯 효 가운데에서 가장 유명한 부분은 이효와 오효이다. 구이 효사는 "우는 학이 그늘에 있거늘 그 자식이 화답하도다(鳴鶴在陰, 其子和之)"는 것으로 비유하고 있다. 또 구오는 진실함을 가지고 천하에 연결되는 상을 말하여, 적어도 나라를 가질만한 자는 반드시 백성들에게 믿음을 주어야 한다는 것을 말하고 있다.

전체적으로 중부괘의 여섯 효를 살펴보면 모두 진실한 도리를 엄격히 지킬 것을 말한다. 엄격하게 진실함을 지키는 것은 오직 자신에게 달려 있지 다른 사람의 응원에 달려 있는 것이 아니다. 이 때문에 육효의 관계는 가까이에서 친하게 지내는 친비(親比)를 중요하게 여기고, 상응과 불상응을 중요하게 생각하지 않는다. 초구는 진실하여 의심함이 없는 것이기 때문에 길하다. 육사와 구오는 진실하지만 다만 허물이 없을 뿐이다. 구이 또한 진실하여 사람들이 거기에 화답한다. 육삼은 전혀 동요함이 없지만 어떻게 할 바를 모른다. 상구는 진실함이 점점 쇠퇴하는데도 그것을 끝까지 고집하게 되면 흉하게 된다. 이로 보면 진실함은 인간관계를 개선하는 하나의 보증이다. 그러므로 반드시 자신부터 시작하여야 한다. 스스로 다른 사람에 대해 진실하여야 비로소 상대방 역시 그에 대해서 진실할 수 있기 때문이다. 자기 스스로가 다른 사람에게 허위로 대하면 오래가지 않아서 다른 사람에게서 버려지게 될 것이다. 그때에 다시 진실함을 지키려 해도 아무도 그를 믿어주지 않을 것이다.

62. ䷽ 뢰산소과(雷山小過, 백 少過 第二十八)

1) 괘의 순서

「서괘전」에서 "믿음이 있는 자는 반드시 행하기 때문에 소과괘로 받았다(有其信者必行之, 故受之以小過)"라고 하였다. 이 괘는 중부괘의 음양과 서로 반대되는 것으로 이른바 착괘(錯卦)이다. 지나치게 자신감을 가지게 되면, 그 자신감은 쉽게 한계를 넘게 될 가능성이 높다. 말하자면 행동이 과도하게 되는 것을 면하기 어렵다는 말이다. 지나치다는 의미에서 이 괘의 이름을 소과(小過)라고 한다. 그러므로 정이천은 『이천역전』에서 "사람이 믿는 바는 반드시 행하고 행하면 넘치니 소과괘가 이 때문에 중부괘를 이은 것이다(人之所信則必行, 行則過也. 小過所以繼中孚也)"라고 하였다.

2) 괘명의 의미

소과(小過)라는 괘명(卦名)은 약간의 지나침이 있다는 것을 상징한다. 소과의 뜻은 대과(大過)의 뜻과 서로 대조된다. 즉 소과가 작은 과실을 말한다면 대과는 큰 죄를 의미한다. 소과는 군자가 범한 잘못으로 의도는 좋으나 조금 지나쳐 폐해가 생긴 것을 말한다. 이런 소과의 사례로 지나친 공손은 예가 아니라는 과공비례(過恭非禮)의 경우를 들 수가 있다. 공손함이 결코 나쁜 것은 아니지만 중도에 어긋나기 때문이다. 이런 의미에서 중부괘에서 소과괘로 연결되는 것이다.

본 괘 바깥의 네 음은 중간의 두 양을 초과(過)하고, 음은 소(小)로 칭

하기 때문에 소과라고 말한다. 그 의미 속에는 약간 초과한다는 의미가
들어있다. 주자는 『주역본의』에서 "작은 것은 음을 말하고 괘 됨이 네 개
의 음이 바깥에 있고 두 개의 양이 안에 있어서 음이 양보다 많으니 작은
것이 과한 것이다(小, 謂陰也, 爲卦四陰在外, 二陽在內, 陰多於陽, 小
者, 過也)"라고 하였다.

3) 괘상의 의미

중부괘(中孚卦)가 알을 품은 형상이라고 한다면, 소과괘(小過卦)는 새
에 비유된다. 말하자면 바깥의 네 개의 음은 날개에 해당하고 중간의 두
양은 몸체에 해당하는 것이라고 할 수 있다. 소과괘의 하괘는 간(艮)으로
셋째 아들이고, 그 성질은 멈추는(止) 뜻을 가지고 있고, 상괘는 진괘(震
卦)로 장남이고 그 성질은 움직이는(動) 뜻을 가지고 있다. 정이천은 『이
천역전』에서 "산 위에서 우레가 진동하면 우레가 높은 곳에서 쳐서 그 소
리는 보통을 넘기 때문에 소과라고 한다(山上有雷, 雷震於高, 其聲過常,
故爲小過)"라고 하였다.

小過는 亨하니 利貞[1]하니
소 과　　　형　　　　이 정

---

1 소과(小過)는 네 개의 음과 두 개의 양으로 구성되어 있어 "소"(小, 陰을 말함)가 "대"
(大, 陽을 말함)보다 조금 과한 괘이다. 모든 일에는 중(中)을 조금 넘지 않으면 안 되는
때가 있게 마련이다. 조금 넘는 "소과"가 형통하기 위해서는 반드시 바른 도리를 견고히
지켜야 가능하다. 그러므로 "바름을 지킴이 이로우니(利貞)"라고 하는 것이다.

 少過, 亨, 利貞.
　　소　과　　형　　이정

경의 의미 : 소과는 제사를 올릴 수 있는데 이로운 점이 나왔다.

전의 해석 : 소과는 형통하니 바름을 지킴이 이롭고,

백 소과는 형통하고 점을 치면 이롭다.

可小事요 不可大事[2]니 飛鳥遺之音에 不宜上이오 宜下면
가소사　　불가대사　　　비조유지음　　불의상　　　의하

大吉[3]하리라.
대길

백 可小事, 不可大事. 翡(飛)鳥遺之音, 不宜上, 宜下. 泰吉.
　　가소사　불가대사　비　비　조유지음　　불의상　의하　태길

---

2 "소사(小事)"는 음의 작은 일을 말하고, "대사(大事)"는 강하고 큰일을 말한다. 이에 대해 『주역절중』에서는 유염의 말을 빌려 "소과의 때에 지나침이 있을 수 있는 것은 작은 일일 뿐이니, 큰일이라면 지나칠 수가 없다(小過之時, 可過者小事而已, 大事則不可過也)"라고 하였다. 구체적으로 소사(小事)와 대사(大事)의 예를 이광지는 『주역절중』에서 "대사는 천하국가의 일과 관계되는 것을 말하고, 소사는 일용의 항상 행하는 일을 말한다(大事, 謂關係天下國家之事, 小事, 謂日用常行之事)"라고 하였다.

3 날아가는 새(飛鳥)의 상을 통하여 소과의 때에는 겸손하고 부드러운 태도로 아래에 자리하고 높은 곳에 자리할 수 없음을 말하고 있다. 소과가 말하려는 주된 의미는 겸손히고 부드러운 것에 있기 때문에 항상 자신을 낮추어야 한다. 아래로 내려가야 안녕함을 얻을 수 있다. 그러므로 오만보다는 차라리 지나친 공손(過恭)이 낫다. "날아가는 새가 공중에 소리를 남겼는데(飛鳥遺之音)"라는 말은 지나간 것이 멀지 않다는 말이다. 또 이 말은 새는 너무 높이 날아서는 안 되고 낮게 날아야 안식할 수 있는 곳을 찾을 수 있다는 것을 뜻하기도 한다. 말하자면 지나치게 높은 것을 겨냥할 수 없고 자신을 돌아보아 스스로를 낮추고 겸손하여야 길할 수 있다는 말이다. 소과괘가 말하려는 핵심은 겸유(兼柔)에 있기 때문에 "올라가서는 안 되고 내려와야 한다(不宜上, 宜下)"라고 하는 것이다.

경의 의미 : 작은 일은 가하나 큰일은 불가하다. 날아가는 새가 공중에 소리를 남겼는데, 위로 올라가면 마땅하지 않으며 아래로 내려가면 마땅하니 크게 길하다.

전의 해석 : 작은 일은 가능하고 큰일은 불가하니 날아가는 새가 공중에 소리를 남겼는데, 올라가서는 안 되고 내려온다면 크게 길하리라.

백 점을 치니 작은 제사는 지낼 수 있으나 큰 제사는 지낼 수 없다고 하였다. 물총새가 남겨 놓은 소리는 위로 올라갈 수는 없고, 내려와야만 한다. 점을 치니 크게 길하다고 하였다.

彖曰 小過는 小者過而亨也[4]니
단 왈 소 과　　소 자 과 이 형 야

단전에 말하기를 소과는 작은 것이 과하여 형통한 것이니,

過以利貞은 與時行也[5]니라.
과 이 이 정　　여 시 행 야

---

4 정이천은 『이천역전』에서 "양은 크고 음은 작은데, 음은 바른 자리를 얻었고 강은 자리를 잃어버려서 부중하니 이는 작은 것이 과한 것이다. 그러므로 작은 일이 과함이 되니 과함이 작은 것이다 … 일은 진실로 과하게 함을 기다린 뒤에 형통한 것이 있으니, 과하게 함이 이 때문에 형통한 것이다(陽大陰小, 陰得位, 剛失位而不中, 是小者過也. 故爲小事過. 過之小, 事固有待過而後, 能亨者 過之所以能亨也)"라고 하였다. 소과괘는 음이 양보다 많고, 음이 중(中)의 자리에 있어서 음이 형통하는 것이다. 만약 약간의 지나침이 있을 경우 그것을 적절히 조절하여 중으로 돌아가면 결과적으로 더 큰 성공을 거둘 수 있다는 것이다.

5 『주역』은 중을 얻는 것을 귀하게 여기는데 과(過)는 본래 좋지 않은 것이다. 과하면 중하지 못하고, 중하지 못하면 바르다고 할 수 없다. 그러나 괘사는 도리어 "소과는 형통하니 바름을 지킴이 이로우니(小過亨利貞)"라고 하여, 소과하여서도 바름을 지키면 이롭다고 한다. 그 근본적 원인은 "때와 더불어 행하는 것(與時行)"이기 때문이다. 소과의 때에 적

과하되 올바름으로 하는 것이 이롭다는 것은 때와 더불어 행하는 것이다.

柔得中이라 是以小事吉也요
유 득 중　　시 이 소 사 길 야

유가 중을 얻었기 때문에 작은 일이 길한 것이오,

剛失位而不中이라 是以不可大事也[6]이니라.
강 실 위 이 부 중　　시 이 불 가 대 사 야

강이 자기 위치를 잃어 중하지 못하기 때문에 큰일은 할 수가 없다.

有飛鳥之象焉[7]하니라
유 비 조 지 상 언

절한 대응을 하면 허물이 없을 수 있는데, 그 핵심은 바로 시중(時中)하는 것에 달려 있다.

6 소과괘의 상괘는 우레이고, 하괘는 산으로 모두 음효가 중의 자리에 처해 있기 때문에 작은 일도 길하다고 말한다. 소과괘의 두 양효는 중의 자리를 차지하지 못하기 때문에 큰일을 하기에는 적합하지 않다. 그러므로 주자는 『주역본의』에서 "괘의 이효와 오효는 모두 음으로 중을 얻고 있기 때문에 작은 일을 하는 것은 가능하다. 그러나 삼효와 사효는 모두 강으로 정위를 얻지 못하고 중하지도 못하기 때문에 큰일은 할 수 없다(卦之二五, 皆以柔而得中, 故可小事, 三四皆以剛失位而不中, 故不可大事)"라고 하였다.

7 정이천은 "날아가는 새의 상이 있다(有飛鳥之象焉)'는 이 구절은 「단전」의 문체와 유사하지 않으니, 아마도 해석하는 자의 말이 단전 가운데로 잘못 들어간 듯하다. 가운데가 강하고 밖이 부드러움은 날아가는 새의 상으로, 괘에 이런 상이 있기 때문에 날아가는 새를 가지고 뜻으로 삼았다(飛鳥之象焉此一句, 不類象體, 蓋解者之辭, 誤入象中. 中剛外柔, 飛鳥之象, 卦有此象, 故就飛鳥爲義)"라고 하였다. 이런 가능성은 충분히 있다. 이천의 말처럼 64괘의 「단전」 중에서 이러한 구절은 없다. 그러나 이에 대해 다른 관점을 말하는 경우도 있다. 그들은 대체로 초육과 상육의 두 효는 모두 새를 가지고 상으로 삼고 있기 때문에 윗 구절이 설령 「단전」 중에 잘못 들어갔다 하더라도 전체적인 주제와 관련해서 보면 이 단사의 대의를 고칠 필요는 없다고 말한다. 『주역집해』에서 송충은 "두 개의 양이 안에 있고 상하가 각각 음으로 마치 날아가는 새가 날개를 펴는 상이기 때문에 비조라고 말한다(二陽在內, 上下各陰, 有似飛鳥舒翮之象, 故曰飛鳥)"라고 하였다.

나는 새의 상이 있다.

飛鳥遺之音不宜上宜下大吉은 **上逆而下順也**[8]일새라.
비 조 유 지 음 불 의 상 의 하 대 길　　상 역 이 하 순 야

나는 새가 공중에 소리를 남겼는데, 올라가서는 안 되고 내려온다면 크게
길하리라는 것은 위로 올라감은 역행하는 것이고 아래로 내려가는 것은
(자연의 이치에) 순응하는 것이다.

象曰 山上有雷이 **小過**니 **君子以**하여 **行過乎恭**하며
상 왈 산 상 유 뢰　　소 과　　군 자 이　　　행 과 호 공

喪過乎哀하며 **用過乎儉**[9]하나니라.
상 과 호 애　　　용 과 호 검

상전에 말하기를 산위에 우레가 있는 것이 소과이니, 군자가 이를 본받아

---

8 새가 공중에서 날개짓하면서 우는 소리가 아래에 있는 사람들이 들었을 때 새는 아직 멀
리 날아가지 못했다는 것인데, 이것이 바로 소과괘의 괘의이다. 소리가 크게 들렸을 때는
멀리 가지 못했고, 소리가 적게 들렸을 때는 멀리 가버린 것이다. 이 때문에 올라가서는
안 되고 내려와야 한다고 말한다. 왜냐하면 "위로 올라감은 역행하는 것이고, 아래로 내
려가는 것은 (자연의 이치에) 순응하는 것이기(上逆而下順也)" 때문이다. 이 때문에 『주
역절중』에서는 유염의 말을 인용하여 "바람을 거슬러 올라가는 것은 역(逆)이 되고, 바람
을 따라서 내려오는 것은 순(順)이 된다(溯風而上爲逆, 隨風而下爲順)"라고 하였다.

9 "산위에 우레가 있는 것이 소과이니(山上有雷, 小過)"라는 말은 하괘가 산이고 상괘가 우
레로서 우레가 산위에서 진동하면 그 소리가 보통보다 더 멀리가고 위력적이다. 즉 소리
가 조금 과하다는 이러한 상에서 군자는 무엇을 배울 수 있는가? 이에 대해 「상전」은 "행
동에 공손함을 지나치게 하며, 상례에 슬퍼함을 지나치게 하며, 일용(日用)을 쓰는데 검
소함을 지나치게 한다(行過乎恭, 喪過乎哀, 用過乎儉)"라고 하여, 약간 지나친 감이 있
더라도 올바른 것을 행하는 것이 더 낫다는 것을 분명히 이야기하고 있다. 사람들이 소과
의 때에 처하여 잘못을 하지 않을 수 없으나, 지나치게 과할 수는 없고 약간의 지나침은
피할 수 없는 것이다. 즉 작은 일에는 과하게 할 수는 있으나 큰 일에는 과할 수 없다. 군
자가 소과의 상을 본받아 실천 상에서 응용한 것이 바로 위의 말이다.

행동에 공손함을 지나치게 하며, 상례에 슬퍼함을 지나치게 하며, 일용(日用)을 쓰는데 검소함을 지나치게 한다.

初六은 飛鳥라 以凶[10]이니라.
초 육　　비 조　　이 흉

백 初六, 翡鳥以凶.
초 육　　비 조 이 흉

초육은 날아가는 새라 흉하다.

백 물총새가 흉한 징조를 가지고 왔다.

象曰 飛鳥以凶은 不可如何也[11]라.
상 왈　비 조 이 흉　　불 가 여 하 야

---

10 소과괘의 괘형(卦形)은 새와 비슷하기 때문에 날아가는 새를 가지고 비유한다. 초육은 음으로 상괘의 구사와 상응하기 때문에 날아오르려는 생각을 계속 가지고 있다. 그러나 멀리 가고 높은 것에 이르는 것만 좋아하고 수렴할 줄 모르기 때문에 당연히 흉하다. 이 효는 내실을 다지고 자기 실력을 축적하는 것이 더 중요하지 앞으로 나서기만을 좋아해서는 안 된다는 것을 말하고 있다. 이경지는 『주역통의』에서 "이(以)를 여(與)의 뜻으로 보아, 가져오다 또는 초래하다의 의미로 해석하고 있다. 말하자면 나는 새가 지나가면 흉한 것이 따라온다"(이경지 『주역통의』 123쪽 참조)라고 하여, 이것을 새점(鳥占)의 예에 해당하는 것으로 보고 있다. 여기서 말하는 상고 시기의 조점(鳥占)의 잔재들은 현재도 약간 남아 있다. 예를 들면 밤중에 고양이가 울면 재수가 없다거나, 낮에 활동하는 새가 밤에 울거나 움직이면 좋지 않다는 것 등을 들 수 있다. 실제로 백서주역에서도 이 예가 보인다. 전체적으로 말하면 초육은 제자리에 안주하여 스스로의 힘을 길러야 하는 시기임에도 불구하고 조급하게 움직여서 흉하게 됨을 말하고 있다.

11 정이천은 『이천역전』에서 "초육은 음유로 아래에 있으니 소인의 상이고, 또 위로 사에 응하니 사는 다시 움직이는 체이다. 소인은 조급하고 함부로 하여 위와 응하여 도와주는 것이 있으나 마땅히 과하게 해야 할 경우에 반드시 너무 과함에 이르니, 하물며 과하게 하여서는 안 될 경우에 과함이 있는 경우는 어떠하랴. 그 지나침이 나는 새처럼 빠르다. 이 때문에 흉한 것이다. 조급하고 빨리하기를 이와 같이 하기 때문에 과함이 신속하고 또 멀어서 구원하여 멈춤이 미칠 수 없는 것이다(初六, 陰柔在下, 小人之象, 又上應於

상전에 말하기를 날아가는 새가 흉하다는 것은 어떻게 할 수 없다는 것이다.

六二는 過其祖하여 遇其妣니 不及其君이요 遇其臣이면
육 이   과 기 조   우 기 비   불 급 기 군   우 기 신

无咎[12]리라.
무 구

백 六二, 過元祖, 愚元比, 不及元君, 愚元僕, 无咎.
육 이   과 기 조   우 기 비   불 급 기 군   우 기 복   무 구

육이는 할아버지를 지나가 그 할머니를 만나니, 그 군주에게 미치지 않고 그 신하를 만나면 허물이 없을 것이다.

백 그의 할아버지를 뵈러 갔다가 그 할머니를 우연히 만나고, 아직 그의 군주를 보지 못했는데 그의 신하를 만났다. 재난이 없을 것이라는 점괘가 나

四, 四復動體. 小人躁易而上有應助, 於所當過, 必至過甚, 況不當過而過乎. 其過如飛鳥之迅疾, 所以凶也. 躁疾, 如是所以過之速, 且遠, 救止莫及也)”라고 하였다. 날아가는 새가 아래로 내려오지 않고 계속 올라가려는 것은 어리석다. 이런 어리석음은 자신의 능력은 생각하지도 않고 명예나 출세만을 지향하여 수단과 방법을 가리지 않는 사람의 경우에 비유할 수 있다. 이런 사람에게 적절한 충고나 고언(苦言)은 이미 효과가 없을 가능성이 크다. 멈출 줄 모르고 내려올 줄 모르는 이런 어리석음은 당연히 흉하다.

12 여기에서 말하는 “조(祖)”는 할아버지로 구사를 말하고 구삼은 아버지이다. “비(妣)”는 조모를 지칭하고, “군(君)”은 육오를 말한다. “신(臣)”은 구사를 말한다. 이 효사는 육이의 유순중정함이 나아가서 아버지인 구삼을 지나고, 사의 할아버지까지 지나서 육오의 비(妣)와 만나는 것을 말한다. 오효가 만약 양(陽)일 경우는 조부나 군주에 해당하고 만약 음효일 경우는 조모나 신하가 된다. 이효와 오효는 상응의 위치로 육이가 위로 나아가서 만나는 오효가 양효가 아니라 음효로 불상응이기 때문에 “할아버지를 지나가 그 할머니를 만난다”라고 말한다. 만약 오효에 까지 나아가지 않고 물러나 구사와 만나면 음양의 상우(相遇)로 무구(无咎)를 얻을 수 있을 것이다. 그러므로 “그 군주에게 미치지 못하고 그 신하를 만나면 허물이 없을 것이다”라고 하는 것이다. 이런 관점은 일본의 이토 도가이(伊藤東涯)의 『주역경익통해(周易經翼通解)』를 참조하였다.

왔다.

象曰 不及其君은 臣不可過也¹³라.

상 왈 불 급 기 군　　신 가 과 야

상전에 말하기를 그 군주에게 미치지 않고라는 것은 신하가 지나치게 해서
는 안 된다는 것이다.

九三은 弗過防之면 從或戕之라 凶¹⁴하리라.

구 삼　　불 과 방 지　　종 혹 장 지　　흉

백 九三, 弗過戕之, 從或戕之. 凶.

구 삼　　불 과 장 지　　종 혹 장 지　　흉

---

13 소과의 때에 작은 것은 모두 다 지나칠 가능성이 있지만, 오직 신하는 그 군주에게는 지
나칠 수 없다. 그러므로 『주역절중』은 호병문의 "작은 것은 어떤 경우에는 지나칠 수 있
으나, 신하가 군주에 대해서는 (분수를) 지나칠 수는 없다 (小者有時而可過, 臣之于君,
不可過也)"라고 하였다.

14 구삼은 정위로 하괘의 간(止)의 주효이며, 위로 상육과 상응한다. 구삼은 강직한 군자로
용감하게 앞으로 나아가는 성질을 가지고 있다. 그러나 상응하는 상육은 음유의 소인이
기 때문에 구삼은 미리 조심하고 방비해야 한다. 무조건 그의 요구에 따라가면 상응하는
상육에 의해 상해를 입게 되어 흉하게 된다. "방(防)"은 방비의 뜻이고, "종(從)"은 따
른다는 의미이고, "장(戕)"은 살해하거나 해친다는 뜻을 가지고 있다. 주자는 『주역본
의』에서 "소과의 때에는 일을 언제나 과하게 하여야 하니 그런 뒤에야 중을 얻는다. 구
심이 강으로서 바른 자리에 거하니 여러 음들이 해치고자 한다. 자기의 강함을 믿어서
지나치게 대비하지 않기 때문에 그 상과 점이 이와 같다. 만일 점치는 사람이 지나치게
방비하면 이를 면할 수 있다(小過之時, 事每當過然後, 得中. 九三以剛居正, 衆陰所欲
害者也. 而自恃其剛, 不肯過爲之備, 故其象占, 如此. 若占者能過防之則可以免矣)"
라고 하였다. 구삼은 정위의 자리이나 아래에 있는 소인들의 질시를 받는다. 구삼은 치
명적 약점이 있는데, 그것은 양이 양의 자리에 처하여 지나치게 강하다는 점이다. 즉 지
나치게 강하기 때문에 소인들의 침범에 대해서 크게 의식 하지 않는다는 것이다. 스스로
바른 자리를 차지하여 강하다고 생각하여 방비를 하지 않기 때문에 상해를 당하게 될 가
능성이 크다.

구삼은 지나치게 방비하지 않으면, 따라서 혹 해치니 흉할 것이다.

🔲 구삼은 다른 나라를 방문하여 믿음을 쌓지 않으면, 다른 나라가 의심하여 습격해서 피해를 입을 것이다. 흉하다는 점이 나왔다.

象曰 從或戕之 凶如何也[15]오.
상왈 종혹장지 흉여하야

상전에 말하기를 따라서 혹 해치니 라는 것은 흉이 어떻겠는가?

九四는 无咎하니 弗過하여 遇之니 往이면 厲라 必戒며
구사 무구 불과 우지 왕 여 필계

勿用永貞[16]이니라.
물용영정

🔲 九四, 无咎. 弗過遇之. 往厲, 必革. 勿用永貞.
구사 무구 불과우지 왕려 필혁 물용영정

---

15 이 구절에 대해 정이천은 『이천역전』에서 "흉함이 어떠한가 하였으니, 매우 심하다는 말이다(日凶如何也, 言其甚也)"라고 하였다.

16 구사는 자리가 부당하고 과강(過剛)하지 않는 위치이다. 아래 하괘의 초효와 합해야 하기 때문에 반드시 아래로 나아가야할 상으로 그렇게 할 경우에 해가 없다. 만약 구사 스스로 자신의 강함을 드러내어 주동적으로 행하면 위험할 수밖에 없다. 구사는 강으로 음의 자리에 있어서 강이 지나친 것은 아니다. 그러므로 무구하다고 말한다. 이에 비해 구삼은 강으로 강의 자리에 있어 과강(過剛)하기 때문에 흉하다고 말하는 점에서 차이가 있다. 이에 대해 주자는 『주역본의』에서 "지나치는 때를 만나서 강으로서 부드러운 음의 자리에 처하니 지나치게 공손해서 허물이 없는 도이다. 지나치지 않고 만난다는 것은 지나치게 강하지 않고 시의에 적합하게 하는 것을 말한 것이니 가면 지나치기 때문에 위태로움이 있어 마땅히 경계해야 한다. 양의 성질이 굳고 강하기 때문에 길게 고집함을 쓰지 말라고 경계하는 것이니 마땅히 시의에 따르고, 지키기만을 고집해서는 안 됨을 말하는 것이다(當過之時, 以剛處柔, 過乎恭矣, 无咎之道也. 弗過遇之, 言弗過於剛而適合其宜也, 往則過矣, 故有厲而當戒. 陽性堅剛, 故又戒以勿用永貞, 言當隨時之宜, 不可固守也)"라고 하였다.

구사는 허물이 없으니 지나치지 아니하여서 만남이니(지나치지 않고 굳세어야 음을 만날 수 있으니), 앞으로 가면 위태로움이 있으므로 반드시 경계하여야 하고 길게 고집함을 쓰지 말아야 할 것이다.

■백 구사는 재앙이 없다는 점이 나왔다. 그 전에는 만난 적이 없으나 지금 만났다. 만나니 서로를 믿게 되어서 옛날의 만나지 않았던 상황들을 변화시켰다. 계속 끊임없이 점만 치지 말아야 한다.

象曰 弗過遇之는 位不當也요 往厲必戒는 終不可長也[17]일새라.
상왈 불과우지　　위부당야　　왕려필계　　종불가장야

상전에 말하기를 지나치지 아니하여서 만남이니라는 것은 위가 부당하기 때문이요, 앞으로 가면 위태로움이 있으므로 반드시 경계하여야 한다는 것은 끝내 장성(長盛)할 수 없다는 것이다.

---

17 이 구절의 뜻은 분명하지 않다. 주자 역시 "효의 뜻이 분명하지 않으니 이 또한 빼 놓아야 할 것이다(爻義未明, 此亦當闕)"라고 하였다. 기존의 일반적인 해석에 따르면 대체로 다음과 같다. "지나치지 아니하여서 만난다(弗過遇之)"라고 하는 것은 구사가 처한 위치가 어떤 구체적인 일을 적극적으로 할 수 있는 위치가 아니라는 것이다. 그러므로 소과의 때에 맞게 행동하여야 한다는 말이다. "앞으로 가면 위태로움이 있으므로 반드시 경계하여야 한다(往厲必戒)"라고 하는 것은 자기 고집적인 태도를 계속 유지해서는 안 된다는 것을 말한다. 때의 변화에 적설하게 변할 줄 알아야 한다는 말이다. 구사는 과강하지 않고 도리어 부드러운 자리에 거하여 매우 적절하게 만날 것(遇之)이라고 말한다. 만난다는 것은 마땅함을 만나는 것을 말한다. 양으로 사에 자리하는 것은 위가 부당한 것이다. 그러나 유의 자리에 있다는 것은 바로 그 마땅함을 만나는 것이다. 소과의 때에 있어서 양은 물러나 스스로를 보존하여야 하는데, 만약 계속적으로 장성(長盛)할 수 있다고 생각하는 것은 잘못이다. 그러므로 나아가면 위태롭기 때문에 반드시 경계하고 두렵게 생각하여야 한다. 나아가는 것을 경계하는 것은 "올라가서는 안 되고 내려온다면 크게 길하리라(不宜上, 宜下)"는 말에 해당한다.

六五는 密雲不雨는 自我西郊[18]이니 公이 弋取彼在穴[19]이로다.
육 오 　 밀 운 불 우 　 자 아 서 교 　 공 　 익 취 피 재 혈

백 六五, 密雲不雨, 自我西荽, 公射取皮在穴.
육 오 　 밀 운 불 우 　 자 아 서 교 　 공 석 취 피 재 혈

육오는 빽빽한 구름에 비가 내리지 않는 것은 우리 서쪽 교외로부터 함이니, 공이 주살을 이용하여 구멍 속에 있는 저것들을 쏘아 잡다.

백 육오는 빽빽한 구름에 비가 내리지 않을 때에 내가 서쪽 교외로부터 오고, 공이 쏘아 동굴 속에 있는 짐승을 잡아 그곳에서 껍데기를 벗겼다.

象曰 密雲不雨는 已上也[20]일새라.
상 왈 　 밀 운 불 우 　 이 상 야

---

18 이 구절은 소축괘(小畜卦)의 괘사와 같다. 여기에서는 육오가 음으로 존위에 자리하여 아래로 양과 상응하는 것이 없는 것을 서쪽 교외의 음의 방향에 오직 짙고 두터운 구름은 있지만 양이 없어서 비가 되어 내릴 수 없는 것으로 비유하고 있다. 왜냐하면 서교(西郊)의 양기(두 개의 양)가 상하의 음기(두 개의 음)에 의해 억지(抑止)되어 있기 때문이다. 육오의 주요한 의미는 어떤 일을 할 수 없다는 것으로 설령 시도한다 하더라도 성공할 수 없다. 소과괘에는 "올라가서는 안 되고 내려온다면 크게 길하리라(不宜上, 宜下, 大吉)"는 말이 있는데, 육오는 상괘에 있고 또 존위에 자리하고 있어서 위로만 올라가고 아래로 내려가지 않는 상태이다. 소과의 때에 있어서는 절대 이렇게 하여서는 안 된다. 만약 그런 식으로 한다면 좋은 결과를 얻을 수 없다.

19 "공(公)"은 육오를 말한다. "익(弋)"은 주살의 뜻이다. 말하자면 구멍 속에 숨어 있는 것을 작살을 던져서 잡는 것을 비유하고 있다. 구멍 속에 있다는(在穴) 것은 육이를 은유적으로 지칭하는 말이다. 주자는 『주역본의』에서 "음으로 존위에 자리하고 또 음이 과한 때를 당하여서는 어떤 일을 할 수 없고, 주살로 쏘아 육이를 취하는 것을 도움으로 삼기 때문에 이런 상이 있는 것이다. 구멍에 있는 것은 음물이니 두 음이 서로 만나면 큰 일을 이룰 수 없는 것을 알 수 있을 것이다(以陰居尊, 又當陰過之時, 不能有爲, 而弋取六二以爲助, 故有此象. 在穴陰物也, 兩陰相得, 其不能濟大事可知)"라고 하였다.

20 "이미 너무 올라가 있는 것(已上)"이라는 말은 음이 이미 위에 자리하고 있어 양과 조화를 얻지 못하기 때문에 비가 내리지 못한다(不雨)는 것이다. 여기에서는 "이상(已上)"이라고 하지만, 소축괘의 「단전」에서는 "상왕(尙往)"이라고 하고 있는데 뜻은 거의 비슷

상전에 말하기를 빽빽한 구름에 비가 내리지 않는 것은 이미 너무 올라가
있는 것이다(음이 너무 높이 올라가 있다는 것이다).

上六은 **弗遇**하여 **過之**니 **飛鳥離之**라 **凶**[21]하니 **是謂災眚**[22]이라.
상 육 　 불 우 　 　 과 지 　 비 조 리 지 　 흉 　 　 시 위 재 생

■ 尙六, 弗愚過之, 翡鳥羅之, 凶. 是謂茲省.
　 상 육 　 불 우 과 지 　 비 조 라 지 　 흉 　 시 위 자 성

상육은 만나지 못하여 지나 가버리니, 날아가는 새가 그물에 걸린 것처럼
흉하다. 이것은 천재와 인재가 함께 온 것이라고 말한다.

■ 상육은 서로 만날 수 있는 기회를 놓쳐 버리고(승진할 수 있는 기회를
놓쳐 버리고), 오히려 마치 나는 새가 그물에 걸리듯 재앙을 당하니 이것
이 바로 재난이다.

하다.

21 상육은 음유로 괘의 극에 있고, 멈추지 않고 올라가려고 하기 때문에 초육과 마찬가지로
"날아가는 새(飛鳥)"의 상이 있다. 상육은 내려와 상응하는 구삼을 만나지 않고, 이것을
지나 멈추지 않고 올라가 괘의 궁극에 이른다(弗遇過之). 이 구절은 상육이 소과괘의 마
지막 효에 자리하여 음이 지나치게 높은데 있어 아래의 양과 상응하지 못할 뿐만 아니라,
또한 그 스스로도 너무 높이 올라가 양을 넘어서고 있기 때문에 "만나지 못하여 지나 가
버리니(弗遇過之)"라고 말한다. 상육의 잘못은 소인의 잘못으로 너무 높이 올라가 멈출
줄을 모르는 경우를 말한다. 이런 결과로 날아가던 새가 그물에 걸려 버리게 된다. "이
(離)"는 그물을 의미한다. 날아가던 새가 그물에 걸리니 낭연히 흉하다. 흉하다는 것은
바로 재앙을 의미한다. "이(離)"에 대한 해석은 분분하나 여기에서는 공영달과 이토 도
가이의 관점을 따랐다.

22 "올라가서는 안 되고 내려가야 크게 길하다(不宜上, 宜下, 大吉)"는 말은 소과의 시기
에 올라가기만 하고 내려감을 모르는 비조(飛鳥, 상육을 지칭)가 그물에 걸리는(飛鳥離
之) 것처럼 흉하다는 것을 이야기하고 있다. 이를 천재(天災, 災)와 인재(人災, 眚)가 모
두 온 것이라고 하는 것이다(是謂災眚). "재(災)"는 천재(天災)를 말하고, "생(眚)"은 사
람이 자초한 "인화(人禍)"를 말한다. 이마이 우사부로의 『역경』 하 1256쪽 참조 바람.

象曰 弗遇過之는 已亢也[23]라.
상 왈 불 우 과 지　　　이 항 야

상전에 말하기를 만나지 못하고 지나가 버린다는 것은 이미 너무 높이 올라
간 것이다.

* 소과괘의 의미와 교훈

　소과괘(小過卦)는 그 철학적 의미를 대부분 지나침(過)과 바름(正)의
관계를 통하여 말한다. 여기에서 말하는 지나침과 바름의 문제는 대부분
사람들의 행위에서 나타나는 잘못을 바로잡아 지나침과 바름을 통일하는
데 핵심이 있다.

　『주역』 중에서 양은 크고 음은 작은 것으로 보는 것이 통설이다. 괘의
구성에서 두 개의 음이 네 개의 양에 포함되는 것을 일러 대과괘(大過卦)
라고 하고, 네 개의 음이 두 개의 양을 둘러싸고 있는 것을 소과괘라고 말
한다. 대과괘는 기둥이 휘는 것을 상징하였다면, 소과는 날아가는 새로
상징하고 있다.

　소과에서 이야기하려고 하는 핵심은 작거나(小) 아래(下)에 있는 것이

---

23 "이미 너무 높이 올라간 것(已亢也)"은 더 이상 돌이킬 수 없음을 말한다. 이에 대해『주
　역절중』에서는 "복괘의 상효에서 '돌아오는데 혼미하니 재앙이 있어'라고 하였다. 여기
　에서는 '날아가는 새가 그물에 걸려 흉한 것 같으니 이것은 천재와 인재가 함께 온 것이
　라고 말한다'고 하였는데 뜻이 다르다. 흉은 스스로 만든 것이고 재생(災眚)은 바깥에서
　온 것이다. 돌아오는데 혼미한 경우는 흉하여서 재앙을 초래한 것이고, 여기에서는 흉하
　면 바로 재앙이 온다(復之上曰 '迷復凶, 有災眚', 此曰 '飛鳥離之, 凶, 是謂災眚', 辭
　意不同. '凶'由己作, '災眚'外至. 迷復則因'凶'而致 '災眚'者也. 此則 '凶'卽'災眚'
　也)"라고 하였다.

다. 소과의 때에 지나치게 큰일을 하려고 하거나, 위의 높은 자리로 올라가려고 하는 것은 모두 좋지 않다. 말하자면 소과는 작은 일은 할 수 있으나 큰일은 할 수 없고, 아래로 내려가야 하지 위로 올라가려고 해서는 안 된다는 것이다. 어떤 경우에 어떤 사물이 중을 얻으려고 한다면 반드시 중보다는 조금 지나쳐야만 하고, 굽은 것을 바로 잡으려고 한다면 반드시 지나치게 바르게 하려는 생각이 필요하기도 하다. 그러나 이것은 작은 일에만 적용 가능한 것이고 큰일에는 적용할 수가 없다. 작은 일에 있어서 지나친 것이나 잘못된 것은 제한적인 잘못으로 무한대로 잘못할 수는 없는 것이다. 허물이나 잘못은 다만 아래로 지나칠 수 있지만 위로 지나쳐서는 안 된다.

이 소과괘의 핵심의미는 대략 두 가지 측면에서 요약할 수 있다. 하나는 작은 일은 할 수 있으나 큰일은 할 수 없다는 것이고, 다른 하나는 지나침의 본질이 겸손과 낮춤에서 구현된다는 것이다. 괘 가운데의 대부분의 효의 상황들은 모두 위의 두 가지 측면을 중심으로 하여 이야기되고 있다. 그 중 육이와 육오는 음으로 중에 자리하여 소과의 뜻을 가장 잘 얻고 있다. 초효와 상효는 비록 음효이나 모두 마땅히 아래로 향하여야 하는 도리를 위배함에 의해서 흉한 결과를 초래한다. 삼과 사 두 효 가운데 전자는 지나치게 강하여 스스로를 낮출 수 없지만, 후자는 유에 자리하여 스스로를 낮출 수 있기 때문에 하나는 흉하고, 다른 하나는 무구하다. 그러므로 내려와야 마땅하다는(宜下) 준칙이 본 괘에서 가장 중요하다는 것을 알 수 있다.

63. ䷾ 수화기제(水火旣濟, 📖 旣濟 第二十二)

1) 괘의 순서

「서괘전」에서 말하기를 "사물에 지나침이 있는 것은 반드시 다스려야 하기 때문에 기제괘로 받았다(有過物者必濟, 故受之以旣濟)"라고 하였다. 「서괘전」에서 말하는 이 두 구절의 말은 소과괘(小過卦) 뒤에 기제괘(旣濟卦)가 오는 것에 대해 설명한 것으로 나름대로의 도리가 있다. 「서괘전」은 기제괘 다음 괘인 미제괘(未濟卦)를 설명할 때 "사물이 끝날 수 없기 때문에 미제괘로 받아서 마쳤다(物不可窮也, 故受之以未濟終焉)"라고 하였는데, 매우 빼어난 해석으로 그것은 『주역』의 64괘의 배열에 대한 사상 체계를 깊이 있게 표현해 주고 있다. "사물이 끝날 수 없기 때문에 미제괘로 받아서 마쳤다(物不可窮也, 故受之以未濟終焉)"는 관점에 근거하면 우리는 『주역』의 작자가 기제괘와 미제괘의 두괘를 64괘의 가장 뒤에 놓고 있는 참으로 의미심장한 철학적 의미를 발견할 수 있을 것이다.

기제괘는 64괘 중에서 끝에서 두 번째의 괘로 소과괘와는 실제로 어떠한 필연적인 연관 관계도 가지고 있지 않다. 『주역』의 작자는 64괘의 배열에 대해 하나의 총체적인 인식을 하고 있다. 그는 64괘를 만사만물의 하나의 큰 발전과정으로 간주하고 있다. 건괘와 곤괘의 두 괘는 이 과정의 시작이고, 중간의 60괘는 이 과정의 전개를 의미하고, 기제와 미제는 이 과정의 마무리에 해당한다. 64괘가 사물의 변화발전의 과정이라면 반드시 마무리하는 때가 있기 때문에 마지막에서 두 번째 괘가 기제괘이다.

기제(旣濟)는 모순이 이미 사라지고 사물이 최대한으로 발전한 것을 의미한다. 그러나 실제로 모순은 완전히 그칠 수도 없고, 건곤(乾坤)도 소멸될 수 없고, 사물도 발전이 종료될 수는 없다. 이른바 소멸이나 멈춤이나 궁극적 발전이라는 것은 이전의 과정이 마무리되는 것인 동시에 새로운 과정이 시작되는 것을 의미한다. 그러므로 기제괘 뒤에 미제괘가 오게 된다. 이것은 바로 변화와 발전에는 멈춤이라는 것이 있을 수 없고, 건곤도 소멸될 수 없고, 사물도 발전의 끝이 없음을 이야기하는 것이라고 할 수 있다. 이전의 과정이 마무리되면 새로운 과정이 다시 시작될 수밖에 없다. 여기에서 64괘의 뒤편에 왜 기제와 미제라는 두 괘가 나오게 되는가하는 의미를 파악할 수 있을 것이다.

2) 괘명의 의미

기제(旣濟)라는 말은 일이 이미 이루어진 것을 상징한다. 『주역정의』에서 "제(濟)는 제도(濟渡)를 말하는 것이고, 기(旣)라는 것은 모두 온전히 다한 것을 말한다. 만사가 모두 완성되었기 때문에 기제라는 이름으로 삼는다(濟者, 濟渡之名, 旣者, 皆盡之稱. 萬事皆濟, 故而旣濟爲名)"라고 하였다.

기제라는 괘명의 의미에 대해서 이전 학자들의 의견은 약간 다르다. 어떤 사람들은 기제가 위험과 어려움을 빠져나온다는 뜻으로 보기도 하고, 어떤 사람들은 기제가 천하의 만사만물이 이미 완성되었다는 뜻으로 보기도 한다.

문자상으로 보자면 기(旣)는 "이미 그러하다"는 것을 의미하는 말이고, 제(濟)를 『이아』에서는 "건너다"라는 의미의 "도(渡)"라고 하였으니, 두 글자를 합하면 '이미 건너갔다', 즉 어떤 일을 이루었다는 의미이다. 건너갔다는 말은 당연히 큰 강을 건넜다는 의미인데, 이것을 확대하여 위험과 어려움을 벗어난다는 의미로 사용한다. 「잡괘전」에서는 "기제는 정해진 것이다(旣濟定也)"라고 하여, 안정됨을 얻었다는 의미로 사용한다. 특히

여기에서 말하는 안정됨의 의미는 음양의 상대적인 안정에서 나온 것으로
보인다.

3) 괘상의 의미

기제괘(䷾)의 구조로 보면 우선 이야기해야 할 것은 여섯 효가 모두 정
위이고 상응하고 있다는 점이다. 이것은 불상응이나 부정위 등의 객관적
어려움이나 난점이 모두 해소된 상태에 있다는 것이다. 그래서 상괘는 감
(坎)으로 사람들로 하여금 매우 쉽게 위험이나 어려움을 빠져나가는 것으
로 이해하게 만든다. 물론 상괘가 감인 괘를 예로 들면 둔괘(屯卦) · 수괘
(需卦) · 건괘(蹇卦) · 절괘(節卦)로 대부분 위험한 상을 가지고 있다.
그러나 기제에는 다소 다른 점이 있다. 그것은 기제괘가 위험을 벗어나는
문제뿐만 아니라 훨씬 더 다양한 관점을 말하고 있다.

「잡괘전」에서 "기제는 정해진 것이다(旣濟, 定也)"라고 하였다. 이
'정(定)'자가 기제의 뜻을 대략적으로 설명해 주는 것으로 보인다. 표면
상으로 보면 언뜻 적절하지 않은 것 같으나 자세히 살펴보면 매우 합당한
설명으로 보인다. 여기서 말하는 정(定)은 어떤 의미를 가지고 있는가?
사물이 어떤 정도로 발전하면 하나의 형태를 이루고, 잠시 혹은 표면상으
로는 더 이상 변동하지 않는데, 이것이 바로 정(定)이다.

그러나 기제의 정은 사물이 이미 궁극적인 단계에 도달한 것이 아니다.
그래서 「서괘전」의 미제괘에서 "사물이 끝날 수 없기 때문에 미제괘로 받
아서 마쳤다(物不可窮也, 故受之以未濟終焉")고 하였다. 따라서 사물에
는 궁극이 있을 수 없다는 것은 바로 기제가 처해있는 상태이다. 다시 말
해서 기제는 표면상으로 보면 궁극으로 보일 수 있으나, 실제로는 결코
궁극의 상태가 아니라는 것이다.

既濟는 亨이 小니 利貞[1]하니 初吉하고 終亂[2]하니라.
기 제 　 형 　 소 　 이정 　 　 초길 　 　 종난

백 旣濟, 亨小, 利貞. 初吉冬乳.
기 제 　 형소 　 이정 　 초길동유

경의 의미 : 기제는 작은 제사를 올리는 것이 가능하다. 이로운 점이 나왔다. 일의 처음 단계에서는 길하고, 마지막 단계에서는 어지러웠다.

전의 해석 : 기제는 형통하는 것이 적으니 바름을 지키면 이로우니, 처음에는 길하나 끝내는 어지러워진다.

백 기제는 작은 제사를 올리는 것이 가능하다. 이로운 점이 나왔다. 처음부터 끝까지 길하다.

象曰 旣濟亨은 小者亨也[3]니
단 왈 기제형 　 　 소 자 형 야

---

1 "형통하는 것이 적으니(亨小)"라는 말에 대한 학자들의 관점은 각기 다르다. 예를 들면 주자는 형소(亨小)를 "소형(小亨)"으로 읽어야 한다고 말한다. 또 모기령은 이 구절을 마땅히 "기제형, 소리정(旣濟亨, 小利貞)"으로 읽어야 한다고 하고, 유월은 "소(小)"를 연문(衍文)으로 본다. 이 소(小)를 연문으로 보는 이유는 64괘 중에는 "형소(亨小)"라는 말이 없기 때문이다. 비록 기제괘는 여섯 효가 모두 정위(正位)이지만, 실질적으로 형통하는 것은 소사(小事)뿐이다. 괘 가운데 여섯 효가 모두 바른 자리를 얻고 있지만 또한 바름을 지켜야만 하기 때문에 "바름을 지키면 이로우니(利貞)"라고 한다.
2 이것은 일을 완성한 후에도 반드시 수성하는 데에 신중하여야 하고, 그렇지 않으면 바로 위기와 혼란이 올 것임을 말하고 있다. 왜냐하면 기제가 어느 단계가 되면 바로 미제로 전환되기 때문이다. 백서주역에서의 "난(亂)"을 "유(乳)"로 쓰고 있는데, 『백서주역교석』에서는 "유"를 "생(生)"의 뜻으로 보고 있다. 아마도 "난(亂)"과 "유(乳)"가 형태가 비슷하여 오기(誤記)한 것으로 보인다. 166쪽 참조 바람.
3 괘사에 의하면 "기제, 형(旣濟, 亨)" 아래에 마땅히 "소(小)"라는 글자가 있어야 하는데 「단전」에는 생략되어 있다. 그래서 『주역정의』에서도 충분하게 문장이 갖추어지기 위해서는 마땅히 "소"라는 글자가 하나 더 있어야 한다고 했다. 그러나 이미 나온 경문이 있기

단전에 말하기를 기제가 형통하다는 것은 작은 것이 형통함이니

利貞은 剛柔正而位當也[4]일새라.
이 정　강 유 정 이 위 당 야

바름을 지키면 이롭다는 것은 강과 유가 바르고 자리가 바르기 때문이다.

初吉은 柔得中也[5]요
초 길　유 득 중 야

때문에 거의 충분히 볼 수 있어서 생략한 것으로 보인다고 말하기도 한다. 기제의 때에 있어서 모든 것이 형통하다고 하나, 그것은 주로 작은 일(小事)에 해당하는 것일 뿐이다. 『주역절중』에서 이광지는 "'형통하는 것이 적으니'라는 말의 뜻은 육전(陸銓)의 말이 훌륭하다. 기제의 때에 자연히 모든 일이 형통한다. 그러나 다만 그것은 작은 일일 뿐으로 성인이 다스림을 바로 잡고 나라를 보존하는 것들이다. 제도를 세우고 기강을 닦는 것을 작은 일로 보고, 정신을 운용하고 마음을 움직이는 것을 큰 일로 보았다(亨小之義, 陸氏說善. 旣濟之時, 自然事事亨通. 然特其小者爾, 聖人之制治保邦也. 制度之立, 綱紀之修, 以爲小, 而精神之運, 心術之動, 以爲大)"라고 하였다. 위에서 말하는 육전의 말은 역시 『주역절중』에서 인용되고 있는데, 그는 "국가가 매우 융성할 때 설령 좋은 점들이 많다고 하더라도 모두 다만 일상적인 일뿐이기 때문에 작은 것이 형통하다고 말한다(國家當極盛時, 縱有好處, 都只是尋常事, 所以說小者亨)"라고 하였다. 말하자면 모든 일이 대부분 자리잡은 반석 위에서 형통하다는 것은 작은 것들일 뿐이고, 초창기의 어려운(屯難) 시기에 비로소 큰 형통함(大亨)이 나온다는 것이다.

4 이것은 괘 가운데 여섯 효의 강유가 모두 정위를 차지하여 괘사의 "바름을 지키면 이롭다(利貞)"는 말을 해석하고 있다. 『주역절중』에서는 유염의 말을 빌려와 "세 개의 양과 세 개의 음이 모두 바르고 자리가 모두 합당한 것은 64괘중에서 이 괘 하나뿐이기 때문에 특별히 찬미하고 있다(三綱三柔皆正而位皆當, 六十四卦之中, 獨此一卦而已, 故特贊之也)"라고 말한다.

5 유(육이)가 하괘에서 밝음의 중(中)을 얻고 있기 때문에 그 후환(後患)을 미리 알고 미연(未然)에 방지할 수 있다. 『주역』은 본래 강중(剛中)을 선한 것으로 삼는데, 기제괘와 미제괘는 오히려 유중(柔中)을 선한 것으로 보고 있다. 이것은 기제괘가 내괘(內卦)를 주로 삼고 있기 때문이다. 기제괘가 기제괘일 수 있는 주요한 원인은 내괘에 있다. 외괘(外卦)에 이르게 되면 이미 미제(未濟)로 향해가기 때문에 초길(初吉)은 유중으로 귀결될 수밖에 없다. 유중은 바로 육이를 말하는데, 한 괘 가운데서 초와 이효는 모두 시작이다. 미제 역시 내괘를 주로 강조하고, 외괘에 이르면 이미 기제로 전환되기 때문에 육오의 유가 중

처음에 길하다는 것은 유가 중을 얻었기 때문이다.

終止則亂은 其道窮也[6]라.
종 지 즉 난　　기 도 궁 야

끝에 머물면 혼란하다는 것은 그 도가 궁한 것이다.

象曰 水在火上이 旣濟니 君子以하여 思患而豫防之[7]하나니라.
상 왈 수 재 화 상　　기 제　　군 자 이　　　　사 환 이 예 방 지

을 얻음으로서 형통함에 이르게 된다. 이것과 달리 강중(剛中)의 선함을 말할 경우에는 태괘(泰卦)의 선함은 구이에 있고, 비괘(否卦)의 선함은 구오에 있는 것과 유사하다. 이런 문제에 대해서는 『주역절중』에 보이는 이광지의 관점을 참고 바란다.

6 괘사에서 "처음에는 길하나 끝내는 어지러워진다(初吉終亂)"라고 하였다. "끝내는 어지러워진다(終亂)"는 말은 주로 천도(天道)를 강조하는 경우이다. 「단전」에서 "끝에 머물면 혼란하다(終止則亂)"는 것은 분명히 사람의 요소를 강조한 경우이다. "끝내는 어지러워진다(終亂)"는 말이 강조하는 것은 "종(終)"자인데, 그 뜻은 사물이 처음에는 길하지만 끝에는 반드시 어지럽게 되는데, 이것이 일반적인 법칙이라는 것이다. "끝에 머물면 혼란하다(終止則亂)"는 말에서는 "지(止)"자가 두드러지게 나타나는데, 인간의 요소가 중요하다는 것을 말한 경우이다. 즉 사람들이 "종란(終亂)"의 도리를 모르게 되면 반드시 어지러워지게 되고, 만약 종란의 도리를 알고 계속 노력하기를 멈추지 않고 미연에 방지한다면 어지럽지 않게 될 것이라는 말이다. 천하의 일이라는 것은 나아가지 않으면 물러가기 때문에 인위적 요소가 매우 중요하다. "끝에 머물면 혼란하다(終止則亂)"는 것은 끝내 혼란함에 이른다는 것이 아니라, 사람이 그 속에서 어떤 마음을 가지느냐 하는 것이 바로 어지러움의 근원임을 강조한다. 그러므로 항상 준비하고 노력하는 정신을 멈추지 않으면 어지러운 상태로 가지 않을 수 있다. 김경방 『주역전해』 490쪽 참조 바람.

7 기제의 괘상은 상괘기 물이고, 하괘는 불로 물이 불의 위에 있는 상이다. 물의 성질은 아래로 젖어가고, 불의 성질은 위로 타올라 가기 때문에 이 눌이 서로 섞여서 도우는 작용을 하는 것을 말하는 괘상이다. 물과 불이 서로 교류하여야 천지의 작용이 완성될 수 있다. 예를 들면 사람이 생존하는데 있어서 물과 불을 떠날 수 없는 것과 마찬가지로 물과 불은 상호대립적이면서도 상호보충적이어야 한다. 천지운행으로 말하면 해가 불이고 달은 물인데, 해와 달은 서로 협조하여야 한다. 여름이 불이라면 겨울은 물로 겨울과 여름은 서로 상호보충적이어야 한다. 물과 불이 교류하는 것은 하나의 정상적인 조화의 상태이다. 물과 불이 서로 이루어주고 서로 작용하여 일을 이루는 것을 기제라고 하는 것이다. 그러나 물과 불은 결코 항상 평형상태에 있는 것은 아니다. 일단 평형을 잃어버리면 물과 불은 모

상전에 말하기를 물이 불 위에 있는 것이 기제이니, 군자가 이를 본받아 근심거리를 잘 생각하여 미리 방비해야 한다.

初九는 曳其輪하며 濡其尾면 无咎[8]리라.
초 구　　예 기 류　　유 기 미　　무 구

🄱 初六(九),[9] (曳)其綸, 濡亓尾, 无咎.
초 육　구　　예 기 류　유 기 미　무 구

초구는 수레를 뒤에서 당기고 꼬리를 물에 담그면 허물이 없다.

🄱 (소가) 밧줄을 당기는데 꼬리가 물속에 빠졌다. 이것으로 점을 쳤는데 큰 재앙이 없다는 점의 판단이 나왔다.

象曰 曳其輪은 義无咎也[10]이니라.
상 왈　예 기 류　　의 무 구 야

두 재앙을 만들 수밖에 없다. 군자는 이러한 이치 속에서 재난의 원인이 어디에 있는가를 생각하여 미리 예방적인 작용을 하여야한다. 「상전」이 강조하려는 것은 바로 이런 사물의 평형이 깨어지는 철학적 이치를 파악하는데 있다.

8 초구는 기제괘의 시작으로 위의 육사와 상응하고 있다. 초구가 육사에게 가려고 하는 의지가 강함을 알 수 있다. 그러나 상응을 구하는데 급하지 않고, 조심스럽게 자기 위치를 지키는 상이기 때문에 수레를 뒤로 당겨서 함부로 나아가지 못하게 하거나, 꼬리를 물속에 빠트려 빨리 나아가지 못하게 만들고 있다. 주자는 『주역본의』에서 "수레는 아래에 있고 꼬리는 뒤에 있으니 초효의 상이다. 바퀴를 당기면 수레가 앞으로 나아가지 못하고, 꼬리를 적시면 여우가 건너지 못하니 기제의 처음에 삼가고 경계함을 이와 같이함이 허물이 없는 도이다(輪 在下, 尾在後, 初之象也. 曳輪則車不前, 濡尾則狐不濟, 旣濟之初, 謹戒如是, 无咎之道也)"라고 하였다. 일이 이루어지는 처음에는 이와 같이 조심스럽게 시작하여야 허물이 없을 수 있다.

9 『백서주역』에는 초육으로 쓰고 있다. 초구를 잘 못 쓴 것으로 보인다.

10 "의(義)"는 "의(宜)"로 바로 도리 상 마땅히 그렇게 해야만 한다는 의미이다. "의무구(義无咎)"라는 말은 도리 상 반드시 이렇게 하여야 어떠한 재앙이 없을 수 있다는 것을 말한다. 결국 이 효는 성공적으로 일을 완성하여 약간 작은 불리함이 있으나 큰 관계가

상전에 말하기를 그 수레를 뒤에서 당긴다는 것은 도의상 허물이 없다는 것
이다.

六二는 婦喪其茀이니 勿逐하면 七日에 得[11]하리라.
　　　육이　　부상기불　　　물축　　　칠일　득

백 六二, 婦亡亓發, 勿逐, 七日得.
　　　육이　　부망기발　　물수　　칠일득

육이는 부인이 그 가리개를 잃었으니 쫓지 않으면 7일 만에 다시 얻을 것
이다.

백 육이는 부인이 뗏목을 잃어버려서 계속 나아갈 수 없으나 7일 이후에
비로소 강을 건널 수 있다.

없음을 말하고 있다.

11 "부(婦)"는 육이를 말하고, "불(茀)"은 고대 귀족의 부녀들이 타는 수레를 덮는 장식을
말한다. "칠일(七日)"은 시간의 빠름을 비유한다. 이 구절은 육이가 위로 구오와 상응하
는 것을 이효의 부인이 유순중정하기 때문에 가리개를 잃어버리고 찾지 않아도 조용히
기다리면 저절로 돌아오는 것으로 비유하고 있다. 이런 의미에서 기제의 때를 당하여 잃
어버린 것을 억지로 쫓지 않고도 7일에 이르러 다시 그 가리개를 얻게 된다는 것이다. 진
괘(震卦)의 육이와 본 효는 모두 "쫓지 않으면 7일 만에 다시 얻을 것이다(勿逐, 七日
得)"라고 하였는데, 이처럼 『주역』에서는 잃어버리고서 다시 얻는 것을 대부분 7일을 주
기로 하고 있다. 대개 날을 세는데 있어서는 10을 가득 찬 것으로, 5일은 가득 찬 수의
반으로, 반에 이르지 못하면 3일로 말한다. 반을 넘어서는 것을 7일이라고 말한다. "7일
만에 다시 얻을 것이다(七日得)"는 말은 잃어버리고 다시 얻는 시간이 5일로서는 부족
하고 또 10일까지는 이르지 않음을 말한다. 말하자면 시간이 너무 짧지도 않고 또 길지
도 않는 것을 말한다. "십일득(十日得)"이라고 말하지 않는 것은 10일은 가득 찬 수로,
십일득이라고 말하면 영원히 얻을 수 없음을 의미하기 때문이다. 결론적으로 7일은 인간
사의 빠르고 늦은 것을 가지고 말한 것이지 괘기(卦氣)의 각도로서 말한 것은 아니다.
황수기 『주역역주』 482쪽과 김경방 『주역본의』 491쪽 참조 바람.

象曰 七日得은 以中道也**12**라.
상 왈 칠 일 득　　이 중 도 야

상에 말하기를 7일 만에 다시 얻는다는 것은 중도로써 하기 때문이다.

九三은 高宗이 伐鬼方하여 三年克之니 小人勿用**13**이니라.
구 삼　　고 종　　벌 귀 방　　　　삼 년 극 지　　소 인 물 용

백 九三, 高宗伐鬼方, 三年克之. 小人勿用.
구 삼　　고 종 벌 귀 방　　삼 년 극 지　　소 인 물 용

구삼은 고종이 귀방(鬼方)을 정벌하여 3년 만에 물리치니, 소인은 쓰지
말라.

---

12 7일 만에 잃은 것을 얻었다는 것은 육이가 하괘의 중의 자리를 얻고 있기 때문이다. 중도
를 행할 수 있기 때문에 손실이 있을 수 없다. 만약 중정한 도리가 없다거나 또는 중정한
도리를 가지고서 지킬 줄을 모른다면, 이른바 "칠일득(七日得)"이라는 것을 말할 수 없
을 것이다.

13 "고종(高宗)"은 은대(殷代)를 증흥한 빼어난 제왕으로 이름은 무정(武丁)이다. "귀방
(鬼方)"은 은대의 국경 부분에 살았던 이민족을 말한다. 하남성(河南省)의 은나라 도읍
의 폐허에서 출토된 복사(卜辭)에 근거하면, 고종 시대에 고방(苦方)과 토방(土方) 등의
나라와 자주 전쟁을 치루었다는 기록이 있다. 귀방(鬼方)은 고방(苦方)으로 보이는데,
일설에는 후대의 흉노로 보기도 한다. 은나라 고종이 귀방을 토벌하는데 삼 년동안의 고
전을 거친 끝에 겨우 승리할 수 있었다. 그러나 전쟁에서 공을 세운 소인들에 대해서는
다만 큰 상만 내릴 뿐이지 중용(重用)하지는 않았다. 구삼의 강효는 강의 자리에 있어서
매우 강강(剛强)하기 때문에 고종의 상징으로 삼았다. 그러나 귀방을 흉노로 보는 관점
은『후한서(後漢書)』의 관점과 일치하지 않는다. 고종이 귀방을 토벌했다는 것은 실제로
있는 일이지만, 사서(史書)에는 상세한 기록이 남아있지 않다. 이에 대해 주자는『주역
본의』에서 "기제의 때에 강으로서 강의 자리에 거처하니 고종이 귀방을 토벌하는 상이
다. 삼 년 만에 이겼다는 것은 그 전쟁이 오래된 후에 이긴 것을 말하니, 점치는 자는 함
부로 쉽게 움직이지 말라는 것을 경계한 것이다. 소인은 중용하지 말라는 것은 점법이
사괘 상육과 같다(既濟之時, 以剛居剛, 高宗伐鬼方之象也. 三年克之, 言其久而後克,
戒占者不可輕動之意. 小人勿用, 占法與師上六同)"라고 하였다. 사괘의 상육은 "대군
이 명령을 내려 나라를 개국하여(제후를 봉하고) 가를 받으나(卿大夫를 삼을 때에) 소인
은 등용하지 말아야 한다(大君有命, 開國承家, 小人勿用)"라고 하였다.

■ 구삼은 고종이 귀방(鬼方)을 정벌하여 3년 만에 물리치니, 소인은 쓰지 말라.

象曰 三年克之는 憊也¹⁴라.
상 왈 삼 년 극 지   비 야

상전에 말하기를 3년 만에 물리쳤다는 것은 (힘이 들어) 피로함이다.

六四는 繻에 有依袽코 終日戒¹⁵니라.
육 사   유   유 의 여   종 일 계

---

14 정이천은 "피곤함을 말한 것은 그 일이 지극히 어렵다는 것을 드러낸 것이다. 고종과 같은 사람이라면 이런 일을 하는 것이 가능하지만, 고종의 마음이 없다면 탐욕과 분노로 백성을 해치는 것이 된다(言憊以見其事之至難, 在高宗, 爲之則可, 无高宗之心則貪忿以殃民也)"라고 하였다. 즉 3년이라는 긴 시간을 통하여 귀방 정벌을 해내었기 때문에 백성들의 피로는 엄청나서 고종이 아닌 소인이 군주의 자리에 있었다면 그 일이 가능하지 않았을 것이라는 말이다.

15 일설에는 "유(繻)"를 솜옷으로 보고, "여(袽)"는 찢어진 옷이라고 말한다. 구삼에서 말하는 귀방 정벌의 오랜 전쟁을 통하여 옷이 이미 다 찢어져 헤어진 것으로 말한다. 또 일설에는 응당 솜옷을 입어야하는 계절에 솜옷이 없어서 다만 찢어진 옷만을 입고 있다는 것으로 해석하기도 한다. 그러나 이 괘는 제(濟)를 말하는 것이기 때문에 강을 건너는 것과 관련이 있을 것으로 보인다. 다른 하나의 관점은 "유(繻)"를 "유(濡)"의 착자(錯字)로 보아, 배에 물이 세어 들어와 찢어진 옷감으로 구멍을 막는 것으로 해석하기도 한다. 육사는 바로 강을 건널 때 물이 새는 것을 막아야 하기 때문에 미리 찢어진 옷가지를 준비하고 또한 하루 종일 조심하고 경계하는 것과 관련이 있다. 이런 입장은 전후가 나름대로 연결된다고 할 수 있다. 그러므로 주자는 『주역본의』에서 "기제의 때에 유로서 유의 자리에 거하였으니 미리 대비하여 경계하고 두려워할 수 있는 자이다. 그러므로 그 상이 이와 같은 것이다. 정자가 이야기하기를 '유(繻)는 마땅히 유(濡)기 되어야 한다'고 하였다. 의여(衣袽)는 배의 틈에 세는 곳을 막는 것이다(旣濟之時, 以柔居柔, 能豫備而戒懼者也, 故其象如此. 程子曰繻當作濡. 衣袽所以塞舟之罅漏)"라고 하였다. 그러므로 육사는 음효로 음의 자리에 있어서 모든 일에 세심하고 주도면밀한 성격으로 「대상전」에서 말하는 것처럼 걱정거리를 미리 생각하여 충분히 예방할 수 있는 존재이다. 이처럼 미리 예방하여 재앙이 발생할 수 있는 가능성을 줄여야 한다. 육사가 말하려고 하는 것은 어느 정도 일이 완성된 이후에 그것이 균열되기 시작할 때 경계가 필요하다는 점이다. 일이 균열되기 시작하는 것은 자기 자신으로 말미암아 생긴 것으로 외부의 풍랑이

백 六四, 襦有衣袽, 冬日戒.
육사 유유의여 동일계

육사는 배에 물이 새는데 헤어진 옷가지를 가지고 종일토록 경계한다.

백 비록 짧고 낡은 옷을 입고는 있으나 하루 종일 잘 지키고 있다.

象曰 終日戒는 有所疑也[16]라.
상왈 종일계 유소의야

상전에 말하기를 종일토록 경계한다는 것은 의심스러운 바가 있기 때문이다.

九五, 東隣殺牛는 不如西隣之禴祭 實受其福[17]이니라.
구오 동린살우 불여서린지약제 실수기복

나 바람이 아니라 배가 문제이다. 본 괘의 육사 효사는 건괘(乾卦) 구삼에서 말하는 "종일토록 굳세고 굳세어(終日乾乾)"라는 의미와 같다. 즉 창업(創業)도 중요하지만 수성(守成)이 더욱 중요하기 때문에 항상 준비하고 경계하여야 할 것을 강조한다. 특히 육사의 경우는 기제괘가 내괘를 주로하고 외괘는 미제 쪽으로 기울어 가는 특성을 가지고 있다는 점에서 그 첫 번째 단계에 해당한다. 그러므로 미제로의 상황을 미연에 방지하여야만 하는 것이다.

16 왜 "종일토록 경계한다(終日戒)"라고 말하는가? 그것은 의심되는 바가 있고 걱정되는 상황이 도래하기 때문이다. 일반적인 상황에서 의심은 결코 좋은 일이 아니지만, 특수한 상황에서는 마땅히 의심하여야 함에도 불구하고 의심하지 않는 것은 매우 큰 문제가 될 수 있다. 육사는 '두려움이 많은(多懼)' 위치이고, 상괘가 감괘(坎卦)로 위험을 의미하여 여러 가지 상황들이 발생할 수 있기 때문에 효사에서 경계를 말하는 것은 매우 필요하고 절실한 것으로 보인다.

17 구오는 양강중정으로 함부로 가볍게 움직이지 않고, 진실한 마음을 가지고 조심스럽게 행동하는 자로서 상괘의 주효이다. "동린(東鄰)"이나 "서린(西鄰)"은 아마도 가상적인 말로 보이고, 실제로 이런 지역이 있었던 것으로 보이지는 않는다. 그러나 주대(周代) 초기에 주나라 사람들은 상(商)나라를 가리켜 동토(東土)고 하고, 자신들은 서토(西土)로 부르기도 하였다는 점은 참고할 만하다. 이런 관점은 백서주역에서 보인다. 기본적으로 이 효사가 말하려고 하는 것은 기제의 때가 지나가고 있다는 것이다. 사람들이 태평함에 익숙해지면 교만하고 사치스러워진다. 이때 중요한 것은 진실한 마음(誠)이다. 여

 九五, 東隣殺牛以祭, 不若西隣之濯祭[18], 實受其福. 吉.
구 오 동 린 살 우 이 제 불 약 서 린 지 탁 제 실 수 기 복 길

구오는 동쪽 이웃(나라)에서 소를 잡아 성대한 제사를 지내는 것은 서쪽
이웃이 검소하고 간략한 약제(禴祭)를 지내 실제로 그 복을 받는 것보다
못하다.

백 구오는 동쪽 이웃에서 소를 잡아 제사를 지내는 것은 서쪽 이웃이 몸과
마음을 깨끗이 하여서 간략한 제사를 지내 실제로 그 복을 받는 것보다 못
하다. 길한 점의 판단이 나왔다.

기에서 구오 효사의 작자는 성대한 의식과 진실한 마음을 비교하고 있다. 즉 형식적 예
(禮)와 진실한 마음을 대조하여 구오에게 경계(警戒)를 주고 있다. "살우(殺牛)"는 성대
한 제사를 거행하는 것을 말하고, "약제(禴祭)"는 간단한 제사를 말한다. 이것은 구오가
기제괘의 존위에 자리하여 양으로 중정하여 일이 모두 이루어지고 물질적으로도 풍족하
기 때문에 동린과 서린의 제사를 통하여 스스로를 경계하고 덕을 닦아나가기를 장려하면
복을 받고 위험을 빠져나갈 수 있다는 것을 말하고 있다. 구오는 창업자가 공업(功業)을
성취한 경우를 말한다. 제왕이 등극한 후에 소를 잡아서 천지에 제사를 올리기 때문에
제수품이 풍성하고 예식(禮式) 또한 장중하여 "동쪽 이웃(나라)에서 소를 잡아 성대한
제사를 지내는 것(東鄰殺牛)"이라고 말한다. 이에 비해 약제(禴祭)는 제사 중에서도 가
장 소박한 것을 말한다. 융성하게 지내는 제사가 도리어 박하게 지내는 제사보다도 복을
받지 못하는 이유는 진실하고 경건한 마음이 다르기 때문이다. 창업의 어려운 길에서 제
사를 지내다 보면 대부분 참으로 마음속에 진실한 성의를 가지고 있기 때문에 제사 올리
는 물품은 비록 소박하고 변변하지 못하지만 예를 행하는 마음은 더욱 진지하고 공손하
다. 영광스럽게 제위에 오르고 난 후에 더욱 풍성한 제수품으로 신에게 제사를 지내지만
내심(內心)의 정성스러운 마음은 더욱 박해지는 경우가 대부분이다. 신이 받는 것은 풍
성한 희생(犧牲)에 있는 것이 아니라, 제사를 올리는 사의 경건함이다. 그러므로 그 경
건함의 후박(厚薄)에 따라서 내리는 복이 차이가 있는 것이다. 이 같은 사실을 "동쪽 이
웃(나라)에서 소를 잡아 성대한 제사를 지내는 것은 서쪽 이웃이 검소하고 간략한 약제
(禴祭)를 지내 실제로 그 복을 받는 것보다 못하다(東鄰殺牛, 不如西鄰之禴祭, 實受其
福)"라고 하는 것이다.

18 "탁제(濯祭)"는 마음을 깨끗이 하고, 얼굴을 장식하여 경건한 마음으로 제사를 지내는
것을 말한다. 이것은 몸에 가지고 있는 죄악을 씻어버리고 나서 제사를 지내는 것을 의
미한다. 등구백의 『백서주역교석』 168쪽 참조 바람.

象曰 東隣殺牛 不如西隣之時也니 實受其福은 吉大來也[19]라.
상 왈 동 린 살 우 불 여 서 린 지 시 야　실 수 기 복　길 대 래 야

상전에 말하기를 동쪽 이웃나라에서 소를 잡아 성대한 제사를 지내는 것은 서쪽 이웃의 때에 맞는 제사보다 못하니, 실제로 그 복을 받는다는 것은 길함이 크게 온다는 것이다.

上六은 濡其首라 厲[20]하니라.
상 육　유 기 수　려

---

19 "시(時)"는 때에 합치하는 것을 말한다. 즉 동린의 사람들이 진실한 성의를 가지지 않고 소를 잡는 성대한 제사를 지내는 것은 서린의 사람들이 성의를 가지고 시의(時宜)에 맞는 박제(薄祭, 禴를 말함)를 지내는 것보다 못하다는 말이다. 이에 대해 왕필은 『왕필주』에서 "때에 합치하는 것에 있지 제수품의 풍성함에 있는 것은 아니다(在於合時, 不在於豐也)"라고 하였다. 제사는 제수품의 풍성함 여부에 있는 것이 아니라 적시(適時) 여부에 있다. "실제로 그 복을 받는다는 것(實受其福)" 것은 끊임없이 길한 복이 강림하는 것을 말한다. 이것은 분명히 구오를 경계하는 것으로 현재는 수성의 시기에 처해 있기 때문에 적시에 제사를 지내고 또한 낭비를 할 필요가 없음을 말하는데, 이와 같이 했을 때 복이 끊임없이 강림하게 됨을 말한다.

20 괘를 그린 시간의 순서대로 말하면 초효는 시작이고 근본이라면, 상효는 끝이고 말(末)이다. 괘가 이루어진 각도로 보면 상효는 괘의 머리이고, 초효는 괘의 꼬리이다. 상육은 괘의 극, 위험의 최상에 있고 매우 위험하고 불안한 처지에 있다. 밑에 구삼의 상응이 있으나 구삼 자체도 호체(互體) 2,3,4의 감(坎)의 중간 효에 해당하기 때문에 상응하여 갈 경우에 감험(坎險) 속에 빠진다. 이를 마치 여우가 물을 건너려고 하다 그 머리가 물속에 잠기는 위태로운 상으로 비유하고 있다. 익사에 이르지 않는다고 하더라도 매우 위태롭다. "그 머리를 적심(濡其首)"이라는 말은 상육의 위태로운 상황을 말한다. "여(厲)"는 위태롭고 위험한 것을 의미하는데, 아직 흉에 이른 것은 아니다. 왜냐하면 위태로움은 여전히 편안함으로 갈 수 있는 가능성이 있지만, 흉에 이르면 더 이상 되돌릴 수 없기 때문이다. 이것은 상육이 음으로 기제괘의 끝에 머무는 것으로 일이 이루어진 것이 극단에 이르면 다시 혼란해지기 때문에 여우가 강을 건너면서 물이 그 머리를 적시는 상황으로 표현하고 있다. 왕신자는 『주역절중』에서 "흉이라고 말하지 않고 위태롭다고 하는 것은 사람들이 위태로움을 알아서 속히 바꾸면 일이 이루어진 것을 여전히 보전할 수 있음을 알게 하기 위함이다(不言凶, 而言厲者, 欲人知危懼而速改, 則濟猶可保也)"라고 하였다.

囲 尙六, 濡亓首 厲.
　　상 육 　유 기 수 려

상육은 그 머리를 적심이니 위태롭다.

囲 상육은 그 머리를 적신다. 위태롭다는 점의 판단이 나왔다.

象曰 濡其首厲[21]리오.
　상 왈 유 기 수 려 　하 가 구 야

상전에 말하기를 그 머리를 적심이니 위태롭다고 하는 것은 어찌 오래 가

겠느냐?

---

21 상육은 전체 괘에서 가장 높은 자리에 있어서 더 이상 나아갈 길이 없으니 이것이 어떻게 오래갈 수 있겠는가? 상육은 이마가 보이지 않는 상으로 사람이 물에 빠져 어떻게 구해 낼 방법이 없어서 목숨이 경각에 이른 것을 말한다. 즉 수성하는 것이 오래갈 수 없음을 상징하고 있는데, 수성의 말기에 이르면 마치 머리가 사라져버리는 재난에 빠져 유지하기가 어렵고 여러 가지 동란(動亂)이 생기는 것을 비유하고 있다. 여기에서 말하는 "어찌 오래가겠느냐(何可久也)"라는 말은 두 가지 의미를 가지고 있다. 객관적 법칙으로 말하자면 사물은 끝까지 갈 수 없고 궁극에 이르면 반드시 변하기 때문에 기제가 끝나고 미제가 시작되려고 하는 것으로, 머리가 젖어버리는 위태로운 국면에서 더 이상 오랫동안 지속할 수 없음을 말한다. 주관적인 기대로 말하면 『주역』을 지은 자가 상육을 통하여 가능하면 빨리 위태로움을 알아서 반전(反轉)하기를 경계하고 있는데, 이미 머리가 젖는 위태로움에서 결코 오래갈 수 없는 상황이기 때문에 더욱 근신하여야 한다는 말이다. 그렇지 않으면 위태로움은 바로 흉함으로 변해버린다는 의미도 거기에 포함되어 있다. 『주역』에서 말하는 위태로움(厲)은 모두 나름대로의 깊은 의미를 가지고 있는데, 이것은 흉・회・린을 말하는 것과는 다르다. 『주역』에서 둔괘(屯卦)의 상육・비괘(否卦)의 상구・이괘(離卦)의 구삼・중부괘(中孚卦)의 상구・소과괘(小過卦)의 구사와 본 효의 「소상전」에서 말하는 "하가구(何可久)"・"하가장(何可長)"・"종불가장(終不可長)" 등의 말은 모두 경계하여 더 이상 어려움에 빠지지 않도록 하려는 의미가 들어 있다.

* 기제괘의 의미와 교훈

　기제괘(旣濟卦)는 대업(大業)이 이미 완성된 것을 말하고 있다. 그러나 완성된 사업을 지켜내는 것 또한 새로운 어려움을 가져다준다. 이 때문에 기제의 형통함은 다만 작은 형통함일 뿐이고, 오직 끝까지 정도를 견지하여야한다.

　괘상(卦象)으로 보면 강효와 유효가 모두 중정하고 정위하여 또한 전체적으로 상응하고 상비(相比)하는 관계를 이루고 있다. 이것은 64괘 중에서 유일무이하다. 이처럼 완벽하고 조화로운 관계 때문에 안정된 상황을 가지고 있다. 당연히 이러한 안정은 시작할 때는 길하다. 특히 이것은 육이의 음효가 중(中)의 자리를 얻어서 적절한 유(柔)의 도리를 행하였기 때문이다.

　그러나 안정이라는 것은 또한 발전의 정체를 의미하고, 정체는 바로 폐단을 낳게 되고, 폐단이 있으면 나쁜 일이 생길 수밖에 없다. 나쁜 일은 또한 투쟁을 야기하고, 투쟁은 동란을 가져온다. 그러므로 안정의 상태가 결국 동란으로 변하게 된다. 이것이 바로 그 도가 궁한 구체적인 표현이다.

　기제라는 괘는 시도한 사업이 성공적으로 이루어진 상태를 말한다. 그러나 이런 상황 속에서 여러 모순이 출현하게 된다. 이것은 모두 여섯 효를 통하여 개별적으로 설명된다. 여섯 효 가운데에 경계의 뜻이 들어있지 않는 것이 없다. 초효는 바퀴를 당겨서 앞으로 나아가지 못하게 하는 것으로 경계하고, 이효는 잃어버린 가리개를 쫓지 말라는 것으로 경계한다. 삼효는 소인은 중용(重用)하지 않는 것으로 경계하고, 사효는 하루 종일 경계할 것을 말한다. 또 오효는 동쪽 이웃이 소를 잡는 것을 통하여 경계하고, 상효는 특히 머리가 젖어서 위태로운 것으로 경계를 삼는다. 이처럼 기제의 때는 비록 만사가 이루어졌으나, 이미 이루어진 국면을 보존하기 위한 일은 절대 쉬운 일이 아님을 누차 경계를 통하여 강조하고 있다.

64. ䷿ 화수미제(火水未濟, 🄫 未濟 第五十四)

1) 괘의 순서

「서괘전」에서 "사물은 다 할 수 없으므로 미제괘로 받아서 마쳤다(物不可窮也, 故受之以未濟終焉)"라고 하였다. 사물은 끝까지 다할 수 없기 때문에 기제괘(既濟卦) 뒤에 미제괘(未濟卦)가 와서 64괘가 종료된다. 이것은 미제(未濟)를 완결이 없다는 의미로 사용하고 있다는 것이다. 또한 이것은 64괘라는 주기적 운동의 한 단계가 종결되는 것을 말한다.

미제괘를 기제괘와 대비해서 분석하면 기제괘는 이미 완성된 것으로 성공을 의미하고, 미제괘는 아직 건너가지 못했다는 의미로 미완성 혹은 성공하지 못한 것을 말한다. 64괘가 기제괘까지 발전하면 사물은 이미 끝까지 다한 단계에 이르고, 건곤(乾坤)은 거의 사라져 버리고, 모순도 없어지고, 투쟁도 종식되어 문제가 해결되는 것처럼 보인다. 그러나 건곤은 멈출 수 없고, 투쟁도 그칠 수 없기 때문에 기제괘 뒤에 다시 미제괘가 오게 된다. 왜냐하면 기제는 이전 과정의 완결이 아니라, 이전 과정의 완결 속에 또 다른 새로운 과정의 시작을 그 속에 포함하고 있기 때문이다. 그러므로 64괘의 마지막 괘는 미제괘이지 기제괘가 아니다.

사물이 다할 수 없다는 것은 사물의 변화가 끝나는 것은 없고, 하나의 과정이 끝나면 이어서 다음 과정이 연이어 나오게 된다는 의미이다. 과정이 과정을 이어서 또 다른 과정이 나오는 것이 바로 생생불이(生生不已)로 완전히 끝나는 것이 없음을 말한다. 『주역』그 전체는 변혁을 말하는 책으로 64괘의 배열 속에는 변화와 발전의 사상을 담고 있다.

2) 괘명의 의미

미제라는 괘명(卦名)은 일이 아직 이루어지지 않음을 상징한다. "제
(濟)"라는 말은 물을 건너간다는 것을 의미한다. 그래서 미제(未濟)라는
말 속에는 아직 완전히 물을 건너가지 못한 뜻이 있는데, 여기에서 미완
성(未完成)이나 미정(未定)의 뜻이 도출된다.

미제괘의 여섯 효는 모두 부정위(不正位)이기 때문에 일이 아직 이루
어지지 않는 것을 상징하여 기제괘와는 정반대된다. 이것을 주자는『주역
본의』에서 "미제는 일이 아직 이루어지지 않는 때이다(未濟, 事未成之時
也)"라고 하였다. 한마디로 말하여 미제는 미완성의 의미이지만, 그 속에
는 계속적으로 발전할 가능성을 담고 있다. 그러므로 미제괘를 형통하다
고 말하는 것이다.

3) 괘상의 의미

괘상(卦象)으로 말하면 하괘인 감괘(坎卦)는 물이고, 상괘인 이괘(離
卦)는 불로 물의 성질은 아래를 향하고 불의 성질은 위를 향한다. 앞에서
물이 위에 있고 불이 아래에 있어 이 둘은 접촉하기 때문에 기제라고 하였
다. 그런데 미제괘는 물이 아래에 있고 불이 위에 있어 물과 불이 서로 등
을 지고 접촉하지 않기 때문에 어떠한 것도 이룰 수 없다. 이것이 괘명을
미제로 한 이유 중의 하나이다.

효의 위치로 말하면 여섯 효는 모두 부정위이기 때문에 미제의 징후가
당연히 있다. 기제의 효위는 모두 미제괘와 서로 반대되어 마치 미제괘와
대립되는 것처럼 보인다. 비록 기(旣)와 미(未) 두 글자는 의미상으로
서로 상반되지만, 미제는 사실상 기제의 보충이지 기제의 연속은 아니다.

기제는 끝내 혼란하게 될 수밖에 없다는 것을 경계(警戒)하여 마음속에 항상 미제의 상황을 미리 예상하여 준비하고 있어야 혼란을 결과적으로 면할 수 있게 되는 것이다. 예를 들면 지금 비록 성공하였지만 항상 마음 속으로는 아직도 부족하고 여전히 성공하지 못했다는 마음과 심리적 준비를 하여야 그 성공을 계속적으로 유지할 수 있는 것이다.

여섯 효가 모두 부정위이기 때문에 형상으로 보면 매우 나쁜 것처럼 보인다. 또한 음양의 각 효는 완전히 나뉘어져 있어서 소인이 득세하는 쇠퇴의 현상을 보여준다. 게다가 음양의 각 효는 모두 정당한 위치에 있지 않다. 그러나 미제괘는 바로 이러한 좋지 못한 것들을 바꾸려는 변화가 그 속에서 점차적으로 형성되고 있음을 상징한다. 그래서 이것이 미래에 대한 희망을 만들어 간다. 그 때문에 효사는 오히려 기제괘보다 더 길하다.

未濟는 亨[1]하니 小狐汔濟하여 濡其尾니 无攸利[2]하니라.
미 제　　형　　　　소 호 흘 제　　　　유 기 미　　　무 유 리

---

1 기제(旣濟)가 사물의 발전이 완성되어서 형성된 평형(平衡)과 안정(安定)을 말한다면, 미제(未濟)는 이러한 평형과 안정을 깨트리고 더욱 높은 단계를 향하여 가는 발전적 대립과 불안정이기 때문에 괘사에서 미제는 형통하다고 말한다. 일이 아직 이루어지지 않다는 것은 그것을 오히려 이루도록 촉진하기 때문에 형통하다고 말한다. 이를 『주역정의』에서는 "미제에 완성할 수 있는 이치가 들어 있기 때문에 형통함을 얻은 것이다(未濟有可濟之理, 所以得通)"라고 하였다.

2 초육은 괘의 가장 아래에 있기 때문에 "꼬리가 물에 잠기니(濡其尾)"라고 말한다. "흘(汔)"은 접근한다는 의미이다. 백서주역에서는 "흘(汔)"을 "기(氣)"로 말하고 있고 그 뜻은 "탄식한다"는 말이다. 이 구절은 앞에서 말한 "형(亨)"을 이어서 말한 것으로 미제는 비록 형통할 수 있는 가능성은 있지만, 만약 일에 처하는 태도가 진지하지 않으면 마치 작은 여우가 물을 건널 때 꼬리가 물에 젖어 끝내 다 건너가지 못하는 상황이 초래될 가능성이 있음을 말한다. 이에 대해 정이천은 『이천역전』에서 "여우는 물을 건너갈 수 있으나 꼬리가 젖으면 건너갈 수 없다(狐能渡水, 濡尾則不能濟)"라고 하였다. 또 주자는 『주역본의』에서 "흘은 거의이니, 거의 건너가서 꼬리를 적심은 아직 건너가지 못함과 같다(汔, 幾也, 幾濟而濡尾, 猶未濟也)"라고 하였다. 여기에서 말하는 작은 여우라는 것은 초효

未濟, 亨. 小狐氣涉, 濡亓尾. 无攸利.
미 제 형 소 호 기 섭 유 기 미 무 유 리

경의 의미 : 미제는 제사를 올릴 수 있다. 작은 여우가 물을 건너가 꼬리가 물에 잠기니 이로운 바가 없다.

전의 해석 : 미제는 형통하니 작은 여우가 거의 건너가서 그 꼬리를 적심이니 이로운 바가 없다.

미제는 제사를 올릴 수 있다. 작은 여우가 물을 건너가지 못하고 꼬리만 물에 젖어버려 탄식만 하고 있다. 점을 치니 이로운 바가 없다는 판단이 나왔다.

象曰 未濟亨은 柔得中也[3]요
단 왈 미 제 형   유 득 중 야

단전에 말하기를 미제는 형통하니라는 것은 유가 중을 얻었기 때문이요,

小狐汔濟는 未出中也[4]요
소 호 흘 제   미 출 중 야

를 가리키는데, 미제에는 반드시 신중하여야 할 것을 강조하고 있다. 기제괘의 혼란함은 끝에 발생하지만 미제괘의 어려움은 초에서 생긴다.

3 "유(柔)"는 육오를 가르킨다. 이 구절은 괘사인 "미제형(未濟亨)"을 해석하고 있다. 왕필은 『주역주』에서 "유로서 중의 자리에 처해 있으니, 강을 위배하지 않고 강건함을 받아들일 수 있기 때문에 형통함을 얻을 수 있다(以柔處中, 不韋剛也, 能納剛健, 故得亨也)"라고 하였다. 기제괘의 『단전』에서도 "유득중(柔得中)"을 말하였는데, 거기에서 말하는 것은 육이가 중을 얻은 것을 말하기 때문에 "초길(初吉)"이라고 하였다. 본 괘의 "유득중(柔得中)"은 육오를 가지고 말하고 있는데, 미제의 형통함은 아직 이루어지지 않은 장래(將來)에 이루어질 일이기 때문에 "미제형(未濟亨)"이라고 말한다.

4 이것은 구이가 하괘의 중에 있어서 아직 위험을 빠져나가지 못한 것을 말한다.

작은 여우가 거의 건너간다는 것은 아직 벗어나지 못했다는 것이요,

濡其尾无攸利는 不續終也[5]라.
유 기 미 무 유 리 　　 불 속 종 야

그 꼬리를 적심이니 이로운 바가 없다는 것은 계속해서 마칠 수가 없기 때문이다.

雖不當位나 剛柔應也[6]이니라.
수 부 당 위 　　 강 유 응 야

비록 위가 부당하지만 강유가 상응하고 있다.

象曰 火在水上이 未濟니 君子以하여 愼辨物하여 居方[7]하나니라.
상 왈 화 재 수 상 　 미 제 　 군 자 이 　　 신 변 물 　　　 거 방

---

5 괘사의 "작은 여우가 거의 건너간다는 것(小狐汔濟)"는 것은 "작은 여우(육오)"의 앞부분인 머리는 상구(건너편 물가)에 도달하였지만, 그 뒷부분의 커다란 "꼬리(호체 감괘의 육삼)"는 감괘(坎卦)의 복판(內)에 있어 아직 물속에서 탈출하지 못하고 있다는 것이다. 이 구절은 초육이 괘의 아래에 있으면서 꼬리를 적셔서 힘이 끝까지 지속될 수 없어 어려움을 빠져나가기 어렵기 때문에 건너는 일이 이루어질 수 없다고 말한다. 이 구절은 앞에서 말한 "미출중(未出中)"이라는 말을 해석하고 있다.

6 이 두 구절은 여섯 효가 부정위이지만, 강과 유가 서로 상응하기 때문에 미제를 기제로 변화시킬 수 있다는 점을 말하고, 이를 통하여 미제가 형통할 수 있는 이유에 대해 말하고 있다. 이에 대해 왕필은 『주역주』에서 "위가 부당하기 때문에 건널 수 없으나, 강과 유가 상응하기 때문에 건널 수(濟) 있다(位不當, 故未濟, 剛柔應, 故可濟)"라고 하였다. 이 구절은 단순한 괘사의 해석에 머무는 것이 아니라, 「단전」의 작자가 괘사를 읽은 후에 자신의 체득을 이야기한 것으로 볼 수 있다. 미제가 비록 여섯 효가 모두 정위가 아니라서 표면적으로 보면 건너는 것이 매우 어려울 것 같으나, 미제 또한 강과 유가 서로 상응하기 때문에 불리함을 극복할 수 있다. 즉 미제 또한 가제(可濟)할 수 있다고 말한다.

7 비록 불과 물이 자기 갈 길로 간다고 하여도 그것이 각 사물의 본질을 위배하는 것은 아니다. 군자는 이런 정신을 본받아 신중하게 본질에서부터 사물을 구별하여야 한다. 그러므로 미제의 때에는 신중한 태도로 만사만물을 분명하게 구별하고, 각자가 가지고 있는 작용과 특성을 발휘하여 다시 기제의 상태로 만들어가야 한다. 군자는 사물을 구별하는데

상전에 말하기를 불이 물위에 있는 것이 미제니, 군자는 이를 본받아 신중
하게 사물을 분별하여서 놓을 자리에 놓아둔다.

初六은 濡其尾니 吝[8]하니라.
초 육　유 기 미　　린

🔳 **初六, 濡亓尾, 閵.**
초 육　유 기 미　　린

초육은 (어린 여우가 강을 건너다) 그 꼬리를 물에 적셨으니 부끄러움을
당할 것이다.

🔳 초육은 어린 여우가 강을 건너다 꼬리를 물에 적셨다. 점을 치니 이로울

신중히 하여 각각 있어야 할 자리를 정한다. "방(方)"은 방위 또는 위치를 의미하고, "거
방(居方)"은 적당한 위치에 놓는다는 뜻이다. 정이천은 『이천역전』에서 "물과 불이 서로
교류하지 않아 서로 이루어서 쓰임이 되지 못했기 때문에 미제가 되었다. 불이 물 위에 있
는 것은 있어야 할 자리가 아니다. 군자는 처해 있는 것이 마땅하지 못한 상을 보고 신중
하게 사물에 대처하여, 그 마땅한 것을 분별하여 각기 그 마땅한 위치에 자리하게 하니 있
어야 할 자리에 머무는 것을 말한다(水火不交, 不相濟爲用, 故爲未濟. 火在水上, 非其
處也. 君子觀其處不當之象, 以愼處於事物, 辨其所當, 各居其方, 謂止於其所也)"라고
하였다.

8 이 괘에서 초효와 이효의 효사는 기제괘의 초구와 비슷하다. 초육은 가장 아래에 있어서
여우의 꼬리에 해당하여 음유(陰柔)로 무력하고, 또 바로 미제괘의 처음에 해당하여 강을
건너기가 어려워 꼬리가 물에 젖은 까닭에 성공할 수가 없다. 기제괘의 초구는 꼬리가 물
에 젖었으나 허물이 없다고 말하지만, 미제괘의 초효는 오히려 "부끄러움을 당할 것이다
(吝)"라고 말한다. 이 둘은 상은 같지만 뜻은 다르다. 이에 대해 진몽뢰는 『주역천술』에
서 "기제괘는 양이 바름을 얻고 이괘의 밝음의 체에 있고, 기제의 때를 당하여 완급을 알
아서 가볍게 나아가지 않기 때문에 허물이 없다고 말한다. 그러나 본효의 경우는 그 바탕
이 부드럽고 바르지 않아 위험의 아래에 있고, 또한 미제의 때를 당하여 모험을 무릅쓰고
함부로 나아가 꼬리가 젖은 상태에 이르러 건널 수 없기 때문에 부끄러움을 당할 것이다
(旣濟陽剛得正, 離明之體, 當旣濟之時, 知緩急而不輕進, 故无咎. 此則才柔不正, 坎
險之下, 又當未濟之時, 冒險躁進, 則至于濡尾而不能濟矣, 故吝)"라고 말한다.

바가 없다고 하였다.

象曰 濡其尾亦不知極也^{9}라.
상 왈 유 기 미 역 불 지 극 야

상전에 말하기를 그 꼬리를 물에 적셨다는 것은 또한 그 끝을 알지 못하는
것이다.

九二는 曳其輪이면 貞하여 吉^{10}하리라.
구 이   예 기 륜   정   길

🔲 九二, 拽亓綸, 貞.
구 이   예 기 륜   정

구이는 수레를 뒤에서 당기듯이 하면 바르고 길할 것이다.

---

9 "그 끝을 알지 못하는 것(不知極)"은 초육이 아래에 있으면서 중을 얻지 못한 것을 말한
다. "극(極)"에 대해 『주역집해』는 중(中)으로 보고, 『주역찬소』는 동(棟)으로 보고 있다.
이에 비해 내지덕은 『내씨역주』에서 극을 "종(終)"으로 보아, 이것은 「단전」에서 말하는
"그 꼬리를 적심이니 이로운 바가 없다는 것은 계속해서 마칠 수가 없기 때문이다(濡其
尾, 无攸利, 不續終也)"의 의미로 보고 있다. 즉 자신의 능력을 헤아리지 않고 무조건 나
아가 꼬리를 적시는 결과를 초래한 것으로 이해하고 있다. 김경방 역시 극을 "종(終)"으
로 보아 그 끝남을 모른다는 의미로 해석하고 있다.

10 이것은 구이가 강(剛)으로 미제의 때에 자리하고 있어서, 비록 육오와 상응하나 아직은
위험을 빠져나가지 못하였기 때문에 근신하여 함부로 가볍게 나아가지 말아야 한다는 것
이다. 이 때문에 "수레를 뒤에서 당기듯이(曳輪)"라는 상이 나온다. 백서주역에서는 "예
(曳)"를 "예(拽)"로 쓰고 있는데 의미는 같다. 이처럼 근신하고 바름을 지켜야 길하다.
구이는 미제의 때에 건너가려 하지만 여전히 위험 속에 처해 있기 때문에 오직 근신한 후
에야 그것을 이룰 수 있다. 이에 대해 『주역절중』은 "기제의 때에는 초효와 이효도 여전
히 함부로 건너려고 하지 않았는데, 하물며 미제의 때의 경우에 있어서랴? 그러므로 이
효에 '수레를 뒤에서 당기듯이 하여야 한다'는 경계가 있는데, 이것은 기제와 같다(旣濟
之時, 初二兩爻猶未敢輕濟, 況未濟乎? 故此爻曳輪之戒, 與旣濟同)"라고 하였다.

■ 구이는 뱃줄을 당기고 점을 쳤다.

象曰 九二貞吉은 中以行正也¹¹일새라.
상 왈 구 이 정 길　　중 이 행 정 야

상전에 말하기를 구이는 바르고 길하다는 것은 중으로써 올바름을 행하는
까닭이다.

六三은 未濟에 征이면 凶하니 利涉大川¹²하니라.
육 삼　미 제　정　　흉　　이 섭 대 천

---

11 구이는 양으로 음에 자리하여 위가 바르지 않은데도 어찌해서 "바르고 길하다(貞吉)"라
고 하는가? 이렇게 되는 이유는 일반적으로 정위(正位)는 반드시 중(中)하지 않지만, 중
은 바르지 않은 것이 없기 때문이다. 『주역』 중에서 구이와 육오는 자주 "바르고 길하다
(貞吉)"라고 하는데, 그것은 중을 얻고 있기 때문이다. 이런 관점은 『주역절중』의 이광
지에게서 보인다. 『주역』은 중을 귀하게 여겨 중을 얻었다면, 그것은 이미 정을 포함하
는 것이 되어 버린다. 이 효의 「소상전」은 이런 의미를 명백하게 말한다. "중으로써 올
바름을 행하는 까닭(中以行正)"이라는 말에서 구이가 바름을 얻었다고 하는 까닭은 그
것이 중에 자리하고 있기 때문이다. 이에 대해 주자는 『주역본의』에서 "구가 이(二)에
자리한다는 것은 본래 정이 아니라 중에 있기 때문에 바름을 얻은 것이다(九居二, 本非
正, 以中, 故得正也)"라고 하였다. 김경방 『주역전해』 500쪽 참조 바람.

12 육삼 효사에서 말하는 "가면 흉하나(征凶)"라는 말과 "큰 내를 건너는 데는 이롭다(利涉
大川)"는 말은 내용상으로 모순관계에 있다. 아마도 어떤 글자가 빠진 것으로 보인다.
그래서 주자는 『주역본의』에서 "이(利)"자 위에 마땅히 "불(不)"자가 빠진 것이 아닌가
(或疑利字上, 當有不字) 하는 의문을 제기하고 있다. 만약 이 문장이 완전하다고 한다
면, 비록 어려운 조건이지만 그것을 잘 파악하여 나아가면 곤경을 빠져나가는 데 유리하
다라고 해석하는 것은 가능하다. "가면 흉하나(征凶)"라고 하는 이유는 거의 위험을 빠
져나갔지만, 외호괘(外互卦)인 육삼 · 구사 · 육오로 구성된 감괘(坎卦)가 다시 시작되기
때문이다. 미제괘는 내괘(內卦)를 위주로 하기 때문에 육삼에 이르면 이미 미제의 끝에
이르게 되어 이것을 지나면 거의 제(濟)에 이르게 된다. 그러므로 육삼은 분명히 "미제
(未濟)"라고 말한다. 육삼은 위험 속에 있어서 빨리 위험을 빠져나가야 하지만, 미제의
때에 있어서 음유의 재질로 중(中)하지도 않고 또 정위도 아니기 때문에 위험을 건너갈
수 있는 능력이 거의 없다. 그래서 "가면 흉하니(征凶)"라고 하는 것이다. 그러나 육삼
은 상구의 상응하는 효가 있고, 위험에서 빨리 탈출하려고 하는 굳건한 의지가 있다. 비
록 아직은 때가 아니라서 급하게 홀로 나아가면 흉하지만 홀로 가지 않고, 그 승(乘)하는

六三, 未濟, 正凶. 利涉大川.
육삼 미제 정흉 이섭대천

육삼은 미제에 가면 흉하나, 큰 내를 건너는 데는 이롭다.

육삼은 아직 하천을 건너기 전에 정벌하면 이득이 없다. 점을 치니 큰
내를 건너면 이롭다는 판단이 나왔다.

象曰 未濟征凶은 位不當也[13]일새라.
상 왈 미제정흉 위부당야

상전에 말하기를 미제에 가면 흉하다는 것은 위가 부당하기 때문이다.

九四는 貞이면 吉하여 悔亡[14]하리니 震用伐鬼方하여 三年에야
구사 정 길 회망 진용벌귀방 삼년

구이와 승(承)하는 구사의 두 강과 가깝게 친하여(親比) 때를 기다리면 위험을 빠져나가
는 데 유리할 수 있다고 말한다. 이것이 바로 "큰 내를 건너는 데는 이롭다(利涉大川)"
는 도리이다. 이런 육삼의 상황에 대해 빌헬름은 "새로운 상황이 만들어져야 한다. 유능
한 조력자의 에너지를 끌어들여야 하고, 이러한 교제 안에서 결정적인 단계−큰물을 건
너는 것−를 취해야 한다"(251쪽 참조)라고 하였다. 주자는 『주역본의』에서 "음유이고
중정하지 못함으로 미제의 때에 처하였으니 나아가면 흉하다. 그러나 유로서 강을 타고
장차 위험에서 빠져나갔으니 건너는 데 유리한 상이 있다(陰柔不中正, 居未濟之時, 以
征則凶. 然以柔乘剛, 將出乎坎, 有利涉之象)"라고 하였다.

13 『주역절중』은 유염의 말을 인용하여 "여섯 효가 모두 위가 부당한데 오직 육삼에서 '위
가 부당하다'라고 하였다. 그것은 육삼의 재질이 약한데도 불구하고 하괘의 제일 위에 자
리하고 있기 때문이다(六爻皆位不當, 而獨于六三曰位不當, 以六三才弱而處下體之上
也)"라고 하였다.

14 이것은 구사가 음으로 상괘의 시작에 자리하여 일이 장차 이루어지려고 하는 것으로 비
록 바름을 잃어 뉘우침이 있으나, 노력하여 바름으로 가려 하면 길하여 뉘우침이 없을
것이다(悔亡)고 한다. 이에 대해 주자는 『주역본의』에서 "구로서 사에 자리하니 바르지
않아서 뉘우침이 있으나 힘써 노력하여 바르게 하면 뉘우칠 일이 없어질 것이다(以九居
四, 不貞而有悔也, 能勉而貞則悔亡矣)"라고 하였다. 여기서 말하는 "정길(貞吉)"이라
는 말은 경계하는 말로 구사가 본래 뉘우침이 있다는 것을 말하는 것으로, 만약 "바르면

有賞于大國¹⁵이로다.
유 상 우 대 국

백 九四, 貞吉, 悔亡. 辰用伐鬼方三年, 有商于大國.¹⁶
구 사 정 길 회 망 진 용 벌 귀 방 삼 년   유 상 우 대 국

구사는 바르면 길하니 뉘우침이 없을 것이다. 분발하여서 귀방(鬼方)을 치

니 3년 만에 대국에서 상이 있도다.

길하니(貞吉)" 뉘우침이 없어질 것이다. 구사는 부중정한데 어떻게 정(貞)하다고 하는
가? 이 정(貞)자는 분명히 정고(貞固)·고수(固守)로 해석하여야 하고, 오늘날의 말로
표현하자면 '확고부동한 것'이라고 할 수 있다. 그러면 구사는 무엇을 고수해야 하는가?
또 구사의 뉘우침은 어디에 있는가? 먼저 구사의 뉘우침은 양강으로 음유의 자리에 있어
서 그 자리가 바르지 못하다는 데 있다. 또 구사는 양으로 음의 자리에 있어 위가 부정
(不正)하기 때문에 비록 그것이 위험을 이미 벗어나 있고, 또한 미제가 이미 중간을 넘
어서 점점 기제로 전환하기 시작하여 건널 수 있다는 희망은 있으나, 진정으로 건너가는
것은 결코 쉬운 일이 아니다. 그것은 마치 "분발하여서 귀방(鬼方)을 치니 3년 만에 대국
에서 상이 있도다(震用伐鬼方, 三年有賞于大國)"라는 말처럼 양강의 힘을 다 쏟아부어
조금의 방심도 없이 쟁취하여야 겨우 건널 수 있어서 길함을 얻고 뉘우칠 일이 없어질 것
이다.

15 "진(震)"은 부사로 사용되어 "우레와 같이 단호하게"라는 뜻이다. "귀방을 치니(伐鬼
方)"라는 말은 기제괘의 구삼의 효사와 뜻이 같다. "대국에서 상이 있도다(有賞于大國)"
는 말은 대국의 제후로 봉해진다는 말이다. 이를 왕필은 『주역주』에서 "대국을 상으로
주다(以大國賞之)"로 보고 있다. 즉 구사는 끝까지 노력하여 그 일을 이루기를 힘쓰기
때문에 "귀방을 치고(伐鬼方)" "3년 만에 대국에서 상이 있도다(三年有賞于大國)"는
것으로 말하고 있다. 이 문제를 주자는 『주역본의』에서 "그러나 바르지 못한 자질로 힘
써 바르게 하려고 하나, 양강을 지극히 하고 힘쓰기를 오래함이 아니면 하지 못한다. 그
러므로 귀방을 정벌한지 삼 년 만에 상을 받는 상(象)이 되는 것이다(然以不貞之資, 欲
勉而貞, 非極其陽剛用力之久, 不能也. 故爲伐鬼方三年而受賞之象)"라고 하였다. 황
수기의 『주역역주』 490쪽 참조 바람.

16 『백서주역』에서는 "상(賞)"을 "상(商)"으로 쓰고 있는데, 그 뜻은 부상당한다는 의미의
"상(傷)"에 해당한다. 말하자면 대군을 동원하여 귀방을 삼 년 이상 정벌하여 대국인
상나라의 힘을 크게 손상시켰다는 의미이다. 등구백의 『백서주역교석』 307쪽 참조
바람.

백 구사는 점을 쳐서 길하고 뉘우침이 없는 점을 얻었다. 대군을 동원하여
귀방을 정벌하는 3년 동안 상(商)나라의 국력을 크게 손상시켰다.

象曰 貞吉悔亡은 志行也[17]라.
상 왈 정 길 회 망　　지 행 야

상전에 말하기를 바르면 길하니 뉘우침이 없을 것이라는 것은 뜻이 행해진
다는 것이다.

六五는 貞이라 吉하여 无悔[18]니 君子之光이 有孚라 吉[19]하니라.
육 오　정　　길　　무 회　　군 자 지 광　　유 부　　길

---

17 "바르면 길하니 후회가 없을 것이다(貞吉悔亡)"라는 말은 구사가 목표에 도달하려고 하
는 뜻을 가지고 있음을 말한다. 구사가 처한 때는 매우 좋다. 구사는 괘 중에서 미제를
대표하고, 미제의 상황이 지나면 구사는 바로 미제가 제(濟)로 전환하는 때로 전력을 다
하여 계속 끈기 있게 몰아간다면 충분히 그 목표를 이룰 수 있다. 그렇게 될 경우 길함을
얻게 되고, 뉘우침도 없게 될 것이다. 이것은 그 뜻의 실현을 의미한다. 김경방의 『주역
전해』 502쪽 참조 바람.

18 육오는 유중(柔中)의 덕을 가지고 존위(오)에 있고, 아래에는 구이(상응)와 구사(乘)가
있고, 위에는 상구(承)가 있다. 이들 여러 양들(賢者를 상징함)과 서로 가까이 친하게
지내면서 험난한 어려움을 돌파하는 데 많은 도움을 얻는다. 육오는 바른 도리(貞)를 고
수하고 있기 때문에 길한 점(占)으로 원래 아무런 뉘우침이나 허물도 없다. 미제괘에는
"정길(貞吉)"이라는 말이 세 번 나오는데, 그 뜻은 약간씩 다르다. 구사의 "정길(貞吉)"
에서 "정"자는 고수(固守)의 뜻으로 경계(警戒)하는 말이다. 구이와 육오의 "정길(貞
吉)"에서 말하는 "정"은 분명히 "정(正)"으로 보아야 한다. 구이와 육오는 모두 자리가
부정하지만, 중을 얻어서 이미 정(貞)함을 얻은 것이나 마찬가지이다. 그러므로 구오와
육오의 "정길(貞吉)"은 경계사가 아니라 효상 자체기 본래 가지고 있는 것이다. 육오는
왜 정길하면서 후회가 없다고 말하는가? 그 이유는 육오가 이괘(離卦)의 중에 자리하여
문명(文明)의 주체로 유이면서, 강에 자리하고 구이의 강과 상응한다. 이미 문명하고 또
사심(私心) 없이 아래의 현인을 구한다. 「단전」에서 말하는 "미제는 형통하니 유가 중을
얻었기 때문이요(未濟亨, 柔得中也)"라는 말이 바로 여기에 해당한다. 그것은 바름으로
써 길하고 또 길하여서 후회가 없다는 것은 너무나 당연하다. 이광지는 『주역절중』에서
"무회(無悔)"와 "회망(悔亡)"의 차이에 대해서 말하고 있는데, 그는 "반드시 먼저 회망
(悔亡)한 후에 무회하다(必先悔亡而後无悔)"라고 하였다. 즉 "회망"은 뉘우침이 있고

六五, 貞, 吉, 悔亡. 君子之光, 有復. 吉.
육오 정 길 회망 군자지광 유복 길

육오는 바르므로 길하여 뉘우침이 없으니 군자의 빛남이 진실함이 있어서
길하다.

육오는 점을 치니 길하고 뉘우침이 없다는 판단이 나왔다. 전쟁에 이기
고 돌아오니 군자의 영광이다. 길하다는 점의 결과가 나왔다.

象曰 君子之光은 其暉吉也[20]라.
상 왈 군 자 지 광 기 휘 길 야

상전에 말하기를 군자의 빛남은 그 빛이 길하다는 것이다.

나서 뉘우침이 없어지는 것을 말하는 반면에, "무회(無悔)"는 근본적으로 뉘우침이 없는
것을 말한다. 『주역』 중에서 사와 오의 두 효는 회망과 무회를 함께 사용하고 있는데, 미
제괘 이외에도 함괘(咸卦)와 대장(大壯)의 상황이 거의 비슷하다.

19 상괘의 이괘(離卦)는 밝음을 말하고 있고, 육오는 그 밝음의 중앙에 있기 때문에 군자의
빛나는 덕성을 구비하고 있는 한 명의 빼어난 군주로 상징되고 있다. 여기에다 진실함을
더하면 더욱 길할 것이다. 기제괘(旣濟卦)가 처음에는 길하나 끝으로 가면 혼란스러운데
비해서, 미제괘는 처음은 혼란스러우나 끝으로 갈수록 길한 추세를 나타낸다. 이 효는
일을 성공시키는 마지막의 가장 중요한 때를 설명하는 것으로 더욱 지혜로워야하고, 또
중용의 도리와 진실함 및 겸허함을 갖추어 현명한 인재들을 불러 모아 단결을 공고히 하
여야 성공을 기약할 수 있다. 그러므로 주자는 『주역본의』에서 "육으로 오에 자리하니
또한 바른 자리가 아니다. 그러나 문명의 주효로 중의 자리에 있으면서 강과 상응하고,
마음을 비워서 아래의 도움을 받기 때문에 바름을 얻어서 길 함이요, 또한 뉘우침이 없
으며, 또 빛남이 가득차 있다. 진실하여서 무망하니 길하고 또한 길하다(以六居五, 亦非
正也. 然文明之主. 居中應剛, 虛心以求下之助, 故得貞而吉, 且无悔, 又有光輝之盛.
信實而不妄, 吉而又吉也)"라고 하였다.

20 "휘(暉)"는 빛의 태두리로써 빛이 발산하여 흩어지는 것을 말한다. 매우 성한 빛만이 이
휘를 낼 수 있다. 정이천은 『이천역전』에서 "빛남이 성하면 휘가 있으니, 휘는 빛의 발
산이다. 군자가 (실력을) 쌓고 충만하여 빛이 성해서 휘가 있는 지경에 이르면, 이것이
바로 지극히 선한 것이다. 그러므로 거듭 길하다고 말한다(光盛則有暉, 暉光之散也. 君
子積充而光盛, 至于有暉, 善之至也. 故重云吉)"라고 하였다.

上九는 有孚于飮酒면 无咎어니와 濡其首면 有孚에 失是²¹하리라.
_{상 구　유 부 우 음 주　무 구　유 기 수　유 부　실 시}

백 尙九, 有復于飮酒. 无咎. 濡其首有復, 失是.
_{상 구　유 복 우 음 주　무 구　유 기 수 유 복　실 시}

상구는 술을 마시는데 진실함을 가지면 허물이 없지만, 그 머리가 적실정
도로 지나치게 마시면 진실함을 가지고 있어도 (허물이 없는) 마땅함을 잃
어버릴 것이다.

백 상구는 어떤 돌아온 사람들이 술을 마시고 있다. 허물이 없다는 점이 나
왔다. 돌아오려는 어떤 사람들은 강을 건널 때 물에 빠져 죽었다.

象曰 飮酒濡首亦不知節也²²라.
_{상 왈　음 주 유 수 역 불 지 절 야}

---

21 이 효는 기제괘(旣濟卦) 상육의 취상(取象)과 거의 비슷한 점이 있다. 상구는 육삼과 상
응하고 또 "진실함을 가지는(有孚)" 경우이다. 감괘(坎卦)는 또한 술을 의미하기 때문에
"술을 마시는데 진실함을 가져야(有孚于飮酒)" "무구(無咎)"함이 있다고 말한다. 상구
는 전체 괘에서 가장 위에 있는 것으로 머리를 의미하고, 감(坎)은 물을 뜻하여 물이 머
리를 덮어버리는 상이기 때문에 "그 머리가 적실정도로 마시면(濡其首)"이라고 말한다.
"진실함을 가지고 있어도 (허물이 없는) 마땅함을 잃어버릴 것이다(有孚失是)"의 "시
(是)"는 마땅함을 말한다. 즉 만약 절제가 없이 술을 마셔 머리를 완전히 적셔버리는 단
계에 이르면, 아무리 진실함이 있다고 하여도 허물이 없는 상황을 상실해 버릴 것이다.
즉 여기에는 허물이 있을 수밖에 없다는 것이다. 상구에서는 미제로부터 기제로 전환하
고 있지만, 만약 쾌락이 지극한데까지 이르면 분명히 다시 기제괘로부터 미제괘로 되돌
아갈 것이다. 효사에서 밀하는 "무구(无咎)"라는 두 글자는 "허물을 잘 보충한다(善補
過)"는 의미를 포함하고 있다. 다시 말하면 경계의 의미가 짙게 배어 있다.

22 술을 마시는 데는 반드시 절제가 있어야하고, 중용을 넘어서서는 안 된다는 점을 강조하
고 있다. 전체 『주역』의 「소상전」에서 절제를 말하는 곳은 대체로 네 곳인데, 모두 감괘
(坎卦)와 이괘(離卦)와 관련이 깊다. 예를 들면 건괘(蹇卦) 구오는 감괘(坎卦)의 중에
자리하여 강으로 중정하나 「소상전」에서는 "중절(中節)"을 말하고, 가인괘(家人卦) 구
삼은 이괘(離卦)에 있으면서 강으로써 중하지 못하기 때문에 「소상전」에서 "실가절(失
家節)"을 말한다. 이처럼 『주역』에서 말하는 "절(節)"은 모두 "중(中)"의 문제와 결부되

상전에 말하기를 술을 마시고 그 머리가 적실 정도로 지나치게 마신다는 것
은 절제를 모르는 것이다.

* 미제괘의 의미와 교훈

『주역』의 64괘는 미제괘(未濟卦)에서 종결된다. 『주역』의 작자는 기제
(旣濟)가 아닌 미제(未濟)로 결말을 맺고 있는데, 이것은 일종의 무한한
운동(運動)과 변화의 철리(哲理)를 표현하는 것이라고 할 수 있다. 「서
괘전」에서 "사물은 다 할 수 없으므로 미제괘로 받아서 마쳤다(物不可窮
也, 故受之以未濟終焉)"라고 하였는데, 이것은 명확하게 우주 운동의 무
한성을 말하는 것이라고 할 수 있다. 64괘가 끝났지만 사물의 발전 운동
은 오히려 무한한 것으로 운동은 영원히 정지될 수 없다. 『주역』은 64괘
의 방식으로 하나의 큰 운동 주기를 묘사하고, 이후의 운동 또한 이런 주
기의 방식으로 출현하고 있다는 것을 말하여, 무한함과 영원함의 철리를
말하고 있다.

그러나 이것을 단순한 순환론으로는 볼 수 없고 우주 운동의 주기적인
특징을 말하는 것으로 보아야 한다. 우주의 발전운동은 무한한 것이나 운
동방식은 오히려 주기적인 것이다. 이것은 우주 운동의 나선(螺線) 형식
의 상승하는 법칙에 따라서 발전하는 것을 말하고 있는 것이나 마찬가지
이다. 주기적인 것은 나선형을 형성하고, 무궁한 성질은 상승할 수 있다.

『주역』에서 말하는 일신(日新)은 원래 궤도상에서 말하는 것은 아니다.
순환론은 궁극이 있을 수밖에 없고, 다만 원래의 궤적 중에서 순환할 뿐

어 있다. 김경방의 『주역전해』 503-504쪽 참조 바람.

이다. 정이천은 "생생불이(生生不已) 하여 끝나는 것이 없음"을 말하고 있다. 분명히 말해서 『주역』은 종말론적 세계관이 존재하지 않음을 분명하게 말하고 있다.

괘명(卦名)으로 보면 미제는 아직 건너갈 수 없다는 것을 통해 일이 아직 완성되지 않은 것을 비유하고 있다. 하지만 전체 괘의 주된 핵심은 일이 아직 완성되지 않았을 때 만약 신중하게 진취적인 태도를 가진다면, 끝내 이룰 수 있다는 점을 매우 강조한다. 말하자면 미제 중에 또한 "완성할 수 있다(可濟)"는 이치를 포함하고 있음을 강조하고 있다고 할 수 있다.

「계사전(繫辭傳)」

「계사전」에 관하여

계사(繫辭)라는 말은 원래 괘효의 뒤에 붙는 괘사와 효사를 지칭하는 말로 경문 부분에 속한다. 그러나 여기에서 말하는 「계사전」은 독립적인 문장으로 현재 상전과 하전으로 나누어져 있는 것이다. 이 문장은 경문 뒤에 붙어 있는 것으로 『역전』에 속하는 전문(傳文)이다. 사마천의 『사기』 「태사공자서(太史公自序)」에서 "『역대전(易大傳)』에 돌아감은 같지만(만물은 같은 목적으로 나아가지만) 이르는 곳은 하나이다라고 하였다(易大傳同歸而殊塗, 一致而百慮)"는 구절을 인용할 때 "역대전(易大傳)"이라는 말을 사용하는 것으로 보아 현재 「계사전」에 나오는 이 문장을 『역대전』에 속하는 것으로 보는 관점을 통해 보면 「계사전」이 『주역』을 해석하는 가장 중요한 문장으로 보는 전통은 상당히 오랜 것으로 보인다.

「계사전」은 보통 공자가 지은 것이라고 말하지만 이 글의 작자가 누구인가에 대한 관점은 매우 분분하다. 「계사전」의 문장 속에서는 여러 곳에서 "자왈(子曰)"이라는 말을 언급하고 있는데 이것은 분명히 공자의 어록을 기재하고 있는 것으로 공자의 후학이 공자가 말한 것에 근거하여 쓴 것으로 보인다는 점에서 공자와 관련이 있다는 중요한 근거로 이야기한다. 공자를 「계사전」의 저자라고 주장하는 사람으로는 사마천과 반고(班固), 공영달 등이 있다. 또 「계사전」중에서 "자왈(子曰)"이라는 말을 근거로 하여 공자의 말을 제자들이 기록하였다는 관점을 주장하는 사람으로는 송대의 왕신자(王申子)를 필두로 하여 현대의 장학성(章學誠), 강유위(康有爲)와 피석서(皮錫瑞, 1850-1908. 만청시기의 경학대가) 등이 있다. 물론 현대의 연구 성과에 의하면 공자의 저작이나 공자 후학들의 저작이 아니라는 관점이 유력한 것은 사실이다. 특히 이런 관점은 송대의 구양수(歐陽修)를 시작으로 하여 청대의 최술(崔述, 1740-1816. 유명한 고증학자로 대표적인 저작으로는「考信錄」이 있음), 대진(戴震)과 현대의 이경지(李鏡池)와 전목(錢穆, 1895-1990. 유명한 역사학자로 북경대학 교수를 거쳐 홍콩의 新亞學院을 창립하였고, 대만 中國文化大學 교수로 주자학 연구에 전념하여 國學大師로 불림) 등에 의해서 주장된다. 그러나 최근『백서주역』의 관점에 의해서도 공자와의 관련성은 크게 손상을 입지 않고 있을 뿐만 아니라 오히려 공자와의 관련성이 더욱 분명하게 보인다는 것이 우세하다. 예를 들면 한중민(韓仲民)은『백서주역』에 보이는 공자의『주역』에 대한 관심을 통해 보면「계사전」이 공자와 깊은 관련을 가지고 있는 것이 분명하다는 주장을 하고 있다.

「계사전」은 상하(上下)의 두 부분으로 나누어지는데 이는 아마도 문장의 길이가 비교적 길기 때문에 편의상 나눈 것으로 보이고 내용적으로는 같은 한 편의 문장이다. 내용을 가지고 말하면「계사전」은『역경』의 총론으로 주로『역경』의 철학원리를 해석하고 있고『역경』에 대한 철학적 해석과『역경』의 체례(體例)에 대해 언급하고 있다.『주역』이 한 권의 철학적인 내용을 담고 있는 경전으로 변신할 수 있었던 공헌도를 가지고 말하면「계사전」의 역할이 가장 크다고 할 수 있을 것이다. 대체적인 내용은『역경』창작의 원리를 설명하고 있는 것으로 그 기본방법은 천지자연의 도와 역리(易理)를 대응시켜 그들의 일치성을 비교분석하고 이로부터 성인의 도(작자의 사상)가 가지고 있는 내용을 하나하나 풀이하고 있다. 구체적으로 말하면 건(乾)과 곤(坤) 두 괘가 천지음양을 본뜨고 있다는 것을 핵심으로 하여 8괘의 출현을 통한『주역』의 형성,『주역』이 말하고 있는 도(道)의 성질과 내용 및『주역』의 작용 문제에 대해 이야기하고 있다. 또한『주역』의 발생적 기원에 해당하는 점서(占筮)와 대연지수(大衍之數)에 대해 언급하고 있다.

「계사전」이 말하는 주요 내용을 간략하게 말하면 크게 역(易)의 이치와 작용·8괘의 출현·괘효사의 저작시대·상(象)·수(數)·천인(天人)·우환(憂患)·생생(生生)·태극·삼재(三才)·법상제기(法象制器) 등의 문제들이다. 「계사전」의 이런 철학적 문제들이 후대 특히 송명의 유가철학에 끼친 영향은 지대하다. 이 중 몇 가지 중요한 문장을 말하면 다음과 같다. 1) "주역에는 태극이 있으니, 이것이 양의를 내고 양의가 사상을 내고 사상이 팔괘를 내고 팔괘가 길함과 흉함을 정한다(易有太極, 是生兩儀, 兩儀生四象, 四象生八卦, 八卦定吉凶)." 2) "한 번 음하고 한 번 양하는 것을 일러 도라고 한다(一陰一陽之謂道)." 3) "이런 까닭에 형체로 나타나는 그 이상(이전)의 상태를 도라 하고, 형체로 나타나는 그 이하(이후)의 상태를 기라 한다(是故形而上者言胃之道, 形而下者謂之器)." 이런 구절들이 후대의 학자들이 유가의 우주관과 세계관을 구성하는데 결정적인 역할을 하였다는 것은 주지의 사실이다. 그러므로 「계사전」은 『역경』 사상의 내용을 설명하는 중요한 자료와 중국사상에서 가장 중요한 문헌 중의 하나가 된다.

『주역본의』에서는 "계사는 본래 문왕과 주공이 지은 말씀으로 괘와 효의 아래에 붙여 놓은 것을 말하는 것으로 지금의 경문이요, 이 편은 바로 공자가 지으신 계사의 전이다. 한 경의 대체와 범례를 통론하였기 때문에 경문에 붙일만한 곳이 없어서 별도로 상하로 나눈 것이다(繫辭本謂文王周公所作之辭, 繫于卦爻之下者, 卽今經文, 此篇乃孔子所述繫辭之傳也. 以其通論一經之大體凡例, 故无經可附)"고 하였다. 「계사전」은 여러 군데에서 중복되는 문장들이 출현하는 경우도 보인다. 또 앞뒤로 서로 연결되지 않는 부분들도 많이 보인다. 이런 점들은 이 문장이 한 사람이나 한 시기에 체계적으로 기록된 것이 아니라는 사실을 말해주는 것이라고 할 수 있다. 일반적으로 「계사전」은 상경과 하경으로 나누어진다. 『십삼경주소(十三經注疏)』본은 「계사상전」을 12장으로 하고 「계사하전」을 9장으로 나누고 있는 반면에 주자의 『주역본의』는 「계사상전」을 12장으로 나누고 「계사하전」을 역시 12장으로 나누고 있어서 약간의 차이가 있다. 본서는 주자의 『주역본의』의 분장(分章)에 따른다.

「계사상전(繫辭上傳)」

제1장

天尊地卑하니 乾坤定矣[1]오 卑高以陳하니 貴賤位矣[2]오 動靜有常
천 존 지 비　　　　건 곤 정 의　　　　비 고 이 진　　　　귀 천 위 의　　　　동 정 유 상

---

1 『주역』은 음양을 근본으로 하고 있는데 건곤(乾坤)은 순양(純陽)과 순음(純陰)의 괘로 양과 음을 대표한다. 이 때문에 「계사전」은 먼저 건곤의 성질에 대해서 설명한다. 천(天)과 지(地)는 양기(陽氣)와 음기(陰氣)의 두 실체이고 건과 곤은 순양, 순음의 두 가지 기본적인 괘이다. 우주만물은 모두 천지음양으로부터 생(生)하고, 64괘는 모두 건곤으로부터 변화해 나온 것이다. 건은 천을 본딴 것이고 곤은 땅을 본딴 것이다. 건곤의 운동은 음양의 운동을 본딴 것인데 이것은 『주역』을 지은 기본구도이다. 『주역』이 천지운동을 본 따고 있다면 객관적으로 천은 높은 것이고 땅은 낮은 것이다. 이것이 의미하는 것은 세상은 동일 조직의 관계 시스템, 즉 무질서인 카오스(chaos)가 아니라 질서 있는 코스모스(cosmos)라는 믿음에 있다. 이 믿음은 중국 철학의 근간이다. 『주역』은 이 관계 시스템(this system of relationships)에 대한 근간을 하늘과 땅 사이의 구별로 받아들인다. (빌헬름의 영역본 280쪽 참조 바람) 이런 측면에서 「계사전」은 먼저 우주의 모습(形象)을 근거로 하여 우주의 자연법칙이 동시에 만물의 행위규범의 단서가 됨을 말하고 있다. 구체적으로 천은 형상으로 보아 위에 있어서 존귀하고, 땅은 아래에 있어서 비천하다는 것이다. 천지는 유형적(有形的)인 우주 공간을 말한다. 그런데 천지는 병존(並存)하여 고하(高下)를 나눌 수 없지만 사람의 입장에서 말하면 하늘은 위에 있고 땅은 아래에 있기 때문에 높고 낮은 존비(尊卑)의 구분이 생긴다. 여기에서 말하는 존비는 지위(地位)의 고저(高低)이지 가치적 의미의 귀천(貴賤)은 아니다. 하늘은 높고 땅은 낮다는 상대적 관점이 성립된 후에 건곤의 본질과 기능 역시 정해진다. 여기에서 말하는 “정(定)”은 상대(相對)가 성립된다는 의미에 가깝다. 그러므로 존비(尊卑)는 결코 계급적 신분의 고정화를 의미하는 것은 아니다. 존비의 갑골문을 통해보면 존(尊)은 나무로 만든 술 주전자(酒壺)인 준(樽)을 말하고, 비(卑)는 나무로 만든 술잔인 배(杯)를 말한다. 여기에서 술 주전자를 존귀하고 술잔은 비천하다고 말하는 것은 분명히 이치에 맞지 않는 이상한 말일 것이다. 중요한 것은 기능상의 차이·역할 및 분업(分業)의 차이라는 점에 핵심이 있다. 이 때문에 중요한 것은 바로 주어진 자리에 따라서 기능 또는 역할 역시 정해진다는 사실이다. 당연히 “자리가 정해진다”는 것은 결코 일정불변(一定不變)한 지위나 역할이 고정되는 것이 아니라, 시간적·공간적 상황에 따라 자리나 위치의 존비가 달라진다는 사실이다. 그러므로 여기에는 어떠한 내용이나 사태를 무엇이든지 무한하게 대입하는 것이 가능하다.

하니 **剛柔斷矣**[3]요
　　강 유 단 의

백 **天奠地庳, 鍵川定矣. 庳高已陳, 貴賤立矣. 動靜有常, 剛柔**
　　천 전 지 비　건 천 정 의　비 고 이 진　귀 천 립 의　동 정 유 상　강 유

---

2 "진(陳)"은 배열한다는 의미이다. 이 구절은 자연계에서 사물은 낮은 곳에서 높은 곳으로 배열되는 것을 말한다. 높은 것은 고귀하고 낮은 것은 천하다. 이것은 상대적인 관계 속에서 말하는 것으로 단순히 하늘(天)을 본딴 건(乾)은 고귀한 속성을 가지고 있고 땅(地)을 본딴 곤(坤)은 낮고 천한 속성을 가질 수밖에 없다는 말은 아니다. 여기에서 말하는 비고(卑高)와 귀천(貴賤)에 대해 주자는 『주역본의』에서 "낮은 것과 높은 것은 천지만물의 높고 낮은 자리이고, 귀한 것과 천한 것은 역 가운데 괘효의 위와 아래에 있는 자리이다(卑高者, 天地高物上下之位, 貴賤者, 易中卦爻上下之位)"라고 하였다. 주자의 이런 관점은 『주역』이 마치 상하의 계층을 고착화하려는 주장을 하고 있다는 오해를 어느 정도 불식시키는 말로 보인다. 왜냐하면 "낮은 것과 높은 것이 배열되니 귀한 것과 천한 것이 각각의 위치에 자리하고"라는 말은 천지라는 자연 사물에 높고 낮음과 선후가 있듯이 효위(爻位)에도 역시 귀천이라는 비고(卑高)가 있다는 말이다. 이는 천지가 각자의 자리에서 각각의 기능을 담당하지 않으면 만물은 생성할 수 없듯이, 괘효의 상하의 위치 역시 각자의 자리에서 자기 역할을 하여야 함을 말한다. 역할이나 기능에 따라 사회적 귀천의 구분이 생길 수밖에 없다. 그러나 여기에서 말하는 귀천의 구분은 전체 질서의 안정과 상호작용이라는 관점에서 보아야지 신분제의 고착화로 보아서는 곤란하다. 윗자리에 하늘이 있는데 이는 비록 실체가 없으나 만물이 생기는 것을 분명하게 조절하고 결정한다. 하늘과 마주보고 있는 낮은 자리에 있는 것이 땅인데 이것의 움직임은 하늘의 현상에 따른다. 위와 아래의 이러한 역할과 시간적 순서의 차별화로 인해 가치에서의 차이가 나오는 것이 가능하다. 이런 이유에서 하늘의 원리는 더욱 고귀한 것인 반면에 땅은 덜 중요하고 낮은 것으로 간주된다. 모든 실재(존재)의 이러한 두 개의 기본적인 원리는 『주역』에서 두 개의 근본적인 괘로 상징화되는데, 바로 건과 곤이다. 그러나 건곤은 결코 이원론(dualism)이라고 간주해서는 곤란하다. 이 두 원리들은 동질성(homogeneity)을 토대로 한 관계에 의해 하나가 되고 모순적으로 싸우지 아니하고 서로 보완하는 경우에 해당한다. (빌헬름의 영역본 280쪽 참조 바람) 이런 각도에서 『주역』의 64괘의 각 괘의 여섯 효는 위치가 역시 낮은 곳에서 높은 곳으로 즉 초(初)로부터 상(上)으로 배열하고 있다. 각 효의 위치가 다르고 귀천 또한 같지가 않다. 한 괘의 여섯 효는 높고 낮은 것에 따라 귀천이 나누어지는데 이것은 사회 등급의 귀천으로 나타날 수 있다. 그러나 이를 봉건제의 정착과 관련시켜 말하는 것이 일반적이다. 괘효에 대한 위치와 등급에 대한 의미부여는 상대(商代) 말엽에서 주나라 초기에 첨가된 것으로 보아 서주(西周)가 실행한 분봉제(分封制)와 관련이 있는 것으로 말한다. 분봉제의 사회등급은 구체적으로 말하면 다음과 같다. 하층은 사(士)이고 점차 위로 올라가면 대부(大夫)·삼공(三公)·제후(諸侯)·천자(天子)·종묘(宗

斷矣
단 의

하늘은 위에 있어서 존귀하고 땅은 낮은 데 있어서 비천하니, 건과 곤의 자리가 정해지고, 낮은 것과 높은 것이 배열되니, 귀한 것과 천한 것이 각각의 위치에 자리하고, 움직이고 멈추는 것에는 일정한 법칙이 있으니, 양(陽)의 강(剛)과 음(陰)의 유(柔)의 성질이 분명하게 구분되고,

■ 하늘은 높고 땅은 낮으니 건과 천의 위치가 정해졌다. 낮은 것과 높은 것이 이미 배열되니 귀한 것과 천한 것이 각각의 위치에 자리하고, 움직이

廟) 등이다. 그러므로 초효는 사(士)의 위치이고, 이효는 대부의 위치이고, 삼효는 삼공의 위치이고, 사효는 제후의 위치이고, 오효는 천자의 위치이고, 상효는 종묘의 위치이다. 만약 현재의 등급으로 바꾸어 말하면 초효는 일반 서민과 백성에 해당하고, 이효는 과장(科長)이나 계장(系長)의 자리이고, 삼효는 청장(廳長)이나 국장(局長)급이고, 사효는 장관급이고 오효는 최고위로 예를 들면 대통령에 해당한다면, 상효는 이미 은퇴한 대통령을 말한다. 이것은 당연히 직위상의 높고 낮음을 나눈 것으로 사회에서는 각각 다른 각도에서 고저(高低)를 나눌 수 있다. 예를 들면 직급의 명칭이나 재산의 많고 적음의 여러 가지 구분으로 고저를 나누는데 이는 바로 유추(類推)와 유비(類比)를 통하여 여러 가지 다양한 분야의 내용들을 포괄할 수 있다. 그러나 여기에서 중요한 것은 각각의 자리에서 자기 역할을 다하고 서로 협력하여야 하는 상호관계성이 더욱 중요하다.

3 "단(斷)"에 대해 『주역절중』은 채청(蔡淸)의 말을 인용하여 "단(斷)이라는 것은 확연히 구분하여 서로 섞이지 않는 뜻을 가지고 있다(斷者, 有判然不相混淆之意)"고 하였다. 동정(動靜)이 말하는 것은 자연계이고 자연계의 사물에는 동(動)도 있고 정(靜)도 있어서 변화를 낳게 된다. 강유가 말하는 것은 육효(六爻)의 명칭으로 육효에는 강과 유가 있는데 이것은 자연계의 동정과 똑같은 것이다. 동정이 말하는 것은 변화이고 강유가 말하는 것 역시 변화이다. "상(常)"은 일정한 법칙 또는 정해진 법칙을 의미하고 "단(斷)"은 나눔을 말하는데 분명하게 구별되는 것을 의미한다. 이 구절은 음양동정과 강유의 다른 특징을 설명하고 있다. 즉 움직이는(動) 것은 양의 정해진 법칙이고 고요한 것 즉 움직이지 않는 것(靜)은 음의 정해진 법칙이다. 동과 정은 대비(對比) 가운데에서 존재하는 것으로 상호 전환할 수 있다. 상호 전환한다고 하여서 결코 천과 지의 기본적 특성을 부정하는 것은 아니다. 기본적 특성으로 말하면 천은 움직이는 것이고 땅은 정지해 있다. 항상성(恒常性)이 사물의 기본특성을 결정하는데 천은 항상 움직이기 때문에 강건(剛健)하고 땅은 항상 정지되어있기 때문에 유순(柔順)하다.

고 멈추는 것에는 일정한 법칙이 있으니, 양(陽)의 강(剛)과 음(陰)의 유(柔)의 성질이 분명하게 구분되고,

方以類聚하고 物以羣分하니 吉凶生矣[4]요 在天成象하고 在地成形
방 이 류 취　　　물 이 군 분　　　길 흉 생 의　　　재 천 성 상　　　재 지 성 형

하니 變化見矣[5]라.
변 화 현 의

---

4 『주역』은 철학적인 책이지 과학기술에 관한 저작은 아니다. 그러므로 고대인들의 우주에 대한 설명은 결코 과학적으로 엄밀하거나 체계를 갖추고 있는 것은 아니다. 천체가 회전하는 것은 원(圓)의 특징을 가지고 있고 지구는 상대적으로 안정되어 있어서 사방(四方)의 방위 특징을 가지고 있는 것으로 보았다. 그러므로 여기에서 말하는 "방(方)"은 방위이고, "유(類)"는 종류를 말한다. "(우주 만물과 만사는 성향이 달라) 방향에 따라 같은 종류끼리 모이고(方以類聚)"라는 말은 동류의 사물이 함께 모여 있는 것을 말하는데 여기서 강조하려고 하는 것은 같은 종류끼리 서로 모을 수 있다는 것이다. "만물은 무리를 지어 구분되니(物以羣分)"라는 말은 다른 무리의 사물들을 각각 나누어 놓은 것과 같은 것으로 여기서 강조하려고 하는 것은 다른 종류를 서로 나누는 데 있다. 「문언전」에서 말하는 "같은 소리끼리 서로 상응하고(同聲相應)", "같은 기끼리 서로 구하고(同氣相求)"라고 하였는데 합하는 이유는 "같은 소리(同聲)"·"같은 기(同氣)"이기 때문이다. 나누는 것은 사정(事情)이 다르고 성질이 다르기 때문이다. 기가 같으면 합하고 사정이 다르면 분리된다. 같고 다르기 때문에 길흉을 낳아 "길하고 흉한 것이 생겨난다(吉凶生矣)"고 말하는 것이다. 또 "방(方)"을 추상적인 관념이나 도덕적 표준에 해당하는 도(道)라는 관념으로 보는 경우도 있다. 즉 천하의 사람들은 각각의 도(이념이나 도덕적 표준)에 따라 서로 모인다고 말한다. 여기서 말하는 물(物)은 구체적인 사물로 예를 들면 동물, 식물 등을 말한다. 이 구절은 우주의 각종 사물이나 현상이 추상적 관념이든 혹은 구체적 형태를 막론하고 모두 무리(群)와 종류(類)로 나누어지고 합해지고 길흉은 바로 이런 서로 같고 다름과 서로 모이고 분리되는 관계 중에서 생겨나는 것이라고 말한다.

5 이 구절에 대한 해석도 다양하다. 어떤 사람들은 천지자연의 현상을 통히어 형성된 괘효(卦爻)의 변화작용을 말하는 것으로 보기도 하고 음양과 원기(元氣)의 관점을 통하여 이 구절을 설명하기도 한다. 우선 전자의 입장은 천상(天上)에는 일월성신(日月星辰)이나 주야(晝夜) 및 계절 등의 현상이 있고 지상(地上)에는 산과 바다 및 동식물 등의 형체를 가진 것들이 여러 가지 다양한 변화를 일으키는데, 괘와 효의 변화작용 또한 이로부터 출현하는 것으로 보고 있다. 후자의 입장은 음양의 두 기가 원래 하나의 원기(元氣)에서 나온 것임을 말한다. 원기가 음양으로 분화(分化)되고 양기는 하늘 위에서 활동하는데 바로 일월성신(日月星辰)의 천상(天象)의 변화이고, 음기는 지상에서 응취(凝聚)한 것으로 바

白 方以類冣,[6] 物以群分, 吉凶生矣. 在天成馬,[7] 在地成刑,[8] 變
방 이 류 최　　물 이 군 분　 길 흉 생 의　　재 천 성 마　 　재 지 성 형　 변

化見矣.
화 현 의

(우주 만물과 만사는 성향이 달라) 방향에 따라 같은 종류끼리 모이고, 만
물은 무리를 지어 구분되니, 여기에서 길하고 흉한 것이 생겨난다. 하늘에
걸려있는 것(예를 들면 日·月·星)은 상(象)이 되고 땅에 있는 것(예를
들면 산천초목)은 형체(形)가 되니, 여기에서 변과 화가 나타난다.

白 (우주 만물과 만사는 성향이 달라) 방향에 따라 같은 종류끼리 모이고,
만물은 무리를 지어 구분되니, 길하고 흉한 것이 생겨난다. 하늘에 걸려 있

로 산천(山川)과 동식물의 형체를 말한다. "상(象)"은 형태를 이루기 이전의 기의 유동
(流動)하는 변화를 가리킨다. "형(形)"은 형태를 이룬 후의 기가 응취한 형태를 말하는
것으로 보고 있다.(『周易正宗』489-490쪽 참조 바람) 이 문제에 대해 주자는 『주역본
의』에서 "상이라는 것은 일월성신 등의 것들이고, 형이라는 것은 산천 동식물 등의 것들
이다(象者, 日月星辰之屬, 形者, 山川動植之屬)"고 하였다. 천상(天上)에 일월성신의
변(變)이 있어서 주야와 사계절의 교체가 생긴다. 지상의 산천(山川)과 동식물의 화(化)
가 있기 때문에 인간사(人間事)의 소장(消長)과 사물의 대사(代謝)작용과 변화가 생긴다.
이런 일체의 변화는 모두 우리 눈앞에 나타나고 괘 속에서 드러난다. 이런 관점들에 대해
김경방은 기존의 관점과는 판이한 견해를 말하고 있다. 하늘 위에서 상을 이루는 것은 일
월성신이 맞지만, 땅에서 형체가 되는 것(在地成形)은 "산천초목"이라기보다는 오행(五
行)으로 보아야 한다고 말한다. 『국어(國語)』에서도 하늘에 제사지내는 것은 일월성(日月
星)에 제사지내는 것이고 땅에 제사지낼 때(祭地)는 오행 즉 수화목금토(水火木金土)에
제사지낸다는 점을 말한다. 즉 천(天)에는 태양(太陽)이 있어 빛과 열을 내고 땅에는 토
양과 물이 있다. 만물이 성장하는 데에는 빛과 열만으로는 부족하고 물과 불 등도 역시 필
요하다. 이 둘이 결합해야 만물을 생장 시킬 수 있다는 것이다. 김경방, 『주역계사전신편
상해(周易繫辭傳新編詳解)』4쪽 참조 바람.
6 "최(冣)"는 적취(積聚), 즉 모인다는 의미를 가지고 있다.
7 "마(馬)"는 "마(碼)"로 척도 혹은 법칙이나 규칙의 의미에 해당한다.
8 "형(刑)"은 "형(形)"의 가차자(假借字)이다.

는 것(예를 들면 日·月·星)은 일정한 법칙이 되고 땅에 있는 것(예를 들면 산천초목)은 형체(形)가 되니, 여기에서 변과 화가 나타난다.

是故로 剛柔相摩하며 八卦相盪[9]하여 鼓之以雷霆하며 潤之以風
시 고   강 유 상 마   팔 패 상 탕   고 지 이 뢰 정   윤 지 이 풍

雨하며 日月運行하며 一寒一暑[10]하여 乾道成男하고 坤道成女[11]하
우   일 월 운 행   일 한 일 서   건 도 성 남   곤 도 성 녀

---

9 "마(摩)"는 밀접하게 마찰하여 서로 교감(交感)하는 것을 말한다. 한강백은 "서로 밀접하게 마찰하는 것으로 음양의 교감을 말한다(相切摩也, 言陰陽之交感也)"고 하여 음양이 서로 마찰하고 교감하여 8괘가 형성됨을 말한다. "탕(盪)"은 추이(推移)하고 변동(變動)하는 것을 말한다. 역시 한강백은 "서로 미루어 섞이는 것으로 운행 변화의 추이를 말한다(相推盪也, 言運化之推移)"고 하였다. 이 두 구절은 건(☰)과 곤(☷)이 교감하여 8괘를 생성하는데, 예를 들면 초효가 교감하여 진(☳)이나 손(☴)이 되고, 중효(中爻)가 교감하여 감(☵)이나 이(☲)가 되고, 상효가 교감하여 간(☶)이나 태(☱)가 된다. 또 8괘를 중첩하여 64괘를 만들어 낸다. 이처럼 8괘와 64괘의 상징적 의미는 바로 만물의 생성은 음양의 교감에 근거한다는 점을 말하고 있다. 이는 음양의 교감을 마치 마찰을 통하여 전기를 일으키는 것으로 상징할 수 있다. 실제로 자동차나 다른 기계들의 시작이 모두 제너레이터(제너레이터의 표준명칭은 alternator) 즉 발전기의 전기를 통해서 가동을 시작하는 것과 같은 원리이다.

10 이 구절은 우레와 번개, 바람과 비 등을 통하여 천상(天上)에 있는 물상(物象)의 변화를 설명하고 있다. 즉 이 말은 『논어』에서 공자가 말하는 "하늘이 무엇을 말하리오! 사계절이 운행하고 만물이 생한다. 하늘이 무엇을 말하리오!(天何言哉! 四時行焉, 百物生焉. 天何言哉!)"의 "사계절이 운행하는(四時行焉)" 것에 해당한다. 뒷 구절의 "건도성남, 곤도성녀(乾道成男, 坤道成女)"는 "백물생언(百物生焉)에 해당한다. 이에 대해 주자는 『주역본의』에서 "이것은 변화가 형체를 이룬 것이다. 이 두 구절은 또 역이 실체에 나타남을 밝혔으니 위의 문장과 서로 밝힌 것이다(此變化之成形者, 此兩節又明易之見於實體者, 與上文相發明也)"고 하였다. 여기에서 말하는 "고(鼓)"는 원래 우레와 번개(雷霆)를 모방하여 만든 물건이다. 고대에 우레와 번개를 모방하여 만든 북을 치는 경우는 크게 두 가지이다. 하나는 제사를 올릴 때인데 이 경우는 경건한 분위기를 조성하기 위해서이다. 다른 한 경우는 군사작전이나 짐승을 몰아낼 때로 이는 주로 우레와 번개의 위엄을 이용한 것이다. 무엇보다도 북을 치는 것은 어떤 행동을 시작하는 것을 의미한다. 어떤 행동, 즉 우레와 번개로 자연을 고동(鼓動)시키면 사계절의 봄이 시작하고 전쟁에서 북을 치면 공격을 시작한다. "윤(潤)"은 바람과 비로 만물을 생장할 수 있도록 해준다는 말이다. 우번은 "'고(鼓)'는 움직이는 것이고 '윤(潤)'은 윤택하다는 말이다. 우레

니 乾知大始요 坤作成物[12]이라.
건 지 대 시　　곤 작 성 물

백 是故〔剛柔〕相摩, 八卦〔相盪. 鼓之以疊甸,[13] 汩[14]之風雨. 日
시 고　강 유　상 마　팔 패　상 탕　고 지 이 뢰 전　　윤　지 풍 우　일

는 진괘이고 번개는 감괘이고 바람은 손괘이고 비는 태괘를 말한다(鼓動, 潤澤也. 雷震, 霆艮, 風巽, 雨兌也)"라고 하였다. 이 구절은 두 가지의 의미를 가지고 있다. 하나는 우레·번개·바람·비·해·달·추위·더위를 이용하여 "강과 유가 서로 마찰하여(剛柔相摩)"생긴 진·간·손·태·이·감·건과 곤의 8개의 괘를 말하고 있다. 동시에 또한 "팔괘가 서로 섞여서(八卦相盪)"라는 말은 바로 객관적인 자연세계의 변화들을 대표하고 있으며 이로부터 만물이 생성하고 발전할 수 있도록 해주는 것을 설명하고 있다.

11 이것은 남녀의 성별을 가지고 음양 변화를 설명하는 말이다. 즉 건이 변화하여 수컷의 성이 되고, 곤이 변화하여 암컷의 성이 됨을 말한다. 말하자면 수컷에 속하는 사물은 건과 양의 운행의 특성을 지니고 있고 암컷의 성에 속하는 사물에는 곤과 음의 운행의 특성이 들어 있다. 사람으로 말하면 남자가 가지고 있는 것은 양기(陽氣)의 특성이고 여자가 지니고 있는 것은 음기(陰氣)의 특성으로 구분 가능하다. 남녀는 모두 음양 두 기의 화합에 의해서 생긴 것이지만 그들의 특성은 분명히 다르다. 여기에서 우리는 유가가 가지고 있는 남녀와 생명의 연속이라는 문제에 대한 기본적 관점을 엿볼 수 있다. 즉 유가들은 천지가 가지고 있는 생명 연속의 문제를 남녀의 결합을 통한 세대들의 계승에서 보이는 연속되는 변화라는 문제를 집중적으로 말하려 한다는 점이다. 이것은 그 출발점으로 앞으로 계속적으로 움직여 나가는 어떤 과정(process)을 말하고 있다. 이것은 『주역』 자체가 강조하려는 핵심이 인간의 삶의 영역 속에 있음을 보여준다고 할 수 있다. 이런 점에서 건은 남성에서 구체적으로 나타나고 곤은 여성에서 구체적으로 나타난다.(빌헬름의 영역본 285쪽 참조 바람) 양으로 적극적인 것이 남성의 도이다. 남성의 도는 이것에 의해 완성된다. 강건(剛健)히 나아가 활동하는 것이 남성의 도이다. 이것이 천(天)의 도이며, 군주의 도이며, 부(父)의 도이며, 부(夫)의 도이며, 남성의 도이다. 즉 남성의 도는 순수하게 양으로 적극적인 건괘의 도에 의해 완성되는 것이다. 곤은 순수의 음이며, 소극적인 자이다. 순수한 음으로 소극적인 곤괘의 도에 의해 여성의 도가 성취된다. 유순(柔順)히 양에 따르는 것이 여성의 도이다. 이것이 땅(地)의 도이며, 신하의 도이며, 어머니(母)의 도이며, 처(妻)의 도이며, 여성의 도이다. 즉 여성의 도는, 음으로 곤괘의 도에 의해 완성되는 것이다.

12 이 구절에 대한 해석에서 가장 중요한 것은 "지(知)"인데 주로 세 가지 관점을 가지고 말한다. 주자는 "지(知)"를 "주(主)"로, 공영달은 "지견(知見)"의 "지(知)"로, 왕념손은 『경의술문(經義述問)』에서 "위(爲)"로 보고 있다. 여기에서는 주자의 관점에 따라 "지(知)"를 "주(主)"로 보려고 한다. '지'의 의미는 "담당하다", "관리하다", "지배하다"는 뜻이다. 주자는 "지(知)는 주(主)와 같다(知, 猶主也)"고 말한다. 예를 들면 '지현(知

月運行, 一寒一署.〕 鍵道成男, 川道成女. 鍵知大始, 川作成物.
월 운 행 일 한 일 서   건 도 성 남   천 도 성 녀   건 지 대 시   천 작 성 물

이런 까닭으로 강과 유가 서로 마찰하며, 팔괘가 서로 섞이며, 우레와 번개로써 발동시키며, 바람과 비로 적시며, 해와 달이 운행하며 한 번 추웠다 한 번 더웠다 하여, 건(乾)의 도(건의 운행 변화)가 남성이 되고 곤(坤)의 도(곤의 운행 변화)가 여성이 되니, 건은 큰 시작을 주관하고 곤은 만물을 이루어 내는 일을 맡는다.

■ 이런 까닭으로 강과 유가 서로 마찰하며, 팔괘가 서로 섞이며, 우레와 번개로써 발동시키며, 바람과 비로 적시며, 해와 달이 운행하며 한 번 추웠

縣)' 이나 '도지사(道知事)' 라고 할 때의 '지' 자의 의미이다. 「단전」의 관점에 의하면 지(知)는 주(主)의 관점으로 말한다. 왜냐하면 「문언전」은 만물을 생육(生育)하는 관점을 말하는데 그곳에서 건은 시작을 주재(萬物資始)하고 곤은 물을 낳는 일을 담당하기(萬物資生) 때문이다. 그런데 주자는 "건지대시(乾知大始)"와 "건이이지(乾以易知)"의 "지(知)"는 주(主)의 뜻으로 사용하고, "이즉이지(易則易知)"아래의 "지(知)"는 모두 안다(知)의 뜻으로 사용하고 있다. 아마도 "주(主)"의 뜻으로 사용한 경우는 건의 역할과 작용에 대해 말하는 것으로 보이고, "안다(知)"의 뜻으로 사용한 경우는 지행(知行)의 차원에 적용하는 입장에서 말한 것으로 보인다. 이런 주자의 관점은 상당히 타당한 것으로 보인다. 내지덕은 "대시(大始)"의 "대(大)"를 완전이라는 의미로 보고 있다. "대시는 광대하고 완전한 시(始)"라고 말한다. 천지간의 소위 만물은 건괘의 도 즉 천도(天道)에 의해 시작된다. 건괘의 도 즉 천도는 천지간의 모든 만물을 시작하는 크고 완전한 힘을 가지고 있다. 건괘의 도는 만물을 시작하는 일에 종사한다. 천지 사이의 모든 만물은 곤괘의 도 즉 지의 작용에 의해서 그 형태가 만들어져 완성된다. 곤괘의 도, 즉 땅의 도는 천지 사이의 모든 만물의 형태를 만들어, 그것을 완성하는 작용을 담당하고(作) 있다. 이런 관점에 대해서는 코다 렌타로(公田連太郎)의 『역경강화(易經講話)』五, 21쪽 참조 바람.

13 "뢰(罍)"는 고대의 술을 담는 그릇이나 여기에서는 뢰(雷)의 가차자로 사용되고 있다. "전(旬)"은 "뢰정(雷霆)"의 "정(霆)"으로 읽는다.

14 "윤(冂)"은 윤택(潤澤)의 의미이다.

다 한 번 더웠다 하여, 건(乾)의 도(건의 운행 변화)가 남성이 되고 곤(坤)의 도(곤의 운행 변화)가 여성이 되니, 건은 큰 시작을 주관하고 곤은 만물을 이루어 내는 일을 맡는다.

乾以易知요 坤以簡能[15]이니 易則易知요 簡則易從[16]이요 易知則有
건 이 이 지　　곤 이 간 능　　　이 즉 이 지　　간 즉 이 종　　　이 지 즉 유

---

15 "이(以)"는 용(用)의 뜻이다. "건이이지(乾以易知)"의 "지(知)"와 "곤이간능(坤以簡能)"의 "능(能)"은 모두 기능적 작용에 관해서 말하고 있다. "이(易)"는 난이(難易)의 "이(易)"이며 쉽다는 말로 조금도 어렵지 않다는 것을 말한다. 즉 매우 평이하고, 편안하고, 조금의 곤란도 없다는 것을 말한다. 조금의 사사로움도 없고 전혀 무리가 없이 매우 편안하게 일이 진행되어 나가는 것을 말한다. "간(簡)"은 번잡(煩雜)하지 않은 것을 말한다. 매우 간략하고 대범하게 한 갈래로 나아가는 것을 말한다. 약간의 사사로움도 없고 조금의 무리도 없이 한 가지로만 일을 행하기 때문에 막힘없이 일이 술술 진행되어 나간다. 여기에서 건의 작용은 주관(主管)한다는 의미이다. 이 두 구절의 의미는 건은 매우 쉬운 방식으로 주관하는 작용을 발휘하고, 곤은 매우 간단한 방식으로 그것을 이루어 만드는 효과를 발휘하고 있다. 이 간단하고 쉬운 방식이 바로 앞에서 말한 "건은 큰 시작을 주관하고 곤은 만물을 이루어 내는 일을 맡는다(乾知大始, 坤作成物)"는 것이다. 건을 하늘로, 곤을 땅으로 볼 경우, 천은 천지간의 모든 만물을 발생하는 원기를 두루 천하에 베푸는 것이다. 천은 무한한 원기(元氣)를 가지고 있고, 그 원기를 널리 천하에 베푼다. 천은 자신이 가지고 있지 않은 것을 무리하게 짜내려고 하지 않고 무한하고 무궁히 넘쳐흐르는 위대한 원기를 베풀기 때문에 매우 용이하고도 편안하게 행하는 것이다. 지는 천이 베푼 원기를 받아들여 유순하게 이루어내기 때문에 지상의 만물이 각각 발생되는 것이다. 지상의 만물은 땅이 스스로 제조하는 것이 아니라 유순히 천으로부터 받아들여 저장하고 있는 원기의 힘에 의해 지상의 만물을 각각 생장발육 시킨다. 또 오직 한 갈래의 도에 의해 조금의 무리도 없이 그것을 이루어내기 때문에 매우 간이하고 조금의 번잡함도 없다. 코다 렌타로의 『역경강화』 22-23쪽 참조 바람.

16 건괘(乾卦)가 만물을 처음 시작하는 도리는 매우 평이하여 결코 신비하지가 않다. 그러므로 모든 사람들이 쉽게 알 수 있다. 곤괘가 만물을 낳는 도리는 매우 간단하기 때문에 모든 사람들이 모두 쉽게 따를 수 있다는 말이다. 극히 평탄하고 편안하게 조금도 곤란한 일이 없고 조금의 사사로움이 없을 때, 사람들은 용이하게 이것을 알 수 있다. 행함이 간략하고 한결같고 번잡하지 않을 때는 누구나 이것을 따라 용이하게 행할 수 있다. 평이한 도로서 일을 행할 때는 누구나 쉽게 이것을 알 수 있고, 간략하고 번잡하지 않은 도를 가지고 일을 행할 경우 누구나 손쉽게 이것을 따르고 행할 수 있다.

親이요 易從則有功[17]이요 有親則可久요 有功則可大[18]요 可久則賢
친   이종즉유공   유친즉가구   유공즉가대   가구즉현

人之德이요 可大則賢人之業[19]이니 易簡而天下之理得矣니 天下
인지덕   가대즉현인지업   이간이천하지리득의   천하

之理得而成位乎其中矣[20]니라.
지리득이성위호기중의

---

17 쉽게 알 수 있으면 알 수 있는 것이 많아지고 그것에 대해 친근하게 접근할 수 있게 된다. 쉽게 다룰 수 있으면 할 수 있는 것이 많이 지기 때문에 효용을 크게 발휘할 수 있다. 즉 누구나 쉽게 알 수 있는 도를 가지고 일을 행할 경우, 그 사람을 따르고 친하게 지내려는 자가 많이 생기는 것은 자연스럽다. 누구나 쉽게 따를 수 있는 도를 가지고 일을 행할 때는 많은 사람들이 기뻐하며 그 사람과 함께 일을 행하기 때문에 커다란 공적을 성취할 수가 있다. 만약 이것에 반하여 쉽게 그것을 알 수 없고 쉽게 그것을 따르고 그것을 행하는 일을 행할 수 없는 방법으로 일을 행할 때는 그것에 가까이 가서 친하게 지내려는 자가 드물기 때문에 공을 이룰 수 없는 것이다. 예를 들면 의미를 쉽게 파악하기 힘든 법률이 많이 있거나 너무 복잡하여 쉽게 행하기 어려운 규칙이 많은 상황과 "쉽게 알면 (사람들이 서로) 친함이 있게 되고, 쉽게 따르면 공을 이룰 수 있고(易知則有親, 易從則有功)"하는 것과는 정반대의 경우이다.

18 친근해지면 영원히 단절되지 않고 효용을 크게 발휘할 수 있다. 사람들이 친하게 지내려 하고 가까이 하는 자가 많을 때는 그 도를 오래 지킬 수 있고 그 지위를 오래 유지할 수 있으며, 공적을 성취하는 것이 가능할 때는 그것이 점점 성대하게 되고 점점 크게 될 수 있다. "오래 유지할 수 있다는(可久)" 것은 항구적으로 오래 지속하는 것으로 자강불식(自彊不息)하는 건도(乾道)를 말하고, "공이 이룬 것이 있으면 커질 수 있는(有功則可大)" 것은 구체적인 결과를 만들어 내는 곤도(坤道)의 위대함에 대해 말하는 것이다.

19 영원하여 끊어지지 않는 이 도리를 길고 오래 지킬 수 있는 것은 현인의 덕이다. 도덕을 지니고 있는 현인은 오래 그것을 지켜 크게 발휘하여 현인의 업적을 만들어 낼 수 있다. 여기에서 말하는 덕(德)과 업(業)에 대해서 주자는 『주역본의』에서 "덕은 나에게 얻어지는 것을 말하고 업은 일에서 이루어진 것을 말한다(德, 謂得於己者, 業, 謂成於事者)"고 하여 "덕(德)"을 자신의 마음속에 체득해 있는 것, 즉 자신의 마음속에 가지고 있는 것으로 말하고 있다. 이에 비해 "업(業)"이라고 하는 것은, 사업으로 완성되어 있는 것으로 자신의 마음속에 가지고 있는 덕이 바깥으로 나타나 사업이 되는 것을 말한다. 마음속에 있는 도덕을 가지고 있기 때문에 그것이 외부로 나타나 사업이 된다. 현인의 덕은 길고 오래 지킬 수 있는 위대한 덕이며 현인의 사업은 점점 성대하게 되고 크게 될 위대한 사업인데 이것들은 모두 "이(易)"와 "간(簡)"의 덕에서 나온 것이다.

20 "성위(成位)"라는 말은 지위를 확정한다는 말이다. "중(中)"은 "꼭 알맞다는 뜻이다. 이

🔳 鍵以易，川以閒．²¹ 能易則傷²²知，閒則易從．知則有親，從則
건이이 천이한 능이즉이지 간즉이종 지즉유친 종즉

有功．有親則可久，有功則可大也，可久則賢人之德也〔可大則
유공 유친즉가구 유공즉가대야 가구즉현인지덕야 가대즉

賢人之業也．易閒而〕理得，理得而成位乎其中．
현인지업야 역간이 리득 이득이성위호기중

건은 쉬운 방식을 통하여 주관하는 작용을 하고, 곤은 간단한 방식으로 이루는 기능을 하니, 쉬우면 (사람들을)쉽게 알게 하고, 간단하면 (사람들을) 쉽게 따르도록 하고, 쉽게 알면 (사람들이 서로) 친함이 있게 되고, 쉽게 따르면 공을 이룰 수 있고, 친함이 있으면 오래 유지할 수 있고, 공이 이룬 것이 있으면 커질 수 있고, 오래 유지할 수 있으면 어진 이의 덕이요, 커질 수 있는 것은 어진이의 사업이니, (건과 곤이 가지고 있는) 쉽고 간단함의 이치를 알아서 천하의 이치를 파악하게 되니, 천하의 이치를 파악하게 되면 (천지간의 올바른 자리) 가운데에 자리를 이룬다.

🔳 건의 작용은 매우 쉽고, 곤은 간단한 방식으로 이루는 기능을 하니, 쉬우면 (사람들을) 쉽게 알게 하고, 간단하면 (사람들을) 쉽게 따른다. 쉽게

구절은 "이간(易簡)"의 도리를 전체적으로 총괄한 것으로 천하의 이치는 이간의 도리 속에서 실현 되는 것으로 사람이 그 이치를 얻으면 천지의 변화와 화육(化育)에도 참여할 수 있어서 천지의 사이(中)에서 인간의 지위를 확립할 수 있다는 말이다. 이에 대해 주자는 『주역본의』에서 "성위는 사람의 자리를 이루는 것을 말하고 그 중은 천지의 가운데를 말하는 것으로 이에 이르면 도를 체득하는 지극한 공부와 성인의 빼어난 일하는 능력으로 말미암아 천지와 더불어 참여할 수 있는 것이다(成位謂成人之位，其中謂天地之中，至此則體道之極功，聖人之能事，可以與天地參矣)"고 하였다. 말하자면 건괘의 이(易)와 곤괘의 간(簡)의 도리를 체득하여 천지의 화육(化育)에 공동으로 참여할 수 있다는 말이다.

21 "한(閒)"은 "간(簡)"의 가차자이다.
22 "이(傷)"는 "이(易)"와 같은 글자로 보인다.

알면 (사람들이 서로) 친함이 있게 되고, 쉽게 따르면 공이 있다. 친함이 있으면 오래 유지할 수 있고, 공이 있으면 커질 수 있다. 오래 유지할 수 있으면 어진 이의 덕이요, 커질 수 있는 것은 어진이의 사업이니, (건과 곤이 가지고 있는) 쉽고 간단함의 이치를 알아서 천하의 이치를 파악하게 되니, 천하의 이치를 파악하게 되면 (천지간의 올바른 자리) 가운데에 자리를 이룬다.

　* 제1장의 의미 : 이 장은 천지의 조화와 변화의 법칙으로부터 『주역』 형성의 몇 가지 요점에 대해 말하고 있다. 우선 건곤을 정하고, 효의 위치를 정하여 강유를 나누고 길흉이 나오는 것에 대해 말한다. 두 번째로는 강유를 통하여 8괘와 64괘를 만들고 그것이 바로 천지의 발전변화 과정임을 말한다. 세 번째로는 건곤 변화의 도리가 매우 복잡하고 심오한 것 같으나 실제로 사용하기에는 매우 간단함을 말한다. 말하자면 매일 쓰면서도 그 도리를 깨닫지 못하는 경우이다. 이를 통하여 하늘과 땅의 기능 및 인간과 천지가 병립(竝立)하는 도리를 서술하고 있다.

제2장

聖人이 設卦하여 觀象繫辭焉하여 而明吉凶[23]하며 剛柔相推而生
성인　　설괘　　관상계사언　　　이명길흉　　　강유상추이생

---

23 "설괘관상(設卦觀象)"이라는 말은 물상(物象)을 관찰하여 괘의 형태를 만드는 것을 말한다. "계사(繫辭)"는 64괘와 384효 아래에 붙인 말이다. 성인이 그 괘를 그리려고 했을 때에 물상을 보지 않음이 없었을 것이고, 그 물상을 본받은 후에 괘상을 만들었기 때문에 길도 있고 흉도 있을 것이다. 공영달은 "길도 있고 흉도 있지만 만약 괘효사를 붙이

變化²⁴하니 是故로 吉凶者는 失得之象也요 悔吝者는 憂虞之象
也²⁵요 變化者는 進退之象也요 剛柔者는 晝夜之象也²⁶니 六爻之

지 않으면 그 이치가 분명하게 드러나지 않기 때문에 길흉의 말을 괘효의 아래에 연결시켜 이 괘와 이 효의 길흉을 분명하게 드러내었다(有吉有凶, 若不繫辭, 其理未顯, 故繫屬吉凶之文辭于卦爻之下, 而顯明此卦爻吉凶也)"고 하였다. "설괘(設卦)"는 성인이 괘를 만든 것을 말하고 "관상(觀象)"은 괘의 상을 관찰하는 것을 말한다. "계사언(繫辭焉)"이라는 말은 문자적인 설명을 부가한 것으로 이들은 마지막에는 모두 길흉을 말한다. 그런데 이 문제에 대해서는 좀 더 상세한 해석을 필요로 한다. 먼저 설괘(設卦)의 괘는 당연히 8괘와 64괘를 포함해서 말한다. 관상(觀象)의 상은 괘의 상을 말한다. 어떻게 관상하는가? 『주역』의 괘는 상황의 변화에 따라서 8괘의 취상(取象) 내용 역시 달라진다. 말하자면 8괘의 취상(取象)은 변화할 수 있는 것으로 반드시 정해져 있는 것은 아니다. "길함과 흉함을 밝히며(明吉凶)"라는 말은 『주역』이라는 책이 처음에는 점을 치는 복서(卜筮)에서 출발한 것을 간접적으로 설명해준다. 그러나 복서는 다만 형식이고, 그것의 내용은 후대에 점차적으로 철학적인 내용을 부가한 것이라고 할 수 있다. 이런 점에서 말을 덧붙인 것은 매우 중요하다.

24 제임스 레게의 영역본에서는 "강유상추(剛柔相推)"를 "강과 유가 서로 번갈아 가면서 자리를 옮겨(The strong and the weak displace each other)" 변화를 낳는 것으로 해석하고 있다. 대단히 일리 있는 번역으로 보인다. 이 구절에서 말하는 것은 효에 관한 문제이지 괘에 대한 언급은 아닌데 "강유(剛柔)"라는 말을 통해서 알 수 있다. 강유는 변화를 말하는 것으로 효에서의 음양을 말한다. "상추(相推)"는 서로 추동(推動)하는 것을 말하는데 강유가 서로 추동하면서 변화가 생긴다. 강은 유로 변할 수 있고 유 또한 강으로 변할 수 있다. 특히 이 구절은 괘 가운데의 강효와 유효가 서로 추이(推移)하면서 변화를 드러내는 것을 말하기 때문에 먼저 강효와 유효가 어떻게 추이하는가를 이해하고 난 후에 비로소 어떤 변화가 일어나는지를 알 수 있다.

25 "회(悔)"는 뉘우침을 말하고 "린(吝)"은 부끄러움을 당한다는 말이다. "우우(憂虞)"는 근심하고 걱정하는 것을 말한다. 길·흉·회·린은 모두 점사(占辭)로 이것은 괘효사의 상징적 의미를 설명하고 있다. 이에 대해 상병화는 『주역상씨학』에서 "길하면 얻고 흉하면 잃어버리고 회린을 알면 근심하고 걱정하는 것을 알고 근심하고 걱정하는 것을 알면 길로 향하고 흉을 피할 수 있다(吉則得, 凶則失, 知悔吝則知憂虞, 知憂虞則可趣吉避凶)"고 하였다. "회"와 "린"은 모두 중간상태에 있는 것으로 "회"는 뉘우치는 것으로 원래 흉에서부터 길로 향해가는 것을 말한다. "린"은 잘못을 여전히 바꾸지 못하여 원래 길에서 흉으로 변화하는 것을 말한다.

26 이것은 64괘 중의 강유변화에 대해서 설명한 것인데, 마치 인간사에서 나아가고 물러감

動은 三極之道也[27]라
동 삼극지도야

■백 聖人設卦, 觀馬,[28] 毄辭[29]焉, 而明吉凶, 剛柔相逐[30]而生變化.
성인설괘 관마 격사 언 이명길흉 강유상수 이생변화

是故吉凶也者, 得失之馬也. 悔吝也者, 憂虞之馬也. 通變化也者,
시고길흉야자 득실지마야 회린야자 우우지마야 통변화야자

進退之馬也. 剛柔也者, 晝夜之馬也. 六肴[31]之動, 三亟[32]之道也.
진퇴지마야 강유야자 주야지마야 육효 지동 삼극 지도야

성인은 괘를 지어 내어 그 속에 들어있는 상(象)을 살펴 거기에 말을 덧붙

이 있고 주야의 교체가 있는 것과 같다. 이에 대해 주자는 『주역본의』에서 "유가 변해서
강으로 나아감은 물러남이 다해서 나아가는 것이고 강이 변화해서 유로 나아감은 나아감
이 다해서 물러나는 것이니 이미 변해서 강이 되면 낮이고 양이며 이미 화해서 유가 되면
밤이고 음이다(柔變而趣於剛者, 退極而進也. 剛化而趣於柔者, 進極而退也. 旣變而
剛, 則晝而陽矣. 旣化而柔, 則夜而陰矣)"고 하였다. 이처럼 『주역』이 이야기하려고 하
는 것은 고정불변하는 것이 아니라 순환왕복하고 변동(變動)하는 것을 말하는 데 있다.

27 "삼극(三極)"은 천·지·인 삼재(三才)를 말한다. 이것은 육효의 변화를 설명하는 것으
로 천·지·인의 도리를 구현하고 있다. 육효 가운데에서 천·지·인을 『주역집해』에서
는 "일과 이는 지도이고, 삼과 사는 인도이고, 오와 육은 천도이다(一二爲地道, 三四爲
人道, 五六爲天道)"고 하였다. 또 『주역본의』는 "동이라는 것은 변화이고 극은 지극함
을 말한다. 삼극은 천·지·인의 지극한 이치이다(動, 卽變化也. 極, 至也. 三極, 天地
人之至理)"고 하였다. 이에 비해 『주역집해』는 육적의 관점을 인용하여 삼극이 가리키
는 내용이 기타의 다른 입장과는 달리 "초와 사는 하극이고, 이와 오는 중극이고, 삼과
상은 상극이다(初四下極, 二五中極, 三上上極)"고 하였다.

28 "마(馬)"는 "마(碼)"의 가차자로 괘의 부호 혹은 번호를 의미하는 것으로 "마(碼)"의 뜻
은 괘상(卦象)을 의미하는 것으로 보인다. 실제로 쇼니시의 『백화주역』의 영어 번역본에
서도 아예 "마(馬)"를 모두 "상(象)"으로 말하고 있다.

29 "격(毄)"은 계(繫)의 가차자이다.

30 "수(逐)"는 생장(生長)의 뜻인데 쇼니시의 『백화주역』의 영어 번역본에서는 "추(推)"를
"push" 즉 민다는 뜻으로 보고 있다. 325쪽 주석 6번 참조 바람.

31 "효(肴)"는 "효(爻)"의 가차자이다.

32 "극(亟)"은 극(極)의 가차자이다.

여서 길함과 흉함을 밝히며. 강(剛)과 유(柔)가 서로 밀쳐서(서로 번갈아 가면서 자리를 옮겨) 무궁한 변화를 낳으니 이런 까닭으로 길흉이라는 것은 (일을 처리하는 데 있어서) 순리적으로 이루어진 것과 실패한 것의 상징이고, 뉘우침(悔)과 부끄러움(咎)은 (일을 처리하는 데 약간 잘못되어) 근심하고 걱정하는 것의 상징이요, (괘효의) 변(變)하는 것과 화(化)하는 것은 나아가고 물러남의 상징이고, 강효(剛爻)와 유효(柔爻)는 낮(陽)과 밤(陰)의 상징이니 육효가 변동하는 것은 천·지·인 삼극(三極)의 도리이다.

■ 성인이 괘도를 본받아서 괘마(괘상)를 관찰하여 괘효사를 써서 괘효의 아래에 붙여서 점치는 사람들이 길흉을 파악하도록 하였다. 강(剛)과 유(柔)가 서로 생장하여서 무궁한 변화를 낳았다. 이런 까닭으로 길흉이라는 것은 득실의 괘마(괘상)이고, 뉘우침(悔)과 부끄러움(咎)은 (일을 처리하는데 약간 잘못되어) 근심하고 걱정하는 것의 상이요, (괘효의) 변(變)하는 것과 화(化)하는 것은 나아가고 물러남의 상징이고, 강효(剛爻)와 유효(柔爻)는 낮(陽)과 밤(陰)의 상징이니 육효가 변동하는 것은 천,지,인 삼극(三極)의 도리이다.

是故로 君子所居而安者는 易之序也요 所樂而玩者는 爻之辭也³³
시 고　군 자 소 거 이 안 자　역 지 서 야　소 락 이 완 자　효 지 사 야

---

33 "역지서(易之序)"는 『주역』이 포함하고 있는 정해진 차례라는 말이다. 이것은 육효의 서위(序位)를 말하는데 예를 들면 초구나 상육 등을 말한다. "거(居)"는 평소에 있는 위치를 말한다. 여기서 말하는 "역(易)" 자는 변혁(變革)의 역이다. 여섯 효의 강유가 발생시키는 여러 가지 변화는 우주의 근본적 법칙을 반영하고 있다. 이 구절은 군자가 『주역』을 통해 자신의 위치에서 어떻게 행동할 것인가 하는 문제에 대해 말하고 있다. "(군자가 평시에) 즐기면서 반복적으로 음미하는 것은 각각의 효에 붙어있는 효사이니(所樂而玩者, 爻之辭也)"라는 말은 군자가 반복적으로 즐겨 음미하는 것은 효의 사(辭)임을 말

니 是故로 君子居則觀其象而玩其辭하고 動則觀其變而玩其占하
시 고　　군 자 거 즉 관 기 상 이 완 기 사　　　　동 즉 관 기 변 이 완 기 점

니 是以自天祐之하여 吉无不利[34]니라.
시 이 자 천 우 지　　　　길 무 불 리

백 是故君子所居而安者, 易之序也, 樂而妧[35]者, 敎之始[36]也. 君
시 고 군 자 소 거 이 안 자　　역 지 서 야　　락 이 완　자 교 지 시　야　군

한다. 효가 말하는 것은 움직임이다. 자세히 효사를 음미하면 군자는 전체의 변동과 흐름을 파악하여 거기에 따라 대처할 수 있다. 『주역절중』은 유염의 말을 인용하여 "군자가 『주역』이 포함하고 있는 정해진 차례를 보고 이 이치에 따르기 때문에 안정을 얻었다고 하고 효의 사를 보고서 이런 이치에 도달하기 때문에 음미한다(君子觀易序而循是理故安, 觀爻之辭而達是理故玩)"고 하였다. 또 주자는 "역의 차례라 함은 괘효에 나타난 사리의 당연한 차례이고 음미한다고 하는 것은 자세히 살피는 것을 말한다(易之序, 謂卦爻所著事理當然之次第. 玩者, 觀之詳)"라고 하였다. 이에 비해 김경방은 "역지서(易之序)"라는 말을 효의 순서로 보지 않고 괘의 순서로 이야기하고 있다. 왜냐하면 아래 구절의 "(군자가 평시에) 즐기면서 반복적으로 음미하는 것은 각각의 효에 붙어있는 효사이니(所樂而玩者, 爻之辭也)"라는 구절은 효에 관해 말하는 것이기 때문이다. "효지사(爻之辭)"의 "효"와 "역지서(易之序)"의 "역"은 서로 대비적인 것이기 때문에 "역지서(易之序)"가 말하는 것은 괘이지 효가 아니라고 보고 있다. 또 64괘로 보자면 모든 괘는 하나의 시대를 대표하고 공자가 「서괘전」을 지은 것은 바로 괘의 순서를 지은 것이기 때문에 여기서 말하는 "역지서(易之序)"는 마땅히 64괘의 순서로 보아야 한다고 주장한다.

34 "거(居)"는 평소의 의미이고 "동(動)"은 행동을 말한다. "점(占)"은 점괘(占卦)를 의미한다. 군자가 평소에 모든 괘효의 강유진퇴(剛柔進退)와 실득(失得)의 상을 상세하게 살펴 길흉회린(吉凶悔吝)의 말이 가지고 있는 이치를 자세히 음미하고 또 행동할 때는 점을 통하여 육효의 강유변화를 관찰하고 점친 내용을 음미하여서 어떻게 길로 향하고 흉을 피할(趣吉避凶) 것인가를 결정한다. "이런 까닭으로 하늘로부터 도와서 길하고 이롭지 않음이 없는 것이다(自天祐之, 吉无不利)"라는 말은 대유괘(大有卦) 상구에 나오는 효사로 역리(易理)에 따라 행동하니 조금의 차특(差慝)도 없어서 마치 하늘이 보호하는 것 같아 오직 길하고 이롭지 않음이 없다는 말이다.

35 "완(妧)"은 여자의 아름다운 모습을 형용하고 있는 말이다. 『광아』에서는 "완은 좋다는 말이다(妧, 好也)"고 하였는데 아마도 "완(妧)"은 통행본 『주역』에서 말하는 음미한다는 의미의 "완(玩)"으로 보인다.

36 쇼니시의 『백화주역』의 영어 번역본에서는 『백서주역』에서 말하는 "교(敎)"는 "효(爻)"로 읽는 것이 일반적이고 또 "시(始)"는 "사(辭)"의 가차자로 보고 있다.(325쪽 주석 9번과 10번 참조) 그러나 등구백의 『백화백서주역』에서는 "교지시야(敎之始也)"의 의미

子居則觀其馬而妧其辭, 動則觀其變而其占. 是以 "自天右之,
자 거 즉 관 기 마 이 완 기 사　　동 즉 관 기 변 이 기 점　　시 이　　자 천 우 지

吉, 无不利"也.
길　무 불 리 야

이런 까닭으로 군자가 거처하면서 안정을 얻는 것은 『주역』이 포함하고 있는 정해진 차례에 부합하기 때문이요, (군자가 평시에) 즐기면서 반복적으로 음미하는 것은 각각의 효에 붙어있는 효사이니, 그러므로 군자는 평소에 편안하게 거처할 때는 괘효의 상징을 살펴보고 그 말이 가진 의미를 음미하고, (어떤 일이 있어) 움직일 때는 괘효의 변하는 것을 관찰하여 (길흉의) 점단(占斷)을 음미하니 이런 까닭으로 하늘로부터 도와서 길하고 이롭지 않음이 없는 것이다.

■백 이런 까닭으로 군자가 거처하면서 안정을 얻는 것은 (『주역』이 포함하고 있는) 정해진 차례에 부합하기 때문이요, (군자가 평시에) 즐기면서 좋아하는 것은 각각의 가르침의 결과이다. 군자는 평소에 편안하게 거처할 때는 괘효의 상징이 가진 의미를 살피고, (어떤 일이 있어) 움직일 때는 괘효의 변하는 것을 관찰하여 (길흉의) 점단(占斷)을 음미하니 이런 까닭으로 하늘로부터 도와서 길하고 이롭지 않음이 없는 것이다.

* 제2장의 의미 : 제 2장은 크게 두 개의 절로 나누어진다. 첫 번째 절은 길흉을 밝히는 문제와 삼극(三極)의 도리를 통하여 『주역』에 대한 전

를 『주역』의 가르침의 결과라는 의미로 번역하고 있다(177쪽 참조)는 점에서 차이를 보인다.

체적 설명을 하고 두 번째 절은 평상시에 『주역』을 어떻게 응용할 것인가 하는 문제에 관해 이야기하고 있고 『주역』을 배우는 방법에 대해 말하고 있다. 이에 대해 주자는 『주역본의』에서 "이 장은 성인이 역을 짓고 군자가 역을 배우는 일에 대해서 말한 것이(此章, 言聖人作易君子學易之事)"라고 하였다.

제3장

象者는 言乎象者也요 爻者는 言乎變者也[37]요 吉凶者는 言乎其失
단 자　　언 호 상 자 야　　효 자　　언 호 변 자 야　　　　길 흉 자　　언 호 기 실

得也요 悔吝者는 言乎其小疵也[38]요 无咎者는 善補過也[39]니
득 야　　회 린 자　　언 호 기 소 자 야　　　무 구 자　　선 보 과 야

---

37 "단(彖)"은 단사(彖辭)로 후대에서 말하는 괘사(卦辭)를 말한다. 갑골(甲骨)에서는 점 친 글들을 일러 요사(繇辭)라고 부른다. 『주역』에서는 점친 글을 일러 단사(彖辭)라고 한다. 왜냐하면 『역전』의 「단전」이 출현한 후에 「단전」을 종종 단사라고 부르기도 하였는데 여기에서 혼돈을 피하기 위해서 후대의 사람들이 원래의 단사를 괘사(卦辭)로 이름을 바꾸었기 때문이다. "단이라는 것은 (괘 전체의) 상징을 말한 것이요(彖者, 言乎象者也)"라고 하는 것을 통해 보면 괘사는 상(象)을 설명하는 것이라고 할 수 있다. 『주역』이전의 괘획(卦劃)은 상을 통하여 그 뜻을 표현하였기 때문에 상을 보고 이해하면 괘획의 뜻을 알 수 있다. 그러나 후대의 사람들은 보고서도 모르기 때문에 여기에 괘사를 추가하였다. 그러므로 괘사는 괘상과 괘상이 드러내는 의미를 설명하고 있는 것이라고 할 수 있다. 괘사는 다만 괘상 만을 설명하는 것으로 이해해서는 안 된다. "효사는 각 효의 변화를 말한 것이요(爻者, 言乎變者也)"라는 말은 효사는 효의 변화와 그것이 드리내는 의미를 설명하고 있다. 이에 대해 주자는 『주역본의』에서 "단은 괘사를 말하니 문왕이 지은 것이고, 효는 효사를 말하니 주공이 지은 것이다. 상은 괘 전체를 말하는 것이고 변은 한 절을 가지고 말한 것이다(彖謂卦辭, 文王所作者. 爻謂爻辭, 周公所作者. 象指全體而言, 變指一節而言)"고 하였다.

38 이 두 구절은 길흉(吉凶)과 회린(悔吝)에 대해 해석하고 있다. 길흉이 말하려고 하는 것은 "실득(失得)"으로 바로 성공과 실패를 말하는데 사물의 두 가지 측면을 의미한다. 이에 비해 회린은 작은 하자(瑕疵)를 의미하는 것으로 아직 길(吉)에 이르지도 않았고 흉

 緣⁴⁰者, 言如⁴¹馬者也. 肴者, 言如變者也. 吉凶也者, 言亓失
연 자 언여 마자야 효자 언여변자야 길흉야자 언기실

得也, 㦟⁴² 閵也者, 言如小疵也. 无咎也者, 言補過也.⁴³
득야 회 린야자 언여소자야 무구야자 언보과야

단이라는 것은 (괘 전체의) 상징을 말한 것이요, 효사는 각 효의 변화를 말

의 상태로 가지 않는 중간 상태를 의미한다. 괘효사에는 길도 있고 흉도 말하고 있는데
이것은 사람들이 일을 하는 데 있어서 얻는 것도 있고 잃는 것도 있는 것을 말한 것으로
더 구체적으로 말하면 얻는 것은 선한 행위의 결과 길, 복(福)으로 향하는 것이고 잃는
것에는 선하지 않은 행위를 하여 흉, 화(禍) 등으로 향해가는 것을 말한다. "자(疵)"는
허물로 작은 단점을 의미한다. 장진연(張振淵)은 『주역절중』에서 "실득은 때에 소식이
있는 것이고 위에 당위와 부당위의 설이 있는 것을 가리키는데 소자(小疵)는 두 가지의
뜻을 겸하고 있다. 얻는 것을 향하고 있으나 아직 얻지 못하고 여전히 작은 하자가 있음
은 회이다. 잃는 것을 향하여 가나 아직 잃어버리지 않고 이미 작은 하자가 있으면 린이
라고 한다(失得指時有消息, 位有當否說, 小疵兼兩意. 向于得而未得, 尚有小疵則悔.
向于失而未失, 已有小疵則吝)"고 하였다.

39 "구(咎)"는 허물을 말한다. 괘사와 효사에는 허물을 말하는 부분이 많은데 이것은 사람
이 행동하는데 있어서 잘못이 없을 수는 없지만 잘못을 잘 보충하면 허물이 없을 수 있음
을 말하기 위한 것이다. 말하자면 본래 잘못이 있으나 만약 잘못을 반성하여 잘 보충하
면 무구(无咎)가 될 수 있음을 말한다. 이에 대해 채연(蔡淵)은 『주역절중』에서 "잘못을
잘 보충한다는 것은 본래는 먼저 허물이 있으나 이것을 잘 닦으면 허물을 면할 수 있다는
것이다(善補過者, 先本有咎, 修之則可免咎也)"고 하였다. 『주역』에서는 항상 길흉을
이용하여 어떤 일의 두 측면을 말하는데 회린을 통해서는 길흉의 중간 상태를 표시하고
무구를 통해서는 잘못을 잘 보충하는 것을 말한다. 『주역』의 64괘 가운데에서 오직 겸괘
(謙卦)의 여섯 효만이 모두 길하다. 이런 이유에서 『주역』은 무구를 매우 중요하게 여긴
다. 사람의 일이란 것이 어떻게 계속적으로 정확하고 옳을 수만 있겠는가? 여기에는 늘
복잡한 우연성이 끼어들기 때문에 잘못은 있게 마련이다. 여기에서 잘못을 보충하는 행
동이 단순한 길을 얻는 것보다 더 중요할 수밖에 없다.

40 "연(緣)"은 본래 옷의 가장자리를 장식하는 것을 말하지만 여기에서 말하는 "연"은 "단
(彖)"의 가차자로 보는 것이 일반적이다.

41 "언여(言如)"는 통행본에선 "언호(言乎)"로 쓰여졌는데 그 뜻은 "~로 표현하다"는 의미
로 사용된다.

42 "회(㦟)"는 "회(悔)"의 가차자로 사용되고 있다.

43 "언보과야(言補過也)"를 통행본에서는 "선보과야(善補過也)"로 쓰고 있는데 여기에서
말하는 "언(言)"은 "표현한다" 또는 "말한다"는 의미이다.

한 것이요, 길과 흉은 (일을 처리하는데 있어서) 순리적으로 이루어진 것
과 실패한 것을 말한 것이요, 뉘우침(悔)과 부끄러움(吝)은 조그만 허물들
을 말한 것이요, 무구는 잘못을 잘 보충한다는 것이니

▣ 단이라는 것은 (괘 전체의) 상징을 표현한 것이요, 효사는 각 효의 변
화를 표현한 것이요, 길과 흉은 (일을 처리하는 데 있어서) 순리적으로 이
루어진 것과 실패한 것을 표현한 것이요, 뉘우침(悔)과 부끄러움(吝)은
조그만 허물들을 표현한 것이요, 무구는 잘못을 보충하는 것을 표현하고
있다.

是故로 列貴賤者는 存乎位하고 齊小大者는 存乎卦하고 辨吉凶
시 고　　열귀천자　　　존호위　　　　제소대자　　　존호괘　　　　변길흉

者는 存乎辭하고 憂悔吝者는 存乎介**44**하고 震无咎者는 存乎悔**45**
자　　존호사　　　우회린자　　　존호개　　　　진무구자　　　존호회

---

44 "위(位)"는 하나의 괘가 여섯 자리를 만들어 귀천(貴賤)으로 나누는데 적용된다. 그것은
괘의 위치가 어떤 일을 하는 데 있어서 가장 필수적으로 고려하는 원칙이기는 하지만 그
러나 절대적인 것은 아니다. 예를 들면 "귀하지만 자리가 없다(貴而無位)", "높으나 백
성이 없다(高而無民) "등의 구절은 위(位)는 본래 고귀하지만 거기에 맞는 지위를 아직
얻지 못함을 말하는 것이다. "제(齊)"는 같다 또는 가지런하다는 의미로 사용된다. 말하
자면 괘에 비록 음양과 작고 큰 것의 구분은 있으나 득실과 좋고 나쁨을 판정하는데 있어
서는 음양대소의 구별이 없다는 말이다. 구체적으로 말하면 음효(陰爻)와 양효(陽爻)의
낳고 적음에서 보면 괘는 각기 다르다. 그러나 양괘는 음효가 더 많으나 양이 주(主)가
되고 반대로 음괘는 양효가 더 많으나 음이 주가 되어서 양괘가 모두 좋고 음괘가 모두
나쁜 것은 아니다. 그러나 주자는 『주역본의』는 "위는 여섯 효의 자리를 말하고 제는 정
해진다는 의미와 같다. 소는 음을 말하고 대는 양을 말한다(位謂六爻之位, 齊猶定也,
小謂陰, 大謂陽)"고 하여 "제"를 정한다는 의미로 해석하고 있다. "변(辯)"은 "변(辨)"
의 의미로 길흉득실을 구별하는 것을 말한다. "개(介)"는 길흉의 사이에 회린(悔吝)이
있는 것으로 그 둘의 경계선이 매우 희미함을 말한다. 제임스 레게의 영역본은 "개(介)"
를 "선과 악이 갈라지는 경계선(the boundary line between good and evil)"이라고
번역하였다.

하니 是故로 卦有小大하고 辭有險易하니 辭也者는 各指其所之[46]
시고 패유소대 사유험이 사야자 각지기소지

니라.

백 是故列貴賤〔者〕存乎立,[47] 極[48]小大者存乎卦, 辨吉凶者存乎
시고렬귀천 자 존호입 극 소대자존호괘 변길흉자존호

辭, 憂悢闥者存乎分,[49] 振无咎存乎謀.[50] 是故卦有小大, 辭有險
사 우회린자존호분 진무구존호모 시고괘유소대 사유험

---

45 우번은 『주역집해』에서 "진은 움직이는 것이다(震, 動也)"고 하였다. "회(悔)"는 회개(悔改)하는 의미로 회린(悔吝)의 "회"가 아니다. 무구(无咎)를 말하는 것은 바로 사람들에게 마음을 움직여 잘못이 있으면 때에 맞추어 회개할 것을 말하고 있다. 이에 비해 다른 사람들은 진(震)을 놀라워하거나 두려움을 느끼는 의미로 해석하여 미리 경계하여 준비할 것을 말하고 있다. 두려움을 경계할 줄 앎으로써 잘못을 범하지 않는 관건은 바로 회개할 수 있는 데에 있는 것으로 말하고 있다. 이에 대해 주자는 『주역본의』에서 "진은 움직임이니 뉘우칠 줄 알면 허물을 보완하려는 마음이 움직여서 허물이 없어지게 된다(震動也, 知悔則有以動其補過之心而可以无咎矣)"고 하였다.
46 "험(險)"은 흉하고 험한 말을 가리키고 "이(易)"는 길하고 형통한 말을 가리킨다. "지(之)"는 간다는 의미인데 여기에서는 향하거나 피하는 방향을 말한다. 이 네 구절은 앞에서 말한 전체적 의미를 총괄하여 괘는 음양으로 나누어지고 사(辭)에서는 길흉이 있음을 설명하고 괘 효사의 주된 의미는 길을 향하고 흉을 피하는 방법에 있음을 나누어 설명하고 있다. 그러므로 반몽기(潘夢旂, 생졸년 미상, 남송 소주 사람으로 『大易約解』 9권이 있다)는 『주역절중』에서 "괘에는 작은 것도 있고 큰 것도 있는데 소장에 따라서 나누어진다. 사에는 험난한 것도 있고 평이한 것도 있으니 그것은 편안한 것과 위태로운 것에 의해서 구별된다. 사라는 것은 각각 그 가는 방향을 가리키는대 흉한 것은 피할 수 있는 방향을 가리키고 길한 것은 향할수 있는 곳을 가리켜서 사람들에게 보여준다(卦有小有大, 隨其消長而分. 辭有險有易, 因其安危而別. 辭者各指其所向, 凶則指其可避之方, 吉則指其可趣避之所, 以示乎人也)"고 하였다.
47 "입(立)"은 "효위(爻位)"의 의미로 사용된 것으로 보인다.
48 "극(極)"의 뜻은 규정하다, 정하다는 의미로 사용되고 있다.
49 "분(分)"을 통행본에서는 "개(介)"로 쓰고 있는데 아마도 형태가 비슷하여 와전된 것으로 보인다. 등구백, 『백서주역교석』 398쪽 참조.
50 여기에서 말하는 "진(振)"은 구하다 또는 행동을 하다라는 뜻으로 사용되고, "모(謀)"는 도모하다, 계획하다는 의미를 가지고 있다. 쇼니시의 『백화주역』의 영어 번역본 191쪽

易.辭者, 各指其所之也.
역 사자 각지기소지야

이런 까닭으로 귀한 것과 천한 것의 차이가 배열되는 것은 여섯 효의 위치 (位)에 의해 결정되고, 음의 작은 것과 양의 큰 것이 가지런하다는 것은 전체 괘의 특성에 의해 결정되고, 길과 흉을 판별하는 것은 괘사와 효사의 말에 있고, 뉘우침(悔)과 부끄러움(吝)이 생기는 것을 근심할 때에는 (善과 惡이 나누어지는) 경계선에서 (조심스럽게) 예방하는 것에 있고, 허물이 없도록 경계하는 행동을 하도록 만들어 나가는 것은 뉘우침에서부터 생기니, 이런 까닭으로 괘에는 크고 작은 것이 있으며, 괘사와 효사에는 (흉하여) 험한 것도 있고 (길하여) 형통하여 평이한 것도 있으니, 괘효사는 각각 가는 방향을 가리킨 것이라고 할 수 있다.

▣ 이런 까닭으로 귀한 것과 천한 것의 차이가 배열되는 것은 여섯 효의 위치(位)에 의해 결정되고, 음의 작은 것과 양의 큰 것을 규정하는 것은 괘에 있으며, 길과 흉을 판별하는 것은 괘사와 효사의 말에 있고, 뉘우침(悔)과 부끄러움(吝)이 생기는 것을 근심할 때에는 (善과 惡이 나누어지는) 경계선에서 (조심스럽게) 예방하는 것에 있고, 허물이 없도록 힘을 쓰는 행동을 하는 것은 도모하는 계획에서부터 생기니, 이런 까닭으로 괘에는 크고 작은 것이 있으며, 괘사와 효사에는 (흉하여) 험한 것도 있고 (길하여) 형통하여 평이한 것도 있으니, 괘효사는 각각 가는 방향을 가리킨 것이라고 할 수 있다.

참조.

* 제3장의 의미 : 이 장은 괘사와 효사의 상징과 의미에 대해 논술하고 있다. 여기에서 길·흉·회·린·무구 등의 자주 보이는 점사(占辭)들을 들어서 괘의 대소(大小)와 효의 고저(高低)를 결합하여 그 기본적인 의미를 분석하고 있다. 마지막으로는 괘효사의 주된 의미가 흉을 피하고 길로 향하려는 뜻에 있음을 지적하고 있다. 한마디로 말하여 괘효사의 통례(通例)를 해석하고 있다.

제4장

易이 與天地準⁵¹이라 故로 能彌綸天地之道⁵²하나니 仰以觀於天文
역　　여천지준　　　고　　　능미륜천지지도　　　　앙이관어천문

---

51 이것은 『주역』의 이치 자체가 천지를 본딴 것으로 천지변화의 규칙과 서로 비슷함을 말한다. 『경전석문』에서는 경방(京房)의 말을 인용하여 "준(準)"을 "같다(等也)"고 하였다. 또 『주역집해』에서는 우번의 말을 인용하여 "준은 같은 것을 말한다(準, 同也)"라고 하였다. "준(準)"은 같다는 의미로 수평하게 일치되는 기준이나 표준이 됨을 의미한다. 말하자면 한강백은 "『주역』을 지은 것은 천지를 표준으로 하였다(作易以準天地)"라고 하였다. 『주역』의 구조모형은 천지와 그 운동법칙을 표준으로 삼아 만든 것이고 그것의 운행기제와 천지는 일치한다는 의미이다. 또 "준"의 의미에는 재생산(reproduce) 또는 재현(duplicate)의 의미를 가지고 있는데 천지의 법칙을 표준으로 하여 그것을 스스로 본받는다는 말이다. 이런 의미에서 『주역』은 천지를 근거로 한 단순한 설명적이거나 사변적인 체계가 아니라 인간 자신을 반성적으로 되돌아보게 만들어 스스로를 재창조(再創造)하게 만드는 역할을 한다.

52 "미륜(彌綸)"이라는 말은 전체적인 차원에서 천지의 도를 꿰매고 짠 것을 말한다. 그러므로 여기에는 없는 도리가 없이 다 포함된다. "미(彌)"는 크다는 의미이고, "륜(綸)"은 맥락(脈絡)을 의미한다. 이에 대해 『주역절중』에서는 소식(蘇軾)의 말을 인용하여 " '준'은 부합한다는 뜻이다. '미'는 두루 미친다는 말이다. '윤'은 경위(經緯)를 말한다. '천지의 도리를 준칙(準則)으로 삼았기' 때문에 '어두워 드러나지 않는 것과 밝게 드러나는 그 까닭(緣故)을 알며' '삶과 죽음에 대한 이치를 알 수 있고' '귀신의 실제 상태를 알 수 있는 것'이다(準, 符合也. 彌, 周挾也. 綸, 經緯也. 所以與天地準者, 以能知幽明之故, 死生之說, 鬼神之情狀也)"고 하였다. 위의 두 구절을 합하여 말하자면 『주역』은 천

하고 府以察於地理라 是故로 知幽明之故[53]하며 原始反終이라 故
부 이 찰 어 지 리　　시 고　　지 유 명 지 고　　　　원 시 반 종　　　　고

로 知死生之說[54]하며 精氣爲物이요 遊魂爲變이라 是故로 知鬼神
지 사 생 지 열　　정 기 위 물　　유 혼 위 변　　시 고　　지 귀 신

지를 표준으로 하고 있기 때문에 천지의 도리를 하나도 남김없이 다 포함할 수 있다는 의미이다. "미륜"은 미만(彌滿)하고 포섭(包攝)하고 있다는 의미로 일종의 포괄(包括)의 뜻이다. 말하자면 『주역』은 천지가 가지고 있는 운행 법칙을 모두 포괄할 수 있다는 의미이다.

53 "천문(天文)"은 천의 문장(文章), 즉 천상(天象)"으로 일월성신(日月星辰) 등의 운행의 모습 및 전뢰풍운(電雷風雲) 등의 하늘의 현상을 말한다. 지리(地理)는 땅의 조리(條理)로 산, 계곡, 강이나 바다, 높은 곳이나 낮은 곳에 동물·식물·광물이 분포하고 있는 것을 말한다. "유명(幽明)"의 유(幽)는 숨어있어서 사람의 눈에 보이지 않는 것, 즉 형태가 없는 것을 말한다. 명(明)은 명확하여 사람의 눈에 보이는 것 즉 형태가 있는 것을 말한다. 무형과 유형을 말하는 것과 같다. 한강백은 "유명이라는 것은 형태가 있는 것과 형태가 없는 것의 상이다(幽明者, 有形無形之象也)"고 하였다. 『주역』을 만들거나 또는 『주역』을 배웠던 성인은 우러러서는 『주역』의 이법을 통하여 일월성신의 운행의 모습을 관찰하고 구부려서는 『주역』의 이법을 가지고 지리, 즉 지상의 산이나 계곡이나 강, 높은 곳이나 낮은 곳 등의 현상을 관찰하여 형태가 없고 인간의 눈에 보이지 않는 사물의 세계나 형태까지도 아는 것이다. "유명"이라는 것은 현재의 인간세계를 명(明)으로 과거 또는 미래의 인간세계는 "유(幽)"에 해당하는 것으로 말한다. 현재 생활은 명이며 죽고 난후의 세계 또는 태어나기 이전의 세계는 유이다. 또 육체가 명이며, 눈에 보이지 않는 정신은 유라고 할 수 있다. 지금의 인생이 명이라면 눈에 보이지 않는 귀신의 세계는 유이다. 코다 렌타로의 『역경강화』 60쪽 참조 바람.

54 이것은 시작을 미루어서 마지막을 돌이켜보는 것으로 음양순환의 이치를 설명하고 있는 것으로 보인다. 기철학적인 입장에서 『구가역(九家易)』에서는 "음양이 교류하여 합하는 것이 물의 시작이고 음양이 분리하는 것이 물의 끝이다. 합하면 생기고 떨어지면 죽는다(陰陽交合物之始也, 陰陽分離物之終也. 合則生, 離則死)"고 하였다. 만사만물의 시작을 미루어 다시 그 끝나는 것으로 복귀하기 때문에 사생(死生)의 설은 음양 변화의 합(合)과 분리에 지나지 않음을 알 수 있다. "원시반종(原始反終)"을 『주역집해』에서 정현이나 우번은 "원시급종(原始及終)"으로 보아 "시작을 더듬어 밝혀 끝에 이른다" 또는 "시작과 끝을 밝힌다" 등으로 해석하기도 한다. 나름대로 일리가 있는 해석으로 보인다. 이 구절이 의미하는 것은 역시 물(物) 또는 사(事)의 시작에서 그 시작이 어떻게 하여 생겼는가 하는 것을 근원으로 올라가 추측하여 밝히는 것을 말한다. 끝으로 돌아가 돌이켜본다고 하는 것은 물 또는 사의 끝에서 그 끝은 어떻게 하여 여기서 끝나는가 하는 것을 추측하여 밝히는 것을 말한다. "사생(死生)"은 죽거나 태어나거나 하는 것을 말하는데

之情狀⁵⁵하나니라.
지 정 상

백 易與天地順, 故能彌綸天下之道. 仰以觀於天文, 頫以觀於地
역 여 천 지 순　고 능 미 륜 천 하 지 도　앙 이 관 어 천 문　만 이 관 어 지

이것은 실제로는 인간뿐만 아니라 모든 사물이 성하게 되거나 쇠퇴하거나 또는 흥하거나 망하거나 하는 일까지 모두 미친다. 『주역』의 64괘의 변화는 이런 사물의 시작과 끝이라는 문제를 충분하게 설명하고 있기 때문에 인류가 태어나거나 죽거나 하는 이유ㆍ국가의 성쇠흥망ㆍ사업의 성공과 실패의 과정 및 이유에 대해 설명할 수 있다. 즉 태어나는 내력을 알면 죽어가는 이유도 알 수 있다. 국가가 일어나 흥하게 되는 이유를 알면 쇠퇴하여 망하게 되는 이유도 알 수 있다. 태어나는 것과 죽는 것은 앞과 뒤이다. 성하게 되는 것과 쇠퇴하는 것ㆍ흥하는 것과 망하는 것ㆍ성공하는 것과 실패하는 것은 모두 한 사태의 앞과 뒤이다. 한 쪽을 알면 다른 한쪽도 알 수 있는 것이다. 코다 렌타로, 『역경강화』 62쪽 참조 바람.

55 사람의 시작을 궁구(窮究)해보면 음양의 기가 응취(凝聚)하여서 형체를 이룬 것에 불과하다. 사람의 죽음을 살펴보면 음양의 기가 흩어져 변한 것에 지나지 않는다. 이 때문에 귀신의 정황(情況)은 음양변화의 왕래굴신(往來屈伸)에 불과함을 알 수 있게 된다. "정기(精氣)"는 순수한 원기 즉 순수하고 뒤섞인 것이 없는 원기(元氣)를 말한다. "유혼(游魂)"은 혼(魂)의 기가 흩어져 생겨난 변이(變異)로 정기의 반대이며 마음이 들떠 이리저리 떠돌며 놀고 있는 영혼을 말하는데 아래에서 말하는 귀(鬼)를 말한다. 어떤 것의 몸 안에 깃들어 있는 원기가 혼인데 그 세력이 쇠하여 여기저기 헤매고 있는 것이 바로 "유혼"이다. 말하자면 『주역』의 이치를 통하여 정기가 응취하여 어떤 사물이 되고 유혼이 흩어져 변이하는 것을 고찰하면 귀신의 정상을 알 수 있음을 설명하고 있다. 처음 형태를 이룰 때는 음과 양의 적절한 조화가 되어 있는 순수한 원기에서 작용을 시작한다. 이것이 시초가 되어 인간의 형태를 이루어 태어나는데 이것이 바로 "정(精)과 기(氣)가 응취(凝聚)하여 물(物)의 형체(形體)가 되고"라는 말이다. 그것이 노쇠하여 생명이 끝나려고 할 때가 되면 원기가 완전히 쇠하여 떠돌고 방황하는 것과 같은 상태가 되어 완전히 다른 형태의 것으로 변화한다. 이것이 바로 "혼(魂)이 떠돌면서 변화가(變) 생겨난다"는 말이다. 정현은 『주역집해』에서 "정기를 신이라 하고 유혼을 귀라고 한다(精氣謂之神, 游魂謂之鬼)"고 하였다. 신(神)의 개념을 음양의 정기가 모인 것으로 이해하여 그것을 생명존재의 본질적 요소로 보고 있다. 귀(鬼)의 개념을 혼이 흩어져 변화한 것으로 이해하여 그것을 생명이 소멸하는 상징으로 보고 있다. 이런 관점은 『주역』 64괘의 모든 괘에서 보인다. 즉 어떤 괘가 완성되기 위해서는 순수한 원기를 필요로 하고 그 뒤에는 그 기가 또 쇠하여 결국 다른 괘가 되는 이치에서 보인다. 이를 통해서도 정기유혼의 관점을 살펴 볼 수 있다. 또 이를 통해 천지간의 측정불가(測定不可)한 귀신의 실정을 추론할 수 있다. 귀신을 구별하여 말하면 "귀(鬼)"는 죽은 조상의 영혼이며, "신(神)"은 천

理, 是故知幽明之故. 觀始反冬, 故知死生之說. 精氣爲物, 游魂
리　시고지유명지고　　관시반동,　고지사생지열　정기위물,　유혼

爲變, 故知鬼神之精狀.
위변　고지귀신지정상

『주역』을 지은 것은 천지의 도리를 준칙(準則)으로 삼았는데 이 때문에 천지간의 모든 도리를 남김없이 포함하여 그것을 조리(條理) 있게 짜고 있으니, 위를 우러러 하늘의 (해, 달, 별의) 문채를 관찰하고, 아래로 구부려 땅위의 (산, 내, 들판의) 이치를 살핀다. 이 때문에 어두워 드러나지 않는 것과 밝게 드러나는 그 까닭(緣故)을 알며, 사물의 처음 시작되는 것으로 거슬러 올라가 살피고 사물의 마치는 것으로 돌이켜보기 때문에 삶과 죽음에 대한 이치를 알 수 있으며 정(精)과 기(氣)가 응취(凝聚)하여 물(物)의 형체(形體)가 되고, 혼(魂)이 떠돌면서 변화가(變) 생겨나기 때문에 귀신의 실제 상태를 아는 것이다.

■ 『주역』이란 책은 천지의 도리를 준칙으로 삼았는데 이 때문에 천하의 모든 도리를 남김없이 포함하여 그것을 조리 있게 짜고 있으니, 위를 우러러 하늘의 문채를 관찰하고, 아래로 구부려 땅위의 이치를 살핀다. 이 때문에 어두워 드러나지 않는 것과 밝게 드러나는 그 까닭(緣故)을 알며, 사물의 처음 시작되는 것으로 거슬러 올라가 살피고 사물의 마치는 것으로 돌이켜 보기 때문에 삶과 죽음에 대한 이치를 알 수 있으며 정(精)과 기(氣)가

지 사이를 연결시켜 주는 상제의 메신저이다. 정기는 물(物)을 이루는 것을 주로 하여 신에 대하여 말하는 것인 반면에 "유혼(游魂)"은 변(變)을 이루는 것을 주로 하여 귀에 대하여 말한다. 귀신을 한 마디로 말하면 천지간의 변화불측(變化不測)한 변화이지만 실제는 "정(精)과 기(氣)가 응취(凝聚)하여 물(物)의 형체(形體)가 되고 혼(魂)이 떠돌면서 변화가(變) 생기는 것(精氣爲物 游魂爲變)"에서 벗어나지 않는다.

응취(凝聚)하여 물(物)의 형체(形體)가 되고, 혼(魂)이 떠돌면서 변화가
(變) 생겨나기 때문에 귀신의 실제 상태를 아는 것이다.

與天地相似라 **故**로 **不違**[56]하나니 **知周乎萬物而道濟天下**라 **故**로
여 천 지 상 사　　고　　불 위　　　　　　지 주 호 만 물 이 도 제 천 하　　　　고

不過[57]하며 **旁行而不流**[58]하여 **樂天知命**이라 **故**로 **不憂**하며 **安土**하
불 과　　　　방 행 이 불 류　　　　　락 천 지 명　　　고　　불 우　　　　안 토

여 **敦乎仁**이라 **故**로 **能愛**[59]하나니라.
　　돈 호 인　　　고　　능 애

---

56 "어긋나지 않는다(不違)"는 것은 천지자연의 법칙을 위배하지 않는 것을 말한다. 이 두
구절은 『주역』이 천지와 짝하여 행위가 자연법칙을 벗어나지 않고 있다는 것을 말하는데
여기서 말하는 것은 앞에서 말한 "『주역』을 지은 것은 천지의 도리를 준칙(準則)으로 삼
고(易與天地準)"라는 의미와 동일하다. 한강백은 "덕이 천지와 합하므로 서로 닮았다고
하였다(德合天地, 故曰相似)"라고 하였다. 이에 대해 『주역절중』은 유염의 말을 인용하
여 "천지와 서로 비슷한 유사성이 있다는 것은 『주역』은 천지와 비슷하고, 천지는 『주역』
과 비슷하여 피차간에 서로 비슷하다는 것이다(與天地相似者, 易與相似, 天地似易, 彼
此相似也)"라고 하여 더욱 분명하게 말하고 있다.

57 『주역』은 천지간의 만물의 변화의 이법을 담고 있기 때문에, 그 지혜는 천하의 모든 만
물에 두루 미치고 있어서 그 도는 천하를 구제할 수 있다. 이 때문에 과실(過失)이나 실
패는 없다. "과(過)"는 편차의 의미이다. 이광지는 『주역절중』에서 "지혜가 천하의 모든
만물에 두루 미치고 있다는 것은 올바름의 순정함을 말한다. 그러나 알고 있는 것은 모
두 천하를 구제하려는 도로서 조금의 편차도 생기지 않고 또한 인에 합치한다(知周萬物,
義之精也. 然所知者皆濟天下之道而不過, 又合于仁也)"고 하여 『주역』을 통달한 자가
갖추고 있는 지식은 모두 천하를 구제하는 데 사용한다고 말한다.

58 "방행(旁行)"은 대로(大路)의 길을 가지 않고 그 가까이 옆에 있는 길을 가는 것을 말한
다. 당연히 바른 큰 길을 가야 하지만 경우에 따라서는 다른 길을 가야 하는 쪽이 적절한
경우도 있다. 즉 때로는 바른 길이 아니라 권도(權道)를 행해야할 경우도 있다. 그것이
바로 "방행"이다. 비록 옆길로 가거나 경우에 따라서는 정도에 따르지 않고 권도에 따르
더라도 바르지 않은 부정한 것이나 편벽(偏僻)한 것으로 빠지지는 않는다. 그러므로 주
자는 『주역본의』에서 "옆의 길을 가더라도 권도를 행하는 지혜이고 흘러넘침이 없다는
것은 바름을 지키는 인이다(旁行者, 行權之知也, 不流者, 守正之仁也)"고 하였다. "주
자는 권도를 행하는(行權)"는 것으로 "방행(旁行)"을 해석하고 "바름을 지키는(守正)"
는 것으로 "불류(不流)"를 해석하고 있다.

白 與天地相校,⁶⁰ 故不回.⁶¹ 知周乎萬物, 道齊乎天下, 故不過.
여 천 지 상 교　　　고 불 회　　　지 주 호 만 물　　 도 제 호 천 하　　 고 불 과

方行不遺, 樂天知命, 故不憂. 安地厚乎仁, 故能旣.⁶²
방 행 불 유　　락 천 지 명　　고 불 우　　안 지 후 호 인　　고 능 기

(『주역』이 가지고 있는 도리는) 천지와 서로 비슷한 유사성이 있기 때문에 (천지의 이치와) 어긋나지 않으니, (『주역』의) 지혜가 만물에 두로 미치고 그 도리로 천하를 구제하기 때문에 (그 실제의 적용에) 어떤 편차가 생기지 않으며, (큰 길을 가지 않고) 옆의 길을 가더라도 (편벽한 곳으로) 흘러넘침이 없으며 하늘의 법칙을 즐거이 받아들이고 하늘의 명(命)을 알기 때문에 근심하지 않으며, 처한 곳에서 편안히 있으면서 돈독하게 인을 실천하기 때문에 능히 (천하와 만물을) 사랑할 수 있는 것이다.

白 (주역이 가지고 있는 도리는) 천지와 서로 비슷하기 때문에 (천지의 이치와) 어긋나지 않는다. (주역의) 지혜가 만물에 두루 미치고 그 도리로 천하를 구제하기 때문에 (그 실제의 적용에) 어떤 편차가 생기지 않는다. (큰 길을 가지 않고) 옆길로 가더라도 (편벽한 곳으로) 빠지지 않으며 하

---

59 비록 권도(權道)를 행하는 것이 있지만 바르지 않은 부정(不正)한 도로 빠지는 일없이 하늘의 섭리를 즐기고 천명(天命)을 알고 그것에 만족한다. 이 때문에 『주역』을 알고 있는 사람은 걱정하는 일이 없는 것이다. "안토(安土)"는 "그 환경에 편안히 처하는 것"과 같은 의미이다. 말하자면 자신이 있는 곳, 자신의 지위에 만족하고 있는 것을 상징한다. "돈독하게 인을 실천한다(敦乎仁)"고 하는 것은 인을 행하는데 극진히다는 것을 말한다. 즉 극진히 인의 덕을 다른 사람들에게 베푸는 것을 말한다. 『주역』을 배우고 그 이치를 이해하고 있는 사람은 자신이 처해 있는 지위에 만족하고 다른 사람들에게 인을 행하고 사람에게 은혜를 베푸는 데 정말로 극진하다.
60 "교(校)"는 비슷하다, 반영(反映)하다의 뜻이다. 등구백의 『백화백서주역』 181쪽 참조.
61 "회(回)"는 "위(違)"와 같다. 등구백의 『백화백서주역』 181쪽 참조.
62 "기(旣)"는 (旣＋心)의 가차로서 인애(仁愛)를 의미한다. 통행본에는 "애(愛)"로 되어 있음. 등구백의 『백화백서주역』 181쪽 참조.

늘의 법칙을 기꺼이 받아들이고 하늘의 명(命)을 알기 때문에 근심하지 않는다. 처한 곳에서 편안히 있으면서 돈독하게 인을 실천하기 때문에 능히 (천하와 만물을) 사랑할 수 있는 것이다.

範圍天地之化而不過하며 曲成萬物而不遺⁶³하며 通乎晝夜之道而
범위 천지지화이불과　　곡성만물이불유　　통호주야지도이

知⁶⁴라 故로 神无方而易无體⁶⁵하니라.
지　　고　　신무방이역무체

█백 犯圍⁶⁶天地之化而不過. 曲萬物而不遺, 達者晝夜之道而知.
범위　천지지화이불과　　곡만물이불유　달자주야지도이지

---

63 이 두 구절은 『주역』이 천지를 표준으로 삼는다는 점을 강조하여 천지의 변화를 남김없이 포함하고 있다고 말한다. "범위(範圍)"는 동사로 포괄한다는 뜻을 가지고 있다. "화(化)"는 천지의 운행 변화를 말한다. "불과(不過)"라는 말은 이 범위를 벗어나지 않는다는 말이다. 즉 『주역』의 도리는 천지운행의 변화의 도리를 모두 포함하여 그 범위를 벗어나지 않는다는 말이다. 이것은 크다(大)는 입장에서 말하는 것으로 『주역』의 도리와 천지의 도리는 완전히 일치한다. "곡(曲)"은 곡진(曲盡)하게 어떤 미소한 사물이라도 버려두지 않는다는 의미이다. 즉 세밀하게 만물을 모두 다 이루어 주어 어떠한 작은 사물도 빠짐이 없다. 이것은 작은 것(小)으로부터 말하는 것으로 『주역』의 도리와 천지의 도리는 완전히 일치한다는 말이다.

64 이 구절의 뜻은 대낮이 밤으로 변화하고 밤이 대낮으로 변화하는 것을 보고 이로부터 사물은 변화하는 것을 알게 됨을 말하고 있다. "주야지도(晝夜之道)"는 음양지도의 가장 직관적인 표현이다. 예를 들면 밝은 대낮과 어두운 밤의 대립적 통일이 서로 전환하여 극에 이르면 다시 돌아가고 균형적으로 추이하는 것 등을 말하고 있기 때문이다. 『주역』의 원리는 주야의 도리를 모두 통달하여 담고 있다.

65 "신(神)"의 기본적 함의는 "음양 변화의 불측(不測)한 작용 기능"을 말한다. 이런 기능은 천지의 신비한 운행변화를 이끌어낸다. "방(方)"은 방식이나 방향의 뜻이다. 말하자면 천지의 신비한 운행변화에는 고정된 방식이나 방향이 없고 역도(易道)의 운행 또한 하나의 고정된 형식이 없다는 것이다. 그들은 모두 변화에 따라 움직이고 사물의 다름에 따라서 변화할 뿐이다. 그러므로 주자는 『주역본의』에서 "이런 다음에 지극히 오묘한 신의 작용은 일정한 방향과 장소가 없고 역의 변화가 고정된 형체가 없음을 알 수 있다(如此然後, 可見至神之妙, 无有方所, 易之變化无有形體也)"라고 하였다.

66 "범(犯)"은 통행본에 범(范)으로 되어 있으며 범위(範圍)의 뜻이다. 등구백의 『백서주역

古⁶⁷神无方, 易无體.
고　신무방　역무체

(『주역』이 가지고 있는 도리는) 천지의 변화를 모두 포괄하여 그 범위를 벗어나지 아니하며 사물을 곡진히 이루어서 하나도 빠뜨리지 않으며, 낮과 밤의 도리에 모르는 것이 없기 때문에 (사물의 측정하기 어려운) 신기(神奇)하고 오묘한 변화(神)는 일정한 방향과 장소에만 나타나지 않고, 『주역』의 변화도 고정된 형체나 형식만을 가지는 것은 아니다.

▨ 천지 운행의 변화를 모두 포괄하여 그 범위를 넘지 아니하며 만물을 곡진히 이루어서 하나도 빠뜨리지 않고, 낮과 밤의 도리에 통달하기 때문에 신기하고 오묘한 변화(神)는 일정한 방향과 장소에만 나타나지 않듯이, 주역의 변화도 고정된 형체를 가지는 것은 아니다.

* 제4장의 의미 : 『주역』은 천지의 변화를 모두 포함하고 있어서 『주역』의 도리와 천지의 도리는 일치하고 있음을 말하고 있다. 이 장은 크게 세 부분으로 나누어 볼 수 있다. 첫째 부분은 『주역』 법칙의 광범위한 운용에 대해 이야기하고 있고 두 번째 부분은 『주역』이 가지고 있는 도리의 유익한 부분에 대해 설명하고 세 번째 부분은 『주역』이 가지고 있는 도리의 광대함이 천지와 만물 및 음양의 이치에 모두 관통되고 있음을 말하고 있다.

교석』 402쪽 참조 바람.
67 "고(古)"는 "고(故)"의 가차. 『백화백서주역』 181쪽 참조 바람.

제5장

一陰一陽之謂道⁶⁸니 繼之者善也요 成之者性也⁶⁹라 仁者見之에
일 음 일 양 지 위 도　　繼 지 자 선 야　　성 지 자 성 야　　인 자 견 지

---

68 이것은 한 번은 음의 방향으로 가고 한 번은 양의 방향으로 가는 음양의 변화를 통하여 도의 개념을 해석하고 있다. 말하자면 사물의 대립과 상호전환의 자연법칙을 이야기하고 있다. 이에 대해 주자는 『주역본의』에서 "음과 양이 번갈아 바뀌어가면서 운행하는 것은 기이고 그 이치는 이른바 도이다(陰陽迭運, 氣也. 其理, 則所謂道也)"고 하였다. 이 세계에 존재하는 만사만물이 비록 매우 복잡하게 보이지만 전체적으로 말하자면 한 번 음하고 한 번 양하는 운행변화에 불과할 뿐이다. 이런 음양의 운행변화가 만물을 낳는다. 이에 대해 이광지는 『주역절중』에서 " '한 번 음하고 한 번 양하는 것'은 대립과 번갈아 바뀌어가면서 운행하는 두 가지 뜻을 겸하고 있다. 대립이라는 것은 천지일월 등이 이것에 속한다. 바로 앞에서 말한 이른바 강유이다. '번갈아 바뀌어가면서 운행하는' 것은 한서왕래 등이 이것에 속한다. 바로 앞에서 말한 이른바 변화이다(一陰一陽, 兼對立與迭運二義. 對立者, 天地日月之類是也. 卽前章所謂剛柔也. 迭運者, 寒暑往來之類是也. 卽前章所謂變化也)"고 하였다.

69 "계(繼)"는 전(傳)하여 잇는 것을 말하는데 건(乾)이 이 도를 발현하여 만물을 시작하게 한다. "성(成)"은 이루는 것을 말하는데 곤(坤)이 이 도를 이어받아 만물을 낳고 기른다는 것을 말한다. 이 두 구절은 "한 번 음하고 한 번 양하는 것을 일러 도라고 하니"라는 뜻을 두 가지 각도에서 서술하고 있다. 이에 대해 주자는 『주역본의』에서 "도는 음에서 갖추어지고 양에서 실행된다. '계'는 펴는 것을 말하고 '선'은 변화시켜 기르는 공을 말하니 양의 일이다. '성'은 갖춤을 말하고 '성'은 사물이 받은 것을 말하니 사물이 생기면 성품이 있어서 각각 이 도를 갖추었다는 말로써 음의 일이다(道具於陰而行乎陽. 繼言其發也, 善謂化育之功, 陽之事也. 成言其具也, 性謂物之所受, 言物生則有性而各具是道也, 陰之事也)"고 하였다. 여기에서 말하는 "지(之)"는 도로서 음양의 운행변화의 법칙을 말한다. "계"는 계승한다는 의미이고, "성(成)"은 주조(鑄造)하여 이루는 것을 말한다. 사람으로 말하면 이런 음양 운행변화의 도를 자기 몸에 계승하는 것이 바로 선이다. 왜냐하면 음양운행의 변화가 만물을 낳고 모든 존재에 이익을 주기 때문에 그 자체가 바로 선한 것이다. 음양의 운행변화를 통하여 각기 다른 개체를 만드는 것은 바로 각각 각 개체의 본성이다. 『주역절중』은 양시(楊時)의 말을 인용하여 " '이것을(도를) 이어받는 것이 선(善)이고'라는 말은 틈이 없다는 것을 말한다. '이를 이룬 것이 성이다'는 것은 이지러짐이 없다는 말이다(繼之者善, 無間也. 成之者性, 無亏也)"고 하였다. 말하자면 음양의 운행변화의 법칙을 조금의 틈도 없이 이어받은 것이 선이고, 그것을 조금의 이지러짐도 없이 이룬 것이 성이라는 말이다.

謂之仁하며 知者見之에 謂之知요 百姓은 日用而不知[70]라 故로 君
위 지 인　　　　지 자 견 지　　　위 지 지　　　백 성　　　일 용 이 부 지　　　고　　군

子之道鮮矣[71]니라.
자 지 도 선 의

백 一陰一陽之謂道. 繼之者, 善也. 成之者, 生[72]也. 仁者見之謂
일 음 일 양 지 위 도　　계 지 자　선 야　　성 지 자　생　야　인 자 견 지 위

之仁, 知者見之謂之知, 百生日用而弗知也. 故君子之道鮮.
지 인　　지 자 견 지 위 지 지　　백 생 일 용 이 불 지 야　　고 군 자 지 도 선

한 번 음하고 한 번 양하는 것을 일러 도라고 하니 이것을(도를) 이어받는
것이 선(善)이고, 이를 이룬 것이 성이다. 어진 사람은 그것을(도를) 보고
어질다고 하고, 지혜로운 사람은 그것을 보고 지혜롭다고 하는데, 일반 백
성들은 매일 (도를) 쓰면서도 그것이 무엇인지 알지 못하기 때문에 군자가
말하는 도의 의미를 아는 사람이 드물다.

백 한 번 음하고 한 번 양하는 것을 일러 도라고 한다. 그것(도)을 이어받

---

70 "지(知)"는 "지(智)"이고 "지(之)"는 도를 가리켜 말한다. 왜냐하면 같은 것으로부터 다
른 것으로 변화하면서 도에 대한 인식이 각각 달라진다. 인자(仁者)가 도를 보면 도를
인이라고 말하고, 지자(知者)가 도를 보면 도는 지라고 말하여 각각의 차이가 있다. 보
통의 사람들은 이 음양의 도리를 이용하면서도 도가 무엇인지를 모르고 있다는 말이다.
호병문은 "인자, 지자, 백성은 기질을 가리켜 말한 것이다(仁者. 知者. 百姓指氣質而言
也)"라고 하여 아직 전체를 보지 못하고 부분적이고, 특수한 도의 한 쪽만을 본 것으로
말하고 있다.

71 "선(鮮)"은 드물다(少)라는 의미로 지혜로운 자가 매우 드물다는 것을 말한다. 이 구절
은 앞의 세 구절을 이어받아 도의 의미에 대해 설명하고 있다. 인자는 인에 편견을 가지
고 있고, 지자는 지에 편견을 가지고 있고, 백성은 평시에 응용하면서도 알지도 못하고
깨닫지도 못하기 때문에 군자의 도리를 이해하는 사람이 매우 드물다고 말한다.

72 "생(生)"은 통행본에 "성(性)"으로 되어 있는데 "생생불식(生生不息)"의 뜻이다. 『백서
주역교석』 403쪽.

는 것이 선(善)이고, 이를 이룬 것이 생(生)이다. 어진 사람은 그것을 보고 어질다고 하고, 지혜로운 사람은 그것을 보고 지혜롭다고 하는데, 일반 백성들은 매일 (도를) 쓰면서도 그것이 무엇인지 알지 못하기 때문에 군자가 말하는 도의 의미를 아는 사람이 드물다.

顯諸仁하며 藏諸用⁷³하여 鼓萬物而不與聖人同憂⁷⁴하나니 盛德大
현 저 인   장 저 용   고 만 물 이 불 여 성 인 동 우   성 덕 대

---

73 천도(天道)는 인애(仁愛)의 모습으로 드러나 그 은택(恩澤)을 천하만물에 두루 베풀도록 하지만 그 불가사의한 기능을 효용 가운데에 숨겨 놓아 사람들로 하여금 알지 못하게 한다는 말이다. "현(顯)"은 드러내 보인다는 뜻이고, "장(藏)"은 안에 숨겨 놓은 것을 말하고, "저(諸)"는 "지어(之於)"에 해당한다. 이 구절이 이야기하는 것 역시 도이다. 말하자면 도는 인(仁)에서 드러나고 일용(日用) 가운데에 숨어있다. 도의 운행변화가 많은 사람들에게 크게 이익을 주고 인의 덕목은 볼 수도 있고 알 수도 있기 때문에 "현(顯)"이라고 말한다. 사람들은 매일매일 도를 벗어날 수 없지만 오히려 도를 인식하지 못하기 때문에 "장(藏)"이라고 말한다. 그러므로 『주역절중』은 유염의 말을 인용하여 "인은 본래 안에 숨겨져 있는데 '인의 모습으로 드러난다'는 것은 안에서부터 밖으로 나오는 것이다. 예를 들면 봄과 여름의 발생인데 가을과 겨울이 감춘 인을 발현하는 것이다. '용'은 본래 바깥으로 드러나는 것으로 '일상의 쓰임 속에 감추어져 있어서'는 바깥에서 안으로 감추는 것을 말한다. 예를들면 가을과 겨울의 거두어들임은 봄과 여름에 드러난 작용을 숨기는 것이다(仁本藏於內者也, 顯諸仁, 則自內而外. 如春夏之發生, 所以顯秋冬所藏之仁也. 用本顯於外者也, 藏諸用, 則自外而內. 如秋冬之收成, 所以藏春夏所顯之用也)"라고 하였다.

74 "만물을 고동시켜(鼓萬物)"라는 말은 천지가 만물을 고동시켜 만물이 생장하게 만드는 것을 말한다. "성인이 우환의 마음을 가지는 것과는 다르니(不與聖人同憂)"라는 말은 "천지는 무심하고 자연스러워 성인의 걱정과 다르다"는 말과 같다. 이 구절은 천지의 도가 만물을 화육(化育)하고 성인이 도를 체득하여 쓰임으로 삼는 구별에 대해 말하고 있다. 천지의 도리는 자연무위(自然無爲)이지만 성인의 경우는 유위(有爲)하여서 우환을 아직 벗어나지 못하기 때문에 다르다고 하는 것이다. 이에 대해 한강백은 "만물이 이로 말미암아 변화함으로 만물을 고동시킨다고 말한다. 성인이 비록 도를 체득해서 쓰지만 온전한 무위로써 체를 삼는 단계에는 이르지 못한다. 그러므로 천하 사람들의 뜻을 따라 통하게 해주려고 하니 곧 인위적으로 경영하려는 자취가 있게 되는 것이다(萬物由之以化, 故曰鼓萬物也. 聖人雖體道以爲用, 未能全无以爲體, 故順通天下則有經營之迹也)"고 하였다. "고(鼓)"는 고동(鼓動)이나 재촉함을 말한다. 도의 운행변화는 만물이 운행변화에 따라가도록 재촉하지만 도는 성인과 같이 우환을 가지지 않는다. 도는 객관

業이 至矣哉⁷⁵라.
업　　지의재

백 聖者仁, 壯者勇, 鼓萬物而不與衆人同憂. 盛德大業至矣幾.⁷⁶
성자인　장자용　고만물이불여중인동우　성덕대업지의기

(천지의 도는) 인(仁)의 모습으로 드러나고, 일상의 쓰임 속에 감추어져 있어서(사람들이 쉽게 알지 못하고), (도가) 만물을 고동(鼓動)시켜 화육(化育)시키지만 성인이 우환의 마음을 가지는 것과는 다르니 (천지의) 성대한 공덕(功德)과 위대한 사업이 지극하도다!

백 성인은 인애하고 기상이 굳센 자는 용감하다. 만물을 고동(鼓動)시키되 뭇 사람들의 걱정거리와는 다르니 성대한 공덕과 위대한 사업이 지극하도다!

富有之謂大業이요 日新之謂盛德⁷⁷이요 生生之謂易⁷⁸이요 成象之
부유지위대업　　　일신지위성덕　　　　생생지위역　　　　성상지

적인 것으로 그 자체의 운동에 따라서 운동할 뿐이다. 성인은 천도를 체득하여 천도의 운행을 찬조(贊助)한다. 성인은 천하에 대해서 우환이 있으나 도 자체는 그런 우환을 가지지 않는다.

75 "지(至)"는 최고 또는 최대의 뜻이다. 도가 구비하고 있는 성대한 도덕과 성취한 업적은 지고무상한 것으로 성인보다도 훨씬 높다. 성인이 주로 우환하는 것이 인류에 대한 것이라면 도는 인류를 포함한 만물에 대해 넓게 이익을 주려고 하는 점에서 차이가 있다. 이 구절은 천지를 찬미하는데 핵심이 있다. 즉 천지의 성덕(盛德)과 대업(大業)이 최고에 있음을 말하고 있다.

76 통행본 『주역』의 "顯諸仁, 藏諸用"은 『백서주역』에서는 "聖者仁, 壯者勇"으로 되어 있다. "기(幾)"는 통행본에 "재(哉)"로 되어 있음.

77 이 구절은 앞의 "성덕대업(盛德大業)"을 해석한 말이다. 천은 만물을 포함하고 있어서 어느 것과도 비교되지 않을 정도로 부유(富有)한데 이것이 바로 위대한 사업이다. 천은 만물을 좋아하여 한 순간에도 쉼이 없이 새롭고 또 새롭게 만들어 주는데 이것이 바로 천의 성대(盛大)한 덕행이다. 『주역집해』에서는 "사물은 갖추지 않는 것이 없기 때문에 부유하다고 말하고 변화함이 쉼이 없기 때문에 일신이라고 말한다(物無不備, 故曰富有,

謂乾이요 效法之謂坤[79]이요 極數知來之謂占[80]이요 通變之謂事[81]요

陰陽不測之謂神[82]이라.
음 양 불 측 지 위 신

變化不息, 故曰日新)"고 하였다.

78 "생생(生生)"은 낳고 또 낳아 부단히 변화하는 것을 말한다. "생생(生生)"은 음양이 교통(交通)하여 생성하는 것을 말한다. "역(易)"은 『주역』의 변역(變易)사상을 말한다. 한강백은 "음양이 굴러 바뀌면서 화생을 이룬다(陰陽轉易以成化生)"고 하였다. 또 공영달은 『주역정의』에서 "생생은 끊어지지 않는다는 말이다. 음양이 변하고 굴러서 후생이 전생 다음에 오는데 이는 만물이 항상 생하는 것으로 역이라고 말한다. 앞뒤의 생은 변화하여 바뀌는 것으로 생하면 반드시 죽음이 있으나 『주역』은 권면하고 경계함을 주로하여 사람이 선을 행하도록 장려하기 때문에 생을 말하고 사를 말하지 않는다(生生, 不絕之辭. 陰陽變轉, 後生次于前生, 是萬物恒生謂之易也. 前後之生, 變化改易, 生必有死, 易主勸戒, 獎人爲善, 故云生, 不云死也)"고 하였다. 『주역』의 핵심사상 중의 하나가 바로 "생생"이라고 할 수 있는데 이는 단순한 자연세계의 변화만을 말하는 데 그치지 않는다. 이것은 문명(文明)의 영속적(永續的)인 발전을 동시에 말하고 있다. "생생"의 앞의 "생"이 자연세계의 무한한 변역(變易)과 발전의 모습이라고 한다면 뒤의 "생"은 인간의 몫이라고 할 수 있다. 즉 우주자연의 무한한 "생"을 본받아 인간 스스로 연속적인 삶을 재생산하고 발전시켜야 한다는 것으로도 해석할 수 있다.

79 빌헬름의 영역본에서는 "성상(成象)"을 "원형(archetype)의 상(象)을 이룬 것"이란 의미로 "효법(效法)"을 원형적인 상을 모방한 것이란 의미로 해석하고 있다.(300쪽 참조) 또 천(天)을 원형의 세계로, 지(地)를 재현(再現)의 세계로 말하고 있다. 이에 대해 주자는 『주역본의』에서 "효는 드러내 보이는 것이고 법은 조화가 상세하게 드러난 것을 말한다(效, 呈也, 法, 謂造化之詳密而可見者)"고 하였다. "효(效)"는 본받고 드러낸다는 의미이다. 또 항안세는 『주역완사』에서 "고대어에서 법(法)은 모두 형(形)이다. 형은 바로 형(刑)자이기 때문에 형과 법은 통칭되는데 모두 형을 이루어서 변할 수 없는 것을 말한다(古語法皆形也. 形則刑字, 故刑法通稱, 皆言其成形而不可變也)"고 하였다. 생생변화(生生變化)하는 도는 무형무체로 추상적이지만 "법(法)"은 구체적으로 형태를 가진 것이다. 『주역』에서 건곤 두 괘를 말하는 것에는 형도 있고 상도 있어서 구체적이다, 건은 그 상을 이루고 곤은 그 형태를 본받아 이루는 것을 말한다. 이에 대해 채연은 『주역절중』에서 "건은 기를 주로하기 때문에 성상(成象)이라고 하고 곤은 형태를 주로하기 때문에 효법(效法)이라고 말한다(乾主氣, 故曰成象, 坤主形, 故曰效法)"고 하였다.

80 "극(極)"은 궁구(窮究)한다는 의미로 괘효의 수로부터 우주만물의 변화의 수를 탐구하는 것을 말한다. 우주변화의 수와 괘효 변화의 수는 통한다. "극수(極數)"는 대연(大演)의 수를 극진히 하는 것으로 설시(揲蓍)를 행하는 것을 말한다. "점(占)"은 점괘를 말한다.

백 富有之謂大業, 日新之胃[83]誠德. 生之胃馬.[84] 成馬之謂鍵, 敎
부 유 지 위 대 업　일 신 지 위　성 덕　생 지 위 마　　성 마 지 위 건　교

法之胃川[85] 極數知來之謂占, 迴[86]變之胃事, 陰陽之胃神
법 지 위 천　극 수 지 내 지 위 점　동　변 지 위 사　음 양 지 위 신

생생변화하는 도는 무형무체로 추상적이다. 설시를 통하여 수의 기우(奇偶)와 대립전환의 법칙을 이용하여 대연지수(大演之數, 뒤의 제9장을 참조 바람)의 변화를 극진히 하여서 점괘를 만들어 그것을 통하여 미래를 안다. 이와 같이 하면 생생변화하는 도는 자연히 그 속에 포함되어 있다는 의미이다. 이 구절은 점서(占筮)의 변화와 상징에 대해 설명하고 있다.

81 『주역』을 배우는 일은 『주역』을 통하여 천지의 변화를 파악하는데 있다. 여기서 말하는 "변(變)"은 음에서 양으로 양에서 음으로의 변화를 말한다. 변이 계속되는 것을 "통(通)"이라고 한다. 즉 효가 드러나는 수(數)에 통달하여 인간사의 변화를 아는 것을 "사(事)"라고 한다. 변화의 이치를 통달하여 그것을 이용하여 이익을 얻는 것을 말한다. 이것이 바로 사업에 능숙한 것이다. 이런 변화에 통달한 후에 변화의 법칙에 따라 그것이 성공하는 방향으로 발전하도록 재촉하는 이것이 바로 사람들이 하여야할 일이다.

82 이 부분은 이 장의 내용들을 결론적으로 정리하는 말로 음양의 변화가 신묘(神妙)하여 측정할 수 없음을 설명하고 있다. 한강백은 "신이라고 하는 것은 변화의 극치로 만물을 신묘하게 함을 말함이니 형체로서 따질 수 없다. 그러므로 음양을 예측할 수 없다고 하였다. 시험 삼아 논해 보면 음양의 운행과 만물의 운동을 살펴보면 어찌 누가 시켜서 그러한 것이겠는가. 만물은 텅 빈 태허에서 홀로 운동 변화하다가 홀연히 저절로 이르게 된다. 이르는 것이 내가 아니라 이치가 저절로 현묘히 응하는 것이요, 주인이 있어서 변하는 것이 아니라 수가 남모르게 변하는 것이다. 그러므로 그러한 까닭을 알지 못해서 신에 비유하였다.(神也者, 變化之極, 妙萬物而爲言, 不可以形詰者也, 故曰陰陽不測. 嘗試論之曰, 原夫兩儀之運, 萬物之動, 豈有使之然哉? 莫不獨化於大虛, 欻爾而自造矣. 造之非我, 理自玄應, 化之无主, 數自冥運, 故不知所以然而況之神)"고 하였다. 또 양인(梁寅)은 『주역절중』에서 "음양은 신이 아니다. 음양의 변화를 헤아릴 수 없는 것을 신이라고 한다. 한번 음하고 한번 양하여 변화가 무궁하니 과연 누가 시켜서 그러한 것인가. 아마 신이 그렇게 한 것이다. 오식 신무방(神無方)하기 때문에 역은 체가 없다. 무방이라는 것은 바로 헤아릴 수 없는 것을 이름이다. 무체라는 것은 바로 생생을 말하는 것이다. 만약 방향이 있다면 헤아릴 수 없는 신은 아닐 것이다. 그리고 그 생생이라는 것 또한 때가 있어서 막힐 것이다(陰陽非神也. 陰陽之不測者神也. 一陰一陽, 變化不窮, 果孰使之然哉? 蓋神之所爲也. 惟神無方, 故易無體. 無方者, 即不測之謂也. 無體者, 即生生之謂也. 若爲有方, 則非不測之神. 而其生生者, 亦有時而窮矣)"라고 하였다. 여기에서 중요한 것은 음양의 변화 자체를 신이 만들었다거나 또는 음양 자체가 신이라는 의미가 아니라 신을 음양 변화를 헤아릴 수 없는 불가측정성(不可測定性)이라

넉넉하게 가지는 것을 큰 사업이라 하고, 날마다 새로워지는 것을 성대한 공덕이라고 이르고 (음양이 서로 바뀌어 가면서) 낳고 낳는 것을 역(易)이라 하고, (형체가 없는 원형적) 상(象)을 이룬 것을 건이라 하고, (구체적인 조화의) 형상을 본받은 것을 곤이라 하고, 수를 극진히 헤아려 미래의 올 일을 아는 것을 점(占)이라 하고, 사물의 변화에 통달하는 것을(통달하여 적절한 조치를 취하는 것을) 일(事)이라 하고, 음양의 변화를 헤아릴 수 없는 것을 신(神)이라 한다.

■백 넉넉하게 가지는 것을 큰 사업이라 하고, 날마다 새로워지는 것을 성대한 공덕이라고 이르고 (음양이 서로 바뀌어 가면서) 낳는 것을 마(馬)라 하고, (형체가 없는 원형적) 마(馬)를 이룬 것을 건(鍵)이라 하고, (구체적인 조화의) 형상을 본받은 것을 천(川)이라 하고, 수를 극진히 헤아려 미래의 일을 아는 것을 점(占)이라 하고, 사물의 변화에 통달하는 것을(통달하여 적절한 조치를 취하는 것을) 일(事)이라 하고, 음양의 변화를 일러 신(神)이라 한다.

* 제5장의 의미 : 이 장은 주로 음양변화의 법칙에 대해 설명하고 있는데 도의 의미, 성질 및 작용에 대해 언급하고 있는데 「계사전」에서 가장

는 관점에서 보고 있다는 점이다.

83 "위(胃)"는 위(謂)의 가차자로 보임.

84 "낳는 것을 마(馬)라 하고(生之胃馬)"에서 괘의 음양을 낳는 것을 일러 "괘마(卦馬)"라고 한다. 통행본에는 "生生之謂易"으로 되어 있다. 『백서주역교석』 404쪽.

85 괘마를 형성하는 것을 일러 "건괘(鍵卦)"라 하고 사람들에게 괘마를 본받도록 하는 것을 일러 "천괘(川卦)"라고 한다. 『백서주역교석』 404쪽.

86 "동(迥)"은 통달한다는 의미이다. 『백서주역교석』 404쪽.

중요한 내용을 말하고 있는 부분이라고 할 수 있다. 앞부분에서는 도의 의미에 대해서 말하고 뒤에서는 음양변화의 이치가 어떤 식으로 구현되는가 하는 문제에 대해 설명하고 있다. 이런 점에서 『주역』을 배우는 일은 그것을 통해서 천지의 변화를 파악하는 것이라고 할 수 있다. 이런 변화를 체득하여 자신의 수양과 사업을 발전시킬 수 있다.

제6장

夫易이 廣矣大矣라! 以言乎遠則不禦[87]하고 以言乎邇則靜而正[88]
부 역   광 의 대 의   이 언 호 원 즉 부 어   이 언 호 이 즉 정 이 정

하고 以言乎天地之間則備矣[89]라.
      이 언 호 천 지 지 간 즉 비 의

백 夫易廣矣大矣, 以言乎遠則不過,[90] 以言乎近則精而正, 以言
부 역 광 의 대 의   이 언 호 원 즉 부 과   이 언 호 근 즉 정 이 정   이 언

乎天地之間則備.
호 천 지 지 간 즉 비

---

87 주자는 "'불어(不禦)'를 끝이 없다는 것(不禦, 言無盡)"이라고 하였다. 『주역』이 가지고 있는 변화나 도리가 멀리 미치지 않는 곳이 없을 정도로 넓고 크다는 말이다.

88 그 이치가 가까이로는 우리가 쉽게 느끼지 못하는 곳까지 깊게 미치는 것을 말한다. 여기에서 "고요하면서도 바르니"라는 말은 아직 외부의 다른 것과 부딪치지 않아 영향을 받지 않는 본래적 상태를 말한다. 이 본래적 상태는 고요하고(靜) 사악한 것이 아직 생기지 않아 바르다(正). 아직 발하지 않은 본래의 상태인 미발(未發)의 상태를 말하고 또한 중(中)을 말한다.

89 천지사이에 만사만물이 모두 갖추어져 있다는 것을 말하고 있다. "비(備)"는 완비한다는 뜻으로 『주역』의 이치를 통해서 천지사이에 있는 모든 사물에 대해서 다 설명할 수 있다는 말이다.

90 "불과(不過)"는 통행본에서는 "불어(不禦)"임.

『주역』의 이치는 넓고 크다. 먼 것으로 말하면 그치는 한계가 없을 정도로 크고, 가까운 것으로 말하면 고요하면서도 바르니 하늘과 땅 사이에 있는 것으로 말하면 거기에 모든 것이 다 갖추어져 있다.

백『주역』의 이치는 넓고 크다. 먼 것으로 말하면 그 한계가 벗어나지 않을 정도로 크고, 가까운 것으로 말하면 정미하면서도 바르니 하늘과 땅 사이에 있는 것으로 말하면 거기에 모든 것이 다 갖추어져 있다.

夫乾은 其靜也專하고 其動也直이라 是以大生焉하며 夫坤은 其靜
부 건　기 정 야 전　　기 동 야 직　　시 이 대 생 언　　부 곤　　기 정

也翕하고 其動也闢이라 是以廣生焉⁹¹하나니 廣大는 配天地하고
야 흡　기 동 야 벽　　시 이 광 생 언　　　　광 대　　배 천 지

---

91 『주역』 중에서 가장 중요한 부분으로 건과 곤의 동정(動靜)에 대하여 설명하고 있다. 이 구절의 해석은 결코 쉽지가 않고 의견이 분분하다. 건은 바로 천(天)의 작용으로 양기(陽氣)를 대표하는데 정지할 때는 고요히 전일(專一)하게 있지만 작용하고 활동할 때는 정직하고 사사로움이 없기 때문에 만물을 크게 생(生)할 수 있어서 큰 것을 낳으며(大生)라고 말한다. "대생(大生)"은 낳지 않는 것이 없음을 말한다. "대생"을 제임스 레게는 "건의 창생 활동이 대규모로 이루어지는 것"이라는 말로 번역하고 있다. 이것은 건이 움직일 때는 곧아서(直) 굽지 않기 때문에 그 작용 범위가 미치지 않는 곳이 없이 크다는 말이다. 이와 비슷한 견해가 『주역절중』에서 보이는데 임희원(林希元)은 "그것(乾)이 가지고 있는 성질(性氣)이 움직여 발동하면 사방팔방(四方八表)으로 이르지 않는 곳이 없어서 그 규모가 엄청나게 크기 때문에 큰 것을 낳으며(大生)라고 말한다(其性氣之發, 四方八表, 無一不到, 而規模極其大矣)"라고 하였다. 또 빌헬름은 이런 건(乾)의 대생(大生) 활동을 위대(great)하고 질적(質的)인 것(quality)을 낳는 것이라고 말하고, 반면에 곤(坤)의 광생(廣生) 활동을 땅의 형태와 관련하여 양적(量的)인 것(quality)을 낳는 것으로 보고 있다. 이것은 주자의 관점과 유사하다. 곤은 바로 땅의 작용으로 정지할 때는 지상의 모든 곳을 포용하고 있고 변동할 때는 개방적으로 모든 것을 받아들이고 거부하지 않는다. 이로부터 광대함이 생겨난다. "흡(翕)"은 닫아버린다는 뜻을 가지고 있고 "벽(闢)"은 연다는 의미이다. 이것은 음의 곤이 고요할 때는 닫고, 움직일 때는 여는 성질을 가지고 있음을 설명하고 있다. 이에 대해 주자는 "건곤에 각각 동정이 있음은 사덕에서 볼 수 있으니 고요함은 체이고 움직임은 용이며 고요하면 떨어져 있고 움직이면

變通은 配四時하고 陰陽之義는 配日月하고 易簡之善은 配至德[92]
변통　　배사시　　　음양지의　　　배일월　　　이간지선　　배지덕

하나라.

백 夫鍵, 亓也圈, 亓犝動也橦,[93] 是以大生焉, 夫川, 亓犝也斂,[94]
부건 기야권 기정동야동　　시이대생언 부천 기정야렴

亓動也辟,[95] 是以廣生焉. 廣大肥[96]天地, 變週肥四〔時〕, 陰〔陽〕
기동야벽　　시이광생언　광대비　천지　변동비사　시　　음　양

사귄다. 건은 하나로서 차있기 때문에 질(質)로 말해서 크다고 했고 곤은 둘인데 비었기 때문에 양(量)으로 말해서 넓다고 말했다. 대체로 하늘의 형상이 비록 땅 바깥을 싸안고 있으나 그 기운이 항상 땅 가운데에 행하니 역이 넓고 큰 까닭은 이 때문이다(乾坤各有動靜, 於其四德見之, 靜體而動用, 靜別而動交也. 乾一而實, 故以質言而日大, 坤二而虛, 故以量言而日廣. 盖天之形, 雖包於地之外, 而其氣常行乎地之中也, 易之所以廣大者以此)"고 하였다. 여기에서 주자는 매우 중요한 언급을 하고 있는데 그것은 바로 "건곤에 각각 동정이 있다"는 말이다. 건과 양의 기본특성은 동(動)이지만 또한 정(靜)할 수 있고 곤과 음의 기본특성은 정(靜)이지만 또한 동(動)할 수 있다. 동과 정은 서로 전환된다. 양 중에 음이 있고, 음 중에 양이 있다. 이 둘은 절대적인 대립의 관계로 보아서는 안 된다. 이런 입장은 원형이정이나 사계절의 변화 속에 보이는데 봄이나 여름에는 만물이 움직여(動·闢) 생장하고 가을이나 겨울에는 만물을 거두어 수장(收藏)하여 (靜·翕) 놓는 것이 여기에 해당한다.

92 이 네 구절은 천지의 광대함과 변화의 교통(交通)·음양강유와 평이간약(平易簡約) 등의 의미를 설명하여 그것들이 천지·사시(四時)·일월(日月)·지덕(至德)과 서로 배합하고 있음을 말하고 있다. 이에 대해『주역본의』는 "『주역』의 광대하고 변통함과『주역』에서 말하는 음양의 이론과 쉽고 간단한 덕을 천도와 인사에 배합하면 이와 같다(易之廣大變通, 與其所言陰陽之說, 易簡之德, 配諸天道人事則如此)"고 하였다. 여기에서 말하는 "변통"은 변화를 말하는 것으로 변화에는 변(變)도 있고 통(通)도 있다. 자연계에서 사계절은 끊임없이 교체된다. 이 끊임없는 교체와 순환은 변통의 개념과 서로 짝할 수 있다. 마찬가지로 낮에는 태양이 있고 밤에는 달이 있는데 이 해와 달은 음양의 뜻과 서로 짝할 수 있다. 또 "쉽고 간략함의 좋은 원리(易簡之善)"는 바로 천지의 선함이다. "지덕(至德)"은 최고의 미덕으로 이것은 사회의 일을 가지고 말한다. 그러므로 최고의 천지의 선과 최상의 미덕을 서로 짝할 수 있는 것이다.

93 "동(橦)"는 "움직임을 수립한다(樹動)"는 뜻으로 건괘가 운동할 때의 특징을 나타낸다.

94 "렴(斂)"은 수렴의 뜻으로 천괘(川卦)가 정지할 때의 특징이다.

之合肥日月, 易間之善肥至德.
지 합 비 일 월　　역 간 지 선 비 지 덕

건은 고요할 때에는 (어떤 다른 것이 없이) 한결같고, 움직일 때에는 곧으니 그리하여 큰 것을 낳으며, 곤은 고요할 때에는 닫히고, 움직일 때에는 열리고 그리하여 넓음이 생기니, 넓고 큼은 하늘과 땅(의 광대함)에 짝하고, 변하여 통함은 네 계절(의 일정한 순환)에 짝하고, 음과 양의 변화하는 법칙은 해와 달에 짝하고, 쉽고 간략함의 좋은 원리는 지고(至高)의 덕에 짝한다.

■백 건은 고요할 때에는 둥근 원처럼 완전하고, 움직일 때에는 요동치니 그리하여 (만물을) 크게 생성하며, 곤은 고요할 때에는 수렴하고, 움직일 때에는 열리니 그리하여 (만물을) 넓게 낳으니, 넓고 큼은 하늘과 땅(의 광대함)에 짝하고, 변하여 통함은 네 계절(의 일정한 순환)에 짝하고, 음과 양의 변화하는 법칙은 해와 달에 짝하고, 쉽고 간략함의 좋은 원리는 지고(至高)의 덕에 짝한다.

＊제6장의 의미 : 이 장은 주로 건곤이 상징하는 음양의 성질에 대해 분석하고 있는데 제 1장에서 말하는 "건곤정위(乾坤定位)"와 "이지간능(易知簡能)"의 의미와 서로 연결되고 있다.

---

95 "벽(辟)"은 넓게 열림(張開)의 뜻으로 천괘(川卦)가 운동하는 때의 특징이다.
96 "비(肥)"는 통행본에 "배(配)"로 되어 있는데 짝의 뜻이다.

제7장

子曰[97] 易이 其至矣乎인저! 夫易은 聖人所以崇德而廣業也[98]니 知
자왈   역   기지의호   부역   성인소이숭덕이광업야   지

는 崇하고 禮는 卑[99]하니 崇은 效天하고 卑는 法地하니라. 天地設
  숭   례 비   숭 효천   비 법지   천지설

位어든 而易이 行乎其中矣[100]니 成性存存이 道義之門[101]이라.
위   이역 행호기중의   성성존존   도의지문

---

97 주자는 『주역본의』에서 "십익은 모두 공자께서 지으신 것으로 공자 스스로 '자왈(子曰)'
   을 붙이지는 않았을 것이니 후세 사람이 덧붙인 것이 아닌가 의심스럽다(十翼, 皆夫子
   所作, 不應自著子曰字, 疑皆後人所加也)"고 하였다.

98 성인은 역도(易道)에 근거하여 "덕을 높이고 사업을 넓히는(崇德廣業)" 것이라고 말한
   다. 즉 "숭덕(崇德)"은 하늘을 본받아 덕을 높이고 "광업(廣業)"은 땅을 본받아 일을
   넓히는 것이다. 이것이 바로 『주역』이 이야기하려는 궁극적 목적 혹은 핵심이라고 할 수
   있다.

99 "지(知)"는 바로 "지(智)"의 뜻이고 "예(禮)"는 예절을 말한다. 이것은 인간의 지혜와
   예절을 설명하는 것으로 한편으로는 숭고함을 귀하게 여기고, 다른 한편으로는 겸손함을
   귀하게 여김을 말한다. 이에 대해 한강백은 『주역주』에서 "지혜는 높은 것을 귀하게 여
   기고 예는 낮추는 것을 그 작용으로 삼는다(知以崇爲貴, 禮以卑爲用)"고 하였다.

100 이 두 구절은 앞에서 말한 내용들을 이어서 말하는 것으로 천지가 이미 존비(尊卑)의
   위치를 세워놓고 있음을 말하고, 『주역』은 음양의 이치를 말하기 때문에 그 변화가 천
   지의 중(中)을 벗어나지 않음을 말하고 있다. 즉 천지가 상하의 위치를 세워 놓았다고
   한다면, 『주역』의 도리는 바로 이 가운데에서 운행하고 있다는 것이다.

101 여기에서 말하는 "성성(成性)은 제5장에서 말하는 "이를 이룬 것이 성이다(成之者性
   也)"라는 구절과 연결된다. "이를 이룬 것이 성이다"라는 말이 생성(生成)을 가지고 말
   한다면, 여기에서 말하는 "이루어진 본성(本性)"은 이미 이루어진 성을 가지고 말한다
   는 점에서 구별된다. "존존(存存)"은 간직하고 간직하는 것으로 바로 끊임없이 함양(涵
   養)하여 보존하는 뜻을 가지고 있다. 이 두 구절은 『주역』의 이치를 이용하여 수신(修
   身)하는 것을 설명하고 있는 것으로 그 본성을 이루어서 간직하고 또 간직하여 도(道)
   와 의(義)로 향하도록 하여야 할 것을 말하고 있다. 이에 대해 주자는 『주역본의』에서
   "성성은 본래 이루어진 성품이고 존존함은 간직하고 또 간직한다는 것이니 그치지 않는
   다는 뜻이다(成性, 本成之性也. 存存, 謂存而又存, 不已之意也)라고 하였다."간직
   하고 간직하는(存存)"것은 역시 "생하고 또 생하여 다함이 없는(生生不已)" 뜻을 가지

■ 子曰, 易 亓至乎. 夫易, 聖人之所崇[102]德而廣業也. 知崇膿[103]
卑, 效天, 卑法地. 天地設立, 易行乎其亓中. 誠性□□, 道義之
門.

공자께서 말씀하셨다. 『주역』(의 도리는)은 지극하도다! 『주역』은 성인이
(그것을 이용하여) 덕을 높이고 사업을 넓히는 것이니, 지혜(의 귀함은)는
숭고함에 있고 예법(의 귀함은)은 낮추는 것이니, 숭고함은 하늘을 본받은
것이고 겸손하게 낮추는 것은 땅을 본받은 것이다. 하늘과 땅이 자리를(상
하존비의 위치를) 베풀면 『주역』의 도리가 그 가운데에서 행해지니 이루어
진 본성을 간직하고 간직하는 것이 도와 의에 들어가는 문이다.

■ 공자께서 말씀하셨다. 주역(의 도리는)은 지극하도다! 주역은 성인이
(그것을 이용하여) 덕을 높이고 사업을 넓히는 것이니, 지혜(의 귀함은)는
숭고함에 있고 예법(의 귀함은)은 낮추는 것이니, 숭고함은 하늘을 본받은
것이고 겸손하게 낮추는 것은 땅을 본받은 것이다. 하늘과 땅이 자리를(상
하존비의 위치를) 베풀면 주역의 도리가 그 가운데에서 행해지니 참으로

고 있다(程明道의 말). 그러나 "존존"이 "생생"과 다른 점은 "생생"이 주로 자연세계의
변화를 말하는 역도(易道)를 가지고 말한다면 "존존"은 인성(人性)을 가지고 말한다는
점이다. "존존"의 앞의 "존"은 먼저 보존의 의미로 천(天)이 부여한 성(性)을 보존하는
것이고, 두 번째로 "존"이 가리키는 뜻은 존속(存續)으로 발전과 발휘(發揮)의 의미를
가지고 있다.(오이(吳怡)의 『역경계사전해의(易經繫辭傳解義)』 71쪽 참조 바람) 이렇
게 하여야 도(道)와 의(義)의 대문(大門)에 들어갈 수 있는 것이다.

102 "숭(崇)"은 숭고(崇高)의 뜻이다.
103 "비(膿)"는 비대의 뜻으로 "履"(실천, 시행)의 가차로 보인다. 통행본에는 "예(禮)"로
되어 있음.

본성을 □□함이 도와 의에 들어가는 문이다.

　* 제7장의 의미 : 이 장은 주로 성인이 『주역』을 어떻게 이용하여 자신
의 덕과 업을 충실하게 하는가를 이야기하고 있다. 동시에 천지만물의 생
생(生生)의 도리에 대해 설명하고 있다.

제8장

聖人이 有以見天下之賾[104]하여 而擬諸其形容[105]하며 象其物宜[106]라
성 인　　유 이 견 천 하 지 색　　이 의 제 기 형 용　　상 기 물 의

是故謂之象[107]이요 聖人이 有以見天下之動하여 而觀其會通[108]하여
시 고 위 지 상　　성 인　　유 이 견 천 하 지 동　　이 관 기 회 통

---

104 주자는 『주역본의』에서 "색(賾)"을 "잡란(雜亂)"으로 말하고 있다. 제임스 레게의 영역
　　본에서는 "모든 복잡한 현상들(all the complex phenomena)"로, 빌헬름은 "혼잡한
　　다양성들(confused diversities)"로 번역하고 있다.
105 "형용(形容)"은 만사만물이 가지고 있는 모습이나 형태를 말한다. "의(擬)"는 대조하고
　　견주어 어떤 것을 다른 것에 빗대어 본다는 말로 이른바 "비기다"라는 말이다. 마음속
　　에서 그것들을 어떻게 비길 것인가를 생각하는 것이 바로 "의(擬)"이고 그림(괘상)으로
　　나타나는 것이 상(象)이다. 이에 대해 『주역절중』은 정유악(鄭維岳)의 말을 인용하여
　　"마음에서 비기고 괘에서 상징하였다(擬之在心, 象之在畵)"고 하였다.
106 "상(象)"은 동시로 상징의 뜻을 가지고 있다. "의(宜)"는 적합하고 합당한 것을 말한다.
　　이것은 성인이 빗대고 있는 상징의 형상이 반드시 특정 사물에 의해 딱 들어맞아야 함
　　을 설명하고 있다. 현대적인 의미로 말하면 "물의(物宜)"는 사물이 적절하게 존재하고
　　있는 바른 상태, 즉 영어의 character에 해당하는 것으로 볼 수 있다.
107 여기에서 말하는 "상(象)"은 명사로 『주역』의 상(象)을 말한다.
108 괘효(卦爻)의 성립이 가능하기 위해서 가장 중요한 것은 모든 사물에 적용하여도 두루
　　통할 수 있는 '회통지리(會通之理)'의 발견이다. '회통'의 의미는 세상의 많은 이치들
　　중에서 모든 곳에 적용하여도 보편적으로 통(通)하는 것이라고 할 수 있다. 정이천은

以行其典禮¹⁰⁹하며 繫辭焉하여 以斷其吉凶이라 是故謂之爻¹¹⁰니라.
이 행 기 전 례　　계 사 언　　이 단 기 길 흉　　시 고 위 지 효

백 聖人具以見天之業, 而口疑者¹¹¹亓刑容, 以馬亓物義,¹¹² 〔是〕
성 인 구 이 견 천 지 업　이　　의 자　기 형 용　이 마 기 물 의　　　시

故胃之馬. 聖人具以見天下之動, 而觀亓會通, 以行亓挨膃,¹¹³ 繫
고 위 지 마 성 인 구 이 견 천 하 지 동　이 관 기 회 통　이 행 기 애 체　　계

辭焉, 以斷亓吉凶, 是故胃之敎.¹¹⁴
사 언　이 단 기 길 흉　시 고 위 지 교

『이천역전』에서 "회(會)는 모든 이치가 하나도 남김없이 모두 모여서 빠진 것이 없음을
말하고, 통(通)은 이치가 행해져서 막히는 곳이 없다는 것을 말한다(會, 謂理之所聚而
不可遺處, 通, 謂理之可行而無所碍處)"고 하였다.

109 "전례(典禮)"는 불변(不變)의 상리(常理)를 말한다. 빌헬름은 불변의 법칙(eternal
law)으로 말하고 있다. 즉 "전례"의 "전(典)"은 불변의 의미인 상법(常法)을 말하고,
"예(禮)" 또한 사물의 상리(常理)로 행해야 할 이치라고 말한다.

110 이것은 문자적인 설명을 이용하여 그 길흉을 판단하는 것을 말한다. 작역자(作易者)인
성인이 천하의 변화를 살펴보고 한 번 만에 판단하는 것이 아니라, 단계적으로 또 주기
를 거쳐서 점차적으로 회통하게 된다. 그런 후에 법칙을 행하고 문자적인 설명을 통하
여 그 길흉을 판단하게 되는데, 이것이 바로 효(爻)이다.

111 "의(疑)"는 "의(擬)"의 가차로, "자(者)"는 "제(諸)"로 보아야 한다. 『백서주역교석』
410쪽 참조 바람.

112 백서주역에는 상(象) 대신 주로 마(馬)가 사용되고 있는데, 이것은 구체적인 사물을 지
칭하는 것이 아니라 추상적인 개념이다. "설괘관마(設卦觀馬)"에서 "설괘관상(設卦觀
象)"으로 바뀐 것은 중국 고대문화가 변천한 궤적을 반영하고 있다. "설괘관마"는 중원
문화의 산물이며, "설괘관상"은 강남, 화남, 해양문화가 중원문화와 합류한 이후의 결
정(結晶)으로 보인다. 『백서주역교석』 425-426쪽 참조. 하지만 "마(馬)"가 단순히
"상(象)"의 가차자인지 아니면 백서주역이 발굴된 지역에서 마는 상과는 다른 관련을
가지고 있었는지 조사해 볼 필요가 있다. 또한 코끼리가 출현했던 지역에서 쓰이던 상
이 나중에 코끼리가 사라진 지역에서는 마로 대신 사용된 것은 아닌지 살펴보는 것도
흥미 있는 일이며, 백서주역을 보다 폭넓게 이해하는 데도 도움이 될 것으로 보인다.

113 "애체(挨膃)"는 등례(等禮), 즉 등급과 차별이 있는 예를 말함. 통행본에는 전례(典禮)
로 되어 있음. 『백화백서주역』 186쪽 참조 바람.

114 "교(敎)"는 위에서 베풀고 아래에서 본받는다. 고문의 교(敎)는 효(爻)에서 온 것으로
보인다.(『廣雅』의 관점) 『백서주역교석』 410쪽 참조 바람.

성인은 천하의 만사만물의 혼잡한 다양성을 관찰하고 그 형용되는 모습에 비기며, 그 사물이 가지고 있는 마땅함을(형상과 특성을 괘상으로) 형상함 이라, 그런 까닭에 그것을 상(象)이라 한다. 성인이 천하의 움직임을 보아 그 모이고 통하는 것(會通)을 관찰하여 그 법도와 예제(禮制)에 따라 행하 며, 말을 얽어매어 길흉을 판단하는 지라 이런 까닭에 효(爻)라고 말한다.

■ 성인은 천하의 사업을 관찰하고 그 형용되는 모습을 본뜨며, 그 사물이 가지고 있는 마땅함을 (형상과 특성을 괘상으로) 형상함이라, 그런 까닭에 그것을 마(馬)라고 한다. 성인이 천하의 움직임을 보아 그 모이고 통하는 것(會通)을 관찰하여 그 법도와 예제(禮制)에 따라 행하며, 말을 얽어매 어 길흉을 판단한다. 이런 까닭에 교(敎)라고 말한다.

言天下之賾하되 而不可惡也[115]며 言天下之至動하되 而不可亂也[116]
언 천 하 지 색　　　　이 불 가 오 야　　　　언 천 하 지 지 동　　　　이 불 가 난 야

니 擬之而後에 言하고 議之而後에 動이니 擬議하여 以成其變化[117]
의 지 이 후　　언　　　의 지 이 후　　동　　　의 의　　　이 성 기 변 화

---

115 이 부분은 상(象)에 대해 말하는 구절이다. 천하의 잡다한 것들은 모두 사물의 심오한 도리를 표현하고 있는 것으로 그것을 관찰하여 상(象)으로 표현한 것이 전부 이치에 들 어맞고, 쉽게 이해할 수 있도록 구성되어 있어서 어떤 혐오감도 발생하지 않게 하고 있 다는 말이다. 만약 잡란(雜亂)하기만 하고 어떠한 도리도 담고 있지 못하다면 당연히 싫어하게 될 것이기 때문이다.

116 이것은 효(爻)에 대해 설명하고 있다. 비록 천하 사물의 운동 변화가 대단히 어지럽고 복잡한 것 같지만 모두 이치에 들어맞아 질서 정연한 이치가 있음을 효와 효사의 설명 을 통한 이후에 더욱 명확하게 된다는 말이다.

117 이 구절은 상(象)을 관찰하는 과정에서 필요한 두 단계에 대해 이야기하고 있다. 일단 행동하기 전에 그 문제에 대해 충분히 토론하고 이야기한 뒤에 결정해야 하고 관찰과 토론을 통하여 변화와 전환을 완벽하게 할 수 있기 때문임을 말하고 있다. "의(擬)"라 는 말은 견주고 빗대다는 의미이고, "언(言)"은 이치에 대해 설명하는 것으로 사물의 실정을 깊이 있게 논의하는 것을 말한다. 말하자면 이것은 위의 구절에서 이야기 한

하니라.

 言天下之至業而不可惡也, 言天下之至業不亂. 知之而句[118]
언 천 하 지 지 업 이 불 가 오 야　언 천 하 지 지 업 불 난　지 지 이 구

言, 義之而句動矣. 義[119]以成亓變化.
언　의 지 이 구 동 의　의　이 성 기 변 화

천하의 지극히 잡난(雜亂)한 것을 말하되 싫어하지 않아야 하고, 천하의
모든 움직임을 말하되 혼란스럽게 하지 않으니 견주어 헤아린 다음에 말하
고, 따져본 다음에 움직이니 견주고 따져서 그 변화를 이룬다.

 천하의 지극한 사업을 말하되 싫어하지 않고, 천하의 지극한 사업을 말
하되 혼란스럽지 않으니 제대로 안 다음에 말하고 따져본 다음에 움직인다.
견주고 따져서 그 변화를 이룬다.

鳴鶴이 在陰이어늘 其子和之로다. 我有好爵하여 吾與爾靡之[120]라
명 학　재 음　　　　기 자 화 지　　　아 유 호 작　　　오 여 이 미 지

"관기회통(觀其會通)"의 뜻에 해당한다. "동(動)"은 변동의 법칙을 드러낸 것을 말한
다. 이 세 구절은 위에서 말한 것을 총괄하여 『주역』의 창작 원칙은 먼저 물상을 빗댄
후에 그 의리를 설명하고 다시 물정(物情)을 상세히 토론한 후에 그 변화를 밝힌다는
것을 설명한다. 그러므로 한강백은 "빗대고 의론하여 움직이면 변화의 도리를 다할 수
있다(擬議以動則盡變化之道)"고 하였다. 또 공영달은 『주역정의』에서 "말하려면 먼저
빗대고 행동하려면 먼저 의논하여야 한다. 이렇게 한다면 그 변화의 도리를 온전히 다
이룰 수 있다(言, 則先擬也, 動, 則先議也, 則能成盡其變化之道)"고 하였다. 위에서
말한 것처럼 『주역』의 창작은 "관물취상(觀物取象)"하여서 이루어진 것으로 『주역』을
읽으려면 마땅히 상(象)에 근거하여 뜻(意)을 밝혀야만 한다. 그러므로 아래에서는 7개
의 효사와 공자의 해설을 들어서 『주역』을 읽어내는 하나의 범례를 제시하고 있다.

118 "구(句)"는 "후(後)"로 보아야 한다. 『백화백서주역』 187쪽 참조.
119 "의(義)"는 통행본에는 "의(議)"로 되어 있음.
120 중부괘(中孚卦)의 구이에서 나온 말로 원래 감응(感應)에 대해 말하지만 여기에서는

하니 子曰 君子居其室하여 出其言善이면 則千里之外應之하나니
자왈 군자거기실   출기언선   즉천리지외응지

況其邇者乎아? 居其室하여 出其言不善이면 則天里之外違之하나
황기이자호   거기실   출기언불선   즉천리지외위지

니 況其邇者乎아? 言出乎身하여 加乎民하며 行發乎邇하여 見乎
황기이자호   언출호신   가호민   행발호이   현호

遠하나니 言行은 君子之樞機니 樞機之發이 榮辱之主也라. 言行
원   언행 군자지추기   추기지발   영욕지주야   언행

은 君子之所以動天地也니 可不愼乎[121]아.
군자지소이동천지야   가부신호

🔲 "鳴鶴在陰, 亓子和之. 我有好爵, 吾與爾贏[122]之." 曰: "君子
명학재음 기자화지 아유호작 오여이리 지 왈 군자

居亓室, 言善則千里之外應之, 倪亓近者乎? 出亓言不善, 則千
거기실 언선즉천리지외응지 황기근자호 출기언불선 즉천

里之外回[123]之, 倪乎亓近者乎. 言出乎身, 加于民. 行發乎近, 見
리지외회 지 황호기근자호 언출호신 가우민 행발호근 견

乎遠. 言行, 君子之區幾. 區幾之發, 營辰之斗也. 言行, 君子之
호원 언행 군자지구기 구기지발 영진지두야 언행 군자지

언행(言行)의 중요성에 대해 말하고 있다.

121 "추기(樞機)"는 가장 중요한 역할을 하는 것, 즉 근본이 되는 기틀로 근본과 핵심(要) 및 중(中)을 의미한다. "추(樞)"는 문의 지도리를 말한다. 추기라는 말은 문을 열고 닫을 때의 지도리를 의미하는 것으로 군자가 언행을 하는 데 있어서의 중요성을 비유하고 있다. 그러므로 아래에서 언행을 어떻게 하느냐에 따라 영욕(榮辱)이 나누어지는 것에 대해 이야기하고 있다.

122 "리(贏)"는 "贏(리)"로 "뒤집어엎다", "전복시키다"의 뜻. 즉 술병이나 술을 다 비워 뒤집어엎는다는 의미로 본다면, 통행본의 "靡"의 의미와 통용될 수도 있다.

123 "회(回)"와 "위(違)"는 고대에 통용됨.

所以動天地也."
소 이 동 천 지 야

"우는 학이 그늘에 있거늘 그 자식이 화답하도다. 내가 좋은 술을 가지고 있으니 내가 너와 더불어 나누고 싶도다"고 하였다. 공자께서 말씀하셨다. "군자가 자기 집에 있으면서 말을 함에 그것이 좋은 말이라면 천리 밖에서 응할 것이니. 하물며 가까이 있는 자에게 있어서랴! 자기 집에 있으면서 그 말이 좋은 말이 아니면 천리 밖에서도 어기니 하물며 가까이 있는 자에게 있어서랴! 말은 자기 몸에서 나가서 백성들에게 더해지며, 행동은 가까운 데서 시작하여 먼 데서 결과가 나타나니 언행은 군자의 추기(樞機, 문의 축인 지도리와 기틀)이니 그 추기를 발하는 것에 영욕이 달려 있다. 언행은 군자가 천하를 움직이는 수단이니 신중하지 않을 수 있겠는가!"

▣ "우는 학이 그늘에 있거늘 그 자식이 화답하도다. 내가 좋은 술을 가지고 있으니 내가 너와 더불어 다 비우고 싶도다"고 하였다. 공자께서 말씀하셨다. "군자가 자기 집에 있으면서 말을 함에 그것이 좋은 말이라면 천리 밖에서 응할 것이니 하물며 가까이 있는 자에게 있어서랴! 그 말이 좋은 말이 아니면 천리 밖에서도 어기니 하물며 가까이 있는 자에게 있어서랴! 말이 자신에게서 나와 백성들에게 더해지며, 행동은 가까운 데서 시작하여 먼 데에 결과가 나타나니 언행은 군자의 추기(樞機, 문의 축인 지도리와 기틀)이니 그 추기가 발하는 것은 별들(星辰)의 운동을 주관하는 북두(斗)가 된다. 언행은 군자가 천하를 움직이는 수단이다."

同人이 先號咷而後笑라하니 子曰 "君子之道 或出或處或默或語
동 인　　선 호 도 이 후 소　　　　자 왈　군 자 지 도 혹 출 혹 처 혹 묵 혹 어

나 二人同心이면 其利斷金이로다 同心之言이 其臭如蘭[124]이로다.
　　이 인 동 심　　　기 리 단 금　　　동 심 지 언　　　기 취 여 란

📕 "同人先號逃而后哭" 子曰, 君子之道, 或出或居, 或謀或語.
　동인선호도이후곡　자왈　군자지도　혹출혹거　혹모혹어

二人同心, 亓利斷金, 同人之言, 亓臭如蘭.
　이인동심　기리단금　동인지언　기취여란

　다른 사람과 함께 하되 먼저는 울부짖다가 뒤에는 웃으니라고 하니 공자께
서 말씀하시기를 "군자의 도리는 나가기도 하고 머물기도 하며 침묵하기도
하고 말하기도 하지만, 두 사람이 마음을 같이 하면 그 날카로움은 쇠를 끊
을 수 있고, 마음을 함께 하는 사람의 말은 그 향기가 난초와 같다."

　📕 "다른 사람과 함께 하되 먼저는 울부짖다가 뒤에는 웃는다"라고 하니
공자께서 말씀하시기를"군자의 도리는 나가기도 하고 머물기도 하며 도모
하기도 하고 말하기도 하지만, 두 사람이 마음을 같이 하면 그 날카로움은
쇠를 끊을 수 있고, 마음을 함께 하는 사람의 말은 그 향기가 난초와 같다."

初六은 藉用白茅니 无咎[125]라 하니 子曰 苟錯諸地라도 而可矣어늘
　초육　자용백모　무구　　　　　　자왈 구조저지　　　이가의

藉之用茅하니 何咎之有리오 愼之至也라. 夫茅之爲物이 薄이나
　자지용모　　　하구지유　　　신지지야　　　　부모지위물　박

而用은 可重也니 愼斯術也하여 以往이면 其无所失矣[126]리라.
　이용　가중야　신사술야　　　이왕　　　기무소실의

---

124 이것은 동인괘(同人卦) 구오의 효사이다. 동인괘의 구오는 육이와 뜻을 같이 하려고 하
　는데 중간에 구삼과 구사가 자리하고 있어서 처음에는 "먼저는 울부짖다가(先號咷)"
　"뒤에는 웃으니(後笑)"라고 하였는데, 「계사전」의 작자는 여기에서 원문의 해석에 얽매
　이지 않고 그것을 동심(同心)으로 해석하고 있다. 비록 시작할 때에는 출처(出處)와 묵
　어(默語)의 다름이 있었으나, 그 후에는 같은 마음을 가지게 되어 그 날카로움이 금속
　이라도 자를 수 있고 그 향기가 마치 난의 향기와 같다고 말한다.
125 대과괘(大過卦)의 초육 효사에서 나온 말이다.

백 “初六, 藉用白茅, 无咎.” 子曰 : “句足者地而可矣, 藉之用茅,
   초육   자용백모   무구   자왈   구족자지이가의   자지용모

何咎之有? 愼之至也. 夫白茅之爲述也薄, 用也而可重也. 愼此
하구지유   신지지야   부백모지위술야박   용야이가중야   신차

述也以往, 亓母所失之.”
술야이왕   기모소실지

“초육은 자리를 까는 데 흰 갈대를 쓰니 허물이 없다”라고 하니 공자께서
말씀하셨다. “진실로 그냥 땅에 놓아두어도 좋지만 띠 풀을 사용하는데 무
슨 허물이 있겠는가? 삼가는 것이 지극한 것이다. 띠 풀은 하잘 것 없는 것
이지만 쓰임은 중요할 수도 있으니 이 방법을 삼가서 사용해 나아가면 실패
가 없을 것이다.”

백 “초육은 자리를 까는 데 흰 갈대를 쓰니 허물이 없다”라고 하니 공자께
서 말씀하셨다. “진실로 그냥 땅에 놓아두어도 좋지만 띠 풀을 사용하는데
무슨 허물이 있겠는가? 삼가는 것이 지극한 것이다. 흰 갈대는 하잘 것 없
는 것이지만, 쓰임은 중요할 수도 있으니 이 방법을 삼가서 사용해 나아가
면 실패가 없을 것이다.”

勞謙이니 君子有終이니 吉하리라하니 子曰 “勞而不伐하며 有功
노 겸   군자유종   길   자왈   노이불벌   유공

---

126 왕인지는 “구(苟)”를 “단(但)”의 뜻으로 보고 있다. 우번은 “착(錯)”을 “치(置)”의 뜻
    으로 보고 있다. 여기서 「계사전」의 작자가 이야기하려고 하는 핵심은 신중하여야 한다
    는 것을 강조하고 있다. 하얀 갈대는 본래 매우 얇고 가는 것이지만 일단 사용하면 매우
    귀한 용도를 발휘한다. 왜냐하면 신중하지 않으면 아무리 두꺼운 기둥으로 동량(棟梁)
    을 만든다 하여도 쉽게 무너질 수 있지만, 신중하면 갈대처럼 얇은 것이라 하더라도 무
    거운 것을 견뎌낼 수 있기 때문이다. 일을 신중하게 처리하면 큰 잘못이 없을 것임을 말
    하고 있다.

而不德이 厚之至也니 語以其功下人者也라. 德言盛이요 禮言恭
이불덕　　후지지야　　어이기공하인자야　　　덕언성　　　례언공

이니 謙也者는 致恭하여 以存其位者也라.[127]
　　겸야자　치공　　　이존기위자야

백 "勞謙,[128] 君子有終, 吉." 子曰 : 勞而不伐, 有功而不德, 厚之
　　노렴　　군자유종　길　　자왈　노이불벌　유공이불덕　후지

至也. 語以亓功下人者也. 德言成,[129] 軆言恭也. 謙也者, 至共[130]
지야　어이기공하인자야　덕언성　　　체언공야　렴야자　지공

以存亓立者也.
이존기입자야

"공로가 있는 겸손이니 군자는 끝이 있으니 길하다"고 하니 공자께서 말씀하셨다. "수고로워도 자랑하지 않고, 공이 있어도 자기의 덕이라 하지 않음은 후덕함의 극치이니 공이 있으면서도 남의 아래에 낮춤을 말한 것이다. 덕은 성대하여야 하고, 예는 공손하여야 하니 겸손이란 공손함을 지극히 함으로써 그 지위를 보존하는 것이다.

백 "공로가 있는 겸손이니 군자는 끝이 있으니 길하다"고 하니 공자께서 말씀하셨다. "수고로워도 자랑하지 않고, 공이 있어도 자기의 덕이라 하지 않음은 지극히 후덕한 사람이다. 공이 있으면서도 남의 아래에 낮추고 도덕적으로 완벽하려하고 예는 공손하여야 한다. 겸손이란 공손함을 지극히

---

127 주자는 『주역본의』에서 "겸괘 구삼효의 뜻을 풀이하였다. 덕으로 말하면 성하고 예로 말하면 공손하다는 것은 덕은 성대하게 하고, 예는 공손하게 해야한다는 말이다(釋謙九三爻義. 德言盛禮言恭, 言德欲其盛禮欲其恭也)"고 하였다.
128 "겸(溓)"은 "겸(謙)"과 통용된다.
129 "성(成)"은 성인, 완벽한 사람을 가리킨다.
130 "공(共)"은 "공(恭)"의 가차이다.

함으로써 그 지위를 보존하는 것이다.

亢龍이니 有悔라하니 子曰 貴而无位하며 高而无民하며 賢人이 在
항룡　　유회　　　　자왈 귀이무위　　　　고이무민　　　　현인　 재

下位而无輔라 是以動而有悔也[131]니라.
하위이무보　　시이동이유회야

■백 "抗龍有悔." 子曰 : "貴而无立, 稟而无民, 賢人在亓下, □[132]
　　항룡유회　　자왈　　귀이무입　　숭이무민　　현인재기하

而无輔, 是以動而有悔也."
이무보　시이동이유회야

"너무 높이 올라가버린 용은 뉘우침이 있으리라"고 하니 공자께서 말씀하
셨다. "귀하여도 지위가 없고 높아도 백성이 없으며, 현인이 아래에 있으나
도움이 없다. 이러하므로 움직이면 뉘우침이 있다."

■백 "너무 높이 올라가버린 용은 뉘우침이 있으리라"고 하니 공자께서 말씀
하셨다. "귀하여도 지위가 없고 높아도 백성이 없으며, 현인이 아래에 있으
나 □하여서도 도움이 없다. 이러하므로 움직이면 뉘우침이 있다."

不出戶庭이면 无咎[133]라 하니 子曰 "亂之所生也 則言語以爲階[134]
불출호정　　　무구　　　　자왈 난지소생야　즉언어이위계

---

131 이것은 건괘(乾卦) 상구 효사의 설명인데, 건괘 「문언전」의 글과 완전히 같은 것으로
　　보아 아마도 중복인 것 같다.
132 □은 통행본에 "위(位)"로 되어 있다.
133 이 구절은 절괘(節卦) 초구의 효사로 신중하고 비밀스러워야(愼密) 하는 뜻을 통하여
　　효를 해석하고 있다.
134 "계(階)"는 계단 또는 사다리의 뜻으로 여기에서는 어떤 것을 인도(引導)하고 이끌어간
　　다는 뜻을 가지고 있다.

니 君不密則失臣하며 臣不密則失身하며 幾事不密則害成[135]하나니
군 불 밀 즉 실 신　　신 불 밀 즉 실 신　　기 사 불 밀 즉 해 성

是以로 君子는 愼密而不出也하나리라.
시 이　군 자　신 밀 이 불 출 야

백 "不出戶牖, 无咎." 子曰 : "亂之所生, 言語以爲階, 君不閉[136]
불 출 호 유　무 구　자 왈　난 지 소 생　언 어 이 위 계　군 불 폐

則失臣, 臣不閉則失身. 幾事不閉則害盈. 是以君子愼閉而弗出也."
즉 실 신　신 불 폐 즉 실 신　기 사 불 폐 즉 해 영　시 이 군 자 신 폐 이 불 출 야

"방문 밖의 정원을 나가지 않으면 허물이 없다"고 했다. 공자께서 말씀하셨다. "어지러움이 생기는 것은 말이 통로가 되기 때문이다. 임금이 주도면밀하지 못하면 신하를 잃게 되고 신하가 주도면밀하지 못하면 제 몸을 잃게 된다. 기미가 보이는 일에 주도면밀하지 못하면 해로움이 생긴다. 그러므로 군자는 신중하고 면밀하여 말을 함부로 내지 않는다."

백 "방문 밖을 나가지 않으면 허물이 없다"고 했다. 공자께서 말씀하셨다. "어지러움이 생기는 것은 말이 통로가 되기 때문이다. 임금이 방비하지 않으면 신하를 잃게 되고 신하가 방비하지 않으면 제 몸을 잃게 된다. 작은 일을 방비하지 못하면 해로움이 생긴다. 그러므로 군자는 신중하게 방비하여 말을 함부로 내지 않는다."

---

135 "기(幾)"는 일의 기미, 기틀 또는 처음 단계를 말하고 "기사(幾事)"는 일을 하는 처음을 이야기하고 있다. 내지덕은 『내씨역주』에서 "기라는 것은 일의 시작이고 성(成)이라는 것은 일의 끝이다(幾者, 事之始, 成者, 事之終)"라고 하였다. "해성(害成)"의 의미는 해로움이 생긴다는 뜻으로 일의 완성을 방해하는 경우를 말한다.
136 "폐(閉)"는 문을 닫는다는 말로 방비한다는 뜻을 가지고 있다.

子曰 作易者其知盜乎인저? 易曰 負且乘이면 致寇至라 하니 負也
자왈 작역자기지도호   역왈 부차승   치구지   부야

者는 小人之事也요 乘也者는 君子之器也니 小人而乘君子之器면
자   소인지사야요 승야자   군자지기야니 소인이승군자지기

盜思奪之矣며 上을 慢하고 下를 暴이면 盜思伐之矣[137]니 慢藏이
도사탈지의   상 만하고 하 포   도사벌지의   만장이

誨盜며 治容이 誨淫[138]이니 易曰 負且乘 致寇至라하니 盜之招也라.
회도 치용이 회음   역왈 부차승 치구지   도지초야

🔲 子曰, "爲易者亓知盜乎? 易曰 '負〔且乘〕之事至也者.' 小人
자왈   위역자기지도호   역왈 부 차 승 지사지야자   소인

之事也. 乘者, 君子之器也. 小人而乘君子之器, 盜思奪之矣. 上
지사야 승자 군자지기야 소인이승군자지기 도사탈지의   상

曼[139]下暴, 盜思伐之. 曼暴謨, 盜思奪之治. 易曰：'負且乘, 致
만 하포 도사벌지 만포모 도사탈지치 역왈   부차승 치

寇至. 盜之撓也.
구지 도지요야

공자께서 말씀하셨다. "『주역』을 지은이는 도둑을 아는가 보다." 『주역』에
서 "등에 지고 (걸어야 할 자가) 또 (마차에) 탐이라 도적이 오도록 하니"
라고 했다. 짐을 등에 지는 것은 소인의 일이요, 수레는 군자가 타는 기구

---

137 이 구절은 해괘(解卦) 육삼 효사를 해석한 말이다. "상(上)"은 윗자리에 있는 높은 사
람으로 "군상(君上)"에 해당한다. "만(漫)"은 가볍다는 뜻으로 함부로 한다는 말이다.
"아랫사람에게 가혹하게 대하여(下暴)" 능력이나 인격을 갖추지 못하고 있는 사람이기
때문에 "도둑이 칠 마음을 먹는(盜思伐之矣)" 지경에 이르게 된다.

138 물건을 잘 숨겨놓지 못하면 쉽게 도둑질당하고, 여자가 화장하기를 지나치게 요염하게
하면 쉽게 음란함을 발생시킨다고 말한다.

139 "만(曼)"은 "만(嫚)"의 가차로서 경시, 모욕의 뜻을 가지고 있다.

이니 소인으로 대인이 타는 수레를 타면 두둑이 빼앗을 생각을 하게 된다. 윗사람에 무례하고 아랫사람에게 가혹하게 대하니 도둑이 칠 마음을 먹는다. 보관하는 일에 태만하면 두둑을 부르고, 얼굴을 화려하게 꾸미고 화장하는 것이 음탕함을 부르는 것이니 『주역』에서 "등에 지고 (걸어야 할 자가) 또 (마차에) 탐이라 도적이 오도록 하니"라고 하였으니 도둑을 불러들이는 것이다.

■백 공자께서 말씀하셨다. "주역을 지은이는 도둑을 아는가 보다." 주역에서 "(마차를) 끌어야 하는데 타는 것"은 소인의 일이요, 수레는 군자가 타는 기구이니 소인으로 군자가 타는 수레를 타면 도둑이 빼앗을 생각을 하게 된다. 윗사람에 무례하고 아랫사람에게 가혹하게 대하니 도둑은 탈취할 마음을 먹는다. 태만하고 난폭하게 꾀를 쓰면 도둑이 탈취할 생각을 한다. 주역에서 "(마차를) 끌고 가야 하는데 타고 가는 것은 도적을 이르게 하니"라고 하였으니 도둑이 어지럽게 하는 것이다.

 * 제8장의 의미 : 이 장에서는 작역자로서의 성인이 객관사물을 비겨서 『주역』을 지었음을 말하고 구체적으로 괘와 효의 효용에 관하여 설명하고 있다. 이를 통하여 『주역』을 배우려는 자는 반드시 언행에 신중히 해야 할 것을 말하고 있다.

제9장

天一 地二 天三 地四 天五 地六 天七 地八 天九 地十[140]이니
천 일 지 이 천 삼 지 사 천 오 지 육 천 칠 지 팔 천 구 지 십

하늘은 1이고 땅은 2이며 하늘은 3이고 땅은 4이며 하늘은 5이고 땅은 6이

---

140 장재·정이천·주자는 이 구절을 대연지수(大衍之數)장의 위에 놓아야한다고 말한다. 왜냐하면 이 부분은 대연지수장처럼 서법(筮法)을 말하는 것처럼 보이기 때문이다. 여기에서는 우선 먼저 열 개의 수를 배열하고 또 이 열 개의 수가 다섯 개의 홀수와 다섯 개의 짝수로 나누어져 있음을 말하고 있다. 홀수는 천(天)을 대표하고, 짝수는 땅을 대표하는 수로 말하고 있다. 열 개의 수 가운데 홀수와 짝수의 대립통일은 별 다른 것이 아니라 하늘과 땅이라는 우주 전체의 대립적인 통일관계를 반영하는 것으로 보인다. 이 구절에 대한 해석은 매우 분분하다. 정현은 "천의 일은 북쪽에서 물을 낳고 지의 이는 남쪽에서 불을 낳고 천의 삼은 동쪽에서 나무를 낳고 지의 사는 서쪽에서 쇠를 낳고 천의 오는 중앙에서 흙을 낳는다. 양의 짝이 없으면 음도 배필이 없어서 서로 이룸을 이루지 못한다. 지의 육은 북쪽에서 물을 이루어 천의 일과 더불어 하고 천의 칠은 불을 남쪽에서 이루니 지의 이와 더불어 하고 지의 팔은 동쪽에서 나무를 이루니 천의 삼과 함께 하고 천의 구는 서쪽에서 쇠를 이루니 지의 사와 함께하고 지의 십은 중앙에서 흙을 이루니 천의 오와 함께 한다(天一生水於北, 地二生火於南, 天三生木於東, 地四生金於西, 天五生土於中. 陽无耦, 陰无配, 未得相成. 地六成水於北, 與天一并, 天七成火於南, 與地二并, 地八成木於東, 與天三并, 天九成金於西, 與地四并, 地十成土於中, 與天五并也)"고 하였다. 또 우번은 "천일(天一)"은 "수갑(水甲)"이고 "지이(地二)"는 "화을(火乙)"이고 "천삼(天三)"은 "목병(木丙)"이고 "지사(地四)"는 "금정(金丁)"이고 "천오(天五)"는 "토무(土戊)"이고 "지육(地六)"은 "수기(水己)"이고 "천칠(天七)"은 "화경(火庚)"이고 "지팔(地八)"은 "목신(木辛)" "천구(天九)"는 "금임(金壬)"이고 "지십(地十)"은 "토계(土癸)"라고 보았다. 이에 대해 주자는 『주역본의』에서 "이것은 천지의 수가 양은 홀수이고 음은 짝수임을 말하니 이른바 하도(河圖)이다. 그 자리는 1과 6이 아래에 있고 2와 7이 위에 있으며 5와 10이 가운데 있다. 이 장으로 말하면 가운데 다섯이 수를 넓히는 모체가 되고 다음 열이 넓히는 아들이 되며 다음 일이 삼사가 사상의 자리가 되고 다음 육칠팔구가 사상의 수가 된다. 두 늙은이가 서북에 자리하고 두 젊은이가 동남에 위치하여 그 수는 각각 그 부류로서 바깥에 섞여 있다(此言天地之數, 陽奇陰偶, 卽所謂河圖者也. 其位, 一六居下, 二七居上, 三八居左, 四九居右, 五十居中. 就此章而言之, 則中五爲衍母, 次十爲衍子, 次一二三四爲四象之位, 次六七八九爲四象之數, 二老位於西北, 二少位於東南, 其數則各以其類, 交錯於外也)"고 하였다. 위의 관점들은 지나치게 수를 신비화하거나 형이상학적으로 설명하려는 경향이 강하다. 그러나 여기에서 말하는 천지는 결코 신비한 것이 아니고 그 의미는 음양이나 기우와 별반 차이가 없는 것이다. 말하자면 하늘의 수는 홀수이고 땅의 수는 짝수로 자연수 가운데 포함된 두 가지 성질의 수에 불과한 것으로 다른 의미가 있

요 하늘은 7이고 땅은 8이며 하늘은 9이고 땅은 10이니

 하늘은 1이고 땅은 2이며 하늘은 3이고 땅은 4이며 하늘은 5이고 땅은 6이요 하늘은 7이고 땅은 8이며 하늘은 9이고 땅은 10이니

天數五요 地數五니 五位相得而各有合[142]하니 天數二十有五요
천 수 오　　　지 수 오　　　오 위 상 득 이 각 유 합　　　천 수 이 십 유 오

는 것은 아니다. 즉 추상적인 수와 객관적인 물질세계는 어떤 통일적인 연계관계를 가지고 있는데 수의 모순운동과 객관물질세계의 모순운동을 일치시켜 수로부터 괘를 얻는 것을 증명하고 있다. 또 하나 여기에서 주목할 만한 관점은 천지(天地)에 대한 언급이 주로 은유적(隱喩的)인 비유(比喩)를 통하여 음양의 형상적이거나 생물학적인 형상 예를 들면 남녀 등을 가지고 설명하는 단계에서 수리(數理)를 통한 천지 변화의 설명이라는 단계로 넘어가고 있다는 점에서 상당히 의미가 있는 것으로 보인다. 물론 여기에서 말하는 수리가 서양 과학적인 의미의 수리 단계로까지 발전한 것은 아니지만 적어도 사고의 체계성이나 합리성이라는 측면에서는 분명히 발전적이라고 할 수 있을 것이다. 괘를 통하여 천지간의 사물변화를 발현하고 있기 때문에 수·괘·사물의 삼자 간에는 일종의 내재적인 통일법칙성을 가지고 있는 것으로 볼 수 있다. 그러므로 『주역』의 서법이 수에 의거해서 연산(演算)하는 도리가 바로 여기에 있는 것이라고 볼 수 있다.

141 백서주역에는 제10장에서 이 구절이 보인다.

142 숫자에는 홀수와 짝수가 있는데 홀수는 양에 속하고 짝수는 음에 속한다. 천(天)은 양이고 지(地)는 음인데 홀수의 1,3,5,7,9는 천을 대표하고 짝수의 2,4,6,8,10은 땅을 대표한다. "다섯 자리가 서로 얻으며(五位相得)"라는 말은 각각 짝이 되는 위(位)끼리 서로 얻는다는 뜻으로 바로 일과 이가 서로 얻고 삼과 사가 서로 얻고 오와 육이 서로 얻고 칠과 팔이 서로 얻고 구와 십이 서로 얻는 것을 말한다. "각각 합하는 것이 있으니(各有合)"라는 말은 다섯 개의 천수(天數)가 하나로 합하여 이십오를 얻고 다섯 개의 지수(地水)가 합하여 삼십을 얻는 것을 말한다. 또 어떤 사람들은 이 말을 하도(河圖)의 수와 관련시켜 말하기도 한다.

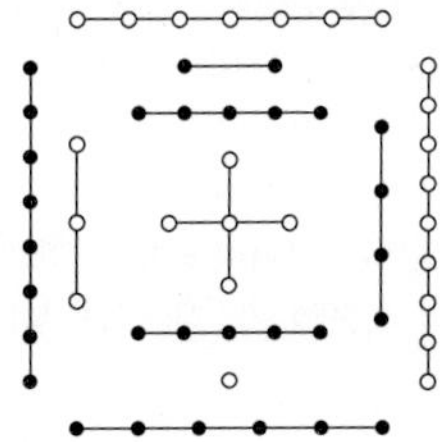

地數三十이라. 凡天地之數五十有五[143]니 此所以成變化而行鬼神
지 수 삼 십　　　　범 천 지 지 수 오 십 유 오　　　　차 소 이 성 변 화 이 행 귀 신

也[144]라.
야

하늘의 수는 다섯이고 땅의 수도 다섯이니 다섯 자리가 서로 얻으며 각각 합하는 것이 있으니 하늘 수의 합이 25이고 땅 수의 합은 30이다. 하늘 수와 땅 수의 합은 55이니 이것이 변화를 이루고 귀신의 작용을 행하는 것이다.

大衍之數五十[145]이니 其用은 四十有九[146]라. 分而爲二하여 以象
대 연 지 삭 오 십　　　　기 용　　　사 십 유 구　　　　분 이 위 이　　　　이 상

즉 위의 그림에서 "각각 합하는 것이 있으니(各有合)"라는 말을 아래의 북쪽에 있는 1과 6, 위의 남쪽에 있는 2와 7, 동쪽의 3과 8, 서쪽의 4와 9, 중앙의 5와 10이 각각 짝을 지어 합하는 것으로 보아 천수(天數)를 모두 합하여 25이고 지수(地數)를 합하여 30이라는 의미로 말하기도 한다. 그러나 하도에 근거하여 설명하는 방식은 하도 자체가 가진 신빙성 문제가 우선적으로 설명되어야 하는 것이 큰 문제이기도 하지만, 더욱 중요한 것은 문맥(文脈)의 맥락을 무시해서는 곤란하다는 점이다. 왜냐하면 뒷 부분에 나오는 "이것이 변화를 이루고 귀신의 작용을 행하는 것이다(此所以成變化而行鬼神也)"라는 구절과의 관련성에서 보면 천수와 음수 즉 양수와 음수의 합이 말하려는 것은 바로 변화에 있다는 점이다. 다른 각도에서 김경방은 『주역계사전신편상해』에서 이 구절을 8괘에서 64괘로 변하는 "(8괘에) 근거하여 포개는(因而重之)" 방법과 기본적으로 유사하다고 말한다. (56쪽 참조 바람) 이런 관점은 기본적으로 8괘 자체에서는 어떤 변화가 보이지 않지만 8괘와 8괘를 중첩한 64괘에서 변화가 바로소 이루어진다. 마찬가지로 음수와 양수의 결합, 즉 음과 양의 결합을 통해서 변화가 이루어지는 것이다.

143 이것은 다섯 개의 홀수를 더하면 25이고 다섯 개의 짝수를 더하면 30인데 이 둘을 합한 것이 55라는 말이다. 여기에서의 "천지지수(天地之數)"는 위에서 말하는 "대연지수(大衍之數)"와는 다르다. 그러나 "대연지수(大衍之數)"는 또한 "천지지수(天地之數)"에 근거하여 변화를 추연하여 점치는 데 이용한다. 그러므로 "이것이 변화를 이루고 귀신의 작용을 행하는 것이다(此所以成變化而行鬼神也)"고 말하는 것이다.

144 "귀신"이라는 두 글자는 결코 귀신이 변화를 지배한다는 의미가 아니라 음양 변화의 굴신왕래(屈伸往來)를 표명하는 것으로 4장에서 말하는 "이 때문에 귀신의 실제 상태를 아는 것이다(是故知鬼神之情狀)"는 말과 같다.

兩¹⁴⁷하고 掛一하여 以象三¹⁴⁸하고 揲之以四하여 以象四時¹⁴⁹하고
량　　　　괘일　　　　　이상삼　　　　　설지이사　　　　　이상사시

歸奇於扐하여 以象閏¹⁵⁰하나니 五歲에 再閏¹⁵¹이라 故로 再扐而後
귀기어륵　　　　　이상윤　　　　오세　　재윤　　　고　　　재륵이후

---

145 "대(大)"는 "광(廣)"의 뜻과 같고 "연(衍)"은 "연역(演繹)"의 의미이다. "대연지수(大衍之數)"라는 말은 크게 넓힌 수 또는 전체 수(the number of the total, 빌헬름의 경우)를 의미하고 구체적으로 말하면 시초의 수(蓍數)를 연산(演算)하는 수를 말한다. "수(數)"는 "시수(蓍數)"로 점치는 과정에서 시초의 숫자를 의미한다. 이 구절 이하에서는 『주역』이 50개의 시책을 가지고 설시(揲蓍)하여 괘를 이루는 방법에 대해 서술하고 있다. 대연지수를 50으로 하고 49만 사용하는 관점과 천지지수를 50으로 하는 삼자의 관계에 대해서는 여러 가지 다양한 관점이 있어서 어느 하나로 통일하기는 어렵다. "대연지수(大衍之數)"에 관해서 통행본 『주역』은 50으로 말하고 있다. 이에 대해 경방은 "50이라는 것은 10일 · 12신(辰) · 28숙(宿)(五十者謂十日, 十二辰, 二十八宿也)"을 말한다고 하였고, 마융은 북신(北辰) 또는 태극 · 양의 · 일월 · 사시 · 오행 · 십이월 · 이십사절기를 합한 수인 50으로 보고 있다. 또 정현은 천지의 수는 55인데 오행의 기가 통하여 오행을 빼고 난 오십을 대연지수로 보고 있다. 이들 관점들은 대부분 설득력이 크게 떨어지는 것으로 보인다. 이에 대해 현대의 김경방은 『주역전해』에서 "대연지수오십(大衍之數五十)"이라는 구절 아래에 "유오(有五)"라는 말이 빠진 것으로 보아 "대연지수오십유오(大衍之數五十有五)"라고 정정하는 것이 옳다고 말한다. 이에 대해 서지예(徐志銳) 역시 김경방의 관점에 극력 찬동하고 있다.

146 점서를 행할 때 대연(大演)의 수는 모두 50이지만 49개의 시초만 사용한다. 왜 49개만 사용하고 하나는 사용하지 않는가? 이에 대해 한강백은 "천지의 수를 연역해 내는데 있어서 근거하는 수는 50이다. 그것을 사용하는 것은 49이고 1은 사용하지 않는다. 1은 비록 (구체적인 설시 과정에) 사용하지는 않지만 그 작용은 도리어 전체의 설시 과정에 구현되는데, 그 1은 자체가 비록 수는 아니지만 다른 (7, 9, 8, 6의) 수가 이것 때문에 이루어지는데 이것이 바로 역의 태극이다. 49는 수의 극이다(演天地之數, 所賴者五十也. 其用四十有九, 則其一不用也. 不用而用以之通, 非數而數以之成, 斯易之太極也. 四十有九, 數之極也)"고 하였는데 여기에서 사용하지 않는 1을 왕필은 '태극'으로 보고 있다. 왕필은 1은 비록 구체적인 설시 과정에 사용하지는 않지만 그 작용은 도리어 전체의 설시 과정에 구현되는 것이라고 말한다. 즉 이 '1'은 비록 사용되지 않지만 다른 7, 8, 9, 6의 수는 이것 때문에 이루어지게 되는데 이것이 바로 '태극'이라고 말한다. 만약 이 '1'이 사용된다고 한다면 사용되는 수는 '50'이 되어 7, 9, 8, 6의 수는 나올 수 없었을 것이다. 그러므로 "49가 수의 극이다"고 말하는 것이다. 사용하지 않는 '1'을 '태극'으로 보는 왕필의 관점은 북극성과 관련이 있는 것으로 보인다. "역에는 태극이 있는데 북극성이 바로 이것이다. …… 북극성이 있는 자리는 움직이지 않고 그 나

에 掛¹⁵²하나리라.
_괘

크게 넓힌 대연(大衍)의 수가 50이지만 사용하는 것은 49이다. 이를 나누

머지 49는 계속적으로 움직여 운용된다(易有太極, 北辰是也 …… 北辰居位不動, 其餘四十有九, 轉運而用也)"고 하였다. '북극성'이 자기 자리에서 움직이지 않으면서 다른 것에 영향을 주었던 입장이 거의 그대로 적용된 것으로 보인다. 즉 천상의 관찰을 통하여 형성된 '북극성'의 성격이 그대로 '대연서법(大衍筮法)'의 설시과정에 은유적으로 적용된 것으로 보인다.

147 이것은 서점(筮占)의 첫 번째 단계로 49개의 시초를 임의로 두 부분으로 나누는 것을 말한다. "양(兩)"은 바로 천지(天地)이고 "양의(兩儀)"이다. 구체적으로 설시를 할 경우 둘로 나누어 왼손에 쥔 시초는 양으로 하늘을 의미하여 천책(天策)이라고 하고, 오른 손에 쥔 시초는 음으로 땅을 의미하며 지책(地策)이라고 말한다.

148 "괘(掛)"는 건다, 끼운다는 말이다. 이것은 서점의 두 번째 단계로, 오른손에 쥐고 있는 지책을 내려놓고 그 중에서 하나를 뽑아 왼쪽 넷째 손가락과 왼쪽 새끼손가락 사이에 끼는데(혹은 다른 곳에 둔다) 이것이 바로 인책(人策)이다. 여기에서 말하는 "삼(三)"은 바로 천지인(天地人) 삼재(三才)의 "삼"이다.

149 이것은 서점의 세 번째 단계로, 왼손에 있는 천책을 넷씩 세는 것으로 사계절의 변화를 상징한다. "설(揲)"이라는 말은 손으로 시책(蓍策)을 세는 것을 말한다.

150 이것은 서점의 네 번째 단계로, 네 개씩 세고 남은 것을 셋째와 넷째 손가락 사이에 끼어 윤달을 상징한다. "기(奇)"는 넷씩 세고 남은 수를 말한다. "륵(扐)"은 손가락 사이에 끼워 넣는 것을 말한다. 이에 대해 주자는 "기(奇)는 넷으로 세고 남은 것이다. 륵(扐)은 왼손의 가운데 셋째 손가락과 넷째 손가락 둘 사이에 끼는 것이다. 윤(閏)은 달의 남은 날을 모아 달을 이룬 것이다(奇, 所揲四數之餘也. 扐, 勒於左手中三指之兩間也. 閏, 積月之餘日而成月者也)"고 하였다.

151 "오세재윤(五歲再閏)"이라는 말은 무엇인가? 태양력(太陽曆)에서 1년이 365일과 4분의 1일이라고 한다면 중국의 태음력(太陰曆)에 의하면 1년은 다만 354일로 11일 정도 차이가 난다. 이렇게 되면 3년에 한 달 정도의 차이가 생기고 5년에는 거의 두 달 정도 차이가 난다. 그러므로 3년에 한 번은 윤달을 두고, 5년에 두 번의 윤달을 둔다.

152 "재륵(再扐)"이라는 것은 기본적으로 사계절을 상징하여 4로 나누고 남는 시초를 손가락에 끼우는(扐) 것이 윤달을 상징하기 때문에 다섯 과정(5년을 상징) 중에서 두 번의 윤달에 해당하는 끼우는 작업을 두 번 한다는 말이다. 즉 나머지 상위에 내려놓았던 오른손의 지책(地策)도 같은 방법으로 오른손에 들고 왼손으로 네 개씩 세어서 남은 수를 왼손의 둘째와 셋째 손가락 사이에 끼워 넣는 것을 말한다. 그러고 나서 지금까지 세 번에 걸쳐 끼워 놓은 시책을 합하여 처음에 뽑아 놓은 태극의 시초 위에 세로로 걸쳐 놓는 것을 말한다. 정리하자면 49개의 시초를 임의로 두 부분으로 나누고, 하나를 손가락 사

어 둘로 만들어 하늘과 땅의 양의(兩儀)를 상징하고, 하나를 걸어서 하늘, 땅, 인간의 삼재(三才)를 상징하고, 나머지 시초를 네 개씩 세어 사계절을 상징하고, 네 개씩 덜어낸 나머지를 손가락 사이에 끼움으로 윤달을 상징하니 윤달이 대개 5년에 두 차례 있다. 그러므로 (그 이치를 상징하여) 두 번 손가락 사이에 끼운 뒤에 거는 것이다.

乾之策이 二百一十有六이요 坤之策이 百四十有四라. 凡三百有
건 지 책   이 백 일 십 유 육   곤 지 책   백 사 십 유 사   범 삼 백 유

六十[153]이니 當期之日[154]하고 二篇之策이 萬有一千五百二十이니
육 십   당 기 지 일   이 편 지 책   만 유 일 천 오 백 이 십

當萬物之數也[155]하니 是故로 四營而成易이니 十有八變而成卦[156]
당 만 물 지 수 야   시 고   사 영 이 성 역   십 유 팔 변 이 성 괘

이에 꼽고 오른 손에 쥐고 있는 지책(地策)을 내려놓고 그 중에서 하나를 뽑아 왼쪽 넷째 손가락과 왼쪽 새끼손가락 사이에 끼고, 천책(天策)을 네 개씩 세고 난후에 다시 오른 쪽의 지책을 마찬가지 방식으로 세고, 네 개씩 세고 남은 것을 셋째와 넷째 손가락 사이에 끼는 이 네 가지 과정을 거쳐서 한 단계가 끝나는 것을 말한다. 이것이 이른바 일변(一變)이다. 아래와 똑같은 방법으로 두 번을 더 행하여야 비로소 하나의 효를 얻을 수 있다. 말하자면 삼변(三變)을 행한 이후에야 하나의 효를 얻을 수 있기 때문에 하나의 괘를 얻기 위해서는 18변(十八變) 하여야 한다. 앞의 "괘일(掛一)"의 괘(掛)는 손가락에 지책 중의 한 개를 끼워 넣는다는 의미였지만 여기서 말하는 "재륵이후괘(再扐而後掛)"의 "괘(掛)"를 "재륵(再扐)" 이후의 손가락 사이의 모든 시초를 합하여 태극의 시초 위에 놓는다는 관점(주자)도 있고 또는 다시 같은 과정을 되풀이한다는 의미로 사용하기도 한다. 말하자면 제3변을 봉하여 하나의 효(爻)를 얻고 다시 제4변의 조작에 다시 들어간다는 말이다.

153 건괘는 노양(老陽)의 수로 구성되어 있는데 노양의 효는 모두 삼변한 이후의 36책(策)으로부터 나온 것이다. 그러므로 육효는 모두 216책(36×6=216)이다. 곤괘는 노음(老陰)의 수로 구성되어 있는데 노음의 효는 모두 삼변한 이후의 24책(策)으로부터 나온 것이다. 그러므로 육효는 모두 144책(24×6=144)이다. 건의 책수(216)와 곤의 책수(144)를 합하면 모두 360이 된다. 참고로 설시과정을 통하여 나타난 책수(策數)와 사상(四象)의 수를 도표로 그려보면 아래와 같다. 더욱 상세한 것은 부록을 참고하기 바란다.

하니 八卦而小成하여 引而伸之[157]하며 觸類而長之하면 天下之能
팔 괘 이 소 성　　　 인 이 신 지　　　　 촉 류 이 장 지　　　 천 하 지 능

事畢矣[158]리니 顯道하고 神德行[159]이라 是故로 可與酬酢이며 可與
사 필 의　　　 현 도　　　 신 덕 행　　　 시 고　　 가 여 수 작　　　 가 여

책수	24	28	32	36
사상	노음(老陰)	소양(少陽)	소음(少陰)	노양(老陽)
사상의 수	6	7	8	9

154 “기(期)”는 일주(一周) 또는 일년(一年)의 뜻이다. 『주역』의 점서 과정에서 건괘(乾卦)가 사용한 시초는 216책이고 곤괘(坤卦)가 사용한 시초는 144책이다. 건괘와 곤괘가 사용한 시초는 모두 360책으로 꼭 1년의 일기(日期)에 상당한다. 말하자면 “기(期)”는 1주년을 말한다. 이에 대해 『주역정의』는 “360일은 그 대략적인 것을 말한 것으로 5일과 4분의 1일은 계산하지 않았다(三百六十日, 擧其大略, 不數五日四分日之一也)”고 하였다.

155 “이편지책(二篇之策)”은 『주역』의 상하 두 편에 수록된 모든 책수(卦數)를 말한다. 64괘 384효에는 양효가 192이고 음효 또한 192이다. 양효 192에 36을 곱하면 6912이고 음효 192에 24를 곱하면 4608이다. 두 책수를 합하면 11520을 얻게 되는데 거의 만물(萬物)의 수에 해당하는 것이라고 할 수 있다. “만물(萬物)”의 만(萬)은 대략적인 것을 가리키는 것이고 실제로 가리키는 수는 아니다. 말하자면 만(萬)이라는 수는 천지간의 일체 사물을 가리키는 가장 큰 수(大數) 혹은 가득 찬 수(盈數)를 말한다. 『주역』의 상·하경에서 사용한 책수는 만물의 수에 상당하는 것으로 「계사전」에서 말하는 『주역』은 천하의 도리를 다 포함하고 있고 천지의 도리를 하나도 남김없이 담고 있다는 말과 일치한다. 김경방 『주역전해』 550쪽 참조 바람

156 “영(營)”은 경영한다는 뜻이다. “역(易)”은 변한다는 의미이다. “사영(四營)”은 바로 49개의 시초를 임의로 두 부분으로 나누고, 오른손에 쥐고 있는 지책을 내려놓고 그 중에서 하나를 뽑아 왼쪽 넷째 손가락과 왼쪽 새끼손가락 사이에 끼고, 천책을 네 개씩 세고 난후에 다시 오른쪽의 지책을 마찬가지 방식으로 세고, 네 개씩 세고 남은 것을 셋째와 넷째 손가락 사이에 끼는 이 네 가지 과정을 말한다. 이 네 가지 단계를 완성한 것이 바로 하나의 “역(易)”으로 한 번 변한 것을 말한다. 위의 설시(揲蓍)과정을 통해 왼손 손가락 사이에 끼어 있는 책수를 모두 모아서 태극에 세로로 놓음으로써 일변(一變)이 끝난다. 2변과 3변은 태극으로 놓아둔 것을 제외하고 1변한 나머지 책수로 2변과 3변을 하여 하나의 효(爻)를 얻는다. 왜냐하면 한 괘에는 여섯 효가 있어서 하나의 효는 삼변(三變)하여야 비로소 얻을 수 있기 때문이다. 그래서 “18번 변하면 괘를 이루니(十有八變而成卦)”라고 말한다. 이에 대해 순상은 『주역집해』에서 “영이라는 것은 칠·팔·

祐神矣[160]니 子曰知變化之道者는 其知神之所爲乎[161]인저.
우 신 의   자 왈 지 변 화 지 도 자   기 지 신 지 소 위 호

건의 책수(策數 : 산가지 수)는 216이고 곤의 책수는 144이다. 무릇 합하

구·육을 말한다(營者謂七八九六也)”고 하여 “사영(四營)”을 소양(少陽)·소음(少
陰)·노양(老陽)·노음(老陰)을 구하는 것으로 말하고 있다.
157 “팔괘이소성(八卦而小成)”이라는 말은 팔괘가 다만 소성(小成)으로 천하의 만사만물
을 포괄하지 못함을 말한다. 이 때문에 64괘로 만드는 것이 필요하다. 후과(侯果)는
『주역집해』에서 “삼획은 천·지·뢰·풍·일·월·산·택의 상을 이룸을 말하는데,
이 팔괘는 만물의 정리(情理)를 온전히 다 담고 있지 못하기 때문에 소성이라고 말한다
(謂三畫成天地雷風日月山澤之象, 此八卦未盡萬物情理, 故曰小成也)”고 하였다. 즉
8괘의 소성괘로는 복잡한 현상세계의 운동과 변화를 설명해 내기에는 부족하다. 여기에
서 “(8괘를) 이끌어 펴서(引而伸之)” 확장하여야 한다는 것이다. “인이신지(引而伸
之)”는 「계사전」 하편의 “인이중지(引而重之)”의 뜻과 비슷한 것으로 팔괘를 중첩하거
나 연신(延伸)하여 계속적으로 확대한다는 의미이다. 말하자면 팔괘가 64괘로 변하는
문제에 대한 의미이다. 복잡한 세계의 운동과 변화를 팔괘는 설명해내지 못하기 때문에
그것을 “이끌어 펴서 종류에 따라 확장하는 것(引而伸之, 觸類而長之)”이다.
158 “촉류(觸類)”라는 말에서 “촉(觸)”은 접촉(接觸) 혹은 감응(感應)의 뜻이고, “유(類)”
는 종류 또는 유별(類別)의 뜻으로 “모든 종류의 일을 접한다”는 의미로 사용하고 있다.
“장지(長之)”라는 말은 앞에서 말한 “인이신지(引而伸之)”와 같은 뜻을 가지고 있다.
다른 점은 “인이신지”가 64괘를 이루는 것에 대해 말한다면 이것은 384효의 전개에 관
한 것을 다룬다는 점에서 구별된다. “천하의 가능한 일을 다 할 수 있다(天下之能事畢
矣)”라는 말은 천하의 모든 일을 다 포괄할 수 있다는 뜻이다. 주자는 『주역본의』에서
“이미 여섯 효가 이루어졌으며 그 효가 변하는지 변하지 않는지를 보아서 동정을 삼으
면 한 괘가 변해서 64괘가 되어 길흉을 정하니 모두 4096괘이다(謂已成六爻而視其爻
之變與不變, 以爲動靜, 則一卦可變而爲六十四卦, 以定吉凶, 凡四千九十六卦也)”
고 하였다. 즉 각각의 괘가 64괘로 될 수 있어서 64×64의 수가 바로 4096으로 무한한
변화를 통해서 세상의 모든 일을 다 설명할 수 있음을 말하고 있다.
159 “현(顯)”은 밝힌다, 드러낸다는 말이고 “신(神)”은 여기에서 동사로 사용되어 신묘하게
하다 혹은 신성하게 한다는 의미를 가지고 있다. 주자는 『주역본의』에서 “도는 말에 근
거해서 나타나고 행동은 수로써 신묘해진다(道因辭顯, 行以數神)”고 하였다. 『주역』
은 객관세계 속에 들어 있는 법칙을 드러내어 주고 또 사람이 가지고 있는 덕행을 표현
하게도 해 준다. 즉 『주역』의 괘효는 우주 변화의 도를 드러내 줄 수 있는 기능을 가지
고 있고 괘효사는 길흉화복의 도리를 드러내 주기 때문에 사람은 이에 따라 행동하면
그의 행동이 측정하기 어려운 변화에 마치 알고 있는 것처럼 신묘하게 대응한다.
160 “수작(酬酢)”은 응대(應對)를 말한다. 옛날에 술을 마실 때에도 거기에는 합당한 예절

면 360이니 한 해의 날 수에 해당하고 『주역』 상하 두 편의 산가지 수는 11,520이니 만물의 수에 해당하니 이런 까닭에 네 번 경영하여 역(易)을 이루니 18번 변하면 괘를 이루니, 8괘가 되면 작은 괘가 이루어지니, 이끌어 펴서 종류에 따라 확장하면 천하의 가능한 일을 다 할 수 있으니, 도를 밝게 하고 덕행을 신비롭게 함이라. 그러므로 더불어 응대할 수 있으며 신을 도울 수 있으니 공자께서 "변화의 도를 아는 자는 신의 작용을 아는 가 보다"라고 하셨다.

　＊ 제9장의 의미 : 이 장은 집중적으로 서법(筮法)의 내용과 구조·작용 및 점을 치는 방법과 단계에 대해서 설명하고 있다. 서점을 행하여 괘를 점치는 것은 본래 미신의 구체적인 수단이다. 「계사전」은 이런 문제를 천지자연의 법칙과 함께 말하여 그것에 나름대로의 합리적인 의미를 부여하여 성질을 바꾸려고 시도하고 있다.

이 있었다. 주인이 먼저 손님에게 술을 권하는 것을 일러 헌(獻)이라고 한다. 손님이 주인에게 공경함을 표하는 것을 일러 작(酌)이라고 하고 주인이 다시 손님에게 공경을 표하는 것을 일러 수(酬)라고 한다. "우(祐)"는 돕는다는 뜻이다. "신(神)"은 귀신을 말하는 것은 아니라 신묘한 변화의 작용(神化之功)을 말한다. 주자는 『주역본의』에서 "신을 돕는다는 말은 신묘한 조화의 작용을 돕는다는 말이다(祐神, 謂助神化之功)"고 하였다. "여(與)"자는 "이(以)"를 말하는 것으로 보인다. 이 두 구절은 사람들 간의 접대와 신령을 도우는 것을 통하여 『주역』의 쓰임에 대해 말하고 있다.

161 여기서 말하는 "신(神)"자에는 자연법칙의 뜻이 들어가 있다. 즉 변화의 도리를 아는 사람은 "신(神)"의 작용이 무엇인지를 알 수 있다는 말이다. 이 문제에 대해 『주역절중』은 소식(蘇軾)의 말을 인용하여 "신이 하는 바는 알 수 없으나 변화를 보면 알 수 있다. …… 변화의 사이에 신이 없는 곳이 없기 때문이다(神之所爲不可知也, 觀變化而知之爾. …… 變化之間, 神无不在)"라고 하였다.

제10장, 〈백서주역 9장〉

易有聖人之道四焉하니 以言者는 尙其辭하고 以動者는 尙其變하
역 유 성 인 지 도 사 언　　　이 언 자　　상 기 사　　　　이 동 자　　상 기 변

고 以制器者는 尙其象하고 以卜筮者는 尙其占[162]하나니
이 제 기 자　　상 기 상　　　이 복 서 자　　상 기 점

백 易有聖人之道四焉, 以言〔者上其亓辭〕, 以動者上亓變, 以〔制
역 유 성 인 지 도 사 언　이 언　자 상 기 기 사　　이 동 자 상 기 변　이　제

器者上亓馬, 以卜筮者〕上亓占.
기 자 상 기 마　이 복 서 자　　상 기 점

역에는 성인이 항상 사용하는 도가 네 가지 있으니, 『주역』으로 말을 하는 사람은 그 말을 숭상하고, 『주역』으로 행동을 하는 사람은 그 변화를 숭상하고, 『주역』으로 기물을 만드는 사람은 상을 중시하고, 『주역』으로 점서(占筮)를 행하는 사람은 점치는 기능을 숭상한다.

백 역에는 성인이 항상 사용하는 도가 네 가지 있으니, 역으로 말하는 사람은 그 말을 숭상하고, 역으로 행동하는 사람은 그 변화를 숭상하고, 역으로 기물을 만드는 사람은 괘마(卦碼)를 중시하고, 역으로 점서(占筮)를 행하

---

162 『주역』이란 책은 다양한 의미들을 중층직(重層的)으로 표현하고 있기 때문에 그 책을 읽는 사람들의 관점에 따라서 방향이나 핵심이 달라질 수 있다. 구체적으로 『주역』이 말하려고 하는 중요한 성인의 도는 네 가지가 있다고 말한다. 유염은 『유씨역집설(俞氏易輯說)』에서 "이(以)는 용(用)이다. 상(尙)은 주(主)의 뜻이다(以, 用也. 尙, 主也)"고 하였다. "사(辭)"는 괘사와 효사를 말하고 주로 학문적인 입장에서 풀이하는 것 또는 해석을 말한다. "동(動)"은 일반적인 운동보다는 인간의 행동을 말한다. "기(器)"는 유용한 기물(器物)을 말하는 것으로 문명(文明)의 발전과 관련된다. 문명과 기물을 잘 제작할 수 있는 것 역시 성인이 가지고 있어야 할 중요한 책무나 도 가운데 하나이다. "상(象)"은 드러난 현상이나 구체적 사실을 가지고 말한다.

는 사람은 점치는 기능을 숭상한다.

是以君子將有爲也하며 將有行也에 問焉而以言하니 其受命也如
시 이 군 자 장 유 위 야　　　　장 유 행 야　　　문 언 이 이 언　　　　기 수 명 야 여

嚮이니 无有遠近幽深이 遂知來物[163]하나니 非天下之至精이면 其
향　　　무 유 원 근 유 심　　　수 지 래 물　　　　　비 천 하 지 지 정　　　　기

孰能與於此[164]리오.
숙 능 여 어 차

■ 是以君子將有爲, 將有行者, 問焉〔而以〕言.〔其受命也如錯,
　시 이 군 자 장 유 위　　장 유 행 자　문 언　이 이 언　　기 수 명 야 여 착

亓又遠近幽險, 述知來勿, 非天下之至精, 亓誰能〔與於此〕.
기 우 원 근 유 험　술 지 래 물　비 천 하 지 지 정　기 수 능　여 어 차

그러므로 군자가 장차 무슨 일을 하고 무슨 행동을 하려 할 때에는 (복서
에) 물어서 말하려 하니 그 명을 받는 것이 메아리가 울리는 것과 같아서
먼 것이나 가까운 것과 그윽한 것이나 심원한 것을 가리지 않고 마침내 미

---

163 "물어서(問焉)"라고 하는 것은 『주역』에 묻는 것을 말한다. "물어서 말하려 하니(問焉
而以言)"의 "말하려 하니"라는 것은 『주역』이 대답하는 바에 따라서 말하는 것이다. 이
구절을 주자는 "이것은 말을 숭상하고 점을 숭상하는 일이다. 사람이 시초를 가지고 역
에게 물어서 괘효사의 말을 구해 말을 하고 일을 처리하면 역이 사람의 명령을 받아 고
해주기를 마치 메아리가 목소리에 응하듯이 하여 미래의 길흉을 판결하게 된다는 것이
다(此尙辭尙占之事, 言人以著問易, 求其卦爻之辭, 而以之發言處事, 則易受人之命
而有以告之, 如嚮之應聲, 以決其未來之吉凶也)"고 하였다.

164 『주역』이 성공실패나 길흉화복 등의 상담에 응하여 대답하는 것은 메아리처럼 신속하고
또 조금의 틀림도 없이 먼 곳의 일이나 가까운 곳의 일을 막론하고 또 사람의 눈이 미치
지 않는 곳에 숨어 있는 어떠한 일이라도 그것이 어떻게 진행되는가를 알 수 있다. 이것
은 천하의 지극히 순수하고 정묘한 자가 아니면 이와 같은 작용을 할 수 없다. 즉 『주
역』은 천하에서 가장 정밀하고 조금의 불순물도 없는 순수한 것이기 때문에 이것이 가
능하다. 그리하여 『주역』을 배우는 군자도 『주역』의 이치를 깊게 연구할 때는 천하의
최상의 순수한 인격을 성취하고 있기 때문에 여기에 참여할 수 있다고 말한다.

래의 일을 알게 되니 천하의 지극히 정미로운 자가 아니면 누가 이런 일에 참여할 수 있겠는가?

백 그러므로 군자는 장차 무슨 일을 하고 무슨 행동을 하려 할 때에는 물어서 말하려 하니 그 명을 받는 것이 서점(筮占)을 설치하는 것과 같아서 먼 것이나 가까운 것과 그윽한 것이나 심원한 것을 가리지 않고 마침내 미래의 일을 알게 되니 천하의 지극히 정미로운 자가 아니면 누가 이런 일에 참여할 수 있겠는가?

參伍以變하며 錯綜其數¹⁶⁵하여 通其變하여 遂成天下之文하며 極
삼 오 이 변　　　착 종 기 수　　　　　통 기 변　　　수 성 천 하 지 문　　　극

其數하여 遂定天下之象¹⁶⁶하니 非天下之至變이면 其孰能與於此¹⁶⁷
기 수　　　수 정 천 하 지 상　　　　비 천 하 지 지 변　　　기 숙 능 여 어 차

---

165 이 구절에 대한 해석은 매우 분분하다. 역(易)의 변화가 매우 많고, 천지간의 모든 변화가 그 속에 포함되어 있다는 것을 이야기 한다. "삼오(參伍)"에 대해서『설문해자』에는 "세 사람이 서로 섞이는 것을 삼(參)이라고 하고, 다섯 사람이 서로 섞이는 것을 오(伍)라고 한다"고 하였다. "그 수를 섞고 뒤집는다(錯綜其數)"고 하는 것은『주역』의 변화는 양효와 음효의 여러 가지 조합에 의해서 변화한다는 것을 말한다. 즉 "삼(參)"은 삼(三)으로 세어 여러 가지로 변화하는 것을 말하고, "오(伍)"는 오(五)로 세어 여러 가지로 조합되는 것을 말하는데 음양의 효를 여러 가지로 조합하는 것을 비유하는 가운데 나온 것으로 보인다. "삼오(參伍)"를 서법(筮法)에 관한 입장에서 해석하는 경우도 있고, 또 삼재(三才)와 오행(五行)의 각도에서 해석하는 경우도 있다. 전자의 대표적인 경우는 주자이고 후자는 상병화의 경우이다. "착종(錯綜)"이라고 하는 것은 여러 가지로 섞어서 그것을 모아 합치는 것을 말한다. "착(錯)"은 착잡(錯雜)으로 섞는 것을 말하고, "종(綜)"은 모아서 합치는 것을 말한다. "그 수(其數)"라고 하는 것은 점에 이용하는 산대 혹은 서죽(筮竹)의 수를 말한다. 산대를 가지고 괘를 만들어 낼 때에 왼손에 가지고 있는 산대를 세어 다음에 오른손에 가지고 있는 산대를 세고 저쪽으로 보내거나 이쪽에 보내거나, 그 뒤에 남아 있는 산대를 한 곳에 모으거나 하는 것이 바로 그 수를 착종하는 것이다. 이를 통하여 하나의 효(爻)가 생겨나는데 즉 변화가 생기는 것을 말한다.
166 "변화에 통달하여 마침내 천하의 모든 문채를 이루며(通其變, 遂成天下之文)"라는 말

리오.

백 參伍以變, 〔錯綜亓數, 通亓變, 述成天地之文, 極亓數, 述定
　　　삼오이변　　착종기수　　통기변　술성천지지문　극기수　술정

天下之馬, 非天下〕之至變, 誰能與於此.
천하지마　비천하　지지변　수능여어차

삼과 오로써 변화하며, 그 수를 섞고 뒤집어 봄으로써 변화에 통달하여 마
침내 천하의 모든 문채를 이루며, 그 수를 끝까지 궁구하여 천하의 모든 상
을 정한다. 천하의 지극한 변화를 아는 자가 아니면 누가 이런 일에 참여할
수 있겠는가?

백 삼과 오로써 변화하며, 그 수를 섞고 뒤집어 봄으로써 변화에 통달하여
마침내 천하의 모든 문채를 이루며, 그 수를 끝까지 궁구하여 천하의 모든
마(馬)를 정한다. 천하에서 지극히 변화를 아는 자가 아니면 누가 이런 일

에서 "변화에 통달한다"고 하는 것은 그 변화를 더 밀고 나아가는 것을 말한다. 그렇게
하면, 우선 세 획으로 구성된 괘가 생긴다. 세 획으로 된 괘는 모두 여덟 개로 건(乾),
곤(坤), 진(震), 손(巽), 감(坎), 리(離). 간(艮), 태(兌)이며 이것은 천, 지, 뇌, 풍,
수, 화, 산, 택의 여덟 개를 본딴 것으로 바로 천지의 무늬(文)이다. 하늘이 있고, 땅이
있고, 번개가 쳐서 울리고, 바람이 불고, 물이 흐르고, 불이 타오르고, 산이 있고, 못이
있고, 이것에 의해 천지의 아름다운 문체가 섞여 완성되는 것이다. 이것은 천지의 문채
가 사물의 변화에 따라서 형성된 것이라는 점을 설명하고 있다. 우번은 『주역집해』에서
"건곤이 서로 친하였기 때문에 천지의 문채를 이룬다. 사물이 서로 섞였기 때문에 문
(文)이라고 한다(乾坤相親, 故成天地之文. 物相雜故曰文也)"고 하였다. 이 구절은
"상기상(尙其象)"에 대해 설명하는 부분이다. 여섯 강유의 효로 하나의 괘가 이루어지
면 괘상(卦象)이 생기고 괘상은 천하 만물을 형상하게 된다. "극기수(極其數)"라는 말
은 "수의 변화를 궁구(窮究)한다"는 의미이다. 천지 변화의 수를 궁구하여 천지변화의
형상을 결정할 수 있다는 말이다.
167 천하에서 가장 오묘하고 정미(精微)한 변화에 통달하지 않은 자가 아니고서는 이런 단
계에 까지 이를 수 없다는 말이다.

에 참여할 수 있겠는가?

易은 无思也하며 无爲也하여 寂然不動이라가 感而遂通天下之故[168]
역　무사야　　무위야　　적연불동　　감이수통천하지고

하나니 非天下之至神이면 其孰能與於此[169]리오.
비천하지지신　　기숙능여어차

□백□ 易, 无思也, 无爲也, 寂然不動. 欽[170]而述達天下之故. 非天下
역　무사야　무위야　적연불동　흠　이술달천하지고　비천하

之至神, 誰〔能與於此〕
지지신　수　능여어차

---

168 "역은 생각하는 일이 없고 작위하는 일이 없어서(易无思也, 无爲也)"라는 말은 『주역』의 이치는 자연스런 것에서 나오는 것이지 생각(思)이나 인위적인 함(爲)에 의해서 생긴 것이 아님을 말하는 것으로 보인다. 문장의 전후 맥락으로 말하면 이 구절은 점(占)과 관련되는 것으로 보인다. 주자는 『주역본의』에서 "역은 시초를 뽑는 괘를 가리키고 '생각하는 일이 없고 작위 하는 일이 없다'는 것은 무심함을 말한 것이다. '고요하다'는 것은 감의 체이고 감하여 통하는 것은 고요함의 용이니 신묘한 사람의 마음이 움직이거나 고요함이 또한 이와 같다(易指蓍卦, 无思无爲言其无心也. 寂然者感之體, 感通者寂之用, 人心之妙其動靜亦如此)"고 하였다. 즉 "역(易)"이라고 하는 것은 시초로 뽑는 괘를 말하고 "감(感)"한다고 하는 것은 사람이 어떤 일의 성패와 길흉화복 등을 물을 때 역은 거기에 감응한다는 것을 말한다. "고(故)"는 "사(事)"의 의미이며 천하의 "고"는 천하의 만사(萬事)를 말한다. 『주역』의 이치는 고요한 가운데 움직임이 있고 음양이 교감하여야 만사가 형통할 수 있다. "고요히 움직이지 않는다(寂然不動)"는 것은 어떤 움직임이 아직 표현되기 이전의 상태를 말한다. "감하여(느껴서) 마침내 천하의 모든 사물과 상황에 통달하니(感而遂通天下之故)"라는 말은 사람이 그것에 대하여 어떤 일의 성패와 길흉화복 등을 물으면 그것에 감응하여 천하의 모든 만사에 통달할 수 있다는 말이다. 감응할 수 있다면 64괘를 통해 천하의 모든 도리에 감통하여 일의 성공 실패와 길흉화복을 모두 알 수 있다는 것이다.
169 천하의 지극히 신묘(神妙)한 자가 아니라면 이와 같은 큰 작용을 할 수 없다. "신(神)"은 신묘(神妙)하거나 신기(神奇)한 도리를 말한다. 이 구절은 "상기점(尙其占)"을 설명하는 부분이다.
170 "흠(欽)"은 감동(感動), 앙모(仰慕)의 뜻이다.

역은 생각하는 일이 없고 작위 하는 일이 없어서 고요히 움직이지 않다가 감하여(느껴서) 마침내 천하의 모든 일에 통달하니 천하에서 지극히 신묘한 자가 아니라면 누가 이런 일에 참여할 수 있겠는가?

▣ 역은 생각하는 일이 없고 작위 하는 일이 없어서 고요히 움직이지 않다가 감하여(느껴서) 마침내 천하의 모든 사물과 상황에 통달하니 천하에서 지극히 신묘함이 아니면 누가 이런 일에 참여할 수 있겠는가?

夫易은 聖人之所以極深而研幾也[171]니 唯深也故로 能通天下之志
부역　성인지소이극심이연기야　　　유심야고　　　능통천하지지

하며 唯幾也故로 能成天下之務[172]하며 唯神也故로 不疾而速하며
유기야고　　　능성천하지무　　　유신야고　　　불질이속

---

171 성인이 『주역』이라는 책을 어떻게 이용하는가에 대해 말한 것으로 즉 심오하고 깊은 이치를 알고 장차 일어날 일을 연구하는 것에 대해 말하고 있다. 한강백은 "아직 드러나지 않은 이치를 궁구하는 것을 심(深)이라고 한다(極未形之理則日深)"고 하여 심오한 도리를 탐구하는 것으로 말하고 있다. "심(深)"은 깊이 들어가 숨어 있는 현묘한 도리를 말한다. 주자는 "연은 살핀다는 뜻과 같고 기는 조짐이다. 지극히 심오한 까닭은 지극히 정미하기 때문이고 조짐을 살피는 까닭은 지극히 자주 변하기 때문이다(研, 猶審也, 幾, 微也. 所以極深者, 至精也, 所以研幾者, 至變也)"고 하였다. "기(幾)"라는 것은 사물의 매우 희미한 조짐을 말한다. 모든 사물이 일어날 때는 그 시작에는 극히 미세 미묘하여 보통 사람의 눈에는 쉽게 드러나지 않는다. "연(研)"은 물건을 문지르고 부수어 분말로 만드는 어원에서 나온 것으로 매우 미세하고 정밀한 곳까지 사물을 끝까지 헤아려 명확하게 한다는 의미를 가지게 된다.

172 "심오하기 때문에 천하 사람들의 심지(心志)에 통할 수 있다(唯深也, 故能通天下之志)"는 말은 연구가 매우 심오하여 천하의 모든 사람들과 뜻을 같이 소통할 수 있기 때문이다. "일의 조짐을 볼 수 있었기 때문에 천하의 일을 성취할 수 있다(唯幾也, 故能成天下之務)"라는 말에서 "무(務)"는 사무(事務)의 뜻으로 개별적인 하나하나의 사정(事情)을 말하는 것으로 이런 개별적인 사정들이 완성된 것을 업(業)이라고 한다. 이 구절의 뜻은 일의 미묘한 조짐들을 연구하였기 때문에 천하의 여러 가지 일들을 성취할 수 있다는 것이다.

不行而至[173]하나니 子曰易有聖人之道四焉者 此之謂也니라.
불 행 이 지　　　　자 왈 역 유 성 인 지 도 사 언 자　차 지 위 야

■ 夫易, 聖人〔之所以極深而〕幾也. 唯深, 故達天下之志; 唯幾,
부 역　성 인 지 소 이 극 심 이　기 야　유 심　고 달 천 하 지 지　유 기

〔故能定天下〕之務, 唯神, 故不疾而〔數,[174] 不行〕至.〔子曰：易
고 능 정 천 하　지 무　유 신　고 불 질 이　수　　　불 행 지　자 왈　역

有聖人之道四焉者,〕此之胃也.
유 성 인 지 도 사 언 자　　　차 지 위 야

역은 성인이 심오함을 궁구하고 조짐을 연구하는 것이니 심오하기(사리의 심오함을 궁구하였기) 때문에 천하 사람들의 심지(心志)에 통할 수 있으며, 일의 (미묘한) 조짐을 볼 수 있기 때문에 천하의 일을 성취할 수 있으며, 이처럼 신묘하기 때문에 빨리 달려가지 않아도 신속하며 가려고 의도하지 않아도 이를 수 있으니, 공자께서 말씀하신 "『주역』에 성인의 도가 네 가지 있다"고 말씀하신 것은 바로 이것을 말한다.

■ 역은 성인이 심오함을 궁구하고 조짐을 연구하는 것이니 심오하기(사리의 심오함을 궁구하였기) 때문에 천하 사람들의 심지(心志)에 통할 수 있으며, 일의 (미묘한) 조짐을 볼 수 있었기 때문에 천하의 일을 성취할 수

---

[173] "질(疾)"과 "속(速)"은 모두 빠르다는 뜻이다. 즉 신묘하기 때문에 빨리 달려가지 않아도 신속하며, 일부러 가려고 의도하지 않아도 이를 수 있다는 말이다. 우번은 "신은 역을 말한다(神謂易也)"고 하여 "신(神)"을 역(易), 즉 변화로 보고 있다. "질(疾)"은 급하다(急)는 뜻이다. 공영달은 『주역정의』에서 "생각하는 일이 없고 작위 하는 일이 없어서 고요히 움직이지 않다가 감하여(느껴서) 마침내 (천하의 모든 사물과 상황에) 통달하기 때문에 급하게 할 필요도 없이 일이 빨리 이루어지고 행동할 필요도 없이 이치가 저절로 이른다(以无思无爲, 寂然不動, 感而遂通, 故不須急疾而事速成, 不須行動而理自至也)"고 하였다.

[174] "수(數)"는 통행본에 속(速)으로 되어 있음.

있으며, 이처럼 신묘하기 때문에 빨리 달려가지 않아도 신속하며 가려고
의도하지 않아도 이를 수 있으니, 공자께서 말씀하신 "주역에 성인의 도가
네 가지 있다"고 말씀하신 것은 바로 이것을 말한다.

* 제10장의 의미 : 이 장은 역을 성인이 어떻게 이용하는가 라는 것에
대해 이야기하고 있다. 역이 가지고 있는 주요한 네 가지 내용을 사(辭),
변(變), 상(象), 점(占)으로 나누어 말하고 있다.

제11장

子曰 夫易은 何爲者也오? 夫易은 開物成務하여 冒天下之道하나
자왈 부역　　하위자야　　부역　　개물성무　　모천하지도

니 如斯而已者也[175]라. 是故로 聖人이 以通天下之志하며 以定天
여사이이자야　　시고　성인　이통천하지지　　이정천

下之業하며 以斷天下之疑[176]하나니라.
하지업　　이단천하지의

---

[175] 여기에서 말하는 "역(易)"은 『주역』을 의미한다. "개물(開物)"은 사물을 개발하는 것을
말하고, "성무(成務)"는 사무(事務)를 완성한 것을 의미한다. 즉 "개물성무(開物成
務)"는 앞에서 말한 광업(廣業)의 의미에 해당한다. "모(冒)"는 포괄하고 덮는 것을 말
한다. "모천하지도(冒天下之道)"라는 말은 사람들로 하여금 "숭덕(崇德)"하도록 만든
다는 것이다. 즉 『주역』이라는 책은 만물을 개발하고 일을 성취하여 천하의 철리(哲理)
를 모두 포괄한 책이라는 뜻이다. 또 주자는 이 구절을 점서와 관련하여 말하기를 "만
물을 열고 일을 이루게 한다는 것은 사람에게 점을 쳐서 길흉을 알게 하여 사업을 이루
게 한다는 것이고, '천하의 모든 도리를 망라하고 있다'는 것은 괘효가 베풀어지면 천하
의 도가 모두 그 가운데 있다는 말이다(開物成務, 謂使人卜筮, 以知吉凶而成事業, 冒
天下之道, 謂卦爻旣設而天下之道, 皆在其中)"고 하였다.

백 子曰 : 夫易 可¹⁷⁷爲者也? 夫易, 古¹⁷⁸物定命, 樂天下之道, 如

자왈　부역가　위자야　부역　고　물정명　락천하지도　여

此而已者也. 故聖人以達天下之志, 以達天下之業, 以斷天下之

차이이자야　고성인이달천하지지　이달천하지업　이단천하지

疑.

의

공자께서 다음과 같이 말씀하셨다. 역은 어찌하여 지은 것인가? 역은 만물을 열고 일을 이루어서 천하의 모든 도리를 망라하고 있으니 (어떤 다른 것이 있는 것이 아니라) 이와 같을 뿐이다. 이런 까닭에 성인이 역으로 천하의 모든 뜻에 통하고, 천하의 모든 일을 정하며, 천하의 의심스러운 모든 문제를 (판단하여) 해결한다.

백 공자께서 다음과 같이 말씀하셨다. 무엇 때문에 주역을 지었는가? 주역은 사물의 이치를 따져서 운명을 예측하고 천하의 모든 도리를 기꺼이 받아들이니 (어떤 다른 것이 있는 것이 아니라) 이와 같을 뿐이다. 이런 까닭에

---

176 이 부분은 구체적으로 『주역』의 작용에 대해서 말하고 있다. "천하지지(天下之志)"라는 말은 천하 사람들의 공통된 사상을 회통한다는 말이다. "통(通)"은 소통(疏通)의 뜻으로 성인이 『주역』의 도리를 이용하여 천하 사람들의 마음에 소통하는 것을 말한다. 즉 역도(易道)를 이용하여 천하 사람들의 사상을 통일한다는 말이다. "천하의 모든 일을 정하며(定天下之業)"의 "정(定)"은 기초를 세운다는 뜻이고, "업(業)"은 군주의 입장에서 말하지면 사직(社稷)의 대업(大業)을 의미하고 일반 백성의 입장에서 말하자면 모든 사람들이 성취하려고 하는 공업(功業)을 말한다. 어떠한 공업을 막론하고 반드시 『주역』의 도리가 이야기하는 원칙에 따라 행하여야 한다. "이단천하지의(以斷天下之疑)"의 "단(斷)"은 판단을 의미로 사람들이 의심을 가지고 정확한 방향을 찾지 못할 때 『주역』의 도리에서부터 답을 찾아내어 정확한 방향을 가지고 판단하여 해결하면 일을 성취할 수 있다. "단(斷)"을 레게의 영역본에서는 결정한다(determine)로, 빌헬름은 의심되는 문제를 해결하여(settle) 완성하는 의미로 해석하고 있다.

177 "가(可)"는 하(何)의 가차이다.

178 "고(古)"는 고(沽)의 가차이다.

성인이 주역으로 천하의 모든 뜻에 통달하고, 천하의 모든 일을 통달하며, 천하의 의심스러운 모든 문제를 단정한다.

是故로 蓍之德은 圓而神[179]이요 卦之德은 方以知[180]요 六爻之義는
시 고　　시 지 덕　　원 이 신　　　　괘 지 덕　　방 이 지　　　육 효 지 의

易以貢[181]이니 聖人이 以此로 洗心하여 退藏於密하며 吉凶에 與
역 이 공　　　성 인　　이 차　　세 심　　　퇴 장 어 밀　　길 흉　　여

民同患[182]하여 神以知來하고 知以藏往[183]하나니 其孰能與於此哉리
민 동 환　　　신 이 지 래　　　지 이 장 왕　　　　기 숙 능 여 어 차 재

---

179 "시(蓍)"의 "덕(德)"의 "덕"을 빌헬름은 본성(nature)으로 말하고 있고, 코다 렌타로는 시초가 가지고 있는 기능, 작용의 의미로 말하고 있다. "원(圓)"이라고 하는 것은 천변만화(千變萬化)하여 변화자재(變化自在)하는 것을 둥근 형태에 비유하고 있다. 왜냐하면 둥근 것은 데굴데굴 굴러가서 방해하는 것이 없으면 어디라도 굴러갈 수 있기 때문이다. "신(神)"이라고 하는 것은 신묘하고 불가사의한 것으로 인간의 사려분별로는 측정할 수 없다. 시초를 세어 괘를 정하는데 실제로 어떠한 효가 생겨 어떠한 괘가 나올 것인지는 인간의 사려분별로는 도저히 예측하기 힘들기 때문이다. 이것이 바로 "시초(蓍草)의 기능은 둥글면서도 신묘하고(蓍之德圓而神)"라는 말의 뜻이다. 『역경강화』 五권, 224-225쪽 참조 바람.

180 "방(方)"은 네모 혹은 사각형을 말한다. 사각형은 일정하고 정해져 있어 움직이지 않는 것을 비유한다. 예를 들면 건괘(乾卦), 곤괘(坤卦) 또는 태괘(泰卦) 등 어떤 하나의 괘가 완성되면 그것으로 정해지는 것을 말한다. 네모 혹은 사각형은 둥근 것과 달리 움직이지 않고 한 곳에 딱 멈춘다. "지(知)"라고 하는 것은 지혜가 매우 명석한 것을 말한다. 『주역』의 64괘는 각각 일정한 상을 갖추고 있고 그 괘상 속에 모든 만사에 대하여 매우 명확한 지혜를 가지고 있고 또 어떠한 경우에도 여러 다양한 일들을 잘 처리할 수 있는 가르침을 담고 있는데 이것이 바로 괘의 덕(德)이다.

181 "역(易)"은 변역(變易)이고 "공(貢)"을 한강백은 "고(告)"로 말한다. 이 구절은 여섯 효가 변화를 통하여 사람들에게 길흉을 말하는 것으로 설명한다. "공(貢)"은 원래 공물을 바친다는 뜻의 문자로 제후가 천자에게 공물을 바치는 것처럼 여섯 효가 변화하여 어떤 일의 형세는 어떻고 길흉화복은 어떻다고 하는 것을 사람에게 알려주는 것을 말한다.

182 "세심(洗心)"은 마음을 깨끗하게 정화한다는 의미이다. 마음을 닦아 깨끗이 하여 한 점의 사념이나 사욕이 없게 하는 것을 가리킨다. 물러나 은밀한 곳에 감춘다고 하는 것은 깊은 곳에 있어 사람이 엿보아도 알 수 없는 곳에 깊이 들어가 숨어 있다는 것을 말한다. "가만히 물러나 은밀한 곳에 감추며(退藏於密)"라는 말은 은밀한 천도 속에 그 작

오? 古之聰明叡知神武而不殺者夫[184]인저.
고 지 총 명 예 지 신 무 이 불 살 자 부

백 是故蓍之德員[185]而神; 卦之德, 方以知. 六肴[186]之義, 易以工.
시 고 시 지 덕 원　　이 신　　괘 지 덕　　방 이 지　　육 효　　지 의　　역 이 공

용을 감추어 놓고 있다는 말이다. 말하자면 『주역』의 도리는 숨어서 잘 드러나지 않는데 앞에서 말한 "장저용(藏諸用)"과 "백성일용이부지(百姓日用而不知)"의 뜻에 해당한다. 이 때문에 한강백은 "그 도가 심오하고 은미하여 만물은 날마다 쓰면서 그 근원을 알 수 없다고 말한다. 그러므로 '퇴장어밀(退藏於密)'이라고 하였으니 '장저용(藏諸用)'과 같다(言其道深微, 萬物日用而不能知其原, 故曰退藏於密, 猶藏諸用也)"고 하였다. 그 작용은 가까운 일상생활 속에 들어있다는 말이다. 말하자면 성인은 위에서 말한 세 가지 기능을 이용하여 자신의 마음을 깨끗하게 하여 은밀한 천도 속에 숨어 보통 사람들과 똑같이 길흉을 걱정한다는 말이다.

183 "신묘하게 올 것을 알고 지혜로운 마음으로 과거의 일을 간직하니(神以知來, 知以藏往)"라는 것에 대해 한강백은 "시초와 괘의 쓰임이 귀신이 아는 것과 같음을 밝힌 것이다. 처음에는 시초를 가지고 수를 결정하니 괘에 있어서는 오는 것이 되고 괘는 끝에는 상을 이루니 시초에 있어서는 간 것이 된다. 가고 오는 작용으로 서로 이루어주니 마치 귀신이 아는 것과 같다(明蓍卦之用, 同神知也. 蓍定數於始, 於卦爲來, 卦成象於終, 於蓍爲往, 往來之用, 相成猶神知也)"고 하였다. 시초를 통해 괘를 이루어 이를 통해 일의 방향을 파악하고 행하는 것은 마치 귀신이 알듯이 신묘하게 행한다는 말이다. "왕(往)"은 이미 지나간 일 또는 현재 눈앞에 나타난 일을 말한다. 성인에게는 매우 명석한 지혜가 있고, 그것에 의해 이미 지나간 일이나 현재 눈앞에 나타난 일들을 마음속에 모두 저장해 둔다. 이 두 구절은 성인의 지혜는 과거 현재 미래에 걸쳐 있다는 것을 이야기하는 것이다. 실제로 64괘 384효의 괘효사는 모두 과거의 경험을 축적하여 인류의 지혜가 고스란히 저장되어 있다. 사람들은 괘효사에 보이는 과거의 경험과 지혜를 참고로 하여 미래를 예지(豫知)한다. 그러므로 "미래의 일을 아는 것"과 "과거의 일을 간직하는 것"의 관계는 시초를 이용해서 괘를 만들고 다시 괘가 담고 있는 경험과 지혜를 통하여 미래를 아는 것에 있다.

184 "신무(神武)"는 무(武)의 도를 가지고 있으면서 널리 인의 덕을 펴는 사람을 가리킨다. "신무(神武)"라고 하는 것은 신묘하여 불가사의한 무용(武勇)을 말한다. 보통의 무용은 대부분 사람을 위협하고 형벌을 이용하거나 전쟁을 이용해 사람을 죽여 사람을 억지로 복종시키지만 신묘 불가사의한 무용의 덕을 얻은 사람은 사람을 때리거나 사람을 위협하거나 사람을 형벌에 처하거나, 정쟁하여 사람을 죽이거나 하지 않아도 자연히 사람들이 이 사람의 덕에 심복한다. 이것이 신무(神武)하면서도 사람을 죽이지 않는 덕을 체득한 사람이다. 이 두 구절은 앞에서 말한 "그 누가 이러한 일에 참여할 수 있겠는가?(其孰能與此哉?)"라는 물음에 대한 대답이다. 『주역정의』에서는 "옛날의 총명(聰

聖人以佚心, 內藏于閉. 〔吉凶與民〕同願, 神以知來, 知以將往,
성인이일심　내장우폐　　길흉여민　　동원　신이지래　　지이장왕

兀孰誰能爲〔此〕茲？ 古之蔥明叡知, 神武而不迷[187]者也.
기숙수능위　차　자　　고지총명예지　신무이불미　　자야

그러므로 시초(蓍草)의 성질은 둥글면서도 신묘하고, 괘의 성질은 네모져 지혜로우며 6효의 뜻은 변화를 통해서 길흉을 알려주니 성인이 이로써(위에서 말한 세 가지 기능을 응용하여) 마음을 씻어내고, 가만히 물러나 은밀한 곳에 감추며, 길한 상황과 흉한 상황에 백성과 근심을 함께 하며 신묘하게 (미래의) 올 것을 알고 지혜로운 마음으로 과거의 일을 간직하니 그누가 이러한 일에 참여할 수 있겠는가? 옛날의 총명(聰明)하고 예지(叡智)가 있고 신비스런 무력을 가지고서도 사람을 함부로 죽이지 않는 자가 아니겠는가.

■ 그러므로 시초(蓍草)의 성질은 둥글면서도 신묘하고, 괘의 성질은 네모져 지혜로우며 6효의 뜻은 변화를 통해서 알려주니 성인이 이로써(위에서 말한 세 가지 기능을 응용하여) 마음을 편안히 하고, 안으로 막아 간직하

明)하고 예지(叡智)를 가지고 있으면서 신비스런 무력을 가진 사람, 복희 등으로 불리는 사람들은 이 『주역』의 도리를 이용하여 천하를 복종시켰지, 형벌이나 사람 죽이는 방법을 사용하여 천하를 복종시키지 않았다(故古人聰明叡知神武之君, 謂伏羲等, 用此易道能威服天下, 而不用刑殺而威服之也)”고 하였다. “예(叡)”는 지혜이다. 말하자면 매우 빼어난 무력을 가지고 있으면서도 살벌한 위엄을 사용하지 않고도 백성들이 스스로 복종하게 만드는 것을 말한다. 이런 것을 가능하게 하는 자들은 오직 고대의 빼어난 성인들이라야 여기에 도달할 수 있다.

185 “원(員)”은 통행본에 있는 원(圓)의 의미이다.

186 “효(肴)”는 효(爻)를 말한다.

187 원문에 羞으로 되어 있고 통용본에는 殺로 되어 있다. 하지만 “迷”의 의미를 살려서 번역하였다.

고, 길한 상황에서 백성과 함께 바라며 신묘하게 (미래의) 올 것을 알고 지혜로운 마음으로 과거의 일을 간직하니 그 누가 이러한 일에 참여할 수 있겠는가? 옛날의 총명(聰明)하고 예지(叡智)가 있으며 정신이 굳세고 혼미하지 않는 자가 아니겠는가?

是以明於天之道而察於民之故하여 是興神物하여 以前民用¹⁸⁸하니
시 이 명 어 천 지 도 이 찰 어 민 지 고　　시 흥 신 물　　이 전 민 용

聖人이 以此齋戒하여 以神明其德夫¹⁸⁹인저.
성 인　　이 차 재 계　　이 신 명 기 덕 부

백 夫是亓明于天, 又察于民故, 是闔神物以前民用. 聖人以此齊
부 시 기 명 우 천　우 찰 우 민 고　시 합 신 물 이 전 민 용　성 인 이 차 제

戒, 以神明亓德夫.
계　이 신 명 기 덕 부

이 때문에 하늘의 도를 충분히 밝히고, 백성의 실정(實情)을 상세히 살펴보아, 이에 신물(神物)인 시초를 일으켜 백성이 쓰도록 인도하니 성인은

---

188 "신물(神物)"은 시초점을 말하는데, 초순(焦循)은 "신물은 시초점을 말한다(神物, 蓍也)"고 하였다. "전(前)"은 동사로 인도한다는 뜻이다. 요배중(姚配中)은 "전은 인도한다는 말이다(前, 導也)"고 하였다. 즉 이 구절은 성인이 시초점을 고안하여 백성들이 사용하도록 인도하여 흉을 피하고 길로 나아가도록 만들었다는 말이다.

189 "제계(齊戒)"의 제(齊)는 "재(齋)"와 같다. "제계(齊戒)"는 스스로 경계하여 닦는다는 의미로 위에서 말하는 "세심(洗心)"이라는 말과 뜻이 같다. 이에 대해 『주역본의』는 "맑아서 순수하며 한결같은 것을 재라 하고 엄숙해서 경계하며 두려워하는 것을 계라고 한다(湛然純一之謂齋, 肅然警惕之謂戒)"고 하였다. "차(此)"는 "신물(神物)"을 가리키는 것이 아니라, "하늘의 도를 충분히 밝히고, 백성의 실정(實情)을 상세히 살펴보아(明於天之道, 而察於民之故)"라는 말을 가리킨다. "재계(齋戒)"는 제사지내기 전의 삼 일 동안 제(齋)하고 칠 일 동안 계(戒)하여 자기의 마음이 충분히 깨끗해졌음을 드러내는 것이다. 재계의 목적은 신과 접하기 위한 것이다. 여기에서는 제사지낼 때의 재계를 이용하여 진심을 다하는 것을 상징하고 있다.

이로써 재계(齋戒)하여 그 덕을 신명하게 한다.

🔲 이 때문에 하늘의 도를 충분히 밝히고, 백성의 실정(實情)을 상세히 살펴보아, 이에 신물(神物)인 시초를 온전히 하여 백성이 쓰도록 인도하니 성인은 이로써 재계(齋戒)하여 그 덕을 신명하게 한다.

是故로 闔戶를 謂之坤이요 闢戶를 謂之乾¹⁹⁰이요 一闔一闢을 謂
시고　　합호　　위지곤　　　벽호　　위지건　　　　　일합일벽　　위

之變이요 往來不窮을 謂之通¹⁹¹이요 見을 乃謂之象이요 形을 乃謂
지변　　왕래불궁　　위지통　　　　현　　내위지상　　　형　　내위

---

190 "합(闔)"은 닫는다는 의미이고, "벽(闢)"은 연다는 의미이다. 이 두 구절은 문을 닫고 여는 것을 가지고 비유하여 건곤음양의 변화하는 도리를 드러내고 있다. 『주역정의』에서는 "『주역』은 건곤으로부터 나오기 때문에 건곤을 다시 한 번 밝힌다. 무릇 사물은 먼저 저장한 이후에 나오기 때문에 먼저 곤을 말하고 나중에 건을 이야기 한다. 문을 닫는다는 것은 만물을 닫아서 숨기는 것으로 마치 방의 문을 닫는 것과 같다(易從乾坤而來故更明乾坤也. 凡物先藏而后出, 故先言坤而後言乾. 闔戶謂閉藏萬物, 若室之閉闔其戶)"고 하였다. 우번은 『주역집해』에서 "흡은 문을 닫아 거는 것을 말하는데 …… 곤은 밤을 상징하기 때문에 문을 닫는다고 말한다. 벽은 여는 것으로 …… 건은 낮을 상징하기 때문에 문을 연다고 말한다(闔, 閉翕也, …… 坤柔象夜, 故以閉戶者也. 闢, 開也, 乾剛象晝, 故以開戶也)"고 하였다.

191 "한 번 닫고 한 번 여는 것을 변화(變)라 하고(一闔一闢謂之變)"라는 것은 문을 닫았다가 또 여는 것을 일러 변(變)이라고 하는데 이것은 실제로는 건과 곤의 상호 교류 혹은 통일을 의미한다. 건과 곤이 서로 교류하는 것이 바로 천지의 상교(相交)인데 천지가 대립'에서 통일로 변하면서 이로부터 변화가 발생한다. "가고 오면서 (변화가) 무궁한 것을 통(通)이라 이르며(往來不窮謂之通)"라는 것은 건과 곤이 서로 교류한 이후의 변화와 발전을 말한다. "왕래(往來)"는 변화발전의 법칙이 한번 가고 한번 오는 것을 말한다. 이른바 왕래는 바로 한번 가고 한번 오는 것인 동시에 한번 바르고(正) 또 한번 반대(反)라고 할 수 있다. 건곤의 상교 이후에 둔괘(屯卦)가 정(正)이라면 몽괘(蒙卦)는 반(反)이다. 수괘(需卦)가 정이라면 송괘(訟卦)는 반으로 모든 괘의 배열은 하나 같이 일정일반(一正一反)이다. 이것은 바로 변화 발전하는 법칙이 한번 가고 한번 오는 것임을 증명해준다. 결론적으로 말하면 이 구절은 사물이 한번 가고 한번 오는 법칙에 따라서 앞으로 발전하는 것을 말하고 이렇게 해야 막힘이 없는 것이다. 김경방의 『주역

之器¹⁹²요 制而用之를 謂之法¹⁹³이요 利用出入하여 民咸用之를 謂

之神¹⁹⁴이라.

백 是故闔戶胃之川, 辟門胃之鍵, 一闔一辟胃之變, 往來不窮胃

之迥, 見之胃之馬, 刑胃之器, 治¹⁹⁵而用之胃法, 利用出入, 民一

전해』 559쪽 참조 바람.

192 이 구절은 앞에서 말한 "하늘에 걸려있는 것은 상이 되고 땅에 있는 것은 형체가 되니 (在天成象, 在地成形)"의 뜻과 비슷하다. 그러나 여기에서 말하는 "상(象)"은 변화가 드러내는 모든 표상을 가리키고 "형(形)"은 구체적인 기물을 이룬 것을 가리킨다. 변통 (變通)의 결과 드러나서 볼 수 있는 것이 바로 상(象)이다. 현상으로부터 하나의 정해 진 형상이 생기는 것이 기(器)가 된다. 음양이 한번 음하고 양하는 것이 일합일벽(一闔 一闢)이고 합이 변해서 벽이 되고, 벽이 또 합이 되는 것이 변(變)이고, 이런 순환이 계 속적으로 이어지는 것을 통(通)이라고 한다. 일합일벽하여 드러난 것이 상이고 그것이 정해진 어떤 물상으로 되는 것이 기(器)이다.

193 초순은 "제는 마름질하는 것이다(制, 裁也)"고 하였다. 문(門)이라는 기물이 한번 닫 혔다 열렸다하는 형상 속에서 보편적인 법칙을 만들어 내는데 그것은 바로 음양의 왕래 와 변화가 끝이 없다는 것이다. 말하자면 이런 변화법칙을 현실에 응용하여 백성들이 사용하기 좋도록 다시 잘 마름질하여 가공하는 것이 바로 기물이 올바로 쓰일 수 있게 하는 중요한 법도라고 할 수 있다. 즉 상(象)과 기(器)를 잘 다스려 법도에 맞도록 마름 질해 내는(裁成) 것을 법이라고 말한다. 빌헬름은 이 문장의 후반부는 물질적인 세계가 어떻게 형성되는가 하는 문제에 대해 설명하고 있다고 말한다. 318쪽 참조 바람.

194 "이롭게 써서 드나들며(利用出入)"라는 말은 반복적으로 그것을 사용하면 유리하다는 의미이다. 문(門)이라는 이 기물(器物)을 백성들이 매번 닫고 열면서 사용하지만 그렇 게 되는 이치를 알지 못하는 것을 일러 신(神)이라고 한다. 『역전』의 저자는 이런 사례 를 통하여 신(神)이라는 의미를 구체적으로 해설하고 동시에 또한 점의 성질이 수의 기 우(奇偶) 변화를 통하여 도의 음양변화를 구현하는 것임을 말하고 있다.

195 이 부분의 글자가 『백서주역교석』에는 '治'로 되어 있지만, 『백화백서주역』에는 '制'로 되어 있고 쇼니시의 영역본에는 ㅁ(판독불가)로 되어 있다.

用之胃之神.
용 지 위 지 신

이런 까닭에 문을 닫는 것을 곤이라 하고, 문을 여는 것을 건이라 하고, 한 번 닫고 한 번 여는 것을 변화(變)라 이르고, 가고 오면서 (변화가) 무궁한 것을 통(通)이라 이르며, (변화의 형상이) 나타난 것을 상(象)이라 이르고, (변화하여) 형체로 구체화 된 것을 기물(器)이라 이르고, (기물을) 만들어 (사람들에게) 쓰도록 만드는 것을 법(法)이라 이르고, 이롭게 써서 (반복적으로 사용하여) 드나들며 백성이 모두 운용(運用)하는 것이니 (운용하면서도 모르니) 이를 신(神)이라 이른다.

▣ 이런 까닭에 문을 닫는 것을 천(川)이라 하고, 문을 여는 것을 건(鍵)이라 하고, 한 번 닫고 한 번 여는 것을 변화(變)라 이르고, 가고 오면서 (변화가) 무궁한 것을 동(週)이라 이르며, (변화의 형상이) 나타난 것을 마(馬)라 이르고, (변화하여) 형체로 구체화된 것을 기물(器)이라 이르고, (기물을) 만들어 (사람들에게) 쓰도록 하는 것을 법(法)이라 이르고, 이롭게 (반복적으로) 사용하며 백성이 하나같이 운용(運用)하는 것이니 (운용하면서도 모르니) 이를 신(神)이라 이른다.

是故로 易有太極¹⁹⁶하니 是生兩儀¹⁹⁷하고 兩儀生四象하고 四象生
시 고　　역 유 태 극　　　　시 생 양 의　　　　　양 의 생 사 상　　　　사 상 생

---

196 '태극'의 '태(太)'가 가지고 있는 '크다', '시초' 등의 의미에 대해서는 별 다른 이론이 제기되지 않지만, '극(極)'이 의미하는 뜻이 무엇인가에 대해서는 많은 논란이 있었던 것이 사실이다. 이는 주자(朱子)와 육상산(陸象山)의 논쟁에서도 이 문제가 주된 논쟁거리였음을 통해서도 충분히 짐작할 수 있을 것이다. '극'이라는 글자는 일반적으로 '마룻대(棟)', '높은 것(高),' '먼 것(遠)', '가운 데(中)', '지극(至極)' 등으로 해석하여 왔는데, 학자들은 대체로 '지극'과 '중(中)'의 뜻으로 보는 것이 일반적이다. 육상산은 『시경』『서경』『좌전』 등의 문헌에 근거하여 '극'의 의미를 '중(中)'으로 주장하고 있다. 반

八卦¹⁹⁸하니 八卦定吉凶하고 吉凶生大業¹⁹⁹하나니라.
팔괘　　　팔괘정길흉　　　길흉생대업

백 是故易有大恒²⁰⁰, 是生兩儀, 兩儀生四馬, 四馬生八卦, 八卦
시고역유대항　　시생양의　양의생사마　사마생팔괘　팔괘

면에 주자는 '극'의 의미를 '지극(至極)'으로 주장하고 있다. 「계사전」에서 말하는 '태극'의 본의가 무엇인가 하는 문제는 고금을 통하여 수많은 주석들을 출현하게 만들어 매우 다양한 해석을 양산하였다. 여러 다양한 의견이 있지만 그것은 크게 두 가지 관점으로 나눌 수 있다. 하나는 세계 형성에 관한 철학적 해석으로 '태극'을 세계를 구성하는 최고의 혹은 최초의 본체로 보는 관점이다. '태극'을 본체로 보는 관점은 한역(漢易)에서 나온 것으로 대표적으로 공영달(孔穎達)이 이런 관점을 가지고 있다. 그러나 선진 시기의 문헌 중에는 본체적 의미의 '태극' 개념은 보이지 않는다. 다른 하나는 서법(筮法)과의 관련에서 나온 것으로 '태극'을 어떤 본체로 간주하지 않는 입장이다. 후대의 청대의 모기령(毛奇齡 : 1623~1716) 등이 이런 주장을 하고 있다. 후자의 관점이 「계사전」의 원의와 잘 부합하고 있는 것으로 보인다. 이런 관점은 왕필의 경우에서도 매우 분명하다. 왕필의 관점은 앞의 주 146을 참조 바람.

197 "생(生)"의 의미를 어떻게 해석할 것인가 하는 것도 매우 중요하다. 여기에서 말하는 "생"의 의미는 결코 시간적 선후(先後)가 있는 탄생 혹은 생산의 의미라기보다는 일종의 논리적 관계를 말하는 것으로 보인다. 이 "생"자에 대해 왕부지(王夫之)는 『주역패소(周易稗疏)』에서 "생이라는 것은 태어난 것(所生)은 아들이고, 그것을 낳은(生之) 것은 아버지라고 말하는 의미의 생이 아니다. ……태극은 양의에 즉(卽)해 있으며 양의는 사상에 즉해 있으며……(生者非所生者爲子, 生之者爲父之謂……太極卽兩儀, 兩儀卽四象……)"라고 하였다. "생"의 의미는 생성이나 창조의 의미보다는 "나누어 내는" 분화(分化)의 의미에 더 가깝다. "양의(兩儀)"를 우번은 "태극은 태일(太一)로 천지로 나누기 때문에 '태극은 양의를 내고'라고 하는 것이다(太極, 太一, 分爲天地, 故生兩儀也)"라고 하여 "양의"를 천지로 보고 있다. 그러나 태극은 사실상 이것은 완전히 64괘 출현 이후에 나온 것으로 음양 → 8괘 → 64괘의 성립과정에 대한 일련의 논리적 추리이지 결코 음양효의 형성과정은 아니다. 『주역건착도』에서는 "역은 태극에서 시작되고, 태극이 나누어져서 둘이 되기 때문에 천지가 생겼다(易始於太極, 太極分而爲二, 故生天地)"고 하였다. 유염은 『유씨역집설』에서 "의(儀)라는 것은 한번 음하고 한번 양하는 대립의 모습이다(儀也者, 一陰一陽, 對立之狀也)"라고 하였다. "시생양의(是生兩儀)"에는 두 가지 의미가 있다. 하나는 혼연일체의 원기(元氣)가 둘로 분해되어 천지물질의 실체를 형성한다는 의미이고, 다른 하나는 천지가 있으면 바로 음양이 있고 음양이 짝을 지어 일체가 되는 것을 말하기도 한다. 양의의 사상을 괘상에서 구현한 것이 바로 기수와 우수의 부호인 "—"과 "--"로 괘의 첫 번째 효가 생긴다.

198 태극이 둘로 나누어져 양의가 생긴 후에 양의는 다시 발전하여 한 번 더 나누어져 사상

이러한 까닭에 역에는 태극(太極)이 있으니, 이것이 양의(兩儀)를 내고,

이 생겨났다. 『주역』에서 양의는 바로 음양이고 양의는 다시 둘로 나누어져 ⚍(少陽)⚏(太陰)·⚌(太陽)·⚎(少陰)의 사상이 생긴다. 사상은 다시 팔괘로 변하게 된다. 이것을 도표로 그리면 다음과 같다.

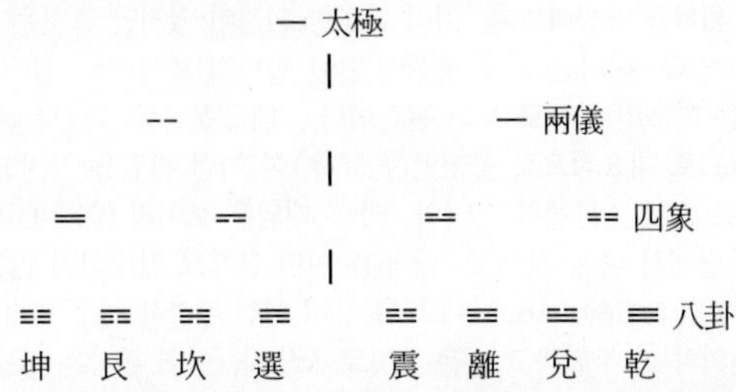

八卦	坤	艮	坎	巽	震	離	兌	乾
四象	老陰		少陽		少陰		老陽	
兩儀	陰				陽			

199 "팔괘는 길함과 흉을 정하고(八卦定吉凶)"라는 말은 실제로는 64괘가 길흉을 정한다는 것이다. 8괘는 다만 기초 조직으로 결코 길흉을 정할 수 없다. 8괘를 중첩하여 64괘를 만든 이후에 천하의 만사 만물에 대하여 살명할 수 있고 이렇게 한 후에 비로소 길흉을 정할 수 있다. "길흉은 큰 사업을 만든다(吉凶生大業)"는 말은 길흉이 정해지면 비로소 취길피흉(趣吉避凶)할 수 있고 여기에서 대업(大業)을 성취할 수 있다는 것을 의미한다.

200 『백서주역』의 「계사전」에서는 "역유태극(易有太極)"의 문장을 "역유대항(易有大恒)"으로 기록하고 있다. "易有太極"과 "易有大恒"에 대한 논의는 무척 많다. '태극'을 '대항(大恒)'으로 잘못 기록했다는 관점(朱伯崑, 廖明春)도 있고 오히려 '대항'이 원 글자이고 '태극'이 나중에 나온 것이거나 잘못 기록했다는 관점(饒宗頤, 樓宇烈)도 있다. 그런데 여기에서 말하는 '대항' 개념을 일반적으로는 '대상(大常)' 또는 '항상(恒常)'의 항구 불변한 의미로 보아 「계사전」에서 말하는 형이상학적 '도'에 해당하는 것으로 본다. 그러나 어떤 사람은 '대항'을 아예 점을 치는데 사용하는 '대항판(大恒版)'으로 보기도 한다(등구백의 『백서주역교석』 제426쪽 참조 바람) 그러나 '대항'에 관한 대부분

양의는 사상(四象)을 내고, 사상은 팔괘를 내니, 팔괘는 길함과 흉을 정하
고, 길흉은 큰 사업을 만든다.

是故로 法象이 莫大乎天地하고 變通이 莫大乎四時²⁰¹하고 縣象著
시고　법상　막대호천지　　변통　막대호사시　　현상저

明이 莫大乎日月²⁰²하고 崇高莫大乎富貴²⁰³하고 備物하며 致用하
명　막대호일월　　숭고막대호부귀　　비물　치용

의 관점은 '항구 불변'의 의미로 사용하는 것이 보통이다.

201 "법상(法象)"이라고 하는 것은, 제5장에 "상(象)을 이룬 것을 건이라 하고 (구체적인
조화의) 형상을 본받은 것을 곤이라고 한다(成象之謂乾, 效法之謂坤)"의 "법"과 "상"
이다. 즉 "상"은 천상(天象) 또는 하늘에 떠 있는 현상을 말하는데 땅에서는 그것을 본
받아 법칙화 하여 사용하는 것을 말한다. 인간이 법칙으로서 그것을 본받고 배워야 할
것은 많이 있지만 그 중에서 가장 본받을 만한 현상, 모범으로 삼아 본뜰 대상으로는 천
지의 운행보다 더 위대한 것은 없다. "변통(變通)하는 것은 사계절보다 더 큰 것이 없
고(變通莫大乎四時)"라는 말은 여러 가지로 변화하고, 그리하여 정체(停滯) 없이 발전
하고 통달하는 것은 춘하추동의 사계절(四時)보다 큰 것은 없다. 여러 가지 종류의 것
이 모두 변화하고 통달하지만 그 중에서 가장 크고 분명한 것은 춘하추동의 변화이다.
사시가 변화하여 제자리에 멈추는 일 없이 운행되는 것을 보고 변화하여 통달하는 이치
를 알 수 있다. 여기에서 말하는 "사시"는 아마도 사상(四象)과 관련지어 말하는 것으
로 보인다. 사상의 경우 노소(老少) 또는 태소(太少)의 차이가 있어서 변화와 발전에
변(變)도 있고 통(通)도 있다. 즉 사계절의 변화는 바로 "궁하면 변하고 변하면 통하는
(窮則變, 變則通)" 것으로 바로 천지의 변화이다.

202 "형상을 매달아(縣象)"라는 말은 걸려 있는 상, 즉 공중에 걸려 나타나 있는 형상을 말
한다. 공중에 걸려 나타난 형태 중에 가장 두드러지고 밝은 것은 해와 달보다 현저한 것
은 없다. 수많은 별이 천상에서 반짝반짝 빛나고 있지만 가장 밝은 것은 역시 해와 달이
다. 이 천지와 사시의 일월은 역을 공부하는 자들이 가장 모범으로서 본받는 가장 현저
(縣著)한 것이다. 이런 세 가지는 자연계에 대해서 이야기한 것이다. 다음 세 개는 인
간세계에 대해서 이야기한다.

203 "숭고(崇高)"는 인간사회의 지위에 대해서 말하는 것으로 높고 귀한 것을 말한다. "부
귀(富貴)"는 현대적 의미의 부귀라기보다는 일종의 권세(權勢) 있는 지위를 말한다. 지
위에 대해 한강백은 "지위(位)는 천하의 움직임을 하나로 통일하고 만물을 구제하는 것
(位所以一天下之動而濟萬物)"으로 권세 있는 자리에 있는 것을 말한다. 주자는 "부귀
는 천하를 소유하고 임금의 자리에 오름을 말한다(富貴謂有天下履帝位)"고 하였다. 이
부와 지위가 없으면, 아무리 재능이 있고 도덕이 있어도, 생각처럼 위대한 사업을 완성

며 立成器하여 以爲天下利 莫大乎聖人[204]하고 探賾索隱하며 鉤深
입 성 기　　　이 위 천 하 리 막 대 호 성 인　　　탐 색 색 은　　　구 심

致遠[205]하여 以定天下之吉凶하며 成天下之亹亹者 莫大乎蓍龜[206]
치 원　　　이 정 천 하 지 길 흉　　　성 천 하 지 미 미 자 막 대 호 시 귀

하는 것은 매우 어려운 일이다. 즉 그것이 없으면 천하국가를 다스리고 인민을 편안하고 행복하게 하는 대사업을 완수할 수 없다.

204 "비물(備物)"은 원래 없던 것을 구비한 것을 말하는 데 이른바 발명한 것을 말한다. 주자는 "立"자 밑에 결문(缺文)이 있다고 말하는 데 일리가 있는 것으로 보인다. 아마도 "상(象)"을 추가하여 "입상성기(立象成器)"로 해석하는 것이 전후의 맥락으로 보면 오히려 더 나은 것으로 보이기도 한다. "성인(聖人)"은 일반적으로 『주역』을 지은 사람을 가리키지만 「계사전」에서는 문명을 발전시키는 기구나 제도를 창안하는 실용적인 측면을 더욱 강조하고 있다. 이 구절의 말은 『주역』을 지은 사람이 천도와 백성들의 뜻을 괘효 가운데로 집어넣어 사람들에게 수시로 사용하도록 하였다는 것이다. 이것이 바로 "필요한 물건을 갖추어 사용할 수 있도록 하고, 문명의 이기를 만들어 천하를 이롭게 하는 것은 성인보다 더 큰 것이 없다(備物致用, 立成器以爲天下利, 莫大乎聖人)"고 하는 것이다.

205 "색(賾)"은 잡란(雜亂)을 뜻하고, "은(隱)"은 숨어있는 것을 말한다. "탐(探)"은 탐구의 의미이고, "색(索)"은 찾는다는 의미이다. "심(深)"은 측정할 수 없는 것을 말하고, "원(遠)"은 쉽게 이르지 못하는 것을 말한다. "구(鉤)"는 굽혀서 취하는 갈고리의 의미가 있다. "치(致)"는 미루어서 구하는 것을 말한다. "정미함을 탐색하고 은밀한 이치를 찾으며 깊은 곳에 있는 것을 갈고리로 긁어내고 멀리에 이르게 하여(探賾索隱, 鉤深致遠)"라는 말은 아무리 복잡하고 깊은 곳에 있고 숨어서 쉽게 파악하지 못하는 문제라할지라도 충분히 구하고 탐색하고 끄집어낼 수 있다는 말이다. 여기서 말하는 것은 시점(蓍占)의 기능과 관련하여 말하고 있다.

206 천하의 장래의 형세는 어떻게 변하고 길흉화복은 어떠한가를 명확히 정하고 그것에 의해 천하의 사람들을 노력하고 힘써 분발하게 만드는 것으로는 시초를 헤아리고 거북이의 껍질을 태워 점을 치는 것보다 뛰어난 것은 없다. 서죽을 헤아려 점을 치거나 거북이의 껍질을 태워 점을 치거나 할 때는 아무리 심오한 곳, 사람이 볼 수 없는 곳, 바다 바닥처럼 깊은 곳이나 천만리 먼 곳에 떨어져 있는 것이라 할지라도 모두 명료히 찾아내어 가지고 올 수 있다. 이를 통하여 모든 미래의 길흉화복을 미리 예상할 수 있으면 천하의 군신상하만민은 모두 만족하여 자신이 해야 할 일에 힘써 노력하게 되는 것이다. 미래가 어떻게 될지 불안할 경우는 오늘 해야 할 일을 더욱 열심히 할 기분이 나지 않지만 만약 점을 통해 좋은 결과가 있을 것이라고 할 경우 실제 결과와는 별개로 사람들은 대부분 흥겨운 마음으로 분발하고 노력할 가능성이 크다. 천하의 길흉을 정하고, 천하의 힘씀을 이룬 다는 것은 이런 것을 말한다. 거북이의 껍질을 태워 점을 치거나, 서죽

하니라.

백 是故法馬莫大乎天地, 變通莫大乎四時; 垂馬著明莫大乎日月,
시 고 법 마 막 대 호 천 지　변 통 막 대 호 사 시　수 마 저 명 막 대 호 일 월

榮莫大乎富貴, 備物至用位成器以爲天下利, 莫大乎聖人; 深備
영 막 대 호 부 귀　비 물 지 용 위 성 기 이 위 천 하 리　막 대 호 성 인　심 비

索鐕根, 枸險至遠, 定天下吉凶, 定天下之勿勿[207]者, 莫大乎蓍龜.
색 개 근　구 험 지 원　정 천 하 길 흉　정 천 하 지 물 물　자 막 대 호 시 귀

이렇기 때문에 법상(본받을 만한 현상, 모범으로 삼아 본뜬 것)으로는 하늘과 땅보다 더 큰 것이 없고, 변통(變通)하는 것은 사계절보다 더 큰 것이 없고, 형상(象)을 매달아 밝음을 나타냄이 해와 달보다 더 큰 것이 없으며, 숭고함이 부귀보다 더 큰 것이 없고, 필요한 물건을 갖추어 사용할 수 있도록 하고, 문명의 이기를 만들어 천하를 이롭게 하는 것은 성인보다 더 큰 것이 없고, 정미함을 탐색하고 은밀한 이치를 찾으며 깊은 곳에 있는 것을 갈고리로 긁어내고 멀리에 이르게 하여 천하의 길흉을 단정하며, 천하의 모든 사람들이 부지런히 힘써야 할 것을 이루는 것은 시(蓍)와 귀(龜)보다 더 큰 것이 없다.

백 이렇기 때문에 법마(法馬)가 하늘과 땅보다 더 큰 것이 없고, 변통(變通)하는 것은 사계절보다 더 큰 것이 없고, 형상(馬)을 드리워 밝음을 나

을 헤아려 점을 치거나 하는 것의 효과가 이처럼 크다는 것을 말하고 있다. 이 구절은 복서(卜筮)로 천하의 사람들이 의심하는 것을 판단하여 계속 일을 추진하기를 권면하는 것을 말하고 있다. 여기에서 주자는 『주역본의』에서 "미미는 힘쓴다는 것과 같으니 의심하면 게을러지고 결단하기 때문에 힘쓰는 것이다(亹亹猶勉勉也, 疑則怠, 決故勉)"라고 하였다.

[207] "물물(勿勿)"은 바쁜 모양 혹은 쉬지 않고 힘쓰는 모양을 말한다.

타냄이 해와 달보다 더 큰 것이 없으며, 영달(榮)은 부귀보다 더 큰 것이 없고, 필요한 물건을 갖추어 사용할 수 있도록 하고, 문명의 이기를 만들어 천하를 이롭게 하는 것은 성인보다 더 큰 것이 없고, 근원을 깊이 갖추어 탐색하고 위험한 것을 제한하며 원대한 목표에 이르게 하여 천하의 길흉을 단정하며, 천하의 모든 사람들이 부지런히 힘써야 할 것을 이루는 것은 시(蓍)와 귀(龜)보다 더 큰 것이 없다.

是故로 天生神物이어늘 聖人이 則之[208]하며 天地變化어늘 聖人이
效之[209]하며 天垂象하여 見吉凶이어늘 聖人이 象之[210]하며 河出圖
하며 洛出書이어늘 聖人이 則之[211]하니라.

---

208 "신물(神物)"은 시초와 거북을 말한다. 점을 치는데 사용되기 때문에 "신물"이라고 말한다. "칙(則)"은 본뜬다는 의미이다. 말하자면 하늘이 신기한 시초(蓍草)를 내니 성인이 그것을 본받았다는 말이다. "칙지(則之)"를 빌헬름은 모델 즉 모형으로 삼는다는 뜻으로 해석하고 있다. 320쪽 참조 바람.

209 이 부분은 천지음양의 변화가 『주역』 창작의 주요한 요소임을 말하고 있다. 낮과 밤이 질서 있게 교차하고 사계절이 질서 있게 순환하는 것을 통하여 음양의 도리가 있음을 파악하게 되고 이를 통하여 작역(作易)하게 되는 것이다.

210 "수(垂)"는 달려 있다는 의미이고 "현(見)"은 "현(現)"과 같다. 앞의 "상(象)"은 명사이고, 뒤의 "상(象)"은 동사이다. 즉 하늘이 천상(天象)을 드리워서 길흉을 드러내는데 성인이 그것을 본받는다는 말이다. "상지(象之)"를 빌헬름은 성인이 본떠서 재현(再現, reproduce)하는 것으로 해석하고 있다. 320쪽 참조 바람.

211 "하(河)"는 황하(黃河)를 말하고 "도(圖)"는 전설에 의하면 용마(龍馬)에 그려진 도상(圖象)을 말한다. "낙(洛)"은 낙수(洛水)이고 "서(書)"는 전설에 의하면 신령한 거북(神龜)의 등에 그려진 무늬를 말한다. 이것은 고대의 성인이 하도(河圖)를 본받아 8괘를 만들었고 낙서(洛書)를 본받아 구주(九疇)를 만든 것을 설명하고 있다. 이런 관점은 공안국(孔安國)의 말(河圖則八卦是也, 洛書則九疇是也)에서 나왔다. 말하자면 옛날에 황하에서 등위에 도형이 그려진 용마가 출현하였고, 낙수에 등위에 도형이 있는 신령한 거북이가 출현하였는데 이것은 상스러운 조짐이다. 복희(伏犧)는 하도에 근거하여

백 是故天生神物, 聖人則之; 天變化, 聖人效之, 天垂馬, 見吉
시 고 천 생 신 물　성 인 칙 지　천 변 화　성 인 효 지　천 수 마　현 길

凶而聖人馬之, 河出圖, 雒出書, 而聖人則之.
흉 이 성 인 마 지　하 출 도　낙 출 서　이 성 인 칙 지

이런 까닭에 하늘이 (시초나 거북 등의) 신통한 물건을 내었으니 성인이 이것을 (모델로 삼아) 법칙으로 삼으며, 하늘과 땅이 변화하니 성인은 이것을 본받으며, 하늘이 상을 드리워 길흉을 나타내거늘 성인이 본떠서 재현(再現)하며, 황하(河水)에서 용마(龍馬)의 등에 새겨진 그림(圖)이 나오고 낙수(洛水)에서 거북의 등에 새겨진 글(書)이 나왔으니 성인은 이것을 (모델로 삼아) 법칙으로 삼는다.

백 이런 까닭에 하늘이 (시초나 거북 등의) 신통한 물건을 내었으니 성인이 이것을 (모델로 삼아) 법칙으로 삼으며, 하늘(과 땅)이 변화하니 성인은 이것을 본받으며, 하늘이 마를 드리워 길흉을 나타내거늘 성인이 본떠

8괘를 그렸고 우임금은 낙서에 근거하여 구주를 제정하였는데, 구주는 천하를 다스리는 9가지 큰 법을 말한다. 하도와 낙서는 초기에 실전(失傳)하였으나 후대인들이 옛날 책에 나오는 기록에 근거하여 우주 구조를 숫자를 조합하여 간단한 도표로 만든 것이다. 비록 몇 가지 숫자만 있으나 그 배치를 지극히 교묘하게 하여 여러 가지 생각을 낳도록 하였다. 하도와 낙서의 도표는 아래와 같다.

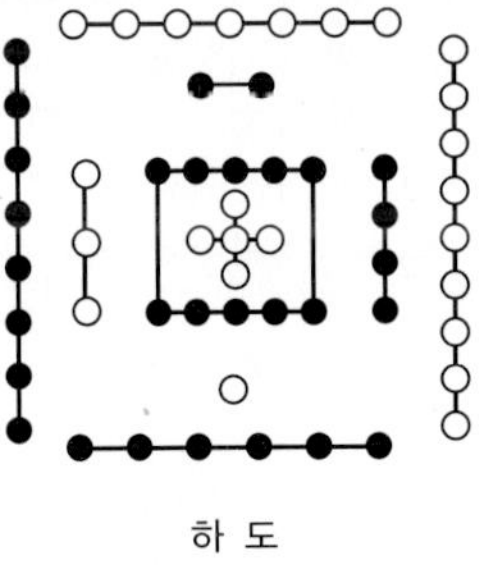

하 도

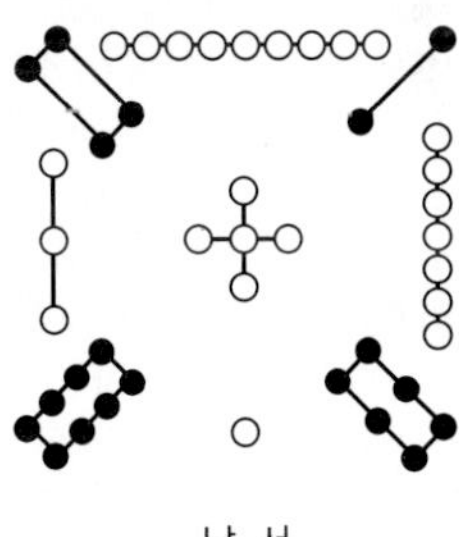

낙 서

서 재현(再現)하며, 황하(河水)에서 용마(龍馬)의 등에 새겨진 그림(圖)이 나오고 낙수(洛水)에서 거북의 등에 새겨진 글(書)이 나왔으니 성인은 이것을 (모델로 삼아) 법칙으로 삼는다.

易有四象은 所以示也²¹²요 繫辭言은 所以告也²¹³요 定之以吉凶은
역 유 사 상　　소 이 시 야　　　계 사 언　　소 이 고 야　　　정 지 이 길 흉

所以斷也²¹⁴라.
소 이 단 야

■ 『易』有四馬, 所以見也; 繫辭焉, 所以告也, 定之以吉凶, 所
역 유 사 마　　소 이 견 야　　계 사 언　　소 이 고 야　　정 지 이 길 흉　　소

以斷也.
이 단 야

『주역』에 사상이 있음은 보이는 바이요, 설명하는 말을 메어 놓은 것은 알려주기 위함이요, 길흉으로써 정한 것은 (의심을) 판단하기 위함이다.

■ 주역에 사마가 있음은 보이는 바이요, 설명하는 말을 메어 놓은 것은 알려주기 위함이요, 길흉으로써 정한 것은 (의심을) 판단하기 위함이다.

---

212 "사상(四象)"은 음양의 노소(老少)를 가리키는데 7·8·9·6은 춘하추동과 남북동서를 상징할 수 있다. 『주역정의』에서는 사상을 실상(實象)·가상(假象)·의상(義象)·용상(用象)으로 보기도 하고 또 위 글에서 말하는 신물(神物)·변화(變化)·수상(垂象)·도서(圖書) 네 가지로 보는 관점을 인용하고 있다. 이런 관점에 대해 공영달은 비판하고 사상을 7·8·9·6의 음양의 노소(老少)로 보고 있다. 즉 7·8·9·6의 음양의 노소(老少)를 통해 괘상을 보여준다는 말이다.

213 괘효사를 붙인 이유는 후세 사람들이 이 내용을 충분히 파악하지 못할까 두려워 계사를 덧붙여서 이야기하고 있다고 말한다.

214 덧붙인 말 속에 어떤 것이 길하고 어떤 것이 흉한가를 밝혀서 사람들이 그 의혹을 판단하여서 취길피흉(趣吉避凶)하도록 가르친다.

* 제11장의 의미 : 이 장은 주로 『주역』의 점서문제에 관해 이야기하고 있다. 구체적으로 수(數)의 기우(奇偶)와 태극이나 팔괘 등의 원리에 대해서 설명하고, 말미에 와서는 사(辭)나 상(象)으로 길흉을 판단하는 것으로 결론을 맺고 있다.

제12장

易曰自天祐之라 吉无不利라하니 子曰 祐者는 助也니 天之所助者
역 왈 자 천 우 지　　길 무 불 리　　　자 왈 우 자　　조 야　　천 지 소 조 자

順也요 人之所助者信也니 履信思乎順하고 又以尙賢也라 是以自
순 야　　인 지 소 조 자 신 야　　리 신 사 호 순　　　우 이 상 현 야　　시 이 자

天祐之吉无不利也[215]니라.
천 우 지 길 무 불 리 야

---

[215] "하늘로부터 돕는지라 길하여 이롭지 않음이 없다(自天祐之, 吉无不利)"라는 말은 대유괘(大有卦) 상구 효사에서 나온 말이다. 이 구절의 말은 상하의 문장들과 서로 연속되지 않기 때문에 주자는 『주역본의』에서 "대유괘 상구 효의 뜻을 해석하였다. 그러나 여기에 있음은 소속될 곳이 없으니 아마도 착간인 것으로 보인다. 마땅히 제8장의 끝에 있어야 할 것이다(釋大有上九爻義, 然在此, 无所屬, 或恐是錯簡, 宜在第八章之末)"고 하였다. 아래에서는 공자의 말을 인용하여 먼저 "우(祐)" 자의 뜻을 해석한 후에 "신(信)"·"순(順)"·"상현(尙賢)"을 통하여 효의 뜻을 해석하고 있다. "우(祐)"라는 것은 도와주는 것을 말하는데 특히 하늘이 도와주는 의미이다. "하늘이 도와주는 것은 (자신을) 따르는 사람의 경우요(天之所助者, 順也)"라고 하는 것은 하나의 사심(私心)이 없고 모두 유순하게 바른 도를 따르는 것을 말한다. 『주역』의 언어로 말하면 천도(天道)를 따르고, 지도(地道)를 따르고, 인도(人道)를 따르는 것을 말한다. 모두 바른 길을 따라서 일을 행하는 것을 말한다. 하늘이 도와주는 자는 하늘의 도를 따르고, 땅의 도를 따르고, 사람의 도를 따르는 자, 즉 모두 바른 도를 따르면서 한 점의 사심 없이 무리한 일을 행하지 않는 자를 도와주시는 것이다. "사람들이 (진정으로) 도와주려는 사람은 진실함을 실천하는 사람이니(人之所助者, 信也)"에서 "신(信)"은 진실함을 말한다. 많은 사람들이 진정으로 도와주려는 사람은 말하는 것과 몸으로 행하는 것

■ 易曰 : 自天右之, 吉, 无不利. 右之者, 助之也. 天之所助者,
역왈　자천우지　길　무불리　우지자　조지야　천지소조자

順也. 人之所助也者, 信也. 信思乎順以上賢, 是以自天右之, 吉,
순야　인지소조야자　신야　신사호순이상현　시이자천우지　길

无不利也.
무불리야

『주역』에서 말하기를 "하늘로부터 돕는지라 길하여 이롭지 않음이 없다"고
하였다. 공자께서 말씀 하셨다. "우(祐)란 돕는다는 것이니, 하늘이 도와
주는 것은 (자신을) 따르는 사람의 경우요, 사람들이 (진정으로) 도와주려
는 사람은 진실함을 실천하는 사람이니, 진실함을 실천하고 하늘의 뜻에
따를 것을 생각하며 또한 그러한 마음으로 어진 사람을 숭상하므로 이 때문
에 "하늘로부터 돕는지라 길하여 이롭지 않음이 없다"고 하는 것이다.

■ 주역에서 말하기를 "하늘로부터 돕는지라 길하여 이롭지 않음이 없다"
고 하였다. (공자께서 말씀 하셨다.) "우(右)란 돕는다는 것이니, 하늘이
도와주는 것은 (자신을) 따르는 사람의 경우요, 사람들이 (진정으로) 도와
주려는 사람은 진실함을 실천하는 사람이니, 진실함을 실천하고 하늘의 뜻
에 따를 것을 생각하며 또한 그러한 마음으로 어진 사람을 숭상하므로 이
때문에 "하늘로부터 돕는지라 길하여 이롭지 않음이 없다"고 하는 것이다.

이 일치하는 신실(信實)한 사람으로 많은 사람들이 자발적으로 돕는다. "진실함을 실천
하고 하늘의 뜻에 따를 것을 생각하며 또한 그러한 마음으로 어진 사람을 숭상하므로
(履信思乎順, 又以尙賢也)"라는 말에서 "이(履)"는 실천하는 것과 말하는 것 등이 모
두 신실하여 한 점의 허위도 없고 하늘과 땅과 사람의 도에 따르며, 모두 바른 이법에
유순히 따르려는 것을 말한다. 그 진실한 마음을 가지고 현인을 존중하고 현인의 가르
침에 오직 유순히 따르는 것을 말한다.

子曰 書不盡言하며 言不盡意²¹⁶하니 然則聖人之意를 其不可見乎²¹⁷
_{자왈 서불진언　　　언불진의　　　　연칙성인지의　　기불가견호}

아? 子曰 聖人이 立象하여 以盡意하며 設卦하여 以盡情僞²¹⁸하며
_{자왈 성인　입상　　여　이진의　　　설괘　　　이진정위}

繫辭焉하며 以盡其言²¹⁹하며 變而通之하여 以盡利²²⁰하며 鼓之舞
_{계사언　　　이진기언　　　변이통지　　　이진리　　　고지무}

之하여 以盡神²²¹하니라.
_{지　　　이진신}

---

216 "서(書)"는 문자로 쓰여 진 책을 말하는데 『주역정의』에서는 서록(書錄)이라고 하였다.
"의(意)"는 사상(思想)이라는 말에 해당한다. 이 두 구절은 공자의 언론(言論)을 인용
하여 문자와 언어, 언어와 사상 간의 거리를 설명하고 있다. 말하자면 문자로 쓰여 진
책으로서는 이야기하려고 하는 말을 완전히 표현할 수가 없고 언어 또한 마음속에서 생
각하는 뜻을 완벽하게 표현하기 어렵다는 말이다.

217 이 구절은 위에서 말하는 "글로는 말을 다하지 못하며, 말로는 뜻을 다하지 못하니(書
不盡言, 言不盡意)"라는 구절을 이어서 문제제기를 하고 있다. 말하자면 언어나 문자
가 사람들의 사상을 완전하게 표현할 수 없다면 성인의 생각은 어떻게 표현해 낼 수 있
으며 또 그것을 어떻게 인식할 수 있는가라는 말이다.

218 "정위(情僞)"는 진정(眞情)과 허위(虛僞)를 가리킨다. 이 두 구절은 『주역』은 상징적
인 부호체계(象)를 통하여 언어가 완전히 표현해 내지 못하고 있는 깊은 의미들을 모두
표현해 낼 수 있다는 것을 말하고 있다. 즉 언어가 가질 수밖에 없는 규정적(規定的)이
고 고정적인 한계를 넘어서려는 하나의 시도로 볼 수 있다. 여기에서 말하는 "성인(聖
人)"은 『주역』을 지은 작역자(作易者)를 말한다. 작역자가 궁극적으로 전달하려고 하
는 의미를 언어나 문자로 표현하려 할 때 발생하는 한계와 고정성을 지적하고 있다. 왜
냐하면 언어나 문자는 항상 실재 자체가 아닌 제2차적 존재에 불과하기 때문이다.

219 "사(辭)"는 괘사와 효사를 말한다. 괘와 효의 뒤에는 사(辭)가 있어서 괘상(卦象)과 효
상(爻象)이 말하려고 하는 내용에 대해 설명을 붙여 놓고 있다.

220 육적(陸積)은 『주역집해』에서 "384효를 변화시켜 서로 교류하고 변통하게 만들어 천하
의 이로움을 다 하게 한다(變三百八十四爻使相交通, 以盡天下之利)"고 하였다. 『주
역』의 변화와 발전 중에는 "변(變)"과 "통(通)"이 라는 말이 있다. "궁하면 변하고 변
하면 통한다(窮則變, 變則通)"에서 변통(變通)하여야 천하의 공통된 뜻에 통하고 천하
가 모두 원하는 사업을 정할 수 있고 여기에서 천하의 공통된 이익을 드러내 줄 수 있다
는 것이다.

221 "고무(鼓舞)"에 대한 해석은 여러 가지이다. 우번은 『주역집해』에서 "신(神)"을 "역

백 子曰：書不盡言，言不盡意．然則聖人之意，其義可見已乎？
자왈 서불진언 언불진의 연칙성인지의 기의가견이호

子曰：聖人之立馬以盡意，設卦以盡請僞，繫辭焉以盡亓〔言〕，
자왈 성인지입마이진의 설괘이진청위 계사언이진기 언

變而通之以盡利，鼓之舞之以〔盡〕神．
변이통지이진리 고지무지이 진 신

공자께서 말씀하셨다. "글로는(문자로 기록된 책으로는) 말을 다하지 못하며, 말로는 뜻을 다하지 못하니, 그렇다면 성인의 뜻을 볼 수 없다는 말인가? 공자께서 말씀하셨다. 성인이 상(象)을 세워 뜻을 다하며 괘를 베풀어 참과 거짓을 다하며, 말(辭)을 붙여서 그 말을 다하며, 변화하고 통함으로써 이로움을 다하며, 북을 두드리고 춤추게 하여 신묘함을 다하였다."

백 공자께서 말씀하셨다. "글로서는(문자로 기록된 책으로는) 말을 다하

(易)"으로 보고 "고무(鼓舞)"를 음양의 소식(消息)으로 보아 음양소식하여 변역(變易)을 다하는 것으로 말한다. 여기에서 말하는 "신(神)"을 "음양불측지위신(陰陽不測之謂神)"의 "신"으로 말하는 것이 일반적이지만 고형은 "신"을 가장 지혜로운 것으로 칭하여 『주역』이란 책은 인간을 고무시켜 그 지혜를 다하는 것이라고 말한다. 또 이 구절을 점서(占筮)와 관련하여 말하기도 한다. "신"이란 말은 역시 음양변화의 측정불가함을 말하는 것으로 점서(占筮)를 행하여 어떤 음효나 양효를 얻지만 사전에 그것을 미리 알지는 못하는데 이것을 일러 "신(神)"이라고 말한다. "북을 두드리고 춤추게 하여(鼓之舞之)"라는 말을 김경방은 시초점을 행할 때 49개의 시초를 움직이는 동작으로 말하기도 한다. (『주역전해』 568쪽 참조 바람) 결론적으로 말하여 언어나 책이 가지는 한계성으로 말미암아 성인은 다른 표현 방식을 찾을 수밖에 없는데 그것이 바로 위의 문장에서 말하는 입상(立象), 설괘(設卦), 계사(繫辭), 변통(變通), 고무(鼓舞)이다. 즉 입상은 음(--)과 양(—)의 상(象)을 세워서 우주와 인간 세상의 뜻(意)을 다 표현하고, 설괘는 여섯 효로 구성된 괘를 통하여 우주와 인간 세상의 참과 거짓을 다 드러내고, 계사는 괘효 아래에 말을 덧붙여 괘효의 의의를 말로 다하려 한다. 변통은 음양의 변하고 통하는 법칙을 파악하여 천하 사람들의 이로움을 다하도록 하고, 고무는 백성들을 격려하고 마음을 고무시켜 천도변화의 신묘함을 온전히 다 파악하도록 하는 지혜를 가질 수 있도록 만든다는 말이다.

지 못하며, 말로서는 뜻을 다 나타내지 못하니, 그렇다면 성인의 뜻을 볼수 없다는 말인가? 공자께서 말씀하셨다. 성인이 마(馬)를 세워 뜻을 다나타내고 괘를 베풀어 참과 거짓을 다하며, 말(辭)을 붙여서 그 말을 다하며, 변화하고 통함으로써 이로움을 다하며, 북을 두드리고 춤추게 하여 신묘함을 다하였다."

乾坤은 其易之縕邪[222]인저. 乾坤成列에 而易立乎其中矣[223]니 乾坤
건 곤　　기 역 지 온 사　　　　건 곤 성 렬　　이 역 입 호 기 중 의　　　　건 곤

毁면 則无以見易[224]이요 易을 不可見則乾坤或幾乎息矣[225]리라.
훼　　칙 무 이 견 역　　　역　　불 가 견 칙 건 곤 혹 기 호 식 의

백 鍵川, 亓易之經與? 鍵川〔成〕列, 易位乎亓中, 鍵川毁則无以
건 천　　기 역 지 경 여　　건 천 성 렬　　역 위 호 기 중　　건 천 훼 칙 무 이

---

222 "온(縕)"에는 내포나 함의(含義), 내용, 심오함의 뜻을 가지고 있는데, 일반적으로 이 말을 바탕이 되는 것, 쌓여 있는 곳, 모이는 곳, 집결하는 곳(淵藪)의 의미로 사용하고 있다. 이런 각도에서 건곤(乾坤)은 『주역』의 바탕을 이루는 것이고, 『주역』의 강령(綱領)이다. 말하자면 한 권의 『주역』이라는 책은 모두 건곤의 내포적 함의를 벗어나지 않는다는 것이다. 빌헬름은 "온(縕)"을 '비결(real secret)'로 번역하여 "건곤이 『주역(周易)』의 비결이다"라고 하였고, 레게는 "비밀과 실체(secret and substance)"로 번역하고 있다.

223 "건곤이 (상하의) 배열을 이루면(乾坤成列)"이라는 것은 건과 곤이 육십사괘의 체계 속에 자리하고 있다는 말이고, "역이 그 가운데에 성립되니(而易立乎其中矣)"라는 말은 『주역』이 그 사이에 존재하고 있다는 것을 말한다. 만약에 건곤이 앞에 자리하지 않으면 그 이후의 둔괘(屯卦)나 몽괘(蒙卦)로부터 시작하여 기제(旣濟)와 미제(未濟)에 이르는 나머지 62개의 변화와 발전은 불가능하다.

224 건곤이 없어지면 역(易)도 사라진다는 의미이다. 즉 건괘와 곤괘의 큰 체계가 부서지면 『주역』의 체계도 없어진다는 의미이다.

225 "식(息)"은 "식(熄)"과 같은 뜻으로 식멸(熄滅)을 말한다. 『주역』의 체계를 볼 수 없으면 건곤 또한 사라져 버린다는 의미이다. 이에 대해 주자는 『주역본의』에서 "건곤이 무너진다는 것은 괘획이 서지 못함을 말하는 것이고, 건곤이 종식된다는 것은 변화가 행해지지 못함을 말하는 것이다(乾坤毁謂卦畫不立, 乾坤息謂變化不行)"고 하였다.

見易矣. 易不可則見, 則鍵川不可見. 鍵川不可見則鍵川或幾乎
견 역 의   역 불 가 즉 견   칙 건 천 불 가 견   건 천 불 가 견 즉 건 천 혹 기 호

息矣.
식 의

건곤은 역(易)의 (모든 곳에 다 들어 있는) 근본 바탕이 아닌가? 건곤이
(상하의) 배열을 이루면 (천지의 변화인) 역이 그 가운데에 성립되니 건곤
이 없어지면 역을 볼 수 없고, 역을 볼 수 없으면 건곤의 작용도 거의 그치
게 될 것이다.

■백 건천은 역(易)의 (모든 곳에 다 들어 있는) 근본 바탕이 아닌가? 건천
이 (상하의) 배열을 이루면 (천지의 변화인) 역이 그 가운데에 성립되니
건천이 없어지면 역을 볼 수 없다. 역을 볼 수 없으면 건천도 드러나지 않
고 드러나지 않으면 건천의 작용이 거의 그치게 될 것이다.

是故로 形而上者를 謂之道요 形而下者를 謂之器[226]요 化而裁之를
시 고   형 이 상 자   위 지 도   형 이 하 자   위 지 기   화 이 재 지

謂之變[227]이요 推而行之를 謂之通[228]이요 擧而錯之天下之民을 謂
위 지 변   추 이 행 지   위 지 통   거 이 조 지 천 하 지 민   위

---

226 "도(道)"는 추상적이고, 무형적(無形的)인 것이고, 감각으로 인식할 수 없는 것을 지칭
한다. "기(器)"는 구체적이고 유형적(有形的)인 것으로 감각으로 인식할 수 있는 것이
다. 여기에서 말하는 기(器)는 기물(器物) 외에 일체의 유형적(有形的)인 것과 문물제
도(文物制度)를 포함하고 있다. "형(形)"은 사물의 형체를 말하고, 도는 형체의 운동을
주도하는 하나의 법칙적 요소를 말하는데, 예를 들면 음양변화의 이치를 들 수 있다. 기
는 형체를 표현하는 물질 상태로 예를 들면 64괘, 384효의 구성형식을 들 수 있다. 이
두 구절은 도와 기의 범주에 대해 형태를 초월하여 있는(형태가 생기기 이전의) 추상적
도와 형태를 가지고 있는(형태가 생긴 이후의 것을 포함하여) 구체적인 기(器)로 나누
어 설명하고 있다. 이런 관점에서 아리스토텔레스의 물리적인 현상 세계를 넘어서는 학
문인 metaphysics를 형이상학(形而上學)으로 번역한 것은 매우 적절한 번역임에 틀림

之事業²²⁹이라.
지 사 업

백 是故刑而上者胃之道, 刑而下者胃之器, 爲而施之胃之變, 誰²³⁰
시 고 형 이 상 자 위 지 도　형 이 하 자 위 지 기　위 이 시 지 위 지 변　수

而行之胃之迴, 擧諸天下之民胃之事業.
이 행 지 위 지 동　거 제 천 하 지 민 위 지 사 업

이런 까닭에 형체로 나타나는 그 이상(이전)의 상태를 도(道)라 하고, 형체로 나타나는 그 이하(이후)의 상태를 기(器)라 하고, 바꾸어 적절하게 마름질한 것을 변(變)이라 하고, 미루어서 행하게 하는 것을 통(通)이라 하고, (이런 도리를) 들어서 세상 사람들이 사용하도록 하는 것을 사업(事業)이라고 한다.

없다.
227 "화(化)"는 교감화육(交感化育)의 의미이다. "재(裁)"는 마름질한다는 의미로 정확하게 말하면 지나친 것을 제약(制約)하는 의미이다. 『주역학설(周易學說)』에서는 유원(劉沅)의 말을 인용하여 "그 모자라는 것을 변화시키고 지나치게 과한 것을 자르는 것이 바로 변이라고 말한다(化其不及, 裁其太過, 卽謂之變)"라고 하였는데 바로 여기에 해당된다. 이 구절은 앞의 구절을 이어받아 도와 기의 상호작용을 설명한다. 예를 들면 강과 유가 교감하여 화육하고 강유는 화육하는 가운데에 도에 따라서 적절하게 마름질하는 것이 바로 『주역』에서 말하는 "변(變)"이다. "화(化)"는 음양이 운행하여 변화(運化)하는 것으로 음은 양으로 변화하고 양은 음으로 변화하는 것을 말한다. 음양이 대립하면서 통일하고 서로 전환하고 또 서로 제약하는 이것을 일러 "변(變)"이라고 한다.
228 공영달은 "이것을 미루어서 변화하여 시행할 수 있는 것을 통이라고 하였다(推此以可變而施行之, 謂之通也)"고 하였다. 양에서 음으로, 음에서 양으로 변화하는 음양의 전환을 미루어 행하도록 작용을 발휘하도록 하는 것이 바로 "통(通)"이다.
229 "거(擧)"는 든다는 의미이고, "조(錯)"는 "조(措)"로 어디에 둔다는 의미이다. 이 구절은 형이상 아래의 네 구절을 총괄하여 『주역』 중에서 구현되는 도, 기, 변, 통의 원리를 천하의 백성들에게 적용하여 사업을 성취하도록 하는 것을 설명하고 있다.
230 "수(誰)"는 추(推)로 보아야 한다. 추(推)의 가차이다. 『백화백서주역』 209쪽 참조 바람.

🔲 이런 까닭에 형체로 나타나는 그 이상(이전)의 상태를 도(道)라 하고, 형체로 나타나는 그 이하(이후)의 상태를 기(器)라 하고, 바꾸어 적절하게 마름질한 것을 변(變)이라 하고, 미루어서 행하게 하는 것을 동(週)이라 하고, (이런 도리를) 세상 사람들에게 적용하는 것을 사업(事業)이라고 한다.

是故로 夫象은 聖人이 有以見天下之賾하여 而擬諸其形容하며 象
시고　　부상　성인　　유이견천하지색　　　이의제기형용　　　　상

其物宜라 是故謂之象이요. 聖人이 有以見天下之動하여 而觀其
기물의　 시고위지상　　　성인　　유이견천하지동　　　이관기

會通하여 以行其典禮하며 繫辭焉하여 以斷其吉凶이라 是故謂之
회통　　　이행기전례　　　계사언　　　이단기길흉　　　시고위지

爻니라.231
효

🔲 是〔故〕夫馬, 聖人具以見天下之請232而不疑者其形容, 以馬
　　시 고　부마　성인구이견천하지청　　　이불의자기형용　　이마

亓物義, 是故胃之馬. 聖人有以見天下之動而觀亓會同, 以行亓
기물의　시고위지마　성인유이견천하지동이관기회동　　　이행기

侯體. 繫辭焉하여 以斷亓吉凶, 是故胃之敎.
사비　계사언　　　이단기길흉　시고위지교

이 때문에 상은 성인이 천하의 만사만물의 혼잡한 다양성을 관찰하고 그 형용되는 모습에 비기며, 그 사물이 가지고 있는 마땅함을(형상과 특성을 괘

---

231 이 구절은 위의 8장에 나온 글이다.
232 "청(請)"은 "정(情)"으로 보아야 한다. 『백서주역교석』 430쪽 참조 바람.

상으로) 형상함이라, 이런 까닭에 그것을 상(象)이라 한다. 성인이 천하의 움직임을 보아 그 모이고 통하는 것(會通)을 관찰하여 그 법도와 예제(禮制)에 따라 행하며, 말을 얽어매어 길흉을 판단하는 지라 이런 까닭에 효(爻)라고 말한다.

▣ 이 때문에 마는 성인이 천하의 만사만물의 다양한 상태를 관찰하고 그 형용되는 모습에 비기며, 그 사물이 가지고 있는 마땅함을(형상과 특성을 괘상으로) 형상함이라, 그런 까닭에 그것을 마(馬)라고 한다. 성인이 천하의 움직임을 보아 그 법칙(會同)을 관찰하여 그 법도와 예제(禮制)에 따라 행하며, 말을 얽어매어 길흉을 판단하는 지라 이런 까닭에 교(敎)라고 말한다.

極天下之賾者는 存乎卦[233]하고 鼓天下之動者는 存乎辭[234]하고 化
극 천 하 지 색 자　　　존 호 괘　　　　고 천 하 지 동 자　　　존 호 사　　　　화

而裁之는 存乎變하고 推而行之는 存乎通[235]하고 神而明之는 存乎
이 재 지　　존 호 변　　　추 이 행 지　　　존 호 통　　　　신 이 명 지　　　존 호

---

233 "극(極)"은 극진히 다 밝힌다는 의미이고, "색(賾)"은 잡란하다는 의미이다. 성인이 천하 사물의 현상이 매우 복잡하고 어지러운 것을 보고 그것을 괘상에 담아 두고 있다는 말이다.

234 이 구절은 괘효사는 길흉득실을 드러내주고 있는데, 그 뜻은 천하를 충분히 고무시켜 사람들이 스스로 자발적으로 활동하도록 해주는 것을 설명하고 있다. 이에 대해 공영달은 『주역정의』에서 "고는 천하의 움직임을 펼쳐 일으키는 것을 말한다. 움직임에는 득실이 있고, 괘효의 말 속에 들어 있다는 것은 괘효사를 보고서 득실을 안다는 것을 말한다(鼓, 謂發揚天下之動, 動有得失, 存乎爻卦之辭, 謂觀辭以之得失也)"고 하였다.

235 위에서 말하는 "위지변(謂之變)"이나 "위지통(謂之通)"은 『주역』을 지은 사람의 각도에서 이치를 말하는 것이고, 여기에서 말하는 "존호변(存乎變)"이나 "존호통(存乎通)은 『주역』을 배우는 각도에서 그 쓰임새에 대해 이야기하고 있는 점에서 다르다.

其人²³⁶하고 默而成之하여 不言而信은 存乎德行²³⁷하니라.
기 인　　　묵 이 성 지　　　불 언 이 신　　존 호 덕 행

極天下之請存乎卦, 鼓天下之動者存乎辭, 化而制之存乎變,
극 천 하 지 청 존 호 괘　　고 천 하 지 동 자 존 호 사　　화 이 제 지 존 호 변

誰而行之存乎週, 神而化之存乎亓人, 謀而成, 不言而信, 存乎
수 이 행 지 존 호 동　　신 이 화 지 존 호 기 인　　모 이 성　불 언 이 신　존 호

德行.
덕 행

천하의 잡난(雜亂)한 것을 다 밝히는 것은 괘에 있고, 천하의 모든 움직임
을 고무시키는 것은 사(辭)에 있고, 바꾸어 적절하게 마름질하는 것은 변
(變)에 있고, 미루어서 행하게 하는 것은 통(通)에 있고, 신묘하게 하여
밝히는 것은 (그것을 실행하는) 사람에게 있고 묵묵히 이루며 말하지 않
아도 믿음은 덕행에 달려 있다.

천하의 다양한 상태(情)를 다 밝히는 것은 괘에 있고, 천하의 모든 움

---

236 이 구절의 뜻은 사람들이 『주역』을 이용할 때 『주역』을 보는 태도가 각기 다르다는 것
을 말한다. 어떻게 하여야 비로소 "신묘하게 하여 밝히는(神而明之)" 단계에 도달 할
수 있는가 하는 것은 사람에 있는 것이지 『주역』에 있는 것은 아니다. "신(神)"은 바로
음양의 변화이다. "신묘하게 하여 밝히는 것(神而明之)"은 음양변화에 관해서 아주 명
료한 것을 말하고, "사람에게 있다(存乎其人)"고 하는 것은 그 신묘한 어치를 아는 능
력이 구체적인 개인들에게 있다는 것을 말한다.

237 이것은 『주역』들 배우는 자가 만약 훌륭한 덕행을 충분히 실행할 수 있다면 침묵하여서
도 이룰 수 있고, 말하지 않고서도 다른 사람에게 믿음을 얻을 수 있음을 말하고 있다.
"묵(默)"은 소리도 없고 들리지도 않는 것을 말한다. "성(成)"은 성취의 의미이다. "말
하지 않아도 믿는다(不言而信)"라는 말은 『주역』의 이치를 깊이 있게 깨달으면 그 사상
과 이치에 저절로 일치하게 된다는 말이다. 말하자면 『순자』 「대략(大略)」편에서 말하
는 "역을 잘하는 자는 점치지 않는다(善易者不占)"라는 말에 해당한다. "덕행에 달려
있다(存乎德行)"는 말은 『주역』을 이용하는 자가 이렇게 할 수 있는 것은 평시의 수양
이 이러하다는 것이다.

직임을 고무시키는 것은 사(辭)에 있고, 바꾸어 적절하게 제재(制裁)하는 것은 변(變)에 있고, 미루어서 행하게 하는 것은 통(通)에 있고, 신묘하게 하여 변화시키는 것은 (그것을 실행하는) 사람에게 있고 도모하면 이루어지고 말하지 않아도 믿게 되는 것은 덕행에 달려 있다.

제13장의 의미 : 이 부분은 「계사상전」에서 말하는 내용을 총괄하고 있다. 그 내용의 핵심은 개인의 도덕 수양에 있고, 그런 후에야 비로소 『주역』의 이치를 깊이 있게 알고 운용할 수 있다고 말한다. 여기에서 도기(道器)와 변통(變通)이라는 문제가 출현하고 이것을 적용하여 구체화되는 것이 바로 사업(事業)이다.

「계사하전(繫辭下傳)」

제1장

八卦成列하니 象在其中矣²³⁸요 因而重之하니 爻在其中矣²³⁹요 剛
팔 괘 성 렬　　　상 재 기 중 의　　　　인 이 중 지　　　　효 재 기 중 의　　　　강

柔相推하니 變在其中矣²⁴⁰요 繫辭焉而命之하니 動在其中矣²⁴¹라.
유 상 추　　　　변 재 기 중 의　　　　계 사 언 이 명 지　　　　동 재 기 중 의

🀫 八卦成列, 馬在亓中矣. 因而動²⁴²之, 教²⁴³在亓中矣. 剛柔相
팔 괘 성 렬　　마 재 기 중 의　인 이 동　지　교　재 기 중 의　강 유 상

---

238 8괘가 건, 태, 리, 진, 손, 감, 간, 곤 순으로 배열되어 있다는 것이다. "만물의 상징이 그 가운데에 있다(象在其中矣)"는 것은 단순히 하늘, 못, 불, 우레, 바람, 물, 산, 땅만을 가리키는 것이 아니라, 「설괘전」에서 말하는 괘상(卦象)이 모두 포함된 것을 말한다.

239 "팔괘에 인하여(근거하여) 그것을 각각 포개니(因而重之)"라는 말은 세 획으로 구성되어 있는 8괘를 중첩하여 64괘를 만드는 것을 말하고 있다. "인(因)"은 8괘에 근거한다는 말이다. "효가 그 가운데에 있고(爻在其中矣)"라는 말은 384효가 그 속에 포함되어 있다는 말이다. 효는 주로 변화를 말하기 위한 것이다. 「계사상전」에서 말하는 "효는 각 효의 변화를 말한 것이요(爻者, 言乎變者也)"라고 하는 말이 바로 이런 의미이다.

240 "강유(剛柔)"라는 말은 양효와 음효를 말한다. 공영달은 『주역정의』에서 강유가 바로 음양이지만 용법이 다름을 말한다. 즉 기(氣)를 가지고 말하면 음양이라 부르지만, 체(體)를 가지고 말하면 강유라고 부른다(剛柔, 卽陰陽也. 論其氣, 卽謂之陰陽, 語其體, 卽謂之剛柔也)고 하였다. "추(推)"는 강유가 서로 번갈아 가면서 자리를 옮긴다는 말로 강이 유로 변할 수도 있고, 유가 강으로 변할 수도 있다는 말이다. 8괘가 64괘로 된 후에 효(爻)가 생기고, 효가 생긴 이후 변화가 발생한다. 발생의 원인은 바로 "강유가 서로 밀치는 것(剛柔相推)", 즉 강과 유의 상호 전환에 있는 것으로 보고 있다.

241 "명(命)"은 말한다(告)의 뜻이고, "동(動)"은 적시(適時)에 변동하는 것을 말한다. 즉 괘효사가 변화와 길흉의 도리를 말해주기 때문에 이에 근거하여 어떻게 행동하고 때에 맞는 행위를 해야 하는지를 말하고 있다.

242 "동(動)"은 통행본에는 "중(重)"으로 되어 있어 "거듭 포개다", "중첩시키다"의 뜻이다. 여기서 "동"은 "괘동(卦動)"의 의미로 괘의 변화를 나타낸다. 『백서주역교석』 434

誰, 變在亓中矣. 繫辭而齊²⁴⁴之, 動在亓中矣.
수 변재기중의 계사이제 지 동재기중의

팔괘가 배열되니 만물의 상징이 그 가운데에 있고, 팔괘에 인하여(근거하여) 그것을 각각 포개니 효(爻)가 그 가운데에 있고, 강(剛)과 유(柔)가 서로 밀치니(서로 번갈아 가면서 자리를 옮기니) 무궁한 변화가 그 가운데에 있고, 거기에 말을 붙여서 고(告)하니 움직임(때에 맞는 변동)이 그 가운데에 있다.

■백 팔괘가 배열되니 만물의 상징(馬)이 그 가운데에 있고, 팔괘에 인하여(근거하여) 그것을 변동시키니 교화(敎)가 그 가운데에 있고, 강(剛)과 유(柔)가 서로 밀치니(서로 번갈아 가면서 자리를 옮기니) 무궁한 변화가 그 가운데에 있고, 거기에 말을 붙여서 가지런히 정리하니 움직임(때에 맞는 변동)이 그 가운데에 있다.

吉凶悔吝者는 生乎動者也²⁴⁵요 剛柔者는 立本者也²⁴⁶요 變通者는
길흉회린자   생호동자야   강유자   입본자야   변통자

쪽 참조 바람.

243 "교(敎)"는 괘효 변동의 교화를 의미한다. 통행본에는 "효(爻)"로 되어 있으며, 효는 본래 "교(敎)"를 함의하고 있다. 『백서주역교석』 434쪽 참조 바람.

244 "제(齊)"는 통행본에는 "명(命)"으로 되어 있다. 하지만 여기서 "齊之"는 문맥상 앞의 "動之", "相推"와 대구(對句)를 이루고 있기에 그것들과 연동해서 의미를 파악하는 것이 중요하다. 그렇다면 "齊之"는 에드워드 쇼니시의 "equalizing(기지런히 히디)"이라는 번역처럼 원의를 살리는 것이 좋을 것으로 보인다.

245 길흉회린이 생기는 원인은 보통 두 가지 관점에서 말한다. 하나는 효의 측면에서 말하는 것이고, 다른 하나는 인간의 행동에서 생기는 것으로 보는 입장이다. 먼저 효의 측면에서 말하면 6효의 강유변화 운동, 즉 당위(當位)와 부당위(不當位), 승승(乘承)과 비응(比應)의 관계 때문에 생긴다. 그러나 중요한 것은 당위나 상응 등의 효위(爻位)보다는 인간 주체의 주관적 의지와 행동이 어떠한가라는 것이 길흉회린을 결정하는 중요한 인소(因素)라고 할 수 있다.

趣時者也²⁴⁷라. 吉凶者는 貞勝者也²⁴⁸니 天地之道는 貞觀者也²⁴⁹

요 日月之道는 貞明者也²⁵⁰요 天下之動은 貞夫一者也²⁵¹라.

취시자야　길흉자　정승자야　천지지도　정관자야
일월지도　정명자야　천하지동　정부일자야

---

246 괘는 강효와 유효의 기초위에서 이루어져 있기 때문에 강유가 괘를 세우는 근본이라고 말한다. 즉 음양과 강유가 하나의 괘를 세우는 근본이라는 말이다.

247 주자는 『주역본의』에서 "하나의 강과 하나의 유는 각각 정한 위치가 있고, 여기에서 저기로 됨은 변해서 때에 따른다(一剛一柔各有定位, 自此而彼, 變以從時)"고 하였다. "변(變)"은 만사가 운행 변화하는 하나하나의 단계를 말하고, "통(通)"은 이런 하나하나의 단계를 연속(連續)시켜 나가는 것을 말한다. 어떻게 그것들은 연속되는가? 시세(時勢)의 발전에 순응해서, 즉 때가 적절히 단계적으로 변하여 옮겨가는 것을 말한다. 『주역절중』은 채청의 말을 인용하여 "변통하여 때에 따른 다는 것은 변역하여서 유행하는 것을 말한다(變通趣時, 所謂變易而流行者)"고 하였다. 예를 들면 봄이 변해서 여름으로 통하고 여름이 변해서 가을로 통하는 것을 들 수 있다.

248 "정(貞)"은 정(正)으로 늘 변함이 없는 항상함(常)을 말한다. "정승(貞勝)"이라는 것은 "항상 이긴다"는 말이다. 이 말이 의미하는 것은 변화는 시간의 변화에 따라서 생기는 것으로 불변하는 것은 없다. 인간세계에는 길 혹은 흉 등 여러 가지 변화가 있지만 길이 흉을 이기면 길이 되고, 흉이 이기면 흉이 된다는 의미이다. 그러나 바른 도를 견고히 지키고 그것에 만족하고 있는 사람은 항상 길을 얻을 수 있다. 이를테면 부유하고 귀한 신분에 있는 것은 길이고 복인 것처럼 보이지만, 만약 바른 도에 의해 그것을 얻지 않았다면 그것이 나중에는 흉으로 작용한다. 또 가난하고 비천한 지위에 있는 것은 흉이고 화(禍)처럼 보이지만, 바른 도를 굳건히 지키고 바른 도에 안주하고 있을 때는 길하여 큰 복을 얻을 것이다. 그런 사람의 마음속은 매우 안락하고 즐겁다. 즉 길흉은 바른 도에 안주하고 있는 것에 의해 그것을 극복할 수 있다. 예를 들면 행동이 바르지 않는 자가 길함을 얻었다고 하여도 곧 흉으로 변할 것이고, 정도(正道)를 지키면 흉함을 만났다 하여도 길로 변환시킬 수 있다고 말한다.

249 "관(觀)"은 다른 사람에게 보여준다는 의미이다. 천지의 도는 자기 운행의 정도(正道)를 지켜 전혀 동요하지 않기 때문에 사람들에게 올바른 도가 무엇인가를 모범적으로 잘 보여주고 있다. 천도(天道)와 지도(地道)는 바른 이법에 따라서 운행되는데 이를 통해 올바른 이치를 인간세계에 항상 보여준다. 하늘은 높고 위에 있는 것으로 해와 달 및 무수한 별들이 그곳에 자리하여 과거 몇 백만 년 이래로 오늘날에 이르기까지 올바른 이치에 따라서 운행되어 조금의 오차도 없다. 또 땅은 하늘 아래에 안정되게 자리하여 산도 있고 강도 있고 인간을 비롯해 금수나 초목에 이르기까지 모두 그 위에 안정되게 자리하여 사람들에게 올바른 도가 무엇인가를 잘 보여주고 있다.

250 해나 달이 운행하는 도는 자기 자신의 올바른 법칙에 따라서 전혀 동요함이 없이 항상

백 吉凶悔吝[252]也者, 生乎動者也. 剛柔也者, 立本者也. 變逦也
길 흉 회 린　　 야 자　 생 호 동 자 야　 강 유 야 자　 입 본 자 야　 변 동 야

者, 聚者也.[253] 吉凶者, 上[254]勝者也. 天地之道, 上觀者. 日月之
자　 취 자 야　　 길 흉 자　 상　 승 자 야　 천 지 지 도　 상 관 자　 일 월 지

영원하게 밝은 빛을 드러내어 만물을 밝힌다. 하늘에 검은 구름이 아무리 많다하여도
일월(日月)의 변함없는 운행을 멈추게 할 수는 없는 것이다.

251 『교감기(校勘記)』에서는 "고본에서는 부(夫)를 "어(於)"로 쓰고 있다(古本夫作於)"고
하였다. 즉 "정부일자(貞夫一者)"는 "정어일(正於一)"의 뜻으로 "하나에 바르다"는 말이
다. "一"은 하나의 통일된 정상적인 법칙을 말한다. 말하자면 천하의 움직임은 하나
의 통일된 정상적인 법칙에 항상 따른다는 말이다. 천하가 움직이는 모습은 여러 가지
로 모두 다르게 보이지만 결국은 올바른 통일된 도에 귀착한다. 천하가 변동하여 가는
모습은 이쪽저쪽으로 정처 없는 것처럼 보이지만 그 귀착하는 바는 하나의 통일된 바른
이법에 따른다. 즉 천하의 활동도 결국은 하나의 바른 이법에 귀착하고 있음을 말하고
있다. 주자는 "천하의 움직임이 그 변화가 끝이 없지만, 이치를 따르면 길하고 이치를
거스르면 흉하니 그 바르고 항상 함은 또한 하나의 이치일 뿐이다(天下之動, 其變无
窮, 然順理則吉, 逆理則凶, 則其所正而常者, 亦一理而已矣)"고 하였다. 그러면 여
기에서 말하는 통일된 이법 혹은 하나의 이치, 즉 "일자(一者)"는 무엇을 말하는가? 이
에 대해 우번은 『주역집해』에서 "일(一)을 건원(乾元)으로 보고 만물의 움직임은 각각
천일(天一)의 양기에 바탕하여 생하기 때문에 '천하의 모든 움직임은 이 하나의 도리에
항상 따르는 것이다'라고 하는 것이다(一謂乾元, 萬物之動各資天一陽氣以生, 故天下
之動貞夫一者也)"고 하였다. 또 현대의 유명한 주역연구가인 고회민(高懷民) 교수는
이 일자(一者)를 태극(太極)과 관련하여 설명하고 있다. 우선 그는 "천하의 모든 움직
임(天下之動)"은 우주만물의 생멸(生滅)변화로 말한다. "일(一)"은 전통적으로 숫자의
1로 말하지만 실은 태극(太極)의 "일(一)"이다. 그러나 "일(一)"과 "천하지동(天下之
動)"은 하나로, 분리할 수 없는 전체인 동시에 나눌 수 있는 부분이기도 하다. 일(一)은
능생(能生)이면서 소생(所生)이다. "정(貞)"이란 글자의 사용을 통해서 양사는 둘이련
서도 하나이고, 나누었지만 나누어 지지 않는 것을 설명하고 있다고 말한다. 고회민 저,
정병석 역, 『주역철학의 이해』 129-131쪽 참조 바람.

252 "悔吝"은 "悔吝"의 가차이다.

253 "취자야(聚者也)"는 통행본에는 "취시자야(取時者也)"로 되어 있음.

254 "상(上)"과 "정(貞)"은 모두 정(正)의 뜻이다. "상관(上觀)", "상명(上明)"은 통행본에
는 "정관(貞觀)", "정명(貞明)"으로 되어 있으며 의미가 서로 통한다. 『백서주역교석』
435쪽 참조 바람.

行, 上明者. 天下之動, 上觀天者也.
행 상 명 자 천 하 지 동 상 관 천 자 야

길·흉·회(悔) 린(吝)은 움직이는 데서(변동에서) 생기는 것이고, 강과
유는 근본을 세우는 것이고, 변과 통(通)은 때에 따르는 것이다. 길과 흉
의 원칙은 항상 이기는 것이니, 천지의 도는 그 바르게 운행하는 도리를 항
상 보이고, 일월(日月)의 도는 항상 바르게 만물을 밝히고, 천하의 모든
움직임은 이 하나의 도리에 항상 따르는 것이다.

■백 길·흉·회(悔) 린(吝)은 움직이는 데서(변동에서) 생기는 것이고,
강과 유는 근본을 세우는 것이고, 변(變)과 동(迥)은 때에 따르는 것이다.
길과 흉의 원칙은 항상 바름을 지키는 자가 이기는 것이니, 천지의 도는 그
바르게 운행하는 도리를 항상 보이고, 일월(日月)의 도는 항상 바르게 만
물을 밝히고, 천하의 모든 움직임은 이 하나의 도리에 항상 따르는 것이다.

夫乾은 確然하니 示人易矣[255]요 夫坤은 隤然하니 示人簡矣[256]니
부 건 확 연 시 인 이 의 부 곤 퇴 연 시 인 간 의

爻也者는 效此者也[257]요 象也者는 像此者也[258]라. 爻象은 動乎內
효 야 자 효 차 자 야 상 야 자 상 차 자 야 효 상 동 호 내

---

255 "확연(確然)"은 매우 강건(剛健)하여 항상 활동하고, 부단하여 휴식하는 일 없이 조금
　　도 지치는 일이 없는 것을 말한다. 주자는 "확연(確然)"을 "강건한 모양(健貌)"이라고
　　하여 매우 강건하며 적극적인 것으로 말하고 있다. "이(易)"는 어렵지 않고 매우 평이
　　(平易)하고 쉽다는 의미이다.
256 "퇴연(隤然)"은 매우 유순하여 자신의 의지를 조금도 내는 일도 없고, 조금의 사사로움
　　도 없이 모두 건괘(乾卦)에 따라 움직이는 것을 말한다. 주자는 "퇴연(隤然)"을 "순한
　　모습(順貌)"이라고 하여 유순한 것으로 말하고 있다. "간(簡)"은 번거롭지 않다는 것이
　　다. 번잡하지 않고, 매우 간소하며 오직 한결같이 일을 행하는 것을 말한다.
257 "효(爻)"는 사물의 움직임을 모방하여 본딴 것이다. 『주역』에는 384효가 있지만 이들
　　효는 모두 이 건곤의 강유와 이간(易簡)의 도, 즉 순일(純一)하고 바른 도를 본받은(效)

하고 吉凶은 見乎外²⁵⁹하고 功業은 見乎變²⁶⁰하고 聖人之情은 見乎
　　길 흉　　현 호 외　　　　　공 업　　현 호 변　　　　성 인 지 정　　현 호

辭²⁶¹하니라.
　사

것이다. 384효 중에 양효는 192효이고 음효도 192효이다. 192의 양효는 모두 건괘에
서 나온 것이며, 이것들은 모두 건괘의 강건하고 평이한 도를 본받는다. 192개의 음효
는 곤괘에서 나온 것이며, 이것들은 모두 곤괘의 유순하고 간략한 한결같은 도를 본받
다. 요컨대 『주역』의 384효는 건곤 두 괘의 순일하고 바른 도를 본받은 것이다.

258 "상(像)"과 "효(效)"는 모두 만물을 비겨 본딴 것을 말한다. 즉 "효"는 사물의 움직임
(動)을 본딴 것이고, "상"은 사물의 형태(形)를 모상(模像)한 것이다. "상(象)"은 바
로 만물에 대한 본뜸으로 당연히 천지의 상이다. 8괘 내지 64괘에는 여러 가지 사물의
형태를 나타내고 있지만, 이것은 모두 이 건곤 두 괘의 음양강유의 변화의 순일하고 올
바른 이치, 즉 이간(易簡)의 도를 본떠서 나타낸 것이다. 즉 건곤의 이간의 바른 도가
여러 가지로 발전하여 팔괘와 64괘의 상의 변화가 되는 것이다. 위의 두 구절은 『주역』
에 실려 있는 8괘, 64괘, 384효의 모든 변화는 바로 건곤 두 괘의 변화라는 것을 이야
기한다.

259 주자는 "안은 시괘(蓍卦)의 속을 말하고, 바깥은 시괘의 바깥을 말한다(內謂蓍卦之中,
外謂蓍卦之外)"고 하였다. 효 또는 상이 어떤 괘 속에서 움직이고 변화할 때에 길흉화
복이 외면에 나타난다는 말인데, 이를 주자는 점을 통해 설명하고 있다. 즉 시초를 헤아
려서 괘를 만들고 괘 속에서 효가 움직여 변화할 때에는 그것에 의해 길흉화복이 괘의
바깥에 나타나기 때문에 확실하게 알 수 있다는 말이다. 이에 비해 『주역절중』은 "효상
(爻象)은 움직여서 형태가 없기 때문에 내(內)라고 말한다. 길흉은 나타나서 흔적이 있
기 때문에 외(外)라고 한다. 오직 시서(蓍筮)를 가지고 말한 것은 아니다(爻象者, 動而
無形, 故曰內. 吉凶者, 顯而有迹, 故曰外. 非專以蓍筮言也)"고 하였다. 이것은 시초
를 가지고 점을 치는 것뿐만 아니라 효나 상은 움직이지만 형태가 없기 때문에 내(內)
라고 말하고, 길흉은 이를 행하는 경우에 표면에 나타나기 때문에 외(外)라고 한다는
주장으로 주자보다도 넓게 해석한다. 효상이 괘 속에서 움직이면 길흉이 드러난다. 왜
냐하면 "길흉회린은 움직임에서 생기는 것이다(吉凶悔吝生乎動者也)"고 하였기 때문
이다. 효상이 괘 속에서 움직이는 것을 분명히 알지 못하면 길흉이 무엇을 말하려고 하
는지조차도 알지 못하게 된다.

260 공적(功績)이나 사업(事業)은 변화에 의해 나타난다고 말한다. 즉 세상은 시시각각 변
화하고 움직여 가는 것이며, 그 변화의 상태에서 적시(適時)에 순응(順應)하여 일들을
적절하게 처리하기 때문에 큰 공적이나 커다란 사업이 완성될 수 있다. 만약 때에 따라
변화하지 못하면 공이나 일을 이룰 수는 없다. 역을 배울 때에는 세상이 변화해 가는 상
태를 관찰하는 것에 대한 표준(즉 변화의 공식이라고 할 수 있는 것)을 알 수 있다. 따

🔳 夫鍵, 蒿然視人易, 川魍然視人簡. 敎也者, 效此者也. 馬也
　　부 건　호 연 시 인 역　천 망 연 시 인 간　교 야 자　효 차 자 야　마 야

者, 馬此者也. 效馬動乎內, 吉凶見乎外, 功業見乎變, 聖人之請
자　마 차 자 야　효 마 동 호 내　길 흉 현 호 외　공 업 현 호 변　성 인 지 청

見乎辭.
현 호 사

무릇 건은 굳세니 사람들에게 평이(平易)함으로써 보여주고, 곤은 순하니
사람들에게 간략(簡約)함으로써 보여주니, 효라는 것은 이것을 본받는 것
이고, 상이란 것은 이것을 형상한(본뜬) 것이다. 효와 상은 안에서 움직이
고, 길흉은 밖으로 드러나는 것이고 공과 업적은 변하는 데서 나타나고, 성
인의 (사람을 사랑하고 근심하는) 감정은 사(辭)에서 드러난다.

🔳 무릇 건은 밝아서 사람들에게 평이(平易)함으로써 보여주고, 곤은 명료
하여 사람들에게 간략(簡約)함으로써 보여주니,[262] 효라는 것은 이것을 본
받는 것이고, 마(馬)란 것은 이것을 형상한(본 뜬) 것이다. 효와 마는 안

라서 세상의 변화의 상태를 오차 없이 관찰해서 적당하게 처리할 수 있기 때문에 커다
란 공적이나 큰 사업을 성취할 수 있다. 때에 따라 변하면 공(功)과 업(業)이 생기고,
변화하지 않으면 어떠한 결과도 없다. 여기에서 말하는 변(變)이란 효의 움직임을 말하
는 것으로 효의 움직임에 따라 행동하면 좋은 결과가 있게 마련이다.

261 성인이 세상에 대한 우환의 감정을 괘효사 속에 담아 놓고 있다는 말이다. 주자는 다음
　　일절을 더해서 하편의 제1장으로 하고 있지만 송대의 항안세나 원대의 오징(吳澄) 등의
　　학자는 지금까지를 제1장으로 해야 하며 다음 일절은 제2장의 서두에 놓아야 한다고 말
　　하고 있고 『주역절중』은 이 설에 따르고 있다. 이 구절의 내용은 성인이 백성들로 하여
　　금 길(吉)로 향하고 흉을 피하게 하려는 그런 생각과 감정들이 괘사와 효사에서 드러난
　　다고 말한다.

262 "호연(蒿然)"에서 "호(蒿)"는 "(目＋雀)"의 가차로서 "눈이 밝다"는 뜻이다. 쇼니씨의
　　영역본에서는 "loftily"로 번역하고 있다. "망연(魍然)"에서 "망(魑)"은 돌연(突然),
　　돌출(突出), 분명한(顯然)의 뜻이다. 쇼니씨의 영역본에는 "loweringly"로 번역하고
　　있다.

에서 움직이고, 길흉은 밖으로 드러나는 것이고 공과 업적은 변화에서 나
타나고, 성인의 (사람을 사랑하고 근심하는) 감정은 사(辭)에서 드러난다.

天地之大德曰生²⁶³이요 聖人之大寶曰位니 何以守位오 曰仁²⁶⁴이
천지지대덕왈생   성인지대보왈위   하이수위   왈인

요. 何以聚人고 曰財²⁶⁵니 理財하며 正辭하며 禁民爲非曰義²⁶⁶라.
   하이취인   왈재   리재   정사   금민위비왈의

---

263 여기에서 말하는 "생(生)"은 만물을 화생(化生)하는 것을 의미한다. 즉 천지의 가장 위
대한 덕행은 만물을 생생불식(生生不息)하게 하는 데 있다. 천지가 무심(無心)하게 만
물을 낳고 길러주는 것은 인(仁)이라고 하지 않고 생(生)이라고 한다. 성인(聖人)이 유
심(有心)하게 만물을 낳고 길러주는 것을 일러 인(仁)이라고 한다. 여기에서 말하는
"생(生)"의 작용은 어떤 의지를 가지고 행해지는 것이 아니라 천지 운행 변화에 의해서
자연스럽게 이루어진 것을 말한다. 이른바 "대덕(大德)"은 큰 공능(function)이라는 말
이지만, 만물 특히 사람의 입장에서 가지는 느낌이라는 입장에서 해석하는 것도 무방할
것으로 보인다.
264 성인의 가장 진귀한 보물(大寶)이 상징하는 것은 바로 "위(位)"이다. 성인은 천지와 같
은 큰 작용을 가지지 못하기 때문에 어느 정도의 객관적 조건을 구비하여야 한다. 이 객
관적 조건 중에서 가장 중요한 것은 바로 권세를 행할 수 있는 지위이다. 이런 지위를
가지지 못하면 현실적으로 어떤 일도 제대로 행할 수 없기 때문이다. 한강백은 "쓸모
있으면서 도를 넓히는 것으로는 자리보다 큰 것이 없다. 그러므로 성인이 귀중하게 여
기는 것은 자리라고 하였다(有用而弘道者莫大乎位, 故曰聖人之大寶曰位)"고 하였다.
그러면 권세 있는 지위를 어떻게 유지할 수 있는가? 인(仁)에 의지해야 한다. 성인이
"위(位)"를 보물로 여기는 것은 권세를 쟁탈하기 위한 것이 아니라, 덕을 행하기 위해
서이다. 그래서 인을 잃어버리면 곧바로 지위도 상실한다.
265 어떻게 하여야 사람들을 모으게 할 수 있는가라는 말이다. 여기에는 당연히 재력(財力)
에 의지해야 한다. 경제적인 능력이 없이 사람들을 모으려고 하는 것은 현실성이 없다.
「계사전」은 매우 실제적으로 얘기한다. 물론 난순히 인격의 영향으로 사람들의 미음을
모을 수도 있지만, 대중을 한꺼번에 모아서 일을 하게 하려면 여기에는 재력이 뒷받침
이 되어야함을 분명히 이야기하고 있다. 이런 「계사전」의 관점은 『맹자』에서 말하는 인
정(仁政)을 통하여 사람을 모으는 관점보다는 분명히 실질적이고 실용적인 각도에서 접
근하고 있다.
266 "이재(理財)"는 재물을 관리하고 그것을 쓰는데 적절한 방법이 있음을 말하는 것이다.
"정사(正辭)"는 언사를 단정히 하여 이치에 맞는 말을 하는 것을 가리킨다. "의(義)"는
"마땅함(宜)"이다. 이 구절은 앞의 문장과 관련하여 "재물을 다스리고 말을 바로잡아

 天地之大思曰生, 聖人之大費曰立. 何以守立曰仁, 何以聚人
천 지 지 대 사 왈 생　성 인 지 대 비 왈 입　하 이 수 입 왈 인　하 이 취 인

曰材, 理材正辭, 愛民安行曰義.
왈 재　리 재 정 사　애 민 안 행 왈 의

천지의 큰 덕을 생(生)이라 하고, 성인의 큰 보물을 위(位)라고 하니 무엇
으로 위를 지킬 수 있는가? 그것은 인(仁)이다. 무엇을 가지고 사람을 모
으는가? 재물이니, 재물을 다스리고 말을 바로잡아 백성이 잘못하는 것을
막는 것을 일러 의(義)라고 한다.

천지의 큰 생각을 생(生)이라 하고, 성인의 큰 재화를 위(位)라고 하니
무엇으로 지키고 세울 수 있는가? 인(仁)으로 할 수 있다. 무엇으로 사람
을 모으는가? 재물이니, 재물을 다스리고 말을 바로잡아 백성을 사랑하고
적절히 실행하는 것을 의(義)라고 한다.

제1장의 대의 : 이 장은 괘효의 길흉의 의미와 치국(治國)의 원칙을 설
명하고 있다. 여기에서는 반드시 백성들이 부유하고 편안하게 한 후에야
비로소 돌아와서 추대를 받을 수 있다고 말한다. 그러므로 먼저 이재(理
財)가 필요하고, 이를 통하여 백성들의 삶은 윤택하게 해준 후에 백성들
을 올바른 곳으로 향하도록 다스리고 시비를 분명히 하도록 해준다. 마지

백성이 잘못하는 것을 막아야(理財正辭, 禁民爲非)" 비로소 사람을 모으고 자리를 지
켜 천지의 큰 공덕에 합하여 성인의 공업을 성취할 수 있게 된다는 것이다. 말하자면
"이재"는 오늘날의 경제에 해당하는 것으로 돈이 있음을 말한다. "정사"는 사상문화적
인 통치를 말한다. "백성이 잘못하는 것을 막는 것(禁民爲非)"은 백성들이 나쁜 일을
하지 못하도록 하는 것을 말한다. 이 세 가지를 하여야 "의(義)"라고 할 수 있다.

막으로 법치를 통하여 범죄를 저지르지 못하게 함으로서 국가가 비로소
부강해질 수 있다는 점을 설명하고 있다.

제2장

古者包犧氏之王天下也[267]에 仰則觀象於天하고 俯則觀法於地[268]
고 자 포 희 씨 지 왕 천 하 야　　앙 즉 관 상 어 천　　부 즉 관 법 어 지

하며 觀鳥獸之文과 與地之宜[269]하며 近取諸身하고 遠取諸物하여
관 조 수 지 문　　여 지 지 의　　근 취 저 신　　원 취 저 물

---

267 "포희씨(包犧氏)"는 포희씨(庖犧氏)·복희씨(伏犧氏) 등으로 쓰인다. 포희씨는 전설
　　속의 인물로 생긴 모습은 뱀의 몸에 인간의 머리를 하고 있지만 성인의 덕을 가지고 있
　　는 것으로 표현된다. 현대적인 입장에서 보면 이른바 뱀의 몸에 사람의 머리가 달려있
　　다는 것은 아마도 몸뚱이에 용이나 뱀과 같은 비늘이 있었던 것으로 보인다. 결코 뱀과
　　같은 몸뚱이가 있을 수는 없기 때문이다. 고대 사람들은 용이나 뱀은 같은 류에 속하는
　　것으로 보고 중국인 스스로 용의 후손이라고 말하는데, 아마도 이런 관점은 이것과 무
　　관하지가 않을 것으로 보인다. 수인씨(燧人氏)가 나무를 비벼서 불을 얻었고, 복희씨는
　　팔괘·역법(曆法)·그물과 불에 익힌 음식을 먹는 법을 발견하고 창제하였다고 말한다.
　　이런 내용들은 비교적 믿을 만한데 아마도 중국 원시시대의 실제상황으로 보인다. 이
　　중에서 복희씨는 아마도 원시시대 씨족부락의 추장으로 바로 인류문명의 초기단계에 존
　　재한 것으로 보인다. "옛날에 포희씨가 천하에 왕 노릇할 때(古者包犧氏之王天下也)"
　　에서 "왕(王)"은 동사로 통치한다는 의미이다. 이 구절의 뜻은 고대의 복희씨가 천하를
　　통치하던 때라는 말이다.
268 "앙(仰)"은 머리를 들어올리는 것이고, "부(俯)"는 머리를 숙이는 것을 말한다. "법
　　(法)"을 항안세는 "법은 형태를 가지고 말한다(法以形言)"고 하였다. 빌헬름도 "법
　　(法)"을 형태나 양식(pattern)으로 번역하고 있다. 즉 땅의 형태나 대지가 드러내는 모
　　습을 말한다.
269 "문(文)"은 무늬로 새와 짐승의 몸뚱이에 있는 무늬와 지상에 보이는 족적(足跡)의 무
　　늬를 가리킨다. "의(宜)"는 적합하다는 의미로 "지지의(地之宜)"라는 것은 각기 다른
　　지형과 토양에 어떤 초목금석(草木金石)이 존재하는데 적합한가를 살펴본다는 말이다.

於是에 始作八卦[270]하여 以通神明之德하며 以類萬物之情[271]하니
어 시 시 작 팔 괘   이 통 신 명 지 덕   이 류 만 물 지 정

🔲 古者包戲是之王天下也, 印則觀馬于天, 府則觀法于地, 觀鳥
고 자 포 희 시 지 왕 천 하 야   인 즉 관 마 우 천   부 즉 관 법 우 지   관 조

獸之文與地之義, 近取諸身, 遠取諸物, 于是始作八卦, 以達神
수 지 문 여 지 지 의   근 취 제 신   원 취 제 물   우 시 시 작 팔 괘   이 달 신

明之德, 以類萬物之請.
명 지 덕   이 류 만 물 지 청

옛날에 포희씨가 천하에 왕 노릇할 때 우러러 하늘의 상을 관찰하고 굽어
땅의 형태들을 관찰하며, 새와 짐승의 무늬와 땅에 적합한 것에 대해 관찰
하며, 가깝게는 자기에서 취하였고, 멀리는 다른 사물에서 취하여, 이렇게
함으로써 비로소 팔괘를 만들어 신명의 덕에 통하게 하고, 만물의 실상을
분류하고 정돈하니

🔲 옛날에 포희씨가 천하에 왕 노릇할 때 우러러 하늘의 상을 관찰하고 굽

---

270 가까이로는 자기의 몸에서(예를 들면 머리를 乾卦의 상으로, 입을 兌卦의 상으로 한
   것), 멀리는 다른 사물에서 상징의 자료(예를 들면 하늘을 건괘의 상으로, 호수는 태괘
   의 상으로 한 것)들을 취한다는 말이다. "작(作)"은 창작(創作)을 말한다.
271 "덕(德)"은 덕성(德性)으로 성질의 뜻으로 해석할 수 있을 것으로 보인다. "유(類)"는
   동사로 "종류별로 분류한다", "분류하여 귀납한다"는 의미이다. "정(情)"은 형상(形狀)
   을 말한다. 8괘를 통하여 만사 만물의 변화하는 성질을 파악하여 만사 만물의 형상을
   분류하고 귀납한다는 말이다. 이 두 구절은 복희씨가 팔괘를 지은 목적에 대해 설명하
   고 있다. "신명지덕(神明之德)"은 음양변화의 성질을 말하고, "만물지정(萬物之情)"은
   음양의 형태를 말한다. 이에 대해 주자는 『주역본의』에서 "굽어보고 우러러보면, 멀고
   가까운 것에서 취한 바가 똑같지 않으나 음양의 소와 식 두 가지를 징험함에 불과할 뿐
   이다. 신명의 덕은 건(健)·순(順)·동(動)·지(止)와 같은 성이요 만물의 정은 뇌·
   풍·산·택과 같은 상이다(俯仰遠近所取不一, 然不過以驗陰陽消息兩端而已. 神明
   之德, 如健順動止之性, 萬物之情, 如雷風山澤之象)"고 하였다.

어 땅의 형태들을 관찰하며, 새와 짐승의 무늬와 땅의 마땅함을 관찰하며,
가깝게는 자기에서 취하였고, 멀리는 다른 사물에서 취하여, 이렇게 함으
로써 비로소 팔괘를 만들어 신명의 덕에 도달하게 하고, 만물의 실상을 분
류하고 정돈하니

作結繩而爲罔罟하여 以佃以漁하니 蓋取諸離²⁷²하고 包犧氏沒커
작 결 승 이 위 망 고　　　이 전 이 어　　　개 취 저 리　　　포 희 씨 몰

늘 神農氏作²⁷³하여 斲木爲耜하고 揉木爲耒하여 耒耨之利로 以敎
신 농 씨 작　　　촉 목 위 사　　　유 목 위 뢰　　　뇌 누 지 리　　　이 교

天下하니 蓋取諸益²⁷⁴하고
천 하　　　개 취 저 익

---

272 일단 그물의 형상은 끈을 매어 중간이 비게 하는 것으로 離(☲)의 괘상과 비슷한데서
출발한 것으로 보인다. "망(罔)"은 망(網)을 말한다. "고(罟)" 역시 망(網)이다. 『경전
석문』에서는 "짐승을 잡는 것을 망이라 하고 물고기를 잡는 것을 고라고 한다(取獸曰
罔, 取漁曰罟)"고 하였다. "전(佃)"은 전(田)과 같은 것으로 동물을 사냥하는 것을 말
하고, "어(漁)"는 고기 잡는 것을 말한다. "개(蓋)"는 대개의 의미로 아직 분명하게 결
정되지 않는 뜻을 의미한다. 이 아래에서 언급되는 열 세괘는 대부분 『역전』의 작자가
추측한 말이기 때문에 하나같이 모두 "개취저(蓋取諸)"라는 말을 사용한다. 말하자면
분명하게 실제와 꼭 부합하는 것은 아니라는 의미이다. 그물의 제작은 반드시 이괘(離
卦)로부터 모방한 것은 아니지만 괘상(卦象)과 물상(物象) 간에 서로 부합하는 면이 있
기 때문에 「계사전」은 이것을 가지고 추측한다. 이 아래에서 이야기하는 모든 괘상 역
시 모두 마찬가지이다. 그러므로 호안정은 『주역구의』에서 "개라는 것은 의심하는 말이
다(蓋者疑之之辭也)"고 하였다. 이 구절은 문명단계가 수렵사회에 진입한 것임을 말하
는 것으로 보인다.
273 "몰(沒)"은 "몰(歿)"로 죽는다는 말이다. "신농씨(神農氏)"는 염제(炎帝)를 말한다. 전
설(傳說) 상의 제왕(帝王)으로 삼황(三皇)의 한 사람이다. 성(姓)은 강(姜)이고 생긴
모습은 사람 몸에 소의 머리를 하고 있다는 인신 우수(人身牛首)였다고 한다. 화덕(火
德)으로써 임금이 된 까닭에 염제(炎帝)라고 일컬으며, 백성(百姓)에게 농사(農事) 짓
는 법을 가르쳤으므로 신농씨로 불려진다. 처음으로 농사를 가르쳤고 시장을 개설하려
필요한 물건을 교환하게 하였다고 말한다.
274 "촉(斲)"은 깎는다는 의미이고, "사(耜)"는 땅을 갈아 흙덩이를 일으키는 데 쓰는 보습
을 말한다. 보습은 땅을 파거나 갈고 뒤엎는 데 쓰는 중요한 농기구로 쟁기에 맞추어 끼

백 作結繩而古,²⁷⁵ 以田以漁, 蓋取者『羅』也. 肆犧是沒, 神戎是
　作, 斲木爲枞, 揉木爲耒耨,²⁷⁶ 耨耒之利以敎天下, 蓋取者益也.

노끈을 매서 그물을 만들어 사냥하고 고기를 잡으니, 대개 그 이치를 이괘(離卦)에서 취하고, 포희씨가 죽고 신농씨가 일어나 나무를 깎아 보습(쟁기 날)을 만들고 나무를 휘어 쟁기(쟁기 자루)를 만들어, 쟁기로 갈고 감매는 이로움을 천하 사람에게 가르쳤으니, 대개 그 이치를 익괘(益卦)에서 취하고,

백 노끈을 매서 그물을 만들어 사냥하고 고기를 잡으니, 대개 그 이치를 이괘(離卦)에서 취하고, 포희씨가 죽고 신농씨가 일어나 나무를 깎아 보습(쟁기 날)을 만들고 나무를 휘어 쟁기(쟁기 자루)를 만들어, 쟁기로 갈고 감매는 이로움을 천하 사람에게 가르쳤으니, 대개 그 이치를 익괘(益卦)에서 취하고,

---

어 사용하는데, 신발 바닥 모양이나 버들잎 모양이 많고 길이는 보통 30~65㎝이다. "뇌(耒)"는 쟁기를 말한다. 쟁기는 소나 말, 기계 등의 힘을 이용해 논밭을 가는 데 사용하는 농기구로 땅을 갈아엎어 잡초를 제거하고 토양을 부드럽게 만든다. 이런 역할을 하기 위해서 쟁기는 반드시 나무 등을 굽혀서(揉) 만들어야 사용할 수 있다. "누(耨)"는 "서(鋤)"와 같은 의미로 김맨다는 뜻을 가지고 있다. 익괘(益卦 : ䷩)는 상손하진(上巽下震)으로 상괘의 나무(손괘는 木임)가 진동하여(진괘는 動임) 김을 매고 밭을 가는 상징이 있다. 주자는 더 명확하게 "두 괘체가 모두 나무로 위는 들어가고 아래는 움직이니 천하의 유익함이 이보다 더 큰 것이 없다(二體皆木, 上入下動, 天下之益, 莫大於此)"고 하였다.

275 "고(古)"는 통행본에는 "고(罟)"로 되어 있다. "고(古)"와 "고(罟)"의 음은 같다.

276 "枞"는 "耜"로 추측된다. "耨"와 "耨"는 통함. 『백서주역교석』 439쪽 참조 바람.

日中爲市하여 致天下之民하며 聚天下之貨하여 交易而退하여 各
일 중 위 시   치 천 하 지 민   취 천 하 지 화   교 역 이 퇴   각

得其所케하니 蓋取諸噬嗑[277]하고
득 기 소   개 취 저 서 합

■ 日中爲竢, 至天下之民, 聚天下之貨, 交易而退, 各得亓所欲,
일 중 위 사   지 천 하 지 민   취 천 하 지 화   교 역 이 퇴   각 득 기 소 욕

蓋取諸『筮蓋』.
개 취 저 서 개

한낮에 시장을 열어 천하의 백성들을 오게 하고, 천하의 재화를 모아서 교
역(交易)하고 물러가, 각각 그 필요한 바를 얻게 하니, 대개 서합괘(噬嗑
卦)에서 취하고

■ 한낮에 시장을 열어 천하의 백성들을 오게 하고, 천하의 재화를 모아서
교역(交易)하고 물러가, 각각 그 필요한 바를 얻게 하니, 대개 서합괘(噬
嗑卦)에서 취하고

神農氏沒커늘 黃帝堯舜氏作하여 通其變하여 使民不倦하며 神而
신 농 씨 몰   황 제 요 순 씨 작   통 기 변   사 민 불 권   신 이

化之하여 使民宜之[278]하니 易이 窮則變하고 變則通하고 通則久[279]
화 지   사 민 의 지   역   궁 즉 변   변 즉 통   통 즉 구

---

277 해가 중천에 있을 때 시장을 열어 천하의 백성들을 불러 모으고 천하의 재화를 한 곳에
모아 서로 교역(交易)하고 돌아가는데 각각 그 필요한 것을 취한 것은 아마도 서합괘
(噬嗑卦 : ䷔)에서 그 단서를 얻은 것으로 보인다. 왜냐하면 서합괘는 하진상리(下震上
離) 즉, 해 또는 밝음을 뜻하는 이괘(離卦)와 움직임을 뜻하는 진괘(震卦)는 해가 중천
에 있을 때 여러 사람들이 서로 교역하는 것을 상징하기 때문이다.
278 염제 신농씨가 죽은 후에 헌원(軒轅) 황제(黃帝)와 요순(堯舜)이 일어났다. "사물의 변
화에 통해서(通其變)"라는 말은 그것을 변통(變通)하게 한다는 뜻이다. 말하자면 때에

라 是以自天祐之하여 吉无不利니 黃帝堯舜이 垂衣裳而天下治하
시 이 자 천 우 지　　　길 무 불 리　　　황 제 요 순　　　수 의 상 이 천 하 치

니 蓋取諸乾坤²⁸⁰하고
개 취 저 건 곤

백 神戎是沒, 黃帝堯舜是作, 迥亓變, 使民不亂, 神而化之, 使
신 융 시 몰　　황 제 요 순 시 작　　동 기 변　　사 민 불 란　　신 이 화 지　　사

民宜之. 易冬²⁸¹則變, 迥則久, 是以通"自天右之, 吉无不利"也.
민 의 지　역 동　즉 변　동 즉 구　시 이 통　자 천 우 지　길 무 불 리　야

따라 변혁을 행하여 끊임없이 발전한다는 의미이다. "백성들로 하여금 (더 이상 싫증나서) 게으르지 않도록 하고(使民不倦)"라는 말은 백성들로 하여금 권태롭지 않게 한다는 의미이다. "권(倦)"은 게으른 것으로 삶의 역동성을 상실하고 창의성을 상실하고 경직되어 버린 것을 의미한다. "신묘하게 변화시켜 백성들로 하여금 마땅한 바를 얻어 만족하도록 만드니(神而化之, 使民宜之)"라는 말은 신묘하게 운행변화를 행하여 모든 백성들이 적합하다고 느끼도록 해주는 것을 말한다.

279 "궁(窮)"은 막혀서 더 이상 나갈 수 없는 곤경에 이른 것을 말한다. "변(變)"은 발전의 단계를 말한다. "통(通)"은 발전의 연속성(連續性)을 말한다. 오늘날 우리가 말하는 부단(不斷)한 발전론과 발전단계설을 말한다. 현상계의 모든 만물은 실제로 궁하지 않을 수 없고, 또 변하지 않을 수 없고, 통하여서 다시 궁하지 않을 수 없어서 다시 변한다. 한마디로 무궁히 변통한다. 즉 궁 → 변 → 통 → 궁 → 변 → 통의 반복이다. 말하자면 역도(易道) 자체가 발전이 어려운 단계에 이르면 변하고 다시 새로운 단계를 열어 다시 한 번 변하여 연속성을 가지면서 장기적으로 발전하게 된다는 것이다. 이것이 바로 중국식의 역사 발전론이고 하나의 방법론이라고 할 수 있다.

280 "하늘로부터 돕는지라 길하여 이롭지 않음이 없다(自天祐之, 吉无不利)"라는 말은 하늘의 보호를 받을 수 있기 때문에 길하고 불리함이 없다는 말이다. "수의상(垂衣裳)"은 두 손을 의복 속에 집어넣고 움직이지 않는 것으로 그 뜻은 성인이 하늘의 도리를 깨달아 천지변화의 자연스런 운행에 순응하여 자연변화에 어긋나지 않게 통치하는 것을 말한다. 노자(老子)가 말하는 무위(無爲)정치와 흡사하다. 건괘는 하늘을 상징하고, 곤괘는 땅을 상징하는 것으로 천지가 바로 자연스런 운행변화이다. 또 건괘는 상의(上衣)이고 곤괘는 아래치마(下裳)를 상징한다. 건곤은 바로 천지자연의 운행을 말하고 또 의상을 늘어뜨리고 있는 것을 상징하고 있다. 이에 대해 주자는 『주역본의』에서 "건곤은 변화하되 함이 없다(乾坤, 變化而無爲)"라고 말한다.

281 "동(冬)"은 "종(終)"과 통하며, "궁(窮)"과 "종(終)"은 음이 비슷하고 뜻이 서로 통한다.

黃帝堯舜垂衣裳而天下治, 蓋取者鍵川.
황 제 요 순 수 의 상 이 천 하 치　　개 취 자 건 천

신농씨가 죽고 황제·요·순이 일어나서 사물의 변화에 통해서 백성들로 하여금 (더 이상 싫증나서) 게으르지 않도록 하고, 신묘하게 변화시켜 백성들로 하여금 마땅한 바를 얻어 만족하도록 만드니, 역(易)은 궁하면(극한 상황에 이르면) 변하고, 변하면 통하는 길이 생기고, 통하면 오래 지속할 수 있다. 이 때문에 "하늘로부터 돕는지라 길하여 이롭지 않음이 없다"고 하니 황제·요·순이 저고리와 치마를 늘어뜨리고 가만히 앉아 있어도 천하가 다스려졌다고 하니 이는 대개 건괘와 곤괘에서 취한 것이고,

🅱 신농씨가 죽고 황제·요·순이 일어나서 사물의 변화에 통해서 백성들로 하여금 더 이상 어지럽게 하지 않도록 하고 신묘하게 변화시켜 백성들로 하여금　마땅한 바를 얻어 만족하도록 만드니, 역(易)은 끝까지 가면(극한 상황에 이르면) 변하고, 통하면 오래 지속할 수 있다. 이 때문에 "하늘로부터 돕는지라 길하여 이롭지 않음이 없다"고 하니 황제·요·순이 저고리와 치마를 늘어뜨리고 가만히 앉아있어도 천하가 다스려졌다고 하니 이는 대개 건괘와 천괘에서 취한 것이다.

刳木爲舟하고 剡木爲楫하여 舟楫之利로 以濟不通하여 致遠以利
고 목 위 주　　　염 목 위 즙　　　주 즙 지 리　　이 제 불 통　　　치 원 이 리

天下하니 蓋取諸渙²⁸²하고 服牛乘馬하여 引重致遠하여 以利天下
천 하　　　개 취 저 환　　　복 우 승 마　　　인 중 지 원　　　이 리 천 하

---

282 환괘(☵)의 상괘는 손(巽)으로 나무를 상징하고, 하괘의 감(坎)은 물로 나무가 물위에 있는 것으로 배와 노의 편리함을 말하고 있다. 또 환괘의 이효로부터 오효에 이르는 중간의 두 효가 비어있는데 이것은 배를 상징한다. 위쪽의 양효는 돛대를 상징하고 아래쪽의 음효는 물에 해당한다. 이외에 환은 이산(離散)의 뜻을 가지고 있는데, 물에 의해

하니 蓋取諸隨[283]하고 重門擊柝하여 以待暴客하니 蓋取諸豫[284]하고

■ 杅木爲周,[285] 剡木爲楫, 霽不達, 至遠以利天下, 蓋取者渙也.

備牛乘馬, 引重行遠, 以利天下, 蓋取者隋也. 重門擊, 以挨族客,

蓋取余也.

나무를 쪼개서 배를 만들고, 나무를 깎아서 노를 만들어 배와 노의 이로움
으로써 통하지 못하는 것을 건너게 하여 멀리가게 함으로써 천하를 이롭게
하니, 대개 환괘(渙卦)에서 취하고, 소를 길들이고 말을 타서 무거운 짐을
끌고 먼 곳에까지 이르게 함으로써 천하를 이롭게 하니, 대개 수괘(隨卦)
에서 취한 것이고, 문을 이중으로 하고 목탁을 쳐서 도적을 막으니 대개 예
괘(豫卦)에서 취한 것이고

■ 나무를 쪼개서 배를 만들고, 나무를 깎아서 노를 만들어 배와 노의 이로
움으로써 도달하지 못하는 것을 건너게 하여 멀리가게 함으로써 천하를 이

서 분리된 사람들이 서로 만나기 위해서는 배를 타지 않을 수 없다고 하여 배와 노의 이
로움을 상징하고 있다.

283 수괘(隨卦 : ䷐)의 상괘인 태괘(兌卦)는 기쁨을 상징하고 하괘는 진(震)으로 움직임이
다. 수괘는 따른다는 의미가 있기 때문에 소와 말이 사람의 뜻에 따라 시키는 대로 행동
하는 것을 말한다. 이 시기는 수렵시대에서 가축을 길러 이용하는 목축시대로 접어든
것을 상징한다.

284 예괘(豫卦 : ䷏)의 다섯 개 음효는 여러 겹의 문에, 중간의 양효는 밤에 순찰을 도는 사
람에 해당된다. 예괘는 또한 예방의 뜻이 있는데, 상괘의 진괘(震卦)는 우레로 목탁을
치는 소리에 해당하여 도둑을 막는 조처를 상징하고 있다.

285 "저(杅)"는 "유(揉)"의 의미. "주(周)"는 "주(舟)"의 가차이다.

롭게 하니, 대개 환괘(渙卦)에서 취하고, 소를 길들이고 말을 타서 무거운
짐을 끌고 먼 곳에까지 이르게 함으로써 천하를 이롭게 하니, 대개 수괘
(隨卦)에서 취한 것이고, 문을 이중으로 하고 목탁을 쳐서 도적을 막으니
대개 예괘(豫卦)에서 취한 것이다.

斷木爲杵하고 掘地爲臼하여 臼杵之利로 萬民以濟하니 蓋取諸小
단 목 위 저   굴 지 위 구   구 저 지 리   만 민 이 제   개 취 저 소

過²⁸⁶하고 弦木爲弧하고 剡木爲矢하여 弧矢之利로 以威天下하니
과   현 목 위 호   염 목 위 시   호 시 지 리   이 위 천 하

蓋取諸睽²⁸⁷하고
개 취 저 규

백 斷木爲杵, 椒地爲臼, 臼杵之利, 萬民以次, 蓋取者小過也. 弦
단 목 위 저   절 지 위 구   구 저 지 리   만 민 이 차   개 취 자 소 과 야   현

木爲柧, 棪木爲矢, 柧²⁸⁸矢之利, 以威天下, 蓋取者誅也.
목 위 고   염 목 위 시   고   시 지 리   이 위 천 하   개 취 자 괴 야

---

286 소과괘(小過卦 : ䷽)는 괘의 상하 네 개의 음효는 절구가 되고, 두 개의 양효는 쌀을 찧
는 절구공이에 해당한다. 또 하괘의 간괘(艮卦)는 머무는 의미이고, 상괘의 진괘(震卦)
는 움직임으로 간괘는 움직이지 않는 절구를, 진괘는 움직이는 절구공이를 상징하고
있다.
287 규괘(睽卦 : ䷥)는 기본적으로 상하가 서로 위배하여 어긋나지만 후에 다시 합하는데,
이는 바로 활과 화살이 가지고 있는 기능을 말하는 것이라고 할 수 있다. 왜냐하면 활에
화살을 걸어 서로 앞뒤로 밀고 당기는 반대의 힘이 강하면 갈수록 화살이 강하고 멀리
날아갈 수가 있기 때문이다. 이효와 상효가 활을 묶은 본체라면, 삼과 오는 활의 완곡한
부분을 상징하고, 사는 현(弦)이고, 초효는 화살에 해당한다. 또 상괘인 이괘(離卦)는
불로서 위협하는 느낌을 가지고 있고, 하괘인 태괘(兌卦)는 기쁨이므로 위에 있는 사람
이 위엄으로 아랫사람들을 기쁜 마음으로 복종시키는 것을 상징하고 있다.
288 "고(柧)"는 "모가 난 나무"라는 뜻이며, 통행본에는 "호(弧)"로 되어 있다. 염(棪)은
"재염나무"로서 나무 이름이나 통행본에는 "염(剡)"으로 되어 있다. 해석은 통행본을
따른다.

나무를 끊어 절구 공이를 만들고, 땅을 파서 절구를 만들어, 절구와 공이의 편리함으로 모든 백성들이 구제되었으니, 대개 소과괘(小過卦)에서 취하고, 나무를 휘어 활을 만들고, 나무를 깎아 화살을 만들어, 활과 화살을 이용함으로써 천하에 위엄을 보이니 대개 규괘(睽卦)에서 취한 것이고,

■백 나무를 끊어 절구 공이를 만들고, 땅을 파서 절구를 만들어, 절구와 공이의 편리함으로 모든 백성들이 이로움을 얻게 되었으니, 대개 소과괘(小過卦)에서 취하고, 나무를 휘어 활을 만들고, 나무를 깎아 화살을 만들어, 활과 화살을 이용함으로써 천하에 위엄을 보이니 대개 규괘(睽卦)에서 취한 것이다.

上古엔 穴居而野處러니 後世聖人이 易之以宮室하여 上棟下宇하
상고　　혈거이야처　　　후세성인　　역지이궁실　　　상동하우

여 以待風雨하니 蓋取諸大壯²⁸⁹하고 古之葬者는 厚依之以薪하여
이대풍우　　　개취저대장　　　고지장자　　후의지이신

葬之中野하여 不封不樹²⁹⁰하며 喪期无數²⁹¹러니 後世聖人이 易之
장지중야　　　불봉불수　　　상기무수　　　후세성인　　역지

---

289 대장괘(大壯卦 : ䷡)의 아래쪽의 네 개의 양효는 동량(棟樑)에 해당하고, 위쪽의 두 개의 음효는 비를 막는 처마에 해당한다. 또 대장은 크게 견고하게 하는 것으로 상괘인 진괘는 우레이고, 하괘인 건괘는 강건하여 하늘에서 우레와 비가 섞여 내려오더라도 아래쪽에서는 크고 견고한 집이 있어서 충분히 비와 바람을 피할 수 있다.

290 "봉(封)"은 흙을 쌓아 무덤을 만드는 것을 말한다. "수(樹)"는 나무를 심는 것을 말한다. 이 구절은 상고시기의 장례풍속이 봉분을 만들지도 않았고, 나무를 심어 표시도 하지 않았음을 설명하고 있다.

291 "상기(喪期)"는 상을 치르는 기간을 말한다. 이것은 상고시기에 상복을 입는 데 있어서 규정된 시간이 없었다는 것을 말하는 것으로 이른바 상례(喪禮)가 아직 제정되지 않았음을 말하고 있다.

以棺槨하니 蓋取諸大過²⁹²하고 上古엔 結繩而治²⁹³러니 後世聖人이
이 관 곽   개 취 저 대 과   상 고   결 승 이 치   후 세 성 인

易之以書契²⁹⁴하여 百官以治하며 萬民以察하니 蓋取諸夬²⁹⁵니라.
역 지 이 서 계   백 관 이 치   만 민 이 찰   개 취 저 쾌

백 上古穴居而野處, 後世聖人易之以宮室, 上練下楣,²⁹⁶ 以寺風
상 고 혈 거 이 야 처   후 세 성 인 역 지 이 궁 실   상 련 하 미   이 사 풍

雨, 蓋取者大莊也. 上古之葬者, 厚裏之以薪, 葬諸中野, 不封不
우   개 취 자 대 장 야   상 고 지 장 자   후 리 지 이 신   장 제 중 야   불 봉 불

樹, 葬期无數, 後世聖人易之以棺, 蓋取者大過也. 上古結繩而
수   장 기 무 수   후 세 성 인 역 지 이 관   개 취 자 대 과 야   상 고 결 승 이

---

292 고대의 관은 두 부분으로 되어 있는데, 속에 있는 부분을 관(棺)이라고 하고, 바깥 쪽에
있는 것을 곽(槨)이라고 한다. 『장자(莊子)』의 「천하편」에 "옛날의 상례에는 귀천에 따
라 그 정해진 바가 있었고, 상하 신분에 따라 등급이 있었다. 천자의 관곽은 일곱 겹이
었고, 제후는 다섯 겹, 대부는 세 겹, 사는 두 겹이었다(古之喪禮, 貴賤有儀, 上下有
等. 天子棺槨七重, 諸侯五重, 大夫三重, 士再重)"라고 하였다. 대과괘(大過卦 : ䷛)
중간의 네 개의 효는 견고한 관곽(棺槨)에 해당하고, 바깥쪽의 두 개의 음효는 흙으로
매장하는 것에 해당한다.

293 상고시기 아직 문자가 출현하기 이전에 노끈을 메어 물건의 수량이나 일의 대소 등을
기록하였다. 『주역정의』에서는 "일이 크고 중대하면 그 노끈을 크게 묶고, 일이 작고
사소하면 그 노끈을 작게 묶었다(事大, 大結其繩, 事小, 小結其繩)"고 하였다.

294 "계(契)"는 새긴다(刻)는 뜻을 가지고 있다. 서계(書契)는 문자를 새긴다는 말과 똑같
다. 왜냐하면 옛날에는 주로 죽간을 이용하였기 때문에 반드시 칼로 글자를 새기기 때
문에 서계라고 하는 것이다.

295 쾌괘(夬卦 : ䷪)는 다섯 개의 양효가 연결되어 있고, 가장 위에 음효로 분열되어 하나
를 둘로 자른 부절(符節)을 상징한다. 또 상괘인 태괘(兌卦)는 말을 의미하고 말로부터
문자가 발전한다. 하괘인 건괘(乾卦)는 강건하여 글자를 파서 반드시 서로 믿어야 할
것을 상징한다. 또 쾌는 결단의 뜻을 가지고 있는데, 괘의 형태가 다섯 개의 양효를 가
지고 하나의 음효를 결단(決斷) 내고 있다.

296 "練"은 통행본에 "棟"으로 되어 있고 형태가 비슷하여 쉽게 오해할 수 있다. "棟"은 용
마루이며 집의 정량(正梁)이며, "楣"는 통행본에는 "宇"로 되어 있으며 집의 동량이다.
『백화백서주역』 217쪽 참조 바람.

治, 後世聖人易之以書契, 百官以治, 萬民以察, 蓋取者大有.[297]
치 후 세 성 인 역 지 이 서 계 백 관 이 치 만 민 이 찰 개 취 자 대 유

아주 옛날에는 굴속에서 살고 들판에서 거처하더니, 후세에 성인이 이것을
집으로 바꾸어서 위에는 마룻대를 얹고 아래에는 서까래(지붕 처마)를 얹
어 바람과 비에 대비케 하였으니 대개 대장괘(大壯卦)에서 취하였고, 옛날
의 장사지내는 방법은 땔나무 덤불로 두껍게 사서 들판 가운데에 매장하여
봉분도 하지 않고 나무도 심지 아니하였으며, 장례를 치르는 기일도 일정
하지 않았는데, 후대에 성인이 관곽(棺槨)으로 바꾸었으니 대개 대과괘(大
過卦)에서 취한 것이고, 아주 옛날에는 노끈을 맺는 방법을 이용하여 천하
를 다스렸는데 후대에 성인이 그것을 글자와 문서로 대치하여, 관리들이
이것으로 백성을 다스렸고 만민들은 이것을 가지고 번거로운 일을 살폈으
니 이는 대개 쾌괘(夬卦)에서 취한 것이다.

■ 아주 옛날에는 굴속에서 살고 들판에서 거처하더니, 후세에 성인이 이
것을 집으로 바꾸어서 위에는 마룻대를 얹고 아래에는 서까래(지붕 처마)
를 얹어 바람과 비에 대비케 하였으니 대개 대장괘(大壯卦)에서 취하였고,
옛날의 장사지내는 방법은 땔나무 덤불로 두껍게 사서 들판 가운데에 매장
하여 봉분도 하지 않고 나무도 심지 아니하였으며, 장례를 치르는 기일도
일정하지 않았는데, 후대에 성인이 관곽(棺槨)으로 바꾸었으니 대개 대과
괘(大過卦)에서 취한 것이고, 아주 옛날에는 노끈을 맺는 방법을 이용하여
천하를 다스렸는데 후대에 성인이 그것을 글자와 문서로 대치하여, 관리들
이 이것으로 백성을 다스렸고 만민들은 이것을 가지고 모든 일들을 살폈으
니 이는 대개 대유괘(大有卦)에서 취한 것이다.

---

[297] 대유괘(大有卦)는 통행본에는 "쾌괘(夬卦)"로 되어 있다.

제2장의 대의 : 이 장에서는 성인이 천하를 다스림에 백성들을 위하여 이기(利器)를 만드는데 있어서 괘상과 기물의 관련성에 대해 집중적으로 설명하고 있다. 여기에서 말하는 성인(聖人)은 단순한 도덕 군자로서의 성인이 아니라 문명 발전을 이끌어 나가는 실용적인 성격을 분명히 드러내주고 있다. 성인은 인류를 위해 기물을 제작하는 존재로 문명과 역사를 이끌어 나가고 있는 활동하는 리더로 그려지고 있다. 이른바 도(道)와 기(器)가 합일된 도기결합적 성인관의 전형을 말해주고 있다.

제3장

是故²⁹⁸로 易者는 象也니 象也者는 像也²⁹⁹요 象者는 材也³⁰⁰요 爻
시 고　　　　역 자　　상 야　　　상 야 자　　　상 야　　　　단 자　　재 야　　　효

---

298 "이 때문에(是故)"라는 말을 사용한 것은 위의 말들을 총결(總結)한 것이기 때문이다. 『주역절중』은 최경의 말을 인용하여 위에서 취상(取象)을 통하여 기물을 만드는 뜻을 밝혔기 때문에 상(象)의 개념에 대해 다시 한 번 더 풀이하고 있다(上明取象以制器之義, 故以此重釋于象)"고 말한다.

299 "상(象)"은 『주역』에서 가장 중요한 구성요소이다. 심지어 "상"은 『주역』의 대명사라고도 할 수 있을 것이다. 실제로 "상"이 가지고 있는 중요한 의미와 기능은 특히 "상"의 동사적 의미에 해당하는 취상(取象) 즉 상징이나 비유의 방법론에서 발견할 수 있다. 동사로서의 상이 바로 "본뜬다"는 의미의 "상(像)"으로 취상, 상징, 유비(類比)의 뜻을 가지고 있다. 『주역』은 괘효의 부호를 이용하여 자연변화와 인간사의 길흉을 상징하고 유비한다. "상(像)"은 비슷한 것을 본뜨는 것을 말한다. 빌헬름의 영역본은 "상(像)"을 복제(複製) 또는 재생(再生)의 의미에 해당하는 reproduction이라는 말로 해석히고 있다. 『주역』은 괘를 통하여 만물을 취상(取象)한다. 『좌전』 소공 2년에 한선자(韓宣子)가 노나라에 가서 『역상(易象)』과 『노춘추(魯春秋)』를 보았다는 기록이 있는데, 이것은 옛날 사람들이 『역』이 가지고 있는 가장 큰 작용을 "상(象)"으로 보았다는 분명한 증거이다. 『주역』은 상(象)을 이용하여 뜻을 표현하는데 핵심이 있다. 『주역』을 철저하게 이해하기 위해서는 반드시 "상"이란 개념에서 출발하여 이해해야 한다. 왜냐하면 최초의 『역』 속에는 근본적으로 문자가 없었기 때문이다. 구체적으로 "상(象)"은 사물의 영상을 빗대어 표현한 것이다. 말하자면 상은 사물의 그림자이고, 그림자는 본체를 벗

也者는 效天下之動者也[301]니 是故로 吉凶生而悔吝著也[302]니라.
야자　효천하지동자야　　　시고　길흉생이회린저야

백 是故易也者, 馬. 馬也者, 馬也. 象也者, 制[303]也. 肴也者, 效
시고역야자　마　마야자　마야　단야자　제　야　효야자　효

天下之動者也. 是故 吉凶生而愳哭[304]箸[305]也.
천하지동자야　시고　길흉생이회린　저　야

이 때문에 역은 상(상징)이니 상이라는 것은 (이치를 비슷하게) 본뜨는 것

어날 수 없다.

300 "단(彖)"은 괘사(卦辭)이고, "재(材)"는 재덕(材德) 혹은 재목을 말한다. 이것은 "단", 즉 괘사가 한 괘의 재질을 총체적으로 말하는 것을 가리킨다. "단"의 뜻은 세 가지가 있다. 그 중 하나는 앞에서 말한 한 괘의 재덕을 말하는 것이 있고, 다른 하나는 한 괘의 전체적인 뜻을 총괄하는 의미로 사용되는 것이 있고, 나머지 하나는 한 괘의 뜻을 판단하는 의미로 사용된다. 말하자면 한 괘의 상을 말하거나, 한 괘의 재덕을 논하거나, 한 괘의 뜻을 판단하는 의미를 가지고 있는데, 약간의 의미상의 차이는 있으나 대체로는 비슷한 뜻을 가지고 있다.

301 "동(動)"은 변동(變動)의 뜻이다. 모든 괘의 여섯 효는 천하사물이 움직이는 것을 본받아서 변화하고 움직인다는 의미이다. 『주역절중』은 호원(胡瑗)의 말을 인용하여 "효에는 변동이 있고 위에는 득실이 있다. 변하여서 도에 합치하면 득이고 움직여서 이치에 어긋나면 실이다. 인간사의 참됨과 거짓, 물리상의 시비(是非)는 모두 6효 속에 있기 때문에 천하의 움직임을 본딴 것이라고 하는 것이다(爻有變動, 位有得失, 變而合於道者爲得, 動而乖於理者爲失. 人事之情僞, 物理之是非, 皆在六爻之中, 所以象天下之動)"고 하였다. 괘 속에서의 효의 움직임과 추이(推移)는 천하 만물이 어떻게 움직이고 변동하는가 라는 것을 본뜨고 있다. 예를 들면 천지에 12달의 변화가 있다면 효에는 12소식괘(消息卦)의 배열(配列)이 있는 것과 같다.

302 "저(著)"는 드러난다는 뜻으로 출현이라는 말과 의미가 비슷하다. 행동하면 득실(得失)이 있기 때문에 길흉이 생긴다. 또 행동에는 자그마한 하자가 생기기 때문에 회와 린이 드러나는 것이다. 길흉은 이미 결과가 드러난 것이므로 "생(生)"이라 하였고, 회와 린은 아직 구체적으로 드러나지 않고 마음속에 있는 것이므로 나타난다(著)라고 하였다. 『주역절중』의 하해(何楷)의 말을 참조 바람.

303 "제(制)"는 통행본에는 "재(材)"라고 되어 있으며 뜻이 서로 통한다.

304 회(愳)는 "悔"이며, 린(哭)은 "鄰"으로 "愳哭"은 "悔吝"의 뜻이다. 『백서주역교석』 443쪽 참조 바람.

305 "저(箸)"는 "저(著)"의 가차이다.

이오, 단(彖)이라는 것은 재질을 말하고, 효라는 것은 천하의 움직임을 본받는 것이니 이 때문에 길흉이 생기고 회린(悔吝)이 드러난다.

▣ 이 때문에 역은 馬(상징)이니 마라는 것은 (이치를 비슷하게) 본뜨는 것이오, 단(彖)이라는 것은 제재(制裁)하는 것을 말하고, 효라는 것은 천하의 움직임을 본받는 것이니 이 때문에 길흉이 생기고 회린(悔吝)이 드러난다.

제3장의 대의 : 이 장은 앞에서 말한 13개의 기물을 만드는 관점에서 한 걸음 더 나아가 사(辭) · 변(變) · 상(象) · 점(占)의 네 가지 관계에 대해서 설명하고 있다.

제4장

陽卦는 多陰하고 陰卦는 多陽하니[306] 其故는 何也오 陽卦는 奇요
양 괘   다 음   음 괘   다 양   기 고   하 야   양 괘   기

陰卦는 耦일새라.[307] 其德行은 何也오? 陽은 一君而二民이니 君子
음 괘   우   기 덕 행   하 야   양   일 군 이 이 민   군 자

---

306 양괘는 진(☳) · 감(☵) · 간(☶)의 세 괘로 양이 하나이고 음이 둘로, 음이 양보다 많다. 음괘는 손(☴) · 이(☲) · 태(☱)의 세 괘로 음이 하나이고 양이 둘로, 양이 음보다 많다.

307 "그 까닭은 무엇인가(其故何也)"라는 말에 대한 대답은 매우 다양하다. 우선 생각할 수 있는 것은 모든 집단에서 대부분 소수가 다수를 지배하는 것이 일반적이다. 양괘는 홀수인 양효가 하나이고 짝수인 음효는 두 개로 홀수인 양효가 주체가 된다. 이에 비해 음괘는 짝수인 음효가 하나이고 홀수인 양효는 두 개로 짝수인 음효가 주체가 된다. 또 주

之道也요 陰은 二君而一民이니 小人之道也[308]라.
지 도 야　음　이 군 이 일 민　　소 인 지 도 야

■백 陽卦多陰, 陰卦多陽, 亓故何也. 陽卦 奇, 陰〔卦耦也. 亓德〕
양 패 다 음　음 패 다 양　기 고 하 야　양 패　기　음 패 우 야　기 덕

行何也? 陽, 一君二民, 君子之馬也[309]
행 하 야　양　일 군 이 민　군 자 지 마 야

양괘는 음이 많고 음괘는 양이 많으니 그 까닭은 무엇인가? 양괘는 홀수이
고 음괘는 짝수이기 때문이다. (음괘와 양괘의) 그 덕행은 무엇인가? 양괘
에는 임금이 하나이고 백성이 둘이니 군자의 도요, 음괘에는 임금이 둘이
고 백성이 하나이므로 소인의 도이다.

■백 양괘는 음이 많고 음괘는 양이 많으니 그 까닭은 무엇인가? 양괘는 홀
수이고 음괘는 짝수이기 때문이다. (음괘와 양괘의) 그 덕행은 무엇인가?
양괘에는 임금이 하나이고 백성이 둘이니 군자의 상징이다.

자는 『주역본의』에서 "양괘는 모두 다섯 획이고, 음괘는 모두 네 획이다(凡陽卦皆五劃,
凡陰卦皆四劃)"라는 입장에서 나누어 말하고 있다.

308 괘의 덕행(德行)은 덕성(德性)을 말하는 것으로 실질적 바탕을 가지고 말한다. 즉 양효
는 군왕(君王)에 해당하고, 음효는 인민(人民)이나 백성에 해당한다. 이에 대해 한강백
은 "음양 두 괘의 덕행을 변별한다(辯陰陽二卦之德行也)"고 하였다. 양은 군주이고 음
은 신민(臣民)이기 때문에 양괘의 상은 한 명의 군주가 두 사람의 신민을 다스리는데
마치 한 명의 군주가 두 사람의 백성들에 의해서 추대되는 것과 같아서 상하가 서로 협
심(協心)하기 때문에 군자의 도가 된다. 음괘는 두 명의 군주가 한 명의 백성을 쟁탈하
는 것을 상징하는 것으로 마치 군주들이 서로 다투고 한 명의 신하가 두 명의 군주를 섬
기는 것 같기 때문에 소인의 도라고 말한다.

309 "君子之馬也"가 통행본과 『백화백서주역』에는 "君子之道也"로 되어 있다. 하지만 『백
서주역교석』과 쇼니씨의 영역본에는 "君子之馬也"로 되어 있다.

　제4장의 대의 : 음양괘의 구분은 음효와 양효의 다소를 표준으로 하는 것이 아니라 홀수와 짝수를 표준으로 하고 있다는 것이다. 양괘의 괘획을 모두 합하면 5이고(갈라진 음효 둘과 연결된 양효 하나를 합한 것), 5는 홀수이다. 음괘의 괘획을 모두 합하면 4이고 4는 짝수이다. 이것이 음양을 나누는 표준이다. 군(君)과 민(民)을 말하는 것은 음양괘의 성질에 대한 논의이다.

제5장

易曰 憧憧往來면 朋從爾思[310]라하니 子曰 天下何思何慮[311]리오?
역 왈 동 동 왕 래　　붕 종 이 사　　　　자 왈 천 하 하 사 하 려

天下同歸而殊塗하며 一致而百慮[312]니 天下何思何慮리오?
천 하 동 귀 이 수 도　　일 치 이 백 려　　천 하 하 사 하 려

---

310 함괘(咸卦) 구사 효사

311 이것은 함괘(咸卦 : ䷞) 구사 효사에서 말하는 사(思)의 문제를 왕래(往來)와 교감(交感)이라는 관점에서 말하는 것으로 그 범위를 더욱 넓혀 천하 만물이 감응(感應)하는 이치에 대해 말하고 있다. 그러므로 다음 구절에서 "천하가 돌아감은 같지만(만물은 같은 목적으로 나아가지만) 길은 다르고, 이르는 곳은 하나이지만 생각은 수 백 가지로 다양하다(天下同歸而殊塗, 一致而百慮)"고 말하는 것이다.

312 천하의 사람들이 무엇을 생각하고 무엇을 걱정하든지 간에 마지막에는 같은 하나로 돌아오게 되어있다. 그러나 가는 길은 다를 수 있다. 모든 사물은 하나의 근본 이치에서 나온 것이기 때문에 결국 그 곳으로 귀착(歸着)할 수밖에 없다는 점에서 "귀(歸)"라는 말을 사용한다. 또 모든 사물이 앞으로 나아가고, 나아가서 지극(至極)에 도착하여 안정된다고 하는 점에서 "치(致)"자를 사용한다. 귀착하는 점에서 "귀(歸)"라고 하고, 앞으로 나아가는 입장에서 "치(致)"라고 하는 것이다. 실은 이 둘은 같은 의미로 돌아가는 것과 나아가는 것의 양쪽 측면에서 말하고 있다. 그러나 천하의 도리는 본래 일치하는 것이지만 사람들은 여러 가지의 다른 생각을 하는 것이 현실이다. 그러므로 『주역절중』은 채청의 말을 인용하여 "천하의 감응하는 이치는 본래 같은 곳으로 돌아간다. 그러나 사물은 천태만상으로 그 길이 다를 뿐이다. 천하의 감응하는 이치는 본래 일치하

백 易曰, 童童³¹³往來, 儞從爾思³¹⁴." 子曰 : 天下何思何慮, 天下
　　역왈　동동　왕래　붕종새사　　자왈　천하하사하려　천하

同歸而殊塗, 一致而百慮. 天下何思何慮?
동귀이수도　일치이백려　천하하사하려

역에 말하기를 "왔다갔다 하기를 자주하면 친구만이 너의 생각을 따를 것
이다"라고 하니 공자는 이에 대해 "천하가 무엇을 생각하고 무엇을 헤아리
겠는가? 천하가 돌아감은 같지만(만물은 같은 목적으로 나아가지만) 길이
다르며 이르는 곳은 하나이지만 생각은 수 백 가지로 다양하니, 천하가 무
엇을 생각하고 무엇을 헤아리겠는가?

백 역에 말하기를 "왔다갔다 하기를 자주하면 친구만이 너의 생각을 따를
것이다"라고 하니 공자는 이에 대해 "천하가 무엇을 생각하고 무엇을 헤아
리겠는가? 천하가 돌아감은 같지만(만물은 같은 목적으로 나아가지만) 길
이 다르며 이르는 곳은 하나이지만 생각은 수백 가지로 다양하니, 천하가
무엇을 생각하고 무엇을 헤아리겠는가?

日往則月來하고 月往則日來하여 日月相推而明生焉³¹⁵하며 寒往
일왕즉월래　　　월왕즉일래　　　일월상추이명생언　　　　한왕

지만 접촉하는 사물이 하나가 아니기 때문에 발하는 생각 또한 이 때문에 수 백 가지일
뿐이다(天下感應之理, 本同歸也. 但事物則千形萬狀, 而其塗各殊耳. 天下感應之理,
本一致也, 但所接之事物不一, 而所發之慮, 亦因之有百耳)라고 하였다.

313 "동동(童童)"은 "동동(憧憧)"의 가차이다.

314 "붕(儞)"은 "붕(朋)"과 같이 "무리"의 뜻이며, "새(爾)"는 "이(爾)"의 가차이다.

315 해와 달의 운행에 대해서 이야기하면, 해가 서쪽으로 기울면, 달이 동쪽에서 나타난다.
달이 서쪽으로 기울면, 해가 동쪽에서 나타난다. 해와 달이 서로 밀고 서로 교체하면서
낮도 밤도 밝게 된다. 이것은 해와 달이 서로 밀고 서로 교체하여 자연히 그렇게 되는
것이다.

則暑來하고, 暑往則寒來하여 寒暑相推而歲成焉[316]하니 往者는 屈
즉 서 래　　　서 왕 즉 한 래　　　한 서 상 추 이 세 성 언　　　왕 자　　굴

也요 來者는 信也니 屈信이 相感而利生焉[317]하니라.
야　 래 자 는 신 야　 굴 신　 상 감 이 리 생 언

백 日往則月來, 月往則日來, 日月相誰而明生焉. 寒往則暑來,
일 왕 즉 월 래　　월 왕 즉 일 래　　일 월 상 수 이 명 생 언　　한 왕 즉 서 래

暑往則寒來, 寒暑相誰而歲成焉. 往者詘[318]也, 來者信也, 詘信相
서 왕 즉 한 래　한 서 상 수 이 세 성 언　　왕 자 굴　 야　 래 자 신 야　 굴 신 상

欽而利生焉.
흠 이 리 생 언

해가 가면 달이 오고, 달이 가면 해가 와서, 해와 달이 서로 밀쳐서 밝음이
생기고, 추위가 가면 더위가 오고 더위가 가면 추위가 와서, 추위와 더위가
서로 밀쳐서 한 해가 이루어지니, 가는 것은 굽히는 것이고 오는 것은 펴는
것이니, 굽히고 폄이 서로 교감하여 이로움이 생긴다.

---

316 일 년이라는 시간으로 이야기하면 겨울의 추위가 가면 여름의 더위가 나타난다. 여름의
　　더위가 가면 겨울의 추위가 또 나타난다. 추위와 더위가 서로 밀고 서로 바꾸어 교체하
　　기 때문에 한 해가 이루어지는 것이다. 추위는 추위가 해야 할 일을 하고, 더위는 더위
　　가 해야 할 일을 하기 때문에 한 해의 생성화육(生成化育)의 일이 성취된다.
317 "신(信)"은 신(伸)과 통용된다. 굽혀서 작아져 있다가 뒤에는 펴서 넓게 되고, 펴서 넓
　　어진 뒤에는 굽혀서 작아지게 되고, 이렇게 하여 여러 가지 사업이 이루어지는 것이다.
　　즉 굽혀야 힐 경우에는 굽혀시 작게 하여 힘을 기우며, 펴야 할 때에는 굽혀 있을 때 길
　　러 놓은 힘을 펴서 일을 행하는 것이며, 굽히고 또 펴기 때문에 사업의 공적과 이익이
　　생겨나는 것이다. 항상 굽히고만 있어서는 당연히 이익이나 성취가 이루어질 수가 없
　　다. 또 펴고 크게만 있어서는 힘이 다하여 망해 버리고 만다. 굽히고 펴고 하기 때문에
　　이익을 창출하고 큰 이익이나 사업이 이루어지는 것이다. 이른바 왕래(往來)와 굴신(屈
　　信) 등의 대립면의 상호 감응(感應)을 통하여 사물이 변화하고 발전하여 "이로움이 생
　　긴다(利生焉)"고 하는 것이다.
318 "굴(詘)"은 "굽힘"으로 통행본의 "굴(屈)"과 의미가 통한다.

백 해가 가면 달이 오고, 달이 가면 해가 와서, 해와 달이 서로 밀쳐서 밝음이 생기고, 추위가 가면 더위가 오고 더위가 가면 추위가 와서, 추위와 더위가 서로 밀쳐서 한 해가 이루어지니, 가는 것은 굽히는 것이고 오는 것은 펴는 것이니, 굽히고 폄이 서로 교감하여 이로움이 생긴다.

尺蠖之屈은 以求信也요 龍蛇之蟄은 以存身也[319]요 精義入神은 以
척 확 지 굴   이 구 신 야   용 사 지 칩   이 존 신 야   정 의 입 신   이

致用也[320]요 利用安身은 以崇德也[321]니
치 용 야   이 용 안 신   이 숭 덕 야

---

319 척확(尺蠖)은 축(蹙) 또는 척(尺)이라고도 하는데 자벌레의 애벌레를 말한다. 몸은 원통형으로 가늘고 길다. 가슴에 세 쌍의 발이 있고, 배에 한 쌍의 발이 있다. 꽁무니를 머리 쪽에 갖다 대고 몸을 길게 늘이기를 반복하여 움직인다. 칩(蟄)은 동물이 동면할 때 흙이나 동굴 속에 먹지 않고 움직이지 않고 있는 상태를 말한다. 『주역집해』는 우번의 말을 인용하여 "칩은 몰래 숨는다는 말인데, 용은 잠복하고 뱀은 깊이 숨는다(蟄, 潛藏也. 龍潛而蛇藏)"고 하였다. 척확이 굽히는 것은 펴기 위한 것이고, 용과 뱀이 잠복하여 깊이 숨는 것은 고요함 속에 두어 스스로를 보존하기 위한 것이고, 고요한데 처하려는 것은 움직이기 위한 것이다.

320 "의(義)"는 사물의 바른 이치를 의미한다. "정(精)"은 상세하게 연구해서 순수한 곳까지 궁구하는 것을 말한다. "정"은 현미(玄米)를 빻아서 백미(白米)로 만든 것으로 겨가 없는 순수한 백미가 되는 것을 말한다. 이런 것과 마찬가지로 사물의 바른 사리를 연구하고 신묘(神妙)한 곳까지 궁구하는 것을 말한다. "신(神)"에 들어간다고 하는 것은 신묘(神妙)하고 불가사의한 경지에 들어가는 것, 즉 사람이 쉽게 들여다 볼 수 없는 오묘한 곳까지 깊이 연구하는 것을 말한다. "쓰임(用)"을 다한다고 하는 것은 그것을 십분 활용하는 것을 말한다. 자신을 위해서나 다른 사람을 위해서 또는 세상을 위해서 충분히 그것을 활용한다는 것을 말한다. 다시 말하면 사물의 이치를 상세하게 연구하여 신묘한 경지까지 들어가게 되면 그러한 까닭(所以然)을 모르는 것이 없게 되어 다시 그 바탕 위에서 온 힘을 다하여 사용하는 데 힘쓴다는 것이다.

321 자벌레가 몸을 움츠리는 것은 앞으로 나아가기 위한 것이고, 뱀이 동면하는 것은 생명을 보존하기 위한 것이다. 인간이 수양하여 최고의 경지에 도달하려는 것은 나아가서 쓰임이 있기 위한 것이다. 그 쓰임을 위해서 몸을 보존하고 수양하여야 자신의 덕행이 더욱 높아지게 된다. 주자는 『주역본의』에서 "굴신왕래의 이치를 말하는 것에 근거하여 또 그것을 미루어서 학문도 자연스런 기틀이 있음을 말한 것이다. 그 뜻을 정밀하게 연구하여 신묘한 경지에 들어감에 이름은 굽힘이 지극한 것이다. 그러나 이는 나와서 씀

🔲 尺蠖之屈, 以求信也. 龍蛇之蟄, 以存身也. 精義入神, 以至
척 확 지 굴　 이 구 신 야　 용 사 지 칩　 이 존 신 야　 정 의 입 신　 이 지

用也. 利用安身, 以崇德也.
용 야　 이 용 안 신　 이 숭 덕 야

자벌레가 굽히는 것은 펴기 위한 것이요, 용과 뱀이 동면해서 움츠리는 것
은 자기 몸을 보존하기 위함이고, (학자가) 도의(道義)를 정밀하게 연구하
여 신묘한 경지에 들어가는 것은 쓰임을 다 이루기 위한 것이요, 쓰는 것을
이롭게 하고 몸을 편안케 하는 것은 덕을 높이기 위해서이니

🔲 자벌레가 굽히는 것은 펴기 위한 것이요, 용과 뱀이 동면해서 움츠리는
것은 자기 몸을 보존하기 위함이고, (학자가) 도의(道義)를 정밀하게 연구
하여 신묘한 경지에 들어가는 것은 쓰임을 다 이루기 위한 것이요, 쓰는 것
을 이롭게 하고 몸을 편안케 하는 것은 덕을 높이기 위해서이니

過此以往은 未之或知也[322]니 窮神知化는 德之盛也[323]라.
과 차 이 왕　 미 지 혹 지 야　 궁 신 지 화　 덕 지 성 야

을 지극히 하는 근본이 되며 쓰임을 이롭게 하여 가는 곳마다 편안하지 않음이 없는 것
은 펴는 것이 지극하기 때문이다(因言屈信往來之理, 而又推以言學亦有自然之機也.
精研其義, 至於入神, 屈之至也. 然乃所以爲出而致用之本, 利其施用, 无適不安, 信
之極也)"라고 하였다.

322 "과차(過此)"는 위에서 말한 "치용(致用)"이나 "숭덕(崇德)"의 경계를 넘어서는 것을
기리키고, "왕(往)"은 발전을 말하는 것과 같다. 말하자면 치용이나 숭덕의 경계를 넘
어서는 차원의 내용들에 대해서는 미묘하여 쉽게 알 수 없고 또 말할 수 없는 영역이라
는 의미이다.

323 사물의 이치를 정밀하게 연구하여 어떤 것을 지극하게 궁구하는 것을 일러 "궁신(窮
神)"이라고 한다. 앞으로 올 변화가 무엇인지를 아는 사람은 재주와 덕행이 최고로 높
은 사람이라고 할 수 있다. 김경방은 "신(神)"을 정신으로, "화(化)"를 변화로 보아 사
물의 정신을 지극하게 궁구하여 그것의 발전변화를 아는 것이 바로 성대한 덕행(盛德의
단계)이라고 말한다. (『주역계사전신편상해』 119쪽 참조 바람) 또 『주역본의』는 "신을

 過此以往, 未之或知也. 窮神知化, 德之盛也.
과 차 이 왕　미 지 혹 지 야　궁 신 지 화　덕 지 성 야

이를 지난(이런 치용과 숭덕의 경계를 지난) 이후의 차원에 대해서는 혹
알 수 없으니, 신을 궁구(窮究)하여 변화하는 것을 아는 것이 덕의 성함
이다.

 이를 지난(이런 치용과 숭덕의 경계를 지난) 이후의 차원에 대해서는
혹 알 수 없으니, 신을 궁구하여 변화하는 것을 아는 것이 덕의 성함이다.

易曰困于石하며 據于蒺藜라 入于其宮이라도 不見其妻면 凶[324]이
역 왈 곤 우 석　　거 우 질 려　　입 우 기 궁　　　불 견 기 처　　흉

라하니 子曰非所困而困焉하면 名必辱하고 非所據而據焉하면 身
　　　자 왈 비 소 곤 이 곤 언　　　명 필 욕　　비 소 거 이 거 언　　　신

必危하리니 旣辱且危면 死期將至어니 妻其可得見耶[325]아.
필 위　　　기 욕 차 위　　사 기 장 지　　처 기 가 득 견 야

 易曰困于石, 據于疾利[326], 入于亓宮, 不見亓妻, 凶. 子曰非亓
역 왈 곤 우 석　거 우 질 리　　입 우 기 궁　불 견 기 처　흉　자 왈 비 기

궁구하여 조화를 앎에 이름은 바로 덕이 성하고 인이 익숙하여 저절로 이루어지는 것이
다(至於窮神知化, 乃德盛仁熟而自致耳)"라고 하였다. 천지의 신묘불측(神妙不測)한
도리를 정밀하게 연구하여 알고, 만물이 생성하고 화육(化育)하는 이치를 알 수 있는
자는 도덕이 성대(盛大)하여 천지와 그 덕을 함께 할 수 있는 위대한 성인이라야 가능
하다는 말이다.

324 이 구절은 곤괘(困卦) 육삼 효사에서 나온 말이다. 딱딱한 돌에 막히고 또 가시가 있는
나무 위에 앉아 있는 형상으로 곤경에 처해있는 모습을 그리고 있다.

325 이것은 곤괘 육삼 효사에 대한 해석으로 마땅히 해서는 안 될 일을 하면 "쓰는 것을 이
롭게 하고 몸을 편안케 하는 것(利用安身)"의 반대 방향으로 가버리게 된다. 그러므로
이름을 더럽히고 몸을 위태롭게 하여 더 이상 구할 수 없는 그런 상황에까지 떨어지게
됨을 이야기하고 있다.

326 "질리(疾利)"는 "질려(蒺藜)"로서 일년생 식물을 말한다. 『백화백서주역』 223쪽 참조

〔所困而困焉〕, 名必辱, 非兀所勮,³²⁷ 而據焉, 身必危. 旣辱且危,
소 곤 이 곤 언　　명 필 욕　비 기 소 거　　이 거 언　신 필 위　기 욕 차 위

死兀將至, 妻其可得見耶.
사 기 장 지　처 기 가 득 견 야

역(困卦 六三)에 말하기를 "돌에 걸려 곤궁을 당하고 있으며 가시에 앉아
있다. 그 집으로 들어간다 하더라도 처를 만나 볼 수도 없으니 흉할 것이
다"라고 했다. 공자가 "곤경을 당할 곳이 아니면서 곤경을 당하면 이름이
반드시 욕될 것이고, 앉아야 할 곳이 아닌데 앉으면 몸은 반드시 위태로울
것이니 이미 욕되고 위태로우면 죽을 날이 곧 다가올 것이니 아내를 볼 수
있겠는가?"라고 하셨다.

백 역(困卦 六三)에 말하기를 "돌에 걸려 곤궁을 당하고 있으며 가시에 앉
아 있다. 그 집으로 들어간다 하더라도 처를 만나 볼 수도 없으니 흉할
것이다"라고 했다. 공자는 말씀하시기를 "곤경을 당할 곳이 아니면서 곤경
을 당하면 이름이 반드시 욕될 것이고, 앉아야 할 곳이 아닌데 앉으면 몸은
반드시 위태로울 것이니 이미 욕되고 위태로우면 죽을 날이 곧 다가올 것이
니 아내를 볼 수 있겠는가?"라고 하셨다.

易曰公用射隼于高墉之上하여 獲之니 无不利³²⁸라하니 子曰 隼者
역 왈 공 용 석 준 우 고 용 지 상　　획 지　무 불 리　　자 왈 준 자

바람.
327 거(勮)는 "거(據)"의 가차로 통행본에는 "據"로 되어 있으며 뜻이 통한다. 『백화백서주
역』 223쪽 참조 바람.
328 이 구절은 해괘(解卦) 상육의 효사로 높은 자리에 있는 소인을 어떻게 제거할 것인가에
대해 이야기하고 있다.

는 禽也요 弓矢者는 器也요 射之者는 人也니 君子藏器于身하여
금 야　　궁 시 자　　기 야　　석 지 자　　인 야　　군 자 장 기 우 신

待時而動이면 何不利之有리오 動而不括³²⁹이라 是以出而有獲하나
대 시 이 동　　　하 불 리 지 유　　동 이 불 괄　　　시 이 출 이 유 획

니 語成器而動者也³³⁰라.
어 성 기 이 동 자 야

백 『易』曰公用射隼于高墉之上, 獲之, 无不利. 子曰 隼³³¹者, 禽
　　역　왈 공 용 사 준 우 고 용 지 상　획 지　무 불 리　자 왈 준　자 금

也. 弓矢者, 器也, 射之者, 人也. 君子藏器于身, 待時而童, 何
야　궁 시 자　기 야　사 지 자　인 야　군 자 장 기 우 신　대 시 이 동　하

不利之又?³³² 動而不矰,³³³ 是以出而又獲, 言擧成器而動者也.
불 리 지 우　　동 이 부 증　　시 이 출 이 우 획　언 거 성 기 이 동 자 야

역(解卦 상육)에 말하기를 "공이 높은 담장 위에서 새매를 쏘아서 잡으니
이롭지 않음이 없을 것이다"고 하였다. 공자가 "매는 새이고 활과 화살은

---

329 "괄(括)"은 닫아서 막아버리는 것을 말한다. 한강백은 "괄은 묶은 것이다(括, 結也)",
요배중(姚配中)은 "괄은 닫는 것이다(括, 閉也)"라고 하였다. 즉 "불괄(不括)"은 막히
지 않고, 방해받지 않고 자유롭게 마음대로 할 수 있는 것을 말한다. 이 구절은 "기구를
몸에 지니고(藏器)", "때를 기다려(待時)" 움직이면 일이 잘 풀려 막히는 것이 없을 것
임을 설명하고 있다.

330 "성기(成器)"라는 말은 이미 만들어 놓은 그릇을 가지고 사용하는 것을 말한다. 말하자
면 그릇이 이루어진 뒤에 행동하라는 것으로 바로 앞에서 말하는 "도의를 정밀하게 연
구하고 신묘한 경지에 들어가는(精義入神, 以致用也)" 것에 해당한다.

331 준(隼)은 "준(隼)"의 이체자이다. 『백화백서주역』 224쪽 참조 바람.

332 "우(又)"는 "유(有)"의 가차이다.

333 "동이부증(動而不矰)"에서 "증(矰)"은 오니에 줄을 매어 쏘는 짧은 화살을 말하는데,
보통 긴 화살인 "시(矢)"와 종류가 다르다고 볼 수 있다. 그렇다면 매는 높이 나는 새이
므로 매의 움직임을 보더라도 짧은 화살(矰)을 쏘지 않고 긴 화살(矢)을 갖추어 쏘아 잡
는다는 뜻으로 해석할 수 있다. 따라서 군자는 경솔하게 일을 처리하지 않고 준비가 된
후에 어떤 일을 도모한다는 원의에 더욱 부합한다고 볼 수 있다.

기구요, 쏘는 것은 사람이니 군자가 기구를 몸에 지녔다가 때를 기다려 행동하면 무슨 이롭지 아니함이 있겠는가? 움직이더라도 방해를 받지 않는다. 이 때문에 밖으로 나가서 수확이 있는 것이니 이것은 기물을 먼저 이루고 난 뒤에 움직이는 것을 말한 것이다"라고 하셨다.

■백 역(解卦 상육)에 말하기를 "공이 높은 담장 위에서 새매를 쏘아서 잡으니 이롭지 않음이 없을 것이다"고 하였다. 공자가 말씀하시기를 "매는 새이고 활과 화살은 기구요 쏘는 것은 사람이니 군자가 기구를 몸에 지녔다가 때를 기다려 행동하면 무슨 이롭지 아니함이 있겠는가? 움직이더라도 짧은 화살을 쏘지 않는다. 이 때문에 밖으로 나가서 수확이 있는 것이니 이것은 기물을 먼저 이루고 난 뒤에 움직이는 것을 말한 것이다"라고 하셨다.

子曰小人은 不恥不仁하며 不畏不義라 不見利면 不勸하며 不威면
자 왈 소 인　　불 치 불 인　　불 외 불 의　　불 견 리　　불 권　　　불 위

不懲하나니 小懲而大戒가 此小人之福也[334]라. 易曰履校하여 滅趾
부 징　　　　소 징 이 대 계　　차 소 인 지 복 야　　　　역 왈 구 교　　　멸 지

니 无咎[335]라 하니 此之謂也라.
무 구　　　　　　차 지 위 야

■백 子曰 : 小人不恥不仁, 不畏不義, 不見利不勸, 不〕畏不懲,[336]
자 왈　　소 인 불 치 불 인　　불 외 불 의　　불 견 리 불 권　　불 　외 불 징

---

334 소인이 경미한 과실을 범했을 때에 즉시 적당한 징벌을 가하여 개과천선하게 하면 더 큰 재앙에 이르지 않게 할 수 있는데, 이것이 바로 "조금 징계하여 크게 경계를 하게 되는(小懲而大戒)" 것을 말한다. 이렇게 하면 소인이 더 큰 죄를 범하는 데서 구원할 수 있게 되는데, 이것이 바로 소인의 복이라는 말이다.
335 이 구절은 서합괘(噬嗑卦) 초구의 효사에서 나온 말이다. 이것이 말하려고 하는 것은 경미한 죄를 범한 상태로 여전히 교화시킬 수 있는 가능성이 있음을 말하고 있다. 그렇기 때문에 허물이 없다(無咎)라고 하는 것이다.

〔小〕誅而大戒, 小人之福也. 易曰 : "構校滅止,[337] 无咎"也者, 此
소 징이대계 소인지복야 역왈 구교멸지 무구 야자 차

之胃也.
지 위 야

공자께서 말씀하시기를 "소인은 불인(不仁)함을 부끄럽게 여기지 않으며
불의(不義)를 행하는 것을 두려워하지 않으며, 이익을 보지 않으면 권하지
않고, 위엄으로 두렵게 하지 않으면 징계를 무서워하지 않으니 조금 징계
하여 크게 경계를 하게 된다면 이는 소인의 복이다"라고 하셨다. 『주역』
(서합괘 初九)에 말하기를 "발에 형틀을 신겨서 발뒤꿈치가 보이지 않으니
허물은 없을 것이다"라고 하셨다.

■ 공자께서 말씀하시기를 소인은 불인(不仁)함을 부끄럽게 여기지 않으
며 불의(不義)를 행하는 것을 두려워하지 않으며, 이익을 보지 않으면 권
하지 않고, 두렵게 하지 않으면 징계를 무서워하지 않으니 조금 징계하여
크게 경계를 하게 된다면 이는 소인의 복이다. 주역(서합괘 初九)에 말하
기를 "발에 형틀을 신겨서 발뒤꿈치가 보이지 않으니 허물은 없을 것이다"
라고 하였다.

善不積이면 不足以成名이요 惡不積이면 不足以滅身이니 小人은
선 부적 부족이성명 악부적 부족이멸신 소 인

以小善爲无益而弗爲也하며 以小惡爲无傷而弗去也라. 故로 惡積
이 소 선 위 무 익 이 불 위 야 이 소 악 위 무 상 이 불 거 야 고 악적

---

336 징(誅)은 통행본에 "징(懲)"으로 되어 있다.
337 "구교(構校)"는 형틀을 만든다는 뜻이다. 통행본에는 "구교(屨校)"로 되어 있다. "지
(止)"는 "지(趾)"를 말한다.

而不可掩이며 罪大而不可解³³⁸니 易曰何校하여 滅耳면 凶³³⁹이라
이 불 가 엄　　죄 대 이 불 가 해　　　역 왈 하 교　　멸 이　흉

하나라.

■ 善不責不足以成名, 惡不責不足以滅身. 小人以小善爲无益也
선 불 책 부 족 이 성 명　악 불 책 부 족 이 멸 신　소 인 이 소 선 위 무 익 야

而弗不可解也. 以小惡〔爲无傷而弗去也, 故惡責而不可〕蓋也, 罪
이 불 불 가 해 야　이 소 악 위 무 상 이 불 거 야　고 악 책 이 불 가　개 야　죄

大而不可解. 易曰 : "何校滅耳, 凶."
대 이 불 가 해　　역 왈　　하 교 멸 이　흉

선이 쌓이지 아니하면 이름을 이룰 수 없고, 악한 것을 쌓지 않으면 몸을 망치지 않을 수 있으니 소인은 조그만 선행을 무익하다고 생각하여 하지 아니하며, 작은 악행을 해로울 것이 없다고 생각하여 버리지 않는다. 그러므로 악이 쌓여서 가리지 못하게 되고 죄가 커져서 풀지 못하게 되니, 『주역』의 서합괘에서 "형틀을 머리에 써서 귀가 보이지 않으니 흉하다"고 하였다.

■ 선이 쌓이지 아니하면 이름을 이룰 수 없고, 악한 것을 쌓지 않으면 몸을 망치지 않을 수 있으니 소인은 조그만 선행을 무익하다고 생각하여 하지 아니하며, 작은 악행을 해로울 것이 없다고 생각하여 버리지 않는다. 그러

---

338 선악은 모두 작은 것이 쌓여서 크게 되고, 적은 것이 쌓여서 많게 되는 것으로 악에 대해서는 아주 작은 것부터 철저하게 막아야 한다. "그러므로 악이 쌓여서 가리지 못하게 되고, 죄가 커져서 풀지 못하게 되는(故惡積而不可掩, 罪大而不可解)" 상태에 이르면 더 이상 어떻게 할 수 없는 불행한 결과에 이르게 된다.
339 이 구절은 서합괘(噬嗑卦)의 상구 효사에서 나온 말로 머리에 형틀을 매고 있는데 귀를 덮어버려서 흉하다는 말이다. 이는 이미 죄가 중하여 무거운 형벌을 받고 있음을 상징하고 있다.

므로 악이 쌓여서 가리지 못하게 되고 죄가 커져서 풀지 못하게 되니, 주역
의 서합괘에서 "형틀을 머리에 써서 귀가 보이지 않으니 흉하다"고 하였다.

子曰危者는 安其位者也요 亡者는 保其存者也요 亂者는 有其治者
자왈위자   안기위자야   망자   보기존자야   난자   유기치자

也³⁴⁰니 是故로 君子는 安而不忘危하며 存而不忘亡하며 治而不忘
야   시고   군자   안이불망위   존이불망망   치이불망

亂이라 是以身安而國家를 保也³⁴¹니 易曰其亡其亡이라야 繫于苞
란   시이신안이국가   보야   역왈기망기망   계우포

桑³⁴²이라하니라.
상

공자께서 "위태롭게 염려하는 것은 그 자리를 편안히 하는 것이요, 망할까
염려하는 것은 생존을 보존하는 것이요, 어지러울까 여기는 것은 그 (질서
있는) 다스림을 가질 수 있는 것이니 이 때문에 군자는 편안한 상태에 있으

---

340 "위(危)"·"망(亡)"·"난(亂)"은 모두 과거에 스스로 빠져 있었던 "안(安)"·"존
(存)"·"치(治)"에서 온 것임을 말하고 있다. 이에 대해 최경은 『주역집해』에서 "위태
로운 생각을 가지고 있으면 그 자리를 편안히 하여 잃지 않을 것이다(有危之慮則能安
其位不失也)" 또 "망할까하는 생각을 가지고 있으면 충분히 보존할 수 있다(有亡之慮
則能保其存者也)" 또 "어지러움을 방지할 생각을 가지고 있으면 그 다스림을 가질 수
있을 것이다(有防亂之慮則能有其治者也)"라는 말에 해당한다.

341 마음속으로 늘 혹시 망할까하는 생각을 가지고 조심스럽게 일을 처리하면 그 결과는 망
하지 않을 뿐만 아니라 도리어 더욱 공고하게 될 것이다. 여기에 대한 「계사전」의 해석
은 위태로움과 편안함, 망함과 보존, 어지러움과 질서 등을 대립시켜놓고 그것의 전환
을 이야기하고 있다. 오직 편안함에 거하여 위태로움을 생각하여야(居安思危)만 비로
소 몸을 편안히 하고 나라를 보존할 수 있다고 말한다.

342 이 구절은 비괘(否卦) 구오 효사에서 나온 말이다. "기(其)"는 의문을 표시하고, "계
(繫)"는 묶어 놓는다는 뜻이고, "포(苞)"는 무더기로 더부룩하게 난 덤불을 말한다. 말
하자면 이 구절은 마음속에서 늘 망할까하는 그런 생각을 가지고 행동하면 결과적으로
더욱 안전하게 된다는 것을 말한다.

면서도 위태롭게 될 것을 잊지 않고, 보존하면서도 망함을 잊지 않고 다스려져도 어지러움을 잊지 않는다"고 하셨다. 이렇게 함으로써 몸이 편안해지고 나라가 보존될 수 있으니 『주역』의 비괘에서 "망할까 망할까 두려워하여야 무더기로 더부룩하게 난 뽕나무 뿌리에 매어놓듯이 하여야 견고하고 안전하리라"고 하셨다.

子曰 德薄而位尊하며 知小而謨大하며 力小而任重하면 鮮不及矣[343]
자 왈 덕 박 이 위 존　　지 소 이 모 대　　역 소 이 임 중　　선 불 급 의

나니 易曰 鼎折足하여 覆公餗하니 其形이 渥이라 凶이라하니 言不
역 왈 정 절 족　　복 공 속　　기 형　악　흉　　언 불

勝其任也[344]라.
승 기 임 야

공자께서 "덕은 천박(淺薄)하면서도 자리는 높으며, 아는 것은 작으면서도 도모하는 것이 크며, 힘은 크게 없으면서도 책임이 무거우면 (재앙에) 미치지 않을 자가 드물다"고 하셨다. 『주역』의 정괘(鼎卦)에서 "솥이 다리가 부러져서 공의 죽을(공에게 바칠 음식이) 쏟으니 그 몸이 젖어 흉하다"고 하여 임무를 감당할 수 없음을 말한다.

子曰 知幾其神乎인저? 君子는 上交不諂하며 下交不瀆하며 其知
자 왈 지 기 기 신 호　　군 자　　상 교 불 첨　　하 교 부 독　　기 지

---

343 재주와 덕이 부족한 사람이 높은 지위에 자리하거나, 견식이 좁으면서도 큰일을 도모하거나, 역량은 없으면서 큰일을 맡은 사람은 화가 미칠 가능성이 결코 적지 않음을 말한다.
344 이 구절은 정괘(鼎卦) 구사 효사에서 나온 말이다. 여기에서 말하려고 하는 뜻은 덕과 지혜가 부족한 자가 높은 지위에서 일을 주재하려하나 능력이 부족한 것을 솥의 다리를 부러뜨려 음식물이 땅위에 쏟아져 나온 것으로 상징하고 있다. 말하자면 힘이 부족하면서 큰 책임을 맡아서 화를 부르는 경우를 설명하고 있다.

幾乎인저! 幾者는 動之微니 吉之先見者也니 君子는 見幾而作하
기 호   기 자   동 지 미   길 지 선 현 자 야   군 자   견 기 이 작

여 不俟終日³⁴⁵이라 易曰介于石이니 不終日이니 貞이면 吉³⁴⁶타하니
불 사 종 일   역 왈 개 우 석   부 종 일   정   길

介如石焉커니 寧用終日이리오? 斷可識矣³⁴⁷로다. 君子는 知微知
개 여 석 언   영 용 종 일   단 가 식 의   군 자   지 미 지

彰知柔知剛하나니 萬夫之望³⁴⁸이라.
창 지 유 지 강   만 부 지 망

백 君子見幾而作, 不位冬日. 易曰:'介于石, 不冬, 貞吉.'介如
군 자 견 기 이 작   불 위 동 일   역 왈   개 우 석   불 동   정 길   개 여

石, 安用冬日, 斷可識矣. 君子知物知章,³⁴⁹ 知柔知剛, 萬夫之望."
석 안 용 동 일 단 가 식 의 군 자 지 물 지 장   지 유 지 강 만 부 지 망

---

345 "기(幾)"는 기미(幾微)를 말하고, "신(神)"은 변화의 신묘함을 말한다. "첨(諂)"은 아
   첨을 말하고, "독(瀆)"은 모독한다는 뜻을 가지고 있다. 사물이 어떤 기미를 드러냄을
   아는 사람은 변화의 신묘함을 충분히 예측할 수 있다. 군자는 윗사람에 대해서 아첨하
   지 않고 아랫사람에 대해서도 함부로 모독하지 않는데, 그는 사물의 기미를 알고 있기
   때문이다. 기미라는 것은 사물이 드러내는 미묘한 변화로 이런 미묘한 변화로부터 길흉
   을 미리 알 수 있다. 군자는 이런 앞선 징조(先兆)를 보면 바로 행동하고 결코 내일까지
   기다리지 않는다.
346 이 말은 예괘(豫卦) 육이 효사에서 나온 말이다. 여기에서 말하려고 하는 것은 일의 앞
   선 조짐을 보고 미리 결과를 알 수 있다는 것인데, 이는 신명(神明)에 통한 자만이 가능
   하다. 즉 윗사람에 아첨하거나 아랫사람을 모독하는 것은 결국은 나쁜 결과를 맺게 된
   다는 사실을 미리 알고 올바른 원칙에 따라 행동한다는 것이다. 이렇게 기미를 아는 사
   람은 일의 전체적인 변화과정을 처음부터 끝까지 상세히 알 수 있기 때문에 가능하다.
   또 예괘에는 즐거워하고 향락에 빠진다는 의미를 가지고 있는데, 육이는 자기 절개를
   지켜 쉽게 향락에 빠져서 본분을 망각하지 않는다는 점을 말하고 있다.
347 "단(斷)"은 매우 신속하게 판단하는 것을 말하는데, 매우 짧은 시간에 분명하게 판단하
   여 안다는 것을 말한다.
348 "만부(萬夫)"는 만인(萬人)으로 많은 사람을 비유하고 있다. "망(望)"은 우러러 존경한
   다는 뜻을 가지고 있다. 말하자면 모든 사람이 우러러 본다는 의미이다.
349 여기서 "물(物)"은 양효와 음효로서 서로 다른 효획(爻畫)을 가리킨다. 『백화백서주역』

공자께서 "기미를 아는 것은 신묘하도다! 군자는 윗사람과 사귀더라도 아첨하지 않고 아랫사람과 사귀더라도 모독하지 아니하니, 기미를 아는 것이로구나! 기미라는 것은 움직임이 은미한 것이고, 길(凶)이 먼저 나타난 것이니 군자는 가미를 보고 신속히 행동하여 하루 종일을 기다리지 않으니 『주역』(豫卦 육이)에서 말하기를 '절개가 돌과 같은 것이니 하루를 마칠 것도 없으니 올바르고 길할 것이다' 고 했으니 절개가 돌과 같으니 어찌 하루를 기다리겠는가? 신속하게 판단함을 알 수 있다. 군자는 은미한 징조를 알고 드러난 모습도 알며, 부드러운 것도 알고 굳센 것도 아니 모든 사람들이 우러러 본다"고 하셨다.

■ 군자는 기미를 보고 신속히 행동하니 하루 종일을 기다리지 않으니 주역(豫卦 육이)에서 말하기를 '절개가 돌과 같은 것이니 하루를 마칠 것도 없으니 올바르고 길할 것이다' 고 했으니 절개가 돌과 같으니 어찌 하루를 기다리겠는가? 결단함을 알 수 있다. 군자는 은미한 징조를 알고 드러난 모습도 알며, 부드러운 것도 알고 굳센 것도 아니 모든 사람들이 우러러 본다."

子曰 顔氏之子 其殆庶幾乎인저 有不善이면 未嘗不知하며 知之면
자왈 안씨지자 기태서기호 　　　 유불선 　　 미상불지 　 지지

未嘗復行也³⁵⁰하나니 易曰 不遠復이라 无祗悔니 元吉이라하니라.
미상부행야 　　　 역왈 불원복 　　 무지회 　 원길

226쪽 참조 바람.

350 "안씨지자(顔氏之子)"는 안회(顔回)를 가리킨다. "불선(不善)"은 과실(過失)을 의미한다. "태(殆)"는 대개(大概)의 뜻이고, "서기(庶幾)"는 접근 또는 거의 비슷하다는 의미이다. 이것은 도덕이 거의 완벽한데에 접근했음을 말한다. 이에 대해 주자는 『주역본의』에서 "서기는 가깝다는 뜻이니 도에 가까움을 말한 것이다(庶幾, 近意, 言近道也)"고 하였다.

공자께서 "안씨의 자식(顏回)이 (도덕의 완벽한 경지에) 거의 가까웠던 것 같다. 올바르지 않은 것이 있으면 일찍이 알지 않은 적이 없었고, 그것을 알았으면 일찍이 다시 저지르지 않았으니 『주역』(復卦 초구)에서 말하기를 '멀리가지 않고 돌아오는 것이라 후회하는 데까지 이르지 않으니 크게 길할 것이다'"라고 하셨다.

天地絪縕에 萬物化醇[351]하고 男女構精에 萬物化生[352]하나니 易曰
천 지 인 온　　만 물 화 순　　　　남 녀 구 정　　만 물 화 생　　　　　　　역 왈

三人行엔 則損一人하고 一人行엔 則得其友라하니 言致一也[353]라.
삼 인 행　　즉 손 일 인　　　　일 인 행　　즉 득 기 우　　　　　언 치 일 야

천지의 기운이 서로 얽혀 교감함에 만물이 변화를 일으켜 두텁게 엉키고 남녀가 정기를 합침에 만물이 변화를 일으켜 생겨나니 『주역』(損卦 육삼)에서 '세 사람이 함께 가면 한 사람을 덜고 한 사람이 갈 때에는 그 벗을 얻는

---

351 "인온(絪縕)"은 인온(氤氳)이라고도 하는데, 음양의 두 기가 교감(交感)하여 빽빽하게 엉긴 모습을 말하는데 이것은 인간의 감각기관으로 파악할 수 없는 기화적(氣化的) 단계이다. "순(醇)"은 "후(厚)"와 같은 것으로 천지의 두 기가 교감하여 만물이 두텁게 엉키는 것을 말한다. 이것은 우리의 감각기관을 통해 파악가능한 형화적(形化的) 단계이다. 주자는 "인온은 빽빽하게 엉킨 상태이다. 순은 두텁게 엉긴 것을 이른 것이니 기가 변화하는 것을 말하고, 화생은 형체가 변화하는 것이다. 이는 손괘 육삼 효의 뜻을 해석한 것이다(絪縕, 交密之狀. 醇, 謂厚而凝也, 言氣化者也, 化生形化者也. 此釋損六三爻義)"라고 하였다.

352 "남녀"를 『주역집해』에서는 음양의 양성(兩性)으로 말하고 있다. "구(媾)"는 교합(交合)의 의미이다. "구정(媾精)"은 남녀의 정(精)이 교합한 것을 말한다. 양성의 정이 교합한 후에 변화가 끊임없이 생긴다.

353 이 구절은 손괘(損卦) 육삼 효사이다. 손괘는 여섯 효가 모두 각각 상응하여 대립하면서 통일되는 것을 보여주고 있다. 마치 세 사람이 동행할 때 주장이 달라 행동이 일치하지 않게 되어 한 사람은 분명히 자신의 의견을 포기하게 된다. 한 사람이 단독으로 행동하면 곧 같은 의견을 가진 친구를 얻게 되니, 바로 다른 둘을 합하여 같은 하나가 되는 것이다.

다'고 했으니 하나로 합치함을 말한 것이다.

子曰君子는 安其身而後에야 動하며 易其心而後에야 語하며 定其
자왈군자　　안기신이후　　　동　　　이기심이후　　　어　　　정기

交而後에야 求하나니 君子脩此三者라 故로 全也354하나니 危以動
교이후　　　구　　　군자수차삼자　　고　　전야　　　　위이동

하면 則民不與也요 懼以語하면 則民不應也요 无交而求하면 則民
즉민불여야　　구이어　　　즉민불응야　　무교이구　　　즉민

不與也하나니 莫之與하면 則傷之者至矣355나니 易曰莫益之라 或
불여야　　　막지여　　　즉상지자지의　　　역왈막익지　　혹

擊之리니 立心勿恒이니 凶356이라 하니라.
격지　　　입심물항　　흉

공자께서 "군자는 몸이 편안해진 뒤에 움직이며 마음을 편안히 한 뒤에 말
하며, 그 사귐을 정한 뒤에 구하니 군자는 이 세 가지를 닦은 까닭에 온전
한 것이다. 위태로운 상태가 되어서 움직이면 백성들이 함께하지 않고, 마

---

354 "이(易)"는 평이(平易)의 뜻이다. "구(求)"는 도움을 구하는 뜻이고, "수(脩)"는 수
(修)로 수양을 말한다. "안(安)"은 안전의 뜻이다. 군자는 함부로 모험하여 일을 행하
지 않고 반드시 먼저 자기 몸을 편안하게 한 후에 움직이고, 마음을 고요하고 안정하게
한 후에 말한다. 사귐을 확실히 정한 뒤에 다른 사람에게 도움을 구한다. 군자는 이 세
가지를 완전하게 수양한 뒤에야 온전할 수 있다.
355 그 스스로가 위험을 느끼면서도 행동하려고 하면 사람들이 따라오지 않고, 하는 말이
공포스러우면 백성들은 거기에 응답하지 않는다. 미리 서로 간의 감정을 소통하지 않고
요구하면 백성들은 그를 지지하지 않고 지지를 얻지 못하면 오히려 도와주지 않고 공격
하는 자들이 생길 것이라는 말이다.
356 이 구절은 익괘(益卦) 상구 효사에서 나온 말이다. 이와 같이 하면 그를 지지하는 사람
이 없을 뿐만 아니라 오히려 다른 사람이 그를 공격한다. 이는 그 마음을 세우는데 항상
함이 없기 때문으로 흉하다. 이 구절은 자기와 다른 사람의 관계 문제를 어떻게 처리할
것인가에 대해 말하고 있다.

음에 두려운 상태가 되어서 말을 하면 백성들이 호응하지 않으며, 사귐이 확고하지 않은 상태가 되어서 구하면 백성들이 주지 아니하니 주는 사람이 없으면 해치는 자가 올 것이니 『주역』(益卦 상구)에서 '더하여 주는 사람이 없다. 혹(다른 사람이) 공격하니 그 마음을 세우는 데 항상 함이 없으니 흉하다'고 하셨다."

제5장의 대의 : 이 장은 「계사전」의 작자가 공자의 이름을 빌려 열 한 개의 효사를 가져와 역을 배우고, 역을 이용하는 문제에 대해 기술하고 있다.

제6장

子曰乾坤은 其易之門耶[357]인저 乾은 陽物也요 坤은 陰物也[358]니 陰
자 왈 건 곤　　　기 역 지 문 야　　　　건　　 양 물 야　　 곤　　 음 물 야　　　　음

---

357 이 구절은 공자의 말을 빌려 건과 곤의 두 괘가 『주역』의 시작이고, 또 62괘가 건곤 두 괘의 변화에서 생겨나니 『주역』의 문이라고 말하는 것이다. 『주역정의』에서 공영달은 "『주역』의 변화가 건곤에서 시작되는데 이는 마치 사람이 어떤 행동을 시작하기 위해서는 문으로부터 나와야 하는 것과 같은 것(易之變化, 從乾坤而起, 猶人之興動, 從門而出)"이라고 하였다. 건곤을 『주역』의 문이라고 하는 이유는 문이 열리고 닫히는 것을 마치 주야와 음양이 서로 바뀌는 것으로 비유하고 있기 때문이다.

358 건(乾)은 모든 양성(陽性)의 사물을 대표하고, 곤(坤)은 모든 음성(陰性)의 사물을 대표한다. 어떤 사람들은 양의 사물은 남성의 생식기를 지칭하고, 음의 사물을 여성 생식기로 지칭하기 때문에 양효가 그린 것은 하나의 남근(男根)이고, 음효가 그린 것은 여자의 생식기로 보기도 한다. 만약에 이것이 음양이 상(象)을 취한 하나의 기본적 소재(素材)라고 말한다면 충분히 그럴 가능성이 있다. 그러나 이것이 음양을 상징하는 근본이라고 볼 수는 없다. 왜냐하면 이런 구체적인 것으로부터 음양에 속하는 수많은 다양한 것들을 유추하거나 연역해낼 수는 없기 때문이다.

陽合德하여 而剛柔有體[359]라 以體天地之撰하며 以通神明之德[360]
양 합 덕　　　이 강 유 유 체　　　이 체 천 지 지 선　　　이 통 신 명 지 덕

하니 其稱名也 雜而不越[361]하나 於稽其類엔 其衰世之意耶[362]인저?
기 칭 명 야 잡 이 불 월　　　어 계 기 류　　　기 쇠 세 지 의 야

---

359 "음양합덕(陰陽合德)"이라는 말은 음과 양의 덕성이 서로 합하는 것으로 양에는 음을 합하는 기능이 있고, 음에는 양을 합하는 기능이 있어서 음과 양은 서로 다른 성을 흡수한다. 여기에서 말하는 덕(德)은 덕성(德性)으로 성질을 말한다. "합덕(合德)"은 음과 양이 서로 교착(交錯)하는 것으로 둘 간의 관계를 연계(連繫)라는 입장에서 말한 것이다. "강유유체(剛柔有體)"에서 "체(體)"는 형체(形體)를 가지는 것을 의미한다. 즉 건곤 두괘의 강유의 두 효(爻)가 바로 구체적인 형체이다. 구체적으로 말하면 음양이라는 두 성질이 합쳐서 강유가 서로 교착하여 천지라는 현상세계를 상징한다. 음양은 상호연계되는 것인데, 음 하나로서는 생(生)할 수 없고 양 하나로서만 기를 수(長) 없어서 연계가 없으면 변화발전이 있을 수 없다. 음과 양이 합덕(合德)해야 비로소 만물을 화생할 수 있다. 여기서 말하는 것은 비록 음과 양의 관계이지만, 천지 또한 마찬가지이고 사람이나 만물 또한 이를 벗어날 수 없다.

360 건곤이나 강유를 통해 세상의 모든 만물의 일들을 다 드러낼 수 있다는 말이다. "체(體)"는 구체적인 형태나 행동으로 표현하거나 체득한다(體得)한다는 의미이고, "선(撰)"은 일(事), 작위한다(爲)는 뜻을 가지고 있다. 유염(俞琰)은 "이(以)는 용(用)이다. 선(撰)은 작위(爲)의 뜻이다(以, 用也. 撰, 爲也)"라고 하였다. 즉 건곤의 강유 두 효를 이용하여 천지(天地)가 작위(作爲)하는 일을 체득하여 신묘한 변화의 성질(德)을 깨닫는다는 말이다. 즉 음양이나 건곤이 서로 반대되면서도 서로 이루어지는 관계를 통하여 천지의 만물 변화를 설명하고 또 이를 체득하고 본받아 신명(神明)의 숨어 있는 작용과 이치까지 통달하게 되는 것이다.

361 "기(其)"는 괘를 가리킨다. "월(越)"은 넘어선다는 말이다. 한 괘는 한 괘의 이름이 있어 물상(物象)을 말하거나 또는 사변(事變)에 대해서 말하고 또 사리(事理)에 대해서도 말하여 매우 복잡하다고 할 수 있다. 그러나 결코 천지의 작위(作爲)와 신비한 변화를 벗어나지는 않는다는 말이다. 말하자면 괘의 형상은 우주만물의 변화를 상징하여 여러 가지 사물을 드러내어 매우 번잡하지만 천지가 만물을 창조하고 변화시키는 범위를 넘어서지는 않는다.

362 "어(於)"는 탄식의 말로서 "아아"로 해석해도 무방하고, "여기에서"라고 해석해도 문제는 없다. 그 괘나 효에 여러 가지의 이름이 붙어 있는 것에 대해 그 내용을 생각해 보면 거기에는 분명히 쇠퇴한 시대의 마음이 나타나 있는 것으로 보인다. 괘의 이름에는 화뢰서합(火雷噬嗑)·지화명이(地火明夷)·수산건(水山蹇)·택수곤(澤水困)·택화혁(澤火革) 등의 이름이 다수 있지만, 이들은 도저히 옛날의 순박하고 정직한 시대에는 생각할 수 없는 내용들이다. 후세에 이르러 세상이 쇠퇴하고 진심이 사라지고 허위와

공자께서 "건과 곤은 『주역』의 문인가? 건은 양의 물건이고 곤은 음의 물건이니 음과 양이 덕을 합해서 강유가 형체를 갖게 되고 이로써(건곤으로써) 천지의 일을 체득하여(본받아 이를 통해) 신명의 덕에 통달하니 그 이름을 일컬음이 복잡하나 (음양의 작용을) 넘지 아니하니 그 종류를 살펴보면 그것은 쇠미한 세상의 뜻이 아닌가?"라고 하셨다.

夫易은 **彰往而察來**[363]하며 **而微顯闡幽**[364]하며 **開而當名**하며 **辯物**
부역　　창왕이찰래　　　　　이미현천유　　　　개이당명　　　변물

조작(造作)이 많아진 후 비로소 이들 괘의 이름이 나온 곳으로 보인다. 즉 쇠퇴해진 난세(亂世)의 상황이 표현된 것으로 그것을 근심하여 『주역』을 만든 것이라고 말한다. 이 때문에 『주역』을 우환(憂患)의 책이라고 말하는 것이다.

363 "왕(往)"은 이미 지나간 일로 이미 지나가서 생겨난 일을 말한다. "래(來)"는 미래의 일로 아직 일어나지 않은 장래의 일을 말한다. 이미 일어난 일의 상태를 명확히 알고 그것에 의해 장래에는 어떻게 흘러갈 것인가를 관찰하는 것을 말한다. 이미 일어난 일의 상태를 확실히 확인하고 그것이 어떠한 원인에 의해 그렇게 되었는가 하는 것을 확실히 알 경우, 그것이 이후에 어떻게 변화할 것인지를 파악하여 적절히 대처해야 할 것인지를 알게 될 것이다. 『주역』의 64괘 · 384효에는 사물의 원인과 결과에 관한 변화의 이치가 들어있다. 사물의 변화의 이치, 즉 원인과 결과의 이법을 명확히 파악하는 것이 가능하면 장래의 형세를 예언하는 것도 가능할 것이다. 이는 미신적인 예언이 아니라 이른바 합리적인 예언이라고 할 수 있다. 코다 렌타로, 『역경강화』 五, 461쪽 참조 바람.

364 "현(顯)"은 눈앞에 확실히 나타나 있는 사물을 말한다. "미(微)"는 "현(顯)"의 반대로 미세하고 미묘하여 보통 사람들의 눈에는 잘 보이지 않는 것을 말한다. "미현(微顯)"은 바로 "현미(顯微)"이다. 이에 대해 주자는 『주역본의』에서 " '이미현(而微顯)'은 마땅히 '현미이(顯微而)'가 되어야 할 듯하다. '개이(開而)'의 '이(而)'자도 오자가 있는 듯하다(而微顯, 恐當作顯微而, 開而之而, 亦疑有誤)"고 하였다. 주자의 관점이 가장 합당하다고 볼 수도 있지만, 원문 그대로 볼 경우도 역시 해석 가능하다. 즉 "현(顯)"을 "미(微)"한다는 말은 우리 눈앞에 있는 현상세계의 사물은 미세하고 미묘하여 사람의 눈에 보이지 않는 매우 희미한 근본에서 생긴 것임을 말하려는 의미로 해석할 수 있을 것이다. "역은 지나간 것을 밝혀서 오는 것을 살피며, 은미한 것을 드러나게 하고 그윽함을 밝히며(夫易, 彰往而察來, 而微顯闡幽)"라는 말은 원래 『주역』은 이미 완성된 사물의 형태를 보고 그것이 어떠한 원인에 의해 이러한 형태가 되었는가를 명확하게 알고 또 이것이 장차 어떻게 변화할 것인가를 관찰하기 때문에 드러나지 않는 것과 숨어 있는 것을 살펴보아야 할 것을 말한다.

하며 正言하며 斷辭하니 則備矣³⁶⁵라. 其稱名也小하나 其取類也大³⁶⁶
정언   단사   즉비의   기칭명야소   기취류야대

하며 其旨遠하며 其辭文³⁶⁷하며 其言曲而中³⁶⁸하며 其事肆而隱³⁶⁹하
기지원   기사문   기언곡이중   기사사이은

---

365 "연다(開)"는 것은 "열어서 나타내다" 또는 "열어서 분명하게 한다"는 의미를 가지고 있다. 『주역』이 전개되면서 점차 발달하여 괘의 이름이나 괘와 효의 말이 점차적으로 더해지게 되는 것을 말한다. "마땅하게 이름을 붙이며(當名)"라는 말은 괘에 마땅한 이름을 붙인다는 말이다. "사물을 분별한다(辨物)"는 것은 물(物)과 물(物)을 나누어 변별(辨別)하는 것을 말한다. 서로 비슷한 사물이 있을 때 그 실체가 같다거나 다르다는 것을 잘 변별하는 것이다. 64괘에는 비슷한 괘가 여러 개가 있는데, 그들의 잘 구별하여 변별하는 것을 말한다. "말을 바르게 한다(正言)"는 것은 바른 말을 가지고 길흉과 선악을 드러내는 것을 말한다. "괘효사로 판단하니(斷辭)"라는 말은 길흉화복을 단정(斷定)하는 것을 말한다. 이 두 구절은 『주역』의 작자가 글을 붙일 때에 매우 엄밀하게 사고하여 문장을 쓰고 괘효를 해석하여 64괘 384효에 사용한 사물의 이름이 적당하고 언사가 바르고 의리가 완비되도록 하였다는 것을 설명하고 있다. 『주역절중』에서는 "'당명(當名)'은 괘이고, '변물(辨物)'은 상이다. '정언(正言)'은 단사(彖辭)이고, '단사(斷辭)'는 길흉을 붙인 것을 말한다(當名卦也, 辨物象也, 正言彖辭也, 斷辭系之以 吉凶者也)"고 하였다. 그러나 여기에서 "변물(辨物)"을 상으로 보는 관점은 문제가 있는 것으로 보인다. 왜냐하면 "물(物)"이 가리키는 것은 음양이고, "변물(辨物)"은 바로 음양의 변화를 살펴본다는 의미이기 때문이다. "완비되다(備)"는 말은 위의 것들이 있으면 모두 완비되었다고 할 수 있다는 의미이다.

366 괘효사가 칭하는 물상의 이름은 비록 많지 않으나 그것이 비유하는 일의 종류는 매우 많고 넓다. 이에 대해 한강백은 "상에 기대어서 의리를 밝히고 작은 것에 근거하여 큰 것을 비유하였다(托象以明義, 因小以喻大)"고 하였다. 64괘의 괘명은 정괘(井卦)나 정괘(鼎卦) 등과 같은 것으로 비록 그 수가 64개로 한정되어 적지만, 그것이 포괄하고 있는 사물은 단지 64 종류(種類)에만 그치지 않고, 그것이 취하는 유(類)는 매우 크고 매우 광범위하다. 왜냐하면 『주역』의 괘명은 다만 부호이고, 모든 괘명은 한 종류의 사물을 대표하는 추상성을 가지기 때문이다. 예를 들면 건괘는 천(天)을 상징하고, 동시에 건(健), 머리(首), 아버지(父), 군주(君) 등을 상징하기도 한다.

367 이 단락은 『주역』의 괘효사의 특징에 대해 설명하고 있다. "그 뜻이 원대하며(其旨遠)"라는 말은 괘효사가 가지고 있는 의미가 매우 깊다는 말이다. 『주역』 속에 포함되어 있는 취지는 더할 나위 없이 심원하고, 그것이 담고 있는 의미는 음미(吟味)하면 할수록 더욱 묘미가 있다. "그 말이 문채가 나며(其辭文)"라는 말은 『주역』의 괘효사의 말에는 아름다운 문채(文)가 있다는 말이다. "문(文)"이라는 글자는 원래 노란색이나 빨강색 등으로 만들어진 아름다운 무늬나 모양이라는 의미의 상형문자이다. 후세에는 문자를

니 因貳하여 以濟民行하여 以明失得之報[370]니라.
인 이　　　이 제 민 행　　　이 명 실 득 지 보

역은 지나간 것을 밝혀서 오는 것을 살피며, 은미(隱微)한 것을 드러나게 하고 그윽함을 밝히며 (만물의 이치를) 열어서 마땅하게 이름을 붙이며, 사물을 분별하며 말을 바르게 하며 괘효사로 판단하니 (천하의 이치가) 완비됨이라. 이름을 일컫는 것은 작으나 그 취하는 유(類)는 크며, 그 뜻이 원대하며 그 말이 문채가 나며 그 말은 곡진하면서도 이치에 맞고, 그 일은 많이 벌려 놓았으면서도 (이치는 은밀하게) 숨어 있으니 의심나는 것으로 인하여 백성의 행동을 도와서 구제함으로써 길흉득실의 보답에 대해서 밝혔다.

조합하여 만들어진 아름다운 문장의 의미라는 뜻으로 사용하게 된 것을 말한다. 즉 『주역』의 괘효사의 말은 아름다운 멋진 문채(文彩)로 기록되어 있다는 의미이다.

368 『주역』의 괘효사의 말은 한결같지 않고 뒤얽혀 복잡한 우여곡절(迂餘曲折)의 다양한 내용과 사정들을 담고 있어서 복잡하지만 바른 도리에 모두 어긋나지 않는다는 말이다. 한강백은 "변화가 일정하지 않아 정해진 규칙이 없기 때문에 그 말이 매우 복잡하여 곡절이 있으나, 모두 (도리에) 어긋나지 않는다(變化无恒, 不可爲典要, 故其言曲而中也)"고 하였다.

369 "사(肆)"는 펼쳐져 있는 것, 여러 가지 사물이 널려 있는 것을 말한다. 『주역』에 실려 있는 것은 여러 가지의 물사(物事)가 명확히 눈앞에 펼쳐져 진열되어 있지만, 그 근본 원리는 은미하고 현묘하여 사람들이 쉽게 파악하지 못하는 곳에 숨어 있다는 말이다.

370 "이(貳)"에 대해서는 다양한 해석이 있다. 주자는 "의심(疑)"으로 보고 있고, 우번은 "건곤(乾坤)"으로, 김경방은 "길흉"으로 보고 있다. 여기에서는 주자의 입장에 따라 의심의 뜻으로 해석하려고 한다. 왜냐하면 모든 사물은 오직 하나가 있을 때는 그것밖에 없기 때문에 의심하는 일이 없지만, 두 개가 있을 경우에는 어느 것을 취할지를 의심해 망설이기 때문이다. 그래서 "이(貳)"자에서 "의(疑)"의 의미가 나온다. 백성들이 어떤 일을 할 경우에 의심하는 마음이 생기기 때문에 『주역』의 이치를 이용해 의혹스런 마음을 해결하고 백성들이 불선(不善)이나 악행(惡行)에 빠져 있는 것을 구제하여 좋은 길로 갈 수 있도록 도와주고 인도하여 구제하는 것을 말한다. 이런 과정을 통해 백성들이 자신이 올바른 도를 실천하였는가 그렇지 않은가에 따라 좋은 보답(報)이나 나쁜 보답, 즉 좋은 결과와 나쁜 결과가 있다는 것을 명확하게 가르침으로 나타내고 있다.

제6장의 대의 : 이 장은 『주역』이 건괘와 곤괘 두 개의 괘를 근본으로 만들어진 것이며, 그것이 변화하여 팔괘가 되고, 64괘가 되어, 괘의 이름과 그 말, 그리고 효의 말이 부가되었다는 것을 이야기하고 있다. 또한 이를 통해 우주의 조화로운 이치를 나타내고, 인사의 선악 득실에 의해 길흉화복의 응보가 있다는 것을 나타냄과 동시에 『주역』이 말하는 내용의 크고 광대함 그리고 그것이 가진 이치의 심원함을 찬미하고 있다.

제7장

易之興也 其於中古乎인저? 作易者 其有憂患乎[371]인저?
역 지 흥 야 기 어 중 고 호　　　　　작 역 자 기 유 우 환 호

『주역』의 흥함이 중고(中古) 시기인가? 『주역』을 만든 사람은 우환의식을 가지고 있었는가?

---

371 이 구절에 근거하여 『주역』이 만들어진 시기를 은말 주초의 시기로 보고, 문왕(文王)이 유리(羑里)의 감옥에 갇혀서 『주역』을 펴내었다는 것으로 말한다. 아래에서 말하는 9개의 괘는 세 번에 걸쳐서 진술하기 때문에 "삼진구괘(三陳九卦)" 또는 "삼진구덕괘(三陳九德卦)"라고 말하는데, 이것은 대부분 우환(憂患)에 처하여서 그 바름을 잃어버리지 않음을 말하고 있다. "중고(中古)"는 은나라와 주나라의 교체기를 말하고, "흥(興)"의 의미는 일어난다는 뜻 이외에 부흥(復興)의 뜻도 가지고 있다. 주자는 『주역본의』에서 "하나라와 상나라의 말기에 역의 도가 쇠미하였다. 문왕이 유리의 옥에 감금되어 괘사를 붙이니 역의 도가 다시 흥하였다(夏商之末, 易道中微, 文王拘於羑里而繫彖辭, 易道復興)"고 하였는데 참고할 만하다. "『주역』을 만든 사람은 우환의식을 가지고 있었는가(作易者, 其有憂患乎)"라는 말에서 "기(其)"는 추측의 뜻을 가지고 있고, "작역자(作易者)"는 문왕을 가리킨다. 문왕은 주(紂) 임금에 의해서 유리의 감옥에 감금되어 있었기 때문에 "우환이 있었다(有憂患)"라고 말한다. 공자가 뒤의 문장에서 삼진구덕을 말하는 것은 이것과 관련이 있는데, 우환이 원인이라고 한다면 구덕은 결과라고 할 수 있다.

是故로 履는 德之基也³⁷²요 謙은 德之柄也³⁷³요 復은 德之本也³⁷⁴

요 恒은 德之固也³⁷⁵요 損은 德之脩也³⁷⁶요 益은 德之裕也³⁷⁷요 困

은 德之辯也³⁷⁸요 井은 德之地也³⁷⁹요 巽은 德之制也³⁸⁰라. 履는 和

---

372 "이(履)"는 고대에서는 동사인 '실천한다'는 의미로 사용되었고 또 명사인 예(禮)로도 사용되었다. 여기에서 말하는 "이(履)"는 명사로서의 예이다. 『설문해자』에서도 예를 "이"로 말하고 있다.(禮, 履也) 기본적으로 이괘(履卦)는 조심스럽게 걷는 것을 말하는데, 예(禮)에 따라 행동하는 것을 상징하고 있다. 이(履)의 도에 따라 조심하면서 예절에 맞게 행동하는 것이야 말로 덕(德)의 기초가 된다고 말한다.

373 겸손을 행하면 도덕의 자루 또는 핵심적 줄기를 잡은 것이나 다름없기 때문에 "병(柄)"이라는 말을 사용한다. 즉 겸손이야 말로 도덕을 실천하는 출발이고 핵심이고 줄기라는 말이다.

374 "복(復)"은 복귀(復歸)나 회복의 뜻으로 사람이 올바른 도를 회복할 수 있다면 덕의 근본이 된다는 것이다. 예를 행하고 겸손하면 인성의 본래 선함으로 돌아갈 수 있다는 말이다.

375 사람이 항심(恒心)으로 정도를 지키면 도덕은 늘 공고할 수 있다.

376 스스로 불선(不善)함과 지나침을 덜어내어 욕망을 조절하여 도덕을 닦는다는 말이다. 선한 본성을 공고히 해서 악념(惡念)과 사념(私念)을 덜어낸다.

377 바른 생각과 미행(美行)을 증가시켜 그 덕을 날로 넉넉하고 충실하게 한다. 그러므로 육상산(陸象山)은 『상산어록(象山語錄)』에서 "선함이 날로 쌓이면 관대하고 넉넉해지기 때문에 익은 덕의 넉넉함이라고 말하는 것이다(善日積則寬裕, 故曰益德之裕也)"고 하였다.

378 "곤(困)"은 곤궁(困窮)이고, "변(辨)"은 "변별(辨別)"이다. 곤궁(困窮)할 때에 어떤 사람이 가지고 있는 인품과 덕성이 어떠한가를 분명히 변별하게 해준다. 즉 곤궁한 경우를 당한 후에 어떤 사람의 덕이 진정으로 충실하고 완벽한 것인지를 판별할 수 있다는 것이다.

379 정괘(井卦)의 「단전(彖傳)」에서 "정은 길러내는 데 다함이 없다(井養而不窮也)"고 하였는데, 이런 우물(井)의 작용은 마치 땅이 한 자리에서 움직이지 않고 만물을 길러주는 데에 끝이 없는 것과 똑 같은 의미를 가지고 있다.

380 "손(巽)"은 순종을 말하는 것으로 명령에 따르는 의미를 가지고 있다. "제(制)"는 규범을 만든다는 의미를 가지고 있다. 손괘의 「대상전」에서 "군자가 명령을 제정하여 일을 행한다(君子以申命行事)"고 하였는데, 손은 명령을 제정하여 그것을 아래로 발동하기

而至³⁸¹하고 謙은 尊而光³⁸²하고 復은 小而辯於物³⁸³하고 恒은 雜而
이 지   겸   존 이 광   복   소 이 변 어 물   항 잡 이

不厭³⁸⁴하고 損은 先難而後易³⁸⁵하고 益은 長裕而不設³⁸⁶하고 困은
불 염   손   선 난 이 후 이   익   장 유 이 불 설   곤

때문에 "덕이 만든 것이다(德之制)"고 말한다.

381 이괘(履卦)는 예(禮)를 말하는 괘이고, 예는 조화(和)를 강조한다. "지(至)"는 다른 사람에게 미치는 것을 말한다. 즉 예를 다른 사람에게 미치게 하면 사람과 사람간의 마찰과 다툼을 조화로 변화시킬 수 있다. 그러므로 『예기』「악기(樂記)」편에서는 "예가 통하게 되면(모든 사람에게 미치면) 다툼이 사라진다(禮至則不爭)"고 말한다.

382 겸손하게 대하여 스스로를 낮추면 다른 사람들이 더욱 존경하여 오히려 자신을 더욱 빛나게 할 수 있다.

383 "소(小)"는 미세한 징조를 말하는 것으로 양이 비로소 드러나기 시작하는 것을 의미한다. "변(辨)"을 왕인지(王引之)는 두루 퍼져 있다는 의미의 편(遍)으로 보고 있는데, 매우 정확한 해석으로 보인다. 이 구절의 의미는 복괘(復卦)의 때에 양이 비록 작으나 만물에 두루 퍼져 있다는 것을 말한다. 복괘가 이야기하려고 하는 것은 사물의 미세한 징조를 미리 파악하여 바르지 않음을 알면 재빨리 고쳐서 올바름을 회복하는 데 그 핵심이 있다.

384 "잡(雜)"은 바른 것(正)과 그른 것(邪)이 서로 섞여 있는 것을 의미한다. 항괘(恒卦)는 지조를 지킴을 계속적으로 유지 하기 때문에 비록 바른 것과 그른 것이 서로 섞여 있는 경우에 있어서도 바른 도를 계속 지키는 것을 결코 싫어하지 않는다. "싫어하지 아니한다(不厭)"는 것은 바른 도를 계속 지키는 것을 결코 바꾸지 않는다(不改)는 말이다. 이는 『논어』「옹야(雍也)」편에 보이는 안회(顔回)가 누항(陋巷)에서 한 그릇의 거친 밥과 한 주박의 물로만 견디면서 도를 지키는 즐거움을 바꾸지 않는다(回也! 一簞食, 一瓢飲, 在陋巷, 人不堪其憂, 回也不改其樂)는 것과 같다.

385 한강백은 "깎고 드러내어서 자신을 수양하기 때문에 앞에서는 어렵다. 몸이 딱여져 근신이 없어지기 때문에 뒤에는 쉬워진다(刻損以脩身, 故先難也. 身脩而无患. 故後易也)"고 하였다. 나쁜 마음과 사사로운 욕망을 줄이는 시작은 매우 어렵다. 그러나 계속하다보면 뒤에 가서는 점점 쉬워진다는 말이다.

386 "설(設)"을 한강백은 "허설(虛設)"로 보았고, 주자는 "조작(造作)"으로 해석하였다. 대체로 한강백이 말하는 것이 더 적절한 것으로 보인다. 이 구절의 의미는 오랫동안 길러 넉넉히 해주되 헛되이 베풀지는 않는다는 말이다. 즉 익괘(益卦)는 다른 사람에게 이익을 베푸는 것으로 아직 부족한 자신의 덕을 날로 더 길러야 하는데도 억지로 그것을 다른 사람에게 베풀려고 해서는 안 된다는 말이다.

窮而通³⁸⁷하고 井은 居其所而遷³⁸⁸하고 巽은 稱而隱³⁸⁹하니라.
궁 이 통　　　 정　 거 기 기 소 이 천　　　손　 칭 이 은

　이런 까닭으로 이(履)는 덕의 기초요, 겸(謙)은 덕의 자루요, 복(復)은 덕의 뿌리요, 항(恒)은 덕의 확고함이요, 손(損)은 덕의 닦음이요, 익(益)은 덕의 넉넉함이요, 곤(困)은 덕의 분별함이요, 정(井)은 덕의 땅이요, 손(巽)은 덕이 만든 것(制)이다. 이(履)는 조화롭게 하여 다른 사람에게 이르게 하고 겸(謙)은 존경받으면서 (그 덕이 더욱) 빛나고 복(復)은 작으면서도 다른 사물들에 두루 퍼져 있고 항(恒)은 섞여 있으면서도 싫어하지 아니하고 손(損)은 먼저는 어렵지만 나중에는 쉽고 익(益)은 길고 넉넉하면서도 헛되이 베풀지 아니하고 곤(困)은 궁하면서도 통하고 정(井)은 자기 자리에 가만히 있으면서 옮겨가고 손(巽)은 저울질하면서 드러내지 않고 은미하다.

履以和行³⁹⁰하고 謙以制禮³⁹¹하고 復以自知³⁹²하고 恒以一德³⁹³하고
이 이 화 행　　　 겸 이 제 례　　　 복 이 자 지　　　 항 이 일 덕

---

387 주자는 "몸은 곤궁하나 도는 오히려 형통한다(身困以道亨)"고 하였다. 곤궁의 어려움을 통하여 그 지키는 바를 바꾸지 아니하면, 몸은 비록 곤궁하나 도는 더욱 형통한다는 말이다.

388 "천(遷)"은 혜택을 다른 사람에게 옮겨주고 이익을 주는 것을 말한다. 정괘(井卦)는 우물이 사람과 만물을 길러주는 작용을 본받아 자기 위치에서 그 은덕을 다른 사람에게 베풀어 주어야 함을 말하고 있다.

389 여러 가지 사건의 경중대소(輕重大小)를 고려하고 짐작하여 때에 맞게 적절하게 일을 처리하는 것을 말한다. 하지만 이러한 행동은 사람들 눈에 잘 보이지 않는다. 즉 군자가 시세를 관찰하고, 인정(人情)을 관찰하고 일의 대소경중을 저울질하여 때에 맞는 적절한 처리를 하지만 겸손하여 자신을 잘 드러내지 않으니 그 형적이 거의 보이지 않음을 말한다.

390 이괘(履卦)가 말하려고 하는 것은 예(禮)에 따라 조심스럽게 행동하는 것으로 이른바 "조화롭게 하여 다른 사람에게 이르게 하는(和而至)" 것이다. 예는 사람과 사람간의 관계를 조화하여 충돌을 피하게 만든다.

391 "제(制)"에 대한 해석은 크게 세 가지 정도이다. 우선 고형은 "따른다(從)"는 의미로 사

損以遠害[394]하고 益以興利[395]하고 困以寡怨[396]하고 井以辯義[397]하고
손 이 원 해 익 이 흥 리 곤 이 과 원 정 이 변 의

巽以行權[398]하나니라.
손 이 행 권

이(履)로써 조화롭게 행동하고, 겸(謙)으로써 예를 따르고, 복(復)으로써 스스로 알고, 항(恒)으로써 덕을 한결같이 하고, 손(損)으로써 해로움

용하고 있고, 육상산은 절제(節制)의 의미로 사용하고 있고, 또 어떤 사람은 제정하고 짓는다는 의미로 사용하는 경우가 있다. 고형은 "제(制)"를 창제(創制)의 뜻으로 보아서는 곤란하다고 말한다. 여기에서의 "제(制)"는 "따른다(從)"는 의미로 사용한다고 말한다. 즉 오직 겸손하고 공손하여야 비로소 예에 따라 행동할 수 있다고 말한다. 『주역대전금주』 438쪽 참조 바람.

392 선한 본성으로 복귀하는 여부는 자각(自覺)에 있다. 선한 본성을 가지고 있다는 것을 스스로 아는 것을 일러 "자지(自知)"라고 한다.

393 항괘(恒卦)는 바름을 지키고 다른 것으로 옮겨 가지 않는 것을 말한다. 그러므로 그 덕을 하나로 지키는 것을 말한다. 공영달은 "일덕(一德)"을 그 덕을 순일(純一)하게 것으로 말하고 있다.

394 손괘(損卦)는 불선함을 들어내고 그 몸을 바르게 닦아 해를 피하는데 그 핵심이 있다. 한강백은 "자신을 수양하는 것에 도달하면 해로운 것에서 멀리할 수 있다(止於修身, 故可以遠害而已)"고 하였다.

395 바른 생각과 올바른 행동을 많이 하면 할수록 이로움이 생긴다는 말이다. 공영달은 『주역정의』에서 "다른 것들을 이롭게 해줄 수 있으면 다른 것 또한 스스로를 이롭게 하기 때문에 이익이 생긴다(旣能益物, 物亦益己故興利也)"고 하였다.

396 사람이 곤궁에 처해 있을 때에 다른 사람을 해쳐서도 원망해서도 안 되기 때문에 과원(寡怨)이라고 말한다. 이에 대해 한강백은 "곤궁하다고 하여 넘쳐서는 안 되고 다른 것을 탓하여 원망하지는 않는다(困而不濫, 无怨於物)"고 하였다.

397 "변(辯)"은 "변(辨)"과 같은 뜻이다. 정괘(井卦)의 쓰임은 널리 길리주는 데에 있다. 육상산은 「어록(語錄)」에서 "군자의 뜻은 사물은 구제하는 데에 있으니 우물의 뜻에서 사람들은 군자의 뜻을 밝힐 수 있다(君子之義, 在於濟物, 於井之義, 人可以明君子之義)"고 하였다. 말하자면 우물이 사람들에게 물을 공급하듯이 올바른 정의(正義)를 실천하여야 한다는 말이다.

398 "권(權)"은 저울추를 말하는데, 앞뒤로 이동하여 다는 물건의 경중에 따라 평형을 이루도록 해주는 물건이다. 사태를 처리하는데 있어서도 이치에 겸손하게 복종하여 마치 저울로 경중을 다는 것처럼 원활하게 움직여 마땅함을 벗어나지 않아야 한다.

을 멀리 하고, 익(益)으로써 이로움을 일으키고, 곤(困)으로서 원망을 적게하고 정(井)으로써 의(義)를 분별하고 손(巽)으로써 권도(權道)를 행한다.

    제7장의 대의 : 본 장은『주역』이 우환(憂患) 때문에 지은 책이라는 것을 말하여 삼진구덕괘(三陣九德卦)를 말하고 있다. 그 내용은 모두 도덕 수양에 관한 내용들이다.

제8장

易之爲書也 不可遠³⁹⁹이요 爲道也屢遷⁴⁰⁰이라 變動不居하여 周流
역 지 위 서 야　불 가 원　　　위 도 야 루 천　　　변 동 불 거　　　주 류

---

399 이 구절은『주역』이라는 책이 인간사의 여러 가지 문제들을 담고 있어서 평시에도 상(象)을 관찰하고 그 이치를 따지면 이 책이 가지고 있는 의미를 충분히 파악할 수 있기 때문에 결코 나와 상관없는 심오한 이치나 내용만 다루는 책이 아니라는 말이다.『주역절중』에서 후과(侯果)는 "가만히 있을 때는 상을 관찰하고, 움직일 때는 점을 살피기 때문에 이 책은 멀리할 수 없는 것이다(居則觀象, 動則玩占, 故不可遠也)"라고 하였다. "멀리할 수 없다(不可遠)"는 말에 대해 주자는 "잊어서는 안 된다(不可忘)"는 것으로, 초순은 "떨어질 수 없다(不可離)"는 것으로 말하고 있는데 공통점은『주역』이라는 책이 말하는 것은 결코 우리의 실제 삶의 내용들을 벗어나 있는, 도리, 즉 매우 심오하고 현원(玄遠)한 도리를 말하는 것이 아니라 항상 우리의 현실 문제와 떨어져 있지 않다는 말이다. 예를 들면『주역』이 복잡한 천상(天象)의 문제를 논하지만, 다른 한 편으로는 인간의 현실적 삶의 편의를 위한 관상제기(觀象制器)라는 실용적(實用的)인 문제에 더 많은 비중을 두고 있다는 점을 말할 수 있을 것이다.

400 『주역』의 도(道)는 항상 여러 번, 자주 옮긴다는 말이다. "누(屢)"는 여러 번, 자주의 뜻을 가지고 있다. 말하자면『주역』의 도는 한번 음하고 한 번 양하여 계속적으로 변화하는 것으로 이런 변화 속에 도가 자리한다. 즉 도의 작용이 변통(變通)하여 어떤 하나에 막혀서 머무르지 않는다는 말이다.

六虛⁴⁰¹하여 上下无常하며 剛柔相易⁴⁰²하여 不可爲典要요 唯變所

육 허　　　　상 하 무 상　　　　강 유 상 역　　　　불 가 위 전 요　　　유 변 소

適⁴⁰³이니 其出入以度하여 外內에 使知懼⁴⁰⁴하며 又明於憂患與故⁴⁰⁵

적　　　기 출 입 이 도　　　외 내　　사 지 구　　　우 명 어 우 환 여 고

---

401 "거(居)"는 머문다(止)는 뜻이고 육허(六虛)는 육효를 가리킨다. 이 구절은 『주역』이 변동(變動)을 근본으로 삼고 있고, 그 이치는 육효의 사이를 두루두루 유행(流行)하고 있음을 설명하고 있다. 공영달은 육효, 즉 육위(六位)를 육허로 말하는 이유는 위(位)가 본래 체가 없기(無體) 때문이라고 하였다.

402 "여섯 빈자리에 두루 흘러 오르내리기(周流六虛)" 때문에 위로 올라가거나 아래로 내려가는 여러 가지 무상(無常)한 변화가 일어나고, 강과 유가 서로 자리를 바꾸는 경우가 있기 때문에 "오르내림이 일정함이 없으며, 굳센 것과 부드러운 것이 서로 바뀌어(上下无常, 剛柔相易)"라고 말하는 것이다.

403 "전요(典要)"는 변화를 모르는 낡은 규칙, 낡은 틀, 또는 교조(敎條) 만을 주장하는 일정한 표준을 말한다. "유변소적(唯變所適)"의 "적(適)"은 "따르다" 또는 "가다"는 의미로 오직 주어진 상황에 적합하게 하여 변화하고 따라 간다는 의미이다. 이 구절은 『주역』의 이치가 변화를 향하기 때문에 고정하여 움직일 줄 모르는 "전요(典要)"에 집착해서는 안 된다는 말이다.

404 이 구절에 대해 주자는 의미가 분명하지 않다고 말하고 아마도 문자의 탈오(脫誤)가 있는 것으로 의심하고 있다. "도(度)"는 분별, 분수나 법칙을 말한다. 즉 역도(易道)는 비록 변동불거(變動不居)하지만 그러나 그것의 출입(出入)에는 또한 법칙이 있어서 완전히 파악할 수 없는 것은 아니라는 것을 말하고 있다. "(괘의) 외내(外內)에 사람들로 하여금 두려움을 알도록 하고(外內使知懼)"라는 말은 행동을 할 때 신중히 하도록 하여야 함을 말한다. 이 구절에 대해 『주역절중』은 반몽기(潘夢旂)의 말을 인용하고 있는데 "주역은 비록 일정한 표준으로 삼을 수 있는 것이 없지만 그것이 출입하고 왕래하는 것에는 모두 법도가 있어서 함부로 망동하는 것이 아니다. 그러므로 괘의 바깥과 안에서 사람들에게 충분히 두려움을 알도록 하게 한다(易雖不可爲典要, 其出入往來, 皆有法度, 而非妄動也. 故卦之外內, 皆足以使人知懼)"고 하였다. 여기에서 말하는 출입하고 왕래하는 것에는 모두 일정한 법도가 있다고 하는 법도는 바로 사리 낭연의 법칙을 의미하는데, 이것은 괘효 속에서 길흉회린의 경계하는 말들로 표현된다고 할 수 있다.

405 이 구절의 의미는 다가올 미래의 우환과 우환의 원인을 분명하게 밝혀 대비하여야 함을 말한다. 『주역절중』에서는 주진(朱震)의 말을 인용하여 "스스로가 처해 있는 우환과 우환을 초래한 까닭에 대해 밝힌다(明於己所當憂患, 與所以致憂患之故)"라고 하였다. 만약 그 원인을 분명하게 밝히지 못하면 비록 우환을 벗어나려는 뜻은 가지고 있다고 하더라도 여전히 위태롭다. 여기에서 우환의 원인을 찾기 위해서는 과거의 일을 반성하고 살펴보는 태도가 중요하다.

라 无有師保나 如臨父母⁴⁰⁶하니 初率其辭而揆其方컨댄 旣有典常⁴⁰⁷

이어니와 苟非其人이면 道不虛行⁴⁰⁸하나니라.

역이라는 책은 멀리할 수 없는 것이요, 도(道)됨이 자주 옮긴다. 변동하여 머물지 않아 여섯 빈자리에 두루 흘러 오르내림이 일정함이 없으며, 굳센 것과 부드러운 것이 서로 바뀌어 일정한 표준으로 삼을 수 없고, 오직 변

---

406 "사보(師保)"는 귀족의 자제들을 가르치는 사람을 말한다. 『예기』「문왕세자(文王世子)」편에서 "궁전에 들어와서 생활할 때에는 보가 있고, 출궁하여 공부할 때에는 사가 있어서 철저히 가르쳐서 덕을 이루게 한다(入則有保, 出則有師, 是以敎喩而德成也)"고 하였다. 『주역』의 이치를 응용할 수 있는 자는 비록 사와 보의 가르침이 없다고 하여도 마치 부모님이 계신 듯이 하고, 항상 조심스럽게 행동하여 잘못을 저지르지 않는다고 말한다.

407 "사(辭)"라고 하는 것은 『주역』의 괘와 효의 말을 가리킨다. "솔(率)"이라고 하는 것은 굽혀서 따르는 것을 말하고, "방(方)"은 방향 또는 따라야 하는 도리(道)를 말한다. 그 도리를 헤아린다고 하는 것은 괘의 변화가 어떠한 방향을 향해 나아가고 있는가를 헤아리는 것을 말한다. "전상(典常)"은 일정(一定)하여 변하지 않는 도를 말한다. 사람은 우선 괘와 효의 말에 따르고 그 말을 근거로 해서 나아가고, 그 괘와 효는 어떠한 방향으로 나아가고 있고 어떻게 발전하고 어떻게 변화하는가를 헤아려 고찰하면 그 속에 이미 불변의 상도(典常)가 있다. 즉 사람이 항상 본받고 평소에 행할 수 있는 상도가 괘와 효, 그리고 그 말 속에 갖추어져 있다는 말이다. 그런데 앞에서는 "일정함이 없으며(不可爲典要)"라고 말했는데, 여기에서는 또 "변하지 않는 법칙이 있다(有典常)"고 한다. 이 문제는 어떻게 설명해야 하는가? 이에 대해 『주역절중』에서는 공환(龔煥, 송말원초의 역학자. 저서로는 『역설(易說)』이 있음)의 말을 인용하여 "'일정함이 없으며'라는 말은 강유의 변역(變易)에 상도가 없다는 것을 말하는 것이고, '이미 변할 수 없다는 법칙이 있다'는 것은 괘효가 정해져서 변하지 않는 것을 가지고 말한 것이다(不可爲典要者, 以剛柔之變易无常者言也. 旣有典常者, 以卦爻之一定而不可易者言也)"고 하였다.

408 "구(苟)"는 만약의 뜻이고, "기인(其人)"은 역도의 이치를 파악하여 실천할 수 있는 현명한 사람을 말한다. 도는 스스로 행(行)할 수 없고, 오직 이런 현명한 사람을 통해야 도를 올바로 행할 수 있고 제대로 구현(具現)시킬 수 있다는 말이다. 이 구절에 대해 빌헬름은 "만약 당신이 (역도를 파악한)사람이 아니라면, (도의) 의미는 당신에게 나타나지 않을 것이다"(349쪽 참조)라고 번역 하였다.

해서 갈 뿐이니 나가고 들어옴을 법도로써 삼으며, (괘의) 내외에 사람들로 하여금 두려움을 알도록 하고 있고, 또한 다가올 미래의 우환과 그 까닭을 분명하게 밝히고 (太師와 太保와 같은) 스승이 없어도 (『주역』이 모든 것을 가르쳐 주므로) 마치 나에게 임하는 부모와 같으니 처음에 그 말을 따라서 그 방도를 헤아려 보면 이미 변하지 않는 법칙이 있거니와 만약 (그것을 파악하고 실천할 수 있는) 그런 사람이 아니라면, 도는 헛되어서 (결코) 행해질 수 없다.

제8장의 대의 : 앞부분에서는 변(變)과 변역(變易)을 말하고 뒤 부분에서는 불변과 불역(不易)을 말하고 있다. 특히 현실적 치용(致用)의 관점에서 변화의 도와 괘효사의 철학적 의미를 설명하고 있다. 또한 『주역』이 가진 지혜는 그것을 파악하고 실천할 수 있는 사람을 통해서 실천될 수 있다는 점을 강조한다.

제9장

易之爲書也 原始要終하여 以爲質也[409]하고 六爻相雜은 唯其時物
역 지 위 서 야　원 시 요 종　　　이 위 질 야　　　　육 효 상 잡　　유 기 시 물

---

[409] "원(原)"이라는 말은 사물의 근원을 살펴 관찰하고 살피는 것을 말한다. "시(始)"를 살핀다고 하는 것은 어떤 괘의 시작의 근원을 궁구하여 살피는 것을 말한다. 어떤 한 괘는 어떤 하나의 상태나 사태를 표현하고 있는데, 그런 상태가 시작된 것은 어떠한 원인에 의한 것인가를 궁구하고 연구하는 것을 말한다. "끝마치는 부분을 추구하다(要終)"는 것은 그 괘의 종극의 상태나 사태가 어떠한 것인가를 알려고 추구하는 것이다. 현재의 이 상태가 이후 어떠한 상태로 변화하는가를 세세한 점까지 깊이 파고드는 것이 바로 "끝마치는 부분을 추구한다(要終)"는 말이다. "질(質)"은 본질·본체 또는 바탕의 의

也[410]라 其初는 難知요 其上은 易知니 本末也[411]라 初辭擬之하고

卒成之終[412]하니라. 若夫雜物과 撰德과 辯是與非는 則非其中爻면

미로 여기서는 한 괘의 괘체(卦體)를 말한다. 즉 한 괘는 초효에서 시작하여 상효에 이르는 여섯 효로 구성되어 있는데, 초효는 시작이고 상효는 종(終)으로 하나의 괘를 형성한다.

410 "육효가 서로 섞인다(六爻相雜)"고 하는 것은 음효와 양효가 여러 가지 형태로 섞여 있고 64괘 속에는 음효와 양효가 같이 배치된 것이 한 괘도 없을 정도로 서로 섞여 변화하고 있다. 모든 괘는 육효를 가지고 있고, 그들 육효는 여러 가지 형태로 섞여 있어서 어떤 한 시기에 적합하게 맞는 일을 해야할 것을 가르치고 있다. 예를 들면 건괘 초구의 "잠룡물용(潛龍勿用)"이 말하려는 것은 초구의 시기에는 어떻게 행동해야 하고 이 시기에 해야 할 일을 가르치고 있다. 또 상구에 "항룡유회(亢龍有悔)"라고 하는 것은 건의 상구의 시기에 어떻게 행동해야 하는지 또 이 시기에 해야 할 일을 가르치고 있다. "시(時)"는 각 효가 처해 있는 특정한 시의(時宜), 즉 그 당시의 사정에 가장 알맞은 일이나 태도 또는 그런 요구를 의미한다. "물(物)"은 각효가 상징하고 있는 음양의 물상(物象)을 가리킨다. 이 구절은 여섯 효가 서로 섞여서 서로 다른 시태(時態)와 물상을 반영하고 있음을 설명하고 있다. 상병화는 "육효의 강유가 서로 섞여 있으나 효는 각각 그 시를 가지고 있고 하나의 사물을 가지고 있는데, 시와 물이 옳으면 길하고 옳지 않으면 흉하다(六爻剛柔相雜, 然爻各有其時, 各有其物, 時物當則吉, 否則凶也)"고 하였다.

411 "초(初)"는 초효(初爻)를 말한다. 초효는 사물이 막 시작한 것을 의미하는 것으로 그 전체를 알기는 어렵다. "상(上)"은 상효를 말한다. 상효는 사물의 종료(終了)를 의미하여 그 전체를 알기 쉽다. 이는 마치 나무의 본말(本末)처럼 단지 그 나무의 뿌리만 보고서는 전체 나무를 알 수 없지만, 나무의 끝인 지엽(枝葉)을 보면 나무의 전체 모습을 쉽게 알 수 있는 것과 같다.

412 "사(辭)"는 효사(爻辭)를 말하고, "의(擬)"는 사물을 빗대어 말하는 것을 의미한다. 초효는 사물의 시작을 말하기 때문에 사물의 전체(전모)를 알 수 없다. 그 때문에 초효의 효사는 곧바로 말하지 못하고 빙 둘러서 빗대는 것이라고 말한다. "졸(卒)"은 상효(上爻)의 종료(終了)하는 말을 말한다. 상효는 사물의 종료를 의미하는 것이기 때문에 사물의 변화를 쉽게 알 수 있다. 이에 대해 한강백은 "일은 은미한데서 시작되어 나중에 드러나는 것에 이르는데, 초라는 것은 헤아리기 시작하는 것으로 일의 단초를 빗대어 논의했으므로 알기 어렵다. 상효는 괘의 끝으로 일이 다 이루어져 드러났으므로 알기 쉽다(夫事始於微而後至於著, 初者數之始, 擬議其端, 故難知也. 上者卦之終, 事皆成著, 故易知也)"고 하였다.

不備⁴¹³하리라. 噫라! 亦要存亡吉凶인댄 則居可知矣⁴¹⁴어니와 知者

觀其彖辭하면 則思過半矣⁴¹⁵리라.

『주역』이라는 책은 시작되는 부분을 살펴 끝마치는 부분을 추구하는 것을 바탕으로 삼고, 여섯 효가 서로 섞이는 것은 오직 그 때와 사물의 상을 반영한다. 그 처음은 알기 어렵고, 그 상(上)은 알기 쉬우니 본(本)과 말(末)이다. 처음의 말은 (곧바로 말하지 못하고 빙 둘러서) 빗대고 마침내는 끝을 이루니라. 만약 물건을 뒤섞는 것과 덕을 가리는 것과 시(是)와 비(非)를 분변함 같은 것은 그 중효(中爻)가 아니면 갖추지 못하리라. 아! 또한 존망(存亡)과 길흉을 요약하면 분명히 알 수 있으며 지혜로운 자가 단사(彖辭)를 보면 생각이 반을 지나리라.

---

413 "약부(若夫)"는 발어사(發語辭)로 "~같은 것" 또는 "~에 있어서"의 뜻을 가지고 있다. "잡물(雜物)"은 강유의 물상이 섞인 것을 말하고, "선덕(撰德)"은 여러 사물이 섞인 것 중에서 그에 해당하는 덕을 가려서 짝하는 것을 말한다. "덕(德)"은 성질을 의미하고, "중효(中爻)"는 2·3·4·5효를 말한다. "시여비(是與非)"는 구체적으로 효위의 중과 부중(不中)·정과 부정(不正)·당과 부당(不當)·응과 불응(不應) 및 비와 불비(不比) 등을 가리킨다. 초효와 상효의 두 효는 비록 사물의 종시(終始)를 대표하고 있지만, 만약 강유가 서로 섞여서 가지게 되는 성질을 판단하고 그 정확한 여부를 변별할 수 있기 위해서는 중간에 있는 네 효가 없으면 불가능하다는 말이다.

414 "요(要)"는 요구하다, 희망하다는 의미이다. 『주역집해』에서 최경은 "기가지(居可知)"를 "분명히 알 수 있다(居然可知矣)"는 의미로 말하기도 한다. 그러나 보통은 길흉존망을 알려고 하면 집안에 가만히 움직이지 않고 앉아서도 괘효의 관계와 괘효사를 음미하면 알 수 있다는 뜻이다.

415 "지(知)"는 "지(智)"와 같은 뜻이고, "단사(彖辭)"는 괘사를 말한다. 괘사는 여섯 효를 전체적으로 살펴서 그것이 가지고 있는 의미를 세워 한 괘가 가지고 있는 전체적인 뜻을 이야기하기 때문에 지혜로운 사람은 괘사만 보고서도 한 괘를 의미를 이미 반 이상 이해할 수 있다고 말한다.

二與四 同功而異位하여 其善이 不同[416]하니 二多譽하고 四多懼는
이 여 사 동 공 이 이 위　　　　기 선　　　불 동　　　　　이 다 예　　　　사 다 구

近也[417]일새니 柔之爲道 不利遠者컨마는 其要无咎는 其用柔中也[418]
근 야　　　　　유 지 위 도 불 리 원 자　　　　　　기 요 무 구　　　기 용 유 중 야

일새라. 三與五 同功而異位하여 三多凶하고 五多功은 貴賤之等
　　　　　삼 여 오 동 공 이 이 위　　　　삼 다 흉　　　오 다 공　　　귀 천 지 등

也[419]일새니 其柔는 危하고 其剛은 勝耶[420]인저?
야　　　　기 유　　위　　　기 강　　　승 야

---

416 "공(功)"은 음양의 기능 혹은 작용을 가리키고, "위(位)"는 바로 상하의 효위(爻位)를 말한다. "선(善)"은 좋고 나쁨의 이해득실을 가리키는 것으로 보인다. 이 두 구절은 이와 사 두 효가 모두 음의 자리에 속하지만, 각각 내괘(內卦)나 외괘(外卦)에 자리하여 그 이해득실은 또한 시(時)와 위(位)의 다름에 따라서 각각 달라지게 된다는 것을 설명하고 있다.

417 "근(近)"은 사효가 오효인 군위(君位)에 가까이 있다는 것을 가리킨다. 이것은 이효가 아래에서 중(中)을 지키고 있기 때문에 "영예로움이 많은(多譽)" 경우이고, 사는 오의 군위에 가까이 있기 때문에 "두려움이 많은 것(多懼)"이라고 말한다. 이효는 하괘에서 중을 얻고 있고, 사효는 상괘에서 중을 얻고 있지 못하다. 이효는 지위가 비천하고, 사효는 지위가 높다. 이효는 오효 천자의 지위에서 멀고, 사효는 오효의 천자의 지위에 가깝다. 그 좋은 점이나 위치가 각각 다르다는 것이다. 이효의 지위는 이름이 높고 명예를 얻을 일이 많다. 이것은 중을 얻고 있기 때문이다. 사효는 위태하고 계신(戒愼)해야 할 일이 많다. 이것은 사효는 지위가 높고 대신의 자리에 있어서 천자와 가깝기는 하지만 오히려 위태롭고 더욱 계신(戒愼)하고 공구(恐懼)해야 할 일이 많다는 것이다.

418 이것은 이효가 영예로움이 많은 원인이 무엇인가에 대해서 말하고 있다. 이효는 음의 자리이기 때문에 "유(柔)"라고 말한다. "유중(柔中)"은 유의 자리에 처하고 또 중을 얻은 것을 말한다. 이른바 "득중(得中)"은 한 괘의 중위에 자리하는 것을 가리킨다. 여섯 효 중에서 오직 이효와 오효만이 중을 얻는다. 이 구절이 이야기하려고 하는 것은 이효가 오효로부터 거리가 멀어 본래는 불리하지만, 이효는 많은 상황에서 여전히 허물이 없다. 왜냐하면 이효는 부드러움을 이용하여 중을 얻고, 음의 자리에 있을 뿐만 아니라 또 내괘(內卦)의 중에 자리하고 있기 때문이다.

419 "기능이 같다(同功)"고 하는 것은 삼효나 오효 모두 양의 자리에 있음을 말한다. "자리가 다르다(異位)"는 말은 귀하고 비천한 지위가 다르다는 것을 말한다. 오효는 귀한 천자의 지위에 있고, 삼효는 하괘에 있어 신하의 지위로 신분이 낮다. 삼효와 오효는 다 같이 양의 자리에 있지만 신분의 귀천이 다르다. 삼효는 흉한 일이 많고, 오효는 공을

이효와 사효는 기능이 같으나 자리가 달라서 그 좋고 나쁜 점이 같지 않으니 이효는 영예로움이 많은 반면 사효가 두려움이 많은 것은 (사효가 왕의 자리인 오효에) 가깝기 때문이니, 유의 도는 멀리 있는 것이 이롭지 않지만은 가장 중요한 요지가 허물이 없다는 것에 있음은 유로써 중(中)에 있기 때문이다. 삼효와 오효는 기능이 같으나 자리가 달라 삼효에는 흉함이 많고 오효에는 공이 많음은 귀천의 차등이 있기 때문이니 유는 위태롭고 강효는 자기의 역할을 충분히 이겨내도다!

제9장의 대의 : 이 장은 주로 효와 위(位)의 관계에 대해 이야기하고 있다. 먼저 초효와 상효에 대해 말하고 다시 집중적으로 중간의 네 효에 대해 상징적인 함의를 분명히 이야기하고 있다.

제10장

易之爲書也 廣大悉備하여 有天道焉하며 有地道焉하며 有人道焉
역지위서야 광대실비   유천도언   유지도언   유인도언

이루는 일이 많은 것은 귀하고 친한 등급이 다르기 때문이다. 삼효는 상과 하의 두 개의 괘의 경계에 있고 위험한 지위이기 때문에 흉한 일이 많다. 오효는 천지의 높은 지위에 있고 천하의 군주로서 떠받쳐지고 있다. 이 때문에 커다란 공적을 세우는 일이 많다. 420 삼효와 오효는 모두 양이 있어야 할 자리이기 때문에 강한 양효가 있어야 한다. 만약 유(柔)한 음효가 이 자리에 있을 경우 힘이 약하여 직분을 다하지 못하여 삼효는 처음부터 흉이 많고, 오효도 공적을 세우는 일이 많지 않고 위태롭게 된다. 만약 강한 양효가 이 위치에 있으면 일을 과감하게 행할 수 있어 오효는 커다란 공적을 성취할 수 있고, 삼효도 그 임무를 충분히 감당할 수 있다. 삼효와 오효의 지위는 양으로 강효가 이곳에 있어야 하고, 음효가 이곳에 있는 것은 좋지 않다고 하는 것이다.

하며 兼三材而兩之라 故로 六이니 六者는 非它也라 三才之道也[421]
겸 삼 재 이 양 지　　고 육　　육 자 는　비 타 야　　삼 재 지 도 야

니 道有變動이라 故曰爻[422]요 爻有等이라 故曰物[423]이요 物相雜이
도 유 변 동　　고 왈 효　　효 유 등　　고 왈 물　　　물 상 잡

라 故曰文[424]이요 文不當이라 故로 吉凶이 生焉[425]하니라.
고 왈 문　　　문 불 당　　고　길 흉　　생 언

---

421 "삼재(三材)"는 천·지·인을 말하고, "양지(兩之)"는 삼획으로 된 팔괘를 두 개씩 중첩하는 것을 말한다. "삼재(三材)"를 『주역집해』에서는 "삼재(三才)"로 쓰고 있고, 「설괘전」에서도 "삼재(三才)"로 쓰고 있다. "육(六)"은 육획(六劃) 또는 육위(六位)를 말한다. 이 구절은 삼획으로 된 팔괘 속에 삼재의 상징을 담고 있고, 그것을 중첩하여 만든 여섯 획의 64괘 역시 삼재의 상징을 가진다는 것을 말하고 있다. 그러므로 아래 문장에서 "이 여섯은 다름이 아니라 삼재의 도이니(六者, 非它也, 三才之道也)"라고 하는 것이다. 주자는 『주역본의』에서 "세 획에 이미 삼재가 갖추어짐에 거듭하였으므로 여섯이 되고, 위의 두 효를 하늘로 삼고 가운데의 두 효를 사람으로 삼고 아래의 두 효를 땅으로 한다(三畫已具三才, 重之故六, 而以上二爻爲天, 中二爻爲人, 下二爻爲地)"고 하였다.

422 이 구절은 천하의 움직임(動)을 본받은 것이 효(爻)임을 말하고 있다. 객관적 법칙으로서의 도는 운동변화하고, 이른바 효는 이런 변화를 본받은 것이라고 말한다. 효가 변화를 본받았다라고 하는 관점은 「계사전」에서 몇 번이나 출현한다. 예를 들면, "효라는 것은 천하의 움직임을 본받은 것이다(爻也者, 效天下之動者也)"라고 하였다.

423 "등(等)"은 상하와 귀천(貴賤)의 순서와 등급을 말하고, "물(物)"은 물상(物象)을 지칭한다. 이 구절은 음양의 물상이 육효의 상하귀천의 등급에 빗대어 만물을 상징한다는 것을 설명하고 있다. 한강백은 "등은 종류이다. 건은 양의 물건이고, 곤은 음의 물건이다. 효에는 음양의 종류가 있은 후에 강과 유의 쓰임이 있음으로 효라고 하고, 차등이 있으므로 물(物)이라 한다(等, 類也. 乾陽物也, 坤陰物也. 爻有陰陽之類, 而後有剛柔之用, 故曰爻有等故曰物)"고 하였다. 효(爻)는 역도(易道)의 실제 변화를 본딴 것으로 추상적이지 않고 구체적이다.

424 "문(文)"은 음물(陰物)과 양물(陽物), 귀한 것과 천한 것들이 서로 섞여서 무늬를 이루는 것을 가리킨다. 구체적인 효위를 가지고 분석하면 육효의 홀수자리는 양이고, 짝수의 자리는 음이기 때문에 초효에서부터 상효에 이르는 과정에는 음양의 위가 서로 교착(交錯)하여 다양한 무늬와 조합을 보여준다.

425 "문(文)"은 장식(裝飾) 혹은 무늬의 뜻으로 이런 장식이나 무늬에도 마땅함과 마땅하지 않은 구별이 있다. 마땅하면 길하고 마땅하지 않으면 흉하다는 말이다. 여기에서 말하는 장식의 내용에는 강효는 양의 자리에 있어야 하고 유효는 음의 자리에 있어야 마땅

『주역』이라는 책은 넓고 크게 다 갖추어서 천도가 있고 인도가 있고 지도가 있으니 삼재를 겸하여 둘로 포개었다. 그러므로 여섯이 되니 이 여섯은 다름이 아니라 삼재의 도이니, 도에는 변동이 있으므로 효라고 말하였고, 효에 차등이 있으므로 물(物)이라 말하였고, 물은 서로 뒤섞이므로 무늬(文)라고 말하고 무늬를 이룸이 (합당한 것도 있지만) 합당하지 않은 것도 있기 때문에 길흉이 생겨난다.

　　제10장의 대의 : 이 장은 효위(爻位)의 각도에서 『주역』이 삼재의 도리를 상징하고 있음을 말하고 효의 의미와 작용에 대해서 언급하고 있다.

제11장

易之興也 其當殷之末世 周之盛德耶인저? 當文王與紂之事耶[426]
역 지 흥 야 　기 당 은 지 말 세 　주 지 성 덕 야 　　　당 문 왕 여 주 지 사 야

인저? 是故로 其辭危[427]하여 危者를 使平하고 易者를 使傾[428]하니
　　　시 고 　기 사 위 　　　위 자 　사 평 　　이 자 　사 경

하고, 강효가 음의 자리에 있거나 유효가 양의 자리에 있는 것은 부당한 것이다. 마땅하면 길하고, 마땅하지 않으면 흉하기 때문에 길흉이 생긴다. 이것이 바로 효위 관계의 일반적인 통례(通例)이다.

426 문왕(文王)은 성이 희(姬)이고, 이름은 창(昌)으로 상(商)나라 주(紂) 임금 시기에 서백(西伯)으로 주족(周族)을 통치하였다. 당시 주나라의 국세가 매우 강성하였기 때문에 "주나라의 덕이 성한 시기(周之盛德)"라고 말한다. "주(紂)"는 "수(受)" 또는 "제신(帝辛)"이라고도 하는데, 상나라의 마지막 군주이다. 그 때문에 "은나라 말기(殷之末世)"라고 하였다. 이 구절은 『주역』이 은대 말과 주나라 초기 사이에서 성립된 것으로 추측할 수 있는데, 「계사전」 하의 7장에서 말하는 내용과 거의 일치한다.

427 "사(辭)"는 괘효사를 말한다. 『주역』을 지은이가 은나라 말기의 쇠퇴하는 시기에서 곤

其道甚大하여 百物을 不廢[429]하니 懼以終始라 其要无咎[430]니 此之
기 도 심 대　　　백 물　불 폐　　　　　　구 이 종 시　　기 요 무 구　　　　　차 지

謂易之道也[431]라.
위 역 지 도 야

『주역』이 흥함은 은나라 말기와 주나라의 덕이 성한 시기에 해당하지 않은 가? 문왕과 주(紂)의 일에 해당하는 것이 아닌가? 이런 까닭에 그 말이 위태로우며 위태로운 것을 평안하게 만들고, 안이하게 대처하는 자는 기울 어지게 하였으니, 그 도가 아주 커서 온갖 만물의 일을 (다 포함시키고) 버 리지 않으니, 두려워하는 마음으로 끝과 시작을 하는 것이니, 그 요점은 허 물이 없도록 하는데 있으니 이것을 역의 도라고 한다.

　　욕을 당하고 있었기 때문에 그가 말하는 괘효사 속에는 경계하고 두려워하는 뜻이 많이 함유되어 있다. 한강백은 "문왕과 주의 일이니 그 말을 위태롭게 하였다(文王與紂之 事, 危其辭也)"고 하였다.

428 "평(平)"은 "평안(平安)"의 뜻이다. "이(易)"를 한강백은 "만이(慢易)", 즉 태만하고 쉽게 생각하여 방심하게 되는 의미로 말하고 있다. 이에 대해 주자는 『주역본의』에서 "위태롭게 생각하고 두려워하기 때문에 평안함을 얻게 되고, 태만하고 쉽게 생각하면 반드시 기울어지고 엎어지게 되는 것이 역의 도리이다(危懼故得平安, 慢易則必傾覆, 易之道也)"고 하였다.

429 "그 도가 아주 크다(其道甚大)"는 말은 앞에서 말한 "위태로운 것을 평안하게 만들고, 안이하게 대처하는 자는 기울어지게 하였으니(危者使平, 易者使傾)"라는 말의 뜻이 매우 의미심장함을 말하고 있다. "온갖 만물의 일을 (다 포함시키고) 버리지 않으니(百 物不廢)"라는 말은 천하의 만사만물이 모두 이런 『주역』의 이치를 벗어나지 않고 다 포 함되어 있다는 말이다. "폐(廢)"는 폐기하거나 벗어난다는 의미이다.

430 『주역』은 처음부터 끝까지 위기의식과 두려움을 가지고 있어야 할 것을 강조한다. "그 요점은 허물이 없도록 하는 데 있다(其要无咎)"라는 말은 『주역』을 배우는 목적이 어디 에 있는가라는 것에 대해 말하고 있다. 즉 『주역』을 학습하는 주요 목적은 "무구(无 咎)"에 있다는 것이다.

431 조심하고 허물이 없도록 수양하는 것이 바로 『주역』의 도리이다.

제11장의 대의 : 이 장은 괘효사가 두려움을 많이 가지고 있고, 그 중 점은 무구(無咎)를 아는데 있음을 말하고 있다.

제12장

夫乾은 天下之至健也니 德行恒易以知險하고 夫坤은 天下之至順
부건　천하지지건야　덕행항이이지험　부곤　천하지지순

也니 德行恒簡以知阻[432]하나니 能說諸心하며 能研諸(候之)慮하여
야　덕행항간이지조　능열저심　능연저후지려

定天下之吉凶하며 成天下之亹亹者[433]니
정천하지길흉　성천하지미미자

---

[432] "건(乾)"은 천(天)으로 순양(純陽)이다. 하늘이 가지고 있는 성질은 천하에서 가장 강건(剛健)하여 용감하게 앞으로 나아가는 작용을 가지고 있다. 천도(天道)의 운행은 궤도(軌道)를 따라 움직이는 것처럼 쉽고, 편차가 생기면 즉시 어려움이 무엇인지를 알고 가볍게 함부로 나아가지 않는다. 곤(坤)은 땅이 가진 작용으로 천하에서 가장 유순(柔順)한 것으로 순종하는 덕을 가지고 있어서 천도(天道)에 순종하여 따르기 때문에 그 작용은 매우 간이(簡易)하다. 이 때문에 장애가 있음을 알아 미리 경계할 수 있다. 주자는 『주역본의』에서 "지극히 굳세면 행하는 바가 어려움이 없기 때문에 쉽고, 지극히 순하면 행하는 바가 번잡스럽지 않기 때문에 간편하다. …… 대개 비록 쉬우나 험함을 알면 험한데 빠지지 않고, 이미 간단하지만 또한 막힘을 알면 막혀서 곤란하지 않을 것이기 때문에 위태하게 여길 줄 알고 두려워할 줄 알면 안이하게 해서 기울어지는 폐단이 없다(至健則所行, 无難故易, 至順則所行, 不煩故簡. …… 蓋雖易而能知險, 則不陷於險矣, 旣簡而又知阻, 則不困於阻矣, 所以能危能懼而尤易者之傾也)"고 하였다.

[433] "열(說)"은 열(悅)이고, "면면(亹亹)"은 면면(勉勉)으로 '힘쓰고 힘쓰는 것'을 말한다. 한강백은 "능연저후지려(能研諸侯之慮)"의 문장에 대해 "후지(侯之)"를 넣어 "제후(諸侯)"의 뜻으로 해석하고 있으나, 왕필, 사마광이나 주자 등은 이를 분명한 연문(衍文)으로 보고 있다. 주자는 『주역본의』에서 "후지(侯之) 두 자는 연문이다. 마음에 기쁘다는 것은 마음이 이치와 더불어 맞으니 건에 해당하는 일이다. 생각으로 연마한다는 것은 이치가 생각으로 인해서 상세히 살피는 것이니 곤에 해당하는 일이다. 마음속에서 기뻐하기 때문에 길흉을 정할 수 있고, 생각을 연마하기 때문에 힘쓰는 것을 이룰 수 있

■ 若夫雜物撰德, 辯是與非, 則下中教不備. 初, 大要, 存亡吉
약 부 잡 물 찬 덕　변 시 여 비　즉 하 중 교 불 비　초　대 요　존 망 길

凶則之可至矣. 鍵 德行恒易, 以知險. 夫川, 魋然, 天下〔之至〕
흉 즉 지 가 지 의　건 덕 행 항 역　이 지 험　부 천　추 연　천 하 지 지

順也, 德行恒間, 以知〔阻〕. 能數諸侯[434]之〔慮, 定天下之吉凶, 成
순 야 덕 행 항 간　이 지 조　능 수 제 후　지 려　정 천 하 지 길 흉　성

天下之勿勿者.
천 하 지 물 물 자

건은 천하의 지극히 굳센 것이니 덕행이 항상 쉬움으로써 험한 것을 알고,
곤은 천하의 가장 지극히 유순한 것이니, 덕행이 항상 간략함으로써 막힌
것을 아니, 마음속에서 기뻐하고 생각으로 연마하여 천하의 모든 길흉을
정하고 천하의 힘써야 할 일을 이루니

■ 서물(筮物)을 섞어 덕을 지어 시비를 분별하면 중효가 아니면 효사가
갖추어지지 않고 초효는 매우 중요하니 존망길흉이 이를 수 있다. 건의 덕
행은 항상 쉬움으로써 험한 것을 알고 천은 명료하여 천하의 지극히 유순함
이라. 그 덕행은 항상 간명하여 험난함을 알고 제후의 근심을 점치고 천하
의 길흉을 정하고 천하의 힘써야 할 일을 이루니

是故로 變化云爲에 吉事有祥[435]이라 象事하여 知器하며 占事하여
시 고　변 화 운 위　길 사 유 상　　　상 사　　　지 기　　　점 사

다(侯之二字衍, 說諸心者, 心與理會, 乾之事也. 研諸慮者, 理因慮審, 坤之事也. 說
諸心, 故有以定吉凶, 研諸慮, 故有以成亹亹)”고 하였다.

434 侯은 『백화백서주역』에서 “虞”로, 『백서주역교석』에는 “矦”으로, 쇼니시의 영역본에는
“侯”로 되어 있다.

435 “운위(云爲)”는 유위(有爲)의 뜻으로 보기도 한다. 『이아』 등에서 운(云)을 유(有)로
보는(云, 有也) 관점에 근거하여, “변화운위(變化云爲)”라는 말을 “변화유위(變化有

知來⁴³⁶하나니 天地設位에 聖人成能⁴³⁷하니 人謀鬼謀하고 百姓與
천지설위   성인성능   인모귀모   백성여

能⁴³⁸하나니라. 八卦는 以象告하고 爻象은 以情言하니 剛柔雜居而
팔괘 이상고   효단 이정언   강유잡거이

爲)"로 보기도 한다. 그러나 대부분은 음양의 변화와 언행(言行)이란 의미로 사용한다. 유염은 『유씨역집설(兪氏易輯說)』에서 "'변화'는 역의 음양을 말하고, '운위'는 사람의 언동을 말한다(變化謂易之陰陽, 云爲謂人之言動)"고 하였다. 즉 음양의 운행과 사람의 행위를 말하는 것으로 보인다. "상(祥)"은 길상의 조짐를 말한다. 즉 사람들이 『주역』의 음양변화에 근거하여 행동한다면 길한 조짐이 있을 것이라고 말한다. 즉 하늘이 화복(禍福)을 내리기 전에 길흉의 징조를 먼저 보여준다는 것이다.

436 "일을 형상하면 기물을 만들 줄 알고, 일을 점침으로써 앞으로 올 것을 아니(象事知器, 占事知來)"라는 말은 괘상(卦象)이 반영하는 사물을 관찰하면, 어떤 기물을 만들어내는지를 바로 알 수 있다는 말이다. 즉 괘효의 상은 본래 추상적인 형상을 나타내고 있는데, 그 괘상을 관찰하면 여러 가지 새로운 기물(器物)을 만들어 낼 줄 안다. 바로 "기물을 만드는 사람은 상을 중시하고(以制器者尙其象)"라는 말에 해당한다. "점(占)"은 시초점을 말하는 것으로 보인다. 점을 통하여 미래의 상황을 예측할 수 있다는 말이다. 한강백은 "주역의 괘상이 함축하고 있는 일들을 관찰하면 기물을 만드는 방법을 알게 되며, 점치는 일을 완색(玩索)하면 바야흐로 다가올 것들을 엿볼 수 있다(觀其象事, 則知制器之方, 玩其占事, 則覩方來之驗也)"고 하였다.

437 주자는 『주역본의』에서 "천지가 자리를 베풀음에 성인이 역을 지어서 그 공을 이룬다(天地設位, 聖人作易以成其功)"고 하였다. "공(功)"은 기능이나 작용을 말한다. "성능(成能)"은 "성공(成功)"을 말한다. 천지가 상하의 위치를 정하고 그들의 작용을 드러내는 것을 성인이 살펴 본받아 괘의 여섯 자리와 여섯 효의 변화를 통하여 그 작용을 발휘하게 하였다.

438 "인모(人謀)"와 "귀모(鬼謀)"에 대한 해석은 매우 다양하다. 예컨데 사람이 꾀하고 귀신이 꾀하는 것으로 해석하거나, 사람에게 도모하거나 귀신에게 도모하는 것 등으로 해석한다. 여기에서 꾀하기나 도모한다는 말은 어떤 뜻을 가지고 있는가? 이것이 의미하는 것은, 어려운 문제나 해결하기 곤란한 문제에 부딪혔을 때 해결을 시도하는 경우라고 할 수 있다. 즉 사람이 꾀하거나 사람에게 꾀한다는 것은 여러 사람들이 모여서 이해득실을 합리적으로 따져 보는 경우에 해당하고, 귀신이 꾀하거나 귀신에게 꾀한다는 것은 점을 쳐서 길흉을 살펴 문제를 해석하거나 해결하려는 시도라고 할 수 있다. 빌헬름의 영역본은 "인모"와 "귀모"를 사람들의 사려(thoughts)와 귀신의 사려로 번역하고 있고, 제임스 레게의 번역본은 사람들의 충고(counsels)나 귀신들의 충고로 번역하고 있다. 빌헬름은 이런 "인모"와 "귀모"의 공동 협력을 얻어야 문제가 더욱 효과적으로 해결될 수 있는 것으로 보고 있다.(빌헬름 영역본 354쪽 참조 바람) 실제로 이런 점은

吉凶을 可見矣[439]라.
길흉　　가견의

백 是故 變化具爲, 吉事又羊, 馬事知器, 算事知來. 天地設馬,
시고 변화구위　길사우양　마사지기　산사지래　천지설마

聖人成能, 人謀鬼謀, 百姓與能. 八卦以馬告也, 敎訓以論語, 剛
성인성능　인모귀모　백성여능　팔괘이마고야　교훈이논어　강

柔雜處, 吉凶可識.
유잡처　길흉가식

이런 까닭으로 변화하고 말하고 행동하는 것 중에서 길한 일에는 상서로움이 있다. 일을 형상하면 기물을 만들 줄 알고, 일을 점침으로써 앞으로 올 것을 아니, 천지가 각각의 자리를 베풂에 성인이 능함을 갖추니 이에 사람에게 모의하고 귀신에게 모의함으로써 백성들이 함께 능하게 되는 것이다.

『상서』「홍범」편에서도 잘 드러난다. 즉 "당신(王을 지칭함)께서 매우 해결하기 힘든 어려운 문제에 직면하거든 먼저 당신 스스로 마음속 깊이 생각해 본 후, 경사(卿士) 등의 높은 관직에 있는 측근이나 대신들과 상의하고, 다시 보통의 서민들과 상의하고, 시초점(著草占)이나 거북점 등의 복서를 통하여 상의하십시오(汝則有大疑, 謀及乃心, 謀及卿士, 謀及庶人, 謀及卜筮)"라고 하였는데, 이것이 바로 고대에서 점을 치는 순서였다. 즉 먼저 인간과 상의하고, 그런 후에 복서를 통하여 모의(謀議)하여야 한다. 이런 점에서 여기에서는 "인모"와 "귀모"를 "사람에게 모의하고 귀신에게 모의하는 것"으로 번역하여 "모(謀)"를 생각을 묻고 충고를 받아본다는 의미의 모의로 번역하였다. "여(與)"는 참여의 의미로 백성은 비록 우매하나 이런 방법을 통하여 『주역』의 기능을 파악하여 천지조화의 작용에 참여할 수 있다고 말한다.

439 "상(象)"은 괘상을 말하고, "고(告)"는 시(示)의 뜻이고, "단(彖)"은 괘사를 말한다. "정(情)"은 괘효사가 상징하려는 사물의 본래 실정(實情)이나 정황(情況)을 말하는데, 아래에서 말하는 "길흉은 사물의 정황에 옮겨간다(吉凶以情遷)"와 "무릇 주역의 모든 (효위가 처해 있는) 정황은(凡易之情)"이라는 말과 똑같다. 이 두 구절은 팔괘와 괘효사가 각기 다른 형식으로 뜻을 표현하고 있는데, 전자는 괘상을 드러내고 후자는 물의 상태를 드러내려고 하는 데 있음을 말하고 있다. 팔괘는 형상으로 상징하는 사물을 보여주고, 효사와 단사는 변화를 통하여 만물의 상태를 설명한다. 강효와 유효가 육위(六位) 속에서 서로 섞여 있고 그 형상으로부터 길흉을 볼 수가 있다.

팔괘는 괘형의 상징으로 알려주고, 효사와 단사는 구체적인 실상으로써 말해 주니 굳센 것과 부드러운 것이 섞여서 효의 자리에 있음에 길흉을 볼 수 있다.

■ 이런 까닭으로 각종 변화 현상은 길한 일에는 상스러움이 있고 괘마의 일에는 기물을 만드는 원리를 이해하고 점치는 일은 미래의 화복을 아는 일을 갖추고 있다. 천지가 각각의 자리를 베풀어 성인이 역을 지을 수 있으니 사람의 모략과 귀신의 모략을 합해 백성에게 주어 점을 칠 수 있게 하였다. 팔괘는 괘마로 알려주고 사람을 인도하여 괘마를 토론하게 하니 강유가 섞여서 괘마를 이루어 길흉을 알 수 있다.

變動은 以利言하고 吉凶은 以情遷⁴⁴⁰이라 是故로 愛惡相攻而吉凶
변동　　이리언　　　길흉　　이정천　　　　시고　　애오상공이길흉

生⁴⁴¹하며 遠近相取而悔吝生⁴⁴²하며 情僞相感而利害生⁴⁴³하나니 凡
생　　　원근상취이회린생　　　정위상감이리해생　　　범

---

440 "천(遷)"은 변화하는 것을 말한다. "정(情)"이 무엇을 의미하는가에 대해서는 여러 가지 의견이 있을 수 있다. 우선 생각할 수 있는 것은 효가 처해 있는 상황(제임스 레게나 항안세의 관점)으로 볼 수 있다. 동시에 사람의 심정(心情)으로 볼 수도 있다. 『주역절중』에서는 항안세의 말을 인용하여 "사랑하는 것과 미워하는 것이 서로 부딪혀(愛惡相攻) 이하는 모두 '길흉이정천(吉凶以情遷)'에 관한 일을 말하는 것으로 육효의 상황과 효사로 밝히고 있다(愛惡相攻以下, 皆言'吉凶以情遷之事, 而以六爻之情與辭明之)"라고 하여, "정(情)"을 효가 처해 있는 상황에 따라 길흉이 변하는 것으로 말하고 있다. 이 구절은 육효가 변동하여 마땅하거나 또는 그렇지 않은 경우에 각각 이롭거나 불리하게 되는 것을 말한다. 그러나 역의 변화는 이로움을 원하고 해로움을 피하는 데 초점이 있기 때문에 여기에서는 특별히 "이(利)"자에 대해 설명하고 있다. 길흉의 결과는 대부분 효위(爻位)관계가 반영하는 변화나 괘효사에 근거해서 변화하거나 추이(推移)한다고 말한다. 각 괘효는 변동(變動)에 의해서 형성된 것이기 때문에 변동으로부터 이해(利害)를 설명하고, 길흉이나 이해에 따라서 변천하게 된다.

441 "상공(相攻)"은 서로 다투고 투쟁한다는 말이다. 여러 가지 사물의 상황들이 "사랑하는 것과 미워하는 것이 서로 부딪히는(愛惡相攻)" 것은 서로 사랑하면 합하려고 하고, 미

易之情이 近而不相得하면 則凶或害之하며 悔且吝⁴⁴⁴하나니라.
역 지 정　　근 이 불 상 득　　　즉 흉 혹 해 지　　　회 차 린

백 動作以利言, 吉凶以請遷. 是故愛惡相攻而吉凶生, 遠近相取
　　동 작 이 리 언 ,　길 흉 이 청 천 .　시 고 애 오 상 공 이 길 흉 생 ,　원 근 상 취

워하면 적대하기 때문에 서로 다투면서 길흉이 생긴다. 음양 효의 상징을 가지고 논하
면 "애오(愛惡)"는 음효와 양효 사이의 분리되고 합하는 법칙을 반영하고 있다. 말하자
면 상하의 두 효 사이에서 이성(異性), 즉 음과 양은 서로 흡수하지만 동성은 서로 배척
하여 사랑하는 것과 미워하는 것이 생기고, 사랑하고 미워하는 상호 다툼 속에서 길과
흉이 생겨난다는 말이다.

442 "원(遠)"은 상하괘의 효의 자리가 멀리서 상응하는 것을 가리키고 "근(近)"은 효의 자
리가 가까이서 친한 것(比)을 말한다. "서로 취한다(相取)"라는 말 속에는 취사(取捨)
가 올바르지 못하다는 뜻을 포함하고 있다. 이 구절은 두 개의 효가 비(比)하거나 또는
응(應)하는 것을 말하여, 만약 취사가 부당하면 회린(悔吝)이 생기는 것을 가지고 사물
상호관계의 상태들에 대해 말한다. 최경은 『주역절중』에서 "먼 것은 상응과 불상응을
말하고, 가까운 것은 상비(相比)와 불상비를 말한다. 혹 멀리 있는 상응을 취하고 가까
이 있는 상비를 버리거나, 또는 가까이 있는 상비를 취하고 멀리 있는 상응을 버리기도
한다. 이런 먼 것과 가까운 것이 서로 취하기 때문에 후회와 부끄러움이 계사에서 생긴
다(遠謂應與不應, 近謂比與不比, 或取遠應而捨近比, 或取近比而捨遠應. 由此遠近
相取, 所以生悔吝於繫辭矣)"고 하였다. 즉 각 효의 위치 중에서 멀리 있는 것에는 초
효와 사효·이효와 오효·삼효와 상효의 상응과 불상응이 있다. 가까이 있는 곳에는 상
하가 서로 이웃하고 있는 두 효 간의 사랑하고 미워하는 상비(相比)와 불상비(不相比)
가 있다. 이런 먼 것과 가까운 것의 취사(取捨) 가운데에서 후회와 부끄러움(悔吝)이
생긴다.

443 "정위(情僞)"는 진위(眞僞)라는 말과 똑같다. 『주역정의』에서는 "정은 실정을 말하고,
위는 허위를 말한다(情, 謂實情, 僞, 謂虛僞)"고 하고, 또 "만약 진실함으로써 서로 감
하면 이로움이 생기고 허위로써 서로 감하면 해가 생긴다(若以情實相感則利生, 若以
虛僞相感則害生也)"고 하였다.

444 이 구절은 "길흉은 사물의 정황에 옮겨간다(吉凶以情遷)"는 말을 총괄하여 설명하고
있다. 빌헬름의 영역본은 "범역지정(凡易之情)"을 "주역의 모든 정황(in all
situation)"이라는 말로 번역하고 있다. 만약 "가까이 있는 데도 서로 어울리지 못하면"
흉하게 되고, 진실로 흉을 면하게 되었다 하더라도 반드시 상해를 입어서 후회함이나
부끄러움을 당하게 될 것이다. 이에 대해 주자는 『주역본의』에서 "서로 얻지 못한다고
하는 것은 서로 미워함을 말한다. 흉하고 해치며 뉘우치고 부끄러움을 당하는 것이 다
이로부터 생긴다(不相得, 謂相惡也, 凶害悔吝, 皆由此生)"고 하였다. 위의 구절에 대
한 주석들은 대부분 "근(近)"을 "상비(相比)"의 뜻에 근거하여 설명하고 있는데, 이런

〔而悔吝生〕, 請偽相欽而利害生. 凡易之請, 近而不相得則凶, 或
_{이 회 린 생　　청 위 상 흠 이 리 해 생　　범 역 지 청　　근 이 불 상 득 즉 흉　　혹}

害之, 則悔且吝.
_{해 지　　즉 회 차 린}

변하고 움직이는 것은 이로움으로써 말하고 길흉은 사물의 정황에 옮겨간
다. 이 때문에 사랑하는 것과 미워하는 것이 서로 부딪혀서 길흉이 생기고,
먼 것과 가까운 것이 서로 취하기 때문에 뉘우칠 일이나 부끄러움을 당할
일이 생기며, 참과 거짓이 서로 교감하여 이로움과 해로움이 생기니 무릇
『주역』의 모든 (爻位가 처해 있는) 정황은 가까이 있는데도 서로 어울리지
못하면 흉하거나 혹은 해로우며, 뉘우치게 되고 또 부끄럽게 된다.

▨ 변하고 움직이는 것은 이로움으로써 말하고 길흉은 사물의 정황에 옮겨
간다. 이 때문에 사랑하는 것과 미워하는 것이 서로 부딪혀서 길흉이 생기

관점은 『주역』의 통례에 비추어 보면 좀 더 보충을 필요로 한다. 왜냐하면 상응(相應)
의 경우 비록 거리는 멀지만(遠) 상통하려는 정(情)은 가까울 수 밖에 없기 때문에 거리
의 원근은 크게 문제가 되지 않고, 오히려 심정(心情)이 더 중요하다. 그러므로 이광지
는 "여섯 효 전체로 말하면 비(比)와 상응(應)은 모두 가깝다(就六爻而統論之, 則比與
應皆近也)"라고 말한다. 이른바 원근(遠近)이 효위(爻位)의 관계에서 생기는 것이라고
한다면 "애오정위(愛惡情僞)"는 어디에서부터 생기는 것인가? 길흉은 단순히 효의 위
치에서 생기는 것이 아니라, '시(時)'·'위(位)'·'덕(德)'을 통해 결정된다. 즉 '시
(時)'는 괘의(卦義)에 따라 변히고, '시'가 변하면 애오(愛惡)가 있게 된다. '위(位)'가
다르면 원근이 생긴다. "먼 것과 가까운 것이 서로 취하는(遠近相取)"것은 '위' 때문
이다. '덕(德)'은 강유의 당위(當位) 여부에 따라 구별된다. 덕이 다르면 정위(情僞)가
있게 된다. 예를 들면 중정(中正)과 부중정(不中正)의 문제가 여기에 속한다. '시(時)'
에는 영허소식(盈虛消息)의 변화가 있고, '위(位)'에는 귀천상하의 다름(異)이 있고,
'덕(德)'에는 강유선악(剛柔善惡)의 구별이 있는데, 이 세 가지가 바로 길흉화복의 뿌
리이다. 이런 것들은 모두 피차의 사귐(交)에서 생긴다. 이른바 효 사이의 사귐이란 것
이 바로 비(比)와 상응(應)이다. 비와 응이 아니라면 이른바 서로 부딪힘(相攻)이나 서
로 취함(相取), 그리고 서로 교감함(相感)이 생길 수 없다.

고, 먼 것과 가까운 것이 서로 취하기 때문에 뉘우칠 일이나 부끄러움을 당
할 일이 생기며, 참과 거짓이 서로 교감하여 이로움과 해로움이 생기니 무
릇 역이 깨우쳐 주는 상태가 가까이 있는 데도 서로 어울리지 못하면 흉하
거나 혹은 해로우며, 뉘우치게 되고 또 부끄럽게 된다.

將叛者는 其辭慙[445]하고 中心疑者는 其辭枝[446]하고 吉人之辭는 寡

하고 躁人之辭는 多하고 誣善之人은 其辭遊[447]하고 失其守者는 其

辭屈[448]하니라.

백 將反則亓辭亂, 吉人之辭寡, 躁人之辭多, 无善之人亓辭遊,

失亓守亓辭屈.

---

445 항안세는 『주역완사』에서 "반(叛)은 반역의 반이 아니라, 진실함에 돌아서고 믿음을 버
리는 것이 모두 이것이다. 말과 실질이 서로 배반하기 때문에 부끄럽다(叛, 非叛逆之
叛, 但背實棄信者皆是也. 言與實相叛, 故慙)"고 하였다. 사실과 다른 말을 한 사람
은 다른 사람들에 의해 밝혀질까 두려워하기 때문에 그 말은 늘 부끄러워하고 두려워하
는 면이 있다고 말한다.
446 마음에 의혹이 있는 사람은 말하는 것이 잡란(雜亂)하고, 여러 갈래로 흩어진다는 말이
다. "지(枝)"는 말이 혼란하여 하나로 일치되지 않는 것을 말한다.
447 "길(吉)"을 고형은 선(善)하다는 의미로 보아 길인(吉人)을 선한 덕을 가지고 있는 사
람으로 보고 있다. 이런 사람은 행동으로 보여주기 때문에 늘 말이 적다고 하였다. "조
(躁)"는 가볍고 조급한 사람으로 그 말이 사실근거가 없고 이리저리 왔다갔다 하는 것
을 말한다.
448 "굴(屈)"은 굴복을 말한다. "수(守)"는 지조를 지키는 것을 말한다. 그 지조를 잃어버
리는 사람은 자신의 주관이 없이 늘 부화뇌동하여 다른 사람의 눈치를 보면서 비굴하게
말을 필요에 따라 바꾸는 것을 말한다.

장차 배반하려는 사람은 그 말에 부끄러움이 있고, 마음속에 의심을 갖는 사람은 그 말이 이리저리 산만하고 길한 사람의 말은 적고 조급한 사람의 말은 많고 착한 것을 속이는 사람의 말은 왔다갔다 정해지지 않고, 지조를 잃은 사람은 그 말이 비굴하다.

■백 장차 배반하려는 사람은 그 말이 산만해서 두서가 없고 길한 사람의 말은 적고 조급한 사람의 말은 많고 선하지 않는 사람의 말은 왔다갔다 정해지지 않고, 지조를 잃은 사람은 그 말이 비굴하다.

제12장의 대의 : 처음에는 『주역』이 미래의 도리를 충분히 판단할 수 있다는 것을 말하고, 다음에는 괘사와 효사의 성질을 설명하고, 마지막으로 효의 관계와 효사의 표현 방식 중에서 내재하고 있는 의미들에 대해 말하고 있다.

「설괘전(說卦傳)」

「설괘전」의 내용

『역전』은 비록 공자 한 사람의 손에서 나온 것은 아니라 하여도 유가에서 나온 것이라는 점은 분명하다. 각 전이 출현한 시기는 차이가 있는데 「설괘전」은 「서괘전」과 「잡괘전」과 더불어 비교적 후기에 출현한 것으로 보인다. 「설괘전」은 모두 11장으로 나누어지는데 앞의 6장은 8괘의 성질과 기능에 대해 해설하고 뒤의 5장은 모두 8괘의 괘상에 대해 기술하고 있다. 「설괘(說卦)」는 전문적으로 괘(卦), 즉 팔괘(八卦)를 설명하는 부분이다. 구체적으로 말하면 괘상(卦象), 괘덕(卦德), 그리고 괘위(卦位)에 대해 총체적인 설명과 해석을 하는 부분으로 10익 중에서도 매우 가치가 높은 전(傳)이라고 할 수 있다.

「계사전」의 관점에 의하면 『역경』에는 원래 사(辭)가 없고 전적으로 괘에 근거하여 뜻을 표현하고 있다. 그러므로 『역경』을 이해하기 위해서는 반드시 어떤 괘의 상(象)을 이해하여야만 한다. 그리고 『주역』에 설명하는 언사(言辭)를 덧붙인 것은 바로 "관상계사(觀象繫辭)", 즉 상을 보고 말을 덧붙인 것이다. 이처럼 상은 사(辭)를 덧붙이는 근거이다. 『주역』은 가장 오래된 문헌으로 『주역』이 말하는 내용은 일단 괘상으로 구성되어 있기 때문에 가장 이해하기 어려운 언어들로 구성되어 있다고 할 수 있다. 그러므로 『주역』이 말하는 언어를 읽고 이해하기 위해서는 그것이 근거하는 괘에 대해서 분명히 이해하여야만 하는 것이다.

『역전』 중에서 「설괘전」이 말하는 괘상(卦象)의 수가 가장 많다. 이것은 『좌전(左傳)』·『국어(國語)』·「단전」·「상전」의 관점을 계승하여 다방면으로 원의(原義)를 확대하고 파생시킨 것이다. 원의의 파생과 확대의 기본적 원리는 가까운 것은 몸에서 취하고 먼 것은 다른 사물에서 취하는 "근취저신, 원취저물(近取諸身, 遠取諸物)이라는 관점에 근거하고 있다.

상(象)이 이야기하려는 것은 오늘날 우리가 말하는 현상(現象)이다. 그것은 실상(實象)과 허상(虛象) 두 가지를 포함하고 있다. 이괘(離卦)를 예로 들어보자. 이(離)는 갑각(甲殼)동물[1]을 말한다. 왜냐하면 이괘(離卦)의 괘상은 ☲으로 상하의 두 개의 강효와 중간의 부드러운 음효는 각각 갑각류의 딱딱한 외피와 부드러운 속살이라는 실제모습과 서로 부합하기 때문이다. 이것은 바로 실상(實象)에 근거한 것이라고 할 수 있다. 이(離)는 기타의 물체 위에 부착된 것으로 말하기도 하고 또 광명(光明)으로 말하기도 한다. 이것은 이괘가 상징하는 불이 항상 연료 위에 부착되어 있기 때문이다. 또 이(離)는 태양을 상징하는데 태양 역시 하늘에 붙어있기 때문이다. 불과 해는 모두 빛을 내고 또 모두 실물의 상으로부터 유추되어 나온 것들이다.

만약 이괘가 곤괘(坤卦)의 위에 있으면 진괘(晉卦)가 되는데, 진괘는 대낮에 해가 대지 위에 떠있는 상이다. 이것은 또한 두 괘 사이의 상하 관계가 드러내는 현상을 포함하고 있다. 이괘가 진괘(震卦) 위에 있으면 서합괘(噬嗑卦)가 되는데, 서합괘는 시끌벅적한 시장(市長)의 상이다. 이것은 또 해가 중천에 있을 때 많은 사람들이 모여서 물건을 서로 주고받는 사회 경제적인 배경과 연결되어서 나타나는 현상이다. 그러나 이런 것들은 모두 허상에 속한다.

실상은 쉽게 드러나지만 허상은 드러내기가 쉽지 않다. 그러나 허상은

---

1 갑각류의 체표를 싸고 있는 외골격. 키틴질의 두꺼운 각피에 탄산칼슘이 포함된 단단한 구조로 되어 있다

실상으로부터 유추할 수는 있다. 「설괘전」에서 주로 우리들에게 설명하려고 하는 것은 실상이고 또 물상(物象)이다. 그러나 괘획(卦劃)은 결국 부호이고, 어떤 그림을 그린 것이 아니다. 설령 물상이라 하더라도 그것을 상세하게 하나도 남김없이 그려낼 수도 없고 다만 근사(近似)하게 표현할 뿐이다. 그러므로 모든 부호는 하나같이 인위적인 규정의 성질을 가지고 있다.

『주역』의 괘상 또한 예외가 아니다. 인위적 규정성을 가지고 있으면 그것이 어떻게 규정되었는가 하는 것을 설명하여야만 한다. 「설괘전」은 바로 우리들에게 팔괘(八卦)라는 이 부호를 처음에 어떻게 규정하였는가 하는 것을 이야기하는 전문적 논문이라고 할 수 있다. 그러므로 「설괘전」이 가지고 있는 중요성을 간과할 수는 없는 것이다.

제1장

昔者聖人之作易也에 幽贊於神明而生蓍[2]하고 參天兩地而倚數[3]하
석 자 성 인 지 작 역 야   유 찬 어 신 명 이 생 시   삼 천 양 지 이 의 수

---

2 "시(蓍)"는 쑥(蒿)과 비슷하게 생긴 것으로 엉거시과에 속하는 다년초(多年草) 풀이다. 왜 점을 칠 때 시초(蓍草)를 이용하는가? 이에 대해 『논형』의 「복서(卜筮)」에 근거하면, 복서(卜筮)를 행할 때 거북이나 시초를 이용하는 이유는 나이가 오래 되었다는 의미의 기구(蓍舊) 때문이라고 말한다. 그러나 실제로는 점서용의 시초는 다만 수를 세는 도구일 뿐이다. 이런 의미에서 시(蓍)라는 말은 책(策)·주(籌)·마(碼)·산(算)이라는 말과 별로 차이가 없다. "서(筮)"는 죽(竹)과 무(巫)의 두 글자로 구성되어 있는데 조기의 점서(占筮)는 대나무를 이용하였고, 나중에 풀을 이용한 것으로 보인다. "유(幽)"는 "은밀한 가운데(暗中)"·"그윽하게" 라는 의미이다. 또 "유(幽)"는 깊다는 뜻이다. 심오한 곳에 숨어 있어 쉽게 찾아낼 수 없는 것을 말한다. 두 개의 요(幺)자는 작은 것을 말한다. 작은 것이 산 속에 있다는 것을 상징한다. 작은 것이 산 속에 있어서 쉽게 발견할 수 없는 것이기 때문에 거기서 심오하다는 의미가 나온다. "찬(贊)"은 찬조(贊助), 즉 돕는다는 것을 말한다. 어떤 사람이나 어떤 일을 기꺼이 동의하여 그 일이 원만하게 이루어지도록 보조

고 觀變於陰陽而立卦[4]하고 發揮於剛柔而生爻[5]하니 和順於道德而
　　관 변 어 음 양 이 입 괘　　　　　발 휘 어 강 유 이 생 효　　　　　화 순 어 도 덕 이

理於義[6]하며 窮理盡性하여 以至於命[7]하니라.
리 어 의　　　　궁 리 진 성　　　이 지 어 명

하는 것을 말한다. "그윽히 신명을 도와 시초를 내었고(幽贊於神明而生蓍)"라는 말은 은
밀한 가운데 신명(神明)이 하는 일을 도와 시초점을 만들었다는 말이다. 주자는 "그윽하
게 신명을 돕는다는 것은 화육을 돕는다고 말하는 것과 같다. 『사기』「구협전(龜筴傳)」에
말하기를 천하가 화평함에 왕도가 이루어지니 시초의 줄기가 한 장(丈)이나 자라고 무더
기로 백 줄기나 났었다고 하였다(幽贊神明, 猶言贊化育. 龜筴傳曰天下和平, 王道得而
蓍莖長丈, 其叢生滿百莖)"고 하였다. 신명(神明)은 신묘하고 불가사의하면서 만물을 생
성하고 화육하는 분명한 작용을 하는 것을 말한다. 시초 자체가 본래 신묘한 것은 아니지
만 은밀하게 신명을 도왔기 때문에 신묘하게 된 것이다.

3 "의(倚)"는 기대어 세운다는 의미이다. 수를 "의(倚)"한다고 하는 것에 대해 주자는 "수
는 모두 여기에 의거해서 일어난다(數皆倚此而起)"고 하였다. 즉 천(天)의 수를 3으로
하고, 지(地)의 수를 2로 하기 때문에 『주역』의 모든 수가 시작되고 정해진다. 『주역집해』
에서 우번은 "의는 서 있는 것(倚, 立)"이라고 풀이하고 있다. 내용은 결국 같은 것으로
보인다. 말하자면 "의수(倚數)"는 수를 세운다고 해석해도 무방하다. 하늘의 수를 3으로
하고, 땅의 수를 2로 기준으로 삼아 음양의 수를 세워 정한다. 고대의 중국인들은 하늘은
둥글고 땅은 네모진 것으로 보았다. 이것을 근거로 하여 주자는 "하늘은 둥글고 땅은 네
모진데 둥근 것은 (지름이) 하나에 둘레가 3이고, 3은 각각 하나의 홀수가 되기 때문에 하
늘에서 셋을 취하여 3이 되고, 네모진 것은 (한 변이) 하나에 둘레가 넷이고, 넷은 두 짝
수를 합한 것이므로 땅에서 둘을 취하여 2가 되었으니 수가 모두 이것에 의해서 일어났다.
그러므로 시초를 세어 세 번 변한 뒤에 그 나머지가 홀수가 셋이면, 3을 세 번하면 9가 되
고, 짝수가 셋이면, 3을 두 번해서 6이며, 2가 둘이고 3이 하나이면 7이고, 3이 둘이고 2
가 하나이면 8이다(天圓地方, 圓者一而圍三, 三各一奇, 故參天而爲三, 方者一而圍四,
四合二耦, 故兩地而爲二, 數皆倚此而起. 故揲蓍三變之末, 其餘三奇則三三而九, 三耦
則三二而六, 兩二一三則爲七, 兩三一二則爲八)"고 하였다. 하늘은 원형이고, 둥근 것
은 직경을 일로 하면 주위는 3이기(원의 둘레와 직경의 비례는 1:3) 때문에 하늘의 수는 3
으로 한다. 땅은 네모이며, 사각형인 것은 상과 하, 우와 좌 두개씩, 즉 가로변 2와 세로
변 2가 합한 수이기 때문에 땅의 수를 2로 한다. 그래서 하늘의 수를 3으로 하고, 땅의 수
를 2로 한다. 이것을 기초로 하여 여러 가지의 수가 정해지는 것이다. 팔괘 중에서 3효가
동시에 양효인 것, 즉 건괘(乾卦)는 양효, 즉 3의 수가 세 개 있기 때문에 9가 되고, 이것
이 노양(老陽)의 수이다. 세 효가 동시에 음효인 것, 즉 곤괘(坤卦)는 음효, 즉 2의 수가
세 개 있기 때문에 6이 되고, 이것이 노음(老陰)의 수이다. 음효가 둘, 양효가 하나 있는
것, 즉 진(震) · 감(坎) · 간(艮) 세 개의 양의 괘는 두 개의 2와 하나의 3으로 7이 되고,

옛날 성인이 역을 지음에 그윽히 신명을 도와 시초를 내었고, 하늘의 3의
수와 땅의 2의 수를 취하여 (陰陽奇偶의) 수를 세우고, 음양의 변화함을
보아서 괘를 세우고, 강유에서 발휘하여 효를 만들어 내니, 도덕에 조화하

이것이 소양(少陽)의 수이다. 양효가 둘, 음효가 하나인 것, 즉 손(巽)·이(離)·태(兌)
의 음괘는 두 개의 3과 2로 8의 수가 되고, 이것이 소음(少陰)의 수이다. 이렇게 하늘의
수를 3으로 하고 땅의 수를 2로 하여 그것을 근본으로 하고 그것을 기준으로 하여 음양의
수가 정해지고, 그것에 의해 시(蓍)를 헤아려 괘의 변화가 생긴다고 하는 것이다. 또 일설
에는, 「계사전」에서 "하늘은 일, 땅은 이, 하늘은 삼, 땅은 사, 하늘은 오(天一, 地二, 天
三, 地四, 天五)"라고 되어 있고, 하늘의 수, 즉 1과 3과 5를 합쳐 9가 된다. 이것을 양
의 수로 한다. 땅의 수, 즉 2와 4를 합쳐 6이 된다. 이것을 음의 수라고 한다. 이것에 근
거하여 음양의 수를 정하고 시초를 헤아려 역(易)의 변화를 행하는 것으로 풀이하는 설도
있다. 네 개씩 시초를 헤아려서 괘효를 정하는데, 남아 있는 수가 36개 있을 때는 $4 \times 9 =$
36으로 9의 수이기 때문에 노양의 효라 한다. 24개 있을 때는 $4 \times 6 = 24$로 6의 수이기 때
문에 노음의 효라 한다. 28개 있을 때에는 $4 \times 7 = 28$로 7의 수이기 때문에 소양의 효라한
다. 32개 있을 때는 $4 \times 8 = 32$로 8의 수이기 때문에 소음의 효라고 하기도 한다.

4 음양의 효의 변화를 잘 보고서 하나의 괘가 정해진다. 이들 괘는 어떤 것은 양효 또는 음
효로 각각의 괘의 육효가 완성된다. 성인이 역을 만들어 시초를 사용하여 점을 치는데 9
를 양의 수로 하고, 6을 음의 수로 정하여 그것을 근거로 시초를 헤아려 음양강유의 변화
를 살펴서 괘가 완성되는 것을 이야기한다.

5 "발휘(發揮)"라는 것은 분발하는 것, 나타내는 것. 십분 분발하여 나타내는 것을 말한다.
괘가 있으면 여섯 효를 이용하여 괘의 변동을 표시한다. 효는 '강유(剛柔)'라 칭하고, 괘
는 음양이라고 칭하는데 실제로는 같은 것으로 모두 홀수와 짝수(奇偶)를 표시한다.

6 도(道)는 바른 도이다. 하늘과 땅과 사람의 바른 도이다. 덕(德)은 바른 도를 자신의 몸에
체득(體得)하는 것을 말한다. 결국 같은 것을 가리키고 있지만, 글자의 뜻은 다르다. 화
순(和順)의 화(和)는 잘 조화하는 것, 즉 일치하는 것을 가리키며, 순(順)은 유순히 그것
을 따르는 것을 말한다. 의(義)는 의(宜)이다. 각자가 지켜야할 정의(正義)를 말한다.
"이(理)"는 동사로 다스린다, 바르게 하다는 뜻을 가지고 있다. 이(理)는 명사적 의미로
는 사물의 조리(條理)를 말한다. 즉 사물의 순서가 잘 정돈되어 흐트러지지 않는 것을 말
한다. "이어의(理於義)" 세 자는 "의에 맞게 하며"라고 해석하거나, "마땅함에 의해 다스
려지게 하였으며"라고 해석해도 둘 다 무방하다. 주자는 "화순은 침착하여 등지거나 거스
르는 것이 없는 것으로 합하여 말한 것이다. 이(理)는 일에 따라서 그 조리를 얻는 것을
말하니 나누어 말한 것이다(和順, 從容无所乖逆, 統言之也, 理謂隨事得其條理, 析言之
也)"고 하였다. 사람들이 하늘과 땅과 사람의 바른 도와 덕에 조화되고 일치하여 유순히
그것을 따르고, 사람과 사물이 각각의 위치에서 조리있게 정돈되어 흐트러지지 않게 하는
것을 말한다. 이 변화의 이치에 의해 사물의 도리를 궁구하고, 자신이 가지고 태어난 천성

여 따르고 마땅함에 의해 다스려지게 하였으며, 이치를 궁리하여 본성을
다하게 하여 명(命)에 이른다.

제2장

昔者聖人之作易也는 將以順性命之理[8]니 是以立天之道曰陰與陽
석 자 성 인 지 작 역 야　　장 이 순 성 명 지 리　　시 이 입 천 지 도 왈 음 여 양

을 충분히 발휘하여 힘이 닿는 한 분발 노력하는 것은 하늘에서 받은 천명(天命)을 완전
히 수행하도록 하기 위해서이다. 이것이 바로 성인이 『주역』을 지은 가르침이다.

7 "궁(窮)"과 "진(盡)"은 모두 끝까지 탐구한다는 뜻을 가지고 있다. "이(理)"는 도리를 말
하고, "성(性)"은 천지가 인간에 부여한 본성 혹은 천성을 말한다. "명(命)"은 천지음양
이 인간에 부여한 생명과 천명이다. 『주역절중』은 항안세의 말을 인용하여 "'도가 바로
명이고, 덕이 바로 성이고, 의가 바로 이(理)이다. 도덕에 조화하여 따르고 마땅함에 의해
다스려지게 하였으며, 이치를 궁리하여 본성을 다하고 명(命)에 이른다'는 두 구절의 말은
같은 말을 반복하여 번갈아 하는 말이다. 주역에서 말하는 기우(奇偶)는 천의 명에 있어
서는 음양의 도이고, 사람의 본성에 있어서는 인의의 덕이고, 땅의 마땅함에 있어서는 강
유의 이치가 된다. '도덕에 조화하여 따르고 마땅함에 의해 다스려지게 하였으며'라는 말
은 (그윽하여) 어두운 것에서부터 드러나는 것에 이르는 것을 말하는 것으로 이것이 이른
바 드러난 도이다. '이치를 궁리하여 본성을 다하고 명(命)에 이른다'는 말은 밝은 것에서
어두운 곳에 이르는 것을 말하는 것으로 이른바 신묘한 덕행이다(道卽命, 德卽性, 義卽
理. 和順于道德而理于義, 窮理盡性以至于命, 此兩句反覆互言之也. 易之奇耦, 在天之
命, 則爲陰陽之道. 在人之性, 則爲仁義之德, 在地之宜, 則爲剛柔之理. 和順于道德而
理于義, 自幽而言以至于顯, 此所謂顯道也. 窮理盡性以至于命, 自顯而言以至于幽,
此所謂神德行也)"고 하였다. 같은 책에서 공환(龔煥) 역시 "앞의 구절을 근원에서 갈래
로 흘러간 것으로 보고, 아래 구절을 말단에서 근본으로 가는 것으로 말하고 있다. 즉 반
드시 '도덕에 조화하여 따르고' 난 후에 '마땅함에 의해 다스려질' 수 있고, 반드시 '이치
를 궁리하여 본성을 다한' 후에야 '명에 이를 수 있는 것'이다(上句是自源而流, 下句是自
末而本. 蓋必和順于道德而後能理于義, 必窮理盡性而後能至于命也)"고 하였다. "이
(理)"와 "성(性)"에 대해 진순(陳淳)은 "이(理)는 바로 사물 상에 있는 이치이고, 성은 바
로 나에게 있는 이치이다. 사물에 있는 것은 바로 천지 인물의 공공의 도리이고, 나에게
있는 것은 바로 이 이(理)가 이미 갖추어져 내가 가진 것이 된 것을 말한다(理乃是在物之
理, 性乃是在我之理, 在物底, 便是天地人物公共底道理, 在我底, 乃是此理已具得爲
我所有者)"고 하였다.

이오 立地之道曰柔與剛이오 立人之道曰仁與義[9]니 兼三才而兩之
입지지도왈유여강   입인지도왈인여의   겸삼재이양지

라 故로 易이 六劃而成卦[10]하고 分陰分陽하며 迭用柔剛이라 故로
고 역 육획이성괘   분음분양   질용유강   고

---

8 이 구절은 앞의 문장을 이어받아 한 단계 더 나아가 말하는 것으로 옛적에 『주역』은 천명(天命)과 인성(人性)의 지극한 이치에 따라서 이루어진 것이라고 말한다. 즉 "이를 궁구하고 성을 다하여 명에 이른다(窮理盡性以至于命)"고 하는 말을 이어받고 있다. 성(性)이라고 하는 것은 각각 가지고 있는 천성(天性)을 말한다. 명(命)이라고 하는 것은 하늘이 사람에게 나누어 준 것이다. 성과 명은 결국 같은 것을 가리키지만 개체가 가지고 있는 성질이라는 측면에서는 성이라하고, 하늘이 개체에게 나누어 부여해 준 측면에서는 명이라고 한다.

9 이 부분은 개별적인 괘와 우주 진행 과정의 상호 관계에 대해 말하고 있다. 한강백은 "음양은 그 기를 말하고, 강유는 그 형태를 말한다(陰陽言其氣, 剛柔言其形)"고 하였다. 오징(吳澄)은 『역찬언(易纂言)』에서 "세운다는 것은 둘이 서로 상대되는 것을 이른다. 천지인의 도리는 홀로 있는 것은 없고 상대가 있다(立者, 兩相對之謂. 天地人之道無獨而有對)"고 하였다. 도는 천지인의 모든 존재에 보편적으로 존재한다. 말하자면 전체 자연계와 인류사회에는 모두 도가 존재하지만 각각 다른 표현 형태를 가지고 있다. 하늘이 운행하는 것처럼, 저녁과 아침은 어둡고 밝음(음과 양)을 통해 하루를 만들기 때문에 괘에서 짝수와 홀수의 자리들을 바꾸는 것은 각각 어두운 것과 밝은 것으로 나타난다. 첫째, 셋째, 그리고 다섯째의 위는 양이며, 둘째, 넷째, 여섯째의 위는 음이다. 땅위의 모든 존재들은 강건한 것과 유순한 것들로 이루어져 있는 것과 같아서 어떤 효들은 강건하여 그 효의 모습이 분리되어 있지 않고, 어떤 효들은 유순하여 효의 모습이 두 쪽으로 분리되어 있다. 하늘과 땅의 이러한 두 가지 기본적인 힘들에 부합하여 인간에게도 인(仁)과 의(義)의 양극─ 양의 원리에 관계하고 있는 사랑과 음의 원리에 관계하고 있는 올바름─ 이 존재한다. 인간들은 객관적인 범주가 아니라 주관적인 범주에 속해있기 때문에, 이러한 인간적 속성들은 명확하게 괘의 자리와 효를 나타내지 않는다. 그러나 세계를 구성하는 근간인 삼재(三才)는 전체 괘 속에서 분명히 표현되어 나타난다. 이러한 세 가지 원리들은 주체(인간), 형태를 만드는 객체(땅), 그리고 내용(하늘)으로 구별된다. 8괘에서 가장 낮은 자리는 땅이며, 중간 자리는 사람에 속하며, 가장 윗자리는 하늘에 속한다. 64괘는 8괘를 중첩한 것이기 때문에 땅, 인간, 하늘은 각각 두 자리를 가지게 된다. 가장 낮은 두 자리는 땅의 자리이며, 셋째와 넷째는 인간의 자리이며, 그리고 가장 높은 위의 두 자리는 하늘의 자리이다. 빌헬름 영역본 263쪽 참조 바람.

10 『주역』은 천·지·인 삼재를 겸해 가지고 있는데, 재(才)는 각각 두 효를 대표하기 때문에 모든 괘는 여섯 효로 구성된다. "육획(六劃)"은 육효를 말한다.

易이 六位而成章¹¹하니라.
역　육위이성장

옛날 성인이 역을 지은 것은 장차 성명의 이치를 따르고자 한 것이니 이
때문에 하늘의 도를 세워서 음과 양이라 말하고, 땅의 도를 세워 유와 강이
라 말하고, 사람의 도를 세워 인과 의라 하니 삼재를 겸하여 둘로 겹쳤기
때문에 역은 여섯 획이 되어 괘를 이루게 되었고, 음으로 나누고 양으로 나
눔으로써 유와 강을 차례로 쓰기 때문에 역이 여섯 자리가 되어 (강유가 서
로 섞여) 무늬를 이루었다.

제3장

天地定位하며 山澤通氣하며 雷風相薄하며 水火不相射하여 八卦
천지정위　　산택통기　　뢰풍상박　　수화불상석　　팔괘

相錯¹²하니 數往者는 順하고 知來者는 逆하니 是故로 易은 逆數
상착　　수왕자　순　　지래자　역　　시고　역　역수

---

11 "질(迭)"은 차례로 교체(交替)하는 것을 의미한다. "장(章)"은 음효와 양효가 서로 섞여
교착(交錯)하는 것을 말한다. 음과 양을 나누고 강효와 유효를 교대로 사용하여 주역의
괘는 모두 여섯 개의 효위(爻位)로 구성된 하나의 괘를 이룬다. 이에 대해 주자는 "삼재
를 겸해서 두 번 했다고 하는 것은 여섯 획을 다 말한 것으로 또 세분하면 음양의 자리가
사이사이로 섞여서 무늬를 이룬다(兼二才而兩之, 總言六畫, 又細分之, 則陰陽之位,
間雜而成文章也)"고 하였다.

12 건괘(乾卦)는 천을 상징하고, 곤괘(坤卦)는 땅을 상징하여 하늘은 위에 있고, 땅은 아래
에 있어서 건곤 두 괘의 위치를 먼저 확정한다. 간괘(艮卦)는 산을 상징하고, 태괘(兌卦)
는 못을 상징하는데 산 위의 물은 아래로 흘러서 못이 되고, 못 속의 물은 증발하여 위로
올라가 구름이 되어 서로 영향을 주고 상하의 공기를 유통하게 만든다. 진괘(震卦)는 우
레를 상징하고, 손괘(巽卦)는 바람을 상징하는데 바람은 우레의 의해서 더욱 격탕(擊
盪 : 심하게 뒤흔들림)하게 되고 더욱 강하게 만들고, 우레 역시 바람에 의해서 더욱 위
엄을 갖추게 된다. "박(薄)"을 『경전석문』에서는 들어갈 입(入)으로 말하고 있다. 즉 우

也¹³라.
야

하늘과 땅이 자리를 정하고 산과 못이 기를 통하여, 천둥과 바람이 서로 부딪히고 물과 불이 서로 쏘지 않아 팔괘가 서로 섞이게 되니 지나간 것을 세는 것은 앞으로 나아가는 움직임(순방향)을 따르는 것이라면 올 것을 아는 것은 거꾸로 돌아오는 움직임(역방향)을 따르는 것이니 이 때문에 역은 역방향으로 헤아리는 것이다.

레와 바람이 일어나는 것은 각각 다른 방향이지만, 서로 들어가서 호응한다. 이에 대해 『주역집해』에서는 "진과 손은 같은 소리로 상응하기 때문에 서로 부딪힌다(震巽同聲, 相應故相薄)"고 하였다. 감괘는 물을 상징하고, 이괘는 불을 상징하여 이 둘은 성질이 상반되지만 서로 쓰임이 되어 피차 싫어하지는 않는다. "석(射)"은 『주역집해』에서 "석은 싫어한다는 말로 물과 불이 서로 통한다(射, 厭也, 水火相通)"고 하였다. 즉 물과 불은 서로 조화하여 물이 젖은 것은 불로 말려주고, 불로 뜨거운 것은 물로 적셔주면서 서로 싸우지 않고 서로 싫어하지 않고 통한다는 말이다. "수화불상석(水火不相射)"이라는 구절을 『백서주역』에서는 "수화상석(水火相射)"으로 되어 있는데, 아마도 "불(不)" 자는 연문으로 보인다. 하늘·땅·산·못·우레·바람·물·불은 결코 서로 떨어져 고립되어 있는 것이 아니라, 서로 영향을 주고 있다. 똑같이 팔괘 역시 고립되어 있는 것이 아니라 서로 중첩되어 64괘를 이루어 천하 만물을 상징한다. "서로 섞이게 되니(相錯)"라는 말은 서로 모순되면서도 또한 조화하여 서로 섞이는 것을 말한다. 이 구절은 앞의 네 구절의 말들을 총괄적으로 말하고 있다. 앞에서 말한 천지·산택·뢰풍·수화는 바로 팔괘의 상인데, 모두 일음일양이 서로 대립되는 괘이다. 그리고 "정위(定位)"·통기(通氣)·상박(相薄)·불상석(不相射)은 모두 통일되고 조화하는 상황을 보여주기 때문에 "서로 섞이게 되니(相錯)"라고 말한다. 그러므로 『주역절중』에서는 항안세(項安世)의 말을 인용하여 "팔괘는 비록 여덟이나, 실은 음양의 두 글자일 뿐이다. 이런 까닭에 자리가 정해져 있으나, 기는 통하고(八卦雖八, 實則陰陽二字而已. 是故位雖定而氣則通)"라고 하여, 음양의 교류와 통일을 말한다고 하였다. 주자는 『주역본의』에서 "소옹이 이것은 복희 팔괘의 자리이니 건은 남쪽에 있고, 곤은 북쪽에 있으며, 이는 동쪽에 있고, 감은 서쪽에 있으며, 태는 동남쪽에 자리하고, 진은 동북쪽에 있으며, 손은 서남쪽에 자리하고, 간은 서북쪽에 자리해서 팔괘가 서로 사귀어 64괘를 이루니 이른바 선천의 학문이다(邵子曰此伏羲八卦之位, 乾南坤北, 離東坎西, 兌居東南震居東北, 巽居西南艮居西北, 於是八卦相交而成六十四卦, 所謂先天之學也)"라고 하였다. 소옹은 이런 관점에 근거하여 선천팔괘도를 그렸는데 그것은 아래와 같다.

제4장

雷以動之¹⁴하고 風以散之하고 雨以潤之하고 日以煊之¹⁵하고 艮以
뢰 이 동 지　　　풍 이 산 지　　　우 이 윤 지　　　일 이 훤 지　　　　간 이

止之하고 兌以說之하고 乾以君之하고 坤以藏之¹⁶하나니라.
지 지　　　태 이 열 지　　　건 이 군 지　　　곤 이 장 지

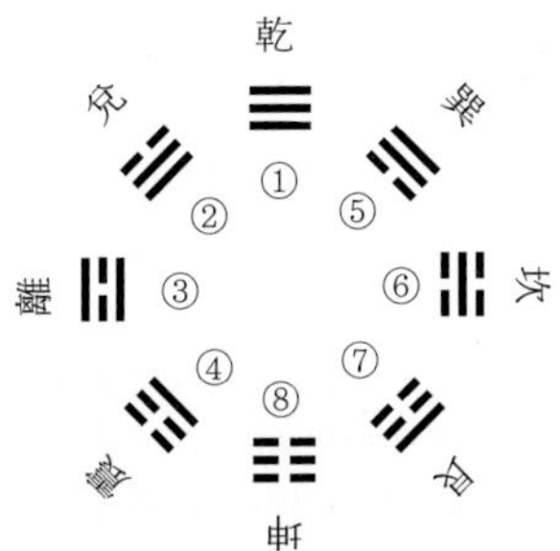

①에서 ④에 이르는 과정은 반시계방향으로 건(乾)은 하늘을 상징하기 때문에 가장 높은 곳에 있고 방향은 남쪽이다. ⑤에서 ⑧에 이르는 과정은 시계방향으로 순서는 손(巽)·감(坎)·간(艮)·곤(坤)의 네 괘로 곤은 땅을 상징하기 때문에 가장 아래에 있고 북쪽을 말한다. 이들 반대편에 있는 괘들은 음양이 서로 반대되는 것으로 착괘(錯卦)이고 수의 합은 9이다.

13 "지나간 것을 세는 것은 앞으로 나아가는 움직임(순방향)을 따르는 것(數往者順)"이라는 말은 선천팔괘도에 비추어 보면 건괘(乾卦)에서 진괘(震卦)에 이르는 것을 말하는데, 이는 양에 속하는 것으로 앞으로 나아가는 움직임, 즉 순방향을 의미한다. 지나간 일은 대부분 이미 알고 있기 때문에 이것을 세는 것은 순조롭고 쉽다. "왕(往)"은 지나간 것을 가리킨다. 지니간 과거의 것은 간단한 것에서 복잡한 것으로 변하는데, 수(數)로 말하면 1에서 다(多), 즉 1에서 2로, 2에서 3으로 다시 10, 100, 10,000으로 무궁하게 변하는 것으로 그 세(勢)는 순(順)이다. "올 것을 아는 것은 거꾸로 돌아오는 움직임(역방향)을 따르는 것이니(知來者逆)"라는 말은 손괘(巽卦)에서 곤괘(坤卦)에 이르는 것을 말하는데, 음에 속하는 것으로 앞으로 올 것을 아는 것으로 이는 역방향으로 결코 알기가 쉽지 않다. 이것은 복잡한 것에서 간단한 것으로 변하는 것으로 수를 통해 말하면 다(多)에서 소(少)로 가는 것을 말한다. 이런 문제를 마기창(馬其昶, 1855-1930)은 미래를 예지(預知)하는 시초점과 관련하여 말하고 있다. "먼저 대연의 수인 50을 이용하여 28, 32, 36, 24의 책수를 얻고, 다시 책수로부터 7,8,9,6의 수를 얻어서 음양의 노소를

우레로써 움직이고, 바람으로써 흩어뜨리고, 비로써 적시고, 해로써 말리고, 간으로써 그치고, 태로써 기쁘게 하고, 건으로써 군림케 하고, 곤으로써 저장케 한다.

제5장

帝出乎震[17]하여 齊乎巽[18]하고 相見乎離[19]하고 致役乎坤[20]하고 說言
제 출 호 진　　　　제 호 손　　　　상 견 호 리　　　　치 역 호 곤　　　　열 언

구분하는데 이는 많은 것으로부터 적은 것으로 그 세는 역방향이다. 주역은 역(逆)으로 오는 것을 알기 때문에 그 수 또한 역수(逆數)를 이용한다(先用大衍五十之數, 以得二十八·三十二·三十六·二十四之策數, 再由策數以得七·八·九·六之數, 而陰陽老少以分, 自多而少, 其勢逆, 易以逆知來事, 故其數亦用逆數也)"고 하였다.

14 진괘(震卦, ☳)는 양기가 음기의 아래에 있는 것으로 우레를 상징한다. "동(動)"은 운동을 시작하게 하는 고동(鼓動)의 뜻이다. 즉 우레가 소리를 내기 시작하면 만물의 맹아(萌芽)를 고동하게 한다.

15 "손(巽)"은 바람이다. 바람이 불어 만물을 펼치게 만든다. "감(坎)"은 비이고, 비는 수분을 공급하여 만물을 생장하게 해준다. "훤(煊)"은 『경전석문』에서는 건(乾), 즉 말린다는 뜻으로 사용하고 있다. "이(離)"는 해로 햇빛이 비추어 만물을 기르고 또 습기를 말리는 작용을 한다.

16 "간(艮, ☶)"은 강력한 양기가 음을 가로막는 것으로 산을 상징하여 만물의 행동을 저지한다. "태(兌, ☱)"는 왕성한 양기가 음기에 의해서 부드러워지는 형상으로 만물을 조화롭게 하여 기쁘게 만든다. "건(乾)"은 하늘을 상징하여 만물을 주재(主宰)한다. "곤(坤)"은 땅을 상징하여 만물을 모두 포용하여 저장한다. 이 장은 우레·바람·비·해의 네 가지 현상을 말하고, 다시 간·태·건·곤 네 개의 괘명(卦名)이 가진 성질에 대해 말하고 있다. 앞장에서 말한 팔괘의 순서는 천지·산택·뇌풍·수화로 가장 현저하게 드러나는 현상으로부터 시작하여 미소(微小)한 현상에 대해 말하고 있다. 이 장은 자연현상의 작용을 단계적으로 설명하고 있는데, 마지막에는 건곤의 두 괘로써 결론을 맺고 있다.

17 오징(吳澄)은 『역찬언』에서 "제(帝)"를 "만물을 주재하는 것(帝, 主宰萬物者也)"으로 보고 있는데, 이 구절은 앞에서 말한 "건으로서 군림(君臨)케 하고(乾以君之)"라는 말의 "군(君)"과 그 의미가 같다. 그러므로 "제(帝)" 자는 상제(上帝)로 해석하는 경우도 있으나(제임스 레게나 빌헬름의 경우 God으로 해석함) 만물을 생기(生起)하게 하는 주

乎兌[21]하고 戰乎乾[22]하고 勞乎坎[23]하고 成言乎艮[24]하니라.
　호 태　　　　　전 호 건　　　　노 호 감　　　　성 언 호 간

제(帝)가 진(震)에서 나와, 손(巽)에서 가지런히 하고, 이(離)에서 서로

재자로 보아 「계사전」에서 말하는 "건지대시(乾知大始)"의 "시작(始)"에 해당한다고 할
수 있다. 또 "제"를 북극성(北極星)으로 보는데, 고인들은 이것을 천제(天帝)로 불렀다
고 한다. 고대인들은 북극성이 우주의 주재라고 보았는데, 일월(日月)은 모두 그것을 따
라 돈다고 말하기도 한다(『주역정종』 555쪽 참조 바람). 주자는 『주역본의』에서 "제는
하늘의 주재자이다(帝者, 天之主宰)"라고 하였다. 만물은 처음 진괘(震卦)에서 시작되
는데 진괘의 방위는 동쪽으로 해와 달은 모두 이곳에서 일어나기 때문이다.

18 "제(齊)"는 가지런하다는 뜻으로 손괘(巽卦)에 이르면 만물이 모두 가지런히 함께 성장
하여 자라난다고 말한다. 왜냐하면 손괘는 후천팔괘방위도에 의하면 방위로는 동남쪽이
고, 계절로는 입하(立夏)에 해당하여 만물이 한창 생장(生長)하는 시기이기 때문이다.

19 이괘(離卦)에 이르면 서로 본다는 말은 사물이 생장하여 구체적인 모습이 드러나서 서로
볼 수 있다는 말이다.

20 곤괘(坤卦)에 이르면 날로 무성하게 된다. "치역(致役)"은 주어진 일을 노력해서 실천한
다는 말로 만물의 주재자가 자신이 해야 하는 일을 곤(坤)에게 주어 완성하게 한다는 의
미이다.

21 태괘(兌卦)에 이르면 자라나서 모두 성숙(成熟)하여 각각 그 본성에 따라 즐거워하지 않
는 것이 없음을 말한다. 만물이 성숙하는 추분(秋分)의 시기이다. "열언호태(說言乎
兌)"의 "언(言)"은 "언(焉)"으로 허자(虛字)이다(王引之와 高亨의 관점). 이 문제에 대
해 이퇴계(李退溪) 역시 주자가 "언(言)"을 해석하지 않은 이유는 허사로 보았기 때문으
로 보고 있다. 만약 "언(言)"이 허자가 아니라면 "태(兌)에서 기뻐함을 말하고"로 해석
해야 한다고 말한다. 『경전석의(經典釋義)』 참조 바람.

22 건(乾)은 양(陽)이 성한 때로 양이 성하면 음이 그것을 깎아 내리려 하여 음양이 서로 싸
우기 때문에 "전(戰)"이라고 말한다. "전(戰)"은 만나거나 부딪힌다는 의미의 "접(接)"
으로 입동(立冬)의 시기에 음양이 교접(交接)하는 것을 상징한다.

23 감괘(坎卦)에 이르면 매우 수고를 많이 하여 피로한 상태로 휴식해야만 한다. 시기적으
로도 동지(冬至)로 휴식하는 때이다. "노(勞)"에 대한 해석은 조금씩 다르다. 수고롭다
고 보는 경우(공영달, 빌헬름)도 있고, 위로 받고 휴식하는 것으로 해석하는 경우(제임
스 레게, 劉沅)도 있다. 물의 작용으로 보면 수고롭지만(晝夜를 불사하고 흘러감), 계절
로는 겨울에 해당하므로 휴식하는 시기이다. 이 둘을 연결하여 수고를 너무 많이 하였기
때문에 휴식기에 접어들었다고 보는 것이 이 문장의 의미로 보인다. 이런 관점은 뒤의
「설괘전」의 문장에서 설명되고 있다.

24 간괘(艮卦)에 이르면 그 생명은 하나의 단계가 완성되어 또 새로운 단계를 준비한다. 입
춘(立春)의 시기이다.

보고, 곤(坤)에서 수고로운 일을 다 하게 되고, 태(兌)에서 기뻐하고, 건
(乾)에서 싸우고, 감(坎)에서 위로 받고, 간(艮)에서 이룬다고 한다.

萬物이 出乎震하니 震은 東方也[25]라. 齊乎巽하니 巽은 東南也니
만물 출호진   진 동방야   제호손   손 동남야

齊也者는 言萬物之絜齊也[26]라. 離也者는 明也니 萬物이 皆相見
제야자 언만물지혈제야   이야자 명야 만물 개상견

할새니 南方之卦也니 聖人南面而聽天下하여 嚮明而治하니 蓋取
      남방지괘야 성인남면이청천하   향명이치   개취

諸此也[27]라. 坤也者는 地也니 萬物皆致養焉할새 故曰致役乎坤[28]
제차야   곤야자 지야 만물개치양언   고왈치역호곤

이라. 兌는 正秋也니 萬物之所說也일새 故로 曰說言乎兌[29]라. 戰
태 정추야 만물지소열야   고 왈열언호태   전

---

25 우번은 "출(出)"을 "생(生)"으로 보고 있다(出, 生也). 8괘를 8방과 사시(四時)에 배치
하고 있는데 진괘(震卦)의 방위는 정동(正東)이고, 계절로는 봄(正春)이다. 『백호통(白
虎通)』「오행(五行)」에서 "동방(東方)은 바로 움직이는 방향인 동방(動方)으로 만물이
움직여 생하기 시작하는 곳이다(東方者, 動方也, 萬物始動生也)"고 하였다.

26 동남(東南)의 괘이다. 시기로는 늦봄과 초여름이 교차하는 시기에 해당한다. 정현은 "결
(潔)을 새롭다(潔, 猶新也)"로, 내지덕은 "결제는 씻는다는 의미와 같다(絜齊, 卽如洗
之意也)"로 보고 있다. 즉 미풍이 불어와 만물이 깨끗하게 가지런히 정돈되는 것과 같다
는 것이다.

27 이(離)는 남방의 괘로 해를 상징하고, 그 뜻은 밝다(明)는 것이다. 또 해가 밝게 비추고
또 계절로는 여름에 해당하여 만물이 모두 번창하기 때문에 "만물이 모두 서로 보는 것
(萬物皆相見)"이다. 또 성인이 제왕이 되어 북쪽에 앉아서 남쪽을 향해서 천하의 정사
(政事)에 대한 일들을 청취하고 다스린다. "청(聽)"은 "청정(聽政)"의 뜻이고, "향(嚮)"
은 향한다(向)는 뜻이다.

28 "치역호곤(致役乎坤)"의 "치(致)"를 고형은 『주역대전금주』에서 "하게 만들다", "얻다"
의 뜻으로 해석하고 있다. 곤은 땅으로 방위는 서남 방향이고, 계절로는 늦여름과 초가
을이 교체하는 시기이다. 이 시기에 만물은 모두 대지로부터 충분한 영양을 얻어서 성장
한다. 그러므로 "곤에서 수고로운 일을 다 하게 된다(致役乎坤)"고 하는 것이다.

29 "정추(正秋)"는 바로 만물이 성숙하는 추분(秋分)의 시기에 해당한다. 방향은 서쪽이다.

乎乾은 乾은 西北之卦也니 言陰陽相薄也[30]라. 坎者는 水也니 正
北方之卦也니 勞卦也니 萬物之所歸也라 故曰勞乎坎[31]이라. 艮은
東北之卦也니 萬物之所成終而所成始也라 故曰成言乎艮[32]이라.

만물이 진(震)에서 나오니 진은 동방이다. 손(巽)에서 가지런히 하니 손은 동남이니, 가지런히 한다는 것은 만물이 깨끗하게 가지런히 되는 것을 말한다. 이(離)라는 것은 밝음으로 만물이 모두 서로 보기 때문이니 남방의 괘로 성인이 남면(南面)하여 천하의 소리를 듣고 밝은 것을 향하여 다스리니, 모두 여기에서 취한 것이다. 곤(坤)이란 땅이니 만물이 모두 기름을 이루므로 곤(坤)에서 수고로운 일을 다 하게 된다고 말한다. 태(兌)는 바로 가을이니, 만물이 기뻐하는 바이므로 태(兌)에서 기뻐한다고 하였다. 건(乾)에서 싸운다는 것은 건은 서북방의 괘이니 음양이 서로 부딪치는 것을 말한다. 감(坎)은 물이므로 정북방의 괘로 (수고로움을) 위로받는 괘이

이 시기에 만물이 모두 성숙하여 결실을 거두게 되니 모두 기뻐하는 것이다.

30 건(乾)은 서북방의 괘이다. 건은 양의 성함으로 양이 성하면 음이 양을 벗겨내어(剝) 음양이 서로 부딪치기 때문에 싸운다고(戰) 하는 것이다. 건괘의 계절은 가을과 겨울이 교체하는 때로 만물이 성숙하여 말라 죽어가면서 서로 생사를 다투는 시기에 들어서게 된다.

31 감(坎)은 정북(正北)의 괘로 물을 상징한다. 공영달은 『주역정의』에서 "물은 밤낮을 가리지 않고 흐르기 때문에 수고로운 괘라고 하는 것이다(水行不舍晝夜, 所以爲勞卦也)"고 하였다. 계절로는 겨울로 만물은 모두 휴식하는 단계로 접어드는 시기이다. "귀(歸)"는 장(藏)의 뜻으로 가을의 수확물을 겨울 동안에 저장하는 동장(冬藏)의 뜻을 가지고 있다.

32 간(艮)은 동북 방향의 괘이다. 간은 산으로 산의 성질은 그침(止)이고, 그침은 만물의 끝(終)이다. 끝나면 다시 시작으로 돌아가니, 이것이 바로 "만물이 끝을 이루고 처음을 이루는 것(萬物之所成終而所成始也)"이다.

니, 만물이 돌아가는 바이므로 감(坎)에서 위로 받는다고 한 것이다. 간
(艮)은 동북방의 괘이니, 만물이 끝을 이루고 처음을 이루는 것이므로 간
(艮)에서 이룬다고 했다.[33]

제6장

神也者는 妙萬物而爲言者也[34]니 動萬物者莫疾乎雷[35]하고 橈萬物
신 야 자　　묘 만 물 이 위 언 자 야　　　　동 만 물 자 막 질 호 뢰　　　요 만 물

---

33 여기에서 후천팔괘방위도가 나온다. 그것을 도표로 그려보면 아래와 같다.

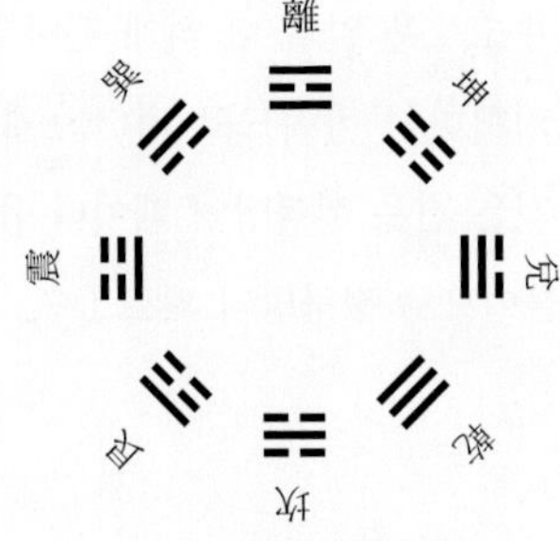

후천팔괘방위도

34 "신(神)"은 대자연의 운행법칙이 가지고 있는 신기한 작용을 의미한다. "묘만물(妙萬
物)"이라는 말은 "신묘하게 만물을 화육한다(妙育萬物)"는 의미를 가지고 있다. "신"의
의미에 대해 정이천은 "천이라는 것은 이치이고, 신은 만물을 묘하게 하는 것을 가지고
말하는 것이고, 제라는 것은 만물을 주재하는 것을 가지고 말한 것이다(天者理也, 神者
妙萬物而爲言者也, 帝者以主宰事而名)"고 하였다. 즉 "제(帝)"는 주재자의 입장에서
말하는 것이고, 신은 작용의 입장에서 말하는 것이다. 또 양인(梁寅)은 『주역절중』에서
"신은 바로 제이다. 제는 신의 체이고, 신은 제의 용이다. 그러므로 만물을 주재하는 것
은 제이다. '만물을 묘하게 하는 것'은 제의 신이다(神, 卽帝也. 帝者神之體, 神者帝之
用. 故主宰萬物者, 帝也. 所以妙萬物者, 帝之神也)"고 하여, 신을 작용적 측면에서
말하고 있다. 그러므로 레게나 빌헬름의 경우 "제(帝)"를 God으로 번역하는데 비해,
"신(神)"을 spirit로 해석하고 있다.

35 요배중(姚配中)은 『주역요씨학(周易姚氏學)』에서 "질을 빠른 것(疾, 速也)"으로 보고

者莫疾乎風³⁶하고 燥萬物者莫熯乎火³⁷하고 說萬物者莫說乎澤³⁸
자 막 질 호 풍 　　　　조 만 물 자 막 한 호 화 　　　　열 만 물 자 막 열 호 택

하고 潤萬物者莫潤乎水³⁹하고 終萬物始萬物者莫盛乎艮⁴⁰하니 故
윤 만 물 자 막 윤 호 수 　　　　종 만 물 시 만 물 자 막 성 호 간 　　　고

로 水火相逮⁴¹하며 雷風不相悖⁴²하며 山澤이 通氣然後에야 能變化
수 화 상 체 　　　　뢰 풍 불 상 패 　　　산 택 　통 기 연 후 　　　능 변 화

있고, 오징은 『역찬언(易簒言)』에서 “동(動)”을 “싹을 트게 하고 동면에서 깨어나게 하
는 것으로 진(震)이 나타나는 것(動者, 發萌啓蟄, 震之出也)”이라고 하였다. 즉 만물을
진동시켜 싹을 트게 하고 겨울잠에서 깨어나게 하는 것으로는 우레보다 빠른 것은 없다
고 말한다.

36 오징은 『역찬언』에서 “요라는 것은 바람을 불어 떨쳐서 길러주는 것이다(橈者吹拂長
養)”고 하여, 바람이 만물을 흔들어 길러주는 것으로 말하고 있다. 이 문장에서 바람의
역할에 대해서 제임스 레게는 만물의 씨앗을 흩뿌려 그들의 생존을 보존해 나가게 하는
것으로는 바람보다 더 효과적인 것이 없다는 의미로 번역하고 있는데 충분히 참고할 만
한 가치가 있는 것으로 보인다.

37 “조(燥)”는 말리다, 건조하다는 뜻이고, “한(熯)”은 “한(焊)” 또는 “한(暵)”과 같은 것
으로 말리다, 태운다는 뜻을 가지고 있다.

38 못은 물을 저장하고 있다가 필요할 때에 공급하기 때문에 큰 기쁨을 준다.

39 만물에 수분을 주어 성장하게 하는 것으로 물보다 더한 것은 없다.

40 이 구절은 앞에서 말한 “간(艮)은 동북방의 괘이니, 만물이 끝을 이루고 처음을 이루는
것이므로 간에서 이룬다고 한다(艮東北之卦也, 萬物之所成終而所成始也, 故曰成言乎
艮)”는 말의 뜻을 이야기하고 있다. 이에 대해 최경은 『주역집해』에서 “대한(大寒)과 입
춘 사이로 간괘의 방위라고 말한다(言大寒立春之際, 艮之方位)”라고 하여, 한 해의 끝
이자 동시에 시작임을 이야기하고 있다.

41 “체(逮)”를 『이아』에서는 미치다는 의미의 급(及)으로 말하고 있다. 물과 불은 비록 성
질이 다르지만, 그 기질은 서로를 바탕으로 한다는 것을 말하고 있다. 본래 왕필본에 “수
화(水火)” 아래에 “불(不)”자가 들어 있었으나, 공영달 이후에는 이것이 사라져 버렸다
고 한다.

42 공영달은 『주역정의』에서 “앞에서는 ‘뇌풍상박(雷風相薄)’이라고 말하고, 여기에서는
‘불상패(不相悖)’라고 말한다. 두 상이 모두 움직여 만약 서로 부딪혀서 서로 어긋나고
거스르면 서로 상해를 입게 되어서 사물을 이루는 작용이 없게 되기 때문에, 비록 서로
부딪히면서도 서로 어긋나지 않는 것을 밝히고 있다(上言雷風相薄, 此言不相悖者, 二
象俱動, 若相薄, 而相悖逆則相傷害, 亦无成物之功, 明雖相薄而不相逆者也)”고 하였
다. 우레와 바람이 서로 치고 받아도 서로 배척하지 않으면서 서로 받아들이는 것에 대

하여 **旣成萬物也**[43]하니라.
기 성 만 물 야

신(神)이란 것은 만물을 묘하게 함을 말한 것이니, 만물을 움직이는 것은
우레보다 빠른 것이 없고, 만물을 흔드는 데는 바람보다 빠른 것이 없고,
만물을 말리는 것이 불보다 더 잘 말리는 것이 없고, 만물을 기쁘게 하는
데는 못보다 더 잘 기쁘게 하는 것이 없고, 만물을 적시는 데는 물보다 더
잘 적시는 것이 없고, 만물을 마치게 하고 시작하게 하는 것은 간보다 더한
것이 없으니 그러므로 물과 불이 서로 미치며 천둥과 바람이 서로 어그러지
지 않으며, 산과 못이 기운을 통한 뒤에라야 변화할 수 있어서 만물을 다
이룬다.

제7장

乾은 健也[44]**요 坤은 順也**[45]**요 震은 動也**[46]**요 巽은 入也**[47]**요 坎은 陷**
건　건야　　곤　순야　　진　동야　　손　입야　　감　함

해 말하고 있다. 고형은 "패(悖)"를 "발(勃)"로 보아, 이 말을 『설문해자』에서 말하는
"발은 밀치는 것이다(勃, 排也)"는 것과 연관시키고 있다. 즉 우레와 바람이 동시에 일
어나서 서로 배척하지 않고 서로 받아들인다는 의미로 보고 있다. 『주역대전금주』 460쪽
참조 바람.

43 이 구절은 위의 전체 문장을 총괄하여 우레나 바람, 물, 불 등이 끊임없이 운동하고 기가
교류한 후에 비로소 변화가 일어날 수 있으며, 이를 통하여 자연계의 만물이 생성된다는
것을 말하고 있다. 이것은 위에서 말하는 "만물을 묘하게 함을 말한 것(妙萬物而爲言)"
이라는 말과 연결된다. 이 문제에 대해 빌헬름의 영역본에서는 "물과 불은 서로를 보완
하고, 천둥과 바람은 서로 해치지 아니하며, 산과 못의 기운은 움직임 속에서 하나가 된
다. 그러므로 변화와 변혁이 가능하게 되고 이에 따라서 모든 사물들이 완성된다"(영역
본 272쪽 참조 바람)고 하였다.

44 건은 하늘을 상징한다. 천체의 운행은 쉼이 없기 때문에 굳세다.

45 곤은 땅을 상징한다. 땅은 천도에 따라 만물을 이루어주기 때문에 유순하다고 말한다.

也⁴⁸요 離는 麗也⁴⁹요 艮은 止也⁵⁰요 兌는 說也⁵¹라.

건은 굳셈이고, 곤은 유순함이며, 진은 움직임이고, 손은 들어감이며, 감
은 빠짐이고, 이는 걸림이요 간은 그침이요 태는 기뻐함이라.

제8장

乾爲馬⁵²요 坤爲牛⁵³요 震爲龍⁵⁴이요 巽爲雞⁵⁵요 坎爲豕⁵⁶요 離爲

---

46 진(震)은 우레를 상징한다. 우레가 쳐서 겨울잠을 자던 동물들을 깨게 하여 움직이게
한다.

47 손(巽)은 바람으로 모든 구멍 속으로 바람이 찾아 들어가기 때문에 그 성질을 입(入)이
라고 말한다. 『역전』 중의 손(巽)에는 세 가지의 뜻이 있다. 첫째로는 입(入)이다. 이 문
장 이외에 「서괘전」에서도 "손은 들어간다(巽, 入也)"는 말이 있고, 정괘(井卦) 「단전」
의 "물속에 들어가서 물을 퍼 올리는 것이 정이니(巽乎水而上水, 井)"라는 말과 정괘
(鼎卦) 「단전」의 "나무를 불속에 넣어서 밥을 삶아 익히니(以木巽火, 亨飪也)"의 문장
에서 말하는 손(巽)은 모두 입(入)의 뜻이다. 두 번째로 손은 복(伏)의 뜻을 가지고 있
다. 「잡괘전」에서 "태는 나타나고, 손은 엎드린다(兌見而巽伏也)"는 것이 바로 이 뜻이
다. 세 번째는 손은 겸손(謙遜)의 뜻을 가지고 있다. 예를 들면 소축괘(小畜卦) 「단전」
의 "굳세면서도 공손하며(健而巽)"라는 구절이나 항괘(恒卦) 「단전」의 "겸손해서 움직
이고(巽而動)"라는 구절은 모두 겸손의 의미를 가지고 있다.

48 감은 물을 상징하는데 물은 반드시 낮은 곳에 모여 찬다. 그러므로 그 성질은 낮은 곳
으로 빠진다.

49 "이(麗)"는 부착(附着)의 의미이다. 이(離)는 불을 상싱하는네 불은 반드시 다른 사물에
붙어야 탈 수 있기 때문이다.

50 산은 움직이지 않고 제 자리에 있다.

51 못은 만물에게 물을 주어 윤택하게 해주기 때문에 기뻐한다.

52 건은 하늘을 상징하고, 하늘의 운행은 굳세다. 가축 중에서 가장 굳건하게 움직이는 동
물이 바로 말이다. 여기에서 "되다(爲)"라는 말은 상징으로 취했다는 의미이다. 즉 "건
은 말로 상징된다(The Creative is symbolized by the horse)"라고 빌헬름의 영역본은
번역하고 있다(273쪽 참조 바람). 「설괘전」의 제8장에서 제11장까지 120여 군데 이상에

雉⁵⁷요 艮爲狗⁵⁸요 兌爲羊⁵⁹이라.
치　　　간 위 구　　　　태 위 양

건은 말이 되고, 곤은 소가 되며, 진은 용이 되고, 손은 닭이 되며, 감은

돼지가 되고, 이는 꿩이 되며, 간은 개가 되고, 태는 양이 된다.

제9장

乾爲首요 坤爲腹이요 震爲足이요 巽爲股요 坎爲耳요 離爲目이요
건 위 수　　　곤 위 복　　　　진 위 족　　　　손 위 고　　감 위 이　　이 위 목

서 "어떤 괘는 어떤 상이 되고(某卦爲某象)"의 형식을 통해 8괘의 취상(取象)에 대해 이
야기하고 있다.

53 곤은 땅이고, 땅은 실어주지 않는 사물이 없다. 소는 가축 중에서 물건을 가장 잘 실어
나르기 때문에 곤은 소를 상징으로 취하고 있다.

54 진은 우레이다. 옛날 사람들은 우레가 땅 아래로 숨어 들어가고, 구름 속에서 활동하는
것으로 보았다. 용(龍) 역시 이러하다. 용은 땅 속으로도 들어갈 수 있고, 하늘 위로도
날아오를 수 있기 때문에 상징으로 취하고 있다.

55 손은 바람이다. 고형은 『주역대전금주』에서 바람이 불면 만물이 움직이고, 닭이 새벽에
울면 사람과 조수들이 일어나서 활동한다고 하여, 바람과 닭의 유사성에 대해 말하고 있
다. (461쪽 참조) 이것은 순상의 『구가역(九家易)』의 관점과 유사하다.

56 감은 물을 상징하고, "시(豕)"는 돼지를 말한다. 물이 한 곳에 고이면 썩어서 더럽게 되
는데, 돼지는 이런 더러운 곳에서 늘 살기 때문에 감을 돼지라고 말한 것으로 보인다. 빌
헬름의 영역본 역시 감괘를 물과 연결시켜 진흙과 물에 사는 가축인 돼지를 상징한 것으
로 말하고 있다.

57 이(離)는 해이고 또 불을 상징하고, 문명(文明)을 말한다. "치(雉)"는 보통 산닭으로 말
하는데 바로 꿩이다. 꿩의 깃털은 화려하고 문체가 있기 때문에 이괘(離卦)를 꿩으로 말
한다.

58 간은 산을 상징하여 그 성질이 정지의 뜻을 가지고 있는데, 개가 문 앞에서 떠나지 않고
집을 지키고 있는 것과 비슷하기 때문이다.

59 태(兌)는 못으로 못은 물을 담고 있는데, 이는 마치 양의 무리가 한꺼번에 몰려있는 것과
비슷하다. 또 양의 성질은 온순하여서 사람들이 좋아하기 때문에 태를 양으로 취상한 것
으로 보인다.

艮爲手요 兌爲口⁶⁰이라.
간 위 수　　태 위 구

건은 머리이고, 곤은 배이며, 진은 발이고, 손은 넓적다리이며, 감은 귀이
고, 이는 눈이며, 간은 손이고, 태는 입이다.

제10장

乾은 天也라 故로 稱乎父요 坤은 地也라 故로 稱乎母⁶¹요 震은 一
건 천야 고 칭호부 곤 지야 고 칭호모 진 일

---

60 건괘(乾卦)는 하늘을 상징하여 위에 있기 때문에 머리라고 한다. 곤괘(坤卦)는 땅으로
만물을 포용할 수 있다. 배(腹)는 오장 육부를 모두 담고 있다는 포용성을 매개로하여 곤
괘를 배라고 한 것으로 보인다. 우레의 소리는 무섭고, 그 파동은 급격하여 만물들을 움
직이게 만든다. 인간의 신체 부분에서는 발이 바로 사람을 움직이게 한다. 손(巽)은 넓
적다리를 상징하는데, 넓적다리는 발이 움직이는데 따라가기(巽順) 때문이다. 또 넓적다
리와 나무 막대기가 비슷하기 때문에 손을 넓적다리로 상징한다고 말하기도 한다. 감괘
(坎卦)는 바깥이 비어있고 안이 실하기 때문에 그 모습이 귀와 비슷하다. 이괘(離卦)는
속이 비어있어서 그 형상이 마치 눈과 같다. 또 이괘는 해를 상징하고 불을 상징하는데,
해와 불은 모두 밝다. 눈이 밝아서 물건을 볼 수 있기 때문에 이괘는 눈을 상징한다. 간
(艮)이 손(手)을 상징으로 취한 이유를 대부분 간괘가 가진 멈춤(止)의 의미로 보아 손
으로 물건을 멈추게 하는 입장에서 말하지만(공영달의 경우) 뜻이 분명하지가 않다. 이
보다는 오히려 「설괘전」 제6장에서 말하는 "만물을 마치게 하고 시작하게 하는 것은 간
괘보다 더한 것이 없으니(終萬物始萬物者莫盛乎艮)"라는 관점과 연결시켜 보는 것이
더 정확할 수 있다. 왜냐하면 모든 일의 시작(着手)은 손으로부터 행해지고, 끝맺음 역
시 손을 거쳐야 하기 때문이다. 고형은 못이 땅 위에 있는 것은 마치 입이 몸에 있는 것
과 같고, 못이 강물이나 빗물을 삼키듯이 입으로 음식을 삼기는 것이 비슷하다고 하여
태(兌)를 입으로 말하고 있다. 제8장에서 취상(取象)한 것이 멀리로는 다른 사물에서 취
하는 "원취저물(遠取諸物)"의 관점이라고 한다면, 이 장은 가까운 것은 몸에서 취하는
"근취저신近取諸身)"의 관점에 해당하는 것이라고 할 수 있다.
61 건(乾)은 천(天)으로 아버지라 칭한다. 곤(困)은 땅으로 어머니로 칭할 수 있다. 이런 식
으로 칭호를 붙일 수 있는 것은 만물이 모두 천지로부터 생하기 때문인데 8괘 중의 여섯
자식의 괘는 모두 건곤으로부터 생긴 것이다.

索而得男이라 故로 謂之長男이요 巽은 一索而得女라 故로 謂之長
색 이 득 남　　고　 위 지 장 남　　　손　 일 색 이 득 녀　　고　 위 지 장

女요 坎은 再索而得男이라 故로 謂之中男이요 離는 再索而得女라
녀　 감　 재 색 이 득 남　　고　 위 지 중 남　　　리　 재 색 이 득 녀

故로 謂之中女요 艮은 三索而得男이라 故로 謂之少男이요 兌는
고　 위 지 중 녀　 간　 삼 색 이 득 남　　고　 위 지 소 남　　　태

三索而得女라 故로 謂之少女[62]라.
삼 색 이 득 녀　　고　 위 지 소 녀

---

62 이 구절에서는 건곤을 부모로 삼고 있음을 말하고 그 이하의 나머지 구절에서는 여섯 괘
가 다 같이 부와 모가 서로 구합(求合)하여서 생긴 여섯 명의 남녀로 말하고 있다. 주자
는 "색은 구한다는 뜻이다(索, 求也)"고 하였다. 『경전석문』에서는 왕숙(王肅)의 말을
인용하여 주자처럼 역시 구한다는 뜻으로 사용하고 있다. 구한다는 말은 음과 양이 서로
구한다는 의미로 건곤음양이 서로 교류(交)를 구한다는 말이다. 음양괘의 장유(長幼)는
주효(主爻)가 자리한 위치에 의해 선후(先後)가 결정된다. 주자는 『주역본의』에서 "남
녀는 괘 가운데의 하나의 음효와 하나의 양효를 가리켜 말한다(男女指卦中一陰一陽之
爻而言)"고 하였다. 구체적으로 진괘(震卦, ☳)의 주효인 양효는 초효(初爻)의 위(位)
에 자리하고 있어서 장남(長男)이라 하고, 손괘(☴)의 주효인 음효가 초효에 자리하고
있어서 장녀라고 부른다. 『주역절중』에서는 오징의 말을 인용하여 "곤이 건과 사귀어 건
의 초효, 중효, 상효를 구하여 취해 장남, 중남, 소남의 세 아들을 얻는다. 건이 곤과 사
귀어 곤의 초효, 중효, 상효를 취하여 장녀, 중녀, 소녀의 세 딸을 얻는다. '첫 번째로
구한다'는 말은 초효가 서로 사귀는 것을 말하고, '두 번째로 구한다'는 말은 중효가 서로
사귀는 것을 말하고, '세 번째로 구한다'는 말은 상효가 서로 사귀는 것을 말한다(坤交於
乾, 求取乾之初中上三畫, 而得長中少三男. 乾交於坤, 求取坤之初中上三畫, 而得長
中少三女. 一索, 謂初爻. 再索, 謂交中. 三索, 謂交上)"고 하였다. 오징의 관점에 의
하면 "구한다"는 의미의 "색(索)"이라는 말은 실질적으로는 건괘와 곤괘의 효를 서로 교
환하고 바꾸는 것으로 볼 수 있을 것이다. 또 공영달은 "아버지의 기를 얻은 것은 남자가
되고, 어머니의 기를 얻으면 여자가 된다(得父氣者爲男, 得母氣者爲女)"고 하여, 곤괘
의 초효가 건괘의 기를 얻어서 진괘가 되고, 이효가 건의 기를 얻어서 감괘가 되고, 삼효
가 건의 기를 얻어서 간괘가 된다. 마찬가지로 건괘의 초효가 곤괘의 기를 얻어서 손괘
가 되고, 이효가 곤의 기를 얻어서 이괘가 되고, 삼효가 곤의 기를 얻어서 태괘가 된다고
말한다. 즉 이들 괘의 형성 내용들은 빌헬름의 말을 빌리면 아들의 괘 중에서 아들을 결
정짓는 지배적인 주효(主爻)는 아버지로부터 나오는 반면에, 그 실체(두 음효를 말함)는
어머니로부터 나온다고 하였다. 딸의 괘의 경우는 이와는 반대이다. 말하자면 자식의 성

건은 하늘이라 그러므로 부(父)라 일컫고, 곤(坤)은 땅이라 그러므로 모(母)라 일컫는다. 진(震)은 첫 번째로 구하여 남(男)을 얻음이라 그러므로 장남이라 이른다. 손(巽)은 첫 번째로 구하여 여(女)를 얻음이라 그러므로 장녀라 이르고 감(坎)은 두 번째로 구하여 남을 얻음이라 그러므로 중남(中男)이라 이르고, 이(離)는 두 번째로 구하여 여자를 얻음이라 그러므로 중녀(中女)라 이른다. 간(艮)은 세 번째로 구하여 남을 얻음이라 그러므로 소남(少男)이라 이르고, 태(兌)는 세 번째로 구하여 여를 얻음이라 그러므로 소녀(少女)라 이른다.

제11장

乾은 爲天, 爲圜,[63] 爲君, 爲父,[64] 爲玉, 爲金,[65] 爲寒, 爲冰,[66] 爲
건　　위천　위원　　위군　위부　　위옥　위금　　위한　위빙　　위

大赤,[67] 爲良馬,[68] 爲老馬,[69] 爲瘠馬,[70] 爲駁馬,[71] 爲木果[72]라.
대적　　위량마　　위노마　　위척마　　위박마　　위목과

별(姓)은 그것을 "구하는" 부모의 성별과는 반대라고 말한다. 빌헬름의 영역본 275쪽 참조 바람.

[63] "원(圜)"은 "원(圓)"을 말한다. 건을 하늘로 보는 것은 상징을 가지고 말하는 것이고, 둥근 것(圜)으로 말하는 것은 형태를 가지고 말한 것이다.

[64] 하늘은 위에 있기 때문에 군주와 부친으로 비유하고 있다.

[65] 건은 순양(純陽)으로 잡스런 것이 들어 있지 않기 때문에 옥(玉)으로 말한다. 건의 성질은 강건하고 단단하기 때문에 쇠(金)라고 말한다.

[66] 팔괘를 8방에 배열할 경우 건은 서북쪽에 있어서 계절로는 늦가을이나 초겨울에 해당하여 추워지고 얼음이 어는 시기이기 때문이다.

[67] 왕신자(王申子)는 『대역집설(大易輯說)』에서 "크게 붉은 것(大赤)"을 "순양의 순수한 빛깔(純陽之正色)"이라고 하여 건의 본색(本色)으로 보고 있다.

[68] 말의 굳셈을 가지고 말한다.

[69] 말이 오래 동안 쉬지 않고 걸어가는 것을 가지고 말한다.

건은 하늘이 되고, 둥근 것이 되고, 임금이 되고, 아버지가 되고, 옥이 되고, 금(金)이 되고, 추위가 되고, 얼음이 되고, 크게 붉은 것이 되고, 좋은 말이 되고, 늙은 말이 되고, 마른 말이 되고, 얼룩말이 되고, 나무의 열매가 된다.

坤은 爲地, 爲母, 爲布, 爲釜,[73] 爲吝嗇,[74] 爲均,[75] 爲子母牛,[76] 爲
곤   위지 위모 위포 위부   위린색   위균   위자모우   위

大輿,[77] 爲文,[78] 爲衆,[79] 爲柄[80]이요, 其於地也에 爲黑[81]이라.
대여   위문   위중   위병   기어지야   위흑

---

70 오징은 필요 없는 살이 적은 "마른 말(瘠馬)"은 뼈가 많아 굳세다고 말한다.

71 왕인지는 "박(駁)"을 적색(赤色)으로 보고 있지만(駁, 赤色也), 보통은 여러 가지 색이 섞인 얼룩말로 말한다. 또 『이아』에서는 매우 굳세고 강한 말로 표현하여 심지어 톱니바퀴와 같은 날카로운 어금니를 가지고 호랑이나 표범 같은 맹수도 잡아먹을 수 있는 것(鋸牙食虎豹)으로 표현하고 있다.

72 나무 위의 과실(果實)은 마치 하늘 위의 별처럼 보이기 때문에 그것으로 건괘(乾卦)를 상징한다. 이에 대해 『곽씨전가역설』에서는 "나무는 과실을 시작으로 삼는 것은 마치 사물이 건(乾)을 시작으로 삼는 것과 같다(木以果爲始, 亦猶物以乾爲始)"라고 하였다.

73 만물은 땅을 바탕으로 하여 태어났기 때문에 어머니라고 할 수 있다. "포(布)"는 편다는 의미의 "포(佈)"이다. 상병화는 "곤의 덕이 만물에 고루 퍼져서 기름을 얻게 되기 때문에 편다고 한다(坤德遍布萬物以致養, 故爲布)"고 하였다. "부(釜)"는 가마솥으로 땅은 마치 가마솥처럼 만물을 성숙(成熟)시켜 준다는 의미이다.

74 곤은 「계사전」에서 말하는 고요할 때는 닫아버리는(其靜也翕) 특성으로 말미암아 받기만 하고 주지 않기 때문에 인색하다고 말한다.

75 만물을 하나도 남김없이 모두 생성시켜주기 때문에 어떤 것이든 길러주고, 어떤 것이든 버리지 않고 고르게 대한다는 의미이다.

76 "자모우(子母牛)"에 대해서는 다양한 해석이 있다. "새끼소와 어미소"나 "새끼를 데리고 있는 어미소" 등으로 말한다. 제임스 레게는 "어린 암소(a young heifer)"로, 빌헬름은 "송아지를 데리고 있는 암소(a cow with a calf)"라고 번역하고 있다. 아마도 어린 소와 암소의 온순함과 부단한 번식력을 말하는 데 핵심이 있는 것으로 보인다.

77 "큰 수레(大輿)"는 땅이 두터워 모든 물건을 다 실어 주듯이 많은 물건을 실어 주기 때문에 곤의 상징이 된 것으로 보인다.

78 "문(文)"은 여러 색으로 (爲文, 衆色也)으로 말했는데, 땅이 여러 다양한 만물을 낳아 문채를 이루는 것을 말한다.

곤은 땅이 되고, 어머니가 되고, 널리 펴고, 가마솥이 되고, 인색함이 되고, 고른 것이 되고, 새끼 딸린 어미 소가 되고, 큰 수레가 되고, 무늬가 되고, 무리가 되고, 그릇의 손잡이가 되며, 그 땅에 있어서는 검은 색이 된다.

震은 爲雷, 爲龍,[82] 爲玄黃,[83] 爲旉,[84] 爲大塗,[85] 爲長子, 爲決躁,[86]
진　　위뢰　위용　위현황　　위부　　위대도　　위장자　위결조

爲蒼筤竹, 爲萑葦[87]요 其於馬也에 爲善鳴, 爲馵足, 爲作足, 爲的
위창랑죽　위환위　　기어마야　위선명　위주족　　위작족　위적

---

79 "중(衆)"은 뭇 백성, 즉 중민(衆民)을 말한다. 건(乾)이 군(君)이라면, 곤(坤)은 중민(衆民)이다.

80 "병(柄)"을 우번은 "병은 뿌리이다(柄, 本也)"고 하였다. 만물은 땅을 벗어나서 생존할 수 없기 때문에 땅은 마치 뿌리와 같다고 말한다.

81 땅의 색은 순음(純陰)으로 검은색이다.

82 우레와 용은 모두 움직인다는 성질에서 뜻을 취하고 있다. 즉 진(☳)은 하나의 양이 두 음 아래에 있어 양기(陽氣)가 지면에 분출하여 우레가 됨을 상징한다. 또 용은 심연(深淵)에 있을 수도 있고 하늘 위를 날 수도 있는데, 이는 마치 우레가 땅에서 분출하여 나와서 하늘로 올라가는 것과 같다.

83 "현황(玄黃)"은 건곤이 섞인 색을 말한다. 『주역정의』에서는 "검은 것과 누른 것이 섞이면 푸른색이 된다(玄黃雜則成蒼色也)"고 하였는데 푸른 색(蒼)이 바로 진의 정색(正色)이다.

84 "부(旉)"는 "부(敷)"로 널리 펼친다는 뜻이다. 또 요배중(姚配中)은 『주역요씨학』에서 "봄이 한창인 달에는 복숭아가 화려하게 피기 시작하는데, 화는 바로 편다는 말이다(仲春之月, 桃始華, 華, 旉也)"고 하여, 양기가 막 움직여 펼쳐지는 때에서 의미를 취하고 있는 깃으로 보인다. 빌헬름의 영역본은 "펼치는 것(專)"은 봄의 무성한 성장을 암시하는데, 이것은 농작물이 온 땅을 덮고 있는 것을 상싱하는 깃으로 보기도 한다. 276쪽 참조 바람.

85 "대도(大塗)"에 대해 고형은 "대도(大途)", 즉 대로(大路)로 보고 있다. 진(震)은 그 성격이 움직이는 것(動)이고, 큰 길은 원활한 움직임을 위해서 만든 것이다.

86 행동하고 결단하는 것이 우레처럼 신속함을 말한다.

87 "창랑죽(蒼筤竹)"은 파란색으로 금방 생겨난 어린 대나무를 말한다. "랑(筤)"은 어린 대나무를 말한다. 진괘는 방향으로는 동쪽이고, 계절로는 정춘(正春)으로 만물이 시생(始生)하는 때이다. "환위(萑葦)"의 "환(萑)"이나 "위(葦)"는 모두 속이 비어있는 갈대를

顙⁸⁸이요, 其於稼也에 爲反生⁸⁹이요, 其究爲健이요, 爲蕃鮮⁹⁰이라.
상　　　기어가야　위반생　　기구위건　　위번선

진은 우레가 되고, 용이 되고, 현황(玄黃)색이 되고, 펼치는 것이 되고, 큰 길이 되고, 장자(長子)가 되고, 결단을 조급히 하는 것이 되고, 어린 푸른 대나무가 되고, 갈대가 되고, 그 말에 있어서는 잘 우는 것이 되고, 왼쪽 뒷발이 흰 말이 되고, 발을 들고 잘 달리는 말이 되고, 이마가 흰 말이 되고, 그 곡식을 심는 경우에는 반대 방향으로 싹이 터서 자라는 것이 되고, 궁극에는 강건함이 되고, 번성하고 고운 것이 된다.

말하여, 진(☳) 괘의 괘상을 설명하는 것으로 말한다. 즉 상병화는 『상씨역』에서 "대나무나 갈대는 모두 마디가 있는데, 그것은 아래의 양을 상징하고, 위의 두 음은 그 둥글고 속이 빈 것을 상징하고 있다(竹與萑葦皆有節, 下陽象之, 上二陰象其圓而中空)"고 하였다.

88 "선명(善鳴)"은 길게 소리를 울려서 내는 것을 말한다. 말이 운다는 것은 우레와의 관계에서 나온 말로 보인다. "주족(馵足)"은 좌우의 발이 흰색인 것을 말한다. "작족(作足)"은 발을 움직여 뛰는 것이 매우 빠른 말을 말한다. "적상(的顙)"은 이마에 흰 털이 많은 것을 말한다. 이런 말들은 모두 잘 달리는 것을 이야기하고 있다. 즉 잘 달려서 대지가 진동하는 모습으로 건괘(乾卦)의 건장한 말과는 구별된다.

89 "가(稼)"는 곡식을 심는 것을 말한다. 소위 "반생(反生)"은 바로 먼저 뿌리를 내리는 것으로 이것은 진괘(☳)에서 하나의 양이 음의 아래에서 움직이는 것으로부터 상징을 취한 것으로 보인다. "반생"은 식물이 먼저 아래에서부터 뿌리를 내린 후에 다시 반대되는 방향으로 맹아(萌芽)가 생장하는 것을 말한다. 곡식을 경작하는 것으로 말하면 진괘(震卦)는 만물이 처음 생겨나는 맹아의 때에 해당한다. "반생"을 고형은 도생(倒生)으로 보고 있다. 도생이란 말은 원래 식물의 뿌리를 머리로 보고 가지를 손발로 보아 거꾸로 난다는 의미로 사용한다. 구체적으로 과실(果實)이 땅 아래에 있고, 잎과 줄기는 지상에 있는 것으로 무나 파, 감자, 고구마 등이 여기에 해당한다.

90 진괘의 성질은 강건하고, 번성하고, 무성하면서 또 곱다고 말한다. 모기령(毛奇齡)은 『중씨역(仲氏易)』에서 "『건착도(乾鑿度)』에서 사물에는 시작이 있고, 장대함이 있고, 궁극이 있다고 했는데 궁극적인 것을 말한 것이다(乾鑿度云物有始有壯有究, 言究極也)"고 하였다. 우레가 진동하는 것이 매우 강건하기 때문에 진은 또 강건하다고 말한다. 이 구절을 공영달은 "봄날에 초목이 번성하게 자라서 깨끗하고 밝음이 있다는 것을 가지고 취했다(取有春時草木蕃育而鮮明)"고 하였다. 진괘는 계절로는 봄으로 초목이 번성하여 자라는 것이 신선하기 때문에 진괘를 번성하고 고운 것으로 말하는 것이다.

巽은 爲木, 爲風,⁹¹ 爲長女, 爲繩直, 爲工,⁹² 爲白,⁹³ 爲長, 爲高,⁹⁴
손　위목　위풍　위장녀　위승직　위공　위백　위장　위고

爲進退,⁹⁵ 爲不果,⁹⁶ 爲臭⁹⁷요, 其於人也에 爲寡髮, 爲廣顙, 爲多
위진퇴　위불과　위취　기어인야　위과발　위광상　위다

白眼,⁹⁸ 爲近利市三倍⁹⁹요, 其究爲躁卦¹⁰⁰라.
백안　위근리시삼배　기구위조괘

---

91 송충(宋衷)은 『주역집해』에서 "양은 움직이고 음은 고요한데, 두 개의 양이 위에서 움직이고, 하나의 음이 아래에서 안정해 있으니 나무와 흡사한 점이 있다(陽動陰靜, 二陽動於上, 一陽安靜於下, 有似於木也)"고 하였다. 또 나무의 뿌리가 땅 속으로 들어간다는 점에서 입(入)의 성질과 관련하여 말할 수 있다. 또 바람이 구멍이나 틈 속으로 빠져 들어간다는 점에서 연관이 있는 것으로 보인다.

92 손(巽)은 나무인데, 승(繩)은 굽은 나무(曲木)를 교정하여 바르게 할 수 있기 때문에 승직(繩直)이라고 말한다. 이런 일을 하는 사람이 바로 장인(工匠)이고, 특히 나무를 잘 이용할 줄 아는 기술을 가지고 있다.

93 "흰 색이 된다(爲白)"고 하는 것은 우선 흰색이 음(손괘는 長女임) 본래의 색이고 또 바람은 무색(無色)이다. 또 바람으로 먼지를 털어내어 깨끗하게 만든다는 의미(공영달의 관점)를 말하기도 한다.

94 바람이 쉬지 않고 멀리까지 길게 날아가고 또 높이 올라간다는 의미이다.

95 바람이 가는 방향은 정해진 것이 없는데, 어떤 때는 남으로 가고 어떤 경우는 북쪽으로 가서 각각 때에 따라 진퇴가 있기 때문이다.

96 "불과(不果)"에는 두 가지 뜻이 있다. 하나는 일을 처리하는데 과단성이 없어서 미적미적하는 것을 의미하는데, 이것은 진퇴(進退)의 뜻과 일치한다. 다른 하나는 결과가 없다는 말이다. 옛날 사람들은 미적미적하여 어떤 일을 하는데 과단성이 없으면 결과가 없다고 생각했다. 이것은 나무가 열매를 맺지 못하는 것에서 파생된 의미인데, 손괘는 아직 결실의 계절이 아닌 늦봄이기 때문이다.

97 우번은 "취는 기미(氣味)를 가지고 말한다(臭, 氣也)"고 하였다. 기미는 여러 가지 맛을 총칭하는 것으로 그것이 바람에 따라서 흩어지기 때문에 손괘를 냄새라고 하는 것이다.

98 왕인지는 『경전석사(經傳釋詞)』에서 "과(寡)는 또 선(宣)으로 쓰는데, 검은 것과 흰 것이 섞인 것을 선발(宣髮)이다(寡又作宣, 黑白雜爲宣髮)"고 하였다. "광상(廣顙)"은 이마가 매우 넓은 것을 말하는데, 머리털이 적기 때문에 자연적으로 이마가 넓을 수밖에 없다. "다백안(多白眼)"은 눈 속에 흰 부분이 많은 것으로 고형은 "고대의 관상술에서는 이 세 종류의 사람들의 성격이 순박하다고 말한다"(『주역대전금주』 468쪽 참조)고 하였다. 이 구절은 머리털이 검은 것과 흰 것이 서로 섞여 있고, 이마가 넓고, 눈 속에 흰 부분이 많은 사람들은 대부분 질박한 것이 나무와 같기 때문에 손괘의 상으로 표현한다고

손은 나무가 되고, 바람이 되고, 장녀가 되고, 먹줄이 되고, 장인이 되고,
흰 색이 되고, 긴 것이 되고, 높은 것이 되고, 진퇴 하는 것이 되고, 과감
하지 않는 것이 되고, 냄새가 되며, 그 사람에 있어서는 털이 적은 것이 되
고, 넓은 이마가 되고, 눈에 흰 자위가 많은 것이 되고, 이익에 근접하여
세 배로 파는 것이 된다. 궁극적으로는 움직임이 활발한 괘가 된다.

坎은 爲水, 爲構瀆, 爲隱伏,[101] 爲矯輮,[102] 爲弓輪[103]이요 其於人也
감　위수　위구독　위은복　　위교유　　위궁륜　　　기 어 인 야

말한다. 또 이광지는 『주역절중』에서 머리털이 검은 것과 흰 것이 서로 섞여 있고, 이마
가 넓고, 눈 속에 흰 부분이 많은 것들은 모두 깨끗함(潔)의 뜻을 가지고 있다고 말한다.

99 이 구절에 대한 주석들은 대부분 견강부회하는 경우가 많다. 공영달은 "나무가 번성하게
자라는 것을 취하여 시장에 팔면 세 배의 이익이 있다(木生蕃盛於市則三倍之宜利也)"
고 하였다. 고형은 손괘는 나무로 사람이 나무를 심어 길러서 수목이 성장하거나 혹은
그 과실을 팔거나 또는 그 재목을 팔면 거의 세 배에 가까운 이득을 시장에서 얻을 수 있
다고 하였다. 『주역대전금주』 468쪽 참조.

100 이 구절은 바람의 성질이 조급함을 말하고 있다. 공영달은 "바람의 세력이 지극히 조급
함을 취하여 말한다(取以風之勢極于躁急也)"고 하였다.

101 공영달은 『주역정의』에서 "도랑이 된다고 하는 것은 물이 흐르는데 통하지 않는 것이
없다는 상징을 취한 것이고, 숨어 엎드린다는 말은 물이 땅 속에 저장되어 있는 것을 취
했다(爲溝瀆, 取其水行无所不通也, 爲隱伏, 取其水藏地中也)"고 하였다.

102 공영달은 『주역정의』에서 "굽은 것을 바르게 하는 것을 교라 하고, 곧은 것을 굽히는 것
을 류라고 한다(使曲者直爲矯. 使直者曲爲輮)"고 하였다. 물이 강이나 하천, 도랑에
서 흐르는 것은 항상 굽이굽이 돌기도 하고, 바로 가기도 하는 것이 마치 바르게 하는
것 같기도 하고 굽히는 것 같기도 하기 때문에 감괘를 교유(矯輮)라고 하는 것이다. 빌
헬름은 "구부리고 바르게 하는 것은 물이 굽이치는 흐름을 뜻하고 있는데, 이것은 굽은
어떤 것의 생각에서 나온 것으로 이어서 활과 바퀴를 연상하는 데에 이르게 한다"(279
쪽 참조)고 하였다.

103 우번은 "바로 잡고 굽힐 수 있기 때문에 활이나 수레바퀴가 된다(可矯輮, 故爲弓輪)"
고 하였다. "교유(矯輮)"나 "궁륜(弓輪)"은 모두 변이(變異)된 형태이다. 사물이 위험
에 빠지면 반드시 그 형태를 바꾸어야 하는데, 이 두 개의 상은 그 속에 위험과 함정이
라는 뜻을 포함하고 있다.

에 爲加憂, 爲心病, 爲耳痛,[104] 爲血卦, 爲赤[105]이요 其於馬也에
위 가 우　위 심 병　위 이 통　　위 혈 괘　위 적　　　기 어 마 야

爲美脊,[106] 爲亟心,[107] 爲下首,[108] 爲薄蹄, 爲曳요[109] 其於輿也에 爲
위 미 척　위 극 심　위 하 수　　위 박 제　위 예　　기 어 여 야　위

多眚[110]이요 爲通,[111] 爲月,[112] 爲盜[113]이요, 其於木也에 爲堅多心[114]
다 생　　　위 통　위 월　위 도　　　　기 어 목 야　위 견 다 심

---

104 모기령은 『중씨역(仲氏易)』에서 "위험하기 때문에 걱정이 있다. 걱정이 있기 때문에 마음의 병이 생긴다. 귀가 아프다고 말하는 것은 감괘가 귀이기 때문이다(惟險故憂, 惟憂故心病, 其曰耳痛者, 坎爲耳也)"고 하였다. "근심을 더하는 것이 되고(加憂)"라는 말은 양효가 두 개의 음효 사이에 빠져 있기 때문에 근심한다고 말한다. 또 마음의 병과 귀가 아픈 것은 모두 양이 음 가운데 있어서 막혀 있다는 뜻을 취하고 있다. 심장이나 귀는 막힘이 없어야 그 역할을 다할 수 있는데, 그 중심이 양으로 막혀있기 때문에 병이나 아픔이 되는 것이다.

105 공영달은 "사람에게 피가 있는 것은 마치 땅에 물이 있는 것과 같다(人之有血猶地之有水也)"고 하였다. 피는 적색(赤色)이기 때문에 감괘는 혈괘(血卦)가 된다.

106 송충은 『주역집해』에서 "양이 중앙에 있는 것으로 말의 척추 뼈의 상이다(陽在中央, 馬脊之象)"고 하였다. 이것은 괘의 형상을 가지고 말하는 것인데, 하나의 양이 중간에 있어서 아름다운 척추라고 하고, 음효가 상하에 있는 것은 두 옆구리라고 말할 수 있다.

107 "극(亟)"은 급(急)으로 급하다는 의미이다. "극심(亟心)"은 마음이 급한 것을 말하는데, 이것은 양이 중간에 있어서 그 양의 성질이 강건하고 움직이려하기 때문에 마음이 급한 것으로 말한다. 또 양이 음 속에 빠져서 조바심을 가지는 것으로 말하기도 있다.

108 "하수(下首)"는 말이 항상 머리를 아래로 숙이고 있는 것을 말한다. 이것은 물의 성질이 아래로 흐르는 것에서 나왔다. 흐르는 물에서 물의 머리는 항상 물의 꼬리보다 낮은 데 있기 때문이다.

109 "얇은 발굽(薄蹄)"은 발굽이 심하게 닳아서 없어진 것을 말한다. 이것은 감(☵)의 초효가 음이기 때문에 발꿈치가 얇은 것으로 상징하고 있다. "예(曳)"는 발꿈치가 끌려가는 상이다. 건괘(乾卦)·진괘(震卦)·감괘(坎卦) 모두 말을 상징으로 하고 있는데, 건(乾)은 건장한 말을, 진(震)은 빨리 달리는 말을 상징하고 있는 반면에, 감괘(坎卦)는 수고롭고 힘든 말을 상징하여 모두 다르다

110 "생(眚)"은 재앙(災)의 뜻이다. 공영달은 "(감괘의 상이) 안과 바깥에 음이 있는 것을 취하여 힘이 약하여 무거운 것을 싣기 어려워 항상 재앙이 생길까 걱정한다(取其表裏有陰, 力弱不能重載, 常憂災眚也)"고 하였다. 사실은 수레(輿)가 험난(險難)한 곳을 가는 것 자체가 재난(災難)일 만큼 빠지고 막히는 것이 많기 때문이다.

111 감(坎)은 물이고 물은 흘러 막히는 것이 없이 통달(通達)할 수 있다.

이라.

감은 물이 되고, 도랑이 되고, 숨어 엎드리는 것이 되고, 굽은 것을 곧게
하는 것이나 곧은 것을 굽게 하는 것이 되고, 활과 수레바퀴가 되고, 사람
에게 있어서는 근심을 더하는 것이 되고, 마음의 병이 되고, 귀가 아픈 것
이 되고, 피를 의미하는 괘가 되고, 붉은 색이 되고, 말에 있어서는 아름다
운 등이 되고, 급한 성질이 되고, 머리를 숙인 것이 되고, 얇은 발굽이 되
고, 끄는 것이 되고, 수레에 있어서는 하자가 많은 것이 되고, 통하는 것이
되고, 달이 되고, 도둑이 되며, 나무에 있어서는 단단하고 심이 많은 것이
된다.

離는 爲火, 爲日, 爲電,¹¹⁵ 爲中女, 爲甲冑, 爲戈兵¹¹⁶이요 其於人
이　　위화 위일 위전　　위중녀　위갑주　위과병　　　　기 어 인

---

112 이도평은 『주역집해찬소』에서 『회남자』의 「천문훈(天文訓)」을 인용하여 "음의 차가운
　　기가 모인 것이 물이 되고, 물 기운의 정수가 달이 된다(積陰之寒氣爲水 水氣之精者
　　爲月)"고 하였는데, 감(坎)은 물이고, 달은 물 기운의 정수이기 때문에 감은 또한 달
　　(月)이라고 하는 것이다.
113 감(坎)은 은복(隱伏)하여 숨어서 드러나지 않는다. 도적 역시 숨어서 드러나지 않는
　　성질이 있다. 다시 말하면 은근히 소리 없이 스며든다는 점에서 도적과 물은 유사함이
　　있다.
114 괘의 형상에서 의미를 취한 것으로, 부드러운 음 가운데 단단한 양이 있는 것, 즉 나무
　　의 안은 단단하고 질기지만 바깥은 부드럽고 유연한 것을 상징하고 있다. 이도평은 『주
　　역집해찬소』에서 구체적으로 대추나무(棗) 등을 들고 있다.
115 이정조의 『주역집해』에서 정현은 "불의 밝음을 상징하고 있다. 오래 밝은 것은 해와 같
　　고, 잠깐 밝은 것은 우레와 같다(取火明也. 久明似日, 暫明似雷也)"고 하였다. 해는
　　하늘에 걸려 있고, 번개는 우레에 붙어서 발하는 것인데 이 두 상은 모두 부착(附着)의
　　뜻을 가지고 있다.
116 갑옷이나 투구, 창과 병기 등은 모두 단단한 양으로 바깥에서 안의 부드러운 몸을 보호
　　하고 있는 것을 상징하고 있다. 또 갑옷이나 투구는 몸에 반드시 붙어 있어야 하고 또
　　창을 비롯한 무기 등을 병사가 반드시 지니고 있어야 하기 때문에 부착(附着)의 의미를
　　가지고 있는 것으로 보인다.

也에 爲大腹¹¹⁷이요 爲乾卦,¹¹⁸ 爲鼈, 爲蟹, 爲蠃, 爲蚌, 爲龜¹¹⁹요,

야　　위대복　　　　위건괘　　　　위별　위해　위라　위방　위귀

其於木也에 爲科上槁¹²⁰라.

기 어 목 야　　위 과 상 고

리는 불이 되고, 해가 되고, 번개가 되고, 중녀(中女)가 되고, 갑옷이나 투구가 되고, 무기를 든 병사가 되고, 사람에 있어서는 배가 큰 사람이 되고, 건괘(乾卦)가 되고, 자라가 되고, 게가 되고, 소라가 되고, 조개가 되고, 거북이가 되며, 나무에 있어서는 속이 비고 위가 마른 것이 된다.

艮은 爲山, 爲經路,¹²¹ 爲小石,¹²² 爲門闕,¹²³ 爲果蓏,¹²⁴ 爲閽寺,¹²⁵

간　　위산　위경로　　　위소석　　　위문궐　　　위과라　　　위혼사

---

117 항안세는 『주역완사』에서 "큰 배는 이괘의 모습이다(大腹, 離之形也)"고 하였는데, 이 괘(☲)는 속이 비어 있어서 그 모습이 마치 큰 배와 같다.

118 건(乾)은 건조(乾燥)의 건이다. 해와 불은 모두 건조작용을 하기 때문에 건괘(乾卦)라고 말한다.

119 자라(鼈), 게(蟹), 소라(蠃), 조개(蚌), 거북(龜)은 모두 갑각(甲殼)동물을 말하는 것으로 바깥은 강(剛)하고, 안은 부드러운 이괘(離卦)의 상을 취하고 있다.

120 『경전석문』에서 "과는 비어 있는 것이다(科, 空也)"고 하여, 나무의 속이 비어 있는 것을 말한다. 공영달은 『주역정의』에서 "과는 비어 있는 것이다. 음이 안에 있어서 빈 것이다. 나무가 이미 속이 비게 되면 윗부분은 반드시 말라 죽기 시작한다(科, 空也. 陰在內, 爲空, 木旣空中者, 上必枯槁也)"고 하였다.

121 산위에는 큰 길이 없고 작은 소로(小路)만 있을 뿐이다. 또 간(艮)은 더 이상 나갈 수 없기 때문에 작은 길 만이 있을 뿐이다.

122 간괘는 양괘에 속하고 또 소남(少男)이기 때문에 돌로 치면 소석(小石)이다. 간괘(☶)는 강괘(剛卦) 중의 막내이기 때문에 소석(小石)이라고 히는 것이다.

123 간괘(艮卦)는 괘상으로 보면 위가 덮혀 있고, 아래로 열려 있는 문을 상징하고 있다.

124 송충은 『주역집해』에서 "나무의 열매를 과라고 하고, 풀의 열매를 나(蓏)라고 한다(木實謂之果, 草實謂之蓏)"고 하였고, 이런 것들은 모두 산의 계곡에서 나오는 것이기 때문에 간괘와 연결시키기도 한다. 빌헬름은 열매와 씨는 식물(농작물)의 마지막과 시작의 사이를 연결하는 것이라고 하였다. 이것은 간괘의 방위가 동북(東北)쪽이고, 시기로는 한 겨울로 만물이 완성되었다는 의미 외에 또한 새로운 시작을 동시에 가지고 있다는 의미에서 "나무와 풀의 열매"로 말하는 것으로 보인다.

爲指,¹²⁶ 爲狗, 爲鼠, 爲黔喙之屬¹²⁷이요, 其於木也에 爲堅多節¹²⁸

이라.

간은 산이 되고, 작은 길이 되고, 작은 돌이 되고, 문이 되고, 나무와 풀의
열매가 되고, 내시가 되고, 손가락이 되고, 개가 되고, 쥐가 되고, 부리가
검은 부류의 짐승이 되고, 나무에 있어서는 딱딱하고 마디가 많은 것이 된
다.

兌는 爲澤, 爲少女, 爲巫, 爲口舌,¹²⁹ 爲毁折, 爲附決¹³⁰이요, 其

---

125 "혼(閽)"은 궁문(宮門)을 말한다. 혼인(閽人)은 궁문을 지키는 사람이다. "시인(寺人)"
은 고대에 궁중의 내인(內人)과 궁녀들을 출입을 담당하는 환관(宦官)을 말한다. 송충
은 『주역집해』에서 "혼인은 문을 담당하고 시인은 궁궐안의 통로를 담당한다(閽人主門,
寺人主巷)"고 하였다. 문을 지키고 궁중의 사람들을 관장하는 의미에는 간괘가 가진 금
지의 뜻(艮, 止也)이 포함되어 있다.

126 앞의 제 9장에서 "간은 손이다"라고 하였는데, 여기에서 말하는 "지(指)"는 바로 손의
의미이다.

127 개 역시 문을 지켜 사람이 들어가지 못하게 금지하는 역할을 한다. "검훼(黔喙)"는 검
은 색의 입으로 맹수(猛獸)를 말한다. 쥐(鼠)와 맹수는 모두 치아가 예리한데, 이것은
간괘(☶)의 형상과 흡사하다.

128 손(巽), 감(坎), 이(離), 간(艮)은 모두 나무(木)이다. 그러나 형상은 다르다. 손괘는
금방 생긴 나무로 그 뿌리가 아직 부드럽다. 감괘는 딱딱하고 마디가 많은 것으로 지엽
이 무성하여 생장기에 있는 수목을 말한다. 이괘는 노쇠하여 나무 윗부분이 말라 들어
가는 수목을 말한다. 간괘는 딱딱하고 마디가 많은 것으로 생장은 이미 멈추었으나 아
직 마르지 않은 수목을 말한다. 그러므로 이도평은 『주역집해찬소』에서 "간괘는 나무의
끝이기 때문에 마디가 많다. 그러므로 나무가 늙으면 마디가 많은데 「잡괘전」에서 '마
디라는 것은 멈춘다'고 하였다. 간괘를 나무로 말하는 데 있어서 마디가 많은 것을 취한
것은 멈춤의 의미 때문이다(艮爲木之終, 故多節. 蓋木老則多節, 雜卦曰節者止也, 艮
於木亦取多節則止之義也)"고 하였다. 서지예 『주역대전신주』 510쪽 참조 바람.

129 못, 소녀, 무(巫), 구설(口舌)은 모두 기쁨(悅)을 준다는 점에서 공통점이 있다. 즉 못
은 물을 저장했다가 사물들을 윤택하게 적셔서 기쁘게 해주고, 소녀는 그 천진함과 아

於地也에 爲剛鹵[131]이요, 爲妾,[132] 爲羊[133]이라.
어 지 야　　위 강 로　　　　위 첩　　위 양

태는 못이 되고, 소녀(少女)가 되고, 무당이 되고, 입이나 혀가 되고, 부서지고 부러지는 것이 되고, 붙었다가 떨어지는 것이 되며, 땅에 있어서는 굳세고 소금기가 많은 것이 되며, 첩이 되고 양이 된다.

름다움으로 남성들을 즐겁게 해 주고, 무당은 신의 뜻을 사람들에게 전달하여 기쁘게 해주고, 말은 다른 사람들을 기쁘게 해주기 때문이다. 이는 태괘의 성질인 열(悅)과 관련이 있다. 서지예『주역대전신주』510쪽 참조 바람.

130 요배중은 『주역요씨학』에서 "절은 끊어지는 것이고, 부는 붙는 것이다(折, 斷也. 附, 麗也)"고 하였다. 공영달은 "태는 서방의 괘로 가을을 담당하는 괘인데, 가을에 물건이 성숙하여서 마른 것들은 부서지고 부러진다는 것을 말하고 있다. 나무와 풀의 열매 같은 것들은 붙었다가 떨어진다(兌, 西方之卦, 又兌主秋也, 取秋物成熟, 槀稈之屬則毀折也. 果蓏之屬則附決也)"고 하였다. 말하자면 가을에 만물이 성숙하여 마른 것들은 부시지고 부러져 가지에 붙어 있었던 과실들도 떨어지기 때문에 태괘는 "부서지고 부러지는 것이 되고, 붙었다가 떨어지는 것"이 되는 것이다.

131 "노(鹵)"는 짜다는 말이다. 태괘는 가을로 초목이 마르고 과실도 떨어지는데, 땅의 관점에서 말하면 나무는 마른 후에 바닥이 딱딱해지고 소금 성분이 생기는 것을 말한다.

132 태는 소녀(少女)로 고모(姑)나 언니가 출가할 때에 함께 출가하여 첩의 자리에 있는 고대의 상황을 말한다. 또 소녀가 가지는 의미는 건곤이 교류(交)하여 가장 마지막에 얻은 것이 태이고 바로 소녀임을 말하는 의미도 가지고 있는 것으로 보인다.

133 빌헬름은 "바깥으로는 부드럽고 안으로 완고한 양은 이 괘의 형상(form)에 의해 제시된 것이다"(279쪽 참조 바람)고 하였다.

「서괘전(序卦傳)」

「서괘전」은 64개의 괘서(卦序) 배열에 관해서 이야기하고, 특히 각 괘가 서로 연속되는 이유에 대해 설명하고 있다. 각 괘가 서로 연속되는 이유에 대해 보통 사람들은 여섯 가지 상황이 있다고 말한다. 『주역정의』에서 「서괘전」은 여섯 개의 문(門)으로 나누어져 있는데, 그것은 천도문(天道門)·인사문(人事門)·상인문(相因門)·상반문(相反門)·상수문(相須門)·상병문(相病門)이라고 한다.

그러나 서로 순서가 이어진 이유로 본다면 오직 두 가지의 관계만이 있을 뿐인데 하나는 상인(相因)이고, 다른 하나는 상반(相反)이다. 상인(相因)은 갖추어진 조건에 따라 순리적으로 인과(因果)를 미루어보는 것이고, 상반은 물극필반(物極必反)의 역리(易理)에 근거하여 서로 반대되는 인과관계를 미루어 보는 것이다.

비괘(賁卦) 뒤에 이어서 박괘(剝卦)가 오는 것은 그 서로 이어지는 관계가 상반(相反)에 속한다. 즉 사물을 미화(美化)하고 장식(裝飾)한 후에 완벽하게 되지만, 물극필반하여 완벽함으로부터 불완전(不完全)함으로 변화하여 침식(浸蝕)하기 시작한다. 이런 관련에서 이 두 괘가 서로 이어지는 것이다. 철학적으로 말하면 상반상성(相反相成)이고, 부정(否定)의 부정이다. 서로 유사한 것을 예로 들면 "태는 통하는 것이니, 사물이 끝까지 통할 수만은 없기 때문에 비괘(否卦)로 받았다. 사물이 끝까지 막힌 채로 있을 수만은 없기 때문에 동인(同人)으로 받았다(泰者, 通也. 物不可以終通, 故受之以否. 物不可以終否, 故受之以同人)"라고 하였다.

상인관계를 예를 들면 다음과 같다. "천지가 있고 난 뒤에 만물이 생겨나니, 천지 사이에 가득 차 있는 것은 오직 만물이다. 그러므로 (건·곤괘 다음에) 둔괘(屯卦)로써 받으니, 둔은 가득 찬 것이며, 둔은 만물이 처음 낳은 것이다. 사물이 생겨남에 반드시 어리므로 몽(蒙)으로써 이으니, 몽은 몽매함이니 사물의 어린 것이다. 어린 것은 길러 주지 않을 수 없다. 그러므로 수괘(需卦)로써 이어 받았는데 수는 음식의 도이다. 음식에는 반드시 송사가 있기 때문에 송괘(訟卦)로써 받았다고 하였다. 사람이 필요한 것은 음식이고, 이미 필요한 것이 생기면 다투고 송사함이 이로 인해 일어나니 이것이 바로 송괘가 수괘 다음 차례가 된 까닭이다. 쟁송에는 반드시 많은 사람들이 일어나기 때문에 사괘(師卦)로써 받았다. 사는 무리이다. 무리는 반드시 돕는 바가 있기 때문에 비괘(比卦)로써 받았다. 비는 친하여 돕는 것이다. 친하게 가까이 하면 반드시 모이고 쌓는 것이 있기 때문에 소축괘(小畜卦)로 받았다. 사물이 모인 뒤에 예가 있기 때문에 이(履)로써 받았다. 행하여 나아가서 태평하게 된 뒤에 편안해 지기 때문에 태괘(泰卦)로 받았다. 태는 통하는 것이다(有天地然後萬物生焉. 盈天地之間者唯萬物, 故受之以屯, 屯者盈也, 屯者物之始生也. 物生必蒙, 故受之以蒙, 蒙者蒙也, 物之穉也. 物穉不可不養也, 故受之以需, 需者飮食之道也. 飮食必有訟, 故受之以訟. 訟必有衆起, 故受之以師, 師者衆也. 衆必有所比, 故受之以比, 比者比也. 比必有所畜, 故受之以小畜. 物畜然後有禮, 故受之以履. 履而泰, 然後安, 故受之以泰, 泰者通也)"고 하였다.

위에서 말하는 것은 모두 어떤 조건을 구비한 후에 어떠한 결과를 내게 되는 것으로 사물의 발전에 따라서 계속 미루어 나간 것이라고 할 수 있다. 「서괘전」의 이러한 괘서 배열에 대한 이유의 설명은 어떤 때는 다분히 견강부회하는 경우가 있다. 예를 들면 관괘(觀卦)와 서합괘(噬嗑卦)의 연계는 "볼 만한 뒤에 합하는 것이 있기 때문에 서합으로 받았다(可觀而後有所合, 故受之以噬嗑)"라는 것이다. 그런데 덕치의 교화가 볼 만하여 형성된 민의(民意)와 서로 합치한다는 점에서 상하의 치아(齒牙)가 서로 교합(咬合)하는 것으로 연결되는 경우는 쉽게 이해가 되지 않는다.

그러나 이치 상으로 따져보면 괘명(卦名)의 함의(含意)에 대한 설명은 상당히 일리가 있는 것으로 보인다. 왕필은 「서괘전」의 작용은 주로 "괘의 순서에 근거하고 상에 의탁하여 그 뜻을 밝힌다(因卦之次, 托象以明義)"고 하였다. 공영달 역시 왕필의 관점에 대해 찬동한다. 괘의 배열에 대해서 말하면 주로 "전도괘(覆)가 아니면 반대괘(變)이다"라고 하여 두 괘 사이의 관계가 서로 반대로 뒤집어 놓은 전도괘, 즉 종괘(綜卦)가 아니면 서로 반대되는 착괘(錯卦)라는 말이다. 이 외에 괘의 순서에 대해 말하는 부분이 바로 「잡괘전」이다.

여기서 또 하나 생각해야할 부분은 마왕퇴(馬王堆) 백서주역의 괘서와 「서괘전」에서 이야기하는 것은 다른 두 개의 순서이다. 백서주역의 64괘는 상괘를 강(綱)으로 삼고 하괘를 목(目)으로 배열하고 있다. 이런 배열방식은 검색하기에 비교적 편하여 후대 사람들은 점서의 실용적인 방편을 위해서 만든 새로운 순서이다. 이런 관점은 장정낭(張政烺)의 「백서육십사괘발(帛書六十四卦跋)」이라는 논문에 보인다. 그러나 백서의 괘서는 각 괘의 사이에 더 이상 철학적인 연계성을 보여주지는 못하고 있다.

여기에서는 「서괘전」에 대한 상세한 역주를 달고 있지 않는데 그 이유는 각 괘의 첫 번째 부분에서 '1) 괘의 순서' 부분을 통하여 설명하였기 때문이다. 다만 부족하거나 보충이 필요한 부분에 대해서는 추가하려고 한다.

서괘전 상(序卦傳 上)

有天地然後에 萬物이 生焉[1]하니 盈天地之間者唯萬物이라 故로 受
유천지연후　　만물　생언　　　영천지지간자유만물　　　고　수

之以屯하니 屯者는 盈也니 屯者는 物之始生也라. 物生必蒙이라.
지 이 둔　　둔 자　　영 야　　둔 자　　물 지 시 생 야　　물 생 필 몽

故로 受之以蒙하니, 蒙者는 蒙也니, 物之稚也라. 物稚不可不養
고　　수 지 이 몽　　몽 자　　몽 야　　물 지 치 야　　물 치 불 가 불 양

也라 故로 受之以需하니 需者는 飮食之道也라. 飮食必有訟이라
야　　고　　수 지 이 수　　수 자　　음 식 지 도 야　　음 식 필 유 송

故로 受之以訟하고 訟必有衆起라 故로 受之以師하고 師者는 衆
고　　수 지 이 송　　송 필 유 중 기　　고　　수 지 이 사　　사 자　　중

也니 衆必有所比라 故로 受之以比하고 比者는 比也니 比必有所
야　　중 필 유 소 비　　고　　수 지 이 비　　비 자　　비 야　　비 필 유 소

畜이라 故로 受之以小畜하고 物畜然後에 有禮라 故로 受之以履하
축　　고　　수 지 이 소 축　　물 축 연 후　　유 례　　고　　수 지 이 리

고 履而泰 然後에 安이라 故로 受之以泰하고 泰者는 通也니 物不
이 이 태 연 후　　안　　고　　수 지 이 태　　태 자　　통 야　　물 불

可以終通이라 故로 受之以否하고 物不可以終否라 故로 受之以同
가 이 종 통　　고　　수 지 이 비　　물 불 가 이 종 비　　고　　수 지 이 동

人하고 與人同者는 物必歸焉이라 故로 受之以大有하고 有大者는
인　　여 인 동 자　　물 필 귀 언　　고　　수 지 이 대 유　　유 대 자

---

1 『주역』의 64괘는 모두 건곤(乾坤)에서 시작한다. 「서괘전」은 64괘의 배열 순서를 이야기할 때 건곤을 말하지 않고 천지(天地)를 말한다. 천지가 바로 건곤이기 때문이다. 모든 괘가 "받으니(受之)"라고 말하나, 여기에서는 이를 말하시 않는다. 이는 건곤이 만물의 부모괘(父母卦)이기 때문에 더 이상 그 위에 있는 존재에 대해 말하지 않는 것으로 보인다. 이런 점은 만물의 창조에 God 혹은 어떤 다른 창조적 실체를 전제하는 다른 문명권과는 확연히 구분된다. 말하자면 창조주 혹은 창조적 실체에 대한 언급보다는 천지가 이미 존재하고 있다는 전제하에서 만물의 생성과 발전에 대해 말하고 있다. 천지에 앞서서 사물을 생(生)하게 하는 것에 관해서 『주역집해』에서는 간보(干寶)의 말을 인용하여 "지금은 바로 천지에서 시작(하는 관점)을 취하고, 천지보다 앞선 것에 대해서 성인은 논하지 않는다(今取始於天地, 天地之先, 聖人弗之論也)"라고 하였다.

不可以盈이라 故로 受之以謙하고 有大而能謙이 必禮라 故로 受
之以豫하고 豫必有隨라 故로 受之以隨하고 以喜隨人者 必有事라
故로 受之以蠱하고 蠱者는 事也니 有事而後에 可大라 故로 受之
以臨하고 臨者는 大也니 物大然後에 可觀이라 故로 受之以觀하고
可觀而後에 有所合이라 故로 受之以噬嗑하고 嗑者는 合也니 物不
可以苟合而已라 故로 受之以賁하고 賁者는 飾也니 致飾然後에
亨則盡矣라 故로 受之以剝하고 剝者는 剝也니 物不可以終盡이니
剝이 窮上反下라 故로 受之以復하고 復則不妄矣라 故로 受之以无
妄하고 有无妄然後에 可畜이라 故로 受之以大畜하고 物畜然後에
可養이라 故로 受之以頤하고 頤者는 養也니 不養則不可動이라 故
로 受之以大過하고 物不可以終過라 故로 受之以坎하고 坎者는 陷
也니 陷必有所麗라 故로 受之以離하니 離者는 麗也라.

　　천지가 있고 난 뒤에 만물이 생겨나니, 천지 사이에 가득 차 있는 것은 오
직 만물이다. 그러므로 (건·곤괘 다음에) 둔괘(屯卦)로써 받으니, 둔은

가득 찬 것이며, 둔은 만물이 처음 낳은 것이다. 사물이 생겨남에 반드시 어리므로 몽(蒙)으로써 이으니, 몽은 몽매함이니 사물의 어린 것이다. 어린 것은 길러 주지 않을 수 없다. 그러므로 수괘(需卦)로써 이어 받았는데 수는 음식의 도이다. 음식에는 반드시 송사가 있기 때문에 송괘(訟卦)로써 받았다고 하였다. 사람이 필요한 것은 음식이고, 이미 필요한 것이 생기면 다투고 송사함이 이로 인해 일어나니 이것이 바로 송괘가 수괘 다음 차례가 된 까닭이다. 쟁송에는 반드시 많은 사람들이 일어나기 때문에 사괘(師卦)로써 받았다. 사는 무리이다. 무리는 반드시 돕는 바가 있기 때문에 비괘(比卦)로써 받았다. 비는 친하여 돕는 것이다. 친하게 가까이 하면 반드시 모이고 쌓는 것이 있기 때문에 소축괘(小畜卦)로 받았다. 사물이 모인 뒤에 예가 있기 때문에 리(履)로써 받았다. 행하여 나아가서 태평하게 된 뒤에 편안해지기 때문에 태괘(泰卦)로 받았다. 태는 통하는 것이니 사물이 끝까지 통할 수만은 없기 때문에 비괘(否卦)로써 받았다. 사물이 끝까지 막힌 채로 있을 수만은 없기 때문에 동인(同人)으로 받았다. 다른 사람과 함께 하는 사람은 물건이 반드시 돌아오기 때문에 대유괘(大有卦)로 받았다. 크게 가지는 것은 넘치게 할 수 없기 때문에 겸괘(謙卦)로 받았다. 큰 것을 소유하고도 겸손하면 반드시 즐겁기 때문에 예괘(豫卦)로 받았다. 즐거우면 반드시 따르는 사람이 있기 때문에 수괘(隨卦)로써 받았다. 기쁨으로써 사람을 따르는 것은 반드시 일이 있기 때문에 고괘(蠱卦)로써 받았다. 고란 일이다. 일이 있은 연후에 클 수 있기 때문에 임괘(臨卦)로써 받았다. 임은 큰 것이니 물건이 큰 뒤에야 볼 만하므로 관괘로 받았다. 볼 만한 뒤에 합하는 것이 있기 때문에 서합으로 받았다. 합(嗑)이란 합하는 것이니 물건은 구차히 합할 수만은 없기 때문에 비괘(賁卦)로써 받았다. 비는 꾸미는 것이니 꾸밈을 이룬 다음에 형통함이 다하기 때문에 박괘(剝卦)로써 받았다. 물건은 끝내 다할 수 없으므로 박이 위에서 다하면 아래로 돌아오기 때문에 복괘(復卦)로 받았다. 돌아오면 망녕됨이 없기 때문에 무망괘로 받았다. 무망이 있은 뒤에 모일 수 있으므로 대축괘(大畜卦)로 받았다. 사물이 쌓인 뒤에 기를 수 있기 때문에 이괘(頤卦)로 받았다. 이는 기르는 것이니 기르지 않으면 움직일 수 없기 때문에 대과(大過)로써 받았다. 물건이 끝내 지나칠 수는 없기 때문에 감괘(坎卦)로 받았다. 감(坎)은 빠지는 것이니 빠지면 반드시 걸리는 것이 있기 때문에 이괘(離卦)로써 받았다. 이(離)는 붙음이다.

서괘전 하(序卦傳 下)

有天地然後에 有萬物하고 有萬物然後에 有男女하고 有男女然後
유천지연후　　유만물　　　유만물연후　　유남녀　　　유남녀연후

에 有夫婦하고 有夫婦然後에 有父子하고 有父子然後에 有君臣하
유부부　　　유부부연후　　유부자　　　유부자연후　　유군신

고 有君臣然後에 有上下하고 有上下然後에 禮義有所錯니라.
유군신연후　　유상하　　　유상하연후　　예의유소착

　천지가 있은 연후에 만물이 있고, 만물이 있은 연후에 남녀가 있고, 남녀가 있은 연후에 부부가 있고, 부부가 있은 연후에 부자가 있고, 부자가 있은 연후에 군신이 있고, 군신이 있은 연후에 상하가 있고, 상하가 있은 연후에 예의를 둘 곳이 있다.

夫婦之道不可以不久也라 故로 受之以恒하고 恒者는 久也니 物
부부지도불가이불구야　　고　　수지이항　　　항자　　구야　　물

不可以久居其所라 故로 受之以遯하고 遯者는 退也니 物不可以終
부가이구거기소　　고　　수지이돈　　　돈자　　퇴야　　물불가이종

遯이라 故로 受之以大壯하고 物不可以終壯이라 故로 受之以晉하
돈　　　고　　수지이대장　　　물불가이종장　　　고　　수지이진

고 晉者는 進也니 進必有所傷이라 故로 受之以明夷하고 夷者는
진자　진야　진필유소상　　　고　　수지이명이　　　이자

傷也니 傷於外者必反其家라 故로 受之以家人하고 家道는 窮必乖
상야　상어외자필반기가　고　　수지이가인　　　가도　궁필괴

라 故로 受之以睽하고 睽者는 乖也니 乖必有難이라 故로 受之以
고　　수지이규　　규자　괴야　괴필유난　　고　　수지이

蹇하고 蹇者는 難也니 物不可以終難이라 故로 受之以解하고 解者
건　　건자　난야　물불가이종난　　　고　　수지이해　　해자

는 緩也니 緩必有所失이라 故로 受之以損하고 損而不已면 必益이
완야　완필유소실　　　고　　수지이손　　손이불이　필익

라 故로 受之以益하고 益而不已면 必決이라 故로 受之以夬하고 夬
고　　수지이익　　익이불이　필결　　고　　수지이쾌　　쾌

者는 決也니 決必有遇라 故로 受之以姤하고 姤者는 遇也니 物相
자　결야　결필유우　고　　수지이구　　구자　우야　물상

遇而後에 聚라 故로 受之以萃하고 萃者는 聚也니 聚而上者를 謂
우이후　취　고　　수지이췌　　췌자　취야　취이상자　위

之升이라 故로 受之以升하고 升而不已면 必困이라 故로 受之以困
지승　　고　　수지이승　　승이불이　필곤　　고　　수지이곤

하고 困乎上者는 必反下라 故로 受之以井하고 井道는 不可不革이
곤호상자　필반하　고　　수지이정　　정도　불가불혁

라 故로 受之以革하고 革物者는 莫若鼎이라 故로 受之以鼎하고 主
고　　수지이혁　　혁물자　막약정　　고　　수지이정　　주

器者는 莫若長子라 故로 受之以震하고 震者는 動也니 物不可以
기자　막약장자　고　　수지이진　　진자　동야　물불가이

終動하여 止之라 故로 受之以艮하고 艮者는 止也니 物不可以終止

라 故로 受之以漸하고 漸者는 進也니 進必有所歸라 故로 受之以

歸妹하고 得其所歸者는 必大라 故로 受之以豊하고 豊者는 大也니

窮大者는 必失其居라 故로 受之以旅하고 旅而无所容이라 故로

受之以巽하고 巽者는 入也니 入而後에 說之라 故로 受之以兌하

고 兌者는 說也니 說而後에 散之라 故로 受之以渙하고 渙者는 離

也니 物不可以終離라 故로 受之以節하고 節而信之라 故로 受之

以中孚하고 有其信者는 必行之라 故로 受之以小過하고 有過物者

는 必濟라 故로 受之以旣濟하고 物不可窮也라 故로 受之以未濟

하여 終焉하니라.

부부의 도는 오래하지 않을 수 없기 때문에 항괘(恒卦)로써 받았다. 항은
항구함이다. 항이라는 것은 오래 함이니 물건은 오랫동안 한 곳에 머물 수
없으므로 돈괘(遯卦)로 받았으니 돈은 물러감이다. 사물이 끝내 물러나 피
할 수만은 없기 때문에 대장(大壯)으로써 받았다. 사물이 장성함으로 끝날
수만은 없기 때문에 진괘(晉卦)로써 받았다. 진(晉)은 나아가는 것이다.
나아가면 반드시 상하는 바가 있기 때문에 명이(明夷)로써 받았다. 이(夷)

는 상함이다. 바깥에서 부상당한 사람은 반드시 집으로 돌아오기 때문에 가인괘(家人卦)로 받았다. 가도는 궁하면 반드시 어그러지므로 규괘로 받았으니, 규는 어그러짐이다. 어그러지면 반드시 어려움이 있기 때문에 건괘(蹇卦)로 받았다. 건(蹇)이라는 것은 어려움이다. 사물이 끝까지 어려울 수만은 없기 때문에 해괘(解卦)로써 받았다. 해는 느슨하게 풀어지는 것이니 느슨하게 풀어지면 반드시 잃는 바가 있기 때문에 손괘(損卦)로써 받았다. 덜어내기를 그치지 않으면 반드시 더해지기 때문에 익괘(益卦)로써 받았다. 더함이 그치지 않으면 반드시 결단해버리기 때문에 쾌괘(夬卦)로써 받았다. 쾌는 척결함이니 척결하면 반드시 만남이 있기 때문에 구괘(姤卦)로써 받았다. 구(姤)는 만나는 것이니 사물이 서로 만난 뒤에 모이기 때문에 췌괘(萃卦)로 받으니 췌(萃)는 모이는 것이다. 모여서 올라간 것을 승(升)이라고 한다. 그러므로 승괘(升卦)로 받았다. 오르는 것이 그치지 않으면 반드시 곤궁해지기 때문에 곤괘(困卦)로써 받았다고 하였다. 위에서 곤한 자는 반드시 아래로 돌아온다. 그러므로 정괘(井卦)로 받았다. 우물의 도는 변혁하지 않을 수 없다. 그러므로 혁괘(革卦)로 받았다. 물건을 변혁하는 것은 솥만한 것이 없기 때문에 정괘(鼎卦)로 받았다. 기물(器物)을 주관하는 자는 맏아들만한 이가 없다. 그러므로 진괘(震卦)로 받았다. 진(震)은 움직이는 것이니 물건은 끝내 움직일 수 없어서 멈춘다. 그러므로 간괘(艮卦)로 받았으니 간(艮)은 멈춤이다. 사물은 끝까지 그칠 수만은 없기 때문에 점괘(漸卦)로써 받았다. 점은 나아감이니, 나아가면 반드시 돌이오는 바가 있기 때문에 귀매괘(歸妹卦)로써 받았다. 돌아갈 곳을 얻은 자는 반드시 커진다. 그러므로 풍괘(豐卦)로 받았다. 풍은 큰 것이니 큰 것을 최대한대로 한 자는 반드시 거처를 잃기 때문에 여괘(旅卦)로써 받았다. 나그네가 되어 용납될 곳이 없으므로 손괘(巽卦)로 받았으니 손은 들어감이다. 들어간 뒤에 기뻐함으로 태괘(兌卦)로 받았으니 태는 기뻐함이다. 기뻐한 뒤에 흩어짐으로 환괘(渙卦)로써 받았다. 환은 떠나는 것이니 물건이 끝까지 떠나가기만 할 수는 없기 때문에 절괘(節卦)로써 받았다. 절도 있게 해서 믿게 하기 때문에 중부괘(中孚卦)로써 받았다. 믿음이 있는 자는 반드시 행함으로 소과괘(小過卦)로 받았다. 사물에 지나침이 있는 것은 반드시 다스려야하기 때문에 기제괘(旣濟卦)로써 받았다. 사물은 다 할 수 없으므로 미제괘(未濟卦)로써 받아서 마쳤다,

「잡괘전(雜卦傳)」

　「잡괘전」의 편명은 '잡(雜)'이라는 뜻에서 나온 것으로 보인다. 즉 그 괘가 가진 내용들을 여러 가지 섞어서(雜) 설명하고 있기 때문이라는 것이다. 특히 「잡괘전」은 「서괘전」에서 말하는 괘의 순서와는 달리 64괘를 32짝으로 나누어 매우 정밀한 언어를 이용하여 괘의 뜻을 설명하고 있다. 「잡괘전」 속에서 들고 있는 두 괘는 보통은 괘의 형태상 착(錯) 아니면 종(綜)으로 대부분 상반된다. 예를 들면 건괘(乾卦)는 양이고 그 뜻은 강건함을 말하는데, 그것의 반대괘는 곤괘(坤卦)로 순음(純陰)이고 뜻은 유순(柔順)함이다. 또 예를 들면 규괘(睽卦)는 하괘가 태괘(兌卦)이고, 상괘가 이괘(離卦)로 그 뜻은 서로 어긋난다는 말이다. 규괘의 반대괘인 가인괘(家人卦)는 하괘가 이괘이고, 상괘가 손괘(巽卦)로 그 뜻은 서로 간에 친한 것을 의미한다. 이런 식으로 짝을 지어 드러내어 뜻을 말하는데, 한편으로는 사물의 발전이 정반대되는 요소 가운데에서 그 법칙을 구현하기도 하고, 다른 한 편으로 64개의 괘상(卦象)의 형식이 모두 반대와 전도의 현상을 가지고 있음을 말하고 있다. 이러한 착(錯)과 종(綜)의 법칙은 「잡괘전」의 작자가 집중적으로 표현하려는 내용이다.

　「잡괘전」은 두 괘를 각각 짝으로 드러내어 뜻을 밝히는 내용 이외에 64괘의 전체 배열에서 「잡괘전」 작자의 세밀한 의도를 살펴볼 수 있다. 그 의도는 다음과 같은 것에서 나타난다. 「잡괘전」 앞부분의 30괘는 건곤에서 시작하고, 후반부의 34괘는 함괘(咸卦)와 항괘(恒卦)에서 시작한다. 이것은 이미 상하경의 수괘와 일치하고 또한 상하경의 첫머리에 있는 두 괘를 머리 괘로 하는 점에서도 동일하다. 그런데 마지막에 쾌괘(夬卦)를 두고서 그 뜻을 "강이 유를 결단하여 군자의 도는 자라나고 소인의 도는 근심한다(剛決柔, 君子道長, 小人道憂)"고 하였다. 이것은 『주역』이 숭상하는 "양강정도(陽剛正道)"의 종지(終止)를 숭상하는 뜻과 합치하고, 아울러 전체 『주역』이 건괘에서 시작한다는 관점과도 상응한다. 이렇게 본다면 「잡괘전」은 비록 여러 괘를 잡(雜)하지만, 그 조리는 오히려 질서정연하고 분명하여 실제로는 「서괘전」의 자매편이라고 말하여야 할 것이다.

乾剛坤柔¹요
건 강 곤 유

　건은 굳세고 곤은 부드러우며

比樂師憂²라.
비 락 사 우

　비는 즐겁고 사는 근심이라.

臨觀之義는 或與或求³라.
임 관 지 의 　　혹 여 혹 구

---

1 건괘(乾卦, ☰)와 곤괘(坤卦, ☷)는 음양의 효가 서로 반대되는 착괘(錯卦)이다. 건괘는 전부 양효이기 때문에 강건하고, 곤괘는 전부 음효이기 때문에 유순하다.

2 비괘(比卦, ☵)와 사괘(師卦, ☷)는 상하가 서로 전도(顚倒)되어 있는 종괘(綜卦)이다. 비(比)는 친근(親近)하기 때문에 즐겁고, 사(師)는 전쟁을 치르기 때문에 근심스럽다. 사괘와 비괘는 모두 하나의 양이 다섯 개의 음을 거느리는 괘이지만 성질은 다르다. 비괘는 양이 오효의 군주의 자리에 있어서 상하가 모두 순종하여서 가까이서 친하기(親比) 때문에 즐겁다고 말한다. 사괘는 양이 이효의 장수의 자리에 있어서 사람들을 모아 전쟁의 어려운 일을 수행하여야 하기 때문에 걱정스럽다고 말한다.

3 임괘(臨卦, ☷)와 관괘(觀卦, ☴)는 상하가 서로 전도되어 있는 종괘이다. 임괘는 위에서부터 아래로 임(臨)하기 때문에 준다고 말하여 민중에게 베푸는 것을 말한다. 관괘는 아래에서 위를 보기 때문에 구한다고 말하여 군주가 백성들을 살펴서 그 실정(實情)을 구하는 것을 말한다. 임괘와 관괘는 모두 네 개의 양과 두 개의 음으로 구성되어 있으나 의미는 다르다.

임과 관의 뜻은 혹은 주고 혹은 구한다.

屯은 見而不失其居요 蒙은 雜而著[4]라.

둔 현이불실기거 몽 잡이저

둔은 바깥으로 드러나지만 자기의 거처를 잃지 않으며, 몽은 섞이나 드러
난다.

震은 起也요 艮은 止也라. 損益은 盛衰之始也[5]라.

진 기야 간 지야 손익 성쇠지시야

진은 일어나는 것이고, 간은 멈추는 것이다. 손과 익은 성쇠를 시작하는 것
이다.

大畜은 時也요 无妄은 災也[6]라.

대축 시야 무망 재야

---

4 둔괘(屯卦, ䷂)와 몽괘(蒙卦, ䷃)는 종괘이다. 둔괘는 두각을 나타내지만, 초창기의 어
   렵고 혼란스런 시기이기 때문에 이미 드러나기는 하였지만 여전히 어렵다. 그렇지만 편안
   히 쉴 수 있는 곳을 잃어버린 것은 아니다. 주자는 『주역본의』에서 "둔괘는 진이 감을 만
   났으니 진이 움직이기 때문에 나타나나, 감이 험해서 행하지 못한다. 몽괘는 감이 간을 만
   났으니 감은 그윽하고 어두우나, 간은 빛나고 밝다. 혹자가 말하기를 둔괘는 초구로써 말
   한 것이고, 몽괘는 구이로써 말한 것이다(屯震遇坎, 震動故見, 坎險不行也. 蒙坎遇艮,
   坎幽昧, 艮光明也. 或曰屯以初言, 蒙以二言)"고 하였다.
5 진괘(震卦, ䷲)와 간괘(艮卦, ䷳)는 종괘이다. 진괘는 양효로부터 시작하기 때문에 "일
   어난다"라고 한다. 간괘는 양효로 끝내기 때문에 "멈춘다"라고 밀힌다. 손괘(損卦)와 익
   괘(益卦)는 종괘이다. 줄어듦이 극단에 이르러 더해지기 때문에 성(盛)하다고 하고, 더해
   지는 것이 극에 이르면 줄어들기 때문에 쇠(衰)하다고 말한다. 이 때문에 손괘와 익괘는
   성쇠(盛衰)의 시작이라고 말한다.
6 대축괘(大畜卦, ䷘)와 무망괘(无妄卦, ䷘)는 종괘이다. 대량으로 축적하면 적당히 조절
   하는 것이 필요하다. 그러므로 시기를 파악하는 것이 가장 중요하다. 무망(无妄)은 거짓
   되지 않다는 것인데, 거짓되지 않으면 무실(務實)하고 헛된 것을 추구하지 않고 정도에
   따라 행하기 때문에 망동하지 않는다. 망동하면 반드시 재앙을 초래하게 된다. 이에 대해

대축은 때요, 무망은 재앙이다.

萃는 聚而升은 不來也[7]라. 謙은 輕이요 而豫는 怠也[8]라.

췌는 모임이요, 승은 오지 않음이다. 겸은 가볍게 여기는 것이요, 예는 나태하게 여기는 것이다.

噬嗑은 食也요 賁는 无色也[9]라.

한강백은 "무망의 때에 망동하면 재앙이 온다(无妄之世, 妄則災也)"고 하였다. 그러나 상식적으로 생각할 때 진실하여 조금의 거짓이 없다면 재앙이 없는 것이 당연한 것이 아닌가? 이에 대해 고형은 "재(災)"자 위에 불(不)자가 더 있어야 할 것으로 말하기도 한다.(『주역대전금주』 488쪽 참조 바람) 그러나 이 구절은 무망괘 육삼 효사의 "무망의 재앙이니 혹 소를 묶어 놓았다 하더라도 지나가는 사람이 얻음은 고을 사람들의 재앙이로다(无妄之災, 或繫之牛, 行人之得, 邑人之災)"라는 말과 관련되는 것으로 보면 충분히 이해할 만한 것으로 보인다.

7 췌괘(萃卦, ䷬)와 승괘(升卦, ䷭)는 종괘이다. 이 구절에 대한 해석은 분분하지만 「서괘전」에서 말하는 "모여서 올라간 것을 승이라고 한다(聚而上者謂之升)"는 것과 연관이 있다. 췌괘의 세 음은 아래에 모여 있고, 승괘의 세 양은 위에 있기 때문에 "오지 않음(不來)"이다. 왜냐하면 안으로 온 것을 래(來)라고 하고, 바깥으로 간 것을 왕(往)이라고 하기 때문이다. 즉 "불래(不來)"라는 것은 안에 있지 않고 바깥에 있는 것을 말한다. 다만 상승할 것만 생각하여 내려오지 못한다. 그러므로 한강백은 "래(來)는 돌아온다는 의미이다. 막 상승하고 있기 때문에 돌아오지 않는다(來還也, 方在上升, 故不還也)"고 하였다.

8 겸괘(謙卦, ䷎)는 겸손하여 자신을 낮추고 스스로를 중요하고 큰것으로 높이지 않는다. 예괘(豫卦, ䷏)는 편안하여 안락한 것을 말한다. 스스로를 중요하게 생각하지 않고 높이지 않으면 겸손할 수 있고, 편안하고 안락하기만을 추구하면 나태해진다. 이에 대해 항안세는 "스스로 적다고 하기 때문에 겸손하고, 스스로 많다고 여기기 때문에 편안해진다. 적기 때문에 가볍고, 많기 때문에 게을러진다(自以爲少故謙, 自以爲多故豫. 少故輕, 多故怠)"고 하였다.

9 서합괘(噬嗑卦, ䷔)와 비괘(賁卦, ䷕)는 종괘이다. 서합은 이를 깨무는 교합(咬合)의 뜻이기 때문에 먹는다는 뜻을 가지고 있다. 비(賁)는 장식한다는 뜻인데 다만 본질을 덮어 버릴 수 없기 때문에 무색(無色)이라고 말한다.

서합은 먹는 것이고, 비는 색깔이 없음이라.

兌는 見而巽은 伏也[10]라.

태　현 이 손　복 야

태는 나타나고, 손은 엎드린다.

隨는 无故也요 蠱則飭也[11]라.

수　무 고 야　고 즉 칙 야

수는 연고가 없고, 고는 가지런히 다스림이라.

剝은 爛也요 復은 反也[12]라.

박　란 야　복　반 야

박은 무르익어 문드러짐이요, 복은 돌아옴이라.

---

10 태괘(兌卦, ☱)와 손괘(巽卦, ☴)는 종괘이다. 태괘의 음효(陰爻)는 가장 위쪽에 있기 때문에 "나타난다"고 말한다. 손괘의 음효는 가장 아래에 있기 때문에 엎드려 숨어 있다고 말한다. 이런 관점은 모두 괘의 음효를 가지고 말한다. 말하자면 태괘의 음효는 가장 바깥 쪽에 자리하고 있기 때문에 태는 "기쁘다"고 말하는데, 기쁜 감정은 바깥으로 나타나기 때문이다. 이에 비해 손괘는 음효가 안쪽에 숨어있기 때문에 「설괘전」에서 "손은 들어간다(巽, 入也)"고 말한다.

11 한강백은 "때에 알맞게 따르고 연고에 메이지 않는다. 따르면 일이 생기니 고괘로 받았다. 칙(飭)은 가지런히 다스림이다. 고괘에서는 일을 가지런히 다스린다(隨時之宜, 不繫於故也. 隨則有事, 受之以蠱. 飭, 整治也. 蠱所以整治其事也)"고 하였다. 즉 수괘(隨卦)는 때에 따라 편안히 하는 것을 말하는데, 「상전」에서 "군자가 그것을 본받아서 날이 저물어 가면 집에 들어가서 편안히 쉰다(君子以嚮晦入宴息.)"고 하는 말이다. 이에 비해 고괘의 「단전」에서는 "군자는 그것을 본받아서 백성을 진작하여 덕을 길러주어야(君子以振民育德)"고 하여, 백성을 구제하는 올바른 정치를 펴는 것에 대해 말하고 있다.

12 박괘(剝卦, ☶)와 복괘(復卦, ☷)는 종괘이다. "박(剝)"은 벗겨서 떨어뜨린다, 깎아내린다는 뜻으로 과일이 가지에서 떨어지면 썩어버린다. "복(復)"은 돌아오는 것으로 과실이 지상에 떨어지면 다시 새롭게 싹을 틔워 생장한다.

晉은 晝也요 明夷는 誅也¹³라.

진은 낮이고, 명이는 다치는 것이다.

井은 通而困은 相遇也¹⁴라.

정은 통하고, 곤은 서로 만나는 것이다.

咸은 速也요, 恒은 久也¹⁵라.

함은 빠른 것이고, 항은 오래가는 것이다.

---

13 진괘(晉卦, ䷢)와 명이괘(明夷卦, ䷣)는 종괘이다. 진괘의 상괘(上卦)인 이(離)는 해이
고, 하괘(下卦)인 곤(坤)은 땅이다. 태양이 지상에 있기 때문에 대낮이다. 명이괘는 이
와 정반대로 태양이 지하에 있기 때문에 광명이 사라져버린다. 한강백과 주자는 “주
(誅)”를 다친다(傷)는 의미로 풀이하고 있다. “주(誅)”라는 말 속에는 벤다는 뜻 이외에
형벌(刑罰)을 내린다는 의미도 있다. 진괘가 괘사에서 “진은 나라를 편안하게 해주는 제
후에게 많은 말을 하사(下賜)하였고, 대낮에 세 번이나 접견(接見)하였다(康侯用錫馬蕃
庶, 晝日三接”고 하여, 상(賞)을 내리고 있다는 점에서 명이괘가 벌(罰)을 말하는 것과
는 대비된다.

14 우물이 길러주는 작용은 무궁하기 때문에(井養而不窮也) 통(通)이고, 곤(困)은 어떤 일
을 하려고 하나 음을 만나 막혀서 곤궁(困窮)하게 되는 것을 말한다. 여기에서 음을 만
나는 의미의 우(遇)에 대해 항안세는 “통과 우는 반대가 되는데, 우는 서로 막아서 통하
지 않는 상이다(以通與遇爲反對, 則遇爲相抵而不通之象也)”라고 하였다. 또 항안세는
『주역절중』에서 「잡괘전」이 건곤(乾坤)에서 시작하여 여기에 이르는 괘의 합은 30괘로
바로 상경(上經)의 수에 해당한다. 그리고 하경(下經)은 또한 함항(咸恒)으로부터 시작
한다. 이렇게 본다면 비록 잡(雜)이라고 이름하지만, 건곤과 함항을 상하경의 첫머리로
하고 있어서 결코 잡하다고 할 수 없다고 하는 말은 매우 타당한 이야기로 보인다.

15 함괘(咸卦, ䷞)와 항괘(恒卦, ䷟)는 종괘이다. 함(咸)은 감응(感應)을 말하는 것으로
한 순간에 서로 소통(疏通)하기 때문에 “빠르다”고 말한다. 항(恒)은 항상(恒常)의 뜻으
로 항상하면 오래갈 수 있다. 한강백은 “만물이 서로 응하는 것에 함보다 빠른 것은 없다
(物之相應, 莫速乎咸)”고 하였다.

渙은 離也요, 節은 止也**16**라.
환　　이야　　절　은 지야

환은 헤어짐이고, 절은 그침이다.

解는 緩也요, 蹇은 難也**17**라.
해　　완야　　건　　난야

해는 풀어주는 것이요, 건은 어려움이라.

睽는 外也요 家人은 內也**18**라.
규　　외야　　가인　　내야

규는 밖이고, 가인은 안이다.

否泰는 反其類也**19**라.
비태　　반기류야

비와 태는 그 종류를 반대로 한다.

---

16 「서괘전」에서 "환은 헤어진다(渙者離也)"라고 하였는데, 여기에서 말하는 이(離)는 이산(離散)의 의미이다. 절(節)은 절제를 말한다. 절제를 통하여 사물이 서로 어긋나고 대립하는 것을 조절하여 상대적인 안정성을 확보한다. 이렇게 되면 대립하는 측면이 완전히 다른 방향으로 흩어지는 상황에 이르지 않고 계속 ㄱ 통일성을 유지할 수 있다.

17 해괘(解卦, ䷧)와 건괘(蹇卦, ䷦)는 종괘이다. "해(解)"는 곤란함을 해제하는 것이기 때문에 완화(緩和)라고 한다. "건(蹇)"은 어렵다는 뜻을 가지고 있다.

18 규괘(睽卦, ䷥)는 주로 어긋나고 소원(疏遠)한 것을 말하기 때문에 외(外)라고 하고, 가인괘(家人卦, ䷤)는 주로 화목함과 친함을 말하기 때문에 내(內)라고 말한다.

19 비괘(否卦, ䷋)와 태괘(泰卦, ䷊)는 종괘이면서 동시에 착괘이다. 상하괘가 모두 동류인 음효 혹은 양효로 서로 상하 간에 반대되기 때문이다. 그러므로 비(否)는 막히는 것이고, 태는 창통(暢通)하는 것으로 그 함의가 다르다.

大壯則止오 遯則退也**20**라.
대 장 즉 지　　돈 즉 퇴 야

대장은 그치는 것이고, 돈은 물러감이라.

大有는 衆也요 同人은 親也라. 革은 去故也요 鼎은 取新也라.
대 유　중 야　 동 인　 친 야　 혁　 거 고 야　 정　 취 신 야

小過는 過也요 中孚는 信也라. 豐은 多故요 親寡는 旅也라.**21**
소 과　과 야　 중 부　신 야　 풍　 다 고　 친 과　 려 야

대유는 많은 무리요, 동인은 친함이라. 혁은 옛것을 버림이요, 정은 새로운
것을 취함이라. 소과는 지나침이요, 중부는 믿음이라. 풍은 연고가 많은
것이고, 친함이 적은 것이 여이라.

離는 上而坎은 下也**22**라.
이　　상 이 감　　하 야

이는 올라가고, 감은 내려온다.

---

20 대장괘(大壯卦, ䷡)와 돈괘(遯卦, ䷠)는 종괘이다. 장대(壯大)하는 때에는 반드시 적절
하게 멈추는 것을 알아야 한다. 돈(遯)은 도피하고 물러나는 의미를 가지고 있다.

21 대유괘(大有卦, ䷍)와 동인괘(同人卦, ䷌)는 종괘이다. 대유괘는 유효가 구오의 군위
(君位)에 자리하여 중(中)의 덕을 가지고 있어서 많은 백성들을 얻게 된다. 동인괘는 유
효가 하괘의 구이에서 중을 얻어 붕우(朋友)와 친하게 된다. 혁괘(革卦, ䷰)와 정괘(鼎
卦, ䷱)는 종괘이다. 혁(革)은 혁신(革新)의 의미이기 때문에 옛것을 제거한다. 정(鼎,
䷱)은 음식물을 끓이는 기구(器具)로 계속적으로 새로운 음식물을 취하여 넣는다. 또 조
대(朝代)가 바뀐 후에 새롭게 즉위한 군왕이 첫 번째 하는 일이 바로 정(鼎)을 주조하는
일이기 때문에 새로운 것을 취한다고 말한다. 정괘는 새로운 것을 수립하는 의미를 가지
고 있다. 풍괘(豐卦, ䷶)와 여괘(旅卦, ䷷)는 종괘이다. 풍(豐)은 풍성하다는 의미로 지
극히 풍성하기 때문에 자연히 여러 가지 일이 많이 생기고 많은 연고를 맺게 된다. 여
(旅)는 바깥에서 여행하기 때문에 자연히 친한 사람이 적다.

22 주자는 "불은 위로 타오르고 물은 아래로 흐른다(火炎上, 水潤下)"고 하였다.

小畜은 寡也요 履는 不處也[23]라.
소축　　과야　　이　　불처야

소축는 적고, 이는 처하지 않는다.

需는 不進也요 訟은 不親也[24]라.
수　　불진야　　송　　불친야

수는 나아가지 않고, 송은 친하지 않는다.

大過는 顚也[25]요 姤는 遇也니 柔遇剛也[26]요 漸은 女歸니 待男行也[27]
대과　전야　　구　우야　유우강야　　점　여귀　　대남행야

---

23 소축(小畜, ䷈)은 육사의 음이 쌓는 것이니, 쌓는 것이 적다. 주자는 "불처(不處)"를 "행해서 나아간다는 뜻(行進之義)"으로 말하고, 마기창(馬其昶)은 "머물러 있지 않는 것이 행이다(不處者行也)"라고 하여, 이괘(履卦)를 실천하는 의미와 연관시키고 있다.

24 수괘(需卦, ䷄)와 송괘(訟卦, ䷅)는 종괘이다. 수괘의 상괘는 위험(險)으로 앞에 위험이 있기 때문에 더 나아가지 않는다. 송괘는 천(天)과 수(水)로 이루어져 있어서 서로 향하는 방향이 다르니 친하지 않을 수밖에 없다.

25 이 부분은 가장 마지막 구절인데, 결코 종괘나 착괘의 두 괘를 병렬하여 해석하지 않고 있다. 아마도 착간(錯簡)으로 보이는데 어떤 학자들은 마땅히 "大過顚也, 頤養正也. 旣濟定也, 未濟男之窮也. 歸妹女之終也, 漸女歸待男行也. 姤遇也, 柔遇剛也. 夬決也, 剛決柔也, 君子道長, 小人道憂也."의 순서로 개정해야할 것으로 말하기도 한다. 이에 대해 주자는 『주역본의』에서 "대과괘 아래로부터 괘가 반대되지 않고 있다. 어떤 사람은 그것이 착간이라고 의심하지만, 지금 운으로 맞추어 보면 또한 잘못되지 않은 것 같으나 어떤 뜻인지 분명히 알 수가 없다(自大過以下, 卦不反對, 或疑其錯簡, 今以韻協之, 又似非誤, 未詳何義)"고 하였다. 대과괘(大過卦, ䷛)는 상하가 유효로 동량(棟樑)의 아랫부분과 상단이 나약하여 건물이 무너지려고 하는 것을 말하고 있다.

26 구괘(姤卦, ䷫)는 하나의 음이 다섯 개의 양을 만나기 때문에 "부드러움이 굳센 것을 만남이요"라고 한다. 『주역집해』에서는 우번의 말을 인용하여 "곤이 건을 만나는 것이다(坤遇乾也)"고 하였다.

27 점괘(漸卦, ䷴)는 점진(漸進)의 의미로 여자가 남자를 기다려 예에 따라 시집간다는 말이다.

라. 頤는 養正也²⁸요 旣濟는 定也²⁹라. 歸妹는 女之終也³⁰요 未濟
는 男之窮也³¹라. 夬는 決也라 剛決柔也니 君子道長이요 小人道
憂也³²라.

대과는 넘어지는 것이라. 구는 만남이니 부드러움이 굳센 것을 만남이요, 점은 여자가 시집을 가는 것이니 남자를 기다려서 가는 것이다. 이는 바른 것을 기르는 것이요, 기제는 안정된 것이다. 귀매는 여자의 마침이요, 미제는 남자가 궁한 것이라. 쾌는 결단하는 것이다. 강한 것이 부드러운 것을 결단하는 것이니, 군자의 도는 자라나고 소인의 도는 근심스럽다.

---

28 이괘(頤卦, ䷚)의 뜻은 몸을 기르는 데 있어서 항상 바름을 가지고 있어야 하기 때문에 "바른 것을 기르는 것"이라고 말한다.

29 기제괘(旣濟卦, ䷾)의 여섯 효는 위치가 모두 정당하여 안정되어 있다.

30 한강백은 "여자는 시집가는 것에서 마친다(女終於出嫁也)"고 하였다.

31 미제괘(未濟卦, ䷿)의 세 개의 양효는 모두 음의 자리로 위치가 바르지 않아 남자가 막혀서 나아가지 못하는 것을 상징하고 있다.

32 쾌괘(夬卦, ䷪)는 결단하는 것으로 하나의 음과 다섯 개의 양으로 구성되어 있는데, 양이 음을 결단내려고 하여 군자의 세력이 신장하고 소인의 세력이 줄어드는 경우를 말하고 있다. 이 구절은 언뜻 보기에 쾌괘가 마지막에 있는 것처럼 보이나 사실은 건괘가 마지막임을 말하는 것이나 마찬가지이다.

부록 : 주요 개념들

1. 음양(陰陽)

『주역』의 부호체계 가운데에서 양은 '—'으로 표시하고, 음은 '--'으로 표시한다. 팔괘와 육십사괘는 바로 이 두 가지의 연결된 것과 끊어진 것의 음양부호를 중첩하고 조합하여서 이루어진 것이다. 음과 양의 상징 범위는 매우 광범위하여 이 두 가지로 자연계 혹은 인간사회의 대립되는 일체의 물상(物象), 예를 들면 천지·남녀·주야(晝夜)·상하·군신·부처(夫妻) 등을 나누어 상징할 수 있고, 심지어 현대과학 중의 플러스와 마이너스 전기 등의 개념들까지도 설명 가능하다.

「계사전」에서는 "일음일양지위도"(一陰一陽之謂道)라고 하여 『주역』이 말하려고 하는 우주변화의 본질적 이치를 음과 양으로 정리하고 있다. 『장자』의 「천하편」에서는 또 "주역은 음양을 말한다"(易以道陰陽)라고 하여, 『주역』에서 말하는 음양이 사물의 대립과 통일이라는 운동·변화·발전에 관한 철학원리를 담고 있는 바로 그 핵심임을 말하고 있다. 주자는 『주자어류』에서 "천지의 사이에 운동하는 것 치고 음양 아닌 것이 없다. 움직이면서 정지하고, 또 말하기도 하고 침묵하기도 하는 이 모든 것은 음양의 이치이다"고 하였다. 말하자면 음양을 통하여 『주역』이 가지고 있는 모든 이치를 다 설명해낸다고 할 수 있을 것이다.

2. 팔괘(八卦)

음양의 부호를 세 번 중첩하여서 이루어진 여덟 가지의 괘 형태를 팔괘라고 부른다(『周禮』에서는 '經卦'라고 부른다), 팔괘는 각각 정해진 괘의 형태·괘의 이름·상징물을 가지고 있는데 그 대응 관계는 아래와 같다.

卦名	卦形	象徵物	象徵意味
乾	☰	天	健
坤	☷	地	順
震	☳	雷	動
巽	☴	風	入
坎	☵	水	陷
離	☲	火	麗(附着)
艮	☶	山	止
兌	☱	澤	悅

팔괘는 또한 각기 특정한 상징의미를 가지고 있다. 그것을 하나하나 설명하면 위의 도표 상징의미에 보이는 것과 같다. 팔괘의 상징의의는 대체적으로 불변하지만, 여덟 가지의 상징 물상은 여러 부류로 확대가능하다. 예를 들면 건(乾)은 하늘을 상징하지만, 또한 군주(君主)·용(龍)·금(金)·옥(玉)·좋은 말(馬)등을 상징할 수도 있는데 모두 '강건'(剛健)의 성격과 부합한다. 기타의 다른 괘 또한 이와 같은 예를 가지고 있다.

괘명	과상	8가지 자연물	時令	방위	신체 기관	가족 관계	동물	색
震	☳	雷	正春	동	발	장남	용	玄黃
巽	☴	風	春夏之交	동남	허벅지	장녀	닭	白
離	☲	火	正夏	남	눈	둘째 딸	꿩	
坤	☷	地	夏秋之交	서남	배	어머니	소	黑
兌	☱	澤	正秋	서	입	셋째 딸	양	
乾	☰	天	秋冬之交	서북	머리	아버지	말	大赤
坎	☵	水	正冬	북	귀	둘째 아들	돼지	赤
艮	☶	山	冬春之交	동북	손	셋째 아들	개	

　팔괘의 취상(取象) 문제에 관해서는 「설괘전」이 가장 상세하게 설명하고 있다. 그 중 어떤 괘상과 『주역』의 의미가 완전하게 합치하지 않기도 한다. 그것은 점서(占筮)의 필요성에 의해서 확장된 것으로 엄밀하고 자세하게 분석을 할 필요가 있을 것으로 보인다. 구체적으로 「설괘전」에서 말하는 팔괘의 취상에 대해 말하면 다음과 같다.

乾 — 健, 馬, 首, 天, 君, 父, 金

坤 — 順, 牛, 腹, 地, 母, 布, 釜

震 — 動, 龍, 足, 雷, 玄黃, 長子

巽 — 入, 鷄, 木, 風, 長女, 繩直

坎 — 陷, 豕, 耳, 水, 中男, 溝瀆, 隱伏

離 — 麗, 雉, 目, 火, 日, 中女, 戰

艮 — 止, 狗, 手, 山, 小石, 少男, 徑路

兌 — 說, 羊, 口, 澤, 少女, 巫

팔괘의 상징적 의미는 육십사괘 가운데에서 반복적으로 증명되기 때문에 그 형성된 형식과 이름들을 이해하고 익숙하게 하는 것은 『주역』이라는 이 특수한 철학 저작을 연구하는 첫 번째 단계이다. 그래서 주자는 『주역본의』에서 아래와 같은 「팔괘취상가」(八卦取象歌)를 지었다.

☰ 乾三連　　☷ 坤六斷

☳ 震仰盂　　☶ 艮覆盌

☲ 離中虛　　☵ 坎中滿

☱ 兌上缺　　☴ 巽下斷

3. 64괘

팔괘를 중첩하여(8×8) 각기 다른 여섯 개 효의 형태를 가진 괘가 바로 64괘이다. (『주례』에서는 別卦라고 한다) 64괘는 팔괘 그 자체가 중첩하여 생긴 여덟 가지 괘 외에 나머지 56개 괘는 다른 이름을 가지고 있다. 예를 들면 하괘가 진(☳)이고 상괘가 감(☵)인 것이 합해지면 둔괘(屯卦, ䷂)가 되고, 하괘가 감(☵)이고 상괘가 간(☶)인 것이 합해지면 몽괘(蒙卦, ䷃)가 되는 식이다.

64괘의 괘형(卦形)은 특수한 상징 형상으로 각각 64가지의 사물과 현상의 특정한 상태를 보여주고 있다. 이것은 『주역』을 지은 작자의 자연계와 인간 사회에 대한 여러 가지 인식을 반영하고 있다. 예를 들면 태괘(泰卦)는 하늘이 아래에 있고 땅이 위에 있지만, 상하의 마음이 서로 소통하여 사회가 매우 편안하고 활기찬 모습을 상징한다. 또 기제괘(旣濟卦)는 불이 아래에 있고 물이 위에 있어 마치 음식물을 끓이는 것 같아 만사가 모두 이루어진 것을 상징하고 있다. 다른 괘들 역시 이와 거의 비슷하다.

그런데 괘 가운데의 육효 사이에서 음양의 상호 변화는 또한 여러 가지 사리(事理)의 발전 법칙을 드러내고 있다. 이 때문에 64괘의 출현으로 『주역』은 음양의 효상(爻象)을 핵심으로 삼고 팔괘의 물상(物象)을 기초로 하는 완벽한 상징부호 체계를 형성하게 된다. 64괘의 배열은 일정한 순서와 발전 변화를 보여주고 있다. 그 가운데 두 가지 중요한 법칙은 아래와 같다.

1) 서로 이어 받고 이웃하는 두 괘로 보면 대부분의 괘상들은 서로 도치(倒置)를 순서로 삼고 있다. 예를 들면 둔괘와 몽괘의 상은 전도되어 있다. 수괘(需卦, ䷄)와 송괘(訟卦, ䷅) 역시 전도의 관계이다. 나머지 역시 이와 비슷하다. 64괘 가운데에 56괘가 모두 이와 같은 경우에 해당한다. 그러나 오직 건괘(乾卦)와 곤괘(坤卦), 이괘(頤卦, ䷚)와 대과괘(大過卦, ䷛), 감괘(坎卦, ䷜)와 이괘(離卦, ䷝), 중부괘(中孚卦, ䷼)와 소과괘(小過卦, ䷽)의 여덟 괘는 괘의 형태가 전도되어도 변하지 않는다. 이것이 바로 '정대괘'(正對卦)로 64괘 가운데는 위에서 말한 여덟 괘만 여기에 해당이 된다. 이 정대괘를 우번(虞翻)은 방통(旁通)이라 하고 공영달(孔穎達)은 변괘(變卦)로, 내지덕(來知德)은 차괘(次卦)라고 하였다.

2) 64괘의 전체 배열로 보면 건괘와 곤괘에서 시작하여 기제괘(旣濟卦)와 미제괘(未濟卦)로 끝난다. 여기에는 서로 이어받는 전체 과정을 통하여 만물의 탄생에서 발전으로의 여러 단계의 전환 순서가 잘 표현되어 있다. 이러한 철학적 의미는 「서괘전」에서 잘 표현하고 있다.

3) 64괘의 괘서(卦序)에 대해 주자는 『주역본의』에 「괘명차서가」(卦名次序歌)를 싣고 있다.

乾坤屯蒙需訟師,　比小畜兮履泰否
同人大有謙豫隨,　蠱臨觀兮噬嗑賁
剝復無妄大畜頤,　大過坎離三十備.
咸恆遯兮及大壯,　晉與明夷家人睽
蹇解損益夬姤萃,　升困井革鼎震繼
艮漸歸妹豐旅巽,　兌渙節兮中孚至
小過旣濟兼未濟,　是爲下經三十四.

4. 효(爻)

1) 효제(爻題)와 효위(爻位)

효제(爻題)는 효의 이름으로 효칭(爻稱) 또는 효명(爻名)이라고 하는데, 여섯 효의 아래 위의 자리에 대한 이름을 말한다. 이런 여섯 효가 있는 자리를 위(位)라고 말한다. 이 위는 아래에서부터 위로 初, 二, 三, 四, 五, 上爻로 부르는데, 이는 "만물은 아래에서 부터 자라난다"(物由下生)는 관점에 근거하고 있다. 또 양의 효, 즉 '一'는 '九'라고 하고, 음의 효인 '--'는 '六'이라고 부른다. 예를 들면 건괘(乾卦)의 가장 아래의 위에 있는 효(爻)는 초구(初九)가 되고, 세 번 째의 효는 구삼(九三)이 된다. 하나 더 예를 들면 여섯 개의 음효로 구성된 곤괘(坤卦)의 가장 아래의 효는 초육(初六)이고, 세 번 째의 효는 육삼(六三)이 된다.

그런데 가장 아래에 있는 효를 초라고 한다면, 제일 위의 효는 종(終)이 되어야 하는데 왜 상(上)이라고 하는가? 혹은 제일 위의 효가 상(上)이라면, 제일 아래의 효는 하(下)가 되어야 하는데 초라고 하는가? 여기에는 나름대로의 철학적 의미가 들어있는 것으로 보인다. 초(初)는 시생

(始生)의 의미로서 시간의 의미를 함유하고 있고, 상(上)은 가장 높은 위로서 공간적인 면을 이야기하고 있다. 그러므로 6효의 변화는 한편으로는 시간을 이야기하고 또 다른 한편으로는 공간을 이야기하고 있다. 그러므로 6효는 만물의 시공(時空) 중에서의 6가지 변화를 상징하여 시공(時空)의 불가분성(不可分性)을 상징하고 있는 것으로 보인다.

2) 정위(正位)와 부정위(不正位)

괘의 초·삼·오는 양(陽)의 위(位)이고, 이·사·육은 음(陰)의 위이다. 양효가 양위(陽位)에 있거나, 음효가 음위(陰位)에 있는 것을 당위(當位), 득위(得位) 혹은 정위(正位)라고 말한다. 이와 반대로 음효가 양위에 있거나, 양효가 음위에 있는 것을 실위(失位), 부당위(不當位) 혹은 부정위(不正位)라고 한다.

3) 중(中)

제2효와 제5효를 중(中)이라고 말한다. 비록 제2효와 5효는 공간적인 중앙이라는 것에서 출발하고 있으나, 이것이 궁극적으로 표현하려는 것은 행위가 어느 한 쪽에 치우치지 않고 적절하다는 것을 말하는데 있다. 어떤 점에서 본다면 공간적인 의미보다는 시간적 의미의 적절성이라는 측면이 더 강조된다. 즉 중이 제이와 제오효를 가리켜 말하지만, 중은 결코 정적(靜的)인 것이 아니고 동적(動的)인 것이다. 즉 항상 변화하여 하나에만 고착하는 것이 아니라, 시간을 따라서 변화하는 것이다. 그래서 중은 적합(適合), 적당(適當)의 의미를 가지게 된다. 이것이 바로 시중(時中)이다. 시중은 바로 가장 적당한 때에 가장 적당한 행위를 하는 것을 의미한다. 또 중과 정(正)을 비교해 보면 중이 정보다는 훨씬 더 중요하다.

4) 상응(相應), 승(承), 승(乘), 비(比)

일반적인 의미의 상응(相應)은 각각 내괘(內卦)와 외괘(外卦), 즉 초효와 사효, 이효와 오효, 삼효와 상효 사이에 각각 음양의 효가 다른 것을 일러 응(應) 혹은 여(與)라고 한다. 만약 음양의 효가 같은 경우에는 무응(无應) 혹은 무여(无與)라고 말한다. 또 음효가 양효의 위에 있는 것을 승강(乘剛)이라 하여 길보다는 흉이 많은 것으로 보고, 음효가 양효의 아래에 있는 것을 승강(承剛)이라고 하여 길하다고 말한다. 음양의 효가 가까이에 붙어 있는 것을 일러 비(比), 접(接) 혹은 제(際)라고 한다. 예를 들면 초효와 이효가 비(比)하고, 삼효와 사효가 비하고, 사효와 오효가 비하는 것 등을 들 수 있다. 두 효가 서로 비하는 가운데 승(承)과 승(乘)의 현상이 나타난다.

5) 호체(互體)와 반상(半象)

이것들은 하나의 괘상이 가지고 있는 부분적 상을 해석하는 것이기 때문에 '상(象) 속의 상(象中之象)'이라고 말한다. 먼저 호체(互體)의 '호(互)'는 서로 번갈아가며 넘나드는 교호작용(交互作用)을 의미한다. 즉 한 괘상(卦象) 속에서 다른 괘상의 체(體)와 교호작용을 하는 것을 말한다. 호체라는 개념은 서한(西漢) 시기의 경방(京房)에서 시작되어, 그 후에 정현(鄭玄), 순상(荀爽), 우번(虞翻) 등도 모두 이것으로 『주역』을 해석하고 있다. 그러나 그 근원을 살펴보면 춘추시대에 이미 그 흔적이 나타난다. 구체적으로 말하면 모든 괘의 초효와 상효를 제외한 중간의 2ㆍ3ㆍ4ㆍ5효를 서로 연결하여 괘를 임시적으로 만들어낸다. 그 중 2ㆍ3ㆍ4효를 합성(合成)하여 하호(下互)라하고, 3ㆍ4ㆍ5효를 합성(合成)하여 상호(上互)라고 한다. 정괘(鼎卦)를 예로 들어서 그것이 가지고 있는 호체괘를 살펴보기로 하자.

鼎(䷱)
초에서 삼은 원래 내괘로서 巽(☴)
사에서 상은 원래 외괘로서 離(☲)
초에서 사의 호체는 姤(䷫)
초에서 오의 호체는 大過(䷛)
이에서 사의 호체는 乾(☰)
이에서 오의 호체는 夬(䷪)
이에서 상의 호체는 大有(䷍)
삼에서 오의 호체는 兌(☱)
삼에서 상의 호체는 睽(䷥)

이렇게 보면, 하나의 정괘는 원래의 괘상과 내외괘 이외에 또한 일곱개의 호체괘를 끌어 낼 수 있다. 즉 하나의 괘가 10개의 괘로 될 수 있는 것이다. 정괘 뿐만 아니라 다른 괘 역시 이와 같다. (다만 소수의 괘의 호체괘는 모두 같다. 예를 들면 건과 곤 등이 그러하다) 이 때문에 64괘는 갑자기 10배로 불어나기 때문에, 후대인들은 이것을 비판하여 "천착하고 견강부회하여 상 바깥에 상을 만드는"[1] 격이라고 말한다.

그러나 우리는 이 때문에 호체의 철학적 의미를 완전히 무시할 수는 없다. 괘상의 의의는 어디에 있는가? 「계사전」에서 "팔괘는 상으로 말한다(八卦以象告)", "상이라는 것은 형상하는 것이다(象也者, 像也)"라고 하였다. 괘상은 원래 철학적 상징부호로서 우주 만물의 실상을 설명하고 형

---

1 「牽强附會, 象外生象」 『日指錄』 卷一에 보임

용한다. 우리가 우주 속의 만물을 살펴보면, 그것은 사물 속에 사물이 들어 있고, 사물 바깥에 또 사물이 있음을 알 수 있을 것이다.

이것은 현대과학의 관점으로 말하면 더욱 적절한 것이다. 즉 사람의 바깥에 지구가 있고, 지구 바깥에 태양계가 있고, 태양계 바깥에 은하계가 있고, 이외에 우주와 대우주… 등등이 있다. 사람의 내부에는 세포가 있고, 세포 속에는 원자가 있고, 원자 안에는 원자핵과 전자 등등이 있다. 이것은 종적으로 놓고서 말하는 경우이다. 인간에게는 인류가 있고, 동물에게는 동물류가 있고, 초목에는 또 그 류가 있다. 작고 큰 것, 정미한 것과 조잡한 것 등 여러 가지가 복잡하게 나열되어 있고, 각각 나름대로의 생기를 가지고 있다. 이것은 횡적인 측면에서 복잡다난한 상태를 말하는 것이다. 인간과 사물들은 서로 해치지만 서로 의탁한다. 복과 화는 서로 반대되지만 서로 이루어 주고(相成) 서로 교호하여 섞이고 서로 원인이 되어서 마치 고리가 연결되어 있는 것과 같다. 이것은 세번째의 상황설명이다. 그러면 우리는 지금 호체의 뜻을 살펴 보기로 하자.

위에서 예를 든 정괘의 초에서 오의 호체는 대과(大過)이고 호체로서의 대과 중에는 또 초에서 사효의 호체 구(姤)와 이에서 오효까지의 호체 쾌(夬)가 있고 호체 쾌괘 중에는 또 이에서 사효까지의 호체 건(乾)이 있고 삼에서 오까지의 호체 건이 있다. 이런 것들은 대우주와 소우주가 여러개가 겹겹이 쌓여져 있는 모습들을 적당하게 설명하는 것이다.

정괘는 각기 다른 10개의 괘상을 함유하고 있다. 다른 괘 역시 다르거나 같은 10개의 괘상을 함유하고 있다. 이런 여러가지로 만물의 여러가지 복잡다단한 모습을 표현해 내고 있는 것이다.

또 서로 교호상착(交互相錯)하는 것에 대해서 말하면, 정괘의 호체 중에 이, 구, 대과 등이 있었는데, 이, 구, 대과 등 괘의 호체 중에는 또 정과 기타 서로 교착하는 괘상이 있다. 그 중 같은 것도 있고, 같고 다른 것이 많은 것도 있고 적은 것도 있다. 이런 것들은 만물이 서로 원인이 되고, 서로가 근거가 되어 주는 것을 매우 적절하게 표현해내고 있다.

우주 내의 만사만물은 무궁하나, 괘상은 다만 64괘 뿐이므로 한정된 64괘의 괘상으로 우주의 만사와 만물을 모두 다 형용하는 것은 불가능하다. 이 때문에 고대의 성인들은 역학을 하나의 「變」자에 근거를 두고 있다. 즉 변화는 소수의 한정된 괘상을 많은 괘상으로 변화하게 하고, 유한을 무한으로 변화시키는 것이다. 괘상에 「多」와 무한의 변화가 있어야만이 비로소 잡다하고도 무궁한 우주 내의 만물을 모두 다 형용할 수 있는 것이다. 그러므로 『주역』의 괘상은 변화의 다에 병통이 있는 것이 아니라, 변화가 없으면 병통이 생기는 것이다. 변화가 없으면 괘상은 다만 죽어서 움직이지 않는 몇개의 부호에 불과하게 되는 것이다. 그런 것이 어떻게 역학이 될 수 있겠는가? 우리는 가장 기본적이고도 정확한 관점으로 호체를 보면, 호체는 그 「象」 가운데에 나름대로의 가치를 가지고 있다는 사실을 인정하지 않을 수가 없는 것이다.

5. 괘변(卦變)

괘변은 괘효의 추이(推移)에 대한 운동법칙이라고 할 수 있다. 괘변에 대한 관점은 한대(漢代) 이후의 우번(虞翻, 146-233)이나 간보(干寶, 286-336) 등이 이야기하고 있고, 특히 송대의 학자들도 이에 대해 다양한 관점들을 제시하였다. 가장 영향이 큰 것으로는 주자의 『주역본의』 속에 나오는 '괘변도'(卦變圖)와 주진(朱震, 1072-1138)의 『한상역전』(漢上易傳) 속에 소개된 이정지(李挺之)의 '괘변반대도'(卦變反對圖)와 '육십사괘상생도'(六十四卦相生圖)이다. 주자는 우번과 촉재(蜀才, ?-318. 西晉 시기의 范長生을 말한다. 이정조의 『주역집해』에서는 촉재로 부른다)의 관점에 근거하여 건곤(乾坤)을 제외한 나머지 모든 괘는 가) 하나의 양이나 하나의 음인 괘는 복괘(復卦)와 구괘(姤卦)에서 변하여 나오는데 각각 6 괘이다. 나) 두 개의 양이나 두 개의 음인 괘는 임괘(臨卦)와 돈괘(遯卦)에서 변하여 나오는데 각각 15 괘이다. 다) 세 개의 양이나 세 개의 음으로 된 양으로 된 괘는 태괘(泰卦)와 비괘(否卦)에서 변하여 나오는데 각각 20괘이다. 라) 네 개의 양이나 네 개의 음으로 이루어진 괘는 대장괘(大壯卦)와 관괘(觀卦)에서 변해 나오는데 모두 15괘이다. 마) 다섯 개의 양이나 다섯 개의 음으로 이루어진 괘는 쾌괘(夬卦)와 박괘(剝卦)에서 변하여 나오는데 각각 6괘이다.

6. 선천(先天)과 후천(後天)

선천(先天)과 후천(後天)을 사전적 의미로 말하면 '선'(先)은 ㉠먼저, 미리 ㉡옛날, 이전 ㉢앞, 처음이라는 용례(用例)를 가지고 있고, '천'(天)은 ㉠하늘 ㉡하느님 ㉢임금, 제왕, 천자 ㉣자연 ㉤천체, 천체의 운행 ㉥성질(性質), 타고난 천성이라는 용례를 가지고 있다. 그리고 '후'(後)는 ㉠뒤 ㉡곁 ㉢딸림 ㉣아랫사람 ㉤뒤떨어지다 ㉥능력(能力) 따위가 뒤떨어지다 ㉦뒤지다 ㉧뒤서다 ㉨늦다 라는 의미로 사용된다. 따라서 선천과 후천이라는 개념은 이들의 뜻을 어떻게 조합하는가에 따라 다양한 의미로 표현될 수 있다. 그러나 다양한 의미로 사용된다고 하여서 그 전체적인 의미의 방향까지 다의적인 것은 아니다. 즉 '선천'과 '후천'은 '천'이라는 공통분모를 중심에 놓고 그것의 시간적, 공간적 또는 의미적 차이를 보이는 기본 틀을 벗어나고 있지 않다. 따라서 우리가 이들 개념을 파악하기 위해서는 무엇보다 우선 '천'이 의미가 무엇인지를 파악하는데 초점을 맞추어야 한다.

선천과 후천의 문제를 가장 먼저 제기한 곳은 건괘(乾卦) 「문언전」이다. "무릇 대인은 천지와 더불어 그 덕에 합하며, 일월과 더불어 그 밝음에 합하며, 사시와 더불어 그 질서에 합하며, 귀신과 더불어 그 길흉에 합하며, 천에 앞서 있으면서도 천이 어기지 않으며 천의 뒤에 있으면서도 천시를 받드니, 천 또한 어기지 않는데 하물며 사람에게 있어서며, 하물며 귀신에게 있어 어김이 어기겠는가?(夫大人者, 與天地合其德, 與日月合其明, 與四時合其序, 與鬼神合其吉凶, 先天而天弗違, 後天而奉天時, 天且弗違, 而況於人乎, 況於鬼神乎)"라는 말에서 나왔다.

선천과 후천의 개념에 대한 후대의 해석은 정말 다양하다. 먼저 당대(唐代)의 공영달은 『주역정의』에서 "'선천이불위'라고 하는 말은 만약 하늘보다 먼저 하여도 하늘이 후에 이것을 어기지 않는다는 것으로 이것은 하늘이 대인과 합한다는 것이다. '후천이봉천시'라는 것은 만약 천시보다 후에 일을 행함에도 천을 받들어 따르는 것이니, 이것은 대인이 하늘과 합하는 것이다(先天而天弗違 若在天時之先行事 天乃在後不違 是天合大人也 若在天時之後行事 能奉順上天是大人合天也)"고 하였다. 즉 대인은 하늘과 동등한 존재로서 그의 행동은 천의 앞에 있거나 뒤에 있는 것에 관계없이 항상 천의 뜻과 합치한다는 것을 의미한다. 이와 유사한 해석은 주자에게서도 나타난다. "'선천불위'는 그 뜻한 바가 천도와 더불어 말없이 딱 맞는 것을 일컫는 것이며, '후천봉천'은 하늘의 이치를 알고 그 이치에 따라 이를 받들어 행하는 것을 말한다(先天弗違謂意之所爲默與道契, 後天奉天謂知理如是奉而行之)"고 하였다. 여기에서도 '대인은 천도의 이치를 알고 이를 행하는 존재로서 언제나 천과 어긋나지 않음을 언급할 뿐이다. 여기에서 살펴본 선후천의 핵심은 대인이 행위를 함에 있어 선후를 막론하고 천도와 어긋나지 않는다는 일종의 당위를 이야기하는데 있다. 그러나 구체적인 천의 개념은 언급되지 않았으며 천은 단지 일종의 상징으로 자리 잡고 있을 뿐이다.

선천과 후천을 천지의 형성 이전과 천지의 형성 이후로 나누어 설명하는 관점은 「문언전」에서 말하는 관점과는 상당한 거리가 있다. 「문언전」
에서 말하는 "선천"과 "후천"을 구별할 경우, "선천"은 자연 현상 혹은 사
회 현상 중의 변화가 나타나기 이전의 상태를 말하고, "후천"은 자연 현
상 혹은 사회 현상 중의 변화가 나타난 이후를 말한다. 특히 「문언전」은
"선천"과 "후천"을 대인의 덕이라는 관점에서 말하는 데 초점이 있지,
"천(天)"의 선후가 있음을 말하려는 것은 아니다. 이에 대해 『주역절중』
에서는 왕종전(王宗傳)의 말을 인용하여 "'천에 앞서 있으면서도 천이 어
기지 않으며'라는 말은 때가 아직 이르지 않았는데도 내가 천에 앞서 하여
도 천도 나와 어긋나지 않는 것을 말한다. '천의 뒤에 있으면서도 천시를
받드니'라는 말은 때가 이미 이르러 내가 천의 뒤에 있으면서 받드니 내
또한 천을 어길 수 없다. 즉 대인이 바로 천이고, 천이 바로 대인이다(先
天而天弗違, 時之未至, 我則先乎天而爲之, 而天自不能違乎我. 後天而奉
天時, 時之旣至, 我則後乎天而奉之, 而我亦不能違乎天, 蓋大人卽天也,
天卽大人也)"고 하였다. 말하자면 "선천"은 자연 현상이나 사회 현상이
아직 변화하기 이전에 미리 앞서서 필요한 조치를 취하는 것을 말하고,
"후천"은 자연계가 변화를 일으킨 후에 때에 맞추어 적당한 행위를 하는
것을 의미한다. "천시(天時)"는 자연계의 변화하는 규칙을 말한다.

　　선천과 후천은 결코 두 세계를 이야기하는 것이 아니다. 또 유토피아적
이상세계와 그곳에서 추방된 인간의 세계를 그리는 것 또한 아니다. 선천
과 후천의 초점은 어떻게 인간이 올바른 행위를 하며 자연과 합덕할 수 있
느냐에 있다. 그 해석은 학자들마다 조금의 차이는 있지만, 그 귀결점을
결코 다르지 않음을 알 수 있다.

7. 시초(蓍草)로 괘를 뽑는 설시법(揲蓍法)

서술(筮術)을 행하는 주요한 도구는 시초(蓍草)이다. 시(蓍)는 일종의 식물 이름으로 무리지어 생장하는데, 가늘고 질기면서도 긴 줄기를 가지고 있는 식물이다. 이 시초의 줄기를 꺾어 50개의 똑같은 길이로 만든 것이 서술의 도구이다. 이것을 가지고 계산에 적용하여 괘상을 만들고, 이 괘상과 괘사의 말에 근거하여 길흉을 판단하는 것이다.

시초를 통해 괘를 뽑기 위해서는 먼저 서술을 행하는 주요한 도구인 시책(蓍策)을 준비해야 한다. 시책은 시초의 풀줄기를 말려서 만든 50개의 가는 막대로 이루어진다. 시책이 준비되었으면 이제 본격적으로 시초를 세어 괘를 이루는 방법을 알아보기로 하겠다. 시초를 세어 괘를 이루는 구체적 방법에 대한 언급은 「계사전」과 『주역정의』, 『주역본의』 등에서 살펴볼 수 있다. 이들을 참조하면 다음과 같다.

우선 괘를 뽑는 것에 앞서 잠시 점을 칠 내용을 신중히 생각해서 그 내용을 간결하게 마무리지어야 한다. 그리고 마음을 가다듬고 욕심을 버려 최대한 마음을 비우고 잡념을 가라앉힌 상태에서 점괘를 뽑는 동작을 행해야 한다.

1 왼손에 우주를 상징하는 시책 50개를 잡고 그 중에서 한 개를 오른손으로 뽑아낸다. 50이란 대연지수(大衍之數)를 말한다. 하나를 뽑아서 앞에 두고 사용하지 않는 것은 태극을 상징하는 것으로, 우주만물은 이것에서부터 생겨난다.

2 왼손에 들고 있는 49개의 시책을 두 손으로 무심코 나누어 쥔다. 둘로 나눈다는 것은 건곤, 음양, 혹은 천지의 나눔을 상징한다. 이때 왼손의 것은 하늘 또는 양을 상징하며, 오른손에 있는 것은 땅 또는 음을 상징

한다.

③ 오른손에 쥐고 있는 시책에서 한 개를 뽑아 왼손의 약손가락과 새끼손가락 사이에 끼워 천지 이후의 사람을 상징하는 삼재(三才)로 삼는다.

④ 오른손의 시책을 내려놓은 다음에 오른손으로 왼손에 있는 시책을 4개씩 덜어낸다. 시책을 네 개씩 세어 나누는 것은 사시(四時)를 상징하는 것이라고 할 수 있다. 이 때 남은 시책은 셋째와 넷째 손가락 사이에 끼운다. 이것은 윤달을 상징한다. 이때 남는 시책의 수는 1,2,3,4 중 하나이다. 4는 딱 떨어지는 경우이다.

⑤ 이번에는 놓아둔 시책을 오른손에 쥐고 왼손으로 4개씩 덜어낸다. 이때 남은 시책들을 이번에는 둘째와 셋째 손가락 사이에 끼우는데 이것은 5년에 걸친 두 번의 윤달을 상징한다. 이 때 왼손에 남아 있는 시책의 수를 모두 더하면 5 아니면 9가 된다. 이 시책을 왼쪽 앞부분에 놓는다. 이로써 일변(一變 : 첫 번째 변화)을 마친다. 이를 종합해 보면 둘로 나누어서(分二) 하나를 빼어 걸고(掛一), 네 개씩 세어(楪四)남은 수를 손가락 사이에 끼는 것(歸奇)인데, 이것이 바로 '네 차례 수를 운영하는 것', 즉 사영(四營)이다.

⑥ 그런 다음 일변하고 남은 44개 혹은 40개의 시책을 가지고 일변과 동일한 과정을 반복한다. 앞에서 제일변(第一變)에 의해 남겨진 5나 9의 숫자를 제외한 나머지 시책은 44 혹은 40개가 된다. 44개 혹은 40개의 시책을 왼손에 들고 오른손으로 둘로 나눈 뒤, 오른손의 시책을 내려놓으며 한 개를 뽑아내어 왼손의 넷째 손가락과 새끼손가락 사이에 끼운다. 다음에, 마찬가지고 양손의 시책을 네 개씩 헤아려나가면 왼손에는 8개나

4개가 남는다. 이 시책을 앞부분에 세로로 놓는다. 이로써 이변(二變)을 마치게 된다. 제일변의 결과 남겨진 44개 또는 40개의 숫자에서 사람을 상징하는 약지와 새끼 손가락 사이의 한 개를 제외하고 남는 나머지인 43 혹은 39개를 넷으로 나누면 반드시 3개 아니면 7개가 되게 되는데 여기에 다시 앞의 새끼와 약지 사이의 1개를 보태면 4개 혹은 8개가 생겨나는 것이다.

⑦ 이변을 끝내고 남는 시책의 수는 40 또는 36, 아니면 32개가 된다. 이것을 가지고 또다시 일변(一變), 이변(二變)과 동일한 과정을 반복한다. 이것이 삼변(三變)이다. 삼변의 과정을 마친 후 남는 시책의 수는 이변과 마찬가지로 4이거나 8이다. 그리고 남은 시책을 오른쪽 위에 놓는다. 제 3변 역시 제일변이나 제이변에서와 달리 세 번째의 작업에서는 앞의 일변과 이변에서 제외된 나머지의 시책 즉 40이나 36 혹은 32개의 숫자를 가지고 작업이 시작되어진다고 하는 점만 다를 뿐 방식은 제일변이나 제이변에서와 조금도 다름없이 진행된다. 그리고 이상의 네 개씩 나누어 나머지를 합해 만드는 설시과정을 세 차례 되풀이하고 나면 비로소 전체 괘에서의 한개 효가 생겨난다. (제삼변)

⑧ 삼변을 통하여 손가락에 끼워 두었던 책수를 모두 합한 것을 설여(渫餘)라고 한다. 그리고 넷으로 나눈 후의 시책을 과설(過渫)이라고 한다. 과설 혹은 설여의 책수에 의거하여 괘상의 초효(初爻)를 만들어낸다. 괘를 그리는 순서는 아래에서부터 위로 그리는데, 이것은 만물이 아래에서부터 생겨나는 것을 상징한다. 이와 같이 반복적으로 행하여 삼변(三變)마다 한 효를 얻기 때문에 18변하여 한 괘를 만든다(十有八變而成卦)라고 한다. 이러한 행위들을 연시법(演蓍法)이라고 하는데 서술의 전반과정으로 점을 치는 자가 친히 행하여야 하는 것이다. 그리고 괘상이 만

들어지면 서술을 주재하는 사람은 괘상 중에 노양(老陽), 노음(老陰), 소양(少陽), 소음(少陰)의 효가 있는지를 살펴야 한다.

⑨ 손가락에 끼운 시책을 모두 제거하고 남은 시책의 수가 36개일 경우는 4로 나누면 9가 되므로 노양이다. 즉 나머지 숫자의 조합이 5, 4, 4인 경우이다. 이 경우는 손가락에 끼워서 빼낸 시책의 수가 세 경우 모두 기(奇)이므로 이를 기준으로 노양(老陽)을 정해도 된다. 또 5+4+4를 하면 전체 합은 13이 나온다. 이 13은 윤달에 포함되므로 윤달에 포함이 되지 않는 나머지 숫자 49에서 13을 뺀 36의 숫자를 가지고 4로 나누면 그 몫이 9가 나오는데, 바로 여기서 나오는 이 9라는 수가 양 중에서 가장 큰 수인 노양이 되는 것이다.

또 남은 시책의 수가 32개이면 4로 나누어 8이 되므로 소음이다. 나머지 숫자의 조합은 한 개의 숫자는 크고 두 개의 숫자가 작은 경우이다. 이 경우는 손가락에 끼워서 빼낸 시책의 수가 이기일우(二奇一偶)이므로 이를 기준으로 소음을 정해도 된다. 양이 둘이고 음이 하나일 때는 음이 주도권을 쥔다. 그래서 소음이 되는 것이다. 즉 5, 4, 8 혹은 5, 8, 4 혹은 9, 4, 4로 나왔을 때이다. 또 그 숫자의 합은 모두 17이 되는데 49에서 17을 빼면 나머지 32는 4의 8배수가 나오게 된다. 이 8이라는 숫자는 소음이 된다.

또 남는 시책의 수가 28개이면 4로 나누어 7이 되므로 소양이다. 이 경우는 손가락에 끼워서 빼낸 시책의 수가 일기이우(一奇二偶)이므로 이를 기준으로 소양을 정해도 된다. 양이 하나고 음이 둘일 때는 양이 주도권을 잡기 때문에 소양이 된다.

그리고 남는 시책의 수가 24개이면 4로 나누어 6이 되므로 노음이다. 즉 얻어진 숫자의 조합이 9, 8, 8이라면 그 숫자의 총 합은 25이고, 49에서 25를 빼면 나머지 숫자는 24이다. 이는 곧 4의 6배수가 되므로 6은 노음이 된다. 이 경우는 손가락에 끼워서 빼낸 시책의 수가 삼우(三偶)이므로 이를 기준으로 노음을 정해도 된다.

노양은 사상(四象)에서 말하는 태양(太陽)이고, 노음(老陰)은 태음(太陰)이다. 노양과 노음은 늙어서 끝이 나고 다른 것으로 질적 변화를 추구하기 때문에 변효(變爻)하고 한다. 이에 비하여 소음과 소양은 양적인 변화는 해도 질적 변화는 하지 않기 때문에 이를 불변효(不變爻)라 한다.

이를 도표로 표시하면 다음과 같다.

	一變	二變	三變	易數	奇偶	陰陽老少의 數	기호	상황
過揲	44	40	36	九		노양(老陽)	□	첫 번째 상황
揲餘	5	4	4		三奇			
過揲	40	32	24	六		노음(老陰)	×	두 번째 상황
揲餘	9	8	8		三偶			
	44	36						
過揲	40	36	28	七		소양(少陽)	—	세 번째 상황
	40	32						
	5	8	8					
揲餘	9	4	8		一奇二偶			
	9	8	4					
	40	36						
過揲	44	36	32	八		소음(少陰)	--	네 번째 상황
	44	40						
	9	4	4					
揲餘	5	8	4		一偶二奇			
	5	4	8					

* 설여(揲餘) : 손가락에 끼워 두었던 책수(策數)를 합한 것

* 과설(過揲) : 넷으로 나눈 후의 책수

예를 들면, 18번의 변화를 거쳐 남은 숫자가 각각 5.4.4(노양),
5,8,8(소음), 9,4,8(소양) 5,4,8(소양), 9,8,8(노음), 9.4.8(소음)이
라면 이런 식으로 기록되는 것이다.

육효　　오효　　사효　　삼효　　이효　　초효

―　　　×　　　―　　　―　　　―　　　□

이렇게 해서 얻어지는 것이 풍괘(豐卦, ䷶)인데, 초효(初爻)가 노양이
고 오효(五爻)가 노음이기 때문에 양과 음이 바뀌어 함괘(咸卦, ䷞)가
되기 때문에 "풍의 함으로 간다"고 표현하며, 이 두 괘의 괘사를 동시에
참조해야 한다. 여기서 풍괘는 본괘(本卦)에 해당하며, 함괘는 지괘(之
卦)에 해당한다. 즉 변효(變爻)가 있어 괘가 변화한 괘를 지괘라하며, 원
래의 괘를 본괘라고한다. 본괘는 점을 치는 문제의 현실적 상황을 나타내
며, 지괘는 그 문제가 발전하는 추세를 상징한다. 만약 본괘에 여러 개의
변효가 있을 경우 상황이 더욱 복잡해진다. 이에 대해 주자는 다음과 같
이 말한다.

- 한 개의 효가 변효일 때는 본괘 변효의 효사로 점을 친다.
- 두 개의 효가 변효일 때는 본괘의 두 효의 효사로 점을 치며, 윗효의 효
  사를 위주로 한다.
- 세 개의 효가 변효일 때는 본괘 및 지괘의 괘사로 점을 치며, 본괘의 괘
  사를 위주로 한다.
- 네 개의 효가 변효일 때는 지괘 가운데의 두 불변효의 효사로 점을 치
  며, 아래 효의 효사를 위주로 한다.
- 다섯 개의 효가 변효일 때는 지괘 가운데 불변효의 효사로 점을 친다.
- 여섯 개의 효가 모두 변효일 때는 건과 곤괘의 경우 용구와 용육의 사

(辭)로 점을 치며, 아울러 지괘의 괘사도 참고한다. 나머지 62괘의 경우는 지괘의 괘사로 점을 친다.

주요 참고문헌

高亨, 『周易大傳今注』, 濟南, 齊魯書社, 1987

高亨, 『周易大傳今注』, 臺北, 武陵出版社, 1983

顧頡剛, 『古史辨』, 臺北, 明倫出版社, 1970

孔穎達, 『周易正義』, 臺北, 新文豐書局, 1983

金景芳, 呂紹綱, 『周易全解』, 上海, 上海古籍出版社, 2005

來知德, 『易經來註圖解』, 臺北, 臺北孔學會, 1978

鄧球栢, 『帛書周易校釋』, 長沙, 湖南出版社, 1995

馬恒君, 『周易正宗』, 北京, 華夏出版社, 2008

傅隸樸, 『周易理解』, 臺北, 臺灣商務印書館, 1994

尙秉和, 『周易尙氏學』, 北京, 中華書局, 1979

徐志銳, 『周易大傳新注』, 濟南, 齊魯書社, 1983

孫振聲, 『易經入門』, 北京, 文化藝術出版社, 1988

吳澄, 『易纂言』, 《通志堂經解》(8), 臺北, 大通書局, 1969年

王弼, 樓宇烈 校釋, 『周易注』, 臺北, 華政書局, 1983

姚配中, 『周易姚氏學』, 臺北, 臺灣商務印書館, 1968

李鏡池, 『周易通義』, 北京, 中華書局, 1987

李光地, 『周易折中』, 北京, 九州出版社, 2006

李鼎祚, 『周易集解』, 北京, 北京市中國書店, 1984

張立文, 白話帛書周易, 北京, 中州古籍出版社, 1994

丁壽昌, 『讀易會通』, 成都, 成都古籍書店, 1988

程頤, 『伊川易傳』

『周易諺解』宣祖本, 光明, 弘文閣, 1988

朱震, 『漢上易傳』, 臺北, 廣文書局

周振甫, 『周易譯注』, 江蘇敎育出版社, 2006

朱熹, 『周易本義』

陣夢雷, 『周易淺述』, 上海, 上海古籍出版社, 1983

項安世, 『周易玩辭』, 濟南, 山東友誼出版社, 1991

胡炳文, 『周易本義通釋』, 《景印文淵閣四庫全書》第24冊, 台北, ：台灣商
　　務印書館, 1983

黃壽祺, 張善文, 『周易譯註』, 上海, 上海古籍出版社, 2005

김석진, 『대산주역강해』, 대유학당, 2002

이마이 우사부로(今井宇三郎), 『易經』, 『新譯漢文大系』, 明治書院

코다 렌타로(公田連太郎), 『易經講話』, 明德出版社

이토 토가이(伊藤東崖), 『周易經翼通解』, 臺北, 華聯出版社, 1974

James Legge, *I Ching : Book of Changes*, Bantam Books, Sherrill,
　　W.A. 1986

Richard Wilhelm, F. Baynes, *The I Ching or Book of Changes*,
　　Bollingen Series XIX, (Princeton NJ: Princeton University Press,
　　1967

Richard John Lynn, *The Classic of Changes : A New Translation of
　　the I Ching as Interpreted by Wang Bi*, Columbia University Press,
　　New York, 1994

Edward L. Shaughnessy, *The Mawangdui Yi Jing Manuscript*,
　　Ballantine Books, New York, 1997

　역자가 『주역』을 처음 접한 것은 거의 대학 2학년 무렵인 것으로 기억한다. 당시 나의 소견으로는 주역은 내 전공이 아니니 잘 몰라도 크게 관련이 없을 것 같다는 막연한 생각과 동시에 주역은 철학적으로 연구할 만한 대상이 아닐 것이라는 무지가 섞여 있어서 주역 관련 내용들이 나오면 건성으로 넘어가 버리곤 하였다. 대학원에서 본격적인 동양철학 공부를 하면서 겨우 8괘를 외우고 있는 것을 은근히 자랑으로 여길 정도였다. 역자가 본격적으로 주역 공부에 관심을 가지기 시작한 것은 은사님께서 나중에 대만에 유학 가면 주역의 대가가 계신데 그 분한테 가서 박사학위를 하는 것이 좋을 것 같다는 말씀을 들은 이후이다. 그 이후 대만의 중국문화대학(中國文化大學) 철학연구소에 입학하여 실제로 주역의 대가인 고회민(高懷民) 선생님을 지도교수로 모시고 주역철학 강의를 들으면서 조금 맛보기 시작한 것이 지금까지 이르게 된 것 같다.

　역자가 『주역』을 가까이 한 지는 제법 오래 되었다 하여도 스스로 판단하여 보아도 여전히 공부가 미진한 것은 너무나 분명하다. 아직

도 『주역』의 정수(精髓)를 파악하지 못하고 있다는 것을 솔직히 고백하는 것이 옳을 것이다. 이런 점에서 이 번역본 역시 역자의 심득(心得)을 이야기하는 것이 아니라, 여전히 배우는 자의 입장에서 한 구절 한 구절을 다른 권위 있는 주석이나 번역본에 의지하여 그것을 객관적으로 이해하고 정리하는 수준이라고 보는 것이 정확할 것이다. 이 번역본은 역자가 공부한 내용을 나름대로 정리한 기록이기 때문에 미비(未備)할 수밖에 없지만 여전히 공부하고 있다는 입장에서 앞으로 기회가 된다면 좀 더 나은 번역을 기대할 수 있는 가능성은 남아 있다는 점에서 스스로 천학비재를 자위해 본다.

『주역』을 번역하는 일이 기본적으로 많은 시간과 정력을 요구하는 데다가 역자의 게으름이 더하여 지체를 거듭하여 몇 년을 기다린 끝에 겨우 문세(問世)하게 되었다. 나름대로 애를 쓴다고 하였으나 오역이나 가독성(可讀性)이 떨어지는 부분이 적지 않을 것으로 보인다. 처음 욕심은 백서주역을 꼼꼼하게 완역하고 이것을 통행본 주역과 비교하려 하였으나 출판 사정이나 역자 스스로 백서주역에 대한 관심이 급감하는 바람에 용두사미로 끝나버린 것 같다는 아쉬움이 든다. 또 역자의 게으름 때문에 상권과 하권이 따로 나오는 바람에 몇몇 부분에서 번역의 일관성이 흐트러지고 외국 인명의 부정확 등이 발견되어 부끄러움을 느낀다.

역자의 능력에 비추어 쉽지 않은 작업을 그나마 감행할 수 있었던 것은 가족이나 동료들의 격려가 있었지만 무엇보다도 동양고전연구회의 연구비 지원이 큰 힘이 되었다. 특히 역자에 비해 몇 배 더 주역에 대한 높은 안목을 가지고 계신 조호철 이사장님과 이장우 선생님의 격려에 감사드린다. 그리고 교정을 도와준 하창환 박사와 타이핑 작업을 도와준 대학원 학생들의 노고에 깊은 고마움을 표하고 싶다.

2010년 12월 13일

압량벌 연구실에서

차례

해제

일러두기

주역 |상권|